中国投资年鉴

2009

CHINA INVESTMENT YEARBOOK 2009

中国计划出版社

图书在版编目（C I P）数据

中国投资年鉴. 2009/《中国投资年鉴》编辑委员会编,
—北京：中国计划出版社，2010.10
ISBN 978-7-80242-381-7

Ⅰ. ①中… Ⅱ. ①中… Ⅲ. ①投资-中国-2009-年
鉴Ⅳ. ①F832.48-54

中国版本图书馆CIP数据核字（2010）第181971号

中国投资年鉴2009

《中国投资年鉴》编辑委员会 编

☆

中国计划出版社出版
（地址：北京市西城区木樨地北里甲11号国宏大厦C座4层）
（邮政编码：100038 电话：63906433 63906381）
新华书店北京发行所发行
北京市凯鑫彩色印刷有限公司

787×1092毫米 1/16 46.25印张 1400千字
2010年10月第一版 2010年10月第一次印刷
印数1—2000册
☆
ISBN 978-7-80242-381-7
定价：680.00元

《中国投资年鉴》编辑委员会

李干明	深圳市发展改革局副局长	李宝卿	山西省发展改革委主任
初　鹏	中国石油化工集团公司发展计划部副主任	陈元先	中国航空工业集团公司副总经济师
张东生	国家发展改革委就业和收入分配司司长	张　工	北京市发展改革委委主任
张汉亚	中国投资协会会长	张志强	天津市发展改革委主任
张金铸	福建省经贸委副主任	张维宁	河南省发展改革委主任
张守成	青海省经委主任	张光进	陕西省发展改革委副主任
张海东	民航局规划司副司长	张晓刚	鞍山钢铁集团公司总经理
沈小平	河北省发展改革委主任	沈卫国	安徽省发展改革委主任
沈晓钟	重庆市发展改革委副主任	沈传立	青海省发展改革委副主任
余和平	西藏自治区发展改革委副书记、副主任	杨伊波	新疆自治区发展改革委副主任
杨贵民	铁道部发展计划司司长	陈俐民	西安市经委主任
沙先华	中国长江三峡集团公司副总经理	余自甦	攀枝花钢铁（集团）公司总经理
周建平	国家发展改革委国民经济动员办公室主任	周学文	水利部总规划师
范恒山	国家发展改革委地区经济司司长	郄建伟	国家粮食局副局长
郑栅洁	福建省发展改革委党组副书记、副主任	罗云毅	国家发展改革委投资研究所所长
赵家荣	国家发展改革委资源节约和环境保护司司长	胡祖才	国家发展改革委社会司司长
姚昌恬	国家林业局发展规划与资金管理司司长	姜　周	大连市发展改革委市长助理、主任
胡成栋	哈尔滨市发展改革委副主任	赵庆波	国家电网公司发展部主任
徐水师	中国煤炭地质总局局长	徐　莹	江苏省发展改革委副主任
袁进琳	宁夏回族自治区发展改革委主任	秦　柯	山东省发展改革委副主任
贾　康	财政部财政科学研究所所长	隋　斌	农业部发展计划司副司长
章远新	广西省发展改革委主任	梁铁城	内蒙古自治区发展改革委主任
黄晓舟	厦门市发改委党组成员、副巡视员	黄春旺	中国国旅集团有限公司总经理助理
董贺义	国家发展改革委办公厅巡视员	舒　庆	环境保护部规划财务司司长
蒋作斌	湖南省发展改革委主任	蒋为民	宝钢集团有限公司总经理助理
韩　勇	海南省工业和信息化厅副厅长	彭　林	沈阳市发展改革委主任
程晓蔚	南京市发展改革委副主任	窦　皓	中国国际工程咨询公司副总经理
裴伟东	辽宁省发展改革委副主任	蔡　勇	广东省经贸委副主任
谭成旭	辽宁省经济和信息化委员会副主任	臧秋华	甘肃省发展改革委副主任
潘建国	广州市发展改革委主任	魏国旗	国家海洋局政策法规和规划司助理巡视员

《中国投资年鉴》主办与编辑

编 辑 说 明

2009年是新中国成立的60周年。在这一年，面对2008年爆发的国际金融危机，中国政府从容应对，果断决策，迅速出台了国家新增4万亿元人民币投资计划，制订了“扩内需、保增长”的一揽子政策和措施，并颁布了“调结构、上水平”的十大产业调整振兴规划，实施了积极的财政政策和适度宽松的货币政策。力挽狂澜，使进出口总值由负变正，投资和消费高位增长，一笔笔宏观数据，一道道经济曲线，都清晰地表明，中国经济成功地实现了保增长目标，在世界各国中率先复苏，而且回升向好趋势不断巩固和发展。

2010年是我国“十一五“规划的最后一年。2009年12月召开的中央经济工作会议已明确“保持宏观经济政策的连续性和稳定性，继续实施积极的财政政策和适度宽松的货币政策”，为2010年我国经济保持较快发展提供了良好的政策环境。

作为记录国家投资和经济发展历程的《中国投资年鉴》，通过宏观经济、行业投资、地区发展、投资政策等栏目，翔实反映了我国2008年的经济变革和2009年的发展轨迹，为中国经济持续向好发展提供了真实的佐证。

2009年，我们对《中国投资年鉴》编委会进行了调整，由曾培炎同志担任编委会名誉主任，陈锦华同志担任编委会顾问，张平、谢旭人、李荣融、陈元同志担任编委会主任，穆虹同志担任编委会副主任；并新增了国家和地方发展改革、财政系统和政府其他部门的相关司局领导担任编委会委员。在投资建设领域多年从事领导工作和现职的领导进入编委会，对《中国投资年鉴》的工作给予支持和指导，是对我们最大的鼓舞和支持。我们将更加努力地工作，使《中国投资年鉴》在内容上更加丰富和充实。为使《中国投资年鉴》办的更好，我们诚恳欢迎广大读者提出宝贵意见和建议。

按往年的惯例，本卷《中国投资年鉴》数据部分提供了2008年全年的完整资料，其他栏目的资料截止到2009年10月底，具有较好的时效性。

《中国投资年鉴》编辑部

2009年12月

目　　录

特　载

第一部分　宏观经济

第二部分　行业发展与投资

行业发展综述

农、林、水、资源、环境

第三部分　地区投资与发展

第四部分 财政与金融

第五部分 节能减排与循环经济

第八部分 保增长、扩内需、调结构

第九部分　投资法规

第十部分　投资统计

附　　录

特载

进一步扩大内需 促进经济平稳较快增长的十项措施

国务院总理温家宝主持召开国务院常务会议，研究部署步扩进一大内需促进经济平稳较快增长的措施

会议认为，近两个月来，世界经济金融危机日趋严峻，为抵御国际经济环境对我国的不利影响，必须采取灵活审慎的宏观经济政策，以应对复杂多变的形势。当前要实行积极的财政政策和适度宽松的货币政策，出台更加有力的扩大国内需求措施，加快民生工程、基础设施、生态环境建设和灾后重建，提高城乡居民特别是低收入群体的收入水平，促进经济平稳较快增长。

会议确定了当前进一步扩大内需、促进经济增长的十项措施。

1. 加快建设保障性安居工程。加大对廉租住房建设支持力度，加快棚户区改造，实施游牧民定居工程，扩大农村危房改造试点。

2. 加快农村基础设施建设。加大农村沼气、饮水安全工程和农村公路建设力度，完善农村电网，加快南水北调等重大水利工程建设和病险水库除险加固，加强大型灌区节水改造。加大扶贫开发力度。

3. 加快铁路、公路和机场等重大基础设施建设。重点建设一批客运专线、煤运通道项目和西部干线铁路，完善高速公路网，安排中西部干线机场和支线机场建设，加快城市电网改造。

4. 加快医疗卫生、文化教育事业发展。加强基层医疗卫生服务体系建设，加快中西部农村初中校舍改造，推进中西部地区特殊教育学校和乡镇综合文化站建设。

5. 加强生态环境建设。加快城镇污水、垃圾处理设施建设和重点流域水污染防治，加强重点防护林和天然林资源保护工程建设，支持重点节能减排工程建设。

6. 加快自主创新和结构调整。支持高技术产业化建设和产业技术进步，支持服务业发展。

7. 加快地震灾区灾后重建各项工作。

8. 提高城乡居民收入。提高明年粮食最低收购价格，提高农资综合直补、良种补贴、农机具补贴等标准，增加农民收入。提高低收入群体等社保对象待遇水平，增加城市和农村低保补助，继续提高企业退休人员基本养老金水平和优抚对象生活补助标准。

9. 在全国所有地区、所有行业全面实施增值税转型改革，鼓励企业技术改造，减轻企业负担1200亿元。

10. 加大金融对经济增长的支持力度。取消对商业银行的信贷规模限制，合理扩大信贷规模，加大对重点工程、“三农”、中小企业和技术改造、兼并重组的信贷支持，有针对性地培育和巩固消费信贷增长点。初步匡算，实施上述工程建设，到2010年底约需投资4万亿元。为加快建设进度，会议决定，今年四季度先增加安排中央投资1000亿元，明年灾后重建基金提前安排200亿元，带动地方和社会投资，总规模达到4000亿元。

2008年中央经济工作会议综述

中央经济工作会议12月8日至10日在北京举行

胡锦涛在会上发表重要讲话，全面分析了当前国际国内形势，明确提出了明年经济工作的总体要求和重点任务，阐述了做好明年经济工作需要把握的原则。温家宝在讲话中全面分析了当前我国经济形势，阐述了明年经济社会发展主要预期目标和需要解决的重点问题，具体部署了明年经济工作。

会议指出，2008年在党和国家发展进程中是很不寻常、很不平凡的一年。一年来，我们接连经历了一些难以预料、历史罕见的重大挑战和考验。面对严峻形势，我们党团结带领全国各族人民同心同德、顽强拼搏，成功夺取抗击南方部分地区严重低温雨雪冰冻灾害和四川汶川特大地震灾害斗争重大胜利，成功举办北京奥运会、残奥会，成功完成神舟七号载人航天飞行任务，成功举办第七届亚欧首脑会议，沉着应对国际金融危机冲击，社会主义经济建设、政治建设、文化建设、社会建设以及生态文明建设和党的建设取得新的显著成就，社会大局保持稳定，我国国际地位和国际影响力进一步提高。今年下半年以来，国际经济环境急转直下，国内经济困难明显增加，根据形势发展变化，我们及时把宏观调控的首要任务调整为保持经济平稳较快发展、控制物价过快上涨，近期又果断实施积极的财政政策和适度宽松的货币政策，采取一系列进一步扩大内需、促进经济增长的政策措施，全力保持经济平稳较快发展。我国经济呈现增长较快、价格回稳、结构优化、民生改善的良好局面。在历史罕见的挑战和风险面前，我们能够取得这些成绩，确实来之不易。这充分显示了改革开放30年我国形成的强大经济实力和综合国力，充分证明了中国特色社会主义道路的正确性，充分表明了社会主义制度能够集中力量办大事的优越性，充分体现了中华民族不畏艰险、自强不息的英雄气概和强大凝聚力。

会议指出，在充分肯定成绩的同时，必须清醒地看到，今年以来，世界经济金融形势复杂多变，不稳定不确定因素明显增多。次贷危机引发的金融危机愈演愈烈，迅速从局部发展到全球，从发达国家传导到新兴市场国家和发展中国家，从金融领域扩散到实体经济领域，酿成了一场历史罕见、冲击力极强、波及范围很广的国际金融危机。在国际金融危机冲击下，实体经济增速大幅下滑。目前，这场金融危机不仅本身尚未见底，而且对实体经济的影响正进一步加深，其严重后果还会进一步显现。受国际金融危机快速蔓延和世界经济增长明显减速的影响，加上我国经济生活中尚未解决的深层次矛盾和问题，目前我国经济运行中的困难增加，经济下行压力加大，企业经营困难增多，保持农业稳定发展、农民持续增收难度加大，金融领域潜在风险增加。

会议强调，尽管我国经济发展面临着来自国际国内的严重困难和严峻挑战，但我国经济发展的基本面和长期趋势没有改变，我们遇到的困难和挑战是前进中的问题。经过改革开放30年的持续快速发展，我国积累了雄厚物质基础，经济实力、综合国力、抵御风险能力显著增强；我国工业化、城镇化快速发展，基础设施建设、产业发展、居民消费、生态环境保护等方面有巨大发展空间，扩大内需潜力巨大；社会主义市场经济体制不断完善，形成了较好的体制环境；金融体系总体稳健，财政赤字规模较小，外汇储备充足，国内储蓄率较高，宏观经济政策调整有较大余地。只要我们审时度势、科学决策、周密部署、扎实工作，充分发挥自身优势，加快解决突出问题，完全有条件变压力为动力、化挑战为机遇，把国际金融危机的不利影响降到最低程度，继续推动经济社会又好又快发展，继续推进全面建设小康社会进程。

会议认为，中央对经济全球化作出的判断是完全正确的，我国发展的重要战略机遇期仍然存在，不会因为这场金融危机而发生逆转。我们必须坚持社会主义市场经济的改革方向，坚持对外开放的基本国策，不为任何风险所惧，不被任何干扰所惑，坚定不移地推进改革开放和社会主义现代化建设。这场金融危机给我国发展既提出了前所未有的挑战，也带来了前所未有的机遇。我们既要把困难估计得更充分一些，把应对措施考虑得更周密一些，又要注重从变化的形势中捕捉和把握难得发展机遇、在逆境中发现和培育有利因素，统筹好国内国际两个大局，善于从国际国内条件的相互转化中用好发展机遇、从国际国内资源的优势互补中创造发展条件，更好地利用国际国内两个市场、两种资源，扎扎实实办好自己的事情。

会议强调，战胜国际金融危机严重冲击，做好明年经济工作，对于维护改革发展稳定大局，实现“十一五”规划确定的目标任务，推进全面建设小康社会进程，具有十分重要的意义。会议提出，明年经济工作的总体要求是，全面贯彻党的十七大和十七届三中全会精神，以邓小平理论和“三个代表”重要思想为指导，深入贯彻落实科学发展观，立足扩大内需保持经济平稳较快增长，加快发展方式转变和结构调整提高可持续发展能力，深化改革开放增强经济社会发展活力和动力，加强社会建设加快解决涉及群众利益的难点热点问题，促进经济社会又好又快发展。

会议指出，贯彻落实明年经济工作的总体要求，必须抓住关键、突出重点。必须把保持经济平稳较快发展作为明年经济工作的首要任务。要着力在保增长上下功夫，把扩大内需作为保增长的根本途径，把加快发展方式转变和结构调整作为保增长的主攻方向，把深化重点领域和关键环节改革、提高对外开放水平作为保增长的强大动力，把改善民生作为保增长的出发点和落脚点。

会议强调，科学发展观第一要义是发展，越是在经济发展面临较大困难的时候，我们越是要坚定不移地贯彻发展是硬道理的战略思想，牢牢扭住经济建设这个中心，始终做到聚精会神搞建设、一心一意谋发展，我们所谋求的发展必须是讲求质量和效益的发展，必须是以人为本、全面协调可持续的发展。在实现保增长目标的努力中，要更加自觉地深入贯彻落实科学发展观，尤其要把握好几个重大问题：坚持扩大内需为主和稳定外需相结合，进一步增强抵御外部经济风险能力；坚持保持增长速度和提高质量效益相统一，进一步提高经济发展质量和水平；坚持推进结构升级和扶持就业创业相协调，进一步增强经济竞争优势和吸纳就业能力；坚持推进金融创新和提高金融监管能力相适应，进一步发挥金融对促进经济发展的积极作用；坚持加强政府调控和发挥市场机制作用相促进，进一步增强经济发展内在活力。

会议提出了明年经济工作的重点任务：

1. 加强和改善宏观调控，实施积极的财政政策和适度宽松的货币政策。要较大幅度增加公共支出，保障重点领域和重点建设支出，支持地震灾区灾后恢复重建，实行结构性减税，优化财政支出结构，继续加大对“三农”、就业、社会保障、教育、医疗、节能减排、自主创新、先进装备制造业、服务业、中小企业、重大改革等方面的支持力度，加大对低收入家庭的补贴和救助力度。实施积极的财政政策，要注意准确把握政策导向，按照产业结构优化升级和优胜劣汰的要求，着重缓解和消除发展的瓶颈制约，切实淘汰落后生产能力和加快产品更新换代，增强自主创新能力和产业竞争力。搞建设项目，要严格按照项目审批和建设程序办事，坚决防止高耗能、高污染、低水平重复建设，绝不能降低工程质量，绝不能搞劳民伤财的“形象工程”和脱离实际的“政绩工程”。要提高公共投资的经济效益、社会效益、带动效应，拓宽民间投资领域和渠道，增强拉动经济增长的社会合力。要发挥货币政策反周期调节和保障流动性供给的重要作用，促进货币信贷供应总量合理增长，坚持区别对待、有保有压，引导和改善市场预期，保持人民币汇率在合理均衡水平上的基本稳定，进一步改善国际收支状况。要支持能够扩大最终消费需求、带动中间需求的项目，支持在国际分工中具有长期竞争优势的先进生产能力建设，支持内部治理结构完善、就业容量大的劳动密集型企业，有效引导结构调整。要保持资本市场和房地产市场稳定健康发展。加强资本市场基础性制度建设，提高上市公司质量和治理水平，加强资本市场监管，增强投资者信心。要把满足居民合理改善居住条件愿望和发挥房地产业支柱产业作用结合起来，增加保障性住房供给，减轻居民合理购买自住普通商品住房负担，发挥房地产在扩大内需中的积极作用。

2.巩固和发展农业农村经济好形势，保障农产品有效供给、促进农民持续增收。一定要更加重视农业、农村、农民工作，千方百计确保农业特别是粮食安全不出问题，要把提高农民收入、夯实农业基础作为扩大内需的重要内容。高度重视粮食生产和主要农产品供给，千方百计调动农民种粮、地方政府抓粮的积极性，及时采取调控和引导措施，确保粮食和其他主要农产品生产稳定、市场稳定。大幅度增加对"三农"投入，保证各级财政对农业投入增长幅度高于经常性收入增长幅度，大幅度增加国家对农村基础设施建设和社会事业发展的投入，大幅度提高政府土地出让收益、耕地占用税新增收入用于农业的比例，大幅度增加对中西部地区农村公益性建设项目的投入。要完整、准确、严格贯彻党的十七届三中全会精神，农村现有土地承包关系要保持稳定并长久不变，在依法、自愿、有偿流转土地承包经营权的过程中，不得改变土地集体所有性质，不得改变土地用途，不得损害农民土地承包权益。要高度重视农民工就业和促进农民增收出现的新情况，最大限度拓展农村劳动力就业渠道和农村内部增收空间。

3.加快发展方式转变，推进经济结构战略性调整。虽然我们面临着保增长的繁重任务，但加快发展方式转变、推进经济结构战略性调整的大方向不能动摇。必须坚持把保增长、扩内需、调结构有机结合起来。要以增强发展协调性和可持续性、提高自主创新能力为目标，通过扩大最终消费需求，带动中间需求，有效吸收和消化国内生产能力，形成发展新优势。一是要以提高居民收入水平和扩大最终消费需求为重点，调整国民收入分配格局。提高居民收入在国民收入中的比重，继续做好调整企业退休人员养老金工作，提高居民财产性收入，大力促进农民消费，稳定发展住房消费和汽车消费，着力发展服务消费和旅游消费，不断增强最终消费能力。二是要以提高自主创新能力和增强三次产业协调性为重点，优化产业结构。着力突破制约产业转型升级的重要关键技术，精心培育一批战略性产业，加快企业兼并重组、支持重点企业技术改造，加快发展生产性服务业和生活性服务业，加强铁路、水利等基础设施建设。要全面加强节能、节水、节地、节材和资源综合利用工作，突出抓好节能减排、生态环境保护重点工程建设。三是要以推进城镇化和促进城乡经济社会发展一体化为重点，改善城乡结构。促进大中小城市和小城镇协调发展，有重点地培育一批综合承载能力强、辐射作用大的城市群，使其成为拉动内需的重要增长极。四是要以缩小区域发展差距和优化生产力布局为重点，调整地区结构。继续实施西部大开发、东北地区等老工业基地振兴、中部地区崛起、东部地区率先发展的区域发展总体战略，促进区域间生产要素合理流动和梯度转移。落实国家主体功能区规划，配套出台分类调控的区域政策。

4.深化改革开放，完善有利于科学发展的体制机制。坚持社会主义市场经济的改革方向，抓住时机推出有利于实现保增长、扩内需、调结构的改革措施，是提振市场信心的最好办法。要深化价格体制改革，加快建立能够充分反映市场供求关系、资源稀缺程度、环境损害成本的资源要素价格形成机制。推进公共财政管理体制改革，深化预算制度改革，健全中央政府和地方政府财力与事权相匹配的体制。加快金融体制改革，建立健全货币政策和金融发展、金融监管相协调的机制，改善金融结构和服务，加强金融监管和创新。推进投资体制改革，健全政府投资管理体制。深化国有企业改革，继续推进国有经济布局调整，加快健全现代企业制度，推进垄断行业分类改革。毫不动摇地鼓励、支持、引导非公有制经济发展。要扩大对外开放，转变对外经济发展方式，走以质取胜、集约化、多元化的发展路子，努力保持出口稳定增长，增加进口先进技术、关键设备、重要能源原材料，提高利用外资质量，更加积极稳妥地实施"走出去"战略，在对外开放中不断提高我国经济的国际竞争力和抗风险能力。

5.着力解决涉及群众利益的难点热点问题，切实维护社会稳定。必须实施更加积极的就业政策，全方位促进就业增长，确保就业形势基本稳定。加快完善城乡社会保障体系，扩大城镇职工基本养老保险、基本医疗保险和城镇居民基本医疗保险覆盖面，研究和推出全国统一的社会保险关系转续办法，积极开展农村社会养老保险试点，制定农民工养老保险办法，切实保障农村贫困家庭、城镇困难家庭、离退休职工、在校贫困大学生基本生活水平不下降。加强各级各类教育和培训，大力发展职业教育特别是农村中等职业教育，全面推进素质教育。积极推进医药卫生体制改革，为人民群众提供安全、有效、方便、价廉的医疗卫生服务。高度重视并切实抓好食品药品质量安全和生产安全，建立最严格的食品药品和安全生产标准，建立权责利相对应的法律追究惩治体系。严厉打击各种违法违规生产经营行为，坚决遏制重特大安全事故。深入开展社会主义精神文明建设，为经济社会发展提供思想保证、舆论支持、文化条件。加强和完善社会管理，健全应急管理体制机制，下大气力解决群众反映强烈的突出问题，全力维护社会稳定。

会议指出，实现明年经济工作的目标和任务，要继续实施灵活审慎的宏观经济政策，核心是提高宏观调控的应变能力和实际效果，要切实增强调控的预见性、针对性，努力提高调控的科学性、实效性。在工作具体部署上，要积极扩大国内需求，进一步巩固和加强农业基础地位，加快经济结构战略性调整，坚定不移地推进改革开放，着力做好就业和社会保障工作，全面提高产品质量和安全生产水平，加快发展社会事业。

会议指出，做好明年经济工作，要进一步加强和改进党对经济工作的领导，统一思想、协调行动，加强学习、增长本领，转变作风、狠抓落实。要把思想和行动统一到科学发展观的要求上来，统一到中央对国内外经济形势的分析判断上来，统一到中央决策部署上来，以思想认识的高度一致保证行动和工作的高度协调。要把开展深入学习实践科学发展观活动与保持经济平稳较快发展紧密结合起来，着力把握发展规律、创新发展理念、转变发展方式、破解发展难题，着力转变影响和制约科学发展的思想观念和体制机制，着力解决经济社会发展中的突出矛盾和问题。要深入实际、深入基层、深入群众，开展调查研究，做到问政于民、问需于民、问计于民，使提出的发展思路、工作部署、政策措施更加符合实际。要加强党风廉政建设，严格执行纪律，加强督促检查，确保中央关于进一步扩大内需、促进经济增长的政策措施不折不扣落实到位，确保党和国家大政方针得到全面贯彻。

会议强调，我们要更加紧密地团结在以胡锦涛同志为总书记的党中央周围，高举中国特色社会主义伟大旗帜，万众一心，振奋精神，锐意进取，扎实工作，全面做好明年经济工作，以优异成绩迎接新中国成立60周年。

第一部分

宏观经济

关于2008年国民经济和社会发展计划执行情况与2009年国民经济和社会发展计划草案的报告

2009年3月5日第十一届全国人民代表大会第二次会议 国家发展和改革委员会

受国务院委托，现将2008年国民经济和社会发展计划执行情况与2009年国民经济和社会发展计划草案提请十一届全国人大二次会议审议，并请全国政协各位委员提出意见。

一、2008年国民经济和社会发展计划执行情况

过去的一年，是很不寻常、很不平凡的一年，我国经济社会发展经历了多方面难以预料、历史罕见的重大挑战和严峻考验。全国各族人民在中国共产党的领导下，深入贯彻落实科学发展观，按照十一届全国人大一次会议审议批准的国民经济和社会发展计划，克服重重困难，排除各种突发事件的干扰，全面夺取抗击南方部分地区严重低温雨雪冰冻灾害和四川汶川特大地震灾害斗争重大胜利；成功举办北京奥运会、残奥会，成功完成神舟七号载人航天飞行任务；特别是积极应对国际金融危机冲击，保持了经济平稳较快发展和社会和谐稳定。计划执行情况总体是好的。

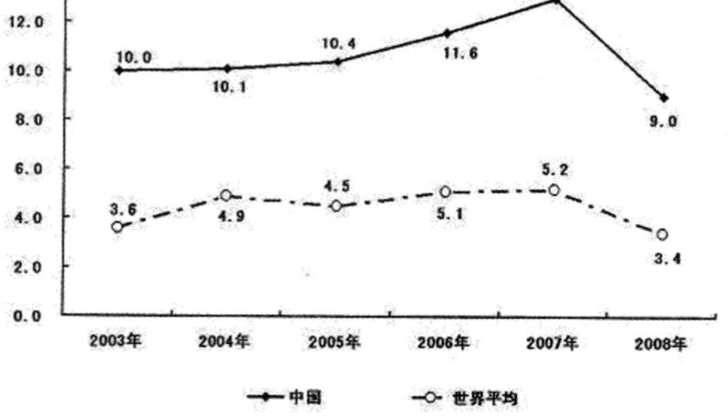

图1、国内生产总值情况和比较

（一）经济平稳较快增长

全年国内生产总值超过30万亿元，增长9.0%，比世界经济平均增长率高出5个多百分点。规模以上工业增加值比上年增长12.9%，轻、重工业分别增长12.3%和13.2%。全年社会消费品零售总额达到10.85万亿元，增长21.6%，增速比上年加快4. 8个百分点；全社会固定资产投资总额17.23万亿元，增长25.5%，国内需求特别是消费需求对经济增长的拉动作用增强。

经济效益继续保持增长。国家财政收入6.13万亿元，增长19.5%。单位国内生产总值能耗进一步降低，全年降幅为4.59%；二氧化硫、化学需氧量排放量减少的势头得到巩固，全年分别下降5.95%和4.42%。万元工业增加值用水量下降7.0%。节约集约用地工作力度加大，土地利用效率继续提高。

（二）价格涨幅逐步回落

针对上半年国内食品价格上涨过快和国际市场粮食、油料价格急剧上涨对稳定物价带来的巨大压力，采取了综合性政策措施。一方面，努力保障供给。制定并组织实施扶持政策，促进粮食、生猪、油料、奶业、蛋鸡等生产发展；加强重要农副产品的紧急调运和产销衔接，缓解东北粮食、部分地区特别是灾区农产品卖难和流通不畅问题；采取财税支持、控制出口、鼓励进口、国家储备吞吐调节等综合措施，保障粮食、成品油、化肥等重要商品的市场供应和价格稳定。另一方面，加强市场监管。对粮食、食用植物油等重要商品实施临时价格干预措施。组织开展农资价格、成品油价格、医药价格和涉农收费、涉企收费、教育收费等专项检查，积极引导经营者价格自律，严厉打击囤积居奇、哄抬价格、串通涨价等违法行为。与此同时，两次提高低保补助水

平，确保低收入群体的基本生活不会因物价上涨受到明显影响。进入四季度后，通货膨胀压力明显减弱，全年居民消费价格上涨5.9%；生产资料和农资价格涨幅也迅速回落，12月份生产资料出厂价格同比下降1.9%，农资价格涨幅比最高时的7月份回落12.4个百分点。

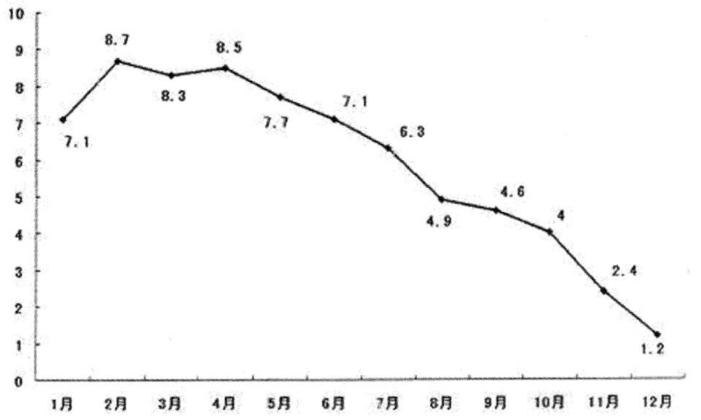

图2、2008年居民消费价格指数月度变动情况

（三）“三农”工作进一步加强

强农惠农政策力度不断加大。耕地保护工作继续加强。研究制定了进一步扶持农业和粮食生产的10项措施，组织编制了《全国新增1000亿斤粮食生产能力规划（2009－2020年）》。在粮食收购价格、涉农补贴和主要农产品收储方面，进一步加大工作力度。三次大幅度提高粮食最低收购价，提价幅度超过20%；中央财政用于粮食直补、农资综合补贴、良种补贴、农机具购置补贴的资金达1030亿元，比上年增长1倍；实施主要农产品临时收储政策，共收购稻谷1178万吨、玉米852万吨、棉花131万吨、油料67万吨。

支农资金投入继续增加。全年中央财政用于“三农”资金达5955.5亿元，增长37.9%。粮食、油料、糖料、棉花生产基地和旱作农业示范基地建设步伐加快，

（单位：亿元）

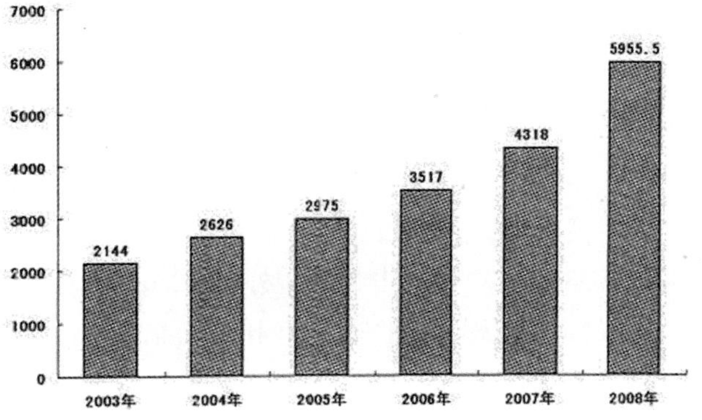

图3、中央财政用于“三农”资金的增长情况

动植物疫病防控体系、标准化规模养殖小区、种养业良种繁育基地、农产品质量安全检验检测体系、农产品批发市场、粮油仓储及现代物流设施建设进展顺利。

主要农副产品产量大幅增长。粮食连续5年丰收，全年总产量达到52850万吨，增长5.4%，总产和单产均创历史新高。棉花产量750万吨，油料、糖料产量分别达到2950万吨和13000万吨，增长14.8%和6.7%；生猪生产恢复较快，肉类总产量7269万吨，增长5.9%，奶业生产逐步恢复，全年牛奶产量增长3.6%；水产品产量4895万吨，增长3.1%。优质高产高效农业取得新进展，无公害农产品、绿色食品、有机食品和农业标准化生产加快发展，优质小麦和优质水稻所占比重分别达到68%和74%，比上年提高6.3个和1.9个百分点。

（单位：万吨）

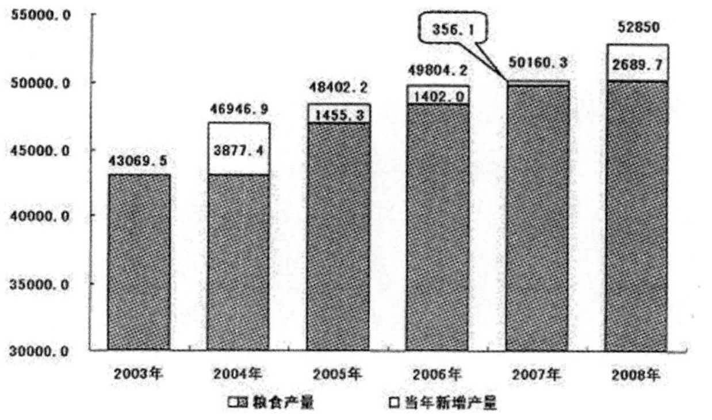

图4、粮食产量及其增产情况

农村生产生活条件进一步改善。病险水库除险加固、大型灌区续建配套与节水改造工程加快实施，中部大型排涝泵站更新改造规划提前完成，开工建设了一批骨干水利工程。继续加强农村水电气路建设，饮水安全工程使4824万农民受益，新增沼气用户500万户，新建、改建农村公路39.1万公里。“万村千乡”、“双百”市场工程进展顺利。

（四）结构调整取得重要进展

自主创新能力继续增强。新修订的科技进步法公布实施，国家中长期科学和技术发展规划纲要实施顺利，配套政策进一步完善。科技创新投入大幅增加，中央财政科技投入1163亿元，增长16.4%。大型油气田、极大规模集成电路等16个国家重大科技专项全面进入实施阶段，国家科技支撑、863、973等科技计划进展顺利，知识创新三期工程建设全面启动，大天区望远镜、重离子

加速器等国家重大科技基础设施建成投入使用，在信息、生物和环保等领域新建了18个国家工程中心，新认定了76家国家级企业技术中心，支持了90家企业技术中心创新能力建设。自主研发了百万亿次超级计算机，新支线飞机ARJ21－700首飞成功。

高技术产业和装备制造业发展加快。生物医药、卫星应用等13个高技术产业化专项实施顺利，在信息、生物、新能源、新材料、民用航空航天等领域新认定了37个高技术产业基地，发放了3张第三代移动通信牌照。2008年，54个国家高新区工业增加值增长18．6%。振兴装备制造业的政策体系不断完善，一批重大装备和关键设备研制成功。空客A320天津总装线正式投入运营，1000千伏交流特高压输电试验示范线路的关键设备研制成功，兆瓦级风电设备开始批量生产。同时，继续依法淘汰落后生产能力，全年关停小火电1669万千瓦、小煤矿1054处，水泥、钢铁、电解铝等行业落后产能淘汰工作进展顺利。高耗能、高排放行业生产增幅明显放缓，钢铁、煤炭、建材等行业优势企业兼并重组步伐加快。

基础设施和基础产业稳定发展。新增公路通车里程近10万公里，其中高速公路6433公里；新建铁路投产里程1719公里，增建铁路复线投产里程1935公里，电气化铁路投产里程1955公里，武汉－合肥铁路全面建成，京沪高速铁路、北京－石家庄－武汉客运专线和兰渝、贵广等西部干线及其他一批重大铁路项目开工建设；港口万吨级码头泊位新增吞吐能力3.3亿吨；港珠澳大桥前期工作取得实质性进展；新建康定、榆林、长白山等8个民用机场。福建宁德、福清与广东阳江、浙江方家山4个核电项目开工建设，两淮煤炭基地竣工验收，国家石油储备一期工程交付使用。全年原煤产量27.9亿吨，增长4.1%，新增发电装机9051万千瓦。

服务业发展态势良好。支持服务业加快发展的政策体系不断完善，新农村综合信息服务、基础教育信息资源开发与服务、中小企业电子商务服务等信息化试点示范工程启动实施。运用服务业发展引导资金，重点支持了先进制造业服务体系、农业生产配套服务体系建设。第三产业增加值达到12.05万亿元，比上年增长9.5%，区域发展协调性增强。新开工了10项西部大开发重点工程，投资总规模达4361亿元，落实退耕还林后续政策，巩固退耕还林成果，实施退牧还草523万公顷。东北地区等老工业基地振兴步伐加快，确定了全国首批12个资源枯竭城市，东北中小企业信用再担保机构正式成立。中部地区26个城市比照实施振兴东北地区等老工业基地有关政策、243个县（市、区）比照实施西部大开发有关政策逐步落实，中部城市群发展势头强劲，“三个基地、一个枢纽”建设取得积极进展。东部地区在转变发展方式、调整经济结构、推动体制创新等方面继续走在全国前列，出台了推进长江三角洲地区改革开放和经济社会发展指导意见以及珠江三角洲地区改革发展规划纲要，经济特区、上海浦东新区、天津滨海新区开发开放继续向纵深发展。制定和实施了一批扶持老少边穷地区发展的政策性文件，区域合作和对口支援不断拓展，东部产业向中西部地区转移呈良好态势。

（五）改革开放迈出新的步伐

经济体制改革继续深化。农村综合改革继续深化，集体林权制度改革全面推开。公司制股份制改革和国有独资公司董事会试点稳步推进，17家试点中央企业董事会中的外部董事都已超过半数。国有资本经营预算制度改革试点范围扩大，电信企业资产和业务重组基本完成，初步形成了新移动、新电信和新联通三足鼎立的竞争格局；航空工业体制改革取得重大进展，中航一、二集团合并重组为中国航空工业集团公司。鼓励支持和引导非公有制经济发展的配套措施不断完善。新的企业所得税法得到较好落实，研究制定并发布实施了增值税转型改革方案。中国农业银行和国家开发银行改革取得重大进展，银行业的资本实力、资产质量和防风险能力有了新的提高。资源性产品价格改革稳步推进，酝酿多年的成品油价格和税费改革方案顺利实施。修改完成了深化医药卫生体制改革的意见，研究制定了2009－2011年改革实施方案。综合配套改革试点工作也取得了新的进展。

开放型经济继续发展。对外贸易较快增长。全年进出口总额25616亿美元，比上年增长17.8%。进出口商品结构继续改善，机电产品、高新技术产品出口分别增长17.3%和13.1%。服务贸易快速发展。利用外资质量和水平进一步提升。完善了外商投资、借用国外贷款管理。全年吸收外商直接投资（不含银行、证券、保险领域）924亿美元，比上年增长23.6%，其中，服务贸易领域实际使用外资增长24.2%，西部和中部地区实际使用外资分别增长79.8%和36.4%。安排借用国外贷款230亿美元，比上年增长5．4%。国家外汇储备达到1.95万亿美元。企业对外投资合作步伐加快，全年对外直接投资（非金融部分）406.5亿美元，比上年增长63.6%，对外工程承包和劳务合作保持较快发展。

（单位：%）

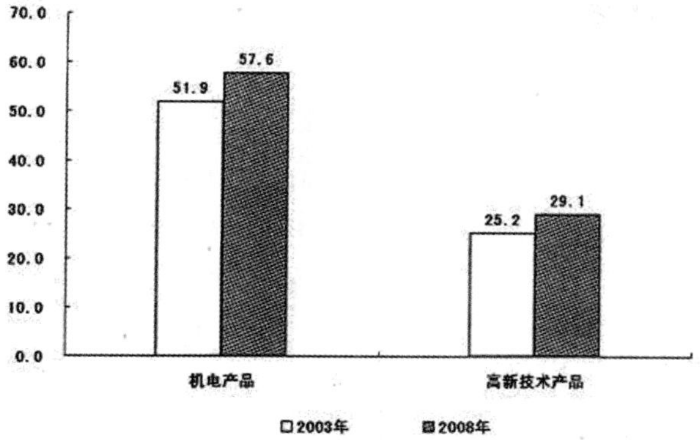

图表5、机电产品和高新技术产品比重变化情况

（六）民生工作和社会事业得到加强

城乡居民收入继续增加、实惠增多。全年农村居民人均纯收入和城镇居民人均可支配收入分别达到4761元和15781元，实际增长8.0%和8.4%。促进就业、以创业带动就业的政策进一步完善，城镇新增就业1113万人，年末城镇登记失业率4.2%。社会保障覆盖面继续扩大，全国参加城镇基本养老、城镇基本医疗、失业、工伤、生育保险人数分别新增1753万、9387万、755万、1637万和1406万。企业退休人员基本养老金人均每月新增110元，城镇居民基本医疗保险试点城市新增229个，新型农村合作医疗制度实现全覆盖（以县为单位）。被征地农民社会保障制度建设取得新进展。新建城镇廉租住房63万套，通过实物配租和发放租赁补贴，又解决了190万户城市低收入家庭的住房困难。社区服务体系、儿童福利设施、流浪未成年人救助保护设施以及残疾人综合服务设施建设积极推进。扶贫开发力度加大、扶贫标准进一步提高，利用国家以工代赈资金建设了基本农田7.2万公顷，解决了贫困地区190万人、110万头牲畜饮水困难。安排西部地区易地扶贫搬迁人口32万人。

（单位：万人）

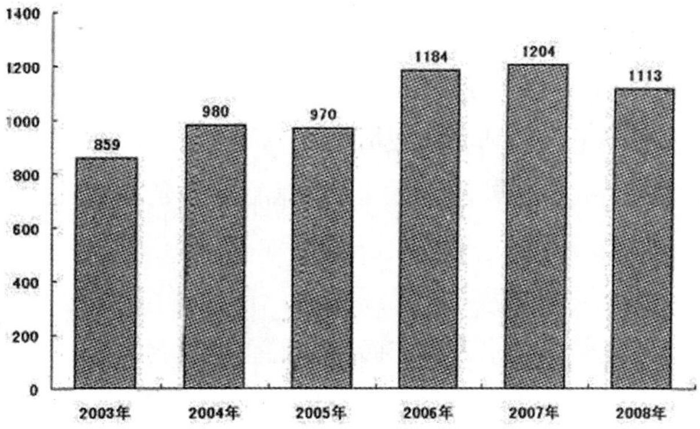

图6、城镇新增就业增加情况

各项社会事业建设得到加强。城乡免费义务教育全面实施，职业教育加快发展，家庭经济困难学生资助制度逐步完善。农村义务教育办学条件进一步改善，在3519所农村初中学校新建689万平方米学生生活设施，支持722所中等职业学校和县级职教中心加强基础能力建设；新建改扩建182所特殊教育学校。启动实施高等教育“211工程”三期建设。高中阶段教育毛入学率比上年提高8个百分点，普通高校招生数增加42万人，研究生增加2.7万人。基层医疗服务和计划生育设施建设加快，支持了2万余所乡镇卫生院、430个县医院、209个县中医院和369个县妇幼保健机构的建设；安排专门资金，支持159个地市级以上重点中医院、1231个县级和乡镇中心计划生育服务站建设，对重大传染病、地方病多发的边远地区8800多个村卫生室给予了支持。人口自然增长率5.08‰。广播电视村村通、乡镇综合文化站、文化和自然遗产地保护、旅游等方面的支持力度明显加大。新闻出版、文学艺术、哲学社会科学等事业繁荣发展。城乡公共体育设施建设得到加强。

（七）资源节约型和环境友好型社会建设加快

节能减排工作力度加大。全年累计安排423亿元中央财政资金，支持十大重点节能工程建设、循环经济发展、城镇污水垃圾处理设施及配套管网改造、重点流域水污染治理和节能环保能力建设等。推广节能灯6000多万支，限产限售限用塑料购物袋取得明显成效。发布了国家重点节能技术推广目录，建筑、交通运输、公共机构节能取得新进展。实施节能减排科技专项行动，攻克了一批重点行业的重大节能减排技术，在重点领域和行业进行了大规模示范和推广应用。第二批国家循环经济示范试点顺利实施，启动了14家汽车零部件再制造试点。经济政策的激励作用进一步强化，发布实施了节能节水环保设备所得税优惠政策，调整了不同排量乘用车的消费税税率，完善了资源综合利用税收优惠政策，出台了可再生能源电价补贴和配额交易方案。开展了省级政府2007年节能减排目标完成情况、节能减排措施落实情况的评价考核，公布了2007年度千家重点耗能企业节能目标责任评价考核结果，重点耗能企业能效水平对标活动进展顺利。组织开展了节能减排专项督察和环保专项执法行动。节能减排全民行动等宣传活动收到了良好社会效果。

生态环境保护取得新进展。塔里木河治理、黑河治理、首都水资源保护工程积极推进，石羊河流域重点治理工程全面启动；在继续推进天然林资源保护、防护林体系建设、京津风沙源治理等重点生态保护工程的同时，启动了岩溶地区石漠化综合治理。太湖水环境综合治理和松花江、淮河、辽河等重点流域水污染防治工作积极推进。三峡库区三期地质灾害防治工程顺利实施。农村环保全面启动。全国新增城市污水日处理能力1149万吨，城市污水处理率和城市生活垃圾无害化处理率分别达到65%和64%，均比上年提高2个百分点左右。燃煤电厂脱硫改造进一步推进，又有近1亿千瓦火电机组安装了脱硫设施，已占火电装机总量的60%左右。

（单位：%）

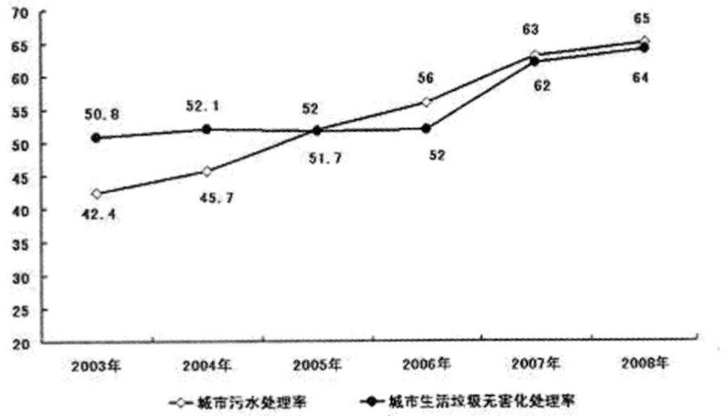

图7、城市污水处理率和生活垃圾无害化处理率提高情况

应对气候变化国家方案得到较好落实。发布《中国应对气候变化的政策与行动》白皮书，推动通过《应对气候变化技术开发与转让北京宣言》，清洁发展机制项目合作积极开展。

（八）抗击特大自然灾害取得重大胜利

年初，为应对南方部分地区严重低温雨雪冰冻灾害，按照中央的统一部署，各地区各部门迅速启动应急机制，全力保交通、保供电、保民生，迅速恢复了工农业生产和因灾损毁的基础设施。“5/12”四川汶川特大地震发生后，全国上下紧急动员，人民解放军、武警部队、民兵预备役人员、公安民警和医疗卫生人员、新闻工作者、科技工作者、教育工作者、志愿者等各方面力量迅速行动，港澳台同胞及海外华人华侨慷慨解囊，国际社会积极施援，奋勇夺取抗震救灾斗争重大胜利，谱写了感天动地的英雄凯歌。从废墟中抢救出生还者8.4万人，及时收治伤病人员296万人次，累计救助受灾困难群众1058.4万人。为积极有效开展恢复重建工作，出台了汶川地震灾后恢复重建条例，经全国人大常委会批准，设立了灾后恢复重建基金，在较短时间内编制完成灾后恢复重建总体规划和10个专项规划，建立了“一省帮一重灾县”的对口支援机制。目前，灾后恢复重建各项规划正在抓紧实施，8400多个重建项目已开工建设，灾区群众生产生活正逐步恢复正常。

在世界经济金融形势发生急剧变化、国内各种突发性困难明显增多的情况下，2008年经济社会发展取得显著成绩，来之不易。这是党中央、国务院坚强领导、科学决策的结果，是各地区各部门密切配合、扎实工作的结果，是全国各族人民众志成城、共克时艰的结果。

在充分肯定成绩的同时，我们也清醒地看到，当前国际国内经济形势十分严峻复杂，保持经济平稳较快发展任务更加繁重。国际金融危机扩散蔓延，已严重冲击全球经济，波及范围之广、影响程度之深、冲击强度之大超出人们预料，主要发达经济体可能全面衰退，新兴市场经济体和发展中国家增速放缓，世界经济将会经历一个较长的低迷和调整时期，同时，全球通货紧缩压力加大，贸易保护主义抬头，不确定不稳定性因素显著增多。受国际金融危机冲击的影响，加上我国自主创新能力不强、产业结构不合理、内需外需不均衡、资源环境代价过大，以及投资消费比例关系、经济社会发展和城乡区域发展不协调等发展方式粗放的问题与体制性、结构性矛盾依然存在，经济运行困难急剧增加。特别是2008年第四季度以来，经济增速下滑已经成为经济运行中的突出问题。一是工业生产显著放缓，10－12月，全国规模以上工业增加值增幅同比分别回落9.7个、11.9个和11.7个百分点；能源、原材料和运输需求缩减，钢材、电解铝等产品市场价格下降，产能过剩问题明显暴露。二是一些消费热点降温，全年全国商品房销售面积下降19.7%，汽车销量增幅回落15.1个百分点，近年来消费增长较快的其他商品需求也出现了不同程度的下降。三是对外贸易急剧下滑，去年11、12月份出口额分别下降2.2%和2.8%。四是部分企业经营困难，企业订单减少、销售不畅、利润缩减状况从沿海向内地、从中小企业向大企业、从外向型行业向其他行业蔓延，亏损企业增加较多。

与此同时，就业、“三农”、节能减排、金融等方面也存在一些突出矛盾和问题。就业再就业压力加大。全国企业用工需求明显下滑，10－12月城镇新增就业人数逐月下降，当月新增就业人数分别为84万、55万和38

万，高校毕业生、城镇就业困难人员和农民工就业形势更趋严峻。促进农业增产、农民增收的制约因素较多。农业基础设施依然薄弱，连续5年丰收后继续保持粮食生产稳定发展更加困难，农产品价格下行压力较大，在农民工返乡较多、稳定就业难度加大的情况下，保持农民收入持续增长的制约进一步突出。推进节能减排的任务更加艰巨。由于发展阶段的客观因素，节能技术服务产业发展滞后，加上目前企业经营困难加大、开工不足，导致能源利用效率和治污设施正常运营水平下降、技术改造和污染治理投入减少，“十一五”后两年节能减排的压力仍然很大。金融市场潜在风险不容忽视，资本市场信心亟待增强。部分领域市场经济秩序混乱，生产安全和食品安全重特大事故频繁发生，给人民群众生命财产造成了重大损害。针对上述问题，我们将积极采取措施，加快解决突出矛盾，努力把各种不利影响降到最低程度。

二、2009年经济社会发展的总体要求和主要目标

2009年的经济社会发展工作，要全面贯彻党的十七大和十七届三中全会精神，以邓小平理论和“三个代表”重要思想为指导，深入贯彻落实科学发展观，立足扩大内需保持经济平稳较快增长，加快发展方式转变和结构调整提高可持续发展能力，深化改革开放增强经济社会发展活力和动力，加强社会建设加快解决涉及群众利益的难点热点问题，促进经济社会又好又快发展。

按照上述要求，围绕保持经济平稳较快发展的首要任务，考虑速度与质量结构效益相统一、内部经济与外部经济相均衡、经济发展与社会发展相协调的需要，并与“十一五”规划《纲要》相衔接，提出的2009年经济社会发展的主要目标是：

经济保持平稳较快增长，国内生产总值增长8%左右。继续提出8%左右的经济增长目标，主要是为了防止增速下滑过多，是维护党和国家工作大局、广大人民群众切身利益的客观需要，有利于稳定社会预期、增强发展信心，有利于扩大城乡就业、增加居民收入、保持社会稳定。同时，在世界经济增长减速、外部环境复杂多变、国内矛盾明显增多的形势下，这一目标也是不低的，需要强有力的宏观政策支撑和扎实有效的工作。当然，我们所追求的是讲求质量和效益的发展，是以人为本、全面协调可持续的发展。

经济结构进一步优化。自主创新力度加大，第三产业比重有所提高，产业集中度得到提升，落后产能进一步被淘汰，区域发展更趋协调，单位国内生产总值能耗、二氧化硫、化学需氧量排放量降幅进一步扩大。在国际金融危机不断蔓延、国内存在诸多矛盾和问题的大背景下，只有化挑战为机遇，变压力为动力，把保增长、扩内需、调结构有机结合起来，加快经济结构优化和企业转型升级，淘汰落后产能，整合生产要素，才能不断提高发展的质量和效益，增强产业竞争力和可持续发展能力。提出这个组合目标，就是为了引导各方面在保持经济平稳较快增长的同时，着力转变发展方式，加快调整经济结构，强化节能减排工作，努力促进企业转型升级，增强应变能力，实现又好又快发展。

民生得到较好保障。城镇新增就业900万人，实际工作中力争更多一些，城镇登记失业率不高于4.6%。农民人均纯收入和城镇居民人均可支配收入均实际增长6%。减少农村贫困人口200万人以上。人口自然增长率控制在7‰以内。主要考虑是：越是困难的时候，越要高度关注民生，这无论是对于扩大内需、促进增长，还是增强全社会战胜困难的信心和决心，都是非常重要的。虽然当前部分企业经营困难，新增劳动力持续增加，特别是今年大学毕业生人数继续增加，就业形势非常严峻，但通过实施更加积极的就业政策，全方位增加就业岗位，加强就业服务和培训，城镇新增就业目标是可以实现的。受国内外经济环境变化的影响，农民务工难度加大，制约了现金收入的增加，生猪、棉花、大豆等主要农产品价格也存在一些不确定因素，今年城乡居民特别是农民增收形势不容乐观。但是，随着国民收入分配格局调整力度的加大，促进居民收入提高政策措施的逐步落实，农村劳动力就业渠道和农村内部增收空间的不断拓展，城乡居民收入增长的预期目标也是可以实现的。

居民消费价格总水平涨幅控制在4%左右。提出这一目标，既估计了总需求增长放缓，供过于求矛盾加大，短期价格下行压力增大的因素，也考虑了稳步推进价格改革、劳动力和资源环境成本刚性上升等因素，同时也考虑了引导市场预期和稳定市场信心的需要。

国际收支状况继续改善。出口保持稳定增长，进口进一步扩大，服务贸易发展加快，有效配置全球资源的能力和水平有所提高，国际竞争新优势得到加强。外贸进出口总额增长8%。利用外资的区域结构和产业结构

改善，对外投资稳步增加。实现这一目标，既是保增长、保就业的现实需要，也是调结构、增效益的重要条件。尽管当前国际经济环境严峻，国际市场收缩，贸易保护主义抬头，但是，我国劳动力资源丰富、素质不断提高，技术进步加快，企业应对市场变化的能力逐步提升，在国际竞争中仍具有明显的比较优势，只要我们抓住国际分工调整的有利时机，坚持扩大对外开放，转变对外经济发展方式，走以质取胜、集约化、多元化的发展路子，就能够不断提高我国经济的国际竞争力和抗风险能力，稳定并扩大国际市场份额。

三、2009年经济社会发展的主要任务和措施

今年是新中国成立60周年，也是应对国际金融危机冲击、保持国内经济平稳较快发展和社会和谐稳定、实现“十一五”规划目标的关键一年。要着力在保增长上下工夫，把扩大内需作为保增长的根本途径，把加快发展方式转变和结构调整作为保增长的主攻方向，把深化重点领域和关键环节改革、提高对外开放水平作为保增长的强大动力，把改善民生作为保增长的出发点和落脚点，积极应对挑战，化解突出矛盾，促进经济社会又好又快发展。

实施积极的财政政策和适度宽松的货币政策，进一步加强和改善宏观调控。把扭转经济增速下滑趋势作为宏观调控的最重要目标，进一步增强宏观调控的前瞻性、应变能力和实际效果，全力支持经济增长。

1.扩大财政支出与结构性减税相结合。（1）增加中央财政赤字和国债发行规模。2009年拟安排中央财政赤字预算7500亿元，比上年预算增加5700亿元；相应增加国债发行规模。（2）减轻企业和居民税费负担。落实已出台的中小企业、房地产交易相关税收优惠和出口退税等方面政策，统一取消和停征100项行政事业性收费。（3）优化财政支出结构。继续加大对改善民生、基础设施、灾后重建等领域的支持力度，严格控制一般性支出，压缩公务购车用车、会议经费、公务接待费、出国（境）经费等支出。严格控制党政机关楼堂馆所建设。

2.更好地发挥货币政策在促进经济增长方面的积极作用。（1）促进货币信贷供应总量合理增长。积极运用各种货币政策工具保持银行体系流动性充足。引导商业银行合理增加信贷投放，引导民间金融健康发展。（2）优化信贷结构。坚持区别对待、有保有压，加大对民生工程、“三农”、重大基础设施建设、中小企业、自主创新、技术改造和兼并重组、节能减排、区域协调发展、扩大消费、灾后恢复重建等方面的信贷支持。支持房地产开发企业合理的融资需求。（3）保持资本市场稳定健康发展。完善资本市场基础性制度，增强投资者信心。（4）加强和改进金融监管。提高金融机构风险管理水平，推进金融体系安全网建设，防范系统性金融风险。（5）保持人民币汇率基本稳定。2009年，广义货币供应量（M2）预期增长17%左右。

3.保持固定资产投资较快增长。（1）加大政府投资力度。从2008年四季度到2010年底，中央政府拟新增投资1．18万亿元，加上地方配套和社会投资，可形成约4万亿元的投资规模，重点用于加快保障性住房、农村民生工程、基础设施、社会事业、环境保护、结构调整和技术改造等方面建设和灾后恢复重建。2009年，在上年末增加保障性住房、灾后恢复重建等中央政府公共投资1040亿元的基础上，中央政府公共投资安排9080亿元，比上年增加4875亿元。为增强地方安排配套资金和扩大政府投资的能力，国务院同意地方发行2000亿元债券，由财政部代理发行，列入省级预算管理。（2）发挥政府投资的引导作用。拓宽民间投资渠道和领域，扩大企业债券发行规模，支持民间资本投向符合国家产业政策的领域，吸引更多的社会资金参与政府鼓励项目特别是灾后重建中的基础设施项目建设。（3）加强投资项目和资金管理。严格执行建设程序，坚决防止新一轮高耗能、高污染、低水平重复建设。进一步加强对政府投资项目的全过程监督检查，确保项目工程质量，严禁截留挪用、滞留不用和浪费建设资金，努力提高投资效益。2009年，全社会固定资产投资总规模预期增长20%。

4.着力扩大消费尤其是居民消费。（1）千方百计增加居民收入，提高消费能力。继续提高农资综合直补、良种补贴、农机具补贴等标准并扩大规模，提高企业退休人员基本养老金水平，提高城乡居民最低生活保障标准，提高优抚对象等人员抚恤和生活补助标准，增加居民财产性收入。（2）培育消费热点，拓展消费空间。鼓励普通商品住房消费，支持居民购买用于自住的住房，规范发展二手房市场和住房租赁市场。落实车购税减征和下乡补贴政策，稳定扩大汽车、摩托车消费。大力发展社区商业、物业、家政等服务性消费，积极开发与节假日调整相适应的旅游、文化、体育健身和网络、动漫等热点消费。加快发展电子商务。（3）完善消费政策，

优化消费环境。增加消费信贷，加强城乡消费设施和服务体系建设，在全国推广“家电下乡”政策，增加热水器、计算机、空调、微波炉、电磁炉等补贴品种，加快建设“万村千乡”市场工程，推进连锁经营向农村延伸。改善城市社区便民服务设施。加强涉农、涉企、交通、教育、医药、房地产等价格收费的监督检查，维护消费者合法权益。（4）改善居民消费预期，增强消费意愿。努力消除制约消费的制度和政策障碍，适时增加对生活困难群众和家庭经济困难学生补助，减少居民扩大消费的后顾之忧，扩大即期消费。2009年，社会消费品零售总额预期增长14%。这一指标既考虑了近年来社会消费品零售总额持续较快增长，扩大消费政策的力度不断加大、效果逐步显现；又考虑了今年物价涨幅将比上年明显回落，以及就业压力和居民收入增长难度加大等因素对消费需求的影响。

5. 搞好经济运行调节。充分发挥煤电油气运保障工作协调机制的作用。及时解决居民生活、发电和供热等重点用煤以及运输问题，做好电量安排、跨省区电能交易和优化调度，搞好成品油总量平衡和产运需衔接，确保民生、公交及公共事业等重点需求。保障灾区等重点地区和重点时段煤电油气运供应。完善应急机制和预案，增加应急物资储备，切实加强应急体系建设。

关于2008年中央和地方预算执行情况与2009年中央和地方预算草案的报告

2009年3月5日第十一届全国人民代表大会第二次会议　中华人民共和国财政部

受国务院委托，向大会报告2008年中央和地方预算执行情况，提出2009年中央和地方预算草案，请予审议，并请全国政协各位委员提出意见。

一、2008年中央和地方预算执行情况

2008年，面对国内外严峻复杂的形势，在中国共产党的正确领导下，全国各族人民坚持以邓小平理论和“三个代表”重要思想为指导，深入贯彻落实科学发展观，全面落实中央各项方针政策和十一届全国人大一次会议有关决定决议，改革开放和社会主义现代化建设取得新的重大成就。中央和地方预算执行情况较好，财政改革与发展也有新进展。

全国财政收入61316.9亿元，比2007年（下同）增加9995.12亿元，增长19.5%，完成预算的104.8%。其中：中央本级收入32671.99亿元，地方本级收入28644.91亿元。加上调入中央预算稳定调节基金1100亿元，安排使用的收入总量62416.9亿元。全国财政支出62427.03亿元，增加12645.68亿元，增长25.4%，完成预算的101.7%。其中：中央本级支出13374.31亿元，地方本级支出49052.72亿元。加上安排中央预算稳定调节基金192亿元，支出总量合计62619.03亿元。

中央财政收入33611.92亿元，增加4999.97亿元，增长17.5%，完成预算的103.3%。其中：中央本级收入32671.99亿元，地方上解收入939.93亿元。加上调入中央预算稳定调节基金1100亿元，安排使用的收入总量34711.92亿元。中央财政支出36319.92亿元，增加6739.97亿元，增长22.8%，完成预算的102.5%。其中：中央本级支出13374.31亿元，对地方税收返还和转移支付支出22945.61亿元。安排中央预

算稳定调节基金192亿元以备以后使用。支出总量合计36511.92亿元。收支相抵，中央财政赤字1800亿元，控制在十一届全国人大一次会议批准的数额之内。2008年末中央财政国债余额53270.76亿元，控制在年度预算限额55185.85亿元以内。

中央财政对地方税收返还和转移支付情况。2008年中央对地方税收返还和转移支付22945.61亿元，增加4807.72亿元，增长26.5%，完成预算的106.1%。包括：税收返还4282.19亿元，增长3.9%。财力性（含一般性）转移支付8696.49亿元，增长22%。专项转移支付9966.93亿元，增长44.6%，增幅高主要是增加了补助地方教育、医疗卫生等重点事业发展支出。中央对地方税收返还和转移支付相应形成地方财政收入，并由地方安排财政支出。地方支出平均38%的资金来源于中央财政转移支付，其中中西部地区支出平均54.4%的资金来源于中央财政转移支付。

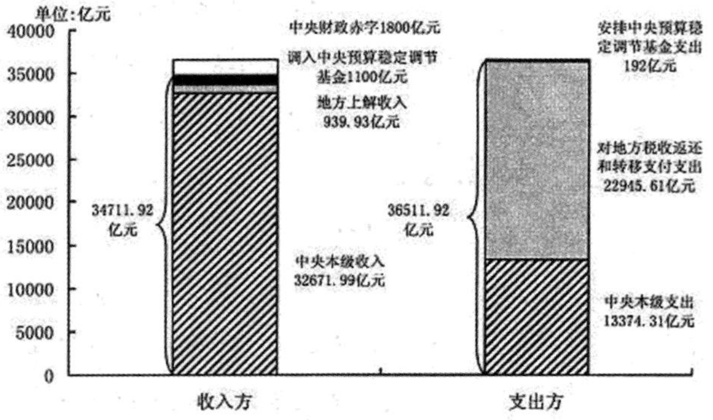

图1 2008年中央财政平衡关系

地方财政收入51590.52亿元，增加9880.01亿元，增长23.7%，完成预算的106.4%。其中：地方本级收入28644.91亿元，来自中央税收返还和转移支付收入22945.61亿元。地方财政支出49992.65亿元，增加10790.57亿元，增长27.5%，完成预算的103.1%。其中：地方本级支出49052.72亿元，上解中央支出939.93亿元。地方财政收支相抵，结转和结余1597.87亿元，主要是中央和地方财政用超收收入安排的部分尚未执行完需结转的项目和结余资金。

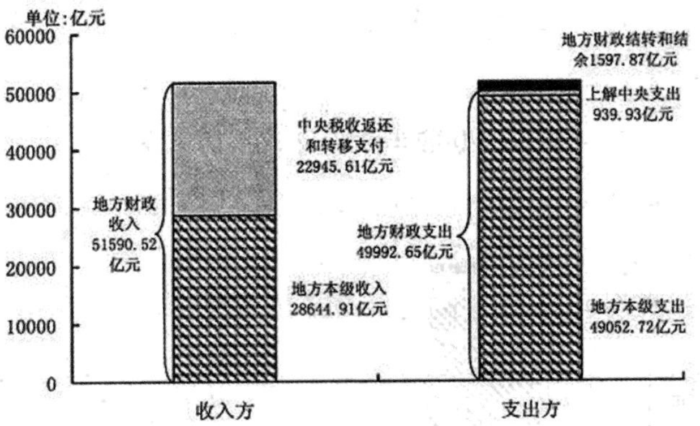

图2 2008年地方财政平衡关系

此外，全国政府性基金收入15636.35亿元，增加4467.2亿元，增长40%。全国政府性基金支出14984.7亿元，增加5300.26亿元，增长54.7%。

中央政府性基金收入2525.66亿元，增长78%，增幅高主要是彩票公益金收入纳入预算管理及中央财政外汇经营基金财务收入增加较多。其中：三峡工程建设基金收入202.59亿元，铁路建设基金收入555.04亿元，民航机场管理建设费收入96.21亿元，港口建设费收入91.48亿元，大中型水库移民后期扶持基金收入148.70亿元，彩票公益金收入348.14亿元，中央财政外汇经营基金财务收入684.91亿元。加上上年结转收入559.87亿元，可安排使用的收入总量3085.53亿元。中央政府性基金本级支出2056.72亿元，增长94.5%。其中：三峡工程建设基金支出204.56亿元，铁路建设基金支出621亿元，民航机场管理建设费支出53.13亿元，港口建设费支出101.85亿元，彩票公益金用于社会福利、体育、教育等社会公益事业支出205.47亿元，中央财政外汇经营基金财务支出682.87亿元。加上补助地方的大中型水库移民后期扶持基金等支出464.89亿元，以及结转下年支出563.92亿元，支出总量合计3085.53亿元。

地方政府性基金收入13110.69亿元，增长34.5%，增幅高主要是土地出让收入全额纳入预算管理。其中：土地出让及新增建设用地土地有偿使用费收入10375.28亿元，养路费收入1184.88亿元。地方政府性基金支出12927.98亿元，增长49.9%。其中：土地相关支出10172.5亿元，包括征地、拆迁补偿以及补助征地农民支出3778.15亿元（增长113%，增长多主要是各地普遍提高了对失地农民的征地补偿标准），土地开发和耕地保护支出1286.22亿元，廉租住房支出141.65亿元，农村基础设施建设、基本农田建设和保护支出369.88亿元，城市建设支出3035.32亿元，破产或改制国有企业土地收入用于职工安置等支出1561.28亿元。养路费支出1173.44亿元。

政府性基金收入按规定专款专用。政府性基金当年收入与支出不完全相等，主要原因是根据有关资金管理办法，部分收入结转下年使用。

2008年预算具体执行及财政主要工作如下：

（一）财政收入增长及超收使用情况

2008年，在经济发展的基础上，税务、海关、财政等部门依法加强收入征管，财政收入总体保持较快增长，但增幅明显前高后低。上半年，经济增长快，企业效益比较好，同时受2007年企业利润大幅增长、汇算清缴企业所得税入库较多以及税收政策调整翘尾增收等特殊因素影响，全国财政收入增长33.3%。下半年，这些特殊因素没有了，尤其是受国际金融危机影响，经济增幅下降，企业利润减少，2008年企业所得税税率大幅下调后，为加强和改善财政宏观调控、促进经济平稳较快发展，又出台了一系列税费减免政策，全国财政收入增幅逐步回落。下半年，全国财政收入增长5.2%，其中中央本级收入下降0.9%。

中央财政主要收入项目。国内增值税13497.42亿元，增长16.3%，完成预算的100.7%。国内消费税2567.8亿元，增长16.4%，完成预算的104%。进口货物增值税、消费税7391.07亿元，增长20.1%，完成预算的107.8%。出口货物退增值税、消费税5865.9亿元，增长4.1%，完成预算的102%（账务上作冲减收入处理）。营业税232.1亿元，增长14.5%，完成预算的103.2%。企业所得税7173.4亿元，增长27%，完成预算的111.6%，主要原因是汇算清缴2007年企业所得税增加较多。个人所得税2234.18亿元，增长16.9%，完成预算的110.1%，超预算较多主要是城镇居民人均可支配收入增加和征管加强。证券交易印花税949.68亿元，下降51.2%，完成预算的48.8%，未完成预算主要是股市低迷、降低证券交易印花税税率并改为单边征收导致大幅减收。关税1769.95亿元，增长23.6%，完成预算的110.6%，主要原因是一般贸易进口增长较快。非税收入1704.51亿元，增长23.6%，完成预算的118.4%，超预算较多主要是推进资源有偿使用制度改革，探矿权、采矿权使用费及价款收入和矿产资源补偿费收入增加较多。

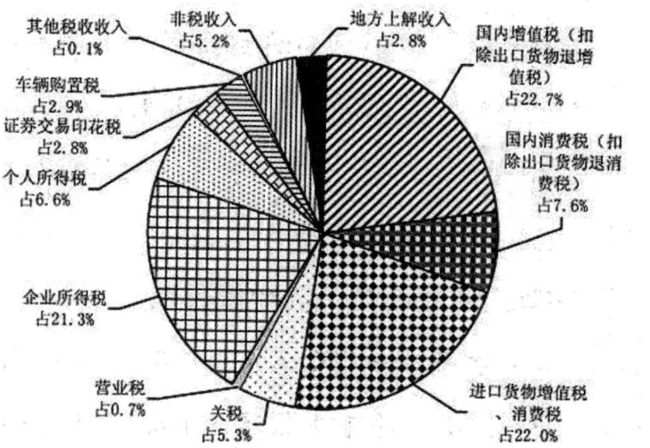

图3 2008年中央财政收入结构

超收收入使用。全国财政收入比预算超收2830.9亿元，其中，中央财政超收1080.2亿元。超收形成的原因主要是工商业增加值、全社会固定资产投资额、外贸进出口总额、社会消费品零售总额等与税收直接相关的经济指标实际增长高于预期，同时2007年企业利润大幅增长、2008年汇算清缴2007年企业所得税等因素增加了较多收入。根据有关法律法规和十一届全国人大一次会议有关决定决议要求，中央财政超收收入安排使用具体情况是：增加对地方税收返还和转移支付支出185亿元；增加教育支出20亿元，主要是对地震灾区学生给予临时特别资助等；增加科学技术支出5亿元，用于重大科研装备自主研制等；车辆购置税超收40亿元，通过车辆购置税支出划转到中央地震灾后恢复重建基金，用于公路灾后恢复重建；因6月份成品油提价，增加对农业、渔业、林业等行业补助291亿元；增加救灾及应对突发公共事件支出47亿元，用于需追加的特大自然灾害救济、抗震救灾及应对婴幼儿奶粉事件等支出；为应对国际金融危机，进一步扩大内需，增加中央政府公共投资300亿元，主要用于保障性安居工程、重大基础设施等建设；安排中央预算稳定调节基金192亿元，转到以后年度经预算安排使用。2008年中央财政超收收入安排情况，国务院已向十一届全国人大常委会报告。

（二）中央财政主要支出项目执行情况

2008年，在年初预算安排时，落实中央有关决策部署，优化支出结构，加大对“三农”、教育、社会保障、医疗卫生、住房保障、自主创新、能源资源节约、生态环境保护等重点领域的投入力度，各项重点支出得到较好保障。预算执行中，根据经济社会发展的客观需要，超收收入和预备费也主要用于增加农业、教育、救灾等民生方面的支出（各项主要支出包括中央本级支出和对地方转移支付）。

1. 农林水事务支出1821.74亿元，增长43.6%，完成预算的125.6%，超预算较多主要是预算执行中加大农业补贴等投入。增加良种补贴和农机具购置补贴，水稻良种补贴实现全覆盖，晚稻良种补贴标准提高1倍多，小麦、玉米良种补贴面积分别增加1倍、5.7倍，农机具购置补贴范围扩大到所有农业县，共支出163.4亿元。加强农业基础设施建设支出1137.6亿元，重点用于大中型水库建设、大江大河治理，对2505座大中型和重点小型病险水库除险加固，解决4800多万农村人口的饮水安全问题等。农业综合开发支出127亿元，支持改造中低产田2500万亩，增加粮食综合生产能力286.6万吨。测土配方施肥从1200个县扩大到1861个县。种植业保险保费补贴试点省份由6个扩大到16个，累计参保农户达到7500万户。加强财政扶贫开发，支出167.3亿元，重点用于农村贫困地区基础设施建设、产业发展和农村贫困劳动力培训等。中央财政森林生态效益补偿基金支持的重点公益林扩大到7亿亩。

2. 教育支出1598.54亿元，增长48.5%，完成预算的102.4%。全面实行城乡免费义务教育，支出618.1亿元，从秋季学期起免除城市义务教育阶段学生学杂费，提高农村义务教育经费保障水平，免费提供农村义务教育阶段国家课程教科书，增加北方农村中小学取暖费。加强新农村卫生新校园和中西部地区初中校舍建设，改善中西部地区农村学校附属生活设施，支出建设资金53.1亿元。资助普通本科高校、高等和中等职业学校家庭经济困难学生支出223亿元。向中等职业学校中来自城市经济困难家庭和农村的学生提供助学金，每人每年1500元，惠及90%的在校生。支持三批共100所国家级示范性高等职业院校建设，提高师资水平，改善办学条件。促进提高高等教育质量，全面启动“211工程”三期建设，中央财政高等教育支出432.43亿元。

3. 医疗卫生支出826.8亿元，增长24.5%，完成预算的99.4%。全面建立新型农村合作医疗制度，参合人数达到8亿多；城镇居民基本医疗保险制度试点城市由88个增加到317个，参保人数由4291万人增加到1亿人以上；中央财政对中西部地区补助标准提高到每人每年40元，并给予东部地区适当补助，共支出278.68亿元。将所有地方政策性关闭破产国有企业退休人员全部纳入当地城镇职工基本医疗保险范围，支出80亿元。加大重大疾病预防控制等公共卫生、食品药品监管及中医药事业发展的保障力度，加强突发公共事件医疗救治和卫生防疫工作，为食用含三聚氰胺奶粉的婴幼儿进行免费筛查，共支出126.14亿元。加大城乡医疗救助力度，支出34亿元，资助城乡低保对象、五保户等困难人群参保，减轻医疗负担。加强县乡基层医疗卫生服务设施建设，配备基本医疗设备，支出66亿元。将农村孕产妇住院分娩补助政策覆盖范围扩展到中西部所有地区，中、西部地区中央财政补助标准分别提高到每人300元、400元。

4. 社会保障和就业支出2743.59亿元，增长19.2%，完成预算的99.3%。全面加强城乡居民最低生活保障制度建设，中央财政分别于2008年1月1日和7月1日两次按月人均城市15元、农村10元的标准提高城乡低保对象补助水平，补助支出达到363.1亿元。继续提高企业退休人员基本养老金水平，人均每月增加110元，中央财政养老保险专项补助支出1127.43亿元，并向中西部地区和东北地区等老工业基地倾斜。支持80户国有企业实施政策性关闭破产，支出200亿元，安置职工32万人。实施针对就业困难群体的社会保险补贴、公益性岗位补贴等就业扶持政策，支出252.08亿元。完善收费、小额担保贷款政策，促进创业带动就业。

5.保障性安居工程支出181.9亿元，增长114.3%。加大廉租住房实物配租力度，扩大廉租住房租赁补贴范围。稳步推进棚户区（危旧房）改造。全国共有295万户城市低收入住房困难家庭享受廉租住房保障，其中，租赁住房补贴229万户，实物配租26万户，租金核减34万户。

6. 文化支出252.81亿元，增长20%，完成预算的99.9%。全国1007个博物馆、纪念馆向全社会免费开放。支持实施全国文化信息资源共享工程，部分省市提前实现县级全覆盖。农村电影放映补贴扩大到中西部所有行政村。支持中西部地区46434个行政村配备农村适用图书，并对东部地区农家书屋工程开展好的省份给予奖励。

7. 科学技术支出1163.29亿元，增长16.4%，完成预算的102.6%。支持加强基础研究和应用研究，支出903.91亿元。全面启动实施16个国家重大科技专项，支出60亿元。支持国家重点实验室开放运行、仪器设备研制更新和自主创新研究。全面启动50个主要农产品的现代农业产业技术体系建设。

8.环境保护支出1040.3亿元，增长33%，完成预算的101.2%。促进十大重点节能工程建设、循环经济发展、重点流域水污染治理等，完善中西部地区城镇管网配套设施，支出423亿元。支持实施天然林保护工程，继续落实退耕还林、退牧还草政策，支出499.6亿元。开展太湖流域和天津滨海新区排污权有偿取得和交易试点。推动资源综合利用和新能源、可再生能源发展。

9.工业商业金融等事务支出3871.35亿元，增长59.4%，完成预算的114.8%。粮食直补、农资综合补贴867亿元，增长103%，惠及7.28亿农民。支持三次较大幅度提高粮食最低收购价，提价幅度超过20%，并实施主要农产品临时收储政策，粮油储备等支出461.69亿元。对受成品油调价影响较大的渔业等五大行业补贴365.38亿元。家电下乡试点扩大到12个省份，补贴20亿元。支持金融体制改革，支出895亿元。促进产业升级和结构调整，加快高新技术产业化，支出建设资金369.69亿元。

10.公共安全支出875.77亿元，增长9.3%，完成预算的102.1%。加强政法机关经费保障，重点满足开展主要业务工作经费需要，强化基础建设。积极保障实施诉讼收费办法改革。支持重点地区应对处置突发事件。

11.国防支出4099.43亿元，增长17.7%，完成预算的100%。

12.交通运输支出1290.77亿元，增长3.4%（如扣除2007年用铁路运输企业出售国有资产变现收入安排的铁路建设一次性支出，增长22.6%），完成预算的122.4%，超预算较多主要是执行中增加了车辆购置税支出和公路、铁路等交通运输设施建设支出。加强高速公路网、铁路、内河航道、机场等交通基础设施建设，支出建设资金495亿元。加大对农村公路建设的支持力度，支出492亿元，新建、改建39.1万公里农村公路。

13.一般公共服务支出2522.99亿元，增长8.7%，完成预算的95%。其中：用于机关运行等基本公共管理与服务方面的支出1272.33亿元，下降4.3%，完成预算的89.6%，原因是年初预算含工商部门代征两费转移支付，执行中调整到财力性转移支付，以及压缩中央国家机关公用经费用于抗震救灾；国债利息支出1250.66亿元，增长26.2%，完成预算的101.2%。

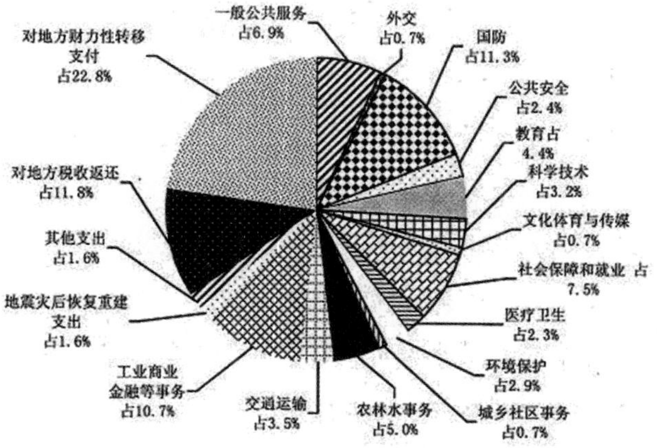

图4 2008年中央财政支出结构

汇总以上各科目，中央财政用在与人民群众生活直接相关的教育、医疗卫生、社会保障、就业、保障性住房、文化方面的民生支出合计5603.64亿元，增长29.2%。中央财政用于“三农”的支出合计5955.5亿元，增加1637亿元，增长37.9%。其中：支持农业生产方面的支出2260.1亿元；对农民的四项补贴（粮食直补、农资综合补贴、良种补贴、农机具购置补贴）支出1030.4亿元，比上年增长一倍；促进教育、医疗卫生、社会保障、就业、保障性住房、文化等农村社会事业发展方面的支出2072.8亿元；主要农产品储备费用和利息等支出576.2亿元。中央财政对地方的税收返还和财力性转移支付12559.32亿元（扣除已列入上述具体支出科目的专项转移支付和财力性转移支付部分项目后的金额），大部分也用于民生和“三农”支出。

（三）财政宏观调控积极有效

根据国内外经济形势发展变化，中央对宏观调控导向作了两次重大调整。年中，适时把宏观调控的首要任务，从防经济过热、防明显通胀，调整为“保持经济平稳较快发展、控制物价过快上涨”。9月份，又果断地把宏观调控的着力点转到防止经济增速过快下滑上来。根据中央宏观调控导向，年中在实施稳健财政政策过程中，采取了一些更为积极的财税政策措施，10月份后进一步明确实施了积极的财政政策，适当减免税费，多次提高出口退税率，增加中央政府公共投资和重点支出，对促进经济平稳较快发展发挥了重要作用。

保持中央政府公共投资适度增长。年初适当减少中央财政赤字和国债项目资金，同时增加中央基建投资。预算执行中，根据抗震救灾需要，调整支出规模和结构，建立中央地震灾后恢复重建基金，大力支持灾区恢复重建。第四季度，为应对国际金融危机的影响，积极筹措资金，新增中央政府公共投资1040亿元，用于加快灾区恢复重建、实施保障性安居工程等民生工程和农业基础设施建设。

促进稳定物价和缓解价格矛盾。大幅度增加农资综合补贴和良种补贴。三次较大幅度提高粮食最低收购价，扩大国内紧缺农产品和重要原材料等进口，严格控制粮食、化肥等出口，加强重要商品储备调控。对受成品油调价影响较大的渔业等五大行业实施补贴。积极扶持一些价格矛盾短期内难以理顺的资源性产品生产企业。及时提高低收入群体的补助水平。对普通高校全日制在校本专科学生和研究生给予临时伙食补贴。

减轻企业和居民负担。实施企业所得税新税法，降低企业税负。提高个人所得税工薪所得减除费用标准，暂免征收储蓄存款和证券交易结算资金利息个人所得税。实施促进廉租住房、经济适用房建设和住房租赁市场发展的财税扶持政策。降低住房交易环节税收负担。下调证券交易印花税税率并改为单边征收。调整汽车消费税政策。允许困难企业阶段性缓缴社会保险费、降低四项社会保险费率等。初步统计，2008年各项税费减免政策共减轻企业和居民负担约2800亿元。

扶持中小企业发展。中央和省级财政支出286.4亿元，促进中小企业技术创新、产品升级和国际市场开拓。推动创业投资试点。完善中小企业担保体系，对开展中小企业担保业务给予奖励和补贴。扩大小额担保贷款覆盖范围，提高小额担保贷款中央财政贴息标准，建立贷款奖励和风险分担与补偿机制。积极落实促进中小企业发展的税收优惠政策。

支持稳定出口。四次调高了纺织、服装等劳动密集型产品、附加值和技术含量较高产品的出口退税率。取消部分钢材、化工品和粮食的出口关税，降低部分化肥出口关税并调整征税方式。

（四）抗灾救灾保障有力

年初，努力保障抗击南方部分地区低温雨雪冰冻灾害，全国财政拨付救灾资金479.1亿元。加大对受灾群众临时生活困难救助力度，着力保障受灾群众基本生活。大力支持恢复农业生产、重建倒塌民房，以及修复电网、交通、教育等方面的基础设施。“5·12”汶川特大地震发生后，迅速启动财政应急保障预案，积极采取有效措施，及时安排和切实保障抗震救灾资金。中央财政拨付抢险救灾资金384.37亿元，地方财政也投入抗震救灾资金243.28亿元。安排中央地震灾后恢复重建基金740亿元，支出698.70亿元，其中：用于城乡住房重建380亿元，基础设施重建97.49亿元，产业重建48亿元，防灾减灾能力建设24.36亿元。压缩中央国家机关公用经费5%，节省的资金专项用于抗震救灾。19个省市按每年不低于地方财政一般预算收入1%安排资金，开展对口支援。实施支持抗震救灾和灾后恢复重建的财税政策。严格救灾款物的监督管理，促进有效使用。

（五）财税改革稳步推进

统一内外资企业所得税制度。增值税转型改革试点范围从东北三省及中部26个老工业基地城市，扩大到内蒙古东部地区和汶川地震受灾严重地区，并发布2009年1月1日起在全国范围内实施的方案。执行新的耕地占用税暂行条例及其实施细则。统一内外资企业和个人的房产税收制度。研究提出了成品油税费改革方案。按照建立健全财力与事权相匹配的财政体制的要求，研究提出建立县级基本财力保障机制的初步方案。推进省直管县和乡财县管财政管理方式改革。实施国有农场税费改革。支持14个试点省份清理化解农村义务教育“普九”债务。扩大基本支出定员定额和实物费用定额试点。报送全国人大审议的部门预算由2007年的40个增加到50个。所有中央部门及所属1.2万多个基层预算单位，28万多个地方基层预算单位实施国库集中支付制度改革。大部分中央部门及所有省本级推进了非税收入收缴制度改革。扩大政府采购范围和规模。实施国有资本经营预算制度试点，全面试行中央国有资本经营预算。

（六）财政管理不断加强

根据十一届全国人大一次会议有关决定决议及其财政经济委员会的有关意见，在加强收入征管、调整支出结构、深化财税体制改革的同时，进一步强化财政预算管理。提前向地方告知中央财政财力性转移支付和专项转移支付预计数，增强地方预算编报的完整性。细化预算编制，提高年初预算到位率。建立通报和督查制度，加强预算执行。推进公务卡管理试点。预算支出绩效考评试点从2007年的4个部门6个项目扩大到74个部门108个项目。全面清理收费、基金，在全国范围内统一停征工商两费。研究提出进一步加强非税收入管理的意见，制订了到2011年将非税收入纳入预算管理的计划。加大对抗灾救灾和涉及民生的资金以及重大财税政策执行情况的监督检查力度。财政政务公开工作取得新进展。

2008年预算执行总体情况较好，有力地促进了经济平稳较快发展和社会和谐稳定。这是党中央、国务院坚强领导、科学决策的结果，是各地区、各部门特别是税务、海关等部门大力支持、密切配合的结果。同时我们也清醒地认识到预算执行和财政工作中存在的问题：经济下行对财政的影响加大，财政减收增支因素增多，财政收支紧张的矛盾突出；财政支出结构仍需优化，对经济社会发展薄弱环节的支持力度需进一步加大；税费结构不尽合理，税收制度不够健全，政府参与国民收入分配的秩序有待规范；转移支付制度还不完善，省以下财政体制尚不健全，一些县乡公共财政保障能力比较弱；预算编制需进一步细化，预算执行均衡性尚待提高；损失浪费、挤占挪用财政资金等现象依然存在，监督管理仍需加强。我们高度重视这些问题，将继续采取有效措施，努力加以解决。

二、2009年中央和地方预算草案

（一）当前我国经济财政形势

2009年我国经济发展既面临严峻挑战，也蕴含重大机遇。国际金融危机仍在蔓延，全球经济增长减速与国内经济周期性调整叠加在一起，短期困难与长期矛盾相互交织，保持经济平稳较快发展的难度加大。财政是国民经济运行的综合反映。2009年财政将十分困难，收支紧张的矛盾非常突出。从收入看，受经济增长减速等因素影响，我国经济发展困难增多，企业效益下降，财政收入来源明显减少。同时，为保持经济平稳较快发展，要实施积极的财政政策，实行结构性减税。近几年财政收入增长快有特殊因素，这些因素2009年减少或没有了，也加大了财政增收的难度。从支出看，增加政府公共投资规模，保障和改善民生，加强“三农”、教育、社会保障和就业、医疗卫生、节能减排等经济社会发展重点领域，缓解部分行业和企业经营困难，支持灾后恢复重建等，都需要财政加大投入力度。财政支出基数较大、刚性很强，也增加财政支出压力。在看到困难的同时，也要看到我国正处于重要战略机遇期，经济社会发展的基本面和长期向好的趋势没有改变。改革开放三十年建立了良好的物质、技术和体制基础。工业化、城镇化快速推进，形成巨大的需求潜力。社会资金充裕，劳动力资源丰富。中央扩大内需的一系列政策措施，已经并将继续有力促进经济平稳较快发展，从而为财政收入增长打下坚实的基础。

（二）财政预算编制和财政工作总体要求

根据国内外经济形势的发展变化，中央提出2009年要把保持经济平稳较快发展作为经济工作的首要任务，围绕扩内需、保增长，调结构、上水平，抓改革、增活力，重民生、促和谐的要求，实施积极的财政政策。2009年财政预算编制和财政工作的指导思想是：全面贯彻党的十七大、十七届三中全会和中央经济工作会议精神，以邓小平理论和“三个代表”重要思想为指导，深入贯彻落实科学发展观，实施积极的财政政策，扩大政府公共投资，实行结构性减税，调整国民收入分配格局，优化财政支出结构，切实保障和改善民生，推进财税制度改革，支持科技创新和节能减排，促进经济增长、结构调整和区域协调发展；加强财政科学管理，提高财政资金绩效，积极发挥财政职能作用，推动经济社会又好又快发展。

实施积极的财政政策，主要体现在以下五个方面：

一是扩大政府公共投资，着力加强重点建设。这是进一步扩大内需、保持经济平稳较快发展的重要措施。在2008年年末增加安排保障性住房、灾后恢复重建等中央政府公共投资1040亿元的基础上，2009年中央政府公共投资安排9080亿元，增加4875亿元，其中：农业基础设施及农村民生工程建设2081亿元，保障性住房建设493亿元，教育、医疗卫生等社会事业建设713亿元，地震灾后恢复重建基金1300亿元，节能减排和生态建设680亿元，支持企业自主创新、技术改造及服务业发展452亿元，铁路、公路、机场和港口等基础设施建设2317亿元。

二是推进税费改革，实行结构性减税。结合改革和优化税制，实行结构性减税，减轻企业和居民税收负担，扩大企业投资，增强居民消费能力。全面实施消费型增值税，减轻企业税负，促进企业增加自主创新和技术改造投入。实施成品油税费改革，公平税费负担，推动节能减排。取消和停征100项行政事业性收费。继续执行2008年已实施的提高个人所得税工薪所得减除费用标准、调高部分产品出口退税率、取消和降低部分产品出口关税、降低证券交易印花税税率并改为单边征收、暂免征收储蓄存款和证券交易结算资金利息个人所得税、降低住房交易税收等一系列税费减免政策。预计2009年将减轻企业和居民负担约5000亿元。

三是提高低收入群体收入，大力促进消费需求。调整国民收入分配格局，提高居民收入在国民收入分配中的比重和劳动报酬在初次分配中的比重，增强居民消费能力，扩大消费对经济增长的拉动效应。充分发挥财税政策作用，增加财政补助规模，重点增加中低收入者收入。进一步增加对农民的补贴，2009年中央财政安排粮食直补、农资综合补贴、良种补贴、农机具购置补贴四项补贴1230.8亿元，增加200.4亿元，增长19.4%，支持较大幅度提高粮食最低收购价，增加农民收入。提高城乡低保补助水平，春节前向城乡低保等困难家庭发放一次性补助，增加企业退休人员基本养老金，提高优抚对象等人员抚恤补贴和生活补助标准，安排资金2208.33亿元。推进事业单位收入分配制度改革。同时，增加财政投入，带动和引导消费需求，实施家电和汽车下乡补贴政策，增加粮食、石油、有色金属、特种钢材等重要物资储备，安排资金1033.41亿元。

四是进一步优化财政支出结构，保障和改善民生。支持农村改革与发展，中央财政用于“三农”支出安排7161.4亿元，增加1205.9亿元，增长20.2%。着力保障和改善民生，中央财政用于教育、医疗卫生、社会保障、就业、保障性住房、文化方面与人民群众生活直接相关的民生支出安排7284.63亿元，按可比口径增加1653.34亿元，增长29.4%。严格控制一般性支出，进一步降低行政成本。

五是大力支持科技创新和节能减排，推动经济结构调整和发展方式转变。加大科技投入，中央财政安排科学技术支出1461.03亿元，增加297.74亿元，增长25.6%。促进企业加快技术改造和技术进步，安排200亿元技改贴息资金，引导增加银行贷款，重点支持行业振兴规划项目等。增加节能减排投入，安排资金495亿元，支持节能技术改造、淘汰落后产能等方面。稳步推进资源有偿使用制度和生态环境补偿机制改革。改革完善资源税制度，促进资源合理利用。扶持中小企业发展，安排资金96亿元。加快产业结构优化升级，提高自主创新能力，推动经济发展方式转变。

2009年预算收支总量和财政赤字安排。根据2009年国内生产总值增长8%左右等经济发展预期指标，考虑实施积极财政政策，实行增值税转型改革、增加出口退税等结构性税费减免政策，扩大政府公共投资规模，加大促进消费需求和改善民生的支出等减收增支因素，以及成品油税费改革后养路费等收费改为消费税等情况，对中央财政各项收支进行具体分析测算，2009年预算主要指标拟安排如下：中央财政收入35860亿元，比2008年执行数（下同）增加3188.01亿元（包括成品油税费改革后增加的消费税等收入），增长9.8%。从中央预算稳定调节基金中调入505亿元。合计收入总量为36365亿元。中央财政支出43865亿元，增加8486.01亿元，增长24%。其中：中央本级支出14976亿元，增加1601.69亿元，增长12%；对地方税收返还和转移支付支出28889亿元，增加6883.32亿元，增长31.3%。中央财政收支相抵，赤字7500亿元。相应增加国债发行规模，中央财政国债余额限额62708.35亿元。地方本级收入30370亿元，增长6%，加上中央税收返还和转移支付收入28889亿元，地方财政收入59259亿元，增加8608.41亿元，增长17%。地方财政支出61259亿元，增加12206.28亿元，增长24.9%。地方财政收支差额，国务院同意地方发行2000亿元债券，由财政部代理发行，列入省级预算管理。汇总中央和地方预算初步安排，全国财政收入66230亿元（不含从中央预算稳定调节基金调入的505亿元），增长8%；全国财政支出76235亿元，增长22.1%。全国财政收支差额9500亿元通过发债弥补。

2009年增加财政赤字和国债规模，是主动应对国际金融危机的一项重大特殊举措，是必要的。一方面，经济增速放缓、减轻企业和居民税负必然会使财政收入增速下降；另一方面，要积极发挥财政职能作用，大幅度增加政府投资和支出，促进经济平稳较快发展，保障和改善民生，推动深化改革。为弥补财政减收增支形成的缺口，需较大幅度扩大财政赤字并相应增加国债发行规模。前些年财政赤字逐年减少，虽然2009年财政赤字增加多一些，但财政赤字占GDP的比重预计在3%以内，国债余额占GDP的比重在20%左右，我国综合国力可以承受，总体上是安全的。

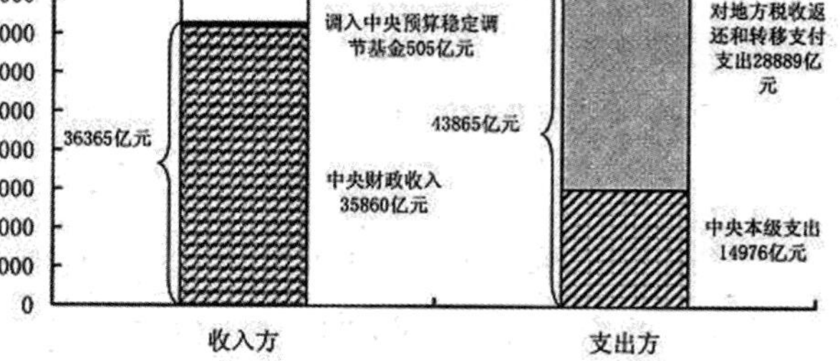

图5 2009年中央财政预算平衡关系

需要说明的是：上述中央财政预算收支总量安排中，如扣除成品油税费改革以后取代养路费等收费需转移给地方的消费税等收入2200亿元，中央财政收入33660亿元，比2008年增加988.01亿元，增长3%。如不包括成品油税费改革相应增支以及划转地震灾后恢复重建支出和拉动内需特别增加的政府公共投资，中央财政经常性支出增长10.4%。

中央预算稳定调节基金情况。2008年用超收收入安排192亿元后，余额为624亿元，2009年预算调入使用505亿元后还剩119亿元，以备预算执行中不时之需。

（三）中央财政主要收入项目安排

国内增值税14563亿元，增加1065.58亿元，增长7.9%。主要依据增值税与工商业增加值增长弹性系数，并考虑增值税转型改革后要减收1000亿元左右因素进行测算。

国内消费税4434亿元，增加1866.2亿元，增长72.7%。主要依据实施成品油税费改革、提高成品油消费税单位税额、取代养路费等收费后增加的消费税收入，以及卷烟、酒、汽车等商品预计销售情况进行测算。

进口税收9895亿元，增加733.95亿元，增长8%。主要依据进口税收与一般贸易进口增长弹性系数，并考虑大宗商品价格下降因素进行测算。

企业所得税7605亿元，增加431.6亿元，增长6%。主要考虑：2008年企业实现利润增幅下滑，2009年上半年汇算清缴企业所得税会减少；同时，预计2009年企业实现利润增长明显下降，当年预缴企业所得税增幅也将相应降低。

个人所得税2390亿元，增加155.82亿元，增长7%。主要考虑：2008年3月1日提高个人所得税工薪所得减除费用标准、10月9日起对储蓄存款和证券交易结算资金利息所得暂免征收个人所得税等政策翘尾减收因素，以及城镇居民人均可支配收入预计增长情况。

证券交易印花税245亿元，减少704.68亿元，下降74.2%。主要依据股票预计日均交易额以及2008年大幅度调低证券交易印花税税率并改为单边征收等减收因素进行测算。

出口退税6708亿元，增加842.1亿元，增长14.4%，相应减少财政收入。主要依据一般贸易出口预计增长情况，以及2008年下半年以来连续几次提高部分产品出口退税率导致2009年出口退税大幅增加等因素进行测算。

车辆购置税970亿元，减少19.75亿元，下降2%。主要依据汽车销售预计增长情况以及1.6升及以下排量乘用车减按5%征收车辆购置税进行测算。

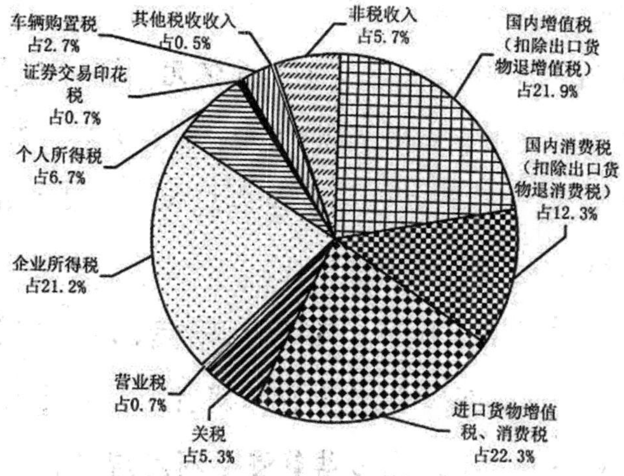

图6 2009年中央财政收入结构

（四）中央财政主要支出项目安排

按照中央扩内需、保增长、调结构、重民生的方针，进一步调整支出结构，统筹兼顾，有保有压，重点安排农业、教育、医疗卫生、社会保障、就业、保障性安居工程、科学技术、环境保护、地震灾后恢复重建等方面支出。主要支出项目拟安排如下：

1.农林水事务支出3446.59亿元，增加744.39亿元，增长27.5%。稳定发展粮食生产，增加农民收入。农资综合补贴安排756亿元，增长5.6%。大幅增加农机具购置补贴，安排130亿元，增长2.25倍，补贴种类由9大类扩大到12大类，覆盖到全国所有农牧业县。增加农作物良种补贴资金规模，在已实现水稻良种补贴全覆盖的基础上，进一步扩大小麦、玉米等良种补贴范围，安排154.8亿元，增长25.4%。支持有计划分步骤推进全国新增千亿斤粮食生产能力建设。实行新的扶贫标准，对农村低收入人口全面实施新的扶贫政策，安排扶贫经费197.3亿元，增长17.9%。推动农业结构调整，现代农业生产发展资金安排65亿元，增长20.4%，扶持各地发展优势特色、安全高效农业。完善贷款贴息和补助等扶持方式，促进农业产业化发展。安排农业综合开发资金147亿元，增长15.7%，以粮食主产区为重点，加快中低产田改造，增强农业综合生产能力。在稳定现行农业保险保费补贴政策的基础上，研究适当提高种植业补贴比例，稳步增加补贴品种，安排79.8亿元，增长31.9%。加强农业基础设施建设安排1295.1亿元，大力支持加快大中型和重点小型病险水库除险加固进度，强化灌区改造和小型农田水利建设。加大农村饮水安全工程和沼气工程投入，再解决6000万人饮水安全问题，增加500万农村沼气用户。

2.教育支出1980.62亿元，增加382.08亿元，增长23.9%。进一步提高农村义务教育经费保障水平，安排662.5亿元，增长16.1%，在实施农村免学杂费、免教科书费、补助贫困寄宿生生活费政策的基础上，中小学生均公用经费标准达到中央出台的基准定额，即小学300元、初中500元。实施农村义务教育阶段中小学校舍安全工程。免除城市义务教育阶段学生学杂费，安排补助资金57.7亿元，增长44.9%，支持解决农民工随迁子女的就学问题。实施义务教育教师绩效工资，中央财政补助120亿元。加强县级职教中心和示范性中等职业学校建设，加快中西部农村初中校舍改造，改善农村寄宿制学校附属设施条件，安排建设资金137亿元。继续支持国家级示范性高等职业院校、职业教育实训基地建设，并逐步对农村中等职业教育实行免费，安排补助资金45亿元，增长115.3%。安排家庭经济困难学生资助及国家助学贷款补贴经费240亿元。继续推进高水平大学和重点学科建设，安排高等教育支出502.55亿元。

3.医疗卫生支出1180.56亿元，增加326.11亿元，增长38.2%。深化医药卫生体制改革，从2009年起，用三年时间推进基本医疗保障制度建设等五项重点工作。完善新型农村合作医疗制度，全面建立城镇居民基本医疗保险制度，中央和地方财政补助标准全部达到人均80元，中央财政安排补助资金304亿元。中央财政在支持解决地方政策性关闭破产国有企业退休人员参加城镇职工基本医疗保险的基础上，进一步支持解决中央和中央下放政策性关闭破产国有企业及地方依法破产国有企业退休人员参保问题。加大城乡医疗救助力度，安排补助资金64.5亿元。初步建立国家基本药物制度，努力为患者提供放心药、便宜药。安排建设和设备购置补助资金165.3亿元，健全基层医疗卫生服务体系，重点支持建设2.9万所乡镇卫生院和改扩建5000所中心乡镇卫生院，支持城市社区卫生服务机构、乡镇卫生院配备医疗设备。安排补助资金246亿元，强化重大传染病防治等公共卫生工作，支持地方按项目为城乡居民免费提供基本公共卫生服务。促进公立医院改革试点。

4.社会保障和就业支出3350.69亿元，增加607.1亿元，增长22.1%。加强社会保障是改善民生的重要基础，也是应对当前困难、扩大消费需求的重要举措。安排社会保障支出2930.49亿元，增加438.98亿元，增长17.6%。分别按月人均15元、10元的标准提高城乡低保水平，安排补助资金540.8亿元，增长48.9%。对全国城乡低保对象、农村五保户等7570多万困难群众，春节前发放一次性生活补贴安排资金100亿元。按2008年企业退休人员月人均基本养老金的10%左右，继续提高企业退休人员基本养老金水平，并向特殊调整对象倾斜，中央财政对中西部地区和东北地区等老工业基地给予适当补助，企业职工基本养老保险基金补助资金共安排1392.41亿元。适时提高部分优抚对象抚恤补助标准，包括调标补助在内安排抚恤和生活补助资金175.12亿元。继续支持做好国有企业政策性关闭破产工作，推进东北、中部地区及部分中央企业厂办大集体改革试点，支持解决库区移民的生产生活问题。

支持实施更加积极的就业政策，安排就业资金420.2亿元，增加168.12亿元，增长66.7%。发挥政府公共投资和重大项目建设带动农民工就业的作用，在农林水利等政府公共投资工程建设中，积极推行以工代赈。加大就业援助，重点帮扶就业困难人群、零就业家庭和受灾地区劳动力就业，对返乡创业的农民工给予政策扶持。实施促进大学生到城乡基层、中西部地区、中小企业就业的优惠政策。支持加大对下岗失业人员和农民工的职业技能培训力度，实施好特别培训计划，鼓励企业在岗培训。运用税费减免、小额担保贷款贴息、社会保险补贴、公益性岗位补贴、职业培训补贴等财税政策，支持中小企业和服务业吸纳就业，促进自主创业、自谋职业。

5.保障性安居工程资金493.01亿元，增加311.11亿元，增长171%。加大对廉租住房建设和棚户区改造的投入，对中西部地区适当提高补助标准。主要以实物方式，结合发放租赁补贴，解决260万户城市低收入住房困难家庭的住房问题，以及80万户林区、垦区、煤矿等棚户区居民住房的搬迁维修改造问题。加强农村危房改造，实施少数民族地区游牧民定居工程。

6. 文化支出279.75亿元，增加26.94亿元，增长10.7%。大力发展公益性文化事业，拓展消费领域。支持免费开放全国各级文化文物部门归口管理的公共博物馆、纪念馆和全国爱国主义教育示范基地。推动实施大遗址保护工程，加强国家重点文物保护。支持推进农村中央广播电视节目无线覆盖、全国文化信息资源共享、农村电影数字化放映、农家书屋等文化惠民工程。推动文化体制改革，促进经营性文化事业单位转制为企业，发展文化产业。

7. 粮油物资储备等事务支出1780.45亿元，增加675.35亿元，增长61.1%。粮食直补安排190亿元，增长25.8%。增加粮油以及石油、有色金属、特种钢材等重要物资储备，加强储备设施建设，安排783.41亿元，促进拉动内需。支持较大幅度提高粮食最低收购价，及时足额安排收储费用和利息资金。在全国范围内对农民购买彩电、冰箱、洗衣机、手机、电脑、热水器和空调等家电产品以及摩托车，给予销售价格13%的财政补贴，安排家电下乡补贴200亿元，增长9倍；对农民报废三轮汽车和低速货车换购轻型载货车以及购买1.3升及以下排量的微型客车，给予一次性财政补贴，安排补贴资金50亿元。加强农村物流体系建设，促进现代服务业发展，安排74亿元。

8. 科学技术支出1461.03亿元，增加297.74亿元，增长25.6%。加快科技进步和自主创新，推动经济结构战略性调整。加大基础研究和应用研究投入力度，安排经费938.01亿元。保障科技重大专项实施，安排328亿元。支持国家（重点）实验室以及科研机构、大学科研条件和能力建设。促进企业技术改造和自主创新，加快高新技术产业和装备制造业发展，推动高新技术成果产业化。支持中小企业发展和技术创新。推动区域科技创新体系建设，促进产学研有机结合。

9. 环境保护支出1236.62亿元，增加196.32亿元，增长18.9%。节能减排资金安排495亿元，增长17%，支持节能技术改造，淘汰落后产能，推广高效节能产品和新能源汽车，“三河三湖”及松花江流域水污染防治，中西部城镇污水、垃圾处理设施配套管网及重大减排工程。健全煤炭等矿产资源有偿使用制度和生态环境补偿机制。促进发展新能源和可再生能源。加强天然林保护、退耕还林、退牧还草等重点工程建设，安排520.96亿元。

10. 公共安全支出1161.31亿元，增加285.54亿元，增长32.6%。实施政法经费保障体制改革，落实政法部门经费分类保障政策，增加对地方特别是中西部地区基层政法经费补助，建立公用经费正常增长机制，以及加强公安、武警队伍和信息化建设。

11. 地震灾后恢复重建资金1080亿元。另外，国有资本经营收益安排140亿元，彩票公益金安排50亿元，中央分成的新增建设用地有偿使用费安排30亿元。以上合计，中央地震灾后恢复重建基金安排1300亿元，按照规划用于灾区城乡住房、基础设施、产业重建、生态环境等方面。

12. 国防支出4728.67亿元，增加627.26亿元，增长15.3%。用于改善军队官兵生活待遇，加强军队信息化建设，适当增加装备及配套设施，提高军队抢险救灾等应急能力，支持汶川地震灾区部队基础设施恢复重建等方面。

13. 交通运输支出1887.2亿元，增加286.91亿元，增长17.9%。加快京沪高速和资源开发性西部干线铁路、内河航道以及中西部支线机场建设，安排资金548.6亿元。加大对农村公路建设的投入力度，提高少、边、穷地区补助标准，安排建设资金548亿元，计划新建、改建30万公里农村公路。继续对城市公交、农村道路客运、出租车行业给予补贴，安排补贴资金168.42亿元。2009年实施成品油税费改革，逐步有序取消政府还贷二级公路收费。原由这项收费中安排的还贷等支出改革后由中央财政通过预算给予专项资金补助，相应增加交通运输支出。

14. 一般公共服务支出1313.61亿元，增加96.96亿元，增长8%。严格控制一般性支出，统筹使用结余资金，中央本级支出1013.86亿元，减少46.29亿元，下降4.4%。在落实自主择业军转干部退役金、防治特大型地质灾害、加强地质矿产资源调查与保护等方面，补助地方299.75亿元，增加143.25亿元，增长91.5%。

15. 国债利息支出1371.85亿元，增加93.16亿元，增长7.3%。

汇总以上各科目，2009年中央财政用在与人民群众生活直接相关的教育、医疗卫生、社会保障和就业、保障性安居工程、文化方面的民生支出安排合计7284.63亿元，按可比口径增加1653.34亿元，增长29.4%。中央财政用于“三农”方面的支出安排合计7161.4亿元，增加1205.9亿元，增长20.2%。其中：用于农业生产方面的支出2642.2亿元；对农民的四项补贴（粮食直补、农资综合补贴、良种补贴、农机具购置补贴）支出1230.8亿元；支持教育、医疗卫生、社会保障和就业、保障性安居工程、文化等农村社会事业发展方面的支出2693.2亿元；主要农产品储备费用和利息等支出576.2亿元。中央财政对地方的税收返还和一般性转移支付13788.69亿元（扣除已列入上述具体支出科目的专项转移支付和一般性转移支付部分项目后的金额），大部分也将用于民生和“三农”支出。

(五) 中央对地方税收返还—和转移支付支出安排

进一步完善财政转移支付制度，加大转移支付力度，落实促进区域协调发展的财税优惠政策，推进地区间基本公共服务均等化。将中央对地方的转移性支出，简化为税收返还、一般性转移支付、专项转移支付三类。将地方上解与中央对地方税收返还作对冲处理，相应取消地方上解中央收入科目，简化中央与地方财政结算关系。2009年中央对地方税收返还和转移支付28889亿元，增加6883.32亿元，增长31.3%。其中：税收返还4934.19亿元，增加1591.93亿元，增加数额主要是实施成品油税费改革后，中央财政增加的成品油消费税等收入相应返还给地方，用于公路和航道养护等支出。一般性转移支付11374.93亿元，增加2678.44亿元，增长30.8%，占转移支付总量的47.5%。主要是将补助数额相对稳定、原列入专项转移支付的教育、社会保障和就业、公共安全、一般公共服务等支出共2101.07亿元，改为一般性转移支付。专项转移支付12579.88亿元，增加2612.95亿元，增长26.2%，占转移支付总量的52.5%。增长快主要是中央政府增加公共投资和拉动消费支出中的大部分资金，通过专项转移支付补助给地方。在一般性转移支付中，安排550亿元，增长25.5%，支持逐步建立县级基本财力保障机制，进一步缓解县乡财政困难。结合三江源保护等重大生态保护规划，通过提高转移支付补助比例的方式，增强禁止开发与限制开发区域政府提供公共服务的财政保障能力。安排505亿元，增加对民族地区、粮食主产区和边境地区转移支付。支持化解资源枯竭城市历史遗留的社会负担，安排补助经费50亿元，增长100%。对工商部门停征两费补助80亿元。

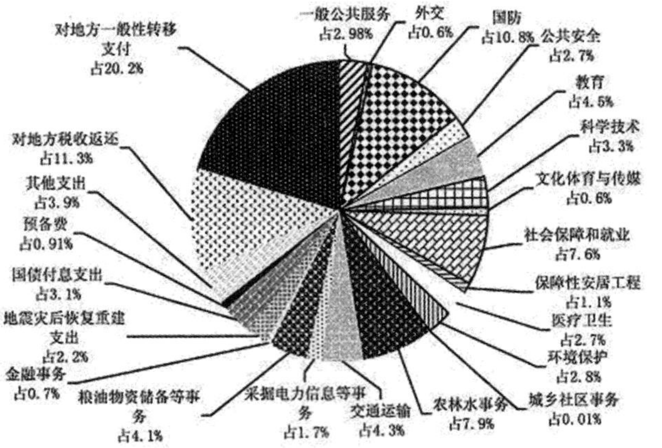

图7 2009年中央财政支出结构

此外，中央政府性基金预算收入2880.92亿元（含上年结转收入），其中：三峡工程建设基金收入160亿元，铁路建设基金收入582亿元，民航机场管理建设费收入103.7亿元，港口建设费收入87.3亿元，大中型水库移民后期扶持基金收入136亿元，彩票公益金收入158亿元，中央财政外汇经营基金财务收入682.83亿元。中央政府性基金预算支出2880.92亿元（含中央本级支出和补助地方支出），其中：三峡工程建设基金支出198.15亿元，铁路建设基金支出582.01亿元，民航机场管理建设费支出148.02亿元，港口建设费支出103.35亿元，大中型水库移民后期扶持基金支出197.79亿元，彩票公益金用于社会福利、体育、教育等社会公益事业支出229.13亿元，中央财政外汇经营基金财务支出682.87亿元。

三、坚持依法理财，强化科学管理，确保完成2009年预算

坚持依法理财、科学理财、民主理财，深入推进财政科学化、精细化管理，提高财政资金使用效益。重点做好以下工作：

1.加强和改善财政宏观调控。努力提高执行力，贯彻落实积极财政政策的各项具体措施。加强对经济运行情况的监测分析，密切跟踪积极财政政策的实施情况，及时完善相关政策措施，加强与货币政策等的协调配合，提高财政宏观调控的预见性、针对性、实效性。

2.深化财税制度改革。研究建立公共财政预算、国有资本经营预算、政府性基金预算和社会保障预算有机衔接的国家财政预算体系。将部门预算改革拓展到基层预算单位，健全现代财政国库管理制度，将所有预算单位实有资金账户逐步纳入国库单一账户体系管理。深化

国库集中收付和政府采购制度改革。全面推行国有资本经营预算试点。在保持分税制财政体制基本稳定的前提下，围绕推进基本公共服务均等化和主体功能区建设，健全中央和地方财力与事权相匹配的体制。逐步建立县级基本财力保障机制，提高基层政府提供公共服务的能力。完善财政转移支付制度，规范专项转移支付配套政策。进一步理顺省以下政府间分配关系，研究适当统一省以下主要事权和支出责任划分。继续推进省直管县财政管理方式改革。全面实施增值税转型改革和成品油税费改革。改革完善资源税制度。调整和完善消费税制度。统一内外资企业和个人的城建税、教育费附加等制度。推进农村综合改革。大力支持国有企业、金融体制和资源性产品价格等其他改革。

3. 切实加强财政管理和监督。重点推动修订预算法，配合做好注册会计师法（修正案）、政府采购法实施条例的立法工作。加快财政转移支付管理条例等的立法进程。规范财政行政执法，完善财政行政审批程序。将经批准设立的全国性及中央部门和单位的所有行政事业性收费，全部纳入预算管理。建立健全机构编制与经费预算衔接机制，完善行政开支定员定额标准。构建重大项目支出预算事前评审机制。严格执行预算编报、批复时限和程序规定，提高年初批复预算的到位率。加强预算执行管理，采取预拨、加强督查等措施，继续提高预算执行的均衡性和效率，健全预算拨款结余管理制度，促进结余资金管理与预算编制有机结合。健全覆盖各级财政的预算执行动态监控机制。扩大绩效考评试点范围。增强风险意识，完善相关制度，严格债务管理，努力防范财政风险。健全覆盖所有政府性资金和财政运行全过程的财政监督机制，重点加强对政府公共投资的监督检查和投资评审，防止重复建设和挤占挪用，切实提高资金使用效益。积极推进财政政务公开，自觉接受人大、政协和社会各方面监督。

4. 狠抓增收节支。大力支持税务、海关等部门依法加强税收征管，坚决制止和纠正越权减免税收，严厉打击偷骗税违法活动。对于各项税收和非税收入，都要依法征收，应收尽收，确保财政收入稳定增长。切实保障重点支出需要，严格控制一般性支出，压缩公务购车用车、会议经费、公务接待费、出国（境）经费等支出。严格控制党政机关楼堂馆所建设，严禁超面积、超标准建设和装修。强化公务支出管理，深化公务卡管理改革。牢记“两个务必”，牢固树立过紧日子的思想，勤俭办一切事业，严肃财经纪律，坚决反对大手大脚花钱和铺张浪费的行为。

完成2009年预算和各项财政工作任务意义重大。我们要在以胡锦涛同志为总书记的党中央领导下，高举中国特色社会主义伟大旗帜，坚持以邓小平理论和“三个代表”重要思想为指导，深入贯彻落实科学发展观，坚定信心，迎难而上，开拓进取，扎实工作，实施好积极的财政政策，确保完成预算，为促进经济社会又好又快发展作出积极贡献！

中华人民共和国
2008年国民经济和社会发展统计公报

中华人民共和国国家统计局

（2009年2月26日）

2008年，全国各族人民在党中央、国务院的领导下，以邓小平理论和“三个代表”重要思想为指导，深入贯彻落实科学发展观，万众一心，顽强拼搏，努力克服历史罕见的特大自然灾害和国际金融危机冲击的不利影响，国民经济保持较快发展，各项社会事业取得新的进步。

一、综合

初步核算，全年国内生产总值300670亿元，比上年增长9.0%。分产业看，第一产业增加值34000亿元，增长5.5%；第二产业增加值146183亿元，增长9.3%；第三产业增加值120487亿元，增长9.5%。第一产业增加值占国内生产总值的比重为11.3%，比上年上升0.2个百分点；第二产业增加值比重为48.6%，上升0.1个百分点；第三产业增加值比重为40.1%，下降0.3个百分点。

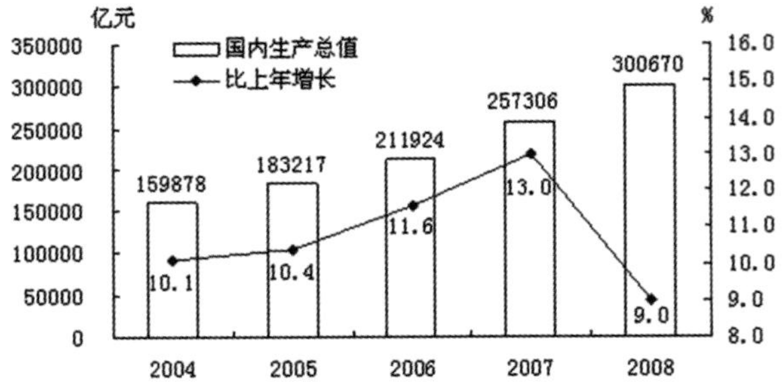

图1 2004—2008年国内生产总值及其增长速度

居民消费价格比上年上涨5.9%，其中食品价格上涨14.3%。固定资产投资价格上涨8.9%。工业品出厂价格上涨6.9%，其中生产资料价格上涨7.7%，生活资料价格上涨4.1%。原材料、燃料、动力购进价格上涨10.5%。农产品生产价格上涨14.1%。农业生产资料价格上涨20.3%。70个大中城市房屋销售价格上涨6.5%，其中新建住宅价格上涨7.1%，二手住宅价格上涨6.2%；房屋租赁价格上涨1.4%。

年末全国就业人员77480万人，比上年末增加490万人。其中城镇就业人员30210万人，净增加860万人，新增加1113万人。年末城镇登记失业率为4.2%，比上年末上升0.2个百分点。

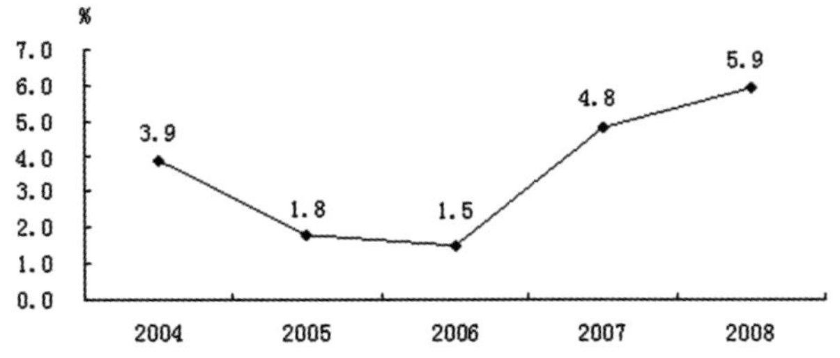

图2 2004—2008年居民消费价格涨跌幅度

表1　2008年居民消费价格比上年涨跌幅度

指　标	全　国	城　市	农　村
居民消费价格	5.9	5.6	6.5
食　品	14.3	14.5	14.0
其中：粮食	7.0	7.2	6.7
肉禽及其制品	21.7	22.6	20.0
油脂	25.4	24.9	25.9
鲜蛋	3.7	3.8	3.6
鲜菜	10.7	10.5	11.3
鲜果	9.0	8.9	9.3
烟酒及用品	2.9	3.1	2.6
衣　着	-1.5	-1.8	-0.6
家庭设备用品及服务	2.8	3.0	2.4
医疗保健及个人用品	2.9	2.8	3.2
交通和通信	-0.9	-1.6	0.7
娱乐教育文化用品及服务	-0.7	-0.9	-0.1
居　住	5.5	4.3	8.2

年末国家外汇储备19460亿美元，比上年末增加4178亿美元。年末人民币汇率为1美元兑6.8346元人民币，比上年末升值6.9%。

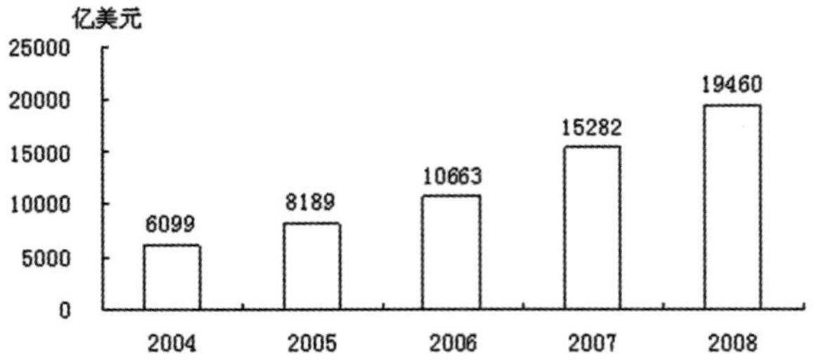

图3 2004—2008年年末国家外汇储备

全年税收收入57862亿元（不包括关税、耕地占用税和契税），比上年增加8413亿元，增长17.0%。

图4 2004—2008年税收收入及其增长速度

二、农业

全年粮食种植面积10670万公顷，比上年增加106万公顷；棉花种植面积576万公顷，减少17万公顷；油料种植面积1271万公顷，增加139万公顷；糖料种植面积193万公顷，增加13万公顷。

全年粮食产量52850万吨，比上年增加2690万吨，增产5.4%。其中，夏粮产量12041万吨，增产2.6%；早稻产量3158万吨，与上年基本持平；秋粮产量37651万吨，增产6.7%。

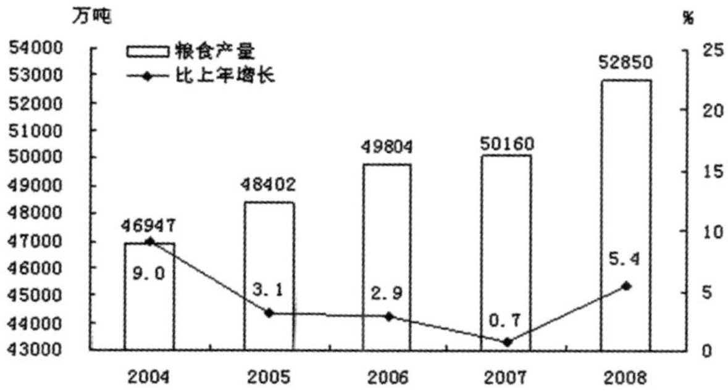

图5 2004—2008年粮食产量及其增长速度

全年棉花产量750万吨，比上年减产1.6%。油料产量2950万吨，增产14.8%。糖料产量13000万吨，增产6.7%。烤烟产量260万吨，增产19.6%。茶叶产量124万吨，增产6.4%。

全年肉类总产量7269万吨，比上年增长5.9%。其中，猪肉产量4615万吨，增长7.6%；牛肉产量610万吨，下降0.5%；羊肉产量376万吨，下降1.8%。生猪年末存栏46264万头，增长5.2%；生猪出栏60960万头，增长7.9%。牛奶产量3651万吨，增长3.6%；禽蛋产量2638万吨，增长4.3%。

全年水产品产量4895万吨，增长3.1%。其中，养殖水产品产量3426万吨，增长4.5%；捕捞水产品产量1469万吨，与上年持平。

全年木材产量7894万立方米，增长13.2%。

全年新增有效灌溉面积117.9万公顷，新增节水灌溉面积139.0万公顷。

三、工业和建筑业

全年全部工业增加值129112亿元，比上年增长9.5%。规模以上工业增加值增长12.9%，其中国有及国有控股企业增长9.1%；集体企业增长8.1%，股份制企业增长15.0%，外商及港澳台商投资企业增长9.9%；私营企业增长20.4%。分轻重工业看，轻工业增长12.3%，重工业增长13.2%。

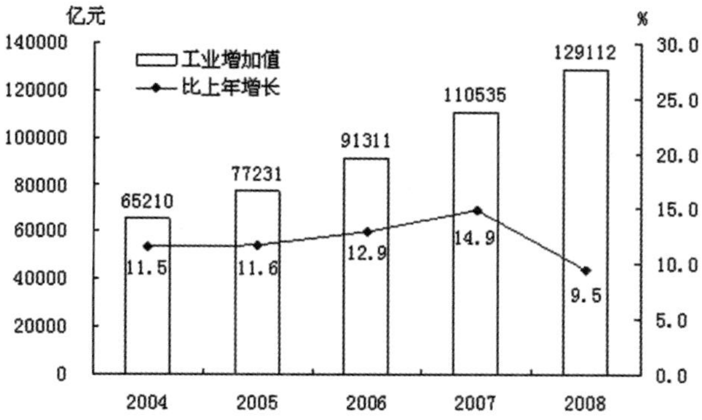

图6 2004—2008年工业增加值及其增长速度

全年规模以上工业中，煤炭开采和洗选业增加值比上年增长19.1%，石油和天然气开采业增长6.1%，文教体育用品制造业增长18.2%，燃气生产和供应业增长26.8%，农副食品加工业增长15.0%，通用设备制造业增长16.9%，交通运输设备制造业增长15.2%，通信设备、计算机及其他电子设备制造业增长12.0%，电气机械及器材制造业增长18.1%，化学纤维制造业增长2.2%。6大高耗能行业比上年增长10.0%，其中，非金属矿物制品业增长16.9%，黑色金属冶炼及压延加工业增长8.2%，化学原料及化学制品制造业增长10.0%，有色金属冶炼及压延加工业增长12.3%，电力热力的生产和供应业增长8.6%，石油加工炼焦及核燃料加工业增长4.3%。高技术制造业增加值比上年增长14.0%。

1-11月全国规模以上工业企业累计实现利润24066亿元，比上年同期增长4.9%。

全年全社会建筑业实现增加值17071亿元，比上年增长7.1%。全国具有资质等级的总承包和专业承包建筑业企业实现利润1756亿元，增长12.5%，其中国有及国有控股企业509亿元，增长21.8%；上缴税金2058亿元，增长20.0%，其中国有及国有控股企业771亿元，增长24.7%。

表2　2008年主要工业产品产量及其增长速度

产品名称	单　位	产　量	比上年增长%
纱	万吨	2148.9	3.9
布	亿米	710.0	5.1
化学纤维	万吨	2415.0	0.1
成品糖	万吨	1449.5	14.0
卷　烟	亿支	22198.8	3.5
彩色电视机	万台	9033.1	6.5
家用电冰箱	万台	4756.9	8.2
房间空气调节器	万台	8230.9	2.7
一次能源生产总量	亿吨标准煤	26.0	5.2
原　煤	亿吨	27.93	4.1
原　油	亿吨	1.90	2.2
天然气	亿立方米	760.8	9.9
发电量	亿千瓦小时	34668.8	5.6
其中：火电	亿千瓦小时	27900.8	2.5
水电	亿千瓦小时	5851.9	20.6
粗　钢	万吨	50091.5	2.4
钢　材	万吨	58488.1	3.4
十种有色金属	万吨	2520.3	5.9
其中：精炼铜（铜）	万吨	378.9	10.1
电解铝	万吨	1317.6	6.8
氧化铝	万吨	2278.2	17.0
水　泥	亿吨	14.0	2.9
硫　酸	万吨	5132.7	-5.2
纯　碱	万吨	1881.3	6.6
烧　碱	万吨	1852.1	5.3
乙　烯	万吨	998.3	-2.9
化　肥（折100%）	万吨	6012.7	3.2
发电设备	万千瓦	13319.4	2.5
汽　车	万辆	934.55	5.1
其中：轿车	万辆	503.7	5.0
大中型拖拉机	万台	21.7	6.9
集成电路	亿块	417.1	1.3
程控交换机	万线	4584.0	-14.9
移动通信手持机	万台	55964.0	2.0
微型电子计算机	万台	13666.6	13.2

表3　2008年1—11月规模以上工业企业实现利润及其增长速度

指　　标	利润总额	比上年同期增长%
规模以上工业	24066	4.9
其中：国有及国有控股企业	7985	-14.5
其中：集体企业	687	29.5
股份制企业	13467	11.4
外商及港澳台商投资企业	6374	-3.1
其中：私营企业	5495	36.6

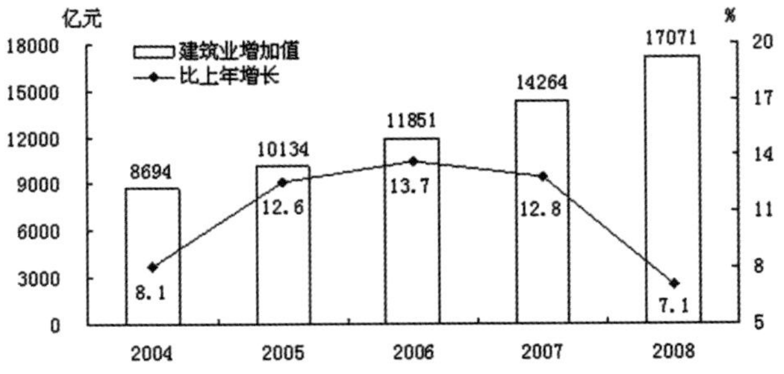

图7 2004—2008年建筑业增加值及其增长速度

四、固定资产投资

全年全社会固定资产投资172291亿元，比上年增长25.5%。分城乡看，城镇投资148167亿元，增长26.1%；农村投资24124亿元，增长21.5%。分地区看，东部地区投资87412亿元，比上年增长20.9%；中部地区投资45384亿元，增长32.6%；西部地区投资35839亿元，增长26.9%。

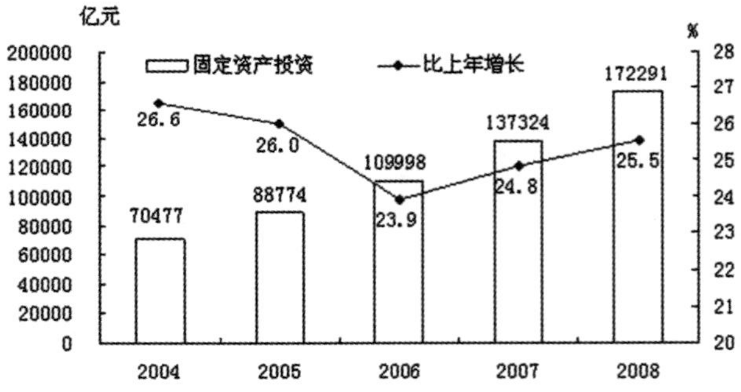

图8　2004—2008年固定资产投资及其增长速度

在城镇投资中，第一产业投资2256亿元，比上年增长54.5%；第二产业投资65036亿元，增长28.0%；第三产业投资80875亿元，增长24.1%。

全年房地产开发投资30580亿元，比上年增长20.9%。其中，东部地区18325亿元，增长17.1%；中部地区6287亿元，增长31.7%；西部地区5967亿元，增长22.7%。按工程用途分，商品住宅投资22081亿元，增长22.6%；办公楼投资1112亿元，增长7.4%；商业营业用房投资3200亿元，增长14.9%。

表4 2008年分行业城镇固定资产投资及其增长速度

单位：亿元

行业	投资额	比上年增长%
总计	148167	26.1
农、林、牧、渔业	2256	54.5
采矿业	6913	31.5
其中：煤炭开采及洗选业	2411	33.6
石油和天然气开采业	2715	22.0
制造业	46345	30.6
其中：农副食品加工业	2058	25.7
食品制造业	1137	17.8
纺织业	1534	1.3
纺织服装、鞋、帽制造业	896	19.0
石油加工、炼焦及核燃料加工业	1832	29.4
化学原料及化学制品制造业	4787	35.5
非金属矿物制品业	4113	46.6
黑色金属冶炼及压延加工业	3240	23.8
有色金属冶炼及压延加工业	1854	43.1
金属制品业	2189	38.5
通用设备制造业	3224	38.3
专用设备制造业	2265	34.1
交通运输设备制造业	3787	39.1
电气机械及器材制造业	2334	45.1
通信设备、计算机及其他电子设备制造业	2463	17.6
电力、燃气及水的生产和供应业	10484	15.4
其中：电力、热力的生产与供应业	9045	14.4
建筑业	1294	30.4
交通运输、仓储和邮政业	15552	19.7
信息传输、计算机服务和软件业	2130	17.1
批发和零售业	3166	29.2
住宿和餐饮业	1735	30.5
金融业	247	62.6
房地产业	35215	23.0
租赁和商务服务业	1296	50.6
科学研究、技术服务和地质勘查业	708	35.9
水利、环境和公共设施管理业	12262	32.2
居民服务和其他服务业	316	34.2
教育	2355	6.0
卫生、社会保障和社会福利业	1057	30.6
文化、体育和娱乐业	1423	26.0
公共管理和社会组织	3411	23.2

表5 2008年固定资产投资新增主要生产能力

指标	单位	绝对数
新增发电机组容量	万千瓦	9051
22万伏及以上变电设备	万千伏安	23222
新建铁路投产里程	公里	1719
增建铁路复线投产里程	公里	1935
电气化铁路投产里程	公里	1955
新建公路	公里	99851
其中：高速公路	公里	6433
港口万吨级码头泊位新增吞吐能力	万吨	33099
新增光缆线路长度	万公里	99
新增数字蜂窝移动电话交换机容量	万户	28855

表6 2008年房地产开发和销售主要指标完成情况

指标	单位	绝对数	比上年增长%
投资完成额	亿元	30580	20.9
其中：住宅	亿元	22081	22.6
其中：90平方米以下住宅	亿元	6416	50.7
其中：经济适用房	亿元	983	19.7
房屋施工面积	万平方米	274149	16.0
其中：住宅	万平方米	216671	16.0
房屋新开工面积	万平方米	97574	2.3
其中：住宅	万平方米	79889	1.4
房屋竣工面积	万平方米	58502	-3.5
其中：住宅	万平方米	47750	-4.2
商品房销售面积	万平方米	62089	-19.7
其中：住宅	万平方米	55886	-20.3
本年资金来源	亿元	38146	1.8
其中：国内贷款	亿元	7257	3.4
其中：个人按揭贷款	亿元	3573	-29.7
本年购置土地面积	万平方米	36785	-8.6
完成开发土地面积	万平方米	26033	-5.6
土地购置费	亿元	5795	10.9

五、国内贸易

全年社会消费品零售总额108488亿元，比上年增长21.6%。分地域看，城市消费品零售额73735亿元，增长22.1%；县及县以下消费品零售额34753亿元，增长20.7%。分行业看，批发和零售业零售额91199亿元，增长21.5%；住宿和餐饮业零售额15404亿元，增长24.7%；其他行业零售额1885亿元，增长3.7%。

在限额以上批发和零售业零售额中，粮油类零售额比上年增长22.7%，肉禽蛋类增长22.3%，服装类增长25.9%，汽车类增长25.3%，石油及制品类增长39.9%，日用品类增长17.1%，文化办公用品类增长17.9%，通讯器材类增长1.4%，家用电器和音像器材类增长14.2%，建筑及装潢材料类下降12.0%，家具类增长22.6%，化妆品类增长22.1%，金银珠宝类增长38.6%，中西药品类增长14.8%。

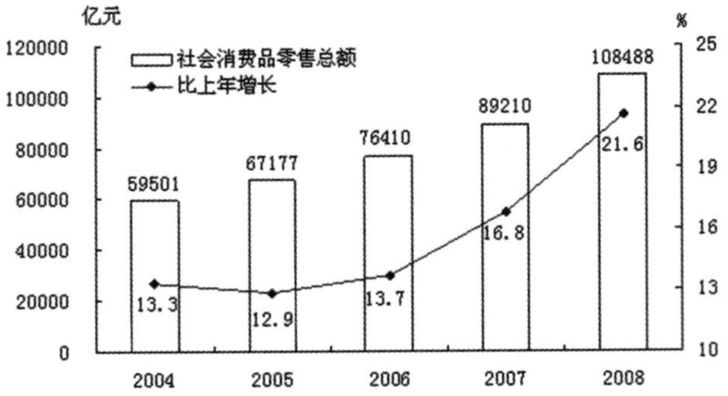

图9 2004—2008年社会消费品零售总额及其增长速度

表7 2008年货物进出口总额及其增长速度

指　　标	绝对数	比上年增长%
货物进出口总额	25616	17.8
货物出口额	14285	17.2
其中：一般贸易	6626	22.9
加工贸易	6752	9.3
其中：机电产品	8229	17.3
高新技术产品	4156	13.1
其中：国有企业	2572	14.4
外商投资企业	7906	13.6
其他企业	3807	27.9
货物进口额	11331	18.5
其中：一般贸易	5727	33.6
加工贸易	3784	2.7
其中：机电产品	5387	7.9
高新技术产品	3419	4.3
其中：国有企业	3538	31.1
外商投资企业	6200	10.8
其他企业	1593	25.7
进出口差额（出口减进口）	2955	—

表8 2008年主要商品出口数量、金额及其增长速度

商品名称	单位	数量	比上年增长%	金额（亿美元）	比上年增长%
煤	万吨	4543	-14.6	52	58.9
钢　材	万吨	5923	-5.5	634	43.8
纺织纱线、织物及制品	—	—	—	654	16.6
服装及衣着附件	—	—	—	1198	4.1
鞋　类	—	—	—	297	17.2
家具及其零件	—	—	—	269	21.5
自动数据处理设备及其部件	万台	143236	-1.2	1350	9.1
手持或车载无线电话	万台	53284	10.2	385	8.2
集装箱	万个	303	-3.3	91	3.6
集成电路	百万个	48477	19.1	243	3.3
液晶显示板	万个	202666	7.8	224	13.9
汽车（包括整套散件）	万辆	64	9.4	89	32.5

六、对外经济

全年货物进出口总额25616亿美元，比上年增长17.8%。其中，货物出口14285亿美元，增长17.2%；货物进口11331亿美元，增长18.5%。进出口差额（出口减进口）2955亿美元，比上年增加328亿美元。

表9 2008年主要商品进口数量、金额及其增长速度

商品名称	数量（万吨）	比上年增长%	金额（亿美元）	比上年增长%
谷物及谷物粉	154	-1.0	7	37.0
大豆	3744	21.5	218	90.1
食用植物油	816	-2.6	90	44.0
天然橡胶（包括胶乳）	168	2.0	43	32.0
合成橡胶（包括胶乳）	120	-15.0	33	17.5
铁矿砂及其精矿	44356	15.9	605	79.1
氧化铝	459	-10.5	18	-9.7
原油	17888	9.6	1293	62.0
成品油	3885	15.0	300	82.7
初级形状的塑料	1771	-6.7	341	5.3
纸浆	952	12.4	67	20.9
钢材	1543	-8.6	234	14.0
未锻造的铜及铜材	264	-5.1	192	-2.3

表10 2008年对主要国家和地区货物进出口额及其增长速度

国家和地区	货物出口额	比上年增长%	货物进口额	比上年增长%
欧盟	2929	19.5	1327	19.6
美国	2523	8.4	814	17.4
中国香港	1907	3.4	129	0.9
日本	1161	13.8	1507	12.5
东盟	1141	20.7	1170	7.9
韩国	740	31.0	1122	8.1
俄罗斯	330	15.9	238	21.0
印度	315	31.2	203	38.7
中国台湾	259	10.3	1033	2.3

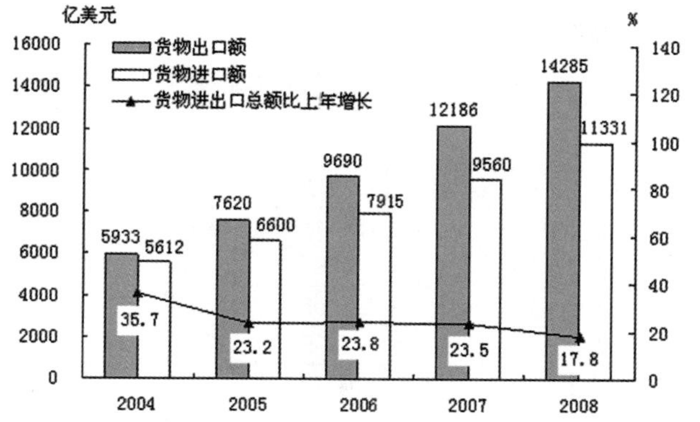

图10 2004—2008年货物进出口总额及其增长速度

全年非金融领域新批外商直接投资企业27514家，比上年减少27.3%。实际使用外商直接投资金额924亿美元，增长23.6%。其中，制造业占54.0%；房地产业占20.1%；租赁和商务服务业占5.5%；批发和零售业占4.8%；交通运输、仓储和邮政业占3.1%。

表11　2008年分行业外商直接投资及其增长速度

行　　业	企业数（家）	比上年增长%	实际使用金额（亿美元）	比上年增长%
总　　计		-27.3	924.0	23.6
农、林、牧、渔业	917	-12.5	11.9	28.9
采矿业	149	-36.3	5.7	17.0
制造业	11568	-39.7	498.9	22.1
电力、燃气及水的生产和供应业	320	-9.1	17.0	58.1
建筑业	262	-14.9	10.9	151.6
交通运输、仓储和邮政业	523	-20.5	28.5	42.1
信息传输、计算机服务和软件业	1286	-7.6	27.7	86.8
批发和零售业	5854	-7.6	44.3	65.6
住宿和餐饮业	633	-32.5	9.4	-9.9
金融业	25	-51.0	5.7	122.5
房地产业	452	-68.7	185.9	8.8
租赁和商务服务业	3138	-11.3	50.6	25.9
科学研究、技术服务和地质勘查业	1839	7.2	15.1	64.2
水利、环境和公共设施管理业	138	-10.4	3.4	24.7
居民服务和其他服务业	205	-24.1	5.7	-21.1
教　育	24	60.0	0.4	12.2
卫生、社会保障和社会福利业	10	-23.1	0.2	63.1
文化、体育和娱乐业	170	-17.9	2.6	-42.8
公共管理和社会组织	1	—	0.0	—
国际组织	—	—	6.0	—

全年非金融领域对外直接投资额407亿美元，比上年增长63.6%。

全年对外承包工程完成营业额566亿美元，比上年增长39.4%；对外劳务合作完成营业额81亿美元，增长19.1%。

七、交通、邮电和旅游

全年交通运输、仓储和邮政业增加值16590亿元，比上年增长7.6%。

表12　2008年各种运输方式完成货物运输量及其增长速度

指　　标	单 位	绝对数	比上年增长%
货物运输总量	亿 吨	249.0	9.4
铁路	亿 吨	33.1	4.7
公路	亿 吨	181.7	10.9
水运	亿 吨	29.7	5.7
民航	万 吨	407.6	1.4
管道	亿 吨	4.5	15.4
货物运输周转量	亿吨公里	105512.9	3.8
铁路	亿吨公里	25111.8	3.7
公路	亿吨公里	12998.5	14.5
水运	亿吨公里	65218.2	1.5
民航	亿吨公里	119.6	2.8
管道	亿吨公里	2064.7	19.5

表13　2008年各种运输方式完成旅客运输量及其增长速度

指　　标	单　　位	绝对数	比上年增长%
旅客运输总量	亿　　人	239.7	7.8
铁路	亿　　人	14.6	11.0
公路	亿　　人	220.7	7.6
水运	亿　　人	2.4	6.0
民航	亿　　人	1.9	3.6
旅客运输周转量	亿人公里	23372.2	8.2
铁路	亿人公里	7778.6	7.8
公路	亿人公里	12636.0	9.8
水运	亿人公里	74.8	-3.8
民航	亿人公里	2882.8	3.3

全年规模以上港口完成货物吞吐量58.7亿吨，比上年增长11.5%，其中外贸货物吞吐量19.2亿吨，增长7.0%。港口集装箱吞吐量12835万标准箱，增长12.2%。

年末全国民用汽车保有量达到6467万辆（包括三轮

汽车和低速货车1492万辆），比上年末增长13.5%，其中私人汽车保有量4173万辆，增长18.1%。民用轿车保有量2438万辆，增长24.5%，其中私人轿车1947万辆，增长28.0%。

全年完成邮电业务总量23841亿元，比上年增长20.7%。其中，邮政业务总量1402亿元，增长15.5%；电信业务总量22440亿元，增长21.0%。全年减少局用交换机156万门，总容量5.1亿门。固定电话年末用户34081万户。其中，城市电话用户23200万户，农村电话用户10881万户。新增移动电话用户9392万户，年末达到64123万户。年末全国固定及移动电话用户总数达到98204万户，比上年末增加6909万户。电话普及率达到74.3部/百人。互联网上网人数3.0亿人，其中宽带上网人数2.7亿人。

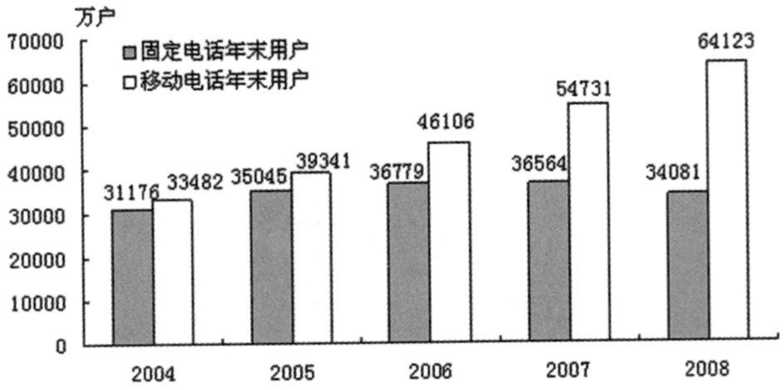

图11 2004—2008年年末电话用户数

全年入境旅游人数13003万人次，比上年下降1.4%。其中，外国人2433万人次，下降6.8%；香港、澳门和台湾同胞10570万人次，下降0.1%。在入境旅游者中，过夜旅游者5305万人次，下降3.1%。国际旅游外汇收入408亿美元，下降2.6%。国内居民出境人数达4584万人次，增长11.9%。其中因私出境4013万人次，增长14.9%，占出境人数的87.5%。国内出游人数达17.1亿人次，增长6.3%；国内旅游收入8749亿元，增长12.6%。

八、金融

年末广义货币供应量（M2）余额为47.5万亿元，比上年末增长17.8%；狭义货币供应量（M1）余额为16.6万亿元，增长9.1%；流通中现金（M0）余额为3.4万亿元，增长12.7%。年末全部金融机构本外币各项存款余额47.8万亿元，增长19.3%；全部金融机构本外币各项贷款余额32.0万亿元，增长17.9%。

表14 2008年全部金融机构本外币存贷款及其增长速度

单位：亿元

指　　标	年末数	比上年末增长%
各项存款余额	478444	19.3
其中：企业存款	164386	13.5
城乡居民储蓄存款	221503	25.7
其中：人民币	217885	26.3
各项贷款余额	320049	17.9
其中：短期贷款	128571	12.3
中长期贷款	164160	20.2

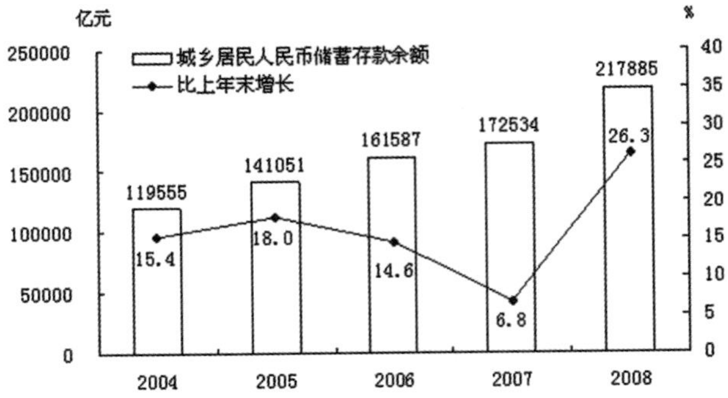

图12 2004—2008年城乡居民人民币储蓄存款余额及其增长速度

全年农村金融合作机构（农村信用社、农村合作银行、农村商业银行）人民币贷款余额3.7万亿元，比年初增加5908亿元。全部金融机构人民币消费贷款余额3.7万亿元，增加4609亿元。其中个人短期消费贷款余额0.4万亿元，增加1035亿元；个人中长期消费贷款余额3.3万亿元，增加3575亿元。

全年上市公司通过境内市场累计筹资3396亿元，比上年减少3947亿元。其中，首次公开发行A股75只，筹资1066亿元，减少3487亿元；A股再筹资（包括配股、公开增发、非公开增发、认股权证）筹资1332亿元，减少1046亿元；上市公司通过发行可转债、可分离债、公司债筹资998亿元，增加587亿元。

全年企业共发行债券20520亿元，比上年增加3437亿元。其中，金融债券11797亿元，减少116亿元；企业（公司）债券2655亿元，增加834亿元；短期融资券4332亿元，增加982亿元；中期票据1737亿元，增加1737亿元。

全年保险公司原保险保费收入9784亿元，比上年增长39.1%，其中寿险业务原保险保费收入6658亿元；健康险和意外伤害险业务原保险保费收入789亿元；财产险业务原保险保费收入2337亿元。支付各类赔款及给付2971亿元，其中寿险业务给付1315亿元；健康险和意外伤害险赔款及给付238亿元；财产险业务赔款1418亿元。

九、教育和科学技术

全年研究生教育招生44.6万人，在学研究生128.3万人，毕业生34.5万人。普通高等教育招生607.7万人，在校生2021.0万人，毕业生512.0万人。各类中等职业教育招生810.0万人，在校生2056.3万人，毕业生570.6万人。全国普通高中招生837.0万人，在校生2476.3万人，毕业生836.1万人。全国初中招生1856.2万人，在校生5574.2万人，毕业生1862.9万人。普通小学招生1695.7万人，在校生10331.5万人，毕业生1865.0万人。特殊教育招生6.2万人，在校生41.7万人。幼儿园在园幼儿2475.0万人。

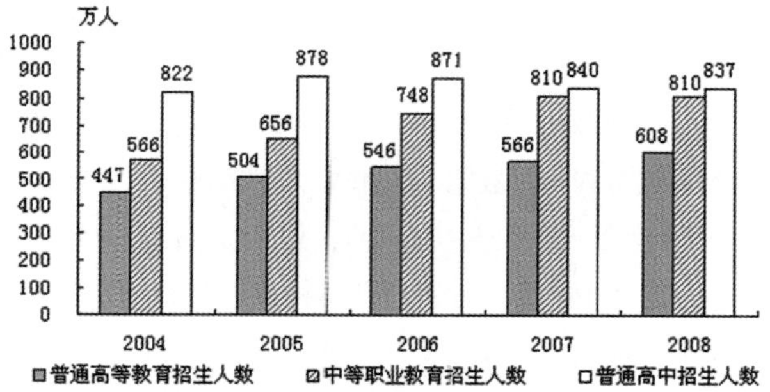

图13 2004—2008年各类教育招生人数

全年研究与试验发展（R&D）经费支出4570亿元，比上年增长23.2%，占国内生产总值的1.52%，其中基础研究经费200亿元。全年国家安排了922项科技支撑计划课题，1205项“863”计划课题。新建国家工程研究中心7个，国家工程实验室51个。国家认定企业技术中心达到 575家。省级企业技术中心达到4886家。全年受理国内外专利申请82.8万件，其中国内申请71.7万件，占86.6%。受理国内外发明专利申请29.0万件，其中国内申请19.5万件，占67.1%。全年授予专利权41.2万件，其中国内授权35.2万件，占85.5%。授予发明专利权9.4万件，其中国内授权4.7万件，占49.7%。截至2008年底，有效专利119.5万件，其中国内有效专利92.5万件，占77.4%；有效发明专利33.7万件，其中国内有效发明专利12.8万件，占37.9%。全年共签订技术合同22.6万项，技术合同成交金额2665亿元，比上年增长19.7%。全年成功发射卫星11次，“神舟七号”载人航天飞行圆满成功。

年末全国共有产品检测实验室24300个，其中国家检测中心376个。全国现有产品质量、体系认证机构170个，已累计完成对3.8万个企业的产品认证。全国共有法定计量技术机构3701个，全年强制检定计量器具4190万台（件）。全年制定、修订国家标准6373项，其中新制定2714项。全国共有地震台站1314个，地震遥测台网31个。全国共有海洋观测站67个、海洋监测站位9200多个。测绘部门公开出版地图1834种，测绘图书309种。

十、文化、卫生和体育

年末全国共有艺术表演团体2575个，文化馆3171个，公共图书馆2825个，博物馆1798个。广播电台257座，电视台277座，广播电视台2069座，教育台45个。有线电视用户16342万户，有线数字电视用户4503万户。年末广播节目综合人口覆盖率为96.0%；电视节目综合人口覆盖率为97.0%。全年生产故事影片406部，科教、纪录、动画和特种影片73部。出版各类报纸445亿份，各类期刊30亿册，图书69亿册（张）。年末全国共有档案馆3987个，已开放各类档案7267万卷（件）。

年末全国共有卫生机构30.0万个，其中医院、卫生院6.0万个，社区卫生服务中心（站）2.8万个，妇幼保健院（所、站）3020个，专科疾病防治院（所、站）1344个，疾病预防控制中心（防疫站）3560个，卫生监督所（中心）2591个。卫生技术人员492万人，其中执业医师和执业助理医师205万人，注册护士162万人。医院和卫生院床位369万张。乡镇卫生院3.9万个，床位82万张，卫生技术人员87.4万人。全年甲、乙类法定报告传染病发病人数354.1万例，报告死亡12433人；报告传染病发病率268.01/10万，死亡率0.94/10万。

全年运动健儿在24个项目中共获得了120个世界冠军，11人2队16次创16项世界纪录。在北京奥运会上，我国运动员共获得51枚金牌，21枚银牌，28枚铜牌，奖牌总数100枚，位列奥运会金牌榜第一，奖牌榜第二。在北京残奥会上，我国运动员共获得89枚金牌，70枚银牌，52枚铜牌，蝉联金牌榜和奖牌榜的第一位。群众体育运动蓬勃开展。

十一、人口、人民生活和社会保障

年末全国总人口为132802万人，比上年末增加673万人。全年出生人口1608万人，出生率为12.14‰；死亡人口935万人，死亡率为7.06‰；自然增长率为5.08‰。出生人口性别比为120.56。

表15　2008年人口数及其构成

单位：万人

指　标	年末数	比重%
全国总人口	132802	100.0
其中：城镇	60667	45.7
乡村	72135	54.3
其中：男性	68357	51.5
女性	64445	48.5
其中：0-14岁	25166	19.0
15-59岁	91647	69.0
60岁及以上	15989	12.0
其中：65岁及以上	10956	8.3

全年农村居民人均纯收入4761元，扣除价格上涨因素，比上年实际增长8.0%；城镇居民人均可支配收入15781元，实际增长8.4%。农村居民家庭食品消费支出占家庭消费总支出的比重为43.7%，城镇居民家庭为37.9%。按2008年农村贫困标准1196元测算，年末农村贫困人口为4007万人。

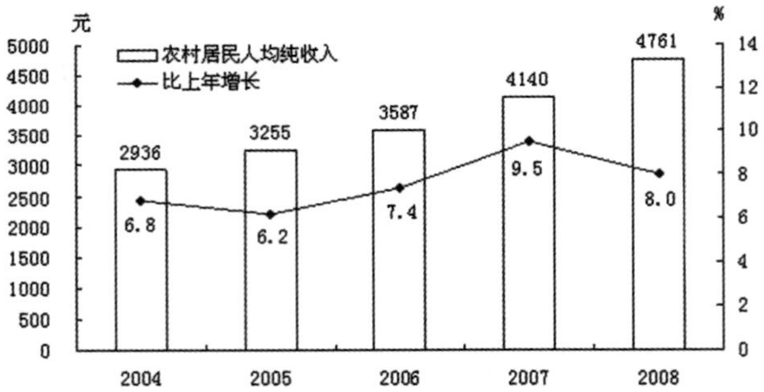

图14 2004—2008年农村居民人均纯收入及其增长速度

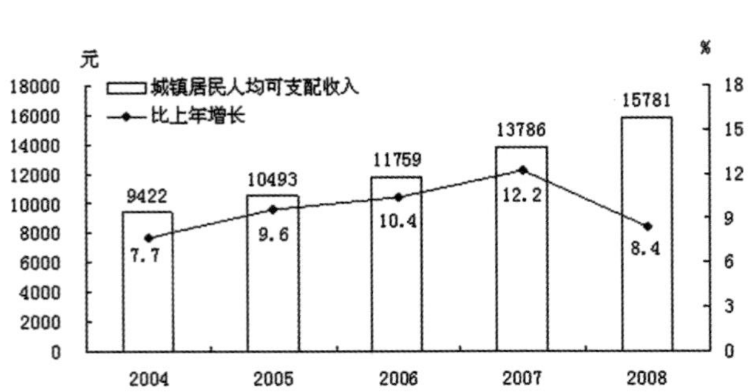

图15 2004—2008年城镇居民人均可支配收入及其增长速度

年末全国参加城镇基本养老保险人数为21890万人，比上年末增加1753万人。其中参保职工16597万人，参保离退休人员5293万人。参加城镇基本医疗保险的人数31698万人，增加9387万人。其中，参加城镇职工基本医疗保险人数20048万人，参加城镇居民基本医疗保险人数11650万人。参加城镇医疗保险的农民工4249万人，增加1118万人。参加失业保险的人数12400万人，增加755万人。参加工伤保险的人数13810万人，增加1637万人。其中参加工伤保险农民工4976万人，增加996万人。参加生育保险的人数9181万人，增加1406万人。2729个县（市、区）开展了新型农村合作医疗工作，新型农村合作医疗参合率91.5%。新型农村合作医疗基金累计支出总额为429亿元，累积受益3.7亿人次。全年城市医疗救助513万人次，比上年增长16.0%。农村医疗救助936万人次，增长148.0%。民政部门资助农村合作医疗的人数达2780万人次。

年末全国领取失业保险金人数为261万人。全年2334万城市居民得到政府最低生活保障，比上年增加62万人；4291万农村居民得到政府最低生活保障，增加725万人。

年末全国各类收养性社会福利单位床位235万张，收养各类人员189万人。城镇建立各种社区服务设施10.9万个，社区服务中心9871个。全年销售社会福利彩票604亿元，筹集福利彩票公益金211亿元，直接接收社会捐赠款482亿元。

十二、资源、环境和安全生产

全年建设占用耕地19.16万公顷。灾毁耕地2.48万公顷。生态退耕0.76万公顷。因农业结构调整减少耕地2.49万公顷。土地整理复垦开发补充耕地22.96万公顷。当年净减少耕地1.93万公顷。

全年水资源总量27127亿立方米，比上年增加7.4%；人均水资源2048立方米，增加6.9%。全年平均降水量659毫米，增加8.0%。年末全国大型水库蓄水总量1962亿立方米，比上年末多蓄水93亿立方米。全年总用水量5840亿立方米，比上年增长0.4%。其中，生活用水增长0.6%，工业用水增长1.8%，农业用水减少0.2%，生态补水减少0.7%。万元国内生产总值用水量231.8立方米，比上年下降7.9%。万元工业增加值用水量130.3立方米，下降7.0%。人均用水量440.9立方米，下降0.1%。

国土资源调查及地质勘查新发现大中型矿产地209

处，其中，能源矿产地38处，金属矿产地90处，非金属矿产地79处，水气矿产地2处。有57种矿产新增查明资源储量，其中，石油13.4亿吨，天然气6472亿立方米，原煤231.1亿吨。

全年完成造林面积477万公顷，其中人工造林329万公顷。林业重点工程完成造林面积312万公顷，占全部造林面积的65.4%。全民义务植树23.1亿株。截至2008年底，自然保护区达到2538个，其中国家级自然保护区303个。新增综合治理水土流失面积4.7万平方公里，新增实施水土流失地区封育保护面积2.6万平方公里。

初步测算，全年能源消费总量28.5亿吨标准煤，比上年增长4.0%。煤炭消费量27.4亿吨，增长3.0%；原油消费量3.6亿吨，增长5.1%；天然气消费量807亿立方米，增长10.1%；电力消费量34502亿千瓦小时，增长5.6%。全国万元国内生产总值能耗下降4.59%。主要原材料消费中，钢材消费量5.4亿吨，增长4.2%；精炼铜消费量538万吨，增长6.9%；电解铝消费量1260万吨，增长4.3%；乙烯消费量998万吨，下降2.9%；水泥消费量13.7亿吨，增长3.5%。

七大水系的409个水质监测断面中，Ⅰ～Ⅲ类水质断面比例占55.0%，比上年提高5.1个百分点；劣Ⅴ类水质断面比例占20.8%，比上年下降2.8个百分点。七大水系水质总体上持续好转，部分流域污染仍然严重。

近岸海域301个海水水质监测点中，达到国家一、二类海水水质标准的监测点占70.4%，比上年上升7.6个百分点；三类海水占11.3%，下降0.5个百分点；四类、劣四类海水占18.3%，下降7.0个百分点。全国海域未达到清洁海域水质标准的海域面积13.7万平方公里，比上年减少0.8万平方公里，其中，严重污染海域面积为2.5万平方公里。渤海严重污染海域面积0.3万平方公里。

在监测的519个城市中，有399个城市空气质量达到二级以上（含二级）标准，占监测城市数的76.9%；有113个城市为三级，占21.8%；有7个城市为劣三级，占1.3%。在监测的392个城市中，城市区域声环境质量好的城市占7.9%，较好的占63.8%，轻度污染的占27.0%，中度污染的占1.3%。

全年平均气温为9.6℃，比上年低0.5℃。全年共有10个台风在我国登陆，增加2个。

年末城市污水处理厂日处理能力达8295万立方米，比上年末增长16.1%；城市污水处理率达到65.3%，提高2.4个百分点；集中供热面积32.1亿平方米，增长6.6%；建成区绿地率达到31.6%，提高0.3个百分点。

全年各类自然灾害造成直接经济损失11752亿元，比上年增加4.0倍。全年农作物受灾面积3999万公顷，下降18.4%。其中，绝收403万公顷，下降29.8%。全年共发生森林火灾1.3万起，上升45.2%。全年因洪涝灾害造成直接经济损失635亿元，下降23.1%；死亡686人，下降41.3%。全年因旱灾造成直接经济损失307亿元，下降60.9%。全年因海洋灾害造成直接经济损失206亿元，增加1.3倍。全年累计发生赤潮面积13738平方公里，增加18.3%。全年低温冷冻和雪灾造成直接经济损失1595亿元，死亡162人。全年实际发生各类地质灾害2.7万起，直接经济损失183.7亿元，死亡656人。全年大陆地区共发生5级以上地震87次，成灾17次，造成直接经济损失8523亿元，死亡近7万人。其中，四川汶川地震震级达8.0级，造成直接经济损失8451亿元。

全年生产安全事故死亡91172人，比上年下降10.2%。亿元国内生产总值生产安全事故死亡人数为0.312人，下降24.5%；工矿商贸企业就业人员10万人生产安全事故死亡人数为2.82人，下降7.5%；煤矿百万吨死亡人数为1.182人，下降20.4%。全年共发生道路交通事故26.5万起，造成7.3万人死亡，30.5万人受伤，直接财产损失10.1亿元；道路交通万车死亡人数为4.3人，减少0.8人。

注：

1.本公报中数据均为初步统计数。

2.各项统计数据均未包括香港特别行政区、澳门特别行政区和台湾省。

3.部分数据因四舍五入的原因，存在着与分项合计不等的情况。

4.国内生产总值、各产业增加值绝对数按现价计算，增长速度按不变价格计算。

5.六大高耗能行业分别为：化学原料及化学制品制造业、非金属矿物制品业、黑色金属冶炼及压延加工业、有色金属冶炼及压延加工业、石油加工炼焦及核燃料加工业、电力热力的生产和供应业。

6.钢材产量及消费量数据中均含部分使用钢材加工成其他钢材的重复计算因素。

7.固定资产投资按东部、中部、西部地区计算的合计数据小于全国数据，是因为有部分跨地区的投资未计算在地区数据中。

8.房地产业投资除房地产开发投资外，还包括建设单位自建房屋以及物业管理、中介服务和其他房地产投资。

9.原保险保费收入是指保险企业确认的原保险合同保费收入。

10.城镇职工基本医疗保险人数包括参保职工和参保退休人员。城镇居民基本医疗保险的参保对象是不属于城镇职工基本医疗保险覆盖范围的城镇非从业人员。

11.农村贫困人口是根据新修订的农村贫困标准统计的，与历史数据不完全可比。

12.万元国内生产总值用水量按2005年不变价格计算，邮电业务总量按2000年不变价格计算。

2008年全年投资情况

国家发展改革委固定资产投资司

（一）2008年新开工项目概况

2008年1—12月，全国新开工项目252606个，比去年同期增加21075个。新开工项目计划总投资90887亿元，同比增长5.4%。新开工项目计划总投资占施工项目计划总投资比重为29%。

（二）2008年地区投资概况

2008年1—12月，东部地区投资71688亿元，比上年同期增长21.3%。中部地区投资40158亿元，比上年同期增长33.5%。西部地区投资32665亿元，比上年同期增长26.7%。

（三）2008年三次产业投资概况

2008年1—12月，第一产业投资2256亿元，比上年同期增长54.5%。第二产业投资65036亿元，比上年同期增长28%。第三产业投资80875亿元，比上年同期增长24.1%。

（四）2008年投资运行概况

2008年1—12月，全国全社会投资172291亿元，比上年同期增长25.5%，增幅比上年同期增长0.7个百分点；城镇投资148167亿元，比上年同期增长26.1%，增幅比上年同期增长0.3个百分点；农村投资24124亿元，比上年同期增长21.5%，增幅比上年同期增长2.3个百分点。

2008年国民经济总体保持平稳较快发展

国家统计局

（2009年2月27日）

2008年是极不寻常、极不平凡的一年。在党中央、国务院的正确领导下，全国人民同心同德、顽强拼搏，努力克服历史罕见的特大自然灾害和国际金融危机的不利影响，国民经济总体呈现增长较快、价格回稳、结构优化、民生改善的发展态势。

初步核算，全年国内生产总值300670亿元，比上年增长9.0%。分季度看，一季度增长10.6%，二季度增长10.1%，三季度增长9.0%，四季度增长6.8%。分产业看，第一产业增加值34000亿元，增长5.5%；第二产业增加值146183亿元，增长9.3%；第三产业增加值120487亿元，增长9.5%。

1.农业生产继续稳定发展，粮食实现连续五年增产。全年粮食总产量达到52850万吨，比上年增产2690万吨，增长5.4%，连续5年增产。其中，夏粮产量12041万吨，增产305万吨；早稻3158万吨，增产6万吨；秋粮37651万吨，增产2379万吨。油料、糖料预计分别增长12%和6%以上。肉类产量继续增加，生猪生产恢复较快。全年肉类总产量7250万吨以上，增长5.9%；生猪年末存栏增长4.5%。

2.工业生产增长放缓，企业利润增速回落。全年规模以上工业增加值比上年增长12.9%，增速比上年回落5.6个百分点。分所有制看，国有及国有控股企业增长9.1%；集体企业增长8.1%；股份制企业增长15.0%；外商及港澳台投资企业增长9.9%。分轻重工业看，重工业增长13.2%，轻工业增长12.3%。分地区看，东、中、西部地区分别增长11.6%、15.8%和15.0%。规模以上工业企业产销率达到97.7%。

1-11月份，全国规模以上工业企业实现利润24066亿元，同比增长4.9%。在39个工业大类中，31个行业利润同比增长。实现利润最多的5个行业是：石油和天然气开采业、煤炭开采和洗选业、交通运输设备制造业、化学原料及化学制品制造业、黑色金属冶炼及压延加工业。

3.投资保持较快增长，投资结构有所改善。全年全社会固定资产投资172291亿元，比上年增长25.5%，增速比上年加快0.7个百分点。其中，城镇固定资产投资148167亿元，增长26.1%，加快0.3个百分点；农村固定资产投资24124亿元，增长21.5%。在城镇投资中，第一产业投资2256亿元，增长54.5%；第二产业投资65036亿元，增长28.0%；第三产业投资80875亿元，增长24.1%。分地区看，东、中、西部地区城镇投资分别增长21.3%、33.5%和26.7%。全年房地产开发投资30580亿元，比上年增长20.9%。

4.国内市场销售增长较快，城乡消费旺盛。全年社会消费品零售总额108488亿元，比上年增长21.6%，增速比上年加快4.8个百分点。分城乡看，城市消费品零售额73735亿元，增长22.1%，加快4.9个百分点；县及县以下消费品零售额34753亿元，增长20.7%，加快4.9个百分点。分行业看，批发和零售业消费品零售额91199亿元，增长21.5%；住宿和餐饮业消费品零售额15404亿元，增长24.7%。

5.价格涨幅前高后低，下半年逐步回稳。全年居民消费价格上涨5.9%，涨幅比上年提高1.1个百分点。其中，城市上涨5.6%，农村上涨6.5%。分类别看，食品价格上涨14.3%，拉动价格总水平上涨4.65个百分点；居住价格上涨5.5%，拉动价格总水平上涨0.82个百分点；其余各类商品价格有涨有落。工业品出厂价格比上年上涨6.9%，12月同比下降1.1%，全年涨幅比上年提高3.8个百分点。原材料、燃料、动力购进价格上涨10.5%，涨幅比上年提高6.1个百分点。70个大中城市房屋销售价格比上年上涨6.5%，12月同比下降0.4%，全年涨幅比上年回落1.1个百分点。

6.进出口全年保持平稳较快增长，四季度增速回落较多。全年进出口总额25616亿美元，比上年增长17.8%。其中，出口14285亿美元，增长17.2%；进口11331亿美元，增长18.5%。进出口相抵，贸易顺差2955亿美元，比上年增加328亿美元。受国际市场需求萎缩、国际初级产品大幅下跌等因素影响，四季度进口同比下降8.8%，出口同比增长4.3%。全年实际使用外资金额923.95亿美元，比上年增长23.6%。年末国家外汇储备余额达到1.95万亿美元，比上年增长27.3%。

7.城镇新增就业总体稳定，城乡居民收入继续增加。全年城镇新增就业1113万人，年末城镇登记失业率为4.2%，比上年末提高0.2个百分点。全年城镇居民人均可支配收入15781元，比上年增长14.5%，扣除价格因素，实际增长8.4%。农村居民人均纯收入4761元，比上年增长15.0%，扣除价格因素，实际增长8.0%。年末居民储蓄存款余额21.8万亿元，比上年末增加45353亿元。

8.广义货币供应量增幅加快，贷款增加较多。12月末，广义货币（M2）余额47.5万亿元，比上年末增长17.8%，加快1.1个百分点；狭义货币（M1）余额16.6万亿元，增长9.1%，回落12.0个百分点；流通中货币（M0）余额3.4万亿元，增长12.7%，加快0.6个百分点。金融机构人民币各项贷款余额303468亿元，比年初增加49114亿元，比上年多增12792亿元；各项存款余额466203亿元，比年初增加76863亿元，比上年多增22985亿元。全年货币净投放3844亿元，比上年多投放541亿元。

当前国际金融危机仍在加深和蔓延，对国内经济的冲击仍在继续。我们要深入贯彻落实科学发展观，按照中央关于经济工作的总体要求，切实落实好促进增长、扩大内需、调整结构、改善民生的一系列政策措施，努力促进经济平稳较快发展，保持社会和谐稳定。

2008年工业经济运行总体情况

（2009年2月）

2008年，各地区、各部门深入贯彻科学发展观，认真落实中央关于经济工作的各项部署，积极应对历史罕见的特大自然灾害和国际金融危机等重大挑战，努力保持工业经济平稳运行。前8个月，工业生产总体保持平稳较快增长态势，9月份后受国际金融危机快速蔓延等因素影响，增速开始大幅回落。针对形势的急剧变化，国家及时出台了扩内需、保增长的政策措施，工业企业也根据市场变化主动调整了生产节奏，加强营销管理。在各方面的共同努力下，全年工业经济总体仍保持了较好的发展态势。

工业生产增速明显回落。2008年，规模以上工业增加值同比增长12.9%，增幅比上年回落5.6个百分点，比2003-2007年平均增速低4.1个百分点。

重工业生产增速明显下滑。2008年，轻、重工业增加值同比分别增长12.3%和13.2%，增幅比上年回落4和6.4个百分点。轻重工业增速差距由上年的3.3个百分点缩小到0.9个百分点。分月看，重工业增速自10月份开始低于轻工业增速，为1999年3月份以来首次出现。

工业品出口增势继续放缓。2008年，规模以上工业企业出口交货值80844亿元，比上年增长10.8%，增幅同比回落10.7个百分点。其中，11月、12月同比分别下降5.2%和8.8%。

2007年以来工业增加值分月同比（%）

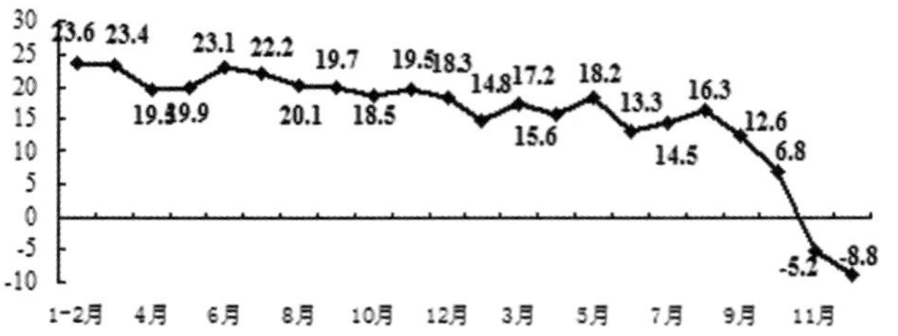

2007年以来出口交货值分月增速（%）

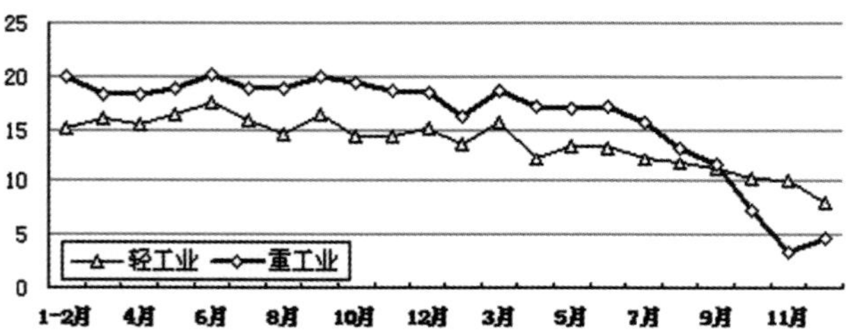

2007年以来轻、重工业增加值分月增速（%）

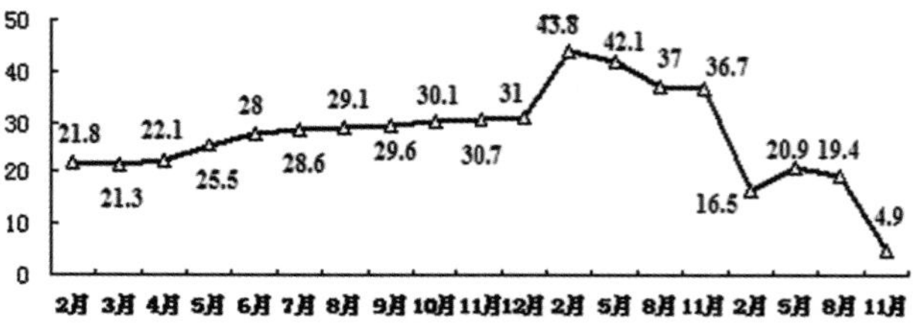

2006年以来工业企业累计实现利润增速（%）

工业企业利润增幅回落，亏损额大幅上升。1-11月，规模以上工业企业累计实现利润24066亿元，同比增长4.9%。增幅比1-8月回落14.5个百分点，同比回落31.8个百分点。亏损企业亏损额4879亿元，增长1.8倍。国有及国有控股企业利润7985亿元，下降14.5%；亏损企业亏损额3199亿元，增长3.4倍。

两项资金占用增幅回落。11月末，规模以上工业企业产成品库存资金占用23113亿元，同比上升25%，升幅比8月末回落3.5个百分点，同比提高3.2个百分点。应收账款净额45006亿元，上升12.3%，比8月末回落3.7个百分点，同比回落6.5个百分点。

生产资料价格先扬后抑，四季度快速下滑。12月，流通环节生产资料价格环比下降3.7%，降幅比上月减少6.1个百分点；同比下降11.7%，降幅比上月扩大5.3个百分点。工业品出厂价格同比下降1.1%；原材料、燃料、动力价格下降1.3%。

2008年，流通环节生产资料价格同比上涨13%，涨幅同比提高8.5个百分点。工业品出厂价格上涨6.9%，涨幅同比提高3.8个百分点；原材料、燃料、动力购进价格上涨10.5%，提高6.1个百分点。

2006年以来亏损企业亏损额累计同比（%）

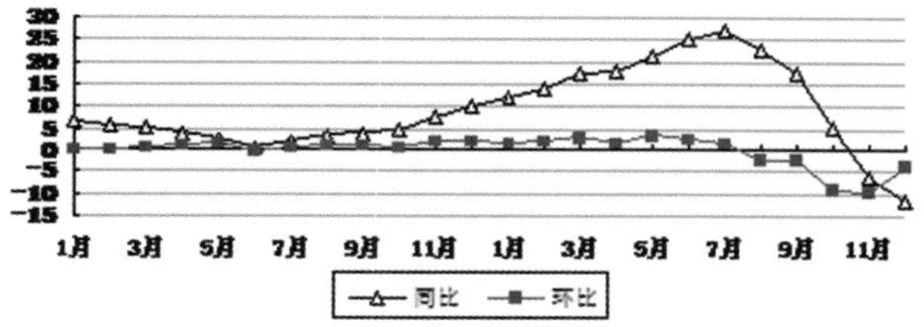

2007年以来流通环节生产资料价格月涨幅（%）

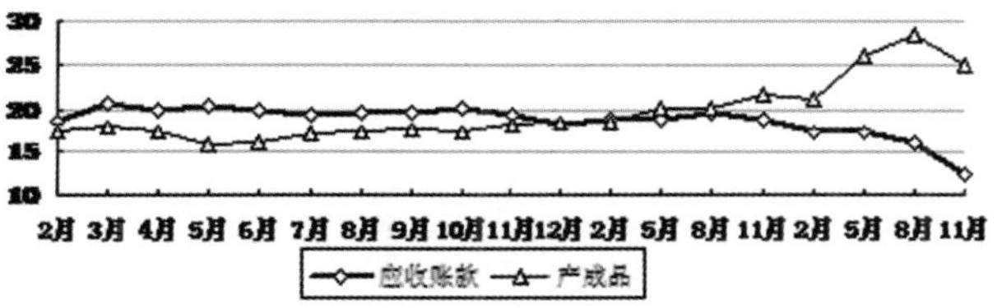

2006年以来月末两项资金占用累计增幅（%）

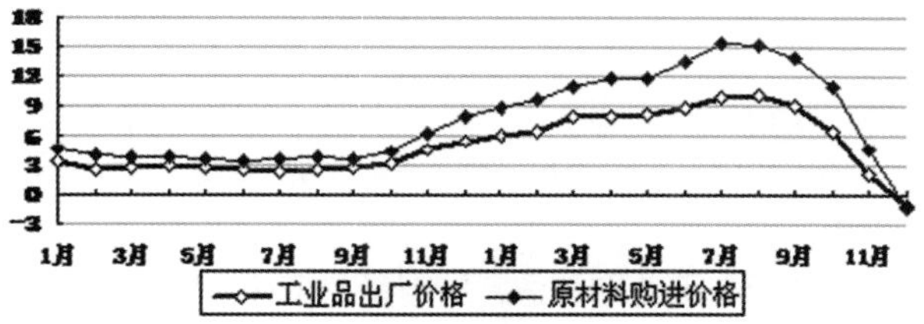

2007年以来工业品和原燃料价格月同比（%）

2008年主要工业行业运行情况

一、能源供需总体状况由偏紧转为宽松

煤炭行业。2008年，规模以上企业原煤产量26.2亿吨，比上年增长12.8%，增幅同比提高3.4个百分点。据海关统计，煤炭出口4543万吨，下降14.6%；进口4040万吨，下降20.8%；净出口503万吨，比上年增加288万吨。上半年受连续发生的重大自然灾害影响，加之需求旺盛，煤炭市场供应总体偏紧，价格持续攀升。8月份以后，随着需求增势减缓，煤炭市场供求形势趋于宽松，价格逐步回落，主要用户和中转港口煤炭库存持续增加。前11个月，原中央财政煤炭企业商品煤平均售价468.2元/吨，同比上涨45.2%；其中11月价格为449.5元/吨，上涨39.1%。年末，全社会煤炭库存2.01亿吨，比上年末增加5195万吨。其中，直供电厂存煤4332万吨，比上年末增加2062万吨，平均可用天数超过20天；秦皇岛港存煤574万吨，比上年末增加61万吨。1-11月，煤炭行业累计实现利润2000亿元，同比增长1.3倍。

电力行业。2008年，全国发电量34047亿千瓦时，比上年增长5.5%，增幅同比回落9.4个百分点。其中，火电增长3%，回落11.6个百分点；水电增长17.5%，提高2.1个百分点。全国供电形势“前紧后松”。受南方部分地区低温雨雪冰冻灾害影响，1月、2月分别有19个和15个省级电网出现拉限电。由于电煤供应偏紧、电网建设滞后等因素，迎峰度夏期间全国仍有17个省级电网出现拉限电。9月份以后，用电需求快速回落，电力供应状况总体较为宽松，10月份以后月度发电量连续负增长。1-11月，电力行业累计实现利润280亿元，同比下降82.3%。其中，火电行业净亏损392亿元，去年同期净盈利604亿元。

据协会快报统计，2008年全社会用电量同比增长5.2%，增幅同比回落9.2个百分点。其中，工业用电量同比增长3.6%，回落12.3个百分点。全国发电设备平均利用小时数4677小时，同比下降337小时。其中，火电设备平均利用小时数4911小时，下降427小时。当年新增发电装机容量9051万千瓦。年末，全国发电装机容量7.9亿千瓦，同比增长10.3%。

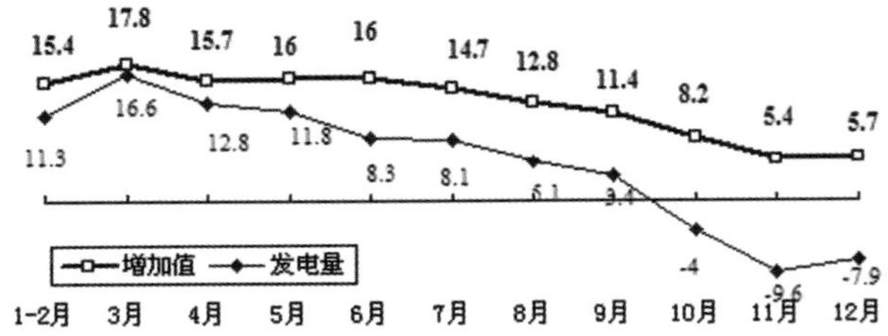

2008年工业增加值、发电量月增速（%）

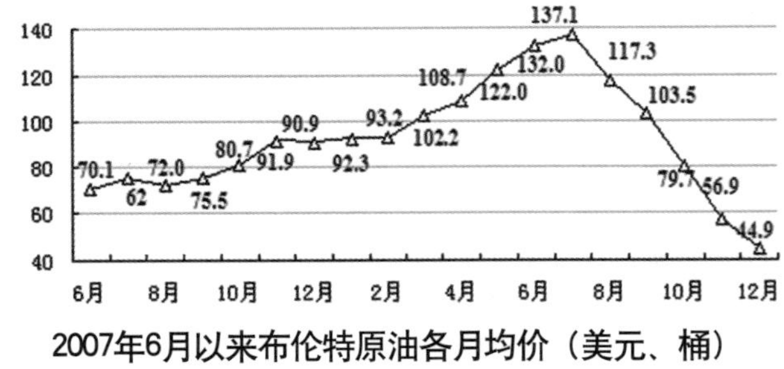

2007年6月以来布伦特原油各月均价（美元、桶）

石油行业。2008年，全国原油产量18973万吨，同比增长2.3%，增幅同比提高0.7个百分点；原油进口17888万吨，增长9.6%。原油加工量34207万吨，增长3.78%，同比回落2.7个百分点；其中汽油、柴油产量分别增长5.8%和8%。天然气产量761亿立方米，同比增长12.3%，同比回落6个百分点。主要化工产品中，乙烯产量1026万吨，下降2.1%；烧碱、纯碱产量分别为1852万吨和1881万吨，增长1.4%和6.4%；化肥、农药产量分别为5868万吨和190万吨，增长1.4%和12%。国际原油价格大起大落。国际油价自3月份开始快速攀升，纽约WTI油价最高时达到147.27美元/桶。8月份以后，油价大幅下跌。12月，布伦特原油平均价格为44.9美元/桶，比最高的7月下跌67.2%，同比下跌50.6%。国内成品油供应状况也从上半年较为紧张转为趋于宽松，年末两大集团成品油库存上升至历史高位。1-11月，石化行业累计实现利润4571亿元，同比下降7.7%。其中，石油和天然气开采业利润4566亿元，增长37.2%；炼油行业净亏损1493亿元，去年同期为净盈利108亿元；化工行业利润1498亿元，下降1.2%。

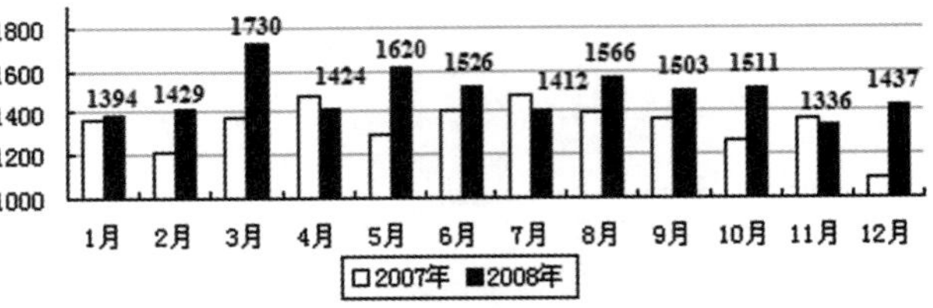

各月原油进口量（万吨）

二、主要原材料行业生产运行大幅波动

冶金行业。2008年，全国粗钢产量50049万吨，比上年增长1.1%，增幅同比回落14.6个百分点，自9月份开始连续4个月产量同比下降；钢材产量58177万吨，比上年增长3.6%，回落19.1个百分点，自8月份开始连续5个月产量同比下降。铁矿砂进口44356万吨，增长15.9%。钢材出口5923万吨，下降5.5%；进口1543万吨，下降8.6%。

钢材价格先涨后跌。国内市场钢材价格综合指数年初开始持续上涨，7月上旬达到162.26点的历史最高水平，比年初上涨29.7%；之后逐步回落，特别是10月份以后快速下滑，11月末降至102.3点，比最高点下跌37%。部分主要钢铁企业根据市场变化，及时调整了生产节奏，钢材价格止跌企稳。12月末，国内市场钢材价格综合指数103.3点，比11月末回升1点，同比下降21.82点。年末，6.5mm盘条、10mm中板和0.5mm冷轧薄板价格分别为3589元/吨、3863元/吨和4668元/吨，比年内最高价下跌39.2%、43.2%和37.7%，同比下跌20.7%、25.8%和19%。1-11月，冶金行业累计实现利润2481亿元，同比增长9.2%，增幅比1-8月回落47.9个百分点。

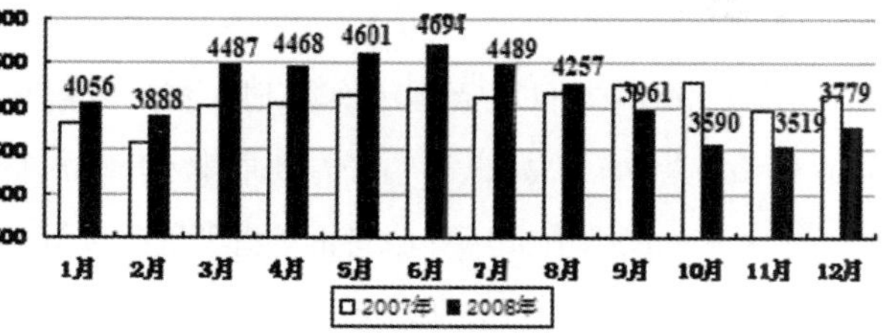

各月粗钢产量（万吨）

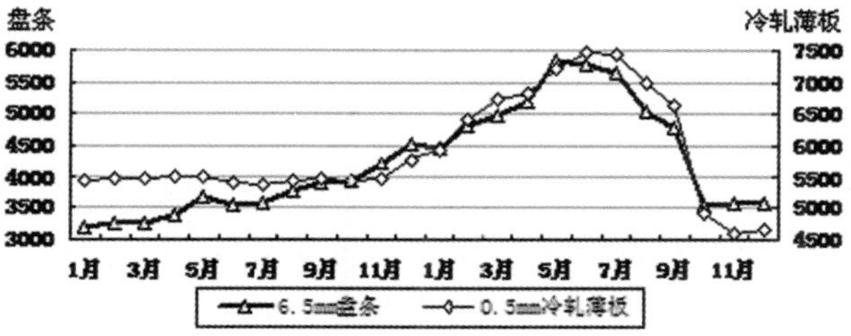

2007年以来钢材价格分月走势图（元、吨）

有色金属行业。2008年，全国十种有色金属产量2520万吨，比上年增长8.2%，增幅同比回落16.2个百分点。其中，电解铝产量1318万吨，增长7.7%，回落26.1个百分点；铜产量371万吨，增长10%，回落7.8个百分点；铅产量为326万吨，增长19.2%，提高12.2个百分点；锌产量为391万吨，增长4.3%，回落13.8个百分点。氧化铝产量2279万吨，增长17.7%，回落30个百分点。

主要有色金属价格大幅波动。一季度，国内外市场主要有色金属价格保持升势，4月份开始逐步回落，9月份以后大幅下跌。12月份，国内市场铜、铝、铅、锌现货平均价分别为26836元/吨、11152元/吨、10458元/吨和9796元/吨，比年内最高价下跌59.6%、43.1%、54.4%和52.7%，同比下跌55.1%、37.9%、47.3%和49.7%。1-11月，有色金属行业累计实现利润1015亿元，同比下降25.8%。

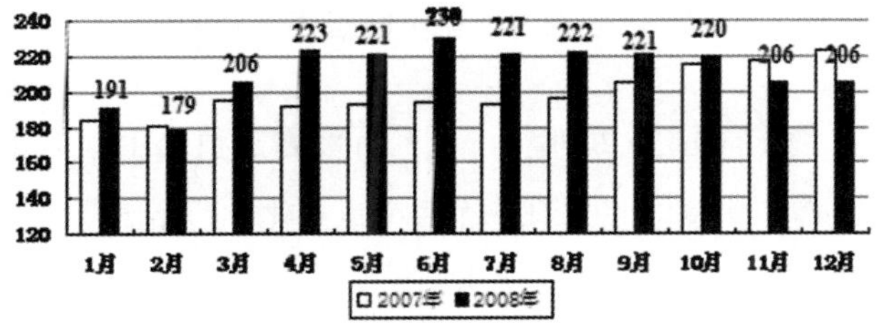

各月十种有色金属产量（万吨）

建材行业。2008年，全国水泥产量13.9亿吨，比上年增长5.2%，增幅同比回落8.3个百分点；平板玻璃产量5.52亿重量箱，比上年增长6.5%，回落6.9个百分点，其中12月份同比下降15.4%。受需求变化影响，水泥、平板玻璃价格波动较大。重点建材企业水泥平均出厂价8月份达到310元/吨，为历史最高水平，比年内最低的2月份上涨27元/吨，12月份回落到302元/吨，同比上涨12元/吨。平板玻璃出厂价7月份达到72元/重量箱，为2005年4月以来月度最高水平，12月份回落到66元/重量箱，同比回落1元/重量箱。12月末，重点建材企业水泥库存933万吨，同比上升11.1%；平板玻璃库存2365万重量箱，上升20.2%。1-11月，建材行业累计实现利润1013亿元，同比增长26.6%。其中，水泥制造业利润261亿元，增长30.8%；平板玻璃制造业利润1.5亿元，下降94.3%。

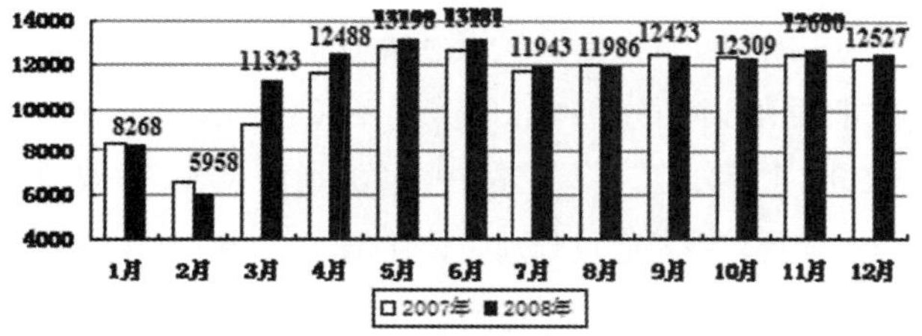

各月水泥产量（万吨）

三、机械、电子行业生产和出口增速明显放缓

机械行业。2008年，机械行业增加值比上年增长17.1%，增幅同比回落7个百分点。出口交货值14297亿元，增长18.4%，回落15.2个百分点。主要产品中，汽车产量961.5万辆，增长6.5%，回落16.4个百分点；其中轿车产量532.8万辆，增长7.8%，回落17.2个百分点。发电设备产量13343万千瓦，增长2.1%，回落9.1个百分点，其中汽轮发电机产量增长5.8%。水轮发电机产量下降16%。民用钢质船舶、环保设备、大中型拖拉机产量分别增长44.2%、26.3%和12.8%。水泥设备、冶炼设备、石化设备、矿山设备、金属轧制设备等产量增长17.1%-33.6%。1-11月，机械行业累计实现利润4752亿元，同比增长16.2%，增幅同比回落33.8个百分点。其中，汽车行业实现利润1239亿元，增长8.7%，回落55.3个百分点。

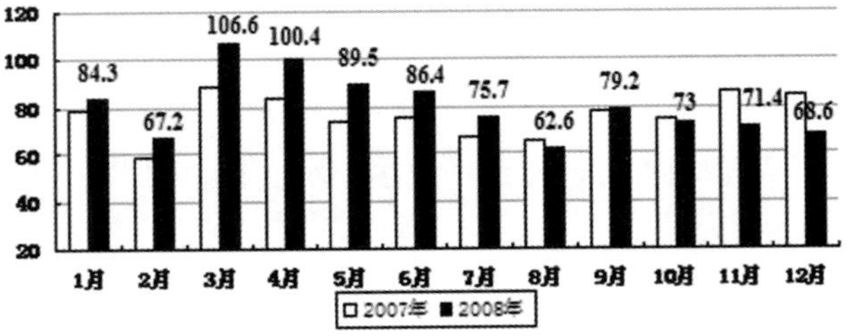

各月汽车产量（万辆）

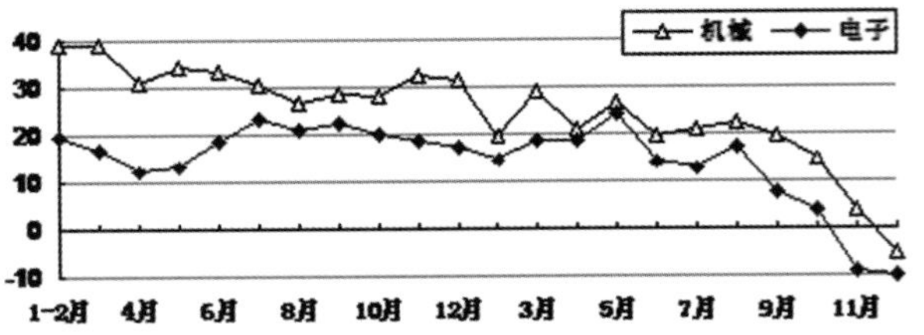

2007年以来机械、电子行业出口交货值月度增速（%）

电子行业。2008年，电子行业增加值比上年增长12%，增幅同比回落6个百分点；出口交货值28804亿元，增长10.2%，回落9.4个百分点。主要产品中，载波通信设备、微波通信设备、光通信设备产量分别增长47.3%、9.1%和7%；大规模集成电路产量163.3亿块，增长23.3%；微型电子计算机产量14703万台，增长14%；其中笔记本计算机产量11029万台，增长27.1%。数字程控交换机产量下降12.3%。1-11月，电子行业累计实现利润1232亿元，同比增长1.1%，增幅同比回落15.2个百分点。

四、纺织、轻工行业生产低速增长，出口明显下滑

纺织行业。2008年，纺织行业增加值比上年增长10.3%，增幅同比回落6.2个百分点；出口交货值7779亿元，增长4.7%，回落9.5个百分点。纱产量2149万吨，布产量528亿米，分别增长8.1%和5.3%，回落8.6和6.8个百分点；化纤产量2405万吨，增长2.3%，回落15.7个百分点；服装产量206.5亿件，增长4.8%，回落10.2个百分点。国内棉花价格上半年小幅上升，三季度开始快速下滑。12月末，国内棉花价格指数为10953元/吨，比6月末下降21%，同比下降19.3%。1-11月，纺织行业累计实现利润1026亿元，同比下降0.7%。其中，纺织业利润675亿元，增长9.3%；服装业利润317亿元，增长13%；化纤业利润34亿元，下降74.9%。

轻工行业。2008年，轻工行业增加值比上年增长14.3%，增幅同比回落4.5个百分点；出口交货值17096亿元，增长7.8%，回落11.5个百分点。主要产品中，机制纸及纸板产量增长8.7%，其中新闻纸增长9.5%；吸排油烟机产量增长23.4%，家用洗衣机、电冰箱产量分别增长11.1%和8%；房间空气调节器、家具、微波炉产量分别下降4.9%、1.9%和1.6%。1-11月，轻工业行业累计实现利润3832亿元，同比增长18.8%，增幅同比回落19.2个百分点。

受“三鹿”奶粉事件影响，乳制品产量自9月份开始持续同比下降，月度产量由前8个月月均162万吨降至10月份的120万吨。经过各方面的努力，市场需求逐步回升，12月产量为147万吨，同比下降19.5%。全年乳制品产量1811万吨，同比下降0.5%，其中液体乳产量下降3.6%。1-11月，液体乳及乳制品制造业实现利润43.7亿元，同比下降28.1%，而前8个月和上年同期分别增长24.8%和24.4%。

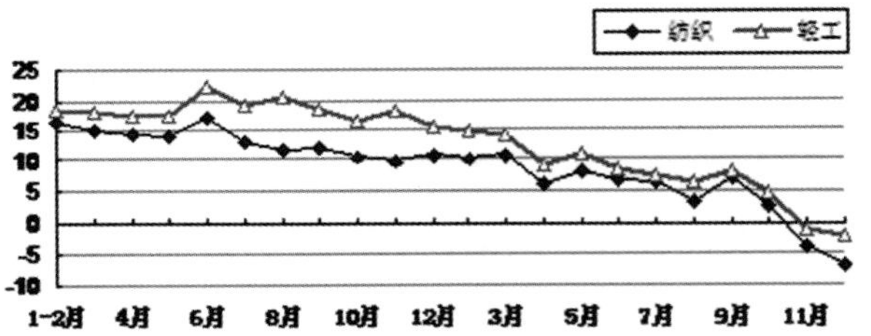

2007年以来轻工、纺织行业出口交货值月度增速%

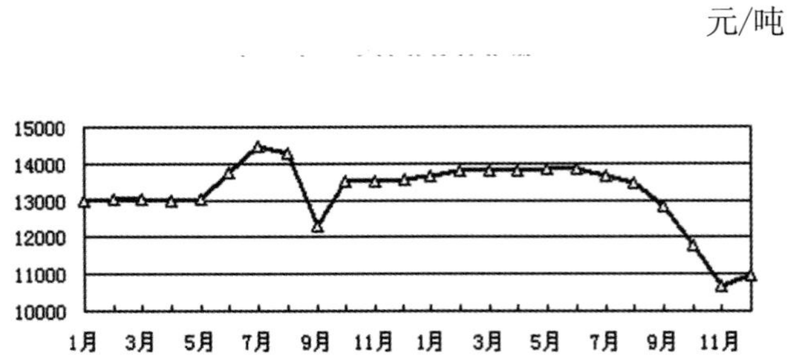

2007年以来国内棉花价格指数（328级）

医药行业。2008年，医药行业增加值比上年增长17.4%，增幅同比回落0.9个百分点。化学药品原药产量229万吨，中成药产量127万吨，分别增长0.9%和18.7%。1-11月，医药行业实现利润709亿元，同比增长28.4%。

2008年1~12月国有及国有控股企业经济运行情况

财政部

2008年1-12月，国有及国有控股企业[*]（不包括国有金融企业，以下简称国有企业）营业收入和税金增幅连续五个月回落，实现利润连续五个月呈负增长。

一、营业收入继续增长，但增幅持续下跌

1-12月，全国国有企业累计实现营业收入210502.3亿元，同比增长17.8%，增幅比1-11月下降2.5个百分点，已连续五个月回落。

二、实现利润降幅进一步加大

1-12月，实现利润11843.5亿元，同比下降25.2 %（见图1），降幅比1-11月加大9.5个百分点。其中：中央管理企业累计实现利润6384.3亿元，同比下降34.2%；中央部门企业累计实现利润1877.5亿元，同比增长3.2%；地方国有企业累计实现利润3581.7亿元，同比下降16.9%。

(单位:%)

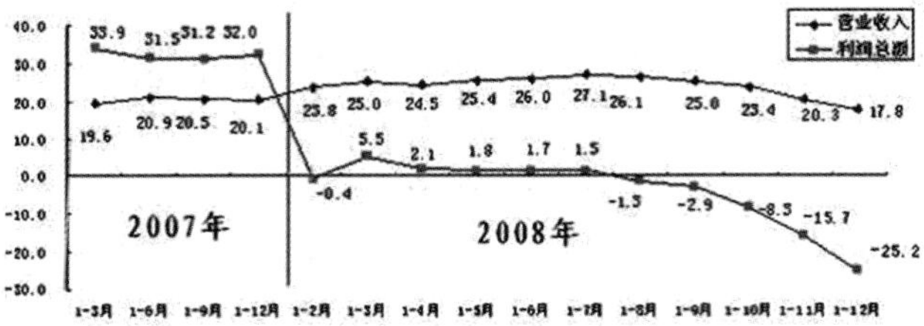

图1 2007年至2008年12月营业收入、利润增长变化趋势

三、应交税金和已交税金增幅连续五个月回落

1-12月，国有企业应缴税金17122亿元，同比增加1021.1亿元，增长6.3%，增幅比1-11月下降8.1个百分点，已连续五个月回落。受企业利润下降影响，应缴所得税下降20%。已缴税金17807.6亿元，同比增加2421.4亿元，同比增长15.7%（见图2），增幅比1-11月下降3.2个百分点，已连续五个月回落。其中：中央企业已缴税金13322.2亿元，同比增加1870.6亿元，同比增长16.3%；地方国有企业已缴税金4485.4亿元，同比增加550.8亿元，同比增长14%。

(单位: %)

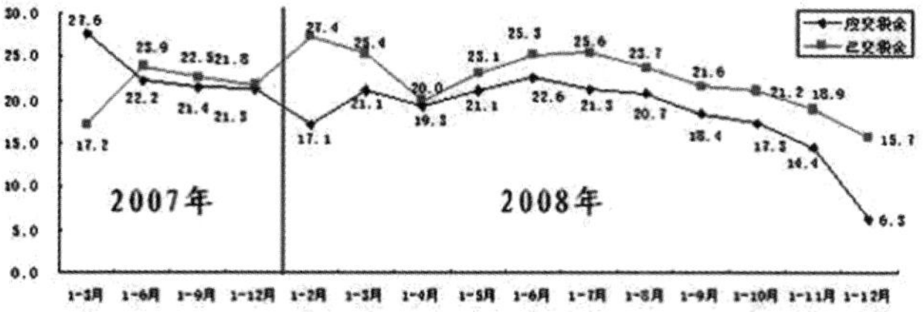

图2 2007年至2008年12月应缴税金、已缴税金增长变化趋势

四、成本费用增幅继续下降，盈利水平持续下降

1-12月，国有企业成本费用总额为193586.6亿元，同比增长19.7%，比1-11月下降3.9个百分点。其中销售费用、营业成本、管理费用分别增长11.2%、20.1%、47.2%，增幅比1-11月分别下降1.5、3.9、8.2个百分点。销售利润率为5.6%，同比下降3.2个百分点；成本费用利润率为6.1％，同比下降3.7个百分点；净资产利润率为8.7%，同比下降3.8个百分点。其中，中央企业销售利润率、成本费用利润率和净资产利润率为6.2%、6.9%和9.3%，地方国有企业为4.7%、4.9%和7.5%；中央企业盈利水平高于地方国有企业。

五、主要行业效益下降明显

1-12月，发电企业、航空企业出现大幅亏损，电网、交通、石油、石化、钢铁、有色、汽车等重点行业利润明显下降，目前，只有煤炭企业保持了较高的盈利水平。

[*]本月报国有及国有控股企业，包括中央部门所属企业、中央管理企业和地方国有及国有控股企业。

2008年以来中国国际收支状况分析

（2009年05月）

2008年以来，在国际金融危机、世界经济衰退的大背景下，不少新兴市场出现资本外流、储备下降、汇率贬值，而中国国家外汇管理局近期公布的2008年国际收支平衡表和外债基本情况表明，在过去的一年中，面对严重的外部冲击和内部结构调整困难，中国对外经济仍然保持平稳运行，跨境资金实现净流入，国际收支状况逐步改善，外汇供求关系逐渐趋于平衡。

一、对外经济保持平稳运行

2008年，我国国际收支交易总规模为4.5万亿美元，较上年增长5%，增幅较2007年回落25个百分点。其中，货物贸易（若非特别指出，本文货物贸易均为国际收支口径，下同）进出口总额增长18%，增幅较上年回落9个百分点。国际收支继续"双顺差"，其中，经常项目顺差4261亿美元，增长15%，增幅较上年下降32个百分点；资本项目顺差190亿美元，较上年下降74%（2007年较上年增长近10倍）。

二、国际收支状况有所改善

2008年，货物贸易顺差3154亿美元，增长14%，增速较上年下降31个百分点。经常项目顺差规模虽有所上升，但由于受名义GDP较快增长和人民币汇率升值等因素的影响，经常项目顺差相当于GDP的比重由上年的13%降至9.8%，为2002年以来首次下降，显示我国经济增长对外需拉动的依赖性进一步减弱。"引进来"与"走出去"开放步伐更加协调，外商直接投资净流入1478亿美元，增长8%，增幅下降70个百分点；对外直接投资净流出556亿美元，增长2.2倍（2007年较上年下降20%）；直接投资项下净流入943亿美元，下降22%（2007年较上年增长113%）。截至2008年末，外债余额为3747亿美元，较上年增加10.4亿美元，增长0.3%，增速同比回落15.7个百分点，其中短期外债占外债总额的56.3%，占比较上年回落2.7个百分点，外债期限结构有所好转。全年新增外汇储备4178亿美元，比上年少增441亿美元，表明国家多年来采取的一系列"促平衡、减顺差"的政策措施效果初步显现。2009年第一季度，新增外汇储备77亿美元，国际收支进一步趋于基本平衡。

三、国际收支运行波动加剧

一是2008年上半年我国出口有所放缓，进口迅速增加，货物贸易顺差比上年同期下降2%；下半年，受主要发达国家经济全面下滑以及国际大宗商品市场价格急剧下跌影响，我国货物贸易进出口增速放缓，其中进口增速下降更为显著，货物贸易顺差止跌回升，增长27%。2009年第一季度，海关统计的进出口总额为4287亿美元，同比下降25%；外贸顺差623亿美元，增长51%。二是2008年上半年资本和金融项目顺差719亿美元，下半年由于经济增长前景不确定性增强，大量国际资本为求自保，纷纷投向安全性相对较高的金融资产或在去杠杆化过程中向母国加速回流，我国资本和金融项目出现逆差529亿美元。其中，上半年FDI流入增长28%，下半年转为下降7%；上半年新增外债538亿美元，下半年转为减少527亿美元。三是2008年上半年外汇储备增长较快，达到2806亿美元，比上年同期多增143亿美元；下半年增加1372亿美元，不及上半年的一半，比上年同期少增584亿美元。2009年第一季度，外汇储备新增额同比下降1462亿美元。

四、国际收支逆转风险较低

2008年，我国其他投资逆差1211亿美元，比上年增长74%。其中，受上半年人民银行将商业银行以外汇缴存的存款准备金汇往境外投资，以及境内银行减少证券投资规模、增加对境外的存放和拆放业务等影响，其他投资资产项下净流出1061亿美元，下降30%。随着全球金融去杠杆化进程加快，我国贸易信贷负债开始减少，新借国外贷款下降较快，其他投资负债项下净流出150亿美元，上年为净流入818亿美元。从2007年下半年开始，由于国际金融振荡加剧，境内机构（主要是银行部门）对外证券投资加速回流，我国证券投资项下呈净流入态势，2008年证券投资顺差427亿美元，较上年增长1.3倍，其中外国来华证券投资净流入下降53%，为99亿美元。2008年，外国来华直接投资和投资收益项下流出合计705亿美元，比上年增长7%，与2006和2007年分别增长39%和45%相比并不突出，表明当前我国外商投资企业撤资清算、利润汇出等情况也较为正常。此外，尽管2008年我国经常项目顺差占GDP的比重有所降低，但占比仍达近10%，且对国际收支总顺差的贡献率达96%。2009年第一季度，我国国际收支延续了2008年下半年流入放缓的趋势，但总体仍保持顺差。需要指出的是，我国月度外汇储备规模最近出现波动，主要是由于国际市场上主要货币汇率和资产价格大幅波动导致资产账面价值出现较大变化，而不是实际的跨境资本流动。

五、误差遗漏并非资本外逃

2008年，我国国际收支平衡表中净误差与遗漏额由上年的正值164亿美元（贷方），转为负值261亿美元（借方）。这重新引起人们对于资本外逃问题的担忧。但实际上二者并无必然联系。误差与遗漏项目是编制国际收支平衡表的一个平衡项目，而非真实统计的结果。造成误差与遗漏的原因既包括不同渠道数据与国际收支统计原则的差异、各数据源统计误差和货币折算差异等，也包括未被记录的跨境资本流动。如果误差与遗漏主要是因为统计原因导致的，其净额就应当呈正负交替的随机分布。从1996年正式实施国际收支统计申报制度以来到2008年，我国净误差与遗漏额4次为正、9次为负，其分布大致符合上述规律。上次净误差与遗漏额为负出现在2005年和2006年，而当时我国却面临着资本流入压力较大、人民币升值预期较强的宏观经济环境。从国际收支平衡表的可信度来讲，净误差与遗漏额并非没有边界。通常国际上认为，净误差与遗漏额占货物贸易进出口总值的5%以下是可以接受的。并且，在国内外经济金融形势动荡时，净误差与遗漏额也可能较大，如美国1998年该项占比为9.4%，2004年占比为4.2%。随着国际收支统计体系的不断完善，我国净误差与遗漏额正在逐步缩小，1996～1999年净误差与遗漏额占货物贸易总值的比重为4%～6%，2000～2007年占比为2%以下，2008年占比为1%（美国预估值为3.8%）。

六、汇率预期分化但仍稳定

2008年上半年，市场延续了较强的人民币单边升值预期。进入9月份和10月份，随着国际金融市场动荡加剧，国内经济尤其是出口增长放缓，境外和境内市场对人民币升值预期发生逆转，美元对人民币由贴水转为升水。12月初，境外不交割的美元升水幅度一度高达5000多点。此后，随即期外汇市场走稳，美元升水幅度减小，但境内外远期市场人民币对美元贬值趋势一直持续到年底。进入2009年，境外一度出现的人民币贬值担忧也随着对中国经济继续保持增长的信心增强而基本消失。与此同时，人民币汇率继续稳中趋升。2008年，人民币对美元中间价累计升值6.9%，其中，上半年升值6.4%，下半年升值0.4%，自2005年6月汇改以来，累计升值21%。下半年，人民币对美元中间价升值速度显著放缓，双向波动特征更加突出，126个交易日中人民币对美元隔日汇率中间价贬值天数占比达55%，较上半年上升了17个百分点。由于美元近期在国际市场上对大多数货币走强，人民币多边汇率出现了较快的升值。据国际清算银行测算，2008年人民币名义有效汇率升值12.9%，其中下半年升值8.4%，较汇改前升值19%；扣除通货膨胀差异的人民币实际有效汇率升值11.9%，其中下半年升值9.4%，较汇改前升值23.9%。目前，我国促进经济平稳较快发展的一揽子政策措施正在发挥积极效果，国内经济增长前景较好，金融体系比较稳健，人民币对美元汇率保持基本稳定。这些都使得各界对我国经济和货币具有较强信心，有利于降低资本出现大规模集中流出的风险。

七、对外投资收益平稳增长

由于我国对外资产规模扩大，利润利息等投资收益继续增长，2008年我国对外投资收益达825亿美元，增长8%，其中的相当部分是外汇储备投资收益。投资利润汇出575亿美元，增长5%；投资收益净流入250亿美元，增长17%。2008年，在全球系统性金融风险集中释放、国际金融市场剧烈动荡的情况下，许多大型金融机构和专业投资机构均出现了投资亏损，全球利率水平也大幅降低，我国外汇储备经营坚持长期投资理念，通过多元化的货币配置和资产摆布仍取得了一定的收益，成绩来之不易。

八、保增长与防风险两手抓

当前外汇管理工作要继续认真贯彻落实党中央国务院的部署，密切跟踪分析国际金融危机的进展及影响，按照"保增长、防风险、促平衡"的总体工作思路，积极应对挑战。"保增长"，就是要积极落实中央提出的促进经济平稳较快增长的首要任务，以促进贸易投资便利化为出发点和落脚点，为企业经营创造良好的环境，强化寓管理于服务之中的意识，通过完善出口收结汇联网核查与贸易信贷登记管理，改革进出口收付汇核销制度，改进服务贸易外汇管理，配合做好人民币国际贸易结算试点等工作，加大对贸易和投资增长的支持力度。"防风险"，就是要以维护国家经济金融安全为重点，加强对资金流出入的均衡管理，进一步完善国际收支监测预警和危机应对体系，丰富外汇市场避险功能，加大外汇业务合规性检查力度，加强外汇储备经营的风险管理。"促平衡"，就是要配合有关部门切实落实中央有关扩大内需、加快经济结构调整、转变经济发展方式、提高利用外资质量等一系列方针政策，逐步奠定国际收支平衡的内在基础，同时以改革创新为动力，稳妥有序地推进人民币资本项目可兑换和人民币汇率形成机制市场化改革，逐步完善国际收支调节的市场机制和管理体制。

（管涛 作者系国家外汇管理局国际收支司副司长）

2009年中央经济社会发展工作重点

一、2009年中央政府投资主要投向

2009年，中央政府投资的主要投向：

1.加快实施城乡保障性安居工程。加强廉租房建设和煤矿、林区、垦区棚户区改造工程。

2.加大对农村民生工程和农村基础设施建设投入力度。加强农村"水电路气房"等民生工程建设，抓好病险水库除险加固等农村基础设施建设。

3.加强重大基础设施建设。重点解决交通运输"卡脖子"路段，加强铁路、公路、机场、水利等建设和城市电网改造。

4.加大对社会事业的投入力度。支持医疗卫生、教育和文化等社会事业发展。

5.加强节能减排和生态环境建设。加强污水、垃圾处理设施等环保项目建设，支持林业发展，推进十大节能工程和循环经济项目。

6.加大对自主创新和产业结构调整的支持力度。加强重点产业振兴和技术改造，支持自主创新和高技术产业化等。

同时，继续控制"两高"行业盲目扩张，严禁新上党政机关办公楼等楼堂馆所，坚决遏制追求奢华、大量浪费土地的城市建设，必要的基础设施项目也要节约资金，不能过度超前。

二、全面推进灾后恢复重建各项工作

1.加快灾后恢复重建步伐。实施好《汶川地震灾后恢复重建总体规划》和各专项规划。全面推进民生工程恢复重建，优先保障灾区群众的住房建设，力争到年底基本完成农村居民住房重建任务，全面启动城镇住房重建工作，安排好学校、医院等公共服务设施的恢复重建，严格执行强制性标准规范。加快交通、水利、能源等基础设施恢复重建，全力做好灾区公路的保通工作，优先安排干线、通县公路的恢复重建，加快电网和供电设施恢复重建，做好受损堤防、水库的除险加固和堰塞湖治理。逐步推进产业恢复重建与发展，支持就业容量大的企业恢复生产和重建。切实抓好生态修复、环境整治和土地整理复垦工作。

2.加强灾后恢复重建综合协调。协调解决灾后恢复重建工作中的重大问题。加强督促检查，确保财政、税费、金融、土地、环保、产业等各方面政策落实到位。管好用好政府投入、对口支援、社会募集、国外优惠紧

急贷款等资金。扎实做好对口支援工作，完善和优化对口支援，加快推进对口支援项目启动，做好资金、物资、施工等准备和衔接。做好《汶川地震灾后恢复重建总体规划》中期评估和总结工作。进一步开展灾区长期稳定发展问题研究。

灾后重建要加大力度，加快进度，力争在两年内基本完成原定三年的目标任务，让灾区人民早日过上更加幸福美好的生活。

三、着力扩大城乡居民消费

1.努力提高城乡居民特别是中低收入者的消费能力。结合扩内需、保增长的措施，实施更加积极的就业政策，着力做好帮扶困难企业稳定就业岗位和促进高校毕业生就业、失业人员再就业、农民工流动就业工作，全方位促进就业增长。加快农村民生工程和农村基础设施建设，较大幅度提高粮食最低收购价和增加各类涉农补贴，扩大对农业保险的补贴支持范围，多渠道增加农民收入。继续提高企业退休人员基本养老金和其他社会保障对象及社会优抚对象的待遇水平，严格执行最低工资制度，建立健全企业职工工资正常增长机制和支付保障机制。

2.千方百计缓解城乡居民扩大消费的后顾之忧。一是以非公有制经济从业人员、农民工、被征地农民、灵活就业人员和自由职业者为重点，扩大社会保险覆盖范围。二是出台养老保险关系转移接续办法，继续开展做实个人账户试点，全面推进养老保险省级统筹。抓好事业单位养老保险制度改革试点，启动新型农村养老保险试点。三是着力做好深化医药卫生体制改革的五项重点工作，全面推行城镇居民基本医疗保险，继续做好新型农村合作医疗，提高城乡医疗救助水平。四是完善城乡最低生活保障制度，基本实现农村低保“应保尽保”，对所有农村低收入人口开展扶贫工作。五是落实国家各项奖助学金制度，提高农村义务教育家庭困难寄宿生生活费补助，加大对中等职业学校和高等学院家庭经济困难学生资助，对中等职业学校农村家庭经济困难学生和涉农专业实行教育免费，扩大师范生免费教育实施范围。

3.稳定和扩大住房、汽车、家电、服务等热点消费。一是落实国家对购买首套90平方米以下普通住房和改善性住房的贷款利率、首付款比例和减免交易环节税费等项优惠政策，大规模开展廉租住房建设、棚户区改造和农村危旧房改造，开展住房公积金闲置资金补充用于经济适用住房建设试点，引导房地产企业以合理的价格促进商品房销售等，鼓励居民扩大住房消费。二是支持老旧汽车报废更新，对年内购置1.6升及以下排量乘用车减半征收车辆购置税，对农民报废三轮汽车和低速轻型货车以及购买1.3升及以下排量轻型客车的予以一次性补助，加快发展二手车市场和汽车租赁市场；完善汽车消费信贷政策，加快停车场建设，清理取消限制汽车购置使用的各种不合理规定，引导和促进汽车合理消费。三是将“家电下乡”政策推向全国，加快农村家电普及步伐，确定在原先补贴彩电、冰箱（含冰柜）、手机下乡的基础上，进一步把洗衣机、电脑、热水器、空调、微波炉、电磁炉等产品纳入补贴范围，并将每类产品每户只能购买一台的限制放宽到两台。同时，采取财政补贴方式，加大节能空调、高效照明灯具等节能环保型消费品的推广力度。四是采取有针对性的措施，大力发展养老、社区商业、物业、家政等便民服务，积极拓展旅游、文化、健身消费，拓展电信和互联网消费等，努力满足城乡居民的多层次、个性化的服务消费需求。

4.积极营造让城乡居民安全放心的消费环境。尽快出台食品安全法，完善农产品质量安全法配套规章制度，抓紧制定或修订食品、农产品和餐饮、维修等面向民生的服务业的国家标准。继续推进“万村千乡”市场工程和骨干农产品批发市场改造，加强冷藏保鲜、卫生、检验检测等设施建设。建立健全消费品特别是食品药品质量安全追溯制度、召回制度和市场准入、退出制度。开展食品添加剂和非法添加物专项检查和整顿。加强对居民生活必需品价格和民生服务收费的监管。强化消费者权益保护。

四、继续巩固和强化农业基础地位

2009年，要深入贯彻落实党的十七届三中全会《关于推进农村改革发展若干重大问题的决定》和2009年中央1号文件精神，重点加强以下方面的工作：

1.大幅度增加国家对农业农村的投入。进一步调整财政支出和固定资产投资结构，大幅度增加国家对农村基础设施建设和社会事业发展的投入，大幅度提高政府土地出让收益、耕地占用税新增收入用于农业的比例，大幅度增加对中西部地区农村公益性建设项目的投入，新增国债也要向农村倾斜。明确各级政府的农业投入责任，改革农村“小而广”建设项目的管理方式。建立健全政策性农业保险制度。综合运用财税杠杆和货币政策工具，引导更多的信贷资金和社会资金投向农村。

2. 继续做好大宗农产品市场调控。提高稻谷、小麦最低收购价。扩大国家粮食、棉花、食用植物油和猪肉储备，适时启动主要农产品临时收储，鼓励企业增加商业收储。加强“北粮南运”、新疆棉花外运协调，继续实行相关运费补贴和减免政策。支持优势农产品出口。

3. 进一步增加各项涉农补贴。加大良种补贴力度，提高补贴标准，实现水稻、小麦、玉米、棉花全覆盖，扩大油菜和大豆良种补贴范围。大规模增加农机具购置补贴，补贴范围覆盖全国所有农牧业县（场）。加大农资综合补贴力度，完善补贴动态调整机制。完善农业补贴办法，逐步加大对专业大户、家庭农场的种粮补贴力度。

4. 加强农业综合生产能力建设。推进实施《全国新增1000亿斤粮食生产能力规划（2009-2020年）》，切实加强以农田水利为重点的农业基础设施建设，加快中低产田改造。推进农业专业化生产、集约化经营和区域化布局。继续实施种养业良种工程、动植物保护工程等，落实好扶持棉花、油料、生猪和奶业等发展的政策措施。加强农产品质量安全工作，加快建设农产品质量安全检验检测体系。

5. 加快发展农村公共事业。进一步加大对农村水、路、气、电、房建设的支持力度，改善贫困地区基础设施条件。巩固农村义务教育普及成果，加快普及农村高中阶段教育，大力发展农村中等职业教育。巩固和完善新型农村合作医疗制度，健全农村三级医疗卫生服务体系。大力发展农村文化体育事业。积极开展新型农村养老保险试点，尽快完善农村最低生活保障制度。

6. 促进农民增收。继续推进农业产业化经营，提高农业生产附加值。加快乡镇企业发展和小城镇建设，壮大县域经济。努力拓展农村劳动力就业渠道，加强农村劳动力培训，加大对返乡农民工创业和就业的政策支持。加强农民工权益保护，积极支持返乡农民工就业创业。

7. 积极推进农村改革。稳定完善农村基本经营制度，全面推进集体林权制度改革，扩大国有林场和重点国有林区林权制度改革试点。创新农村金融体制，放宽农村金融准入政策，落实各类金融机构特别是县域内银行业金融机构的支农责任和义务。加快推进农村综合改革，完善乡镇治理机制。

五、组织实施重点产业调整和振兴规划

2009年，要组织实施汽车、钢铁、船舶、石化、纺织、轻工、有色金属、装备制造、电子信息、物流等重点产业调整和振兴规划，坚持标本兼治、远近结合，保护和发展好重点产业、重要品牌和重要的市场份额，加快体制机制创新，使企业竞争力有一个大提高，产业发展水平有一个大提升，为长远发展奠定坚实基础。

1. 是稳定生产、稳定市场，确保重点产业平稳较快增长。按照国务院的统一部署和时间进度要求，抓紧细化政策措施，落实好加大信贷支持、调整贸易政策、实施重要产品收储、减轻企业负担、加速船舶报废及更新、稳定汽车消费、扩大“家电下乡”范围等各项政策措施。同时，根据形势变化，适时修改、完善有关政策措施，努力促进规划目标的实现。

2. 是推进结构调整，提高产业发展水平。加快推进企业重组，修改完善产业政策和技术标准，建立落后产能退出机制，加快淘汰落后生产能力，发展现代物流，实施企业“走出去”战略，抓紧实施重大工程和项目。

3. 是加强企业技术改造和技术进步，提高产业竞争力。采取措施引导企业增强自主创新能力，发展公共技术创新服务平台，加强共性和关键技术研发；加强企业技术改造，推进产业技术进步，加快开发新产品和节能环保产品；加快自主品牌建设，开拓国际市场；优化生产工艺流程，支持物流重点工程建设，发展循环经济，促进节能减排。

六、扎实推进节能减排工作

1. 加大重点工程实施力度。支持十大重点节能工程、循环经济和重点工业污染源治理项目，推动城镇污水、垃圾处理设施建设和重大环保技术示范，做好“三河三湖”、渤海、松花江、丹江口库区及上游、三峡库区、黄河中上游等重点流域、区域水污染防治，稳步实施重点防护林、天然林保护、京津风沙源治理、退牧还草、岩溶地区石漠化综合治理等重点生态建设工程。

2. 加快淘汰落后生产能力。关停小火电机组1300万千瓦，淘汰炼铁落后产能1000万吨、炼钢600万吨、造纸50万吨。落实限制类和淘汰类企业差别电价政策。中央财政继续支持中西部地区加快淘汰落后产能。

3.大力发展循环经济。抓紧完善循环经济促进法相关配套法规，组织编制循环经济发展规划。深化第二批国家循环经济示范试点和汽车零部件再制造试点，支持建设一批循环经济重点项目。研究制定鼓励余热余压上网发电和“零排放”等经济政策，抓紧研究建立循环经济发展专项资金。健全循环经济统计制度。推进灾后建筑废弃物资源化利用。

4.完善法规政策。出台《固定资产投资项目节能评估和审查条例》，加快制定或修订高耗能产品能耗限额强制性国家标准和主要用能产品强制性能效标准。落实企业购买节能节水环保设备所得税和节能环保小排量汽车消费税优惠政策。继续开展排污权有偿使用和交易试点。研究制定支持高效节能空调、节能电机、节能环保型汽车推广和促进节能服务产业发展等的经济政策。

5.加强目标考核和节能管理能力建设。加快完善节能减排统计、监测及考核体系，强化目标责任考核，实行严格的问责制。抓紧组建国家节能中心，健全省级节能监察机构和节能服务中心，逐步形成节能主管部门制定政策、节能中心组织实施、节能监察机构监督三位一体的节能管理体系。培育市场化节能服务机制。研究提出中国资源环境统计指标体系。继续开展节能减排全民行动。

七、积极做好应对气候变化工作

1.统筹推进应对气候变化工作。研究制定我国应对气候变化的国家战略、长远规划和政策措施，开展应对气候变化重大问题前瞻性研究。研究部署全国应对气候变化工作。

2.积极推动低碳经济发展。探索发展低碳经济经验，开展试点、示范。研究提出推进低碳经济发展的指导意见。研究制订鼓励低碳经济发展的政策措施。

3.全面实施应对气候变化国家方案。全面铺开省级方案编制和实施工作，着手规划“十二五”期间应对气候变化的国家方案。做好履行联合国气候变化框架公约和京都议定书的相关工作，组织编写第二次国家信息通报，开发一批新的清洁发展机制合作项目。

4.建设性地参与气候变化国际谈判。加强与有关各方的对话与磋商，研究确定我国参与国际谈判的总体方案，积极并建设性地参与国际谈判。继续开展国际交流，扩大对外合作。

5.加强应对气候变化能力建设。建立健全相关法规和制度，加强依法行政。进一步完善应对气候变化工作体制机制。加强宣传教育，提高地方各级人民政府对应对气候变化重要性、紧迫性的认识，提高全社会参与应对气候变化的自觉意识。积极开展相关科研工作，增强应对气候变化科技支撑作用。

八、搞好经济运行调节

1.保障煤电油气运稳定供应。发挥好煤电油气运保障工作部际协调机制的作用，加强对全局性、紧迫性重大问题的研究和组织协调。抓好春耕、汛期、迎峰度夏（度冬）等重要时段和“两会”、建国60周年庆典等重大活动期间的煤电油气运保障。做好重大突发事件煤电油气运应急保障体系和综合协调能力建设工作，增强应急生产、调运等处置能力。

2.继续做好应急管理工作。继续实施《“十一五”期间国家突发公共事件应急体系建设规划》，着手“十二五”期间应急相关规划的编制准备。组织研究和拟订关于研发应急新技术、新设备和新工具以及应急产业发展的扶持政策。安排好重要应急物资的实物储备和生产能力储备。

3.加强经济运行态势监测和政策引导。密切关注经济运行态势，及时掌握煤电油气运及相关行业的运行动态和市场供求情况，及时发现经济运行中苗头性、趋势性问题，进一步提高经济运行调节的质量和水平。继续做好相关信息发布工作。

九、加快发展高技术产业

1.加快培育新兴产业。尽快出台并落实集成电路和软件、生物产业、高技术服务业等产业政策，启动修订高新技术产业化重点领域指南。组织实施卫星应用、彩电产业战略转型、现代中药等12个高新技术产业化专项，以及关键领域自主创新和产业化专项。推动节能与新能源汽车、半导体照明等规模化应用。选择一批有优势、有特色、符合条件的省级高新区升级为国家高新区。制定出台高技术产业基地建设指导意见，推动高技术产业基地和区域特色高技术产业链建设。

2.着力增强自主创新能力。实施十六项重大科技专项，组织好中科院知识创新三期工程，建设大口径天文望远镜、海洋科考船等重大科技基础设施。在信息、农业、航空等领域组建一批国家工程研究中心和国家工程实验室。在能源、交通、环保等领域组织实施重大产业技术进步项目。实施技术创新工程，加快创新型企业建设，构建产业技术创新战略联盟，支持企业技术创新服务平台建设。研究推动百强企业创新工程试点，支持企业技术中心建设。开展创新型城市试点。扩大创业风险投资试点范围，研究设立高技术产业创业投资引导基金。

3. 全面推进经济社会信息化。积极推动电子政务、信息安全、应急防灾等规划确定的重大信息化项目建设，加快建设国家政务外网，研究制定电子政务业务外包政策，加快出台信息化产品政府采购政策。适时启动医疗卫生、业务外包、灾难恢复等领域的试点示范工程。在信息化装备、电子商务、信息安全等领域建设一批自主创新基础设施，组织实施信息安全产品产业化专项。支持工业百强企业和农业龙头企业的信息化建设。

十、促进服务业改革与发展

1. 落实鼓励服务业发展的政策。进一步贯彻落实促进服务业发展的政策措施，完善服务业发展政策，建立健全服务业综合协调工作机制。继续加大政府投入力度，建设一批跨区域、跨行业、带动功能强、支撑作用大的服务业重大项目。发挥服务业发展引导资金作用，吸引更多的社会资金投入到服务业关键领域、薄弱环节和新兴行业。

2. 大力发展生产性服务业。推进工业园区和产业集群调整升级，积极引入配套的生产性服务业，提高产业竞争力，发挥服务业在结构优化中的促进作用。

3. 大力推进现代物流业发展。做好物流业调整和振兴规划的组织实施工作，培育第三方物流企业，推动重点领域、重点地区物流业发展，支持物流重点工程建设，研究解决制约物流业发展的土地、税收、收费、融资、交通管理等方面的政策，推进物流企业营业税差额征收试点工作，促进现代物流业发展。

4. 积极发展服务外包产业。引导企业分离非核心业务，研究制定在岸服务外包政策，支持促进服务外包的公共平台建设，加快培育一批龙头企业和相关人才，鼓励承接国际高端服务外包业务。

5. 加快推进服务业综合改革试点。探索加快发展服务业、提高服务质量和水平的有效途径，完善有利于服务业发展的体制机制。

6. 努力扩大服务业对外合作。筹备召开第二届中国国际服务业大会暨服务业交易会，搭建国内外服务企业合作交流平台，提升我国服务业对外合作交流水平。

十一、深入推进西部大开发

1. 努力保持经济社会平稳较快发展。密切跟踪分析经济形势，积极研究提出有针对性的政策建议。继续加大对西部地区的支持力度，保持中央对西部大开发投资比例不降低，新增国债投资继续向西部地区倾斜。研究制定2010年后西部大开发政策措施。开展《西部大开发“十二五”规划》前期研究工作。

2. 继续加强基础设施建设。扩大西部铁路网规模，强化既有线路扩能改造，开工建设一批客运专线和跨区域重点铁路。加快推进西部开发8条干线公路建设，加强国省公路改造。继续完善西部地区机场网络布局。大力推进实施重点水利工程。加强城市基础设施建设。

3. 大力发展特色优势产业。鼓励发展高新技术、装备制造等技术引领型产业，优化发展能源化工及矿产资源加工等资源利用型产业，大力发展旅游、物流、金融等现代服务业，加快发展特色农业。

4. 深入推进生态环境建设。巩固退耕还林成果，完善退牧还草政策。继续推进重点生态工程建设，编制祁连山水源涵养区等重点生态区生态环境保护与建设规划。强化环境污染治理，加大节能减排力度。

5. 努力提高人民生活水平。进一步普及巩固九年义务教育，改善办学条件。提高医疗卫生服务水平，加大中央财政对西部地区乡镇卫生院、村卫生室建设的支持力度。改善基层公共文化设施条件。做好农民创业就业工作，扩大农民创业促进工程试点范围。不断提高社会保障水平。继续加快农村户用沼气建设，着力解决未通电村的用电问题。

6. 着力推动重点区域加快发展。积极推进重庆和成都统筹城乡综合配套改革，推动西安率先构建创新型区域。推进成渝、关中—天水、广西北部湾等重点经济区规划实施。开展陕甘宁革命老区区域规划编制。研究制定边境民族地区安康发展专项规划，支持人口较少民族和特困民族加快发展。

7. 深化改革扩大开放。完善西部大开发长期稳定资金渠道。深入推进东西互动合作，积极引导东部地区产业向西部地区合理转移。进一步加强干部交流，落实和完善人才开发政策，实施一批人才培养工程。积极扩大对外开放，构筑国际区域合作组织新平台，加快重点边境口岸城镇建设步伐。

十二、加快振兴东北地区等老工业基地

1. 继续深化各项改革，进一步扩大对外开放。进一步推动重点行业、重点企业的战略重组。引导支持中央企业与东北地区骨干装备制造企业相互重组。加快厂办大集体改革试点工作。完成东北地区装备制造业银行不良贷款处置工作。加强中俄毗邻地区全面合作。继续吸引外资参与东北老工业基地的调整改造。

2. 继续巩固粮食战略基地，加快新农村建设步伐。规划建设好黑龙江省千亿斤粮食生产能力建设工程和吉林省新增百亿斤粮食工程。提高东北粮食收储能力，采取切实措施把粮食主产区粮价保持在合理的水平。继续加大对东北农田水利建设、农业机械化建设的支持。继续加强农村沼气、饮水安全、电网改造和农村公路等工程建设。

3. 加快调整产业结构，增强发展后劲。加大对东北地区骨干装备制造企业加强技术改造和自主创新能力建设的支持力度。合理开发、整合利用东北地区旅游资源，推进区域旅游一体化建设。加强基础设施建设，加快哈大客运专线、黑龙江煤电外送通道和东部干线铁路等重大工程建设，完善高速公路网，加快大连国际航运中心建设，推进干线机场和支线机场建设。

4. 扎实推进资源型城市转型，促进可持续发展。完成第二批资源枯竭城市界定并下达财力性转移支付资金。实施资源型城市吸纳就业、资源综合利用和发展接续替代产业专项，将适用范围扩大到经国务院批准的所有资源枯竭城市。

5. 推进节能减排工作，加强生态建设和环境保护。重点推进节能工程示范项目，抓紧实施辽河、松花江流域水污染防治和电力、石化、钢铁等行业脱硫设施改造工程。全面启动规模化畜禽养殖污染防治工程，保护好农村饮用水源。扎实推进重点防护林和天然林资源保护工程。加快黑土地保护和水土流失治理。

6. 着力保障和改善民生，推动和谐社会建设。做好黑龙江、吉林两省的“普九”债务化解试点工作。加强农村教师队伍建设。完善城乡公共卫生服务体系。健全突发公共卫生应急处置机制。加强文化市场体系建设。加强农村劳动力转移就业培训。完善对就业困难人员和零就业家庭的就业援助制度。

7. 加强东北地区振兴工作的统筹协调，建立健全工作机制。继续完善东北振兴工作信息联络员机制，建立东北地区交通设施建设协调推进机制和东北四省区行政首长协商机制。进一步研究促进老工业基地全面振兴的政策措施，研究提出促进东北农业率先实现现代化的指导意见和东北地区国企改革重组的指导意见，起草资源型城市可持续发展条例。

十三、大力促进中部地区 起

1. 加强规划引导和政策支持。尽快编制完成《促进中部地区崛起规划》，并抓好规划的落实。组织编制和实施丹江口库区及上游地区经济社会发展规划，编制江西鄱阳湖生态经济区规划。落实好中部地区“两个比照”政策，研究完善相关政策。

2. 加快推进“三个基地、一个枢纽”建设。扎实推进粮食生产基地建设，加大对中部地区粮食生产、农业综合开发的支持力度，继续实施国家优质粮食产业工程。加强能源原材料和现代装备制造及高技术产业基地建设，加快大型和特大型煤炭基地建设步伐，重点支持钢铁、化工、有色、建材产业优化升级。大力推进综合交通运输枢纽体系建设，启动和加快实施重大交通基础设施项目。

3. 培育城市群增长极。加快中部地区工业化、城镇化进程。推动形成以武汉城市圈、长株潭城市群、中原城市群和皖江城市带等城市群为核心的开发格局。认真实施武汉城市圈、长株潭城市群“两型社会”综合配套改革实验区总体方案，推动安徽皖江城市带承接产业转移示范区建设。适时出台促进中部地区城市群发展的指导意见。

4. 继续深化改革开放。加快推进行政管理体制改革，继续深化大中型国有企业改革，支持非公有制经济发展。开展晋陕豫黄河金三角地区区域协调发展试验区有关工作。研究制定推动中部地区承接产业转移的指导意见。继续安排中部外经贸发展促进专项基金，支持企业承接境外装备制造业转移，发展对外服务贸易和加工贸易。充分利用区域经济合作平台，务实开展国际区域合作，不断拓展合作领域。

5. 努力提高人民生活水平。加大对农村教育事业、

农村公共卫生、文化事业、社会保障、就业再就业的投入。稳步推进资源节约型和环境友好型社会建设，做好水土保持、湿地保护和污染防治工作，继续开展循环经济试点工作，加强大江大河大湖整治。

十四、坚定不移地深化重点领域和关键环节改革

2009年，要以深化价格、投资、财税、金融改革为重点，以改革促发展、保民生、防风险、求稳定。

1.是稳步推进价格改革。落实好成品油价格和税费改革各项政策。继续深化电价改革。适时理顺煤电、天然气价格。推进水价改革，提高排污、污水处理和垃圾处理等环保收费标准。加快建立健全矿产资源有偿使用制度和生态环境补偿机制。

2.是深化投资体制改革。健全政府投资管理体制，加快推行代建制。建立健全投资项目后评价、重点项目公示和责任追究制度。规范核准和备案管理办法，缩减核准范围，科学界定核准权限，严格规范核准程序。

3.是加大财税体制改革力度。全面实施增值税转型改革。统一内外资企业和个人城建税和教育附加费等制度。改革完善资源税制度。研究推进房地产税制改革。继续清理行政事业性收费和政府性基金，加强规范管理。深化预算制度改革，实现政府公共预算、国有资本经营预算、政府性基金预算和社会保障预算有机衔接，积极推进预算公开。完善财政转移支付制度。推进省直管县财政管理方式改革。

4.是稳步推进金融体制改革。继续推进政策性银行改革。优化市场准入审批，大力发展服务“三农”、欠发达地区、中小企业的金融机构和金融创新产品。推进多层次资本市场建设，积极稳妥推出创业板，健全市场化发行机制和发债主体自我约束机制。加快存款保险制度等金融安全网建设。完善金融风险应急机制，切实防范各类金融风险。

此外，要加快转变政府职能，推进国有企业改革和国有经济战略性调整，进一步完善鼓励、支持和引导非公有制经济和中小企业发展的政策措施，继续深化医药卫生体制改革，加强指导和推进全国和省级综合配套改革试点。同时，研究抓紧制定中长期改革规划，进一步加强对改革的总体指导和综合协调。

十五、完善资源性产品价格形成机制

1.继续理顺成品油、天然气价格。认真落实成品油价格和税费改革方案，按完善后的成品油价格形成机制管理成品油价格。完善天然气价格形成机制，适时调整国内天然气价格。

2.继续推进电价改革。进一步理顺煤电价格，完善煤电价格联动机制。加强输配电价监管，逐步按成本加收益办法核定电网企业输配电价。在完善相关配套措施的基础上，推行竞价上网试点，鼓励大用户直接向发电企业购电，协商确定电价。调整销售电价分类结构，简化电价分类。研究测算合理的可再生能源发电标杆电价。完善需求侧电价管理制度。

3.完善煤炭价格形成机制。鼓励电煤供需双方按照反映市场供求关系、资源稀缺程度、煤炭完全成本的市场价格形成机制，签订长期合同，协商确定价格。通过积极推进煤炭市场建设、建立煤炭储备体系、促进煤电一体化经营等，建立长期稳定的煤炭供销关系，防止煤价大起大落。

4.推进水价改革。继续推行非居民用水超计划、超定额累进加价制度。合理制定和调整水资源费征收标准，适当提高缺水地区的水利工程供非农业用水价格。加强农业用水价格管理，因地制宜地推行终端水价或终端水费制度，强化水费计收的监督管理，减少农民不合理水费支出。

十六、促进外贸平稳发展

1.进一步优化外贸出口结构。坚持出口市场多元化和以质取胜战略，在巩固传统出口市场的同时，加快开拓前景广阔的新兴市场，积极推动与有关国家和地区的自贸区建设。及时完善政策措施，切实缓解外向型企业的突出困难；充分运用国际通行的财税政策支持出口；适度扩大外贸发展基金规模，重点支持中小企业开拓国际市场和培育出口品牌。

2.稳步推进加工贸易转型升级。在严格控制“两高一资”产品加工贸易的同时，着重提高加工贸易产业层次和加工深度，推动加工贸易延长产业链、提高附加值。鼓励加工贸易向中西部转移。完善海关特殊监管区域功能和政策，引导先进制造业和现代生产型服务业入

区。

3.积极扩大进口。完善进口促进政策，重点引进先进技术，增加关键装备及元器件、重要能源资源和原材料进口。积极推动进口方式和来源多元化。

4.改善对进出口企业的金融服务。加大信贷支持力度，缓解企业融资困难。加大对出口信用保险的支持，扩大出口信用保险的承保规模和覆盖面。研究完善防范汇率风险的金融支持体系，拓宽企业金融避险渠道。

5.提高贸易便利化水平。优化出口退税流程，加快出口退税进度。完善出口收结汇联网核查和贸易信贷登记管理制度，简化联网核查程序。加快进出口货物查验和检疫检验速度，适当降低收费标准。

6.妥善处理贸易摩擦。健全贸易摩擦监控预警机制，充分利用双边磋商机制、区域经济合作平台、世界贸易组织（WTO）争端解决机制等渠道，加大对外交涉力度。充分发挥商会和行业协会作用，及时提供国外贸易和市场信息。加强贸易技术壁垒知识培训，提高企业应对贸易摩擦能力。

十七、改善利用外资和境外投资的宏观管理

1.深入研究利用外资和境外投资重点问题。密切跟踪国际国内经济形势，特别是重点国家和地区政治经济情况的发展变化，及时把握利用外资和境外投资的新情况、新问题，深入开展调查研究。启动利用外资和境外投资“十二五”规划前期研究。

2.在优化结构的基础上稳定外商投资规模。积极应对影响外商投资的不稳定因素，加强对外资政策调整的统筹安排。进一步贯彻落实好《外商投资产业指导目录（2007年修订）》和《中西部地区外商投资优势产业目录（2008年修订）》，继续发挥外资在促进产业结构优化升级、推动区域协调发展方面的积极作用。研究促进中西部地区承接外资转移的政策措施，进一步规范开发区发展。完善外商投资管理体制，加强对外商投资方向的引导。

3.配合国内扩大内需改进国外贷款管理。继续用好国际金融组织和外国政府贷款。落实灾后恢复重建利用国外优惠紧急贷款规划。开拓适合外国政府贷款支持的新领域。加强借用国际商业贷款管理，强化贷款项目监管。加快外债管理立法进程。

4.积极稳妥地推动扩大对外投资合作。贯彻落实《国务院关于鼓励和规范企业对外投资合作的意见》、《境外投资“十一五”规划》和《境外投资产业指导政策》。加强对境外投资的宏观指导和政策支持，支持各类有条件的企业对外投资和开展跨国并购。提升与重点国家和地区投资合作水平。推动境外投资立法工作，完善境外投资管理制度，加强企业对外投资的风险控制和监管。

在保增长 扩内需中加快淘汰落后产能，推进产业结构调整升级

国家发展和改革委员会

近年来，在有关部门、地方政府和企业的共同努力下，我国淘汰落后产能工作取得了较大进展。到2008年底，105万吨自焙铝电解产能已全部淘汰，落后炼油能力淘汰1000多万吨，鼓风炉炼铜产能淘汰15万吨，造纸落后产能淘汰547万吨，酒精落后产能淘汰94.5万吨，味精落后产能淘汰16.5万吨，柠檬酸落后产能淘汰7.2万吨。

去年下半年以来，随着国际金融危机对实体经济的影响进一步加深，工业生产出现大幅下降，部分行业产能过剩问题更加突出。面对国际金融危机愈演愈烈的严峻形势，党中央、国务院及时果断实施积极的财政政策和适度宽松的货币政策，出台了进一步扩大内需、促进经济平稳较快发展的一系列重要措施。国务院印发的钢

铁、有色金属、石化、轻工、纺织等重点产业调整和振兴规划，围绕应对危机保增长、调整结构提出了明确要求，淘汰落后产能是产业振兴规划提出的一项重要工作任务。

一、淘汰落后产能的规划目标

钢铁。按期完成淘汰300立方米及以下高炉产能和20吨及以下转炉、电炉产能。到2011年，再淘汰落后炼铁能力7200万吨、炼钢能力2500万吨。

有色金属。到2009年，淘汰落后铜冶炼产能30万吨、铅冶炼产能60万吨、锌冶炼产能40万吨；到2010年底，淘汰落后小预焙槽电解铝产能80万吨。

轻工。到2011年，淘汰落后制浆造纸200万吨以上、低能效冰箱（含冰柜）3000万台、皮革3000万标张、含汞扣式碱锰电池90亿只、白炽灯6亿只、酒精100万吨、味精12万吨、柠檬酸5万吨的生产能力。

纺织。到2011年，重点淘汰75亿米高耗能、高耗水、技术水平低的印染能力；淘汰230万吨化纤落后产能；加速淘汰棉纺、毛纺落后生产能力。

石化。对炼油行业采取区域等量替代方式，到2011年，淘汰100万吨及以下低效低质落后炼油装置，积极引导100万吨－200万吨炼油装置关停并转，防止以沥青、重油加工等名义新建炼油项目。对化肥行业通过上大压小，产能置换，淘汰技术落后、资源利用不合理的产能。对农药行业依据行政法规，淘汰一批高毒高风险农药品种。加快淘汰电石、甲醇等产品的落后产能。严格控制甲醇、烧碱、纯碱等产能过剩产品项目建设。

二、淘汰落后产能的有关政策措施

1. 是修订完善产业政策。综合运用提高准入门槛、加强清洁生产审核、实施差别电价等手段，加快淘汰落后产能。

2. 是建立产能退出机制。妥善解决好企业在淘汰落后产能时职工安置、企业转产、债务化解等问题，通过采取严格实行节能减排、淘汰落后的问责制，综合运用经济、法律、环保和必要的行政手段，采取多项措施，加快推进淘汰落后产能工作。

3. 是推进企业技术改造。用新技术、新材料、新工艺、新装备改造提升传统产业，提高技术装备水平，发展高附加值产品，促进节能减排，走内涵发展道路；坚持淘汰落后，防止产能过剩行业生产能力扩张和重复建设，不铺新摊子。项目安排必须符合重点产业调整振兴规划要求和相关产业规划和产业政策。

4. 是加大监督检查力度。成立检查小组，定期向土地、金融、环保、工商、质检等关口部门通报淘汰落后企业名单。各级政府对限期淘汰的落后装备严格监管，禁止擅自扩容改造和异地转移，金融机构不提供任何形式的信贷支持，国土资源管理部门不予办理用地手续。

关于2009年深化经济体制改革工作的意见

国家发展和改革委员会

（2009年5月19日）

今年是进入新世纪以来我国经济社会发展最为困难的一年。国际金融危机尚未见底，经济增速明显放缓，长期积累的体制机制矛盾更加突出。复杂严峻的国际国内经济形势要求我们毫不动摇地继续深化改革开放。要通过深化改革破解发展难题，通过扩大开放赢得发展机遇，确保经济平稳较快发展和“十一五”规划确定的各项目标顺利实现，加快完善社会主义市场经济体制。根据党的十七大、十七届三中全会精神和中央经济工作会议要求，按照“十一五”规划和今年政府工作报告关于经济体制改革的总体部署，结合当前的改革发展形势，现就

2009年深化经济体制改革工作提出以下意见：

一、指导思想和总体要求

指导思想。以邓小平理论和“三个代表”重要思想为指导，深入贯彻落实科学发展观，全面贯彻党的十七大、十七届三中全会和中央经济工作会议精神，把应对危机作为深化改革的契机，围绕扩内需、保增长、调结构、惠民生，切实推进重点领域和关键环节改革，推动形成有利于科学发展与社会和谐的体制机制。

总体要求。把立足当前与着眼长远结合起来，抓住时机消除制约当前经济社会发展的突出矛盾和影响长远发展的深层次体制机制障碍；把加强宏观调控与发挥市场机制作用结合起来，进一步完善市场机制，提高宏观调控水平，增强经济发展的内在活力；把整体部署与局部试点结合起来，充分调动中央、地方和人民群众的积极性与创造性，形成全社会共同推进改革的新局面；把应对挑战与把握机遇结合起来，统筹出台改革措施的时机、力度和节奏。

二、加快转变政府经济管理职能，激发市场投资活力

继续削减和调整行政审批事项，切实把政府职能转到主要为市场主体服务和创造良好发展环境上来（监察部牵头）。结合地方政府机构改革，探索建立有利于促进地方政府职能转变的体制机制（中央编办牵头）。建立财政政策、货币政策、产业政策、投资政策协调配合机制，完善宏观调控政策体系（发展改革委、财政部、人民银行负责）。深入推进投资体制改革，修订出台政府核准投资项目目录，最大限度地缩减核准范围、下放核准权限；抓紧研究起草政府投资条例、企业投资项目核准和备案管理条例，进一步规范和优化投资管理程序，提高效率；健全政府投资管理机制，稳步推行非经营性政府投资项目代建制，建立和完善投资项目后评价、重大项目公示和责任追究制度；科学界定政府投资领域和范围，充分发挥政府投资对社会投资的引导和带动作用（发展改革委牵头）。

三、深化垄断行业改革，拓宽民间投资的领域和渠道

加快研究鼓励民间资本进入石油、铁路、电力、电信、市政公用设施等重要领域的相关政策，带动社会投资（发展改革委、工业和信息化部、住房城乡建设部、铁道部、商务部、电监会负责）。抓紧研究制订铁路体制改革方案，加快推进铁路投融资体制改革（铁道部、发展改革委、财政部负责）。继续深化电信体制改革，制定出台配套监管政策，加快形成有效的市场竞争格局；深化邮政体制改革，推动邮政速递物流业务重组改制（工业和信息化部、交通运输部、发展改革委、财政部负责）。落实国家相关规定，实现广电和电信企业的双向进入，推动“三网融合”取得实质性进展（工业和信息化部、广电总局、发展改革委、财政部负责）。加快推进电网企业主辅分离和农电体制改革（发展改革委、电监会、国资委、能源局、财政部、水利部负责）。制订出台盐业管理体制改革方案（发展改革委、工业和信息化部负责）。加快推进市政公用事业改革，扩大城市供水供热供气、污水处理、垃圾处理等特许经营范围（住房城乡建设部、水利部负责）。

四、大力推进资源性产品价格和节能环保体制改革，努力转变发展方式

继续深化电价改革，建立与发电环节适度竞争相适应的上网电价形成机制；推进输配电价改革；调整销售电价分类结构，减少各类用户电价间交叉补贴；适时理顺煤电价格关系；研究制订农村电力普遍服务政策（发展改革委牵头）。推进大用户直接购电和双边交易试点（电监会、发展改革委负责）。完善煤炭成本构成，反映开采、经营过程中的资源、环境和安全成本（财政部牵头）。完善天然气价格形成机制，逐步理顺与可替代能源的比价关系（发展改革委牵头）。加快建立初始水权制度；积极推进水价改革，逐步提高水利工程供非农业用水价格，完善水资源费征收管理体制（水利部、发展改革委、财政部负责）。完善节能减排目标责任评价考核体系和多元化节能环保投入机制；健全高效节能环保产品推广激励制度及落后产能退出机制；研究建立循环经济考核体系（发展改革委、财政部、环境保护部、工业和信息化部、统计局负责）。探索建立环境法制、绿色信贷、政绩考核、公众参与等环境保护长效机制（环境保护部牵头）。加快推进污水处理、垃圾处理等收费制度改革（发展改革委、住房城乡建设部、环境保护部负责）。加快推进跨省流域生态补偿机制试点工

作；扩大排污权交易试点范围，完善相关法律法规（财政部、发展改革委、环境保护部、水利部负责）。建立资源型城市可持续发展准备金制度；推进矿产资源补偿费制度改革，建立与资源利用水平和环境治理挂钩的浮动费率机制（财政部、发展改革委、国土资源部、环境保护部负责）。

五、着力优化产业结构与所有制结构，推动服务业和非公有制经济发展

继续推进国有企业公司制股份制改革，健全公司治理结构，完善现代企业制度；继续推进国有资本结构优化和战略性调整；完善国有资产监督管理体制和制度（国资委、财政部负责）。完善鼓励支持和引导个体私营等非公有制经济发展的政策措施（工业和信息化部牵头）。抓紧完善中小企业贷款担保基金和贷款担保机构等多层次担保体系，建立健全中小企业信用担保风险补偿机制；推进中小企业信用制度和信用担保机构评级制度建设（银监会、工业和信息化部、人民银行、财政部负责）。继续发展中小企业板市场，稳步发展中小企业集合债券，继续开展中小企业短期融资券试点（证监会、发展改革委、人民银行负责）。完善服务业发展规划体系，加快建立促进现代服务业发展的体制机制和政策体系，推动服务业发展和产业结构优化（发展改革委牵头）。进一步放宽服务业市场准入，鼓励非公有制企业参与国有服务企业改革（发展改革委、工业和信息化部、国资委负责）。深化政府机关和事业单位后勤服务社会化改革（中央编办、财政部、国管局负责）。鼓励社会力量兴办民办非企业单位，培育多元化的服务业市场主体（发展改革委、民政部负责）。

六、加快推进民生领域改革，提高居民消费能力和意愿

加强公共就业服务体系建设，加大政策支持力度，建立灵活多样的就业和创业促进机制，进一步完善以创业带动就业的政策措施（人力资源社会保障部牵头）。研究出台关于收入分配调节的指导意见（发展改革委牵头）。规范国有企业负责人薪酬管理制度，合理控制收入分配差距（人力资源社会保障部、财政部、国资委负责）。研究制订事业单位实施绩效工资的意见（人力资源社会保障部、财政部负责）。推动工资集体协商和工资支付保障制度建设，落实最低工资制度；完善基本养老保险制度，继续开展做实个人账户试点，全面推进省级统筹；出台养老保险关系转移接续办法；推进事业单位养老保险改革试点；制订实施农民工养老保险办法；出台新型农村社会养老保险指导意见；研究解决农垦职工社会保障问题（人力资源社会保障部牵头）。建立企业退休人员基本养老金和城乡最低生活保障标准正常调整机制（人力资源社会保障部、民政部、财政部负责）。健全廉租住房制度，规范经济适用住房建设与管理，建立健全保障性住房规划建设管理体制（住房城乡建设部牵头）。推动林区棚户区房屋产权制度改革试点（林业局、住房城乡建设部、国土资源部负责）。健全食品药品安全监管体制，实行严格的食品质量安全追溯、召回、市场准入和退出制度（卫生部、农业部、质检总局、工商总局、食品药品监管局负责）。

七、深化科技、教育、文化、卫生体制改革，加快社会事业发展

以加强企业为主体、市场为导向、产学研相结合的技术创新体系建设为突破口，加快推进国家创新体系建设，促进科技资源的整合与开放共享，动员广大科技人员深入基层服务企业，大力提高企业自主创新能力，充分发挥科技创新在促进经济结构调整和发展方式转变中的重要作用（科技部、发展改革委、教育部、国资委负责）。研究制订国家中长期教育改革和发展规划纲要（教育部牵头）。进一步健全义务教育经费保障机制，推进义务教育资源配置均等化；完善家庭经济困难学生资助政策体系，制定和完善学费和助学贷款代偿政策（财政部、教育部负责）。推进中等职业教育体制改革，建立面向农村地区的免费中等职业教育制度（教育部、人力资源社会保障部、财政部负责）。加快建立进城务工人员子女平等就学制度（教育部牵头）。继续深化文化事业和文化产业体制改革（文化部、广电总局、新闻出版总署负责）。认真组织落实医药卫生体制改革近期重点实施方案（发展改革委、卫生部、人力资源社会保障部、财政部负责）。深化体育体制改革，加强体育公共服务，促进体育产业健康发展（体育总局牵头）。

八、继续深化农村改革，建立健全统筹城乡发展的体制机制

深化农村综合改革，着力增强乡镇政府社会管理和

公共服务职能（国务院农村综合改革工作小组牵头）。推进农村集体建设用地管理制度改革，研究制订流转管理办法，探索建立统一规范的城乡建设用地市场；深入推进土地有偿使用制度改革，严格限定划拨用地范围（国土资源部牵头）。开展农村土地承包经营权登记试点，建立健全土地承包经营权流转市场，加强流转管理和服务，发展适度规模经营；推进国有农场体制改革（农业部牵头）。加快推进集体林权制度改革，完善相关配套政策；积极推进国有林区、国有林场体制改革（林业局牵头）。完善粮食等主要农产品价格形成机制；深化国有粮食企业改革（发展改革委、粮食局负责）。完善与化肥、柴油等农资价格挂钩的农资综合补贴动态调整机制（财政部牵头）。加快推进基层农技推广体系改革，构建新型农业社会化服务体系，推进农业产业化和农民专业合作组织发展（农业部牵头）。探索建立城乡规划建设一体化管理体制（住房城乡建设部牵头）。探索建立统筹城乡的就业和社会保障政策体系（人力资源社会保障部牵头）。研究制订放宽中小城市落户条件、允许符合条件的农村居民在城市落户的相关政策；推动流动人口服务和管理体制创新（公安部牵头）。

九、加快推进财税体制改革，建立有利于科学发展的财税体制

围绕推进基本公共服务均等化和主体功能区建设，健全中央政府和地方政府财力与事权相匹配的体制；推进省直管县财政管理方式改革，逐步建立县级基本财力保障机制；提高一般性转移支付的规模和比例，加快完善统一规范透明的财政转移支付制度；健全公共财政职能，优化财政支出结构（财政部牵头）。深化预算制度改革，研究起草国有资本经营预算条例，试行社会保险预算制度，实现政府公共预算、国有资本经营预算、政府性基金预算和社会保障预算有机衔接（财政部、国资委、人力资源社会保障部负责）。研究建立全国行政事业单位国有资产统计报告制度（财政部牵头）。全面实施增值税转型改革；统一内外资企业和个人城建税、教育费附加等税收制度；研究推进综合和分类相结合的个人所得税制度；研究制订并择机出台资源税改革方案；加快理顺环境税费制度，研究开征环境税；深化房地产税制改革，研究开征物业税（财政部、税务总局、发展改革委、住房城乡建设部负责）。

十、深化金融体制改革，构建现代金融体系

深化国有控股商业银行改革；继续推进政策性银行改革（人民银行牵头）。推进金融资产管理公司改革（财政部牵头）。稳步发展各种所有制中小金融企业和新型农村金融机构；推进农村信贷担保机构发展（银监会牵头）。扩大农村有效担保范围，发展农村多种形式担保的信贷产品（人民银行、银监会负责）。出台放贷人条例，积极引导民间融资健康发展（人民银行、法制办负责）。建立健全存款保险制度（人民银行、银监会负责）。推进利率市场化改革，完善人民币汇率形成机制（人民银行牵头）。加强资本市场基础性制度建设，建立健全有利于资本市场稳定发展和投资者权益保护的法规体系；适时推出创业板，推进场外市场建设，完善资本市场功能（证监会牵头）。完善债券市场化发行机制、市场约束与风险分担机制，逐步建立集中统一的债券市场监管规则和标准（证监会、发展改革委、财政部、人民银行负责）。深化保险业改革，积极发挥保险保障和融资功能（保监会牵头）。加快股权投资基金制度建设，尽快出台股权投资基金管理办法（发展改革委牵头）。建立健全金融监管协调机制和国际合作机制（人民银行、金融监管机构负责）。

十一、深化涉外经济体制改革，健全开放型经济体系

尽快建立服务贸易促进体系，研究制订服务贸易促进条例，制定并实施加快服务外包产业发展的政策措施；建立先进技术、设备和战略性资源进口的协调、管理机制；建立健全有效应对国际贸易摩擦和争端的工作协调机制；积极稳妥实施自由贸易区战略，进一步推进区域和次区域经济合作，推进边境经济合作区建设；着力推进对外劳务合作管理体制改革，加快相关立法进程（商务部牵头）。完善国际贸易投资风险防范机制，研究建立国际经济波动对我国经济影响的信息引导和预测预警机制（商务部、发展改革委、海关总署负责）。加快建立外资并购安全审查机制；完善利用外资的管理体制和政策法规，进一步下放审批权限、简化审批程序（发展改革委、商务部、法制办负责）。研究制订境外投资条例，进一步简化对外投资管理程序，扩大境外投

资备案登记范围，完善信贷、外汇、财税、人员出入境等方面支持企业“走出去”的政策措施，加快对外投资合作公共服务体系建设（发展改革委、商务部、人民银行、财政部等部门负责）。

十二、积极推进综合配套改革试点，为全国改革提供示范和借鉴

上海浦东新区、天津滨海新区等国家综合配套改革试验区要按照完善社会主义市场经济体制的方向，针对制约当地经济社会发展的体制机制问题，根据统筹城乡发展、建设资源节约型和环境友好型社会、加快开发开放、促进发展方式转变等发展战略的要求，在行政管理、财政、金融、土地等重点领域和关键环节改革方面积极探索，勇于创新。发展改革委要加强对综合配套改革试点工作的指导，健全试点工作协调推进机制，保障改革试点平稳有序推进。各部门要结合自身职能，积极支持和指导改革试点，将有关专项改革试点放在相应试验区先行先试。各地区可结合自身实际，在有效防控风险的前提下，积极开展各类综合和专项改革试点。

十三、加强统筹协调，认真落实改革任务

发展改革委要加强对重点领域改革的统筹规划和综合设计，建立健全部门间统筹协调推进改革的工作机制，加强对经济体制改革的指导推进和综合协调，督促检查各项改革进展和落实情况，及时向国务院报告。各地区、各部门要结合本意见，提出符合自身实际、操作性强的年度改革意见或实施办法。对年内能够完成的改革任务，要集中力量，确保完成；对跨年度的改革任务，要积极推动，尽快取得突破。各项改革的牵头负责部门要会同相关部门科学制订方案，明确实施步骤和时限要求，落实工作责任。相关部门要结合自身职能，积极配合牵头负责部门做好有关工作。

2009年投资体制改革取得新进展

国家发展和改革委员会讯

2009年1月31日

2009年的投资体制改革，以保增长、扩内需、调结构为主线，以转变投资管理职能、加强投资立法工作为重点，同时狠抓改革措施的贯彻落实、努力推进重大问题研究，取得了积极进展。

一、以保增长、扩内需、调结构为主线，制定改革措施，改进投资管理

1.是及时调整固定资产投资项目资本金比例。为了提高社会投资能力、激发投资者的积极性，同时也为了缓解地方政府配套资金困难、保证新增中央投资项目的顺利实施，研究起草了《国务院关于调整固定资产投资项目资本金比例的通知》，于5月份以国务院文件发布实施，取得了良好效果。《通知》较大幅度降低了投资项目资本金比例的总体水平，在重点降低基础设施、基础产业、民生工程等项目资本金比例的同时，还根据有保有压、区别对待的原则，提高了“两高一资”等项目的资本金比例，有利于抑制盲目重复建设、防止产能过剩、促进节能减排和加强环境保护，从而推动经济结构调整和经济增长方式转变。

2.是积极研究制定鼓励和引导民间投资的政策措施。进一步鼓励和引导民间投资，有利于形成经济增长的内生动力机制、巩固经济回升向好趋势、稳固经济可持续发展的基础，有利于充分发挥市场配置资源的基础性作用、坚持和完善我国社会主义初级阶段基本经济制度，有利于扩大社会就业、增加居民收入、促进社会和谐，党中央、国务院对此高度重视，社会各界也十分

关注。按照国务院的部署和要求，在深入调查研究、广泛听取民营企业和有关方面意见的基础上，研究起草了《关于鼓励和引导民间投资健康发展的若干意见》，于7月中旬正式上报国务院，其中许多政策措施已纳入《国务院关于进一步促进中小企业发展的若干意见》发布实施，目前正在按照国务院领导同志的指示精神抓紧修改完善，力求在扩大民间投资准入领域等方面取得实质性进展。

3. 是出台加强重大工程安全质量保障的措施。为更好地贯彻落实促进经济平稳较快增长的一揽子计划，在加快工程建设进度、保证项目顺利实施的同时，有效保证重大工程安全质量，保障人民生命和财产安全，按照国务院领导同志的指示，研究制定了《关于加强重大工程安全质量保障措施的通知》，报经国务院批准后联合有关部门于12月中旬共同发布实施。《通知》从科学确定项目建设周期、做好项目前期准备工作、加强工程安全质量管理、落实安全质量责任、建立应急救援体系和提高基础保障能力等方面提出了具体要求，对于有效预防和解决工程安全质量方面存在的突出问题，确保工程质量，具有重要意义。

4. 是开展政策文件清理工作。为适应经济形势的变化和宏观调控政策的调整，按照国务院的部署，对过去几年出台的防经济过热、防明显通货膨胀的政策措施进行了全面清理，对近3万份政策性文件逐一进行排查，研究提出了修改废止87份政策性文件的建议，废止了我委发布的28个文件。通过政策文件清理，消除了抑制投资、消费和进出口的政策障碍，为促进经济平稳较快发展营造了良好的制度政策环境。

二、积极转变投资管理职能，减少微观事务管理，加强宏观调控

1. 是修订企业投资项目核准目录。按照十七届二中全会精神和国务院机构改革的要求，我委要进一步转变职能，减少微观管理事务和具体审批事项，集中精力抓好宏观调控。我委“三定”方案中更是明确提出，要及时修订调减投资核准目录，缩小投资审核范围，下放投资审核权限。按照这一要求，在多次征求国务院有关部门、中央管理企业和地方发展改革部门意见的基础上，我委提出了核准目录的修订建议，已于4月底正式上报国务院。此次目录修订，进一步大幅缩减我委的核准事项，扩大地方和部门的核准权限。根据测算，缩减我委核准范围的共有43类项目，我委核准的项目数量将下降约60%。修订核准目录，是我委转变投资管理职能、减少微观事务管理、集中精力加强宏观调控的一项重要举措。

2. 是改进政府投资计划安排和管理方式。对中央补助地方的点多、面广、单项资金少的项目，改变中央直接安排到具体项目的管理方式，按照“转变职能、下放权限、明确责任、强化管理”的原则，充分发挥地方政府的积极作用，实行中央下达投资规模计划、地方安排具体项目、责任更加明确、管理更加完善的管理方式，发布实施了《国家发展改革委关于改进和完善中央补助地方投资项目管理办法的通知》。我委在下达2008年新增1000亿元和2009年新增1300亿元中央投资计划时，按照这一模式对部分中央补助地方项目的投资计划安排办法进行了改进，取得了较好效果，得到地方和有关部门的好评。

三、加强投资领域立法建设，不断提高投资管理的法制化水平

1. 是制定起草《政府投资条例》。抓紧制定《政府投资条例》，是转变政府职能、深化投资体制改革的客观需要，对于规范政府投资行为，提高政府投资效益，发挥政府投资在保持经济平稳较快发展中的作用，具有重要意义。《政府投资条例》已经连续九年列入国务院立法计划，九年来，在全面总结政府投资体制改革经验、深入调查研究和广泛征求各方面意见的基础上，对《政府投资条例》进行了反复修改，于11月中旬正式上报国务院，取得了重要进展。《条例》对政府投资的投资方式、决策程序、投资年度计划和建设实施等做出了规定，是加强政府投资领域法制建设、把政府投资管理纳入法制化轨道的重要措施。

2. 是研究起草《企业投资项目核准和备案管理条例》。2009年，全社会固定资产投资总规模预计将超过22万亿元，其中90%以上是企业投资。如此庞大规模的经济活动，迫切需要一部专门法规来加以约束和规范。制定和颁发《企业投资项目核准和备案管理条例》，是把企业投资活动纳入法制化管理轨道、加快推进投资领域法治化进程的当务之急，也是进一步深化投资体制改革、加快转变政府投资管理职能的重要内容。《条例》

已连续两年列入国务院立法计划，我们在深入调查研究的基础上，认真总结了企业投资项目核准制、备案制的推行情况，完成了《条例》初稿的起草工作，在征求委内有关司局意见后进行了修改，将于近期征求部门、地方和企业的意见，力争尽快上报国务院。

3. 是进一步完善中央预算内投资管理的规章制度。为了进一步规范中央预算内投资管理，正在按照投资体制改革精神，抓紧研究起草《中央预算内资本金注入项目管理办法》和《中央预算内直接投资项目管理办法》。《资本金注入项目管理办法》已经征求了委内有关司局意见，正在修改完善；《直接投资项目管理办法》正在抓紧起草。这两个管理办法颁布实施后，将连同已经颁发的《中央预算内投资补助和贴息项目管理暂行办法》和《国际金融组织和外国政府贷款投资项目管理暂行办法》，共同构成适应投资体制改革要求、较为系统完整的新型中央预算内投资管理体系。

四、加强改革措施的贯彻落实，推动投资体制改革不断深入

1. 是进一步规范委托咨询评估工作。为不断健全投资决策机制，提高咨询评估的质量和水平，修订了《国家发展改革委委托投资咨询评估管理办法》，对承担我委咨询评估任务的咨询机构名单进行了相应调整，要求各咨询评估机构切实转变咨询评估理念，严格按照投资体制改革的要求开展委托评估，真正将企业投资项目咨询评估的重点转到“外部性”上来。

2. 是加强中央预算内投资项目概算调整管理。为切实加强和规范中央预算内投资项目管理，努力防止和解决超概算问题，经与审计署协商一致，印发了《国家发展改革委关于加强中央预算内投资项目概算调整管理的通知》，在概算调整管理中首次引进了审计监督，强调“先审计、后调概”。这是加强政府投资项目监管、提高政府投资项目管理水平和效益的一项重要措施，将有效地遏制人为擅自超规模、超标准建设工程项目的行为。

3. 是积极推进代建制。大力推行代建制，对于规范政府投资管理、控制投资项目概算、提高政府投资效益具有重要作用。我们在总结各地经验的基础上，起草了《关于推进和规范政府投资项目代建制的指导意见》，征求了各地发展改革委的意见，正在进一步修改完善。同时，进一步扩大了中央预算内投资项目代建制的试点范围。

4. 是积极开展中央投资项目后评价试点工作。为改变政府投资项目“重审批、轻监管、少总结”的状况，2009年首次组织开展了中央投资项目后评价试点工作，并努力将后评价成果转化为规划编制、项目决策的重要参考依据。首次开展后评价试点工作的有京津城际轨道交通、沈大高速公路改扩建、上海浦东机场扩建、黄河小浪底水利枢纽、审计信息系统一期工程、北大第一医院病房楼工程等6个项目。

五、加强重大问题研究，为进一步深化改革提供理论支撑

1. 是开展企业投资项目核准评价理论方法专题研究。为推动核准制的正确贯彻执行，联合有关方面开展了企业投资项目申请报告编写与评估理论方法的专题研究，形成了《企业投资项目核准评价理论方法研究》的课题报告，先后获国家发展改革委机关优秀研究成果一等奖、国家发展改革委优秀研究成果二等奖。

2. 是开展建立政府投资责任追究制度课题研究。为推进从源头上预防和惩治腐败行为，按照中纪委要求，配合驻委纪检组监察局开展了“建立政府投资责任制和责任追究制”课题研究，完成了《建立政府投资责任追究制度研究》的课题报告，为起草政府投资项目责任追究指导意见奠定了良好基础。

中央扩大内需新增4万亿元投资构成及项目最新进展情况

一．关于4万亿元投资的有关情况

2008年第四季度，为了有效应对国际金融危机的冲击，保持经济平稳较快发展，中央出台了进一步扩大内需促进经济增长的十项措施，提出了扩大投资的重点领域和方向，主要有：加快建设保障性安居工程、农村民生工程、基础设施、社会事业、环境保护、自主创新和结构调整以及灾后恢复重建等方面。为加快这些重点领域的建设，从2008年四季度到2010年底，中央政府拟新增投资1.18万亿元，加上地方和社会投资总规模共约4万亿元。

4万亿元的投向都是国民经济和社会发展的重点领域和薄弱环节，中央强调，要防止盲目投资和低水平重复建设，防止投向"两高一资"项目。根据国务院最近批准的十大产业调整和振兴规划的要求，4万亿元投资项目的安排，在2008年四季度初步考虑的基础上，已做了必要的调整。

二、4万亿元投资用于各重点领域的情况

（1）廉租住房、棚户区改造等保障性住房建设，投资约4000亿元；（2）农村水电路气房等民生工程和基础设施建设，投资约3700亿元；（3）铁路、公里、机场、水利等重大基础设施建设和城市电网改造，投资约15000亿元；（4）医疗卫生、教育、文化等社会事业发展，投资约1500亿元；（5）节能减排和生态工程建设，投资约2100亿元；（6）自主创新、结构调整和技术改造，投资约3700亿元；（7）灾后恢复重建，投资约10000亿元。

三、4万亿元的投资来源

除新增中央政府投资1.18万亿元（包括中央预算内投资、中央政府性基金投资、中央政府其他公共投资和灾后重建基金等）外，其余部分将通过地方政府投资、企业投资、银行贷款及其他社会投资（包括民间投资）等方式筹集。

为了帮助地方政府和企业筹措配套资金和项目资本金，中央政府有关部门还采取以下三项措施：1.中央财政代地方财政增发2000亿元国债；2.银行发放部分期限较长、利率较低的特种贷款用于特定项目建设；3.利用地方投融资平台发行部分企业债券。

为了管好用好4万亿投资，防止形成新一轮盲目投资和低水平重复建设，提高投资的质量和效益，从中央到地方已采取了一系列的监管措施：突出的是做到"两个明确、两个严格"。"两个明确"是，第一明确投资方向，不搞一般性加工工业，不搞重复建设，重点投向是民生工程、农业、基础设施、社会事业、节能环保、技术进步等。第二明确项目的责任主体，地方项目的责任主体是省级人民政府；中央项目的责任主体是有关行业主管部门和中央管理企业。各责任主体要对所属项目的投资安排、项目管理、资金使用、实施效果负总责，并细化落实各实施环节的责任制，实行责任追究。"两个严格"是，第一严格遵循建设程序，严格执行规划、产业政策和市场准入标准，落实项目审核、土地、环评、节能等管理要求。第二严格项目建设和资金使用监管。去年四季度，由中央纪委、监察部牵头，审计、发展改革、财政等部门组成24个中央检查组，派驻各地对新增中央投资项目进行了监督检查。从目前的检查情况看，新增投资项目的总体情况是好的，选择的项目是符合中央规定投向和有关规划、产业政策要求的，项目建设过程中未发现重大违法违规问题。今年，还将继续开展针对新增中央投资项目的专项检查和审计工作。

四、项目最新进展情况

截至2009年4月底，2008年四季度新增1000亿

元和2009年新增1300亿元中央投资项目建设进展情况。

在保障性住房建设方面，全国基本建成廉租住房21.4万套、开工建设65万套，正在加快实施煤矿棚户区民房改造10万户、采煤沉陷区民房治理12.9万户和国有林区棚户区改造15.7万户，开工建设国有垦区棚户区约8500户、游牧民定居房1.8万套。

在农村民生工程和农村基础设施建设方面，全国解决约1460万农村人口饮水安全问题，开工建设农村户用沼气160万户，建成农村公路约2万公里，农村电网各级变电站254座、线路4万多公里。南水北调工程加快建设，基本建成近450个重大水利项目、290个大中型病险水库除险加固项目、193个大型灌区配套和节水改造项目，建成标准粮田260多万亩。

另外，全国建成动物防疫体系项目5000个，购置农产品质量检验检测设备13427台（套），购置食品质量安全检验检测设备28万台，购置粮食烘干设备273套，新增油脂油料仓（罐）容约35万吨，建成以工代赈和扶贫项目172个，改造农村邮政营业投递网点700个。

在重大基础设施建设方面，哈大、武广、南广、贵广等一批重大铁路项目加快建设，建成高速公路445公里，建成民航航站楼10万平方米，城市电网加快改造。

在医疗卫生、教育文化等社会事业方面，全国基本建成约6500个基层医疗卫生服务项目、1140个基层计划生育服务项目和6个重点中医院项目，改造农村初中校舍面积约150万平方米，建成中等职业学校校舍约90万平方米，基本建成乡镇综合文化站1246个。

在生态环境建设方面，全国加快建设营造林约2900万亩，新增污水处理能力约283万吨／日、垃圾处理能力3155吨／日，铺设管网2548公里。处理铬渣约32万吨，形成616万吨标准煤的节能能力、节水能力1.2亿吨、循环利用废物能力270万吨。

在自主创新和结构调整方面，去年新增中央投资安排的176个高技术产业化项目和146个产业技术进步项目加快推进，已进入主体工程建设和设备采购安装阶段。今年安排的222个电子信息产业振兴和技术改造项目投资计划已经下达。

此外，发展改革委还以图表的形式在其网站上介绍了4万亿元投资的三大保障体系，即组织保障体系、政策保障体系、监管保障体系。

第二部分

行业发展与投资

行业发展综述

关于贯彻落实十大重点产业调整和振兴规划进一步加强标准化工作的意见

各省、自治区、直辖市及计划单列市、新疆生产建设兵团质量技术监督局、发展改革委、经贸委（经委）、工业和信息化主管部门，副省级市质量技术监督局，国务院各有关部门、行业协会、集团公司，各直属全国专业标准化技术委员会，中国标准化研究院，中国标准出版社，中国标准化协会：

为贯彻国务院关于汽车、钢铁、船舶、石化、轻工、纺织、有色金属、装备制造、电子信息、物流等十大重点产业调整和振兴规划，充分发挥标准化在国民经济和社会发展中的技术支撑作用，现就加强十大重点产业标准化工作提出以下意见：

一、提高认识，增强做好重点产业标准化工作的紧迫感和责任感

十大重点产业在国民经济中的地位举足轻重，制订和实施重点产业调整和振兴规划是应对国际金融危机，落实中央保增长、扩内需、调结构总体要求的重大举措。标准化作为国民经济和社会发展的重要基础，在规范市场秩序、提升产品质量和安全水平、推进产业结构调整和升级、转变发展方式、促进科研及其成果转化、提高产业竞争力等方面具有重要的战略意义，理应发挥加快产业调整和振兴的积极作用。各有关单位要充分认识贯彻落实十大重点产业调整和振兴规划的重要意义，切实增强做好重点产业标准化工作的紧迫感和责任感。

二、加大标准研制力度，适应重点产业调整和振兴的需要

根据重点产业调整和振兴的要求，依托国家重点工程和重点项目，立足扩大内需、转变发展方式，坚持市场为导向、产学研用相结合的标准制修订工作机制，加大标准研制的工作力度，提高标准的市场适应性和技术水平。

1. 突出标准研制工作重点。围绕重点产业结构调整和优化升级，适时调整“关键技术标准推进工程”相关内容，加强重点产业关键技术标准研制；围绕转变发展方式和淘汰落后产能、产品、生产技术和生产工艺，着力加强节能减排、清洁生产标准的研制；围绕提升产品质量和安全水平，着力加强安全、健康、检测方法标准的研制；围绕开拓市场和提高产业竞争力，着力加强服务领域、国际贸易相关标准的研制。

2. 优先安排重点产业急需的标准制修订项目。在今后三年中，大力支持重点产业的标准化工作，优先将十大产业标准化重点领域（见附件）列入年度标准化工作要点，作为国家、行业和地方标准制修订项目、标准化研究项目等立项依据；并根据重点产业规划实施进展，及时调整标准化工作重点。

3. 适时启动标准制修订快速程序和标准快速应急机制。进一步完善标准制修订快速程序和标准快速应急机制，及时满足重点产业的标准化需求。

三、加强标准化发展规划，支撑重点产业的可持续发展

按照科学、统一、权威的标准体系建设目标，加强重点产业标准化发展规划工作，加快更新和完善标准体系，不断提升产业整体水平，促进产业可持续发展。

1. 加强重点产业标准化战略研究。将十大重点产业标准化纳入《国家技术标准战略发展纲要》，明确重点

产业标准化发展方向，从战略层面推进重点产业的标准化工作。

2.加强重点产业标准体系建设。将十大重点产业标准体系建设纳入《国家标准化体系建设工程》，充分发挥标准化技术组织的作用，分析现有标准的适用性和协调性，完善重点产业标准体系，做到国家、行业、地方标准之间的协调互补；加快完善以重点产品为核心的标准体系，加强产业链关键环节技术标准的研制；按照重点产业区域优化布局，围绕产业配套体系，推进区域标准化交流与合作，提升区域标准化水平。

3.推进重点领域标准化发展规划。启动《高新技术标准化发展规划》、《物流标准专项规划》的编制工作；抓好《2008-2010年全国安全生产（部分工业领域）标准化发展规划》、《2008-2010年资源节约与综合利用标准发展规划》和《全国服务业标准2009年-2013年发展规划》的落实工作；做好《2005-2007年装备制造业标准化发展规划》实施情况的总结工作。根据重点产业发展需要，适时编制和落实相关的标准化发展规划。

四、加强国际标准化工作，支持重点产业国际市场的开拓

紧密结合重点产业国际贸易发展需求，积极推动重点产业的国际标准化工作，鼓励和支持重点产业的企业和科研机构走出去，实质性参与国际标准化活动，提升重点产业国际竞争力。

1.加快重点产业采标步伐。对于符合我国国情的国际标准和国外先进标准尽快采用和转化，优先立项；国家标准复审、修订时，应考虑采用最新版本的国际标准或国外先进标准；鼓励采标的行业标准、地方标准、企业标准申报制定为国家标准。

2.推进重点产业实质性参与国际标准制修订。在国际标准化专家培养、国际国外标准跟踪和比对研究、国际标准化交流活动等方面予以政策倾斜；争取以我为主制定一批国际标准，将我国的自主创新成果转化为国际贸易中的竞争优势；支持企业承担国际标准制修订项目和国际标准化组织技术委员会秘书处工作，增加我国在国际标准化活动中的话语权。

3.建立重点产业技术性贸易措施预警与快速反应机制。密切跟踪我国重点产业产品出口国的技术法规、标准等要求的变化，建立和完善重点产业技术性贸易措施的快速反应机制和研究评议体系，对可能遭遇的技术性贸易措施进行实时监测和发布预警，加快应对技术性贸易措施的检测方法标准的研制，提高企业应对国外技术性贸易措施的意识和能力，为促进进出口贸易服务。

五、强化标准实施，推进重点产业调整和振兴的进程

推动重点产业标准的实施工作，增强标准的有效性和适应性，充分发挥技术标准在产业化、商业化和规模化过程中的桥梁作用。

1.组织重点产业标准化试点示范。根据重点产业调整和振兴方向，在服务业标准化、高新技术产业标准化和循环经济标准化等方面开展示范试点，加强标准的宣传和贯彻，引导示范企业完善标准体系，促进自主创新成果产业化，淘汰高能耗、高污染和落后生产能力，加快产业结构调整。

2.开展重点产业标准实施效果评估。加强重点产业标准实施情况的调查研究，组织开展标准实施效果评估工作；完善标准实施的信息反馈渠道，及时反馈和收集标准实施情况。

3.采取多种手段推动重点产业标准实施。推动将重点产业标准纳入政府采购、市场准入等产业政策；加强重点产业标准与认证、执法监督等工作之间的联动，通过认证、执法监督等工作推动标准的实施。推进国家技术标准资源服务平台建设，进一步统筹资源建设，有针对性地整合、加工有关十大振兴产业的标准文献资源，为产业振兴提供支撑和服务。

六、狠抓落实，确保各项工作措施落到实处

各有关单位要从落实科学发展观的要求出发，树立服务观念，强化标准化对重点产业发展的服务，提高工作的针对性；树立科学观念，加快重点产业关键技术标准的研制，确保标准的质量；树立法治观念，加强重点产业强制性标准的实施监督，增强标准的有效性。

各有关单位要结合本地区、本部门实际，贯彻重点产业调整和振兴规划，制定标准化工作措施，明确重点和着力点，确定工作进度，落实责任人，加强督促检查，以务求实效。

国家标准化管理委员会 国家发展和改革委员会 工业信息化部

十大产业标准化重点领域

一、汽车产业

汽车节能环保和资源回收再利用、新能源汽车、事故预防和主动安全、人员保护和车辆被动安全、汽车电子信息技术、商用车及重点零部件。

二、钢铁产业

能源、制造业、建筑、交通运输业等下游行业需要的相关钢铁材料，特别是高速铁路用钢、高强度轿车用钢、高磁感取向硅钢、高强度机械用钢、高档电力用钢和工模具钢、特殊大锻件、建筑结构用钢等关键钢材品种；产业升级关键工艺技术；铁矿石、铁合金、焦化、炭素等冶金原辅料；节能减排与资源综合利用；安全生产；钢铁产品出口贸易。

三、船舶工业

三大主流船型优化、远洋渔船、特种船、工程船、工作船、大型游艇、深潜器；海洋工程装备、海洋工程动力及传动系统；船舶配套机电设备、船舶舾装和管系附件；船舶建造与建造保障、船舶维修、船舶改装、船舶拆解；船舶节能环保、船舶工业企业安全生产、船舶信息技术、船舶军民通用技术。

四、石化产业

丁基橡胶、己内酰胺、高性能子午胎、高效低毒农药等；工程塑料和专用树脂、特种合成橡胶、合成纤维单体、精细化工、特种橡胶制品等高附加值、高技术含量、创新型基础化学原料；油气田勘探开发、采油采气；油气储运、油气长输管道系统、石油设备能效；高品质汽油、柴油；化学品安全管理、有害物质限量；橡胶和塑料再生利用、废弃化学品处置；高性能复合材料；肥料安全风险分析和安全限量、新型肥料、肥效评价及检验方法。

五、轻工业

食品基础、生产过程管理和控制以及重要产品；化妆品检测方法和重要产品；自行车(含电动自行车)及零部件、家电、家具、玩具、电池、洗涤用品、皮革、五金制品等健康安全、检测方法；新型墙体屋面材料、防水密封材料、建筑卫生陶瓷、石材、涂料、胶粘剂等建筑材料和装饰装修材料的质量安全要求；制浆造纸、皮革鞣制、塑料降解、照明电器、电池回收等节能减排与资源综合利用。

六、纺织工业

纺织品安全、环保、有害物质检测方法；采用新技术所涉及的工艺、技术、设备及其产品和检测方法；纺织新材料、生态纺织品、功能性原材料及纺织品、产业用纺织品及配套检测方法；非接触式三维人体测量、服装CAD技术；新型纺织成套装备；棉纺、印染、化纤等节能减排与资源综合利用。

七、有色金属产业

电力、交通、建筑、机械、轻工等下游行业需求的有色金属；航空航天、国防军工、电子信息等关键有色金属材料；出口产品，尤其是技术含量和附加值高的深加工产品；安全生产；节能减排与资源综合利用。

八、装备制造业

高档数控机床、数控系统和关键功能部件；清洁高效发电设备；特高压交直流输变电设备；新能源与可再生能源装备；海水淡化与综合利用设备;工业自动化控制系统及检测设备；大马力、多功能、智能化农业装备；冶金、矿山、工程装备；高速动车组、大功率交流传动电力/内燃机车、重载货车、大型养护机械装备；装备配套基础零部件；港口机械和机场专用设备；石化设备；建材机械；印刷机械及文化办公设备；医疗机械；现代制造服务业；装备节能减排、绿色制造和再制造。

九、电子信息产业

核心电子器件、通用芯片、电子材料及专用设备大规模集成电路制造技术及成套工艺；软件、信息技术服务；宽带无线移动通信、高性能计算机及网络设备、下一代网络；数字电视、网络电视、移动多媒体；高清光盘、平板显示、家庭网络、智能终端、无线射频识别和传感器网络；"北斗"卫星应用；国家基础信息网络和重要信息系统的开发和建设；网络和信息安全；电子元器件节能降耗、半导体照明、绿色电池；数字版权保护。

十、物流业

供应链管理技术、物流质量安全管理、物流统计指标编码、物流业统计调查和信息管理、社会物流统计核算；连锁经营、物流配送和现代电子商务技术，食品、食盐、烟草和出版物物流配送、医药物流、邮政物流、快递物流；石油、煤炭、重要矿产品物流，化学危险品物流、汽车和零配件物流；农产品直销和配送、农资和农村日用消费品统一配送、粮食、棉花现代物流、农产品冷链物流；多式联运、集装箱、特种货物、厢式货车运输等现代运输方式，铁海联运、保税物流、口岸物流等国际物流，集装技术和单元化装载技术、网络化运输；产品与包装物回收物流和废弃物物流、应急物流、物流园区、中转联运、仓储技术与管理、物流技术专用装备、货运代理；物流信息采集、处理和服务的交换共享技术、基于互联网的物流信息交换、全国、区域和行业物流公共信息平台建设、物品编码、可视化货物追踪和货物快速分拣、射频识别和移动物流信息服务技术、物流信息系统安全。

中央企业2008年度总体运行情况

截至2008年底，国务院国有资产监督管理委员会履行出资人职责的企业（以下简称中央企业）共计141家 。根据中央企业编制上报并经注册会计师审计的财务决算报告，将2008年度中央企业基本财务情况公告如下：

一、国有资产保值增值情况

2008年末，141家中央企业拥有国有资产总量55574亿元，比上年增长8.6%，其中：国有资本及权益为54343.7亿元，比2008年初增加3022.1亿元，增幅为5.9%。自2003年以来，中央企业国有资产总量逐年递增，五年增加2.6万亿元，年均递增13.7%。在本年国有资本及权益净增加额中，因国家追加投资、资本溢价、无偿划入等客观因素增加2667.4亿元，因无偿划出、自然灾害损失、上缴国有资本经营收益等客观因素减少2679.8亿元。扣除各项客观增减因素后，2008年中央企业平均国有资产保值增值率为105.9%。2008年实现国有资产保值增值的企业有122家，占86.5%。在全部中央企业中，国有资产保值增值率超过110%的企业有54家，占38.3%。

（单位：亿元）

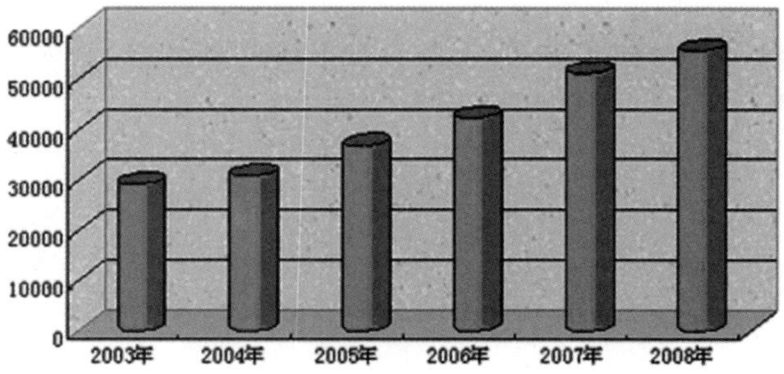

2003—2008年中央企业国有资产总量情况图

二、经营规模情况

截至2008年底，中央企业资产总额176287.6亿元，比上年增长18.1%；净资产总额73289.2亿元，比上年增长10.9%。2008年中央企业实现营业收入118705.1亿元，比上年增长18.4%。在全部中央企业中，2008年底资产总额超过千亿元的企业有45家，2008年实现营业收入超过千亿元的企业有33家。在美国《财富》杂志2009年公布的世界500强企业中，中央企业有24家，比上年增加5家，比2003年增加18家。

单位：亿元

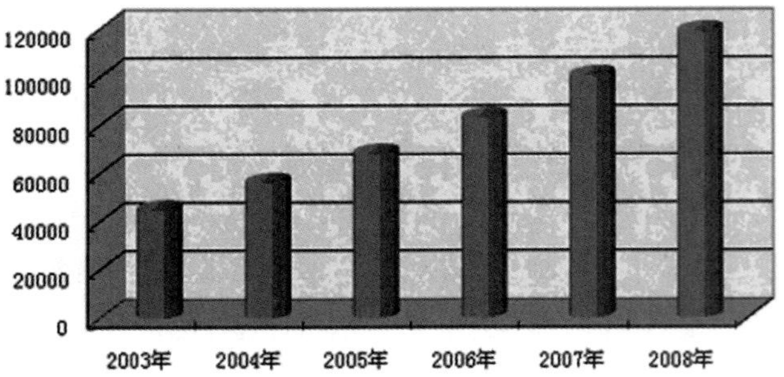

2003—2008年中央企业实现营业收徒情况图

三、经济效益情况

2008年中央企业实现利润6961.8亿元，比上年下降30.8%。在全部中央企业中，2008年实现利润比上年增长的企业有83家。2008年中央企业平均总资产报酬率为5.6%，比上年下降3个百分点，总资产报酬率比上年提高的企业有52家；中央企业平均净资产收益率（含少数股东损益/权益，下同）为7.2%，比上年下降5.1个百分点，净资产收益率比上年提高的企业有49家；中央企业平均成本费用利润率为6.2%，比上年下降4.8个百分点，成本费用利润率比上年提高的企业有53家。

四、上交税金情况

2008年中央企业实际上交税金总额10426亿元（含石油特别收益金1077.9亿元），比上年增长18.6%，比2003年增加6862.9亿元，五年间年均增加1372.6亿元，年均增幅为24%。在全部上交税金中，增值税3953.3亿元，占上交税金总额的37.9%；企业所得税2643.4亿元，占25.4%；营业税857.7亿元，占8.2%；消费税494.4亿元，占4.7%；石油特别收益金1077.9亿元，占10.3%。2008年实际上交税金总额超过百亿元的中央企业有22家，比上年增加8家，比2003年增加14家。

单位：亿元

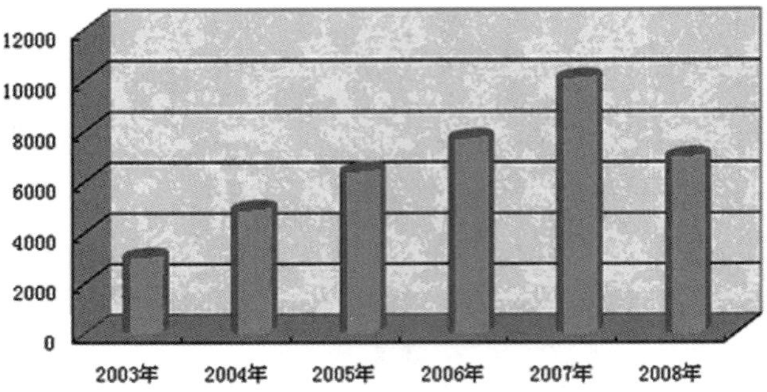

2003—2008年中央企业利润总额情况图

单位：亿元

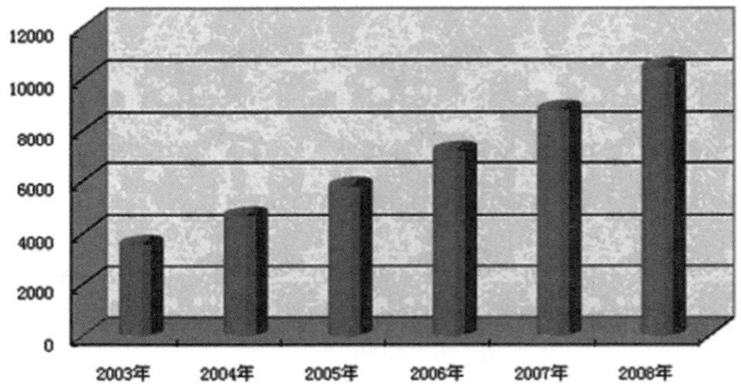

2003—2008年中央企业上交税金情况图

中央企业2008年度九大行业运行情况

一、石油石化企业

2008年3家中央石油石化企业认真执行国家宏观调控政策，全力保障国内油气市场供应，因炼油业务进销价格倒挂，出现亏损，整体经济效益大幅下滑。2008年3家企业生产原油22200.9万吨，比上年增长2.7%；生产天然气852亿立方米，比上年增长12.6%；加工原油30724.8万吨，比上年增长3.5%；生产成品油19071.7万吨，比上年增长6.7%；销售成品油21675.7万吨，比上年增长4%；全年实现营业收入29302.3亿元，比上年增长22.6%；实现利润2290亿元，比上年下降29.4%；平均国有资产保值增值率为105.8%。

二、钢铁企业

2008年4家中央钢铁企业积极应对铁矿石价格高企等因素影响，进一步加大新产品研发力度，积极落实降本增效各项措施，生产经营稳步增长，因下半年受国际金融危机影响，市场销售出现量价齐跌，企业经济效益大幅回落。2008年4家企业生产钢材7122.1万吨，比上年增长10.2%；销售钢材7113.6万吨，比上年增长7.8%；全年实现营业收入5171.2亿元，比上年增长19.9%；实现利润366.9亿元，比上年下降37.3%；平均国有资产保值增值率为107.3%。

三、电力企业

2008年9家中央电力企业积极落实节能减排工作要求，加大电源结构调整力度，电力供应平稳运行，但受煤炭价格持续高位运行、电价政策以及自然灾害等因素的影响，中央电力企业实现利润比上年大幅减少。全年发电企业完成发电量16023.8亿千瓦时，比上年增长27.3%；电网企业售电量26465亿千瓦时，比上年增长7.1%；实现营业收入19692.9亿元，比上年增长15.6%；实现利润19.3亿元，比上年减少1104.1亿元；平均国有资产保值增值率为99%。

四、机械设备制造企业

2008年12家中央机械设备制造企业充分挖掘潜力，加大生产经营组织力度，加快产品结构调整，积极开拓国内国际市场，销售收入与上年基本持平，但受国际金融危机影响，经济效益快速下滑。2008年12家中央机械设备制造企业实现营业收入4417亿元，比上年增长1%；实现利润203.6亿元，比上年下降22.4%；平均国有资产保值增值率为109.7%。

五、通信企业

2008年中央通信企业在改革重组的背景下，进一步实施精细化管理，积极拓展增值业务，运营能力稳步提升，但受固话业务下滑、计提小灵通资产减值、自然灾害等因素影响，经济效益出现小幅下降。2008年底，4家中央通信企业电话用户总量达到9.8亿户，互联网宽带用户数量达到0.9亿户；2008年实现营业收入8628.3亿元，比上年增长9.4%；实现利润1769亿元，比上年下降1.1%；平均国有资产保值增值率为112.3%。

六、航空运输企业

2008年3家中央航空运输企业受航油价格高位运行、国际金融危机等因素影响，营业收入小幅增长，经济效益出现大额亏损。3家中央航空运输企业全年实现营业收入1574.8亿元，比上年增长2.6%；经营亏损282.2亿元，比上年减利379.3亿元，未实现国有资产保值。

七、水运企业

2008年4家中央水运企业积极应对国际金融危机影响，加大市场开拓力度，加强成本费用控制，确保经营业务平稳增长，由于受航运市场需求与运价指数急速下跌影响，经济效益大幅下滑。2008年完成货运量9.6亿吨，比上年增长0.8%；完成货运周转量2.8万亿吨海里（公里），比上年增长0.6%；完成集装箱运输量2047.4万标准箱，比上年增长3%。4家中央水运企业全年实现营业收入3601.3亿元，比上年增长12.9%；实现利润323.1亿元，比上年下降35.5%；平均国有资产保值增值率为105.6%。

八、建筑施工企业

2008年8家中央建筑施工企业抓住国家扩大基础设施建设投资机遇，充分发挥技术优势，不断提升专业建筑市场份额，积极开拓海外市场，经营收入实现稳步增长，经济效益出现小幅下滑。2008年8家中央建筑企业实现营业收入11212.5亿元，比上年增长24.2%；实现利润300.4亿元，比上年下降10.9%；平均国有资产保值增值率为111.2%。

九、商贸企业

2008年25家中央商贸企业积极应对国际市场大幅波动等不利影响，适时调整经营计划和业务模式，并通过压缩投资规模、改善融资结构、降本增效等措施，总体上保持了经营收入和经济效益的稳步增长。2008年25家中央商贸企业实现营业收入13544.3亿元，比上年增长27.3%；实现利润总额375亿元，比上年增长1.6%；平均国有资产保值增值率为107%。

农、林、水、资源、环境

中国林业2008年投资运行情况及2009年走势

2008年是极不平凡的一年。全国林业行业认真贯彻落实科学发展观，紧紧围绕国家大局和林业中心工作，狠抓工作落实，全力应对南方严重低温雨雪冰冻灾害和四川汶川特大地震灾害造成的损失，努力克服国际金融危机带来的不利影响，及时调整相关政策，总体上保持了林业经济平稳发展态势，各项林业事业取得新成就。

一、2008年生态建设情况

（一）营造林总体状况

2008年全国共完成荒山荒地造林面积535.37万公顷（8031万亩），比2007年增长37.00%，完成计划任务的111.37%。其中人工造林368.43万公顷，飞播造林15.41万公顷，无林地和疏林地新封山育林151.54万公顷。

2008年造林面积大幅度增长的主要原因是集体林权制度改革进一步深入，亿万农民获得了最重要的生产资料和发展致富的创业平台，造林生产积极性普遍提高；另外，国家加大对油茶等特色经济林、生物质能源林的扶持力度，形成了新的增长点；加之第四季度国家拉动内需新增的林业投资主要用于天保、三北、长江、沿海等林业生态工程。这些因素使得2008年的造林面积达到近3年来的最高点。

（二）林业重点工程

2008年林业重点工程完成造林面积343.75万公顷，比2007年增长28.19%，占全部造林面积的64.21%。

1.天然林资源保护工程。2008年工程区木材产量达到1679.28万立方米，比2007年增长15.71%，占全国木材总产量的20.71%。

2008年完成各项公益林建设100.90万公顷，其中人工造林19.16万公顷，飞播造林6.67万公顷，无林地和疏林地新封山育林75.06万公顷。森林管护面积为10364.20万公顷，比2007年增长4.36%

天保工程实施11年以来，工程区累计一次性安置职工59.57万人，其中2008年一次性安置11.39万人。天保工程区年末全部在册职工人数为83.28万人，比2007年降低15.27%，减少15.00万人，仅大集体职工就减少9.10万人。

2.退耕还林工程。2008年，完成造林面积130.67万公顷（含京津风沙源工程中11.70万公顷），其中退耕地造林1.20万公顷，配套荒山荒地造林93.91万公顷，无林地和疏林地新封山育林35.56万公顷。全年完成种草面积6.28万公顷。西部12个省区（含新疆兵团）共完成66.22万公顷的退耕还林任务，占退耕工程总造林面积的50.68%。

2008年粮款兑现涉及894.73万公顷（1.34亿亩）退耕地，全年粮食补助资金214.48亿元，当年生活费兑现金额31.84亿元。全年粮款兑现受益农户近3000万户。

3.京津风沙源治理工程。2008年，工程范围内的75个县共完成造林46.90万公顷，其中人工造林19.81万公顷，飞播造林6.67万公顷，无林地和疏林地新封山育林20.42万公顷。人工造林中退耕地造林0.97万公顷。草地治理面积达到18.07万公顷，小流域治理面积达到9.27万公顷，治理总面积达到74.24万公顷。还建设完成水利配套设施1.73万处，生态移民人数达到1.03万人，涉及到3179户。

2008年国家在荒漠生态系统治理方面强化了地方政府防沙治沙责任，沙区全面实施“三禁”制度，防沙治沙综合示范区建设扎实推进，甘肃、宁夏、内蒙古等省区沙化土地治理面积大于扩展面积。

4.三北及长江流域等防护林体系建设工程。2008年，工程共完成造林面积76.58万公顷，其中人工造林62.86万公顷，飞播造林1.33万公顷，无林地和疏林地新封山育林12.38万公顷。分工程看，三北防护林四期工程完成造林面积49.80万公顷，长江流域防护林二期工程完成造林面积7.22万公顷，沿海防护林二期工程完成造林面积7.42万公顷，珠江流域防护林二期工程完成造林面积3.70万公顷，太行山绿化二期工程完成造林面积8.03万公顷，平原绿化二期工程完成造林面积0.41万公顷。

2008年，三北防护林工程启动30周年。30年来，三北工程建设取得了巨大成就。累计完成造林保存面积2446.9万公顷，工程区森林覆盖率由1977年的5.05%提高到目前的10.51%，工程区生态状况明显改善，为维护国家生态安全、促进经济社会发展发挥了重要作用，在国内外产生了广泛而深远的影响。

5.野生动植物保护及自然保护区建设工程。截至2008年底，林业系统自然保护区已达2006处，总面积1.23亿公顷，占全国国土面积的12.78%。其中，林业系统国家级自然保护区231处，面积7429.82万公顷。与上年相比，自然保护区数量增加240个，面积增加126.97万公顷。

6.湿地保护与恢复工程。2008年湿地保护与恢复工程深入推进，全年投入中央资金3亿元，其中林业部门的项目资金1.45亿元，重点实施了55个湿地保护工程项目。截至2008年底，全国已建立湿地自然保护区550多处，湿地示范区面积221万公顷，全国拥有国际重要湿地36处，面积381万公顷，49%的自然湿地得到有效保护。另外，还新批国家湿地公园试点20处，面积8.8万公顷。同时，各地新建地方湿地公园11处，面积6.0万公顷。全国湿地公园达到80处，总面积59.6万公顷。

二、2008年林业产业发展情况

2008年，年初南方大范围地区遭遇了严重的低温雨雪冰冻灾害，5月份发生了汶川特大地震灾害。下半年国际金融危机不断蔓延，林产品市场和出口大幅波动。尽管如此，2008年林业产业发展总体上好于人们的预期。

（一）林业产业总产值

全年林业产业总产值达到1.44万亿元（按现价计算），比2007年增加1872.99亿元，增长14.94%，扣除物价上涨因素影响，增幅回落，低于近8年来19.70%的平均增速。

分产业看，第一产业产值6358.82亿元，占全部林业产值的44.14%，同比增长14.65%；第二产业产值6838.25亿元，占全部林业产业总产值的47.47%，同比增长13.33%；第三产业产值1209.34亿元，占全部林业产值的8.39%，同比增长26.86%。林业三次产业的产值结构由2007年的44.3∶48.1∶7.6，调整为44.1∶47.5∶8.4，近年来第三产业增长速度远远超过其他两个产业，所占比重进一步提高，产业结构进一步得到调整。

第一产业中，包括干鲜果品、茶、中药材以及森林食品等在内的经济林产品的种植与采集业产值为3456.34亿元，所占比重最大，为54.36%；第二产业中，包括锯材、人造板等在内的木材加工及木竹制品制造业产值为3232.33亿元，所占比重最大，为47.27%；第三产业中，林业旅游与休闲服务业产值为689.64亿元，所占比重最大，为57.03%。增长速度最快的有造林、育种和育苗、陆生野生动物饲养、家具制造和林业旅游，增长速度分别为39.34%、31.85%、42.64%、24.94%和23.28%。

（二）木材生产及林产工业

1.木材产量。2008年木材产量为8108.34万立方米，比天保工程实施前的1997年的木材产量还高出1713.55万立方米，比2007年增长16.22%，为历史最高水平。增长的主要原因为受两灾影响，清理受损林木和灾后重建，2008年木材产量增长最大的省份为广西、湖南、四川、江西、浙江、贵州6省。

2.锯材产量。2008年全部锯材产量2840.95万立方米，比2007年增长0.42%，其中热带锯材产量127.51万立方米，占全部锯材产量的4.49%。

3.人造板产量。2008年我国人造板产量达到9409.95万立方米，比2007年增长6.46%，增速有所放缓。在全部人造板产量中，胶合板3540.86万立方米，比2007年减少0.58%，占全部人造板产量的37.63%；纤维板2906.56万立方米，比2007年增长6.47%，占全部人造板产量的30.89%，其中中密度纤维板产量为2740.52万立方米；刨花板产量1142.23万立方米，比2007年增长37.77%，占全部人造板产量的12.14%；其他人造板1820.29万立方米（细木工板占71.67%），比2007年增长5.95%，占全部人造板产量的19.34%。另外，2008年人造板表面装饰板产量为2.27亿平方米，单板产量为2284万立方米。

4.木地板产量。2008年全部木地板产量达到3.77亿平方米，比2007年增长9.74%。在木地板产量中，实木地板1.23亿平方米，占全部木地板产量的32.69%；实木复合木地板7903万平方米，占全部木地板的20.97%；强化木地板1.16亿平方米，占全部木地板产量的30.71%；竹木复合地板1368万平方米，占全部木地板产量的3.63%。木地板产量最大的省份是浙江省，产量达到6639万平方米。

5.林产化工产品产量。受年初南方雨雪冰冻灾害影响，部分省区为保护和恢复森林资源，禁止进行采脂等生产活动，加之相关产业政策等影响，林化产品产量明显下降。2008年，全国松香类产品产量106.73万吨，比2007年减少9.82%，其中松香产量为94.56万吨，松香深加工产品产量为12.17万吨。松节油类产品产量12.80万吨。樟脑产量1.02万吨，冰片1057吨，栲胶9337吨，紫胶类产品产量2899吨。

（三）经济林、竹、花卉产业

2008年，水果种植面积为1147万公顷，茶园面积为189万公顷。各类经济林产品总量达到1.11亿吨。水果产量为9815万吨、干果产量为534万吨、林产饮料产品的产量为133万吨、林产调料产品的产量为43万吨、林产工业原料产量134万吨、木本油料产量为105万吨、森林食品产量为282万吨、木本药材的产量为95万吨。

2008年竹材产量为12.62亿根，比2007年减少9.69%，其中毛竹8.60亿根，篙竹4.02亿根。村及村以下各级组织和农民是竹材生产的主要力量，所生产的竹材占全部竹材产量的80.42%，共达10.15亿根。

经过改革开放30年来的发展，我国已成为世界花卉种植面积最大的国家，花卉业的区域布局基本形成，流通网络初步建立，质量效益稳步提升。我国培育的花卉新品种，已有90多个获国家新品种权保护。2008年年末实有花卉种植面积53.64万公顷；切花切叶117亿支；盆栽植物近20亿盆；观赏苗木42亿株；草坪1.98亿平方米。我国具有一定规模的花卉市场3千多个，花卉企业3万多个，其中大中型花卉企业6千多个；花卉从业人员370万人，花农108万户；控温温室面积和日光温室面积分别为2242万平方米和10370万平方米。

三、2008年林业投资情况

2008年，在国民经济快速增长、国家“强农惠农”政策的大背景下，全年林业投资总量大幅增长，为近年来速度最快的一年。特别是下半年中央做出了进一步扩大内需促进经济增长的重大战略决策，新增安排林业投资36.5亿元，加速推进了天然林资源保护工程、三北及长江流域等重点防护林工程和重点国有林区棚户区改造工程建设。

（一）林业建设资金到位

2008年，林业系统实际到位各类建设资金1006.63亿元，比2007年增长26.83%，林业到位资金首次突破千亿。在实际到位的各类建设资金中，国家预算内资金到位额为651.08亿元，占资金到位总量的64.68%。其中基建资金61.21亿元，国债资金57.05亿元，中央财政专项资金388.22亿元，其他预算内资金144.60亿元。基建资金和自筹资金增加明显，分别比2007增加37.11亿元和52.04亿元，增幅达到153.95%和76.77%。

（二）全部林业投资完成额

2008年，全部林业投资完成额达到987.24亿元，比2007年增长52.88%，其中国家投资完成508.34亿元，占全部林业投资完成额的51.49%。在全部林业投资完成额中，营林固定资产投资完成836.62亿元；森工固定资产投资完成150.62亿元。

在全部林业投资完成额中，林业基本建设投资完成952.29亿元，其中，营林基本建设投资完成827.72亿元，比2007年增长34.57%。营林基本建设投资用于造林、更新、改造、管护、抚育等营造林的资金为439.58亿元，用于种苗、防火、病虫鼠害防治、森林公安等林业基础设施的资金为38.26亿元。

（三）林业固定资产投资方向

1.林业重点工程投资。2008年，林业重点工程全年投资完成总额达到420.24亿元，比2007年增长20.74%，占全部林业投资完成额的42.57%。其中天然林资源保护工程投资97.30亿元，占林业重点工程投资总额的23.15%；退耕还林工程（不含京津退耕）完成投资248.97亿元，占林业重点工程投资总额的59.25%；京津风沙源治理工程完成投资32.39亿元，占林业重点工程投资总额的7.71%；三北及长江流域防护林建设工程投资总额33.73亿元，占林业重点工程投资总额的8.03%；野生动植物及自然保护区建设工程和重点地区速生丰产用材林基地建设工程投资分别为6.98亿元和0.86亿元，分别占林业重点工程投资总额的1.66%和0.20%。三北及长江流域防护林建设工程投资增长量和所占比重明显增加。

2.投资区域分布。全部林业投资完成额分地区看，西部省区林业资产投资完成额570.07亿元，占全部林业投资完成额的57.74%；东部省区林业资产投资完成额161.75亿元，占全部林业投资完成额的16.38%；中部省区林业资产投资完成额128.85亿元，占13.05%；东北地区林业资产投资完成额122.88亿元，占12.45%。

四、2009年林业运行走势预测

2009年，是全面推进现代林业建设的关键之年，也是我国集体林权制度改革全面实施的关键时期。新中国成立以来的首次中央林业工作会议召开，全面部署了集体林权制度改革，明确了林业的“四个地位”和“四大使命”。胡锦涛总书记在联合国气候变化峰会上提出大力增加森林碳汇，并承诺“争取到2020年森林面积比2005年增加4000万公顷，森林蓄积量增加13亿立方米”，明确了我国林业发展的新目标和新任务。

2009年，各级林业部门紧紧围绕和服务于中央扩大内需保增长的大局，认真履行职责，各项工作成效显著。总的看，生态建设进一步加强，预计全年完成造林面积8827万亩，比2008年增长9.9%，其中，林业重点工程完成造林6708万亩；林业产业发展呈现企稳向好态势，预计全年林业产业总产值达到1.58万亿元，比2008年增长9.8%；主要林产品进出口出现回暖迹象，预计全年主要林产品进出口总额达到600亿美元，比2008年下降4.9%，远远低于同期全国进出口贸易下降幅度。

（国家林业局提供）

中国水利2008年投资建设情况及2009年走势

一、2008年水利投资运行情况

2008年，水利建设投资规模巨大，特别是在第四季度中央新增投资中水利建设投资占了较大比重，有力推动了水利基础设施建设、重大骨干水利工程实施和民生水利的跨越式发展。

（一）全国水利建设投资规模实现突破性增长。

2008年共落实中央水利投资455.4亿元，较2007年全年中央水利投资增加104.9亿元，增幅30%，为历史最高水平。在此基础上，2008年第四季度，国家新增1000亿元基础设施建设投资，其中水利投资达到200亿元，占新增总投资的五分之一。与此同时，积极促进地方政府增加对水利的投入，全年省级水利建设资金达512亿元，较上年增加近20%，达到历史最高水平。据统计，2008年全国水利建设累计完成投资首次突破1000亿元，达到1088.2亿元，完成投资比上年增加143.3亿元，增幅15.2%。

（二）事关民生的水利建设取得跨越式发展。

2008年病险水库除险加固、农村饮水安全、大型灌区续建配套与节水改造、大型排涝泵站更新改造、水利血防等直接关系人民群众切身利益的民生水利工程建设中央投资达到302亿元，占中央水利建设总投资的66%。全年共安排114亿元用于2327座病险水库除险加固工程建设；安排65亿元用于解决3253 万人的饮水安全问题；安排29亿元对328个灌区实施了续建配套和节水改造，是历史上安排投资和项目最多的一年。同时，重点骨干工程建设加快推进。治淮19项骨干工程投资已完成99%；南水北调东、中线一期工程建设进展顺利，中线工程京石段已实施向北京应急供水；尼尔基、百色等重点水利枢纽工程基本建成并发挥效益，大伙房二期、甘肃引洮、石羊河近期治理等重点项目建设进展顺利。

二、2009年水利投资运行走势

（一）中央水利投资规模继续维持较高水平

截至目前，2009年共落实中央水利投资637.03亿元（不含2008年第四季度新增投资200亿元），较2008年增加182亿元。在中央水利投资中，拉动内需中央预算内投资480.03亿元，重点用于农村饮水安全、大中型病险水库除险加固、大型灌区续建配套与节水改造、大型灌溉排涝泵站更新改造、枢纽及水源工程、江河治理等水利工程建设；财政专项资金145亿元，重点用于小型病险水库除险加固、中小河流治理和农田水利建设等；水利建设基金12亿元，重点用于部直属水利工程建设。

（二）扩大内需水利基础设施建设进展顺利

2009年，中央继续实施扩大内需、促进经济平稳较快增长的一系列重大决策，进一步加大对水利基础设施建设的投入力度，解决了一批多年欠账的水利问题。截至11月20日，已累计新建及加固堤防371.0公里，清淤疏浚河道和整治岸线36.7公里，吉林哈达山、甘肃引洮、西南地区中型水库等骨干枢纽和重点水源工程建设加快推进，进一步增强了防洪和供水安全保障能力；直接带动地方投资333.3亿元，有力促进了相关产业的发展；累计投入劳力12319.2万工日，有效缓解了就业压力，促进了经济平稳较快增长。

（三）民生水利建设进一步加快

2008年第四季度以来，在直接关系民生的水利工程方面累计安排中央投资438亿元，占扩大内需四批中央水利投资615亿元（不含南水北调65亿元）的71.2%。2009年中央水利投资637.03亿元中，用于农村饮水安全、小水电代燃料、大型灌区续建配套与节水改造、农村电气化等直接关系民生的水利建设达75.6%，投入力度持续加大，民生水利建设加快推进。

（四）重点水利建设项目稳步推进

治淮19项骨干工程建设接近尾声，已累计完成建设投资425亿元；推进了长江荆江河段河势控制及“两湖”治理、黄河下游及宁蒙河段治理、太湖走马塘拓浚延伸工程等大江大河大湖治理工程；支持地方加快了江西“五河”、湖南“四水”、陕西渭河、福建“五江一溪”、四川“五江一河”、广西西江干流、广东五大堤围等项目建设步伐；重点推进了西霞院反调节水库、吉林哈达山、广西漓江补水、海南大广坝、重庆玉滩、新疆喀腊塑克、西南中型水库等枢纽水源工程建设。

（水利部规划计划司提供）

坚定信心 迎难而上
全力促进经济平稳较快发展

——在全国国土资源厅局长会议上的工作报告

国土资源部部长　徐绍史

（2009年1月15日）

这次会议的主要任务是：认真学习贯彻党的十七大、十七届三中全会、中央经济工作会议和中央农村工作会议精神，深入贯彻落实科学发展观，总结2008年工作，认清形势，统一认识，部署2009年工作，积极主动服务，严格规范管理，稳妥推进改革，全力促进经济平稳较快发展。

昨天下午，李克强副总理在紫光阁会见了第四届黄汲清青年地质科技奖获奖者，并作了重要讲话。李克强副总理对2008年国土资源工作给予了充分肯定，对做好2009年国土资源工作指明了方向，明确了要求。这是对我们全系统的鼓舞和鞭策。我们一定要认真学习、深刻领会、全面贯彻落实。

下面，受部党组的委托，我讲四个方面意见。

一、主动作为、积极应对，2008年国土资源工作迈出新步伐

2008年，大事多、急事多、难事多，是极不平凡的一年，也是国土资源事业发展很不寻常的一年。按照中央的部署，我部扎实开展深入学习实践科学发展观活动试点，取得了思想、理论、制度、实践等多方面成果，改革得到极大推动，作风得到切实转变，工作形成良好局面。各地国土资源部门学习实践活动也取得了阶段性成果。全系统以学习实践活动为契机，以构建保障和促进科学发展新机制为主线，解放思想、改革创新，主动作为、积极应对，国土资源管理改革发展迈出了新的步伐。

（一）服务经济社会发展大局取得新成就

1.积极应对，举全系统之力参加抢险救灾和恢复重建。年初，积极参与抗击南方部分地区严重低温雨雪冰冻灾害斗争，主动为灾后重建提供用地支持，着力防范冰雪融化引发的地质灾害。“5•12”汶川地震发生后，按照中央的部署全力参与抢险救灾。迅速组织开展航空遥感解译和灾情评估，及时为抢险救灾、恢复重建提供技术支持和信息服务。调配12个省份和单位的1225名地质专家奔赴灾区开展地质灾害应急排查，排查出隐患点1.3万处，直接涉及103万人，避免了群死群伤。主动登门会商，及时提出8方面19条服务灾后重建的特殊支持政策。编制灾后重建土地利用规划和地质灾害防治规划，协助编制资源环境承载力规划。全系统积极捐款捐物，缴纳特殊党费，申请专项经费支援灾区。广大党员干部以实际行动践行了科学发展观，彰显了对党和人民高度负责的精神。

2.主动服务，促进经济平稳较快发展。坚决贯彻中央的宏观调控政策，及时调整国土资源政策参与宏观调控的着力点。年初，我们按照“两防”要求，严把土地闸门。年中，随着宏观经济形势的变化，中央提出“一保一控”，我们冷静观察，预作筹谋。第四季度中央出台扩大内需政策，我们及时提出“积极主动服务和严格规范管理两手并举”的方针，出台了8方面24项保增长的具体措施。各地紧密结合实际，认真研究制定相关保障措施，较好地保证了经济增长的资源需求。

3.正确引导，稳妥推进农村土地管理制度改革。认真开展稳定和完善农村基本经营制度专题研究，及时向中央提出建议，积极参与十七届三中全会《决定》的起草工作。三中全会后，我们迅速行动，通过举办论坛、下发文件、召开电视电话会议、为县委书记培训班作辅导报告等多种方式，及时发出“准确把握精神实质、稳妥推进各项改革”的信息，切实防止认识理解上的偏差及可能带来的问题，避免工作指导上的偏离及可能造成的后果。围绕深化征地制度改革、规范农村集体建设用地流转，加快研究制定配套政策。各地及时跟踪分析农村土地管理和流转中出现的苗头性、倾向性问题，研究具体政策措施，稳妥推进农村土地管理制度改革。

4.超前部署，主动参与国家综合试验区改革。与部分省、市政府分别签署合作协议或备忘录，积极参与成都和重庆城乡统筹、武汉城市圈和长株潭城市群两型社会、天津滨海新区综合配套改革、福建海峡西岸经济区、广东节约集约用地等改革试点，共同探索推进国土资源管理改革，创新国土资源管理体制机制。

贯彻落实国务院出台的促进部分地区经济社会发展的指导意见，及时研究制定支持西藏、新疆、宁夏、青海、广西等地区经济社会发展的国土资源政策措施，服务地方发展取得积极成效。

（二）构建保障和促进科学发展新机制迈出新步伐

经过一年多的探索和实践，保障和促进科学发展新机制框架的雏形已经形成。

1.加快构建共同责任机制。层层落实耕地保护目标责任制。会同公、检、法、监察、人事等部门，修（制）订下发《违反土地管理规定行为处分办法》、《关于在查处国土资源违法犯罪工作中加强协作配合的若干意见》、《关于国土资源行政主管部门移送涉嫌国土资源犯罪案件的若干意见》，进一步明确了地方政府的主体责任和中央职能部门的监管职责，部门执法联动机制取得重大突破。联合十部委共同印发关于加强用地保障严格用地监管的文件。人民银行、银监会下发《关于金融促进节约集约用地的通知》，一些地方还与产业、建设等部门建立了共同推进依法依规、节约集约用地的机制，积累了许多成功经验。土地督察部门与地方构建共同责任机制取得积极进展。坚持九部委联席会议制度，强化部门协同、上下联动的工作机制，指导和推动了各地整顿和规范矿产资源开发秩序工作。各地也成立了高规格的领导小组，推进联合管理、联合执法。

2.扎实推进宏观调控和市场配置机制。通过规划、

计划、审批、供应等手段，加强宏观调控。《全国土地利用总体规划纲要》、《全国矿产资源规划》、《全国地质勘查规划》经国务院批准实施，分别有19、27、26个省级规划通过部审查，辽宁、广东国土规划试点基本完成，规划统筹与管控作用得到强化。初步形成了差别化的土地利用计划指标管理办法，对耕地保护、节约用地、补充耕地、执法监管等绩效突出的12个省份进行了适当的指标奖励，并对8个省份给予黄牌警告。扎实推进城乡建设用地增减挂钩试点，发挥了控制总量、盘活存量、增加流量的积极作用。改进土地审批工作，核减不合理用地。积极参与房地产市场调控，提高保障性住房用地比例。

完善资源市场配置机制。提出了修订《划拨用地目录》、扩大土地有偿使用范围的初步意见。严格落实工业用地和经营性用地招拍挂出让制度。出台了中央财政专项资金形成的矿业权有偿处置办法，推进矿业权有偿取得特别是招拍挂出让。

3.初步建立开源节流机制。认真贯彻落实《国务院关于促进节约集约用地的通知》，节约集约用地机制初步建立。完善用地标准，发布了《工业项目建设用地控制指标》，修订了文化馆、铁路、石油、煤炭等行业项目建设用地标准。考核建设用地效率，研究起草了《单位GDP和固定资产投资增长的新增建设用地消耗考核办法》。发布建设用地节约集约利用评价规程，完成国家级开发区土地集约利用评价。浙江、湖南、山东等省出台了促进节约集约用地的指导意见。广东省、安徽省合肥市及湖南省长沙市黎托片区节约集约用地试点进展顺利。清查出闲置土地2．6万宗99万亩，推动盘活存量土地。完善土地整理复垦开发工作机制，下发《进一步推进土地整理复垦开发工作的通知》。

各地工作力度很大，实行资金整合、统筹规划、整村推进。部（地调局）与新疆、青海、西藏、内蒙古、安徽、黑龙江、云南、福建、湖南等资源大省签署地质找矿合作协议。开展大兴安岭、长江中下游成矿带地质找矿统一部署试点。内蒙古、云南等深化地勘单位改革，完善内部管理和经营机制。完善地勘基金运行制度，地勘基金对商业性矿产勘查的带动作用开始发挥。积极推进矿产资源整合，研究起草资源回采率与矿业权配置挂钩办法，广东等地开展硫铁矿循环利用试点，探索提高矿产资源综合利用水平。起草《关于创新地质找矿运行机制的若干意见》，探索构建地质勘查新机制。

4.探索建立科技创新和国际合作机制。与科技部建立合作机制，组织申报和实施一批国家重大科技项目和公益性行业科研专项。启动汶川地震断裂带科学钻探工程和深部探测技术与实验研究专项。灾害监测、信息采集等勘查技术研发取得重要进展，对科学管理、加强执法起到很大作用。推进与教育部共建中国地大、吉大地学部等工作。成功召开2008中国国际矿业大会，与7个国家签订地质矿产合作协议，扩大了国际地质合作网络。

（三）国土资源管理有了新起色

1.耕地保护成效显著。会同农业部、统计局组织开展了2007年度省级政府耕地保护责任目标履行情况检查，向国务院作出了报告，有力地促进了耕地保护责任制的落实。全国实现耕地占补平衡。完成对黑龙江、吉林、新疆、宁夏等四个重大土地整理复垦开发工程项目评审，建设总规模1720万亩，计划新增耕地683万亩。各地积极探索创新耕地保护措施，四川成都建立耕地保护基金，湖北将基本农田保护费用列入省级财政预算，江西创立“红绿蓝”三色台账红线警示制度。

“天上看、网上管、地上查”的建设用地监测网络加快建设。完成86个城市第八次卫片执法检查，约谈问题严重的9个城市政府主要负责人，促进了各地的查处和整改。全年查处土地违规违法案件和涉及土地面积同比分别下降37%和48%，违规违法高发势头得到遏制。天津、广东、浙江、北京等地率先实行征地区片综合地价。坚持建设用地审批“信访一票否决”，全国信访总量明显回落。

2.矿产勘查开发秩序明显好转。完成全国整顿和规范矿产资源开发秩序“回头看”，治乱、治散、治小成果进一步巩固。三年来，查处无证勘查开采、越层越界开采、非法转让矿业权近15万起，关闭违规违法开采的矿山4．8万处。山东、四川、辽宁、黑龙江、重庆、广西、青海等地刹风治乱成效明显。全国3952个矿区完成整合任务，减少矿业权近2万个，矿产开发规模化、集约化程度明显提高。河南、湖北、内蒙古、云南、山西、浙江等地积极探索资源整合的新举措。继续对钨、稀土等优势矿产开采实行总量控制。在全国实行探矿权统一配号，山东、江苏、浙江、云南四省完成采矿权统一配号试点，矿业权审批规范化水平进一步提高。

3.地质找矿和服务能力不断增强。国土资源大调查取得一批新成果，完成1∶5万区域地质调查5．4万平方公里，工作程度提高到20.6%，更新了一批基础图件，新发现一批矿（化）点和物化探异常，发现大中型矿产地20处。启动全国油气资源战略选区。危机矿山和深部找矿顺利推进，110座老矿山地质找矿取得重大突破，安徽庐枞泥河等地探明大型以上规模铁矿，铜矿等短缺矿产勘查取得突破性进展。

环境地质服务领域进一步拓展。天津滨海新区和河北曹妃甸新区综合地质调查为重大工程规划选址提供了依据。北京、上事、南京等城市地质调查融入政府决策过程。四川、重庆红层找水取得进展，四川、黑龙江、吉林等地方病区和西南岩溶石山地区水文地质勘查为30万人提供安全洁净的饮用水。山地丘陵区地质灾害调查工作累计完成1430个县（市、区）。全年全国成功避让重大地质灾害314起，避免人员伤亡20109人、直接经济损失1．84亿元。三峡库区三期地质灾害应急治理项目按时完成，保证了175米水位按期蓄水。30个省份建立了矿山地质环境恢复治理保证金制度。

4．国家土地督察工作有效推进。巩固局面，持续拓展。开展对省级政府耕地保护目标责任制落实情况日常巡察、土地利用计划执行情况重点督察、土地违规违法突出问题专项督察、建设用地审批事项督察、例行督察试点等。巩固百日行动成果，督促重点地区和典型案件整改查处到位。组织对第八次卫片检查的24个重点城市整改情况进行验收。“发现、审核、纠正”的督察工作机制不断完善，有力地促进了耕地保护和节约用地制度落实。中编办通过调研肯定了国家土地督察机构的积极作用。

（四）国土资源管理基础工作得到新加强

1．加强统计工作和信息化建设。完善国土资源统计报表制度，出台国土资源统计管理办法。应用现代信息技术，建立完善统计直报系统。加强国土资源经济形势分析，全面启动省级形势分析工作。“金土工程”一期通过初步验收，土地“批、供、用、补、查”统一信息监管平台基本建成。报国务院批准的建设用地全部实行省级电子申报。地价监测范围扩大到105个城市。

2．宣传教育得到加强。围绕部中心工作、重要政策及重大活动，加大宣传力度，营造良好社会氛围。深入开展全国县（市）、乡（镇）、村级干部国土资源法律知识宣传教育培训活动，累计培训基层干部150余万人，增强了受训人员守土有责、依法管矿用地的责任意识。

3．调查评价进展顺利。完成第二次全国土地调查阶段性工作任务。江西、河南、福建、黑龙江等省外业调查进展较快。全国土地利用“一张图”数据库开发和本底建设基本完成。宅基地使用权登记发证加快推进。矿产资源潜力评价、储量调查和矿业权核查取得阶段性进展，国土资源大调查各项工作顺利推进。

4．法律法规不断健全。形成了《土地管理法》和《矿产资源法》修改稿。国务院颁布实施《土地调查条例》、《地质勘查资质管理条例》。部出台《建设项目用地预审管理办法》、《土地登记办法》等部门规章。《土地复垦条例（修订草案）》已报送国务院。

5．机构改革和干部队伍建设取得成效。经国务院批准，实施了部新的“三定”规定，增设了调控和监测司、总规划师、总工程师，强化了宏观调控职能。加强了基层国土资源所建设。出台《部党组关于进一步解放思想改革创新改进作风增强执行力的决定》，修订机关干部考核办法和选拔任用办法，干部轮岗交流、竞争上岗力度明显加大。督察队伍建设迈出新的步伐。推进政务公开，加强警示教育，强化监督机制，开展巡视工作，严肃查处违纪党员干部，党风廉政建设得到进一步加强。

2008年国土资源工作最大的特点就是主动作为、积极应对。成绩来之不易，这是党中央、国务院正确领导的结果，是地方各级党委、政府和有关部门大力支持的结果，是全系统干部职工团结拼搏、奋发努力的结果。在此，我代表部党组，向全系统广大干部职工，向长期关心支持国土资源工作的地方各级党委、政府、各有关部门以及新闻媒体和社会各界的领导、同志们、朋友们，表示衷心的感谢！

二、认清形势、统一认识，坚定做好国土资源工作的信心

美国次贷危机引发的全球性金融危机对我国经济造成了重大影响。党中央、国务院见事早、判断准、出手快，赢得了时间，争取了主动。体现了中央娴熟的应对艺术、高超的驾驭能力以及我国强大的综合实力。中央判断，金融危机的冲击现在还没有见底。因此，我们要冷静分析、有效应对，更好地为保经济增长做好服务工作。

（一）形势严峻，国土资源管理机遇挑战并存

1．国土资源市场发生重大变化。2008年前三季度，土地市场竞争减弱，地价增速趋缓，土地供应总量下

降，供地结构调整加速。第四季度中央实行扩大内需的“十条”政策后，土地市场可能出现以下变化：一是受基础设施、环保和民生建设投资影响，划拨用地的数量和速度可能双双上升。二是土地出让市场回升还有赖于房地产市场的回暖、股市信心的恢复和工商业投入的上升。三是由于地根的持续紧缩以及地方政府对土地出让预期目标的下降，地方财政依赖土地出让的状况可能出现变化。

矿产市场当前主要表现为“一紧一松、震荡调整”。近七八年以来，发展中国家工业化、城镇化形成的现实需求，矿业与资本结合形成的投机需求，共同推动了矿业的繁荣。多年投资所形成的产能集中在2007、2008年释放，与国际金融危机的冲击相互作用，导致矿产品价格全面下滑，矿业公司利润大幅下降，上市公司股价持续走跌，一批矿山和矿产品加工企业经营困难，矿产勘查预算趋向紧缩。同时，矿业兼并、收购和参股的条件明显宽松。

2. 国土资源管理面临严峻挑战。土地管理面临“两碰头、一忧虑”。所谓“两碰头”，一方面是党的十七届三中全会精神激发出各地极大的改革热情，土地流转加快，各种探索踊跃，规范稳妥推进农村土地管理制度改革的任务繁重；另一方面是中央和地方新增投资力度大、范围广、建设时间集中，土地需求上升，如果服务跟不上、监管跟不上，违规违法用地可能反弹，对坚守18亿亩耕地红线形成冲击，遏制违规违法用地的压力很大。“一忧虑”是今年开始按照《违反土地管理规定行为处分办法》进行问责，如果违规违法用地不能有效遏制，一批干部要倒在耕地红线上。这种大量问责的局面中央不愿意看到，我们也不愿意看到，地方也不愿意看到。

受矿业“一紧一松、震荡调整”的影响，矿产资源管理面临新的挑战。一是社会投资减少，矿产勘查萎缩，地质找矿突破难度加大；而内需拉动之后，公益性勘查比重相对加大，地勘工作布局和地勘单位收入结构可能发生变化。二是矿产品价格下滑和企业经营成本上升，矿产资源税费款调整和改革的空间受到压缩。三是矿业企业经营困难，采富弃贫、滥采乱挖等破坏资源的行为可能会上升，矿产资源综合利用和依法探采的难度加大。

3. 国土资源管理“危”中有“机”。既要看到问题，更要看到机遇。土地管理抓转机主要是三条：一是由于共同责任机制的建立特别是15号令的实施，地方各级政府和有关部门更加重视土地管理特别是耕地保护工作。二是用地需求增加和用地总量控制有利于推动形成节约集约用地的倒逼机制。三是由于拉动内需和灾后恢复重建的需要，短期内土地需求集中释放，对土地审批制度改革产生强大的推动作用。

矿产管理要抓转机主要是两条：一是在商业性勘查投资萎缩的情况下，一方面要加强公益性地质工作，另一方面要利用地勘基金来加强一些紧缺矿种和优势矿种的勘查，同时要为勘探和矿业企业“走出去”更好地服务。二是对矿产资源开发秩序的整顿和规范以及矿产资源开发的整合更为有利，要抓紧推进整规和整合工作。

加强国土资源管理工作，应对危机，我们还有很多有利条件。一是党中央、国务院对国土资源工作高度重视，把两个最严格的土地管理制度、坚守18亿亩耕地红线写入中央的决定，逐步形成全党的共识。二是通过全党深入学习实践科学发展观，有利于形成保障发展、保护资源的氛围。三是国土资源管理体制机制法制改革，对统筹保障和保护的作用越来越明显。

（二）转“危”为“机”，处理好三个重大问题。

1. 正确处理积极主动服务与严格规范管理的关系。服务经济社会发展是国土资源管理的首要任务，严格监管是国土资源管理的职责所在。要统筹二者的关系，不能以严格监管为由对经济社会发展服务消极作为，更要避免以保发展为由弱化监管。既要加强统筹协调，提高工作效率，为中央决策部署的落实提供强有力的国土资源保障和服务；又要强化监管，严厉打击违规违法行为，维护良好的国土资源开发利用秩序，基本要求是红线不能碰、用地要节约、权益要维护。坚持两手抓，两手并举，服务要到位，秩序不能乱。

2. 正确处理开拓创新与依法行政的关系。开拓创新本身就是发展的动力，也是我们监管的动力。依法行政就是要为经济社会平稳较快发展提供良好的制度环境。我们既要坚持开拓创新，为落实中央关于扩大内需的重大部署研究出台最直接、最有效、最有力的国土资源管理新政策；又要坚持依法行政，在现行法律框架内履行职责和权限。凡触及到法律法规、突破法律法规的开拓创新，都要先行试点，做到“局部试验、封闭运行、结果可控”。

3. 解决能力水平同当前繁重任务不适应的问题。保发展是一项艰巨的政治任务，对我们统筹保障和保护的能力水平提出了挑战。虽然我们的管理能力逐步提升，但与新形势、新任务相比，与中央的新要求相比，我们的忧患意识和危机感还有差距，解放思想尚未通过制度创新完全落地，统筹协调和行政执行力还亟待提高。所以，我们要看到任务的艰巨、职责的神圣，又要看到能力的不够适应，要在保发展中努力提高自身的能力。

总的来看，无论是顺势而为、积极应对，还是逆势而上、转“危”为“机”，对国土资源系统干部职工精神状态和能力水平都是一次全面检验。我们既要充分认识形势的严峻性和复杂性，增强忧患意识和危机感；又要善于从变化的形势中捕捉改革和发展的机遇。在党中央、国务院的坚强领导下，我们有信心驾驭复杂局面，有能力解决复杂问题。

三、改革创新、狠抓落实，全面完成2009年国土资源工作

总体思路是：全面贯彻落实党的十七大、十七届三中全会、中央经济工作会议和中央农村工作会议精神，深入贯彻落实科学发展观，积极主动服务，严格规范管理，稳妥推进改革，以构建保障和促进科学发展新机制为主线，解放思想、改革创新，依法行政、狠抓落实，全面完成各项工作任务。促进经济平稳较快发展。

（一）全力促进经济平稳较快发展

要坚持积极主动服务、严格规范管理，全面落实部已出台保发展的各项政策措施。同时，按照中央新的要求和部署，根据形势的发展变化，及时研究和采取进一步保发展的政策措施。

1．保障重点建设项目用地。一是扩增量。适当增加新增建设用地计划指标。各地在安排使用计划指标时，既要突出中央投资重点项目，又要兼顾地方和社会投资项目。计划指标保重点，一般项目靠挖潜。二是挤存量。增加城乡建设用地增减挂钩周转指标，加大闲置土地清理处置力度，积极盘活存量用地特别是批而未征、征而未供、供而未用、用而未尽地。三是快审批。进一步加快用地预审，扩大先行用地范围，建立土地审批快速通道，提高供地效率。四是调结构。与产业政策紧密配合，严格执行土地供应政策特别是禁止和限制供地目录，利用价格手段和总量、结构、布局、时序等行政手段协助地方政府调整产业结构。根据产业结构调整的需要，适时灵活调整工业用地出让最低价标准。

2．加强地质技术信息服务和矿产勘查。一是拓展地质工作服务领域。全面加强工程、水文、环境、农业、城市地质工作，主要为各类建设工程选址和建设提供高质量的地质信息和技术服务。二是提高矿产保障能力。统一部署和组织实施重点成矿区带地质找矿，主攻铁、铜、铝、钾盐等国内急缺矿种勘查，优化煤、铀、金等保障性矿种勘查，掌控钨、锡、稀土等优势矿种勘查，实现整装勘查和形成大型资源基地目标，为经济长期持续发展做好资源储备。支持各地实施经济建设急需紧缺矿产保障工程。

3．严格执法监管。一是加强土地督察。进一步完善土地督察发现、审核和纠正机制，推进建设用地审批事项督察，重点督察监管不力、违规操作、侵犯农民权益和搭车用地等违规违法行为。二是前移执法关口。全面落实土地执法动态巡查制度，切实做到对违规违法行为早发现、早制止、早处置。三是改进监管手段。实施全国“一张图”工程，形成综合监管平台。扩大卫片执法检查城市数量，在部层面从第8次卫片执法的86个增加到172个。推进部门联合执法。四是严格违法问责。制定落实《违反土地管理规定行为处分办法》具体措施。

（二）健全和落实严格规范的农村土地管理制度。

全面贯彻三中全会决定精神、健全和落实严格规范的农村土地管理制度，既不能等、要积极探索，又不能急、要稳步推进，更不能乱、要依法规范。

1．落实两个最严格的土地管理制度。一是严格耕地保护。认真开展省级政府耕地保护责任目标年度考核并进行综合排名，层层落实耕地保护责任制，配合有关部门做好耕地保护责任离任审计。结合规划修编落实耕地保有量、基本农田保护面积，划定永久基本农田，实施特殊保护政策，探索建立补偿机制。全面实行先补后占，坚决克服只占不补、多占少补、占优补劣。二是严格节约用地。加强规划管控，各项建设不得突破土地利用总体规划确定的用地规模、区位和标准。实施新修订的建设项目用地标准，坚决核减超标准用地。完善公共设施和公益性事业领域用地标准。颁布实施《单位GDP和固定资产投资增长的新增建设用地消耗考核办法》。公布国家级和省级开发区土地集约利用评价结果。探索建立节约用地奖惩机制。修订划拨用地目录，逐步缩小划拨用地范围，推进经营性基础设施用地有偿使用。

2．加快推进农村土地确权登记颁证。要结合第二次全国土地调查，全面查清集体土地所有权、集体建设用

地使用权、宅基地使用权等权属状况。深化农村土地产权制度研究，进一步细化权利、显化主体、明确权能。征收农民集体所有土地，在办理征地手续前，必须完成集体土地所有权登记；进入有形市场流转的土地，必须经过确权登记，做到产权明晰、没有纠纷。加强农村各类土地登记资料的收集、整理、共享和汇交管理，提供农村土地登记结果查询服务。

3. 改革征地制度和建立城乡统一的建设用地市场。一是改革征地制度。按照严格界定公益性和经营性建设用地的要求，出台界定土地征收范围办法，逐步缩小征地范围。做好征地统一年产值标准和区片综合地价的公布与实施工作，配合相关部门建立被征地农民社会保障制度和多元安置途径，完善征地补偿机制。二是建立城乡统一的建设用地市场。明确农村集体经营性建设用地使用权流转范围。严格执行土地利用总体规划和土地用途管制制度。尽快发布《农村集体建设用地出让和转让管理暂行办法》，抓紧研究制定拟由国务院出台的管理条例，加快土地有形市场建设。同时，按照“三个不得”的要求，配合做好规范土地承包经营权流转有关工作。

4. 加强农村宅基地管理。结合乡镇土地利用总体规划编制，合理确定宅基地规模和布局。调整并严格执行宅基地标准和农村人均用地标准。各地要将农村建设用地指标单列，保障农民建房必要用地。鼓励各地积极探索宅基地退出机制。

（三）加快推进重点领域和关键环节的改革发展

以重点领域和关键环节为突破口，着力提高国土资源工作管理和服务水平，为保发展提供持续有力保障。

1. 完善土地宏观调控体系。一是从宏观、中观、微观层面研究建立健全国土空间规划体系。启动全国国土规划编制，扩大省级国土规划和区域性国土规划编制试点范围。区域性国土规划的重点要考虑环渤海、长三角、珠三角、海峡西岸、北部湾等经济区以及我国重要城市群。全面完成省级土地利用总体规划修编，加快市以下规划修编，探索编制村级规划以及土地整治、土地储备等专项规划。加强土地利用总体规划与经济社会发展、城乡建设、产业发展、基础设施建设等规划的协调和衔接，切实发挥土地利用总体规划的基础性和约束性作用。二是完善土地利用计划管理。将城乡增减挂钩周转、土地储备、围填海新增土地等纳入计划统筹安排。将计划一次性下达改为年初预下达、年中执行奖惩和年末调节追加，并做好计划执行动态评估。强化差别化管理，建立激励约束机制，发挥计划导向作用。三是改革土地审批制度。坚持不给今后改革设置障碍、权责一致、监管与改革匹配的原则。继续改革用地预审制度，提高审批效率。加快改革报国务院批准单独选址建设项目用地审查报批工作，合理划分中央和地方各级用地审查报批职责，强化省级审查责任，简化手续、优化程序、提高效率。认真总结新的城市批次用地审查报批制度实施情况，继续深化改革。

2. 发挥土地整治和增减挂钩在统筹城乡发展中的重大作用。要以土地整治为平台，整合各类资金，整体规划、整村推进“田水路林村”综合整治，促进农民居住向中心村镇集中、工业向园区集中、土地向适度规模经营集中。农村宅基地和村庄整理所节约的土地，首先要复垦为耕地，调剂为建设用地的必须符合规划、纳入计划，并优先满足集体建设用地，富余指标可以通过增减挂钩调剂给城镇使用，土地级差收益反哺农村，用于改善农村生产生活条件，实现城乡互动、统筹发展。

3. 推进综合试验区国土资源配套制度改革。研究综合改革试验区国土资源配套改革工作指导意见，分类指导，加快推进。跟踪落实省部协议或合作备忘录，及时总结提炼、定期提交评估报告，提出完善和推进的建议，为国土资源管理制度改革提供实践经验和理论成果。

4. 进一步提高矿政管理水平。一是摸清情况、完善制度，规范推进矿业权市场建设。二是按照权责一致、分类分级管理的原则，深化矿业权审批制度改革。三是深入开展矿产资源税费款制度改革研究。四是深化整顿规范工作。全面落实无证勘查开采增减率和矿业权人违规违法案件发生率指标考核制度。继续推进矿产资源开发整合。全面实行探矿权、采矿权统一配号。加快省以下矿产资源规划编制，健全矿产资源规划实施制度。

5. 全面加强地质工作。一是合理调整基础地质、矿产地质、广义环境地质工作结构。二是按照“找新区、上专项、挖老点、走出去、依靠科技和人才”的要求，把工作部署到重要成矿区带、重点经济区域、重大地质问题区块、重点工程建设区和海岸带及海洋区域。坚持点面结合、区域展开，产学研紧密结合，多目标、多手段、多技术综合部署。三是坚持理论、方法和技术创新。改革不适应新情况、新形势的技术规范，大力采用新的成矿理论、新的评价方法、新的勘查技术。推进地质资料信息服务集群化和产业化。四是构建“中央、地方政府和企业相互联动，公益性地质工作、商业性矿产勘查和地勘基金有机衔接，地质勘查与矿产开发紧密结合，地质找矿与矿业权管理、地勘队伍改革协调配合”的找矿新机制。五是按照到2020年建成比较完善的社会主义市场经济体制的要求，加快推进地勘单位改革发展。地勘单位在戴事业帽子、走企业路子的同时，应深化内部管理制度改革增强动力，深化经营制度改革增强活力，增强在市场经济条件下生存发展的综合实力。部和省（厅）要给予地勘单位更多的关心、支持和指导。六是做好汛期、三峡库区和地震灾区地质灾害防治工作，构建长效机制。推进地质灾害防治应急管理和工作机构建设。强化监测预警和群测群防。加大对重点地质灾害隐患点的治理力度。编制《全国地面沉降防治规划》，加强重点地区地面沉降防治。严格执行工程建设项目地质灾害危险性评估制度，保障重大基础设施建设和人民群众生命财产安全。

（四）切实增强管理基础支撑保障能力

基础薄弱是长期制约国土资源工作上水平、上台阶的重要因素。要继续高度重视做好打基础、利长远的工作。

1. 加快“两法”修改论证。配合做好《土地管理法（送审稿）》的审查修改。推进《矿产资源法》修改论证。抓好《土地管理法》和《矿产资源法》配套法规的起草。配合做好《古生物化石保护条例》和《土地复垦条例》颁布工作。建立立法后评估制度。加快落实《国土资源管理系统全面推进依法行政规划》。

2. 全面完成第二次全国土地调查任务。各地要突出重点，加快农村土地调查、基本农田调查以及城镇各类专项用地面积统计，年底前向国务院上报全国土地利用数据成果。国家下拨新增建设用地有偿使用费，要以二次调查数据和变更调查数据为依据。加快研究明确二次调查中多出耕地的认定政策。各省（区、市）报批省级规划时，要明确完成二次调查任务的时限。县（市）级规划修编，要以经国家确认的二次调查成果为依据核实规划修编基数。

3. 加强调查研究工作。全面推进国土资源可持续发展战略研究和重大问题调研。开展国土资源“十二五”规划前期研究和重大专项研究。编制“十二五”国土资源调查规划，组织实施2009年国土资源大调查计划。加快推进矿产资源潜力评价、储量调查及矿业权核查。落实统计管理制度和统计报表制度，做好土地供应、地价、抵押登记等动态监测，加强和改进国土资源经济形势分析。

4. 加强科技创新、信息化建设、对外合作和扶贫工作。实施科技创新重大项目和人才工程。公布第一批国土资源科普基地。修订国土资源标准体系。编制完成《国土资源卫星应用发展规划》。加强金土工程一期建设成果应用，加快二期立项。推进国土资源国际交流与合作。筹备开好2009中国国际矿业大会。加强国土资源重大决策和重要活动宣传，及时回应热点难点问题，为国土资源工作营造良好舆论氛围。完善大扶贫机制，搞好定点扶贫工作。

5. 加强干部队伍和党风廉政建设。全面落实部新的“三定”规定。各省厅（局）要认真研究和积极做好“三定”工作。深化干部人事制度改革，加大干部轮岗交流力度与后备干部队伍建设。加强人才队伍数据库建设，研究编制人才队伍规划。新编国土资源干部专业培训系列教材，加强与有关院校的合作，开展新一轮大规模干部教育培训。认真做好离退休干部工作，使离退休干部成为保发展、保稳定、保中央决策部署落实的重要支持力量。开展对省级国土资源部门和事业单位领导班子建设的专题研究。认真学习贯彻胡锦涛总书记在中央纪委第三次全会上的讲话精神，按照中央纪委第三次全会的部署，部党组对今年的党风廉政建设和反腐败工作将召开专门会议进行落实。深入落实中央关于建立健全惩治和预防腐败体系工作规划，拓展从源头上预防和治理腐败工作领域，大力推进政务公开，强化关键环节和重点部位的监督。严格执行预算、财务管理规定和领导离任审计，继续开展巡视工作，严肃查处违纪违法案件。建设奋发向上、团结和谐的国土资源文化。

关于海洋工作和测绘工作。国家海洋局和国家测绘局都作了系统总结和部署。总的来看，2008年，海洋工作和测绘工作都取得了积极进展。海洋经济保持良好增长势头，海洋法规、规划体系进一步完善，海域使用管理迈出新步伐，海洋环境和预报减灾工作取得新进展，海洋维权和国际合作获得重大突破，海洋科技和重大专项稳步实施，极地和大洋科考取得新成绩。测绘管理机构得到加强，重大测绘项目加快推进，为抗震救灾和灾后重建提供遥感影像、地理信息、测绘技术等服务支持，为扩大内需促经济发展及时调整测绘工作部署，测绘科技创新和测绘标准化工作力度明显加大，成功举办第21届国际摄影测量与遥感大会，测绘专项整治有序开展，测绘市场进一步规范。

2009年，要进一步做好海洋工作和测绘工作。加强国家管辖海域和全球海洋的战略统筹与布局，加快海洋产业结构调整和优化升级，严格海域使用管理和海洋环境保护，着力提升海洋公益服务和科技创新能力，切实做好海洋权益维护和安全保障工作。加强测绘成果社会化应用，为重大工程和新农村建设提供快速有力的测绘服务保障，加快国家地理信息公共服务平台建设，推进建立数字城市，大力实施测绘科技创新和重大项目，加强测绘统一监管，着力维护测绘数据安全和测绘市场秩序。

四、巩固成果、扩大实效，持续推进国土资源管理改革发展

按照中央的部署，部较好地完成了深入学习实践科学发展观活动试点任务。各省（区、市）国土资源管理部门参加的第一批深入学习实践科学发展观活动到2月底将基本结束。通过学习实践活动，广大党员干部的思想观念有了新的转变，工作作风有了新的改进，执行能力有了新的提高，制度建设有了新的成果，业务工作有了新的进展，有力地促进了干部队伍建设和国土资源管理工作。

但必须看到，长期形成的不符合科学发展的思想观念和理念难以很快转变，不利于科学发展的体制机制障碍难以很快破除，有利于科学发展的体制机制也难以很快建立，科学发展观转化为广大干部群众的自觉行为更是一个较长的过程。贯彻落实科学发展观是一项长期而艰巨的任务。要使科学发展观在国土资源部落地生根，必须持续不断地巩固和扩大学习实践科学发展观活动成果。

前不久，胡锦涛总书记在第十七届中纪委第三次全会上指出，当前在领导干部作风建设方面，存在宗旨意识不强、理论和实践脱节、责任心事业心不强、政绩观不正确、个人主义严重、纪律观念淡薄等突出问题，必须把加强领导干部的党性修养、树立和弘扬优良作风作为重大政治任务抓紧抓好，纳入深入学习实践科学发展观活动，落实到工作和措施上。温家宝总理在接见中央国家机关第二十三次党的工作会议暨第二十一次纪检工作会议代表时强调，中央国家机关党员干部要严格要求自己，做工作的模范、团结的模范、廉洁的模范，以良好的精神状态和模范的实际行动团结广大群众，打赢应对金融危机、克服经济困难这场硬仗。学习贯彻中央领导同志的重要指示精神，也必须进一步巩固扩大学习实践活动成果，全面加强思想作风和党风廉政建设。部党组认真总结试点活动的好做法、好经验，研究制定了《关于解放思想改革创新改进作风增强执行力的决定》，对加强党员干部思想、作风、能力建设作出了一系列明确规定。当前，国土资源系统学习贯彻中央领导重要指示精神，巩固扩大学习实践活动成果，关键是要以落实部党组决定为重要抓手，进一步推进干部队伍思想、能力、作风建设，使广大党员干部持续保持与时俱进的思想观念、昂扬奋进的精神状态和雷厉风行的工作作风，勇于改革、勇于创新，永不僵化、永不停滞，奋力破解各种难题，构建充满活力、富有效率、更加开放的保障和促进科学发展新机制。

（一）继续解放思想，转变观念

无论是当前应对国际金融危机、促进经济平稳较快发展，还是持续推进国土资源事业长远发展，都需要加快推进从“安于现状不想改革、畏首畏尾不敢改革、视野狭窄不会改革”到“勇于革思想的命、勇于削手中的权、勇于去部门的利”的全面转变。

1.进一步增强忧患意识和危机感。当前，我国国土资源开发利用粗放浪费，违法违规屡禁不止，供需矛盾非常突出，体制机制还不完善，国土资源领域的许多突出矛盾和问题尚未有效解决。可以说，国土资源管理面临的形势越来越复杂，承担的任务越来越繁重。这客观上是我国特殊的资源国情和经济社会发展的阶段性特征在国土资源领域的反映，主观上与我们的工作跟不上、监管跟不上、改革跟不上有很大关系。对此，我们必须始终保持清醒的头脑，树立强烈的忧患意识和危机感，居安思危，及时查找差距，自加压力，主动作为，努力驾驭复杂的局面，解决复杂的问题。

2.进一步增强推进改革创新的自觉性和坚定性。国土资源管理工作涉及很多重大问题，创新无处不在、无时不有，每前进一步都可能是创新。要不断增强改革的自觉性和坚定性，持续推进国土资源管理创新。对国土资源领域涉及综合改革的主体制度，要积极提出改革建议；对涉及相关部门的管理制度，要主动协商推进改革；对部职责范围内的政策制度，要坚定不移推进改革。今后，部党组和司局领导班子每季度开展一次务虚讨论，分析形势，查找差距，明确改革创新的方向和任务。全系统都要加强对理论、业务、学术问题的研讨，形成勇于改革创新的良好氛围，激发改革创新的生机和活力。我们的改革在很大程度上是被“逼”出来的。只有以革命的精神，敢于舍弃利益，实现自我超越，才能持续推进改革创新。

三是进一步树立新型的资源观和资源管理观。关键是要转变管理理念，处理好保障与保护的关系。这是国土资源管理永恒的课题。要自觉地以科学发展观的理念来审视我们的思想和工作，深刻把握国土资源利用和管理的内在规律，不断提高统筹保障与保护的能力。要牢固树立资源、资产、资本三位一体的观念，切实增强以人为本、统筹协调、综合管理的理念，处理好资源与环境、资源与产业的关系，推动资源管理向数量、质量、生态综合管理转变，向更加理性、综合和平衡的方向发展，为经济社会发展提供永续的资源保障。

（二）坚持深化改革，创新体制机制法制

当前，国土资源领域改革和发展难度不断加大，创新国土资源体制、机制、法制的任务十分繁重，必须坚持深化改革，推动管理创新。

1. 加快构建保障和促进科学发展的新机制。新机制是一个开放的、动态的框架性系统，需要在实践中持续推进、不断完善。部将认真总结各地一年来的实践经验，研究出台一个综合性指导意见，推动四个机制不断充实、丰富和发展。在共同责任机制方面，重点是充分吸收和借鉴地方的成功经验，建立部门与地方的共同责任，推动将国土资源保护和合理利用的指标纳入地方经济社会发展综合评价指标体系和干部实绩考核指标体系。在宏观调控和市场配置机制方面，重点是加强与有关部门的联系，增强国土资源政策与国家财政、货币、产业政策的协调性，把土地、矿产的重要指标纳入国家统计指标体系，使土地、矿产政策更好地参与宏观调控；同时，继续深化土地、矿产资源有偿使用制度改革。开源节流机制、科技创新和国际合作机制也要深入探索，不断发展完善。

2. 深化国土资源体制改革。建部以来，我们坚持完善体制、提高素质，国土资源体制建设取得重要进展。但也应当看到，省级以下国土资源管理体制改革还没有完全到位，与地方政府关系还没有完全理顺；基层国土资源管理部门特别是乡镇国土所的机构、队伍和能力建设还比较薄弱，能力水平与肩负的职责还不够适应。对此要很好地总结，特别是要抓住这次政府机构改革的有利时机，加强调研，多想办法，推动完善省以下国土资源管理体制，积极协调解决基层干部出路问题，着力加强基层国土资源部门特别是乡镇国土所建设。另外，还要进一步完善国家土地督察机构，继续理顺与地方政府的关系；进一步完善地质勘查管理体制，深入推进国有地勘单位改革与发展。

3. 加强法制建设。改革创新的成果，只有上升为法律法规才能真正得以巩固。要建立健全保障和促进科学发展的国土资源法律法规和政策制度，形成有利于科学发展的正确导向。要抓紧推进《土地管理法》和《矿产资源法》的修改，这是巩固改革创新成果的重要保障。要把出台临时性的应急措施与涉及基础政策的中长期改革结合起来，对我部为支持地震灾区恢复重建出台的特殊政策、为扩大内需促进经济平稳较快发展制定的政策措施、在各类国家综合配套改革试验区推出的改革举措进行跟踪评估，实践证明行之有效的要及时总结上升为全国性的政策制度予以普遍推广。要建立完善政策文件定期评估制度，今后，部每两年对规范性文件进行一次全面评估和清理，提出修改完善的意见和建议。地方国土资源部门和管理相对人对国土资源规范性文件提出异议的，要及时启动审查程序，使之符合实际，确保法制统一和政令畅通。还要不断完善落实制度的工作机制和配套措施，加强相关制度的协调衔接，确保各项制度行得通、管得住、用得好。

（三）弘扬优良作风，切实增强行政执行力

学习实践活动中，认真查找干部队伍在素质、作风和能力上的差距，比较突出的问题是工作标准不够高、要求不够严、节奏不够快，工作质量和效率不够高，行政执行能力存在差距。要在试点取得的阶段性成果基础上，进一步完善干部考核和选拔任用办法，加强党员干部的能力和作风建设，建立一支政治强、业务精、作风硬、执行力强的干部队伍。特别是要与时俱进，大力增强干部职工的利益协调、公共服务、应急管理和协作共事能力，领导干部的政治辨别、战略思维、工作推动、持续创新和自我提升能力，全面提升贯彻落实科学发展观的能力。

1. 要主动服务。牢固树立为人民群众和管理相对人服务的意识，认真履行职责，更好地维护权益、服务社会。要按照符合社会主义市场经济体制的要求，努力把工作重心从注重审批和管理转变到加强和改善宏观调控、依法监管和公共服务等职能上来。

2. 要认真负责。杜绝推诿扯皮、敷衍塞责的现象，重点工作要扭住不放、一抓到底、抓出实效。要增强政治辨别力和职业敏感性，见微知著、未雨绸缪，对看准的问题，果断决策，主动作为。决不能因为我们的工作滞后、反应迟钝甚至职业麻木，给经济发展和社会和谐埋下隐患、甚至带来风险。

3. 要加强调研。组织党员干部深入实际调查研究，在查找突出问题上下功夫，在深入分析原因上下功夫，在科学制定政策上下功夫。要带着问题、解决问题的初步思路和政策措施的雏形，深入到国土资源工作做得好、富有经验的地方，深入到矛盾和问题比较集中特别是管理问题比较突出的地方，深入到各类改革试验区、基层联系点调查研究，不断总结实践、探索实践、推动实践。从今年开始，部党组成员及各司局都要确定一个基层联系点，部党组成员每年至少到基层调研1个月，直接推动出台一项政策；司局级干部至少调研2个月，提出2条可操作的合理化政策建议。

4.要强化联动。大力加强横向、纵向的协调联动，整合多方面的资源，凝聚各方面的力量，形成推进工作的合力。特别是要采取切实有效的措施，建立完善国土资源信息快速报送、综合分析、及时应对机制，形成上下信息互通、资源共享、工作互动的良好局面。

5.要艰苦奋斗。在当前形势下，坚持艰苦奋斗具有十分重要的现实意义。国土资源系统干部职工要牢固树立过紧日子的观念，勤俭办事，求真务实，真抓实干。

深入学习实践科学发展观活动是一项重大的政治任务，构建保障和促进科学发展的新机制是贯穿整个国土资源工作的一条主线，更是推动国土资源管理改革发展的强大动力。让我们团结一心，通过坚持不懈的努力，把科学发展观贯彻到国土资源工作的各个方面、各个环节，使之在国土资源管理中落地生根、开花结果。

2008年中国环境状况

(一)环境状况综述

2008年是中国发展进程中很不寻常、很不平凡的一年，也是环境保护史上波澜壮阔、惊心动魄的一年。在党中央、国务院的坚强领导下，各地区、各部门紧紧围绕抗击自然灾害和北京奥运会环境质量保障，全面加强环境监管和环境应急工作，大力推进节能减排，各项环境保护工作都取得了新的进展。环境保护工作既有效应对了经济高增长、财政高收入、企业高效益的发展局面，也经受了增长速度下行、财政收入下滑、企业效益下降带来的严峻挑战，经济与环境逐步协调发展，环境保护历史性转变迈出了坚实的步伐。

一是党中央、国务院对做好新形势下的环境保护工作作出重要部署，将“加强生态环境建设”作为抵御全球金融危机扩内需保增长的十项重要措施之一。十一届全国人大一次会议批准组建环境保护部，强化了统筹协调、宏观调控、监督执法和公共服务等职能，为推进环境保护历史性转变提供了更加有力的组织保障。二是环境影响评价制度在宏观调控中发挥了重要作用。积极应对国际金融危机，及时调整改进环境影响评价审批管理工作，完善审批机制，简化审批程序，认真兑现七项承诺，对符合环境保护准入条件的项目开通“绿色通道”，对“两高一资”（高污染、高能耗、资源性）项目严格把关。三是污染减排取得突破性进展。化学需氧量和二氧化硫排放量比上年分别下降4.42%和5.95%，比2005年分别下降6.61%和8.95%，首次实现了任务完成进度赶上时间进度，为全面完成“十一五”减排目标打下了坚实基础。四是圆满完成特大自然灾害环境应急处置和北京奥运环境质量保障任务。五是流域污染防治工作稳步推进。淮河、海河等七项水污染防治“十一五”规划已经国务院批复实施。组织开展了太湖、巢湖、三峡库区生态安全评价，全面启动了生态安全监测工作，为深化湖泊综合治理奠定了基础。六是农村环境保护工作全面启动。国务院召开全国农村环境保护工作电视电话会议，提出了“以奖促治、以奖代补”等主要政策措施，中央财政首次设立了农村环境保护专项资金。七是环境执法监察力度进一步加大。继续深入开展整治违法排污企业保障群众健康环境保护专项行动，不断加大后督察力度，加强在建核电厂和拟建核电厂项目监管与审评，进一步加强放射源管理，确保了核与辐射环境安全。八是环境法制、政策、科技、宣教和国际合作取得新进展。修订后的

《水污染防治法》正式实施，首次发布了《社会生活环境噪声排放标准》。环境经济政策继续完善。环境与灾害监测小卫星成功发射。宣传教育工作丰富多彩，国际环境合作更加务实。九是环境保护能力建设进一步加强。2008年中央环境保护投资达到340亿元，比上年增长百亿元。十是三大基础性战略性工程进展顺利。污染源普查进入总结发布阶段；中国环境宏观战略研究已基本完成；水体污染控制与治理科技重大专项全面启动。

2008年，全国地表水污染依然严重，七大水系水质总体为中度污染，湖泊富营养化问题突出，近岸海域水质总体为轻度污染。城市空气质量总体良好，酸雨分布区域保持稳定。全国城市声环境质量总体较好。

——摘自2008年《中国环境状况公报》

(二)全国环境统计

2008年，在党中央、国务院的直接领导下，各地区、各部门紧紧围绕节能减排、抗击自然灾害和北京奥运会环境质量保障，全面加强环境监管，各项环境保护工作都取得了新的进展。地方各级政府进一步转变观念，变被动减排为主动减排，纷纷采取多种责任追究手段，有力推动了污染减排工作的深入开展。与2005年相比，2008年全国化学需氧量排放量和二氧化硫排放量分别下降6.61%和8.95%，不仅继续保持了双下降的良好态势，而且首次实现了任务完成进度赶上时间进度。

2008年，全国废水排放总量571.7亿吨，比上年增加2.7%。其中，工业废水排放量241.7亿吨，占废水排放总量的42.3%，比上年减少2.0%；城镇生活污水排放量330.0亿吨，占废水排放总量的57.7%，比上年增加6.4%。废水中化学需氧量排放量1320.7万吨，比上年减少4.4%。其中，工业废水中化学需氧量排放量457.6万吨，占化学需氧量排放总量的34.6%，比上年减少10.5%；城镇生活污水中化学需氧量排放量863.1万吨，占化学需氧量排放总量的65.4%，比上年减少0.9%。废水中氨氮排放量127.0万吨，比上年减少4.0%。其中，工业氨氮排放量29.7万吨，占氨氮排放量的23.4%，比上年减少12.9%；生活氨氮排放量97.3万吨，占氨氮排放量的76.6%，比上年减少1.0%。工业废水排放达标率92.4%，比上年提高0.7个百分点。工业用水重复利用率83.8%，比上年提高1.8个百分点。

2008年，全国废气中二氧化硫排放量2321.2万吨，比上年减少5.9%。其中，工业二氧化硫排放量1991.3万吨，占二氧化硫排放总量的85.8%，比上年减少6.9%；生活二氧化硫排放量329.9万吨，占二氧化硫排放总量的14.2%，比上年增加0.5%。烟尘排放量901.6万吨，比上年减少8.6%。其中，工业烟尘排放量670.7万吨，占烟尘排放总量的74.4%，比上年减少13.0%；生活烟尘排放量230.9万吨，占烟尘排放总量的25.6%，比上年增加7.1%。工业粉尘排放量584.9万吨，比上年减少16.3%。工业燃料燃烧二氧化硫排放达标率和工业生产工艺二氧化硫排放达标率分别为89.3%和86.5%，分别比上年提高1.9和4.7个百分点。

2008年，全国工业固体废物产生量19.0亿吨，比上年增加8.3%；工业固体废物综合利用率为64.3%，比上年提高2.2个百分点。

截至2008年底，已建各种类型、不同级别的自然保护区 2538个，总面积14894万公顷。

2008年，环境污染治理投资为4490.3亿元，比上年增加32.6％，占当年GDP的1.49％。其中，城市环境基础设施建设投资1801.0亿元，比上年增加22.7%；工业污染源治理投资542.6亿元，比上年减少1.2%；建设项目“三同时”环保投资2146.7亿元，比上年增加57.0%。

一．废水排放及治理	
1．废水排放总量（亿吨）	571.7
其中：工业废水排放量	241.7
城镇生活污水排放量	330.0
2．化学需氧量排放总量（万吨）	1320.7
其中：工业化学需氧量排放量	457.6
城镇生活化学需氧量排放量	863.1
3．氨氮排放总量（万吨）	127.0
其中：工业氨氮排放量	29.7
城镇生活氨氮排放量	97.3
4．工业废水排放达标率（%）	92.4
5．工业用水重复利用率（%）	83.8
6．城市污水处理率（%）	70.2
7．城市生活污水处理率（%）	57.4

二．废气排放及其治理	
1．二氧化硫排放总量（万吨）	2321.2
其中：工业二氧化硫排放量	1991.3
生活二氧化硫排放量	329.9
2．烟尘排放总量（万吨）	901.6
其中：工业烟尘排放量	670.7
生活烟尘排放量	230.9
3．工业粉尘排放量（万吨）	584.9
4．工业燃料燃烧SO2排放达标率（%）	89.3
5．工业生产工艺SO2排放达标率（%）	86.5
三．工业固体废物	
1．工业固体废物产生量（亿吨）	19.0
2．工业固体废物综合利用量（万吨）	123481.9
3．工业固体废物综合利用率（%）	64.3

4. 工业固体废物贮存量（万吨）	21882.8
5. 工业固体废物处置量（万吨）	48291.0
6. 工业固体废物排放量（万吨）	781.8
7. “三废”综合利用产品产值（亿元）	1621.4
四. 环境污染治理投资	
1. 污染治理项目投资总额（亿元）	4490.3
其中：工业污染治理项目投资额	542.6
“三同时”项目环保工程投资额	2146.7
城市环境基础设施建设投资额	1801.0
2. 环境污染治理投资占当年GDP（%）	1.49
五. 工业污染治理	
1. 当年施工污染治理项目数（个）	12434
2. 污染治理项目当年完成投资额（亿元）	542.6
其中：治理废水	194.6
治理废气	265.7
治理固体废物	19.7
六. 自然生态保护	
1. 自然保护区个数（个）	2538
其中：国家级	303
省级	806
2. 自然保护区面积（万公顷）	14894
3. 保护区面积占国土面积比（%）	15.13
4. 已批准国家级生态示范区个数（个）	387
5. 已批准国家级生态市县（区）个数（个）	11
6. 已批准全国环境优美乡镇个数（个）	629
七. 环境管理	
（一）环境法制	
1. 当年颁布环境保护部门规章数（件）	5
2. 当年颁布环境保护地方性法规数（件）	21
3. 当年颁布环境保护地方性政府规章数（件）	29
4. 当年做出环境行政处罚决定的案件数（起）	89820
5. 当年受理的环境行政复议案件数（起）	528
6. 当年做出判决的环境犯罪案件数（起）	2
（二）排污申报核定	
1. 一般工业企业排污单位申报核定户数（户）	516963
2. 污水处理厂（场）申报核定户数（户）	1314
（三）排污费征收	
1. 排污费解缴入库户数（户）	496506
2. 排污费征收金额（亿元）	185.2368
（四）建设项目环境影响评价	
1. 当年开工建设的建设项目数(个)	268325
2. 环境影响评价制度执行率 （%）	99.9
（五）“三同时”执行	
1. 当年建成投运项目数（个）	94412
2. “三同时”执行率（%）	98.0
3. 化学需氧量增减量（吨/年）	−293052.9
4. 二氧化硫增减量（吨/年）	−608039.0
（六）环境污染控制与管理	
1. 当年完成限期治理项目数（项）	25899
2. 当年完成限期治理项目投资额（亿元）	399.8163
3.关停并转迁企业数（个）	22488
4.已发放排污许可证数（个）	166628
5.已发放危险废物经营许可证数（个）	1267
6.强制性清洁生产审核当年完成数（个）	1816
7.机动车环保检测车辆数（万辆）	4517.202
（七）环境监测	
1. 环境监测仪器数量（台（套））	131000
2. 环境空气监测点位数（个）	3793
3. 地表水水质监测断面数（个）	9635
4. 近岸海域监测点位（个）	1203
5. 开展饮用水源地水质监测的城市数（个）	1021
6. 开展污染源监督性监测的重点企业数（个）	49391
（八） 污染源自动监控	乡镇
已实施自动监控企业总数（个）	8405
已实施自动监控国家重点监控企业数	4218
其中：COD监控设备与环保部门稳定联网数	2972
SO2监控设备与环保部门稳定联网数	2049
（九） 环境科技	县级
1. 当年设立的科研课题数（项）	1503
2. 科研课题经费数（亿元）	4.2
3. 当年获科学技术奖励数（项）	67
其中：国家级	8
省（部）级一等	12
4. 当年颁布地方环境保护标准数（项）	13
(十)环境宣教	
1. 召开新闻发布会（次）	435
2. 发布新闻通稿（篇）	55035
3. 组织宣传活动（次）	9269
4.创建绿色学校（所）	12455
5. 创建绿色社区（个）	5236
（十一）人大建议、政协提案办理	
1. 各级人大、政协环保议案、提案数	13271
2. 已办理人大、政协环保议案、提案数	12718
（十二）突发环境事件	
1. 突发环境事件次数（次）	474
其中：水污染	198
大气污染	141
海洋污染	3
固体废物污染	45
2. 污染与破坏事故直接经济损失（万元）	18185.6
八. 环保系统能力建设	
1. 各级环保系统机构数（个）及人数（人）	12215/183555
其中：国家级	42/2367
省级	351/11506
地市级	1865/40928
县级	8432/123383
乡级	1525/5371
2. 各级环境监测站数（个）及人数（人）	2492/51753
其中：国家级	1/132
省级	38/3042
地市级	337/15281
县级	2116/33298
3. 各级环境监察机构数（个）及人数（人）	3037/59477
其中：国家级	1/41
省级	34/929
地市级	344/8773
县级	2658/49734
4. 各级环境科研所数（个）	244
其中：国家级	3
省级	28
地市级	213

说明：各项统计数据未包括香港和澳门特别行政区以及台湾省。

交通、信息、科技、能源

2008年公路水路交通运输行业发展情况

中华人民共和国交通运输部

（2009年04月29日）

2008年，交通运输行业深入贯彻落实科学发展观，围绕提高“三个服务”的能力和水平，转变发展方式，调整发展结构，坚持创新发展，努力提高公共服务能力。交通基础设施建设取得新成果，运输服务保障能力进一步提高，安全监管和救助能力不断提升，向全面完成“十一五”规划目标迈出了坚实的一步。

一、交通基础设施

（一）公路

公路里程持续增长，村道所占比重进一步明显提高。截至2008年底，全国公路总里程达373.02万公里，比上年末增加14.64万公里。其中，国道15.53万公里，省道26.32万公里，县道51.23万公里，乡道101.11万公里，专用公路6.72万公里，村道172.10万公里，分别比上年末增加1.82万公里、0.80万公里、减少0.21万公里、增加1.27万公里、1.01万公里和9.95万公里。各行政等级公路里程占公路总里程的比重比上年末分别提高0.4个、持平、下降0.7个、0.8个、提高0.2个和0.9个百分点。

公路技术等级和路面等级进一步提高。全国等级公路里程277.85万公里，比上年末增加24.31万公里，占公路总里程的74.5%，比上年末提高3.8个百分点。其中二级及以上高等级公路里程39.97万公里，比上年末增加1.93万公里，占公路总里程的10.7%，比上年末提高0.1个百分点。按公路技术等级分，各等级公路里程分别为：高速公路6.03万公里，一级公路5.42万公里，二级公路28.52万公里，三级公路37.42万公里，四级公路200.46万公里，等外公路95.16万公里，分别比上年末增加0.64万公里、0.41万公里、0.88万公里、1.03万公里、21.35万公里和减少9.67万公里。全国有铺装路面和简易铺装路面公路里程199.56万公里，比上年末增加21.91万公里，占总里程的53.5%，比上年末提高3.9个百分点。按公路路面类型分，各类型路面里程分别为：有铺装路面146.48万公里，其中沥青混凝土路面44.11万公里，水泥混凝土路面102.37万公里，比上年末分别增加21.45万公里、3.95万公里和17.50万公里；简易铺装路面53.08万公里，比上年末增加0.46万公里；未铺装路面173.45万公里，比上年末减少7.27万公里。

公路密度继续提高，通达水平显著提升。全国公路密度为38.86公里/百平方公里，比上年末提高1.53公里/百平方公里。全国通公路的乡（镇）占全国乡（镇）总数的99.24%，通公路的建制村占全国建制村总数的92.86%，分别比上年末提高0.28个和4.62个百分点。

农村公路、高速公路建设取得新进展。2008年底，全国农村公路（含县道、乡道、村道）里程达到324.44万公里，比上年末增加11.01万公里。农村公路里程超过10万公里的省（区）为17个，分别是：河南（21.66万公里）、四川（20.05万公里）、山东（19.41万公里）、云南（18.11万公里）、湖北（17.00万公里）、湖南（16.89万公里）、广东（16.20万公里）、安徽（13.58万公里）、河北（12.84万公里）、江苏（12.82万公里）、黑龙江（12.53万公里）、内蒙古（12.34万公里）、江西（11.99万公里）、陕西（11.74万公里）、贵州（11.38万公里）、新疆（11.18万公里）和山西（11.03万公里）。辽宁、浙江、陕西和福建全年新增高速公路通车里程均超过400公里。截至年底，高速公路突破三千公里的省为6个，分别是：河南（4841公里）、山东（4285公里）、广东（3823公里）、江苏（3725公里）、河北（3233公里）和浙江（3073公里）。

各地区公路里程持续增长，公路技术状况进一步提高。东部地区公路里程105.01万公里，中部地区125.89万公里，西部地区142.11万公里，比上年末分别增加2.88万公里、3.60万公里和8.17万公里。东部地区高速公路25562公里，二级及以上公路17.88万公里，比上年末分别增加3038公里和0.87万公里；中部地区高速公路18285公里，二级及以上公路12.15万公里，比上年末分别增加1909公里和0.47万公里；西部地区高速公路16456公里，二级及以上公路9.95万公里，比上年末分别增加1445公里和0.59万公里。

公路桥梁、隧道总量继续增加。2008年底，全国公路桥梁达59.46万座、2524.70万延米，比上年末增加2.46万座、205.52万延米。其中特大桥梁1457座、250.18万延米，大桥39381座、884.37万延米。全国公路隧道为5426处、318.64万延米，比上年末增加753处、63.09万延米。其中特长隧道120处、52.57万延米，长隧道743处、122.62万延米。

养护、绿化公路里程所占比重进一步提高。2008年底，全国公路养护里程350.59万公里，占公路总里程的94.0%，比上年末提高9.2个百分点。全国公路绿化里程167.69万公里，占公路总里程的45.0%，比上年末提高5.3个百分点。

（二）内河航道

2008年底，全国内河航道通航里程12.28万公里。其中等级航道6.11万公里，占总里程的49.8%，比上年末提高0.2个百分点；三级及以上航道0.88万公里，占总里程的7.2%，比上年末提高0.1个百分点；五级及以上航道2.46万公里，占总里程的20.0%，比上年末提高0.3个百分点。各等级内河航道通航里程分别为：一级航道1385公里，二级航道2634公里，三级航道4802公里，四级航道7213公里，五级航道8526公里，六级航道18160公里，七级航道18374公里。

2008年底，全国内河航道共有4128处枢纽，其中具有通航功能的枢纽2329处。通航建筑物中，有船闸836座、升船机42座。

（三）港口

2008年底，全国港口数量为413个。年吞吐量在1000万吨以上的沿海港口36个，200万吨以上的内河港口87个。

2008年底，全国港口拥有生产用码头泊位31050个，其中万吨级及以上泊位1416个。全国沿海港口拥有生产用码头泊位5119个，其中万吨级及以上泊位1157个；内河港口拥有生产用码头泊位25931个，其中万吨级及以上泊位259个。

全国港口万吨级及以上泊位中，1—3万吨级（不含3万吨级）泊位656个，3—5万吨级（不含5万吨级）泊位252个，5—10万吨级（不含10万吨级）泊位366个，10万吨级以上泊位142个。

全国万吨级及以上泊位中，通用散货泊位252个，通用件杂货泊位272个，专业化泊位778个。专业化泊位中，原油泊位59个，成品油及液化气泊位114个，散装粮食泊位23个，煤炭泊位162个，集装箱泊位251个。

截止2007年底，全国从事港口生产活动的企业共有1.56万家。其中，国有和集体企业所占比重分别为10%和7%，私营企业和个体经营人分别占13%和38%，外商和港澳台企业占2%。全国从事港口生产活动的企业中，经营性港口企业为1.03万家。港务设施、库场和机械等净资产在一千万以上的企业为1113家，占经营性企业总数的10.8%，净资产规模占经营性港口企业的95.9%。其中，净资产在十亿元以上的大型企业共53家，净资产占经营性港口企业的比重达50.3%。

截止2007年底，全国有港口行政管理部门369个。其中，省级港口行政管理部门4个，地市级港口行政管理部门195个，县级港口行政管理部门170个。

二、公路水路运输装备

（一）公路运输车辆

2008年底，全国公路营运汽车达930.61万辆。其中载客汽车169.64万辆、2560.36万客位，其中大型客车25.50万辆、1096.44万客位；载货汽车760.97万辆、3686.20万吨位，其中普通载货汽车720.18万辆、3139.76万吨位，专用载货汽车40.79万辆、546.44万吨位。

（二）水路运输船舶

运力结构继续优化。2008年底，全国拥有水上运输船舶18.42万艘，比上年末减少0.76万艘；净载重量12416.91万吨，比上年末增加535.46万吨；平均净载重量674.14吨，比上年末增加54.57吨；载客量100.85万客位，比上年末减少1.83万客位；集装箱箱位115.34万TEU，比上年末减少10.61万TEU；船舶功率4355.10万千瓦，比上年末增加418.42万千瓦。

三、公路水路运输量

（一）公路运输

2008年，全国营业性客车完成公路客运量268.21亿人、旅客周转量12476.11亿人公里，平均运距为46.52公里。全国营业性货运车辆完成货运量191.68亿吨、货物周转量32868.19亿吨公里，平均运距为171.48公里。

（二）水路运输

2008年，全国完成水路货运量29.45亿吨、货物周转量50262.74亿吨公里，平均运距为1706.66公里。全国完成水路客运量2.03亿人、旅客周转量59.18亿人公里，平均运距为29.10公里。

四、国道交通量

国道网交通量出现小幅下降。2008年，全国国道网年平均日交通量为10317辆/日（当量标准小客车，下同），与上年相比下降1.5%。全年国道网车流量较大的地区主要集中在北京、上海、江苏、浙江、广东，上述地区国道网的年平均日交通量均超过2万辆。2008年，全国国道网年平均行驶量为160215万车•公里/日（当量标准小客车，下同），比上年增长11.6%，增速提高3.5个百分点。河北、江苏、山东、广东的国道网年平均行驶量均超过10000万车•公里/日。

国道网交通拥挤程度有所下降。2008年，全国国道网年平均交通拥挤度为0.39，与上年相比下降5.5%。北京、河北、上海、广东省（市）国道相对拥挤，上述省市国道年平均拥挤度均超过0.6。

2008年全国高速公路年平均日交通量为16270辆/日，与上年相比下降4.2%，年平均行驶量为98113万车•公里/日，比上年增长7.1%。

2008年底，全国拥有国道交通量观测站点4344个，其中连续式观测站点522个，间隙式及其它观测站点3822个，观测里程10.6万公里，占国道总里程的68.3%。

五、港口吞吐量

港口货物吞吐量保持增长。2008年，全国港口完成货物吞吐量70.22亿吨，比上年增长9.6%，增速比上年回落5.5个百分点。其中沿海港口完成44.89亿吨，增长11.1%，内河港口完成25.33亿吨，增长7.0%。外贸货物吞吐量增速继续回落。全国港口完成外贸货物吞吐量19.86亿吨，比上年增长7.4%，增速回落7.2个百分点。其中沿海港口完成18.25亿吨，增长7.9%，内河港口完成1.61亿吨，增长1.8%。

2008年，货物吞吐量超过亿吨的港口由上年的14个上升到16个。亿吨港完成情况分别为：宁波一舟山港5.20亿吨、上海港5.08亿吨、天津港3.56亿吨、广州港3.47亿吨、青岛港3.00亿吨、秦皇岛港2.52亿吨、大连港2.46亿吨、深圳港2.11亿吨、苏州港2.03亿吨、日照港1.51亿吨、营口港1.51亿吨、南通港1.32亿吨、烟台港1.12亿吨、南京港1.11亿吨、唐山港1.09亿吨和连云港港1.01亿吨。

集装箱吞吐量增速高位回落。2008年，全国港口集装箱吞吐量为1.28亿TEU，比上年增长12.1%，增速回落10.2个百分点。其中沿海港口完成1.17亿TEU，增长11.5%，内河港口完成1158万TEU，增长18.9%。

2008年集装箱吞吐量超过100万TEU的16个港口完成情况分别为：上海港2800.64万TEU、深圳港2141.64万TEU、广州港1100.14万TEU、宁波一舟山港1093.37万TEU、青岛港1002.44万TEU、天津港850.27万TEU、厦门港503.46万TEU、大连港452.55万TEU、连云港300.05万TEU、苏州港257.00万TEU、营口港203.64万TEU、烟台港153.15万TEU、南京港129.21万TEU、泉州港120.67万TEU、福州港117.66万TEU和中山港113.63万TEU。

滚装汽车、集装箱和干散货吞吐量增长较快。2008年，全国港口完成滚装汽车吞吐量（按重量计算）2.77亿吨，比上年增长18.0%；集装箱吞吐量（按重量计算）12.62亿吨，增长15.3%；干散货吞吐量39.75亿吨，增长11.5%；液体散货6.58亿吨，比上年增长3.8%；件杂货8.51亿吨，减少3.5%。液体散货、干散货、件杂货、集装箱和滚装汽车在港口货物吞吐量中所占比重分别为9.4%、56.6%、12.1%、18.0%和3.9%。

矿建材料、金属矿石和机械设备电器在港口货类中增长较快。2008年，全国规模以上港口完成货物吞吐量58.91亿吨，比上年增长11.9%，增速回落2.6个百分点。其中，完成矿建材料吞吐量7.79亿吨，金属矿石吞吐量9.05亿吨，机械设备电器吞吐量2.80亿吨，比上年分别增长27.6%、14.6%和12.2%。

六、交通固定资产投资

交通基础设施建设投资规模继续加大，增速小幅加快。2008年，全国完成交通固定资产投资8335.42亿元，同比增长7.2%，增速加快1.9个百分点，但低于全社会固定资产投资25.5%的增速。

（一）公路建设

公路建设投资额稳步增长。全社会完成公路建设投资6880.64亿元，同比增长6.0%，增速加快1.9个百分点。

路网改造明显加快。农村公路建设完成投资2051.64亿元，同比增长11.8%，增速回落3.2个百分点。公路重点项目完成投资3049.78亿元，同比减少6.3%。路网改造完成投资1779.22亿元，同比增长27.1%，增速加快34.9个百分点。

公路建设资金到位显著提高，资金来源仍以国内贷款和地方自筹资金为主。全年公路建设到位资金6397.84亿元，同投资完成额相比，资金到位率为93.0%，比上年提高4.5个百分点。到位资金中，国内贷款占36.4%，地方自筹占34.8%，所占比重比上年分别下降1.6个和提高0.6个百分点；国家预算内资金占2.5%，车购税占11.8%，利用外资占1.0%，企事业单位资金占7.0%，其它资金占1.9%，上年末节余资金占4.6%。

全年公路建设投资超过300亿元的省（市）有9个，分别是广东（441.01亿元）、浙江（412.78亿元）、湖南（363.72亿元）、河北（347.70亿元）、福建（328.47亿元）、四川（326.49亿元）、陕西（321.37亿元）、江苏（312.44亿元）和湖北（304.40亿元）。

全年新建公路12.65万公里，改建公路29.15万公里。

（二）水建设

水运建设投资增速显著加快。2008年，全国沿海及内河建设完成投资987.34亿元，同比增长11.4%，增速加快9.4个百分点。其中沿海建设完成投资793.49亿元，同比增长10.2%；内河建设完成投资193.85亿元，增长16.5%。

沿海港口新建及改（扩）建码头泊位174个，新增吞吐能力32175万吨，其中万吨级以上泊位96个，新增吞吐能力29289万吨。内河港口新建及改（扩）建码头泊位251个，新增吞吐能力7336万吨，其中万吨级以上泊位8个，新增吞吐能力1186万吨。全年新增及改善内河航道里程621公里。

（三）其它建设

2008年，其它交通建设完成投资467.44亿元，同比增长16.7%。其中，海事系统完成10.06亿元，救助、打捞完成12.69亿元，科研、教育完成9.31亿元，信息、通信完成3.16亿元。

七、水上安全和救助打捞

水上运输安全稳步提升。2008年共发生运输船舶水上交通事故342件，死亡351人，沉船213艘，直接经济损失5.19亿元，比上年分别下降18.6%、5.6%、14.1%和上升29.1%。

水上救助保障能力进一步提高。2008年，共组织、协调、指挥搜救行动1784次，全年在我国搜救责任区范围内中外遇险人员20280人，经救助19565人获救，救助成功率96.5%；遇险船舶2045艘，获救船舶1620艘，救助成功率79.2%。

备　注：

1．本公报为年报正式统计数据。

2．香港和澳门特别行政区及台湾省统计数据未包括在本公报内。

3．从2006年起，村道正式纳入公路里程统计。

4．全国港口生产用码头泊位的统计数据是以第三次全国港口普查数据（普查时点为2008年6月30日）为基础，结合2008年6月30日至12月31日的增减变化情况统计得出，与2007年统计年报相比，统计范围口径有所调整。

5．公路营业性运输车辆是指在公路运输管理部门注册登记的，近两年内进行了年审或本年进行了缴费，未办理停运（一年以上）、报废、注销、转出手续的从事公路运输的营业性运输工具，与2007年统计年报相比，统计范围口径有所调整。

6．公路水路运输量统计数据源自全国公路水路运输量专项调查，与2007年统计年报相比，统计范围口径有较大调整。

7. 从2005年开始，交通量计算单位使用标准小客车当量数。

8. 规模以上港口是指年货物吞吐能力在100万吨及以上的沿海港口、200万吨及以上的内河港口以及经营外贸、集装箱业务的港口。

9. 水上安全数据摘自《水上交通事故情况通报（2008年）》，救助打捞数据摘自《2008中国搜救年报》。

摘自《2008年公路水路交通运输行业发展统计公报 》

中国工业和信息化发展的现状与展望

工业和信息化部部长 李毅中

一、中国工业和信息化发展的基本情况

工业是国民经济的重要组成部分，是推动经济增长的主要动力，也是社会就业的重要渠道和吸收农村富余劳动力的重要载体，工业化发展水平是衡量国家现代化程度和综合国力的重要标志。新中国成立60年特别是改革开放30年来，在党和政府的高度重视和正确领导下，我国工业和信息化取得举世瞩目的成就，有力地推动了国民经济的快速发展和社会各项事业的不断进步，实现了由工业化初期向工业化中期的历史性跨越。2008年，工业增加值达到107367亿元，占GDP的比重达43%，对GDP增长的贡献率达到42.8%，对国家税收的贡献率达到50%，工业增加值增幅约是GDP增幅1.5倍。

从我国工业和信息化发展总体情况来看，有以下几个主要特点：

1.现代工业体系门类齐全。我国工业建成了包括由完整的能源工业、原材料工业、装备工业、消费品工业、国防科技工业、电子信息产业等组成的门类齐全的产业体系。我国工业已形成了强大的生产制造能力。

2.工业生产规模跃居世界前列。2008年，我国原煤、粗钢、钢材、水泥产量分别达到26.22亿吨、5亿吨、5.85亿吨、14亿吨，均居世界首位。粗钢产量占世界钢产量的1/3，煤炭产量占世界总产量的38%，水泥产量超过45%。截至2008年，产量居世界第一位的我国工业产品已有210种。工业出口产品品种不断增多，档次和质量不断提高。目前，我国汽车产量已超过美国居世界第二，2009年汽车产销量连续6个月每月超过100万辆；我国电子信息产业总规模仅次于美国，居世界第二位，电脑、手机、彩电等电子产品生产规模全球第一；在家电、服装、纺织品、日用工业品等领域，我国也已经成为名副其实的全球制造业基地和世界工厂；高新技术产业规模跃居世界第三，出口额跻身全球前两位，以信息产业、航空航天、生物医药、新材料、现代装备制造为代表的高新技术产业已成为我国工业经济发展的新增长点。

3.整体工业技术水平持续提升。我国工业在载人航天、大运载火箭、月球探测、卫星导航、高性能计算机、超大规模集成电路、核电技术、通信技术等当代科技的尖端领域，取得一大批重大自主创新成果，实现了历史性突破，极大地提高了我国的综合国力、国防实力。一大批高档数控机床新产品研制成功并投入使用，工业装备保障能力和重大装备国产化水平不断提高，为国民经济重点建设提供各种成套设备。全国发电总装机容量中，国产机组已达80%以上；年产千万吨级大型炼油设备，国产化率达90%；国产100万千瓦超临界火电机组、国产750千伏交流输变电成套设备已投入运行；日产4000吨大型新型干法水泥生产线、年产60万吨乙烯、30万吨级合成氨、百万吨级钾肥等一大批大型成套技术装备实现自主化。电动汽车研制取得显著进展，燃料电池汽车技术进入国际先进行列，混合动力汽车实现载客运行并具备了批量生产能力。

4.通信业实现跨越发展。我国电信网络总规模、电话用户总数、移动电话用户总数和互联网用户总数均居世界第一。截至2009年6月底，固定电话用户达到3.30亿

户，移动电话用户达到6.95亿户。网民规模达到3.38亿人，其中基础电信企业互联网宽带接入用户数达到9348万户，在中国境内注册的网站总数达到306万个。全国通电话的行政村比重达到99.21%，具备互联网接入能力的乡镇达到97%。建成了覆盖全国、连接全球的信息通信网络，初步形成了国家信息高速公路的基本架构。

5.信息化进程快速推进。应用信息技术改造提升传统产业不断取得新的进展，工业设计研发信息化、生产装备数字化、生产过程智能化和经营管理网络化水平迅速提高。电子信息技术的发展催生了一批新兴产业。科技咨询、工业设计、现代物流、软件服务、信息发布、创意产业等工业服务业蓬勃兴起，促进了工业的优化升级。网络文化、动漫游戏、休闲娱乐、数字家庭、网络社区、无线城市等电子信息技术的广泛应用，进一步改变了生活方式，扩展了消费需求，成为新的经济增长点。电信网、互联网、广播网“三网融合”的推进为信息化的发展增添了新的动力。

二、关于当前的经济形势

今年以来，面对严峻复杂的国内外环境，在党中央、国务院坚强领导下，全国上下实施应对国际金融危机的一揽子计划，经济增长下滑态势得到遏制。从二季度开始，国民经济出现企稳回升良好势头，工业经济回升向好的趋势明朗。今年前8个月，规模以上工业增加值同比增长8.1%，其中1—2月增长3.8%，为去年下半年以来月度最低增速，3、4、5三个月增速回升到8.3%、7.3%和8.9%，6、7、8三个月增速进一步达到10.7%、10.8%和12.3%。

“扩内需、保增长”政策效果显著。在固定资产投资快速增长的拉动下，重工业增加值由1—2月的2.7%回升到8月份的13.2%。汽车受益于低排量乘用车购置税减半、下乡补贴、以旧换新等政策，产销两旺，全年产销量有望突破1100万辆。轻工业在国家引导和鼓励消费、提高出口退税率的一系列政策作用下，总体上表现出较为平稳的回升态势，到8月份，轻工业增速回升到9.8%，轻纺产品出口下降幅度明显小于外贸出口整体降幅。

主要工业行业增长明显加快。受益于投资和政策拉动，原材料工业、装备制造业生产明显回升。8月份，39个大类行业全部保持同比增长，494种产品中有364种产品保持同比增长。前8个月，以冶金、有色金属、建材和化工等行业为主的原材料工业增加值同比增长8.5%，其中8月增速达到14.3%。装备制造业增加值增长10.6%，其中8月份增速达到16.1%。前8个月，以轻工、纺织、医药和烟草行业为主的消费品工业增加值增长9.5%，其中8月份增长10.9%。电子制造业扭转了上半年负增长局面。前8个月，规模以上电子制造业增加值增长3.4%，8月增速回升到6.8%。

各地工业增速恢复正增长。前8个月，东、中、西部地区规模以上工业增加值同比分别增长7%、8.1%和13.5%，其中，8月份分别增长11.1%、13.1%和16%。8月份，工业增速超过10%的有江苏、山东、辽宁、天津、重庆等24个省份，7、8两个月31个省份当月工业增速均实现正增长。

企业盈利状况有所改观。前7个月，上报效益情况的22个省份规模以上工业实现利润同比下降17.3%，降幅较一季度缩小14.9个百分点，较上半年缩小3.8个百分点，1—8月降幅收至10.6%，上半年亏损企业亏损额同比上升0.4%，7、8月转为下降；亏损面19.2%，比上半年缩小0.8个百分点。在39个工业大类行业中，有27个行业利润增幅比上半年提高或降幅收窄。

上述情况表明，工业经济运行在中央实施一揽子计划作用下，克服国际金融危机的冲击影响，度过了最艰难的时期，积极因素不断增多，总体向好的运行态势已经明朗。实践证明，党中央、国务院应对国际金融危机的决策和部署是完全正确的，采取的一系列政策措施是及时的、有力的、有效的。

在看到应对危机取得初步成效的同时，我们也要清醒地认识到，工业经济运行面临的内外部环境依然严峻复杂，企稳回升的基础还不牢固，运行态势还不平稳，行业之间、地区之间发展也不平衡，产业结构不合理、产能过剩等问题仍然突出。我国工业长期积累的深层次矛盾在国际金融危机冲击下已充分显现出来。主要表现在：

1.世界经济复苏脆弱而不稳定，外需萎缩对我国经济发展的不利影响短期内难有根本改观。从二季度开始，全球金融市场趋稳，发达国家经济萎缩幅度有所放缓，一些经济指标也显示世界经济正在触底。但各主要经济体复苏主要靠政府投入和政策刺激，政策效果能否持续还有待观察。由于各主要经济体下滑的态势没有根本性改观，就业形势仍在恶化，产能利用率依然低下，全球经济复苏将是漫长而曲折的过程。国际货币基金组织7月份最新预计今年全球经济增长-1.4%。同时，在全球经济萎缩的情况下，贸易保护主义倾向更趋明显，进一步加大了我国产品出口难度。前8个月，我国外贸出口同比下降22.4%。实际利用外资也出现较大幅度的下滑，8月份利用外资下降12.1%。

2.经济企稳回升主要靠政策支撑和投资拉动，经济发展内生动力和活力不足。当前，国家一系列政策措施已见到良好效果。但随着时间的推移，政策效应会逐步减弱。投资大幅增长主要靠政府投入和银行信贷资金快速增长的支撑，银行贷款大部分集中在大项目上。上半年国内生产总值7.1%的增速中，投资拉动6.2个百分点，对经济增长的贡献率达87.6%。受多数行业产能过剩和市场需求不足的影响，民间投资意愿不强。同时，企业调整结构、转变发展方式、淘汰落后产能等解决深层次矛盾的力度还不够，应对危机、攻坚克难的动力和活力还不足。

3.维持消费持续大幅增长难度很大，外需缺口短期内难以靠扩大国内消费来弥补。改革开放以来，我国工业出口贸易额逐年扩大，外需市场的扩大拉动了我国工业快速发展，但同时也形成了较高的对外依存度。在推动经济发展的消费、投资、出口三驾马车中，我国工业还远未形成以消费为主体拉动的格局。在国家鼓励消费政策的引导下，今年以来，全国社会消费品零售总额保持在15%以上的增长水平，上半年消费拉动经济增长达3.8个百分点。受居民收入增长、未来支出和消费习惯等多重因素制约，消费增长难以持续保持在一个较高的水平上。培育新的消费热点，拉动内需也需要一个过程。

4.工业经济仍未步入正常增长轨道，一些行业、一些企业生产经营仍然比较困难。前8个月，规模以上工业增加值同比增长8.1%，仅为近年来增长水平的六成左右，回升的基础并不牢固。工业效益状况仍不乐观，亏损企业亏损额仍居高不下，前8个月工业利润降幅仍达10.6%。近几个月，规模以上企业应收账款增幅逐月上升。在当前国内需求不足、出口继续下降的情况下，中小企业和外向型企业效益下滑状况短期内难以扭转。

5.产能过剩问题凸显，加快推进结构调整和发展方式转变任务艰巨。在国际金融危机的冲击影响下，产能严重过剩表现得更为突出。钢铁、水泥、电解铝等行业产能已严重过剩，造船、化工、平板玻璃等行业也都存在较为突出的产能过剩问题，太阳能、风能等新兴产业也存在重复建设倾向。产能过剩、创新能力不强、结构调整滞后等深层次矛盾和问题尚未得到根本解决，经济增长主要依靠物质资源投入的情况没有改变。

6.我国经济发展还面临着发达国家抢占世界经济发展制高点的压力和挑战。去年底以来，发达国家为应对经济衰退和培育新的经济增长点，提出了一些新的思路和措施。重视发展制造业，谋求结构调整；试图在新能源、新材料、航空航天、电子信息、生态环保、生命科学等新兴产业领域保持竞争优势；重视网络信息技术的广泛应用及与经济社会的结合，抢占未来科技进步和产业发展的战略制高点。新兴产业发展将带动传统产业的优化升级，引发全球产业结构的调整重组，推动形成新一轮经济增长。尽管西方发达国家在金融危机中复苏缓慢，但如果我国工业仍然保持粗放式增长模式不变，即使现在率先回升，到时还将落后于别人，并将面临更为严峻的挑战。

当前，工业经济运行正处在企稳回升的关键时期。形势稍好，尤须谨慎。如果麻痹松懈、应对不力，“关键期”有可能演变为“反复期”，其结果是不进则退，甚至前功尽弃。我们应倍加珍惜这一来之不易的成果，真正把思想和行动统一到中央对当前经济形势的判断上来，统一到中央的决策和部署上来。要坚定不移执行积极的财政政策和适度宽松的货币政策，坚定不移地落实好中央应对国际金融危机的一揽子计划，继续把保持工业平稳较快发展作为首要任务；要立足当前，着眼长远，把保增长与调结构有机结合起来，更加重视结构调整和优化升级；要密切关注工业经济运行新情况、新问题，加强和改进政策措施，力争实现工业经济全面好转。

三、国际金融危机对世界经济发展格局的影响

国际金融危机爆发以来，各国纷纷采取行动稳定和刺激经济。目前，主要发达国家的实体经济出现一些止

跌企稳的苗头。但世界经济复苏将是缓慢曲折复杂的过程。必须清醒地认识到，当前国际金融危机尚未平息，世界经济环境中不稳定、不确定因素仍然很多。对国际国内形势的复杂性、严峻性、多变性，要有足够的估计。同时，受国际金融危机的冲击和影响，世界经济出现一些结构性变化的新特征。

第一，经济增长模式面临调整。一是全球总需求对世界经济增长的贡献将有所下降。近来美国储蓄率有所上升，欧盟一些国家也出现类似征兆，消费方式的变化导致总需求对世界经济增长的拉动会有所减弱。二是出口导向型模式面临严峻考验。国际市场萎缩难以在短期内改变，提高内需比重将成为未来出口导向型国家拉动经济增长的重要战略。

第二，产业结构开始新一轮的调整升级。一是金融危机可能会使发达国家实体经济相对弱化的格局得到一定回调。美国等发达国家提出了以重振制造业为核心的“再工业化”的新思路和措施，试图在新能源、新材料、航空航天等新兴领域抢占未来发展的制高点。新兴产业发展将带动传统产业优化升级，推动形成新一轮经济增长。二是国际产业分工加速细化。表现为产业分工向产品内分工发展。发达国家主要控制核心技术和品牌，加速将产品生产的低端环节转移外包。

第三，节能和新能源技术加速发展和产业化。全球气候变化是各国面临的共同挑战，需要每个国家、企业和个人都负起责任。金融危机后，绿色经济、循环经济和低碳经济发展受到各国的空前重视。低碳经济实质是能源高效利用、清洁能源开发，核心是新能源发展和节能减排技术创新。同时，低碳产业发展将产生新的技术标准。发达国家正凭借其技术领先优势，推动形成“碳交易”、“碳关税”等规则或准则。

我们对低碳经济的发展要有科学全面的认识。我国还处于工业化中期，煤炭占能源消费主体的格局在短时期内很难改变。一方面，要妥善处理二氧化碳排放量的问题，坚持“共同负责但有区别”的原则，各国都应该积极采取行动应对气候变化。我们要大力推进节能减排，大力发展绿色经济，积极发展低碳经济和循环经济，降低资源消耗，保护生态环境。

第四，信息技术的广泛渗透和深度应用将催生出一批新增长点。去年底以来，国际上一些大公司提出“智慧地球”的概念，实际上是新一代网络和信息技术的深度应用，信息化与工业化的深度融合。这一理念受到全世界的广泛关注。我们对于“智慧地球”等战略应开展前瞻性研究，与国情紧密结合，深入推进信息化与工业化融合，启动“传感网络”的研发应用，积极发展战略性新兴产业。

第五，初级产品影响力将提高。信息技术革命以来，初级产品产业一度被视为是衰落的行业。但近十年来，初级产品价格持续大幅攀升，大大提升了这些产业在经济发展中的地位。迄今为止，农产品、矿产品（包括稀土金属）、石油、煤炭价格的上涨幅度都超过了以往。国际金融危机之后，从长期来看，世界经济对能源和资源的持续需求仍很可能延续下去。影响初级产品地位提升的主要因素：一是初级产品具有更强的稀缺性和不可再生性。二是发展中国家的工业化与城市化进程对初级产品构成了强烈的需求。三是全球初级产品垄断性增长，加大了供给方控制价格的能力。未来初级产品价格尽管还会有周期性变化，但影响初级产品供给的中长期因素不会随周期性变化而消失。

上述发展趋势对我国工业加快转变增长方式、调整产业结构，具有重要意义。我们政策的着力点要克服短期困难，更要着眼于长远发展，从根本上解决制约发展的体制性、结构性矛盾。面对世界经济发展变化的新趋势，我们要密切跟踪，早做准备，加快进行战略布局，使我国工业在世界经济结构调整中占领先机，提升国际竞争能力。

四、关于今后一个时期我国工业和信息化发展的几点思考

当前，尤其需要站在国民经济发展全局的高度，加强对危机后全球经济新格局和发展趋势的研究，探索今后一段时期我国工业和信息化发展新的战略和思路。

（一）巩固和发展企稳回升的良好局面

当前和今后一个时期，工业和信息化系统要紧紧围绕“扩内需、保增长、调结构、惠民生”的总体目标，继续贯彻落实好中央一揽子计划，更加注重完善落实已有各项政策措施，更加注重推进结构调整和优化升级，

更加注重提高增长的质量和效益。

根据中央的部署和要求，下一步我们主要是抓好八个方面的重点工作：一是突出抓好十大产业调整振兴规划的贯彻落实，继续制定完成165项实施细则，加快落实规划涉及的各项政策措施，推进企业兼并重组、淘汰落后和节能减排，加快产业结构调整。二是坚持不懈抓好企业技术改造，用好技术改造资金，拉动企业和社会投资，做好项目的跟踪和督促检查，进一步总结经验，建立长效工作机制。三是认真学习贯彻中央领导同志关于质量工作的重要指示，以品种、质量、品牌、服务为重点，全面加强质量品牌建设。四是抓好重大科技专项组织实施，加强工业标准的制修订，加快科技成果转化为现实生产力，充分发挥科技的支撑引导作用。五是落实国务院关于促进中小企业平稳较快发展的若干意见，进一步优化中小企业发展环境，切实解决中小企业融资难等问题。六是加强工业、通信业运行监测监控，强化经济运行组织协调，确保完成国防重点科研生产任务，建立健全覆盖工业、通信业应急管理体系。七是选准切入点，加强试点示范，指导规范新兴产业健康有序发展。八是协调维护网络信息安全，确保通信网络安全畅通。

（二）加大产业结构调整，推动我国工业转型升级

在保增长的同时，把调整结构作为应对危机、抢抓下一轮全球经济发展机遇的重大举措。就工业和信息化部来讲，我们的主要任务是工业领域的结构调整，主要包括行业结构调整、企业结构调整和以产品品种质量为重点的产品结构调整。推进工业结构调整，主要是抓好六个抓手：一是用高新技术和先进适用技术提升传统产业，引导企业把技术改造同结构调整、产业升级、兼并重组结合起来，围绕改进质量、增加品种、降低消耗、提高效益，推动工业整体水平和竞争力跃上一个新台阶。二是抓好企业兼并重组和淘汰落后产能，完善产业政策，加快技术标准制修订，提高市场准入门槛。支持有优势的大企业实施跨地区、跨行业的联合、兼并、重组，提高产业集中度。三是充分发挥科技引领和支撑作用，提高自主创新能力，组织实施行业重大技术攻关，加快科技成果向现实生产力转化。四是优化中小企业发展环境，支持中小企业加快结构调整和产业升级，向“专、精、特、新”以及产业集聚方向发展。五是加强工业产品质量管理，促进开发品种、提高质量、创建品牌和改善服务，从而引导消费，提升消费结构。六是培育新的经济增长点，尤其是加强电子信息技术在传统产业中的推广应用，催生新产业、新技术、新产品。

（三）推进“两化融合”，探索实施中国特色新型工业化道路

我们体会到，走中国特色新型工业化道路，包括以下六个内容：一是要坚持把经济发展建立在科技进步的基础上，带动工业化在高起点上迅速发展；二是坚持注重经济发展的质量和效益，优化资源配置，提高投入产出效率和经济回报；三是坚持推广应用先进适用技术，提高能源资源利用效率，突破能源资源约束；四是坚持防治污染、保护生态环境，使经济建设和生态建设和谐发展；五是坚持以质取胜的战略方针，为社会提供能够引导消费、满足需求、质量优良的产品和服务，提高市场竞争力；六是坚持以人为本，提高劳动者素质，充分发挥人力资源优势，注重改善民生，保障劳动者生命和健康安全。

推进信息化和工业化融合，是一项长期持续的系统性工作。信息化无处不在、无所不包，推进“两化融合”，必须有所为有所不为。在企业、地区、行业三个层面选准切入点，抓好试点，典型示范，总结推广。在企业层面，就是要围绕工业产品研发设计、生产过程控制、企业管理、市场营销、人力资源开发、新型业态培育、企业技术改造等七个环节，加大信息技术应用力度，提升自动化、智能化和管理现代化水平，提高企业产品质量和附加值。在地区层面，就是要继续推动“两化融合”试验区工作，抓好传统产业改造提升、特色优势产业发展、现代物流发展、工业园区建设四个切入点，把促进“两化融合”纳入地方发展规划。在行业层面，就是要推进行业信息共享，建立分行业的信息化评价评估体系。

推进军民结合、寓军于民，也是走新型工业化道路的重要任务。要加强战略谋划，在国家层面上实现军工与民用工业的规划衔接、供需对接和资源共享；在运作层面上积极探索军民结合的市场化途径，使民口企业合理合法地参与军工任务；在技术层面上，逐步统一军民技术标准，推动军民用技术的双向转移和辐射。

（四）大力培育新兴支柱产业

综合考虑市场需求和支撑条件，我们初步考虑选择信息通信、先进装备制造、新材料、新能源与节能环保、生物产业和高端生产性服务业等6个领域作为新兴支柱产业培育的重点领域。

信息通信产业方面，重点培育和壮大新一代移动通信、下一代互联网、光纤宽带接入、新型显示、集成电路、数字视听、软件业、数字内容、卫星应用等新兴产业群。

先进装备制造业方面，重点发展高档数控机床及基础制造装备，极大规模集成电路设备等战略性发展需要的重大装备，节能和新能源汽车、高速轨道交通设备、支线及干线飞机、高技术船舶等先进交通工具制造，传统产业升级改造急需的数字化、绿色化重大装备。

新材料产业方面，重点发展航空航天工程关键材料、微电子基础及配套材料、光电子材料、新型显示材料、新能源材料、高性能复合材料、特种功能材料，智能材料、纳米材料和超导材料等新材料，支持大企业不断创新。

新能源及节能环保产业方面，重点发展风力发电设备制造，太阳能光伏电池，太阳能热利用，先进核电设备（高温气冷堆）制造，煤炭清洁高效转化、煤层气开发及煤制石油替代产品，半导体照明，碳的捕集与存储，先进智能电网等新兴产业群。

生物产业方面，重点培育疫苗与诊断试剂、重大新药创制、现代中药、生物医学工程、化学药物升级改造，生物农业、海洋生物资源开发，能源植物及生物质能源开发，微生物制造，生物修复、生态治理等新兴领域。

高端服务业方面，重点发展产品技术研发及工业设计服务、信息技术研发及外包服务、技术性业务流程外包、工业软件开发应用、电子商务、信息安全服务、工程总承包等高端生产性服务业。

培育新兴支柱产业是走中国特色新型工业化道路的重要抓手，我们要组织制定新兴支柱产业发展规划及相关产业政策，加快推进重大科技成果的工程化、产业化，加快新兴支柱产业基地建设和发展，推动建立健全有利于新兴支柱产业发展的财税、金融支持政策，扶持产品和服务创新，积极引导消费，加强人才队伍建设，努力为新兴支柱产业发展创造良好的环境。

（五）加强工业企业自主创新能力建设

在应对金融危机的实践中，再一次使我们体会到，企业如果没有自己的技术和品牌，就会在市场竞争中处于弱势和被动地位。必须把加快提升工业企业自主创新能力，培育自主品牌作为一项战略任务来抓。一要以市场为导向、产学研用相结合，引导创新要素向企业聚集，通过产业联盟、公共技术平台等方式，促进产业链上各环节的合作，推动企业联合创新。二要加强科技创新园区建设，提升科技创新园区在资产、资源、环境、技术、人才等方面的集聚创新能力，搭建共性技术和公共服务平台。三要在推进行业技术改造和自主创新中，组织开展重大科技攻关，解决制约发展的重大技术难题。四要以实施重大科技专项为契机，整合科技资源，突破制约工业发展的核心技术和关键技术。优先启动能起到引领支撑作用的重点课题，加速推进产品研发和产业化。五要强化标准管理，做好标准与规划、产业政策的协同，促进国家标准与国际标准的衔接，形成技术创新、标准与知识产权的互动。六要创新发展思路，要充分借重我国工程科技专家的智力资源，组织开展重大战略问题的研究，谋划大思路、大举措。

（本文为李毅中2009年9月25日在中国工程院“未来20年的工程科技与经济社会发展”系列报告会上的报告）

2008年国家科技计划安排情况

2008年，科技部以党的十七大精神为指导，围绕国家战略任务、经济发展、改善民生和基础能力建设四大主题，认真落实《国家中长期科学和技术发展规划纲要（2006-2020 年）》（以下简称《规划纲要》），坚持改革创新，统一部署和实施国家科技计划，促进经济发展方式转变和服务民生，在支撑和引领经济社会持续协调发展方面取得新进展。

2008年，国家科技计划共安排项目（课题）11060项，其中国家高技术研究发展计划（简称“863计划”）、国家科技支撑计划、国家重点基础研究发展计划（简称“973计划”）项目（课题）1439项，国家科技基础条件建设项目（课题）477项，政策引导类计划及专项9144项。

国家科技计划中央财政拨款175.75亿元。863计划、科技支撑计划、973计划中央财政拨款125.58亿元，国家科技基础条件建设中央财政拨款17.78亿元，政策引导类计划及专项中央财政拨款32.39亿元。

本年度863计划、科技支撑计划、973计划取得丰硕成果。出版专著45080万字，是上年的1.8倍；发表论文97820篇，比上年增长76.5%，其中向国外发表39751篇，占当年发表论文总数的40.6%；共申请专利20514项，比上年增长一倍多，其中申请发明专利达到16626项，占申请专利数的81%；获得授权专利5701项，　比上年增长一倍多，其中发明专利授权3874项，占专利授权数的68%；已制定技术标准2786项，正在制定技术标准4064项。2008 年，科技计划承担单位的经济效益状况良好。

一、　重大专项全面完成实施方案编制和综合论证工作，优先启动一批课题研究

2008年以来，在国务院的直接领导下，科技部、发展改革委、财政部，各专项领导小组、牵头组织单位以及各有关方面精心谋划，认真落实，积极推动各重大专项全面启动实施。共同印发了《国家科技重大专项管理暂行规定》、《关于抓紧做好科技重大专项启动实施有关工作的通知》等，进一步规范和完善了重大专项工作制度、管理机制和工作体系。相继完成了核心电子器件、高端通用芯片及基础软件产品、极大规模集成电路制造装备及成套工艺、大型油气田及煤层气开发、艾滋病和病毒性肝炎等重大传染病防治、转基因生物新品种培育、高档数控机床与基础制造装备等专项的综合论证工作，重大专项实施方案编制和综合论证工作全面完成，并通过了国务院审议。按照国务院审议通过的实施方案，各专项采取公开招标、专家评审论证等方式，　对重点任务进行了部署和安排，在此基础上编制了专项实施计划。科技部、发展改革委、财政部从研究任务与实施方案的一致性、经费建议的合理性等方面对专项实施计划进行了认真的综合平衡，财政部对这些专项任务的详细财务预算进行了认真的评审。2008年，民口8个专项（不包括大飞机、核电、数控等专项）共安排了167个项目和560个课题，共下达中央财政科研经费约36亿元。

目前，正在实施中的载人航天与探月工程重大专项进展顺利。继2007年“嫦娥一号”首次探月工程圆满成功之后，2008年9月，神州七号载人航天飞行又获得圆满成功，我国3名航天员首次成功实施空间出舱活动和空间科学实验，实现了我国空间技术发展的重大跨越。“大型飞机”专项围绕大型客机研制，国务院组建了中国商用飞机有限责任公司，目前，该公司总部基地和三大中心建设工作稳步推进，技术经济可行性研究、总体技术方案论证、关键技术攻关等方面工作也取得显著进展。核心电子器件、高端通用芯片和基础软件产品、极大规模集成电路制造装备及成套工艺、新一代宽带无线移动通信网、大型先进压水堆及高温气冷堆核电站、大型油气田及煤层气开发、水体污染控制与治理、转基因生物新品种培育、重大新药创制和艾滋病和病毒性肝炎等重大传染病防治等专项分别围绕各自领域的重点任务优先部署了一批研究课题。

二、　基础研究领域取得重要突破

2008年，在面向国家重大需求的基础研究方面成绩显著，围绕农业、能源、信息、资源环境、人口与健康、材料、综合交叉和重要科学前沿等领域和蛋白质研究、量子调控研究、纳米研究、发育与生殖研究等四个重大科学研究计划进行总体部署，　并针对湖泊污染和汶川特大地震灾害紧急部署研究项目，取得了较好的成效。

在汶川特大地震的堰塞湖处置方面，“复杂条件下坝堤溃决机理及风险调控理论”　将其提出的风险预报方法成功应用于堰塞湖的溃决预报及应急处置分析，配合工程除险进行了唐家山、肖家桥、老鹰岩、灌滩等4个堰塞湖不同程度瞬时溃决情形下的洪水演进与淹没范围的应急计算，为抗震救灾和预防次生灾害的发生做出了重要贡献。铁基高温超导研究取得系列重要进展，得到铁基超导材料的最高转变温度，发现了国际首个报道的空穴掺杂型铁基超导材料，在国际上引起了巨大反响。“金融风险控制中的定量分析与计算”项目对于银行、

证券、保险中所涉及的主要金融风险，分类开展建模、模拟、大规模金融计算、实证和前沿理论开拓，在公理体系下的风险度量之数学表示和计算，动态风险度量与控制，倒向随机微分方程背景下的非线性数学期望，概率模型不确定性条件下的大数定律和中心极限定理等方面的研究取得重要创新性成果。“我国冰冻圈动态过程及其对气候、水文和生态的影响机理与适应对策”项目综合研究冰冻圈变化的气候、水文和生态效应，为我国应对气候变化提供对策建议，冰川动力模拟研究取得突破性进展。量子通信相关研究连续获得突破，完成了“量子中继器的实验实现”，该成果实现了长程量子通信中亟需的“量子中继”，向未来广域量子通信网络的最终实现迈出了坚实的一步，被欧洲物理学会评为2008年世界十大物理进展。

三、 高新技术领域取得全面进展

在信息技术领域，两台百万亿次级高效能计算机相继研制成功，完成新一版网格软件CNGrid GOS 3.2的开发与部署。四核龙芯3号处理器完成设计并流片，达到世界高端通用处理器设计的先进水平。北大众志完成了新一代CPU 系统芯片及配套系统软件的设计开发，研制成功两款新型网络计算机，完成了低成本定制服务器研制，并通过了典型应用环境下的性能及可靠性测试。

在生物和医药技术领域，数十个疫苗和新药研发取得突破。我国首个分子靶向药物西达本胺实现对国际制药企业的专利许可，这是我国小分子化学药领域的首次对外专利许可。

在新材料和先进制造领域，建成我国首条自主研发的5代液晶玻璃基板生产线， 研制成功世界首台符合DCI数字电影规范的激光数字电影放映机，400V/360Ah 磷酸铁锂动力电池组已应用于奥运纯电动大巴；用于工业过程自动化的无线网络规范WIA-PA作为公共可用规范IEC/PAS 62601标准化文件正式发布，国内第一台大型螺旋桨七轴五联动车铣复合数控加工装备取得了一系列关键技术突破，成功开发出适应国内企业需求的电子提花装备及相关技术。

在先进能源技术领域，完成整体煤气化联合循环发电技术及其联产液体产品等典型系统的试验示范，兆瓦级并网光伏电站系统项目取得重大创新、突破和阶段性成果，形成具有自主知识产权的1000MW超超临界褐煤锅炉关键技术。在资源环境技术领域，研制的CGDS-I地质导向钻井系统打破国外技术垄断，提高探井发现率及开发井钻遇率和采收率。室内空气甲醛去除催化剂及相关净化设备、环境光学立体监测技术等直接服务于奥运会，对建设绿色奥运和科技奥运起到了积极作用。

在海洋技术领域，具有完全自主知识产权的油气层钻井中途测试仪（FCT）工程样机成功完成两次海上实验，北极冰下自主/ 遥控海洋环境监测系统圆满完成我国第三次北极科学考察现场试验和冰下调查任务，OSMAR071型阵列式高频地波雷达和OSMAR-S200型便携式高频地波雷达已在福建示范区投入业务化运行。

在现代农业技术领域，水稻功能基因组研究技术平台进一步完善，探明了水稻全基因组水平染色质修饰与基因表达模式，全面提升了我国在作物基因组和遗传改良领域的创新能力。家蚕基因组研究再次取得重大突破，绘制完成8.48倍覆盖度的家蚕基因组精细图谱，绘制完成30种蚕类的基因组重测序和SNP鉴定，成功开发出我国第一个家蚕转基因新型有色茧实用品种。

在现代交通技术领域，轨道交通基础设施全断面动态测量系统和公路全断面动态快速检测与实时识别处理系统成功应用。依托上海长江隧道工程，建立了直径15米及高水压状态下盾构隧道的全尺寸试验技术等体系化的长大盾构隧道设计建造技术群。初步构建了国产汽车正向开发平台，研制出中国第一款顶置凸轮轴、能承受220bar爆发压力的重型车用柴油机，满足欧4以上排放要求。

在地球观测与导航技术领域，地球同步轨道毫米波大气温度探测仪研制获得巨大突破；成功地研制出含GPS、Galileo、北斗3个定位系统的高灵敏度定位接收机的原型样机；突破了基于精确定位的航空协同监视技术、新型管制自动化系统、协同流量管理、动态空域规划、航空多传感器组合导航等15项核心技术。

四、 科技支撑经济社会发展能力显著增强

突破了一批关键技术，提升了产业自主创新能力。TD-SCDMA研究开发和产业化（二期）项目进展顺利。开发出TD-SCDMA增强型技术HSUPA的系统、终端芯片和数据卡终端样机。在政府的大力支持和运营企业、研发制造企业和科研单位共同努力下，TD-SCDMA成功服务于2008年北京奥运会。初步建成1000万吨级的曹妃甸首钢京唐钢铁冶金、化工、电力、建材等多联产可循环钢铁流程

示范。开发出国内最大的年产1万吨纯度为99.9999%的全氟离子膜用四氟乙烯生产装置，开发出全氟离子膜增强纤维用原料改性聚四氟乙烯树脂。研制成功150MN自由锻造水压机，并投产成功锻造出百万千瓦核岛蒸发器锥形筒体等核心锻件；研制成功国产化50型、70型大型船用曲轴并批量生产；研制成功世界起重量最大的全回转浮吊—7500t海上起重装备浮吊。新一代纺织设备的研制方面，完成两台数字化单眼自调匀整高速并条机概念样机研制并进入实验调试阶段，为棉纺并条机的深度开发和批量生产打下了可行的工艺技术基础。

积极应对气候变化和全球变暖，加强对节能、资源的有效利用、污染治理、生态环境保护等项目的支持。具有自主知识产权的高效燃煤工业锅炉技术，可使锅炉热效率提高10～20个百分点；形成的工业锅炉烟气除尘、脱硫一体化技术，可使SO_2排放减少50%～70%；形成的低成本煤炭加工技术可有效控制燃煤质量，从源头上减少燃煤污染，使综合节能效率达到5%以上，煤炭燃烧效率至少可提高5个百分点。中西部大型矿产基地综合勘查技术与示范获得了重大找矿突破，共提交具有中大型找矿远景的靶区或矿产地14处；卤水资源综合利用技术研究掌握了固体钾矿溶解转化的关键技术及主要工艺参数，该成果对固液并存盐湖钾镁盐矿床开采具有重要意义。在脆弱生态系统恢复与重建技术模式研发取得重大突破，已在许多地区特别是西部地区获得大范围推广应用；建立了多项生态产业发展技术模式与示范生产线，催生了一批生态治理高技术企业；编制多个生态治理技术与政策咨询报告，其中针对2008年上半年先后发生的南方雪灾及汶川地震等重大自然灾害的部分监测与评估成果已在灾后生态系统受损调查与评估中得到应用。

围绕社会和谐发展和民生问题，在重大疾病防治、中医药发展、人口数量控制等方面取得了重要进展。研制出能用于脑、腹部电阻抗图像监护的一体化装置实验样机，并实际用于临床研究；研制出用于乳腺癌检测的电阻抗成像装置，通过国家医疗仪器注册，实际应用于临床。开发出BS-400型全自动生化分析仪，于2008年正式投产。研制成功国产化的脑起搏器，形成植入式神经刺激系统和体外程控仪两种医疗器械产品，并已具备年产脑起搏器2000只能力。开发的具有完全自主知识产权的磷酸奥司他韦颗粒剂，于2008年获得国家SFDA 的新药注册批件和生产批件。在建筑性能化防火设计方面，取得了系列原创性技术成果，并在北京奥林匹克体育场馆和一些大型机场航站楼、地铁等国家和地方的重要建筑、重大工程中成功应用，为2008年北京奥运会的成功举办做出了重要贡献。在地震防御与应急救援技术方面，提出不同复发模式下大震平均复发周期的定量评价模型和基于地震活动性资料的大震年评价发生率评价方法；提出地震区划场地地震动参数值的初步调整方案。发展了拟合多阻尼反应谱的人工地震动时程合成的时域叠加法，发展了震源与地震波传播、盆地效应分析相结合的近断层地震动模拟方法。

“科技奥运”建设围绕奥运需求，通过科技攻关，提供技术咨询、实施重大科技奥运专项等为北京奥运会提供了全方位的技术支持和服务。一是以高科技打造北京奥运会，全方位落实“科技奥运”理念。突破了奥运会开闭幕式、火炬传递等大型活动中的关键技术，集中攻克了与奥运赛事组织相关的信息、通信、声像等核心技术，大量采用了先进的奥运场馆设计与施工新技术、新工艺和新产品，积极采用了“数字奥运”和智能交通技术，重点突破了奥运场馆安保、食品安全等关键技术。二是以先进、适用的清洁技术实现节能减排目标，全面落实“绿色奥运”理念。节能与新能源汽车在北京奥运会大规模应用，为首次实现奥运史上奥运中心区交通的“零排放”和周边地区“低排放”目标提供了保障。在北京奥运场馆建设、环境治理和生态保护中成功应用的太阳能光伏发电、风能发电、半导体照明、雨洪利用、污水处理及资源再生利用等40余项绿色环保和节能减排技术，为绿色奥运提供了支撑。三是以北京奥运会为契机，增强我国自主创新能力建设。突破多项关键技术，如自主研制的Q460E高强度钢满足了“鸟巢”设计、施工的特殊需求，促进建筑、信息、环保和新能源等产业的整体提升，推动一批民族品牌走向世界。

国家高新区经受了金融危机等多方面考验，积极推动“二次创业”进程，继续保持较平稳发展。据统计，2008年，54个国家高新区营业总收入突破6.5万亿元，比上年增长18.6% ；工业增加值达到1.3万亿元，比上年增长18.6%，占全国当年总量的9.8%；出口创汇同比增长

13.2%，占全国外贸出口总额14.0%。国家高新区正在成为引领国民经济发展的重要力量。

五.、农业科技创新为社会主义新农村建设提供有力支撑

“粮食丰产科技工程”实施取得新突破，已在全国12个粮食主产省建立了核心试验区77.2万亩、技术示范区4082.2万亩、技术辐射区33583.6万亩，三年来“三区” 共计增产粮食2049.44 万吨，每亩单产比项目实施前三年平均增产54.30千克，单产增长率为10.03%，增加经济效益271.46 亿元。

食品加工关键技术研究与产业化开发方面，开发出方便营养米、玉米化工醇、苹果果胶等100 多个重大食品新产品；开发出共混抗污染超滤膜、高阻隔透明薄膜、可食性保鲜膜和可降解包装材料等新材料近20种；开发出过去长期依赖进口的船载超低温急冻设备、大型菜籽冷榨设备等食品加工重大关键装备；建立了世界最大的年产20 万吨化工醇生产线、亚洲最大的年产3000吨苹果果胶生产线等近百条大型成套生产示范线。

开发出适合农村地区卫生机构与居民使用的便携式多功能B 超监测妇产科手术仪、全数字智能化便携式超声等小型诊疗和可移动的诊断、治疗、检验设备以及配套试剂、器械、仪器等并成功上市，在解决农村地区居民看病难等方面发挥了积极作用。

村镇饮用水安全保障技术研发成效显著。高效复合净水剂、高效固液分离技术及设备、旋流扰流组合涡反应工艺、PAC-UF 的组合工艺等已经成功地进行应用。研发的复合预氧化药剂已被应用于太湖流域的水污染控制工程；研制的膜饮用水处理装置已用于支援四川灾区建设。

农村新能源利用技术开发取得突破。完成了真空管空气集热器和平板型空气集热器的优化设计，生产了相关样机；提出了“基于CFD的微水力水轮机优化设计方法”， 解决了国内电机制造厂缺乏设计手段的问题；高效小型水源热泵机组、小型直接膨胀式地源热泵机组、村镇独立型住户地源空调系统等成果已建立示范工程；发明了一种简易的“跟踪太阳方位机电一体化光伏发电装置”，可以提高能量转换效率20% 以上。

大力推广科技特派员、农业专家大院等新型农村科技服务模式，加强多元化、社会化农村科技服务体系建设。目前，全国已有1640个县(市、区、旗) 开展了科技特派员工作，科技特派员总人数达7.2万余人，科技特派员参与的科技项目直接服务近800万农户，辐射带动受益农民总人数达到3600 余万。

通过继续开展科技富民强县专项行动计划，加快了农业科技成果转化和农村先进适用技术推广应用，培育了一批区域特色优势产业。2005-2008年，398个试点县（市）共引进、转化、推广先进适用技术6359项，推广面积11398.9万亩，覆盖农民达到了2566.8万，新增就业219.7万人。截止到2008年底, 各试点县（市）共建设企业研发机构、科技成果转化示范基地、农民经济技术合作组织等各类科技服务平台18974个，平均每个试点县（市）建设各类科技服务平台47.7个。

六、 科技基础条件建设的基础支撑作用日益凸显

科技基础条件平台建设进展显著，在国家创新体系中的基础支撑作用日益凸显。全国大型科学仪器设备协作共用网将分散于全国七大区域31 省市的1.2万台套单价40万元以上的大型科学仪器通过信息平台向全社会开放，促进了各地大型科学仪器设备使用效率的提高。国家地震科学数据共享平台整合了1990年到2008年地震数据，建设和改造了48个数据库，在线共享数据12000G 以上。通过科学数据共享建设，共有35.5TB 以上的科学数据存量资源对外开放共享。

2008 年初的南方冰雪灾害中，国家生态系统观测研究台站网络平台提供了大量生态观测数据，为国家宏观指导林业抗灾救灾提供了重要依据。汶川地震发生后，地震科学数据共享平台向地震研究部门提供大量分析数据；全国应急分析测试平台组织专家奔赴现场开展分析水质，保障了灾区人民饮用水安全。“问题奶粉”事件中，全国分析测试中心协作平台率先研发了“原料乳三聚氰胺快速检测液相色谱法”并最终形成国家标准，为奶粉检测提供了有力的技术支持。在2008年北京奥运会上，国家标准物质信息检测平台承担了4500例样品的兴奋剂检测工作，向世界展示了我国检测的能力和水平。科技基础条件平台还为西气东输、三峡水利工程、杭州湾大桥、青藏铁路等近百个国家重大工程直接提供了重要的科学数据、信息、文献等服务。中国数字科技馆资源量达132GB，日均访问量超过3万人。截止2008年6月底，“地球科学数据系统共享网”

已向科技界和社会公众提供了超过17TB的数据服务量，直接向500多个国家重大科研项目和课题提供数据支撑服务。

加大对国家（重点）实验室的支持力度。2008年正在运行的国家重点实验室212个，试点国家实验室6个。2008年，国家（重点）实验室共获得国家级奖励66 项（包括非第一完成单位），其中国家自然科学奖二等奖19项，占当年授奖总数的55.9%；国家科技进步特等奖1项，一等奖2项。国家重点实验室已经成为聚集和培养优秀科学家，建设创新团队的重要基地。冻土工程国家重点实验室持续多年的冻土科学研究为青藏铁路、青藏公路的建设奠定了关键科学基础和技术支撑。肿瘤生物学国家重点实验室系统研究了影响胃癌多阶段进程的重要分子及作用机制，研究成果成为国内外5个诊治共识的制定依据。分子反应动力学国家重点实验室发展和研制出里德堡态氢原子飞行时间谱技术与交叉分子束技术结合的反应动力学先进实验装置，在原子分子的量子态水平上探索了与化学反应过渡态相关的新现象和新规律。生物大分子国家重点实验室比较系统地研究了囊泡分泌的分子机制及其与血糖调控之间的关系。

国家工程技术研究中心成为联系科技与经济的重要纽带，与国家实施的各项重大科技计划相互配合，推动了科技产业化的发展，已成为国家创新体系的一支重要力量。2008年，科技部批准组建了国家板带生产先进装备工程技术研究中心等27 个工程中心。2008年，工程中心共承担科研项目9986项，完成科研项目4894项。获得科技成果2013项，同比增长29.0%。全年申请专利3819项，其中申请发明专利2328项，分别较上年增长25.5%和42.9%；授予专利2731项，其中授予发明专利539项，分别较上年增长112.9% 和46.5%；出版科技著作216部，发表科技论文10724 篇。共转化科技成果4726项，累计推广成果12131项，其中：推广新技术（新工艺）1056项，推广新产品2032个，推广新设备9043台/ 套。

七、国际科技合作全面深入推进

2008 年，加大国际科技合作力度，有选择地建立和培育了一批国际科技合作基地，重点支持天津生物医药国际创新园、济南信息通讯技术国际创新园、苏州纳米国际创新园等三大园区和国家级国际联合研究中心。围绕国家重大战略需求，加大力度，在可再生能源与新能源、中医药等重点合作领域打造一批重大合作项目，推进“中医药国际科技合作研究计划”和“可再生能源与新能源国际科技合作计划”的实施。

通过国际科技合作计划的实施，形成了一批在各学科领域的优秀科研团队和研发基地，建立了双赢互利、以我方为主的国际科技合作机制，推动了产业化发展。“采用低热值燃气轮机减少温室气体排放”、“国际地球化学填图”等项目的实施，为解决我国能源、资源和环境领域的重大科学技术问题，落实国家节能减排战略和能源、资源安全战略部署发挥了重要作用。“中美印（尼）日南海与邻近海域水交换及其变异合作研究”开展气候变化国际合作，提高应对气候变化观测水平。“地震危险性评价与地震预报新方法研究”项目积极开展防灾减灾国际合作，提高自然灾害应对能力；“大型建设项目的安全与环境风险管理技术”项目引进国际先进技术和管理，服务北京科技奥运和绿色奥运；“北京奥运会国际天气预报示范计划支持技术研究”项目， 通过借鉴悉尼奥运会天气预报示范项目的经验，在较短时间内建立了具有国际先进水平的软、硬件平台，提高了我国灾害性天气短时临近预报预警业务水平，为2008 年北京奥运会气象服务提供了支持。“中国综合性艾滋病研究项目”对我国艾滋病的防治和科研工作具有重要意义。“牛奶安全优质生产与加工重大关键技术研究”项目， 解决了原料奶抗生素快速检测、液态奶加工质量评价和基因芯片分析等关键技术瓶颈。

（科技部提供）

2008年全国科技经费投入情况

国家统计局 科学技术部 财政部

2009年12月15日

2008年，我国国家财政科技支出持续增加，科技经费投入继续保持稳定增长，全社会研究与试验发展（R&D）经费投入力度加大，投入强度再创历史新高。

一、研究与试验发展（R&D）经费支出情况

2008年，全国研究与试验发展（R&D）经费总支出为4616亿元，比上年增加905.8亿元，增长24.4%；研究与试验发展（R&D）经费投入强度（与国内生产总值之比）为1.54%，比上年的1.44%有所提高。按研究与试验发展人员（全时工作量）计算的人均经费支出为23.5万元，比上年增加2.1万元。

分活动类型看，基础研究经费支出为220.8亿元，比上年增长26.5%；应用研究经费支出为575.2亿元，增长16.7%；试验发展经费支出3820亿元，增长25.5%。基础研究、应用研究、试验发展经费支出所占比重分别为4.8%、12.5%和82.8%。

分执行部门看，各类企业经费支出为3381.7亿元，比上年增长26.1%；政府部门属研究机构经费支出811.3亿元，增长17.9%；高等学校经费支出390.2亿元，增长24%。企业、政府部门属研究机构、高等学校经费支出所占比重分别为73.3%、17.6%和8.5%。

分产业部门看，九大行业的研究与试验发展（R&D）经费投入强度（与主营业务收入之比）超过1%。专用设备制造业为1.93%，医药制造业为1.74%，通用设备制造业为1.59%，电气机械及器材制造业为1.5%，交通运输设备制造业为1.44%，橡胶制品业为1.27%，通信设备、计算机及其他电子设备制造业为1.27%，仪器仪表及文化、办公用机械制造业为1.22%，化学纤维制造业为1.06%。

分地区看，研究与试验发展（R&D）经费支出超过300亿元的有江苏、北京、广东、山东、上海和浙江6个省（市），共支出2767.5亿元，占全国经费总支出的60%。研究与试验发展（R&D）经费投入强度（与地区生产总值之比）达到或超过全国水平的有北京、上海、天津、陕西、江苏和浙江6个省（市）。

二、财政科学技术支出情况

2008年，国家财政科学技术支出为2581.8亿元，比上年增加468.3亿元，增长22.2%；财政科学技术支出占当年国家财政支出的比重为4.12%。

2008年财政科学技术支出情况

项目	财政科技支出额（亿元）	比上年增长（%）	占财政科技支出总额的比重（%）
合　计	2581.8	22.2	100.0
其中：科学技术	2129.2	19.4	82.5
其他功能支出中用于科学技术的支出	452.6	37.0	17.5
其中：中央	1285.2	23.2	49.8
地方	1296.6	21.1	50.2

注：2006年及以前年度财政科技支出包括科技三项费、科学事业费、科研基建费和其他科研事业费；2007年政府收支分类体系改革后，财政科技支出包括“科学技术”科目下支出和其他功能支出中用于科学技术的支出；前后年度财政科技支出涵盖范围基本一致。

——2008年各地区研究与试验发展（R&D）经费支出情况

地 区	R&D经费支出（亿元）	R&D经费投入强度（%）
全 国	4616.0	1.54
北 京	550.3	5.25
天 津	155.7	2.45
河 北	109.1	0.67
山 西	62.6	0.90
内蒙古	33.9	0.44
辽 宁	190.1	1.41
吉 林	52.8	0.82
黑龙江	86.7	1.04
上 海	355.4	2.59
江 苏	580.9	1.92
浙 江	344.6	1.60
安 徽	98.3	1.11
福 建	101.9	0.94
江 西	63.1	0.97
山 东	433.7	1.40
河 南	122.3	0.66
湖 北	149.0	1.31
湖 南	112.7	1.01
广 东	502.6	1.41
广 西	32.8	0.46
海 南	3.3	0.23
重 庆	60.2	1.18
四 川	160.3	1.28
贵 州	18.9	0.57
云 南	31.0	0.54
西 藏	1.2	0.31
陕 西	143.3	2.09
甘 肃	31.8	1.00
青 海	3.9	0.41
宁 夏	7.5	0.69
新 疆	16.0	0.38

主要指标解释

研究与试验发展（R&D）经费支出指统计年度内全社会实际用于基础研究、应用研究和试验发展的经费支出。包括实际用于研究与试验发展活动的人员劳务费、原材料费、固定资产购建费、管理费及其他费用支出。

基础研究指为了获得关于现象和可观察事实的基本原理的新知识（揭示客观事物的本质、运动规律，获得新发展、新学说）而进行的实验性或理论性研究，它不以任何专门或特定的应用或使用为目的。

应用研究指为了确定基础研究成果可能的用途，或是为达到预定的目标探索应采取的新方法（原理性）或新途径而进行的创造性研究。应用研究主要针对某一特定的目的或目标。

试验发展指利用从基础研究、应用研究和实际经验所获得的现有知识，为产生新的产品、材料和装置，建立新的工艺、系统和服务，以及对已产生和建立的上述各项作实质性的改进而进行的系统性工作。

摘自《2008年全国科技经费投入统计公报》

2008年1-12月高技术产业投资情况（一）

指 标	计划总投资（万元）	完成投资（万元）	新增固定资产（万元）	施工项目个数（个）	新开工项目个数（个）	投产项目个数（个）
制造业合计	1057273414	457583901	245153254	122285	78713	60131
其中：高技术	113368679	44190735	23959398	8427	4513	3177
一、按隶属关系分						
中 央	5608686	1637475	960317	258	77	70
地 方	107759993	42553260	22999081	8169	4436	3107
二、按建设性质关系分						
新 建	76072155	23856143	10934287	4419	2172	1453
扩 建	15820053	7545808	4927539	1743	968	776
改 建	14689041	8121425	4823821	2113	1309	895
三、按注册类型关系分						
内 资	63825375	26292724	12800477	6646	3685	2625
其中：私营	13072050	6721302	3651432	2262	1404	1054
港澳台商	20432880	6334235	4150650	689	287	206
外商投资	29063994	11529346	6975841	1075	527	335

续表

个体经营	46430	34430	32430	17	14	11
四、按地区分						
北　京	3778559	600170	450241	93	43	32
天　津	2998746	1245934	398321	147	77	57
河　北	2765737	1151216	616665	310	203	139
山　西	1368148	558833	122577	64	28	23
内　蒙	401166	202984	170922	42	29	23
辽　宁	6484036	2728817	1158687	388	258	185
吉　林	2857430	1642497	648451	331	241	123
黑龙江	882414	504930	343404	110	58	53
上　海	8287871	1524557	1923936	113	47	35
江　苏	17263344	9522283	6044594	1181	623	600
浙　江	5827677	1772684	1242534	583	215	142
安　徽	2431275	1142141	401600	446	224	148
福　建	3617244	993111	480027	283	135	74
江　西	6067470	1999779	1433549	435	208	196
山　东	7072010	3919665	1208546	669	344	162
河　南	3577283	2119294	1518810	516	379	352
湖　北	4525353	1678478	579165	288	183	121
湖　南	2772889	1105596	486064	350	206	126
广　东	14224140	4469996	2710885	778	412	147
广　西	1527282	425946	139578	219	100	49
海　南	26555	12624	5163	4	2	0
重　庆	2413885	545084	395246	150	56	54
四　川	8023670	2765501	675664	451	211	175
贵　州	398474	141014	107279	97	43	32
云　南	410360	130182	47662	41	18	12
西　藏	22281	12755	0	8	4	0
陕　西	2420709	982976	514623	231	121	95
甘　肃	499126	124009	75382	61	22	13
青　海	54522	18116	1500	6	3	1
宁　夏	192186	61290	2000	9	5	1
新　疆	176837	88273	56323	23	15	7

2008年1-12月高技术产业投资情况（二）

指　　标	计划总投资（万元）	完成投资（万元）	新增固定资产（万元）	施工项目个数（个）	新开工项目个数（个）	投产项目个数—（个）
六、按行业分						
（一）信息化学品制造	3117119	1563153	695388	148	85	55
（二）医药制造业	22764240	10553019	5528100	3171	1735	1245
其中：化学药品制造	8820670	4115648	1971734	1089	552	377
中成药制造	4704015	1901783	1040527	660	377	259
生物、生化制品的制造	4580890	1959547	890605	528	266	189
（三）航空航天器制造	4986059	1585815	400988	208	66	71
1、飞机制造及修理	4183435	1370108	345800	178	60	66
2、航天器制造	570886	147094	25688	21	3	3
3、其他飞行器制造	231738	68613	29500	9	3	2
（四）电子及通信设备制造业	62017459	21896148	12850416	3186	1699	1157
1、通信设备制造	7816704	2745499	1292627	415	215	138

续表

其中：通信传输设备制造	1855605	437745	205211	91	58	35
通信交换设备制造	394384	150965	99567	41	16	9
通信终端设备制造	769511	322866	208206	58	22	17
移动通信及终端设备制造	3884381	1448708	576538	114	59	41
2、雷达及配套设备制造	628592	170599	43566	22	7	7
3、广播电视设备制造	749335	324927	212798	77	43	31
4、电子器件制造	32552824	9473484	6200352	716	364	251
电子真空器件制造	724717	347553	221300	83	49	37
半导体分立器件制造	4185695	868381	401599	101	46	29
集成电路制造	14915839	4577938	3265140	163	57	57
光电子器件及其他电子器件制造	12726573	3679612	2312313	369	212	128
5、电子元件制造	12750446	6335557	3813601	1363	757	526
6、家用视听设备制造	3188338	1146801	518768	161	73	41
7、其他电子设备制造	4331220	1699281	768704	432	240	163
（五）电子计算机及办公设备制造业	8125650	2841482	1811862	341	158	112
1、电子计算机整机制造	1984786	760602	263069	59	23	18
2、计算机网络设备制造	1606126	573212	223240	75	42	22
3、电子计算机外部设备制造	3726234	1290662	1164963	172	76	56
4、办公设备制造	808504	217006	160590	35	17	16
（六）医疗设备及仪器仪表制造业	8973032	4650724	2300127	1229	698	503
1、医疗设备及器械制造	2132663	1087720	613699	341	180	134
2、仪器仪表制造	6840369	3563004	1686428	888	518	369
（七）公共软件服务	3245820	1095348	371917	141	71	33
（八）其它	139300	5046	600	3	1	1

中国节能和提高能效工作情况

国家发展改革委副主任、国家能源局局长张国宝在G8+3能源部长会“能效”议题部分的主旨发言

（2008年6月8日）

按照会议安排，我在此介绍一下中国在节能和提高能效方面所作的工作。

20世纪，全球15%的人口在实现工业化的过程中，消耗了同期全球60%的能源和50%的矿产资源。在未来100年或更长的时间里，包括中国、印度在内的占世界人口85%的发展中国家，也将陆续实现工业化和现代化。如何解决人口、资源、环境与工业化加快、经济快速增长的矛盾，是人类发展需要回答的问题。大力节约能源，更快地提高能源效率，无疑是既能缓解能源资源约束、保障能源安全，又能保护环境、实现可持续发展的必然选择。

多年来，中国政府一直重视能源节约和提高能效，并为此进行了不懈努力：

首先，通过调整结构和淘汰落后产能节能。在宏观层面上，努力调整经济结构，增长方式转变，抑制高耗能行业过快增长。为此，政府发布了铁合金、焦炭等高耗能行业市场准入标准，并调整了相关产品关税，以减少能源消耗。在工业内部，我们加大了淘汰落后产能的力度，发布了火电、钢铁、水泥等13个行业“十一五”时期及2007年淘汰落后产能分地区、分年度计划。据统计，2007年全国共关停小火电机组1438万千瓦、淘汰落后炼铁产能4659万吨、落后炼钢产能3747万吨、落后水

泥产能5200万吨，落后小机焦产能1500万吨，关闭小煤矿2322处。通过结构调整和淘汰低效、落后产能，达到了节约能源和提高能效的目的。2007年，全国万元GDP能耗为1.166吨标准煤，比2006年下降3.27个百分点。

第二，通过技术进步节能。我们把支持节能技术研发作为政府科技工作的重点领域，在科技支撑和重大技术装备研制等计划中安排重大科技项目，加大对节能领域关键技术的开发力度。在节能技术推广方面，2007年印发了《中国节能技术政策大纲》，在钢铁、电力等重点行业召开专题技术推广会，积极推动采用高新技术和先进适用技术改造传统产业，不断提高科技在节能提效中的贡献率。

第三，通过加强管理节能。为加强节能管理，一是国务院成立节能减排工作领导小组，全面部署节能减排工作；二是建立了节能目标责任和评价考核制度，把GDP能耗降低目标分解落实到各地区和重点企业。三是加快实施节能重点工程并推动重点领域节能。中央政府利用财政资金重点支持余热余压利用，能量系统优化、工业锅炉改造、节约和替代石油、电机系统节能等工程。四是完善能效标识管理和节能产品认证制度，引导用户和消费者购买使用节能型产品。

第四，通过深化改革节能。一是加快资源性产品价格体制改革步伐，逐步形成有利于节约、能够反映稀缺程度的价格形成机制。二是加大财税政策对节能的支持，对企业节能技术改造、北方采暖地区既有居住建筑节能改造、高效照明产品推广采取财政奖励、政府补贴方式予以支持，同时出台了节能环保项目减免企业所得税和节能环保设备投资抵免企业所得税政策。三是实施节能产品政府强制性采购政策。2007年国务院发布了《关于建立政府强制采购节能产品制度的通知》，有关部门发布了节能产品政府采购清单。

第五，通过强化法制节能。一是修改《节约能源法》，把实践中形成的节能措施和有益经验上升为法律。二是严格执行强制性建筑节能标准。三是制定和修改主要工业耗能设备、家用电器、照明器具、机动车能效标准，以及重点耗能行业节能设计规范，不断完善节能标准体系。

第六，通过全民参与节能。一是坚持政府机关带头节能。二是加强节能宣传，提高公众节能意识，倡导健康文明的节约文化，使节约能源、提高能效逐步成为每个公民的自觉行为模式。2007年，17个中央政府部门在全国范围内组织开展了“节能减排”全民活动，并推出全国节能形象大使，开设节能信箱，搜集全社会对节能工作的建议。

节约能源、提高能效关系到全球能源资源平衡和环境保护，因此，它也是世界各国共同的责任。在这一领域，中国已经通过多边和双边机制，与包括日本、美国在内的许多国家及国际组织开展了有成效的交流与合作。我希望，通过今天的讨论，能够进一步加深各国在节能领域的相互了解，达到交流经验、共同提高的目的。同时，我也期待着各位部长就如何开展务实合作、推进先进能效技术的转让和推广发表意见。

加强交流与合作
共同促进全球能源可持续发展

——国家能源局孙勤副局长 在第十一届国际能源论坛上的主旨发言

（2008年4月22日 ）

首先感谢会议东道国意大利政府主办这次论坛以及印度、墨西哥和IEF秘书处对本次会议的贡献，为会议做了周到的安排。

下面，我想结合中国的情况就能源可持续发展问题谈三点看法，供大家参考：

一、中国“立足国内”的能源方针，基本满足了国民经济和社会发展的需要

中国是发展中大国，也是世界第二大能源生产国和消费国。中国现有13亿人口，人均消费能源很低。中国的能源供应主要立足国内，多年来能源自给率始终保持在90%以上。过去几十年来，中国以较低的能源增长速度支持了国民经济的快速发展；同时也为世界经济的繁荣作出了贡献。从现在起到2020年是中国建设小康社会的关键时期，能源发展既有新的机遇，也面临着严峻挑战。如中国能源资源总量比较丰富，但是人均占有量较低；在一次能源消费中，煤炭的比重接近70%，给环境保护带来很大的压力等。

中国政府十分重视能源问题，为维护和保障能源安全，中国政府将继续坚持“节约优先、立足国内、多元发展、保护环境和加强国际互利合作”的方针，努力构筑稳定、经济、清洁的能源供应体系，并着重调整能源结构，推进节约能源，加大国内能源资源的勘探开发力度，提高应急能力，加快建立国家石油储备体系，扩大国际能源合作，促进先进节能技术的研发应用，以确保能源市场稳定和供应安全。

二、妥善解决能源带来的环境问题，是实现可持续发展的关键

中国政府十分重视能源环保问题，并将“环境保护”作为能源政策的一个重要组成部分。在能源环境保护方面，我们主要作了以下几个方面的努力：一是努力提高能源效率，提倡能源节约，千方百计减少能源消耗。在目前的技术水平下，能源的生产与消费必然或多或少产生污染物排放，因此减少能源消耗实际上就是减少排放。多年来，中国政府高度重视节约能源，坚持开源与节流并重，并把节约放在首位，在节能方面已取得了明显进展。目前，中国政府制定了提高能源效率的目标：到2010年，单位国内生产总值能源消耗比2005年末降低20%。二是提高能源技术水平，广泛推广洁净煤等先进能源技术，减少污染物的排放。中国鼓励发展煤炭洗选、加工转化、先进燃烧、烟气净化技术。目前，中国30万、60万千瓦等级高效率、高参数的大型机组已经成为新建火电站的主力机组。多年来，中国能源环境保护取得显著进展，在火电装机大幅增加的情况下，电厂烟尘排放总量仍维持在1980年的水平。三是大力发展包括可再生能源在内的清洁能源比重。为保护环境并逐步改变能源结构过分依赖煤炭的局面，我国在坚持煤为基础的同时，积极促进能源的多元发展，努力构建煤炭为主体、石油天然气、核能和可再生能源全面发展的能源结构。特别是在促进可再生能源发展方面，我国出台了一系列鼓励措施。目前，包括水电、风电在内的可再生能源比重约7%。根据能源中长期规划，到2020年这一比重将增加到15%。四是健全能源环保领域法规建设，为能源可持续发展创造良好的体制环境。

三、实现能源可持续发展需要世界各国的共同努力

能源是全球性问题，绝大多数国家都不可能离开国际合作而获得能源安全保障。同样，要实现能源可持续发展，也需要靠世界各国的共同努力。在上个世纪100年的时间里，占世界人口15%的发达国家陆续实现了工业化和现代化，促进了经济和社会的繁荣，但消耗了全球60%的能源和50%的矿产资源。进入新世纪的100年或更长时间，包括中国、印度、巴西等在内的占世界人口85%的发展中国家，将陆续实现工业化和现代化。从人类已经走过的历史过程来看，工业化是社会财富积累快、生活水平提高迅速的历史阶段，同时也是能源资源消耗大的历史阶段。如何解决日益严峻的人口、资源、环境与工业化加快、经济快速增长的矛盾，实现可持续发展，是人类发展需要回答的问题。

作为先行实现工业化和现代化的发达国家，应为能源可持续发展承担更大的责任。这不仅因为发达国

家在推进工业化和现代化的过程中，已消耗了全球过多的能源和矿产资源，而且因为目前发达国家仍然是全球能源资源的主要消费者。发达国家大量消耗资源能源完成了工业化和现代化，也积聚了前所未有的、巨大的物质财富，应承担起与此相应的责任，致力于促进全球能源的可持续发展。为此，发达国家应当率先节约能源，减少单位GDP的能源消耗；应加大对能源技术研发的投入，积极推动清洁煤技术等高效率利用化石燃料方面的国际合作，加强可再生能源和氢能、核能等重大能源技术研发；应当更多地向发展中国家转让先进节能技术，处理好资金投入、知识产权保护、技术推广等问题，支持发展中国家更有效地利用能源。

IEF为开展能源领域内的交流沟通发挥了积极的作用，中国政府愿意积极参与IEF的多项活动，为共同推进能源的可持续发展做出努力。

中国石化集团2008年投资建设情况及2009年投资计划

一、2008年重大项目建设情况及2009年投资建设计划

（一）2008年投资建设总体情况

2008年中国石化集团公司投资工作认真贯彻落实中央宏观调控政策措施，以科学发展观为指导，深入落实国家能源战略，紧紧围绕中国石化整体改革与发展目标，按照党组有关投资工作的一系列决策部署，以“十一五”改革发展规划纲要和三年滚动发展调整计划为指导，遵循上中下游全面、协调、可持续发展和效益最大化原则，严格执行“量入为出、控制总量，集中决策、调整结构，优化项目、增加回报”的投资工作方针，不断强化内部管理，严格决策程序，规范投资行为，规避投资风险。总体上讲，投资计划执行情况良好，投资规模得到有效控制，全年集团公司完成投资1538.66亿元，其中上市部分1162.94亿元，非上市部分375.72亿元。重点项目建设进展顺利，完成了全年各项建设任务和目标。

1. 油气勘探积极稳步推进，成效显著，超额完成油气探明储量任务。油气勘探深入贯彻落实“稳定东部，加快西部，发展南方，开拓海域”的油气总体发展方针，东部立足富油凹陷精细勘探及深层突破，西部积极扩大增储上产领域，同时努力加大四川盆地等天然气资源勘探力度。在塔河外围于奇西地区奥陶系、四川南江地区米仓山前带、济阳青东凹陷、鄂南镇泾地区等取得了四个重大突破，东部老区复杂隐蔽油藏勘探也取得了重要进展，勘探成效显著。全年累计完成二维地震13899千米、三维地震6080平方千米，完钻探井544口、进尺176.81万米。全年新增探明石油地质储量2.99亿吨、可采储量4578万吨；新增探明天然气地质储量1331亿立方米、可采储量725亿立方米，继续保持储采平衡有余，资源序列进一步改善，为上游持续稳产增产提供了资源保障。

2. 油气田开发按计划平稳运行，基本达到预期目标。油气田开发继续认真贯彻落实“东部硬稳定、西部快上产、天然气大发展”的战略部署。东部老区不断加大周边滚动勘探和未开发储量经济合理开发，深入开展油藏评价，深化老油田挖潜，加强低品位储量开发，确保东部老油田稳产；西部加强开发技术攻关和油藏评价，以塔河油田为重点，积极加快新区产能建设，实现西部产量快速增长。油气田产能建设重点项目稳步推进，普光气田开发和塔河油田新区产能建设等重点新区产能建设项目进展顺利，全年完成开发井3303口、进尺789.37万米，新建原油产能580万吨、天然气产能14.77亿立方米。原油产量达到4180万吨，同比增长1.75%；天然气产量达到83亿立方米，同比增长3.75%。各项开发指标保持较好水平。

3. 油品质量升级稳步实施，原油适应性改造和重油深加工项目按期投产。按照“调整加工布局、优化装置结构、推进质量升级”的原则，以提高产业集中度，增强市场供应增加产能，实现规模化、管道化、基地化发展为目标，加快清洁能源生产，推进一批具有较强竞争能力的骨干炼油基地建设，青岛1000万吨/年炼油、曹妃甸进口原油码头、武汉、洛阳油品质量升级改造、高桥加工进口原油适应性改造工程等项目相继建成投产，新增原油综合加工能力1350万吨/年、催化裂化能力290万吨/年、延迟焦化能力750万吨/年，新增原油码头接卸能力30万吨级。

4. 乙烯工程项目建设稳步实施，化纤、有机原料等项目按计划有序推进。按照“突出核心业务，加大结构调整力度，优化产品结构，提升产品质量”的原则，紧紧围绕主业发展，充分发挥炼油化工一体化优势，重点加强大型乙烯和芳烃装置建设，金陵芳烃、扬子丁二烯、燕山丁基扩能、茂名橡胶扩能、齐鲁资源优化技术改造等项目建成投产，新增PX能力60万吨/年、丁二烯能力10万吨/年、合成橡胶能力4.5万吨/年、合成气能力10.5万吨/年。

5. 重点区域加油站收购和建设取得显著成效。继续实施“拓展市场、完善网络、树立品牌”战略，不断增强市场保供能力，抓好加油站建设和收购，合理调整油库布局，完善中转库和销售库功能，开拓区外市场和拓展乙醇汽油市场，适度增加区外成品油库容。2008年共发展加油站720座（其中新建322座，收购398座）。

6. 国外油气勘探开发效果突出，超额完成权益油产量计划任务。国外油气勘探认真落实海外油气发展战略，精心部署，积极加强地质综合研究，取得重大突破和进展，海外油气勘探新增权益探明储量485万吨，其中：缅甸D区块首PATOLON-1井获日产气14.70万方、日产油9.76方，FIOC所属F区块获日产原油322方、日产气31.6万方，萨哈林项目北维尼1井测井解释气层159.7m/25层测试获高产气流，也门71区块Henin－1井基底钻遇裂缝性油气层31层68米，日产油105桶、日产天然气6万方。海外油田开发精心组织生产，积极采取各项针对性措施，克服国际形势动荡、生产故障等多重困难，全年完成权益油产量901.22万吨。

（二）2008年重大项目投资建设情况

1. 川东北天然气勘探开发。2008年完成投资173.36亿元。其中：

① 川东北勘探：完成投资20.46亿元，完钻井22口、正钻井20口，完成进尺9.21万米。全年新增探明天然气地质储量631亿方、可采储量410亿方，新增控制储量1683亿方，预测储量1842亿方。

② 普光气田开发：完成投资101.49亿元，普光主体钻井18口，完钻井13口，正钻井5口，完成进尺6.9万米；普光周边钻井新开6口，进尺0.85万米，新建井场1座，改建井场3座。一期投产的20亿方产能地面集输工程安装就位，二期投产的85亿方产能建设物资合同全部签订。净化厂工程第一、二、三联合装置土建完工，钢结构、设备、管道、电气等安装施工；第四、五、六联合土建基础施工。

③ 川气东送管道：完成投资51.41亿元。1700千米钢管加工全部完成，管道防腐完成1600千米，长江穿跨越5处总长8925米全部贯通，山体隧道、大中型河流穿跨越73处总长94.4千米有70处实现贯通，线路安装工程累计完成1550千米等。

2. 塔河油田勘探开发。2008年完成投资44.94亿元。塔河油田勘探完钻井33口，完成进尺23.54万米，新增探明石油地质储量13056万吨，控制储量13813万吨，预测储量14193万吨。塔河油田新区产能建设完钻井80口、进尺53.07万米，新建原油生产能力89.60万吨，相应的地面配套工程完工。

3. 青岛大炼油工程。主要包括1000万吨/年常减压蒸馏、290万吨/年催化裂化、320万吨/年蜡油加氢处理、410万吨/年柴油加氢精制、150万吨/年连续重整、250万吨/年延迟焦化等14套装置。总体设计批复概算投资125.26亿元。2006年5月开工建设，截止2007年底累计完成投资97.98亿元，2008年完成投资20.64亿元，工程全部完工，于5月底全面投产。

4. 洛阳油品质量升级改造工程。主要包括新建140万吨/年延迟焦化装置、220万吨/年蜡油加氢处理装置和4万标立/时制氢装置，减压系统改造和硫磺回收装置改造到4万吨/年，配套建设1炉1机等有关系统配套工程。总体设计批复概算投资23.08亿元。2006年9月开工建设，截止2007年底累计完成投资12.91亿元，2008年完成投资8.0亿元。硫磺装置3月1日投产，减压改造、焦化装置分别于6月20日、25日投产，加制氢装置9月6日中交，热电站改造汽轮机主体于12月18日扣缸，锅炉本体及附属设备、烟道保温完成。

5. 广州100万吨/年连续重整联合装置。主要包括新建100万吨/年连续重整装置、15万吨/年苯抽提装置、5万标立/时氢提纯装置、7万吨/年MTBE装置。基础设计批复概算投资11.65亿元。2007年10月开工建设，截止2007年底累计完成投资1.0亿元，2008年完成投资9.0亿元。重整联合装置施工收尾，工艺管道试压、反应器内件安装、仪表联校、压缩机单机试运2009年1月完成，氢提浓（PSA）区域施工内容基本完成，系统配套区域11月13日中交。

6. 福建炼化一体化工程。主要包括新建800万吨/年炼油、400万吨/年炼油改造、80万吨/年乙烯、70万吨/年芳烃联合装置、青兰山30万吨/年码头及罐区、IGCC热电联产及配套公用工程。总体设计批复概算投资316.19亿元。2005年7月开工建设，2008年底大部分装置建成中交。截至2008年底累计完成投资307.5亿元，系统公用工程陆续投入运行，炼油装置中交基本完成，乙烯装置进行工艺管线试压、单机试车、仪表调校和“三查四定”，聚乙烯、聚丙烯装置中交。

7. 天津100万吨/年乙烯工程。主要包括100万吨/年乙烯、1250万吨/年炼油改扩建、3台420吨/小时CFB锅炉和2台100MW抽凝式汽轮发电机组等热电配套工程，总体设计批复概算投资268.46亿元。2006年6月开工建设，2008年完成投资90.99亿元。设计全部完成，设备材料采购投资完成85%，工艺设备采购基本完成，电气、仪表、大宗材料采购正在进行，现场土建工程收尾，设备安装进入高峰，完成大件吊装74台（45%），新建炼油区域工艺管道完成83公里（22%），乙烯区域开始配管，项目总体施工进度完成64%。

8. 镇海100万吨/年乙烯工程。主要包括100万吨/年乙烯及下游配套装置，5台410吨/时CFB锅炉等配套公用工程和辅助系统，总体设计批复概算投资234.98亿元。2006年11月开工建设，2008年完成投资43.30亿元。详细设计完成67.1%，设备材料采购完成43.1%，现场64个主项进入现场实施阶段，一、二级地下管线、桩基施工收尾、土建基础施工、钢结构和建构筑物施工、安装工程陆续展开，乙烯裂解炉体、辐射段钢结构安装完成，第二丙烯精馏塔封顶，化学水处理、110KV总变进入收尾调试阶段，全厂公用仓库项目中交。

9. 金陵60万吨/年PX项目。主要包括100万吨/年连续重整、35万吨/年芳烃抽提、60万吨/年PX及系统配套工程。基础设计批复概算投资30.96亿元。2006年8月开工建设，2008年完成投资10.0亿元。连续重整装置和芳烃抽提装置投料试车，对二甲苯装置建成中交，二甲苯塔开始收油，异构化反应投料，PX芳烃联合装置全流程打通，工艺参数优化调整。

（三）2009年投资建设计划

中国石化集团公司209年投资建设计划全面贯彻党的十七大和中央经济工作会议精神，以邓小平理论和“三个代表”重要思想为指导，深入贯彻落实科学发展观，紧紧围绕中国石化整体改革与发展战略，坚持“量入为出、控制总量，集中决策、调整结构，优化项目、增加回报”的投资工作方针，密切关注国内外宏观经济走势，以市场为基础、以效益为中心，以科技创新为动力，强化内部管理，严格决策程序，统筹协调规划上市与非上市，充分发挥上中下游一体化优势，积极推进海外业务健康发展，扩大资源，拓展市场，着力推进结构调整和发展方式转变，切实提高发展质量和效益，不断增强中国石化核心竞争力和可持续发展能力。按照“一个整体、控制总量、突出重点、远近兼顾、效益优先、从严从紧”的思路和原则统筹研究和考虑2009年投资建设计划。2009年全年投资规模为2098.87亿元，上市部分投资1183.05亿元，其中：油田板块632.44亿元（包括资本支出530.10亿元、勘探费用进损益102.34亿元），炼油板块154.36亿元，化工板块261.82亿元，销售板块120.14亿元，科研信息板块14.29亿元；非上市部分投资915.82亿元，其中：海外油气勘探开发投资777.05亿元，国内固定资产投资138.77亿元。

二、中国石化集团公司节能减排措施

中国石化集团公司认真贯彻落实国家有关节能减排的方针政策，以科学发展观为指导，坚持走节约发展、清洁发展和安全发展之路，明确节能减排目标，健全完善工作体系、管理机制和考核评价办法，以资源优化、结构调整、新技术应用和持续增加节能专项投入为切入点，节能减排取得了显著成效。集团公司万元产值综合能耗0.782吨标煤，同比下降0.04吨标煤，下降4.88%，折合节约标煤366万吨，其中：油田板块万元产值综合能耗0.416吨标煤，同比下降2.32%；炼油板块万元产值综合能耗为0.378吨标煤，同比下降4.93%；化工板块万元产值综合能耗为1.821吨标煤，同比下降0.49%。集团公司废水排放量同比减少5.6%，外排废水COD含量同比减少4.3%，工业取水量同比减少3.6%；加工吨原油取水量0.65吨，同比降低7.1%，加工吨原油排水0.36吨，同比降低10%。

中国石化集团公司节能减排措施主要有以下几个方面：

（一）不断完善节能减排管理工作体制机制

根据国家有关部委要求，在集团公司原有节能监督机构和节能技术服务力量基础上，组建成立了中国石化节能监测中心和中国石化节能技术服务中心，在中国石化集团公司节能减排办公室指导下，开展节能监督和能源审计等工作。根据国资委《关于加强中央企业节能减排工作的意见》要求，定期开展能耗、主要经济技术指标分析，对存在问题及时采取积极有效措施，从体制机制上保证了节能减排措施的顺利实施。

（二）全面开展节能达标活动

一是按照发改委《关于印发重点耗能企业能效水平对标活动实施方案的通知》要求，深入开展节能组织体系、管理体系、考核体系以及节能指标、节能技术、节能措施等研究，推动节能管理工作进一步深入；二是建立多层次达标管理机构，逐级分解达标目标，落实具体工作措施，使达标活动成为整个集团公司加强精细管理的有力抓手；三是下达2008年节能考核目标与企业达标计划；四是加强考核工作，2008年油田企业80%实现达标，炼油板块整体实现了专业达标，化工板块90%的企业实现达标，销售企业有5家省公司被评为集团公司节能达标先进单位。

（三）积极推广技能新技术

通过认真总结集团公司经过试点和应用取得成功的节能新技术如网电钻机、样板加热炉脉冲电脱盐、油气回收技术等节能新技术，跟踪研究国内外节能新技术如蒸汽动力系统用能优化技术、燃气轮机-裂解炉节能降技术、节能照明设备等技术，并在集团公司广泛推广应用，取得了明显节能效果，同时也为集团公司今后深化开展节能工作提供了新的动力。

（四）节能专项投入收到良好效果。

2008年集团公司节能专项投入完成7.05亿元，完成项目210个，节约标准煤44.26万吨。其中：油田板块安排节能项目22个，实现（代）油1.4万吨、节气1050万方、节电6626万度、节水151万方；炼油板块完成节能项目93个、投资2.52亿元，节能11.0万吨标油/年；化工板块完成节能项目29个，投资7075万元，节能3.47万吨标准煤/年。

（中国石化集团公司）

城建、贸易、旅游、教育

建立和完善中国住房政策体系的思考

——住房和城乡建设部部长姜伟新在中国发展高层论坛2008年会上的发言

（2008年3月23日）

很高兴参加这次论坛。我代表住房和城乡建设部，对论坛的举办表示衷心的祝贺！下面，我就建立和完善中国住房政策体系问题，作一简要介绍。

大家知道，在上世纪90年代中期，随着社会主义市场经济体制的确立，我们对城镇住房制度进行了根本性改革，即取消实物分配，推进住房商品化。最近几年，在总结改革经验的基础上，借鉴其他国家好的做法，我们对城镇低收入家庭实行了住房保障政策。应当说，经过多年探索，中国已经初步建立了比较适合中国国情的城镇住房政策框架。

但从总体上看，我国住房政策体系和住房保障体系还不健全，中低收入家庭住房支付能力相对不足的问题比较突出；房地产市场机制还不完善，商品住房价格上涨过快，住房供应结构不合理；住宅建设还不适应人口资源环境状况，科技贡献率低，资源消耗高。为了从根本上解决这些问题，必须进一步深化改革，建立和完善符合中国国情的住房政策体系。对此，我们有以下三点思考：

第一，坚持从我国人多地少的基本国情出发，建立科学合理的住房建设和消费模式。目前，中国正处于城镇化快速发展时期，面临世界历史上最大规模的城乡人口迁移，城镇住房需求大，但资源承载力相对不足。因此，制定住房政策必须坚决贯彻节约资源、保护环境的原则，减少住宅发展的资源环境代价。一要合理规划，主要建设中小套型住房。按照节约用地的要求，确定适当的住房建设套型面积、建筑形态和建筑容积率。优化空间布局，充分利用每一寸土地、每一寸空间。在精细设计、保证功能基础上，尽可能增加中小套型住房供应。二要科学建设，提高住房的节能环保水平和住房品质。加快住房科技创新，推广应用节能、节水、节材与环境保护技术。三要引导居民适度消费。既要支持和保护居民住房消费的积极性，改善居住条件。同时也要加强国情教育和政策引导，反对超前消费，树立经济适用、理性适度的住房观念，形成节约资源、健康文明的消费理念。

第二，坚持正确发挥政府和市场的作用，建立和完善市场调节和政府保障相结合的住房政策体系。随着住房市场化改革的深入，目前中国城镇80%左右的住房交易，已经通过市场进行配置。国内外经验表明，市场机制可以较好地适应不同家庭的多样化住房需求，提高资源配置的效率，在解决居民住房问题中处于基础性地位，必须毫不动摇地坚持市场化改革的基本方向。同时，要继续强化政府对困难群众的住房保障职责，建立住房保障体系，加强对房地产市场的调控。一要合理确定廉租住房保障范围和保障水平。中国在相当长一段时期仍然是发展中国家，财政能力总体有限，要坚持适度保障的原则。随着经济发展，逐步扩大覆盖范围，提高保障水平。二要从中国未来一段时期的实际情况出发，增加中低价位、中小套型普通住房供应，帮助那些既不属于廉租住房保障对象又没有能力进入市场的家庭。考虑到地区之间发展程度有较大差异，要更多地发挥地方政府的积极性。中央政府确定大的原则、大的政策，具体做法允许各地区因地制宜。例如发展政策性租赁住房，发展限价商品住房等。三要多种途径改善困难群体的住房条件。建立多渠道的投融资机制。进一步完善住房公积金制度，逐步向中低收入家庭倾斜。加快棚户区改造步伐。积极推进旧住宅区环境整治。

第三，坚持城乡统筹原则，加强对农民住房的政策研究和引导。要根据农村人口向城镇迁移的情况和严格保护耕地的要求，按照统筹城乡建设的原则，深入研究进城定居农民享受城市住房政策和农村宅基地政策的衔接。积极探索改善农民工居住条件的措施。要强化规划管理，治理农村人居环境，按照集约和节约使用农村建设用地的要求，加强对旧村改造的规划指导。要加强对农村住房建设的设计、施工、材料等技术服务，提高建筑质量。重视解决农村困难群众的住房安全问题。

住有所居、安居乐业，是中国人民的美好愿望，也是世界各国人民共同追求的目标。我们愿意继续加强与世界各国、各地区的交流与合作，与大家分享住房发展和住房政策的经验教训，共同为实现“人人享有适当的住房”做出不懈的努力。

2008年中国对外贸易发展情况

2008年，美国次贷危机不断加深并在9月份演变为“百年一遇”的国际金融危机，全球金融市场剧烈动荡，美欧日经济陷入深度衰退，发展中国家经济普遍遇到较大困难，国际市场需求大幅萎缩。在世界经济形势急剧下滑和国内要素成本上升等因素的影响下，中国外贸增长呈现明显的前高后低走势，主要有以下几个特点。

一、全年对外贸易总体增长较快，但11月份开始由升转降

2008年，中国进出口25616.3亿美元，增长17.8%，增速比上年回落5.7个百分点。其中出口14285.5亿美元，增长17.2%，回落8.6个百分点；进口11330.9亿美元，增长18.5%，回落2.3个百分点。由于中国出口企业综合竞争能力不断提高，适应国际市场变化的能力不断增强，加上国际金融危机影响存在一定滞后性，前10个月，中国对外贸易增长总体平稳，进出口21886.7亿美元，增长24.4%，其中出口12023.3亿美元，增长21.9%，进口9863.4亿美元，增长27.6%，7、8、9月当月进出口额均超过2400亿美元，创历史新高。但随着国际金融危机的影响不断加深和蔓延，11月份，中国对外贸易形势发生逆转，进出口额同比下降9%，其中出口下降2.2%，是2001年7月以来首次下降；进口下降17.9%。12月份，中国进出口降幅进一步扩大到11.1%，其中出口下降2.8%，进口下降21.3%。

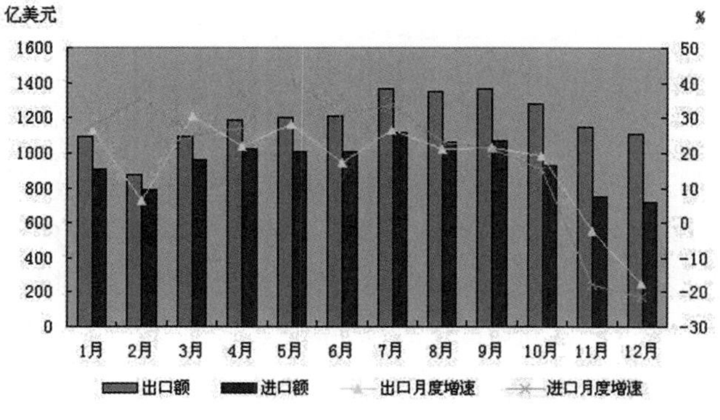

图　2008年中国外贸月度进出口增长情况

二、机电产品出口增速大幅回落，劳动密集型产品出口相对平稳

2008年，机电产品出口8229.3亿美元，增长17.3%，增速低于上年10.3个百分点；高新技术产品出口4156.1亿美元，增长13.1%，增速低于上年10.5个百分点。11月开始，中国机电和高新技术产品出口由前10个月的增长转为下降，降幅分别为4.8%和9.5%，12月降幅扩大到8.2%和15.8%。劳动密集型产品出口增长相对平稳，全年纺织服装出口1851.7亿美元，增长8.2%；鞋类出口296.6亿美元，增长17.2%；家具出口269.1亿美元，增长21.5%。11月和12月，国际金融危机对劳动密集型产品出口的影响也在加深，但由于这些产品需求弹性相对较小，加上8月份后连续3次提高出口退税率等措施，在总体出口出现下降的情况下，纺织服装、鞋类、箱包、家具出口合计仍分别增长6.6%和15%。同时，在国内需求不断增加的带动下，全年能源资源产品进口量进一步增加。其中原油进口1.8亿吨，增长9.6%；成品油进口3885万吨，增长15.0%；铁矿砂进口4.4亿吨，增长15.9%；大豆进口3744万吨，增长21.5%。

三、一般贸易进出口增长相对稳定，加工贸易出口大幅滑坡

2008年，一般贸易进出口12352.6亿美元，增长27.6%。其中出口6625.8亿美元，增长22.9%；进口5726.8亿美元，增长33.6%。这主要得益于一般贸易出口产业链相对较长，抵御国际市场波动的能力较强。即使在11、12月总体出口下降的情况下，一般贸易出口仍分别增长4.6%和6%。加工贸易以IT等机电产品为主，两头在外，产业链相对较短，受国际市场需求萎缩的影响更加直接，更为明显。全年加工贸易进出口10535.8亿美元，比上年增长6.8%。其中出口6751.8亿美元，增长9.3%；进口3784.0亿美元，增长2.7%。11、12月当月加工贸易出口分别下降10.8%和15.7%。

四、民营企业出口增长较快，外资企业出口回落明显

由于民营企业出口以一般贸易和劳动密集型产品为主，加上经营机制比较灵活，近年来竞争力也在不断提高，全年出口继续保持较快增长。2008年，民营企业出口3807.0亿美元，增长27.9%，在出口总额中的比重升至26.7%，比上年提高2.2个百分点；进口1593.2亿美元，增长25.8%。但外资企业进出口以加工贸易为主，产品主要是机电产品，受金融危机的冲击更大，全年外资企业出口7906.2亿美元，增长13.6%，比上年回落9.8个百分点；进口6199.6亿美元，增长10.8%，回落7.6个百分点。国有企业出口2572.3亿美元，增长14.4%，进口3538.1亿美元，增长31.1%。

表1　2008年中国进出口贸易方式、企业性质情况

金额单位：亿美元

项目		出口 金额	出口 同比（%）	进口 金额	进口 同比（%）
总值		14285.46	17.2	11330.86	18.5
贸易方式	一般贸易	6625.84	22.9	5726.77	33.6
	加工贸易	6751.82	9.3	3784.04	2.7
	其他贸易方式	907.80	46.9	1820.05	14.6
企业性质	国有企业	2572.28	14.4	3538.10	31.1
	外商投资企业	7906.20	13.6	6199.56	10.8
	其他企业	3806.98	27.9	1593.20	25.8

五、对发达国家出口下滑明显，对发展中国家出口增长较快

美国次贷危机特别是国际金融危机迅速传导到欧、日等发达国家和地区，导致发达国家经济增长普遍放缓，消费和进口需求明显减弱。但危机对发展中国家的传导和冲击相对滞后。受此影响，中国对发达国家的出口回落较早，全年对欧盟出口2928.8亿美元，增长19.5%；对美国出口2523.0亿美元，增长8.4%；对日本出口1161.3亿美元，增长13.8%。同时，对部分新兴市场和发展中国家出口总体保持较快增长。全年对印度出口315.0亿美元，增长31.2%；对东盟出口1141.4亿美元，增长20.9%；对韩国出口739.5亿美元，增长31.0%。但11月份以后，部分发展中国家受金融危机影响不断加深，中国对这些国家出口开始由升转降，且降幅大于对发达国家的降幅。

六、外贸顺差同比先降后升，全年顺差规模再创新高

上半年，由于国际市场能源资源产品价格持续走高，加上进口量继续增加，带动了进口额增长明显加快，进出口不平衡状况在一定程度上得到缓解。前6个月，中国贸易顺差974.8亿美元，比上年同期下降13.4%，其中4、5、6月连续3个月下降。下半年，受国际市场初级产品价格大幅下降，以及国际市场需求萎缩导致加工贸易进口持续回落等因素影响，外贸顺差再次扩大，同比增长不断加快，全年顺差额达2954.6亿美元的新高，增长12.7%。

摘自《中国对外贸易形势报告（2009年春季）》

表2 2008年中国进出口贸易伙伴情况

金额单位：亿美元

主要出口贸易伙伴情况				主要进口贸易伙伴情况			
位次	国家或地区	出口金额	增速（%）	位次	国家或地区	进口金额	增速（%）
	总值	14285.46	17.2		总值	11330.86	18.5
1	欧盟	2928.78	19.5	1	日本	1506.51	12.5
2	美国	2522.97	8.4	2	欧盟	1326.99	19.6
3	中国香港	1907.43	3.4	3	东盟	1169.74	7.9
4	日本	1161.34	13.8	4	韩国	1121.62	8.1
5	东盟	1141.42	20.7	5	中国台湾	1033.40	2.3
6	韩国	739.51	31.0	6	美国	814.40	17.4
7	俄罗斯	330.05	15.9	7	澳大利亚	374.19	44.8
8	印度	315.00	31.2	8	沙特阿拉伯	310.13	76.6
9	中国台湾	258.78	10.3	9	巴西	297.47	62.2
10	澳大利亚	222.38	23.6	10	俄罗斯	238.25	21.0

2008年地方国际旅游（外汇）收入情况

项目	外汇收入（万美元） RECEIPTS（US$10,000）	同比增长（%） GROWTH (%)	名次排列 POSITION
北 京 BEIJING	445 913	−2.63	3
天 津 TIANJIN	100 139	28.60	10
河 北 HEBEI	27 395	−11.38	22
山 西 SHANXI	30 065	35.61	21
内蒙古 INNER MONGOLIA	57 719	5.93	15
辽 宁 LIAONING	152 618	24.30	7
吉 林 JILIN	21 144	17.92	24
黑龙江 HEILONGJIANG	86 995	35.36	11
上 海 SHANGHAI	497 172	6.39	2
江 苏 JIANGSU	388 020	11.85	4
浙 江 ZHEJIANG	302 408	11.68	5
安 徽 ANHUI	45 445	32.11	16
福 建 FUJIAN	239 353	10.33	6
江 西 JIANGXI	25 170	28.72	23
山 东 SHANDONG	139 110	2.90	8
河 南 HENAN	37 444	17.74	19
湖 北 HUBEI	44 255	7.25	18
湖 南 HUNAN	61 742	−3.86	13
广 东 GUANGDONG	917 498	5.39	1
广 西 GUANGXI	60 166	4.26	14
海 南 HAINAN	31 388	4.07	20
重 庆 CHONGQING	44 978	17.65	17
四 川 SICHUAN	15 388	−69.97	25
贵 州 GUIZHOU	11 697	−9.45	27
云 南 YUNNAN	100 755	17.21	9
西 藏 TIBET	3 112	−77.00	28
陕 西 SHAANXI	66 011	7.84	12
甘 肃 GANSU	1 603	−77.16	29
青 海 QINGHAI	1 015	−36.18	30
宁 夏 NINGXIA	301	15.34	31
新 疆 XINJIANG	13 578	−16.13	26

2008年 1—12入境旅游外国人人数（按目的分）

国　别 NATIONALITY	合　计(人) TOTAL	目　的　PURPOSE 会议/商务 MEETINGS/BUSINESS	观光休闲 SIGHTSEEING/LEISURE	探亲访友 VISITING RELATIVES & FRIENDS	服务员工 WORKER & CREW	其他 OTHERS
总　计 TOTAL	24 325 337	5 677 694	12 039 585	67 910	2 431 908	4 108 240
亚洲小计 ASIA	14 561 714	3 239 586	6 372 280	62 221	1 633 431	3 254 196
日本 JAPAN	3 446 117	885 752	1 188 371	30 337	156 058	1 185 599
韩国 KOREA	3 960 392	1 132 588	2 109 263	5 341	319 893	393 307
朝鲜 KOREA,D.P.REP.	101 824	18 266	4 869	685	46 811	31 193
蒙古 MONGOLIA	705 270	40 923	34 293	445	37 667	591 942
菲律宾 PHILIPPINES	795 255	45 256	248 020	613	438 898	62 468
泰国 THAILAND	554 275	25 784	443 775	240	57 318	27 158
新加坡 SINGAPORE	875 826	124 600	404 918	22 059	53 578	270 671
印尼 INDONESIA	426 251	19 841	314 032	286	69 578	22 514
马来西亚 MALAYSIA	1 040 494	204 131	703 821	713	65 069	66 760
巴基斯坦 PAKISTAN	72 854	26 352	27 180	57	6 818	12 447
印度 INDIA	436 625	128 350	155 252	450	93 220	59 353
尼泊尔 NEPAL	21 726	1 835	10 315	53	5 579	3 944
斯里兰卡 SRI LANKA	24 360	9 483	2 608	2	10 352	1 915
哈萨克 KAZAKHSTAN	300 732	33 070	168 484	11	66 923	32 244
吉尔吉斯 KYRGYZSTAN	43 493	13 791	16 103	4	11 827	1 768
其他 OTHERS	1 756 220	529 564	540 976	925	193 842	490 913
美洲小计 AMERICA	2 581 910	655 577	1 510 989	2 430	121 333	291 581
美国 U.S.A	1 786 448	497 966	1 011 232	1 542	82 716	192 992
加拿大 CANADA	534 712	96 583	346 810	617	21 031	69 671
墨西哥 MEXICO	48 920	8 267	34 436	28	1 757	4 432
其他 OTHERS	211 830	52 761	118 511	243	15 829	24 486
欧洲小计 EUROPE	6 112 653	1 491 317	3 554 335	2 284	610 741	453 976
英国 U.K.	551 523	185 922	264 679	412	30 337	70 173
德国 GERMANY	528 858	199 173	211 710	381	45 459	72 135
法国 FRANCE	429 967	100 350	231 308	491	30 593	67 225
意大利 ITALY	194 362	73 814	90 476	131	9 183	20 758
俄罗斯 RUSSIA	3 123 415	611 004	2 127 136	151	303 348	81 776
瑞士 SWITZERLAND	63 412	22 166	29 309	35	3 809	8 093
瑞典 SWEDEN	137 686	32 782	74 872	98	7 449	22 485
荷兰 NETHERLANDS	180 891	38 484	105 426	101	16 687	20 193
挪威 NORWAY	49 449	14 757	25 264	28	1 960	7 440
奥地利 AUSTRIA	56 273	19 710	24 279	39	5 705	6 540
比利时 BELGIUM	61 398	16 079	34 592	51	2 905	7 771
西班牙 SPAIN	112 224	32 482	68 156	61	1 485	10 040
葡萄牙 PORTUGAL	43 917	6 095	31 913	11	3 011	2 887
其他 OTHERS	579 278	138 499	235 215	294	148 810	56 460
大洋洲小计 OCEANIA	688 723	140 097	428 218	777	40 076	79 555
澳大利亚 AUSTRALIA	571 534	118 055	360 885	615	29 876	62 103
新西兰 NEW ZEALAND	105 184	19 886	63 185	154	5 568	16 391
其他 OTHERS	12 005	2 156	4 148	8	4 632	1 061
非洲小计 AFRICA	378 401	150 771	173 116	153	26 304	28 057
其他国家 OTHERS	1 936	346	647	45	23	875

2008年中国旅游业发展情况

2008年，我国旅游业连续遭受金融危机和各种突发事件、不利因素的冲击，经受了前所未有的考验。面对严峻的旅游市场形势，全国旅游行业克服困难，总体上保持了平稳发展。全年共接待入境游客1.30亿人次，实现国际旅游外汇收入408.43亿美元，分别比上年下降1.4%和2.6%；国内旅游人数17.12亿人次，收入8749.30亿元人民币，分别比上年增长6.3%和12.6%；中国公民出境人数达到4584.44万人次，比上年增长11.9%；旅游业总收入1.16万亿元人民币，比上年增长5.8%。

一、入境旅游业实绩

——入境旅游人数13002.74万人次，比上年下降1.40%。其中：外国人2432.53万人次，下降6.8%；香港同胞7835.01万人次，增长0.5%；澳门同胞2296.63万人次，下降1.0%；台湾同胞438.56万人次，下降5.2%。

——入境过夜旅游者人数5304.92万人次，比上年下降3.1%。其中：外国人1970.41万人次，下降7.9%；香港同胞2566.86万人次，增长1.1%；澳门同胞387.90万人次，下降0.8%；台湾同胞379.75万人次，下降5.6%。

——国际旅游（外汇）收入408.43亿美元，比上年下降2.6%。

二、国内旅游业实绩

——全国国内旅游人数达17.12亿人次，比上年增长6.3%。其中：城镇居民7.03亿人次，农村居民10.09亿人次。

——全国国内旅游收入8749.30亿元人民币，比上年增长12.6%。其中：城镇居民旅游消费5971.75亿元，农村居民旅游消费2777.55亿元。

——全国国内旅游出游人均花费511.0元，比上年增长5.9%。其中：城镇居民国内旅游出游人均花费849.4元，农村居民国内旅游出游人均花费275.3元。

——在春节、“十一”两个“黄金周”中，全国共接待国内游客2.65亿人次，实现旅游收入1189亿元。

三、入境旅游客源市场情况

（一）外国市场

2008年，外国入境市场受到影响最大，与上年相比，各洲来华人数均有不同幅度的下降。全年入境外国游客2432.53万人次，比上年下降6.8%。

——亚洲市场依然独大，占入境外国人总数的59.9%，亚洲各国入境总人数比上年下降9.4%。其中：韩国继续位列第一大入境客源国。

——洲际市场同样遭受影响。欧洲、美洲、大洋洲和非洲入境人数与上年相比，分别下降1.5%、5.1%、5.5%和0.2%。

——外国入境过夜旅游者停留天数和人均天花费较上年持平或有所增加。2008年，外国入境过夜旅游者在境内平均停留时间为7.0天，与上年持平；人均天花费为200.43美元，比上年增加4.04美元，同比增长2.1%。

16个主要客源国2008年的入境旅游人数和增长情况如下：

序号	国家	入境旅游人数（万人次）	与上年比较（%）
1	韩国	396.04	−17.09
2	日本	344.61	−13.36
3	俄罗斯	312.34	3.98
4	美国	178.64	−6.04
5	马来西亚	104.05	−2.02
6	新加坡	87.58	−5.01
7	菲律宾	79.53	−4.53
8	蒙古	70.53	3.42
9	澳大利亚	57.15	−5.9
10	泰国	55.43	−9.38
11	英国	55.15	−8.85
12	加拿大	53.47	−7.36
13	德国	52.89	−4.99
14	印度	43.66	−5.58
15	法国	43	−7.21
16	印尼	42.63	−10.66

（二）港澳台地区市场

2008年，香港和澳门市场基本保持与上年持平，而台湾市场受影响略大。

——2008年，香港市场入境人数为7835.01万人次，比上年增长0.5%。其中：过夜旅游者2566.86万人次，比上年增长1.1%，占32.8%;一日游人数5268.15万人次，比上年增长0.2%，占67.2%。

——2008年，澳门市场入境人数2296.63万人次，比上年下降1.0%。其中：过夜旅游者387.90万人次，比上年下降0.8%，占16.9%；一日游人数1908.74万人次，比上年下降1.0%，占83.1%。

——2008年，台湾市场入境人数438.56万人次，比上年下降5.2%。

四、各省、自治区、直辖市入境旅游接待与收入情况

——2008年，全国各省、自治区、直辖市接待的入境旅游者总计为7500.75万人次，比上年增长2.59%。接待量超过50万人次的有广东、江苏、浙江、上海、北京、福建、山东、云南、辽宁、广西、黑龙江、内蒙古、安徽、陕西、天津、湖北、湖南、河南、山西、重庆、江西、河北、海南、四川、吉林等25个省（区、市）。广东省接待入境旅游者2567.97万人次，继续居全国第一位。

——2008年，全国各省、自治区、直辖市接待的外国旅游者总计为4242.90万人次，比上年增长0.8%。接待量超过40万人次的有广东、上海、江苏、浙江、北京、辽宁、山东、黑龙江、云南、内蒙古、广西、天津、福建、陕西、湖北、安徽、重庆、湖南、河南、河北、山西、海南、吉林、四川等24个省（区、市）。广东省接待外国旅游者608.82万人次，继续居全国第一位。

——2008年，国际旅游（外汇）收入超过1亿美元的有广东、上海、北京、江苏、浙江、福建、辽宁、山东、云南、天津、黑龙江、陕西、湖南、广西、内蒙古、安徽、重庆、湖北、河南、海南、山西、河北、江西、吉林、四川、新疆、贵州等27个省（区、市）。广东省的旅游（外汇）收入达91.75亿美元,继续居全国第一位。按外汇收入多少排列，31个省、自治区、直辖市的具体情况是：

序号	地 区	国际旅游		接待入境	
		（外汇)收入 （万美元）	增长 （%）	旅游人数 （万人次）	增长（%）
1	广东	917 498	5.4	2567.97	4.4
2	上海	497 172	6.4	526.47	1.2
3	北京	445 913	−2.6	379.04	−13
4	江苏	388 020	11.9	544.3	6.2
5	浙江	302 408	11.7	539.67	5.6
6	福建	239 353	10.3	293.19	9.1
7	辽宁	152 618	24.3	241.87	20.9
8	山东	139 110	2.9	253.67	1.6
9	云南	100 755	17.2	250.22	12.8
10	天津	100 139	28.6	122.04	18.2
11	黑龙江	86 995	35.4	200.61	41.9
12	陕西	66 011	7.8	125.73	2.1
13	湖南	61 742	−3.9	111.02	−7.9
14	广西	60 166	4.3	201.02	−2.2
15	内蒙古	57 719	5.9	154.93	3.7
16	安徽	45 445	32.1	132.09	24.1
17	重庆	44 978	17.6	87.19	14.5
18	湖北	44 255	7.2	118.75	−9.9
19	河南	37 444	17.7	104.36	18.5
20	海南	31 388	4.1	70.65	−6.2
21	山西	30 065	35.6	93.93	27.3
22	河北	27 395	−11.4	75.02	−8.3
23	江西	25 170	28.7	80.21	20.7
24	吉林	21 144	17.9	61.73	13.6
25	四川	15 388	−70	69.95	−59.1
26	新疆	13 578	−16.1	36.32	−17.2
27	贵州	11 697	−9.4	39.54	−8.1
28	西藏	3 112	−77	6.8	−81.4
29	甘肃	1 603	−77.2	8.32	−74.9
30	青海	1 015	−36.2	2.99	−40.3
31	宁夏	301	15.3	1.16	23.6

五、主要城市入境旅游接待与收入情况

——2008年，接待入境旅游者人数超过20万人次的城市有深圳、广州、上海、北京、珠海、杭州、苏州、桂林、天津、南京、厦门、大连、重庆、黄山、青岛、宁波、昆明、中山、福州、西安、泉州、无锡、武汉、三亚、沈阳、成都、长沙、烟台、温州、洛阳、哈尔滨、郑州、威海、南通、延边、长春、承德等37个，与上年减少2个；另有乌鲁木齐、漳州、太原、秦皇岛、九江、济南、大同、合肥、汕头、南宁、海口、贵阳等12个城市的接待人数超过10万人次。

——2008年，接待外国旅游者人数超过10万人次的城市有上海、北京、广州、杭州、深圳、苏州、天津、大连、桂林、南京、重庆、青岛、黄山、西安、昆明、珠海、宁波、武汉、无锡、厦门、三亚、沈阳、福州、成都、烟台、威海、长沙、延边、洛阳、温州、南通、哈尔滨、长春、乌鲁木齐、秦皇岛、承德、郑州、太原、大同、中山、合肥、济南、九江、南宁等44个，比上年增加3个。

——2008年，国际旅游（外汇）收入超过1亿美元的城市有上海、北京、广州、深圳、杭州、天津、苏州、珠海、南京、厦门、泉州、大连、福州、青岛、宁波、重庆、桂林、长沙、西安、无锡、沈阳、南通、烟台、三亚、武汉、中山、黄山、昆明、哈尔滨、温州、成都、威海、郑州、漳州、洛阳、长春、秦皇岛等37个，比上年增加1个；另有太原、乌鲁木齐、济南、合肥、连云港、延边、汕头、九江、贵阳、大同、承德、呼和浩特等12个城市的国际旅游（外汇）收入超过5000万美元。 上海市的国际旅游（外汇）收入达49.72亿美元，居全国城市第一位。按外汇收入多少排列，37个旅游创汇大市的具体情况是：

序号	城市	（外汇）收入（万美元）	增长(%)	旅游人数（万人次）	增长(%)
1	上海	497 172	6.4	526.47	1.2
2	北京	445 913	− 2.6	379.04	−13.0
3	广州	313 036	− 1.9	612.48	0.2
4	深圳	270 399	3.1	869.57	4.6
5	杭州	129 610	15.0	221.33	6.1
6	天津	100 139	28.6	122.04	18.2
7	苏州	99 547	12.0	168.23	4.3
8	珠海	94 823	5.1	286.22	1.5
9	南京	87 174	7.9	119.18	2.7
10	厦门	81 865	13.9	104.53	12.1
11	泉州	65 980	33.6	63.08	4.9
12	大连	65 835	13.3	95.00	13.1
13	福州	65 750	9.8	63.94	8.5
14	青岛	50 030	− 25.9	80.08	−25.9
15	宁波	46 874	8.8	75.68	9.8
16	重庆	44 978	17.6	87.19	14.5
17	桂林	39 218	8.9	125.02	−2.8
18	长沙	36 304	19.3	36.90	−22.4
19	西安	35 956	− 33.8	63.18	−36.8
20	无锡	33 518	− 7.5	61.13	−12.0
21	沈阳	33 009	13.9	47.64	4.5
22	南通	28 368	14.7	28.00	25.1
23	烟台	26 708	16.4	35.21	14.5
24	三亚	26 255	7.6	51.15	−2.0
25	武汉	25 429	11.4	53.40	0.8
26	中山	22 702	4.7	65.18	−4.5
27	黄山	22 014	25.7	81.04	18.2
28	昆明	20 686	− 0.5	70.07	−1.8
29	哈尔滨	18 034	17.7	29.71	10.2
30	温州	16 109	14.4	31.82	10.1
31	成都	15 388	− 41.1	47.20	−35.9
32	威海	13 734	10.3	28.83	7.8
33	郑州	11 823	8.6	29.15	11.3
34	漳州	11 653	− 48.1	19.27	3.2
35	洛阳	11 051	15.9	30.80	17.6
36	长春	10 681	19.6	21.70	8.4
37	秦皇岛	10 169	− 22.2	18.73	−15.6

六、全国星级饭店的规模和经营情况

2008年，全国星级饭店的总体规模继续保持稳步增长。

——到2008年末，全国共有星级饭店14099家，比上年末增加516家，增长3.8%；拥有客房159.14万间，比上年末增加1.76万间，增长1.1%；拥有床位293.48万张，比上年末减少3.47万张，下降1.2%。

——到2008年末，全国星级饭店共拥有固定资产原值4353.25亿元，比上年末增长1.3%。

——2008年，全国星级饭店的全年平均客房出租率为58.30%，比上年下降2.66个百分点。

——2008年，全国14099家星级饭店营业收入总额1762.01亿元，比上年增长7.0%；上缴营业税118.33亿元，与上年基本持平。

——全国5686家国有星级饭店，2008年共实现营业收入692.81亿元；上缴营业税42.06亿元。

——全国外商和港澳台客商投资兴建的561家星级饭店，2008年共实现营业收入252.61亿元；上缴营业税16.16亿元。

——在14099家星级饭店中：五星级饭店432家，比上年末增加63家；四星级饭店1821家，增加226家；三星级饭店5712家，增加405家；二星级饭店5616家，减少102家；一星级饭店518家，减少76家。

——2008年全国星级饭店规模及其经营情况，具体如下：

合　计	饭店数（家）	客房数（间）	床位数（万张）	营业收入（亿元）	客房出租率 （%）
按经济类型划分	14 099	159.14	293.48	1762.01	58.3
国有企业	5 686	65.46	125.32	692.81	58.23
集体企业	872	7.98	15.53	66.12	56.63
股份合作企业	345	3.49	6.38	33.83	60.82
联营企业	75	1.06	1.86	12.17	57.87
有限责任公司	2 903	35.18	62.52	398.51	58.46
股份有限公司	703	8.93	16.47	98.51	59.92
私营经济	2 643	21.31	38.95	161.03	57.89
其他企业	311	3.57	6.7	46.42	59.49
港澳台投资经济	339	7.3	11.97	144.22	57.65
外商投资经济	222	4.86	7.78	108.4	57.84
按规模划分					
客房数500间以上	129	8.84	14.89	227.96	57.66
客房数300－499间	558	20.48	34.94	356.8	56.79
客房数200－299间	1 135	27.17	48.34	350.44	59.77
客房数100－199间	4 206	57.04	105.48	495.97	59.52
客房数99间以下	8 071	45.59	89.83	330.84	56.8
按饭店星级划分					
五星级	432	15.69	25.35	467.04	57.27
四星级	1 821	36.96	63.97	534.7	59.89
三星级	5 712	64.7	122.05	545.54	58.47
二星级	5 616	39.15	76.85	205.86	57.19
一星级	518	2.64	5.25	8.87	50.97

七、旅行社的规模和经营情况

——到2008年末，全国纳入统计范围的旅行社共有20110家，比上年末增加1167家。其中：国际旅行社1970家，比上年末增加173家；国内旅行社18140家，比上年末增加994家。

——到2008年末，全国旅行社资产总额521.86亿元，比上年增长1.0%；各类旅行社共实现营业收入1665.48亿元，比上年增长1.6%；实际缴纳税金11.29亿元，比上年增长2.9%。

——2008年，全国国际旅行社共招徕入境游客1324.69万人次、5806.21万人天，分别比上年下降3.5%和0.3%；经旅行社接待的入境游客为2032.88万人次、6407.63万人天，分别比上年下降6.5%和增长0.5%。

——2008年，全国旅行社共组织国内过夜旅游者8541.07万人次、25413.99万人天，分别比上年增长1.4%和下降3.7%；经旅行社接待的国内过夜旅游者为10449.62万人次、22966.28万人天，分别比上年下降1.7%和3.3%。

八、出境旅游情况

2008年，我国公民出国（境）旅游市场继续快速发展，旅游目的地不断增加，其中赴台游发展迅速。

——2008年，我国公民出境人数达到4584.44万人次，比上年增长11.9%。其中：因公出境571.32万人次，比上年下降5.3%；因私出境4013.12万人次，比上年增长14.9%。出境第一站按人数排序，列前十位的国家和地区依次是：香港、澳门、日本、越南、韩国、俄罗斯、美国、新加坡、泰国、马来西亚。

——2008年，经旅行社组织出境旅游的总人数为1090.91万人次,比上年增加103.49万人次，增长10.5%，其中：组织出国游603.55万人次，比上年增长20.2%；组织港澳游487.36万人次，比上年增长0.5%。另外共组织边境游42.93万人次，比上年减少6.3%。

——截至2008年底，除香港、澳门两个特别行政区外，已有93个国家和地区成为我国公民出境旅游目的地。按市场正式启动的先后顺序，89个国家分别是：泰国、新加坡、马来西亚、菲律宾、韩国、澳大利亚、新西兰、日本、越南、柬埔寨、缅甸、文莱、马耳他、印度尼西亚、土耳其、埃及、尼泊尔、德国、印度、马尔代夫、斯里兰卡、南非、克罗地亚、匈牙利、巴基斯坦、古巴、希腊、法国、荷兰、比利时、卢森堡、葡萄牙、西班牙、意大利、奥地利、芬兰、瑞典、捷克、爱沙尼亚、拉脱维亚、立陶宛、波兰、斯洛文尼亚、斯洛伐克、塞浦路斯、丹麦、冰岛、爱尔兰、挪威、罗马尼亚、瑞士、列支敦士登、埃塞俄比亚、津巴布韦、坦桑尼亚、毛里求斯、突尼斯、塞舌尔、肯尼亚、赞比亚、约旦、北马里亚纳群岛联邦、斐济、瓦努阿图、英国、智利、牙买加、俄罗斯、巴西、墨西哥、秘鲁、安提瓜和巴布达、巴巴多斯、老挝、蒙古、汤加、格林纳达、巴哈马、孟加拉、叙利亚、安道尔、摩洛哥、摩纳哥、保加利亚、乌干达、阿曼、纳米比亚、阿根廷、委内瑞拉、美国、台湾、法属波利尼西亚和以色列。

——2008年，我国内地居民首站赴香港的旅游人数为1755.70万人次，比上年增长8.8%；赴澳门1552.17万人次，增长21.6%；赴泰国62.39万人次，下降13.0%；赴新加坡71.26万人次，增长10.0%；赴马来西亚62.26万人次，增长8.57%；赴菲律宾16.27万人次，增长1.7%；赴韩国137.43万人次，增长4.7%；赴澳大利亚41.31万人次，增长3.7%；赴新西兰7.35万人次，增长7.7%；赴日本155.65万人次，增长6.8%；赴越南145.90万人次，增长58.5%；赴柬埔寨22.09万人次，增长57.2%；赴缅甸33.48万人次，增长104.4%；赴文莱0.24万人次，下降6.0%；赴马耳他0.08万人次，增长10.6%；赴土耳其2.54万人次，增长6.7%；赴埃及3.61万人次，增长9.4%；赴尼泊尔2.07万人次，下降27.7%；赴德国25.28万人次，下降6.9%；赴印度8.38万人次，增长20.0%；赴马尔代夫2.51万人次，增长163.7%；赴斯里兰卡0.69万人次，下降0.9%；赴南非3.36万人次，下降13.5%；赴克罗地亚0.11万人次，增长6.7%；赴匈牙利1.65万人次，增长3.2%；赴巴基斯坦2.82万人次，增长7.1%，赴古巴0.43万人次，增长12.0%。

九、旅游教育培训情况

——到2008年末，全国共有高等旅游院校及开设旅游系（专业）的普通高等院校所810所，比上年增加40所，在校生44.00万人，比上年增加4.26万人；中等职业学校965所，比上年增加94所，在校学生40.46万人，比上年增加2.82万人。两项合计，旅游院校总数1775所，在校学生为84.46万人。

——2008年末，全行业在职人员培训总量达338.28万人次，比上年增加17.34万人次，增长5.4%。

（摘自《2008年中国旅游业发展统计公报》）

中国教育发展与改革

——新中国60年教育事业发展与改革的伟大成就

百年大计，教育为本。国强教兴，教兴国强。1949年新中国建立，开启了中华民族历史新纪元，也掀开了中国教育发展史上新的一页。1978年实行改革开放，我国教育事业迎来了蓬勃发展的新时代。60年来，我国教育取得了举世瞩目的伟大成就，实现了从人口大国向人力资源大国的历史性转变，谱写了中国教育史上最辉煌的篇章。

一、教育事业发展与改革的伟大进程

坚持把教育摆在优先发展的战略地位，是党和国家提出并长期坚持的重大战略方针。60年来，党和国家始终致力于把发展人民教育事业、提高广大人民群众受教育水平和中华民族科学文化素质作为崇高奋斗目标，解放思想、实事求是、与时俱进，不断推动人民教育事业发展，我国教育走过了波澜壮阔、气势恢宏的光辉历程。

新中国建立之初，党和国家把发展教育事业摆在突出地位，以毛泽东同志为核心的党的第一代中央领导集体，确立了“民族的、科学的、大众的”方针，创立了社会主义教育制度。坚持向工农开门，保障人民群众平等受教育的权利；适应大规模经济建设需要，有计划发展各级各类教育事业；探索适合中国国情的教育发展道路，初步建立起较为完善的教育体系，为我国社会主义教育事业发展奠定了坚实的基础。

改革开放为我国教育加快发展注入了新的强大动力。以邓小平同志为核心的党的第二代中央领导集体，始终把教育作为关系社会主义现代化建设全局和社会主义历史命运的根本问题，提出在现代化建设“三步走”发展战略中，第一位的是发展教育和科学技术，确立了教育在社会主义现代化建设中的优先发展战略地位。从体制改革入手系统地进行教育改革，有步骤地普及九年义务教育，改革不断深入，发展不断加快，我国教育事业进入改革开放新时期。

面向新世纪，以江泽民同志为核心的党的第三代中央领导集体，从我国基本国情出发，充分发挥教育的基础性、先导性、全局性作用，强调加快社会主义现代化建设必须依靠科技进步和提高劳动者素质，制定了科教兴国战略。全面实施素质教育，深化教育体制改革，积极推进教育创新，加强教育法制建设，我国教育事业以前所未有的速度持续健康发展，改革以前所未有的力度全面推进，把一个充满生机活力的中国特色社会主义教育体系带入21世纪。

进入新世纪，以胡锦涛同志为总书记的党中央，坚持以人为本、科学发展，深入实施科教兴国战略和人才强国战略，强调教育是民族振兴的基石，教育公平是社会公平的重要基础，作出了优先发展教育、建设人力资源强国的重大战略决策。普及和巩固义务教育，大力发展职业教育，提高高等教育质量，规范教育收费，健全学生资助政策体系，努力办好人民满意的教育，我国教育在全面建设小康社会实践中深入推进改革开放，进入全面协调可持续发展的新阶段。

二、教育事业发展与改革的辉煌成就

新中国教育是在极其落后的基础上起步的。1949年，我国80%人口是文盲，小学和初中入学率仅有20%和6%，高校在校生仅有11.7万人。经过60年的不懈奋斗特别是30多年的改革开放，我国教育面貌发生了翻天覆地的变化，取得了举世瞩目的历史性成就。

第一，全面普及九年义务教育，全面实现城乡免费义务教育。新中国建立后，党和国家就提出要普及教育，提高全民族素质，20世纪80年代，又决定实施九年义务教育。经过不懈努力，到上世纪末，我国实现了基本普及九年义务教育、基本扫除青壮年文盲的目标。进入新世纪后，国家将义务教育全面纳入财政保障范围，义务教育进入巩固提高和全面普及新阶段。2008年，全

国小学净入学率达到99.5%，初中毛入学率达到98.5%；青壮年文盲率降低到3.58%以下。在一个13亿人口的发展中国家，全面普及九年义务教育，实现完全意义上的免费义务教育，是我国教育发展史上伟大的历史性跨越。

第二，高等教育发展实现了历史性跨越，进入大众化发展阶段。新中国建立后，我国高等教育事业有了长足进步和发展，但是直到1998年，普通本、专科在校生数仅340多万人。1999年，党中央、国务院作出大幅度扩大高校招生规模的重大决策。2002年，我国高等教育毛入学率达到15%。实现高等教育大众化，是我国教育发展史上的又一次历史性跨越。2008年，全国普通高校招生608万人，是1998年的6倍；普通本、专科在校生达到2021万人，是1998年的6倍，是1949年的172倍多。目前，全国各类高等教育在学人数达到2907万人，毛入学率达到23.3%。

第三，职业教育在改革创新中加快发展，教育宏观结构调整取得重要突破。改革开放后特别是进入新世纪以来，党和国家把发展职业教育放在更加突出的位置，确立了大力发展职业教育的方针。面向人人、面向全社会，以就业为导向，中等职业教育迅速发展，高等职业教育快速崛起，形成了大规模培养技能型人才的能力。2008年，全国中等职业教育和高等职业教育招生总规模达到1100万人，在校生超过3000万人，分别占居了高中阶段教育和高等教育的半壁江山。

第四，以促进教育公平引领教育发展，在实现教育公平方面迈出重大步伐。让每一个人享有公平的受教育机会，是《宪法》赋予公民的基本权利，是我国教育事业的不懈追求。改革开放以来特别是党的十六大以来，通过逐步在全国城乡实行免费义务教育，建立和完善家庭经济困难学生资助体系，对农村尤其是贫困地区、民族地区采取倾斜政策等措施，使全国城乡儿童、青少年和人民群众享有了更加平等的教育机会、更加优质的教育资源。

第五，确立了中国特色社会主义教育体制的基本框架，走出了一条中国特色社会主义教育发展道路。我国正举办着世界上规模最大的教育。2008年，全国各级各类在校学生达到2.6亿，为全面建设小康社会和社会主义现代化建设提供了强有力的人才和人力资源保证。我们与时俱进地推进教育管理体制、办学体制、投入体制等方面的改革，形成了多层次、宽领域、全方位的教育对外开放格局，确立了中国特色社会主义教育体制的基本框架。作为一个发展中的大国，在经济基础薄弱，人口众多，穷国办大教育的情况下，我们以服务为宗旨，在贡献中发展，将教育主动融入社会主义现代化建设伟大实践中，走出了一条充满生机与活力的发展道路。

新中国60年教育发展取得的辉煌成就，是社会主义制度优越性的生动体现，是党中央、国务院正确领导的结果，是人民群众和全社会关心支持的结果，是教育战线几代人坚忍不拔、艰苦奋斗的结果。特别是改革开放30多年来，教育优先发展战略地位的确立，“两基”奋斗目标的实现，高校扩招和促进教育公平等一系列重大决策的实施，使“全体人民学有所教”和“人人享有接受良好教育机会”的理念正在逐步成为现实。目前，我国15岁以上人口平均受教育年限超过8.7年，新增劳动力平均受教育年限接近12年，超过世界平均水平，我国已经从人口大国转变为人力资源大国，正在加速向人力资源强国转变。

三、教育事业发展与改革的宝贵经验和启示

教育兴国、教育立国、教育强国，既是国家意志，也是人民期待。新中国教育发展的60年，是不断探索、不断开拓、不断创新的60年。在发展人民教育事业卓有成效的教育实践中，我国教育积累了宝贵的经验，走上了一条适合中国国情、符合时代特征、富有生机活力的发展道路。这些宝贵的历史经验，对于我国教育积极应对新的挑战具有深远的启迪作用和重要的实践指导意义。

第一，必须坚定不移地走中国特色社会主义教育发展道路。教育的根本任务是培养人。只有坚持党对教育工作的领导，以中国特色社会主义理论体系为指导，深入贯彻落实科学发展观，全面贯彻党的教育方针，全面推进素质教育，才能培养一代又一代中国特色社会主义事业的合格建设者和可靠接班人。

第二，必须坚持教育优先发展的战略地位。面对人口、资源、环境等瓶颈制约，面对西方国家长期占据经济科技优势的挑战，实现我国的可持续发展，必须坚持教育优先发展，把现代化建设转移到依靠科技进步和提高劳动者素质的轨道上来，建设人力资源强国。

第三，必须坚持教育科学发展。落实教育优先发展战略地位，关键是教育要科学发展，按教育规律办事。只有坚持教育以育人为本、以学生为主体，办学以人才

为本、以教师为主体，统筹规模、质量、结构和效益，统筹城乡区域教育，统筹各级各类教育，统筹教育改革、发展和稳定，才能实现教育又好又快发展。

第四，必须坚持依靠教师办学。“强国必先强教，强教必先强师。”没有高水平的教师队伍，就没有高质量的教育。必须全心全意依靠人民教师，始终不渝地在全社会弘扬尊师重教的良好风尚，充分发挥教师的积极性、主动性和创造性。

第五，必须坚持把改革开放作为教育发展的动力。60年来特别是改革开放30多年来，教育成就的取得靠的是改革开放。只有坚持解放思想、与时俱进，尊重人民群众的首创精神，学习和借鉴世界各国教育的经验，破除一切妨碍教育发展的思想观念，不断推进教育改革创新，不断提升教育开放水平，才能为教育事业发展注入新的动力和活力。

第六，必须坚持发展教育为了人民、依靠人民。教育涉及千家万户，关系着每一个人的成长和发展。只有坚持教育的公益性，不断促进教育公平，保障每一个孩子享有接受良好教育的机会，确保全体人民共享教育改革发展成果，赢得人民群众对教育的关心和支持，才能不断满足人民群众日益增长的教育需求，办好人民满意的教育。

我国教育已经站在新的历史起点上，进入全面提高教育质量的新阶段，进入让所有孩子“上好学”的新阶段，进入建设人力资源强国的新阶段。60年来，我国教育取得了显著成就，但从总体上看仍然不适应经济社会发展提出的新要求和人民群众的新期待，仍然面临着许多深层次的矛盾和问题，突出地表现在教育体制亟待改革，教育水平亟待提高，教育投入亟待增加。

站在新的历史起点上向前迈进，我们要以邓小平理论和“三个代表”重要思想为指导，深入贯彻落实科学发展观，把党的十七大对教育提出的新要求贯彻好，把人民群众对教育的新期盼落实好，努力实现更大规模的普及教育，提供更加丰富的优质教育，形成惠及全民的公平教育，构建体系完备的终身教育，推进教育事业优先发展、科学发展，建设人力资源强国。一要把教育摆在优先发展的战略地位，坚持教育优先发展。二要把改革创新作为教育又好又快发展的强大推动力，坚持改革创新。三要把提高质量作为教育改革发展的核心任务，全面实施素质教育。四要把促进教育公平作为国家基本教育政策，坚持教育的公益性，努力办好人民满意的教育。目前，国家正在研究制定《国家中长期教育改革和发展规划纲要》，对到2020年中国教育发展和改革作出全面部署。这是推动我国教育在新世纪改革发展的重大战略机遇。

回顾过去，我们豪情满怀；展望未来，我们信心百倍。我们坚信，在以胡锦涛同志为总书记的党中央领导下，坚持教育优先发展、科学发展，我国一定能够成为人力资源强国，我国的教育事业一定能为实现社会主义现代化宏伟目标和中华民族伟大复兴作出新的更大的贡献。

（教育部党组）

中国工业经济发展与运行情况

2008年建材工业发展概况

（2009年04月20日）

2008年，面对国际金融危机影响日渐加深和国内罕见的自然灾害、能源大幅涨价、经济总体增速放缓等不利因素，我国建材工业实现了工业产值、销售收入和效益较大幅度增长，总体依然保持了良好的发展态势。

2008年，我国建材行业规模以上建材企业累计完成工业总产值为22888亿元，同比增长30.9%，增幅低于2007年同期1.8%；工业增加值同比增长17.6%，增幅低于2007年同期6.7%；累计生产水泥13.9亿吨，同比增长5.2%，增幅低于2007年同期8.3%。累计生产平板玻璃5.5亿重箱，同比增长6.5%，增幅低于2007年同期6.9%。水泥排水管、玻璃纤维纱、防水材料、建筑用砖产量增幅20%以上，商品混凝土、建筑陶瓷、耐火材料等其它建材产品产量增幅在10-20%的范围。

2008年建材行业规模以上建材企业累计完成销售总产值22342亿元，同比增长30.8%，低于2007年同期2%。平均产销率为97.72%，高于2007年同期0.08%。

2008年1-11月，规模以上建材工业企业盈亏相抵后利润总额1013亿元，同比增长26.6%。建材行业内各分行业大多数为利润增长。其中，水泥制造业实现利润261亿元，利润额较2007年同期净增61亿元，增幅31%；水泥制品70亿元，同比增长31.9%；玻纤及制品31.4亿元，同比增长27.5%；建筑陶瓷81.1亿元，同比增长20%。耐火材料制品115亿元，同比增长39.2%。非金属矿采选业129亿元，同比增长46.1%。技术玻璃制品32.2亿元，同比增长9.7%。平板玻璃1.48亿元，同比下降94.3%。卫生陶瓷11.6亿元，同比下降12.7%。平板玻璃和卫生陶瓷是建材行业内部利润不增反降的两个行业。

2008年1-11月建材行业规模以上建材工业企业出口交货值1668亿元，同比增长10.8%，增幅同比回落14.4%。累计完成出口创汇总额180.4亿美元，同比增长18.4%，增幅同比高出0.6%。但从主要建材产品出口数量看，增幅同比普遍回落。其中，累计出口水泥及熟料2604万吨，同比下降21.1%。出口平板玻璃25017万M2，同比下降12.8%。大理石、花岗石板材出口也出现大幅下降。玻璃深加工、玻璃纤维及制品等高附加值产品、水泥工程技术和装备出口在国际市场份额继续扩大，彰显出国际竞争力的提高。

2008年非金属矿采选及制品业累计完成固定资产投资4011亿元，同比增长46.9%，增幅低于2007年同期4%，但高于制造业平均增幅17.4%。其中，投资增幅较高的行业主要是水泥制造、隔热隔音材料、砼结构件制造、砖瓦及建筑砌块砖、非金属矿物制品等。水泥工业累计完成固定资产投资964亿元，同比增长69.8%。平板玻璃固定资产投资112亿元，同比增长48.1%。而建筑陶瓷制品完成固定资产投资169亿元，同比仅增长3.6%。

一、玻璃

2008年压延玻璃累计出口2750.93万平方米，比2007年同期增加523.43万平方米，同比增长24%，出口创汇8967万美元，比2007年同期增加3447万美元，同比增长62%，压延玻璃累计出口价格为3.25美元/平方米，比

2007年同期上涨0.77美元/平方米。

2008年，平板玻璃累计出口25016.61万平方米，比2007年减少3679.25万平方米，同比下降13%，出口创汇82587万美元， 比2007年同期增加6922万美元，同比增长9%。其中：浮法玻璃累计出口21512.12万平方米，占全部出口量的85.99%，比2007年同期减少2828.49万平方米，同比下降12%，浮法玻璃出口累计创汇76698万美元，占出口创汇总额的92.87%，比2007年同期增加6850万美元，同比增长10%。普通平板玻璃累计出口3504.49万平方米，占全部出口量的14.01%，比2007年同期减少850.76万平方米，同比下降20%。

出口量减少并未影响出口产品价格的上涨，2008年玻璃出口平均价格为3.27美元/平方米，比2007年增长18.34%。浮法玻璃出口平均价格为3.57美元/平方米，比2007年增长18.49%，普通平板玻璃出口平均价格为1.69美元/平方米，比2007年增长20.71%。

二、水泥

2008年全国水泥产量为14亿吨，比2007年增长3%，增速同比回落7%。上半年尽管有南方低温雨雪冰冻灾害和汶川地震的影响，但2008年前7个月全国水泥累计产量同比仍增长5%，其中3-7月份，全国月水泥产量同比增长率达到了7.6%。8月以后全国水泥产量增速明显减缓，8-11月份，全国月水泥产量同比仅增长了0.2%，12月份虽有反弹，但增长率也仅为2.1%，显然，需求不足是导致水泥产量增速减缓的主要原因。

三、陶瓷

2008年陶瓷砖产量增速明显回落，全国陶瓷砖产量为61.9亿平方米，比2007年增长10.4%，增速同比回落5.8%，这也是2002年以来陶瓷砖产量增速最低的一年。主要产区产量下滑趋势明显，尤其是2008年12月尤为突出。

2008年全国卫生陶瓷产量为1.55亿件，比2007年下降2.8%，这也是2000年以来卫生陶瓷产量增长率首次下降，产量下降主要是受出口减少和广东陶瓷业产业结构调整两方面因素的影响。

（信息来源：中国玻璃网、中国经济信息网）

2008年轻工业发展概况

（2009年4月20日）

受世界金融危机的影响，全球消费信心下降，消费市场萎缩，我国轻工业遭遇了前所未有的困难，特别是出口依赖型企业受冲击严重。2008年轻工业进一步显现出不同程度的经营困难、效益下降，由于出口大单、长单骤减，部分企业亏损严重，对就业和社会稳定构成了隐患。目前，市场观望情绪严重，消费信心恢复困难，一些企业通过延长春节假期、停产检修等方式减少生产，观望经济走势。

2008年，轻工业主要经济指标增速下降明显，利润出现负增长；全年规模以上企业累计完成工业总产值93898.04亿元，同比增长24.54%，增幅比2007年同期减少4.67%。

2008年1-11月轻工业规模以上企业累计实现利税6278.15亿元，同比增长19.88%，增幅比2007年同期减少12.35%；实现利润3882.46亿元，同比增长18.53%，增幅比2007年同期减少19.27%。

从出口方面看，轻工业累计出口额达到3092.3亿美元，同比增长14.48%，比2007年同期增幅减少4.74%；11月当月出口额环比下降5.54%，12月当月出口额增幅为11.43%，比11月增速有所回升，增长了5.69%。

从进口方面看，2008年轻工业累计进口额达到799.9亿美元，同比增长15.68%，比2007年同期增幅减少5.39%。从2008年第四季度来看，进口额增幅连续下降，11月当月进口额同比下降9.16%，是近三年来首次出现进口额月度负增长，12月当月进口额增幅同比下降11.33%，是2008年增速下滑的新低。

2008年，轻工业累计贸易顺差2292.4亿美元，同比增长14.05%，比2007年贸易顺差增幅同比减少4.55%。轻工业贸易顺差占全国贸易顺差总额的比例从2008年上半年的104.37%、2008年前三季度的92.15%下降到77.59%。

当前我国轻工产品在国际市场上仍具有比较大的优势，并获得了良好的声誉。尽管欧、美、日传统市场需求出现下降，新兴市场和发展中国家出口的难度也有所加大，但只要政策得当，企业还有一定的拓展空间。鉴于轻工业的特点与现阶段国内市场的需求现状，开拓新的国外市场成功与否，是我国轻工企业能否短期内解决经营困难的关键。

目前，轻工业涉及人民生活必需的各个领域，且具有较强的互补性。2008年，农副食品加工与食品制造行业的总产值占到轻工业总产值的33.09%，仅食品生产就保证了轻工业三分之一的产值。国内人民稳定的基本生活需求，加之其他内需市场的逐步扩大，为轻工业保持基本稳定发展提供了基础。

（信息来源：中国工业报）

2008年纺织业发展概况

（2009年04月20日）

2008年，纺织工业受外需不足的影响，生产低迷，出口受阻，效益下滑。全年纺织行业增加值比2007年增长10.3%，增速同比回落6.2%；出口交货值增长4.7%，增速同比回落9.5%。

2008年纺织工业总产值和产品销售值增速均比2007年有所下降。其中，纺织行业工业总产值同比增长14.5%，增幅较2007年同期下降7.1%；纺织服装、鞋、帽制造业工业总产值增长18.8%，增幅较2007年同期下降3.9%。各子行业产值均保持稳定增长，除纺织面料鞋的制造外，其他子行业产值增幅比2007年同期均出现减缓。

2008年，纺织工业销售值增速保持较快增长，但比2007年同期有所减缓。其中，纺织业工业销售值同比增长14.7%，增幅比2007年同期下降6.6%；纺织服装、鞋、帽制造业工业销售值同比增长18.6%，增幅比2007年同期下降4.3%。子行业中，纺织面料鞋和制帽业销售值增长较快，同比增速分别为29%和20.8%；麻纺织、丝绢纺织及精加工制造业同比增长较慢，增速不到10%。

进出口方面，2008年我国纺织品服装出口1852亿美元，同比增长8.2%，增幅下降10.7%；棉花纺织品服装累计出口662.5亿美元，同比增长6.5%，增幅下降11.7%。

2008 年纺织工业固定资产投资增速大幅下滑。全年纺织业固定资产投资增长1.3%，较2007年同期减缓19.6%；服装业固定资产投资增长19%，比2007年同期减缓17%。

2008年，纺织工业中占据行业主导地位的小型企业工业生产总值和销售总值增速继续领先，中型企业增长较慢，大、中、小型企业工业生产总值和销售总值增速均比2007年同期有所下降。

在不同所有制纺织企业中，私营企业工业总产值和工业销售值增长较快，增速接近20%，完成工业总产值和工业销售值分别达到10282亿元和10046亿元，同比分别增长19.4%和19.5%。国有企业经营状况较差，工业总产值和工业销售值均较2007年有所下降。对纺织业增长起关键作用的仍然是私营企业。

在纺织服装、鞋、帽制造业中，国有企业、集体企业、股份合作企业和股份制企业的企业工业总产值和工业销售值的增速均比2007年同期有所加快，其中集体企业表现尤为突出，工业总产值和工业销售值的增速均超过20%。占主导地位的私营企业工业总产值和工业销售值增速保持较高水平，但较2007年有所下降。

2008年，纺织业利润完成情况大幅度下降。其中，纺织业累计实现利润总额674.95亿元，同比增长9.3%，较2007年同期下降22%；亏损企业亏损额同比增长61.2%，增速较2007年同期加快40.2%。在其子行业中，利润增速最高的是纺织制成品制造业，实现利润103.02亿元，同比增长20.6%。

（信息来源：国家发展门户）

2008年造纸工业发展概况

（2009年04月17日）

2008年，我国造纸行业共生产机制纸及纸板8391万吨，同比增长8.75%，增速比2007年下滑近10%，产量增速下滑速度非常快；规模以上造纸企业新闻纸产量累计共460万吨，同比增长9.54%，增速比2007年下滑9%；累计生产箱板纸1202万吨，同比增长18%，增速基本与2007年同期持平。

2008年，造纸行业累计实现工业总产值4566亿元，同比增长21%，增幅比前三季度下降6%，比一季度下降近10%；规模以上造纸企业销售值累计完成4433亿元，同比增长20%，增速比2007年同期下降近3%，呈现出明显的高位回落趋势。

从产销值市场指标看，2008年造纸行业中大型企业和小型企业的工业总产值增速都慢于2007年同期，其中中型企业下降5.08%，在各规模企业中降幅相对较小。销售值方面，大中小三大规模企业产销值增长都比2007年有所下滑，相对而言，小型企业增速下滑的幅度较小。

2008年1-11月，大中小各规模造纸企业的效益增长相对于上半年都有不同程度的下滑，与2007年同期比较，增速也有所下滑。相对而言，中型和小型企业利润增速下滑幅度比大型企业要小。从原因来看，中小型企业依靠机动灵活的进购策略，利用纸张市场需求总体较快扩张的环境，规避交易和流通成本，并快速灵活填补大型企业产品结构升级留下的低档纸类品种空档，获得了一定的发展空间。

从盈利情况来看，2008年1-11月，造纸行业各所有制类型企业利润增长比上半年明显下滑，尽管部分所有制类型企业的利润绝对增长仍较快，但除了股份合作和股份制企业外，其他各所有制类型企业的利润增速都比2007年同期出现了较大程度的下降。其中，国有企业利润增速同比下滑高达105.93%，而集体企业和外资企业也分别下滑超过40%和30%，私营企业和其他企业增速下滑相对较小，但也都超过10%。

2008 年上半年国内纸业公司纷纷打起提价牌，下半年在供求关系变化、新增产能等因素影响下，主要产品价格呈现量价齐跌趋势。造纸行业整体的景气度在2008年上半年达到顶峰，主要产品的价格也在三季度见顶，四季度行业景气进入下行阶段。

一、纸价呈现明显回落之势

2007 年上半年，国内主要纸种价格出现大幅上升，但三季度随着供需力量对比形势的变化，纸价上涨动力明显减弱，占行业主要比重的包装纸和铜版纸价格都出现不同程度的回落。

包装纸(白卡纸、白板纸、箱板纸、瓦楞纸等)占我国造纸总产量的60%左右，铜版纸占我国造纸产量的6%左右。包装纸及铜版纸受国际经济疲软需求降低及产能集中释放的影响，纸张价格三季度较二季度都已出现明显回落。

二、销售收入增长下滑，利润增速回落明显加快

在产销增速下降以及产品价格回落的双重夹击下，造纸行业下半年企业经营困难明显加大，效益增长显著放慢，特别是四季度，受国际国内经济形势恶化加剧的影响，行业效益增速下降明显加快。2008年1-11月，造纸行业的产销率从5月份的98.32%下滑到97%；累计实现销售收入同比增长19.98%，增速比前8月下滑近6%，实现利润同比增长16.81%，增速比前5月和前8月分别下降近50%和30%，下滑非常明显。

（信息来源：国家发展门户）

2008年电子通信工业发展概况

（2009年04月17日）

受宏观调控、灾害等因素影响，2008年通信设备制造业产销低速增长。全年通信设备行业实现工业总产值8601亿元，同比增长3.9%，增幅较2007年同期下降5.3%；完成工业销售值8459亿元，同比增长6.5%，增幅比2007年同期下降2.1%。

2008年，通信设备制造业共生产移动电话机5.5亿部，同比下降2.3%，增速较2007年同期下降21.1%；程控交换机和数字程控交换机生产明显减少，同比分别下降14.1%和12.3%，传真机产量同比下降12.9%。载波通信设备生产加快，同比增长47.3%，增速较2007年同期加快83.3%。

2008年通信设备制造业累计完成固定资产投资同比增长17.6%，较2007年同期下降6.7%，明显低于城镇固定资产投资增速。通信设备制造业投资完成额占全部城镇固定资产投资的比重较2007年同期下降0.1%。

2008 年，在通信设备制造业占有绝对控制地位的外资企业，其工业总产值较2007年同期有所减少，同比下降3%，实现工业总产值占整个行业的比重为70%，完成工业销售值5911.57亿元，同比下降1.7%。国有企业、集体企业和股份合作企业经营状况良好，工业总产值和工业销售值增速均较2007年同期有所加快。

从不同规模企业的产销情况看，小、中、大型企业生产和销售增长速度依次递减，小型企业生产和销售增速同比明显提高，而占据主导地位的大型企业生产和销售增速同比明显下降。

从出口方面看，2008年通信设备制造业出口交货值达到4590.44亿元，增长6.6%，增幅比2007年同期下降2.3%。从产品方面来看，主要出口产品均保持稳定增长，增长较快的是自动数据处理设备和手持或车载无线电话机，出口量同比分别增长24.5%和10.2%，出口金额分别增长15.5%和8.2%；而自动数据处理设备及其部件出口量同比下降1.2%。

从进口方面看，自动数据处理设备及其部件进口量同比增长12.7%，进口额同比增长13.5%，自动数据处理设备进口量同比增长8.1%，但是其进口额却略有下降，说明该产品的进口价格有所下降。

（信息来源：国家发展门户）

2008年全国物流业运行情况

国家发展改革委　国家统计局　中国物流与采购联合会

2008年，经历了罕见的雨雪冰冻、汶川地震等灾害的重大考验和国际金融危机的严峻挑战，我国物流业仍然实现了平稳较快发展，为社会经济发展提供了基础保障，但物流需求增长明显趋缓，主要物流经济指标同比增幅均出现不同程度的回落。

一、社会物流总额增长19.5%，增幅回落6.7个百分点

2008年，全国社会物流总额89.9万亿元，同比增长19.5%，仍然保持了较快增长态势，但增幅比2007年回

落6.7个百分点。

从社会物流总额的构成看，工业品物流总额79.86万亿元，同比增长20.8%，占社会物流总额的比重为88.8%，仍然是带动社会物流总额增长的主要因素。进口物流总额7.86万亿元，同比增长8.2%，占社会物流总额的比重为8.7%。农产品物流总额、再生资源物流总额和单位与居民物品物流总额分别增长17.6%、3.8%和14%（见表1）。

表1 2008年社会物流总额构成及增长变动情况

单位：亿元

	同比增长%	在物流总额中所占比重%
农产品物流总额	17.6	2.1
工业品物流总额	20.8	88.8
进口货物物流总额	8.2	8.7
再生资源物流总额	3.8	0.3
单位与居民物品物流总额	14.0	0.1

二、社会物流总费用增长16.2%，增幅回落4.4个百分点

2008年，全国社会物流总费用为54542亿元，同比增长16.2%，增幅比2007年回落4.4个百分点。社会物流总费用与GDP的比率为18.1%，比2007年下降0.1个百分点。

从社会物流总费用的构成看，运输费用为28669亿元，同比增长13.2%，增幅比2007年回落6.4个百分点。占社会物流总费用的比重为52.6%，比2007年下降1.8个百分点。运输费用增幅回落以及占社会物流总费用比重的下降，反映出物流需求有所减少。

保管费用为18928亿元，同比增长21.8%，增幅比2007年回落0.7个百分点，占社会物流总费用的比重为34.7%，比2007年提高1.8个百分点。

管理费用为6945亿元，同比增长14.3%，增幅比2007年回落5.6个百分点，占社会物流总费用的比重为

表2 2008物流统计表

	单位	本期	同比增长（%）
一、社会物流总费用	亿元	54542	16.2
运输费用	亿元	28669	13.2
保管费用	亿元	18928	21.8
管理费用	亿元	6945	14.3
二、物流业增加值	亿元	19965	15.4
其中：交通运输业	亿元	14308	12.8
仓储业	亿元	984	24.1
贸易业	亿元	2602	18.4
配送、加工、包装业	亿元	1633	31.9
邮政业	亿元	437	14.0
三、社会物流总额	亿元	898953	19.5
其中：农产品物流总额	亿元	18638	17.6
工业品物流总额	亿元	798622	20.8
进口货物物流总额	亿元	78603	8.2
再生资源物流总额	亿元	2529	3.8
单位与居民物品物流总额	亿元	562	14.0
四、货运总量	亿吨	245	9.3
其中：铁路货运总量	亿吨	33	4.6
公路货运总量	亿吨	182	10.9
水运货运总量	亿吨	30	5.8
民航货运总量	万吨	403	0.3
五、货运周转量	亿吨公里	103454	3.5
其中：铁路周转量	亿吨公里	25118	3.7
公路周转量	亿吨公里	12999	14.5
水运周转量	亿吨公里	65218	1.5
民航周转量	亿吨公里	119	1.9
六、物流相关行业固定资产投资	亿元	17508	22.6
其中：交通运输业	亿元	13122	19.6
仓储、邮政业	亿元	1122	41.8
贸易业	亿元	3166	29.5
配送、加工、包装业	亿元	97	29.6

12.7%（见图）。

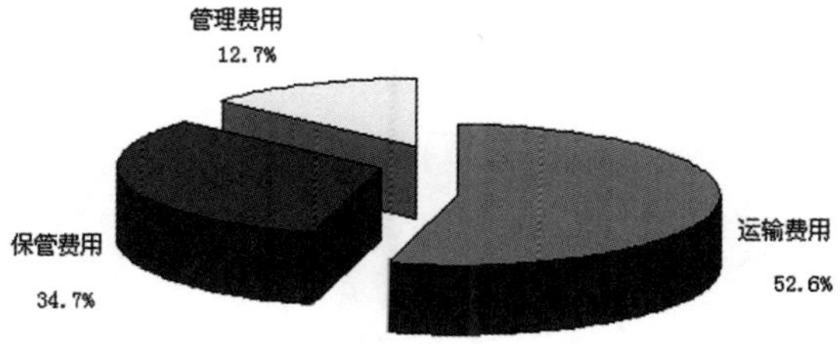

图 2008年社会物流总费用构成

三、物流业增加值增长15.4%，增幅回落4.5个百分点

2008年，全国物流业增加值为19965亿元，同比增长15.4%，增幅比2007年回落4.5个百分点。占服务业增加值的16.5%，比2007年下降0.1个百分点。

四、2008年物流统计（见表2）

2008年石油行业运行情况及2009年趋势预测

2008年，石油行业努力克服世界金融危机、国际油价剧烈波动等因素对国内成品油供应带来的不利影响，认真贯彻落实国家宏观调控方针政策，采取综合措施，维护市场稳定。2009年，受国内外经济环境影响，成品油市场供需面临多种不确定因素，也会出现一些新的矛盾和问题，要继续做好总量平衡、监测分析和运行调节等相关工作，保障成品油供应，保持行业平稳健康发展。

一、2008年石油行业运行情况

1.石油产量保持增长，成品油收率进一步提高。据统计局数据，全年累计生产原油18973万吨，同比增长2.3%。原油加工量34207万吨，同比增长3.7%。汽油产量6348万吨、柴油产量13324万吨，同比分别增长5.8%和8%。据行业统计，前三季度累计汽、煤、柴油收率同比提高0.7%。四季度受乙烯等石化下游产品市场供需状况影响，成品油收率明显升高，比前三季度提高2.8%，同比上升3.2%。

2.石油产品进口大幅增长，消费对外依存度继续提高。据海关统计，全年进口原油17888万吨，增长9.6%。全年进口成品油3885万吨，同比增加506万吨。成品油出口1703万吨（主要是航空煤油和5-7号燃料油），同比增加9.8%，其中汽油出口204万吨，下降56.2%。据行业统计，原油消费对外依存度47.9%，比上年提高1.3个百分点。全年石油消费对外依存度达到49.8%，比上年提高1.4个百分点。

3.成品油消费四季度大幅下降，消费柴汽比明显回落。据行业统计，全年成品油消费20494万吨，同比增长10.2%，其中前三季度增长15.2%；四季度下降3.6%，其中柴油下降8%。消费柴汽比由4月份最高的2.66下降到11月份最低的1.86。

4.天然气产销保持较快增长。据行业统计，产量776亿立方米，同比增长11.5%；进口液化天然气（LNG）42亿立方米，增长5%；供香港29亿立方米，增长13%；表观消费量789亿立方米，增长11.2%。

5.国际市场油价剧烈波动。2008年国际市场石油价格大起大落，呈现少有的剧烈波动状况。布伦特油价全年平均为98.4美元/桶，同比上涨35.4%。从运行区间来看，四个季度分别为96.5美元/桶、123美元/桶、116.9美元/桶和57.2美元/桶。7月份国际油价达到创纪录的147美元/桶，到12月则跌破了40美元/桶，降幅超过70%。国际油价剧烈波动对国内成品油市场产生了巨大影响，前期国内外成品油以及国内原油、成品油价格倒挂，社会资源供应减少，出现囤油投机现象，社会库存增加，造成成品油表观消费增幅虚高。9月份后市场发生逆转，表观消费大幅回落。

二、2009年石油行业趋势预测

2009年，世界金融危机继续向实体经济蔓延，主要发达经济体走向衰退的风险加大，新兴国家经济增长趋缓。受多种因素影响，国内成品油供求变化仍存在较大不确定性。预计2009年成品油消费增长率可能会处于较低水平，其中上半年消费量低于去年同期。随着扩大投资、增加内需、促进增长各项措施效果的逐步显现，成品油消费将出现回升，供大于求的矛盾将得到缓解。

2008年交通运输行业运行情况及2009年趋势预测

（2009年02月25日）

2008年，交通运输部门克服年初低温雨雪冰冻灾害和四川汶川特大地震灾害带来的不利影响，加强运输组织和调度指挥，挖掘运输潜力，圆满完成了奥运运输保障任务，满足了重点物资运输需要，保证了旅客出行需求，为经济和社会发展做出了应有的贡献。

一、2008年运输生产情况

1. 铁路货运比上年有所增长，客运增幅较大。全国铁路日均装车144868车，比上年增长3.1%；其中国家铁路日均装车120455车，增长2.3%。全国铁路货物发送量和货物周转量分别完成32.9亿吨和24828亿吨公里，增长4.5%和3.7%。其中，国家铁路完成27.4亿吨和23375亿吨公里，增长3.7%和3.5%。全国铁路旅客发送量完成14.56亿人次，比上年增长10.6%；旅客周转量完成7728亿人公里，增长7.1%。其中，国家铁路完成旅客发送量和周转量分别为14.4亿人次和7688亿人公里，增长10.6%和7%。

2. 公路客货运输均较快增长。公路客运量和旅客周转量分别完成221亿人次和12636亿人公里，比上年增长7.6%和9.8%。公路货运量和周转量分别完成181.7亿吨和12999亿吨公里，增长10.9%和14.5%。

3. 水路运输小幅增长。水路客运量和旅客周转量分别完成2.4亿人次和74.8亿人公里，比上年分别增长6%和下降3.8%。水路货运量和货物周转量分别为29.7亿吨和65218亿吨公里，增长5.7%和1.5%。

4. 港口生产继续增长。规模以上港口完成货物吞吐量58.7亿吨，比上年增长11.5%；其中外贸货物吞吐量19.2亿吨，增长7%。港口完成集装箱吞吐量12626万标准箱，增长12.2%。

二、2008年全年交通运输完成情况

2008年，全社会货运量244.5亿吨，比上年增长9.3%，增幅同比回落1.8个百分点。其中，铁路货运量33亿吨，增长4.6%，回落4个百分点；公路货运量182亿吨，增长10.9%，回落0.1个百分点；水运货运量29.7亿吨，增长5.7%，回落4个百分点。沿海规模以上港口货物吞吐量42.9亿吨，增长10.4%，回落2.1个百分点；其中外贸货物吞吐量17.8亿吨，增长7.7%。回落4.8个百分点。

铁路重点物资运输情况。2008年，全国铁路日均装车144868车，同比增长3.1%。国家铁路日均装车120455车，增长2.3%，其中11月、12月分别下降7%和9.7%；完成货运量27.41亿吨，增长3.7%，其中11月、12月分别下降5.9%和8.9%。国家铁路运输的重点物资中，煤炭运量13.45亿吨，增长8.4%；粮食、棉花运量分别增长9.5%和0.5%，石油、化肥农药运量分别下降0.7%和4.4%。

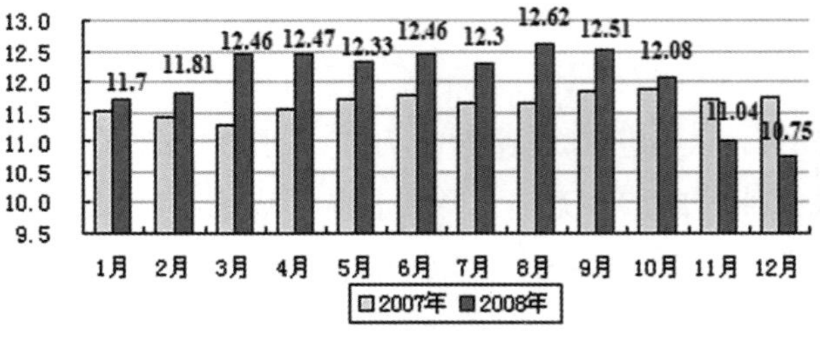

国家铁路各月日均装车（万车）

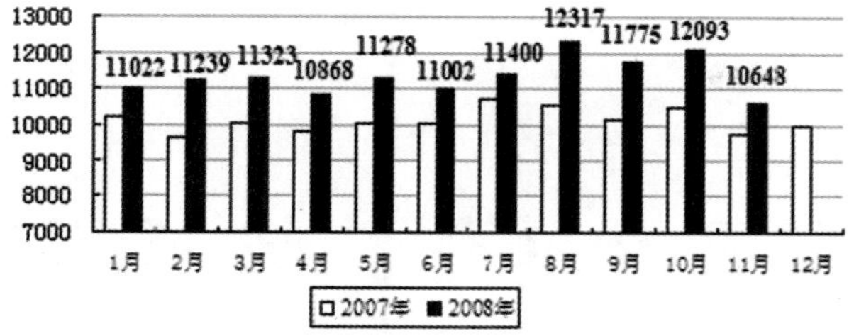

国家铁路各月煤炭运量（万吨）

三、2009年运输形势预测

2009年，从运输能力和需求看，总体形势平稳，部分地区、部分时段有可能出现运输紧张的现象。从能力上看，通过这几年的交通基础设施建设，我国的综合运输能力大大提高，高速公路初步形成网络，港口基本上能满足目前经济发展的需要，铁路通过建设新线和挖掘现有线路的能力，运能进一步增加。从需求看，随着扩大投资、增加内需，促进增长等宏观调控政策的实施，运输需求会增加，但不会大幅度增长。季节性物资可能会与正常物资运输需求产生叠加，造成部分时段和地区运输困难。

2008年煤炭行业运行情况及2009年趋势预测

（2009年2月25日）

2008年，煤炭经济运行呈前紧后松、总体良好的基本态势。前8个月，受经济平稳较快增长拉动，煤炭需求旺盛，价格持续上扬。进入9月份以后，受国际金融危机等影响，煤炭需求增幅下滑，库存快速上升，价格大幅回落。2009年，煤炭需求增长将继续放缓，生产保持平稳增长，供需形势继续向宽松方向发展。

一、2008年煤炭运行基本情况

1.产运销平稳增长。据国家统计局快报，2008年全国规模以上企业原煤产量26.22亿吨，同比增长12.8%，增幅同比提高3.4个百分点。全国铁路、主要港口运输煤炭分别为13.4亿吨和5.09亿吨，比上年分别增长8.4%和9.9%，增速同比回落0.6和4.2个百分点。全国销售煤炭26.12亿吨，增长7.52%，回落1.1个百分点。

2.净出口增加。全年煤炭出口4543万吨、进口4040万吨，同比分别下降14.6%和20.8%。净出口503万吨，比上年增加288万吨。

3.库存大幅增长。2008年12月末，全社会煤炭库存2.01亿吨，比上年增长34.9%。其中，煤矿库存5092万吨，增长30%；直供电厂库存4332万吨，增长90.8%；主要港口库存1970万吨，增长39.4%。

4.价格剧烈波动。前8个月煤炭价格持续上涨，9月份以后开始下降，至12月份价格企稳略升。12月末，6000大卡大同优混平仓价625元/吨，5500大卡山西优混平仓价590元/吨。

5.利润增幅回落。全年大型煤炭企业原煤平均售价356.3元/吨，同比提高34.4%；原煤单位成本338.5元/吨，提高38.3%。实现利润1304亿元，增长80.1%，回落7.9个百分点。

6.投资保持较快增长。全年完成固定资产投资2411亿元，比上年增长33.6%，增幅同比提高10个百分点。

二、2009年煤炭运行趋势预测

目前，国际金融危机的蔓延冲击仍未见底，国内经济发展面临的不确定性因素增多。国家出台一系列扩内需、保增长的政策措施，将在一定程度上平抑重工业及能源产业链的波动幅度。总的看，2009年煤炭需求基本平稳，有效供应能力继续增加，动力煤趋于总体宽松，但由于存在产运需结构性矛盾和一些不确定性因素，不排除在需求旺季出现区域性偏紧的可能。

2008年电力行业运行情况及2009年趋势预测

（2009年2月25日）

2008年，电力运行的阶段性特征十分明显。前5个月全国电力供需矛盾一度较为突出。6月份以后，全国用电增幅开始回落，并逐月走低。10月份出现了1999年以来的首次负增长，11月份同比降幅更是高达8.1%，大部分地区开始出现电力供大于求的局面。

一、2008年电力运行基本情况

1.电力生产与供应。全年全国发电量34334亿千瓦时，同比增长5.2%，增幅回落9.4个百分点，其中火电27793亿千瓦时，仅增长2.2%，水电5633亿千瓦时，增长19.5%。全国发电设备累计平均利用小时数为4677，同比下降337小时；其中火电4911小时，下降427小时。全国日最高发电量发生在7月，达到112.9亿千瓦时。

2.电力消费。全社会用电量34268亿千瓦时，同比增长5.2%，增幅回落9.6个百分点。其中，一、二、三产用电和城乡居民生活用电分别增长1.9%、3.8%、9.7%、11.8%，增幅分别回落1.9、12.2、1和增长0.4个百分点。分地区看，回落幅度超过全国平均水平的依次是内蒙、山西、宁夏、湖南、河北、贵州、云南、天津、江苏、山东、河南。分行业看，回落幅度超过全国平均水平的主要是有色金属、冶金、电力、纺织、交通运输、电气和电子设备制造业。

尽管电力供应能力快速增长，但受低温雨雪冰冻灾害和电煤供应等因素影响，2008年拉限电有所增加，全国大多数地区均曾出现不同程度的供需紧张，主要集中发生在年初冰灾期间和夏季高峰负荷时期。

3.经营状况。1-11月，火电行业资产合计20234亿，负债合计15056亿，资产负债率74.4%。火电主营业务成本7766亿，同比上升29.1%（同期火电量增长4.7%）；利息支出544亿，同比上升41.7%；行业利润为负的392亿，同比减盈增亏996亿。电力供应行业资产合计24044亿，负债合计13353亿，资产负债率55.5%。主营业务成本15031亿，同比上升15.3%（同期供电量增长8.5%）；利息支出287亿，同比上升34.6%；利润总额285亿，同比减少380亿。

4.节能减排情况。全国供电煤耗率349克标煤/千瓦时，同比下降7克，线损率6.64%，同比下降0.33个百分点，关停小火电1669万千瓦。

二、2009年电力运行趋势预测

由于美日欧三大经济体同步进入衰退，国际经济环境尚未见底，对国内经济的影响程度和持续时间较难判断。全年电力供需总体呈阶段性供大于求。受水库来水、电网建设滞后等不确定因素影响，局部地区枯水期或夏季高峰时段仍可能出现紧张局面。

2008年1-12月全国房地产市场运行情况

国家统计局月度形势报告

（2009年1-12月）

一、房地产开发完成情况

1-12月，全国完成房地产开发投资30580亿元，同比增长20.9%，增幅比1-11月回落1.8个百分点。其中，商品住宅完成投资22081亿元，同比增长22.6%，回落2.6个百分点，占房地产开发投资的比重为72.2%。

1-12月，全国房地产开发企业房屋施工面积27.4亿平方米，同比增长16.0%；房屋新开工面积9.8亿平方米，增长2.3%；房屋竣工面积5.9亿平方米，下降3.5%。其中，住宅竣工面积4.8亿平方米，下降4.2%。

1-12月，全国房地产开发企业完成土地购置面积3.7亿平方米，同比下降8.6%；完成土地开发面积2.6亿平方米，同比下降 5.6%。

二、商品房销售和空置情况

1-12月，全国商品房销售面积6.2亿平方米，同比下降19.7%。其中，商品住宅销售面积下降20.3%；商品房销售额24071亿元，同比下降19.5%。其中，商品住宅销售额下降20.1%。

截至12月末，全国商品房空置面积1.64亿平方米，同比增长21.8%，增幅比1-11月提高6.5个百分点。其中，空置商品住宅9069万平方米，同比增长32.3%，增幅提高9.4个百分点。

三、房地产开发企业资金来源情况

1-12月，房地产开发企业本年资金来源38146亿元，同比增长1.8%。其中，国内贷款7257亿元，增长3.4%；企业自筹资金15081亿元，增长28.1%；其他资金15082亿元，同比下降16.4%。其中，个人按揭贷款3573亿元，下降29.7%。

四、70个大中城市房屋销售价格指数

12月份，全国70个大中城市房屋销售价格同比下降0.4%，环比下降0.5%。

新建住宅销售价格同比下降0.8%，环比下降0.7%。

分类型看，与上年同月相比，经济适用房销售价格上涨0.6%；商品住宅销售价格下降0.9%，其中普通住宅销售价格下降0.9%，高档住宅销售价格下降1.1%。与上月相比，经济适用房销售价格持平；商品住宅销售价格下降0.8%，其中普通住宅销售价格下降0.6%，高档住宅销售价格下降1.6%。

分套型看，90平方米及以下的新建住宅销售价格同比下降0.4%，环比下降0.1%。

分地区看，与上年同月相比，新建住宅销售价格上涨的城市有48个，其中涨幅较大的城市是：银川9.1%、温州8.1%、金华6.9%、北海6.6%、三亚6.1%；价格下降的城市有21个，其中深圳下降18.1%、广州下降9.4%、南京下降5.8%、重庆下降5.2%、桂林下降5.2%。与上月相比，新建住宅销售价格上涨的城市有4个，价格涨幅在0.1%-0.3%之间；价格下降的城市有50个，其中徐州下降4.2%、岳阳下降3.2%、广州下降3.1%、长春下降2.6%、湛江下降2.5%。

二手住宅销售价格同比下降0.1%，环比下降0.3%。

分地区看，与上年同月相比，二手住宅销售价格

上涨的城市有41个，其中涨幅较大的城市是：三亚15.0%、南宁12.0%、兰州7.5%、银川7.2%、西宁6.6%；价格下降的城市有28个，其中深圳下降18.7%、厦门下降6.9%、包头下降4.8%、岳阳下降4.7%、重庆下降4.5%。与上月相比，二手住宅销售价格上涨的城市有11个，除兰州上涨6.3%外，其余城市价格涨幅在0.1%-0.6%之间；价格下降的城市有52个，其中岳阳下降4.1%、济宁下降3.6%、石家庄下降3.3%、沈阳下降3.2%、吉林下降3.0%。

五、全国房地产开发景气指数

12月份，全国房地产开发景气指数（简称“国房景气指数”）为96.46，比11月份回落2.0点，比去年同期

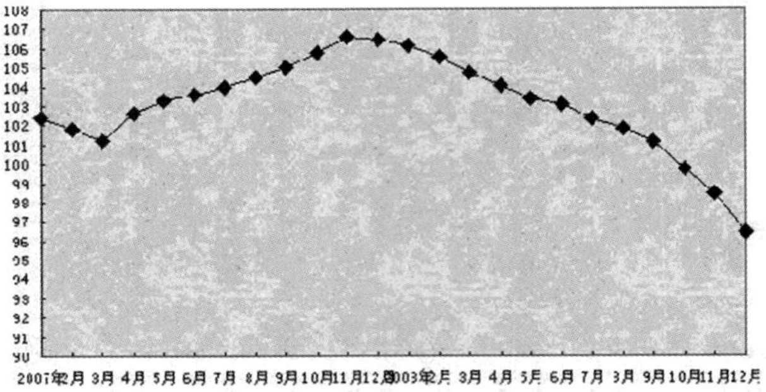

全国房地产开发景气指数趋势图

2008年1—12月各地区房地产开发投资情况

地　区	投资额（亿元）	住宅	比去年同期增长（%）	住宅
全国总计	30579.82	22081.26	20.9	22.6
一、东部地区	18325.29	12983.30	17.1	18.4
北　京	1908.74	940.56	−4.4	−5.2
天　津	653.72	459.33	29.4	34.0
河　北	1062.62	847.18	49.8	47.7
辽　宁	2058.09	1575.11	37.4	35.1
上　海	1366.87	843.63	4.5	0.7
江　苏	3064.45	2296.62	21.8	22.8
浙　江	1999.30	1419.65	9.8	8.5
福　建	1114.22	748.12	−1.6	−3.9
山　东	1975.60	1562.13	29.9	31.2
广　东	2932.34	2132.52	16.5	18.3
海　南	189.31	158.44	48.4	51.8
二、中部地区	6287.49	4802.78	31.7	33.2
山　西	326.72	227.94	26.2	19.8
吉　林	625.43	520.92	27.6	30.9
黑龙江	453.24	321.84	18.5	15.1
安　徽	1351.60	1003.07	51.5	51.3
江　西	544.32	444.72	25.0	25.5
河　南	1185.64	946.16	41.6	48.1
湖　北	904.13	669.39	24.9	31.8
湖　南	896.41	668.73	18.8	16.7
三、西部地区	5967.04	4295.19	22.7	25.1
内蒙古	736.08	572.09	47.0	49.0
广　西	621.64	425.09	15.9	20.2
重　庆	991.00	619.53	16.6	18.7
四　川	1430.16	1021.94	7.8	9.8
贵　州	307.84	194.05	23.3	24.3
云　南	557.59	423.64	31.9	32.2
西　藏	12.97	10.99	11.0	5.6
陕　西	749.23	586.64	40.0	37.2
甘　肃	170.69	124.19	27.3	30.6
青　海	50.38	42.70	47.3	52.2
宁　夏	117.40	87.56	26.1	30.0
新　疆	222.05	186.77	31.9	34.3

回落9.99点。

从分类指数看：房地产开发投资分类指数为99.66，比11月份回落1.32点，比去年同期回落4.80点；本年资金来源分类指数为91.06，比11月份回落0.88点，比去年同期回落13.81点；土地开发面积分类指数为93.47，比11月份回落1.32点，比去年同期回落3.66点；商品房空置面积分类指数为100.18，比11月份回落0.14点，比去年同期回落11.18点；房屋施工面积分类指数为98.38，比11月份回落3.58点，比去年同期回落9.8点。

2008年1–12月各地区商品房销售增长情况

地　　区	销售面积（万平方米）	增速（%）	销售额（亿元）	增速（%）
全国总计	62088.94	−19.7	24071.41	−19.5
一、东部地区	30906.45	−21.6	15732.07	−23.1
北　京	1335.37	−38.6	1658.31	−34.1
天　津	1252.04	−19.1	753.16	−16.3
河　北	1919.53	−7.2	546.65	2.2
辽　宁	4016.43	4.9	1507.72	12.8
上　海	2296.12	−37.9	1895.45	−38.6
江　苏	5412.26	−28.8	2223.89	−27.3
浙　江	2880.33	−36.6	1816.35	−30.9
福　建	1621.32	−33.1	732.58	−35.4
山　东	5011.65	−1.0	1540.31	4.8
广　东	4824.41	−21.9	2879.96	−21.1
海　南	336.99	7.8	177.69	36.6
二、中部地区	15275.16	−16.9	3964.97	−11.3
山　西	904.35	−1.0	211.60	3.0
吉　林	1377.90	6.6	359.84	20.9
黑龙江	1498.42	−12.3	421.27	−0.3
安　徽	2756.96	−10.6	806.84	−1.8
江　西	1464.55	−32.7	321.25	−28.7
河　南	2971.02	−24.4	706.49	−20.2
湖　北	1926.64	−24.1	580.10	−25.2
湖　南	2375.31	−13.1	557.57	−8.7
三、西部地区	15907.34	−18.6	4374.37	−12.0
内蒙古	2141.01	2.6	527.98	12.6
广　西	1734.47	−14.0	490.59	−4.2
重　庆	2872.19	−19.2	800.00	−17.3
四　川	3205.92	−34.9	1001.04	−28.4
贵　州	859.09	−19.8	206.22	−9.9
云　南	1643.35	−16.8	440.46	−9.2
西　藏	63.27	4.1	17.82	8.4
陕　西	1416.50	−3.0	438.11	14.4
甘　肃	471.32	−20.4	102.23	−21.2
青　海	136.26	−11.8	32.75	−8.3
宁　夏	508.67	0.2	123.94	14.3
新　疆	855.27	−25.3	193.24	−18.9

第三部分

地区投资与发展

省、自治区、直辖市经济发展与固定资产投资

北京市2008年固定资产投资与2009年投资计划

一、2008年全社会固定资产投资完成情况

2008年全年实际完成全社会固定资产投资3848.5亿元，与上年基本持平。其中基础设施投资1160.7亿元，占30.2%，房地产投资1908.7亿元，占49.6%，工业投资380.8亿元，占9.9%。

（一）市政府固定资产投资充分发挥了引导和带动作用，取得了积极成效

2008年市政府固定资产投资计划安排264.5亿元，9月底之前，全部下达全年投资计划，实现了市委、市政府年初确定的各项调控目标。

1.总体安排上，体现了集中力量、分阶段解决了一批重点问题的原则。奥运相关项目资金需求，做到了应保尽保，保证了奥运相关设施按期交付使用。城市交通、统筹城乡、生态资源、民生改善、产业发展等五大重点领域资金需求，做到了优先保障，合计占计划的75.8%。

2.时序安排上，较好地完成了奥运前后投资衔接工作。奥运前，保奥运、保重点、保竣工，加快资金下达。奥运期间，建立“绿色审批通道”，筛选了70个重大项目，加快前期审批，安排政府投资9.2亿元推进项目实施。奥运后，围绕扩大投资保增长，促进投资落地，积极做好申请中央追加投资工作，并在轨道交通、生态环境、自主创新、危房改造、农村金融以及中小企业发展等重点领域，追加安排市政府投资60亿元，撬动社会投资。

3.空间布局上，进一步加强了城乡统筹和区域协调发展。一是统筹四类功能区协调发展，加大对生态涵养区的投入。核心区、拓展区、发展新区、生态涵养区的政府投资比例为19:30:30:21，其中生态涵养区比重比上年提高2.5个百分点。二是继续加大政府投资向郊区转移力度。郊区与城区的政府投资比例进一步提高到51.4:48.6，连续四年对郊区的投资超过50%。三是坚持政府投资向南城倾斜，实现了两个成倍增长，即：南城地区安排政府投资39.2亿元，比前三年平均水平增长一倍；南城区县项目投资较上年增长70.7%，比城八区增幅高出一倍。

4.实施成效上 主要呈现“五个明显提高”。

一是交通基础设施承载能力明显提高。

市域内轨道交通建设真正实现全面提速。11条线路同年建设，在建规模达到270公里。地铁10号线一期等3条线路建成使用，新增运营里程58公里，总运营里程达到200公里。

一批地方配套的中央重大交通项目加快实施。首都机场T3航站楼、北京南站、京津城际客运专线等投入使用，北京西站至北京站的地下直径联络线、京沪高铁、京石客运专线等抓紧建设。

城市路网骨架进一步完善。新建成京平高速、机场二通道等高速公路120公里，总里程达到820公里，接近900公里的“十一五”规划目标。新建成通顺路、平三路等市域公路150公里，总里程达到2万公里，超过

“十一五”规划目标。阜石路一期、西客站南路等城市快速路和中心城主干路建成通车。

公交系统不断优化。当年建成朝阳路和安立路共39公里的大容量快速公交，累计达到55公里，超过40公里的“十一五”规划目标。西客站南广场交通枢纽建成使用，一亩园交通枢纽加快建设。

二是资源能源保障能力和节能水平明显提高

水资源保障能力加速建设。建成南水北调京石段工程和市内配套“三厂一线”工程，实现接收河北来水。建成房山、怀柔两大应急供水扩建工程，年新增供水0.5亿立方米。建成海淀温泉、永丰、朝阳北小河、亦庄4座高品质再生水厂，新增再生水日处理能力13.5万吨，全市再生水利用率达到57%，超过规划目标3个百分点。建成以中水为补充水源的本市规模最大的奥运公园环境水系。

能源设施保障能力继续提高。建成朝阳、城南、门头沟等3座500千伏输变电站，新建、改扩建220千伏及110千伏变电站35座。太阳宫、郑常庄燃气热电厂建成投入使用，新增发电能力130万千瓦、供热能力2000万平方米。建成通州天然气接收门站，年可接收40亿立方米，总接收能力提高60%。

能源利用实现新提高。实施了通州、延庆、密云等新城9个大型集中供热工程，可整合200座分散燃煤锅炉房、实现单位煤耗下降30%以上。完成了城四区500万只节能灯更换工作和800万平方米大型公建及30家政府机构节能改造任务。建成奥运村太阳能光伏发电、官厅风力发电场一期等工程，新增热泵采暖制冷面积500万平方米，全市新能源和可再生能源消费比例达到2%，比2005年翻一番。

三是生态建设和环境治理水平明显提高

生态屏障初步形成。新建成奥林匹克森林公园、万亩郊野公园及150多公里生态景观大道。完成京津风沙源治理60.2万亩，二道绿隔绿化2.2万亩，山区小流域综合治理360平方公里，以及关停废弃矿山植被恢复2.2万亩。

环境治理稳步推进。新建成高安屯垃圾焚烧厂、阿苏卫垃圾综合处理厂等一批垃圾处理设施，城八区生活垃圾无害化处理率达到99.8%，郊区达到84%，垃圾无害化处理提前实现“十一五”规划目标。完成北小河污水处理厂改建工程， 全市污水处理率达到78%。完成北环水系、清河等治理工程，整治河道25公里。

四是城乡一体化发展水平明显提高

新城基础设施承载能力进一步提高。建成京平高速公路，提前两年实现新城与中心城至少有一条高速路连接的目标。新增新城内部主干路137公里，外围道路500余公里。新城医疗中心和环境整治等项目加快实施。

重点镇市政设施建设加快。新建4座集中供水厂，95%的重点镇实现了集中供水；新建5座污水处理厂，70%的重点镇实现了污水集中处理；新建16座垃圾转运站，全面完成了重点镇垃圾密闭化收集转运体系建设。

新农村建设取得新进展。新解决70万农民安全饮水问题，提前两年完成了该项任务。实施了200个新农村整体推进村街坊路建设工程，硬化农村村内道路800万平方米。

五是民生保障与公共服务水平明显提高

公共卫生和基本医疗体系不断完善。社区卫生服务体系基本形成，共建成标准化社区卫生服务中心（站）3188个、124万平方米，实现城乡所有社区全覆盖。佑安医院改扩建、地坛医院迁建、疾控中心和卫生监督所等一批项目建成投入使用。

优质教育资源加快向郊区转移。171中学延庆康庄分校、东直门中学顺义分校、十四中平谷分校等3所“名校办分校”建成投入使用；北京建工学院新校区等一批教育项目在新城落地。

旧城居民生活条件继续得到改善。实施了胡同整治44条及文保区煤改电工程5万户。全面完成旧城一户一水表改造任务。奥运会前完成前门大街恢复和大栅栏商业街改造工程。

2009年本市全社会固定资产投资调控的基本思路是：深入学习实践科学发展观，坚决贯彻落实中央扩大内需方针和各项政策措施，统筹考虑当期促进首都经济社会平稳较快发展和建设“人文北京、科技北京、绿色北京”的长远战略要求，着力创新投融资机制，增强政府投资放大效应；着力调整投资结构，加大基础设施和产业投资力度；着力优化投资政策环境，提振社会投资信心；着力加强重大项目协调服务，增强带动作用，努力保持全市投资平稳较快增长，为实现2009年全市经济社会发展目标和促进首都城乡一体化战略发展奠定坚实基础。

（二）在投资方向上，突出抓好六个领域

1. 加强以轨道交通为主的城市基础设施建设。促进轨道交通大发展，加快构建快速公路网络，提高城市道路通行能力，优化公共交通体系，改善出行条件，继续提高首都交通承载能力。

2. 加强以城市绿化、环境治理等为主的城市生态环境建设。建设一批新城滨河森林公园、城市绿化休闲公园、重点绿色通道、再生水、污水处理、垃圾处理等项目，全面推进绿化隔离带建设，保护好城市森林、湿地等生态系统，努力扩大城市绿色空间，增强环境承载能力，提高生态文明程度，全力建设生态城市。

3. 加强以危旧房改造、保障性住房和提升社会公共服务为重点的民生改善项目建设。加大以廉租房和经济适用房为核心的住房保障体系建设，启动棚户区改造工作，加大危旧房改造力度，优化住房供应结构。加快卫生、教育、文化、社会福利等公共服务体系建设。

4. 加强以推进重大产业项目技改、提升园区承载能力、促进重大产业落地为重点的产业投资项目建设。积极鼓励与支持企业技术改造和自主创新，引导投资向产业发展区集聚，重点打造金融、文化创意、高技术等现代产业，优化产业结构，促进产业融合，在发展楼宇经济过程中，构建高端、高效、高辐射力的现代产业体系。

5. 加强以解决“三农问题”为根本的新农村建设。继续实施新农村建设“五项基础设施”和惠农工程，加快改善农村的生产生活条件，积极发展现代农业，促进农村全面发展。

6. 促进房地产投资平稳发展。积极贯彻落实国家有关房地产调控政策，继续加大保障性住房投资力度，激活住房消费市场，扩大土地开发投资，加大土地收购储备力度，提振企业开发信心，促进投资向新的热点区域集聚。

(三)在投资布局引导上，突出抓好五个区域。

1. 加快新城和重点镇建设。高标准、高起点加快新城建设，优先实施新城外部联络线、生态环境和公共服务配套工程，全面推进三个重点新城建设。加强重点镇建设，逐步解决交通联络、集中供水、污水处理等设施问题。

2. 加快城南地区和西南部地区建设。坚持基础设施先行，围绕丽泽金融商务区和首钢搬迁等规划建设重点，推进城南和西南部地区建设。加大文保区改造力度，实施一批公共服务设施。

3. 加快生态涵养区建设。加强生态环境及基础设施、公共服务、绿色产业项目建设力度。开发利用好浅山区环境资源，鼓励发展生态旅游，吸引教育培训、医疗康体、影视、文化创意、科研等产业要素进入。

4. 加快城乡结合部建设。通过大力推进一道绿隔建设，启动一批环境整治和基础设施项目，加快企业搬迁、旧村改造和产业发展项目建设步伐，逐步改善城乡结合部公共服务条件和生活环境。

5. 加快重点产业区建设。着重加强国家和市级工业开发区（产业基地）、高端产业功能区、金融功能区、文化创意产业集聚区以及物流基地的市政基础设施、公共服务平台、环境综合整治项目建设，提升园区承载能力，吸引重大产业项目进驻和落地，培育经济增长点。

2009年市政府固定资产投资安排的总体原则是“三个坚持”：

坚持国家扩大投资政策取向，突出政府投资的引导、放大作用。

坚持集中力量、分阶段解决一批重大问题，突出关系城市战略和全局发展的重大基础设施、生态环境和改善民生项目建设。

坚持统筹四类功能区协调发展，突出“四个倾斜”：向郊区倾斜，向生态涵养区倾斜，向新城、重点镇和新农村倾斜，向城南和西南地区倾斜。

二、2009年投资计划

(一) 2009年要集中力量加快实施“六个一批工程”

1. 集中力量，加快实施一批以轨道交通为主区域连接性强的关键交通设施项目。充分保障资金需求，按照每两年建成100公里、每年至少有一条线路通车的目标加快轨道交通建设。2009年新开7号线、14号线、15号线、房山线、昌平线、西郊线等6条线路，续建4号线、8号线、大兴线等8条线路，实现规划线路全部开工建设，其中4号线建成通车。按照用两年时间提前建成本市规划高速公路网的目标，加快推进京承高速三期、京开高速、京台高速、京石第二高速等工程。继续推进城市路网和公交枢纽建设，尤其是蒲黄榆路、广渠路二期、阜石路二期、西外大街西延等城南和西部地区重大骨架交通项目。

2.集中力量，加快实施一批提升生态功能的环境建设项目。加快实施通州、顺义等8个新城滨河森林公园工程，大幅改善新城环境品质。加大城乡结合部环境整治力度，完善第一道绿化隔离带基础设施和绿化建设。提升重点地区的景观环境。继续实施第二道绿化隔离带绿化工程、翠湖和汉石桥等重点湿地保护区建设，改善城市生态环境。继续实施京津风沙源治理、重要地表水源区综合治理等工程，增强生态屏障功能。重点实施永定河和温榆河“两带”，海淀玉泉山、朝阳CBD和丰台南部“三区”等城市河湖水系治理。加快推进阿苏卫和六里屯等生活垃圾焚烧厂以及高安屯、六里屯、东小口等餐厨垃圾处理厂建设。

3.集中力量，加快实施一批关系长远的资源能源保障项目。按照2010年接收10亿立方米来水的目标，重点建设南水北调配套工程。按照2010年前每个远郊区县新城都至少有一座高品质再生水厂和城区污水处理厂全面升级改造的目标，加快清河二期、卢沟桥、延庆、昌平、通州、大兴等再生水厂建设。按照2010年11个新城全部取消分散燃煤锅炉房的目标，重点实施密云、延庆等一批新城集中供热工程。按照2010年核心区所有公共建筑基本实现绿色照明的目标，继续实施绿色照明工程。按照第十五阶段控制大气污染措施和2009年节能行动计划，推进节能减排，进一步改善空气质量。

4.集中力量，加快实施一批区域功能性强的民生改善项目。加大保障房建设力度，完成850万平方米建设任务，推进政策性租赁住房建设试点，完善东坝、常营、南苑西等地区经济适用房周边基础设施，加快门头沟、通州、丰台等棚户区改造，继续实施文保区基础设施改造和200条胡同整治工程。推进城乡居民能源安居工程建设，实施5万户平房煤改电、20万户热网改造以及10万户老楼通气工程。加快建设一批重大教育、卫生、文化骨干设施和远郊区县公益性养老服务设施。重点实施新发地、锦绣大地、大洋路等农产品批发市场升级改造，提高本市生活必需品的集散和供应能力。

5.集中力量，加快实施一批促进新城、重点镇和新农村发展的关键项目。重点实施清源路东延、黄良路等新城与中心城、新城之间、新城与乡镇的联络线，进一步改善区域交通联络。大力推进新城环境整治和文化设施建设。加快重点镇镇区道路工程和污水处理设施改造建设，到2010年重点镇干路实现率达到80%，污水基本实现集中处理，推进新城数字电视发展。继续实施新农村对外联络线工程和“绿色燃气”、“阳光浴室”、“送气下乡”三大惠农工程。

6.集中力量，加快实施一批带动性强的产业项目。重点推进花博会相关场馆及周边基础设施建设，办好花博会。进一步加快高端产业功能区、开发区和工业园区、金融功能区、文化创意集聚区、物流基地等市政基础设施、环境整治建设，加大天竺保税区、丽泽金融商务区和金融街扩区建设力度。重点做好中石油基地、中国移动国际信息港、TFT-LCD、地铁亦庄线自控系统、福田合资重卡、燕化扩能改造、首钢搬迁产业结构调整、国家六项重大科技基础设施等项目的配套服务，加快产业优化升级，提高自主创新能力。

（二）2009年重点建设项目

交通项目46个。其中续建项目25个，新开项目21个。

续建项目主要包括轨道交通及配套12个，高速公路4个，城市道路8个，交通枢纽及配套1个。 新开工项目主要包括轨道交通及配套4个，高速公路1个，城市道路13个，交通枢纽及配套2个，其它项目2个。

民生保障项目29个。其中续建项目20个，新开项目9个。

续建项目主要包括医疗卫生7个，文化教育12个，社会福利1个。新开项目主要包括医疗卫生1个，文化教育4个，保障性住房1个，其它项目3个。

生态环境项目28个。其中续建项目8个，新开项目20个。

续建项目主要包括垃圾处理4个，水务治理2个，其它项目2个。新开项目主要包括垃圾处理2个，水务治理12个，绿化工程3个，其它项目3个。

现代产业项目54个。其中续建项目13个，新开项目39个。

续建项目主要包括生产性服务业1个，文化创意产业2个，高新技术产业6个，现代制造业2个，其它项目4个。新开项目主要包括生产性服务业14个，文化创意产业3个，高新技术产业5个，现代制造业11个，其它项目6个。

能源资源项目28个。其中续建项目14个，新开项目14个。

续建项目主要包括供热工程7个，输变电工程6个，风电工程1个。新开项目主要包括供热工程6个，输变电工程4个，热电工程1个，燃气工程2个，其它项目1个。

商业公建项目13个。其中续建项目5个，新开项目8个。

续建项目主要包括商业公建项目5个。新开项目主要包括商业公建项目8个。

天津市2008年投资建设情况与2009年投资计划

一、2008年天津市投资运行情况

2008年以来，全市各方面深入贯彻胡锦涛总书记“两个走在全国前列”、“一个排头兵”的重要要求，全面落实市委确定的“一二三四五六”奋斗目标和工作思路，按照市委九届三次全会的部署，解放思想，求真务实，干事创业，各项重点工作都取得新进展，滨海新区开发开放加快推进，三个层面联动协调发展，城市面貌明显改善，经济社会发展呈现良好势头。

在投资方面，各地区、各部门认真贯彻国家宏观调控政策，下大力量调整优化投资结构，提高投资质量和效益，进一步加快滨海新区开发开放，推进重大项目建设和前期工作，取得了明显成效。继2007年突破2000亿元之后，2008年又跨过3000亿元关口，全年完成全社会固定资产投资3404.09亿元，增长42.5%，增速创1992年以来最高水平。其中，城镇投资完成3189.44亿元，增长43.2%；农村投资完成214.65亿元，增长33.3%。城镇投资分行业看，工业投资1338.62亿元，增长42.6%；交通运输、仓储和通信投资331.83亿元,增长62.7%；房地产业投资663.27亿元，增长28%；商贸餐饮业投资64亿元，增长1倍；文教卫体等社会事业投资63.33亿元，比上年略有下降。全年投资运行的主要特点：

1.投资总量持续较快增长。一季度增长32.6%，上半年增长37.5%，1-9月增长40.2%，全年增长42.5%，超额完成全年目标，投资总量比上年增加1015亿元，保持了适度较快增长的势头。

2.投资结构进一步调整和改善。优质高效和设施农业投入加大，农林牧渔业投资增长2.26倍。工业投资保持较快增长，全市工业投资1338.62亿元，增长42.6%。其中，交通运输、通信设备、电气机械等装备制造业完成430.99亿元，增长72.1%。第三产业投资比去年同期加快16.6个百分点。房地产投资增势平稳，房地产开发投资653.72亿元，增长29.4%。商品房销售收入753.16亿元，下降16.3%，销售面积1252.24万平方米，下降19.3%。

3.重点项目建设全面加快。66个市重点项目有65个实施，全年完成投资1097亿元，占全市投资的32.2%。蓝星化工新材料基地、新一代运载火箭产业化基地、临港造修船基地、滨海新区中央大道等13个项目基础施工，渤海化工园一期、北疆电厂一期、地铁二、三号线等25个项目主体施工；百万吨大乙烯、印刷工业园、盘山金碧国际旅游度假中心5个项目进行设备调试或装修；天铁冷板、空客A320总装线、陈热三期、京津塘高速公路二线、京津城际铁路客运专线、滨湖剧院等22个项目（或子项）竣工投产和交付使用。78个前期项目中，三星视界增资扩产新型电池生产线项目竣工，玖龙纸业、柳工机械、天津大道、西站至天津站地下直径线、军粮城发电厂五期扩建、华北工业品原料城、盘龙谷文化城等42个项目开工，1个批复初步设计，2个批复可研或核准，12个批复立项或备案。

60项工业重大项目、20项服务业重大项目和区县两批267个重大项目，总投资8596亿元，累计完成投资2121.5亿元，其中，1-12月完成投资1331.9亿元。全年有20个工业项目、33个服务业子项和39个区县项目竣工。

4.新开工项目大幅度增加。严格落实国家宏观调控政策，严把项目准入关，坚决不上“两高一资”和低水平重复建设项目，开工建设了一批技术水平高、投资效益好、带动作用强的大项目。全年新开工项目2240个，增长58.6%。全年新开工项目总规模突破3000亿元，净增50%以上。

5.建设资金到位情况较好。全年城镇固定资产投资建设资金到位3976.93亿元，同比增长31.4%。其中，预算内资金61.87亿元，增长1.2倍；国内贷款948.9亿元，增长34.5%；利用外资154.56亿元，比去年同期略有下降；自筹其它资金2430.88亿元，增长33.3%；分别占全部到位资金的1.6%、23.9%、3.9%和61.1%。建设资金到位的增长为全市固定资产投资项目的顺利实施提供了有力的资金保障。

2008年我市固定资产投资建设取得上述成绩，主要得益于全市各方面落实科学发展观要求，抓住滨海新区开发开放的历史性机遇，正确处理好了调控与发展、当前与长远、速度与效益的关系，齐抓共管，同心协力，切实加快重大项目建设和前期工作，促进了全年各项投资目标任务的顺利完成。

二、2009年全市投资计划和重点建设任务

2009年是深入贯彻党的十七大和十七届三中全会精神，全面落实市第九次党代会及市委九届四次、五次全会部署，加快推进滨海新区开发开放、全力推进三个层面联动协调发展的重要一年，进一步抓紧抓好重大项目建设，深入调整投资结构，加大投入力度，对于支撑全市经济社会又好又快发展具有重要意义。

从宏观大环境看，2009年国家把保持经济平稳较快发展作为经济工作的首要任务，实施积极的财政政策和适度宽松的货币政策，出台了一系列更加有力的扩大内需措施，保增长、扩内需、调结构紧密结合，国内政策环境趋向宽松，有利于我们进一步扩大投资和消费。

从我市的情况看，经济发展后劲明显增强。市第九次党代会以来，我市始终把高水平重大项目建设摆在突出位置，形成了“投产达标一批、开工建设一批、储备报批一批”的梯次接续格局。滨海新区发展逆势加快，区域带动作用逐步增强，成为我们加快发展的强大动力。2009年全市投资计划4500亿元，增速在30%左右，通过努力力争达到5000亿元。为支撑上述目标实现，对照国家产业政策要求，结合我市在建和规划项目情况，2009年我市将在优势工业、新农村建设、现代服务业、自主创新、重大交通和市政基础设施、社会事业等十个方面加大投入。

1.加大优势工业投入。推进产业结构优化升级，加大航空航天、石油化工、先进装备制造业等支柱产业投入，加快发展生物医药、新能源新材料、国防科技等新兴产业。建成天碱搬迁、百万吨大乙烯、烟草扩能、北疆电厂一期、东北郊热电厂、曙光高性能计算机服务器、锂离子电池等项目；加快实施中船重工造修船基地、蓝星化工新材料基地、新型运载火箭产业化基地、一重滨海基地、夏利扩能改造等项目；启动长城汽车、君能薄膜太阳能电池、中星数字视频监控芯片等项目。60项重大工业项目2009年的投资超过1000亿元，全市工业投入2000亿元以上。

2.加大新农村建设投入。推进社会主义新农村建设，继续加大优质高效和设施农业投入，提高农业产业化水平；进一步完善农业灌溉除涝体系和城乡供水设施；积极探索以宅基地换房模式建设新型小城镇。高标准建设种植业、畜牧业、水产品养殖等示范园区，加快绿色天津重点工程建设，培育花卉良种繁育等十大种业基地；加快永定新河治理、蓟运河治理、农村饮水安全和管网入户工程、南水北调中线干线及市内配套工程建设，启动独流减河治理、大黄堡滞洪水库等项目；建成第一批“三镇两村”示范小城镇，加快西青张窝、北辰双街和津南葛沽等第二批“九镇三村”进度，启动东丽军粮城镇、大毕庄镇等第三批示范小城镇建设。2009年新农村建设投入206亿元。

3.加大现代服务业投入。围绕增强国际贸易、现代物流、休闲旅游、区域金融服务“四大功能”，加大商贸物流、休闲旅游、会展经济、科技信息服务等方面投入。建成海河开发商贸区、京津新城商贸物流区、国际贸易航运服务区、空港现代服务业示范区，加快响螺湾中心商务区、滨海旅游度假区、南京路商务商业经济带建设进度，启动于家堡金融商务区、金融城、国际会展中心和津滨大道物流集聚区等项目。尽快推出服务业新20大项目。2009年40大服务业项目投资558亿元。

4.加大自主创新投入。围绕提升全市自主创新能力，加大自主研发、创新能力建设、创新条件建设以及高新技术产业化投入。全面加快20个自主创新产业化重大项目，加快推进天津现代中药大品种群系统、中科院微生物研发中心等九个大院所和细胞产品国家研究工程研究中心等6个国家及地方工程中心和实验项目，2009年投资119亿元。

5.加大循环经济和生态环境投入。加快循环经济发展，建设资源节约型、环境友好型城市，推动生态城市建设。推进中新生态城起步区4平方公里水电路等基础设施建设和周边环境整治；启动子牙循环经济产业园20平方

公里起步区基础设施建设以及报废汽车拆解、白色家电回收、固体废物处置等5个产业项目。加快大沽排污河等40条河道的治理。加快在建10座污水处理厂建设，新开工32座，到2010年中心城区污水处理率达到90%，区县达到85%以上。2009年循环经济和生态环境建设投入54亿元。

6. 加大保障性住房投入。加大力度改善城市低收入居民的居住条件，加快推进危陋平房拆迁和“城中村”改造。2009年全市共建设保障性住房 1230万平方米，新开工635万平方米，9.98万套。其中，廉租房5万平方米，经济适用房490万平方米，限价商品房150万平方米。2009年投资135亿元。

7. 加大围海造陆投入。大力发展海洋经济，利用疏浚航道挖出的淤泥和工程废土吹填造陆，建设泊位、堆场和新的开发小区。东疆保税港区2009年实现10平方公里封关运作；临港工业区，新增造陆17平方公里，完善区内道路管网以及水、电、气等配套基础设施。临港产业区，新增造陆12平方公里。临海新城造陆12平方公里。南港工业区完成30平方公里海域的围海造陆和40平方公里陆域的填平补齐，启动区内基础设施建设。2009年全市完成围海造陆71平方公里，投资205亿元。

8. 加大铁路、公路、机场等重大交通设施投入。进一步完善大交通体系，加快港口、机场、高速公路、铁路等交通项目建设，全面提升滨海新区的国际航运、国际贸易和国际物流等功能。机场方面，建成空客A320配套跑道，启动机场二期扩建工程。铁路方面，加快启动京沪高铁、津秦客运专线、津保铁路、天津站至西站地下直径线、城际铁路延伸至于家堡和津滨轻轨延伸至中新生态城等项目；港口方面，建成北港池集装箱码头B段，加快邮轮母港、东疆港区基础设施建设，启动南疆神华煤码头二期、25万吨级航道拓宽浚深、南疆专业化矿石码头；高速公路方面，加快津汕高速天津段、国道112线天津东段、津港高速一期、津宁高速、塘承高速、集疏港公路二期建设进度。2009年大交通体系建设投入271亿元。

9. 加大市政基础设施建设投入。加快滨海新区路网体系建设。建成海景大道南延工程，加快滨海新区中央大道、西中环、海滨大道北段、天津大道等建设进度，启动海滨大道南段工程。

加大中心城区道路、城市轨道交通等项目投入，增强城市载体功能。加快城市快速路、海河开发基础设施、天津站综合交通枢纽、地铁二号、三号线和轻轨西段等建设进度，2009年二、三号线主体结构基本完成，34个车站的主体工程完工；启动地铁四号线、五号线和六号线。完成“迎国庆大干150天环境整治工程”。2009年滨海新区和中心城区市政基础设施投资达到369亿元。

10. 加大文教卫体等社会事业投入。加快高等教育布局调整，加强基础教育建设，大力发展职业教育。围绕办好大运会和东亚运动会，争办全运会，加快体育设施和运动场馆建设。进一步完善公共卫生服务体系，基本建成与北方经济中心地位要求相适应的现代化卫生服务体系和全国重要的公共卫生和医疗保健服务中心。建成医大总医院医学中心、中心妇产科医院、天津大学体育馆等，加快建设南开医院、数字电视大厦，启动奥林匹克水上中心、中医药大学新校区、北洋高职园项目建设。2009年社会事业投入达到103亿元。

上述十大方面项目共有863个，总规模1.4万亿元，2009年计划投资4020亿元。通过加快高水平重大项目建设，为全市经济又好又快发展提供有力支撑。

（天津市发展改革委提供）

河北省2008年投资建设情况与2009年投资计划

一、2008年投资完成

2008年，全省上下按照省委、省政府的统一部署，紧紧围绕科学发展、富民强省的目标，深入学习实践科学发展观，贯彻落实国家宏观调控政策，不断深化投资体制改革，加强对全社会固定资产投资的引导，全省投资继续保持了较快增长态势。全社会固定资产投资完成8870.8亿元，增长28.8%，同比提高3.6个百分点。其中，城镇固定资产投资完成7465.1亿元，增长31.2%,同比提高3个百分点。

（一）主要特点

1.第一、二产业投资快速增长。第一产业完成投资181亿元，增长55.7%，第二产业完成投资4098.3亿元，增长37.3%，分别比城镇投资增长快24.5和6.1个百分点。第二产业投资对城镇投资的贡献率为61%，同比提高2.3个百分点。

2.制造业投资比重持续提升。全省制造业完成投资3233.7亿元，增长41.2%，同比提高1.6个百分点，占城镇投资比重为43.3%，同比提高3.1个百分点，延续了近年来比重持续上升的势头。制造业中钢铁、装备制造、石油化工、建材、纺织、食品、医药等七大支柱产业完成投资3107.4亿元，同比增长43.2%，占城镇投资的比重达41.6%，同比提高3.5个百分点，对城镇投资增长贡献率为52.6%，是全省投资快速增长的主要动力。

3.私营个体投资继续保持强劲增长势头。全省非国有与国有投资比例由上年同期的73：27上升为77：23。私营个体经济完成投资1878.3亿元，在上年同期高增长基础上，增幅达到47.2%，高于全省平均增长水平16个百分点;占城镇投资比重25.2%,为历史同期的最高水平。

4.资金来源基本稳定。全省城镇固定资产投资资金来源合计8164.4亿元，增长29.6%。从分析看,上年结转资金所占比例仅占5%，本年资金来源为7756.9亿元,增长28.8%，资金到位率达到105%。

（二）存在的主要问题

1.新开工项目对投资支撑较弱。新开工项目计划总投资4960.8亿元，同比上升0.9%，项目平均规模仅为2891.9，500万元以上新开工项目计划总投资4877.6亿元，同比下降0.6%。

2.第三产业投资贡献率持续下降。第三产业完成投资3185.8亿元,增长23.1%，比全省城镇投资增速低8.1个百分点，第三次产业投资对全省城镇投资的贡献率为35.3%，延续了前几年的下降趋势。

3.房地产市场回落。居民对房价下降心理预期较高，观望情绪较浓，市场需求不旺。全省商品房销售面积增速同比回落15.1个百分点，房屋竣工面积同比下降17.8%，空置面积同比增长4.9%，房地产市场交易不够活跃。

4.银行贷款不足。资金到位情况总体上比较稳定，但从结构上看，银行贷款增幅回落较大，共到位贷款910.1亿元，同比增长2.4%，比去年同期回落41.6个百分点，所占资金来源比重同比下降3个百分点。

二、2009年固定资产投资初步安排

从当前及明年宏观形势看，我国经济的基本面没有改变。为保持经济平稳较快发展，国家坚持扩大内需的基本方针，实行积极的财政政策和适度宽松的货币政策，连续调低存贷款利率，大范围提高出口产品退税率，陆续出台保持房地产业健康发展的政策，并新增中央预算内资金以扩大投资拉动内需，这些重大举措都将有利于拉动我省投资增长。但是也存在较多的不利因素，全球经济整体下滑对我国宏观经济的影响已经显现，土地、资金等生产要素制约依旧，企业经营利润空间在短期内难以提升，社会投资信心明显不足等。综合来看，明年全省投资形势较为严峻，但经过努力，保持投资较快增长是可能的。

明年投资工作要深入贯彻落实党的十七届三中全会和省委七届四次全会精神，按照科学发展、富民强省的目标，积极推进重大项目建设，努力扩大投资需求，进一步优化投资结构，不断提高投资质量和效益，继续深化投资体制改革，创新投资机制和模式，激活市场主体，大力改善投资环境，为全省经济社会又好又快发展提供强有力支撑。

初步考虑，全社会固定资产投资拟安排10420亿元，增长18%以上。其中，城镇固定资产投资8860亿元，增长20%左右，房地产开发投资1300亿元，增长30%以上。

具体测算依据：

1.从投资与经济增长的关系看，投资是拉动我省经济增长的主要动力，全省经济增长需要投资的有力支撑。2009年全省经济增长速度初步安排在9%，从投资增速与GDP增速的弹性系数分析，要达到经济增长的预期目标，全社会固定资产投资增速至少应安排18%以上。

2.从投资周期规律看，全省投资增速2004-2006年都保持在29%以上，2006年达到32.9%，2007年增速开始回落为25.2%，2008年虽然预计增长28%，但放缓的趋势没有变，考虑不确定性因素较多，明年安排全社会投资增速18%以上是合适的。

3.从投资结转和新开工项目投资总体情况看，预计全年在建项目总规模可达到16250亿元，估算将有7900亿

元的投资结转到明年实施，预计明年新开工项目总规模可达到5700亿元。上述两项合计13600亿元，按60%的比例转化为实际投资计算，可完成投资8160亿元，加上房地产企业新开工项目完成的投资，2009年全省城镇投资预计完成8860亿元左右，比2008年增长20%。

4. 从主要行业和领域项目投资情况看，将有一批重大续建和新开工项目在2009年实施。交通基础设施方面：预计完成投资1200亿元，续建的项目主要有京石、石郑和津秦客运专线、京沪高速铁路等，邯黄铁路、京张城际铁路、张曹铁路、石家庄货运枢纽、荣乌高速、黄骅港综合港区起步工程、曹妃甸煤码头二期等重大项目将开工建设；能源基础设施方面：预计完成投资500亿元，将有沙河电厂2×60万千瓦、石家庄西郊热电2×30万千瓦、蔚县煤电路一体化2×60万千瓦、张家口百万千瓦级风电基地、冀东油田开发工程等项目在明年实施；水利基础设施方面：预计完成投资150亿元，有病险水库除险加固、大型灌区续建和节水灌溉、农村水电、南水北调配套廊坊干渠等项目在明年实施；城镇基础设施明年可完成投资900亿元；房地产明年可完成投资1300亿元；工业行业总投资5000万元以上项目明年可完成投资2200亿元。以上主要行业和领域重大项目合计可完成投资6250亿元，占到预计全省城镇投资的71%，可以为全省投资增长提供强有力支撑。

三、2009年投资工作重点及对策措施

1. 着力扩大投资需求。一是紧紧抓住国家明年新增中央预算内投资的重要机遇，围绕保障性安居工程、农村民生工程和农村基础设施、铁路和机场等重大基础设施、医疗卫生和教育文化等社会事业、节能减排和生态建设、自主创新和结构调整等方面，切实组织好项目筛选和储备，做好项目前期工作，加大项目盯办和资金争取力度。二是加快推动城镇面貌三年大变样工程实施。谋划一批提高城市功能和承载能力的精品工程，一批改善生态环境、提高城市品位的亮点工程，一批与群众生活密切相关的民生工程。千方百计落实各项建设条件，加快实施进度。三是强化重大产业支撑项目谋划和建设。选择市场前景广、产业链条长、符合循环经济和科学发展理念的项目，引进战略投资者，落实扶持政策，进一步做大做强支柱产业。

2. 切实推进项目实施。一是健全部门联动机制。本着快速、高效、便捷、畅通的原则，加快办理重点建设项目建设中的各项手续，积极完善支持性文件并加强对口盯办，确保新开工项目各项条件的落实。二是着力缓解土地瓶颈制约。切实落实通过节约、集约、挖潜、调整、提高土地资源利用率等解决用地问题的各项措施。根据项目建设实际，提出分期用地计划，满足更多新开工项目需要。在争取国家用地指标的同时，充分挖掘存量土地潜力，引导重点项目入驻产业聚集区，加大已批未用建设用地的“回收”力度。加快项目用地组卷报批进度，保证项目建设用地。三是切实解决好资金问题。协调各地和省直有关部门落实好新增中央投资项目的配套资金，以充分发挥中央投资拉动作用。推动更多企业发行短期融资债券，推动符合条件的企业发行中期票据，支持地方金融机构发行次级债券补充资本金。研究和实施允许地方政府经过批准以适当的方式进行融资的渠道和方法。

3. 实施积极的房地产政策。一是加大社会保障性住房的建设力度。增加廉租住房建设规模，保障房源供应。加快经济适用住房建设，积极探索发展经济性租赁住房。二是降低房地产行业准入条件。研究适当调低资本金比例的政策，减少企业筹资压力。制定鼓励普通商品房建设的措施，允许市、县根据当地实际情况，扩大享受普通商品房优惠政策的范围。三是科学把握土地出让节奏，合理控制单宗土地供应规模。对具备分宗条件的地块，积极探索“统一规划、按功能切块、捆绑出让”的开发模式，划小出让规模，让实力较小的房地产开发商能够参与进来；对拆迁改造的地块，采取政府主导、政策扶持、市场运作的方式实施拆迁、安置，形成的净地由政府依法出让；建设用地使用权出让价款实行分期支付，并延长缴款期限。四是加强房地产市场价格调控。公开房地产开发成本和投资利润率，增强市场交易透明度，促进房地产市场和谐发展。

4. 继续深化投资体制改革。一是继续做好精简下放行政许可事项的后续工作。重点加强上下和横向对口衔接。协调省直相关部门系统推进精简下放行政许可事项的配套改革进程，尽快建立健全操作有序、程序简便、管理有效、监督有力的项目审批制度和办法。主动加强对各市县的业务指导与培训，督促各地规范行政程序。二是研究探索创新投资模式和机制，催生和激活市场主体。注重发挥市场配置资源的作用，利用特许经营、项

目法人招标等市场化运作模式，采取注入资本金、资金补助、贷款贴息和税收优惠等措施，搭建和完善投融资平台，鼓励社会资本进入基础设施、公用事业等行业和领域。三是加快推进政府投资项目代建制。按照“先行试点、逐步推行”的原则，抓好试点工作并逐步扩大试点范围，严格控制项目投资、质量和工期，提高政府投资效益。

5. 切实搞好全省固定资产投资监控。一是围绕培育新的投资增长点和创新体制机制，加强投资领域新情况、新问题的调查研究。二是做好投资管理基础性工作，完善固定资产投资统计体系，建立固定资产投资监测预警数据库，在数据库结构建立、数据获取、数据录入和数据分析等环节取得重要突破，为投资决策提供更加科学的依据。三是加强投资项目结构监测调控，继续坚持“有保有压、上大压小”的方针，继续控制“两高”和产能过剩行业投资，坚决防止低水平重复建设和盲目扩张，提高投资质量和效益。四是加强对各市投资工作的督导，定期检查、通报各市投资完成情况，提升各市投资分析工作质量，服务各市投资决策工作。

（河北省发展改革委提供）

山西省2008年固定资产投资情况

2008年，是山西发展进程中极不寻常的一年。面对复杂多变的经济形势和国际金融危机的冲击，全省上下深入贯彻科学发展观，认真落实中央一系列宏观调控政策，针对山西实际，采取有效举措积极应对和破解发展难题，着力推进转型发展、安全发展、和谐发展，加快新基地、新山西建设，全省国民经济保持了平稳较快发展，各项社会事业取得新的进步。

全年全社会固定资产投资3635.1亿元，比上年增长24.2%。其中：按城乡分，城镇投资3298.5亿元，增长23.7%；农村投资336.6亿元，增长28.8%。按产业分，第一产业投资111.7亿元，增长33.1%；第二产业投资1876.5亿元，增长16.0%；第三产业投资1646.9亿元，增长34.3%。按登记注册类型分，国有投资1645.3亿元，增长32.6%；非国有投资1989.7亿元，增长18.0%（见图1、图2及表1）。

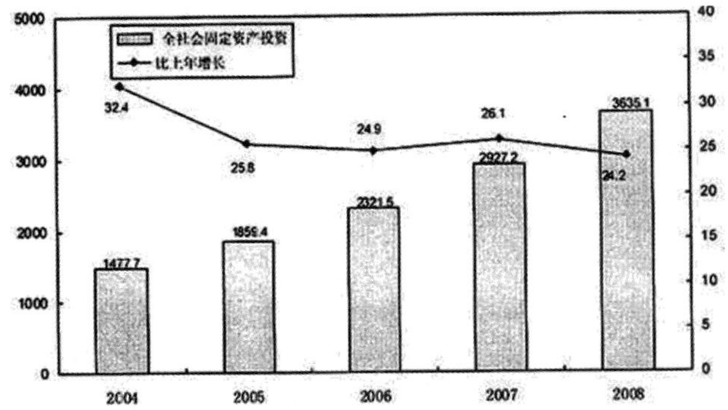

图1 全社会固定资产投资及增长

表1 2008年分行业城镇固定资产投资及其增长速度

单位：亿元

行　业	投资额	比上年增长%
总计	3298.5	23.7
农、林、牧 、渔业	66．9	37.6
采矿业	479.6	26.5
制造业	796.8	8.1
电力、燃气及水的生产和供应业	476.8	13.8
建筑业	17.1	79.8
交通运输、仓储和邮政业	374.1	28.7
信息传输、计算机服务和软件服务	67.2	41.4
批发和零售业	50.3	13.3
住宿和餐饮业	24.9	28.1
金融业	0.9	181.7
房地产业	509.4	36.3
租赁和商务服务业	4.4	173.0

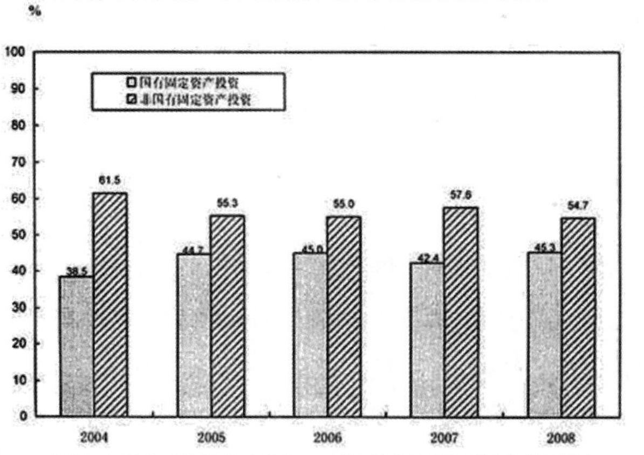

图2 2004—2008年国有、非国有固定资产投资占全社固定资产投资比重

城镇固定资产投资建成投产项目3474个，项目建成投产率为51.2%；新增固定资产1597.3亿元，固定资产交付使用率为48.4%。

房地产开发：全年房地产开发投资326.7亿元，比上年增长26.2%。按工程用途分，商品住宅投资227.9亿元，增长19.8%；办公楼投资8.2亿元，增长58.2%；商业营业用房投资38亿元，增长54.8%。经济适用房、廉租房、国有重点煤矿和城市居民棚户区改造共开工建设 900万平方米，100个地质灾害村治理、3000户农村困难群众住房试点、2400户残疾人危房改造任务全面完成（见表2）。

表2 2008年全省房地产开发和销售主要指标完成情况

指标	单位	绝对数	比上年增长%
投资完成额	亿元	326.7	26.2
其中:住宅	亿元	227.9	19.8
房屋施工面积	万平方米	3891.0	15.0
其中:住宅	万平方米	3282.7	15.3
房屋新开工面积	万平方米	1418.5	15.5
其中:住宅	万平方米	1253.8	14.1
房屋竣工面积	万平方米	882.8	10.8
其中:住宅	万平方米	747.6	8.9
商品房销售面积	万平方米	904.4	-1.0
其中:住宅	万平方米	804.2	-5.0

（摘自山西省2008年国民经济和社会发展统计公报）

内蒙古自治区2008年固定资产投资情况

2008年，全区各族人民在自治区党委、政府的正确领导下，以邓小平理论和“三个代表”重要思想为指导，深入学习实践科学发展观，努力构建社会主义和谐社会。在国际金融危机不断加剧的形势下，我区各地沉着应对，认真贯彻执行国家出台的扩大内需的政策措施，努力变挑战为机遇，国民经济呈现增长较快、物价涨幅回落、民生状况改善、结构优化、社会和谐稳定的良好态势，社会各项事业全面进步。

全年全社会固定资产投资总额5596.45亿元，比上年增长27.1%,增幅比上年回落2.2个百分点。其中，城乡50万元以上项目完成固定资产投资5516.04亿元，增长27.4%。从投资主体看，国有经济单位投资2115.29亿元，增长22.3%；集体单位投资64.32亿元，增长34.2%；个体投资100.7亿元，增长13.9%；其他经济类型单位投资3316.14亿元，增长30.6%。按项目隶属关系分，地方项目完成投资4791.31亿元，增长22.9%；中央项目完成投资805.14亿元，增长58.7%。

在全区固定资产投资中，第一产业投资251.5亿元，增长67%；第二产业投资2916.9亿元，增长30.1%；其中，工业投资2881.76亿元， 增长29.8%；第三产业投资2428.05亿元，增长20.7%。从城乡看，城镇固定资产投资5448.91亿元，比上年增长27.1%；全年房地产开发投资736.08亿元，比上年增长47%；其中，经济适用房投资69.16亿元，增长1倍；农村固定资产投资147.54亿元，增长25.2%；其中，非农户投资67.13亿元，增长55.6%。从主要行业投资看，农林牧渔业投资251.50亿元，增长67%；电力、燃气及水的生产和供应业投资753.7亿元，增长12.3%；交通运输、仓储及邮政业投资543.68亿元，增长4%；水利、环境和公共设施管理业投资413.75亿元，增长20%。

全年新开工项目8189个，在建项目投资总规模12206.80亿元，分别比上年增长8.1%和23.1%。在全区城乡50万元以上项目固定资产投资中，全部建成投产项目6756个，项目建成投产率68.2%；新增固定资产2873.49亿元，固定资产交付使用率52.1%。新增主要生产能力有：水泥458万吨，发电机组容量922.3万千瓦。城镇住宅施工面积6902.39万平方米，比上年增长25.5%；城镇住宅竣工面积1932.03万平方米，比上年下降16.2%；其中，经济适用房129.89万平方米，下降5.4%。商品房竣工面积1694.07万平方米，比上年下降7.6%；商品房销售面积2141.01万平方米，增长2.6%；农村牧区竣工住宅面积621万平方米，增长4.2%。

（摘自内蒙古自治区2008年国民经济和社会发展统计公报）

辽宁省2008年固定资产投资与2009年投资安排

一、2008年全省固定资产投资运行情况

2008年，在省委、省政府的正确领导下，全省投资领域以科学发展观为统领，以振兴为主线，认真贯彻中央宏观调控政策，充分调动各方面投资的积极性，固定资产投资保持了持续较快发展态势，为经济和社会发展做出了重要贡献。

（一）投资持续快速增长，运行健康平稳

2008年，在宏观环境趋紧的情况下，特别是10月份以后国际金融危机对经济发展的影响不断加深，但是，我省固定资产投资增速在连续五年30%以上基础上继续高位攀升，投资规模实现了新跨越。全年全社会固定资产投资完成10016.3亿元，在各省中由上年的第六位上升到第五位，增幅比上年增长34.7%，高于全国水平9.2个百分点，其中：城镇投资8879.2亿元，增长35%；农村投资1137.1亿元，增长32.3%。超额完成年初预期20%的基本目标和30%的工作目标。投资运行的特点是：

1. 三次产业全面增长，工业投资增势强劲。第一产业完成325.1亿元，比上年增长64.2%；第二产业4832.2亿元，增长35.2%；第三产业4859亿元，增长32.6%。其中工业4762亿元，增长35.4%。在工业投资中，冶金工业增长59.8%，装备制造业增长41.8%，化学工业增长39.4%，建材工业增长32.7%。

2. 非国有投资高速增长，民营经济起主导作用。国有经济投资完成2522.7亿元，比上年增长23%。非国有单位完成投资7493.6亿元，增长39.2%，投资比重由上年的72.4%上升到74.8%。非国有经济中，民营经济完成投资6199.2亿元，增长36.1%，投资比重达61.9%，比上年提高0.6个百分点。

3. 地方项目投资快于中央项目，成为推动投资增长主要力量。全省地方项目完成投资8929.5亿元，比上年增长35.8%，比中央项目投资高9.7个百分点，占全部投资比重由上年的88.4上升到89.1%；中央项目完成投资1086.7亿元，增长26.1%，占全部投资比重10.9%，下降0.7个百分点。

4. 房地产开发投资大幅提升，商品房销售面积和销售额保持增势。1-12月份，全省房地产开发投资累计完成投资2058.1亿元，增长37.4%。其中，商品住宅开发投资1575.1亿元，增长35.1%。商品房销售面积达到4016.4万平方米，增长4.9%，其中销售住宅面积3667.5万平方米，增长3.4%。商品房销售额为1507.7亿元，增长10.1%。

5. 建设资金来源比较充足，自筹资金和利用外资能力增强。全省投资项目实际到位资金10176.9亿元，增长26.6%，其中：自筹资金7323.2亿元，增长36.1%，所占比重已达72%，提高5.1个百分点；利用外资380亿元，增长56.8%，所占比重3.7%，提高0.7个百分点。

6. 沈阳、大连投资比重占五成以上，铁岭、朝阳、丹东投资增幅居于高位。沈阳、大连两市完成投资分别为3008.7亿元、2513.3亿元，分别增长27.4%、30.2%，两市投资占全省比重55.1%。铁岭、朝阳、丹东投资分别增长64%、53.5%、50.6%。

（二）重点项目建设进展顺利

2008年，全省上下把重点项目建设作为牵动经济发展的龙头、经济结构调整的核心和振兴老工业基地的支点，采取有力措施，推进重点项目建设。全省开工的亿元以上项目由上年的1528个，上升到1676个，完成投资4249.6亿元，增长32.9%。

1. 重点基础设施建设取得新成就。一是公路、铁路、港口等交通基础设施建设成效显著。铁岭至朝阳、本溪至辽中等高速公路建成通车，新增高速公路通车里

程772公里。辽中至新民、朝阳至黑水等高速公路和滨海公路建设进展顺利。农村公路完成新建黑色路面3000公里，解决445个行政村通油路。哈大铁路客运专线辽宁段、岫岩至庄河支线、巴彦乌拉至新邱铁路辽宁段等铁路建设进程加快。锦州港205B、206B杂货泊位、大连港大窑湾港区三期、营口港四期等建成投入使用，新增泊位23个，新增通过能力2800万吨/年。二是火电、风电、热电等能源建设取得突破性进展。红沿河核电厂一期、国电康平电厂新建工程进展顺利，国华绥中发电厂二期、大唐国际锦州热电厂“上大压小”等电源项目开工建设，丹东金山热电厂“上大压小”得到国家核准，朝阳燕山湖、国电沈阳西部等工程取得国家“路条”，呼辽500千伏直流输电等多项重点输变电工程全面开工建设，农网完善工程建设力度进一步加大。大连国家石油储备基地一期工程竣工投产，中石油大连液化天然气接收站工程开工建设。三是重点水利工程和城市基础设施建设进展顺利。大伙房输水一期工程主洞累计进尺82.7公里，占主洞长度97%。二期工程取水头部主洞累计进尺25.4公里，占主洞长度99%。大伙房水库输水入连工程开工建设。大中型病险水库除险加固、西丰诚信水库、太子河防洪工程等重点水利项目进展顺利。三湾水利枢纽项目可行性研究报告得到国家批复。沈阳地铁一号线工程16座车站主体工程完工，地铁区间隧道掘进36847延米。地铁二号线2个车站完成主体工程，1个区间实现贯通。鞍山汤河水源扩建、阜新引白水源工程均完成投资80%以上。

2. 新型产业基地建设和科技创新又上新台阶。鞍钢营口鲅鱼圈500万吨精品板材、特变电工沈变集团特高压交直流输变电装备等竣工投产。凌海金华冶炼1500万吨/年多晶硅项目开工建设。上海通用沈阳北盛轿车、中远集团大连造船等获得国家核准。本钢节能减排结构调整、抚顺新钢铁环保搬迁改造等取得重大进展。3兆瓦风力发电机组、百万吨乙烯裂解气压机组等一批重大技术装备实现了国产化。东软国际软件园33万平方米的一期工程竣工，大连路明科技集团二极管芯片及特殊功率型芯片产业化开始试生产，大连因特尔芯片、大连旅顺南路软件产业带等进展顺利。

3. 民生工程和社会服务领域建设又有新提高。全省建设完成5万平方米以下城市连片棚户区改造任务。新增廉租住房53.4万平方米。建成经济适用住房300余万平方米。新建100所农村九年一贯制寄宿学校。改造63所乡镇敬老院，新建90所区域性敬老院。改造15所市级光荣院。提前两年全面完成20户以上自然村广播电视“村村通”工程建设任务。完成县级计划生育服务站建设，启动实施59个中心乡镇计划生育服务站建设。辽宁体育训练中心完成主体框架工程。启动沈阳“金廊银带”、大连“钻石海湾”等“十大重点工程”。实施了辽宁现代传媒产业园、阜新国家矿山公园、盘锦芦苇湿地旅游区建设。

（三）中央宏观调控政策得到进一步落实

一是加强和改善新开工项目管理。省发展改革委等部门出台了加强和规范新开工项目管理办法，明确了工作程序，建立了信息互通制度。二是认真贯彻落实扩大内需政策。省委、省政府出台了《关于贯彻落实扩大内需方针促进全省经济持续较快发展的意见》。省政府成立了辽宁省扩大内需协调小组。争取新增1000亿元中央投资和中央预算内投资创历史最高水平。三是促进房地产业持续快速健康发展。放宽个人购房商业性贷款和购房公积金贷款政策，减免个人销售或购房的相关税收，积极稳妥推行住房保障货币化。改进土地出让方式，实行净地出让，改进审批方式，为房地产发展提供优质服务。四是全面开展监督检查工作。省纪委等部门，成立了省扩大内需促进经济增长政策落实检查工作领导小组，从资金使用、工程进展、质量安全等方面实行全过程检查，把扩大内需的战略部署落到实处。

二、2009年全省固定资产投资工作初步安排意见

2009年，国际国内形势更加复杂，应对国际金融危机冲击和保经济增长任务更加繁重。有利条件和不利因素同在，机遇和挑战并存。为此，要不断分析投资形势，准确把握发展走势，坚定信心，趋利避害，迎难而上，确保全省固定资产投资保持快速发展态势，为促进经济社会持续较快发展做贡献。

（一）面临的形势

2009年，一是投资需求潜力较大。我国正处于工业化和城市化快速发展阶段，对装备制造业和原材料工业需求较大。全省加快发展也需要投资支撑。二是投资政策环境趋好。中央实施积极的财政政策和适度宽松的货币政策， 并且扩大内需政策力度会逐步加大。三是投资支撑条件良好。全省物质基础比较雄厚。实施“五点

一线”沿海经济带等战略，各地项目源充足。投资要素供给良好、商务成本较低，比较优势明显。四是保投资增长的工作基础坚实。省委、省政府信心坚定，目标明确，全省上下干劲十足。五是不利因素不容忽视。国际金融危机在不断扩大，市场需求增长乏力，投资需求下降。投资收益不确定性增大，企业投资意愿和投资能力削弱。利用外资难度加大，经济增速放缓等，影响投资增长。

（二）指导思想和投资重点

2009年，全省固定资产投资工作指导思想是：以科学发展观为统领，认真贯彻落实中央宏观调控政策和战略部署，抢抓进一步扩大内需的难得机遇，坚定信心，迎难而上，集中力量抓好重点项目建设，千方百计筹措建设资金，狠抓各项工作措施落实，保持投资持续较快增长，进一步发挥投资对经济社会发展的有力拉动作用，为推动老工业基地的全面振兴奠定坚实基础。

为缓解和消除发展瓶颈制约、促进经济社会环境协调发展、推进重点行业加快发展，2009年全省固定资产投资的重点是进一步加快重点基础设施建设，加大对“三农”、重点民生工程、社会事业、环境治理等领域的投入，积极促进工业结构调整、房地产等行业较快发展。一是加快铁路、公路、机场、港口、城市轨道交通等重点交通基础设施建设。二是加大水库、绿化工程、县城建设和农村饮水安全等农业基础设施投入。三是抓好装备制造业、石化、冶金产业等重点项目建设，促进核电、火电、热电、风电等能源建设，抓好房地产开发和服务业其他重点项目。四是加大教育、文化、卫生、体育等社会事业建设，加强污水、垃圾处理、流域治理等环境建设，重点实施好农村旧房改造、城镇保障性安居工程建设等重点民生工程等。

（三）总量预期目标及资金平衡

综合考虑经济和社会发展对固定资产投资增长的需要、经济形势、支撑条件以及适应宏观调控等因素和要求，2009年，全省全社会固定资产投资规模预期目标为13000亿元，增长速度为30%以上。其中：按城乡分：城镇投资11500亿元，农村1500亿。按渠道分：城镇投资中，建设项目8900亿元，房地产开发2600亿元。按产业分：第一产业450亿元，第二产业6600亿元，第三产业5950亿元。按地区分：沈阳市3750亿元，增长25%；大连市3300亿元，　增长30%；鞍山市1000亿元，增长43%；抚顺市570亿元，增长50%；本溪市300亿元，增长40%；丹东市525亿元，增长50%；锦州市310亿元，增长37%；营口市800亿元，增长47%；阜新市300亿元，增长114%；辽阳市354亿元，增长45%；铁岭市750亿元，增长50%；朝阳市500亿元，增长42%；盘锦市500亿元，增长35%；葫芦岛市300亿元，增长40%。按资金来源分：预算内投资650亿元，占5%；国内贷款2600亿元，占20%；利用外资650亿元，占5%；企事业自筹资金8400亿元，占64.6%；其他投资700亿元，占5.4%。

（四）重点项目安排情况

2009年，全省实施项目牵动战略，积极推进重点项目建设。经筛选，全省要把基础设施100项、工业100项、高技术100项、服务业100项，4个“百项工程”，作为全省项目推进的重中之重。“4个百项工程”总投资1.2万亿元，其中，2009年度计划投资2700亿元。

1. 基础设施建设重点项目安排情况。基础设施100项目2009年计划投资974亿元。铁路建设以干线铁路电气化和扩能提速为重点，进一步完善路网结构，提高电气化和复线比重，增加路网整体通过能力。加快哈大铁路客运专线辽宁段工程建设，确保东北东部铁路通道辽宁段、巴彦乌拉至新丘铁路辽宁段、赤峰至锦州铁路通道扩能辽宁段和沈阳至抚顺城际铁路改造工程进展顺利。开工建设沈阳至丹东铁路客运专线、京沈铁路客运专线辽宁段、营口至盘锦客运专线、丹东到大连快速铁路、长兴岛疏港铁路，实现铁路建设大发展。

公路建设以强化进关出海、连接周边省区，提高路网整体水平和通达能力为重点，加快高速公路和普通公路建设。加快辽中至新民、朝阳至黑水、草市至抚顺等续建项目建设。开工建设桓仁新开岭至丹东、丹东东港至海城等高速公路。完成滨海公路黑色路面697公里，实现1443公里全线贯通；完成农村公路黑色路面3000公里，解决759个行政村通油路，年底实现全省100%行政村通油路。

港口和机场建设。港口建设以建设集装箱、原油、煤炭等大型专业化泊位为重点。加快大连港大窑湾港区二期、三期工程和大连港鲇鱼湾港区22号原油泊位等工程建设进度。扩大锦州港集装箱吞吐能力，开工建设209、210集装箱泊位工程。机场建设适应发展需要，加快民用航空机场建设。主要项目是沈阳桃仙机场新建候机楼、大连机场航站区扩建、营口支线机场和朝阳市机场扩建等开工建设。

能源建设。本着适当超前，优化结构的原则，以电力建设为中心，推进大型区域热电联产项目和风电项目，优化天然气管网建设规划并开工建设。要确保国电康平电厂新建工程、清河发电厂老旧机组改造工程等项目竣工投产。加快红沿河核电厂一期，国华绥中发电厂二期等续建项目建设步伐。新开工建设红阳能源煤矸石热电厂、丹东金山热电厂“上大压小”等电源项目。加快农村电网完善工程和丹东北、本溪南、抚顺等大型输变电建设。加快阜新矿业集团白音华四号露天矿开发、抚矿集团东露天矿能源综合开发等煤炭项目建设。

水利工程。重点建设蓄水、引水工程和防洪体系，提高水利工程供水能力和安全保证能力。大伙房水库输水一期工程年内建成，加快二期一步工程和应急入连工程建设。三湾水利枢纽及输水工程开展移民动迁和枢纽主体工程建设。开工建设锦凌水库、青山水库和猴山水库工程。

城市基础设施。以立体化城市交通体系建设和确保城市供水需求为重点，加快城市基础设施建设步伐，提升城市功能和拓展发展空间。加快沈阳市地铁一号线一期工程和二号线一期工程、大连市城市快速轨道交通、沈阳大伙房水库输水配套工程(一期)、营口石门水库供水。开工建设大连湾海底隧道、沈阳市南部污水处理和葫芦岛市龙源供水一期工程。

2．工业重点项目安排情况。工业100项目2009年计划投资868亿元。以推进重大工业项目建设为载体，促进工业结构优化升级，加快先进装备制造、高加工度原材料基地和优势特色轻型工业建设步伐。

装备制造业方面。以机床、输变电设备、工程机械、造船、汽车和重大装备国产化为重点，建设先进装备制造业基地。确保北方重工大型装备产业升级、瓦轴兆瓦级风力发电设备零部件国产化技术改造、鞍钢重型铸钢厂搬迁改造等17个项目竣工投产，加快特变电工特高压交直流输变电装备产业技术升级、沈阳机床重大型数控机床生产基地、辽宁新风柴油机高压共轨系统技术升级等续建项目进度，开工建设沈鼓百万千瓦核电机组核主泵自主化研发试验基地、沈阳远大年产3万台自主品牌节能环保型电梯等项目。

石化产业方面。重点是加大现有炼油装置改造力度，大力提高乙烯生产能力，积极发展合成材料和精细化工产品，走炼油化工一体化道路。确保华锦集团乙烯改扩建、原料和ABS扩建工程项目、沈化50万吨CPP及20万吨聚乙烯总体改造等竣工投产，加快中石油抚顺1000万吨炼油100万吨乙烯工程、大连固特异轮胎有限公司环保搬迁等项目建设进程，开工建设中石油锦西1000万吨/年炼油、大唐国际阜新40亿立方米/年煤制天然气等项目建设。

钢铁产业方面。重点是统筹钢铁产业布局，发展钢材深加工产品，建设具有国际一流水平的精品钢材生产基地。确保鞍钢高性能硅钢生产线、鞍凌年产200万吨钢项目竣工投产，加快本钢节能减排结构调整、东北特钢大连基地环保搬迁等项目建设进程，开工建设本钢20万吨不锈钢、抚顺新钢铁环保搬迁改造等项目。

其他产业方面。重点是建设新型建材、有色金属基地，发展具有优势特色的轻纺工业。确保抚顺铝业年产19万吨电解铝二期环保改造、沈阳远大稀土永磁材料应用产业化等项目竣工投产，加快本溪新型干法水泥、东北制药主导产品深加工建设项目，开工建设中冶葫芦岛集团年产15万吨电解铜、3万吨镍钴、中铝沈阳公司生产线熔铸加工改造等项目。

3．高技术重点项目安排情况。高技术100项目2009年计划投资192亿元。按照自主创新、着力应用、产业集聚、规模发展、国际合作的总体思路，加快推进高技术重点项目建设。

信息产业。重点发展集成电路、软件、通信电子、电子元器件、新型照明器件核心技术和产业。加快大连英特尔芯片一期、沈阳新邮通通信产业基地、富士康科技园(沈阳)一期等续建项目。开工建设中科院沈阳科学仪器研制中心90-65nm等离子体增强化学气相沉积设备研发与产业化、大连大显TFT面板生产线等项目。

航空产业。重点发展通用飞机设计与制造、大型飞机部件转包、航空发动机及材料等。加快沈飞民机公司冲8-Q400飞机大部件转包、黎明公司CF34-10A航空发动机转包生产等项目建设，开工建设沈飞公司C系列飞机工作包项目、沈飞民机公司ARJ新支线飞机批量生产条件等项目。

生物产业。重点发展现代中药、基因药物、新型疫苗等技术和产业。加快辽宁(本溪)生物与医药产业基地、辽宁诺康生物医药产业园、辽宁东亚种业优质专用玉米新品种辽单565繁育及产业化等建设进程，开工建设辽宁晟麦特种营养油脂基地等。

新材料新能源产业。重点发展光伏、风能发电、精细化工、特种合金材料等领域技术和产业。加快沈阳大明电工SDMK1智能型控制与保护开关产业化、东北大学超细晶粒合金钢新材料产业化等建设进程。产业技术研发。重点是建立和完善技术创新平台。加快沈阳特高压变电技术国家工程实验室、沈重全断面掘进机研发创新能力项目等项目建设。

4．服务业重点项目安排情况。服务业100项目2009年计划投资666亿元。围绕重点城郊区、重点园区、重点企业，突出抓好一批投资规模大、行业影响力强，对全省服务业发展具有影响力的重点项目建设。

商务地产项目。重点建设城市商务服务集聚区。加快推进沈阳和平区世贸五里河广场、沈阳沈河区华府天地二期、大连西岗区长春路商业街改造、大连沿海国际中心等一批在建商务地产项目，启动实施沈阳北市改造二期工程、大连国际航运大厦、阜新国际新城等项目开工建设。

商贸项目。重点打造城市特色商贸流通集聚区。加快推进沈阳成大数码广场、沈阳华强三好数码城等一批商贸流通项目，开工建设鞍山TESCO广场、朝阳新天地商贸文化城等项目。

物流项目。重点建设辐射东北及东北亚地区的物流中心。加快推进沈阳辽中近海物流园区、旅顺经济开发区羊头洼物流园区、鞍山东北钢铁大市场、铁岭东北物流城等一批物流项目建设，启动实施沈阳东北农副产品交易中心、大连空港国际物流中心、营口沿海产业物流基地等项目开工建设。

旅游项目。重点发展特色旅游产业。加快推进大连莱茵海岸旅游度假村、辽阳汤泉谷温泉旅游休闲度假区、葫芦岛迪拜水城旅游开发等一批旅游项目建设，启动实施抚顺丰远乐高主题公园、桓仁八卦城恢复、盘锦市湿地之都开发等项目开工建设。

软件、创意等服务业项目。围绕软件、创意、研发设计、金融服务等现代服务业发展。推进沈阳欧美亚东北软件创意园、旅顺太阳沟-三里桥文化产业基地建设，加快启动大连服务外包基地建设。推进中科院大连旅顺科技创新园项目、辽宁（本溪）生物医药产业基地研发中心及公共服务平台项目建设。加快推进铁岭新城区北方金融后台服务业基地建设。

三、促进投资较快增长的主要措施

2009年，全省投资领域要认真贯彻落实中央经济会议精神和省委、省政府工作部署，采取有力措施，确保实现固定资产投资达到1.3万亿、增长30%的奋斗目标。

1．着力推进“四个一批”重点项目建设。项目是投资的载体，要举全省之力、毫不放松地抓好一批重大项目的实施。选择一批投资规模大、影响力大、牵动力强的项目，重点实施好“4个百项”工程。要集中突破一批需要国家评估和核准的重大项目，注重引进大项目和高科技项目、研发团队，狠抓项目落地，实现项目建设新高潮。

2．积极拓宽渠道筹措建设资金。资金是项目实施的保障，要多渠道积极筹措建设资金。一是全力争取国家扩大内需资金。紧紧把握好国家实施积极的财政政策和适度宽松的货币政策，积极争取新增中央投资和各类建设资金。二是积极搭建银企对接平台，做好各市与金融机构项目对接，确保基础设施项目建设。还要通过采取村镇银行和小额贷款公司试点、统筹运用各类贴息资金、做强做大担保机构、推进企业上市工作、加快债券融资步伐等方式，扩大金融支持我省发展能力。三是进一步落实放宽民营投资市场准入的各项政策，广泛吸引民间资金。四是加大招商引资力度，进一步落实各项优惠政策，吸引国外资本和国内南方资本进入辽宁。五是安排好政府各类投资，优化结构，提高效益，发挥政府资金的放大效应和引导作用。

3．努力创造良好的项目建设条件。按照意向性项目抓落地、落地项目抓开工、开工项目抓进度的思路，全力推进项目建设。涉及审核、审批、土地、环评、规划等前期工作，各级政府和部门要采取现场办公、联合审批、一站式服务等方式，为项目建立“绿色通道”。对于新开工项目，要排出工作进度表和落实责任人，着力落实相关建设条件。继续实施重点项目进展情况月调度、季分析和考核评价制度，发现问题及时协调和解决。

4．全力推进房地产开发建设。促进房地产业健康发展。加快廉租房、经济适用房建设和旧城区危旧房改造步伐，增加住房刚性需求。推行住房保障货币化，并根据市场运行情况进行调整。全面启动县城房地产市场，鼓励农民工进城购房，鼓励外地人到我省购房。年底前全省适当提高住房公积金贷款金额上限，开展住房公积金异地贷款业务。采取灵活有效措施，大力发展商业地产和工业地产，促进房地产开发。扩大房地产开发投资，发挥其对投资增长和促进消费的积极作用。

5. 积极谋划和储备重大项目。产业集群是产业结构优化升级的方向和重点。一市要形成一个或几个支柱产业，一县形成一个产业集群。在鼓励和支持各地发挥区位、资源、产业基础等优势进行谋划项目的同时，要不断完善项目推进机制，突破传统定位、空间定位，以产业延伸与产业集群化、区域经济一体化、资源配置最优化、投资主体多元化等多视角、新思维来谋划项目。

（辽宁省发展改革委提供）

大连市2008年固定资产投资情况和2009年投资工作思路

2008年我市固定资产投资工作，按照全市经济工作会议的部署，紧紧围绕老工业基地振兴“一个中心，四个基地”重大基础设施和产业项目建设，坚持科学发展观，注重结构调整，积极促进节约型社会和和谐社会建设，促进了国民经济和社会事业的协调发展。2008年固定资产投资继续保持快速增长势头。

一、2008年固定资产投资情况

（一）总体情况

1—12月，全社会完成固定资产投资2513.4亿元，同比增长30.2%，其中建设项目完成投资1994.4亿元，同比增长33.1%；房地产开发完成投资495.8亿元，增长21.6%。

第一产业完成投资132.3亿元，同比增长91.5%；第二产业完成投资994.1亿元，同比增长24.9%；第三产业完成投资1387亿元，同比增长30.2%。

1—12月，在建项目投资总规模6396.6亿元，同比增长31.1%。累计到位资金2720.8亿元，同比增长26.6%。

（二）固定资产投资的主要特点

1. “一个中心，四个基地”建设是支撑投资增长的主要因素。1—12月，“一个中心，四个基地”建设共完成投资759.7亿元，同比增长35.8%，高于全社会固定资产投资增幅5.6个百分点，占固定资产投资比重30.2%，比上年提高1.2个百分点。其中航运业、石油及化学工业、电子信息产品制造业、船舶制造业、现代装备制造业分别完成投资163.6亿元、152.7亿元、44.8亿元、118.5亿元、280亿元，分别增长65.2%、下降14.5%、增长43.7%、增长259.6%、增长28.7%。

2. 在建项目总规模持续扩大。在老工业基地振兴和“西拓北进”战略的推动下，一大批重大基础设施和产业项目建设进程加快，投资规模迅速扩大。1—12月统计，全市在建项目总投资规模6396.6亿元，同比扩大了1516.5亿元；到位资金2720.8亿元，同比增长26.6%，同比增加570.9亿元。在建项目投资总规模持续扩大和到位资金的持续增长，为年度投资的增加提供了有利条件。

3. 建设项目投资拉动力增强。1—12月，建设项目完成投资增幅高出固定资产投资增幅1.9个百分点，投资比重为79.4%，同比提高1.8个百分点，对全社会固定资产投资的贡献率为85.1%，拉动全社会固定资产投资增长25.7个百分点，建设项目对固定资产投资的拉动力进一步增强。

4. 房地产开发运行平稳。1—12月，房地产开发完成投资增长21.6%，完成投资增幅较上年同期上升0.7个百分点，但低于固定资产完成投资增速8.6个百分点。房地产完成投资从2007年底占固定资产投资比重21.4%调整到目前的19.7%。

1—12月，房屋施工面积3328.6万平方米，同比增长21.1%；新开工面积1112.1万平方米，同比下降

6.4%；竣工面积748.6万平方米，同比增长74.8%；销售面积821.9万平方米，同比下降0.8%。2008年全市经济适用住房建设计划总规模为80万平方米，以政府统建为主。据1—12月统计，经济适用房施工面积为98.1万平方米，同比增长17.3%。经济适用房售价为2500元/平方米—3000元/平方米，与上年持平。经济适用房的建设逐步改善了居民的居住条件，对房价过快上涨起到了抑制作用。

（三）重点推进项目完成情况

1．重点项目完成特点。为确保实现市政府提出的2008年全社会固定资产投资增长的预期目标，按照对我市建设“一个中心，四个基地”的发展战略有重要影响，或投资额在5亿元以上、年度计划投资额在1亿元以上的原则，我们筛选了2008年市重点项目共60个，总投资为3780亿元。其中，重点前期项目为20项，项目总投资1650亿元；重点实施项目为40项，项目总投资2130亿元，2008年计划投资468亿元，约占2008年全市固定资产投资工作目标2510亿元的18.6%。2008年60个重点项目中，结转2008年重点项目36个，新增重点项目24个。在20个重点前期项目中，结转2007年重点前期项目9个，新增重点前期项目11个。在40个重点实施项目中，结转2007年重点实施项目27个，新增重点实施项目13个（新开工项目9个，续建项目4个）。与2007年相比，2008年市重点项目数量虽然有所减少（项目个数由63项减少到60项，其中前期项目由26项减少到20项，实施项目由37项增加到40项），但是项目总投资由3093亿元增加到3780亿元（前期项目由1960亿元减少到1650亿元，实施项目由1133亿元增加到2130亿元），增长了22.2%。2008年市重点项目有以下三个特点：

一是单个项目投资额大，年度投资额多。项目平均总投资规模由上年的49亿元提高到65亿元，其中，项目总投资100亿元以上的9个；20亿元以上的31个；10亿元以上的9个。40个重点实施项目年度计划投资468亿元，比上年项目年投资增加112亿元，其中，年度投资额20亿元以上的8个；10亿元以上的6个；5亿元以上的10个。

二是围绕“一个中心、四个基地”建设的项目是重点项目的主要组成部分。60个重点项目中，围绕“一个中心、四个基地”建设项目32个，总投资2117亿元，占重点项目总投资额的56%。其中，围绕“航运中心”建设项目12个，总投资869.4亿元，占重点项目投资总额的23%；围绕“四个基地”建设项目20个，总投资1247.6亿元，占重点项目投资总额的33%。

三是现代服务业项目所占比重增大。2008年我市拟确定的60个重点项目中，现代服务业项目有12个，项目总投资659亿元，占重点项目投资总额的17.4%。

2．重点实施项目进展情况。40个重点实施项目截至12月底，已基本完工3项，正在建设36项，累计完成投资382.5亿元，占年度投资计划的81.6%。

大连钢材交易市场建设项目尚未开工。该市场选址规划用地大部分为华能电厂排渣用地，权属归电厂所有，因华能电厂近几年计划扩建，排渣用地已被列入电厂规划区，目前金州区政府正在与华能电厂积极沟通调整项目建设用地事宜。

已基本完工3个项目完成投资情况如下：

中石油大连石化分公司的千万吨扩能改造项目完成投资19.8亿元，占年度投资计划的110%；

大连福佳大化石化公司的年产70万吨PX项目完成投资34亿元，占年度投资计划的224.4%；

大连逸盛大化石化公司的年产120万吨PTA项目完成投资24.6亿元，占年度投资计划的137.9%。

正在建设的36个项目完成投资情况如下：

大连港集团有限公司的新30万吨进口原油码头项目完成投资3.1亿元，占年度投资计划的103.3%；

大连港集团有限公司的大窑湾三期工程完成投资2.2亿元，占年度投资计划的121.9%；

羊头洼港二期扩建工程完成投资2.58亿元，占年度投资计划的43%；

大连铁路集装箱中心站工程完成投资3.8亿元，占年度投资计划的100%；

哈大铁路客运专线项目完成投资26.4亿元，占年度投资计划的88.1%；

东边道铁路庄河段建设工程完成投资1.62亿元，占年度投资计划的24.2%；

长兴岛南疏港高速公路项目完成投资3.1亿元，占年度投资计划的77.5%；

滨海公路项目完成投资12.5亿元，占年度投资计划的138.9%；

红沿河核电一期工程完成投资59.7亿元，占年度投资计划的123.4%；

大连锦源石油化工公司60万吨/年渣油甲醇制丙烯等化工原料项目完成投资1.33亿元，占年度投资计划的

85.9%；

大化集团公司的主体搬迁项目完成投资7.4亿元，占年度投资计划的30.3%；

美国固特异公司的环保搬迁项目完成投资2.4亿元，占年度投资计划的80%；

大连中远造船工业有限公司的中远大连造船项目完成投资14.7亿元，占年度投资计划的73.5%；

东北特钢集团有限责任公司大连基地搬迁改造项目完成投资20.8亿元，占年度投资计划的69.4%；

新加坡万邦集团的修造船及海洋结构物制造项目完成投资6.1亿元，占年度投资计划的101.9%；

大连船用柴油机有限公司的船用柴油机扩能改造项目完成投资5.1亿元，占年度投资计划的127.3%；

大连重工起重集团的1.5MW风力发电机组扩能及3MW风力发电机组国产化项目完成投资5.6亿元，占年度投资计划的127.9%；

大连瓦轴集团的风电轴承项目完成投资2.4亿元，占年度投资计划的45.4%；

大连光洋科技工程有限公司的高档数控系统、关键功能部件及高档数控机床产业化项目完成投资0.6亿元，占年度投资计划的23.8%；

英特尔半导体(大连)有限公司的半导体晶圆制造项目完成投资26亿元，占年度投资计划的49.1%；

长兴岛临港工业园区基础设施建设完成投资37.6亿元，占年度投资计划的100.2%；

瓦房店工业区A区（西郊）基础设施建设完成投资2.6亿元，占年度投资计划的79.4%；

松木岛化工区起步区基础设施建设完成投资3.7亿元，占年度投资计划的69.1%；

花园口工业发展区基础设施建设完成投资0.35亿元，占年度投资计划的7.8%(资金短缺，影响工程进度)；

大连海湾工业区基础设施建设完成投资3.3亿元，占年度投资计划的74.7%；

三十里堡临港工业区基础设施建设完成投资2.5亿元，占年度投资计划的38.5%；

登沙河临港工业区基础设施建设完成投资2.6亿元，占年度投资计划的57.7%；

旅顺经济开发区园区基础设施建设完成投资1.4亿元，占年度投资计划的99.4%；

裕景兴业（大连）有限公司建设的大连中心•裕景项目完成投资8.3亿元，占年度投资计划的63.8%；

长春路商业街改造项目完成投资20亿元，占年度投资计划的100%；

沿海•国际中心项目完成投资2.1亿元，占年度投资计划的17.3%。

金州滨海新区项目完成投资4.5亿元，占年度投资计划的56.3%；

香港世茂集团的大连世茂嘉年华项目完成投资0.6亿元，占年度投资计划的7.5%；

大连莱茵海岸度假村有限公司建设的大连莱茵海岸度假村项目完成投资0.9亿元，占年度投资计划11.6%；

星海湾开发建设管理中心的大连体育中心项目完成投资3亿元，占年度投资计划的30%；

大连西效森林公园项目完成投资3.3亿元，占年度投资计划的126.9%。

3. 重点前期项目进展情况。至12月底，20个重点前期项目中，有4个项目已正式开工建设，分别是：

大伙房水库输水应急入连工程。

大连LNG接收站项目一期工程。

中国一重大连加氢反应器制造有限公司核电设备制造项目。

大连重工起重集团船用低速柴油机半组合曲轴国产化项目（二期）。

6个项目已经有了实质性的进展，分别是：

大连市城市快速轨道交通建设工程（中咨公司已将建设规划评估报告报送国家发改委，我市正在积极争取国家发改委尽快上报国务院批准）；

大连湾海底隧道工程（国家发改委已下发核准文件，目前正在进行勘察、设计前的准备工作）；

大连港东部地区搬迁改造项目（临时围堰及陆域形成工程正在回填土石方，水工护岸二标段即将开工，市民健身中心陆域回填已启动）；

甘井子热电厂建设项目（国家发改委正在核准当中，项目建设单位正在开展征地动迁等开工前的各项准备工作）；

中集长兴岛重型装备工业园建设工程（建设单位已调整确定生产纲领，并完成资本金5000万美元的园区主体企业的注册工作。拟定的海洋结构物总装基地选址初步确定）；

金石滩影视基地项目（概念方案已原则同意，正在进一步深化并明确一期的用地范围）；

7个项目正在按照前期计划有序推进，分别是：

大连机场三期扩建工程（目前国家正在审批项目建议书）；

大连新机场建设项目（目前已完成《选址报告》初稿编制）；

庄河港石城10万吨级深水码头建设项目（已完成港口选址、水深、水质和陆域等建设条件的调研工作；跨海大桥地质勘测工作基本结束，预可研初稿已形成。目前，正在进行产业规划和港口规划编制工作）；

庄河电厂二期工程（项目可研、环评报告等编制工作已完成。第一台机组的“上大压小”方案已经省发改委上报国家发改委，现正协调签署“五方协议”；第二台机组的项目优选方案正在准备中）；

大连开发区第二热电厂建设项目（国家发改委已下发同意开展前期工作批复。项目建设单位正在办理环评、土地及接入系统等国家级支持性文件。争取尽快上报项目核准报告）；

大染集团搬迁改造项目（正在编制可行性研究报告，已到位资金1000万元）；

大连英歌石森林体育公园建设项目（大连英歌石体育公园管理有限公司已完成工商注册。项目一期立项、可研，规划环境影响报告，排水总体规划等工作已完成。目前，正在进行规划环境影响公示以及在市国资委办理相关手续）。

3个项目正在论证之中，分别是：

金州IT电影主题公园一期工程（目前正在进行选址论证）；

实德集团的双岛湾石化项目（核准要件已齐备，并上报国家发改委，待国家发改委项目批复后即可开工建设）；

甲醇制烯烃项目（目前项目建议书已基本编制完成，正在论证确定投资主体、建设地点、原料来源等相关问题）。

（四）市财力投资计划执行情况

1、2008年市财力投资计划安排的指导思想和原则。2008年年初确定的市财力投资计划安排的指导思想是：以党的十七大精神为指导，坚持科学发展观，继续围绕老工业基地振兴“一个中心、四个基地”建设和“两区一带”建设战略任务，注重结构调整，积极促进节约型社会和和谐社会建设。按照“确保续建、突出重点”的原则，加强以城市交通为重点的基础设施建设，完善和提升城市设施服务功能；积极支持老工业基地振兴“一个中心、四个基地”基础设施建设；积极推进节能减排和生态环境保护工作；加强社会事业建设，努力增加民生建设工程投入，促进社会和谐；继续支持县域经济和社会事业建设，推进区域经济和社会协调发展。

2．2008年市财力投资完成情况。2008年市财力投资计划共下达八批，下达市财力投资210690万元。另外，下达重点工业园区专项上年结转投资6970万元、北三市开发永青路政策补助资金20568万元（含结转上年13490万元）。全年合计安排市财力投资规模231130万元。

（五）投融资体制改革工作

1．发布企业投改文件。《大连市企业投资项目核准办法》、《大连市政府核准的投资项目目录》、《大连市企业投资项目备案管理办法》等企业投资项目地方配套文件已出台（大政发[2008]52号）。

2．启动企业投资备案项目信息系统。目前已经与省信息中心进行了多轮沟通，已经委领导审阅后正式签订了系统开发协议，预计年内可能试运行。

3．《大连市政府投资项目管理暂行办法》制定工作。目前已完成第四稿，待结合国家拟出台的有关办法，做进一步的修改完善并征求有关方面意见后，争取尽快上报市政府。

（六）加强和规范新开工项目管理工作

按照《国务院办公厅关于加强和规范新开工项目管理的通知》（国办发[2007] 64号）要求，目前已经形成新开工项目管理联动机制、总投资5000万元以上拟建项目的月报及向社会公告工作，共向国家发改委上报3期我市5000万元以上拟建项目的月度统计报告。

二、2009年固定资产投资工作思路

（一）全社会固定资产投资增长预期

2009年面临全球金融危机，我市经济工作要按照保增长、扩内需、调结构、上水平的总体思路，加快推进重大项目建设，有效引导社会投资，进一步拉动内需，

确保经济社会较快更好地发展。同时，东北老工业基地振兴和国际航运中心建设的使命也要求大连必须加快发展。2009年，结合“十一五”规划目标，全社会固定资产投资预期目标为增长20%以上，力争达到30%。

（二）保增长、扩内需、调结构，促进固定资产投资增长

为应对国际金融危机的影响，要从两个方面来把握当前的形势。一方面要清醒认识和充分估计国内外形势的严峻性和复杂性，以及由此给我市经济发展带来的压力；一方面也要客观地看到经济发展的有利条件和积极因素，转危为机，坚定信心，实现经济平稳较快发展。在具体工作中，按照温家宝总理提出的“出手要快、出拳要重、措施要准、工作要实”的工作要求，认真组织好中央投资的项目建设工作。

1. 高度重视中央扩大内需项目的管理和监督检查工作，加强组织领导，为项目管理和监督检查工作提供强有力的组织保障。

2. 做好地方配套资金的落实工作。市发改委、财政局等有关部门要做好项目所需的市本级配套资金的落实工作，各区市县政府要组织落实好本级及下级应承担的项目配套资金，共同落实好地方配套资金，与中央投资形成合力，为项目的顺利实施提供资金保障。

3. 项目建设单位要按照国家下达的计划，按照项目管理的有关法规要求，组织好项目实施，切实落实项目的各项资金来源，并且要按照有关法规要求使用和管理好建设资金。同时，要按照上级机关和有关部门的要求，及时、准确地报告项目实施情况，自觉接受政府职能部门的监督检查。

4. 政府的投资、财政、审计、建设、环保、土地等相关职能部门，要各司其职，从监管和服务两个角度，既要依法管好项目，又要积极做好项目服务，确保项目顺利实施。

（三）重点项目推进工作

1. 继续落实好市重点项目推进责任。对2009年市重点项目进行任务分解和责任落实，明确重点项目推进工作的责任单位和责任人，继续落实好市重点项目推进责任。

2. 进一步完善市重点推进项目的协调机制，加大市重点推进项目的调度力度。根据市政府领导的指示，加大市重点项目协调调度的组织力度，进一步完善市重点项目调度制。着重加强市重点项目现场调研，及时掌握项目推进工程中的一手情况，并及时上报有关领导协调解决存在的问题，有效地促进重点项目的顺利实施。

3. 研究拟定重点项目推进工作实施意见。根据市重点项目推进工作的实际和近几年来的工作实践，适时研究拟定重点项目推进工作实施意见，推进建立推进工作日常考核和定期调研、调度制度，不断完善市重点项目推进工作制度。

4. 研究建立市重点项目信息管理系统。根据市重点项目推进工作需要，研究建立市重点项目信息管理系统。同时加强内部机构建设，建立健全岗位责任制，推动项目推进工作上新台阶。

(四)相关措施

2008年我市固定资产投资完成2513.4亿元，增长30.2%，与上年相比，投资净增量为582.6亿元，仅增量部分就已超出2003年我市全年固定资产完成投资。我市近年来固定资产投资规模不断扩大，投资增速持续高位运行，增加了投资增长的难度。

国家实施的拉动内需的政策，将通过投资拉动，刺激国内需求。同时，对一批审批中的大项目也将加快审批核准速度，这些将有利于推动我市投资的快速增长。省政府提出今年全省投资完成13000亿元，增长势头不减；夏市长在去年12月6日召开的市政府第十次常务会议上的讲话中强调，要做好明年的工作计划，确保明年经济按照国家宏观调控的要求有一个适当的增长、一个合理的增长、令人满意的增长，基本原则是各项经济指标要高于15个副省级城市的平均水平，高于全省的平均水平。特别是要按照省委、省政府的要求，确保明年一月份和第一季度实现开门红，大连的经济增长要高于全国，更要高于全省。

经过我们的分析，近年来，我市经济增长对投资的依赖性越来越强，投资对经济增长的贡献率超过90%。在当前出口受阻，消费不振的形势下，投资对确保我市经济的持续稳定增长，保持经济又好又快发展至关重要。

为确保今年固定资产投资预期增长30%目标的实现，需要着重做好以下几方面工作：

1. 进一步加大重大项目推进力度，保证投资计划进度。要做好重点项目推进实施工作，特别加强投资大、见效快的重大项目跟踪、调度，协调解决项目推进中的

各种问题，在保证按计划进度实施前提下，尽可能提早完成投资；要做好重点项目储备工作，形成项目建设、规划和储备的良性循环。明年的当务之急就是要按照中央的要求，扩大投资需求，落实好关系到我们当前和今后发展的一些重大项目，包括基础设施项目、重大产业项目和重大民生项目。从进度来看，按照市政府的要求，地铁、轻轨、机场扩建三期工程，明年上半年必须开工建设，同时要积极争取国家的支持，通过国家的支持，加大工业的技术改造力度，提高我市工业在新时期的竞争力。

2．各区市县投资增长要不低于2008年水平，重点地区要起带头作用。重点区域有三大块，第一大块是先导区，重大产业项目，重大基础设施项目，先导区必须全力以赴的予以推进。先导区政策好、条件好、区位优势好，又是全省五点一线的重要部位，一定要有较大增长。第二大块是近郊区，条件也比较好，是我市新的增长点，旅顺口区和金州区要加大气力进行推进，尤其是旅顺口区这段时间布局了很多项目，必须加大征地动迁和一些前期工作，推动一些项目尽早开工，2009年的各项指标也必须大大高于全市的平均水平。第三大块是现代服务业，中西沙甘，要全力以赴予以推进，特别是房地产和一些重大的公用建设，包括酒店、写字楼，包括旧区改造。

3．以落实国家拉动内需政策为契机，打破项目资金瓶颈。按照国家有关扩大内需的方向和要求，做好项目申请资金工作。尽快做好需申请中央补助项目的前期工作，没审批的项目按要求抓紧履行相关审批程序。申请中央等各级财力投资的项目前期工作一定要到位，落实建设条件，严格防止项目不实、甚至弄虚作假的情形出现。对于符合申报条件、资金短缺的项目，一旦中央资金到位，要抓紧组织实施。通过落实新增中央投资，多上一批项目，带动更多投资增长，树立各方投资信心。

4．做好项目融资工作和前期推进工作，为项目开工建设创造条件。积极主动适应信贷调控政策，加强与银行沟通协调，保证重点项目及重点企业的资金需求。积极发挥社会投资作用，鼓励民营企业投资。发改部门要加强和规划、环保、土地等部门协调、配合，对于符合国家、地方政策项目，要积极支持，避免因审批环节效率低下影响项目落地、开工建设。

5.推进房地产开发项目特别是保障性住宅项目建设。充分发挥房地产项目投入大、见效快的特点，保持对固定资产投资增长的支撑作用。围绕国家关于加大保障性住房建设、降低住房交易税费、支持居民购房等政策，加快经济适用房建设，努力改善居民居住条件，既解决民生问题又使投资有所增长。

（大连市发展改革委提供）

吉林省2008年固定资产投资情况

2008年，全省各族人民在党中央、国务院和省委、省政府的正确领导下，紧紧围绕科学发展、改革开放、改善民生等重点任务，继续解放思想，奋力攻坚克难，推动全省经济较快发展和社会全面进步，振兴吉林老工业基地迈出了新的步伐。

固定资产投资保持高速增长。全年完成全社会固定资产投资5608.20亿元，增长40.1%。人均投资突破2万元，达到发达省份水平。其中，城镇投资4687.35亿元，增长40.3%，农村投资920.85亿元，增长38.9%。

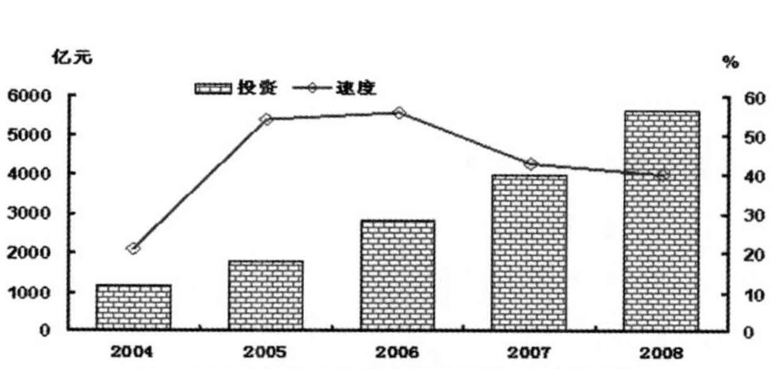

2004—2008年固定资产投资及其增长速度

在城镇投资中，第一产业投资96.15亿元，增长93.0%；第二产业投资2609.36亿元，增长49.1%；第三产业投资1981.84亿元，增长28.7%。

全社会固定资产投资及其增速

指　　标	2008年	比上年增长%
全社会固定资产投资	5608.20	40.1
城镇固定资产投资	4687.35	40.3
其中：房地产开发	625.43	27.6
其中：第一产业	96.15	93.0
第二产业	2609.36	49.1
其中：工业	2571.65	48.2
第三产业	1981.84	28.7
其中：基础设施投资	971.93	50.0
住宅投资	583.90	20.7

工业投资增长加快。全年城镇工业投资2571.65亿元，增长48.2%，对全社会投资增长的贡献率达62.1%。分行业看，石油和天然气开采业、农副产品加工业、化学原料及化学制品业和交通运输设备制造业的投资完成情况较好，分别完成投资179.09亿元、166.15亿元、175.40亿元和327.56亿元，增长16.4 %、47.3%、25.3%和32.7%。

非国有投资高速增长。全年城镇民间投资3154.03亿元，增加1005.52亿元，增长46.8%，高于全省城镇以上投资增幅6.5个百分点。全年城镇外商和港澳台商投资243.37亿元，增加44.65亿元，增长22.5%。非国有投资占城镇投资的比重达到72.5%，提高2.2个百分点。

基础建设力度增强。全省城镇基础设施建设投资971.93亿元，增长 50.0%，占城镇固定资产投资总额的比重为20.7%。总投资3000万元以上的项目4755个，亿元以上项目766个。长白山旅游机场于北京奥运会开幕前正式通航。

房地产开发运行平稳。全年房地产开发投资625.43亿元，增长27.6%。商品房竣工面积1056.00万平方米，下降18.3%；商品房销售建筑面积1377.90万平方米，增长6.6%。其中，销售住宅面积1202.82万平方米，增长1.6%。商品房屋空置面积495.69万平方米，下降9.3%。

（摘自吉林省2008年国民经济和社会发展统计公报）

黑龙江省2008年固定资产投资与工业经济运行情况

一、2008年固定资产投资与重点项目建设情况

黑龙江省深入贯彻落实科学发展观，解放思想，扎实工作，积极应对复杂多变的国际国内形势，保持投资平稳较快增长，努力促进经济社会又好又快发展。

固定资产投资成为拉动经济发展的强力引擎。全年完成全社会固定资产投资3669.3亿元，比上年增长28.1%，连续三年增幅保持在28%以上。其中，城镇投资3368.2亿元，增长28.5%；农村投资301.1亿元，增长24.2%。在城镇投资中，民间投资1297.3亿元，增长34.4%；国有及国有控股投资1990.8亿元，增长24.6%；外商及港澳台投资80.1亿元，增长36.5%。装备、石化、能源、食品等四大主导产业完成投资1194.3亿元，增长32.9%，占城镇工业投资的82%。亿元以上建设项目共750个，比上年增加87个，完成投资1455.9亿元。

重大基础设施谋划和民生工程建设加强。年初省委、省政府做出了公路三年决战的决策部署，当年交工高速公路里程达到436公里。省政府与铁道部签署了未来五年投资2000亿元，全面改造提升省内铁路的协议，当年新开工建设铁路5条；省政府做出了加快发展现代水利的决定，农业水利、防灾水利、航运水利、民生水利工程全面启动，尼尔基水库灌区配套工程、三江平原“两江一湖”大型水利已经开工。加大民生基础设施投入力度，在住房解困工程方面，完成农村泥草房改造20.18万户、1715万平方米，超额完成规划目标。为27.7万户低保家庭提供廉租住房保障，住房保障户数居全国第一位，大大改善了城乡居民特别是贫困弱势群体的居住条件。在棚户区改造工程方面，完成煤矿城市和非煤城市棚户区改造11.7万户、853.8万平方米，分别比预期目标提高46.3%和1.13倍。在热电联产和集中供热工程

方面，全省县级以上城市新增集中供热面积2400万平方米，集中供热普及率达到45%。

省重点项目统筹实施。省政府确定的重点推进的200个大项目完成投资1013亿元，超额完成年初确定的投资1005亿元的目标。漠河机场、大冬会基础设施等40个项目建成投产，完成投资155.6亿元，占计划投资176.6亿元的88.1%；松花江流域污染治理、东轻20万吨超大规格特种铝合金板带材等70个项目复工，完成投资333.6亿元，占计划投资328.1亿元的101.7%；棚户区改造等61个项目开工，完成投资523.8亿元，占计划投资500.3亿元的104.7%；抓紧谋划项目取得积极进展，一批战略性大项目取得重大突破，千亿斤粮食战略生产能力项目规划上报国务院，同江铁路大桥中俄两国总理签订了建桥协议，前期工作正在抓紧实施。

房地产市场保持平稳发展势头。呈现“三个较快增长、价格平稳”，三个较快表现为：房地产开发投资增长较快。全省完成投资453亿元，同比增长18.5%；中低价位、中小户型住宅建设增长较快。新开工90平方米以下住宅面积1,191万平方米，同比增长31.2%。竣工90平方米以下住宅面积792万平方米，同比增长13%；商品房开工面积增长较快。新开工商品房面积2,245万平方米，同比增长23.2%；价格平稳表现为：全省商品房平均价格2,811元/平方米，比2007年同期增长330元每平方米，同比增幅为13.3%，增幅同比持平。

2009年，全省计划全社会固定资产投资完成5000亿元，增长35%以上。省重点推进大项目300项，统筹协调民生工程、基础设施、产业项目和高技术项目建设，年度计划完成投资1600亿元。全年预计全省固定资产投资对经济的拉动预计达到60%以上。

二、2008年工业经济运行情况

黑龙江省积极把握经济运行规律，化解突出矛盾，保证了全省工业经济平稳较快发展。主要经济指标呈现“前高后低”的特点，前8个月速度效益高速攀升，9月份以后，受国际金融危机影响速度效益逐月回落。全年工业增速同比回落，但高于全国平均水平，经济效益再创历史新高，地方工业再上新台阶。

工业生产平稳增长，增幅小幅回落。全省工业企业（规模以上，下同）实现增加值3444.8亿元，同比增长13.1%，同比回落2.7个百分点，高于全国平均增速0.2个百分点，增速列全国第21位，同比前移7位。国有及国有控股企业实现增加值2837.3亿元，占全省工业的82.4%，同比增长12.9%。非公有制企业实现增加值560亿元，同比增长14.2%。27种主要工业产品中有14种产品产量同比增长，其中大米、化学药品原药、水泥等3种产品增幅在20%以上；产销率98.4%，同比增加0.3个百分点。

经济效益创历史新高。全省工业主营业务收入首次突破7000亿元，连续五年跨越五个千亿元台阶，达到7924.9亿元，同比增长22.4%，增速比去年同期加快9.6个百分点。国有及国有控股企业主营业务收入5706.9亿元，占全省工业的72.0%，同比增长17.6%。全省工业利税首次突破2000亿元，达到2030.1亿元，同比增长13.8%，其中利润1437.0亿元，同比增长12%；利税、利润增幅分别比上年同期加快11.4和12.0个百分点。其中能源工业利税、利润同比分别增长20.3%和20.1%；食品工业利税、利润同比增长31.7%和26.7%；医药工业利税、利润同比增长31.5%和38.2%。经济效益综合指数351.6，同比增加10.5个点。

地方工业经济再上新台阶。地方工业主营业务收入首次突破3000亿元，达到3430.3亿元，同比增长30.3%。利税首次突破300亿元，达到351.5亿元，同比增长32.5%，其中利润175.9亿元，同比增加40.5亿元，增幅为29.9%。主营业务收入、利税、利润占全省工业比重达到43.3%、17.3%和12.2%，分别比上年提高3.1、2.6和1.9个百分点。地方工业经济效益综合指数160.1，同比增加16.9个点。在38个大类行业中，有22个行业利润同比增加，17个行业增额在1000万元以上，其中煤炭开采和洗选业、医药制造业、食品制造业、电气机械及器材制造业、石油加工炼焦业、饮料制造业等11个行业增额在1亿元以上。

2009年，继续组织实施投资超亿元的大项目100个，投资5000万元的技术改造投达产项目100个的“双百工程”，全年完成工业固定资产投资2000亿元，力争增长35%。

（黑龙江省发展改革委提供）

上海市2008年经济综合发展和固定资产投资情况

2008年是很不寻常、很不平凡的一年。面对外部严峻复杂经济环境的不利影响和上海自身发展转型的严峻考验，全市人民在党中央、国务院和中共上海市委的坚强领导下，高举中国特色社会主义伟大旗帜，以邓小平理论和“三个代表”重要思想为指导，深入贯彻落实科学发展观，全面贯彻党的十七大精神，坚定信心，振奋精神，团结奋斗，克难前行，国民经济保持了平稳较快发展，各项社会事业全面进步，人民生活继续改善,完成了年初确定的经济社会发展目标和任务。

国民经济保持平稳较快发展。全年实现上海市生产总值（GDP）13698.15亿元，按可比价格计算，比上年增长9.7%（见图1）。其中，第一产业增加值111.8亿元，增长0.7%；第二产业增加值6235.92亿元，增长8.2%；第三产业增加值7350.43亿元，增长11.3%。第三产业增加值占全市生产总值的比重为53.7%，比上年提高1.1个百分点。

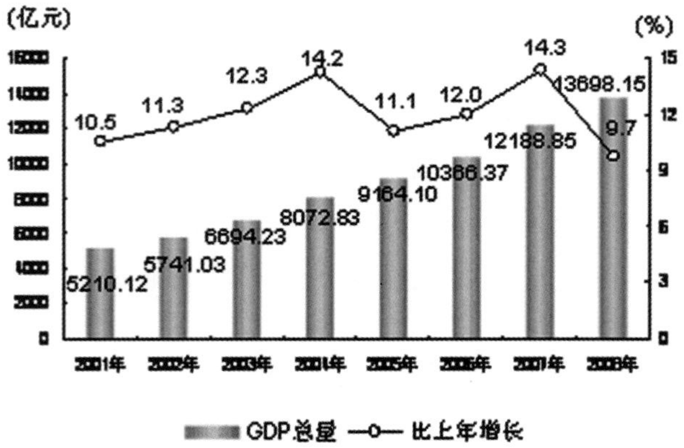

图1 上海市生产总值与增长

非公有制经济加快发展。在全市生产总值中，公有制经济增加值7431.48亿元，比上年增长8.1%；非公有制经济增加值6266.67亿元，增长11.7%，占全市生产总值的比重由上年的45.1%提高到45.7%。其中私营及个体经济增加值3116.49亿元，增长13.2%，占全市生产总值的比重达到22.8%。

全年经工商登记新设立的各类市场主体12.9万户，比上年增长4.4%。其中，企业8.21万户，增长5.4%；个体工商户4.61万户，增长0.7%；农民专业合作社846户。在新设立企业中，内资企业（不含私营企业）3928户，比上年增长1.9%；外商投资企业6374户，下降15.7%；私营企业71787户，增长8%。

财政收入平稳增长。全年地方财政收入2382.34亿元，比上年增长13.3%。其中，地方级税收收入2223.43亿元，增长12.6%。在地方级税收收入中，增值税334.89亿元,增长6.9%；营业税763.38亿元，增长6.8%；个人所得税204.89亿元，增长20.9%；企业所得税548.37亿元，增长28.7%。全年地方财政支出2617.68亿元，比上年增长18.9%。其中，一般公共服务支出198.71亿元，增长8.8%；公共安全支出149.57亿元，增长11.3%；社会保障和就业支出334.97亿元，增长22.2%；工业商业金融等事务支出359.86亿元，增长23.8%。

固定资产投资结构继续优化。全年完成全社会固定资产投资总额4829.46亿元，比上年增长8.3%（见图2）。其中，城市基础设施投资1733.18亿元，增长18.2%。从产业投向看，第一产业投资8.4亿元，比上年增长0.4%，占全社会固定资产投资总额的比重为0.2%；第二产业投资1420.82亿元，增长1.7%，所占比重为29.4%；第三产业投资3400.24亿元，增长11.4%，所占比重为70.4%。从投资主体看，国有经济投资2295.75亿元，比上年增长29%，占全社会固定资产投资总额的比重为47.5%；集体经济投资104.86亿元，下降13.7%，所占比重为2.2%；股份制经济投资1026.67亿元，下降12.2%，所占比重为21.3%；外商及港澳台投资748.13亿元，增长5.2%，所占比重为15.5%。

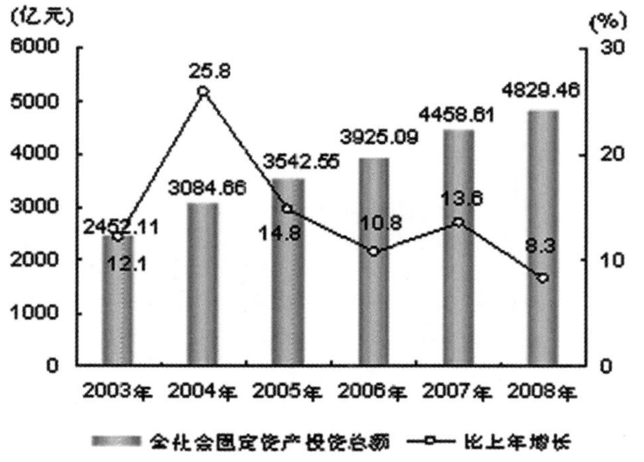

图2 全社会固定资产投资总额与增长

全年居民消费价格总水平比上年上涨5.8%。八大类价格同比涨幅呈现"六涨二跌"格局（见下表）。其中，食品类价格上涨15.3%，影响总水平上升5个百分点；家庭设备用品及维修服务类价格上涨8.3%；医疗保健和个人用品类价格上涨3.1%；居住类价格上涨2.5%。

全年工业品出厂价格水平上涨2.2%，涨幅比上年提高1个百分点。原材料、燃料、动力购进价格水平比上年上涨10.3%，涨幅比上年提高6.2个百分点。

全年房屋销售价格水平比上年上涨5.9%。其中，

居民消费价格指数

指 标	指 数（上年=100）
居民消费价格指数	105.8
食 品	115.3
烟酒及用品	101.7
衣 着	101.6
家庭设备用品及维修服务	108.3
医疗保健和个人用品	103.1
交通和通信	97.5
娱乐教育文化用品及服务	98.2
居 住	102.5

新建房销售价格水平上涨5.3%。全年房屋销售价格累计环比下降1.7%。其中，新建房销售价格下降1.6%。在新建房销售价格中，新建住宅销售价格水平比上年上涨5.7%；新建住宅销售价格累计环比下降1.9%。全年房屋租赁价格水平比上年上涨4.6%。

全年完成房地产开发投资1366.87亿元，比上年增长4.5%；商品房施工面积10390.67万平方米，下降3.5%；竣工面积2475.04万平方米，下降26.8%；销售面积2296.12万平方米，下降37.9%。其中，商品住宅销售面积1965.86万平方米，下降40.1%。全年商品房销售额1895.45亿元，比上年下降38.6%。其中，商品住宅销售额1608.47亿元，下降40.6%。全年存量房成交过户面积1413.41万平方米，比上年下降29.1%。

（摘自2008年上海市国民经济和社会发展统计公报）

江苏省2008年投资运行情况及2009年投资安排

2008年，我省认真贯彻科学发展观，积极落实中央和省扩内需、保增长政策措施，着力增加有效投入，调整优化投资结构，全力保持固定资产投资平稳较快增长。

一、投资运行情况

2008年1-12月，全省全社会固定资产完成投资15061.54亿元，增长22.8%，比上年增幅提高1个百分点。全省全社会投资占全国完成额172291亿元的8.7%，增幅低于全国水平（25.5%）2.7个百分点。其中，城镇投资完成11371亿元，增长24.1%。江苏城镇投资增幅略高于东部地区平均水平（21.3%），低于山东(23.1%)，高于浙江(10.4%)、广东(16.5%)和上海(8.3%)，在东部省份中列第5位，总量为全国第二。

（一）主要特点

1.投资增长的稳定性继续增强，扩大内需政策效应逐步显现。全年城镇完成投资11370.85亿元，增长24.1%，已经连续36个月保持在20%-26%的月度增长幅度内，没有出现大起大落，一定程度上反映出国家扩大内需政策得到有效落实，投资增长的可持续性和稳定性继续增强。

2.制造业投资继续回升，结构进一步优化。制造业经过近年来连续较高速度增长，同时随着结构调整力度加大，上半年投资一度明显回落，但下半年增幅开始企稳回升。全年投资完成4919.11亿元，增长26.7%，比上半年提高6.9个百分点。先进制造业发展步伐加快，装备制造业投资继续保持较高增速。全年交通运输设备、通用设备、电气机械、仪器仪表业等行业完成投资438.83亿元、469.77亿元、384.94亿元和126.92亿元，分别增长46.9%、47.3%、51.6%和85.5%，大大高于制造业平均增幅。重点调控行业投资继续降温，皮革、化纤、橡胶业投资同比分别下降27.9%、21.6%和12.3%。纺织业投资252.04亿元，下降7.1%。废旧资源回收利用增长126.2%。电力投资结束近年来连续下降的局面，完成投资325亿元，增长26.3%。

3.服务业投资稳中有降，房地产投资明显回落。服务业发展较快，投资超过制造业。全年服务业投资完成5849.12亿元，增长20.9%。下半年次贷危机引发房市信心回落，房地产投资增幅明显下降，但总体仍保持较快增长。房地产完成投资3064.46亿元，增长21.8%，比上半年下降7.9个百分点。部分生产性服务业投资增长较快，租赁和商务服务业投资增长44%。居民服务和其他服务业增长73.1%。

4.新开工项目有所回升，投资增长集聚集约水平提高。今年以来，新开工项目个数趋于止跌，新开工项目投资规模有所下降。全年新开工项目个数9591个，增长0.7%；新开工项目规模5838.23亿元，下降7.0%。全年城镇投资中，设备工器具购置增长31.8%，大大快于建筑工程（24.1%），体现出投资内涵性增长有所加强。

5.苏中苏北投资快速增长，区域共同发展势头良好。苏中苏北投资增长较快，苏南投资保持平稳。全年苏北苏中城镇投资完成3093.41亿元、1825.17亿元，分别增长34.5%和28.5%。苏南投资完成6452.27亿元，增长18.6%。苏北苏中投资占全省比重为43.26%，对全省投资增长贡献率为42.9%。

6.资金来源总体趋紧，自主增长格局不变。民间投资继续撑起半壁江山，全年完成9256.86亿元，增长23.3%，占全社会投资比重达到61.5%。个体私营经济投资5273.39亿元，增长28.3%。本年投资资金来源12453.56亿元，增长18.1%，比上年同期降13.6个百分点。自筹资金和国内贷款对投资资金来源贡献较大。自筹资金7244.46亿元，增长26.8%，占资金来源的比重为58.17%。国内贷款1726亿元，增长24.1%。利用外资1209.63亿元，增长10%。总体来看，投资资金来源增长明显回落，企业资金面趋紧。房地产投资资金来源回落较快，利用外资和其他资金增幅双降。

（二）重点建设情况

全省重点建设项目稳步推进，140个实施项目进展顺利，年度计划投资1800亿元，实际完成投资约2000亿元，20个前期工作项目取得积极成效。实施项目中，有12个项目竣工或主体完工。重点项目各有关责任单位及建设单位努力克服年初低温雨雪冰冻灾害天气及后期国际金融危机等各方面不利因素影响，加大工作力度，全年重点建设取得积极成效。

1.重大基础设施项目进展顺利。海堤达标、新一轮治淮工程、南水北调东线一期、通榆河北延、病险水库除险加固等水利设施项目正加快建设。高速公路建设稳步推进，苏通大桥建成通车，泰州大桥实施三塔两锚五大基础，南京四桥开展征地拆迁；连云港港、大丰港、太仓港等沿海沿江港口抓紧建设；京沪高速铁路南京枢纽工程开展桥梁桥墩施工，合宁铁路江苏段、陇海线徐连电气化改造建成通车。泰州电厂等超临界大机组发电工程、沿海风电、电网扩容等一批能源项目顺利实施。南京地铁二号线、南京过江隧道按序时推进，苏州地铁开工建设。

2.重大产业项目加快推进。南通中远川崎造船二期工程、昆山龙腾光电二期工程、淮安富士康二期、无锡华润晶圆等项目竣工投产，徐州工程机械基地、盐城东风悦达乘用车及拖拉机、镇江腾跃工程机械、常州常牵兆瓦级风电设备、南通王子制纸、南京中邮航空速递物流集散中心、泰州医药城、常州动画产业基地及数字文化产业振兴基地等项目开工在建。

3.重大民生项目全力实施。江苏广电中心已建成投用，省人民医院扩建、省中医院南扩加快建设，全省农村医疗卫生服务网络建设年度工程即将启动。省美术馆新馆、省委党校新校区扩建工程、南京大学仙林国际化校区建设、省老年公寓等项目正按序时进度实施。太湖湖滨生态系统建设工程、太湖流域污水处理升级改造等水环境综合整治工程全力推进，无锡锡澄供水一期工程提前竣工通水。

总体上看，全省固定资产投资运行平稳，增幅合理，结构优化，为我省积极应对国际国内严峻的经济形势提供了有力支撑。

二、2009年投资计划安排

（一）2009年形势展望

2009年，国际金融危机的冲击对我省经济造成的负面影响日益显现，内外部需求出现较大萎缩，工业增速持续下滑，投资增长后劲不足，部分行业企业经营困难，就业形势趋于严峻，财政收入增幅回落。中央和省委、省政府对经济大势“见事早、判断准、决策快”，出台了一系列扩内需保增长的政策措施，极大的鼓舞和提振了各方面应对困难、努力发展的信心，扩大内需工作在我省取得初步成效，部分经济运行指标下滑的势头得到有效遏制。

2009年国内外经济形势仍面临诸多不确定因素，将给投资增长带来更为严峻的挑战。但同时，投资增长也面临一些有利因素。一是2008年四季度以来中央实施积极的财政政策和适度宽松的货币政策。科学发展观和投资体制改革进一步落实，投资市场化水平明显提高，为投资增长创造了良好的环境。二是投资需求仍然旺盛。随着经济结构调整、产业优化升级、城市化进程加快和“全面达小康、建设新江苏”目标推进，投资需求较快增长的内部动力和外部要求并未明显减弱。沿海开发、沿江开发、沿沪宁线经济带和沿东陇海产业带建设的大力推进，建设高水平国际制造业基地，加快发展现代服务业，建设社会主义新农村，加快中心城市建设和功能提升，提高科技创新能力，构建和谐社会，都将对基础设施、房地产、制造业和现代服务业投资提出新的要求。三是结构调整升级出现好时机。在产业调整、技术创新、节能减排等方面要抓住时机，加快步伐。四是投资增长的自主性进一步增强。民间投资势头旺盛，金融支持及时到位，资金自筹能力较强，土地集约化利用水平提高。五是当前投资需求出现新增长点。民生工程、太湖综合治理、加大廉租房和经济适用房保障力度、加强薄弱环节建设、推进自主创新和节能减排将带来新的投资需求，前期项目储备比较充分也有力支撑了投资较快增长。

总的来看，在整体经济下行压力加大的背景下，我省投资实际增幅（剔除价格因素后）高于去年同期。同时随着扩内需保增长、调整经济结构、促进发展方式转变、节能减排和改善民生等政策措施逐步落实，投资结构将进一步优化，投资增长的质量和效益将明显提高。综合判断，2009年全省投资将继续保持平稳较快增长，投资结构在调整中进一步优化。

（二）2009年投资计划安排

2009年投资计划安排，要充分考虑相关要求，一是扩大内需，不能过低；二是实际投资增长，包含CPI和PPI下行因素；三是导向作用，重在扩大有效投资、结构优化与效益提升。

综合考虑经济和社会发展对投资增长的需要和支撑条件，2009年投资增长计划目标确定为16%，奋斗目标定为18%以上，全社会固定资产投资总规模17400亿元。二产完成投资9270亿元，增长15.7%；三产完成投资7650亿元，增长15.9%；房地产完成投资3300亿元，增长10%。全省重大项目160个，计划完成投资2498亿元，同比增长24.9%。

三、2009年投资工作重点

投资是经济增长最直接、最有效的动力，也是扩内需保增长最有效的手段之一。当前投资工作要在四个方面重点推进。一是加快发展现代服务业，加大生产性服务业投资力度。进一步开放服务业投资，大力发展国际服务外包产业。二是大力发展先进制造业，加快实现主导产业高端化。加大高新技术产业投资力度，加快培育和发展具有独立知识产权、自主创新技术和自有品牌的龙头企业。三是加快产业转移，促进区域投资布局协调化。按照主体功能区规划，推进产业集聚发展，加快苏南、苏中、苏北地区产业提升和转移，优化投资空间布局。四是建设资源节约型社会，促进投资项目集约化。提高建设项目节能环保转入门槛，推动高污染、高耗能行业的结构调整，加大对资源节约、生态建设与环境整治等经济社会发展薄弱环节的投入。五是办好实事，改善民生。集中力量完成省政府50项重点工作，加快推进民生工程和社会公益性项目建设。

根据省委、省政府当前经济工作部署，投资工作要抓好以下重点任务。

（一）加强全社会投资方向的引导，推进投资主体多元化

努力扩大服务业和现代农业投资，进一步优化三次产业结构，加大提升技术含量和技术装备水平的先进制造业投资。大力引进和鼓励外资、民资投向符合国家产业政策和区域经济发展目标的重点产业领域，支持企业通过资本市场募集资金。进一步加大政府对基础设施、

社会事业、公共服务、环境建设等方面的投入。发挥政府投资的引导作用，综合运用预算内投资、国债投资、投资补助、转贷、贷款贴息等方式，引导和鼓励发展一些能提高技术创新力和产业集聚度、符合区域经济特点、具备资源和环境条件的重大项目，大力支持那些市场前景好、技术含量高、环保设施好、能够推动产业结构升级的项目加快实施。

（二）加强投资形势分析和调研，掌握工作主动权

2009年国内外经济形势更加复杂，投资工作面临着更为严峻的挑战。在这一情况下，加强投资运行分析、跟踪监测和专题调研，未雨绸缪、及早应对显得尤为重要。对此，要深刻领会，准确把握，认真落实。要深入贯彻科学发展观，围绕"保增长、扩内需、调结构、增活力、重民生、促稳定"的要求，超前研判经济形势、科学谋划发展规划是发展改革和投资工作首要责任和第一要务，一定要紧抓不放，务求实效。投资分析要重点关注投资需求和新开工、投资结构、拟建项目构成、重点建设进展，以及资金、土地等投资要素供给变动情况和趋势，掌握投资运行中的迹象和矛盾，特别是热点、焦点和难点问题，开展投资领域调查研究，围绕结构调整和经济发展方式转变，提出新的思路和对策。

（三）深化投资体制改革，积极推动基层创新实践

加大投资管理简政放权力度，能放则放、能简则简、能快则快。转变政府职能，进一步落实企业的投资自主权，增强市场机制对资源配置的基础性作用。会同有关部门，研究简化项目审核、规划、环评、用地、节能等申报内容，优化企业投资项目审核流程，缩短时限、提高效率。建立健全投资决策管理流程，出台我省投资项目委托咨询评估办法，提高民主和科学决策水平。对政府投资项目及对资源环境影响较大的重大产业项目等，推行公示制度。继续推进政府投资项目代建制和法人招标工作。

2009年是建国60周年，也是国内外经济面临巨大困难、投资增长制约因素不断增多的一年。要把应对危机作为改革的契机，越是在困难的情况下，越要注重发挥改革对经济社会发展的动力支撑和体制保障作用。投资工作要进一步解放思想，积极推动投资领域的创新与实践。在项目管理、投资融资、空间布局、调控引导、工作机制等方面，努力提出新思路、新举措和新政策，大胆探索实践。以投资保持平稳有效增长，实现经济社会又好又快发展，向国庆献厚礼。

（四）结合投资结构调整，优化产业格局和区域布局

加强政府对投资方向的引导，优化投资产业和空间布局。科学编制和精心组织实施经济社会发展规划和重点行业发展规划，认真贯彻国家关于推进长三角区域协调发展的意见及全省主体功能区规划，研究制定相应的投资政策，将按照不同功能区的发展方向引导和调整投资项目，推动产业向重点开发区域集聚，引导产业从限制开发区、禁止开发区有序转移。坚持项目跟着规划走、资金跟着项目走，增强规划的刚性约束力。制订产业布局调整意见，建立地区间共赢合作和有序竞争关系，推动四沿产业带、开发区产业集聚、差别化发展，优化投资空间布局调整，使相关规划和省重大战略决策落到实处。

（五）加强重点建设，发挥重点项目和投资载体的引领作用

一是切实落实扩大内需政策，确保投资平稳较快发展，加快推进3000亿元的政府主导性重大基础设施、民生、生态环境工程建设，带动1.4万亿元社会投资。2009年160个省重点项目要完成年度投资2498亿元，同比增长24.9%。二是通过推进重大项目建设，发挥政府主导性投资引导作用。按照突出结构调整和又好又快发展的要求，完善重点项目建设规划，建立动态重点项目储备库，突出全局性、前瞻性，抓紧组织一批真正起到龙头、示范带动作用的重点项目。要加大项目研究和策划工作，力争创造一批对江苏发展具有战略意义的重大项目。三是适时召开投资暨省级重点建设推进工作会，通过政府搭建平台，推介项目，省市联动，银企对接。四是加强计划目标考核和检查督办工作，保证重点建设项目按形象进度和节点实施。健全重点建设的部门联席会议制度，定期调度重点项目建设。组织开展"走进重点工程"活动，跟踪掌握重点项目进展情况，积极协调解决重点项目建设中的困难和问题。五是建立健全重点建设工作机制，优化改善重点建设的基础条件和外部环境。加强部门联动，实行并联审批、集中会办。研究出台重点建设推进措施，制定加强重点项目建设配套政策。对列入省重点建设计划的项目实行省点供土地。推动设立重大投资项目推进办公室，安排重点项目前期工作专项经费，大力推进重点项目前期工作。六是积极推动开放投资领域，鼓励民间投资参与重大项目建设。

不断提升投资载体建设水平，实行开发区集约发展与功能叠加。在全省打造和提升一批各具特色，产业要

素集聚、地区集中、发展集约，在调整投资结构中能发挥示范和骨干作用的投资载体和平台。积极推进各类开发区功能创新、科技创新、管理创新、体制创新，全面提升开发区产出效能和整体发展水平。加快建设特色产业园区和特殊功能区域，继续推进生态工业园建设。要依托城市、重点开发区、主要交通枢纽等，建成一批与生产生活配套的现代物流、软件、创意、科技、商务、产品交易市场和服务外包等服务业集聚区。加强科技创新投资载体建设，加快发展各类科技创业园区和科技企业孵化器，着力建设好技术服务、成果转让和交易、融资服务、社会化人才服务、知识产权公共信息服务五大平台。加强出口基地建设，推动境外经贸合作区建设。

（六）加强投资工作基础建设，建立部门联动机制

加强投资信息化建设，建立项目网上审批（核准、备案）和新开工管理信息系统，建立5000万元以上新开工项目公告制度，对拟建项目进行实时动态跟踪，使全省核准、备案项目具备自动上报、自动统计汇总和实时监控功能。

推进新开工项目建设，抓住当前有利时机，以先进制造业、现代服务业和新一轮基础产业建设项目为重点，狠抓扩大有效投资，充分发挥发展改革、经贸、土地、环保、统计等部门在项目建设和管理过程中的作用，由发展改革部门牵头，各部门有关职能处室负责人参加，建立多部门联席会议制度，加大跟踪指导和协调服务力度，切实扭转新开工下降局面，保持合理、适度的投资水平。建立新开工项目管理部门联席办公室，组织联席办公例会工作，定期核实汇总新开工项目信息，对新开工项目管理及有关制度、规定执行情况进行通报、交流和检查，重要情况向省政府汇报。

（江苏省发展改革委提供）

浙江省2008年经济发展和固定资产投资情况

2008年，全省深入贯彻落实科学发展观，认真执行中央宏观调控政策，全面实施“创业富民、创新强省”总战略，积极推进“全面小康六大行动计划”，及时提出“标本兼治、保稳促调”的总体思路，实施一系列政策措施，积极应对经济运行中出现的各种矛盾和问题，克服雨雪冰冻等自然灾害影响，加快推进经济发展方式转变，着力保增长、调结构、促和谐，经济运行总体仍处于较快增长区间，结构调整和发展方式转变取得积极进展，民生继续改善，社会保持稳定。

初步核算，2008年，全省生产总值为21486.92 亿元，比上年增长10.1%（见图1）。其中第一产业增加值1095.43亿元，第二产业增加值11580.33亿元，第三产业增加值8811.16亿元，分别增长3.9%、9.4%和11.8%。人均GDP为42214 元（按年平均汇率折算为6078美元），增长8.6%。三次产业增加值结构从上年的5.3：54：40. 7调整为5.1：53.9：41。

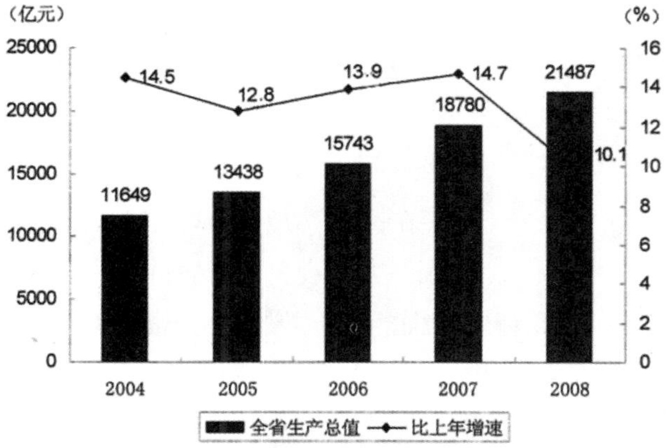

图1 2004—2008年全省生产总值及其增长速度

全省居民消费价格上涨5.0%，其中居住类上涨5.0%，食品类上涨13.9%（见图2）。商品零售价格上涨6.3%，农业生产资料价格上涨18.9%，工业品出厂价格上涨4.3%，原材料、燃料、动力购进价格上涨10.6%，固定资产投资价格上涨9.3%。房屋销售价格上涨7.4%。

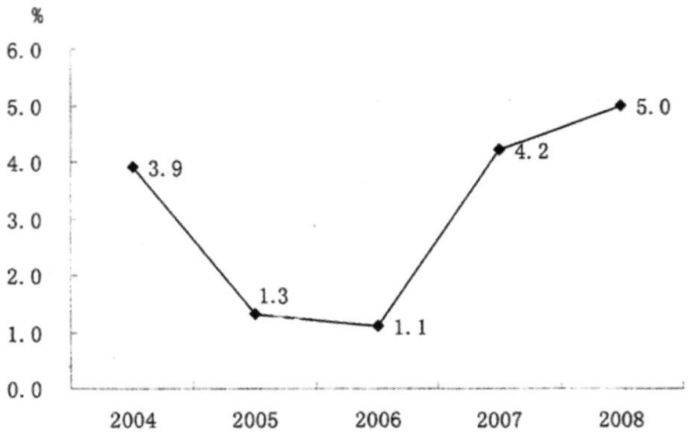

图2 2004—2008年居民消费价格涨跌幅度

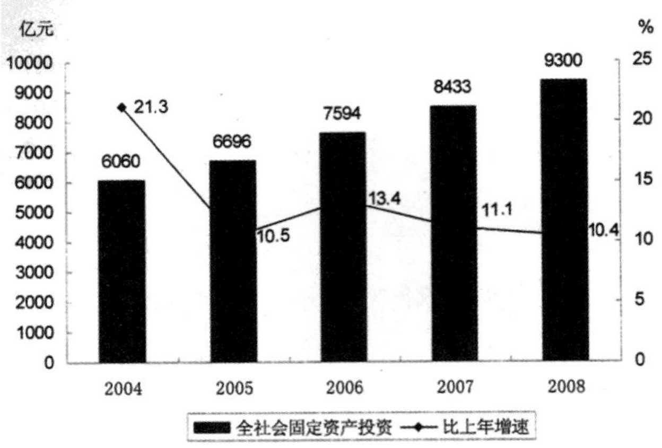

图3 2004—2008年固定资产投资及其增长变动情况

全省财政一般预算总收入3730.06亿元，比上年增长15.1%，其中地方一般预算收入1933.39亿元，增长17.2%。

全年全省新增城镇就业人数74万人，年末城镇登记失业率为3.49%，比上年末上升0.22个百分点。

2008年，全社会固定资产投资9299.8亿元，比上年增长10.4%(见图3)，其中限额以上投资8523.0亿元，比上年增长10.6%，增幅和上年持平。限额以上非国有控股投资5610.5亿元，增长11.2%，占全部限额以上投资的65.8%。

在限额以上固定资产投资中，第一产业投资35.8亿元，比上年增长8.5%;第二产业投资3936.0亿元，增长8.8%。其中工业投资3910.1亿元，增长8.5%;第三产业投资4551.2亿元，增长12.3%。全年限额以上投资项目25892个，比上年增长6.1%。其中，新开工项目12227个，比上年下降0.7%。

全年房地产开发投资1999.3亿元，比上年增长9.8%，增幅比上年回落5.9个百分点。商品房销售额1816.4亿元，比上年下降30.9%。

（摘自2008年浙江省国民经济和社会发展统计公报）

安徽省2008年经济发展和固定资产投资情况

2008年，全省人民在省委、省政府的坚强领导下，认真贯彻党的十七大、十七届三中全会和胡锦涛总书记两次视察安徽重要讲话精神，全面落实科学发展观，积极应对各种严峻挑战和困难，团结拼搏，开拓奋进，国民经济保持了平稳较快发展的良好势头，各项社会事业全面进步。

初步核算，全年生产总值（GDP）8874.2亿元，按可比价格计算，比上年增长12.7%。分产业看，第一产业增加值1418.1亿元，增长6.2%；第二产业增加值4137.4亿元，增长16.4%；第三产业增加值3318.7亿元，增长11%。分季度看，一季度增长13.5%，上半年增长14.2%，前三季度增长13.4%。三次产业结构为16∶46.6∶37.4。按常住人口计算，人均生产总值14485元（折合2085美元），比上年增加2440元（见表1）。

表1 2008年生产总值　　单位：亿元

指　　标	绝对数	比上年增长%
全省生产总值	8874.2	12.7
第一产业	1418.1	6.2
第二产业	4137.4	16.4
工业	3487.6	18.3
建筑业	649.8	6.4
第三产业	3318.7	11.0
交通运输、仓储和邮政业	547.4	10.5
批发和零售业	634.1	13.5
住宿和餐饮业	162.6	15.1
金融业	183.2	10.5
房地产业	342.7	4.4
其他服务业	1448.7	11.2

居民消费价格一季度比上年同期上涨8.7%，上半年上涨8.5%，前三季度上涨7.4%，全年上涨6.2%，涨幅高于上年0.9个百分点。全年工业品出厂价格上涨8.4%，原材料、燃料、动力购进价格上涨12.4%，农业生产资料价格上涨23.9%（见表2）。

表2 2008年各类价格比上年涨跌幅度

类　别	涨跌幅度 %
居民消费价格	6.2
城市	6.0
农村	6.4
食品	14.3
其中：粮食	5.7
烟酒及用品	3.3
衣着	−1.1
家庭设备用品及服务	2.2
医疗保健及个人用品	2.2
交通和通信	−0.3
娱乐教育文化用品及服务	0.1
居住	4.5
商品零售价格	6.3
固定资产投资价格	9.4
农产品生产价格	14.7

年末全省从业人员3916万人，比上年增加98万人。其中，第一产业1592.8万人，减少46.9万人；第二产业968.7万人，增加63.8万人；第三产业1354.5万人，增加81.1万人。年末在岗职工322.2万人，城乡私营企业从业人员和个体劳动者444.3万人。全年城镇新增就业49.6万人，下岗失业人员再就业24.8万人。年末城镇登记失业率为3.92%。

全年全社会固定资产投资6788.9亿元，比上年增长33.3%。其中，城镇投资5991.5亿元，增长34.6%；农村投资797.4亿元，增长24%。技术改造投资1408.7亿元，增长30.6%。

从产业看，第一产业投资182.6亿元，增长66.4%；第二产业投资2959.5亿元，增长30.3%；第三产业投资3646.8亿元，增长34.4%。从行业看，工业投资增长30%，其中制造业投资增长38.2%，六大高耗能行业投资增长12.5%。三产中的铁路运输业投资增长56.3%，金融业投资增长89.2%，水利管理业投资增长98.5%，卫生、社会保障和社会福利业投资增长55%。

全年房地产开发投资1351.6亿元，比上年增长51.6%，其中经济适用房投资28.5亿元，增长1.6倍。商品房销售额807.4亿元，下降1.7%。

全年共安排“861”行动计划续建、新开工项目1220项，总投资规模10940.3亿元，当年完成投资2417.6亿元，其中省政府直接调度的20个重大项目完成投资763.7亿元。奇瑞轿车三厂、马钢硅钢生产线、合肥格力年产300万台空调、合肥长虹年产200万部平板电视、顾北等7对矿井、国电蚌埠电厂、华电芜湖电厂等一批项目建成投产，合武、铜九等铁路及沿江、合肥—淮南—阜阳、安庆—景德镇等高速公路建成通车。全年新增煤炭产能1490万吨、电力装机容量720万千瓦，两淮亿吨级煤电基地正式建成。

（安徽省统计局、国家统计局安徽调查总队）

福建省2008年固定资产投资和2009年投资计划

一、2008年固定资产投资与重点项目建设情况

2008年，全省固定资产投资仍然保持较快增长，但受国内外经济形势影响，增速较前两年高速增长有明显回落。全年全社会固定资产投资完成5301.69亿元，比去年同期增长22.7%，较上年回落16个百分点。其中城镇投资4695.51亿元，增长21.5%，增速较上年同期回落18.2个百分点；农村投资606.18亿元，增长32.1%。在城镇投资中，城镇项目投资3566.42亿元，增长30.6%；房地产开发投资1129.09亿元，下降0.27%。2008年固定资产投资的主要特点：

（一）投资增速放缓

全年全社会投资仍保持22.7%的较快增长速度，但与

前两年的快速增长比，增速明显放缓，与全国比，上半年我省城镇投资增幅略高于全国增长水平，下半年每月投资增幅均低于全国增长水平，全年城镇投资增幅比全国低4.3个百分点。从投资增幅的位次看，我省城镇投资增幅在全国排第24位。

（二）第一产业投资明显增强

2008年我省城镇三次产业投资均保持较快增长，其中第一产业投资增长迅速，完成投资29.92亿元，增长75.2%，增速同比提高45.1个百分点。第二产业投资1776.96亿元，增长30.9%，其中工业投资1762.15亿元，增长31.1%。第三产业投资2873.76亿元，增长15.5%，受房地产投资增速大幅回落等影响，增速比上年同期回落24.9个百分点。三次产业投资的比重由上年同期的0.4：37.2：62.4调整为0.6：38.0：61.4。

（三）制造业投资比重提高

2008年城镇制造业投资1328.63亿元，增长26.0%，比城镇投资增幅高4.8个百分点，占城镇投资比重从上年同期27.3%上升至28.4%。30个制造业大类中，烟草制品、电气机械制造、专用设备制造、金属制品和交通运输设备制造业等5个行业投资增长50%以上，文教体育用品制造、化学纤维制造、电子设备制造等三个行业投资出现下降。全省城镇三大主导产业投资587.35亿元，增长31.8%，其中机械制造业投资301.06亿元，增长56.1%，石油化工业投资212.40亿元，增长20.7%，电子信息业投资73.89亿元，下降4.0%。

（四）基础设施建设持续加强

2008年我省继续加强基础设施建设，铁路、高速公路、核电等一批重大项目开工建设，建设力度比上年同期明显加大，基础设施投资增速加快。全年城镇基础设施投资1572.12亿元，同比增长29.4%，增幅比上年同期提高3.8个百分点，基础设施占城镇投资的比重也由上年同期的31.5%上升至33.6%。其中铁路运输业投资159.50亿元，增长61.1%，增幅同比提高40.7个百分点；道路运输业投资344.03亿元，增长11.4%；电力行业投资354.87亿元，由上年的下降9.4%转为增长61.3%；市政建设投资424.99亿元，增长13.6%；电信行业投资122.93亿元，增长75.2%。

（五）民间投资继续保持较快增长

2008年全省国有投资1812.78亿元，比上年增长23.2%，增幅比全社会投资增长水平高0.9个百分点，占全社会投资的比重由上年同期的34.1%上升至34.3%，国有投资对全社会投资的增长贡献率达35.3%，比上年提高0.1个百分点；民间投资2651.12亿元，增长23.9%，比全省全社会投资增长高1.7个百分点，占全社会投资的比重50%，增速较上年同期下降21.2个百分点，民间投资对全社会投资的增长贡献率为53.0%；外商港澳台投资822.92亿元，增长15.8%，增幅较上年回落4个百分点，占全省投资比重由16.4%降低至15.6%。

（六）房地产投资呈现负增长

2008年我省房地产投资增幅呈逐月下行态势，到12月由增长转为下降。全年房地产开发投资1129.09亿元，比上年下降0.23%，出现了1996年以来房地产开发投资的首次负增长，房地产开发投资占全社会投资的比重也由上年的26.2%下降至21.3%。全省商品房销售1625.67万平方米，同比下降32.9%，其中住宅销售面积1250.00万平方米，下降40.4%；全省商品房销售额712.61亿元，下降37.2%，其中住宅销售额562.26亿元，下降40.1%。全省商品房空置面积406.39万平方米，增长44.8%。

（七）重点项目建设稳步推进

2008年全省安排重点建设项目500个，其中在建重点项目329个，预备重点项目171个，年度完成投资1210亿元，比上年增加256亿元、增长27%，超额完成年度计划；全年实现新开工项目150个、投产项目120个，分别比计划增加50%和20%。其中农业项目完成投资17亿元，实现竣工投产项目6个，新开工项目8个；交通项目完成投资422亿元，实现竣工投产项目12个，新开工项目25个；能源项目完成投资93亿元，实现竣工投产项目6个，新开工项目9个；城建环保项目完成投资235亿元，实现竣工投产项目9个，新开工项目14个。工业项目完成投资428亿元，建成投产项目80个，新开工项目73个，为近年来最多的一年；商贸服务业项目完成投资56亿元，建成投用16个项目，新开工项目13个；社会事业项目完成投资43亿元，实现竣工投产项目13个，新开工项目8个。

（八）地市投资增长不平衡

全省9个设区市中有8个设区市全社会投资增幅高于全省平均水平。其中三明市完成投资512.47亿元，增长41.1%；漳州市完成投资438.65亿元，增长34.1%；南平市完成投资396.26亿元，增长32.3%；宁德市完成投资237.00亿元，增长30.7%；龙岩市完成投资322.33亿元，增长29.6%；福州市完成投资1248.91亿元，增长24.7%；

莆田市完成投资299.58亿元，增长24.3%；厦门市受大项目跟进不继以及房地产市场低迷等影响，全社会投资928.32亿元，仅增长0.1%。

二、2009年全省固定资产投资计划

2009年全省全社会固定资产投资预期6100亿元，增长15%。全省安排重点建设项目526个，其中在建项目351个，预备项目175个，年度计划完成投资1470亿元。计划建成投产或部分投产项目120个，新开工项目130个。按行业分：农林水利安排在建项目18个，年度计划完成投资30亿元；交通行业安排在建项目45个，年度计划完成投资480亿元；能源行业安排在建项目12个，年度计划完成投资340亿元；城建环保安排在建项目33个，年度计划完成投资102亿元；工业行业安排在建项目155个，年度计划完成投资396亿元；商贸服务安排在建项目51个，年度计划完成投资70亿元；社会事业安排在建项目37个，年度计划完成投资50亿元。

（福建省发展和改革委员会）

江西省2008年经济发展和固定资产投资情况

2008年，是极不寻常、极不平凡的一年。在省委、省政府的坚强领导下，全省人民高举中国特色社会主义伟大旗帜，以党的十七大和十七届三中全会精神为指导，深入贯彻落实科学发展观，沉着应对来自各方面的严峻挑战和考验，牢牢把握发展主动权，奋力拼搏，扎实工作，全省经济保持了平稳较快发展的良好态势，各项社会事业取得了新的成就。

国民经济保持平稳较快发展。初步核算，全年全省生产总值6480.3亿元，比上年增长12.6%，连续六年实现12%以上增长。其中，第一产业增加值1060.4亿元，增长4.8%；第二产业增加值3414.9亿元，增长16.6%；第三产业增加值2005.0亿元，增长10.1%。三次产业结构调整为16.4∶52.7∶30.9，二三一结构进一步强化和巩固。非公有制经济快速发展，实现增加值3434.4亿元，增长15.5%，占GDP的比重达53.0%。

财政收入快速增长。全年财政总收入突破800亿元，达816.8亿元，比上年增长22.8%，连续六年实现20%以上增长。其中，地方财政收入488.6亿元，增长25.3%。财政收入结构继续优化，“两个比重”进一步提高。财政总收入占GDP的比重为12.6%，比上年提高0.5个百分点；税收收入686.2亿元，增长23.1%，占财政总收入的比重达84.0%，比上年提高0.2个百分点。县级财力显著增强。所有县（市、区）财政总收入均超亿元，其中，贵溪市、南昌县超过20亿元，丰城市、青山湖区、西湖区、广丰县等10个县（市、区）超10亿元，另有18个县（市、区）超5亿元。财政收入快速增长为进一步加强和改善宏观调控、大力实施“民生工程”等提供了强大的财力支持。全年地方财政支出1208.4亿元，增长33.5%，同比加快3.5个百分点。

物价涨幅逐步回落。控制物价上涨取得明显成效，全年居民消费价格上涨6.0%，比一季度、上半年、前三季度分别回落2.2个、2.0个和1.1个百分点。其中，城市上涨5.9%，农村上涨6.3%。价格变动结构性特征明显，食品类上涨13.9%，比上年高2.0个百分点，是价格上涨的主要因素。商品零售价格上涨6.1%。工业品出厂价格上涨6.4%。原材料、燃料、动力购进价格上涨14.2%。固定资产投资价格上涨8.1%。农业生产资料价格上涨19.9%。

就业形势基本稳定。年末从业人员2404.5万人，比上年增加34.9万人。全年城镇新增就业人员47.3万人，城镇净增就业人员33.5万人。跨省劳务输出达到660万人。年末城镇登记失业率为3.4%。

固定资产投资快速增长。全年全社会固定资产投资4738.6亿元，比上年增长43.5%。其中，城镇固定资产投资4317.9亿元，增长46.1%。在城镇投资中，第一产业投资53.9亿元，增长1.1倍；第二产业投资2450.1亿元，增长73.0%，其中，工业投资达2433.9亿元，增长72.9%；第三产业投资1813.9亿元，增长19.8%。非国有投资增势强劲，完成投资3026.0亿元，增长58.3%，占城镇固定资

产投资的比重由上年的64.7%提高到70.1%。

重大项目建设成效显著。全年亿元及以上施工项目1143个，比上年增加511个。中兴南昌软件产业园、九江龙达年产30万吨粘胶短纤维、江西升阳1000兆瓦太阳能电池等一批重大项目开工建设；江西赛维LDK多晶硅片扩建三期、江西晶能光电30亿粒绿光LED芯片、江钨集团1000吨高比重硬质合金等一批重大项目建成投产。

基础设施建设取得重大进展。鹰潭至瑞金、石城至吉安等5条高速公路相继开工，武吉高速公路全线建成，全年新增高速公路110公里，通车总里程达2316公里。硬化农村公路1.15万公里，完成农村“渡改桥”72座，累计完成156座。铜九铁路建成通车，全年新增铁路营运里程95公里，总里程达2549公里。新昌、井冈山电厂“上大压小”工程、天然气省网一期工程等项目开工建设，分宜电厂33万千瓦循环流化床机组、矾山湖风电20台风机、华能瑞金电厂2台35万千瓦机组并网发电，全年新增统调电力装机70万千瓦，总量达1053.4万千瓦。

房地产开发投资较快增长。全年房地产开发投资544.3亿元，比上年增长25.0%。商品房竣工面积1245.7万平方米，下降23.4%；商品房销售额321.3亿元，下降28.7%。

（摘自2008年江西省国民经济和社会发展统计公报）

山东省2008年投资运行情况和2009年投资工作思路

一、2008年投资运行基本情况

2008年，受国际国内大环境影响，投资增幅出现一定程度的回落。针对投资运行的情况和存在的问题，全省上下加强跟踪监测，对重大项目储备、新开工项目管理、促进房地产投资运行、加快工业投资增长等重大问题专题调研，深入分析了今年投资运行的特点及影响投资增长的不利因素，采取了一系列保持投资平稳增长的措施，全年投资保持了稳步增长态势。主要呈现以下几个特点：

（一）投资保持平稳增长

全省认真贯彻落实国家调控政策，努力化解影响投资增长的不利因素，保持合理的投资规模，促进投资稳步增长。2008年，全省规模以上固定资产投资完成15435.4亿元，增长23.1%。资分地区情况看，除个别市投资增幅低于全省平均水平外，大部分市增速接近或高于全省平均增幅。从全年投资增幅来看，一直保持在20%左右，呈现逐季上升态势，二季度增幅高于一季度，全年又比上半年提高1.6个百分点，投资增幅总体保持均衡。

（二）投资结构呈现积极变化

坚持突出重点、区别对待、有保有压的原则，大力调整优化投资结构，坚决落实节能减排任务目标，严格控制产能过剩以及高耗能、高排放行业项目的审批和开工建设，引导资金投向，加大对农林水利、高新技术、先进制造业、服务业、社会事业等领域项目的投入，三次产业投资比重由2007年同期的2.9：59.9：37.2调整为3.6：53：43.4，结构调整取得了积极成效。第一产业完成投资563.2亿元，增长56.3%。第二产业完成投资8182亿元，增长9%，增幅回落13.1个百分点。其中，高新技术产业和装备制造业投资增长较快。高新技术产业投资增长57.8%，增幅提高19.3个百分点，占二产投资比重上升6.6个百分点；装备制造业投资增长26.7%，占二产投资比重上升4.4个百分点。第三产业完成投资6690.2亿元，增长43.3%，比整个投资增速快20.2个百分点，大大超过年初确定的高于整个投资增幅5个百分点的比例。其中，房地产业、计算机服务和软件业、批发零售餐饮业分别增长36%、107.4%、42.4%。从三次产业投资看，呈现一、三产业增速加快，第二产业投资回落，二产内部结构优化的态势。

（三）新开工项目基本持平

新开工项目个数和投资规模小幅增长，内部结构逐步优化。新开工项目34417个，增长7.8%；计划总投资

8450.5亿元，增长1.6%。新开工项目占施工项目总投资规模比去年同期回落。新开工项目计划总投资占施工项目总投资的37.6%，比去年同期回落4.7个百分点。从产业分布看，第一产业项目3292个，增长57.4%，第二产业项目18940个，下降7.5%，第三产业项目12185个，增长30.5%。从第二产业新开工项目内部结构看，化工、轻工、纺织、钢铁、铝、水泥等六个行业项目7270个，下降15%，占整个工业项目的比重下降3.5个百分点。

（四）房地产开发投资保持了较快增长

我省房地产开发投资实现较快增长，房屋销售面积增幅回落，新建房屋销售价格涨势趋缓。房地产开发完成投资1975亿元，增长30.1%，比投资平均增速快7个百分点。房屋施工面积17925万平方米，增长19.6%，同比略有回落。其中，普通商品房开发速度加快，施工面积增长52.9%；经济适用房同比回落，下降21.7%，别墅、高档公寓继续回落，下降31.5%。房屋销售面积5011万平方米，增长2.9%，同比回落13.8个百分点。房屋销售价格涨幅继续回落，12月份新建房屋销售价格上涨3.1%，比上月又回落0.8个百分点，比1月份回落4.6个百分点。房地产是经济发展的晴雨表，房地产开发投资在固定资产投资中具有举足轻重的作用，需要对房地产发展态势密切关注和加强监控。

（五）重点项目建设总体进展顺利

为带动全省投资增长，省政府确定了106个重点项目，涉及基础设施、现代农业、高新技术、先进制造业、服务业、社会事业以及技术改造等薄弱环节和重点领域，对产业结构调整和优化升级具有较强的带动作用。这批省重点建设项目总投资2156亿元，年度计划投资638亿元。全年累计完成投资535亿元，占年度计划的83.2%。其中，57个续建项目，累计完成投资395亿元，占计划的86.6%，胶济客运专线、泉林纸业林浆纸一体化、巨野矿区龙固和赵楼矿井、威海碳纤维、蓬莱博展国际商贸城等21个项目已建成。计划新开工的49个项目已基本全部开工建设，累计完成投资122亿元。

（六）资金到位情况较好

建设项目资金到位较好，来源继续呈现多元化。全年到位资金15850亿元，增长23.6%，比整个投资完成多414.6亿元。国家预算内资金和银行贷款增长较快，分别增长65%和22.8%。自筹资金仍是建设资金的主要来源，占到位资金的74.1%。其中，单位自有资金占到位资金的32%，仅增长11.6%，低于全部到位资金增速12个百分点。利用外资增长10.3%，其中外商直接投资增长4.4%，情况好于去年上半年。

总体上看，全省投资运行情况较好，但投资运行前三个季度受宏观经济环境和国家调控政策影响，投资运行遇到了一些困难，增幅出现一定的回落。从投资运行的内在因素看，我省投资仍存在着一些不容忽视的问题，需要采取措施着力加以解决。

一是工业投资回落较快。近年来，国家提高行业准入标准，加大土地、环保等方面管理力度，控制产能过剩行业和高耗能、高排放行业的投资。受宏观调控的影响，我省占投资比重较大的传统工业项目建设受到很大制约，投资增幅回落明显。工业投资增长10.8%，增速同比回落10.3个百分点，影响全部投资减速5.7个百分点左右。工业投资回落主要是传统行业投资回落较大。其中，化工、轻工、纺织、钢铁、铝、水泥等传统产业下降0.6%，同比回落19个百分点，影响了整个工业投资增长。如果不采取措施保持工业投资合理的增长，对全省投资增长乃至今后经济发展会产生不利影响。

二是新开工项目规模和数量不足。去年上半年全省新开工项目18840个，同比增长9.9%，计划总投资4612亿元，增长2.5%，项目个数和总投资都是增长的，7、8、9、10四个月份新开工项目个数都同比下降。全年新开工项目34417个，仅增长7.8%；计划总投资8450亿元，仅增长1.6%。新开工项目计划总投资占施工项目总投资的37.6%，比2007年同期回落4.7个百分点。从新开工内部结构看，一产、三产个数增长较快，但规模偏小。第二产业中，“两高”行业项目得到控制，国家鼓励发展的高科技含量、高附加值的新开工项目少。同时，受市场等因素的影响，部分企业效益下滑，影响企业新上项目的积极性，也是造成新开工项目减少的重要原因。

三是投资管理水平需进一步改善提高。按照国家和省关于投资管理工作的要求，严格项目规划、立项、土地、环评、信贷、能耗、安全、招投标等方面的准入标准和管理，管理水平有所提高。但管理中也存在一些不规范的方面，有的项目存在边干边补办手续问题，也有的项目未办理相关手续，已开工建设，但统计漏报。个别地方和部门在办理相关手续时，存在着管理不规范，办理周期长，部门之间协调不够的问题，影响了项目开工建设。这些问题需在今后工作中改进，以严格管理促进投资的增长，进一步提高投资增长的质量。

二、2009年投资运行形势分析

从我省投资增长面临的国际国内环境来看，2009年是新世纪以来投资增长最困难的一年，实现增长目标难度要高于往年。但我省仍然具备一些投资较快增长的基础和条件，如果进一步加大工作力度，还是有条件完成这一目标。

2009年，我省投资增长面临诸多严峻挑战，投资增长不利因素较多。一是受国际金融危机和国内经济下滑的影响，外部需求大幅减弱，部分行业产能过剩问题凸显，通缩压力明显，股市房市大幅波动，对我省投资增长均会带来不利影响。二是企业投资能力下降，2008年新增规模以上企业2896家，同比少增1065家，有一部分企业停产半停产，大部分企业效益下滑，投资意愿和投资能力下降。三是传统工业投资增长难度较大。2008年，在整个工业投资回落的情况下，化工、轻工、纺织、钢铁、铝、水泥等传统行业增速回落尤其明显。受市场等因素影响，这些行业面临的困难不可能在短期内消化，今年工业投资很难出现大的增长。四是新开工项目不足。2008年7、8、9、10连续四个月份新开工项目呈负增长，预计今年上半年仍会延续去年的走势，新开工项目增长难度很大，这对2009年投资增长极为不利。

同时也要看到，我省投资增长也有许多有利条件和积极因素。一是积极的财政政策对投资增长具有促进作用。按照国家确定的扩大内需任务目标，到2010年底，中央拟安排1.18万亿政府投资，我们可以继续争取今明两年中央新增政府投资，带动我省社会投资。二是宽松宏观政策为投资增长提供良好的外部环境。今年全国信贷规模不低于4.6万亿元，利率和存款准备金率在去年下调的基础上可能进一步下调。充分发挥省重点建设项目调控资金的作用，支持我省确定的重点项目建设。全面实施的增值税转型改革和出口退税政策的调整，短期看将切实为企业减负，长期看将直接激励企业加大投入。三是重点产业和重大项目建设有力支撑投资增长。省委、省政府提出抓好“八个关键领域”投资建设,将会对今年乃至今后的投资增长形成有力支撑。能源交通等重大基础设施建设，争取完成投资1500亿元；农林水利项目建设，争取完成投资800亿元；工业结构调整和技术改造，力争完成投资6500亿元；高技术产业，力争完成投资470亿元；节能减排和城市基础设施建设，力争完成投资1000亿元；社会事业建设，争取完成投资800亿元；现代服务业，争取完成投资2500亿元；房地产业，争取完成投资2800亿元。根据测算，以上这些重点产业建设预计年内完成投资16000多亿元，占全省全社会计划投资的80%以上，抓好这批项目建设，将为完成投资增长目标提供有力保障。

三、投资工作思路和措施

从今年投资面临的形势分析，影响投资增长的不可预见因素仍然较多，投资保持快速增长压力会较大。但我省投资增长总体环境较好，特别是中央作出了进一步扩大内需、促进经济增长的重大战略决策后，省委、省政府迅速出台了贯彻国家扩大内需的21条政策措施，提出聚精会神扩内需、一心一意保增长的要求，将对我省投资平稳较快增长有积极促进作用。综合分析投资运行面临的形势，2009年全省投资增长计划目标确定为20%。

2009年固定资产投资工作的总体思路和重点是：深入贯彻科学发展观，落实中央和省委省政府扩大内需政策措施，努力扩大投资规模，保持合理投资增速，继续优化投资结构，进一步深化投资体制改革，提高投资质量和效益，保持投资平稳增长。

（一）落实中央和省扩大内需政策，努力扩大投资规模

认真贯彻落实党中央、国务院扩大内需、促进经济增长的10条措施和省委、省政府提出的21条措施，切实扩大我省投资规模，保持合理投资增速，为我省经济社会保持良好发展态势打下坚实基础。要按照实施积极的财政政策和适度宽松的货币政策要求，着力做好中央政策与我省实际结合的文章，完善细化我省扩大内需的21条措施，集中抓好重大民生工程、基础设施、生态环保、自主创新、现代产业体系等方面的建设，积极争取中央资金，开工建设一批有利于保持经济增长势头、增强经济发展后劲、推动结构调整、加快发展方式转变的重大项目，保持在当前发展阶段投资对经济增长的重要拉动作用。

（二）突出抓好重点建设，增强投资增长后劲

切实做好新增中央投资的各项工作，要处理好严格管理程序和提高工作效率的关系，在切实完善新增中

央投资项目各项前期工作的前提下，全力加快项目建设进度。各项目建设单位要按照下达的投资计划加快项目建设进度，及时将新增投资用于土建安装和设备材料购置，确保新增中央投资迅速形成实物工作量，形成有效需求。搞好我省争取新增中央投资的项目接续，做好补充上报国家建设项目各项工作，各级发展改革部门要与有关部门分工合作，密切配合，进一步加大工作力度，以“速度快、质量高、工作实”为准则，既严格把好项目审核各项关口，又要提高工作效率，争分夺秒，加快办理速度，缩短办理时限，帮助项目单位履行各项基本建设程序。切实加强与国家的联系和沟通，做到积极汇报，认真衔接，最大限度地争取国家支持。

（三）坚定不移地优化投资结构，促进经济转型

我省投资和经济在经历了一个依靠总量膨胀和规模扩张拉动的阶段后，进入一个加快调整，促进转型的关键时期，加快结构升级，推进发展方式转变，是转化调整压力为发展动力的惟一出路。一是要顺应新的形势和政策，创新思路，在调控中谋求发展，积极寻找新的经济增长点和投入点，通过提高投资增长的质量和效益带动经济的整体发展水平。坚持以退为进，引导投资逐步退出落后的传统行业，转向经济社会发展的薄弱环节和重点领域，通过投资结构的调整带动产业结构的优化和经济发展方式的转变。二是加大对传统行业的技术改造力度，引导企业走内涵式发展的道路。运用先进技术提升改造化工、石化、钢铁、纺织等传统行业，促进传统行业上技术含量、上节能环保水平、上产品附加值、上市场占有率，增强传统产业的市场竞争力和企业的国际竞争力。通过技术改造再造我省传统行业新优势，保证工业投资的适度增长。

（四）搞好有关政策研究，保持房地产投资平稳增长

认真贯彻落实国家关于鼓励房地产发展的相关政策，稳步扩大房地产投资占服务业投资的比重，继续保持房地产业的支柱产业地位。集中清理涉及房地产的行政事业性收费，对不合理的收费应坚决取消。参照外省的做法，结合我省实际，尽快研究出台我省鼓励住房消费的优惠政策，适当降低住房公积金贷款保证金比例和首付比例，提高最高贷款额度，延长还款年限；放宽购房落户限制条件，鼓励大中专毕业生和进城务工经商人员购房置业等，推动房地产市场持续健康发展。完善城市低收入家庭住房困难的住房保障体系，加大经济适用住房和廉租住房的开发投资力度。加强舆论引导，培养理性投资、理性消费的理念，促进房地产市场又好又快发展。

（五）拓宽资金筹措渠道，保证项目建设资金

保持投资平稳增长，解决好项目建设资金问题是关键。在贯彻宏观调控的前提下，首先从加大投资结构调整力度入手，引导资金投向，加大对优势行业、重点领域和薄弱环节的支持力度。加强政策的协调配合，充分发挥产业政策、信贷政策、财税政策的作用，形成政策联动。管理好省预算内资金、省基建基金、省级综合平台开行贷款资金，努力整合各种建设资金，解决好企业特别是中小企业融资难的问题。继续推动银企合作，将产业政策和信贷政策的协调配合落实到具体项目。通过加大投资结构调整、加强政策联动、搞好银企联合等系列措施，多渠道筹集资金，为项目建设提供保障。

（六）强化投资管理，加强投资运行监测

规范投资项目管理程序，加快出台新的《山东省企业投资核准备案办法》。细化投资管理政策，尽快制定出我省的投资项目管理流程图，主动明确告知企业审批事项和审批流程。进一步强化责任意识和服务意识，增加工作的透明度，主动衔接，超前服务，缩短审批周期，提高工作效率，切实为企业投资搞好服务。充分发挥固定资产投资联席会议制度作用，形成投资调控合力。加强新开工项目的管理和统计工作，细化高耗能行业投资管理规定。完善投资项目档案管理和信息互通制度，建立新开工项目管理的长效机制，从源头上共同把好项目建设关。加强投资运行情况的跟踪监测，及时调度市地投资情况，分析投资运行中的问题，对影响投资持续平稳增长的因素和土地、资金、资源等要素条件波动密切关注，研究提出有针对性、可操作性的措施建议。

河南省2008年投资回顾和2009年投资展望

一、2008年河南省投资回顾

2008年，全球金融危机不断加深，并逐渐由虚拟经济向实体经济、由发达国家向发展中国家蔓延。进入下半年，国际金融危机和东部沿海地区经济放缓对河南经济的影响开始显现。在此背景下，河南积极克服国内外多种不利因素影响，认真落实国家各项宏观调控政策措施，加快重大项目建设，着力加大经济社会薄弱环节投入，强力推进投资结构调整和产业升级，国民经济和固定资产投资总体上继续保持了平稳较快增长势头。

（一）经济总体情况

2008年，面对复杂多变的经济形势，针对下半年逐步显现的有效需求不足、经济下行压力逐渐加大的突出问题，河南省抓住主要矛盾，因势制宜，多策并举，及时调整经济调控调节的方向、力度和重点，收到明显成效。初步核算，全年生产总值18407.78亿元，增长12.1%，比上年回落2.5个百分点。分季度看，一季度全省生产总值增长13.6%，上半年增长13.7%，前三季度增长13.5%，呈现出明显的前高后低的走势。其中，第一产业增加值2658.80亿元，增长5.5%；第二产业增加值10477.92亿元，增长14.9%；第三产业增加值5271.06亿元，增长10.2%。按常住人口计算，全省人均生产总值达到19593元，比上年增长11.9%。

2008年河南省经济社会运行具有如下的主要特征：

1.农业生产再获丰收，粮食总产量达到1074亿斤，比上年增产25亿斤，连续三年突破1000亿斤，连续五年创历史新高。

2.工业经济在十分困难的形势下继续保持较快增长，全部工业增加值9546.08亿元，增长15.6%；规模以上工业增加值7305.39亿元，增长19.8%。

3.服务业保持良好发展势头，增加值增长10%以上；旅游总收入1591.96亿元，入境旅游人数104.3万人；文化、现代物流等新兴服务业蓬勃发展。

4.三大需求协调拉动，全社会固定资产投资完成10469.75亿元，增长30.7%，新增大型煤矿产能480万吨、电力装机600万千瓦、高速公路285公里；社会消费品零售总额5662.55亿元，增长23%；出口总额107.14亿美元，增长27.9%。

5.发展质量继续提高，地方财政一般预算收入1009.14亿元，增长17.1%；规模以上工业实现利润2179.1亿元，增长12.9%。

6.节能减排迈出坚实步伐，万元GDP能耗下降5.1%，COD、二氧化硫排放量分别削减5.5%和6.2%，均为“十一五”以来最大降幅。

7.改革开放深入推进，企业战略重组、资源整合、财税、金融、文化等重点改革取得积极进展；实际利用外商直接投资40.33亿美元，增长31.7%，利用省外资金1800亿元，增长18%。

8.改善民生取得积极成效，“十大实事”全面完成，就业再就业和社会保障工作得到加强，社会事业全面发展，城镇居民人均可支配收入、农民人均纯收入分别实际增长8%和6.5%。

（二）投资总体情况

2008年，全省全社会固定资产投资累计完成10469.57亿元，增长30.7%，同比回落4.9个百分点。其中，城镇固定资产投资完成8700.11亿元，增长31.6%，同比回落4.8个百分点；农村固定资产投资完成1769.46亿元，增长26.3%，同比回落5.4个百分点。

2008年全省城镇固定资产投资运行呈现的主要特征：

1.投资增速高位回落。2008年12月份，全省城镇投资完成1211.39亿元，比上年同月增长28.1%，分别比8、9、10月份回落5.5个、4.7个和3.3个百分点，比11月份加快2.0个百分点。

2.一产投资高速增长，二产投资快速增长，三产投资增速趋缓。2008年，全省第一产业投资完成256.54亿元，增长90.9%，高于城镇投资增速59.3个百分点；第二产业投资完成4901.46亿元，增长33.5%，高于城镇投资增速1.9个百分点；第三产业投资完成3542.11亿元，增长26.4%，低于城镇投资增速5.2个百分点。

3.民间投资增势强劲，投资微观主体活跃。2008年，全省民间投资完成6095.30亿元，增长41.8%，分别比1—8月、1—9月、1—10月、1—11月回落6.4个、5.6个、4.8个、2.4个百分点，但高于城镇投资增速10.2个百分点，占城镇投资的比重为70.1%，对城镇投资增长的贡献率达到85.9%，是拉动全省城镇投资快速增长的主要力量。

4.工业投资增速持续回落。2008年，全省工业投资完成4885.10亿元，增长33.6%，高于城镇投资增速2.0个百分点，增速分别比1—8月、1—9月、1—10月、1—11月回落4.1个、4.2个、3.1个和1.3个百分点，占城镇投资的比重为56.1%，对城镇投资增长的贡献率为58.8%。建材、食品、机械、煤炭、电子等行业投资继续保持快速增长，增速分别为46.8%、41.1%、38.7%、35.7%和70.3%。但冶金、化工、纺织等传统优势行业投资增速低于全省工业平均水平，分别同比回落5.0、25.0和64.1个百分点。

5.地产开发市场呈现持续低迷态势。2008年，全省房地产开发投资完成1185.64亿元，增长41.6%，分别比1—8月、1—9月、1-10月、1—11月回落7.1个、6.8个、4.9个和1.5个百分点，但高于城镇投资增速10.0个百分点，占城镇投资的比重为13.6%，占第三产业投资的比重为33.5%，对城镇投资、第三产业投资增长的贡献率分别达到16.7%和47.1%。

6.新建项目投资快速增长，改建与技术改造、扩建项目投资增速趋缓。全年新建项目完成投资6349.95亿元，增长32.8%，占城镇投资的比重为73.0%；改建和技术改造项目完成投资655.05亿元，增长25.1%，分别比前8月、9月、10月、11月回落8.8个、12.3个、13.7个和10.0个百分点；扩建项目完成投资1455.31亿元，增长28.4%，分别比前8月、9月、10月回落7.4个、5.3个和3.3个百分点，比前11月加快1.9个百分点。

7.在建项目投资规模适度扩大，新开工项目投资规模继续保持快速增长。全年在建项目29559个，比上年增加5066个，其中，新开工项目24628个，比上年增加4160个。在建项目投资规模为123325.69亿元，比上年增长20.6%，其中，新开工项目投资规模为7526.75亿元，增长32.6%，分别比1—8月、1—9月、1—10月、1—11月回落4.1个、7.3个、5.9个和0.6个百分点。

8.建设项目资金到位增速低于完成投资增速，自筹资金是主渠道。2008年，全省城镇在建项目累计到位资金9044.48亿元，增长30.0%，低于城镇投资增速1.6个百分点，资金来源增速已经连续7个月低于完成投资增速。其中，自筹资金到位6916.35亿元，增长35.8%，占建设项目到位资金的76.5%，依然是项目建设资金的主要来源；国家预算内资金197.33亿元，增长58.8%；国内贷款815.97亿元，增长7.4%；利用外资90.61亿元，增长18.6%；其他资金1024.23亿元，增长13.6%。

（三）有关政策措施

1.加强经济运行的调控调节。密切跟踪国际国内形势变化，加强经济形势监测分析，及时提出对策建议，并狠抓落实。

一是加强经济形势分析。坚持月度经济运行监测与季度经济形势分析制度，更加注重时效性与前瞻性，不断提高分析的深度与广度。特别是7月份以来，密切跟踪国际金融危机走势及其对我国、我省的影响，逐月研判经济形势，及时提出了“经济运行中的主要矛盾已由要素约束转向需求不足”，为决策提供重要依据。

二是加大政策措施保障力度。先后出台了《关于促进全省经济平稳较快更好发展的若干政策措施》、《关于促进全省经济平稳较快更好发展的补充政策措施》、《关于加强重大项目建设扩大投资需求的若干意见》、《关于缓解资金供需矛盾的若干意见》、《关于促进全省房地产业平稳健康发展的若干意见》、《关于促进工业经济平稳较快增长的意见》、《关于在全省开展企业服务年活动的实施意见》等一系列政策措施，并认真落实。

三是灵活调控调节。上半年，及时启动临时性价格干预，完善煤电油气运调度协调应急预案，推动银企协作，有效缓解了生产要素紧张和物价涨幅偏高等问题。针对9月份以来经济运行中出现的新情况、新问题，围绕加强项目建设、缓解资金制约、促进房地产业发展、加强企业战略协作“四个关键点”，狠抓工作推进和政策落实。

2.深入谋划重大专题。一是组织编制了《河南粮食生产核心区建设规划》。在深入分析全省粮食生产现状、基础条件、增产潜力的基础上，提出了从2008年至2020年新增260亿斤粮食生产能力、实现1300亿斤粮食生产能力的目标。

二是开展了战略支撑产业发展的研究。以“竞争力最强、成长性最好、关联度最高”为标准，启动对培育壮大战略支撑产业、构建现代产业体系问题的研究，提出着力培育壮大装备制造、有色冶金、化工、食品、服装纺织等五大工业主导产业，大力发展电子信息、生物、新材料等高技术产业，加强文化、旅游、现代物流、金融等现代服务业以及现代农业、能源、交通、水利、信息化等基础设施和基础产业发展。同时，编制完成洛阳动力谷、许昌电气谷、郑州百万辆汽车、平顶山煤盐化工等重大产业基地发展规划，一批重大项目正在加快实施。

三是开展了中心城市带动战略研究。提出建设“大郑东新区”，继续深入推进郑汴一体化发展，完善郑州现代综合交通枢纽，构建全省经济发展核心增长极；建设中原城市群城乡统筹改革发展试验区，推动中原城市群与其他中心城市融合发展，构建现代城镇体系的思路，一些重大战略布局正在逐步展开。

四是开展了产业集聚区发展研究。提出加快产业集聚区向中心城市、县城和重大产业带集中布局，把产业集聚区建设作为现代产业体系、现代城镇体系、自主创新体系的重要载体，使之成为先进产业集中区、改革创新示范区和现代化城市功能区，推动城市、产业和生态融合发展，初步确定了175个产业集聚区。

3.积极推进结构调整。一是狠抓工业结构调整。认真落实省百户重点工业企业和50户高成长型企业扶持政策，集中运用省工业结构调整和高新技术产业化资金，实施了866个重大工业结构升级项目，全年完成投资超1000亿元。洛石化油品质量升级改造一期工程、永煤集团和中原大化50万吨甲醇、明泰铝业3万吨轨道交通用板带、思念速冻食品生产基地等290个项目建成投产，郑州海马15万辆轿车、舞钢新宽厚板生产线二期、阿特斯3000吨长晶及硅片、永煤龙宇20万吨二甲醚、平煤集团25万吨烧碱、30万吨PVC等330个项目开工建设。积极推进创新能力建设，新增石油二机、永达食品等5家国家级企业技术中心，中硅高科、中棉所等国家重点工程实验室获得批准。

二是加快农业结构调整。积极争取国家支持，组织实施了一批国家大型商品粮、大型灌区节水改造、大中型水库除险加固等农业基础设施项目，有力促进了粮食稳定增产。编制完成了畜牧业和花卉园艺产业发展专项规划，建设了一批标准化规模化养殖小区。

三是积极推动服务业和文化产业发展。召开了、全省服务业和文化产业发展大会，研究出台了、一系列促进服务业和文化产业加快发展的政策措施，集中运用省服务业发展专项资金支持150户服务业重点企业发展，在郑州、洛阳等市开展了服务业综合改革试点，研究制定了在开封、登封等8个市县设立文化发展试验区的实施方案，推动组建了省文化产业投资公司，实施了一大批服务业重点项目。

4.积极推动重大项目建设。坚持把重点项目建设作为抓机遇、应挑战、保增长的重要抓手，着力完善协调推进机制，下大力气抓了一批对产业升级有重大带动作用和有利于增强发展后劲的重大基础设施项目实施，增强了投资对经济增长的拉动作用。

一是狠抓重点项目建设。认真落实重点项目建设责任制，加强项目建设监管，及时协调解决项目建设中的突出问题，狠抓节点控制，一批重点项目陆续建成投产或开工建设，全年省重点项目完成投资超1000亿元。郑西铁路客专河南段、郑新黄河大桥、郑州铁路集装箱中心站、郑州火车站西出口等项目进展顺利；漯阜、孟宝铁路复线电气化改造开工建设；京珠高速安新、郑漯段和连霍高速郑洛段改扩建工程开工建设，二广高速河南段贯通，省内国家干线三纵三横公路网全部建成；郑州国际航空港货运站扩建、站前广场、迎宾大道基本完工，洛阳机场改扩建进度加快；郑煤白坪矿、义煤正村矿、平煤十一矿改扩建工程竣工投产，焦煤新河矿、平禹煤电九矿开工建设；鸭河口电厂二期、民权电厂、安阳电厂扩建等20台大型机组投产发电，平顶山电厂二期、洛阳台塑孟津电厂、禹州电厂二期、漯河热电厂等16台大型机组开工建设；220千伏及以上输电线路新增1946公里，500千伏变电容量一年翻番；南水北调豫北段和穿黄工程进展顺利，豫南段点式开工，燕山水库、西霞院水库全面建成；省老干部活动中心、省广播电视发射塔、中国文字博物馆等项目加快推进。

二是加快重大项目前期工作。多次组织赴京汇报，积极争取国家支持，石武客专、西气东输二线东段工程、郑州综合交通枢纽等一批重大标志性项目开工建设，南阳核电、郑州城市轨道交通工程、中石油千万吨炼油基地等一批重大项目前期工作取得积极突破。

三是加强重大项目筛选、论证和储备工作。编制了2008—2012年全省重大项目库规划，规划亿元以上项目1570个，总投资2.82万亿元，为今后一个时期投资稳定增长奠定了坚实基础。

四是多渠道筹集建设资金。多次组织召开银企洽谈会，向银行推介重大项目1390个，861个项目达成意向，发放贷款超过500亿元。大力发展直接融资，三全食品、安阳钢铁等9家企业成功首发或整体上市，募集资金58.9亿元；舞阳钢铁发行企业债券募集资金6亿元；中原、百瑞2家信托公司融资135.8亿元。

5.推动城乡区域协调发展。推动郑汴两市加强合作，目前郑汴产业带路网、供变电、供排水、污水处理等基础设施建设全面展开，迁村并点工程有序启动，大规模开发建设的基础条件初步具备。继续加强对县级污水处理厂配套管网建设和垃圾处理场运营管理的现场督导，全省县级污水处理厂配套管网全部建成投用，130座污水处理厂全部通过环保验收并实现稳定运营。实施了一批省辖市第二污水处理厂、中水回用、垃圾处理场升级改造和城市供水、供热、燃气管网等城市基础设施项目。研究起草了《关于促进县域经济又好又快发展的若干意见》，提出了促进县域经济发展的总体思路、主要目标、重点任务和政策措施。落实支持黄淮四市加快发展的政策措施，加大产业集聚区建设、基础设施建设、财政资金等方面的扶持力度。

6.加大节能减排工作力度。完善节能减排目标责任制，推动资源节约、污染减排和环境保护。关闭淘汰了一批不符合国家产业政策的小企业和落后工艺设备，为先进产能建设腾出了环境空间。加强了高耗能行业项目的节能审查，编制了化工、建材、钢铁、有色等行业节能降耗实施方案，公布了重点耗能产品能耗限额标准。争取国家节能奖励资金支持，建成了一批节能改造项目，新增年节能能力437万吨标准煤。编制了《河南省循环经济试点实施方案》，启动了第二批38家企业循环经济试点工作。加强了对重点行业、重点流域、重点区域的环境综合治理；组织实施了退耕还林等重点工程，加强了南水北调中线工程水源地及输水沿线的环保工作；强化了对燃煤电厂脱硫改造的工作督导，现役12.5万千瓦以上燃煤机组及5万千瓦以上供热机组全部建成脱硫设施。

7.着力深化改革开放。将企业投资项目备案权限下放到县（市），将符合国家产业政策的项目核准权限下放到市，积极开展了政府投资项目“代建制”试点。深入开展矿产资源整合，7家骨干煤炭企业共整合地方国有煤矿27家，整合产能1472万吨；整合61个技改小煤矿，整合产能1256万吨。积极推动骨干企业战略重组，深入推进农村综合改革和财税、金融、公用事业、文化等领域改革，支持非公有制经济发展，取得了积极进展。成功举办了第五届河南投洽会、国内旅交会等重大经贸活动，加强签约项目跟踪服务，着力提高外资实际到位率。积极争取国际金融组织贷款和外国政府贷款，一批重大项目进入实施阶段。引导企业调整出口结构，扩大农产品、机电产品和高新技术产品出口规模，促进了全省开放型经济快速发展。

8.加强价格管理工作。强化市场价格监管，对涉及民生的7类重要商品及服务、救灾帐篷和过渡安置房及生产用原材料、发电用煤价格等实行了临时价格干预措施，对防止和抑制重要商品和服务价格不合理上涨发挥了积极作用。适时疏导成品油、电价、供热、天然气价格矛盾，在保障市场供应、节约能源资源中发挥了重要的作用。积极利用价格杠杆促进结构调整，严格执行差别电价政策，有力地促进了主导产业、高技术产业发展和落后产能淘汰。实施工商业用电同价，促进了商业、服务业发展。集中开展了对涉农价格和收费、社团和中介组织、经营服务性收费等五个方面的清理整顿工作，取消和降低了一大批经营服务性收费、行政事业性收费项目，进一步减轻了企业和群众负担，优化了经济发展环境。

9.认真落实“十大实事”。进一步加大农村基础设施建设投入力度，全年改造县乡公路7440公里，新建和改建通村公路8140公里，改造危桥1.13万延米；解决了266万人饮水安全问题；新增农村户用沼气56.9万户；完成了303个“盲点村”农网改造和80个乡、1200个村的新农村电气化建设工程；建设绿化村（镇）1万个；新建和改造农村超市1.12万个。加强社会事业基础设施建设，改造了177所农村初中校舍，全面完成了农村中小学图书教学仪器设备充实工程；改造城镇薄弱学校72所；改造县级医院12个，新建了8000个标准化村卫生室；扩建改造了82个乡镇综合文化站；新建、改扩建1091所农村敬老院；实施了一批县级“两馆”、广播电视“村村通”、行政村文化信息资源共享、农村电影放映等工程。着力解决群众就医、住房问题，连续三次降低了506种药品价格，累计降价金额1.26亿元；新开工经济适用房345万平方米、竣工278万平方米；新建和配建廉租房24万平方米、4800套；全面完成了省属六大国有煤矿棚户区改造任务。加大扶贫开发力度，完成了1056个贫困村整村推进扶贫任务，100万贫困人口脱贫或解决温饱。

二、2009年河南省投资展望

目前国际金融危机还在继续蔓延，对我国的冲击正在从沿海向内地，从中小企业向大型企业，从劳动密集型企业、出口导向型企业向其他企业扩散。宏观环境变化河南省发展的负面影响日益加重，加之自身深层次矛盾进一步暴露，2008年下半年工业增加值、财政收入、固定资产投资、社会消费品零售总额等主要经济指标增速呈逐月下滑态势。虽然面临着十分严峻和复杂的形势，但河南省平稳较快发展的势头依然较强，产业转移和要素流动的大趋势仍在深入，仍处于工业化、城镇化加速推进的时期，资金、劳动力、资源等要素供给总体充裕。从目前发展条件看，河南省面临着三大机遇：国家扩大内需的政策转向，使我省区位、市场、资源、劳动力等优势更加突出；中央拉动增长的重点投资领域，大部分都是我省优势所在；危机形成的倒逼机制和带来的重新洗牌，有利于加快产业升级和结构调整，提高市场主体的经营能力和管理水平。所以，2009年要通过大力实施8511投资促进计划、加大中央投资争取力度、加强项目建设管理、加快项目前期工作等，进一步扩大内需，强化经济增长主拉动作用。

（一）总体思路和目标

努力做好2009年投资领域各项工作，充分发挥投资拉动力，对防止经济下滑至关重要。按照国家统一部署，结合河南省实际，2009年河南省投资工作的总体思路是：按照科学发展观的总体要求，坚决落实中央关于扩大内需的重大战略决策，把投资作为扩大内需的主要举措，作为调整结构、促进升级、转变方式的关键手段，以重大项目建设为抓手，进一步深化投资体制改革，优化投资环境，加快项目谋划、储备和前期工作，破解土地、环境容量等难题，集中要素资源保重点，引导社会投资上水平，在结构优化中全力以赴确保投资平稳较快增长。2009年全省全社会固定资产投资预期增长20%，达到12480亿元，其中：城镇固定资产投资增长21%，达到10525亿元。

（二）投资方向和重点

2009年要强力实施“8511投资促进计划”，即在农林水利、交通、能源、城镇建设、自主创新、产业升级、节能减排、社会事业等8大领域，开工建设500个以上总投资亿元以上重大项目，带动城镇新开工项目总投资规模超过1万亿元，力争2009年全省完成城镇固定资产投资超过1万亿元。同时，强力推进261个省重点项目和1074个重大工业结构调整项目建设，确保投资对经济增长的有效拉动。

1. 加快实施一批重大农林水利工程。围绕建设全国粮食生产核心区，加快中低产田改造，继续实施大型灌区续建配套工程，争取开工建设赵口引黄灌区二期工程。完成商丘、濮阳大型商品粮基地建设，争取开工建设信阳优质稻米基地，续建安阳大型商品粮基地，实施好国家优质粮食产业工程。全线开工建设南水北调中线工程河南段，开工建设河口村水库，基本完成规划内大中型水库除险加固工程。

2. 加快实施一批重大交通基础设施项目。一是加快铁路建设。确保郑西铁路客运专线建成通车，加快石武铁路客运专线、新郑州站综合交通枢纽等在建项目建设，开工建设郑徐铁路客运专线、山西中南部铁路通道等一批铁路项目。二是完善高速公路网络。加快京港澳高速安阳至新乡段改扩建、连霍高速郑州至洛阳改扩建等高速公路续建项目建设，开工建设焦桐高速温县至巩义段等高速公路项目。三是加快机场建设。全面实施郑州国际航空枢纽建设规划，加快站坪及联络道扩建工程建设，启动第二航站楼、第二跑道前期工作。加快洛阳机场、南阳机场改扩建工程建设。积极推进明港、商丘军用机场改建军民合用机场前期工作。

3. 加快实施一批重大能源项目。一是积极推进大中型煤矿建设。加快首山一矿等16个总规模2415万吨大型煤矿建设，计划投产总规模780万吨。争取开工建设禹州梁北矿扩建等2个总规模300万吨大型煤矿项目。二是加强电源项目建设。加快平顶山二电厂2×100万千瓦、洛阳台塑孟津2×60万千瓦等12个续建电源项目建设，计划投产电源装机360万千瓦；开工建设沁北三期1×100万千瓦、新密二期2×100万千瓦等一批电源项目，力争全年新开工规模600万千瓦以上。争取开工建设南阳高庄核电一期工程。三是加强电网薄弱环节建设。四是强力推进油气管网建设。加快推进西气东输二线河南段等项目建设，开工西气东输二线配套地方支线项目和博爱—郑州、安阳—博爱—洛阳天然气管道等项目。

4.加快实施一批产业结构调整和高新技术重大项目。一是加快推进工业结构调整。加快洛阳动力谷、中原电气谷、洛阳重型装备、郑州百万辆汽车生产基地、现代煤化工基地等一批产业基地建设。在节能和新能源、汽车零部件、大型工程机械、先进数控设备、自动化控制系统等领域，加快实施一批重大技术装备自主化专项。重点抓好洛阳石化45万吨PX和60万吨PTA、郑州国投20万吨甲醇制稀烃示范工程、恒天集团10万辆中重卡、洛阳机车厂轻轨客车、平煤50万吨甲醇等700个以上重大项目。二是促进高新技术产业发展壮大。着力在硅光伏、半导体照明、光成像、超硬材料等4个特色产业链和药物、软件、新型显示器、生物材料、新型功能材料等5个领域，实施一批高技术产业化项目。积极推进南阳新能源、郑州生物、洛阳新材料等高技术产业基地基础设施和公共研发平台建设。再建设一批国家重点工程实验室和国家级企业技术中心。三是加快产业集聚区建设。对已批准的产业集聚区，抓紧开展基础设施、标准厂房和公共服务体系建设，尽快形成新的投资增长点。

5.加快实施一批服务业发展项目。建设完善云台山、嵩山、龙门石窟、鲁山大佛等一批精品景区，加快伏牛山生态旅游景区整体开发。加快郑州干线公路物流港等在建现代物流项目建设，开工建设郑州航空物流港保税中心、粮油仓储物流体系工程等。落实促进房地产健康发展的各项政策措施，努力保持房地产投资不出现大的回落。

6.加快实施一批城市基础设施项目。开工建设郑州市城市快速轨道交通一号线一期工程。启动洛阳市城市快速轨道交通工程前期工作。加快郑州陈三桥等7座省辖市污水处理厂建设，开工建设一批省辖市第二污水处理厂。开工建设一批中水回用工程。建设一批污泥综合处置工程。抓好县级生活垃圾无害化处理场二期工程建设。进一步加快城市道路、供水、供气、供热等设施建设。

7.加快实施一批节能减排和生态建设项目。一是加强城镇污水治理、垃圾处理设施、污水管网和重点流域水污染治理工程建设。二是加快推进重点防护林和天然林保护工程建设。三是加快十大重点节能工程、循环经济和重点流域工业污染治理工程建设。

8.加快实施一批社会事业和改善民生项目。一是加强基层公共医疗卫生服务体系建设。实施中心乡镇卫生院升级改造工程，改造1万个村卫生室，启动社区卫生服务体系建设。二是优先发展教育。抓好农村初中校舍改造工程以及薄弱普通高中改造，实施好特殊教育学校建设工程。抓好郑州大学“211工程”三期建设。积极推进河南大学省部共建。以提高实训能力为重点，推进国家职业教育改革试验区建设，重点抓好县级职教中心和示范性中等职业学校项目。三是加快文化基础设施建设。加快省广电发射塔、中国文字博物馆、省体育中心二期游泳跳水馆等重大工程建设。继续实施广播电视村村通工程、文化信息共享工程和乡镇综合文化站建设。四是加快建设保障性安居工程。大规模建设廉租房。在全面完成六大省属煤炭企业棚户区改造任务的基础上，进一步完善有关配套设施建设。积极推动老工业基地城市棚户区改造工程。五是加快实施农村沼气、饮水、扶贫等工程。

（三）投资工作的重点

1.加强投资监测和分析工作。发展改革、统计、国土、环保等部门要密切配合，加强投资项目监测，密切关注投资领域的新情况、新问题，及时提出应对措施，促进投资平稳运行。根据投资形势变化情况，定期发布投资信息和动态，合理引导社会资金投向。

2.组织实施好中央投资项目。抓紧完善项目土地、环保、城市规划、项目审核等手续，积极争取中央加大资金投入。积极落实地方配套资金，把项目配套资金列入当年财政预算，确保按比例到位。加强项目管理，中央投资项目全部纳入重点项目管理。严格实行项目招投标制、工程监理制、合同管理制和工程质量责任制，确保工程质量和安全，加快工程进度，尽早建成投入使用。

3.狠抓重大项目谋划和前期工作。根据国家产业政策、中央资金投向以及我省经济发展的重点，抓紧筛选一批重大项目，尽早建立2010年拟新开工项目库。加快推动重大项目前期工作，发展改革、国土、建设、环保、商务等部门，要加强协调配合，建立重大项目前期工作联审联批机制，加快审批进度。督促项目单位加快项目审批手续上报、资金筹措、招标投标、征地拆迁、施工准备等前期工作。各级财政设立重大项目前期工作专项经费，重点支持重大基础设施项目和政府投资项目的前期工作。

4.努力拓宽融资渠道。抓住国家实施适度宽松的货币政策的机遇，进一步加强银企对接，积极搭建银企合作平台，争取明年各商业银行新增贷款规模取得新的突破。吸引国内外创业投资机构、产业投资机构、保险机构来豫投资合作，切实做好世界500强、国内500强和行业前50强企业的引进，努力扩大利用外资。尽快在铁路、交通、水利、国有资产等领域组建一批实力较强的政府投融资平台，为河南省铁路、公路、机场、水利等重大项目建设融资或提供担保。在完成108个县政策性信用担保体系组建基础上，组建河南中小企业担保集团公司，积极支持中小企业发行集合债券、集合中期票据、集合信托计划、集合短期融资券。

5.落实好重大项目扶持政策。深入贯彻《关于加强重大项目建设扩大投资需求的若干意见》等文件出台的一系列政策措施。抓紧完成全省土地利用规划和城市总体规划修编工作，尽快确定全省重点产业集聚区名单，为项目建设创造条件。加大政府性资金对重大项目的支持力度，抓紧确定明年各专项资金支持的项目名单，尽早下达年度投资计划。按照有限指标保重点的原则，认真做好民生工程、基础设施、生态环境建设、自主创新和产业结构调整等新增中央投资项目用地的保障和服务。

6.进一步深化投资体制改革。配合国家修订企业投资项目核准目录，进一步缩小投资审核范围，下放审核权限，规范审核程序。完善企业投资项目核准制和备案制，将备案权限下放到各县、市、区。建立完善新开工项目管理联动机制和信息互通制度，提高新开工项目质量。在总结政府投资项目“代建制”试点经验的基础上，完善配套政策，争取尽快组建省代建中心，逐步扩大代建制试点。加快投资领域法制建设，争取出台《河南省政府投资管理办法》。

（河南省发展和改革委员会）

湖北省2008年经济发展情况和固定资产投资

2008年是极不平凡的一年。面对历史罕见的雨雪低温冰冻等严重自然灾害和严峻复杂的国际国内经济形势，湖北全省上下深入贯彻落实科学发展观，按照党中央、国务院和省委省政府的决策部署，同心同德，顽强拼搏，克难奋进，沉着应对各种不利因素的影响和冲击，全省经济呈现增长较快、物价回稳、结构优化、民生改善的良好格局，各项社会事业全面进步。

2008年，湖北省完成生产总值11330.38亿元，按可比价格计算，比上年增长13.4%，连续5年保持两位数增长。其中：第一产业完成增加值1780.00亿元，增长6.0%；第二产业完成增加值4963.61亿元，增长16.6%；第三产业完成增加值4586.77亿元，增长12.4%。三次产业结构由2007年的14.9∶43.0∶42.1调整为15.7∶43.8∶40.5。在第三产业中，金融保险业增长8.2%，批发和零售业增长12.8%，住宿和餐饮业增长12.0%，房地产业增长0.9%，其他服务业增长15.8%。

居民消费价格总指数为6.3%，涨幅比上年提高1.5个百分点，其中：城市上涨5.5%，农村上涨7.4%。分类别看，食品类价格上涨15.1%，衣着类价格下降2.1%，医疗保健及个人用品类价格上涨3.5%，娱乐教育文化用品及服务类价格下降0.9%，居住类价格上涨6.9%。工业品出厂价格上涨6.1%，原材料、燃料、动力购进价格上涨10.9%，农业生产资料价格上涨27.2%。

年末全省从业人员3607万人，比上年末增加23万人，其中城镇就业人员1337万人，比上年末增加15万人。据省劳动和社会保障部门统计，年末城镇登记失业率为4.2%，比上年末下降0.01个百分点。

经济和社会发展中存在的主要困难和问题有：农民工返乡增多，农民增收压力加大；工业增幅回落，亏损额上升；房地产开发走低，销售面积下降；节能减排、资源环境与就业的压力仍然较大。

全社会完成固定资产投资5798.56亿元，比上年增长27.9%，其中城镇以上项目投资5332.67亿元，增长29.1%；房地产开发投资892.67亿元，增长23.7%。按经济类型划分，国有经济投资2237.52亿元，增长23.7%；集体经济投资261.45亿元，增长68.0%；城乡私营个体投资1242.19亿元，增长37.9%；其他经济投资2057.40亿元，增长23.2%。按产业划分，全省三次产业投资分别为231.25亿元、2344.36亿元和3222.95亿元，分别增长54.8%、37.0%和20.5%。

全省89个重点建设项目完成投资851.87亿元，占城镇以上项目投资的16.0%。新增的主要生产能力有：原煤开采79.9万吨/年、发电机组容量650万千瓦、新建高速公路76公里、电气化铁路主线正线交付运营里程186公里。

（摘自2008年湖北省国民经济和社会发展统计公报）

湖南省2008年经济综合发展和固定资产投资

2008年湖南省国民经济和社会发展统计公报第2页：2008年湖南省国民经济和社会发展统计公报

2008年，面对历史罕见的雨雪冰冻灾害、能源和电力供应持续紧张以及百年不遇的金融危机，在省委、省政府的坚强领导下，全省上下深入贯彻落实科学发展观和中央各项重大决策部署，坚持推进“一化三基”战略，着力创新发展思路，抢抓发展机遇，全省经济保持平稳较快增长，赢得了“经济增长、结构优化、民生改善、社会和谐”的良好局面。

一、经济综合发展

经济总量跃上新台阶。2008年，全省地区生产总值突破万亿元，达到11156.64亿元，比上年增长12.8%。其中，第一产业增加值2007.40亿元，增长5.3%；第二产业增加值4933.08亿元，增长14.9%；第三产业增加值4216.16亿元，增长13.3%。按常住人口计算，人均生产总值17521元，增长12.5%。财政总收入1308.55亿元，增长16.5%。其中，地方财政收入717.02亿元，增长18.2%。

新型工业化的主导作用增强。全省三次产业的比重为18.0：44.2：37.8，其中一、二产业比重比上年分别提高0.3个和1.6个百分点。全部工业增加值占地区生产总值的比重为38.4%，对全省经济增长的贡献率为47.1%。省级及以上园区工业增加值1180.14亿元，增长22.0%；占规模以上工业增加值的比重为33.0%，比上年提高1.5个百分点。高新技术产业增加值占地区生产总值的比重为9.8%。节能降耗完成年度目标。高耗能行业增幅下降，电力、有色等6大高耗能行业实现增加值1426.46亿元，增长10.8%，增速比上年回落11个百分点；占规模以上工业增加值的比重为39.9%，比上年下降1.8个百分点。生产性服务业支撑作用加大，实现增加值1625.49亿元，增长14.5%，拉动全省经济增长2个百分点，对经济增长的贡献率为17.8%。

非公有制经济贡献增强。全省非公有制经济实现增加值6252.27亿元，占地区生产总值的比重为56.0%，比上年提高1.5个百分点。非公有制规模以上工业实现增加值1965.44亿元，增长25.9%，占规模以上工业增加值的比重为55.0%。非国有经济投资3664.29亿元，增长33.2%；占全社会固定资产投资的比重达64.9%，比上年提高0.8个百分点。私营企业进出口总额52.41亿美元，比国有企业多1.10亿美元；增长45.5%，比国有企业增速高23.2个百分点。私营企业进出口总额和增幅，均首次超过国有企业。

区域经济全面发展。长株潭地区生产总值4565.31亿元，占全省地区生产总值的40.9%，比上年提高3.2个百分点；增长14.5%，增速比全省平均水平高1.7个百分点。长株潭地区城镇以上固定资产投资和社会消费品零售总额分别占全省的46.4%和42.8%。“3+5”地区生产总值8760.51亿元，增长13.7%，增速比全省平均水平高0.9个百分点。大湘西地区生产总值1203.72亿元，增长11.6%。湘南地区生产总值2326.83亿元，增长10.7%。全省城镇化率42.15%，比上年提高1.7个百分点。其中，长株潭地区城镇化率55.04%，比全省平均水平高12.89个百分点。

社会民生进一步改善。全省为民办29项实事全面完成目标任务。就业再就业工作力度加大，新增城镇就业76.06万人，城镇零就业家庭动态清零4910户，援助农村贫困家庭转移就业15.53万户。社会事业得到进一步加强。城市义务教育阶段学生学杂费全部免除。新型农村合作医疗制度覆盖全省所有县市区，参保人数4501.46万人，平均参合率89.0%；409个乡镇卫生院建设全部竣工，272所乡镇敬老院完成新改扩建；全面启动城镇居民基本医疗保险试点，全省参保人数639.64万人。2.61万户农村安居房建设项目全部竣工；新建（筹集）城镇廉租住房440.70万平方米，新建经济适用房220.92万平方米。取消64项行政性收费和工商“两费”，取消215项行政审批项目；积极推进投资项目审批代理制试点，电子政务建设加快，政务环境进一步优化。社会治安综合治理加强，社会大局稳定，人民群众安居乐业。

全省经济社会发展中存在的主要问题是：国际金融危机的不利影响从沿海向内地加深扩散，经济发展的压力加大；农业抗灾避灾机制还不健全，农民持续增收困难；城乡就业形势较为严峻等。

二、固定资产投资

投资增势强劲。全省全社会固定资产投资5649.97亿元，比上年增长31.6%。其中，城镇以上固定资产投资4995.62亿元，增长33.2%。分区域看，“3+5”城市群城镇以上固定资产投资3483.91亿元，增长31.6%，其中，长株潭地区城镇以上固定资产投资2320.22亿元，增长29.6%；湘南地区城镇以上固定资产投资689.28亿元，增长36.7%；大湘西地区城镇以上固定资产投资511.12亿元，增长34.4%。

投资结构继续改善。工业投资持续快速增长。全省城镇以上工业固定资产投资1994.62亿元，增长38.7%，占城镇以上固定资产投资的39.9%。其中，工业技术改造投资1382.43亿元，增长37.1%；原材料工业投资610.24亿元，增长20.8%；装备制造业投资437.72亿元，增长49.5%。高新技术产业投资112.8亿元，增长44.0%。高耗能工业投资861.99亿元，增长28.8%，增速比上年回落11.2个百分点。节能环保投资18.02亿元，增长29.5%。

基础设施和重点项目建设进一步加强。全省城镇基础设施、基础产业投资1686.83亿元，增长34.9%。全省实施重点工程项目172项，完成投资902.9亿元，为年计划的112.9%。投资亿元以上的项目1683项。新增电力装机容量231万千瓦。开工建设京珠复线岳阳至湘潭、衡阳至临武等18条高速公路，常吉高速建成通车，省会长沙与其他13个市州全部实现高速公路相连，高速公路通车里程2001公里。新增湘桂复线改造等6个铁路项目开工。长沙、张家界机场改扩建顺利推进。岳阳城陵矶港区(松阳湖)一期工程、常德至鲇鱼口航运建设工程和洞庭湖区桥梁通畅工程加快进行。岳阳1000万吨炼化一体化、湘钢5米宽厚板等一批重点项目开工建设。桃花江核电站核准开展前期施工。

房地产开发增速减缓。全省房地产开发投资896.41亿元，增长18.8%，增速比上年回落16.9个百分点。商品房竣工面积2041.17万平方米，下降0.7%。商品房屋销售面积2375.31万平方米，下降13.1%。其中，商品房期房销售面积1583.18万平方米，下降13.0%。商品房屋空置面积310.57万平方米，增长68.8%。

(摘自2008年湖南省国民经济和社会发展统计公报)

广东省2008年固定资产投资情况

2008年，广东人民在省委、省政府的正确领导下，高举中国特色社会主义伟大旗帜，以邓小平理论和“三个代表”重要思想为指导，深入贯彻落实科学发展观，以开展解放思想学习讨论活动与深入学习实践科学发展观活动为强大动力，继续解放思想，坚持改革开放，坚决执行中央宏观调控政策，成功战胜低温雨雪冰冻、超强台风和洪灾等严重自然灾害，全力支援地震灾区抗震救灾和恢复重建工作，积极应对国际金融危机的影响，全省经济保持平稳较快发展，各项社会事业全面进步，人民生活持续改善。

全年全社会固定资产投资11181.38亿元，比上年增长16.5%。其中基本建设投资5231.63亿元，增长17.1%；更新改造投资1396.54亿元，增长16.6%；房地产开发投资2932.34亿元，增长16.8%。分城乡看，城镇投资8801.40亿元，增长17.0%；农村投资2379.98亿元，增长14.8%。分投资主体看，国有经济投资2766.26亿元，增长17.2%；非国有经济投资8415.12亿元，增长16.3%；其中民营经济投资4258.86亿元，增长20.1%。分地区看，珠三角地区投资7827.27亿元，增长13.5%；东翼地区投资861.73亿元，比上年增长22.4%；西翼地区投资613.06亿元，增长20.6%； 北部山区投资1445.36亿元，增长21.8%。

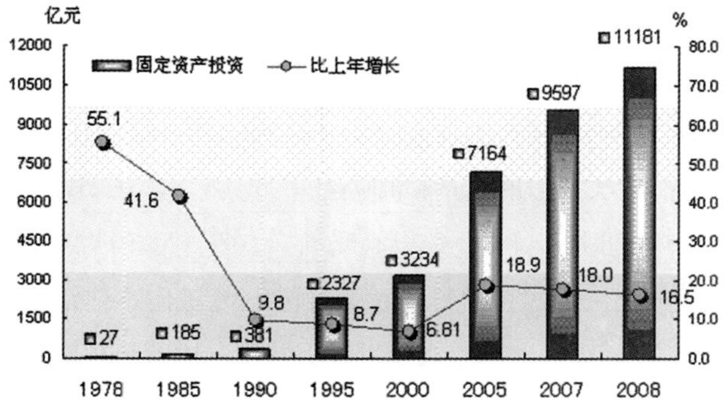

1978–2008固定资产投资及其增长速度

分三次产业看，第一产业投资110.08亿元，增长49.4%。第二产业投资3934.56亿元，增长12.1%；其中工业投资3912.32亿元，增长12.3%。第三产业投资7136.74亿元，增长18.7%。

在房地产开发投资中，商品房住宅投资2132.52亿元，增长18.9%；经济适用房投资8.61亿元，下降16.2%。全年商品房施工面积22992.63万平方米，增长14.4%，其中商品住宅18022.38万平方米，增长14.4%。商品房竣工面积4359.24万平方米，增长8.2%；其中住宅3476.22万平方米，增长5.0%。商品房销售面积4824.41万平方米，下降22.4%；其中住宅4378.37万平方米，下降22.7%。年末商品房空置面积1824.61万平方米，增长15.5%；其中住宅1030.66万平方米，增长37.1%。经济适用房施工面积78.91万平方米，下降7.1%；竣工面积6.50万平方米，下降75.0%；销售面积6.83万平方米，下降95.3%。

2008年分行业固定资产投资及其增长速度

单位：亿元

行　业	投资额	比上年增长%
总　　计	11181.38	16.5
农、林、牧、渔业	110.08	49.4
采矿业	113.35	52.2
其中：煤炭开采及洗选业	0.40	–
石油和天然气开采业	50.77	28.8
制造业	3053.16	9.5
其中：农副食品加工业	38.19	18.5
食品制造业	49.67	38.8
石油加工、炼焦及核燃料加工业	137.68	12.5
化学原料及化学制品制造业	121.61	−9.2
非金属矿物制品业	235.29	−4.3
黑色金属冶炼及压延加工业	63.40	26.6
有色金属冶炼及压延加工业	85.85	11.9
金属制品业	230.01	14.9
通用设备制造业	79.42	18.2
专用设备制造业	97.09	25.9
交通运输设备制造业	229.20	29.8
电气机械及器材制造业	207.79	8.8
通信设备、计算机及其他电子设备制造业	464.86	4.9
电力、燃气及水的生产和供应业	745.81	20.1
其中：电力、热力的生产与供应业	623.59	21.6
建筑业	22.24	−14.8
交通运输、仓储和邮政业	1200.60	23.6
信息传输、计算机服务和软件业	241.85	13.6
批发和零售业	175.12	32.4
住宿和餐饮业	143.42	14.2
金融业	20.55	110.2
房地产业	3838.31	17.5
租赁和商务服务业	94.11	21.7
科学研究、技术服务和地质勘查业	52.12	81.6
水利、环境和公共设施管理业	840.61	20.1
居民服务和其他服务业	8.80	−32.7
教育	195.51	9.7
卫生、社会保障和社会福利业	74.95	30.7
文化、体育和娱乐业	140.94	45.7
公共管理和社会组织	109.84	−22.5

2008年固定资产投资新增主要生产能力

指　标	单　位	新增生产能力
新增发电机组容量	万千瓦	330
11万伏及以上变电设备	万千伏安	2203
新建公路	公里	409.58
其中：高速公路	公里	102.03
港口万吨级码头泊位新增吞吐能力	万吨	255
新增局用交换机容量	万门	43.04
新增数字蜂窝移动电话交换机容量	万户	1468.10

（摘自2008年广东省国民经济和社会发展统计公报）

广西壮族自治区2008年固定资产投资情况

2008年，全区各族人民在自治区党委、自治区人民政府的领导下，以邓小平理论和“三个代表”重要思想为指导，深入贯彻落实科学发展观，万众一心，顽强拼搏，努力克服重大自然灾害和国际金融危机冲击的不利影响，经济保持较快发展，各项社会事业取得新的进步。

全年全社会固定资产投资3778.10亿元，比上年增长27.2%。分城乡看，城镇固定资产投资3347.63亿元，增长27.4%；农村固定资产投资430.47亿元，增长25.5%。在城镇固定资产投资中，基本建设投资1805.77亿元，增长25.5%；更新改造投资768.95亿元，增长45.9%；其他投资141.14亿元，增长17.0%；房地产开发投资621.64亿元，增长15.9%。

在城镇固定资产投资中，从投资主体看，国有单位投资1223.49亿元，比上年增长25.3%；非国有单位投资2124.15亿元，增长28.7%，其中民间投资1858.49亿元，增长32.0%。从产业看，第一产业投资99.48亿元，增长44.3%；第二产业投资1428.93亿元，增长29.0%，其中工业投资1401.59亿元，增长28.1%；第三产业投资1819.22亿元，增长25.4%(见表1图1）。

全年商品住宅投资425.09亿元，比上年增长20.2%。商品房施工面积6933.34万平方米，增长15.0%，其中住宅5630.74万平方米，增长16.8%。商品房竣工面积1206.09万平方米，下降8.1%，其中住宅1007.05万平方米，下降6.9%。商品房销售面积1734.47万平方米，下降14.0%，其中住宅1609.65万平方米，下降13.2%。商品房销售额490.59亿元，下降4.2%，其中住宅423.87亿元，下降4.2%。房地产业增加值280.60亿元，增长7.2%。

全区年新增公路里程4298公里，公路总里程达到98500公里，其中新增高速公路里程302公里，高速公路总里程达到2181公里。新增港口吞吐能力1542万吨，港口总吞吐能力达到13121万吨，其中新增沿海港口吞吐能力1477万吨，沿海港口总吞吐能力达到8766万吨。新增发电机组容量417万千瓦，发电机组总容量达到2424万千瓦（见表2）。

2008年分行业城镇固定资产投资及其增长速度

单位：亿元

行 业	投资额	比上年增长%
总 计	3347.63	27.4
农林牧渔业	99.48	44.3
采矿业	96.71	23.8
制造业	1070.14	48.0
电力、燃气及水的生产和供应业	234.74	-20.0
其中：电力、热力的生产和供应业	201.06	-25.5
建筑业	27.34	110.3
交通运输、仓储和邮政业	403.20	34.5
其中：邮政业	1.74	132.9
交通运输业	384.29	32.1
信息传输、计算机服务和软件业	37.10	16.8
批发和零售业	56.32	21.2
住宿和餐饮业	41.28	13.7
金融业	4.97	98.2
房地产业	672.31	19.6
租赁和商务服务业	32.99	98.5
科学研究、技术服务和地质勘查业	14.63	10.1
水利、环境和公共设施管理业	340.38	33.3
居民服务和其他服务业	5.05	42.6
教 育	59.61	0.9
卫生、社会保障和社会福利业	28.02	32.2
文化、体育和娱乐业	25.65	42.3
公共管理和社会组织	97.71	15.3

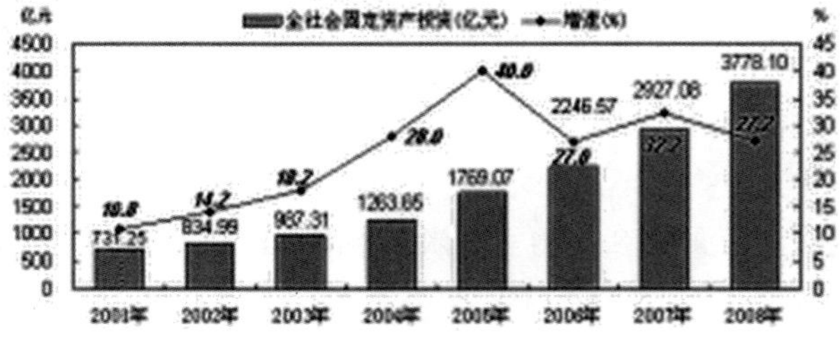

2001—2008固定资产投资及其增长速度

2008年固定资产投资新增主要生产能力

指　标	单 位	绝对数
新增发电机组容量	万千瓦	417
11万伏及以上变电设备	万千伏安	497
新增公路里程	公里	4298
其中：高速公路	公里	302
新增港口吞吐能力	万吨	1542
其中：沿海港口吞吐能力	万吨	1477

贵广铁路、南广铁路、湘桂铁路扩能改造，中石化北海炼油异地改造石油化工、柳州正菱集团机械装备制造等125个自治区层面重大项目和150个市级层面重大项目实现开工。全年竣工投产或部分投产了平果氧化铝三期、华银氧化铝、中石油钦州炼油厂常减压装置、龙滩水电站4-7号机组等80个重大项目。洛湛铁路全线铺通，南梧高速公路全线贯通。沿海基础设施大会战二期基本完成。自治区50周年大庆项目90%以上的项目开工建设、70%以上的项目建成投入使用。

（摘自2008年广西国民经济和社会发展统计公报）

海南省2008年经济发展和固定资产投资情况

2008年，省委、省政府坚持以科学发展观为统领，以实现又好又快发展为第一要务，带领全省各族人民积极应对国际金融危机的冲击，克服了长时间低温阴雨天气、台风及连续强降雨等多种严重自然灾害的影响，保持了经济平稳较快发展，人均生产总值首次突破2000美元大关，迈上了新的发展层面。改革开放取得重大突破，人民生活水平继续提高，各项社会事业全面进步，生态环境保护取得新的成效。

一、经济发展

经济保持较快增长，人均生产总值突破2000美元大关。初步核算，全省生产总值（GDP）1459.23亿元，按可比价格计算，比上年增长9.8%。其中，第一产业增加值437.61亿元，增长7.7%；第二产业增加值434.40亿元，增长7.0%；第三产业增加值587.22亿元，增长13.3%。按常住人口计算，人均生产总值17175元，增长8.7%；按当年平均汇率折算，人均生产总值突破了2000美元大关，约合2472美元，向着全面建设小康社会目标稳步迈进。

地方财政收入大幅度增长，经济富裕程度进一步提升。全省全口径财政收入317.17亿元，比上年增长35.0%。其中，地方财政一般预算收入145亿元，增长33.9%。全年税收收入总额120.53亿元，比上年增长37%。按各项税收分，企业所得税比上年增长85.3%，营业税增长35.1%，契税增长29.4%，城市维护建设税增长17.8%，国内增值税增长3.3%，个人所得税增长8.8%。上划中央“两税”收入127.45亿元，增长32.6%；上划中央所得税收入31.5亿元，增长58.3%。

经济社会发展中存在的主要问题：一是与居民生活密切相关的食品、居住类价格涨幅偏高；二是工业发展缓慢，经济结构层次仍然较低；三是节能减排任务仍较艰巨。

二、固定资产投资与房地产开发

固定资产投资快速增长。全年全社会固定资产投资总额706.07亿元，比上年增长40.5%。其中，城镇固定资产投资667.95亿元，增长41.3%；农村固定资产投资38.12亿元，增长28.8%。在城镇固定资产投资中，第一产业完成投资11.60亿元，下降32.8%；第二产业完成投资116.94亿元，增长44.0%；第三产业完成投资539.41亿元，增长44.1%。全年施工项目1235个，比上年减少12.2%，其中新开工项目807个。全年城镇固定资产投资到位资金821.21亿元，比上年增长30.7%，资金到位率为122.9%。

大项目建设取得较好成效。全年完成投资1500万元以上大项目共完成投资467.22亿元，比上年增长61.0%，完成年度计划投资的86.7%，完成投资额占全社会固定资产投资总额的66.2%，成为支撑投资增长的重要力量。华盛水泥二期、金海30万吨卫生纸、华能文昌风电厂一期等项目竣工投产，海口港二期、洋浦港三期建成试运营，海口绕城高速公路实现功能性通车。东环铁路建设进程明显加快，大广坝水利水电二期、东方电厂一期、海南电网跨海联网工程等加快推进，海棠湾、香水湾、清水湾、土福湾、石梅湾、神州半岛等一批成片开发的旅游房地产项目进展顺利。80万吨甲醇、30万辆汽车、20万吨镀锡薄板、20万吨精细化工、小妹水库等项目开工建设。

房地产开发势头强劲。全年房地产开发投资189.31亿元，增长48.4%。其中，住宅投资158.44亿元，增长51.8%。住宅施工面积1390.52万平方米，增长17.3%；房屋竣工面积233.32万平方米，增长0.1%；房屋销售面积336.99万平方米，增长7.8%，其中住宅324.91万平方米，增长8.5%。

（摘自2008年海南国民经济和社会发展统计公报）

重庆市2008年固定资产投资情况和2009年投资计划

2008年，全市投资工作按照中央宏观调控要求和市委、市政府确定的思路与目标，在克服国内外经济形势和政策环境急剧变化，以及特大自然灾害造成冲击的基础上，通过争取中央支持与扩大招商引资两手抓，重大基础设施与重大产业基地两手抓，经济建设与改善民生两手抓，夯实投资保障平台，确保投资平稳较快增长，有力地支撑了全市经济社会发展“靓丽”前行。

一、2008年投资运行情况

1.练内功进一步夯实投资增长基础。通过搭建平台、完善机制、加强协调、保障要素等工作措施，在复杂多变的宏观环境下，全市固定资产投资总量上台阶，结构有改善。全年完成全社会固定资产投资4045.25亿元，增长28%。在建项目规模进一步扩大，计划总投资达到1.5万亿元。项目储备从7000多亿元增加到1万亿元。投资结构趋于协调。交通等基础设施稳步增长，四条铁路实现同年开工；工业投资完成1376.8亿元，增长30%，钢铁、汽车、装备、金属制造、电子、食品等为支撑的制造业投资增长较快，成为工业投资主要支撑；以往薄弱的农业投资增长49.1%，高于全社会平均增速21个百分点；房地产投资基本保持稳定，增长16.6%，销售情况较国内其他大中城市中更为稳定；三大区域投资差距开始缩小，六大区域性中心城市平均增速超过44%。

2.争取中央支持破解要素制约难题。市委、市政府主要领导带队积极向中央部委汇报衔接，协调来渝调研，在重大政策、专项规划、项目审批、要素供给等方面全方位争取中央支持，取得明显效果。项目审批加快，轨道交通三号线二期、南涪、兰渝、渝利铁路、玉滩水库等14个（项）重大项目完成国家审批核准工作，25个重大项目纳入国家专项规划。年度用地计划增加，用地条件有所改善。准确把握财政政策由稳健向积极转变，争取中央投资补助创新高，全年争取到中央预算内投资和国债资金较上年增长一倍。融资渠道增加，统筹城乡项目列入世行贷款计划，轨道交通一、三号线利用德、日政府贷款取得突破；证券市场融资规模扩大，企业债券发行规模增至45亿元。

3.改善内外部环境招商引资结出新硕果。抓住国际产业转移、沿海产业结构调整的新机遇，多策并举强化引资，承接产业转移进一步加快。党政代表团走访沿海五省市，“请进来、走出去”十大经贸活动全面展开，签约总投资逾5000亿元。区域合作取得实效，推动35个区县与沿海74个区县（市）结对，签约内资项目62个，总投资超过700亿元。市长国际经济顾问团会议第三届年会、首届开放论坛、第十三届世界铝业大会三大高层论坛成功举办，六大会展加速资源汇聚，与中石油等5家中字号企业签订多项合作协议。签约项目落地生根，新增世界500强9家累计达102家，新增中国500强45家累计达165家。资金到位全面加快，大全、双钱、韩国HK等名企相继决定增资扩产，内外引资分别增长65%和2.4倍。

4.扎实推进重大项目建设增强发展后劲。通过完善投资工作联席会平台，创新管理工作体系机制，集中资源保重点，切实解决重大项目建设中的矛盾和问题，促进重大项目扎实推进，带动全市投资增长和经济发展。重点建设项目完成投资约1153亿元，同比增长29%。张狮坝煤矿、国际学校等40个项目实现完工，兰渝铁路、新格再生铝等50个项目实现开工，涪陵至南川高速公路、松藻矿区小鱼沱煤矿等40个项目前期工作取得突破性进展，其中松藻矿区小鱼沱煤矿、重庆医科大学附属口腔医院北部分院、市急救医疗中心门诊住院综合楼、国际工业品采购基地、贝卡尔特汽车轮胎钢丝帘线、海螺水泥、鸡冠石污水处理厂三期等一批前期项目提前开工。2008-2012年十大民生工程正在分头推进，十大公益性项目选址确定。

二、2009年投资工作思路与重点

2009年，国际金融危机的影响还将扩大，全球经济将进一步下滑，我国经济受到影响，经济增长下行压力明显加大，预计全社会固定资产投资增长将会放缓。特别是房地产投资增速将继续下滑，制造业投资增速将见顶回落，新开工项目投资持续低速增长，投资形势不容乐观。就重庆而言，尽管2008年投资增长较快，但若扣除投资品价格大幅上涨因素，投资实际增长16.9%，低于近两年同期水平，投资对经济增长的拉动作用开始下降。在经济形势趋紧的大环境下，我市投资工作面临巨大挑战。一是民间投资意愿减弱。国内外经济增长下滑，总需求下降，造成企业产能过剩和利润减少，削弱企业投资新项目的意愿。全市新开工项目投资规模下降，投资增长的后劲堪忧。二是房地产进入调整期。房地产市场观望气氛浓厚，成交量下滑，供求结构开始变化。供销比由近年的1：0.9降为2008年的1：0.6，下半年销售价格逐步走低。这些情况直接制约开发企业资金回收及扩大开发规模，导致今后一个时期房地产投资下降。房地产投资下降不仅对全社会固定资产投资增长不利，而且其经营性用地市场不景气还将直接影响到政府投融资主体项目建设资金平衡。三是资金供给趋紧。金融危机的爆发导致全球资金流动性趋紧，流动性过剩出现逆转，国际“热钱”开始回流，必将加剧我市利用外资的难度。固定资产投资到位资金增速下降，且低于同期投资增速。中小企业融资难问题更加突出。四是要素供求矛盾依然突出。国家实行严格的土地管理政策，强化对建设用地的稽查监督，而项目用地需求大且用地不均衡，供求矛盾仍然突出。尽管我市在土地利用规划上得到国家支持，但增加土地利用指标，特别是涉及基本农田占用等问题，建设项目用地预审和审批难度加大。国家进一步强化三峡库区节能减排工作，部分产业发展项目受到制约。五是工程建设环节仍然不畅。受沿海省市企业倒闭影响，农民工返乡增多，项目征地工作难度加大；城市拆迁安置工作与民众维权要求尚不适应，拆迁安置矛盾难以及时化解；在建项目因价格上涨，超概算严重，工程进度款支付难以保证。

针对国际金融危机加速蔓延，全球经济受到严重冲击，我国经济增长出现减缓趋势的情况，中央在11月对宏观经济政策作出重大调整，变稳健的财政政策为积极的财政政策，变从紧的货币政策为适度宽松的货币政策，把防止经济出现大的滑落作为当前经济工作的首要任务，重拳出击，紧急出台一系列扩大内需促进经济增长的财政、金融、房地产、产业、外贸等政策措施。宏观调控政策的重大转变，不仅有利于克服全球经济下滑对我国经济带来的不利影响，更为我市落实“314”总体部署，夯实发展基础，实现逆势发展提供了重要机遇，有利于及时化解国内外严峻挑战对全市经济发展的影响，有利于改善民生实现社会和谐稳定，有利于有效解决长期困扰我市的发展水平低、城乡差距大、区县不平衡、创新能力弱等矛盾和问题。同时，中央解决“重庆问题”已经上升为国家战略，《国务院关于推进重庆市统筹城乡改革和发展的若干意见》为我市促进投资上项目，加快发展上台阶提供了重要保证和支撑。当前和今后一段时期是我市加快发展的重要关口时期，在出口有限，消费市场持续疲软情况下，投资仍将是我市拉动经济的主动力。2009年全市投资面临的政策环境总体上将趋于适度宽松，这将对我市今后一个时期有效应对复杂环境和严峻形势，乘势而上，顺势而为，保持经济又好又快发展和投资稳定较快增长起到积极促进作用。

根据对经济环境与形势发展研判，2009年投资工作要以科学发展观为指导，以落实《国务院关于推进重庆市统筹城乡改革和发展的若干意见》为主线，认真贯彻市委三届三次、四次全会和《重庆市人民政府关于贯彻中央扩大内需促进经济增长部署的实施意见》的精神，充分发挥投资作为我市经济增长主动力作用，以投资带消费，以消费促生产，以生产稳就业，以就业增收入，保持投资消费双拉动的强劲动力，促进全市经济社会更好更快发展。按照高起点、长眼光、宽范围、大力度的要求，全面提速实施本届政府已定的各类建设规划，加快策划实施一大批切合重庆实际需要的大项目、好项目，积极争取中央支持并统筹安排好地方财力，带动各类社会投资，促进全社会投资稳定增长。经初步测算，预期2009年全社会固定资产投资增长18%，规模4800亿元。其中，保障性安居工程200亿元；农村民生工程和农村基础设施200亿元；铁路、轨道、公路、机场、能源等基础设施投资1500亿元；医疗卫生、教育、文化等社会事业200亿元；节能减排和生态建设工程200亿元；自主创新和产业结构调整等1400亿元；包括危旧房改造为内的房地产开发投资1100亿元；八是其他投资200亿元。策划储备一批重大项目，使全市重大项目储备达到1.2万亿元以上。

1.加强对接，争取支持。紧紧把握国家实行赤字财政政策、增加国债发行规模并向中西部地区倾斜、加快审批核准符合科学发展观要求项目的机遇，全力以赴争取国家支持。一是充分利用部市合作机制全方位加强向中央部委汇报的汇报衔接，积极争取国家在既定安排专项中加大对我市的投入，尽可能向重庆倾斜，确保落实投资计划。二是进一步对接国家新增投资的工作安排，加强信息沟通，细化工作方案，主动提出符合国家政策和投向的项目，争取国家多渠道对我市国家铁路、高速公路连接线、轨道交通、承接东部产业转移基地、小城镇基础设施、通村公路、村级综合服务中心等投资量大、产业链长和符合统筹城乡发展要求的项目予以支持。紧扣加快推进“率先西部”全面小康进程，把民生工程放在扩大内需各项建设之首，加快实施十大民生工程和十大公益项目。加快实施小流域治理、煤矿安全、食品药品安全、农村综合服务、教育卫生、文化体育等社会事业方面的新项目，集中解决民生领域历史欠账。三是加快重大项目前期工作进程。尽快完善规划、用地、环评等手续，积极对接国家钢铁等九大产业振兴规划，确保渝黔铁路新线、渝怀二线主城至涪陵段等6条铁路、200公里高速公路、轨道交通六号线一期等项目开工建设，完成巫山旅游支线机场、金佛山水库、石柱电厂、双槐电厂二期、重钢环保搬迁、巴斯夫MDI、晓星BDO、霍尼韦尔己内酰胺等项目立项审批或核准，突破炼化一体化与管道等战略项目的前期工作。

2.拓宽渠道，落实资金。引导金融机构建立与财政性投资匹配的绿色审批通道，尽快将与国家开发银行等多家银行的金融合作协议转化为实际贷款，抓紧推进轨道交通、能源、化工等一批重大项目银团贷款，继续扩大小额贷款公司、村镇银行等对中小企业和“三农”的支持，力争全年新增贷款1200亿元。积极引导企业债券、短期融资券、中期票据等直接融资，做好拟上市企业的培育和指导，力争全年发行企业债券100亿元，信托资金150亿元，促进10户企业成功上市。加快发展担保公司、融资租赁、私募股权基金、风险投资等融资方式，鼓励企业投资。营造国内外投资“避风港”，跟踪落实签约重大招商引资项目，落实好利用世行、亚行贷款统筹城乡示范项目，力争全年实际利用内资突破1000亿元，实际利用外资达35亿美元。

3.突出重点，强化保障。充分发挥重点项目投资引擎作用，2009年在继续完善“四个一百”项目框架基础上，按照“三个一批”扎实推进重大项目建设，力争全年完工40个、新开工50个左右的重点建设项目，重大前期项目取得突破性进展40个左右，完成30个左右重大招商项目签约，重点建设力争完成投资1500亿元，确保对全社会固定资产投资强力支撑。加强部门协调、落实扩大内需工作联席会议制度、联动机制、分工责任制和工作小组制，主动帮助业主推进项目报批、组织协调、建设施工工作，及时协调解决各环节相关问题，加快形成实物工作量。争取土地利用规划完成审批，增加用地指标，增强建设用地保障。

4.加强引导，严格监管。改革和完善能规划引领机制，抓紧落实鼓励引导社会投资的各项优惠政策，引导社会投资加大对经济社会发展薄弱环节的投入力度。完善要素使用管理机制，坚决制止高消耗、高污染和产能过剩行业投资，防止低水平重复建设和盲目扩张。全力做好新增中央投资组织实施工作，纪检监察、审计部门强化督查，确保投资效益。继续深化投资体制改革，逐步建立投资项目后评价、重点项目公示和责任追究制度。

（重庆市发展改革委提供）

四川省2008年固定资产投资情况和2009年投资计划

2008年，四川投资面临“5.12”汶川特大地震及金融危机的双重影响，全省认真贯彻落实中央扩大内需一系列政策措施，加快灾后美好新家园建设，加快西部经济发展高地建设。实现投资较快增长，全年完成投资7581.2亿元，增长29.5%，其中城镇投资完成6340.5亿2.6元，增长25.7%。城镇投资总量列全国第8位，增速列第18位。2009年，在国家“保增长、扩内需、调结构”方针以及灾后重建全面启动和我省止滑提速各项政策的共同作用下，预计我省投资将呈现快速增长的良好态势。

一、2008年投资的主要特点

（一）投资总量保持较快增长

1-4月全省投资保持快速增长势头，每月平均增长34.3%。受“5.12”特大地震影响，5月份投资大幅回落，同比下降7.2%。抗震救灾阶段，全省投资快速回升，6-9月平均增长35.7%。受金融危机的持续影响，加上全省房地产投资持续回落，10月份投资增速再次大幅回落，同比仅增长19.3%。随着中央扩大内需一系列政策措施的实施和灾后恢复重建项目的启动，全省投资明显回升，11、12月平均增长34.5%。

（二）投资结构出现明显调整

围绕“全省农业和农村经济发展迈上新台阶”和“一枢纽、三中心、四基地”建设，全省第一产业投资增长67.3%，交通运输业投资增长50.6%，占全社会投资的比重分别提高1和1.1个百分点。受全球金融危机和国内经济下行的影响，全省房地产开发投资仅增长7.8%，电力生产投资仅增长4.1%，占全社会投资的比重分别下降3.8和1.5个百分点。

（三）重灾地区投资开始启动

受地震灾害影响，全省重灾地区全年大部分时间投资低迷，直到1-11月，成都、绵阳、德阳、阿坝等地区投资增速仍然比全省平均水平低5.6、6.5、5.5、54.2个百分点。随着国家规划正式出台，灾后恢复重建基金逐步到位，全省在2008年底掀起灾后重建项目开工高潮，重灾地区投资开始迅速启动。12月份，成都、绵阳、德阳、广元、阿坝、雅安等重灾地区新开工项目计划总投资同比162%增长，当月完成投资554.3亿元，同比增长50.7%。

（四）全省投资后劲显著增强

2008年，全省坚持“大抓项目，抓大项目”，千方百计争取项目尽早开工，加快在建项目进度，特别是在年底掀起新开工项目高潮的带动下，全省投资规模快速增长，投资后劲显著增强。1-12月，全省全社会投资在建规模达到24933亿元，同比增长34%，其中新开工规模达到5940亿元，同比增长81.3%。2008年结转2009年的续建项目（不含农户投资）剩余工作量达10778亿元。

（五）资金到位总体较好

2008年全年投资到位资金7746亿元，超过实际完成投资165亿元，资金到位总体情况良好。根据统计数据，结合2008年财政性建设资金安排情况分析，在2008年全部到位资金中：国家预算内资金232亿元，占3%；国内贷款1264亿元，占16.3%；债券6亿元，占0.1%；利用外资130亿元，占1.7%；自筹资金5068亿元，占65.4%；其他方式融资1045亿元，占13.5%。

二、全省2008年重点项目建设情况

2008年，全省经济社会发展取得了重大成就，重大项目建设进展顺利。

（一）重大项目年度投资完成再创新高

全社会固定资产投资完成7581亿元，同比增长29.5%。省政府下达的307个续建和新开工重大项目完成投资1615亿元，同比增长61%，占全社会固定资产投资的21.3%，同比提高9.1个

百分点，超额完成年度目标任务。

（二）续建项目快速推进

169个续建重大项目完成投资1045亿元，超年度计划6%。其中南渝、邻垫、西攀、攀田高速公路、康定机场、巨石四期等62个项目已投入使用。全年新增高速公路324公里，新增铁路77公里，新增沼气池50多万口，新增电力装机128万千瓦，新增灌面22万亩，全省经济社会发展后劲进一步增强。

（三）新开工项目按期开工

全年共开工双流机场二跑道、成都铁路新客站、成灌快速铁路、东汽乐山硅材料公司太阳能级多晶硅二期、农村安全饮水、阿坝州大骨节病综合防治工程等重大项目130个，比2007年实际开工重大项目多70个；完成投资570亿元，比2007年多完成270亿元。在新开工项目中，达州石河天然气净化厂项目、美宁生态食品深加工项目等6个项目已建成投入使用。

（四）部分重大项目前期工作取得突破

新纳入铁道部规划的铁路项目前期工作进展顺利，成都至兰州铁路项目建议书已获国家批准。亭子口水利枢纽工程等重大水利工程前期工作有突破性进展。成都农产品物流交易中心等项目前期工作已基本完成。

三、全省2009年固定资产投资计划

（一）有利因素

一是2009年灾后恢复重建工作全面启动，在国家、兄弟省市和社会各界的强有力支持下，上万亿元的重建投资将推动全省投资持续快速增长；二是国家立足扩大内需保持经济平稳较快增长，将采取灵活审慎的宏观经济政策，推行积极的财政政策和适度宽松的货币政策，项目建设资金短缺的局面可能有所改善；三是价格上涨压力明显减轻，企业生产经营成本压力可能有所缓解。

（二）不利因素

一是受金融危机的影响，企业“增长减速、效益下滑”的状况从沿海向内地、从出口行业向其他行业、从中小企业向大企业蔓延，2009年这种态势可能进一步发展，影响企业投资信心，导致社会投资增长乏力；二是房地产市场继续调整，房地产开发投资意愿下降；三是全省基础设施、民生社会事业和农村投资对政府性资金投入需求巨大，但因地震灾区财力薄弱，相应的资金缺口也很大。

综合以上因素，一方面，受国际经济放缓以及国内房地产市场不景气的影响，占全省投资50%以上的加工制造业和房地产开发投资增速将有较大幅度回落；另一方面，在灾后重建投资和国家扩大内需政策的有力支撑下，全省投资今后一段时间内都将保持较快的增长。

（三）全年投资计划

总体来看，2009年全省投资将继续受全球金融危机和国内经济下行的不利影响，但同时也面临国家扩大内需和全省灾后重建的重大机遇，全省全社会投资将呈现快速增长的态势。预计2009年全年全社会固定资产投资将达到1.2万亿元，增速将达到58.3%。其中：基础设施投资完成2982亿元，占24.1%；产业发展投资完成4039，占33.7%；农村发展投资完成1676亿元，占14%；社会发展投资完成1600亿元，占13.3%；房地产开发投资完成1500亿元，占12.5%；其他投资完成293亿元，占2.4%。

四川省发展和改革委员会

贵州省2008年固定资产投资情况和2009年投资目标

一、2008年固定资产投资情况

（一）2008年固定资产投资完成情况

2008年我省固定资产投资力度继续加大，尽管年初特大低温雪凝灾害，使我省很多项目建设工作受阻，工程进度受到很大影响，但经过全省上下的共同努力，全省固定资产投资总量稳步增加，投资增长速度进一步加快，全年固定资产投资呈现出先慢后快的特点。全年

完成全社会固定资产投资1858亿元，比上年净增370亿元，同比增长24.8%，投资增速接近全国平均水平，投资增量创历史新高。城镇固定资产投资1603亿元，同比增长24.4%，其中：中央投资完成311.6亿元，同比增长27.3%，地方投资完成1291.62亿元，同比增长23.7%。按管理渠道划分：基本建设投资完成926.96亿元，同比增长24.5%，更新改造投资完成319.58亿元，同比增长26.4%，房地产开发投资完成307.84亿元，同比增长23.3%。按国民经济行业划分：第一产业完成投资16.05亿元，同比增长43.2%；第二产业完成投资679.92亿元，同比增长21.4%；第三产业完成投资907.25亿元，同比增长26.4%。我省固定资产投资的稳步增长，对确保全省经济较快增长起到了重要作用。

（二）2008年固定资产投资运行特点

2008年全省上下认真落实省委、省政府的各项部署，投资总量进一步增加，固定资产投资呈现以下特点：一是全省固定资产投资先慢后快。受年初特大低温雪凝灾害影响，我省城镇固定资产投资年初呈现负增长，在全省上下的共同努力下，全省固定资产投资逐步加快，全年增速接近全国平均水平。二是中央投资项目完成投资增幅较大。2008年，在国家扩大内需促进经济增长政策的推动下，我省城镇固定资产投资中，中央投资项目完成投资增幅较大，全年中央投资项目完成投资311.6亿元，增长27.3%，增速同比提高26个百分点。三是基本建设投资和更新改造投资同步增长。全年基本建设投资完成926.96亿元，增长24.5%，增速同比提高4.7个百分点；更新改造投资完成319.58亿元，增长26.4%，增速同比提高9.8个百分点；受国家政策影响，房地产投资增速有所下降，全年房地产投资完成307.84亿元，增长23.3%，增速同比下降9.5个百分点。四是煤炭开采和洗选业投资增速较快。全省煤炭开采和洗选业完成投资96.71亿元，增长88.3%，增速同比提高73.6个百分点。五是交通运输、仓储和邮政业投资增长较快。由于全省加大以交通为重点的基础设施建设力度，全省交通运输、仓储和邮政业完成投资大幅增长，全年完成投资248.84亿元，增长40.7%，增速同比提高31.8个百分点。六是第三产业投资仍然保持良好增势。2008年全省第三产业投资完成907.25亿元，增长26.4%，增速同比提高3.2个百分点，第三产业投资保持了良好增势。

二、2009年固定资产投资目标

2009年的经济发展面临着前所未有的挑战，也存在着前所未有的机遇。按照中央经济工作会议提出的“保增长、防风险、调结构、抓改革、重民生、促稳定”的要求，深入贯彻落实国家宏观调控政策，切实做好扩内需、促增长的各项工作，努力保持我省经济社会平稳较快发展。千方百计扩大投资规模，优化投资结构。针对我省经济社会发展的薄弱环节和制约因素，努力争取国家支持，加快我省民生工程、基础设施、生态环境等项目建设，进一步夯实我省经济社会发展基础。充分运用财政补助、贴息和价格调节等扶持政策，发挥政府对投资的引导作用，促进社会资金投向自主创新、产业升级、资源节约和环境保护等领域，形成固定资产投资稳步增长的后续机制。继续下大力气改善投资环境，加大招商引资力度，进一步拓宽投融资渠道。根据省委、省政府确定的工作目标，2009年我省全社会固定资产投资增长16%以上，完成全社会固定资产投资2156亿元。

三、2009年促进固定资产投资持续稳定增长的主要措施

（一）有效组织项目建设

把项目建设作为投资工作的重中之重，高度重视和发挥项目建设在投资增长和经济社会发展中的重要促进作用。一是坚持以市场为导向，提高项目建设水平。充分发挥市场配置资源的基础性作用，准确把握国内外市场需求变化，发挥企业的主体作用，加强政府的宏观指导和协调，根据市场需求选择项目，按照市场竞争规律建设项目，围绕市场潜在需求开发项目。确保项目建设符合市场需求和经济社会发展需要，不断提高项目的市场竞争力和持续发展的生命力。二是切实抓好重大项目建设。发挥重大项目对投资增长的巨大拉动作用，在“十一五”规划的重大项目总体框架下，继续推进重大项目建设，提高重大项目的规模支撑效应、结构层次提升效应和产业集群效应。把重大项目建设与产业结构优化升级结合起来，围绕全省经济社会发展的重点，谋划和建设一批科技含量高、带动能力强、发展潜力大的重大项目，带动中小项目配套和集群发展，提高产业的层次水平和竞争实力。要把重大项目建设与区域合理布局结合起来，根据不同地区产业发展的特点和优势，争取

在每个地区建设一至两个骨干龙头项目，带动地区优势资源整合，提高产业发展水平，促进地区协调发展。把重大项目建设与改善投资环境结合起来，进一步加强以水利、交通为重点的基础设施建设，注重解决薄弱环节和瓶颈制约，提高经济社会发展的支撑能力。三是建立项目协调推进机制。加强土地、环保等项目相关部门的综合协调，搞好对口衔接，加强项目建设用地、环保、资金筹措等条件的协调，同时加强项目单位与金融部门合作的协调，推动建立长期稳定的银企关系。

（二）继续抓好重点行业和重点领域的投资

交通、能源、产业发展、循环经济、社会事业、旅游产业等行业和领域项目的建设，对全年固定资产投资目标的完成起至关重要的作用。着力抓好这些行业和领域的项目建设，积极创造条件，在加强项目管理，保证建设资金，确保施工进度的同时，抓好新开工项目的前期准备工作，加快项目审批、核准和备案，优先协调解决土地和信贷供给，力争有更多符合条件的项目开工建设；进一步落实建设项目目标责任制和责任追究制，确保这些行业和领域的项目建设按期完成工作目标。积极帮助项目单位协调落实建设资金，加强与银行的沟通协调，积极引导银行贷款投向重点行业和重点领域，及时向银行发布重点行业和重点领域项目贷款信息；另外，还要积极向国家汇报、争取重点行业和重点领域项目建设用地计划，确保项目建设顺利进行。

（三）进一步拓宽投融资渠道

一是拓展财政性资金融资渠道，努力增加对公益性和非经营性项目的资金投入。同时，进一步加大同国家有关部门的沟通和联系，努力争取国家补助资金的投入，增加对我省农业、社会发展、环保等领域专项资金和中央财政扶贫专项资金的补助规模。二是采取多种形式，盘活存量资产，形成投资主体多元化和融资渠道多元化的体制和机制。我省国有资产存量中有许多没有发挥应有的作用。引进省外优强企业，推进资产重组，以增量带存量，是扩大投资来源、增强整体竞争实力的重要途径；在职工安置、债务处理等方面研究相关配套政策，多渠道筹措改革成本。同时，把初级产品特别是农产品的深加工、收费公路经营权出让转让、旅游景区及市政公用设施的特许经营等作为招商引资的重点，积极采取多种市场融资方式，提高直接融资比重。三是按照项目特性确定不同的投融资机制，在政府之间、政府和企业之间形成合理的投资分工。四是广泛采取市场化和准市场化的融资渠道和融资方式，努力拓展经营性和准经营性项目的资金来源渠道。五是稳步扩大利用国内政策性银行和商业银行贷款融资规模。对建设周期长、投资大的项目，应积极争取国家政策性银行的贷款支持力度；对商业银行贷款融资，可采取财政贴息等手段，增强商业银行对项目发放贷款的积极性。六是加快对外开放，扩大利用外资规模，提高利用外资水平。在积极争取更多地利用国外政府优惠贷款、世界银行和亚洲开发银行等国际金融组织贷款的支持的同时，扩大对外开放及利用外商直接投资，在国家有关政策法规允许的情况下，鼓励外商直接投资能源、交通运输、生态环保以及教育、卫生、文化等基础设施和社会事业项目的建设，鼓励外商采取多种方式，参与基础设施和社会事业的投资建设和经营。七是吸引和鼓励民间资本，积极参与项目的投资、建设和经营活动。鼓励民间资本和民营企业采取独资、联合投资或与政府、国有企业合资、合作等方式，共同进行项目的投融资建设和经营活动。

（四）继续积极调整我省投资结构

第一，努力提高自主创新能力。继续抓好科技重大专项的组织实施，大力推进自主创新成果向现实生产力转化。第二，着力推进农业结构调整。大力推进草地畜牧业加快发展。一是继续扎实推进33个草地生态畜牧业产业化科技扶贫项目建设和草地生态畜牧业推进行动；二是在巩固烤烟、油菜等传统优势作物生产的基础上，大力发展马铃薯、茶叶、精品水果、中药材、花卉、辣椒等优势特色农产品。积极发展和做大做强蔬菜产业，加快优势蔬菜产业带和规模化蔬菜基地建设，大力发展木本油料，启动油茶基地建设。第三，着力推进工业结构调整。一是优化发展能源、原材料工业。二是发挥资源优势，抓住国家实施重点产业振兴规划的机遇，加快支柱产业和特色优势产业发展。三是巩固提高“两烟一酒”，扎实抓好特色食品、林纸一体化等农产品深加工，大力提升轻工业水平。四是依托三大军工基地，大力振兴装备制造业。第四，大力促进服务业发展。一是大力发展旅游业。充分利用国家扩大内需机会，完善旅游景区基础设施，提升旅游景区等级，打造一批新的特色精品旅游线路；围绕在建交通干线，提前谋划、开发一批旅游景点和民族风情游景区，为我省旅游业发展壮大打牢基础。二是加快生产性服务业发展。突出生产性服务业在信息带动、节能降耗、技术进步等关键环节上的服务效应，重点支持生产力促进中心、生产性服务业公共服务平台建设。三是依托现有及在建、拟建快速铁路和高速公路枢纽、节点，结合工农业产品集散情况，抓紧规划、启动和建设一批物资集散中心和物流园区，重点支持现代物流基础设施和物流资源共享服务平台建设，积极推进农产品批发市场和农产品冷链项目建设，大力发展现代物流业。四是积极推进电子商务应用，加快商务服务业发展；支持计算机软件及信息服务业发展壮大，充分发挥信息化对工业化、城市化的带动作用。第五，积极推进区域协调发展。充分发挥各区域的比较优势，认真抓好区域规划。

（五）继续加强基础设施建设，努力改变我省投资硬环境

进一步加强交通、水利和信息等基础设施建设。围绕构建适应经济社会发展需要的综合交通运输体系，进一步加强以公路为重点的交通基础设施建设，一方面进一步完善省内路网结构，提高路网等级标准和通达深度，另一方面建立与发达地区的快速连接，更好地承接发达地区对我省经济的辐射带动作用，尤其是加快建设贵阳至广州的快速铁路和厦蓉高速公路贵州段。加强水利基础设施建设，努力解决我省城乡缺水问题，为提高农业综合生产能力和促进农民增收打下基础。

（六）努力改善投资软环境，增强对国内外投资者的吸引力

一是加快政府职能转变。一方面着眼于长远，转变政府职能，推行首问责任制、一站式办公、客商投诉督办等行之有效的办法，建立便捷服务、预约服务、特事特办制度，逐步推进办事程序的规范化、科学化、公开化，努力建立“行为规范、运转协调、公开透明、廉洁高效”的行政管理体制，进一步健全各项规章制度，做到依法规范行政，积极推进政务公开，自觉接受社会和群众监督，简化项目审批程序，减少办事环节，做到优质高效行政；另一方面从具体工作入手，着力解决影响投资环境的突出问题，严格按政策办事，及时妥善解决征地、拆迁等方面存在的问题，保护投资者合法权益。二是强化项目服务。努力建立起一套专家参与、政府推荐、法人决策的项目建设机制，不断拓宽推荐、筛选项目的新途径。

（七）加强项目前期工作，继续加大项目谋划力度尤其是重大项目谋划力度

谋划项目是做好项目前期工作，促进投资即期增长的基础和起点，重大项目又对全省经济社会发展具有举足轻重的作用。因此，必须按照实现贵州经济社会发展历史性跨越的要求，根据国家扩大内需中重点支持的方向和国家产业政策规定的准入条件，抓好一批重大项目的谋划工作。一是按照国家扩大内需支持的重点领域，有针对性地谋划一批重大民生工程、“三农”项目、重大基础设施项目、节能减排项目、生态环境项目、自主创新项目以及社会事业项目；二是立足推进结构调整，发挥资源优势，在推进农业结构调整、能源和原材料基地建设、支柱产业和特色优势产业、服务业发展等方面谋划好一批项目，争取国家扩大内需投资和银行贷款的支持。

（八）注重项目申报与项目实施的有机结合

全省固定资产投资增长，不仅取决于项目申报的好坏，同时取决于项目实施的好坏，此外，项目能否顺利申报，国家是否给予支持，也在很大程度上依赖于项目实施情况。因此，各地、各部门必须高度重视项目实施工作，改变过去重项目申报、轻项目实施的状况，使项目申报与项目实施工作有机结合起来，真正做到项目要得来、实施好、运行畅、效益高。

（九）抓好地方配套资金的落实，确保资金按时足额到位

从项目审批、资金安排等环节入手，切实解决好地方配套资金落实到位差的问题；督促和监督各级地方政府统筹合理地安排落实好建设项目已承诺的配套资金，按照“确保收尾项目，满足在建项目，兼顾新开工项目”的要求安排好地方配套资金，使收尾项目早日发挥效益，续建项目按合理工期加快建设。

（贵州省发展改革委投资处）

云南省2008年固定资产投资情况

2008年，省委、省政府在党中央、国务院的正确领导下，深入贯彻落实科学发展观，积极应对复杂多变的国内外经济发展环境，带领全省各族人民坚定信心、振奋精神、顽强拼搏、攻坚克难、抢抓机遇、锐意进取，克服了冰冻雨雪、地震、泥石流等特大自然灾害和国际金融危机冲击的不利影响，走过了极不寻常、极不平凡的一年。全省国民经济保持了平稳较快发展，民生不断改善，社会更加和谐，各项社会事业全面进步。

2008年全社会固定资产投资规模达到3526.6亿元，比上年增长26.0 %。分城乡看，城镇投资完成3106.24亿元,增长27.1%；农村投资420.36亿元，增长18.4%（见下图）。

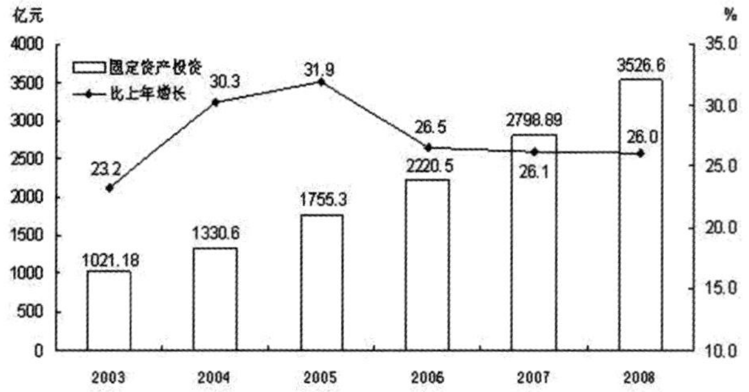

2003—2008年全社会固定资产投资及其增长速度

在城镇投资中，第一产业投资97.56亿元，增长1.1倍；第二产业投资1247.19亿元，增长30.4%，其中工业投资1231.68亿元，增长25.9%；第三产业投资1761.48亿元，增长22.2%（见下表）。

2008年分行业城镇固定资产投资及其增长速度

单位：亿元

行　业	投资额	比上年增长%
总　计	3106.24	27.1
农、林、牧、渔业	97.56	114.2
采矿业	165.27	58.1
制造业	442.35	48.6
电力、燃气及水的生产和供应业	624.06	19.2
交通运输、仓储和邮政业	337.40	−14.0
信息传输、计算机服务和软件业	61.36	14.6
批发和零售业	72.44	94.4
住宿和餐饮业	30.03	38.0
金融业	5.61	34.8
房地产业	652.57	27.8
科学研究、技术服务和地质勘查业	8.92	17.0
水利、环境和公共设施管理业	324.72	81.7
居民服务和其他服务业	4.30	35.4
教育	69.06	21.2
卫生、社会保障和社会福利业	26.22	63.1
文化、体育和娱乐业	34.3	48.3
公共管理和社会组织	125.21	1.0

全年房地产开发投资完成557.59亿元，比上年增长31.9%，其中，商品住宅投资423.77亿元，增长32.2%；办公楼投资12.13亿元，增长87.9%；商业营业用房投资57.36亿元，增长28.5%。全省商品房屋施工面积5376.3万平方米，增长25.0%；竣工面积1051.23万平方米，增长3.4%;商品房屋销售面积1643.35万平方米，下降16.8%，商品房屋销售额440.46亿元，下降9.2%。

全年改建和新建农村公路2.5万公里；腾冲机场顺利通航，昆明新机场全面开工建设，丽江、香格里拉等6个机场改扩建工程全面推进；向家坝电站实现截流，景洪电站三台机组并网发电，全年新增电力装机容量394万千瓦。

（摘自云南省2008年国民经济和社会发展统计公报）

西藏自治区2008年经济综合发展和固定资产投资情况

2008年，全区各族人民在自治区党委、政府的正确领导下，坚持以科学发展观为指导，紧紧围绕新时期西藏工作指导方针，大力实施“一产上水平、二产抓重点、三产大发展”的经济发展战略，进一步加大宏观调控力度，经受住了多方面的严峻考验，切实克服了“3•14”事件带来的严重负面影响，战胜了仲巴和当雄地震、山南及部分地区暴雪等重大自然灾害，积极缓解国内“5•12”汶川特大地震、世界性金融风暴等国内外不利因素的影响，在艰难曲折中实现了“三个确保”的目标任务，有力地促进了国民经济的持续、健康、较快发展，人民生活有了新的提高，社会等各项事业取得了新的成就。

一、经济综合发展

初步核算，2008年，实现全区生产总值（GDP）395.91亿元，按可比价格计算，比上年增长10.1%。

其中：第一产业增加值60.51亿元，增长6.0%；第二产业增加值115.76亿元，增长7.9%；第三产业增加值219.64亿元，增长12.4%。人均GDP达到13861元，增长9.0%。在全区生产总值中，第一、二、三产业增加值所占比重分别为15.3%、29.2%、55.5%，与上年相比，第一产业比重下降0.7个百分点，第二产业提高0.4个百分点，第三产业提高0.3个百分点。

全区居民消费价格总水平比上年上涨5.7%。其中：城市上涨5.7%，农村上涨5.7%。服务项目价格上涨2.6%；消费品价格上涨6.4%。在各类消费品中，除娱乐教育文化用品及服务类价格下降1.0%外，其余七大类均有不同程度的上涨。价格上涨幅度较大的是食品、居住类，分别上涨12.1%和6.6%。商品零售价格上涨3.9%。农业生产资料价格上涨3.2%。工业品出厂价格上涨5.6%。

年末全区从业人员163.07万人，比上年末增加4.92万人。其中，城镇新增就业1.9万人。

二、固定资产投资

全年全社会完成固定资产投资总额303.33亿元，比上年增长12.5%。其中民间投资92.88亿元，增长8.7%。

按经济类型分：国有经济完成投资196.91亿元，比上年增长13.5%；集体经济完成投资1.92亿元，下降62.6%；其他各种经济类型完成投资72.74亿元，增长28.7%；个人投资31.76亿元，下降8.0%。按城乡分：城镇完成投资265.37亿元，比上年增长15.8%；农村完成投资37.96亿元，下降6.3%。在农村投资中：农户投资32.81亿元，下降6.6%；农村集体投资0.58亿元，增长1.8%。按产业分：第一产业15.99亿元，增长1.5%；第二产业64.74亿元，增长63.6%；第三产业222.60亿元，增长3.9%。

全年房地产开发投资12.97亿元，增长57.0 %。房地产开发施工房屋面积135.20万平方米，比上年增长120.9%；竣工房屋面积45.06万平方米；商品房销售面积63.27万平方米，增长4.8倍。

从资金来源渠道看，全年共到位资金391.31亿元，比上年增长12.4%。其中：国家预算内投资230.30亿元，增长9.7%；国内贷款4.68亿元，下降4.4%；自筹资金94.77亿元，增长15.0%；其他投资58.76亿元，增长21.8%。

（摘自2008年西藏自治区国民经济和社会发展统计公报）

陕西省2008年经济运行情况和2009年经济发展目标

一、2008年经济运行情况

2008年，在省委省政府的正确领导下，全省上下齐心协力，抗击冰雪和特大地震灾害，采取积极应对措施抵御金融危机的影响，认真贯彻落实科学发展观，围绕建设西部强省扎实有效地推进各项工作，全省经济继续保持又好又快发展势头。

2008年全省实现生产总值6851.32亿元，增长15.6%；规模以上工业企业完成工业增加值2988.07亿元，增长21%；全社会固定资产投资总额4851.41亿元，增长33.2%；社会消费品零售总额2256.09亿元，增长25.3%；累计进出口总额83.29亿美元，增长20.9%；财政总收入1104.36亿元，增长23.7%，财政总支出1428.52亿元，增长35.5%；城镇新增就业29.8万人，城镇登记失业率3.9%。城镇居民人均可支配收入12858元，农民人均纯收入3136元，分别增长19.5%、18.6%，扣除价格因素后实际增长12.5%、10.6%。

（一）固定资产投资与重点项目建设情况

1.固定资产投资运行情况。全省投资继续保持平稳快速增长，全社会固定资产投资完成4851.41亿元，增长33.2%。其中，城镇固定资产投资4510.44亿元，增长32.9%；农村固定资产投资324.71亿元，增长31.9%。主要呈现以下特点：

从三次产业投资看，全省城镇投资第一、二、三产业分别完成投资90.37亿元、1727.86亿元和2692.19亿元，分别比上年增长56.9%、32%和32.7%。在第一产业中，农业投资19.19亿元，林业投资18.31亿元，分别比上年增长92.5%和11.6%。在第二产业中，工业完成投资1693.93亿元，增长32.1%。其中，采矿业完成投资425.57亿元，增长5.5%；制造业完成投资938.68亿元，增长59.2%；电力、燃气及水的生产和供应业完成投资329.68亿元，增长13.8%。在第三产业投资中，住宿和餐饮业投资65.63亿元，增长45.7%；卫生、社会保障和社会福利业投资38.79亿元，增长80.5%；水利、环境和公共设施管理业投资423.23亿元，增长39%。

从投资重点看，能源化工、装备制造等优势产业投资保持较快增长，分别完成975.19亿元、319.5亿元，增长23.6%和48.9%。房地产开发投资保持较快增长，完成749.23亿元，增长40%；商品房屋销售额438.1亿元，增长14.4%。自主创新、结构调整和环境保护投资力度，环境保护和节能减排90.9亿元，增长35%；高耗能、高污染行业投资得到遏制，造纸业下降9.3%。

从经济类型看，国有经济完成投资2208.95亿元，比上年增长24.1%；集体经济完成投资398.62亿元，比上年增长75.5%；其他经济完成投资2041.99亿元，比上年增长36.7%；城乡个人完成投资201.85亿元，比上年增长42.9%。

从资金来源看，国家预算内资金466.17亿元，占9.6%；国内贷款697.72亿元，占14.4%；利用外资31.38亿元，占0.6%；自筹资金3126.80亿元，占64.5%；其他资金526.26亿元，占10.8%。

2.重点项目建设情况。省重点建设项目110个，年度计划投资835亿元，实际完成投资1266亿元。

（1）84个续建项目总投资2868亿元，年度计划投资745亿元。能源化工项目17个，主要有神木锦界电厂二期、蒲城电厂三期、府谷庙沟门电厂—三道沟煤电一体化一期、汉江蜀河水电站、柠条塔煤矿、延长石油集团煤化工项目等，这些项目的实施使陕西电力装机大幅增长、煤炭产能建设不断加快、石油天然气工业稳步发展、化工产业链条不断拉长，能源化工对全省经济发展的支柱作用更加突显。装备制造项目17个，主要有陕西重型汽车有限公司重型卡车生产线及配套设施建设项目、宝鸡石油机械有限责任公司钻机成套及部件生产建设项目、法士特年产12万台多档位重型汽车变速器技改项目、比亚迪汽车有限公司家用轿车及电动汽车项目、中钢集团西安重机有限公司易地搬迁改造项目、2万吨锻钢轧辊制造及提高热加工生产能力项目等，有力的推动了装备制造产业集群化发展，具有核心竞争力的大企业大集团进一步壮大，促进了振兴装备制造业各项年度目标任务的完成。高新技术项目5个，为中国飞机强度研究所阎良试验基地项目、移动通信(TD-SCDMA)系统设备产业化项目、8万吨模锻液压机重大装备（一期）、半导体封装测试项目、全球发展中心及半导体设备制造项目等，推进了企业技术进步，促进了产业优化升级。基础设施项目26个，主要有太原至中卫（银川）铁路(陕西境内)、包头至西安铁路陕西段、郑州至西安铁路客运专线、地方铁路支线工程、全省农村公路建设、青兰高速陕西境、榆林机场迁建、西安咸阳机场二期扩建工程、引红济石调水工程、引石过渭工程、地铁二号线(北客站-长延堡段)等，通村公路进一步完善，高速通车里程进一步增加。社会事业发展及民生项目14个，中西部农村初中校舍改造工程、乡镇综合文化站建设工程、新时期广播电视“村村通”工程、全省农村卫生服务体系建设项目、国家重点红色旅游景区建设项目、农村饮水安全工程等，进一步带动了教育、卫生、文化、科技等各项社会事业发展。节能减排及环境整治项目5个，灞桥热电厂“上大压小”项目、渭河发电厂“上大压小”热电联产项目、丹江口库区及上游水污染防治和水土保持工程、采煤沉陷综合治理、浐灞河综合治理及基础设施项目等，淘汰落后产能，促进循环经济发展，美化了环境。

（2）26个计划新开工项目总投资566亿元，年度计划投资90亿元，新开工项目开工率达到100%，是近年来最好水平。7个能源化工项目，延长石油油品管道工程，基本建成，部分投入试运行；汉江旬阳水电站、红柳林煤矿、张家峁煤矿等完成项目核准、初步设计审批，开工建设。7个装备制造项目，西安电力机械制造公司研发中心建设、汉川机床集团有限责任公司大型数控机床制造基地项目、临渭区高压开关设备核心组件生产项目等完成部分土建及设备安装。3个高新技术项目，　西安国家服务外包示范基地建设（一期），部分单体完工；西安亨通光华泰乐菌素三期扩建项目，完成部分设备安装。4个基础设施项目，西安至平凉铁路工程，年内进行征地、桥遂施工；陕西电网主网架及电厂送出工程，年底完成征地，部分项目开工建设。3个社会事业发展及民生项目，城市社区卫生服务机构建设项目，完成50个社区卫生服务中心，服务站建设；世园会会址建设及其配套（2011年西安世界园艺博览会）项目，完成广运潭东路的建设及世园会会址的规划、设计和初步建设。2个节能减排项目，铜川水泥“上大关小”及余热利用新型干法生产线项目，进行部分土建及设备安装；陕西兴化集团有限责任公司节能及综合利用技改项目，征地完成，三通一平完成，完成长周期设备订货。

（二）工业经济运行情况

在2008年各种困难不断增加的情况下，工业继续保持较快增长，创20年来最高增速。2008年，全省规模以上工业企业完成工业增加值2988.07亿元，比上年增长21%，增幅同比加快1.4个百分点；完成工业总产值7322.92亿元，增长31.9%，同比加快4.6个百分点。能源化工工业、装备制造工业、食品工业、非金属矿物制品业和有色冶金工业共完成工业总产值6717.58亿元，占工业总产值的91.7%，对工业的贡献率达94.41%。其中，能源化工工业完成3564.3亿元，增长37.6%；装备制造工业1561.02亿元，增长24.7%；食品工业583.85亿元，增长26.2%；非金属矿物制品业204.07亿元　，增长54.8%；有色冶金工业804.33亿元，增长32.2%。多数工业产品产量保持较快增长。其中，原煤生产量2.26亿吨，同比增长18.8%；天然原油2463.6万吨，增长8.7%；天然气143.79亿立方米，增长30.6%；发电量815.15亿千瓦小时，增长16.7%。

（三）经济结构调整情况

企业自主创新能力增强，产业结构优化升级。航空、航天、新材料等产业基地建设加快，超高温复合材料工程化中心、大型航空模锻液压机等孵化器平台项目进展良好，太阳能光伏电池、集成电路封装测试等项目成功落地，高精度钛及钛合金管材等一批项目开工建设。电子信息、生物医药等领域的一批重大产业化项目进入国家高技术产业发展项目计划。按照国家大飞机项目统一部署，飞机强度试验中心、航空科技创新服务中心等一批重点支撑项目建设加快，飞机起落架、发动机叶片、机载系统研制等一批产业项目实质性启动。传统优势产业活力增强，装备制造业在调整中优化。继陕重汽、比亚迪等整车生产企业之后，西安中集、榆林东方等6家新建专用汽车企业取得了国家资格。兰碳产业进入国家目录，通过提高起点、规范发展，新增产能2800万吨。建成县域工业园187个，引进各类企业3020个，形成有特色的产业集群263个。着力推动区域协调发展，陕南三市在加大基础设施建设力度的同时，培育和新上了一批重大产业化项目，全年投资增幅达到40.7%，超过全省平均水平8.7个百分点。

二、2009年经济发展主要任务

（一）经济发展总体思路和设想

2009年，全省继续以科学发展观为统领，深入贯彻落实中央扩大内需、保持经济增长的政策措施，把保持经济平稳较快发展作为首要任务，把加快发展方式转变和结构调整作为主攻方向，以实施项目带动战略促进投资持续增长，以增加投资和刺激消费着力扩大内需，以壮大县域经济统筹城乡发展，以加快资源转化发展特色优势产业，以开展节能减排攻坚带动循环经济起步，以强化招商引资承接东部产业转移，以实施民生八大工程提升公共服务水平，以创新重点领域的体制机制深化改革，努力实现科学发展上水平。

（二）固定资产投资计划和投资建设重点

1. 固定资产投资和重点项目安排计划。

2009年，全省全社会固定资产投资预期完成6300亿元，增长30%以上。其中：农林水利91亿元，工业（不含煤电油气）1703亿元，煤、电、油、气等能源776亿元，交通680亿元，房地产开发945亿元，环境保护和节能减排128亿元，城市基础设施380亿元，自主创新和结构调整50亿元，社会事业390亿元。

计划安排省级重大建设项目319个，估算总投资1.25万亿元。其中在建项目150个，年度投资1110亿元。包括西安至平凉铁路、西宝高速公路扩建、西安地铁、宝鸡至德阳500千伏输变电外送工程等38个基础设施项目，年度投资412亿元；电源建设、煤炭产能、油气扩产、深度转化等42个能源化工项目，年度投资421亿元；金堆城钼加工、中联重科工程机械、陕鼓大型透平装置等44个装备制造和高技术项目，年度投资116亿元；农村卫生服务体系、农村饮水安全等13个社会事业及民生项目，年度投资47亿元；西安西郊热电厂“上大压小”、陕化节能减排技改、丹江口水库及上游水污染防治和水土保持等11个节能环保项目，年度投资107亿元。新开工项目45个，年度投资233亿元。包括西宝、西汉蓉铁路客运专线，延安机场迁建，西安浐灞世博园、百县工业园等。年内建成郑西客运专线、安康至武汉铁路复线，宝鸡至牛背、西安咸阳机场专用高速公路，咸阳多晶硅等30个项目。新增高速公路里程302公里，铁路里程469公里，发电装机180万千瓦，煤炭产能3000万吨，油气产能200万吨。

安排省级重大前期项目169个，总投资6680亿元。包括引汉济渭调水主体工程、关中城际铁路、榆绥高速公路、西安地铁一号线咸阳段、西安半导体产业园、大飞机专项、中国西安影视城、曲江文化园等。

2、投资建设重点任务。

（1）是加大财政投入。省级基本建设投资规模提高到30亿元。省财政将安排资金，用于优势产业技术改造、产业升级、重点产业项目建设贷款和流动资金贷款的贴息。省财政安排资金2.5亿元，支持旅游业以及现代物流、会展、服务外包等现代服务产业发展。

（2）是加大基础设施投入力度。重点建设新“十大铁路工程”，总投资超过940亿元。包括：新建西安—汉中—成都铁路快速客运通道；西南铁路西安至合肥段增建二线；西安客站改扩建及西安铁路物流中心、综合性货场建设；侯西线增建二线及包西线黄陵联络线；新建兰渝线—阳安线间联络线及阳安线增建二线；新建安康—张家界—常德铁路；新建西安—银川铁路；西安—平凉铁路增建二线；既有陇海线扩能改造；新建关中城际铁路网。同时，新建西安宝鸡客运专线。

（3）是加快重点工业项目建设。重点支持大飞机、支线飞机制造和能源化工产业、重大煤田开发及重大科技成果转化项目。加快建设阎良国家航空高技术产业基地和配套的五个园区。加快推进重点能源化工项目和重大装备制造项目建设，开工建设神木锦界电厂三期、兖矿煤间接液化、金鸡滩煤矿、大唐府谷180万吨甲醇及深加工、澄城1500吨多晶硅、金堆城钼业技改、新型工业汽轮机产业化等20个重大项目。

（4）是加速推进民生八大工程。2008年我省提出实施民生八大工程，未来五年将投入1118亿元，用于促进教育、就业、公共卫生、农村安全饮水、沼气等关系民生领域的发展。今后一个时期，要进一步细化和落实年度工作目标及工作方案，积极落实建设资金，加快项目建设，确保早日建成发挥效益。加紧出台民生八大工程项目管理办法，确保民生项目有序推进，合规建设，准时完成，发挥效益。

（5）是加大环保节能项目建设力度。加快建设渭河流域54个污水处理厂和28个垃圾填埋场项目，2009年底前规划的污水处理厂基本建成。加强汉丹江流域污水和垃圾处理项目建设进度，全面启动陕北污水和垃圾处理项目。加快实施“十大重点节能工程”，抓紧8个日产2000吨以上水泥低温余热发电项目、7个企业焦炉煤气回收利用项目、2个电石企业余气利用项目建设，确保重点企业实现年节能130万吨标准煤的目标。

（6）是高度重视服务业项目建设。我省三产投资增幅明显低于一产、二产，保持服务业快速增长并逐步提高其所占比重的后劲严重不足。要按照服务业发展规划，加强西安国际港务区、咸阳空港物流园区和陈仓物流园区为主的现代物流等服务业项目建设，力争近期服务业投资赶上全省投资增速，中长期超过全省投资增速，其中西安、咸阳、杨凌等市区应更高一些，以此确保服务业快速发展，在全省经济总量中的比重逐步回升。

（7）是加快灾后恢复重建步伐。我省明确要求灾后重建三年任务两年完成，明年将是关键的一年。按照国家灾后重建规划和省内实施规划，我省将在保证工程质量的前提下，加快灾后重建项目建设步伐，确保灾后重建任务按时、有序完成。我省将及时将中央资金拨付到位，确保资金安全。省级财政安排20亿元建立灾后恢复重建基金，今年已安排5亿元，明年安排10亿元。

（8）是做好重点区域开发建设。抓紧启动实施鄂尔多斯盆地和关中—天水经济区发展规划内项目。加强县域园区规划建设，省财政将安排1亿元，支持县域工业园区建设。在今年实施关中百镇建设的基础上，明年再增加100个镇，在陕南、陕北也分别确定50个重点镇。省财政支持资金提高到2亿元。进一步完善、调整15个扩权县（市）发展的体制机制，加强对扩权县发展规划、优势产业发展、项目谋划与管理等方面的指导，增强扩权县（市）的发展活力。

（三）调整和优化产业结构

1. 做大做强装备制造业。贯彻落实国家九大产业振兴规划并提出我省的实施意见。积极推动关中装备制造企业与陕北能化企业对接，大力开发能源化工装备制造。继续支持西电集团、陕汽集团、陕鼓集团等整合省内相关企业，创建陕汽、法士特等大型企业集团国家级工程研究中心和企业技术中心，积极推进产业集群发展。尽力争取国家专项，用好省装备制造业发展专项资金，支持重点出口企业、先进技术及设备引进、技术创新体系、集群企业配套体系建设等项目，下大力气引进一批高端技术和关键设备，提升企业核心竞争力。全省装备制造业工业总产值达到2100亿元以上，主营业务收入超过2000亿元。

2. 建立和完善创新体系。加快推进西安高新区创建世界一流园区步伐。着力搞好四大体系建设，即加速制造国家工程研究中心、超导制备技术国家工程实验室等4个国家创新平台建设；航天航空、电子信息等重点领域4个国家级和10个省级创新平台建设；西安综合性国家高技术产业基地10大公共服务平台项目建设；软件与服务外包、集成电路、生物产能等八大产业集群建设。继续推进“13115”科技创新工程，用好国家关键领域自主创新和产业化专项。打造半导体照明、半导体功率器件、太阳能光伏三条产业链，开工建设半导体产业园区，推进西电公司特高压直流输变电设备生产基地、高纯硅材料加工基地以及宝石石油连续管和套管、宝钛核电镐管、西船大功率风力发电机组的产业化和规模化，争取尽快形成新的生产能力，提升新兴产业的市场份额和竞争力。

3. 切实抓好能源化工的深度转化。以陕北能源化工基地、关中能源接续地建设和陕南水电开发为重点，以工业园区和重大项目建设为切入点，实施规模化、基地化、集约化生产，引导高载能企业运用先进技术及装备，实施资源的深度勘探，开发利用的深度转化、产业链条的深度延伸。按照循环经济模式，布局建设煤电铝一体化、硅材料研发制备加工一体化、兰碳原材料选取提炼应用一体化等项目。加快长庆“八大工程”建设，稳定油气产量增长，切实有效地抓好煤炭、电力、油气、化工等领域的51个重大项目，特别是具有引领意义的神化陶氏煤化工、衮矿煤液化、延长100万吨乙烯项目，确保在2009年上半年第八次基地建设会上再有一批大型项目开工。

4. 加快发展服务业。落实省政府关于大力发展服务业的意见，突出交通物流、文化和旅游三个领域，强化金融、会展、创意、服务外包四大产业，巩固提高传统服务区，扶持壮大新兴服务业，安排2.5亿元专项资金促其加快发展。进一步完善现代物流业发展规划，加快推进西安国际港务区、咸阳空港产业园、宝鸡陈仓物流园区建设步伐，积极做好榆林能源化工基地物流园区前期工作，认真抓好西瑞、西粮、西部欣桥、白水苹果、大明宫建材、大件运输以及黄马甲等330个总投资610亿元的物流重点项目。

5. 促进区域协调发展。关中地区，加速推进关中—天水经济区规划审批并进入实施。加快关中城市群特别是小城镇建设，实质性推进西咸一体化进程。充分发挥西安综合性国家高技术产业基地、宝鸡新材料工业基地等功能，提高在全国的影响力和示范作用。陕南地区，围绕装备制造、有色冶金、绿色食品、生态旅游四大产业，增加投入，搞好园区建设，重点推进汉中大型数控机床基地、万锭纺纱扩建，安康30万吨生物柴油、阳晨20万吨饲料加工，商洛大西沟铁矿开发、西部鑫兴钼业深加工等项目。陕北地区，贯彻落实省委省政府赋予的特殊政策，配合能源化工基地建设，围绕资源的深度转化，大力发展具有地方特色的优势产业，搞好资源枯竭地区的企业转型和沉陷区的治理，推动生态环保和可持续发展。大力发展县域经济，以工业园区为载体，制定全省县域工业化发展规划，建立县域工业发展指标体系。实施“百千万中小企业发展工程”，支持县域充分发挥当地资源优势，加快形成区域性主导产业和支柱产业。

三、有关政策建议

1. 加大政府对新兴产业投入力度。在保持经济平稳较快发展的同时，要结合重点产业调整和振兴规划的实施，加大结构调整力度，特别是要大力推进清洁能源、光伏、环保、生物医药等新兴产业的发展。建议国家加大对新兴产业的支持，确保在危机之后有一批产业占据制高点。同时，由于扩大投资与土地、环评的矛盾增加，建议国家加大部门之间协调力度，简化项目审批手续，加大土地、环评等保障支持力度。

2. 降低中央投资项目配套比例。我省经济基础相对薄弱，基础设施和民生建设方面欠账多，生态环境改善压力大，灾后恢复重建任务重、资金缺口大，加上财政配套能力有限，建议中央在安排中央预算内和国债项目时，进一步提高对我省的补助比例，特别是在农村民生和基础设施、社会事业等公益性方面大幅度降低配套比例或不要求配套。

3. 进一步完善地方政府债券政策。在制定和完善地方政府债券政策方面，一是建议继续实行中央代理发行地方政府债券政策，保持政策的连续性，并逐步探索和建立发债、用债、还债的循环机制，以有效帮助地方财政解决资金困难的问题。二是建议在有效控制发债风险的基础上，根据各省财政实力，逐步加大发行地方政府债券规模，到2010年发行总量达到3000亿元。三是建议逐步拓宽使用范围，特别是允许地方政府债券安排用于安排铁路、公路、机场等重大基础设施建设项目，同时适当放宽地方政府安排项目的自主权。

4. 理顺资源能源价格。主要采用经济手段解决当前电煤、成品油、供热等由价格引发的供需矛盾。改革资源税费制度，完善资源有偿使用制度和生态环境补偿机制。

5. 加大对中小企业发展的资金支持。中小企业发展处在初级阶段，内部管理很不完善，也不能要求过高。在促进中小企业内部结构调整、加强管理的同时，政府也要加大引导支持力度，贴息资金主要向中小企业倾斜。

（陕西省发展和改革委员会）

甘肃省2008年固定资产投资情况

2008年，甘肃省确定全年固定资产投资增长目标为17%，投资计划1533亿元。在各市州、各部门及项目建设单位的共同努力下，全社会固定资产投资保持了快速增长势头，全年实际完成投资1735.79亿元，同比增长32.47%。其中，城镇投资1495.64亿元，同比增长27.02%；农村投资202.02亿元，同比增长52.0%。全社会固定资产投资形势较好，主要呈现以下特点：

1. 固定资产投资增速创出新高。在国家扩大内需政策推动下，全社会固定资产投资四季度增势强劲，总量迅速攀升。全年累计完成固定资产投资比上年净增425.41亿元，增速比2007年提高4.61个百分点，比年初确定的年度增长目标高出15.47个百分点，是我省自1994年以来最好水平。在重大项目建设和固定资产投资的带动下，我省实现生产总值3176.11亿元，增长10.14%。

2. 第二产业投资增长较快，第一、三产业投资平稳增长。在全社会投资中，第一产业投资84.24亿元，增长21.9%，增速比上年加快1.4个百分点；第二产业投资834.38亿元，增长39.6%，增速比上年加快2.8个百分点；第三产业投资817.17亿元，增长27%，增速比上年加快5.7个百分点。从三次产业投资所占比重来看，第一、三产业分别下降0.42个、2.01个百分点，第二产业提高2.43个百分点。

3. 国家预算内投资增长较快，银行贷款到位相对缓慢。从全社会投资的资金来源看，国家预算内资金到位198.1亿元，增长68.2%，增速比上年加快58个百分点；国内银行贷款到位304.1亿元，增长16.7%，增速比上年下降16.3个百分点，所占比重也下降2个百分点；利用外资到位13.3亿元，增长18.2%；自筹资金到位955.8亿元，增长28.9%；其它资金到位264.5亿元，增长47.3%。

4. 房地产开发投资增速平稳，商品房销售呈下滑趋势。全省房地产开发投资完成170.69亿元，增长27.32%，投资完成量比上年增加36.62亿元。全年房地产投资增速呈现逐月下降趋势，其中，3月末增速最高，达46.06%，10月末增速最低，为25.82%，12月末又小幅上升至27.32%。全年房屋施工面积1914万平方米，增长3.3%，其中新开工面积778万平方米，增长11.8%。受金融危机和全国房市低迷影响，商品房销售呈下滑趋势。全年房屋销售面积471万平方米，同比下降20.4%；销售额102亿元，同比下降20.9%。

5. 扩大内需政策支持的相关行业投资增长较快。全年城镇完成投资中，教育完成投资32.01亿元，增长

58.78%；农林水利完成投资68.75亿元，增长45.32%；电力建设完成投资245.75亿元，增长43.97%；采矿业完成投资77.38亿元，增长35.4%；公路交通完成投资83.69亿元，增长9.51%。这些行业是我省投资的着力点，也是国家扩大内需中央投资和政策支持的主要方面，行业投资呈现较快增长态势。

6.重点项目建设进展顺利。省政府确定全省重点建设项目48项，总投资1640.5亿元，2008年计划投资376.4亿元。全年实际完成投资430亿元，占当年计划的114.2%；到位资金396亿元，占当年计划的105.2%。其中，九甸峡水利枢纽工程基本建成，全省农村水利和农业发展的基础设施条件得到了进一步改善；兰青铁路二线、天水军民合用机场建成投运，增强了全省交通运输能力；大唐西固热电公司热电联产"上大压小"改扩建工程、黄河柴家峡水电站和白龙江麒麟寺水电站建成发电，使全省发电装机容量达到1538万千瓦，进一步提高了电力供应能力；金川公司富氧顶吹镍熔炼项目、兰铝3×300MW自备电厂建成投产，大型骨干企业的生产能力和经济效益进一步提高。

为了进一步贯彻落实国务院扩大内需、促进经济增长的一揽子政策措施，继续发挥投资拉动经济增长的重要作用，2009年甘肃省确定固定资产投资计划增长20%以上，达到2083亿元。为此，全省将以扩大内需为契机，准确把握国家投资方向，认真研究产业政策，组织实施一大批基础设施、基础产业和社会公益性项目。进一步抓好扩大内需中央投资项目的建设实施和管理工作，在保证工程质量的前提下，抢抓施工时间，全力加快项目实施进度，争取完成更多投资工作量。重点抓好交通能源、农林水利、工业企业、电源电网、教育卫生、城市基础设施以及保障性安居工程、节能降耗等方面的项目。继续实行投资目标考核责任制，进一步强化投资目标责任约束机制，促使固定资产投资稳定增长，拉动经济平稳较快发展。

（甘肃省发展和改革委员会）

青海省2008年固定资产投资和2009年投资计划

一、2008年固定资产投资完成情况

2008年，在省委、省政府的领导下，全省各地区、各部门紧紧围绕省十一次党代会和省十一届人大一次会议确定的工作目标，认真贯彻落实科学发展观，不断解放思想，抢抓机遇，开拓创新，努力克服重重困难和压力，确保了全社会固定资产投资的持续较快增长。全年累计完成全社会固定资产投资582.18亿元，比上年增长19.4%，超年初计划目标7.4个百分点，增幅为2003年以来最高。全年固定资产投资运行的主要特点是：

1.各类投资全面增长。全社会固定资产投资中，城镇固定资产投资累计完成513.38亿元，同比增长15.7%；农村固定资产投资完成68.8亿元，增长57.5%。按投资类型分，国有及国有控股完成投资363.22亿元，增长19.5%；民间投资完成207.83亿元，增长20.1%；港澳台及外商投资完成11.12亿元，增长5.9%。

2.资金争取落实工作富有成效。进一步加大与国家有关部委的联系衔接力度，积极组织做好项目的申报和跟踪落实工作，全年从国家发改委渠道争取落实国债和各类专项建设资金47.57亿元。进一步改进招商引资方式，开展多种形式的大型招商推介活动，多方吸引省外资金的投入；强化与金融机构的衔接协调工作，努力争取更多的信贷资金投入项目建设。全年共落实到位建设资金556.86亿元，比上年增长16.1%。其中，国家预算内资金到位75.43亿元，增长50.9%；国内贷款到位92.88亿元，增长21.6%；利用外资到位8.7亿元，增长16.3%；自筹资金到位298.9亿元，增长13%；其他资金到位80.91亿元，增长0.2%。

3.基础设施建设投资稳步增长。全年基础设施建设累计完成投资211.16亿元，同比增长11.9%。其中：交通运输完成投资98.74亿元，增长19.6%；能源供应完成投

资79.17亿元，同比增长6%；环境和公共设施管理业完成投资23.22亿元，同比增长22%。

4.房地产开发投资快速增长。在廉租住房和经济适用房建设的带动下，房地产投资呈快速增长态势，增幅提升明显。全年房地产开发累计完成投资50.38亿元，同比增长47.3%。开工建设廉租住房26.92万平方米，建成廉租住房11.5万平方米，超额完成年初10万平方米的计划任务。

5.重点建设项目进展顺利。全年46个重点项目累计完成投资201.3亿元，同比增长9.5%，超额完成年度目标任务。其中，35个续建项目累计完成投资178.6亿元，兰青铁路二线工程、柴木铁路、青海金广年产2万吨镍20万吨镍铬合金生产线、亚洲硅业1000吨多晶硅、750千伏西宁至官亭输变电工程、750千伏拉西瓦-官亭、拉西瓦-西宁输电线路工程、原子城爱国主义教育基地等项目已竣工或主体完工。11项新开工重点项目中，年产10万吨ADC发泡剂一体化工程、当金山至大柴旦公路、农村初中校舍改造、羊曲水电站、石头峡水电站、330千伏桃园输变电、750千伏西宁至永登二回线路、青海湖流域生态环境保护与治理工程、格尔木至察尔汗公路等项目已正式开工或启动。

6.重大规划前期工作扎实推进。2008年，全省坚持以规划为先导，积极推进项目前期工作，一批重大前期项目进展顺利。格尔木至库尔勒铁路，格尔木至敦煌铁路，兰新铁路第二双线，西宁曹家堡机场二期扩建，德令哈、大武和花土沟机场等基础设施项目前期工作取得重大进展；黄河龙羊峡以上水电站送出工程规划已编制完成；青海湖流域生态环境保护与综合治理工程已完成各专项规划的修编工作；牧民定居规划已初步编制完成；祁连山南麓生态保护与综合治理规划编制工作已启动。

二、2009年固定资产投资计划安排思路

1.2009年固定资产投资工作的主要目标和任务。根据青海省“十一五”发展规划，结合2009年全省投资工作面临的形势和经济发展的客观需要及项目建设实施的可能性，确定2009年全省投资工作目标为：全社会固定资产投资增长15%。这个目标较2008年计划安排提高了3个百分点，既充分考虑了经济发展中的不确定因素，又考虑到了强化投资拉动内需、保持经济平稳较快发展的客观需要，体现了坚定信心、积极进取和加快发展的要求。

2009年投资和项目建设工作的主要任务是：认真贯彻落实党的十七大和省十一次党代会精神，紧紧抓住国家扩大内需、促进经济增长和加快青海等省藏区发展的双重历史机遇，坚持把投资和项目建设工作与学习实践科学发展观活动紧密结合起来，继续扩大投资规模，加大藏区建设投入力度，推进区域协调发展；加快民生工程建设，着力解决好民生问题；加强农牧区基础设施建设，进一步改善群众生产生活条件；加快交通、能源、水利等重大基础设施建设，增强可持续发展能力；加快推进文教卫生等社会事业发展，提高基本公共服务水平；加强能源资源节约和生态环境保护，推进节能减排建设；积极培育和壮大特色优势产业，支持服务业发展，提高自主创新能力，推动经济发展方式的转变，全力以赴保持国民经济平稳较快发展，为实现更长时间、更高水平、更好质量的发展打好基础。

2.2009年重点项目安排意见。为确保2009年全省固定资产投资目标的顺利实现，继续保持重点建设项目对固定资产投资增长的拉动和支撑作用，2009年安排重点建设项目6大类52项，项目在建总规模1499.4亿元，较2008年增长55%；2009年计划完成投资249亿元，较2008年实际完成增长24%。其中，续建项目33项，2009年计划完成投资160亿元；计划新开工项目19项，2009年计划完成投资89亿元。

按国民经济行业分：农林水利项目5项，总投资143.8亿元，2009年计划投资10.8亿元；能源项目10项，总投资431.2亿元，2009年计划投资79.4亿元；工业项目18项，总投资389.4亿元，2009年计划投资57.6亿元；交通项目12项，总投资484.9亿元，2009年计划投资84.8亿元；社会事业及民生工程项目6项，总投资48.7亿元，2009年计划投资15.6亿元；城市基础设施项目1项，总投资1.4亿元，2009年计划投资0.85亿元。

三、2009年投资和项目建设主要工作

1.全力抓好项目前期准备工作。一是抓紧做好新开工项目的建设程序完善工作。进一步建立健全协调服务机制，积极前移工作关口，切实做到提前介入，源头参与，主动服务，全程监督。对属于我省审批的项目，按规定程序，力争在最短的时间内完成项目审核及建设用地、环评等手续；对需要国家审批的项目，认真做好

与国家有关部委的衔接，尽快协助业主完成项目审批程序，抓紧完备项目建设条件，抓好资金争取和项目落实工作。二是努力为项目建设创造良好的外部条件。衔接落实好拟开工项目建设所需的用电、用水及道路交通、通讯等外部配套条件，对存在的问题项目主管单位要积极主动地加强与项目业主的衔接沟通，尽快协调解决，确保项目按计划顺利实施。三是积极规划和储备一批能够带动内需、保持投资持续稳定增长、促进经济较快发展的重大项目。重点抓好湟水北干渠扶贫灌溉二期工程、三江源自然保护区生态保护和综合治理二期工程、祁连山南麓生态保护与综合治理、格尔木至库尔勒铁路、德令哈、大武和花土沟机场、黄河湖口至尔多水电开发、通天河水电开发等项目的规划和前期工作。

2. 抓紧做好建设资金筹措落实工作。一是紧抓国家扩大内需和加快藏区发展的有利机遇，围绕国家投向，结合全省发展需要，提前安排好项目的组织申报，进一步强化省内各部门的沟通联系，形成合力，加强与国家有关部委的衔接汇报，全力做好建设资金的争取和落实工作。二是加大省级预算内投资力度，重点支持一批符合国家投资导向和全省投资工作重点，能够增强经济发展活力的生产经营性项目及重大基础设施、改善民生、社会事业发展等方面的项目前期和建设工作；加大对资源类开发、产业化、重大基础设施等建设项目贷款贴息扶持力度，带动和引导银行贷款的投入，充分发挥好省级政府资金的引导扶持作用。进一步加强与开行等金融机构的合作，积极拓展政府融资平台，及时向银行做好项目推荐工作，主动配合银行做好项目评估审贷，争取更多的贷款资金用于项目建设。三是加大招商引资力度，通过产业政策支持、资金引导、改善配套条件、配置资源等多种方式，积极引导各类资金投入到基础设施建设、优势资源开发和社会事业发展等领域。支持优势企业在省内外发行债券，扩大直接融资规模，拓宽资金来源渠道，缓解资金紧缺的矛盾。

3. 加快推进民生工程建设。进一步增加投入，突出解决好民生问题，积极推进保障性安居工程建设。加大廉租住房和经济适用房建设力度，收购部分符合条件的中低价位、中小套型的普通商品房和二手房转化为保障性住房，增加政策性住房房源，着力解决好城市低收入家庭住房困难问题。加大棚户区改造和破产企业危旧房改造力度，全面启动牧民定居和农村危房改造工程，积极争取国家支持，逐步解决好群众居住问题。

4. 加大生态环境保护与建设力度。按照可持续发展的要求，加快推进生态建设工程，突出抓好环境污染治理、生态建设等方面的工作，力争取得更大实效。加快湟水流域等重点流域城镇污水处理厂、污水管网、城镇生活垃圾处理设施及区域性危险废物中转处置设施建设，努力创造整洁有序的生活环境。继续加大重点生态工程建设力度，积极推进三江源自然保护区生态保护和建设，黄河、长江源区天然林资源保护，青海湖流域生态环境保护与综合治理，黄河、长江源区水土保持，湟水河治理，重点防护林，退牧还草，退耕还林等工程进度，进一步改善生态环境质量。加强重点流域工业污染治理工程建设，加大环保监管力度，努力降低工业污染排放。

5. 进一步加强农牧区基础设施建设。继续围绕统筹城乡发展的总体要求，加大农牧区基础设施建设投入力度，解决好制约农牧业发展的突出矛盾，进一步改善农牧民生产生活条件。重点实施好农村人畜饮水安全、牧区“五配套”、农村沼气、农村公路及通电、通邮等工程建设。加快引大济湟调水总干渠、湟水北干渠扶贫灌溉一期、全省重点水源等重大水利工程建设，积极推进病险水库除险加固和湟水流域等大型灌区和节水改造工程。继续实施为农牧民办实事工程，围绕农牧民生产生活中存在的实际困难，加大投入力度，确保为农牧民办实事工程项目增加、资金增加，让农牧民得到实惠。进一步加大扶贫开发力度，组织实施好以工代赈和异地扶贫搬迁试点工程，逐步实现贫困农牧民的稳定脱贫。

6. 加快重大基础设施建设。继续加大重大基础设施建设投入力度，增强经济发展后劲。加快推进铁路、公路、民航基础设施建设，进一步优化完善交通网络体系，提高交通运输保障能力。重点抓好青藏铁路西宁至格尔木增建二线、格尔木至敦煌铁路青海境内工程、兰新铁路第二双线青海境内工程建设；加快丹拉国道西宁西过境线、贵德至大武、德令哈至大柴旦、当金山至大柴旦、倒淌河至共和等公路建设，开工建设湟中至贵德公路二期、格尔木至察尔汗公路等项目；加快三江源巴塘民用机场建设步伐，开工建设西宁曹家堡机场二期改扩建工程。加大能源基础设施建设力度，加快拉西瓦、积石峡、班多等水电站建设步伐，建设羊曲等水电站；加大城市电网改造、无电地区电力建设和农网完善工程实施力度，抓好750千伏西宁至永登西宁间隔扩建工程、330千伏桃园输变电工程、750千伏西宁至格尔木双回线路工程、750千伏西宁变扩建及配套工程；建设涩-宁-兰天然气输气管道复线。加快推进城镇化进程，加大城镇供水设施、重点城镇道路及桥梁、重点城镇集中供热温暖工程等城镇基础设施及重点小城镇建设力度，增强城镇综合服务功能。

7. 加快文教卫生等社会事业发展。进一步加强教育、文化、医疗卫生等社会事业建设，努力提高基本公共服务能力。坚持教育优先发展，加快推进农村初中校舍改造、职业教育、藏区未“普九”县寄宿制学校建设、海南州教育布局结构调整、特殊教育学校等工程建设。加大农村卫生服务体系、社区卫生服务中心、计生等基础设施建设力度，进一步完善医疗卫生服务体系和计划生育服务体系，改善群众就医难等问题。加强文化体育设施建设，加快青海大剧院、青海科技馆、乡镇文化站、艺术文化中心、“西新”工程及村村通工程、农民健身等项目建设进度，为丰富群众业余生活提供良好平台。加强儿童福利设施、流浪未成年人救助保护设施、残疾人服务设施建设，提高社会保障能力。

8. 突出特色产业经济发展。抓住资源综合开发利用和节约这个关键，大力推进循环经济发展，坚持把发展循环经济作为节能降耗和保护环境的基本途径，缓解经济增长对能源资源和生态环境的压力，促进经济发展由主要依靠增加资源投入带动向主要依靠提高资源利用效率带动转变。继续做大做强盐湖化工、石油天然气、煤化工等支柱产业和优势产业，积极发展产业横向扩展和资源精深加工延伸相结合的循环型工业，提高资源的精深加工程度和综合利用水平。重点抓好平安高精铝板带生产线、肯得可克铁矿开发、盐湖集团综合利用项目二期、年产1万吨高档电解铜箔、10万吨电锌氧压浸出新技术、青海复合肥、年产100万吨纯碱、盐湖集团镁、钠资源综合利用启动项目、亚洲硅业二期年产1000吨多晶硅等项目建设工作。

9. 努力培育新的经济增长点。以建设高原旅游名省为目标，加快青海湖国家风景名胜区、国家自然保护区等重点旅游景区基础设施建设，大力发展观光旅游、健康旅游、文化溯源旅游和探险旅游等，突出青藏线品牌建设，加强沿线旅游景点开发和服务设施建设，借助“环湖赛”、“青洽会”、“文化旅游节”等重大活动，加大宣传，扩大影响，推动特色旅游经济发展。积极发展现代物流、配送代理、电子商务等现代流通业，重视发展生产性服务业，提高科技服务、中介服务、信息服务水平。大力发展中心市场、专业市场和农副产品市场建设，推动第三产业发展。

宁夏回族自治区2008年固定资产投资完成情况和2009年投资计划

2008年，我区投资在前几年连续低增长基础上实现了恢复性的较快增长，投资规模显著扩大，投资结构进一步优化，建设项目质量和效益继续提高，为实现又好又快发展发挥了重要作用。10月份以来，由于国际金融危机的扩散和加剧，对我区经济的负面影响日益加重，固定资产投资下行势头明显。

一、2008年投资完成情况

2008年完成全社会固定资产投资858.6亿元，比去年同期增长38.1%。高于全国和西部12省市区25.5%和26.7%的平均水平。其中城镇投资765.5亿元，增长39.3%；农村投资93.1亿元，增长29.2%。

城镇投资共到位资金731.6亿元，比去年同期增长44.2%。其中，预算内资金48.3亿元，增长9%；国内贷款227.1亿元，增长45.2%；自筹资金364.6亿元，增长51.5%；利用外资3亿元，下降70.7%；其他资金88.7亿元，增长58.9%。

工业完成投资428.3亿元，增长45.2%。其中化学原料及制品业完成投资108亿元，增长69.9%；电力热力生产供应业完成投资88亿元，增长16.7%；煤矿开采和洗选业完成投资79.7亿元，增长15%；水泥、多晶硅等非金属矿物制品业21.6亿元，增长77.6%；钢铁、铝等金属冶炼加工业48.4亿元，增长2.8倍；服装、医药、造纸、印刷、等制造业投资出现负增长。

农林水利业完成投资31.7亿元，增长1.4倍。其中农林牧渔业完成19.7亿元，增长2.9倍；水利业完陈12亿元，增长48.5%。

第三产业完成投资304.2亿元，增长26.4%。其中房地产开发完成117.4亿元，增长26.1%（高于全国20.9%的平均水平）；交通运输业完成74.4亿元，增长29.3%。

二、2008年重点项目建设情况

2008年宁夏安排重点项目44个，其中续建项目31个，新列入项目13个，涉及煤矿、电力、煤化工、农林水利、铁路、机场、公路、社会事业等领域，计划完成年度投资225.5亿元。除农垦集团与丹麦嘉士伯合资建设年产25万千升啤酒厂项目因原材料和销售成本上涨，市场需求萎缩未开工外，43个重点项目全年完成投资228.1亿元，完成年度计划投资101.2%，比去年同期高4.2个百分点，占全社会固定资产投资的26.5%，25个项目建成或基本建成发挥作用，各项指标完成情况均好于“十一五”以来各年份（见下图）。

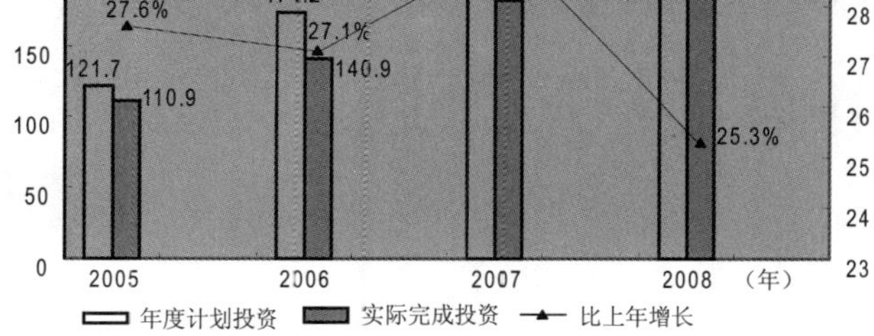

2005—2008年重点项目完成投资情况

1.围绕自治区50大庆，建成了“三馆两中心”等一批标志性工程。50大庆献礼项目宁夏博物馆、图书馆、科技馆、银川国际会展中心和文化艺术中心在50大庆前全部建成并投入使用，实现预期目标。宁夏图书馆成为重要的知识信息枢纽和精神文明建设基地；宁夏博物馆集研究、收藏、保护为一体，被列为全国百家爱国主义教育基地之一；宁夏科技馆是全区唯一集科学性、参与性、趣味性、启发性和安全

性为一体的科普场馆；银川国际会展中心是集展览、会议、商贸洽谈、信息交流、旅游、餐饮娱乐等多功能为一体的现代智能化展馆；银川文化艺术中心集文化演出、艺术交流、辅导培训、文化产业经营于一体，达到国内先进水平。“三馆两中心”的建成对提升自治区文化设施水平，改善社会事业发展条件，丰富全区人民科技文化生活，提升银川市文化内涵和品位，加快推进现代化区域中心城市建设发挥了重要作用。

2.围绕资源优势，建成一批煤炭电力项目，新型工业化推进取得新进展。任家庄、马莲台煤矿、庆华煤焦化项目一期工程、宝丰能源有限公司焦化项目相继建成，并投入试生产，为宁东煤化工产业发展奠定了坚实的基础。兰州东至银川东750千伏输变电工程建成，标志着汇集黄河上游水电和宁东能源化工基地火电的外送输电“高速路”正式“通车”。阳光硅业多晶硅一期项目建成进入试生产阶段，实现预期目标。西夏热电厂一期工程两台2×200兆瓦热电联产机组全部建成，新增40万千瓦装机容量，年发电量22亿千瓦时，满足近900万平方米的建筑采暖需求，并为银川经济技术开发区提供100吨/小时的工业蒸汽。中冶美利纸业林纸一体化项目年产30万吨涂布白卡纸、10万吨杨木化机浆项目和宁夏电力投资公司与新加坡凯发公司建设L-乳酸项目全面建成投产。

3.围绕提升宁夏在全国交通大格局中的战略地位，一批交通项目如期建成。全线贯通盐中、中孟、银川绕城高速，基本形成“三纵九横”路网，全区公路通车总里程达到2.1万公里，高速公路通车里程突破1000公里。银川河东机场扩建工程全面建成投入使用，满足2020年高峰小时流量达2700人，年旅客吞吐量300万人次、年飞机起降4万架次的需要。中卫香山机场实现“当年开工，当年建成投入使用”的目标，创造了西北民航建设史上立项批复和建设最快纪录，被民航西北地区管理局誉为民航建设的一个典范和样板。为加快当地生态旅游发展和对外开放架起了空中桥梁，极大地改善了中卫市交通面貌和投资环境。

4.围绕社会主义新农村建设，建成一批涉农项目惠及农村千家万户。历时10年，总投资36.69亿元的宁夏扶贫扬黄灌溉一期工程水利骨干工程通过由国家水利部组织的竣工验收。使34万受缺水困扰的宁夏南部山区贫困群众得到妥善搬迁安置。塞上农民新居项目开工建设

新农村示范点40个，新建农宅6638户，整治改造旧村235个，覆盖农户 26381户，硬化乡村道路233公里。中部干旱带县内生态移民项目完成移民定居任务2.5万人，开发灌溉面积19.21万亩，建成移民住房90.68万平方米，超额完成当年建设任务。南部山区特困灾民危窑危房改造项目，超额完成 12个市县及农垦系统危窑危房改造任务。农村饮水安全项目完成人畜饮水工程40处，泉水改造及入户工程61处，砼集水场9180处，解决了30.5万人的饮水安全问题。这些项目的实施大大改善了我区农村生产生活条件，提高了农民生活质量，有力地推进了我区社会主义新农村建设。

三、2009年固定资产投资计划

我区投资对GDP的贡献率呈逐年上升趋势。“九五”期间为53%，　“十五”期间为57%，2006年为56%，2007年为59%，2008年达到63.5%，投资对经济增长的即期拉动作用越来越明显。面对复杂多变的国际经济形势，“抓投资、上项目、扩规模”，是我区贯彻中央“保增长、扩内需、调结构”方针和自治区经济工作会议精神，保持经济平稳运行的重要手段。

2009年全社会固定资产投资计划1072亿元，增长25%。其中，基本建设643亿元，增长26.1%；更新改造142亿元，增长24.6%；房地产开发145亿元，增长23%；其他投资142亿元，增长22.4%。这一投资增速能够确保实现我区GDP计划增长10% 、“十一五”期间完成投资3300-3500亿元的目标。

2009年共安排重点建设项目48个，计划投资377亿元，涉及农林水利、工业、交通、保障安居、社会事业、海原新区等6个方面。重点预备开工项目23个，计划投资85亿元。重点前期工作项目30个，估算总投资2230亿元。重点建设项目与以往年度相比有“四个亮点”：一是项目总投资规模最大。首次超过千亿元大关，达到1470亿元，比2008年增加710亿元；二是当年投资力度最强。2009年计划投资377亿元，比2008年增加151亿元；三是大项目最多。三分之二以上的项目总投资规模在10亿元以上；四是形成生产能力最好。项目全部建成后，新增高速公路630公里，等级公路1400公里，铁路376公里，原煤4170万吨、电力装机700万千瓦、煤化工产品160万吨、新材料生产能力8.1万吨，开发改造土地420万亩，解决170万人安全饮水、安置移民60多万人，新增保障性住房总建筑面积480万平方米，安置居民6.9万户。为自治区经济社会健康发展提供强有力的支撑，为落实科学发展观提供坚实的基础。

（宁夏回族自治区发展改革委）

新疆生产建设兵团2008年固定资产投资完成情况和2009年投资计划

一、2008年兵团固定资产投资完成情况

今年以来，兵团各级认真贯彻落实兵团党委五届十次全委（扩大）会议精神，紧紧抓住国发32号文件带来的政策机遇，加大了争取国家投资和项目促进力度，固定资产投资呈现现出平稳较快增长的态势，完成全社会固定资产投资235.95亿元，比上年增长24.4%，完成计划的104.9%。

2008年兵团固定资产投资工作主要有以下特点：

1.争取国家投资工作成效显著。兵团把贯彻落实32号文件、争取国家投资支持作为一项点工作来抓，在兵团领导的关心支持下，各师、机关各部门协力，积极向国家有关部门汇报衔接，全年落实国家投资38亿元，比去年增加近17亿元，超额完成年初确定的目标。

2.投资计划下达好于往年。兵团强化了项目前期工作。一季度，兵团发改委对列入兵团计划的项目分师进行了项目分师进行了项目促进和调研，8月兵团如开了固定资产投资电视电话会议，项目前期工作明显加快，全

年累计下达项目建设计划国家投资41亿元，其中：下达当年国家投资计划37.1亿元，占全部国家投资的98%，是历年来最高的；下达历年结转国家投资计划3.9亿元。国家投资的快速下达，保证了一批基础性、公益性项目的顺利实施。

3.银行贷款落实情况趋好。随着兵团与国家开发银行签订的一、二轮信用项目贷款逐步落实，以及向其他金融机构项目推荐力度的加大，银行贷款到们情况逐步趋势好。全年银行贷款到位59亿元，高速增长的信贷资金是推动兵团投资较快增长的主要原因。

4.工业投资仍然是拉动兵团投资增长的主要动力。天业40万吨/年聚氯乙烯、奎屯2×50MW热电联产、鸿基焦化煤气综合利用、梅斯布拉克煤矿60万吨/年及青松3000吨新型干法水泥熟料生产线、南岗2500吨/日新型干法水泥熟料生产线、天盛纱业30万锭等重点项目的建设，促进了工业投资绞快增长。全年完成工业投资104.55亿元，增长29.6%，首次超过100亿元。

5.第三产业投资增长较快。在国家实施廉租肓文建设补贴工住房做为解决民生问题重点工作来抓，集中资金加大了职工住宅建设步伐，全年开工建设廉租住房39921套，开工面积283.52万平方米，完成投资26.54亿元；教育、卫生、民政等社会事业投资稳步增长，“十件实事”建设顺利实施，有力地拉动了第三产业投资增长。第三产业完成投资96.6亿元，比上年增长124%。

6.各单位投资普遍增长。国资公司、十二师、八师、十四师、四师、三师、建工师、七师等八个单位投资增速超过兵团平均水平，分别增长138.19%、96.08%、33.21%、30.3%、28.29%、27.36%、27.27%和25.86%，其它七个单位平稳增长，十师、二师、六师、五师、一师、九师、十三师分别增长22.16%、21.5%、20.31%、18.56%、13.7%、12.72%和11.52%。

7.重点项目进展顺利。塔河综合治理（续建）、2008年优质棉基地建高、叶河中游水利枢纽（兵团参建）、阿拉尔2*50MW热电联产、奎屯2*125MW热电联产、天业40万吨/年聚氯乙烯及2条2000吨/日石渣水泥项目、青松3000吨/日新型干法水泥熟料生产线、南岗2500吨/日新型干法水泥熟料生产线、南疆31个团场镇基础设施建设等一批重点工程顺利完工，奠定了生产发展、生活改善、经济增长的物质基础。

列入今年计划的伊犁河南岸灌区兵团参建工程、塔河综合治理（新开）、21座病险水库除险加固、10个团场节水增效示范、2007年农网完善工程、无电区电力建设工程、天富热电20万吨/年甲醇、图木舒克市城市水源地建设等项目顺利开工建设。

肯斯瓦特水利枢纽工程国家已批立项，正在进行可研审查，中哈霍尔果斯水利枢纽工程可研已经国家审查待批复，霍尔果斯2*50MW热电联产、天富南热电2*300MW关小建大替代机组、天业4*300MW自备电厂项目抓紧开展项目核准的各项前期工作。

2008年兵团固定资产工作存在一些值得注意的问题：部分项目前期来源仍然比较单一，投资主体多元化格局尚未形成，使得有的师投资增长起伏较大。

二、2009年兵团固定资产投资面临的形势

2009年兵团固定资产投资面临着十分有利的机遇，从宏观层面来看，一是针对我国经济形势和国际金融危机影响，党中央、国务院及时果断出台了一系列扩大内需促进经济增长的措施，实施积极的财政政策和适度宽松的货币政策，三年内增加中央投资1.18万亿，为兵团争取国家投资、拉动全社会固定资产投资带来了难犁历史性机遇。二是随着国发[2007]32号文件的落实，从2009年开始，南疆三地州兵团所在三师、十四师水利、城镇、社会事业等基础设施项目进入操作阶段，将会带动投资的增长。三是自治区党委、政府一直十分关心和支持兵团的发展，为兵团固定资产投资工作营造良好的外部环境。从兵团自身来乍，一是兵团经济已连续七年实现两们数增长，综合实力和发展后劲明显增强，企业投资的愿望和能力进下步提高。二是城镇基础设施进一步完美善，为扩大招商引资、吸引社会投资共事建了融资平台。三是兵团与多家金融机构签订了战略合作协议，金融单位对兵团固定资产投资支持力度将会进上步加大。

同时，兵团固定资产投资投资也面临一些困难和问题，一是受市场低迷、企业积累养活的影响，企业扩大再生产信心不足，保持兵团工作投资快速增长面临很大压力。二是部

分项目前期工作不扎实，延误了发展机遇。

三、2009年兵团固定资产投资计划安排及工作重点

2009年全社会固定资产投资计划300亿元，比去年增长27%，其中争取国家投资50亿元，其中争取国家投资50亿元，银行贷款75亿元，利用外资5亿元，企业债券9亿元，专项建设基金12亿元，企、事业单位自有资金64亿元，其它投资85亿元。

1.加快落实新增中央投资任务，确保项目实施进度。新增中央投资是党中央、国务院进一步扩大内需，促进经济平稳较快增长的重要举措，加快新增中央投资各项进度，尽可能多地形成实物工作量是当前兵团固定资产投资的一项重大工作，必须按照国家加快项目实施进度，促进新增投资项目快实施、早完工，切实发挥新增中央投资效益，增强兵团经济发展劲。

2.加大项目建设资金争取协调力度，确保完成年度投资计划。一是继续加大工作力度，争取国家资金支持。紧紧抓住中发18号和国发32号文件的政策机遇，加大项目谋划和街接力度，争取全年落实国家资金突破50亿元。二是加大银行贷款争取力度。充分利用兵团与各金融机构签订的合作协议，积极主动向银行推荐家业产业化、新型工业化、城镇化建设等项目，争取得到金融机构更大的贷款支持。三是加大招商引资力度。依托资源优势和城镇平台，引进大企业、大集团，带动大项目、大投资，力争招商引资100亿元。四是充分利用上市公司融资优势，千方百计在酱市场上融入到更多资金，同时积极培育一批主业突出、市场竟争能力台的企业尽快上市，打造新的融资平台。

3.着力推进项目实施进度，确保一批重大项目早日建成投产。加快38团水利工程、大型灌区续建配套与节水改造、农网完善、塔西河120万吨位煤矿、六师鸿基焦化煤气综合利用、垦区公路等重点项目建设，力争当年建成或部分投产。加快新开工项目前期工作。对于申请使用2009年中央投资的项目，兵团在去年8月份已将上报国家的项目分解下发，这些项目要加快初步设计的编制、上报和审批，落实环保、建设用地等批准文件，及早开展施工图设计、招投标、采购材料及设备购置。要着力推进肯期瓦特水利工程、中哈霍尔果期水利枢纽、石河子支线机场等后团重大项目前期工作，争取难纳入2009年国家投资计划。加强霍果尔斯2*50MW、五家渠2*135MW、天富2*300MW热电联产等项目前期工作，争取尽快得到国家要求，在环保、土地等附件齐全的前提下，兵团各级区别不同情况，加快核准、备案步伐，促使项目尽快开工建设。

4.突出抓好工业投资，确保其投资达到兵团全社会固定资产投资总额的二分之一以上。工业投资能否保持较快增长，直接影响到兵团投资的增长，影响到年度投资计划的完成。各级要协调建设单位落实项目环评、建设用地等审批文件，主管部门要回忆项目核准、备案，尽快落实建设条件。开工建设的项目要确保资金及时到位，加快建设进度，促使兵团的家副产品加工、矿产资源综合利用及煤矿、电源建设等项目开工建设一批、投产运行一批、谋划储备一批，力争工业投资完成150亿元。

5.进一步加强项目管理，提高投资效益。严格招待项目法责任制招标投票制、工程监理制合同管理制，确保项目工程质量。严格执行国家资金管理有关规定，严禁挪用、截留和浪费建设资金。会同有关部门及时对各类建设项目进行检查。

6.深化投资体制改革，创造良好的投资环境。继续推行重大项目公示制，健全兵团政府性资金项目的投资决策机制，提高决策的科学化、民主化水平。修改完善《兵团投资体制改革的意见》规范投资项目评审工作，改善投资环境，提高工作效率。

地区经济发展与运行情况

北京市2008年工业经济运行情况和2009年工业投资计划

一、2008年工业经济运行情况

2008年，受国际国内经济形势影响，全市工业经济运行增长速度下滑趋势明显，全年实现增加值2198.5亿元，比2007年相比增长2.2%。工业占GDP比重为21%，比上年降低了1.8个百分点。

1.工业生产增速持续下滑。全年，全市规模以上工业企业实现增加值2156.3亿元，同比增长2%，增幅与上年同期相比回落了11.4个百分点，为2003年以来最低水平。此外，规模以上工业出口出现负增长，全年实现出口交货值同比下降6.7%。

2.企业利润增速急剧下滑。1-11月，规模以上工业企业实现利润总额557亿元，同比下降19.9%。

3.工业投资大幅下降。受工业大项目减少及去年首钢冷轧、现代二工厂等大项目带动投资较高影响，全年，本市工业完成投资380.8亿元，下降20.3%。工业投资占全社会投资总额的比重为9.9%，同比下降2.1个百分点。

二、2009年工业投资计划

2009年既是本市工业发展的困难期，也是产业结构调整的机遇期，北京市应充分利用中央全力保经济增长的宏观调控政策，结合北京工业的发展基础，从存量、增量两个方面入手，实施“六个一批”，优化发展环境，推进北京工业健康发展。

1.积极实施“六个一批”

改造提升一批。在电子、汽车、石化等重点发展行业，实施一批重大技术改造项目，优化产品结构，完善产业链。据不完全统计，2009年将新开工建设包括京东方第8代TFT生产线、北京现代新车型和发动机改造、北京奔驰加长E级车等重大技术改造项目11项，总投资约500亿元。

尽快落地一批。加快2008年上半年签约的20个制造业项目前期工作，争取尽快落地，早日开工建设，发挥效益。

着手培育一批。支持企业增强自主创新能力，加快北京汽车研究总院、联想集团研发中心、和利时研发及产业基地、医药集团中央研究院等一批研发项目建设，提高核心竞争力。

盘活存量一批。加快研究、分类解决由于土地招拍挂政策实施，土地、规划手续存在问题的历史遗留项目，据市工促局和我委调查，此类项目共182项，总投资约120亿元，涉及总用地面积约750公顷。

并购重组一批。支持本市区域内重点优势企业加快以产权、资本和产品为纽带的并购重组步伐，优化资源配置，扩大企业规模，加快打造年销售收入超千亿元的企业集团（目前市属工业集团中，仅有首钢集团年销售收入超千亿）。如:考虑整合市属汽车产业资源，建立集研发、制造、销售、金融等于一体的资产管控型汽车产业集团。

调整退出一批。鼓励企业将不适合在首都发展，但市场前景较好的生产环节扩散到北京之外，利用外埠资源条件，建立新的生产企业，如：首钢在曹妃甸建设钢铁联合企业、紫竹药业在秦皇岛建立原料药生产企业等。坚决退出不符合首都功能定位的高污染、高耗能、低附加值产业，推进年产能20万吨以下的水泥生产企业和污染重、安全隐患较大的危险化学品企业等劣势产业的退出工作，力争“十一五”末东方石化全面停产。

2.优化产业发展环境，推动制造业高端发展

制定促进高端制造业加快发展的意见。明确工业发展重点领域，制定促进高端制造业加快发展的各项措施，创造良好发展环境。

编制六大产业振兴规划。尽快组织制订电子信息产业、汽车产业、装备制造业、生物工程与新医药产业、新能源和环保产业、都市工业等六个重点产业振兴规划，明确政策取向，促进产业竞争力的提升。

建立重点项目审批协调长效机制。总结“绿色审批通道”经验，建立重点项目审批协调的长效机制，推动重点工业建设项目及时进入“绿色审批通道”，加快项目前期手续办理环节，力争简化程序，缩短时间，提高效率。

加大政府资金支持力度。一是重点支持开发区（产业基地）的基础设施和公共服务建设项目，优化园区硬件环境，增强园区的吸引力和承载力；二是支持有利于增强工业发展后劲的重大项目、产业结构调整和优化升级关键项目，具有自主创新能力的研发、产业化和消化吸收项目，及以打造产业集群、完善产业链为重点的重大招商引资项目；三是支持引导社会资金投向产业结构调整、技术改造、兼并重组、节能减排、退出落后生产能力替代项目，促进工业结构优化升级和发展方式转变。

3.以生产性服务业的发展，促进制造业结构升级

一是围绕制造业品牌和市场需求，大力发展会展和高端交易，促进制造业高端发展；二是围绕制造业的战略扩张，推动银行、保险、投行、风投机构以及各种金融服务机构的发展，支持制造业扩张；三是鼓励制造业企业将充分利用北京在信息化服务、咨询、物流等领域的第三服务资源，提升企业运行效率；四是积极推动独立第三方研发发展，支持企业联合科研院所和大学设立企业研发中心，提升制造业技术竞争能力。

（北京市发展改革委）

天津市2008年工业经济运行情况

（2009年2月02日）

2008年以来，全市工业认真贯彻党的十七大和市委九届三次会议精神，坚持以科学发展观统领经济全局，继续解放思想，坚持改革开放、开拓创新，千方百计克服世界金融危机带来的困难，努力保持较快发展的态势。

一、工业生产较快增长

1-12月份，全市工业累计完成工业增加值3520.7亿元，同比增长21.01%，增幅比同期提高2.81个百分点。

1-12月份，全市工业累计完成工业总产值12128.7亿元，同比增长24.55%，增幅比同期提高了4.15个百分点。其中：国有控股企业增长37.22%；股份制企业增长38.31%；三资企业增长10.98%；集体企业增长97.52%；其他经济类型企业增长35.64%；民营经济增长44.03%。在全市工业中，中央工业增长24.93%；地方工业增长24.48%；市管重点集团增长20.04%。在18个公司（集团）中有10个公司生产增幅在20%以上；区县工业增长30.21%。

二、产销衔接基本良好

1-12月份全市工业累计完成销售产值11983.0亿元，同比增长23.96%，工业产品销售率达98.80%，比同期下

降0.47个百分点。

1-12月市管重点集团累计完成销售产值4122.6亿元，同比增长19.55%，工业产品产销率为99.03%，比同期下降0.24个百分点，工业产成品库存比同期上升32.86%，库存可供销售天数，比同期增多0.85天。

三、工业品出口增幅下降较大

1-12月份，全市工业累计完成出口交货值2393.0亿元，同比增长0.4%，增幅比同期下降13.3个百分点。出口交货值占全市工业销售产值的比重为19.97%，比去年同期下降5.56个百分点。

市管重点集团累计完成出口交货值1065.1亿元，同比增长1.59%。累计完成外贸出口创汇139.26亿美元，同比增长6.37%。

四、主要经济效益指标与同期基本持平

1-12月份，全市独立核算工业企业实现主营业务收入11939.7亿元，同比增长18.0%，实现利税1073.2亿元，同比增长3.6%，其中：实现利润725.95亿元，同比增长0.5%，增利3.47亿元；盈利企业盈利额916.44亿元，同比增长12.4%，增利101.22亿元；亏损企业亏损额190.48亿元，同比增长105.4%，增亏97.75亿元。

1-12月份，国有及国有控股企业实现利润433.17亿元，同比下降0.7%，减利3.23亿元，盈利企业盈利额565.45亿元，同比增长17.0%，增利82.08亿元。

（天津市经济委员会）

附：天津市促进经济又好又快发展的30条措施

(一)建立完善融资担保体系。(市财政局会同市经委、市科委、市农委、各区县人民政府和各经济功能区负责)

(二)积极筹措企业发展资金。(市国资委负责)

(三)加强科技创新扶持。(市科委负责)

(四)促进工业企业发展。(市经委负责)

(五)扶持郊区企业发展。(市农委负责)

(六)加大外贸企业扶持力度。(市商务委负责)

(七)支持商业企业发展。(市商务委和市发展改革委负责)

(八)促进旅游业发展。(市旅游局负责)

(九)扩大市场份额。(市建委、市商务委、市国土房管局及有关部门负责)

(十)积极支持环保生态类重点工程项目。(市建委和市环保局负责)

(十一)努力扩大信贷规模。(市金融办会同天津银监局和人民银行天津分行负责)

(十二)加快小额贷款公司设立进程。(市金融办负责)

(十三)发展农村金融服务机构。(市金融办会同天津银监局、天津保监局和有关区县人民政府负责)

(十四)拓宽融资渠道。(市金融办会同天津银监局、天津证监局、天津保监局和市发展改革委负责)

(十五)支持企业上市融资和直接融资。(市金融办会同天津证监局和天津产权产易中心负责)

(十六)稳定和扩大就业岗位。(市劳动保障局负责)

(十七)暂不调整社会保险最低缴费基数。(市劳动保障局负责)

(十八)阶段性降低困难企业社会保险缴费费率。(市劳动保障局负责)

(十九)困难企业可暂缓缴纳养老保险费。(市劳动保障局负责)

(二十)实行农民工医疗工伤综合保险。(市劳动保障局负责)

(二十一)扩大市场主体。(市工商局负责)

(二十二)放宽经营范围。(市工商局负责)

(二十三)鼓励组合出资。(市工商局负责)

(二十四)促进个体工商户发展。(市工商局负责)

(二十五)提高通关效率。(天津海关和天津检验检疫局负责)

(二十六)实行多元化海关税收担保制度。(天津海关负责)

(二十七)减少和简化行政审批事项。(市审批办会同市监察局和各有关部门负责)

（二十八）下放行政审批权限。（市审批办会同市监察局和各有关部门负责）

（二十九）强化现场审批和联合审批。（市审批办会同市监察局和各有关部门负责）

（三十）减少行政收费和经营性收费事项。（市财政局和市物价局会同各有关部门负责）

（摘自天津市《关于认真贯彻落实当前促进经济发展30条措施的通知》）

河北省2008年经济发展形势

2008年是极不平凡的一年。面对复杂多变的国内外经济环境，省委、省政府带领全省人民，坚持以邓小平理论和“三个代表”重要思想为指导，深入贯彻落实科学发展观，按照中央和省的各项经济工作部署，解放思想，强化调控，狠抓落实，积极有效应对各种困难和挑战，国民经济总体保持了平稳较快发展。初步核算，全省生产总值实现16188.6亿元，比上年增长10.1%，增速同比回落2.7个百分点。其中，第一产业增加值2034.6亿元，增长4.9%；第二产业增加值8777.4亿元，增长10.5%；第三产业增加值5376.6亿元，增长11.1%。

1.农业生产形势良好。积极落实各项支农惠农政策，狠抓粮食生产核心区建设，推进农业产业化经营，综合生产能力进一步提高。粮食生产连续五年获得丰收，全年粮食总产量达2905.8万吨，比上年增长2.3%，为1999年以来最高水平；粮食单产达每亩314.6公斤，创历史新高。棉花生产保持增长，总产量73.7万吨，增长1.7%。油料生产稳步增长，总产量达152.5万吨，增长10.4%。蔬菜产量达到6684.6万吨，增长3.8%。畜牧业保持平稳增长。肉类总产量420.6万吨，增长5.6%；生猪出栏3230.8万头，生猪存栏2015.2万头，分别增长9.0%和5.7%；禽蛋产量411万吨，增长3.7%。渔业生产平稳增长。农业产业化经营水平稳步提高，产业化经营率达到55%以上。畜牧、蔬菜、果品三大优势产业支撑作用明显，占农林牧渔业总产值的67%以上。

2.工业经济保持增长。加强工业经济运行调节，积极培育新的支柱产业，加快传统产业优化整合步伐，全部工业增加值完成7967.6亿元，比上年增长11.2%，其中规模以上工业增加值6110.6亿元，增长13.5%。结构调整步伐加快。装备制造业、高新技术产业分别完成增加值837.2亿元和512.5亿元，分别增长18.8%和15.2%，快于全省工业平均增速。钢铁等行业整合重组力度加大，组建了河北钢铁集团和冀中能源集团，河北钢铁矿业公司挂牌运营。主要工业产品产量保持增长。钢材产量增长10.1%，粗钢增长4.9%，生铁增长3.4%，平板玻璃增长13.5%，自动化仪表及系统增长1.0倍。工业实现利润1291.2亿元，增长6.5%。在统计的38个工业行业大类中，有27个行业实现利润增长，增长较快的行业有：煤炭采选业增长1.7倍、黑色金属矿采选业增长78.7%、医药制造业增长47.7%、电气机械及器材制造业增长31.5%。

3.服务业发展步伐较快。把发展服务业作为结构调整的重要举措，不断优化发展环境，推进传统服务业优化升级，积极培育壮大现代服务业，服务业增加值比上年增长11.1%，比全省经济增速快1.0个百分点。批发零售住宿餐饮业平稳增长，增加值增长9.3%，信息传输、计算机服务、软件业、文化教育、科学研究和居民服务等其他服务业快速增长，增速达18.6%。

4.固定资产投资平稳较快增长。认真贯彻落实国家和省一系列扩大内需、促进经济增长的宏观调控政策，加快推进城镇面貌三年大变样，加强项目建设，优化投资结构，投资保持较快增长。全社会固定资产投资完成8870.8亿元，增长28.8%，其中城镇固定资产投资7465.1亿元，增长31.2%，增速比上年分别加快3.6和2.9个百分点。大项目带动作用增强。总投资亿元以上项目1385个，比上年增加48个；完成投资3112.5亿元，增长29.1%，拉动城镇投资增长12.3个百分点。其中曹妃甸工业区完成投资327.2亿元，增长36.6%；沧州渤海新区完成投资114.3亿元。钢铁、装备制造、石化、食品、医药、建材、纺织服装等工业主要行业投资增长43.2%，占城镇投资的41.6%，同比提高3.5个百分点。城市基础设施投入力度加大，完成投资383.3亿元，增长37.2%，同比加快24.4个百分点，占城镇投资的比重由上年同期的4.9%提高到5.1%。城镇房地产开发投资增长较快，完成投资1062.6亿元，增长49.8%，其中90平方米以下住宅完成投资337.3亿元，增长1.1倍。民营经济投资活跃，私营企业成为投资亮点，完成投资分别增长38.8%和48.1%，分别占全省城镇投资的76.6%和24.9%。

5.消费品市场繁荣活跃。社会消费品零售总额实现4880.4亿元，增长22.4%。城乡市场共同发展，城市零售额2335.7亿元，增长22.3%，农村零售额2544.7亿元，增长22.5%。分行业看，批发和零售业增长平稳，实现零售额4175.4亿元，增长22.3%；住宿和餐饮业保持较快增长，实现零售额628.2亿元，增长24.8%。与消费结构升级相关的商品销售持续活跃，在限额以上批发零售企业商品大类零售额中，家用电器和音像器材类同比增长14.5%，文化办公用品类增长25.8%，汽车类增长21.7%，石油及制品类增长31.5%。

6.价格涨幅从高位逐步回落。居民消费价格1-4月持续走高，5月份以后呈现逐月回落态势，涨幅由4月份的8.9%回落到12月份的0.8%，全年上涨6.2%，比上年升高1.5个百分点。食品类价格仍是拉动居民消费价格上涨的主要因素，涨幅为14.4%，拉动居民消费价格上涨4.3个百分点。工业品出厂价格涨幅自7月份，原材料、燃料、动力购进价格涨幅自8月份以来逐步回落，全年分别上涨16.7%和15.9%，涨幅比上年分别扩大9.8和8.1个百分点。

7.对外开放迈出新步伐。努力克服国际金融危机影响，大力实施市场多元化战略，创新招商引资方式，对外开放步伐较快。进出口总值完成384.2亿美元，增长50.5%。其中出口总值突破200亿美元，达240.3亿美元，增长41.3%，增速比上年分别加快12.6和8.7个百分点。出口商品结构调整优化，机电产品和高技术产品出口快速增长，分别完成出口总值76.6亿美元和21.4亿美元，增长50.1%和98.0%。具有较高技术含量的角钢及型钢、钢铁板材出口分别增长1.6倍和1.1倍。出口市场变化积极，拉美、大洋洲、非洲等新兴市场成为新增长点，出口分别增长68.5%、58.9%和47.2%；传统亚洲市场得到巩固，出口增长42.4%。实际利用外资总额达36.3亿美元，增长20.8%，其中外商直接投资34.2亿美元，增长41.5%，比上年加快21.5个百分点。外资向装备制造、高新技术产业和开发区聚集，到位外资分别增长2.2倍、97.6%和61.9%。

8.节能减排取得新进展。今年以来，省委、省政府高度重视节能减排工作，各级各部门认真贯彻落实省政府节能减排九项措施，大力实施“双三十”示范工程，严格控制高耗能、高污染项目，节能减排工作力度不断加大。高耗能行业生产增长呈现明显放缓势头，综合能源消费量增幅回落，预计全年单位GDP能耗降低率能够完成年度目标任务。全省建成投运燃煤脱硫机组1715万千瓦，关停小火电机组174.7万千瓦，淘汰落后钢铁、炼焦、水泥、玻璃等落后产能工作进展顺利；全省新建城镇污水处理厂52座，新增污水处理能力129.3万吨/日。预计全年可超额完成化学需氧量和二氧化硫年度减排任务。

9.民营经济快速健康发展。相继出台鼓励民营经济发展的政策措施，积极培育市场主体，营造全民创业的良好氛围，民营经济成为最具活力的增长极。民营经济实现增加值8565.6亿元，比上年增长12.1%；占全省生产总值的比重达52.9%，比上年提高1.0个百分点，对经济增长的贡献率为58.3%。实缴税金997.9亿元，增长33.4%，占全部财政收入的比重为54.8%，提高5.8个百分点；完成出口145.8亿美元，增长55.7%，占全省出口总值的60.7%，提高5.6个百分点；就业人员1327.7万人，增长3.8%。

10.改善民生取得新成效。坚持把解决民生问题放在突出位置，采取了调整提高职工最低工资、城乡低保标准等一系列措施，城乡居民收入水平稳步提高。城镇居民人均可支配收入达13441.1元，比上年增长15.0%，增速同比提高1.6个百分点，连续四年增长13%以上。农民人均纯收入4795元，增长11.7%，连续五年增长9%以上；比上年增加502元，增加额连续五年保持在300元以上。居民消费保持了较快增长。城镇居民人均消费支出9086.7元，增长10.3%；农民人均生活消费支出3126元，增长12.2%。城乡居民居住条件进一步改善。城镇居民人均建筑面积为29.5平方米，农民人均居住面积为30.7平方米。就业保持稳定。全年城镇新增就业48.2万人，年末城镇登记失业率为3.96%，控制在调控目标之内。

当前经济社会发展中还存在许多亟待解决的矛盾和问题，主要是：经济下行压力加大，结构性矛盾依然突出，亏损企业亏损行业增加，节能降耗任务仍较艰巨，就业形势较为严峻等。今年将迎来建国六十周年，是“十一五”规划实施的关键一年，经济社会发展面临的机遇和挑战并存。我们要全面贯彻党的十七大和十七届三中全会、中央和省经济工作会议精神，深入学习实践科学发展观，全面贯彻落实中央和我省促进经济平稳较快增长的宏观经济政策，牢牢把握“保增长　扩内需　调结构　惠民生”这条主线，坚定信心，迎难而上，解放思想，抢抓机遇，加快结构调整步伐，统筹区域发展，培育经济发展新优势，促进全省经济社会又好又快发展。

（河北省统计局　国家统计局河北调查总队）

山西省2008年经济运行情况

2008年，是全省发展进程中极不寻常的一年。一年来，面对复杂多变的经济形势和国际金融危机的冲击，全省上下深入贯彻落实科学发展观，认真落实中央一系列宏观调控政策，针对山西实际果断采取措施，及时解决经济运行中的问题，攻坚克难，扎实工作，全省经济总体呈现“经济保持增长，结构趋于优化，效益稳步提高，民生继续改善”的发展态势。

1.人均GDP首次突破两万元大关。克服诸多不利因素对经济发展的影响，全省经济持续增长，经济实力进一步增强。初步核算，全年全省完成生产总值6938.7亿元，按可比价格计算，比上年增长8.3%。其中，第一产业增加值302.5亿元，增长2.5%；第二产业增加值4265.8亿元，增长7.4%；第三产业增加值2370.5亿元，增长10.6%。按预计人口数计算，人均GDP可达20300元，首次突破两万元大关，按国家统计局核定的2008年平均汇率计算，人均超过2900美元。

2.农业生产能力明显提高。粮食总产达102.6亿公斤，成为我省历史上第6个突破百亿公斤的高产年。农作物总播种面积继续扩增，达5590万亩，比上年增加110万亩，增长2%，是持续恢复增长的第5个年头。肉、禽蛋产量继续增加。全年猪牛羊肉总产量54.7万吨，增长2.8%；禽蛋产量达61.6万吨，增长30.2%。

3.工业生产增长放缓，企业利润增速回落。全年规模以上工业增加值比上年增长6.5%，增速比上年回落14.5个百分点。分所有制看，国有企业增长10.1%；集体企业增长1.6%；股份制企业增长5.7%；外商及港澳台企业增长10.5%。分轻重工业看，重工业增长6.7%，轻工业增长3.3%。1-11月份，全省规模以上工业企业实现利润641亿元，增长38.4%，增速比上年同期回落8.1个百分点。

4.投资保持较快增长，投资结构有所改善。全年全社会固定资产投资3635.1亿元，比上年增长24.2%。其中，城镇固定资产投资3298.5亿元，增长23.7%；农村固定资产投资336.6亿元，增长28.8%。在城镇投资中，第一产业投资66.9亿元，增长37.6%；第二产业投资1770.3亿元，增长14.6%；第三产业投资1461.3亿元，增长36.2%。

5.消费市场增长较快，城乡市场协调发展。全年社会消费品零售总额2356.5亿元，比上年增长23.1%，增速比上年加快4.5个百分点。分城乡看，城市消费品零售额1536.1亿元，增长23.1%，加快4.1个百分点；县及县以下消费品零售额820.4亿元，增长23.2%，加快5.3个百分点。分行业看，批发和零售业消费品零售额1989.8亿元，增长23%；住宿和餐饮业消费品零售额300.1亿元，增长28.9%。

6.进出口保持增长，增速回落较多。全年海关进出口总额143.9亿美元，比上年增长24.4%，增速比上年回落50.2个百分点。其中，出口92.4亿美元，增长41.5%；进口51.5亿美元，增长2.1%。全年实际利用外商直接投资27.2亿美元，增长21%。

7.旅游市场保持旺盛。全年累计接待国内旅游者9383.8万人次，比上年增长10%，实现国内旅游收入721.3亿元，增长27%；累计接待海外旅游者93.9万人次，增长27.3%，旅游外汇收入3.0亿美元，增长35.6%；累计完成旅游总收入739.3亿元，增长27.1%。

8.财政收入稳步增长，财政支出规模明显扩大。全年累计完成财政总收入1518.0亿元，比上年增长26.5%；一般预算收入完成747.9亿元，增长25.1%；一般预算支出1313.1亿元，增长25.9%，比上年加快11.6个百分点。其中，环境保护支出增长46.4%，医疗卫生支出增长37.3%，教育支出增长30.7%，农林水事务增长30.3%，社会保障和就业支出增长19.3%。

9.金融保障能力保持稳定。12月末，全省金融机构各项存款余额12827.6 亿元，比年初增加2721.2亿元；各项贷款余额6041.9亿元，比年初增加738.3亿元。

10.价格涨幅前高后低逐步放缓。全年居民消费价格比上年上涨7.2%，涨幅比上年提高2.6个百分点。其中，城市上涨7%，农村上涨7.7%。分类别看，食品价格上涨17.9%，居住价格上涨8.4%，其余各类商品价格有涨有落。12月单月比上年同期上涨1.5%。全年工业品出厂价格比上年上涨22.4%，涨幅比上年提高15个百分点。12月单月比上年同期上涨8.6%。原材料、燃料、动力购进价格上涨18.3%，涨幅比上年提高13个百分点。

11.城镇新增就业总体稳定，城乡居民收入继续增加。全年全省城镇新增就业46.1万人，城镇登记失业率3.2%，控制在了4%的目标范围之内。全年城镇居民人均可支配收入13119.1元，比上年增长13.4%；农村居民人均纯收入4097.2元，比上年增长11.8%。

当前国际金融危机仍在加深和蔓延，对国内和省内经济的冲击仍在继续。我们要深入贯彻落实科学发展观，按照中央和省委省政府关于经济工作的总体要求，切实落实好促进增长、扩大内需、调整结构、改善民生的一系列政策措施，努力促进经济平稳较快发展，保持社会和谐稳定

（山西省统计局　国家统计局山西调查总队2009年2月6日）

内蒙古自治区2008年商务和口岸经济运行情况

一、对外贸易

据海关统计，2008年全区外贸进出口实现总值89.33亿美元，比上年增长15.4%，其中进口53.54亿美元，增长11.6%，出口35.79亿美元，增长21.6%。当月进出口出现较大幅度下降。12月份当月进出口总值5.1亿美元，同比下降34.2%。其中当月进口2.79亿美元，下降46%；出口2.31亿美元，下降10.8%。

进出口增幅呈回落态势。自今年7月份以来，我区进出口增速一直保持在20%以上，9月份最高达27.8%，11月份开始回落，2008年全年比1-10月份回落了14.4个百分点，与上年相比回落14.8个百分点，其中进口、出口增幅分别比上年回落了14.5和16个百分点。

进料加工贸易进口快速增长。2008年，加工贸易进出口2.96亿美元，增长42.9%，比上年回升了84.4个百分点。其中进料加工贸易增长221.4%。同期，一般贸易进出口48.67亿美元，增长12.1%，边境小额贸易进出口34.99亿美元，增长16.5%，增幅均比前几个月快速回落。

外商投资企业进出口大幅增长。2008年，外商投资企业进出口14.66亿美元，增长85.1%。其中外商投资企业出口9.03亿美元，增长91.5%；进口5.63亿美元，增长75.7%，增幅均超出全区进出口平均水平。同期，私营企业进出口37.48亿美元，同比下降5.8%。

对俄蒙贸易突破40亿美元。2008年，我区对俄罗斯、蒙古贸易额达41.54亿美元，其中对俄罗斯贸易31.6亿美元。对蒙古贸易额9.94亿美元，分别增长5.9%和46.8%。对日本、澳大利亚贸易分别增长23.3% 和79%。对美国贸易降幅缩小，同比下降3.8%，降幅由5月份下降24.4%回升了20.6个百分点。

资源型进出口商品有增有降。2008年，除原木、铜矿砂进口分别下降33.8%和17.8%以外，原油进口81万吨，增长35%；铁矿砂进口442.1万吨、增长69.9%；锯材进口142万立方米，增长56%；煤炭进口403.8万吨、增长24.8%；锰矿砂进口23.7万吨，增长75.6%。同期，在出口商品中，铁合金价升量跌，出口36.3万吨下降4%，金额6.18亿美元，增长77.6%；合金钢热扎条、杆出口40.2万吨，金额3.12亿美元，增长162.8%；羊绒衫643.7万件，金额2.08亿美元，下降23.7%。

二、直接利用外资

全区共批准设立外商投资企业125家，实际使用外资26.51亿美元，同比增长23%。投资主要来自香港、美国、英属维尔京群岛、毛里求斯和英国等21个国家和地

区，主要集中在制造业、电力燃气水的生产供应业和住宿餐饮业等13个行业。

三、国外经济技术合作

全区共签订国外工程承包、设计咨询和劳务合作合同120个，合同额18232万美元，完成营业额7110万美元，同比分别下降17.6%和11.5%；外派劳务9899人次，增长34.4%。

四、商贸流通

全区实现社会消费品零售总额2323.3亿元，增长24.1%。12月份当月社会消费品零售总额242.56亿元，增长22.4 %。

按销售单位所在地分：市实现社会消费品零售总额1626.92亿元，增长25%；县社会消费品零售总额464.73亿元，增长23%；县以下社会消费品零售总额271.68亿元，增长21 %。

按行业分：批发业实现社会消费品零售总额464.99亿元，增长26.1%；零售业社会消费品零售总额1384.14亿元，增长22.5 %；住宿和餐饮业社会消费品零售总额462.16亿元，增长27.7 %；其他行业社会消费品零售总额52.04亿元，增长19.1 %。

五、口岸运量情况

全区口岸进出境货运量3340.5万吨，增长0.6%，其中：进境货运量2730.9万吨，下降7.5%；出境货运量422.7万吨，增长14.6%。对俄口岸进出境货物为2343万吨，下降2.7%；对蒙口岸进出境货物为997.4万吨，增长9.3%。进出境客运量411万人次，增长1.1%。进出境交通车辆81.9万列辆次，下降0.5%。

辽宁省2008年工业经济运行情况与产业结构调整

2008年，在省委、省政府的领导下，全省工业战线以科学发展观为统领，以发展现代装备制造业、高加工度原材料工业，建设新型产业基地为核心，克服国际金融危机冲击的不利影响，工业经济保持平稳较快增长，产业结构调整取得新进展。

一、2008年工业经济运行情况

2008年，全省规模以上企业完成工业增加值6603.1亿元，同比增长17.5%，增幅高于全国4.6个百分点，连续六年保持快速增长。规模以上工业增加值占全省生产总值比重达到49%，同比提高3.2个百分点。

装备制造业发展速度较快，完成工业增加值1894.0亿元，同比增长22.3%，占全省工业比重为28.7%；石化行业完成工业增加值1332.3亿元，同比增长7.3%，占全省工业比重为20.2%；冶金行业完成工业增加值1398.7亿元，同比增长11.8%，占全省工业比重为21.2%；农产品加工行业增长势头明显，工业增加值1158.0亿元，同比增长20.1%，占全省工业比重为17.5%。

全年规模以上工业实现主营业务收入23110.7亿元，同比增长29.5%；实现利税1248.8亿元，同比下降12%；实现利润489.8亿元，同比下降34%。

二、重要经济结构调整和关键产业升级及创新成效

装备制造业围绕打造世界级装备制造业基地目标，努力开发高科技含量、打破国际垄断、具有自主知识产权的产品。特变电工沈变成功研制了1000千伏特高压变压器，将国内的电能输送能力延伸到2000公里以上，全面掌握了世界交流、直流输变电设备研制领域的最前沿技术，自主创新能力站上世界行业最高峰；大连重工·起重集团通过引进、消化吸收再创新，率先实现了大功率风电设备国产化、专业化和批量化生产，1.5兆瓦风力发电设备已形成年产1000套生产能力，并进入世界风电设备制造企业前十强，成为我国兆瓦级风电研制基地；具有自主知识产权的“中华”牌轿车，无论是产品质量和生产规模都有了明显提高，骏捷FRV全面上市，在同级

别两厢车中销量处于领先水平；骏捷Wagon旅行车正式发布，并已进入试生产阶段，续写了华晨汽车“高品质、高性价比”的自主品牌发展之路；中国北车集团大连机车车辆公司与美国EMD内燃机车公司联合设计制造的首台和谐3型大功率交流传动内燃机车正式下线，继批量研制和谐3型电力机车后，推出了又一款具有世界先进水平的货运机车；全省数控机床产量达到3.4万台，同比增长10.2%，继续保持全国第一的地位；瓦轴集团生产出了为重型数控机床配套的高精密推力圆柱滚子轴承，这是国内目前生产的直径最大、精度等级最高的推力圆柱滚子轴承，填补了国内空白，达到了国际先进水平；大连重工•起重集团70型曲轴成功下线，并通过英国劳氏船级社和大连船用柴油机厂的检验，这是我国首个完全国产化的70型曲轴，标志着大连重工•起重集团在大型船用曲轴国产化上取得了新的突破；大连船舶重工集团为中海油田服务公司建造了国内规模最大、自动化程度最高、作业水深最深的自升式钻井平台“海洋石油942”，在国内率先挺进以钻井平台为代表的高科技含量、高附加值的海洋工程制造领域。

石化行业产业集聚度进一步提高，产品结构进一步优化。大连石化成为中国最大炼油基地；全省轮胎子午化率达到83.6%，同比提高3.6个百分点，高于全国平均水平36.5个百分点；冶金行业技术装备水平不断提高，钢材板带比达到59.4%，同比提高2.4个百分点，高于全国14.5个百分点；建材行业新型干法水泥比重达到65%，同比提高15个百分点，新型建材比重达到60%，同比提高 1个百分点；医药行业正在由以化学原料药为主逐渐向化学原料药、化学药品制剂、医疗器械、生物生化制品及中成药全面发展的方向转变。

（辽宁省经济和信息化委员会）

大连市2008年工业经济发展情况和2009年总体发展思路

一、2008年工业经济发展情况

2008年是实施工业“十一五”规划关键一年，全市工业系统认真贯彻科学发展观，积极应对国内外严峻的经济形势，着力优化工业经济结构和提高工业经济运行质量，切实加强节能减排，加快推进新型工业化道路进程，工业经济呈现出产销顺畅、投资稳定、结构趋好的局面，实现了又好又快发展。

（一）工业主要经济指标完成情况

2008年，全市规模以上工业生产继续保持快速增长，完成工业增加值1398.4亿元，比上年同期增长23.8%，增速高于全国14.8个百分点，全省6.3个百分点；完成销售产值4932.0亿元，同比增长22.7%。全市完成工业投资980.6亿元，增长24.7%。全年规模以上工业实现利润-23.9亿元，同比减盈135.6亿元；利税71.7亿元，下降64.1%；如不考虑“两油”影响，实现利润和利税分别增长8.7%和7.9%。

（二）工业经济运行主要特点

1.国内市场成为拉动经济增长的重要力量。2008年，全市规模以上工业完成国内市场销售3354.7亿元，增长30.0%，经济增长贡献率同比提高18.3个百分点，拉动工业经济增长20.2个百分点；完成出口交货值1577.3亿元，同比增长9.6%。

2.国有及民营企业是拉动经济的主力军。2008年，规模以上国有及国有控股企业完成增加值645.7亿元，同比增长24.9%，经济增长贡献率47.8%；民营企业经济完成工业增加值435.9亿元，同比增长31.4%，经济增长贡献率38.9%；外商控股企业完成增加值316.8亿元，同比增长12.7%。

3.“四大基地”引领工业快速发展。“四大基地”合计完成工业增加值930.3亿元，同比增长25.6%。其中，石化工业完成工业增加值308.2亿元，同比增长25.1%；现代装备制造业累计完成工业增加值396.5亿元，同比增长24.9%；船舶制造业完成工业增加值133.5亿元，增长39.2%；电子信息业完成工业增加值92.1亿元，增长13.8%。从主要行业发展趋势上看，今年石油加工、炼焦及核燃料加工业扭转上年低速发展形势，高于上年24.8个百分点，拉动工业经济增长4.8个百分点。加上装备制造业拉动经济增长11.7个百分点，两者合计拉动经济增长16.6个百分点，占规模以上工业比重为七成。

4. 重点企业所占比重日益加大。重点监控的100户企业合计完成产值3160.6亿元，同比增长17.0%，占全部规模以上销售产值比重为62.2%，较上年提高1.1个百分点。

（三）工业领域开展的主要工作

在2008年初确定的总体发展思路指引下，全市工业系统围绕转变工业经济发展方式，注重产业结构调整，优化产业布局，切实提高企业自主创新能力，推进工业节能减排等重点工作，促进工业经济又好又快发展。

1. 以培育新的增长点为重点，加快我市产业结构优化调整。

一是推进重大项目实施进程。石化行业：中石油大连石化分公司2000万吨/年进口含硫原油扩能工程竣工投产，WEPEC炼油扩能项目完成全面验收工作，120万吨/年PTA进入试生产状态，45万吨/年PX项目基本建成。大化集团有限责任公司搬迁改造工程完成投资过半，部分工程进入试生产；铭源石化50万吨/年渣油制丙烯等化工原料项目已开工。

装备制造业：重工•起重百万千瓦级核电站起重运输设备国产化项目基本建成，主要设备已调试完成，并投入使用； 1.5MW风电机组增速机国产化项目基本建成，主要设备已调试完成，并投入使用。瓦房店轴承集团有限责任公司关键技术装备配套轴承项目完成投资过半，完成全部厂房和辅助设施建设工程，50%主要生产设备到位安装，并形成生产能力。

船舶制造业：重工•起重的70曲轴正式下线，并已形成40支曲轴生产能力，船推超大型船用螺旋桨基本具备开工条件；船舶重工老厂区造船基础设施改造项目完成投资70%，部分工程建设已完成；STX首条万吨级船舶顺利下水，其他项目顺利展开；船舶重工海洋工程有限公司建造基地完成投资过半，水工工程完成70%、土建工程完成50%。

二是加快推进新开工项目前期工作。在发改委系统积极协调下，固特异轮胎环保搬迁改造项目于6月初获得国家核准，现已开工建设。中远集团船舶制造项目于7月获得国家核准，已正式开工建设，现完成投资17.8亿元；瓦轴风力发电轴承、重工起重风力发电轮毂已开始土建施工和订购设备；船柴低速柴油机改扩建项目正式开工建设，已累计完成投资三分之一。

三是积极谋划重大项目，加强项目储备。长兴岛大型石化产业基地项目前期有序推进，完成《大连长兴岛临港工业区石化产业基地规划》编制，并经省政府上报国家发改委。积极开展甲醇制烯烃项目前期工作。积极推进开发区逸盛大化PET项目前期工作。船舶重工长兴岛修造船项目正式签约。积极引进和洽谈博格华纳变速箱模块项目，已正式签约。

四是培育打造工业产业链条，促进工业产业集群发展。

石化行业方面，积极推进PTA项目、PX项目建设，120万吨PTA项目开始试运行，促进形成石化产业链条，结束只有“油头”，无“化身”的历史，实现了上下游产业链贯通，新增产值预计超过500亿元。

装备制造业方面，加快风力发电设备产业链发展，推进瓦轴风力发电轴承、海派风力叶片、天元电机的风力发电机、重工•起重增速机和大型风电机组及设备成套承包能力建设，形成风电发电设备整体配套水平。

船舶制造业方面，加快船舶制造整体水平，推进STX系列项目，建设韩国船舶配套产业园区；推进中远旅顺造船基地、中集集团的海洋工程、新加坡万邦集团修造船及海洋工程、重工起重船用曲轴、船柴厂船用柴油机扩能、船推厂超大型船用螺旋桨项目及配套船舶产业园建设，形成全国最大的船舶制造业基地。

汽车零部件方面，推进大众汽车发动机和变速箱、博格华纳变速箱模块、帝森克房伯镀锌钢板三期、固特异轮胎环保搬迁改造等项目进程，加快形成北方重要的汽车零部件产业集群，为促进整车项目落地奠定了坚实的基础。

五是加快淘汰落后生产能力，切实推进工业节能减排。粘土砖方面，牵头组织市经委、国土房屋局、建委等相关部门，开展全市烧结砖瓦调查，整理出全市需要淘汰的粘土砖瓦生产企业，拟定并上报市政府印发了《大连市人民政府办公厅关于做好淘汰粘土砖瓦窑有关工作的通知》。截止目前，全市淘汰粘土砖工作基本完成。一是辖区拥有粘土砖生产企业的地方政府已与市政府签定年底完成淘汰任务的责任书，并与相关企业签订关闭协议；二是采矿许可证已全部收缴或废止；三是制坯设施全部停止运行。

小造纸方面，根据市领导指示精神，积极配合市环保局等部门开展工作。经核实，全市现有造纸企业造纸企业50家。其中，年生产能力1万吨以下企业33家，年生产能力1万吨以上企业17家。目前，全市年生产能力在1万吨以下的33家造纸企业已全部关闭，年生产能力在1万吨以上的17家造纸企业已全部停产整治。

妥善处理淘汰落后水泥善后事项。召集市淘汰落后水泥协调领导小组副组长单位联席会议，研讨我市水泥粉磨站发展，解决已淘汰落后水泥生产企业转产问题，上报市政府印发了《大连市人民政府办公厅关于规范水泥粉磨站发展有关工作的通知》。同时，为规范水泥工业发展，上报市政府印发了《大连市人民政府办公厅关于进一步促进水泥工业有序健康发展的通知》，确保全市水泥行业稳定发展。

2.积极推进重点工业区发展，加快产业布局优化。认真贯彻和执行《中共大连市委、大连市人民政府关于加快推进重点工业园区和沿海经济带建设的决定》（大委发〔2007〕21号）和《大连市人民政府关于加快推进重点工业园区和沿海经济带建设的若干政策意见》（大政发〔2007〕98号），加快推进重点工业园区基础设施建设。结合我市工业布局调整，我们继续引导大项目向区市县工业园区转移，加大工业园区对县域经济发展的带动作用，促进农村工业化进程。

一是积极推进市重点工业园区基础设施建设。2008年，在银行贷款逐步减少的不利形势下，各重点工业区积极吸纳社会资本，进行市场化运作，不断增强自身造血能力，继续稳步推进基础设施建设。全年完成基础设施投资60.4亿元，同比增长14%。作为辽宁省沿海经济带“五点一线”龙头的长兴岛临港工业区基础设施投资达到了37.5亿元。截止目前，各重点工业区累计完成基础设施投资205亿元，累计开发土地93平方公里，其中83平方公里基础设施配套达到“五通一平”标准以上，为项目入驻创造了条件。

二是大力推进招商引资工作。2008年，各重点工业区引进项目192个，投资总额578亿元。重点龙头项目引进取得重大进展，一期总投资4.97亿美元的固特异轮胎环保搬迁项目，经国家发改委正式核准，最终落户海湾工业区。总投资93亿元的中远集团船舶制造项目在旅顺开发区开工建设。截至目前，各重点工业区累计引进项目715个，投资总额超过1800亿元。

三是积极促进市重点工业区纳入省统一规划布局。今年，省政府将大连经济技术开发区核心产业区等18个区域列入省“五点一线”沿海经济带重点支持区域，可以享受产业项目贴息政策。我们积极组织新增的8个园区符合政策的项目上报省发改委申请支持。

四是积极推进工业区节能减排工作。按照科学发展观要求，突出节能减排的发展思路，转变市财力支持园区基础设施建设方向，重点支持园区污水处理、集中供热、固体废弃物处理及其相关配套项目。做好松木岛化工园区循环经济试点工作。

3.积极运用财政政策，多口径扶持产业项目发展。

一是争取工业国债项目支持。按照中央加大投资力度，拉动内需的精神，全力开展工业国债项目争取工作，紧急下发了《关于紧急做好2008年底申报工业国债项目工作有关事项的紧急通知》，对重点项目及大型企业直接沟通指导，高速度高质量的组织申报工作。同时，与国家发改委相关司局积极沟通情况，取得了显著成果。已申报产业司项目34项，总投资62.4亿元；申报能源局项目4项，总投资19.1亿元。合计申报项目38项，总投资81.5亿元。其中以瓦轴、重工起重、冰山、大机床为代表的装备制造业项目25个，总投资68.6亿元；石化建材冶金行业项目10个，总投资9.9亿元；轻纺项目3个，总投资3.0亿元。国家发改委已批复10个项目，总投资27.9亿元，安排国债资金23180万元，其中大连电瓷获得1500万元国债资金从大连齐化撤消的5000万元中列支，新获国债资金占全国比重为5.7%。其中核电和风电重大装备国产化项目（4个）获得国债资金16750万元，大连华锐船用曲轴扩能项目3140万元。截止目前，2008年我市获得工业国债资金合计26680万元。其他项目将作为2009年工业国债项目备选项目。

二是积极申报省“五点一线”产业项目贴息。落实省政府“五点一线”沿海经济带园区产业项目贴息政策，积极组织企业申报产业项目贴息资金。目前，省里已下达了2008年第一批、第二批贴息资金计划，共有42个项目获得支持，省政府安排财政贴息9156万元，我市安排配套资金6103万元。

三是开展市重点工业区产业项目贴息工作，扶持园区内产业项目发展。按照2007年6月下发的《大连市重点工业园区产业项目贴息资金管理暂行办法》和具体实施办法，完成2008年第一批（总第三批）产业项目申报、审核等工作。

4.企业创新能力得到大力提升，增强企业竞争能力。

积极推进企业创新能力建设，加快企业技术中心建设。2008年，中远船务和大连光洋科技等13户企业的技术开发机构被认定为省级企业技术中心。大连船推、大连獐子岛渔业等19户企业技术中心被认定为市级企业技术中心。截至目前，全市共有市级以上企业技术中心88户，其中国家级企业技术中心11户，省级企业技术中心21户，市级企业技术中心56户，技术中心的梯队建设已具雏形。其中市级以上企业技术中心2008年共开发新产品1100余种，占全市开发新产品总数的64%。重工•起重成果研制成功70曲轴，重工•起重在国内首家独立成套研制成功三峡700兆瓦水轮机转轮上冠、下环、叶片，深蓝泵业自主研发的核安全三级设备冷却水泵通过国家鉴定，大连船舶重工半潜式深海钻井平台26个月顺利下水，大连机车国内首台和谐型六轴9600KW大功率交流传动货运电力机车下线。

5.加快外资项目引进和企业国外投资步伐。全市工业实际利用外资24亿美元，比上年增长50%；新批投资额500万美元以上的工业项目75个，总投资32亿美元。德国博世集团落户开发区，大阳日酸（中国）投资有限公司落户长兴岛，世界顶级的汽车自动变速器博格华纳变速箱模块项目、三菱重工叉车项目落户开发区。支持企业“走出去”参与国际市场竞争。重工•起重集团在泰国、印度和俄罗斯分别签约工程项目，洪富集团朝鲜投资矿产资源开发。推动企业海外并购项目，其中远东工具、和顺化工等5个项目已完成并购或签定意向。

(四)当前工业经济发展中存在的主要问题

1.工业增长明显放缓，下行压力加大。规模以上工业增长速度从3月的29.1%下滑到6月份的28.1%，8月份的24.7%、10月份的19.1%和11月份的7.9%，12月当月出现负增长（-3.2%），呈现加速下滑状态。

2.部分行业受影响明显放缓。通讯设备、计算机及其其他电子设备制造业累计增幅平均低于上年10.5个百分点；交通运输设备制造业增速低于上年同期10.9个百分点；纺织服装鞋帽制造业增速低于上年同期11个百分点。

3.国际市场需求不足，出口交货值徘徊低迷。出口较货值增幅由第一季度26.3%，降到前二季度20.4%，第三季度降到14.3%，全年增长9.6%。已连续五个月增幅低于15%。

4.工业投资增幅明显放缓，经济增长后劲不足。2008年，全市完成工业投资同比增长24.7%，低于全社会投资水平5.5个百分点，低于上年同期增速21.7个百分点。其中，“四个基地”投资完成596亿元，增长29.5%，低于上年同期增速22.4个百分点。主要原因为石化工业投资大幅下降，同比降低80个百分点。

以上问题，主要产生原因是国际金融危机改变国际经济形势，国际市场需求发生变化和国内外资金供应紧张。

二、2009年工业经济发展总体思路及重点工作

2008年，由美国次贷危机引起的金融风暴已迅速扩散到全球，开始影响世界实体经济，世界整体需求减缓，经济呈放缓态势。与此同时，中央坚持灵活审慎的宏观经济政策，果断实施积极的财政政策和适度宽松的货币政策，及时采取了扩大内需、促进经济增长的十项措施。总体上看，我国经济发展将保持良好的发展态势。

据此判断，2009年我市工业经济发展面临的不确定因素较多，国际金融危机的影响难以确定，但国际经济放缓趋势已基本确定，必将影响我市出口形势，产品出口企业必须转向，扩大国内市场供给能力。同时，国内经济长期增长的内在条件并没有改变，经济增长的基本面没有改变，国家即将和已出台的财税、信贷、外贸等政策，保障2009年宏观经济经济平稳增长，这将促进我市企业产品进一步扩大国内市场占有率，因此，初步判断，2009年我市工业经济运行和发展的总体形势十分严峻，国际经济形势的变化将对我市产生不利影响，而国内宏观经济形势将保持今年增长形势，国内需求预计将超过今年水平。

综合考虑，我市工业经济将基本保持今年增长态势，规模以上工业增加值预期1780亿元，同比增长20%。

(一) 工业经济发展总体思路

认真贯彻党的十七大和十七届三中全会精神，深入贯彻落实科学发展观，全面落实“保增长、扩内需、调结构、促发展”的各项政策措施，坚持走新型工业化道路，保持工业经济稳定增长，推进技术改造和自主创新，加快结构调整和发展方式转变，推进信息化与工业化融合，加强对传统产业改造提升。

（二）工业经济发展主要措施

1.加大工业项目投资力度，加快重大项目建设进程。按照国家进一步扩大内需，促进经济平稳增长要求，积极推进工业项目建设进度。确定全市重点工业项目，积极协调有关方面，采取积极的扶持政策，加大工业项目投资力度。

石化行业方面。积极推进甲醇制烯烃项目前期工作。积极协助长兴岛石化产业发展规划上报国家发改委，争取将长兴岛大乙烯项目列入国家规划。推进PX项目扩能核准及建设。大染搬迁项目前期工作，落实建设地点，争取年内开工建设。推进大连美罗药业搬迁改造前期工作，争取年内开工建设。推进大化搬迁改造项目，争取年内投产达效。推进固特异环保搬迁改造项目，争取完成投资过半。

装备制造业方面。推进中集重型装备产业基地、中远集团海洋工程、大连船舶长兴岛造船基地项目等重大项目前期工作，争取年内开工。加快推进瓦轴风力发电轴承、重工•起重风力发电机组和大中型球铁件、一重核电项目等一批重大项目建设进度，尽快形成实物工作量。加快电动汽车项目建设。推进博格华纳变速箱模块项目核准和开工建设。

船舶制造业方面。加快推进STX系列项目、万邦修造船及海洋工程、中远集团造船、船舶重工海洋工程等一批重大项目建设进度，积极推进重工•起重曲轴扩能、船推超大型船用螺旋桨、船柴厂船用柴油机扩能等配套项目建设，加快形成造船产业集群。

2.大力推进自主创新，加快企业技术改造步伐，提高企业核心竞争力。加快工业经济增长由要素推动向创新驱动转变、由资源依赖向科技依托转变。大力扶持企业加大技术改造步伐，苦炼“内功”，切实提升企业产品技术含量和档次。加大投入，加快高附加值新产品开发步伐，提高产品市场竞争力。

继续支持企业技术研究中心、工程技术研究中心和重点实验室建设，推动中科院大连科技创新园和大连理工大学松木岛科技园发展，推进自主创新和结构优化升级。组织重大专项科技攻关，促进重点应用领域的集成创新，强化对引进技术的消化吸收再创新，加快科技成果向现实生产力转化。

3.继续推进工业空间布局调整，加快重点工业区建设。继续认真贯彻市委市政府加快推进重点工业园区和沿海经济带建设的决定，结合工业布局调整，继续引导大项目向区市县工业园区转移，加大工业园区对县域经济发展的带动作用。一是加快工业园区基础设施建设中的污水处理、集中供热、固体废弃物处理及其相关配套项目建设。二是继续贴息扶持产业项目落户。联合市财政局，积极组织沿海经济带产业项目，申报省财政产业项目贴息资金。同时，争取市政府设立专项资金，继续做好我市产业项目贴息资金的管理及项目申报、审核等工作。三是加强管理和服务。配合审计和稽察部门，对近几年工业园区的市财力项目和产业贴息项目进行审查。加强服务，保证基础设施和入驻项目的顺利实施。

4.加强中央预算内资金扶持的争取力度，加强项目监督监管。一是按照国家加大投资拉动内需的精神，认真组织有关部门和企业上报和争取2009年国债资金支持。对符合支持方向的项目，成熟一个，上报一个，争取得到更多的项目列入国家项目库，获得支持。二是进一步理顺和扩大收集途径，建设全市工业重大项目库。三是加快国债项目建设进度，尽快形成实物工作量，并加大项目监管力度。

5.着手开展工业规划编制工作。积极衔接国家石化、装备等九个产业振兴规划编制工作。认真开展全市工业“十二五”发展规划课题研究。

6.切实做好节能减排和环境保护工作，推进工业领域循环经济发展，并做好落后产能淘汰善后工作。

吉林省2008年对外经济贸易实现新跨越

2008年，国际经济环境复杂多变，不确定性、不稳定性因素明显增多，给对外经济贸易带来严峻挑战。国际上，受美国次贷危机的影响，国际金融危机持续蔓延，全球经济明显减速，外需明显萎缩；在国内，国家出口环节政策调整力度较大，限制“两高一资”产品的出口，出台了一系列新的政策，国内经济困难增加。面对诸多不利的形势，吉林省大力实施出口战略，加快发展高新技术产业，拓宽出口渠道。同时继续改善环境，加大招商引资力度，促进全省对外经济贸易保持了良好的发展态势。通过扩大开放，进一步提高了吉林省经济发展的外向度，有力地推动了全省经济又好又快发展。

一、对外贸易实现新突破

据海关统计，2008年全省实现进出口总额133.41亿美元，在上年突破百亿美元大关的基础上，又增加了30.41亿美元，同比增长29.5%。其中，出口实现47.72亿美元，增长23.7%；进口实现85.69亿美元，增长33.0%。进出口额均创历史最高水平，实现了新的突破。

对外贸易的新特点：

（一）高新技术产品出口增幅较大，比重上升

2008年，由于全省继续实施科技兴省战略，高新产业进一步壮大，出口规模不断扩大。全省机电产品出口11.41亿美元、高新技术产品出口1.82亿美元，分别比上年增长26.3%和34.9%，机电产品占全省出口的比重为23.9%，比上年提高0.5个百分点。其中，出口增幅较大的有汽车、摩托车，说明吉林省出口结构有所优化，国际竞争力有所增强。

（二）私营企业、外商投资企业增速加快，国有企业、集体企业竞争力有所萎缩

近几年，由于吉林省民营经济实施跨越式发展，在政策和资金的扶持下，私营、外商企业不断壮大，出口能力明显增强。2008年，私营企业成为全省出口的主力军，出口17.92亿美元，同比增长25.1%，占全省出口的份额达37.6%；外商投资企业由于产品适销对路，出口13.43亿美元，实现了29.9%的较高增速。国有企业份额有所下滑，出口15.85亿美元，占全省总额的33.2%，比上年下降1.5个百分点。集体企业出口出现萎缩，为0.41亿美元，同比下降11.6%（见图1）。

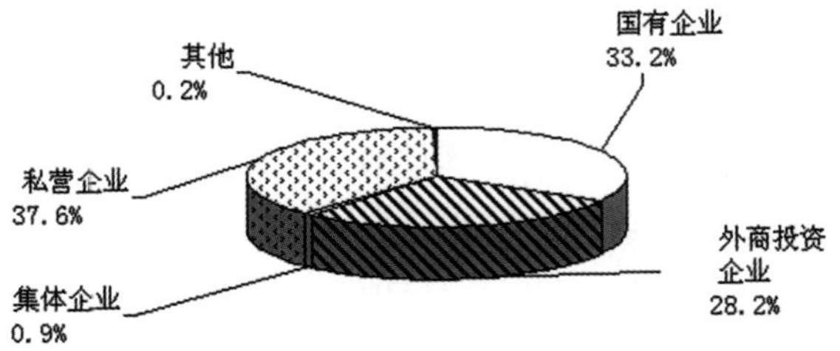

图1 2008年全省出口总值按企业经济类型分比重（%）

（三）重点企业、重点产品出口增势强劲

2008年，全省出口前20名企业累计实现出口24.76亿美元，比上年增加6.4亿美元，同比增长34.7%，占全省总额的51.9%。

重点出口商品拉动作用较大。全省出口值超过5000万美元的重点商品共25.38亿美元，同比增长20.1%（见下表）。

2008年出口值超过5000万美元的商品情况

商品名称	总值（万美元）	同比增长（%）	占全省的比重（%）
出口贸易总值	477159	23.7	100.0
12种商品合计	253806	20.1	53.2
蔬菜	6199	37.9	1.3
粮食	21407	−40.9	4.5
食用油籽	11100	148.8	2.3
新的充气橡胶轮胎	6122	28.5	1.3
胶合板及类似多层板	28131	11.3	5.9
纺织纱线.织物及制品	13603	18.8	2.9
服装及衣着附件	68375	24.4	14.3
铁合金	28587	122.6	6.0
钢材	21936	59.7	4.6
汽车（包括整套散件）	30684	21.5	6.4
汽车零件	11513	0.5	2.4
家具及其零件	6149	−4.5	1.3

从总量看，吉林省出口的大宗商品有9种为工业产品，有3种为农业产品，出口份额较大的为轻工业品和重工业品。

（四）主要出口市场稳固，新兴市场开辟良好

吉林省主要出口市场是美国、欧盟、俄罗斯等国，均保持较稳的份额。对美国、欧盟全年分别出口4.41亿美元和8.61亿美元，分别同比增长22.6%和37.5%，对俄罗斯出口达到6.75亿美元，但同比下降6.8%。亚洲新兴市场主要是朝鲜、伊朗和印度等国，全年对朝鲜出口5.35亿美元，增长1.7倍；对印度出口0.64亿美元，增长91.4%；对伊朗出口0.24亿美元，增长61.9%，说明亚洲市场出口的潜力非常大。

（五）各市、州发展不平衡

2008年，全省出口主要集中在长春、吉林和延边州，三个市州共完成出口39.54亿美元，占总额的82.9%，其他6个市只出口8.16亿美元，占总额的17.1%。其中，辽源市、四平市、松原市每个市的出口额不到1亿美元。说明吉林省出口规模小，主要是发展不均衡，有些市还没有走出去，参与国际竞争能力太弱（见图2）。

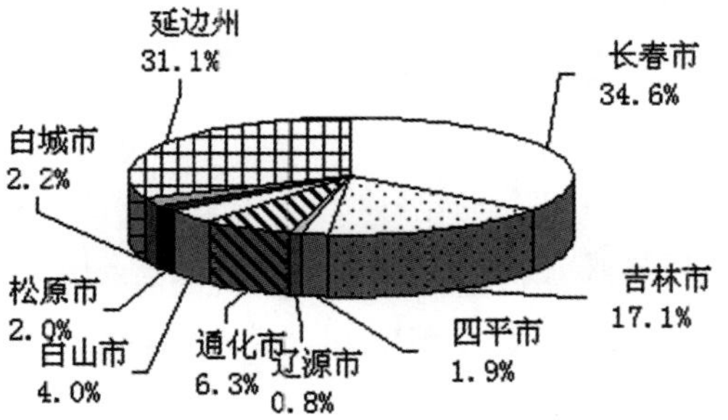

图2 2008年各市州出口总值比重（%）

（六）进口继续保持高位运行

近几年，吉林省外贸进出口一直为逆差，进口大于出口，且增长快。全年进口较大的商品，主要是汽车零件及原材料。全年进口汽车零件19.54亿美元，同比增长14.8%，汽车进口14.10亿美元，同比增长2.3倍。在投资快速增长的带动下，钢材进口2.06亿美元，同比增长74.3%，这对增强吉林省经济发展后劲十分有利。

二、利用外资情况

2008年，受国家宏观政策趋紧，特别是受国际金融危机，世界经济发展减慢的影响，新签项目减少。全年新签项目245个，同比下降28.4%；合同外资金额13.55亿美元，同比下降12.9%。但由于吉林省狠抓外资资金的落实，接续项目资金到位较好，全年实现利用外资额增速较快，全年完成30.08亿美元，同比增长32.5%，其中外商直接投资完成9.93亿美元，同比增长12.2%。

利用外资呈现以下特点：

（一）投资结构较优化

2008年，外商直接投资主要集中在交通运输设备业、食品制造业、化学原料及化学制品制造领域，分别投资1.03亿美元、1.05亿美元、0.95亿美元，占投资的比重分别为10.4%、10.6%和9.5%。增幅较大的行业还有房地产业，投资0.90亿美元，同比增长54.2%，比重达9.0%。

（二）大项目投资到位多，新签大项目增多

全年到位外资500万美元以上的项目共有54个，到位外资7.84亿美元，占全部到位资金的78.9%，大项目主要集中在交通运输设备制造业、食品制造业、农副产品食品制造业、化学原料及化学制品制造业、医药制造业、房地产业及风力发电等行业。新签大项目增多，全年新签项目中超过3000万美元的有16个，集中在食品制造业、房地产业、清洁能源业，说明外商在吉林省投资的信心增强。

（三）外资主要来源比较分散

2008年，吉林省外商直接投资共来自24个国家和地区，其中直接投资超过1亿美元的国家（地区）只有2个，分别是香港和英属维尔京群岛，分别投资3.81亿美元和2.08亿美元。

三、对外贸易、经济面临的问题

尽管2008年全省对外贸易、经济取得较好的成绩，但仍存在一些问题不容忽视。

（一）外贸进出口规模依然偏小

2008年虽然吉林省进出口总额增幅达到29.5%，超过全国17.8%的平均水平，但仅占全国的0.52%，在全国

的位次靠后，为19位，比上年后移1位。2008年，吉林省外贸依存度仅为14.2%，比全国的58.2%低44.0个百分点（人民币外汇牌价按2008年年末时点价格计算）。说明吉林省对外开放的程度还较低。特别是出口额仅占全国的0.33%，在全国省、市中排在24位。比邻省的辽宁省少372.83亿美元（辽宁排在全国8位），比黑龙江省少118.02亿美元（黑龙江排在全国12位）。说明吉林省出口规模比邻省的差距还很大，国际的竞争力还不强。

（二）利用外资后劲不足

今年以来，吉林省新批项目和合同外资额双双出现下降，表明后续引资乏力。全省有7个市州新批项目出现下降，有4个市下降幅度超过50%；有6个市州合同外资额出现下降，有3个市下降幅度超过50%。新批项目和合同外资额的下降，不利于吉林省利用外资的进一步稳固和扩大。

四、对今年全省对外经贸工作的建议

2009年，全省对外经贸工作面临着严峻的考验和挑战。从国际环境看，随着国际金融危机向实体经济的蔓延，外部需求进一步减少，不利影响在对外贸易上会逐渐显现。同时，也应该看到，针对国际金融危机加速向实体经济蔓延的形势，我国自去年下半年以来相继出台了上调出口退税、放松信贷、取消或降低关税等措施，特别是连续四次上调出口退税率，以扶持外贸企业，稳定外部需求。吉林省要充分发挥好自身优势，更需要抓住危机中蕴藏的机遇。

今年应重点抓以下几方面工作：

（一）抓住机遇，进一步调整、优化出口商品结构

目前，从吉林省出口商品结构看，附加值低、加工程度浅的初级制品、高劳动密集型的材料与金属制品占有较大的比重，在全球经济发展放缓，外需急剧萎缩的情况下，这种商品结构抗风险能力较弱，在国际市场上缺乏竞争力。在出口面临重重困难的严峻形势下，也恰恰是促进出口企业升级换代、加速转变外贸增长方式的一个动力。各级政府要引导出口企业依靠科技进步、研发设计、节能减排、创新品牌，有计划地引导不同地域形成优势产业群，打造出口基地，如对汽车及零部件、农副产品深加工、医药、木制品及家具、纺织等出口企业制定扶持政策，使其不断发展壮大，成为全省的拳头产品，抢占国际市场份额。

（二）扩大边境贸易，拓展新兴市场

吉林省发展边境贸易有着得天独厚的自然条件，重点是延边州。延边州有5个边境县、市，有11个外贸通道。近几年吉林省对俄罗斯、朝鲜、韩国和日本等的周边市场发展较快。要加大口岸的基础设施建设，建立适应国际联运业务需要的新机制，提升口岸工作效率和服务水平，促进边境贸易快速发展。

（三）各级政府帮助企业转型升级，渡过难关

目前，出口企业特别是民营出口企业面临着金融危机向实体经济蔓延造成的诸如订单减少、资金短缺、劳动成本上升等困难。各级政府要积极扶持和帮助企业渡过难关。如提供技术、信贷支持，改善企业的融资环境，提供更多渠道。进一步密切与信保机构合作，广泛开展保单融资业务，有效发挥出口信用保险的保障和融资功能。对于符合产业发展政策的企业和高新技术产品研发、打造自主品牌的企业给予鼓励，并给予减免税扶持。

（四）重点抓好大项目的招商引资工作，提高整体竞争力

要抓住国际产业转移加快的契机，充分发挥“东北亚投资贸易博览会”这个大平台，加大招商引资力度。经济全球化的今天，跨国公司已成为全球化经济的主导力量，吉林省要优化投资软环境，积极吸引国际大型跨国公司特别是世界500强企业来吉林省投资建设，鼓励省内出口企业与国际跨国公司进行联盟合作合资，借助其资本、技术管理和营销的优势，提高产品质量、档次，形成规模经营，增强综合竞争能力。

（吉林省统计局）

黑龙江省2008年经济保持较快增长态势

黑龙江省统计局召开2008年经济形势新闻发布会。省统计局首席新闻发言人、副局长李玉涛通报了2008年全省经济社会运行情况。他说，2008年年初以来，面对我国南方雨雪冰冻、汶川地震以及国际金融危机等不利因素影响，全省上下坚决贯彻执行党中央、国务院出台的各项方针政策，积极克服国内外经济环境带来的压力和挑战，特别是国内外经济放缓带来的不利影响，着力解决经济社会发展中出现的突出矛盾和问题，努力把思想统一到又好又快、更好更快发展上来，集中力量谋发展、促发展，实现了经济持续较快、价格回稳、结构优化、民生改善的良好局面。

一、宏观经济继续保持较快增长

2008年，全省经济克服各种不利因素的影响，全年经济运行态势表现为：前三季度逐季加快，四季度有所回落，各季度经济发展增速仍保持在11.4%以上的水平。经初步核算，全年全省地区生产总值（GDP）突破8000亿元关口，达到8310亿元，比上年增长11.8%，比年初目标高0.8个百分点，连续五年保持11.6%以上的增幅，整体经济继续在较高增长平台运行。从三次产业看，第一产业增加值1089.1亿元，增长8.2%，增幅比上年快4个百分点；第二产业增加值4365.9亿元，增长12.1%，比上年回落2.2个百分点；第三产业增加值2855亿元，增长12.4%，比上年快1.2个百分点。

二、农业生产再创历史新高

2008年，粮食生产在扩大面积、增加投入、提高标准的前提下，再获大丰收。全省粮食作物播种面积16482万亩，比上年增加791万亩，增长5%，占农作物播种面积的90.9%，连续四年保持增长。全年粮食总产量登上800亿斤新台阶，达到845亿斤，创历史新高。

畜牧业保持较快增长。全年畜牧业产值达到846.1亿元，比上年增长13%。生猪生产得到快速发展，年末存栏1788万头，比上年增长35.6%，达到历史新的高点。猪肉产量182.7万吨，比上年增长24.7%，是1997年以来的最高增幅。年末奶牛存栏达到221.2万头，比上年增长21.9%。牛奶产量577.1万吨，增长21.8%。畜禽产品产量增加较快，全年肉类产量303.3万吨，增长28.4%，其中牛肉产量比上年增长38.2%；鲜蛋产量109.3万吨，增长15.3%。

三、固定资产投资成为拉动经济发展的强力引擎

2008年，我省继续完善投融资体制，紧紧抓住国家扩大内需的宏观调控政策机遇，积极谋划大项目，推进重大项目建设，固定资产投资呈现平稳较快运行态势。全年完成全社会固定资产投资3669.3亿元，比上年增长28.1%，与上年持平，连续三年增幅保持在28%以上。全省城镇（下同）完成投资3368.2亿元，增长28.5%，其中第一产业增速较快，完成投资123.9亿元，增长71.5%，比上年提高50.4个百分点；工业投资拉动强，第二产业投资1545.9亿元，比上年增长36.2%，其中工业投资1457.3亿元，增长32.6%。

四、工业企业支撑作用显著

2008年，我省加快新型工业化进程，积极实施结构调整，做大做强优势产业。虽然受国际金融危机、年初南方雨雪冰冻等自然灾害以及能源、原材料类主要产品价格波动等因素的影响，工业生产出现一定程度的波动，但是仍然保持稳步增长。全省规模以上工业实现增加值3444.8亿元，比上年增长13.1%，连续六年保持13%以上的增速。工业对经济增长贡献显著，实现增加值占GDP比重41.5%；实现利税达到2030.1亿元，利润1437亿元，分别增长13.8%、12.0%。

重点企业和主导产业“龙头”作用显著。2008年全省产值超亿元的工业企业634户，比上年增加98户，实现产值6588.4亿元，占规模以上工业的89.8%；实现利税、

利润分别为1976.1亿元、1416.1亿元，分别占97.3%和98.5%。装备、石化、能源、食品等四大主导产业实现产值6540.9亿元，占规模以上工业的89.1%；实现利税、利润分别为1939亿元、1389.9亿元，分别占95.5%和96.7%。

五、消费品市场持续活跃

2008年，全省消费品市场受国家扩大内需政策刺激，特别是城乡居民收入增加和商家促销等因素影响，呈现起步高、增长快、运行稳的运行态势。全年实现社会消费品零售总额2838.6亿元，增长21.8%，连续七年保持两位数增长，是1997年以来的最高增幅。农村（县以下）实现零售额311.9亿元，比上年增长20.2%；城镇零售额2526.7亿元，增长22%，增幅比上年分别提高4.9和5.1个百分点。城乡市场增幅差距由上年的2.3个百分点缩小至1.8个百分点。住宿餐饮业保持较快增长，实现零售额351.4亿元，增长23.7%，增幅提高5.7个百分点。批零贸易业仍占较大比重，零售额达到2445.7亿元，增长21.7%，所占比重达86.2%。

六、进出口在逆境中保持较快增长

2008年，受国际金融危机、国内外经济放缓的影响，我省对外贸易出现较大回落，但是各级政府积极采取有效应对措施，进出口总值在上年大幅增长的基础上保持了较快增长。全年实现进出口总值229亿美元，比上年增长32.4%，连续七年保持20%以上的增幅。我省主要的贸易伙伴中，与美国、韩国、德国的进出口总值增长快，分别增长84.5%、1.3倍和1.2倍。对俄贸易仍占主体，对俄进出口总值110.6亿美元，占全省的48.3%。机电产品出口增长快，出口39.2亿美元，增长76.7%；高新技术产品出口3亿美元，下降13%。

利用外资稳步增长。2008年，我省加大招商引资力度，利用外资保持平稳较快增长，实际利用外资26.6亿美元，增长22.5%，其中外商直接投资25.5亿美元，增长22.2%。

七、物价控制效果明显

2008年，受到年初食品等价格持续高位运行等因素影响，全省居民消费价格（CPI）呈现结构性上涨，我省及时出台了一系列宏观调控政策，使物价上涨得到明显控制。全省居民消费价格（CPI）涨幅从4月起连续九个月逐月回落，由3月份的上涨9.5%，回落为12月份下降0.1%。全年居民消费价格总水平上涨5.6%，比年初目标高1.1个百分点。农村CPI上涨7.2%；城市上涨5%。从商品类别看，呈现“七升一降”，食品价格上涨12%、居住价格上涨4.5%、医疗保健和个人用品上涨4.3%、烟酒及用品上涨3.8%、家庭用品及服务上涨3.1%、交通和通信价格上涨0.6%、文教娱乐用品及服务持平；衣着下降0.7%。

八、财政收入大幅增长

2008年，我省在加快经济发展的同时，积极培植财源，扶持重点企业发展，地方财政收入快速增长。全年地方财政收入767.1亿元，增长32.4%，是1986年以来的最高增幅。其中一般预算收入578.4亿元，增长31.4%，增幅比上年分别提高10.5和17.5个百分点。国内增值税、营业税、企业所得税、个人所得税等主体税种分别增长22.2%、16.4%、50.3%和9.3%。

财政对“三农”、社会保障和就业等支出增长较快。地方财政支出1717.7亿元，增长29.6%，其中一般预算支出1542.3亿元，增长29.9%。城乡社区事务、农林水事务、教育和医疗卫生等重点支出分别增长42.5%、39.9%、28.4%和24.6%。

九、城乡居民收入得到进一步提高

2008年，我省着力发展经济，改善民生，城乡居民收入大幅增长，就业和再就业工作扎实推进，社会保障事业成效显著。全省城镇居民人均可支配收入11581元，比上年增长13%，增幅提高1.4个百分点；农村居民人均纯收入4856元，增长17.5%，增幅提高1.2个百分点，是2005年以来的最高增幅。工资性收入是城镇居民收入的主要来源，城镇居民工资性收入增长6.4%，所占比重达60.3%。社会保障体系的进一步完善，使转移性收入增长20.2%，所占比重为28.6%，上升2.2个百分点；经营性收入增长12.8%；财产性收入增长25%。农村居民人均纯收入中，转移性、财产性收入增长较快，分别增长69.6%、24.2%；家庭经营性收入仍占主体，达到3164元，占65.2%。

就业和再就业工作效果明显。2008年全省新增就业71.7万人，其中安置下岗失业人员58万人。年末全省城镇单位从业人员人数达到484万人，比上年增加5.8万人。城镇登记失业率4.2 %，低于控制目标。

2009年是新中国成立60周年，也是推进“十一五”规划顺利实施的关键一年。尽管面临着来自国内外严重困难和严峻挑战，但从整体上看我省经济发展的基本面和长期趋势没有改变，遇到的困难和挑战是前进中的问题。只要始终坚持抓发展、抓速度、抓基础、抓重点、抓民生、抓项目、抓改革、抓落实，完全有条件变压力为动力、化挑战为机遇，把世界金融危机造成的经济下行压力降到最低程度，宏观经济完全有可能继续保持平稳较快增长。

(黑龙江省统计局)

长三角地区2008年经济运行稳中趋好

2008年是很不寻常、很不平凡的一年。在历史罕见的挑战和风险面前，长三角地区经济保持了平稳较快发展，经济运行质量不断提高。本文从财政、居民收入、物价、工业效益和金融等几个方面对长三角经济运行质量进行简要分析。

一、财政收入：增速回落明显

据初步统计，2008年长三角地区16城市实现财政一般预算收入接近6000亿元，达到5794.79亿元，同比增长16.7%，增速比上年回落15.4个百分点。

从三大板块完成情况看：2008年龙头城市上海实现财政一般预算收入突破2000亿元，达到2382.34亿元，比上年增长13.3%，占长三角地区的比重为41.1%，比上年同期下降了1.2个百分点。江苏8市实现财政一般预算收入2055.43亿元，同比增长20.2%，占长三角地区的比重达到35.5%，比上年提高了1.0个百分点。浙江7市实现财政一般预算收入1357.02亿元，同比增长17.6%，占长三角地区的比重达到23.4%，比上年提升了0.2个百分点。

从16个城市完成情况看：　6个城市财政一般预算收入超过300亿元，12个城市过百亿元。前五位的城市分别是：上海（2382.34亿元）、苏州（668.91亿元）、杭州（455.35亿元）、宁波（390.39亿元）、南京（386.56亿元）。增速方面，南通增长25.0%列首位，苏州增长23.5%、舟山增长23.1%分列2、3位。无锡总量仍居第6位，增速居5位，比上年后移了1个位次。

从财政占比情况看：长三角地区平均财政一般预算收入占GDP比重达到10.7%。10个城市财政一般预算收入占地区生产总值的比重均有不同程度提升，苏州、无锡提升最多，均提高了0.5个百分点。无锡地方财政一般预算收入占GDP比重由上年的7.8%提高到8.3%。

二、城乡居民收入：农民收入增速快于城镇居民

2008年长三角地区各级政府都以富民为己任，积极实施富民工程，加快富民步伐，城乡居民收入水平持续上升，生活水平日益提高。16个城市中居民人均可支配收入有12个城市超过20000元，平均收入达到22110元，平均增幅达到12.3%，比上年回落2.1个百分点。无锡总量居第6位，比上年前移1位，增速居第8位，下降2位。16城市收入排位依次如下：上海市（26675元）、宁波市（25304元）、台州市（24181元）、杭州市（24104元）、苏州市（23867元）、无锡市（23605元）、绍兴市（23509元）、南京市（23123元）、舟山市（22257元）、湖州市（21822元）、常州市（21592元）、嘉兴市（21177元）、镇江市（19044元）、南通市（18903元）、扬州市（17398元）、泰州市（17198元）。

16个城市农民人均纯收入均超过7000元，其中9个城市过万元，平均收入达到10050元，平均增幅达到12.8%，农民人均纯收入增速均值首次超过城市居民收入增速。一半以上城市农民收入增速快于城市居民收入增速。无锡农民人均纯收入总量居第6位，比上年后移1位，增速居第10位，较上年提前1位。16城市收入排位依次如下：苏州市（11785元）、嘉兴市（11538元）、宁波市（11450元）、上海市（11385元）、舟山市（11367元）、无锡市（11280元）、绍兴市（10950元）、湖州市（10751元）、杭州市（10692元）、常州市（10171元）、台州市（9180元）、南京市（8951元）、镇江市

（8703元）、南通市（7811元）、扬州市（7450元）、泰州市（7338元）。

三、物价水平：冲高回落

2008年由于受食品价格上涨因素的影响，长江三角洲地区居民消费价格呈现结构性上扬的态势，上半年16个城市物价均有一定幅度的上涨，下半年开始回落，全年16个城市居民消费价格总指数均值达到105.1，物价上涨5.1%，比上年上升了1.1个百分点。11个城市物价涨幅在5%以上。除南通、嘉兴外，14城市物价涨幅超过2007年。

2008年16城市居民消费价格指数依次为：南京市（106.2）、上海市（105.8）、舟山市（105.6）、苏州市（105.3）、常州市（105.2）、嘉兴市（105.2）、无锡市（105.1）、湖州市（105.1）、宁波市（105.0）、绍兴（105.0）、镇江市（105.0）、杭州市（104.9）、泰州市（104.8）、南通市（104.8）、扬州市（104.8）、台州市（104.2）。

四、金融运行：态势平稳

2008年长江三角洲地区金融运行健康、平稳。从存款情况看，2008年末，长三角16城市本外币存款余额突破9万亿元，达到95945亿元，同比增长19.9%，比上年提高4.0个百分点。16个城市中，超过5000亿元存款的有6个城市，其中上海（35589.07亿元）居首位，杭州（11333.35亿元）、苏州（8800.23亿元）、南京（8562.27亿元）、宁波（6354亿元）分列2—5位，无锡以5483.85亿元，排在第6位。增速方面，16个城市中，舟山（27.9%）、湖州（24.9%）和常州（24.6%）分居前三位，无锡增速24.3%居第5位，比上年前移8位。

从贷款情况看，2008年末，长三角16城市本外币贷款余额71780亿元，同比增长15.9%，比上年下降4.5个百分点，低于存款增长4.0个百分点。从总量来看，16个城市中，7个城市贷款余额超过2000亿元，上海（24166.12亿元）居首位，杭州（10069.03亿元）、南京（7483.10亿元）、苏州（6580.73亿元）、宁波（5820.80亿元）列2—5位，无锡以3842.86亿元，排在第6位。从增速来看，16个城市中，舟山（30.7%）、泰州（23.2%）和无锡（19.7%）分居前三位，无锡增速比上年前移8位。

从存贷比看，2008年长三角地区本外币存贷比为74.8%，比上年下降2.6个百分点。16个城市中存贷比最高的是宁波，达到91.6%，其次的是杭州，达到88.8%，排在第3的是南京为87.4%。无锡存贷比70.1%列长三角第11位。

通过以上分析，可以看出2008年长江三角洲地区16城市在经济迅速发展的同时，经济运行质量也在不断稳步提高。

（江苏省统计局）

浙江省2008年对外贸易在挑战中稳步发展

2008年，随着国际金融危机的蔓延，世界经济明显放缓，浙江对外贸易发展面临前所未有的严峻形势，但在浙江省各级各部门的努力下，对外贸易仍保持稳步发展。

一、对外贸易运行情况

1.进出口保持较快增长。2008年，浙江省进出口额2111.5亿美元，比上年增长19.4%；其中出口1542.9亿美元，增长20.3%，高于全国3.1个百分点，进口568.6亿美元，增长17%。

进出口增幅、出口增幅为加入WTO以来最低点，分别比2001—2007年年均增速低10.8和10.6个百分点。全年走势呈现前高后低的态势，其中11月份出口110.7亿美元，同比下降2.5%，这是自1997年亚洲金融危机以来第一次出现非春节月份的出口单月同比下降；当月进口32.9亿美元，同比下降25.6%。

2.一般贸易出口比重提高，加工贸易出口平稳增长。全年浙江省一般贸易出口1218.7亿美元，成为继广东之后第二个一般贸易出口破千亿美元的省份，比上年增长22.7%，占出口总额的比重比上年提高1.5个百分点；加工贸易出口308.6亿美元，增长13%。

3.民营企业出口增长继续领先于其他企业。2008年，民营企业出口797.8亿美元，增长28.9%，高于浙江省平均增幅8.6个百分点，分别快于外商投资企业和国有企业出口增幅14.1和23.8个百分点，占浙江省出口比重达51.7%。其中私营企业出口674亿美元，仅次于广东省居第2位，比上年增长34.6%。外商投资企业出口平稳增长，浙江省出口542.7亿美元，增长14.8%；国有及国有控股企业出口持续低迷，全年出口199.3亿美元，占出口总额的比重仅12.9%，比上年降低1.9个百分点。

4.对新兴市场出口继续保持较快增长。2008年，浙江省对东盟、拉美、非洲、中东、俄罗斯等新兴市场出口继续较快增长，增幅分别为23.3%、41.8%、23.7%、22.5%和36.2%。目前，浙江省对以上五大新兴市场的出口占比已超过30%。特别是俄罗斯已挤入浙江省出口前十位国别（地区），居第九位。对浙江省最大的贸易伙伴欧盟的出口依然强劲，全年出口426.5亿美元，比上年增长25.2%；对美国出口持续低迷，仅增长7.7%，增幅比上年回落4.6个百分点；对日本出口略有回升，增长13.9%，增幅比上年回升5.4个百分点。

5.机电产品、农产品、纺织品等各大类商品出口继续保持稳定增长。2008年，浙江省机电产品、农产品（包括水产品）、纺织纱线织物及制品等出口继续保持稳定增长，增幅分别为22.5%、14.5%和21.5%。高新技术产品出口增幅继续在低位徘徊，增幅为4.7%。主要出口商品中，船舶出口增长迅猛，成为继纺织品服装、家具、鞋类之后的浙江省出口第5大商品，全年出口32.5亿美元，增长85.4%。紧固件、医药品、晶体管、医疗器械等附加值较高的商品出口增长较快。

6.部分商品进口额急剧萎缩。随着国际原材料、原油价格的大幅回落，以乙二醇、对苯二甲酸、苯乙烯等为代表的浙江需求量较大的化工原料和铜、植物油、橡胶等工业原料进口额呈逐月回落的态势，其中乙二醇、苯乙烯、对苯二甲酸全年进口分别比上年增长9.7%、3.8%和下降9.6%。原材料进口额的逐月回落与进口商品价格的回落密切相关。据海关统计，2008年12月份我国进出口商品价格指数继续双双回落，其中，进口商品价格指数连续第四个月大幅回落，较11月份回落11.9个百分点到90（费氏指数，同比），为2002年3月以来的最低点；从浙江省来看，12月份初级塑料进口比上年同月下降11.7%，但进口数量增长47.2%。价格指数为0.6。进入第四季度，随着金融危机向实体经济蔓延的势头加剧，国际国内市场需求萎缩迹象越来越明显，企业对未来经营状况信心不足，浙江一直以来进口量较大的纺织机械、橡胶机械、金属加工机床等资本类商品的进口也出现了大幅下滑。1-12月浙江省纺织机械及零件全进口8.5亿美元，比上年下降29.2%、其中12月份下降74.5%（见下表）。

2008年浙江省主要进口商品分月增幅（%）

项目	5月	6月	7月	8月	9月	10月	11月	12月	全年
初级形状的塑料	23.09	19.1	25.24	17.35	19.49	37.97	−38.03	−11.7	17.01
乙二醇	50.86	32.9	59.26	8.97	4.83	−7.32	−45.98	−72.84	9.71
对苯二甲酸	−20.52	−1.85	30.44	28.68	7.51	−13.76	−38.6	−8.2	−10.91
废铜	10.65	20.36	44.09	15.61	−31.75	−51.46	−70.67	−57.14	−9.59
铜及铜材	83.37	−5.75	21.54	23.45	−12.39	4.4	−33.26	1.66	17.48
原油	−78.21	−88	32	359.45	−32.77	−31.5		10.48	20.06
苯乙烯	58.76	82.45	80.62	−35.43	−44.92	−16.07	−67.92	−59.14	3.85
原木	−2.53	−25.44	52.98	−23.33	−27.29	33.66	−1.53	−1.79	−2.6
液化石油气及其他烃类	−41.15	42.44	93.05	−20.8	−75.32	−71.94		−42.17	−20.62
机电产品（包括表中其他商品）	49.13	35.84	26.36	17.24	2.58	−6.22	−21.36	−29.38	8.96
高新技术产品（包括表中其他商品）	19.9	54.11	8.03	49.4	1.17	−14.7	−21.49	−11.46	5.08
集成电路及微电子组件	−6.92	23.84	−11.48	6.63	−3.21	−34.21	−36.61	−31.75	−14.81
纺织机械零件	13.67	11.83	−31.41	−50.07	−65.88	−65.73	−58.82	−74.5	−29.24
金属加工机床	61.81	0.39	84.54	−33.39	−14.05	−9.86	19.01	−19.44	10.22

二、浙江省对外贸易中的主要困难和问题

当前，随着金融危机的蔓延和扩散，国际经济环境急剧恶化，外需萎缩导致的出口额下滑、对外贸易风险加大、利用外资受阻以及商品结构尚待优化等困难和问题进一步暴露：

1.外需萎缩导致出口跌势不减。继11月份出口第一

次出现非春节月份的出口单月同比下降之后，2009年1月份浙江省出口117.5亿美元，比上年同期下降10.7%，预计2月份降幅将进一步扩大，出口前景堪忧。

2.对外贸易风险加大。受金融危机影响，一些境外进口商资金链断裂，恶意拖欠、拒付货款、违约毁单、申请破产等情况增多。此外，2008年下半年以来，虽然人民币对美元的汇率呈现较稳定的窄幅波动态势，但对欧元、日元、英镑等币种波动性加大，如人民币对欧元汇率中间价1月5日为9.53：1，3月3日升至8.59：1，波动幅度高达10%，对日元、英镑等汇率近2个月的上下波动幅度也在10%左右，这给外贸企业尤其是出口企业带来很大风险。

3.利用外资出现近十年来首次下降，对外贸易后劲堪忧。2008年浙江省新批外商投资企业1858家，合同外资178.2亿美元，实际外资100.7亿美元，分别比上年减少36.3%、12.6%和2.8%。浙江利用外资下行的拐点开始显现，有可能在2009年及今后一段时期内仍处于低位运行的状态。在支撑浙江对外贸易的三大主体（外商投资企业、民营企业、国有及国有控股企业）中，外商投资企业是浙江省进口第一大主体、出口第二大主体，2008年外商投资企业的进出口比重分别达到51.6%和35.2%，也就是说，浙江一半以上的进口、三分之一强的出口是由外商投资企业创造的。利用外资的下滑将对浙江对外贸易的持续增长造成很大的影响。

4.是高新技术产品出口产品单一、市场单一、主体单一等问题进一步暴露。目前浙江省高新技术产品参与国际分工的方式，集中体现在对国外电子制造商产业转移的承接，且多位于产业链中低端环节，缺乏核心竞争力，出口规模的扩大很大程度上依赖几家大型外商投资企业，缺少自有品牌和自主知识产权的产品。如主要生产液晶板的宁波奇美电子有限公司、主要生产手机的杭州摩托罗拉移动通信设备有限公司和主要生产笔记本的东芝信息电器（杭州）有限公司等，这三家企业有几个共同特点：产品均为计算机及通信设备、均为加工贸易型企业、均为外商投资企业、出口市场均为欧美等发达经济体。2008年这三家企业的出口额占浙江省高新技术产品出口额的比重高达4成以上。由于国内外下游整机市场和部分消费电子市场趋于饱和，特别是2008年下半年以来，金融危机对实体经济影响加深，欧美市场对电子部件的需求快步缩减，这几个企业的出口受阻，其中杭州摩托罗拉移动通信设备有限公司和东芝信息电器（杭州）有限公司2008年出口分别比上年下降52.5%和14%，引发浙江省高新技术产品出口大幅下滑，全年出口106.5亿美元，比上年仅增长4.7%，占出口总额的比重仅为6.9%，比上年下降0.7个百分点。而同期全国的高新技术产品出口4156.1亿美元，占出口总额的比重高达29.1%；2008年上海高新技术产品出口713.1亿美元，比上年增长19.8%，高于出口总额的增幅，所占比重高达42.1%。浙江省高新技术产品出口的产品单一、市场单一、主体单一等结构不合理问题亟待解决。

三、2009年对外贸易发展前景展望

2009年我国对外贸易发展的外部环境异常严峻。全球金融危机已经影响到实体经济，占我国出口市场比重60%的主要发达国家相继陷入经济衰退，失业率不断攀升，居民消费持续下滑。新兴经济体和发展中国家在这场危机中亦不能幸免。一些大的资源输出国受到初级产品价格暴跌的重创，经济开始显现衰退迹象。对出口依赖程度较高的国家，经济运行都面临巨大困难。国际货币基金已于1月下旬再次下调了对2009年全球经济增长的预测。根据其最新预测，2009年世界经济增长率将降至0.5%，为第二次世界大战以来最低增速。其中，发达国家经济将下降2%，发展中国家和新兴经济体将增长3%。联合国贸发会议2008年12月份发表的报告认为，2009年世界经济增长率可能从2008年的2.5%降至1.0%。

世界贸易的受损程度将比经济更为严重。由于信心遭受严重打击，需求萎缩，汇率动荡，国际货物贸易量正在迅速减少。贸易保护主义思潮和行为在一些地区又蠢蠢欲动。多哈回合谈判取得突破的难度增加。世界银行12月发表的《2009年全球经济展望》预测，2009年世界贸易量将下降2.1%，这将是1982年以来的首次负增长。

尽管各主要经济体政府为稳定金融环境迅速做出了反应，并纷纷采取措施扩大需求，刺激经济回升，但是这种努力目前还不足以真正稳定人们的信心。正如国际货币基金在公布经济预测时所指出的，“在金融市场机能得到恢复、信贷市场障碍被扫清之前，持续的经济复苏是不可能实现的。”美、欧房地产市场现在还没有见底，金融机构问题还在进一步暴露过程中。有分析人士预计，下半年美国还有可能出现类似“次贷”的“次级债”以及更多银行倒闭问题。现在还不能排除美、欧金

融危机进一步深化、蔓延，经济衰退时间拉长，甚至拖累全球经济走向更大范围衰退的可能性。

海关总署年初发布的分析报告认为，外需萎缩已对我国出口形成强约束。2009年，进出口下滑趋势还将持续一段时间，按目前国际国内经济环境估计，全年进出口增速可能放缓至5%以下，外贸进出口总额预计将比2008年下降20%左右。

面对危机，从中央到各级政府及时出台了多种应对措施。2008年12月24日，国务院常务会议研究确定了缓解出口企业困难，保持对外贸易稳定增长的7项政策措施，包括加大财税政策支持力度，稳步推进加工贸易转型升级，改善进出口金融服务，扩大国内有需求的产品进口，促进投资和贸易互动，提高贸易便利化水平，加强和改善多双边经贸关系等。浙江省经济工作会议明确要求，要清醒认识国际经济环境深刻变化的大势，既要充分估计国际金融危机扩散的严峻形势，又要敏锐洞察危机中蕴藏的重大机遇，千方百计趋利避害，化危为机。可以预计，随着政策“组合拳”的加快落实，中国外贸发展的内部环境将得到极大改善，外贸发展方式将得到进一步转变，出口企业将得到更多政策实惠进而增强应对危机的实力。

日益改善的经贸关系也为对外贸易的持续健康发展打下良好的基础。经过30年的改革开放，特别是加入世界贸易组织以来，我国的国际贸易规模日趋扩大，国际贸易地位显著提高，多双边贸易关系得到根本改善，这是保证中国对外贸易平稳发展和稳定增长的重要基础。到目前为止，7个自贸协定的签署，为我们下一步应对危机提供了良好的环境，创造了积极有利的条件。

此外，近年来浙江省工业企业转型升级取得一定成效，产品结构优化，加强自主知识产权产品研发，积极培育和发展自主品牌产品，综合竞争实力和应变能力得以大幅提升。人民币汇率升值放缓、资源价格大幅回落、出口商品价格稳中有扬等等，也将促进浙江省对外贸易健康稳定发展。

预计2009年浙江省对外贸易总额将保持9%左右的增长速度，其中出口增长9%，而且产品结构、市场结构、主体结构、贸易方式结构有望进一步优化。

（浙江省统计局）

安徽省2008年优化投资结构着力促进工业经济持续增长

——安徽省2008年技术改造投资突破1400亿元

安徽省技术改造依托现有企业，采用国内外先进技术、装备、管理经验，与企业现有基础相结合，具有投资省、技术新、消耗低、工期短、见效快、效益好的特点；技术改造立足于设备更新、工艺改进和产品升级换代，不仅可以拉动对装备、材料的即期需求，也通过调整结构、降低成本，形成长期的有效市场需求，形成推动经济增长的合力。2008年，我省技术改造工作在省委省政府的正确领导下，围绕实施工业强省战略，增强项目建设的针对性和指导性、突出规划引导和项目库建设、突出投资结构调整和产业升级，加大项目调度和资金衔接力度，全省技术改造保持了投资总量稳步提升、投资结构逐步优化、重点项目顺利推进的良好态势。

据统计，2008年全省完成技术改造投资突破1400亿元，达到1408.7亿元，增长30.6%，重点调度的“百千工程”亿元以上项目541个，累计完成投资974亿元，有109个项目开工建设，总投资372亿元，当年完成投资78亿元；有92个项目建成或基本建成，累计完成投资290亿元，竣工项目预计新增销售收入662亿元，利润79亿元，税金37亿元。

技术改造投资结构进一步优化。在八大支柱产业发展规划的指导下，强化培育发展支柱产业的工程性措施，共安排实施1000万元以上项目2275项，总投资3097亿元，当年计划投资949亿元。围绕汽车、装备、优质金属材料、水泥及非金属优质材料、信息电子、农副产品加工、能源和煤化工、生物技术等产业加大项目建设力度，投资结构趋于合理。2008年，制造业完成技改投资931亿元，增长35.6%，占工业技改投资的73%。其中，装备制造业完成投资362.2亿元，同比增长42.9%，占全省技改投资的25.7%；农副产品深加工业完成投资166.9亿元，增长31.2%；原材料工业完成投资255.7亿元，增长8.8%，占全省技改投资的18.2%。分行业看，机械完成投资305.3亿元，增长39.7%；轻工198.7亿元，增长36.6%；冶金177.6亿元，下降4%；建材112.8亿元，增长56.9%；煤炭108.9亿元。增长73.4%；化工97.4亿元，增长59.4%；纺织55.4亿元，增长39.9%；电子21.9亿元，增长68.5%；医药20.6亿元，增长136.8%。

投资区域集中度较高。合肥（202.2亿元）、芜湖（148.9亿元）、马鞍山（141.8亿元）、淮南（107亿元）、安庆（103亿元）、宣城（102.5亿元）6个市投资超100亿元，完成投资占全省完成投资额的57.2%。11个市投资增速超过全省平均水平。

重点项目积极推进。总投资5亿元以上项目累计完成投资590亿元，有20个项目已建成或基本建成，包括荻港海螺总投资10亿元的三期2×4500吨/日水泥熟料生产线项目，金隆铜业总投资11亿元的电解铜挖潜改造项目，雨润集团总投资8亿元的肉制品深加工项目、淮南矿业集团总投资14亿元的潘三煤矸石综合利用电厂2×135MW技术改造项目、滁州安邦总投资6.2亿元的差别化熔体直纺项目、马钢公司总投资11亿元的硅钢项目等。此外，奇瑞汽车有限公司年产30万台汽油发动机技术改造项目、年产15万台柴油发动机改扩建项目，华茂总投资20.6亿元的高档纺织精品技改项目、东方造船总投资10.8亿元的枞阳基地项目、合肥乐凯总投资13亿元的聚酯薄膜项目、欧力电器总投资5.4亿元的出口冰箱项目、江淮航空供氧公司总投资7.8亿元的合肥航空产业园项目等一批项目积极推进。

分析今年和今后一段时期的形势，我省技术改造工作既面临市场需求变化、企业效益下滑所带来的投资需求减弱的严峻形势，更面临扩内需、促增长的宏观经济政策和积极的财政政策、适度宽松的货币政策在降低投资成本、优化投资结构、增强竞争力等方面所带来的难得发展机遇。今年项目建设将进一步突出内涵式改造，坚持高新技术产业化和传统产业高新技术化，加大技术改造投资力度，加快产业、产品和技术结构优化步伐。抓技改、促项目、保增长、调结构、强实力，为促进我省工业经济持续平稳较快增长做出积极贡献。

（安徽省统计局）

新疆生产建设兵团2008年工业经济运行情况和2009年工作重点

2008年以来，兵团各级坚持以科学发展观为指导，围绕中心，服务大局，始终坚持把工作的着力占和着眼点放在抓好兵团工作经济运行上。加强运行指导和问责，加强综合协调和调度，加强监测分析和预警，积极摸索做好工业经济运行工作的科学方法、有效手段和途径，对于安排组织好全年工业生产，保障工业运行平稳健康，顺利完成年度目标，实现兵团工业经济又好又快发展，起到了很好的指导作用和有效的督促作用。

一、2008年工业经济运行工作简要回顾

1.工业生产保持较快增长。全年完成工作增加120.15亿元，同比增长21.8%，重点考核的30种工业产品有22种产品产量增长，其中原煤、发电量、水泥、电石、PVC、烧碱、植物油等产品的增速超过20%，拉动了

兵团工业的快速发展。

2.经济运行的质量总体较好。在工业经济持续较快增长的同时，随着新疆天业年产40万吨PVC等一批重点项目陆续建成投产，新的经济效益增长点不断显现，经济效益继续保持大幅度增长。规模以上工业企业实现利润18.6亿元，工业经济效益综合指数达163.6，主营业务收入增长25.8%，产销率达到92.3%。

3.工业固定资产投资大幅增长。在天业、鸿基焦化等兵团重点工业续建成项目的拉动下，工业投资继续保持大增长，实现了新的占全社会固定资产投资的44.3%。

4.铁路运输平稳增长。2008年，兵团重点企业铁路出疆运输累计完成225.5%万吨，增长1.5%。其中食用植物油5.5万吨，同比增长1.3倍；化工产品57.3万吨，增长34.2%；棉纱和布6.3万吨，增长16.7%；棉花79万吨，减少4.7%；番茄酱24.4万吨，下降14.1%；白糖4.3万吨，下降60.6%。

2008年，兵团工业克服种种困难，取得了显著成绩，但是兵团工业结构不合理、产业层次低、管理粗放、资源消耗高、工业人才匮乏等诸多制约工业发展的深层次题仍然比较突出，尤其是金融危机对兵团工来企业的影响逐渐显现，融资困难，资金短缺，市场销售不畅，生产成本上升，产品价格回落，库存啬，两金占用增长，经济效益下滑，企业运行的下行压力加大。

二、2009年兵团工业经济运行重点工作

（一）工业发展面临的形势

2008年，受美国等发达国家金融危机的影响，石油价格大幅度下滑，国际市场萎缩，已经对兵团实体经济造成直接和间接的影响。从总体上盾，兵团工业经济增长放缓和运行质量有所下降，工业增速从3月开始逐月回落，1-11月低于去年同期16.3%点。

2009年工业经济形势将更为复杂。存在两方面不利因素。一是国际贸易量减少，出口难度加大，出口型企业生产经营面临严重困难，产品的阶段性过剩更加重了国内市场的竞争。二是企业融资难，生产经营困难加大。从兵团工业内部分析，存在三个方面深层次问题：一是产业发展的协调性不强。工业持续的高增长背后是配套产业发展迟缓，煤炭电力供应短缺，基地建设滞后，原材料供应不足等突出问题。二是发展水平不高，规模迅速扩大，潜藏着工艺技术、装备改进缓慢、各种消耗较高，企业竞争能力不强等问题。三是管理水平较低。企业大规模建设、快速发展，掩盖了工业管理薄弱、运行质量不高，改革不到位等问题。

2009年工业发展虽然面临诸多挑战，但仍有许多有利条件和机遇。一是国家高度重视工业发展。刚刚结束的中央经济工作会议，特别强调针对经济发展中存在的深层次矛盾和问题，加快制定实施工业振兴规划，尽快形成新的增长点，促进工业由大变强。中共中央政治局委员、国务院副总理张德江在全国工业和信息化工作会议上指出，要全面落实中央经济工作会议精神，把促进工业平稳较快发展和提高质量效益作为中心任务，保国民经济平稳较快发展，维护社会和谐稳定，关键是确保工业科稳较快发展。保工业就是保发展、就是保就为玉是保稳定、就是保大局。党和国家高度重视工业发展，对做好工业工作既明确了方向、又增强了信心。二是国家应对当前危机，出台了一系列重要政策措施，尤其是将加大了对工业的扶持力度，对2009年工业发展将产生积极的影响。三是兵团工业化和家业化健康发展，氯碱化工、煤化工以及家产品加工形成了产业链，增强了这些产业的抗风险能力。总之，2009年工业发展机遇大于挑战，有利条件胜过不利因素。

（二）指导思想

2009年工业工作的指导思想是，全面贯彻落实党的十七大、十六届三中全会、中央经济工作会议和兵团第六次党代会精神，以邓小平理论和“三个代表”重要思想为指导，深入贯彻落实科发展观，坚持走新型工业化和农业产业化的发展道路。加快支柱产业发展，保持工业稳定增长；加快重大项目建设，促进投资不断增长；加快产业改造升级，推进结构不断优化，实现兵团工业又好又快的发展。

（三）预期项目

1．工业经济综合指标：实现工业增加值140亿元，同比增长18%。产品销售率98%。每万元工业增加值能耗较上年下降5%，争取6%。工业经济效益与2008年持平。

2．主要行业产品产量指标：能源工为原煤:00万吨，增长29.6%;发电量90亿度,增长28.6%.

经纺食品工业:棉纱21万吨,增长10.5%;食用植物油30万吨,增长30.4%;塑料制品26万吨,增长4%；饮料酒12万吨，增长20%；番茄酱45万吨，增长12.5%；机制糖20

万吨，下降13%。

原材料工业：水泥700万吨，增长22.8%；聚氯乙烯60万吨，增长33.3%；烧碱45万吨，增长28.6%。焦炭84万吨，增长12%。

（四）工作重点

2009年，工业增加值目标140亿元，实现18的增长，任务十分艰巨。为此，要着力做好以下工作；

1．进一步明确目标，确保完成2009年工业生产任务。切实把抓工业发展的思路和行动统一到中央对经济形势的判断上来，统一到兵团第六次党代会和六届二次全委（扩大）会议对当前工作的要求上业，坚定做好2009年工业工作的信心和决心。工业工作的首要任务是保持兵团工业经济平稳较快发展，实现工业增加值增长18%的目标，确保兵团工业固定资产投资完成140亿元。要通过全力以赴抓好2009年工业生产，确保工业经济平稳增长，通过啬固定资产投资，确保工业增长的质量和水平，从而实现兵团工业又好又快的发展。

2．加强经济运行监测和高节，保持工业经济平稳运行。2008年国际金融危机影响最大的是工业企业，应对危机、扩大内需、促进经济发展，重点和难点还是工业企业。一是要密切关注国内外经济发展环境的新变化、新趋势，深入分析和把握兵团工业经济发展的走势，健全运行预警机制，及时提出应对措施，增强分析预测的及时性、准确性、前瞻性和科学性。要指导各师认真分析当前金融危机对当地工业企业造成的影响，有针对性地帮制企业解决生产经营中的问题。二是要突出抓好重点行业、重点骨干企业、重要生产要素和受市场供求关系波动大的重要工业产品的运行监控。进一步完善协调工作机制，加强分类指导，做好经济运行调控，保证工业生产稳步发展。加强煤、电、油、运协调，确保企业正常生产需要。三是全力支持和配合做好铁路建设工作，确保自治区铁路工程的顺利进行。

3.进一步加快工业园区建设。加快出台兵团工业园区发展指导意见，组织开展兵团工业园区发展规划研究和编制工作。一是充分发挥工业园区的集聚、示范和平台效应。大力推进石河子、阿拉尔、五家渠、图木舒克、北屯以及乌鲁木齐经济开发区十二师分区等城市工业园区建设，重点推进条件已经成熟的哈密二道湖、屯南、库西、天北、石河子温州等工业园区的建设，会同三师、四师、五师、十师做好口岸工业园区规划。二是以城市工业园区为重点，形成大产业龙头和核心加工企业聚集区。依托城市、重点城镇，在农业产业化龙头企业带动下，形成轻纺食品类产业园区。今后工业建设项目都要按照国家产业政策要求，按照兵团工业发展总体规划和园区发展规划进行选址和建设，兵、师两级工业管理部门要把好关，防止低水平重复发展、融合发展创造条件。

4.进一步加强企业管理工作。继续深入开展“抓管理、创名牌、降成本、增效益”为主要内容的企业管理工作，在当前形势下显得更加重要。各企业要结合自身实际，强化以成本管理为核心的综合管理工作。要将企业管理与技术改造、节能减排、降低企业生产成本，提高企业的经营管理水平。

5.进一步加大新型工业化对外宣传工作。一是要通过报刊、电视、电台等各种媒体，不断加大推进新型工业化建设、努力实现保增长、扩内需的宣传力度，围绕企业管理、重大项目建设、节能降耗、发展循环经济、中小企业、先进典型和先进人物等进行专题报道，交流发展经验，形成加快工业发展的浓厚氛围。二是积极主动加强联系沟通，逐步建立稳定可靠的业务联系机制，做到信息畅通。三是积极加强与内地兄弟省市以及企业间的对口联系和交流，一方面，扩大对外宣传兵团及兵团工业的影响，另一方面，开阔视野，更新观念，增强引进、联合国内大企业大集团的主动性，提高管理工业和企业管理工作的水平和能力。

6.进一步加强安全生产工作。保工业发展必须抓好安全生产，保安全也是保工业，也是保增长。必须牢固树立安全发展理念，警钟长鸣、警示高悬，慎言成绩、常抓不懈。进一步落实各级、各部门监管责任和企业主体责任。当前，要特别注意抓好煤矿、非煤矿山、危险化学品、民爆器材、人员密集场所等领域的安全整治，确保“两会”期间安全生产形势稳定。

第四部分 财政与金融

财政金融政策

关于进一步加强信贷结构调整促进国民经济平稳较快发展的指导意见

银发〔2009〕92号

中国人民银行上海总部，各分行、营业管理部、省会（首府）城市中心支行、副省级城市中心支行；各省、自治区、直辖市银监局；各政策性银行，国有商业银行，股份制商业银行，中国邮政储蓄银行：

为深入贯彻落实党中央、国务院关于进一步扩大内需、促进经济增长的十项措施和《国务院办公厅关于当前金融促进经济发展的若干意见》（国办发〔2008〕126号）精神，认真执行适度宽松的货币政策，在保持货币信贷总量合理增长的基础上，进一步加强信贷结构调整，促进国民经济平稳较快发展，现提出如下意见：

一、保证符合条件的中央投资项目所需配套贷款及时落实到位

各金融机构在保持信贷总量合理均衡增长的基础上，要进一步优化信贷资金结构，统筹配置信贷资源，优先保证手续齐全、符合项目开工和建设条件的中央投资项目所需配套信贷资金及时落实到位。对中央投资计划内已经启动、正在建设中的项目，要保证必要的信贷配套资金及时安排和足额拨付；对符合中央新增投资投向、正在报批或需要继续完善新开工条件的项目，要加强与政府有关部门和项目单位的密切沟通协商，高效率、扎实做好信贷审查和信贷资金拨付的前期准备工作。鼓励和支持银行业金融机构通过银团贷款，合理分散信贷风险，为符合条件的大型中央政府投资项目提供有效信贷支持。鼓励地方政府通过增加地方财政贴息、完善信贷奖补机制、设立合规的政府投融资平台等多种方式，吸引和激励银行业金融机构加大对中央投资项目的信贷支持力度。支持有条件的地方政府组建投融资平台，发行企业债、中期票据等融资工具，拓宽中央政府投资项目的配套资金融资渠道。对钢铁、汽车、轻工、纺织、装备制造、电子信息、船舶、有色金属、石化、物流等国家重点产业调整振兴规划已明确支持方向的专项项目以及符合条件的技术改造项目，金融机构要根据产业规划的要求和项目需求特点，积极创新融资产品和服务方式，加大必要的融资支持力度，切实做好各项配套金融支持和服务工作。

二、进一步加大涉农信贷投放，引导更多资金投向农村

各金融机构都要积极支持农村改革发展，进一步研究采取得力措施，加大对符合信贷原则的涉农信贷资金投放力度，增加农村有效信贷供给。建立和完善考核制度及奖励机制，鼓励县域内各金融机构法人和各金融机构的分支机构当年可贷资金的一定比例留在当地使用。进一步做好当前农业春耕备耕、抗旱春管和严重干旱地区人畜饮水、森林防火以及防控禽流感等重大疫情的融资支持和服务工作。对符合信贷条件的春耕备耕和发展农业生产所需的农机具、种子、化肥、农药、农用薄膜

等农用生产资料的生产和经营贷款，要加快审批，及时投放。大力发展新型农村金融机构和农村微型金融，有效扩大农村小额贷款的覆盖面，提高资金使用效益。切实加快推进农村金融产品和服务方式创新，中部六省和东北三省要认真抓好试点方案实施工作。稳步推进农村融资性担保体系的建立和发展，有效完善农村信贷风险分担机制，扩大农村有效担保物范围。大力开发符合农村实际特点的“信贷+保险”金融服务新产品。支持政策性金融加大对农业开发和农田水利等农村基础设施建设的中长期信贷支持。有条件的地方可以探索开办土地经营权抵押贷款。进一步完善农村扶贫贴息信贷管理机制。积极发展林权抵押贷款。在银行间债券市场扩大发行涉农企业短期融资券、小企业集合债券和涉农信贷资产支持证券等融资工具，拓宽涉农金融机构的资金来源和涉农企业的融资渠道。努力做好“家电下乡”、“汽车下乡”、“万村千乡市场”、“双百市场”、农机具购置补贴和农村信息化建设等配套金融服务工作，为农民扩大消费提供融资便利。推进金融机构与农民专业合作组织等农村中介机构的信用合作。对县域内当年涉农贷款投放超过规定比例的存款类金融机构法人，加大再贷款、再贴现支持，并实施优惠的存款准备金率。

三、多方面拓宽中小企业的融资渠道，对中小企业的金融服务要精细化

各金融机构对已经出台的支持中小企业发展的各项信贷政策措施，要抓细、抓实、抓好落实，积极探索建立、健全中小企业融资量化考核制度。进一步完善支持中小企业发展的“六项机制”。加快设立中小企业信贷专营服务机构。鼓励各金融机构自主创新中小企业金融服务模式和业务流程，提高中小企业贷款审批效率和服务质量。加快推进企业信用体系建设，加强企业信用自律管理。支持有条件的中小企业利用电子商务平台拓展新市场。支持地方政府建立中小企业贷款风险补偿基金，完善中小企业信贷风险分担机制。规范、引导和发挥好民间金融在支持中小企业发展中的积极作用。支持金融机构发放并购贷款，及时满足中小企业合理的并购融资需求。支持地方政府在加强信用环境和金融生态建设的基础上，通过资本注入、风险补偿等方式增加对信用担保机构的支持，推进设立多层次中小企业贷款担保基金和担保机构，激励和促进金融机构稳步提高中小企业贷款比重。鼓励银行业金融机构对基本面和信用记录较好、有竞争力、有市场、有订单但暂时出现经营或财务困难的中小企业加大信贷及多元化融资支持，积极探索创新适合不同地域和不同发展阶段中小企业特点的融资产品和服务方式，利用授信开证、押汇、保理、融资租赁等多种融资手段，进一步拓宽中小企业的融资渠道，并做好对中小企业的金融信息咨询和代客理财服务。扩大中小企业短期融资券试点规模。在银行间市场加快推出高收益债券和中小企业集合债券。积极研究开发以中小企业贷款为标的资产的信用风险管理工具，有效分散中小企业信贷风险。加强中小企业金融统计和信息报送工作，探索建立适合中小企业特点的融资信息动态监测制度，及时掌握中小企业金融服务信息。

四、扎实做好就业、助学、灾后重建等改善民生类的信贷政策支持工作

认真落实《国务院关于做好当前经济形势下就业工作的通知》（国发〔2009〕4号），发挥小额担保贷款政策的积极作用，切实做好对零就业家庭、就业困难人员、高校毕业生、残疾人、返乡农民工等重点就业人群的小额担保贷款发放和金融支持帮扶工作。鼓励有条件的地方，积极创新信贷管理模式和服务方式，加大对具有比较优势的劳动密集型小企业的信贷支持，积极推动创业带动就业。加大对发展职业教育的融资支持，提高返乡农民工就业能力。进一步推进生源地信用助学贷款、国家助学贷款管理和商业性助学贷款业务，完善助学贷款风险分担机制，扩大助学贷款覆盖面，加强政策实施效果监测评估。积极探索建立助学贷款信用保险制度。做细、做实汶川地震灾后恢复重建的各项金融支持和服务工作。对符合条件的农户灾后自住房建设、灾区基础设施建设和灾区支柱产业加大有效信贷投放。积极研究采取措施，加大对灾区农村信用社等地方法人金融机构的扶持力度。探索建立灾后重建贷款的担保和信贷风险分担及补偿机制，支持各金融机构对符合条件的因灾不良贷款按规定予以核销，增强金融机构支持灾区重建的内在激励。

五、鼓励发展消费信贷，做大做好消费信贷市场

积极研究、制定和落实有利于扩大消费的信贷政策措施，有针对性地培育和巩固消费信贷增长点，集中

推进汽车、住房、家电、教育、旅游等与民生密切相关的产业的信贷消费。系统总结近年来国内消费信贷政策的实践经验，及时消除制度障碍，研究和探索拉动市场消费、特别是拉动农村扩大消费的有效措施和办法。引导金融机构加大消费信贷产品创新力度，改进消费信贷业务管理方式。支持有条件的地方试点设立消费金融公司。鼓励加强银商合作，在有效防范风险的基础上，推广银行卡使用，提高刷卡效率，促进扩大银行卡消费。拓展和完善农民工银行卡特色服务功能，支持开发符合农村市场特点的银行卡产品。完善汽车融资管理制度，加强汽车经销商的贷款管理，扩大汽车消费潜在市场。鼓励和支持各商业银行与汽车金融公司开展多方面的业务合作，支持符合条件的汽车金融公司发行金融债券，扩大汽车贷款证券化规模，拓宽汽车金融公司融资渠道。大力支持发展服务业、创意文化产业、旅游业等新型消费，鼓励发展服务外包产业和现代物流配送服务，积极开发潜在消费市场。加大对符合条件的大型流通企业集团和中小商贸企业融资支持力度，扩大信用销售。

六、落实好房地产信贷政策，支持房地产市场平稳健康发展

认真落实《国务院办公厅关于促进房地产市场健康发展的若干意见》(国办发〔2008〕131号)，积极支持符合贷款条件的廉租住房、经济适用住房等保障性住房建设项目。进一步加大对中低价位、中小套型普通商品住房建设、特别是在建项目的信贷支持力度。做好对有实力、有信誉的房地产开发企业兼并重组有关企业或项目的融资支持和配套金融服务。支持资信条件较好的房地产企业发行企业债券和开展房地产投资信托基金试点，拓宽房地产企业融资渠道。加大对自住型和改善型住房消费的信贷支持力度，鼓励普通商品住房消费。各银行业金融机构要严格贯彻落实房地产信贷政策，努力改进和完善房地产金融服务，继续支持房地产行业平稳健康发展，并切实做好风险防范工作。人民银行各分支机构和各地银监局要密切跟踪把握辖区内房地产市场变化和房地产信贷政策落实情况，及时反映新情况、新问题。

七、加大对产业转移的融资支持，支持过剩产业有序转移

鼓励金融机构开展出口信贷业务，灵活运用票据贴现、押汇贷款、对外担保等方式，培育一批具有自主知识产权、自主品牌和高附加值的出口拳头产品，促进加工贸易转型升级和梯度转移。多方面拓宽融资渠道，加大对企业参与境外基础设施建设、农业综合开发、农产品加工基地和营销网络建设、外派劳务基地建设的支持力度。支持国内有实力的企业开展高新技术领域的跨国并购。适应国内产业升级和产业梯度转移的发展要求，稳步扩大总部融资模式施行范围，支持优势企业兼并重组。支持发展特色产业区域和优势产业集群。积极促进贸易投资便利化，加快进出口核销制度改革，支持外贸出口。进一步完善出口收汇网上核销和出口退税无纸化管理，适当提高企业预收货款结汇比例和延期付款年度发生额规模，简化企业申请比例结汇和临时额度的审批程序，提高审批效率，支持境内企业加大对境外的战略性投资。鼓励金融机构扩大人民币出口买方信贷业务。完善出口信用保险项下贸易融资、境外资金管理、国际保理等配套金融服务，改进和提升支持企业“走出去”融资和结算服务。加强跨境资金流动管理，做好对进出口与贸易收付汇的真实性及一致性的审核工作。加大对企业进口先进技术设备、节能环保设备、关键零部件和重要原材料的贸易融资支持，为发展服务贸易提供更为快捷的结算便利。

八、支持区域经济协调发展，推进实施区域经济发展战略

进一步细化金融服务西部开发、振兴东北、中部崛起等国家重大区域经济发展战略的信贷政策支持措施。引导和鼓励金融机构加大金融支持和创新力度，建立长期稳定的资金开发渠道，促进东西互动、产业承接，实现东中西部优势互补，推动区域经济协调发展。鼓励地方政府加强区域信用环境和金融生态建设，不断增强欠发达地区对信贷资金的吸引力。进一步加强和改进适合区域特点的金融服务，建立健全区域经济社会加快发展的可持续机制，加大对革命老区、民族地区、边疆地区、贫困地区和人口较少民族的金融支持，全面做好国家重点科技开发园区、经济特区、环渤海经济区、长三角区域经济一体化、天津滨海新区开发开放、重庆统筹城乡改革试验区等国家重点支持区域的各项金融服务。将民族贸易用品和民族特需用品生产企业优惠利率贷款的承贷银行，从国有商业银行扩大到股份制商业银行和农村信用社。完善边贸结算政策，引导和鼓励边贸地区

的企业使用人民币进行贸易结算。认真落实广东和长江三角洲地区与港澳地区、广西和云南与东盟的货物贸易进行人民币结算试点工作。积极推动和促进海峡两岸开展和加强实质性金融合作。

九、促进自主创新成果产业化，推动产业结构优化升级

发挥科技对扩大内需的支撑作用，鼓励和引导金融机构支持企业自主创新，用好各类政府基金、财政贴息等补偿手段，加强对国家级工程技术研究中心、重点实验室建设、高新技术产业群、国家高技术示范工程建设、国家重大科技产业化项目、科技成果转化项目等方面的信贷投入，促进提高企业自主创新能力，推动自主创新成果产业化。鼓励地方政府设立创业投资引导基金，通过参股和提供融资担保等方式扶持创业投资企业，促进政府引导、市场化运作的创业投资发展。探索推进知识产权、自主品牌质押贷款，支持火炬、星火等科技发展计划项目。加快发展私募股权基金，探索发行非上市企业私募可转换债券，搭建多种形式的科技金融合作平台，促进更多资本进入创业投资市场，支持创业孵化服务机构发展。为高科技创业风险投资企业跨境资金运作创造更加宽松的金融、外汇服务环境。

十、加强信贷结构监测评估，有效防范和控制信贷风险

人民银行各分支机构和银监会各派出机构在坚持"区别对待、有保有压"的方针，积极鼓励和引导银行业金融机构对重点项目、重点产业和重点区域加大信贷支持的同时，要全面加强信贷结构监测分析和评估，对辖区内信贷资金投放的结构、节奏和进度的动态信息要及时把握，心中有数。在加强信贷结构调整的同时，要特别注意防止金融机构贷长、贷大、贷集中和严重存贷期限错配产生新的系统性金融风险。对于不符合国家产业政策规定、市场准入标准、达不到国家环评和排放要求的项目，要严格限制任何形式的新增授信支持，并依法加强监督检查，切实防止低水平重复建设。要进一步密切合作，建立和完善辖区内信贷结构定期监测分析评估制度，提高信贷结构分析监测能力，加强对国内外经济走势和各经济领域发展状况的前瞻性判断和预测，及时反映新情况、新问题，加强信贷政策指导和风险提示，促进货币信贷政策在辖区得到有效贯彻落实。

请人民银行上海总部，各分行、营业管理部、省会（首府）城市中心支行、副省级城市中心支行会同当地银监局将本意见迅速转发至辖区内各金融机构，并结合辖区特点抓紧制定实施意见，加强组织协调，做好贯彻实施工作。本意见贯彻实施情况，请及时报告人民银行和银监会。

人民银行 银监会
二〇〇九年三月十八日

加大政策支持 健全体制机制
全面推进财政新能源和节能减排工作

5月21日，财政部在北京召开全国财政新能源与节能减排工作会议，对支持新能源发展和节能减排进行了深入研究和具体部署。财政部副部长张少春出席会议并讲话。

张少春指出，发展新能源和节能环保产业，是抢占未来产业发展制高点、提高国际竞争力的重大举措，是扩内需稳外需、培育新的经济增长点的有效手段，是转变经济发展方式、促进可持续发展的有效途径。近年来，各级财政部门认真贯彻落实党中央、国务院关于扩大内需、节能减排和发展新能源的决策部署，按照"夯实基础、明确责任、创新机制、加大投入、创造环境"的思路，重点是明确政府和企业的责任，政府主要为新能源和节能减排提供基础性平台，并立足发挥市场机制的作用，通过财税等政策引导、建立利益调节机制，支持新能源和节能减排技术、产品推广应用，初步构建了一整套立足我国国情、符合市场经济原则，又与国际接轨的财政支持节能减排政策体系，使新能源和节能环保产业呈现了良好的发展势头，节能减排工作取得了突破性进展。

张少春说，支持新能源发展和节能减排，要立足于市场机制和企业主体地位，综合运用各种政策手段，尤其是公共财政政策，给予引导和支持。在当前应对国际金融危机的形势下，各级财政部门要充分认识发展新能源和节能环保产业的重要性和紧迫性，充分认识发展新能源和节能环保产业面临的机遇和挑战，占领新兴产业制高点，把应对金融危机与建立中长期新兴产业发展机制结合起来，着力支持新能源与节能环保产业发展，培育新的经济增长点。

张少春强调，财政支持新能源发展和节能减排，是当前落实积极财政政策的重要内容。当前要着力抓好十项重点工作：一是大力支持风电规模化发展，在做好风能资源评价和规划基础上，启动大型风电基地开发建设，建立比较完善的风电产业体系。二是实施“金太阳”工程，采取财政补贴方式，加快启动国内光伏发电市场。三是开展节能与新能源汽车示范推广试点，采取财政补贴方式，鼓励北京、上海等13个城市在公交、出租等领域推广使用节能与新能源汽车。四是加快实施十大重点节能工程，支持企业节能技术改造，推进大型公共建筑和既有居住建筑节能改造，鼓励合同能源管理发展。五是加快淘汰落后产能，实行地方政府负责制，中央财政采取专项转移支付方式，对经济欠发达地区淘汰电力、钢铁等13个行业落后产能给予奖励。六是支持城镇污水管网建设，扩大奖励范围，积极推动污水处理产业化发展。七是支持生态环境保护和污染治理，加大重点流域水污染治理，促进企业加强污染治理，加强农村环境保护，探索跨流域生态环境保护补偿机制。八是实施“节能产品惠民工程”，采取间接补贴消费者方式，扩大节能环保产品使用和消费。九是支持发展循环经济，全面推行清洁生产。十是支持节能减排能力建设，重点是建立完善能效标准标识制度，节能统计、报告和审计制度，加强环境监管能力建设。

（财政部新闻办公室）

财政部 商务部关于2009年度中小商贸企业发展专项资金使用管理有关问题的通知

财办建〔2009〕72号

各省、自治区、直辖市、计划单列市财政厅（局）、商务主管部门，新疆生产建设兵团财务局、商务局：

为规范2009年度中小商贸企业发展专项资金（以下简称专项资金）使用管理，根据《财政部 商务部关于做好支持搞活流通扩大消费有关资金管理的通知》（财建[2009]16号）和《财政部关于印发<中小商贸企业发展专项资金管理暂行办法>的通知》（财建[2009]229号）以及商务部、财政部有关业务指导文件精神，现就有关事项通知如下：

一、支持重点和支持标准

2009年专项资金重点用于支持中小商贸企业融资担保费用补助、国内贸易信用险费用补助，支持符合条件的中小商贸企业参展、品牌培育等。

（一）融资担保费用补助项目支持内容和标准

采取财政补助方式予以支持。对2009年1月1日以后，符合条件的信用担保机构为中小商贸企业提供的单笔贷款800万元以下、未获得其他中央财政补贴的担保业务，给予不超过贷款担保额1%的补助，具体补助比例由省级财政部门会同商务部门根据业务规模、贷款期限、项目性质等情况分类确定。

申请补助资金的信用担保机构，须同时具备以下条件：具有独立的法人资格，实收资本东部地区达到4000万元以上，中西部地区达到2000万元以上，县属担保机构实收资本东部地区可降至2000万元，中西部地区可降至1000万元；财务管理制度健全，按规定提取、管理和使用各项准备金；经济效益良好，会计、纳税、银行信用等方面无不良记录；三年内无违法违规记录；项目申报期内为中小商贸企业提供的贷款担保额占其担保总额的20%以上；上年度贷款担保总额达实收资本的2倍以上；担保费率不超过银行同期贷款基准利率的50%；担保的中小商贸企业及贷款用途符合国家宏观经济政策、产业政策和区域发展政策，鼓励支持“家电下乡”、“汽车摩托车下乡”、“双百市场工程”、“万村千乡市场”、“早餐工程”、“双进工程”、“农超对接”和“放心肉”等项目承办单位的融资。

信用担保机构收到的补助资金，只能用于弥补代偿损失或补充风险准备金。

（二）国内贸易信用险费用补助项目支持内容和标准

采取财政补助方式予以支持。对符合条件的中小商贸企业投保国内贸易信用险，以及其他企业以中小商贸企业为风险方投保国内贸易信用险的，按投保企业实际缴纳保费给予50%的补助。

同时具备以下条件的保险机构可向商务部提出保费补助承办申请，商务部会同财政部、保监会审核后确定承办资格：在我国境内注册、注册资本40亿元以上；具有3年以上的国内贸易信用保险业务经验和成熟产品，开展中长期国内贸易信用保险业务的还应具备相应资质；具有信用风险防控所需要的专门人才、专业技术和信息渠道；在全国范围内拥有完善的分支机构体系，能为客户提供良好服务；建立国内贸易信用险补贴资金专用账户及核算和管理制度。

向承办保险机构投保国内贸易信用保险并已缴纳保费的中小商贸企业，以及以中小商贸企业为风险方（买方）向承办保险机构投保国内贸易信用保险并已缴纳保费的其他企业，同时符合以下条件的，可申请保费补助：在我国境内注册，具有独立企业法人资格；面向国内企业和消费者开展信用销售，所售产品符合国家产业政策及相关规定；会计、纳税、银行信用等方面无不良记录；三年内无严重违法违规行为记录；申请补贴的企业及其产品符合国家宏观经济政策、产业政策和区域发展政策。鼓励支持“家电下乡”、“汽车摩托车下乡”、“双百市场工程”、“万村千乡市场工程”、“早餐工程”、“双进工程”、“农超对接”、“放心肉”等项目承办单位的信用销售。

（三）中小商贸企业市场开拓项目支持内容和标准

1、对符合条件的中小商贸企业2009年1月1日以后发生的参展费用，采取财政补助方式予以支持。中小商贸企业参加以搞活流通、扩大消费为主要目的的贸易投资洽谈会和展览会，包括商务部主办的中国食品博览会、中国绿色食品博览会、中国国际丝绸博览会、第四届跨国零售集团采购会、中国进出口商品交易会出口商品内销采购洽谈会以及商务部引导支持的33个展会（目录见附件1），按实际支付展位费的70%予以补助。商务部主办的展会每个展位补助额最高不超过3000元（中国进出口商品交易会上举办的出口商品内销采购洽谈会最高不超过10000元），且每个展会补助总额不超过165万元；商务部引导支持的33个展会每个标准展位补助额最高不超过1000元，且每个展会补助总额不超过50万元。

2、对于中华老字号商标保护和技术改造等费用，采取财政补助方式予以支持。2009年先在北京、天津、上海、江苏、浙江、山东、青岛、广东、四川等9个老字号比较集中的地区试点，重点支持一批文化底蕴深厚、生产加工技艺独特的中华老字号企业，在国内及有关国家和地区进行老字号商标的保护性注册、开展技术改造和工艺创新等。对老字号企业开展上述活动所发生的费用，按50%予以补助。其中，企业国内商标保护性通类注册补贴资金不超过3万元，马德里商标国际注册补贴资金不超过4万元，企业技术改造和工艺创新补贴资金不超过50万元。

3、对于专业丝绸商品销售网络建设，采取财政补助方式予以支持。2009年在辽宁、大连、江苏、浙江、山东、广东试点，重点支持专营丝绸的商贸企业与外贸企业建立厂商联系机制、开拓市场，支持创新丝绸营销模式，探索集丝绸文化、科普、旅游、商贸等各具特色的营销模式。对商贸企业开设丝绸专卖店或专柜的租金、进场费，参加各类促销推介活动的费用，创新营销模式的策划、宣传、招商等费用予以补助，具体补助标准由省级财政部门商商务部门确定。

二、使用管理程序

（一）中小商贸企业融资担保费用补助项目，采取因素法将专项资金先行分配地方，具体使用管理程

序如下

1. 制订操作办法。各省级财政部门会同商务部门，按照中央财政下达的专项资金及相关规定，制订本地区资金使用管理具体操作办法，于8月31日前报财政部（经济建设司）、商务部（财务司）备案。操作办法中应明确本地资金申报、审核、拨付等具体程序和所需材料等方面的详细要求。

2. 项目评审和资金拨付。各省级财政、商务部门，每半年组织一次融资担保费用补助资金的申报和审核拨付，2009年上半年和下半年的资金审核拨付工作应分别于2009年9月30日前和2009年12月31日前完成。资金审核拨付情况应于申报期结束后10日内汇总报财政部、商务部（汇总表格式见附件2），同时通过www.creditsys.gov.cn报送电子数据。2009年度资金审核拨付情况应于2010年1月底前报财政部、商务部。

信用担保机构申请补助资金时应提供下列资料：担保机构的基本情况表（格式见附件3）；经中介机构审核、合作银行盖章确认的项目申报期内中小商贸企业贷款担保业务补助资金项目申报表（格式见附件4）；经中介机构审核的项目申报期末的会计报表（包括资产负债表、现金流量表、利润表、担保余额变动表等）；项目申报期完税证明及汇总表；其他需要的资料。首次申报时还需提供企业法人营业执照副本及章程的复印件。

（二）国内贸易信用险保费补助项目，采取项目法管理，具体申报程序如下

1. 项目申报。承办保险机构在地方的分支机构应将2008年1月1日至2009年8月31日发生的符合条件的项目汇总形成《国内贸易信用险保费补助申请表》（格式见附件5）及电子版于2009年9月10日前报送所在地省级财政、商务部门。

2. 项目评审。各省级财政、商务部门应及时对承办保险机构分支机构申报项目进行审核确认，并汇总填写《国内贸易信用险财政补助资金资助情况表》（格式见附件6），于2009年9月15日前报送财政部、商务部，同时向承办保险机构分支机构反馈并由承办保险机构负责汇总报财政部、商务部、保监会。

3. 资金拨付。财政部会同商务部对各地申报材料及时审核，根据审核结果由财政部拨付资金，各省级财政部门收到补贴资金后应当及时通过承办保险机构分支机构转拨投保企业。

4. 项目总结。承办保险机构应于2010年1月底前，向财政部、商务部报送2009年项目补助资金使用情况报告及电子版。报告内容应包括：国内贸易信用保险业务情况，补助资金对促进企业开展信用销售、拉动内需的作用，补助资金的收入、支出和结余情况等。

（三）中小商贸企业相关市场开拓补助项目申报程序。

1.参展费补助项目采取项目法管理，具体申报程序为：

对于商务部主办的展会，在展会结束后，由承办地省级商务主管部门组织参展企业申报，并对企业申报材料（包括参展合同、展位费支付凭证、参展期间成交情况以及展位图片等）进行初审并提出安排初步意见，省级财政部门终审后会同同级商务部门向财政部、商务部提出参展费补助资金申请（中国进出口商品交易会直接由承办单位提出申请）。财政部会同商务部对各地申报材料及时审核，根据审核结果财政部下达专项资金，各省级财政部门收到补贴资金后应当及时转拨到项目承担单位。

对于商务部引导支持的展会，由展会主办单位在展会结束后组织企业申报并对企业申报材料（包括参展合同、展位费支付凭证、参展期间成交情况以及展位图片等）进行初审后，向财政部、商务部提出资金支持申请。财政部审核确认后拨付资金。

2.中华老字号传承发展和专业丝绸商品销售网络建设项目，各地试点工作方案审核通过后，再采取因素法将专项资金分配到地方，具体使用管理程序如下：

（1）**确定试点工作方案**。省级商务部门会同有关部门提出试点工作方案，省级财政部门终审后会同商务部门于8月31日前报财政部、商务部。财政部会同商务部对试点工作方案进行确认后，财政部下达专项资金。试点工作方案应明确本地区项目安排的原则和标准、具体项目安排意见、地方配套资金等保障措施以及资金申报、审核、拨付具体程序等方面的详细要求。

（2）**项目实施和验收**。试点地区商务部门会同有关部门，按照批准的试点工作方案，组织项目实施，并及时进行验收。根据项目实施和验收情况需对具体项目安排进行调整的，应报财政部、商务部备案。

(3) **拨付资金**。试点地区财政部门商商务部门，根据验收结果按规定程序及时将专项资金拨付到项目承担单位。

（4）各省级商务部门应于2010年1月底之前，将

2009年项目验收和资金安排情况以正式文件报送商务部。

三、相关要求

各地要切实做好有关项目申报、评审、组织实施、审核验收和资金拨付等工作，按规定用好专项资金。商务部负责对项目建设情况实行动态监管，并组织不定期抽查。财政部对专项资金使用情况实行动态监管，并组织不定期抽查。对于未按要求开展工作、工作进度过慢或资金使用管理存在问题的地区，财政部将相应调减专项资金分配规模。

各地信用担保机构要按照国家对融资性担保机构的相关要求规范管理，针对商贸企业特点创新担保方式，发展仓单、应收账款、商铺租赁权及会员封闭式、企业互助式等担保方式，积极为中小商贸企业提供担保服务。商业银行等金融机构在加强风险管理的同时，要积极支持信用担保机构中小商贸企业融资担保业务，合理分担信贷风险。承办国内贸易信用保险费用补贴的保险公司要加强风险防控、开发保险产品，积极发展中小商贸企业的信用保险业务，充分发挥信用保险的风险分担和信用提升功能。

附件：1. 2009年中小商贸企业发展专项资金支持的展会目录
2. 2009年中小商贸企业贷款担保业务补助资金项目汇总表
3. 担保机构基本情况表
4. 中小商贸企业贷款担保业务补助资金项目申报表
5. 地方国内贸易信用险财政补助资金申报表
6. 地方信用险财政补助资金资助情况表

财政部办公厅 商务部办公厅
二〇〇九年七月十日

中央政府公共投资预算安排情况

2008年四季度至2010年新增4万亿扩大内需投资中，新增中央政府公共投资1.18万亿元，其中：2008年四季度安排新增投资1040亿元，2009年安排新增投资4875亿元，2010年预计安排新增投资5885亿元。

截至目前，1.18万亿元新增中央政府公共投资已安排资金5915亿元，分项目情况如下：用于保障性住房建设资金522亿元，占8.8%；农业基础设施及农村民生工程建设资金1253亿元，占21.2%；铁路、公路、机场等重大基础设施建设资金460亿元，占7.8%；医疗卫生教育文化等社会事业发展资金703亿元，占11.9%；节能减排和生态建设资金260亿元，占4.4%；支持企业自主创新、技术改造及结构调整资金585亿元，占9.9%；地震灾后恢复重建（基金）投资2000亿元，占33.8%；公共服务基础设施等其他项目资金132亿元，占2.2%。

此外，2009年中央政府公共投资预算总量为9080亿元，比上年增加4875亿元，分项目安排情况如下：用于保障性住房建设资金493亿元，占5.4%；农业基础设施及农村民生工程建设资金2522亿元，占27.8%；铁路、公路、机场等重大基础设施建设资金2134亿元，占23.5%；医疗卫生教育文化等社会事业发展资金926亿元，占10.2%；节能减排和生态建设资金696亿元，占7.7%；支持企业自主创新、技术改造及结构调整资金633亿元，占7.0%；地震灾后恢复重建（基金）投资1300亿元，占14.3%；公共服务基础设施等其他项目资金376亿元，占4.1%。

中央政府公共投资无论是总量还是增量安排，均体现了保民生、保增长、保灾后恢复重建和调结构的基本原则和政策取向，如用于民生工程和灾后恢复重建资金比重，2009年中央政府公共投资9080亿元中占57.7%，2008年四季度及2009年合计新增中央政府公共投资5915亿元中占75.7%(见图1、图2)。

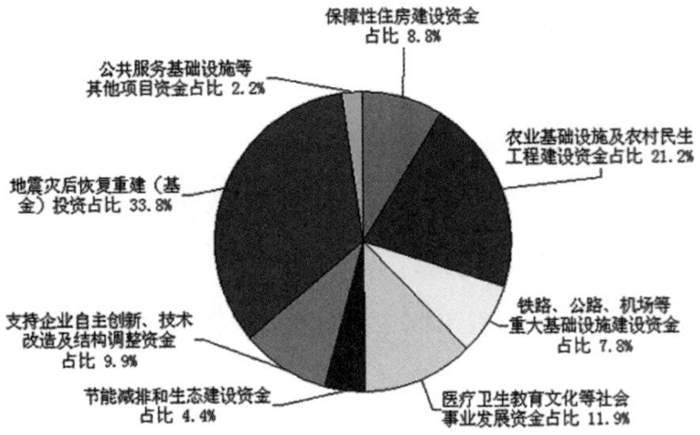

图1 新增1.18亿中央政府公共投资已安排预算投资构成

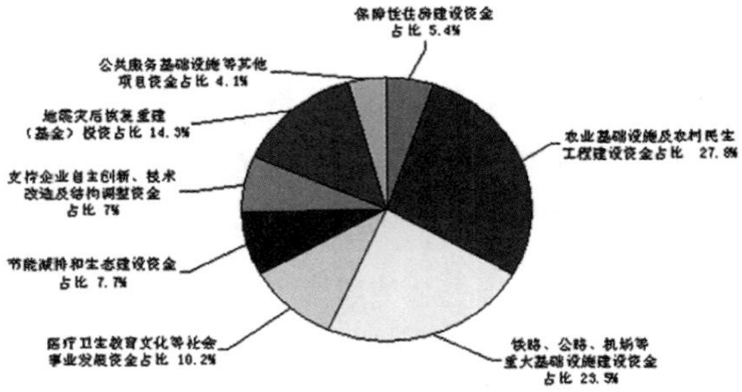

图2 2009年中央政府公共投资总量9080亿元构成

2008年全国财政收入预算情况

1月5日，全国财政工作会议在北京召开。财政部部长谢旭人表示，2008年财政收入总体增长较快，但增幅呈现明显的前高后低走势。预计全年全国财政收入将突破6万亿元，增长19%左右。

谢旭人指出，2008年上半年，我国经济增长较快，企业效益比较好，同时，受汇算清缴上年企业所得税入库较多、税收政策调整翘尾增收等特殊因素影响，全国财政收入增长33.3%。下半年，这些特殊因素没有了，尤其是受国际金融危机影响，经济增幅下降，企业效益减少，并且在企业所得税税率大幅下调基础上，又出台了一系列促进经济增长的税费减免政策，全国财政收入增幅逐月回落。

2008年1至11月，全国财政收入58068.21亿元，比上年同期增长20.5%。全国财政支出45825.34亿元，增长23.6%。

谢旭人说，去年前11个月财政各项重点支出得到较好保障。其中，农林水事务支出3062.63亿元，增长29.7%；教育支出6822.41亿元，增长22.3%；医疗卫生支出1948.71亿元，增长37.3%；社会保障和就业支出5517.83亿元，增长33.7%；科学技术支出1448.32亿元，增长23.4%；环境保护支出830.8亿元，增长42.9%。

（财政部新闻办公室）

2008年中央财政“三农”支出情况

财政部部长谢旭人在全国财政工作会议上表示，2008年预计中央财政用于“三农”的支出5955.5亿元，增长37.9%。在此基础上，2009年将继续加大“三农”投入，加强和完善促进农业发展的财税政策，推进农村综合改革，促进农村社会全面进步。

谢旭人说，2008年，各项强农惠农财税政策得到有效贯彻落实，中央财政对农民的粮食直补、农资综合补贴、良种补贴和农机购置补贴达到1027.7亿元，增长107.7%。

他指出，今年财政工作的主要任务之一，就是大力支持农村改革发展。一是要继续加大“三农”投入。健全财政支农资金稳定增长机制，大幅度增加对农村基础设施建设和社会事业发展的投入，大幅度提高政府土地出让收益、耕地占用税新增收入用于农业的比例，大幅度增加对中西部地区农村公益性建设项目的投入。支持建立健全农村金融服务体系，综合运用贴息、保费补贴、税收优惠等财税政策措施，引导社会资金投入，形成多元化支农投入格局。

二是加强和完善促进农业发展的财税政策。扩大粮食直补、农资综合补贴、良种补贴和农机购置补贴，较大幅度提高粮食最低收购价。完善农资综合补贴调整机制，以及种粮补贴更好促进粮食生产的办法。加大对产粮（油）大县的奖励力度。完善贷款贴息和补助等扶持方式，促进农业产业化发展。大力支持以小型农田水利为重点的农业基础设施建设。继续落实促进生猪、油料、奶业发展的财税政策。在全国全面推行家电下乡补贴政策。支持农村现代流通体系建设。研究探索建立政策性农业保险制度和符合国情的巨灾保险制度。

三是促进农村社会全面进步。推动农村教育、医疗卫生、社会保障、文化等社会事业发展。加大农村公共基础设施和环境综合整治投入。将农村公路管护纳入财政支持范围，建立稳定的资金来源。实行新的扶贫标准，对农村低收入人口全面实施扶贫政策。支持加强农村劳动力培训。农村部分计划生育家庭奖励扶助标准由人均600元提高到720元。

四是推进农村综合改革。深化县乡财政体制和乡镇机构改革。探索建立农村公共服务新机制。全面清理化解农村义务教育“普九”债务，争取3年内基本完成，并推进其他乡村债务化解试点。扩大村级公益事业建设一事一议财政奖补试点范围。

（财政部新闻办公室）

2008年财政保障和改善民生进展情况

2008年财政部门进一步加大对教育、医疗卫生、社会保障和就业、文化、保障性住房等民生领域的投入力度，保障和改善民生取得新进展。

进一步提高农村义务教育经费保障水平，并从秋季学期起免除城市义务教育阶段学生学杂费。全面落实家庭经济困难学生资助政策。及时出台汶川地震灾区高中阶段和高校家庭经济困难学生特别资助政策。大力支持职业教育发展。预计去年中央财政教育支出1582亿元，增长47%。

新型农村合作医疗制度在全国范围内实行，城镇居民基本医疗保险制度试点范围扩大到50%以上的地级城市。中央财政对中西部地区的补助标准提高到每人每年40元，并对东部地区给予适当补助，地方财政也提高了补助标准。支持将所有地方政策性关闭破产国有企业退休人员，全部纳入当地城镇职工基本医疗保险范围。不断健全城乡医疗救助制度。继续完善社区卫生和农村卫生投入政策。支持突发公共卫生事件医疗救治等体系建设。及时下拨专项资金，为食用含三聚氰胺奶粉的婴幼儿进行检查和医治。切实保障重大疾病预防控制、食品药品监管及中医药事业发展。预计去年中央财政医疗卫生支出833.6亿元，增长25.5%。

全面建立城乡最低生活保障制度，提高补助水平。扎实推进做实企业职工基本养老保险个人账户试点。提高企业退休人员基本养老金水平，以及部分优抚对象抚恤和建国前老党员生活补贴补助标准。进一步完善失业保险制度。大力支持国有企业政策性关闭破产和东北地区厂办大集体改革试点。帮助解决库区移民生产生活问题。落实促进就业的财税优惠政策。预计去年中央财政社会保障和就业支出2761.6亿元，增长19.9%。

加快完善公共文化服务体系，免费开放具有公益性质的博物馆、纪念馆和全国爱国主义教育示范基地。支持中央广播电视节目无线覆盖、文化信息资源共享、农村电影放映等重点项目建设。在全国范围内推行农村部分计划生育家庭奖励扶助制度和计划生育家庭特别扶助制度。继续推动实施西部地区计划生育“少生快富”工程。

加快廉租住房建设，加大实物配租力度，扩大廉租住房租赁补贴范围。稳步推进棚户区（危旧房）改造。

（财政部新闻办公室）

关于2008年中央决算的报告

（2009年6月24日在第十一届全国人民代表大会常务委员会第九次会议财政部部长　谢旭人）

委员长、各位副委员长、秘书长、各位委员：

十一届全国人大二次会议审查批准了《关于2008年中央和地方预算执行情况与2009年中央和地方预算草案的报告》。现在，2008年中央决算已经汇编完成。根据《中华人民共和国预算法》等法律规定和全国人大常委会的安排，受国务院委托，我向本次常委会提出2008年中央决算报告和中央决算草案，请予审查。

2008年，面对国内外严峻复杂的形势，在中国共产党的正确领导下，全国各族人民坚持以邓小平理论和“三个代表”重要思想为指导，深入贯彻落实科学发展观，全面落实中央各项方针政策和十一届全国人大一次会议有关决定决议，改革开放和社会主义现代化建设取得新的重大成就。在此基础上，中央预算执行情况较好。

汇总中央和地方决算，全国财政收入61330.35亿元，比2007年（下同）增加10008.57亿元，增长19.5%，完成预算的104.9%。全国财政支出62592.66亿元，增加12811.31亿元，增长25.7%，完成预算的102%。

中央财政收入33626.93亿元，增加5014.98亿元，增长17.5%，完成预算的103.4%。其中，中央本级收入32680.56亿元，增加4931.4亿元，增长17.8%，完成预算的103.3%；地方上解收入946.37亿元，增加83.58亿元，增长9.7%，完成预算的104%。加上调入中央预算稳定调节基金1100亿元（其中，年初安排预算时调入500亿元，年中调整预算时调入600亿元），安排使用的收入总量34726.93亿元。中央财政支出36334.93亿元，增加6754.98亿元，增长22.8%，完成预算的102.5%。其中，中央本级支出13344.17亿元，增加1902.11亿元，增长16.6%，完成预算的96.7%，主要是部分支出执行中下划地方；对地方税收返还和转移支付22990.76亿元，增加4852.87亿元，增长26.8%，完成预算的106.3%（见图1、2、3）。安排中央预算稳定调节基金192亿元以备以后使用。支出总量合计36526.93亿元。2008年末中央财政国债余额53271.54亿元，控制在年度预算限额55185.85亿元以内。

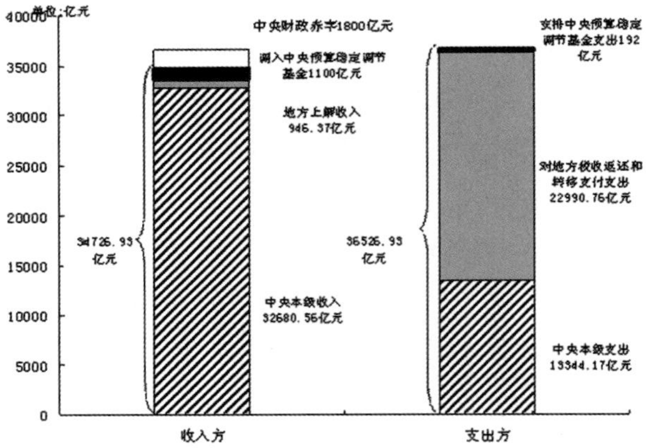

附图1 2008年中央财政平衡关系

上述中央决算收支数，与2009年3月向十一届全国人大二次会议报告的2008年中央预算执行数比较，中央财政收入增加15.01亿元，主要是经过决算清理，增加了部分收入；中央财政支出增加15.01亿元，主要是经过决算清理，部分支出项目的数额有些变化。收支相抵，中央财政赤字1800亿元，控制在十一届全国人大一次会议批准的数额之内。

一、中央财政收入决算情况

各主要收入项目具体情况如下：

1. 国内增值税13497.76亿元，完成预算的100.7%。超预算主要是2008年工业、商业增加值继续保持较高增速，带动增值税收入增加。

2. 国内消费税2568.27亿元，完成预算的104%。超预算主要是汽车、卷烟、成品油等商品消费增长较快，加上2008年9月1日起调整乘用车消费税政策，相应增加消费税收入。

3. 进口货物增值税、消费税7391.13亿元，完成预算的107.8%。超预算较多主要是2008年一般贸易进口快速增长，相应增加了收入。

4. 出口货物退增值税、消费税5865.93亿元，完成预算的102%。超预算主要是2008年下半年连续提高部分产品的出口退税率，加上一般贸易出口保持较高增速，出口退税有所增加。

5. 营业税232.1亿元，完成预算的103.2%。超预算主要是2008年铁路客货运输量增长较快、银行信贷规模扩大，相应增加了营业税收入。

6. 企业所得税7173.55亿元，完成预算的111.6%。超预算较多主要是2007年企业利润大幅增长，2008年上半年汇算清缴2007年企业所得税增加较多。

7. 个人所得税2234.23亿元，完成预算的110.1%。超预算主要是居民收入增加带动个人所得税收入增长。

8. 证券交易印花税949.68亿元，完成预算的48.8%。未完成预算主要是2008年受股票市场低迷、降低税率及单边征收影响，证券交易印花税大幅下降。

9. 车辆购置税989.89亿元，完成预算的104.2%。超预算主要是2008年汽车销量增长较快，带动了车辆购置税收入增加。

10. 关税1769.95亿元，完成预算的110.6%。超预算较多主要是2008年一般贸易进口快速增长，相应增加了关税收入。

11. 非税收入1711.88亿元，完成预算的118.9%。超预算较多主要是推进资源有偿使用制度改革，探矿权、采矿权使用费及价款收入和矿产资源补偿费收入增加较多。

12. 地方上解收入946.37亿元，完成预算的104%。超预算主要是根据有关规定，对人寿集团、人保集团企业所得税实行先征后返，由中央财政先行退付，地方财政负担部分通过年终结算专项上解中央。2007年人寿集团、人保集团企业所得税大幅增加，相应增加了2008年地方上解收入。

汇总中央财政各项收入，中央财政超收1095.21亿元。具体安排使用情况国务院已向十一届全国人大常委会及十一届全国人大二次会议报告（见附表2）。

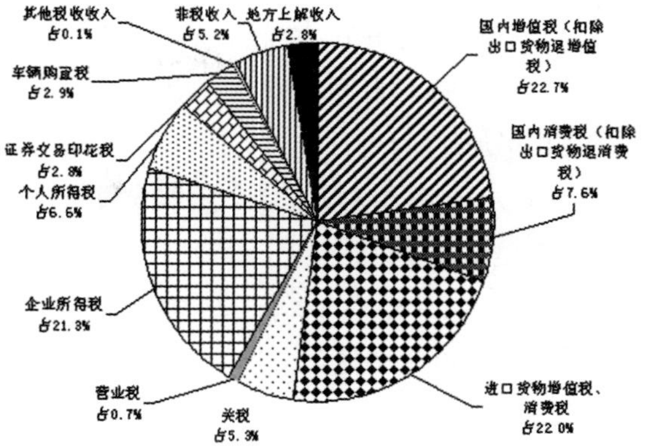

附图2 2008年中央财政收入构成

二、中央财政支出决算情况

各支出项目具体情况如下（以下各项支出包括中央本级支出和对地方转移支付）：

1. 农林水事务支出1821.51亿元，完成预算的125.6%。超预算较多主要是根据中央有关决定，增加雨雪冰冻灾害林业生态恢复资金和集体林权制度改革经费155亿元、良种补贴52.7亿元、南水北调水利工程建设支出15.7亿元，以及加大了对防汛抗旱、小型农田水利设施建设等的支持力度。

2. 教育支出1603.71亿元，完成预算的102.7%。超预算主要是按照有关法律规定，增加教育支出20.4亿元，用于地震重灾区家庭经济困难学生特别资助等方面，以及年初预算原列“其他支出”中未分配到项目的基本建设支出转列19.42亿元等。

3. 医疗卫生支出826.8亿元，完成预算的99.4%。与预算稍有差异主要是新型农村合作医疗中央财政补助据实结算，实际发生数低于预算。

4. 社会保障和就业支出2743.59亿元，完成预算的99.3%。与预算的差额主要是国有股减持收入低于预计，补充全国社会保障基金支出相应减少。

5. 文化体育与传媒支出252.81亿元，完成预算的99.9%。与预算略有差别主要是民航博物馆展藏品征集、运输、保护、特殊产品设计制作等方面的实际支出比预算略有减少。

6. 科学技术支出1163.23亿元，完成预算的102.6%。超预算主要是增加了重大科研装备研制、自主创新及高科技产业化等方面的支出。

7.环境保护支出1040.3亿元，完成预算的101.2%。超预算主要是污染减排、能源节约利用、天然林保护等方面的支出增加。

8.公共安全支出873.04亿元，完成预算的101.8%。超预算主要是增加了抗震救灾、奥运安全保卫等方面的支出。

9.国防支出4099.43亿元，完成预算的100%。

10.外交支出239.23亿元，完成预算的89.2%。与预算有较大差异主要是驻外使领馆改造、对外援助以及维和摊款等支出据实拨付，实际发生数少于预算数。

11.一般公共服务支出2521.51亿元，完成预算的95%。与预算的差额主要是年初预算含工商部门停征两费转移支付47亿元，预算执行中调整列财力性转移支付，以及根据中央有关决定压缩中央国家机关公用经费用于抗震救灾等减少了支出。

12.城乡社区事务支出245.06亿元，完成预算的184%。超预算较多主要是大幅度增加了廉租住房保障资金和基本建设支出等。

13.交通运输支出1262.43亿元，完成预算的119.7%。超预算较多主要是通过专款专用的车辆购置税超收安排40亿元用于地震灾区公路恢复重建，通过其他超收安排150亿元用于铁路等重大基础设施建设。

14.工业商业金融等事务支出3871.33亿元，完成预算的114.8%。超预算较多主要是对受成品油调价影响较大的渔业、林业等行业增加补贴213亿元，并增加了中西部电网、核电风电装备自主化、粮油存储设施建设等方面的支出。

15.其他支出561.94亿元，完成预算的53.4%。主要是年初预算暂列本科目的中央预备费和未分配到科目的部分基本建设支出，预算执行中按照具体用途转列农林水事务、社会保障和就业、教育等相关科目，相应减少本科目支出数。

16.地震灾后恢复重建支出600亿元，完成预算的100%。加上从车辆购置税中调整安排90亿元，从政府性基金预算列收列支的彩票公益金中安排10亿元，从国有资本经营预算中调入40亿元，地震灾后恢复重建基金共安排740亿元。实际支出697.7亿元。其中，城乡住房支出380亿元，公共服务支出98.82亿元，基础设施支出96.49亿元，产业重建支出48亿元。结转下年支出42.3亿元。（见附表3）

17.对地方税收返还支出4282.16亿元，完成预算的100.3%。超预算主要是地方上划中央消费税和增值税增加，相应增加了对地方消费税和增值税返还。

18.对地方财力性转移支付支出8326.85亿元（不包括可列入具体支出科目的义务教育转移支付等项目），完成预算的103.5%。超预算主要是企业所得税、个人所得税和民族地区上划中央增值税增加，按体制规定相应增加了对地方一般性转移支付、民族地区转移支付、工商部门停征两费转移支付。

预备费使用情况。中央预备费预算350亿元，实际动支350亿元，已包含在相关支出科目决算数中。主要是：农林水事务支出146.45亿元，社会保障和就业支出90.74亿元，医疗卫生支出7.96亿元，工业商业金融等事务支出12.51亿元，一般公共服务支出12.05亿元，外交支出0.21亿元，公共安全支出21.09亿元，教育支出0.35亿元，科学技术支出0.04亿元，文化体育与传媒支出0.32亿元，环境保护支出0.46亿元，城乡社区事务支出0.2亿元，交通运输支出1.09亿元，其他支出56.53亿元。

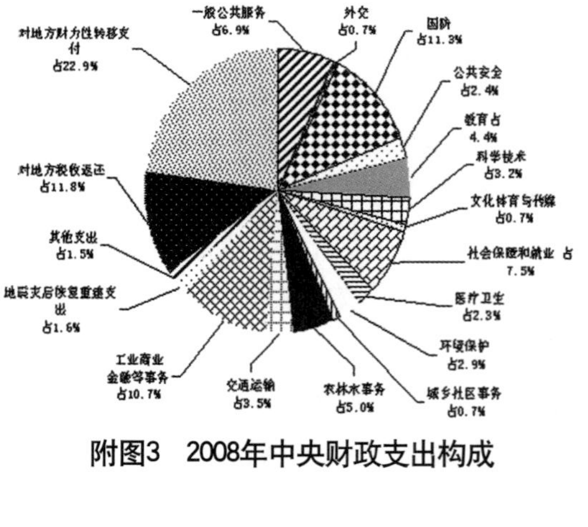

附图3　2008年中央财政支出构成

总体上看，中央财政各项重点支出得到较好保障。部分科目决算数与预算数存在差异的主要原因：一是中央财政超收收入按照有关法律法规规定，用于增加对地方税收返还和转移支付、农业、教育、救灾等方面支出，使相关科目支出高于预算。二是预算执行中，原列“其他支出”中年初预算未分配到具体科目的基本建设支出，按照实际用途转列其他相关科目；原列“其他支出”中的中央预备费，根据经济社会发展需要，用于增加三农、民生等重点支出，相应改列农林水事务等其他相关科目，导致相关科目支出高于预算。三是一些科目年初按预计数安排预算，执行中据实结算并拨付资金，使相关科目决算数与预算数产生差异。

此外，中央政府性基金收入2506.85亿元，增长76.6%，完成预算的109.4%，超预算较多主要是从2008年开始纳入预算管理的彩票公益金超收202.14亿元。其中：三峡工程建设基金收入202.6亿元，铁路建设基金收入555.03亿元，民航机场管理建设费收入96.21亿元，港口建设费收入91.49亿元，大中型水库移民后期扶持基金收入148.7亿元，彩票公益金收入348.14亿元，中央财政外汇经营基金财务收入684.91亿元。加上2007年结转收入561.87亿元，安排使用的收入总量3068.72亿元。中央政府性基金本级支出2041.42亿元，增长93%，完成预算的67.6%，与预算有较大差异主要是原列中央政府性基金本级支出的大中型水库移民后期扶持基金支出133.9亿元、民航机场管理建设费支出109.6亿元等，在执行中改列补助地方支出。其中：三峡工程建设基金支出204.56亿元，铁路建设基金支出621亿元，民航机场管理建设费支出53.13亿元，港口建设费支出101.85亿元，彩票公益金用于社会福利、体育、教育等社会公益事业支出205.47亿元，中央财政外汇经营基金财务支出684.88亿元。加上补助地方支出464.89亿元，以及结转2009年支出562.41亿元，支出总量合计3068.72亿元。政府性基金按规定专款专用。当年收入与支出不完全相等，主要原因是根据有关管理办法，部分收入结转下年使用。（见附表4）

2008年中央财政收支项目预算数、决算数及其对比分析详见决算草案。

2008年各项重点财政工作也取得新的成绩。财政宏观调控得到加强和改善。年初，充分发挥财税政策作用，促进物价稳定。四季度，为应对国际金融危机，开始实施积极的财政政策，扩大政府公共投资规模，实行结构性减税，多次提高出口退税率，降低出口关税，落实促进中小企业发展的财税政策。上述措施对促进经济平稳较快发展发挥了重要作用。财税改革取得新进展。统一内外资企业所得税制度。出台增值税转型改革方案。实施新的耕地占用税暂行条例及其实施细则。统一内外资企业和个人的房产税收制度。研究出台成品油税费改革方案。制定建立县级基本财力保障机制的初步方案。深化部门预算制度改革，扩大基本支出定员定额和实物费用定额试点，报送全国人大审议的部门预算由2007年的40个增加到50个。继续完善国库集中收付和政府采购制度。推进国有资本经营预算制度试点。开展村级公益事业建设一事一议财政奖补试点。支持14个试点省份清理化解农村义务教育“普九”债务。财政科学化精细化管理继续强化。加强财政预算管理。提前向地方告知中央财政财力性转移支付和专项转移支付预计数，增强地方预算编报的完整性。推进公务卡管理试点。扩大预算支出绩效考评试点范围。规范和加强非税收入管理，在全国范围内统一停征工商两费。

2008年，财政部及地方各级财政部门着力推进依法理财，加强科学管理，深化预算管理制度改革，完善规范财政资金使用的长效机制，财政管理水平进一步提高。同时，我们也清醒地认识到，财政工作中还存在一些问题，主要是：经济下行对财政的影响加大，减收增支因素增多，收支紧张的矛盾突出；财政支出结构仍需优化，对经济社会发展薄弱环节的支持力度需进一步加大；税费结构不尽合理，税收制度不够健全，政府参与国民收入分配的秩序有待规范；转移支付制度还不完善，省以下财政体制尚不健全，一些县乡公共财政保障能力较弱；预算编制较粗，预算执行的均衡性尚待提高；损失浪费、挤占挪用财政资金现象依然存在，监督管理仍需加强等。审计情况也表明，2008年中央预算执行情况总体较好，但还存在部门预算和政府采购预算仍需细化等问题。对此，国务院已要求有关部门和地方政府切实按照全国人大有关决定、决议要求和审计意见，进行认真整改，并依法追究责任。财政部也高度重视，已经并将继续采取措施整改，同时，进一步深化财税改革，加强监督检查，不断提高预算管理水平。

委员长、各位副委员长、秘书长、各位委员：

下面，我简要报告一下今年以来预算执行和财政工作进展情况。

（一）前五个月预算执行情况

2009年1-5月累计，全国财政收入27108.67亿元，比2008年同期（以下简称“同比”）减少1955.7亿元，同比下降6.7%，完成预算的40.9%。其中，中央本级收入14217.16亿元，同比下降14%，完成预算的39.6%；地方本级收入12891.51亿元，同比增长2.9%，完成预算的42.4%。全国财政支出22496.98亿元，同比增加4887.17亿元，同比增长27.8%，完成预算的29.5%。其中，中央本级支出4593.02亿元，同比增长21.4%，完成预算的30.7%；地方本级支出17903.96亿元，同比增长29.5%，完成预算的29.2%。各项重点支出得到较好保障。其中：农林水事务支出同比增长89.6%；教育支出同比增长16.4%；社会保障和就业支出同比增长32.2%；医疗卫生支出同比增长40.1%；科学技术支出同比增长28.2%；环境保护支出同比增长93.5%。

围绕实施积极的财政政策，推进各项财政工作。一是积极扩大政府公共投资。截至5月31日，2009年中央政府公共投资预算已累计下达5620亿元，完成预算的61.9%。截至6月15日，代理发行新疆、安徽等28省（自治区、直辖市、计划单列市）地方政府债券1419亿元。二是扎实实施结构性减税政策。全面实施增值税转型和成品油税费改革。取消和停征100项行政事业性收费。对住房转让环节营业税暂定一年实行减免政策。进一步提高纺织、服装等产品的出口退税率。对1.6升及以下排量乘用车暂减按5%征收车辆购置税。同时，继续执行2008年已实施的各项税费减免政策。初步测算，前五个月结构性减税减收约2300亿元。三是增加对低收入群体的补贴。预拨粮食直补等四项补贴资金共计1116亿元，支持较大幅度提高粮食最低收购价。拨付就业、城乡低保等各类补助资金共计1461.36亿元，增加企业退休人员基本养老金，支持妥善解决关闭破产国有企业退休人员等医疗保障问题。全面实施家电下乡和汽车摩托车下乡补贴政策，安排专项资金支持实施家电、汽车以旧换新政策试点，扩大补贴品种，简化补贴程序。四是努力保障重点支出需要。采取预拨等方式加快资金拨付进度，教育、医疗卫生、社会保障、就业、保障性住房、文化等与人民群众生活直接相关的民生支出得到较好保障。进一步压缩一般性支出。五是大力支持科技创新和节能减排。安排资金200亿元支持企业技术改造。拨付2009年度科技重大专项资金38.82亿元。研究实施产业调整与振兴规划财税扶持政策。扩大创业风险投资试点规模。支持十大节能工程等建设。促进推广高效节能产品。开展节能与新能源汽车推广试点。推进建筑节能。加快发展可再生能源和新能源。同时，其他财政工作也稳步推进。

今年以来，预算执行的主要问题是财政收入下降较多，收支矛盾突出，完成预算任务艰巨。1-5月全国财政收入同比下降6.7%。其中，中央本级收入下降14%，地方财政收入虽有小幅增长，但主要是非税收入增长较快，税收收入有所下降。分析原因：一是受国际金融危机影响，我国经济增长趋缓，外贸进出口总额下降较多，企业利润大幅减少，使相关主体税种税基缩减。二是居民消费价格和工业品出厂价格均下降，使以现价计算的财政收入减少较多。三是实施结构性减税政策，全面推开增值税转型改革，进一步提高出口退税率，继续实施2008年已出台的税费减免政策等，相应减少较多收入。四是2008年同期财政收入基数高。同时，为保增长、保民生、保稳定，实施积极的财政政策，保障年初预算安排的各项重点支出需要，财政支出特别是中央财政支出压力很大。

（二）下一阶段财政工作安排

按照党中央、国务院的统一部署和十一届全国人大二次会议的有关决定、决议，认真做好积极财政政策的贯彻落实等财政工作，促进经济保持平稳较快发展。一是认真落实各项重大财税政策措施。充分发挥政府公共投资的作用，保持投资平稳增长。扎实实施结构性减税政策，减轻企业和居民负担，促进企业扩大投资，增强居民消费能力。完善家电和汽车摩托车下乡等各项补贴政策，带动和引导消费需求。抓紧落实各项政策措施，进一步稳定外需。加大对政府公共投资和重点财税政策执行情况的监督检查力度，提高政策实施效果。同时，加强对经济运行情况的监测分析，密切跟踪积极财政政策的实施情况，及时完善相关政策措施，并强化与货币政策、产业政策等的协调配合。二是着力保障和改善民生。加大就业政策落实力度，努力保持就业形势基本稳定。继续落实对农民等的各项补贴政策。研究建立与物价变动相适应的城乡低保动态调整机制。适时调整优抚对象等人员抚恤和生活补助标准。开展新型农村社会养老保险试点，覆盖全国10%左右的县（市）。按照医药卫生体制改革方案要求，加大医疗卫生投入。继续加大对住房保障工作的支持力度。三是狠抓增收节支。在实施好结构性减税政策的基础上，依法加强税收征管，强化非税收入管理，努力做到应收尽收，促进财政收入增长。牢固树立过紧日子的思想。严格控制一般性支出，压缩公务购车用车、公务接待费和出国（境）经费。严格控制党政机关楼堂馆所建设。全面推进财政科学化、精细化管理，提高财政管理绩效。四是深化财税制度改革。继续推进部门预算、国库集中收付等预算制度改革。研究健全中央和地方财力与事权相匹配的体制。逐步建立县级基本财力保障机制。进一步规范省以下政府间分配关系。继续推进省直管县财政管理方式改革。推进资源税改革。调整和完善消费税制度。统一内外资企业和个人的城建税、教育费附加等制度。跟踪完善增值税转型改革。认真落实成品油税费改革方案。深化农村综合改革。

委员长、各位副委员长、秘书长、各位委员：

完成2009年预算和各项财政工作任务意义重大。我们要在以胡锦涛同志为总书记的党中央领导下，高举中国特色社会主义伟大旗帜，坚持以邓小平理论和“三个代表”重要思想为指导，深入贯彻落实科学发展观，坚定信心，迎难而上，开拓进取，扎实工作，实施好积极的财政政策，为促进经济社会又好又快发展作出积极贡献！

附表1—1

2008年全国财政收入决算表

单位：亿元

项　　目	预算数	调整预算数	决算数为	决算数调整预算数的%	决算数为上年决算数的%
一、税收收入	52361.00	52361.00	54223.79	103.6	118.9
国内增值税	17866.67	17866.67	17996.94	100.7	116.3
国内消费税	2470.00	2470.00	2568.27	104.0	116.4
进口货物增值税、消费税	6855.00	6855.00	7391.13	107.8	120.1
出口货物退增值税、消费税	−5750.00	−5750.00	−5865.93	102.0	104.1
营业税	7495.00	7495.00	7626.39	101.8	115.9
企业所得税	10020.00	10020.00	11175.63	111.5	127.3
个人所得税	3383.33	3383.33	3722.31	110.0	116.8
资源税	465.00	465.00	301.76	64.9	115.6
城市维护建设税	1308.00	1308.00	1344.09	102.8	116.2
房产税	655.00	655.00	680.34	103.9	118.2
印花税	2303.00	2303.00	1311.29	56.9	58.0
其中：证券交易印花税	2005.31	2005.31	979.16	48.8	48.8
城镇土地使用税	430.00	430.00	816.90	190.0	211.9
土地增值税	450.00	450.00	537.43	119.4	133.3
车船税	77.00	77.00	144.21	187.3	211.6
船舶吨税	19.00	19.00	20.12	105.9	110.5
车辆购置税	950.00	950.00	989.89	104.2	112.9
关税	1600.00	1600.00	1769.95	110.6	123.6
耕地占用税	340.00	340.00	314.41	92.5	169.9
契税	1370.00	1370.00	1307.53	95.4	108.4
烟叶税	54.00	54.00	67.45	124.9	141.1
其他税收收入			3.68		296.8
二、非税收入	6125.00	6125.00	7106.56	116.0	124.7
专项收入	1335.00	1335.00	1554.10	116.4	125.1
行政事业性收费	2040.00	2040.00	2134.86	104.7	112.5
罚没收入	905.00	905.00	898.40	99.3	106.9
其他收入	1845.00	1845.00	2519.20	136.5	146.4
全国财政收入	58486.00	58486.00	61330.35	104.9	119.5
调入中央预算稳定调节基金	500.00	1100.00	1100.00	100.0	
支出大于收入的差额	1800.00	1800.00	354.31	19.7	

附表1-2

2008年全国财政支出决算表

单位：亿元

项　　目	预算数	调整预算数	决算数	决算数为调整预算数的%	决算数为上年决算数的%
一般公共服务	9910.37	9910.37	9795.92	98.8	115.1
其中：国内外债务付息	1305.84	1305.84	1305.09	99.9	
外交	269.76	269.76	240.72	89.2	111.8
其中：驻外机构	61.57	61.57	54.61	88.7	
对外援助	128.54	128.54	125.59	97.7	
国际组织	40.04	40.04	35.68	89.1	
国防	4177.69	4177.69	4178.76	100.0	117.5
公共安全	4097.41	4097.41	4059.76	99.1	116.5
其中：武装警察	634.36	634.36	664.13	104.7	113.5
公安	2099.04	2099.04	2057.67	98.0	
教育	9081.95	9081.95	9010.21	99.2	126.5
其中：普通教育	7098.88	7098.88	7067.76	99.6	
职业教育	728.68	728.68	745.75	102.3	
科学技术	2152.82	2152.82	2129.21	98.9	119.4
其中：基础研究	182.65	182.65	190.46	104.3	
应用研究	732.67	732.67	797.06	108.8	
文化体育与传媒	1072.64	1072.64	1095.74	102.2	121.9
其中：文化	389.43	389.43	379.10	97.3	
体育	206.95	206.95	205.29	99.2	
社会保障和就业	6684.33	6684.33	6804.29	101.8	124.9
其中：财政对社会保险基金的补助	1626.53	1626.53	1630.88	100.3	
补充全国社会保障基金	150.00	150.00	110.79	73.9	
行政事业单位离退休	1873.90	1873.90	1812.49	96.7	
企业改革补助	371.34	371.34	328.43	88.4	
就业补助	473.26	473.26	414.55	87.6	
抚恤	255.69	255.69	273.30	106.9	
城市居民最低生活保障	379.16	379.16	411.70	108.6	
自然灾害生活救助	118.46	118.46	356.92	301.3	
医疗卫生	2499.06	2499.06	2757.04	110.3	138.5
其中：医疗服务	487.04	487.04	481.30	98.8	
医疗保障	1128.22	1128.22	1421.13	126.0	
疾病预防控制	222.84	222.84	238.01	106.8	
农村卫生	263.53	263.53	216.85	82.3	
环境保护	1281.70	1281.70	1451.36	113.2	145.7
其中：自然生态保护	28.57	28.57	33.54	117.4	
天然林保护	100.98	100.98	81.69	80.9	
退耕还林	339.71	339.71	306.80	90.3	
退牧还草	43.82	43.82	19.64	44.8	
能源节约利用	140.37	140.37	155.58	110.8	
可再生能源	85.00	85.00	44.78	52.7	
城乡社区事务	4100.47	4100.47	4206.14	102.6	129.6
其中：城乡社区规划与管理	89.34	89.34	98.24	110.0	
城乡社区公共设施	2279.66	2279.66	2081.16	91.3	
农林水事务	4288.87	4288.87	4544.01	105.9	133.5
其中：农业	2090.54	2090.54	2278.92	109.0	
林业	377.26	377.26	424.01	112.4	
水利	1084.86	1084.86	1122.65	103.5	
扶贫	322.93	322.93	320.35	99.2	
农业综合开发	271.78	271.78	251.58	92.6	

续表

交通运输	2018.43	2018.43	2354.00	116.6	122.9
其中：公路水路运输	767.30	767.30	751.82	98.0	
车辆购置税支出	950.00	950.00	1002.74	105.6	
工业商业金融等事务	5495.04	5495.04	6226.37	113.3	146.2
其中：采掘、制造业等事务	1246.14	1246.14	1223.48	98.2	
粮油事务	1480.97	1480.97	1620.38	109.4	
商业流通事务	208.82	208.82	196.48	94.1	
金融业事务	632.05	632.05	1100.74	174.2	
中小企业事务	404.69	404.69	452.43	111.8	
地震灾后恢复重建支出		600.00	798.34	133.1	
其他支出	3655.46	3655.46	2940.79	80.4	99.6
其中：预备费	990.00	990.00			
住房改革支出	642.91	642.91	673.70	104.8	
全国财政支出	60786.00	61386.00	62592.66	102.0	125.7
安排中央预算稳定调节基金			192.00		18.6

附表2-1

2008年地方财政收入决算表

单位：亿元

项　　目	预算数	决算数	决算数为预算数的%	决算数为上年决算数的%
一、税收收入	22178.85	23255.11	104.9	120.8
国内增值税	4466.67	4499.18	100.7	116.3
营业税	7270.00	7394.29	101.7	115.9
企业所得税	3590.00	4002.08	111.5	127.8
个人所得税	1353.33	1488.08	110.0	116.8
资源税	465.00	301.76	64.9	115.6
城市维护建设税	1300.00	1336.30	102.8	116.3
房产税	655.00	680.34	103.9	118.2
印花税	357.85	361.61	101.1	114.2
其中：证券交易印花税	60.16	29.48	49.0	49.0
城镇土地使用税	430.00	816.90	190.0	211.9
土地增值税	450.00	537.43	119.4	133.3
车船税	77.00	144.21	187.3	211.6
耕地占用税	340.00	314.41	92.5	169.9
契税	1370.00	1307.53	95.4	108.4
烟叶税	54.00	67.45	124.9	141.1
其他税收收入		3.54		300.0
二、非税收入	4685.15	5394.68	115.1	124.9
专项收入	1180.00	1353.45	114.7	124.4
行政事业性收费	1690.00	1761.98	104.3	114.1
罚没收入	875.00	866.68	99.0	106.7
其他收入	940.15	1412.57	150.2	161.1
地方本级收入	26864.00	28649.79	106.6	121.5
中央税收返还和转移支付	21626.52	22990.76	106.3	126.8
地方财政收入	48490.52	51640.55	106.5	123.8

说明：本表预算数为2008年初财政部代编数。

附表2—2

2008年地方财政支出决算表

单位：亿元

项　　目	预算数	决算数	决算数为预算数的%	决算数为上年决算数的%
一般公共服务	7554.57	7451.37	98.6	117.3
其中：国内外债务付息	70.18	55.90	79.7	
外交	1.71	1.57	91.8	104.7
国防	78.74	79.81	101.4	109.9
公共安全	3463.99	3411.13	98.5	118.5
其中：武装警察	157.12	161.87	103.0	
公安	2057.29	2006.23	97.5	
教育	8554.42	8518.58	99.6	126.6
其中：普通教育	6618.40	6623.83	100.1	
职业教育	727.22	744.09	102.3	
科学技术	1070.42	1051.86	98.3	122.5
其中：基础研究	18.81	20.31	108.0	
应用研究	81.25	72.53	89.3	
文化体育与传媒	925.21	955.13	103.2	123.8
其中：文化	357.74	348.21	97.3	
体育	193.95	191.88	98.9	
社会保障和就业	6316.05	6460.01	102.3	126.6
其中：财政对社会保险基金的补助	1593.16	1599.03	100.4	
行政事业单位离退休	1747.71	1687.44	96.6	
企业改革补助	345.34	302.43	87.6	
就业补助	466.11	408.24	87.6	
抚恤	255.49	273.11	106.9	
城市居民最低生活保障	376.56	409.23	108.7	
自然灾害生活救助	116.96	337.24	288.3	
医疗卫生	2460.19	2710.26	110.2	138.6
其中：医疗服务	467.00	450.87	96.5	
医疗保障	1125.05	1417.90	126.0	
疾病预防控制	214.37	230.38	107.5	
农村卫生	262.32	216.51	82.5	
环境保护	1201.77	1385.15	115.3	144.1
其中：自然生态保护	27.65	32.53	117.6	
天然林保护	91.97	72.68	79.0	
退耕还林	334.96	301.33	90.0	
退牧还草	43.44	19.29	44.4	
能源节约利用	100.00	135.67	135.7	
可再生能源	77.00	36.75	47.7	
城乡社区事务	4093.61	4191.81	102.4	129.4
其中：城乡社区规划与管理	89.19	98.09	110.0	
城乡社区公共设施	2275.28	2076.66	91.3	
农林水事务	3932.60	4235.63	107.7	137.0
其中：农业	1953.17	2130.96	109.1	
林业	357.35	403.56	112.9	
水利	992.15	1069.85	107.8	
扶贫	316.96	317.98	100.3	
农业综合开发	231.26	223.42	96.6	
交通运输	1433.18	1440.80	100.5	127.2
其中：公路水路运输	733.96	693.32	94.5	
车辆购置税支出	473.44	343.55	72.6	
工业商业金融等事务	3577.87	4092.47	114.4	145.4

续表

其中：采掘、制造业等事务	719.23	669.23	93.0	
粮油事务	893.74	1158.69	129.6	
商业流通事务	154.46	133.56	86.5	
金融业事务	94.39	125.24	132.7	
中小企业事务	403.94	451.05	111.7	
地震灾后恢复重建支出		735.87		
其他支出	2916.47	2527.04	86.6	106.3
其中：预备费	640.00			
住房改革支出	342.87	374.50	109.2	
地方本级支出	47580.80	49248.49	103.5	128.5
上解中央支出	909.72	946.37	104.0	
地方财政支出	48490.52	50194.86	103.5	
收入大于支出的差额		1445.69		

说明：本表预算数为2008年初财政部代编数。

附表3-1

2008年中央财政收入决算表

单位：亿元

项　　目	预算数	调整预算数	决算数	决算数为调整预算数的%	决算数为上年决算数的%
一、税收收入	30182.15	30182.15	30968.68	102.6	117.4
国内增值税	13400.00	13400.00	13497.76	100.7	116.3
国内消费税	2470.00	2470.00	2568.27	104.0	116.4
进口货物增值税、消费税	6855.00	6855.00	7391.13	107.8	120.1
出口货物退增值税、消费税	−5750.00	−5750.00	−5865.93	102.0	104.1
营业税	225.00	225.00	232.10	103.2	114.5
企业所得税	6430.00	6430.00	7173.55	111.6	127.0
个人所得税	2030.00	2030.00	2234.23	110.1	116.9
城市维护建设税	8.00	8.00	7.79	97.4	101.3
印花税	1945.15	1945.15	949.68	48.8	48.8
其中：证券交易印花税	1945.15	1945.15	949.68	48.8	48.8
船舶吨税	19.00	19.00	20.12	105.9	110.5
车辆购置税	950.00	950.00	989.89	104.2	112.9
关税	1600.00	1600.00	1769.95	110.6	123.6
其他税收收入			0.14		233.3
二、非税收入	1439.85	1439.85	1711.88	118.9	124.1
专项收入	155.00	155.00	200.65	129.5	130.6
行政事业性收费	350.00	350.00	372.88	106.5	105.4
罚没收入	30.00	30.00	31.72	105.7	112.3
其他收入	904.85	904.85	1106.63	122.3	131.2
中央本级收入	31622.00	31622.00	32680.56	103.3	117.8
地方上解收入	909.72	909.72	946.37	104.0	109.7
中央财政收入	32531.72	32531.72	33626.93	103.4	117.5
调入中央预算稳定调节基金	500.00	1100.00	1100.00	100.0	
支出大于收入的差额	1800.00	1800.00	1800.00	100.0	90.0

附表3-2

2008年中央财政支出决算表

单位：亿元

项　　目	预算数	调整预算数	决算数	决算数为调整预算数的%	决算数为上年决算数的%
一般公共服务	2655.40	2655.40	2521.51	95.0	108.7
其中：中央本级支出	2355.80	2355.80	2344.55	99.5	108.5
对地方转移支付	299.60	299.60	176.96	59.1	110.4
外交	268.05	268.05	239.23	89.2	111.9
其中：中央本级支出	268.05	268.05	239.15	89.2	111.9
对地方转移支付			0.08		133.3
国防	4099.40	4099.40	4099.43	100.0	117.7
其中：中央本级支出	4098.95	4098.95	4098.95	100.0	117.7
对地方转移支付	0.45	0.45	0.48	106.7	106.7
公共安全	857.87	857.87	873.04	101.8	108.9
其中：中央本级支出	633.42	633.42	648.63	102.4	106.7
对地方转移支付	224.45	224.45	224.41	100.0	115.8
教育	1561.76	1561.76	1603.71	102.7	149.0
其中：中央本级支出	527.53	527.53	491.63	93.2	124.4
对地方转移支付	1034.23	1034.23	1112.08	107.5	163.3
科学技术	1133.98	1133.98	1163.23	102.6	116.4
其中：中央本级支出	1082.40	1082.40	1077.35	99.5	116.5
对地方转移支付	51.58	51.58	85.88	166.5	114.5
文化体育与传媒	253.05	253.05	252.81	99.9	120.0
其中：中央本级支出	147.43	147.43	140.61	95.4	110.5
对地方转移支付	105.62	105.62	112.20	106.2	134.5
社会保障和就业	2761.61	2761.61	2743.59	99.3	119.2
其中：中央本级支出	368.28	368.28	344.28	93.5	100.5
对地方转移支付	2393.33	2393.33	2399.31	100.2	122.4
医疗卫生	831.58	831.58	826.80	99.4	124.5
其中：中央本级支出	38.87	38.87	46.78	120.3	136.7
对地方转移支付	792.71	792.71	780.02	98.4	123.8
环境保护	1027.51	1027.51	1040.30	101.2	133.0
其中：中央本级支出	79.93	79.93	66.21	82.8	191.4
对地方转移支付	947.58	947.58	974.09	102.8	130.3
城乡社区事务	133.21	133.21	245.06	184.0	214.6
其中：中央本级支出	6.86	6.86	14.33	208.9	231.1
对地方转移支付	126.35	126.35	230.73	182.6	213.6
农林水事务	1450.49	1450.49	1821.51	125.6	143.6
其中：中央本级支出	356.27	356.27	308.38	86.6	98.3
对地方转移支付	1094.22	1094.22	1513.13	138.3	158.5
交通运输	1054.65	1054.65	1262.43	119.7	101.1
其中：中央本级支出	585.25	585.25	913.20	156.0	116.7
对地方转移支付	469.40	469.40	349.23	74.4	74.9
工业商业金融等事务	3373.24	3373.24	3871.33	114.8	159.4
其中：中央本级支出	1917.17	1917.17	2133.90	111.3	147.9
对地方转移支付	1456.07	1456.07	1737.43	119.3	176.1
地震灾后恢复重建支出		600.00	600.00	100.0	
其中：中央本级支出		600.00	62.47	10.4	
对地方转移支付			537.53		
其他支出	1052.11	1052.11	561.94	53.4	79.3
其中：中央本级支出	738.99	738.99	413.75	56.0	72.0
对地方转移支付	313.12	313.12	148.19	47.3	110.5

续表

对地方税收返还	4271.19	4271.19	4282.16	100.3	103.9
对地方财力性转移支付	8046.62	8046.62	8326.85	103.5	121.8
中央财政支出	34831.72	35431.72	36334.93	102.5	122.8
安排中央预算稳定调节基金			192.00		18.6

说明：对地方财力性转移支付只包括不能列入具体支出科目的农村税费改革转移支付、民族地区转移支付等项目，不含义务教育转移支付等可以列入具体支出科目的财力性转移支付项目。

附表4-1

2008年中央本级支出决算表

单位：亿元

项　　目	预算数	调整预算数	决算数	决算数为调整预算数的%	决算数为上年决算数的%
一般公共服务	2355.80	2355.80	2344.55	99.5	108.5
其中：国内外债务付息	1235.66	1235.66	1249.19	101.1	
外交	268.05	268.05	239.15	89.2	111.9
其中：驻外机构	61.57	61.57	54.61	88.7	
对外援助	128.54	128.54	125.59	97.7	
国际组织	40.04	40.04	35.68	89.1	
国防	4098.95	4098.95	4098.95	100.0	117.7
公共安全	633.42	633.42	648.63	102.4	106.7
其中：武装警察	477.24	477.24	502.26	105.2	
公安	41.75	41.75	51.44	123.2	
教育	527.53	527.53	491.63	93.2	124.4
其中：普通教育	480.48	480.48	443.93	92.4	
职业教育	1.46	1.46	1.66	113.7	
科学技术	1082.40	1082.40	1077.35	99.5	116.5
其中：基础研究	163.84	163.84	170.15	103.9	
应用研究	651.42	651.42	724.53	111.2	
文化体育与传媒	147.43	147.43	140.61	95.4	110.5
其中：文化	31.69	31.69	30.89	97.5	
体育	13.00	13.00	13.41	103.2	
社会保障和就业	368.28	368.28	344.28	93.5	100.5
其中：财政对社会保险基金的补助	33.37	33.37	31.85	95.4	
补充全国社会保障基金	150.00	150.00	110.79	73.9	
行政事业单位离退休	126.19	126.19	125.05	99.1	
企业改革补助	26.00	26.00	26.00	100.0	
就业补助	7.15	7.15	6.31	88.3	
抚恤	0.20	0.20	0.19	95.0	
城市居民最低生活保障	2.60	2.60	2.47	95.0	
自然灾害生活救助	1.50	1.50	19.68	1312.0	
医疗卫生	38.87	38.87	46.78	120.3	136.7
其中：医疗服务	20.04	20.04	30.43	151.8	
医疗保障	3.17	3.17	3.23	101.9	
疾病预防控制	8.47	8.47	7.63	90.1	
农村卫生	1.21	1.21	0.34	28.1	
环境保护	79.93	79.93	66.21	82.8	191.4
其中：自然生态保护	0.92	0.92	1.01	109.8	
天然林保护	9.01	9.01	9.01	100.0	
退耕还林	4.75	4.75	5.47	115.2	
退牧还草	0.38	0.38	0.35	92.1	
能源节约利用	40.37	40.37	19.91	49.3	

续表

可再生能源	8.00	8.00	8.03	100.4	
城乡社区事务	6.86	6.86	14.33	208.9	231.1
其中：城乡社区规划与管理	0.15	0.15	0.15	100.0	
城乡社区公共设施	4.38	4.38	4.50	102.7	
农林水事务	356.27	356.27	308.38	86.6	98.3
其中：农业	137.37	137.37	147.96	107.7	
林业	19.91	19.91	20.45	102.7	
水利	92.71	92.71	52.80	57.0	
扶贫	5.97	5.97	2.37	39.7	
农业综合开发	40.52	40.52	28.16	69.5	
交通运输	585.25	585.25	913.20	156.0	116.7
其中：公路水路运输	33.34	33.34	58.50	175.5	
车辆购置税支出	476.56	476.56	659.19	138.3	
工业商业金融等事务	1917.17	1917.17	2133.90	111.3	147.9
其中：采掘、制造业等事务	526.91	526.91	554.25	105.2	
粮油事务	587.23	587.23	461.69	78.6	
商业流通事务	54.36	54.36	62.92	115.7	
金融业事务	537.66	537.66	975.50	181.4	
中小企业事务	0.75	0.75	1.38	184.0	
地震灾后恢复重建支出		600.00	62.47	10.4	
其他支出	738.99	738.99	413.75	56.0	72.0
其中：预备费	350.00	350.00			
住房改革支出	300.04	300.04	299.20	99.7	
中央本级支出	13205.20	13805.20	13344.17	96.7	116.6

说明：中央本级支出完成预算的96.7%，主要是部分支出执行中下划地方。

附表4–2

2008年中央对地方税收返还和转移支付决算表

单位：亿元

项　　目	预算数	决算数	决算数为预算数的%	决算数为上年决算数的%
一、中央对地方转移支付	17355.33	18708.60	107.8	133.5
（一）财力性转移支付	8467.02	8746.21	103.3	122.7
1.一般性转移支付	3404.00	3510.51	103.1	140.2
2.民族地区转移支付	210.00	275.79	131.3	159.7
3.县乡基本财力保障机制奖补资金	440.00	438.18	99.6	129.2
4.调整工资转移支付	2391.95	2451.24	102.5	109.1
5.农村税费改革转移支付	759.33	762.54	100.4	100.4
6.义务教育转移支付	270.40	269.36	99.6	117.2
7.农村义务教育化债补助	150.00	150.00	100.0	250.0
8.资源枯竭城市财力性转移支付	25.00	25.00	100.0	125.0
9.定额补助（原体制补助）	136.14	136.14	100.0	101.5
10.企事业单位划转补助	338.57	331.57	97.9	98.0
11.结算财力补助	341.63	348.88	102.1	108.7
12.工商部门停征两费转移支付		47.00		
（二）专项转移支付	8888.31	9962.39	112.1	144.6
其中：教育	613.83	692.72	112.9	177.0
科学技术	51.58	85.88	166.5	114.5
社会保障和就业	2393.33	2399.31	100.2	122.4
医疗卫生	792.71	780.02	98.4	123.8
环境保护	947.58	974.09	102.8	130.3
农林水事务	1094.22	1513.13	138.3	158.5

续表

二、中央对地方税收返还	4271.19	4282.16	100.3	103.9
“两税”返还	3361.00	3371.97	100.3	104.9
所得税基数返还	910.19	910.19	100.0	100.4
中央对地方税收返还和转移支付	21626.52	22990.76	106.3	126.8

说明：工商部门停征两费转移支付为因停征集贸市场管理费、个体工商户管理费对地方的转移支付，预算列专项转移支付，执行中调整列财力性转移支付。

2008年税收收入增长的结构性分析

（国家税务局税政司 2009年2月）

一、2008年税收收入增长的总体情况

（一）税收增长的总体情况

2008年全国税收总收入完成54219.62亿元（包括税务部门征收的各项税收，海关征收的进出口关税和船舶吨税，海关代征的进口货物增值税和消费税，财政及地税部门征收的耕地占用税和契税，以及办理的各种退税等，详见附后解释。），比上年司期增长18.8%，同比增收8597.65亿元，增速比2007年的增速回落了14.9个百分点(2007年税收收入增长33.7%)。

（二）税收增长的特点

1.税收总收入总体上保持较快增长，但全年呈现明显的“前高后低”走势。

2008年税收增速虽比2007年回落，但总体上仍保持了较快增长，增速与2004年—2006年增速基本持平（2004年、2005年、2006年税收总收入同比分别增长20.7%、19.1%和18.6%），略高于2002年—2003年的增速(2002年、2003年税收总收入同比分别增长15.3%和13.5%)。

2008年的税收增长呈现明显的“前高后低”的走势，上半年税收收入增长33.5%，增速与2007年的税收收入增速基本持平。但下半年税收收入增长明显乏力，同比仅增长3.2%，低于同期GDP和经济税源的增速。

2.单月税收收入增长逐月回落，特别是四季度以来连续负增长。今年单月的税收收入总体上呈现逐渐回落态势（如图1所示）。第四季度税收收入出现连续负增长，并且跌幅逐月增大，10月份同比下降0.5%，11月份同比下降11%，12月份同比下降11.9%。

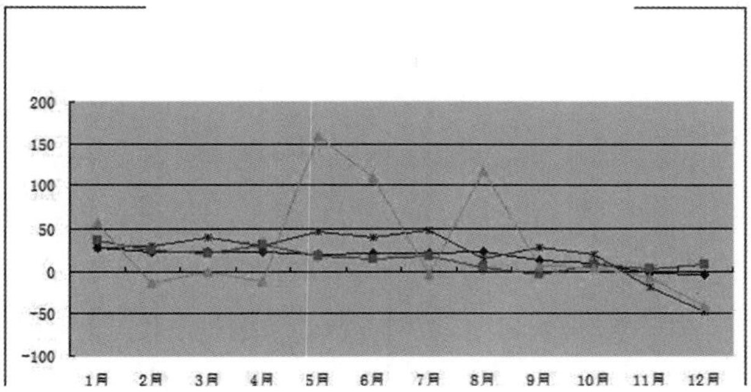

注：12月单月增长率为国家税务总局提供的快报数。

图1 2008年各种税收收入同比增长率变动图

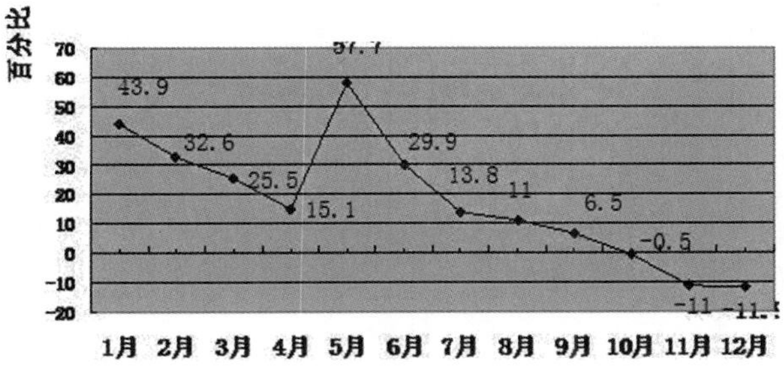

图2 2008年各月主要税种增长速度图

4.证券交易印花税成为全年唯一减收的税种。2008年各税种都有不同幅度的增长，但证券交易印花税同比下降51.2%，成为全年总体减收的唯一税种。

（三）上半年税收收入保持较快增长的主要原因

2008年上半年税收收入增长33.5%，除了经济增长较

快的因素外，主要得益于一次性特殊增收因素：

1.企业所得税汇算清缴和2007年四季度或12月份应纳税款在2008年1月份入库，使企业所得税多增近2000亿元。

2.2007年下调出口退税率翘尾因素，使出口退税少退400亿元左右。

3.2007年5月底证券交易印花税税率上调，2008年前4个月证券交易印花税翘尾增收460亿元左右。

如果剔除特殊因素，2008年上半年税收收入增长21.3%。其中，企业所得税剔除汇算清缴等因素，上半年仅增长13.68%，低于同期工业企业利润20.9%的增速。

（四）下半年税收增速大幅回落的主要原因

1.相关经济指标增速回落导致税收增速逐步回落。受国际金融危机影响,2008年GDP增长9%，比上年同期回落2.9个百分点。伴随着GDP增速的逐步回落，与主体税种收入直接相关的工业增加值、工业企业利润、进出口额等经济指标的增速逐渐回落，如四季度工业增加值单月增速分别为8.2%、5.4%和5.7%，比上年同期分别回落9.7、11.9、11.7个百分点;1－11月份，规模以上工业企业利润增长4.9%，同比回落31.8个百分点;四季度进口同比下降8.8%，出口同比仅增长4.3%。导致增值税、企业所得税和进口税收等主体税种增速逐渐回落。

其他和税收直接相关的宏观经济指标，如城镇居民人均可支配收入、商品房销售面积、汽车销售量、证券业、保险业、房地产业和建筑安装业营业收入、证券交易量等的增速，均有不同程度回落，有的甚至出现负增长，导致个人所得税、进口税收、营业税、契税和车辆购置税等税种增速回落或负增长。

2.为促进经济增长而实施的减免税政策使税收增速进一步回落。除实施新企业所得税法降低内资企业所得税率、提高个人所得税费用扣除标准等政策造成减收外，2008年下半年以来，为促进经济增长，国家出台了若干项减税政策，先后3次提高部分商品的出口退税率、将证券交易印花税由双边征收改为单边征收、暂免征收储蓄存款利息所得税和证券市场个人投资者交易结算资金利息所得税、下调个人首次购买普通住房的契税税率并对个人销售或购买住房暂免征收印花税和土地增值税等等，这些政策均造成不同程度的减收，使税收增速进一步回落。

3.造成上半年税收快速增长的特殊因素下半年不复存在。企业所得税汇算清缴、2007年下调出口退税率和提高证券交易印花税税率的翘尾等一次性特殊增收因素，在2008年下半年不复存在。

二、主体税种收入的增长情况及原因

（一）国内增值税总体保持较快增长，但11月份以来出现负增长

2008年国内增值税收入17996.9亿元，同比增长16.3%，增速与上年同期的增速低4.7个百分点。扣除出口退税的国内增值税收入占税收总收入的比重是22.4%。需要特别注意的是，四季度以来国内增值税收入增速逐月下滑，10月国内增值税收入同比增长10.2%，11月国内增值税收入出现了近年来少有的负增长，同比下降2.3%，比上年同期的增速(24.8%)大幅降低了27个多百分点，12月国内增值税继续延续下降态势，同比下降3.6%。

增值税的税基大体相当于工业增加值和商业的增加值。

国内增值税总体保持较快增长的原因是工业增加值和居民消费总体上保持了较快的增长速度。2008年全国规模以上工业企业增加值增长12.9%，全年社会消费品零售总额增长21.6%，增速比上年加快4.8个百分点。

国内增值税四季度以来逐月减速的主要原因是：受国际需求减缓、工业产成品价格普遍下降、库存原材料价格较高等多重不利影响，工业增加值增速明显下滑，10-12月各月全国规模以上工业企业增加值分别同比增长8.2%、5.4%、5.7%，增速分别比上年同期回落9.7、11.9、11.7个百分点。此外，社会消费品零售总额在7月份达到年度顶峰(23.3%)后逐月小幅回落，11月份社会消费品零售总额增幅已经回落到20.8%。

分行业看，2008年增值税增长较快的行业主要集中在煤炭、通用设备、专用设备、建材四大行业上。这些行业增值税同比分别增长57.9%、49.7%、46.8%、36.4%，比上年同期增速分别加快42.3、6.7、2.1、4.9个百分点，实现增收额约占工业增值税总增收额的一半左右。煤炭增值税加快增长的主要原因是煤炭产品量价齐升，全年煤炭产量同比增长12.8%，煤炭价格从2008年5月份直至三季度末持续飞速上涨，导致煤炭增值税累计收入快速增长。不过，四季度煤炭价格大幅下滑，已经从7月份的最高点1000元／吨左右回落到12月份的570元／吨左右，导致煤炭增值税增速从8月份的114.2%快速回落到12月份的6.7%。机械设备增值税快速增长的主要原因是近

年来优化出口商品结构的努力初见成效，机械等附加值相对较高的行业出口加快增长带动了工业增加值增长，全年通用设备制造业、专用设备制造业增加值分别增长16.9%和20.5%。

2008年增值税收入为负增长的行业为石油加工业和有色金属矿采选业。成品油增值税2008年持续下降，全年同比下降35.4%，主要原因是原油价格涨幅高于成品油价格涨幅导致的炼油行业增值能力下降，很多炼油企业出现大量的留抵税款。2008年有色金属增值税同比下降6.1%,主要是由于成本上升和产品价格大幅下跌等原因导致的行业增值能力下降,国内有色金属价格从4月份开始回落,9月份开始大幅下跌。

此外，值得关注的是，不少行业全年增值税收入虽然实现了增长，但9月份以来单月收入陆续出现减收，比如冶金、化工、纺织、电力、造纸等行业。其中，冶金行业受到降价限产的不利影响，9—12月单月钢坯钢材增值税收入同比分别下降12.7%、18.9%、43.3%、33.5%；化工行业受到原材料价格上涨和主要产品价格下降的影响，9-12月单月化工增值税收入同比分别下降9%、11.2%、18.6%、20%。

（二）国内消费税收入保持平稳增长，但汽车消费税收入增速大幅回落

2008年国内消费税完成2567.80亿元，增收360.97亿元，同比增长16.4%，增速与2007年基本持平，扣除退税的国内消费税占税收总收入的比重是4.7%。国内消费税收入全年基本保持平稳增长,但10月和11月增速有所回落，同比分别增长11.2%和10.9%，12月国内消费税收入有所回升,同比增长17%。

分品目看，2008年消费税的主要增收品目依然集中在卷烟、汽车、成品油和酒上，这四品目消费税增收额约占消费税总增收额的95%。其中，卷烟消费税增长20.1%，比上年增速（17.7%）略有增长；成品油消费税增长10.3%，与上年增速（12.4%）略有回落；酒类消费税增长6.1%,比上年增速（9.8%）回落了3.7个百分点；但汽车消费税增长不容乐观，2008年增长10.7%，比上年增速（27.9%）大幅回落了17.2个百分点。

消费税的税基是汽车、成品油、烟、酒等14类特定商品的销售额或销售量。

消费税收入总体保持平稳增长的原因是烟、酒、成品油等主要应税消费品的消费需求仍然快速增长。2008年1-10月份卷烟销售量同比增长12.1%，11月份后受节日备货因素和扩大消费政策影响，销售量增速加快；全年汽、柴油销售量同比分别增长11.7%、14.1%。

汽车消费税增速大幅回落的主要原因是汽车销售状况持续低迷。2008年乘用车产量、销量分别为673.77万辆和675.56万辆，同比分别增长5.59%和7.27%,增速为10年来新低，分别比上年回落16.35和14.41个百分点。汽车产销低迷的原因：一是经济危机和股市低迷使居民财富大幅缩水，消费者购车能力下降；二是汽车相关税收政策调整，消费者预期用车成本增加，导致消费者持币观望；三是特大自然灾害频发、燃油价格较长时间持续高位、经济预期悲观以及实施国三排放标准等因素使汽车生产商被迫减产。

（三）营业税收入增速大幅回落

2008年，营业税完成7626.33亿元，同比增长15.9%，比上年28.3%的增速回落了12.4个百分点，营业税占税收总收入的比重为14%。需要注意的是，营业税收入2008年以来基本呈现逐月回落态势,特别是下半年以来，营业税收入增速回落更为明显。12月营业税收入同比增长7.7%,增速较上年同期(14.5%)回落了6.8个百分点。

分行业看，主要增收行业是金融保险业,2008年金融保险业营业税收入同比增长15.9%,增收327.7亿元,占营业税总增收额(1045.3亿元)的三分之一左右。但金融保险业内部各分行业营业税分化明显，银行业营业税受到年初贷款利息多次调高的影响，保持了较快增长，全年收入1059.4亿元，增收329.1亿元，增长45.1%，但保险业和证券业由于保险理财产品收入下降和股市低迷，营业税收入同比分别下降0.2%和14.9%。

减收明显的行业主要是房地产业和邮政业,2008年房地产业营业税收入同比下降3.4%,比上年增速回落了43.7个百分点，邮政业营业税收入同比下降4.4%。

营业税的税基是交通运输业、建筑业、金融保险业、邮电通信业、文化体育业、娱乐业、服务业、转让无形资产和销售不动产等9个行业取得的营业收入。

营业税增速大幅回落的主要原因：一是国家对房地产各项宏观调控措施的效果逐渐显现，消费者观望情绪加重，商品房成交量急剧萎缩，成交价格有所下降。2008年全国商品房销售面积同比下降19.7%，商品房销售额同比下降19.5%。由此造成房地产业和建筑安装业营业收入增速的大幅回落。二是股市持续低位震荡，券

商、经纪业务收入缩水，投行业务遭受重创，加之2007年同期证券业营业收入基数较高，导致证券业营业收入较上年出现大幅下降。三是保险理财产品销售收入大幅下降，汽车销量萎缩及下调汽车交强险缴费标准，旅游行业不景气，这些都使得保险业营业收入有所降低。

（四）企业所得税收入总体保持较快增长，但下半年以来增速持续大幅回落

2008年企业所得税累计收入11173.05亿元，增收2393.80亿元，同比增长27.3%，比上年增速（37.9%）回落了10.6个百分点；企业所得税收入占税收总收入的比重为20.61%。

值得注意的是，7月份开始，企业所得税增速较上半年增速大幅回落，7月份和11月份企业所得税均出现小幅减收，12月份企业所得税同比下降42.1%。而1-6月份实现企业所得税收入7912.72亿元，同比增收2319.25亿元，占全年总增收额的94.7%。

2008年企业所得税累计收入总体保持较高增长的原因：

1.汇算清缴方面的原因。汇算清缴2007年全年的所得税，缴纳2007年12月份或第4季度的所得税都反映在2008年。由于2007年企业利润增长较快，汇算清缴原因导致2008年的企业所得税维持较高增速。据国家税务总局的数据，2008年汇算清缴上年内外资企业所得税收入为3284.94亿元，比上年的汇算清缴数增加1261.46亿元，占全年增收额的50%左右。

2.外资企业所得税税率和优惠政策调整的原因。新税法将外资企业税率提高到25%，取消了新外商投资企业的税收优惠，加强了对非居民企业预提所得税的税收管辖，从而使2008年外资企业所得税增长39%，比内资企业所得税增速高出16.2个百分点，在一定程度上减轻了内资企业所得税率下调造成的减收影响。

3.税收征管方面的原因。税务部门调整了企业所得税的预缴口径，规定预缴所得税时不再允许抵扣以前年度亏损，只能在次年年初汇算清缴时一次性抵扣；对2007年底前认定并享受15%低税率的高新技术企业，在资格重新确认之前一律暂按25%的税率预缴；此外，新税法完善和加强了税收管理和反避税措施。这些措施都使得2008年企业所得税超常增长。

2008年下半年以来企业所得税收入增速大幅回落的原因，一是外需急剧下降和成本高昂等因素导致企业效益回落明显。1－11月全国规模以上工业企业实现利润24066亿元，同比增长4.9%，增幅同比回落31.8个百分点，比1－8月份回落14.5个百分点；二是“两法合并”内资企业所得税税率下调和有关优惠政策实施带来的减收效应集中显现。新税法将内资企业所得税基准税率由33%下调至25%，并且给予小型微利企业20%和高新技术企业15%的低税率，新税法规定的节能节水、环境保护、公共基础设施、资源综合利用、安全生产和高新技术企业等享受税收优惠政策的行业目录或管理办法在下半年相继发布或实施。

（五）个人所得税收入继续保持较快增长，但10月份以来增速有所回落

2008年个人所得税完成3722.19亿元，同比增长16.8%，增速比2007年增速（29.8%）回落了13个百分点。其中，工薪所得税收入2240.65亿元，同比增长28.1%，比上年增速（38.4%）回落了10.3个百分点；储蓄利息所得税收入326.9亿元，同比下降37%，比上年同期增速（13%）回落了50个百分点，房屋转让所得税收入27.6亿元，同比增长26.7%，比上年同期增速（331.9%）大幅回落了305.2个百分点。个人所得税收入占税收总收入的比重为6.87%。

需要说明的是，10月份以来个人所得税收入增速大幅回落，10月、11月、12月份个人所得税收入同比分别增长1.8%、4.7%、－0.9%，比上年同期增速分别回落了32.4、27.3和28.3个百分点。各主要分项所得税收入增速均有不同程度的回落乃至减收。以12月份为例，12月份工资薪金所得税收入163.55亿元，同比增长8.0%，比上年同期增速（45.8%）回落了37.8个百分点；储蓄利息所得税收入20.48亿元，同比下降56.4%，比上年同期增速（10.4%）回落了66.8个百分点。

个人所得税的税基是个人（主要是城镇居民）收入，其中主要来源是工资薪金收入。

2008年，在3月份提高个人所得税工资薪金费用扣除标准、2007年8月居民储蓄利息所得税税率从20%下调到5%、以及2008年10月9日起对储蓄存款利息所得和个人投资者取得的证券交易结算资金利息所得暂免征收个人所得税等诸多减税政策的情况下，个人所得税累计收入仍保持较快增长，主要原因:一是受2007年企业效益较好和2008年春节前后发放奖金较多影响，2008年前三季度城镇居民收入继续保持较快增长，全国城镇单位在岗职

工平均工资为19731元，同比增长18.3%，比上年同期增加3056元。二是税务机关依法加强税收征管，完善代扣代缴、年所得12万元以上纳税人自行申报和高收入者纳税档案管理制度，提高了征收率。三是奥运经济带来第三产业活跃，个体工商户生产经营所得和劳务报酬所得贡献的个人所得税同比增速大幅提高。

10月份以来个人所得税收入增速大幅回落的主要原因：一是政策减收因素继续显现。10月9日起对储蓄存款利息所得、个人投资者取得的证券交易结算资金利息所得暂免征收个人所得税，导致10月、11月份储蓄存款利息所得税同比减收。二是下半年经济减速影响居民工资收入的提高。三季度以来企业效益下滑导致职工工资和奖金增长放缓；三季度部分地区开始出现的企业倒闭裁员和民工返乡现象，也导致职工工资薪金总量减少。三是房地产成交量急剧萎缩和成交价格降低，导致房屋转让所得税增速大幅回落。2008年全国商品房销售面积6.2亿平方米，同比下降19.7%，其中，商品住宅销售面积下降20.3%；商品房销售额24071亿元，同比下降19.5%，其中商品住宅销售额下降20.1%。

（六）进口税收增速逐步回落，出口退税增速逐步加快

2008年，进口环节税收入完成7391.07亿元，同比增长20.1%，增速比上年增速回落3.9个百分点；关税完成1769.95亿元，同比增长23.6%，比上年增速回落1.9个百分点。进口税收合计占税收总收入的比重是16.9%。近两个月以来，进口税收出现了多年未有的减收，且减收幅度逐月加大。其中，11月份进口环节税同比下降19.5%，关税同比下降18.5%；12月份减收愈发严重，进口环节税同比下降49.1%，关税同比下降35.6%。

关税和进口环节税的税基是一般贸易进口额。进口税收增长由年初的高速增长逐步转为年末的大幅减收，主要原因是受到国际初级产品价格大幅下跌造成的进口额锐减。2008年上半年原油、大豆、铁矿石价格持续走高，造成进口额快速增长，全年进口11331亿美元，增长18.5%。但2008年下半年以来，原油、大豆等大宗商品价格一落千丈，如进口依存度超过70%的大豆前三季度进口价格暴涨达80%，但10月份以来大豆进口价格已经下跌30%左右；原油价格已经由7月份的147美元／桶下跌到2008年末的40美元／桶左右。国际初级产品价格的大幅下跌造成了进口额相应走低。12月份，进口总额为721.77亿美元，同比下降21.3%，比上年同期的增速（25.7%）大幅下降了47个百分点。

2008年出口退税5865.9亿元，同比增长4.1%，比上年增速回落11.4个百分点。从月度数据看，各月出口退税的数据波动剧烈，前三季度出口退税基本维持低速或负增长局面，但10月份以来出口退税增长较多，其中，10月份出口退税增长78.8%，11月份出口退税增长15.1%，12月份出口退税增长16.1%。

出口退税增速前低后高的主要原因：一是出口增速逐渐放缓。受到国际市场需求萎缩和出口产品价格下调等因素影响，2008年全年出口14285亿美元，增长17.2%，增速回落了8.5个百分点，特别是11月份以来，出口总额出现负增长，11月份出口额同比下降2.2%，12月份出口额同比下降2.8%；二是出口退税政策调整的效果显现。为实现控制两高一资产品出口和抑制物价过快上涨等政策目标，我国于2007年下半年陆续降低或取消了多项产品的出口退税政策，这些政策因素使2008年上半年的出口退税同比少退。2008年8月以来，为保持出口的平稳增长，我国又连续三次提高了近万种商品的出口退税率，受出口退税政策调整影响的商品的出口在总出口额下降的情况下实现了正增长(12月份增长4.8%)，相应带动四季度出口退税实现正增长。

（七）证券交易印花税收入大幅下降

2008年，证券交易印花税完成收入979.16亿元，减收1026.15亿元，同比下降51.2%，比上年增速（1017.4%）回落了近1100个百分点。证券交易印花税的大幅减收，使税收总收入的增速回落了2.3个百分点左右。证券交易印花税收入占税收总收入的比重是1.8%。

证券交易印花税的税基是A股和B股的交易总金额。证券交易印花税收入大幅下降的主要原因：一是减税政策造成收入大幅下降。2007年5月30日起证券交易印花税税率从1‰提高到3‰，造成2007年6月份以后收入基数较高。2008年4月23日证券印花税税率从3‰降低到1‰，9月19日起，证券交易印花税由双边征收改为单边征收，由于2007年同期基数较高，造成5月份以来证券交易印花税持续减收，一直维持负增长局面，5月-12月合计完成收入238.74亿元，收入不足前四个月收入的三分之一。二是证券市场交易持续严重低迷，股票流通市值大幅缩水。2008年大多数月份，沪、深两市股票日均成交量均不足500亿元，比2007年同期下降超过80%。2008年，两市年末流通市值不足年初流通市值(9.3万亿元)的一半。成交量的萎缩和市值的下跌造成证券交易印花税的税基严重缩小，相应影响收入增长。

三、其他税种的增长情况及原因

（一）房地产交易环节的税收增速明显回落

除营业税外，房地产交易环节涉及的主要税收是契税和土地增值税等税种。其中，契税的税基大体相当于土地和房产的交易总金额，土地的交易额与房地产开发企业购置的土地面积密切相关，房产的交易额主要受新建住房和二手房的交易量和价格的影响。土地增值税的税基，是房地产增值收益总额。

2008年，契税完成1307.18亿元，同比增长8.4%，增速比上年同期回落约31个百分点。土地增值税完成537.10亿元，同比增长33.2%，增速比上年同期回落约41个百分点。这两个税种占税收总收入的比重为3.4%。

2008年土地增值税增速持续回落的主要原因：一是受到房地产市场交易低迷的拖累。2008年全国商品房销售额同比下降19.5%，增速比上年同期回落了61.6个百分点。二是受到2007年基数较大的影响。2007年，税收征管部门普遍加强对房地产税收的征管工作，再加上当年房地产市场交易异常活跃，因此，契税、土地增值税的基数比较高，导致2008年增速明显回落。

同时，我们也注意到，2008年年底，受国家出台的一系列鼓励住房消费的财税和信贷政策影响，房地产市场略有回暖，带动11月、12月契税、土地增值税小幅反弹。

（二）房地产保有环节的税收平稳增长

我国目前在房地产保有环节征收的税种，有城镇土地使用税和房产税（包括房产税和城市房地产税）。其中，城镇土地使用税的税基，是纳税人占用土地的面积。房产税和房产税的税基，是企业保有的自用房产原值总额和出租房屋的租金收入总额，它的增长速度是由纳税人房产的保有总量和房屋出租价格的增长速度决定的。

2008年，城镇土地使用税完成816.95亿元，同比增长111.9%，比上年同期回落约6个百分点。房产税和城市房地产税完成680.40亿元，同比增长18.2%，比上年同期加快约6个百分点。上述三个税种占税收总收入的比重为2.8%。

2008年，城镇土地使用税的增长速度是所有税种中最快的，全年平均保持了三位数的增速，比税收总收入增长率高93个百分点。但是，城镇土地使用税总体呈现前高后低态势，增速从年初的344.20%回落到年底的19.5%，这主要是受到2007年下半年城镇土地使用税扩大征税范围和提高税额幅度的翘尾因素影响，同时这些政策性调整因素的影响逐步衰减。房产税和城市房地产税平稳增长的主要原因是房产保有总量和出租收入保持平稳增长。

（三）车辆购置税增速下滑，从8月份开始持续负增长

2008年，车辆购置税完成989.75亿元，同比增长12.9%，增速比上年增速回落14.7个百分点。车辆购置税收入占税收总收入的比重为1.83%。特别值得关注的是，从今年下半年以来，车辆购置税增速明显回落，8月份开始出现负增长。

车辆购置税的税基是应税车辆（包括汽车、摩托车、电车、挂车、农用运输车）的销售总额。从2008年下半年以来，车辆购置税增速大幅回落，主要是受2008年下半年汽车销售量呈下降趋势的影响。据统计，2008年汽车销量同比增长6.7%，比上年回落15.14个百分点。汽车销量下降的主要原因有：一是受到国内成品油价格居高不下和城市道路拥堵情况加剧影响，消费者购车热情降温；二是股市持续低迷、社会财富缩水、裁员降薪显现等影响收入增长的不利因素，抑制了企业和居民对汽车的需求数量和档次；三是美国的金融危机逐渐波及到新兴国家，我国面向新兴市场的汽车出口受挫。

（四）耕地占用税保持快速增长

2008年，耕地占用税完成313.97亿元，同比增长69.7%，增速比上年加快约62个百分点。耕地占用税收入占税收总收入的比重为0.58%。

耕地占用税的税基是实际占用的耕地面积。2008年，耕地占用税增速加快的主要原因是政策因素。新修订的《耕地占用税暂行条例》，从2008年1月1日起，耕地占用税的税额标准上下限提高了4倍左右。

（五）资源税增速明显回落

2008年，资源税完成301.76亿元，同比增长15.6%，增速比上年回落约11个百分点。资源税占税收总收入的比重为0.56%。

资源税的税基是应税资源产品的销售量或自用量。2008年，资源税增速放缓的主要是受经济增速放缓、资源需求减弱等因素影响。2008年我国原煤、原油产量增长较为稳定，增速与上年大体持平，但有色金属等矿产品同比增长8.2%，增速比上年回落了16.2个百分点。

（国家税务局税政司税源调查分析处供稿）

附表

2008年税收总收入和主要税种收入表

（单位：亿元）

税　种	收入额	比2007年增收	增长率(%)	占税收总收入的比重(%)	增收占税收总增收额的比重(%)
税收总收入	54219.62	8597.65	18.8		
国内增值税(扣出口退税)	12140.21	2295.79	23.3	22.4	26.7
国内消费税（扣出口退税）	2558.59	361	16.4	4.7	4.2
营业税	7626.33	1044.16	15.9	14.1	12.1
企业所得税	11173.05	2393.8	27.3	20.6	27.8
个人所得税	3722.19	536.61	16.8	6.9	6.2
关税	1769.95	337.38	23.6	3.3	3.9
进口环节增值税和消费税	7391.07	1237.66	20.1	13.6	14.4
资源税	301.76	40.61	15.6	0.6	0.5
契税	1307.18	100.93	8.4	2.4	1.2
证券交易印花税	979.16	−1026.15	−51.2	1.8	−11.9
车辆购置税	989.75	112.85	12.9	1.8	1.3
城镇土地使用税	816.95	431.46	111.9	1.5	5.0
土地增值税	537.1	134	33.2	1.0	1.6
耕地占用税	313.97	128.93	69.7	0.6	1.5
上述税种收入					
合计	51627.26	8128.98	15.75	95.2	94.5

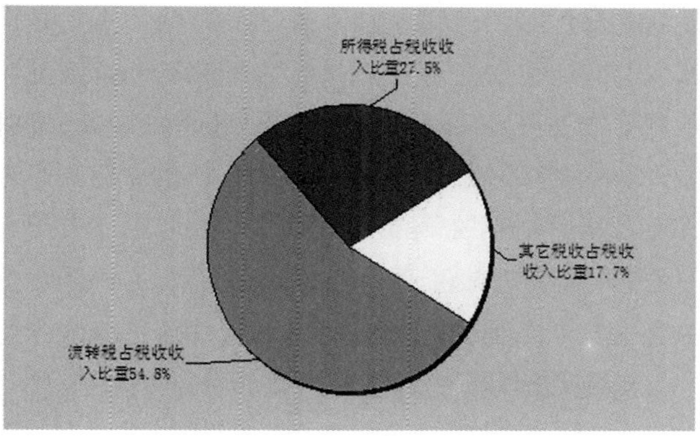

附图1　2008年税收总量结构图

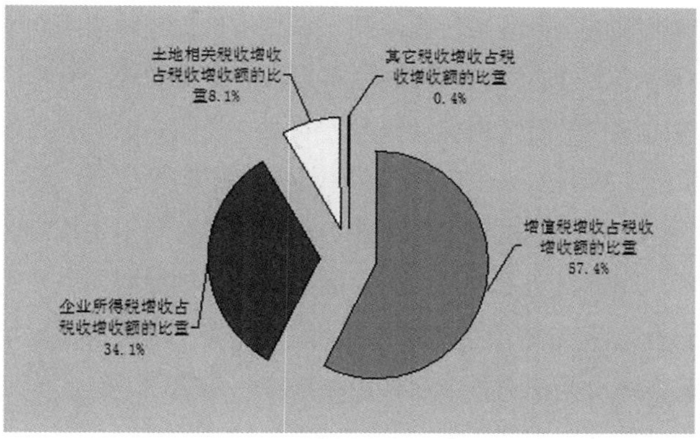

附图2　2008年税收增收结构图

税收收入小常识：

根据不同的征管范围和统计口径，税务、海关、财政等部门公布的税收收入数据有一定差异：

1. 税务部门统计的税收收入数据（即国家统计局公布的税收收入数据），包括：各级国税和地税部门征收的国内税收收入（不包括耕地占用税和契税）和海关代征的进口货物增值税和消费税，并扣除了税务部门办理的企业所得税和增值税等退税（退税在帐务上直接冲减收入，下同）。

2. 海关统计的税收收入数据，包括：海关征收的进出口关税、船舶吨税和代征的进口货物增值税和消费税。其中，海关代征的进口货物增值税和消费税，已包括在税务部门统计的税收收入数据中。

3. 财政部门统计的税收收入数据，包括：税务部门征收的各项税收，海关征收的进出口关税和船舶吨税，海关代征的进口货物增值税和消费税，财政及地税部门征收的耕地占用税和契税，扣除了出口退税(外贸出口退增值税和外贸出口退消费税)、财政部门办理的企业所得税和增值税等退税。

总体上看，财政部门统计的税收收入数据全面反映了国家的税收收入情况和实际可支配的税收收入，也是全国人大审议的预算报告中的税收收入数据。

[*]本月报国有及国有控股企业，包括中央部门所属企业、中央管理企业和地方国有及国有控股企业。

2009年财政着力保障和改善民生

财政部部长谢旭人在全国财政工作会议上表示，在2008年保障和改善民生取得新进展的基础上，2009年财政部门将进一步优化财政支出结构，继续加大民生投入力度，将改善民生作为保增长的出发点和落脚点。

推动教育优先发展。落实免除城市义务教育阶段学生学杂费政策，支持解决好进城务工人员特别是农民工随迁子女的就学问题。全面实施农村义务教育经费保障机制改革的各项政策，并将中小学公用经费达到中央出台的基准定额。着力帮助解决农村寄宿制学校附属设施不足、校舍安全等突出问题。进一步落实普通本科高校、高等和中等职业学校家庭经济困难学生资助政策。继续实施国家助学贷款政策，大力推动生源地信用助学贷款。支持职业教育发展，重点加强中等职业教育基础能力建设，研究出台加快发展农村中等职业教育并逐步实行免费的办法。完善高校财政拨款制度。

加快发展医疗卫生事业。积极支持医药卫生体制改革。完善新型农村合作医疗制度。扩大城镇职工基本医疗保险和城镇居民基本医疗保险覆盖面。妥善解决关闭破产国有企业退休人员参加基本医疗保险问题。加大城乡医疗救助支持力度，并与新型农村合作医疗、城镇居民基本医疗保险制度有机衔接。加强基层医疗卫生服务体系和基本药物制度建设。建立健全公共卫生服务经费保障机制，强化预防保健、重大传染病防治等公共卫生工作。支持公立医院改革试点。

积极促进就业再就业。支持实施积极的就业政策，加大财政投入。发挥好政府公共投资和重大项目带动就业的作用，在农林水利、国土整治、生态环保等工程建设中，尽可能安排农民尤其是返乡农民工就业，实行以工代赈。运用财税政策，支持中小企业和服务业吸纳就业，安排和鼓励高校毕业生参加科研项目和到基层、中西部地区和中小企业工作，促进自主创业、自谋职业。支持加大对下岗失业人员和农民工的职业技能培训力度。加大就业援助，重点做好就业困难人群、零就业家庭和受灾地区劳动力就业的帮扶工作，对返乡创业的农民工给予政策扶持。按规定对受金融危机影响较大的困难企业，实施缓缴社会保险费、降低社会保险费率等政策，帮助企业渡过难关，稳定用工岗位。

完善社会保障制度。提高城乡低保补助水平，从2009年起中央财政分别按月人均15元、10元的标准，增加城市和农村低保补助资金。加强城乡低保制度与医疗救助、最低工资、农村五保供养、自然灾害生活救助等制度的衔接。按人均增长10%左右，继续提高企业退休人员基本养老金水平，保证2008-2010年的调整水平高于前三年。扩大城镇职工基本养老保险覆盖面。推进做实企业职工基本养老保险个人账户试点。适时提高部分优抚对象抚恤和建国前老党员生活补贴补助标准。研究制订农村养老保险制度。推动开展事业单位养老保险改革试点。出台养老保险关系转移接续办法，解决劳动力跨统筹地区流动时养老保险关系转移难问题。健全失业保险制度。继续支持做好国有企业政策性关闭破产工作，推进东北、中部地区及部分中央企业厂办大集体改革试点。

支持实施保障性安居工程。加大保障性住房特别是廉租住房的投资建设力度。严格按照规定，将住房公积金增值收益和土地出让净收益用于廉租住房保障。继续落实对廉租住房建设等方面的税费优惠政策，主要以实物方式，结合发放租赁补贴，解决城市低收入住房困难家庭的住房问题。加强农村危房改造。加快实施国有林区、垦区、中西部地区中央下放地方煤矿棚户区，以及采煤沉陷区民房搬迁维修改造工程。实施少数民族地区游牧民定居工程。落实好对首次购买普通住房的各项税费优惠政策，鼓励居民购买自住性、改善性住房。实施对住房转让环节营业税等相关减免政策，促进住房供应结构调整，加快住房二级市场和住房租赁市场发展。

推进文化事业发展。逐步扩大博物馆、纪念馆免费开放范围。继续推进大遗址保护、无线广播电视数字化覆盖等重点文化项目建设。推动文化体制改革，促进经营性文化事业单位转制为企业，发展文化产业。加强中央级文化企业国有资产管理。研究设立国家文化发展基金，重点促进文化创新和内容建设。

（财政部新闻办公室）

2009年大力推进财税制度改革

财政部部长谢旭人在全国财政工作会议上表示，在2008年财税改革稳步推进的基础上，2009年将大力推进财税制度改革。

深化预算制度改革。研究建立由公共财政预算、国有资本经营预算、政府性基金预算和社会保障预算组成、有机衔接的国家财政预算体系。将部门预算改革延伸到基层预算单位，确保"十一五"期末全国县级以上单位都实行比较规范的部门预算。建立部门预算责任制度，强化部门预算编制和执行主体的责任。健全现代国库管理制度。将所有预算单位实有资金账户，逐步纳入国库单一账户体系管理。深化国库集中收付和政府采购管理制度改革。完善中央国库现金管理运作机制，积极推进地方国库现金管理。

完善财政体制。在保持分税制财政体制基本稳定的前提下，围绕推进基本公共服务均等化和主体功能区建设，健全中央和地方财力与事权相匹配的体制。逐步建立县级基本财力保障机制，提高基层政府提供公共服务的能力。规范财政转移支付制度。完善转移支付分配办法，科学合理设置转移支付因素和权重。进一步规范省以下政府间分配关系，适当统一省以下主要事权和支出责任划分，强化省级政府对义务教育、医疗卫生、社会保障等基本公共服务的支出责任。完善辖区内财力差异控制机制，均衡省以下财力分配。全面推进省直管县财政管理方式改革。因地制宜确定乡镇财政管理体制，推进乡财县管改革。

改革完善税收制度。实施成品油税费改革，切实取消相关收费，加强对人员安置的财力保障，完善对种粮农民等部分困难群体和公益性行业的补贴机制。推进增值税改革，及时研究解决增值税转型过程中出现的新问题，完善相关政策措施，确保改革平稳实施。适当扩大资源税的征收范围，实行从价和从量相结合的计征方式，改变部分应税品目的计税依据。完善消费税制度，将部分严重污染环境、大量消耗资源的产品纳入征收范围。统一内外资企业和个人的房产税、城建税、教育费附加等制度。研究环境税及相关税种的改革方案。

积极支持其他改革。深化收入分配制度改革，促进提高低收入群体收入水平，实施义务教育教师绩效工资，推进事业单位收入分配制度改革。推动能源、资源、农产品等基础产品价格机制改革。支持污水垃圾处理和排污收费等改革。深化国有金融机构改革。促进建立健全金融市场风险保障制度。

（财政部新闻办公室）

2009年全面推进财政管理科学化精细化

财政部部长谢旭人在全国财政工作会议上表示，2009年将全面推进财政管理科学化精细化。

加强财政法制建设。推进预算法修订工作。配合做好注册会计师法（修正案）、政府采购法实施条例的立法工作。加快财政转移支付管理条例、国有资本经营预算条例、评估行业管理条例、船舶吨税暂行条例等的立法进程。强化财政法制宣传，认真做好财政行政复议应诉工作。完善财政行政审批程序。

严格预算管理。推进编制综合预算，增强预算编制的科学性和完整性。认真落实预算编报的有关要求，在科学编报本级预算收入的同时，上级财政要提前告知对下一般性和专项转移支付预计数。下级财政要完整编报上级的各项补助收入，进一步提高地方各级特别是县级预算编报的完整性。严格执行预算编报、批复时限和程序规定，控制代编预算规模，提高年初批复预算的到位率。建立健全机构编制与经费预算衔接机制，完善行政开支定员定额标准。建立重大项目支出预算事前评审机制，将项目预算做实做细做准。完善预算拨款结余管理方式，通过调整当年预算、核减下年预算等措施，促进结余资金管理与预算编制有机结合。狠抓预算执行，健全覆盖各级财政的动态监控机制，提高预算执行的均衡性和效率。强化"收支两条线"管理，大力推进非税收入收缴管理制度改革。将经批准设立的全国性及中央部门和单位的所有行政事业性收费，全部纳入预算管理。扩大政府采购范围和规模，建立健全监督处罚机制。扩大绩效考评试点范围，加快构建预算支出绩效考评机制。加强地方政府性债务管理，防范财政风险。

狠抓增收节支。大力支持税务、海关部门依法加强税收征管，坚决制止和纠正越权减免税收，严厉打击偷骗税违法活动。对于各项税收和非税收入，都要努力做到依法征收，应收尽收，确保财政收入稳定增长。严格控制一般性支出，对公务购车用车、会议经费、公务接待费用、出国（境）经费等支出实行零增长。配合有关部门严格控制党政机关楼堂馆所建设，严禁超面积、超标准建设和装修。严格控制党政机关信息化建设项目，促进资源整合。积极推动机关节能减排，建设节约型机关。强化公务支出管理，深化公务卡管理改革。牢记"两个务必"，树立过紧日子的思想，勤俭办一切事业，严肃财经纪律，坚决反对大手大脚花钱和铺张浪费的行为。

严格财政监督。健全覆盖所有政府性资金和财政运行全过程的监督机制，强化事前和事中监督，促进监督与管理的有机融合。重点加强对政府投资的监督检查和投资评审，做到日常监管与专项检查相结合，坚决查处挤占、挪用、截留资金的行为，保障资金使用的安全、合规、有效，确保中央宏观调控政策有效落实。严格责任追究，加大对违法违规问题的处理处罚和信息披露力度。健全专员办工作机制，充分发挥专员办就地监管优势。自觉接受人大、审计监督。积极推进财政政务公开，便于社会各方面监督。严格注册会计师行业管理，加强对企业和行政事业单位财务管理、会计信息质量、会计师事务所和资产评估机构执业质量的监督。深入实施企业会计准则体系，巩固和扩大会计准则国际趋同等效成果。促进实施和健全企业内部控制规范体系。

强化"双基"建设。切实抓好管理基础工作和基层建设。重点加强预算单位人员、资产负债、支出标准、项目库、收费项目和标准，财政供养人口、财源财力、非税收入、贫困人口等基本数据的收集整理，完善管理基础设施。立足基层加强财政管理，转变和充实乡镇财政职能，充分发挥县乡财政就近监管的优势，切实保障各项民生政策的有效落实。建立完善乡镇行政事业单位财务管理制度，加强监督检查和跟踪问效。积极推行"村财乡管"试点。

加快财政管理信息化建设。要切实贯彻一体化建设的指导思想，加快金财工程应用支撑平台建设，加强标准和管理规范建设，全面推进网络和安全建设，建立统一的运行维护体系。应用支撑平台是实现财政管理信息化的重要基础，要把平台建设作为一项关系财政工作全局的工作抓紧抓好。力争在今年年底前，基本完成省级财政部门的应用支撑平台推广实施，构建基于平台的财政核心业务系统，为实现本级财政内部、上下级财政以及财政与同级预算单位之间的贯通、信息资源共享和综合分析利用奠定坚实基础。

（财政部新闻办公室）

金 融 市 场

2009年地方政府债券发行平稳

为有效应对国际金融危机冲击，保持经济平稳较快发展，2009年国务院决定由财政部代理发行2000亿元地方政府债券，用于中央投资地方配套的公益性建设项目及其他难以吸引社会投资的公益性建设项目。为了做好2009年地方政府债券发行工作，财政部制定并印发了一系列规章制度，对地方政府债券的发行、使用、监督等工作做了明确规定，并根据资金需求和偿债能力等因素，合理确定各地区债券规模。在地方政府报同级人大常委会审查批准后，财政部从3月27日至5月22日，已先后代理23个省（自治区、直辖市、计划单列市）发行26期地方政府债券，为地方政府筹集资金1118亿元（见附表）。各期债券发行及二级市场交易平稳。

一、26期地方政府债券顺利发行

1.投资者认同地方政府债券信用，各期债券发行利率与国债接近。2009年地方政府债券按照记账式国债发行方式，利率由市场化招标确定。由于采用了财政部代理发行、代办还本付息的方式，投资者认为这相当于中央财政提供了担保，2009年地方政府债券信用等同于国债。参与投标的记账式国债承销团甲类成员在实际操作中也完全按照国债的信用等级进行投标和风险管理。从招标结果看，各期债券发行利率接近同期3年期记账式国债二级市场收益率，最大差值仅为9个基点（1个基点为0.01%），反映了投资者对2009年地方政府债券信用的认同。

2.投资需求较为稳定，商业银行是主要需求方。2009年地方政府债券期限全部为3年，期限适中，与商业银行负债结构较为匹配，是商业银行进行资产配置的主要品种之一。从招标结果看，26期地方政府债券平均投标倍数（当期债券投标总量/招标总量）为1.58倍,投资需求较为稳定；最高达到2.1倍，与记账式国债相比也处于较高水平。

3.发行情况反映了债券市场的正常波动。3月底至5月中旬，债券市场总体呈现先跌后涨的走势。地方政府债券跟随债券市场波动，在4月中旬以前发行利率略有上升、投标倍数略有下降，4月下旬以来表现出发行利率下降、投标倍数回升的趋势。

二、地方政府债券二级市场交易平稳

我国债券市场分为银行间债券市场和证券交易所市场。按照记账式国债有关规定，招标结束后，承销团成员自行选择在两个市场进行债权注册，上市后在相应市场进行交易。由于商业银行是债券市场主要的投资者，并且只能在银行间债券市场托管和交易，加之机构间大宗交易是债券交易的主要形式，因此，银行间债券市场是目前我国债券托管和交易的主要场所。2008年末，记账式国债余额约4.5万亿元，其中银行间债券市场托管量约4.3万亿元，证券交易所市场托管量约0.2万亿元。2008年银行间债券市场记账式国债交易量约3.6万亿元，证券交易所市场约0.2万亿元。2009年地方政府债券也是在银行间债券市场和证券交易所市场进行托管和交易，其托管、交易状况与记账式国债相同，主要集中在银行间债券市场。

托管情况：截至5月22日，已发行的26期地方政府

债券1118亿元中有1117.3亿元托管在银行间债券市场，其余0.7亿元托管在证券交易所市场，其中新疆（一期）0.6亿元，安徽（一期）0.1亿元。

交易情况：截至5月22日，已上市交易的22期地方政府债券（949亿元）共成交约379.2亿元。其中，银行间债券市场成交约378.61亿元，证券交易所市场成交约0.59亿元。证券交易所市场成交中包括竞价系统成交0.19亿元，大宗交易平台成交0.4亿元。两个市场基本上以票面价格成交，成交价格随债券市场波动而波动。例如4月24日上市交易的江苏省政府债券，银行间债券市场最高结算价格为100.289元，最低结算价格为99.955元。

地方政府债券托管量和交易量集中在银行间债券市场的状况和记账式国债情况基本一致，属于正常现象。证券交易所市场的竞价系统交易仅仅是地方政府债券总体成交量很小的一部分，并不反映地方政府债券的整体交易情况。

发行地方政府债券在我国是一项新的工作，需要在实践中不断探索。开展代理发行工作以来，财政部多次召集承销团成员座谈，认真研究投资者建议，向社会公布了半月度代理发行计划，实施了多期债券合并招标，提高了发行透明度和发行效率，降低了承销机构操作压力。

今后，财政部将在进一步加强与投资者沟通基础上，统筹安排地方政府债券发行计划，提高发行效率，促进地方政府债券平稳发行。

（财政部新闻办公室）

附表

2009年地方政府债券发行情况（截至5月22日）

债券名称	招标日期	发行面值(亿元)	发行利率	国债二级市场收益率	投标倍数
新疆(一期)	3月27日	30.00	1.61%	1.60%	2.07
安徽(一期)	3月31日	40.00	1.60%	1.62%	1.78
河南(一期)	4月3日	50.00	1.63%	1.61%	1.53
四川(一期)	4月7日	90.00	1.65%	1.63%	1.49
重庆	4月10日	58.00	1.70%	1.69%	1.48
辽宁(一期)	4月13日	30.00	1.75%	1.69%	1.45
天津	4月13日	26.00	1.78%	1.69%	1.52
山东(一期)	4月15日	30.00	1.80%	1.74%	1.51
江苏	4月17日	84.00	1.82%	1.81%	1.47
吉林(一期)	4月22日	30.00	1.82%	1.79%	1.61
青海	4月22日	29.00			
青岛	4月22日	11.00			
湖北(一期)	4月22日	50.00			
河北(一期)	4月29日	40.00	1.80%	1.76%	1.59
陕西(一期)	4月29日	36.00			
内蒙古(一期)	4月29日	30.00			
黑龙江	5月8日	30.00	1.77%	1.78%	1.77
云南	5月8日	84.00			
浙江	5月8日	40.00			
大连	5月13日	10.00	1.71%	1.75%	2.10
四川(二期)	5月13日	90.00			
湖北(二期)	5月13日	31.00			
广西(一期)	5月22日	35.00	1.67%	1.60%	1.39
北京	5月22日	56.00			
上海(一期)	5月22日	40.00			
河南(二期)	5月22日	38.00			
合计		1118.00			

注：1．国债二级市场收益率取自招标前一日银行间固定利率国债收益率曲线。

2．投标倍数=当期债券投标总量/招标总量。

（财政部新闻办公室）

中国国际收支平衡表(2008年)

单位：千美元

项　目	行　次	差　额	贷　方	借　方
一.经常项目	1	426107395	1725893261	1299785866
A.货物和服务	2	348870456	1581713188	1232842732
a.货物	3	360682094	1434601241	1073919146
b.服务	4	−11811638	147111948	158923586
1.运输	5	−11911179	38417556	50328735
2.旅游	6	4686000	40843000	36157000
3.通讯服务	7	59585	1569663	1510079
4.建筑服务	8	5965493	10328506	4363013
5.保险服务	9	−11360128	1382716	12742844
6.金融服务	10	−250884	314731	565615
7.计算机和信息服务	11	3086931	6252062	3165131
8.专有权利使用费和特许费	12	−9748930	570536	10319466
9.咨询	13	4605315	18140866	13535551
10.广告、宣传	14	261668	2202324	1940656
11.电影、音像	15	163322	417943	254622
12.其它商业服务	16	2885059	26005857	23120798
13. 别处未提及的政府服务	17	−253890	666187	920076
B.收益	18	31437960	91614872	60176912
1.职工报酬	19	6400156	9136547	2736391
2.投资收益	20	25037804	82478325	57440521
C.经常转移	21	45798979	52565201	6766222
1.各级政府	22	−181611	49205	230816
2.其它部门	23	45980590	52515996	6535406
二.资本和金融项目	24	18964877	769876094	750911218
A.资本项目	25	3051448	3,319,886	268439
B. 金融项目	26	15913429	766556208	750642779
1. 直接投资	27	94320092	163053964	68733872
1.1 我国在外直接投资	28	−53470972	2175,785	55646757
1.2 外国在华直接投资	29	147791064	160878179	13087115
2. 证券投资	30	42660063	67708045	25047982
2.1 资产	31	32749936	57672404	24922468
2.1.1 股本证券	32	−1117368	3844800	4962168
2.1.2 债务证券	33	33867304	53827604	19960300
2.1.2.1 (中)长期债券	34	37563103	53827604	16264501
2.1.2.2 货币市场工具	35	−3695799	0	3695799
2.2 负债	36	9910127	10035641	125514
2.2.1 股本证券	37	8721011	8721011	0
2.2.2 债务证券	38	1189116	1314630	125514
2.2.2.1 (中)长期债券	39	1189116	1314630	125514
2.2.2.2 货币市场工具	40	0	0	0
3. 其它投资	41	−121066726	535794199	656860925
3.1 资产	42	−106074263	32563248	138637510
3.1.1 贸易信贷	43	5866953	5866953	0
长期	44	410687	410687	0
短期	45	5456266	5456266	0
3.1.2 贷款	46	−18501123	478305	18979428

续表

长期	47	−6569000	0	6569000
短期	48	−11932123	478305	12410428
3.1.3 货币和存款	49	−33528165	17715954	51244120
3.1.4 其它资产	50	−59911928	8502035	68413963
长期	51	0	0	0
短期	52	−59911928	8502035	68413963
3.2 负债	53	−14992463	503230952	518223415
3.2.1 贸易信贷	54	−19049071	0	19049071
长期	55	−1333435	0	1333435
短期	56	−17715636	0	17715636
3.2.2 贷款	57	3620979	442835925	439214946
长期	58	6724078	20129387	13405309
短期	59	−3103099	422706538	425809637
3.2.3 货币和存款	60	2702297	59226206	56523909
3.2.4 其它负债	61	−2266668	1168821	3435489
长期	62	−2236180	34976	2271156
短期	63	−30488	1133845	1164333
三．储备资产	64	−418978429	0	418978429
3.1 货币黄金	65	0	0	0
3.2 特别提款权	66	−7114	0	7114
3.3 在基金组织的储备头寸	67	−1190315	0	1190315
3.4 外汇	68	−417781000	0	417781000
3.5 其它债权	69	0	0	0
四.净 误 差 与 遗 漏	70	−26093843	0	26093843

中国国际投资头寸表

单位：亿美元

项　　目	2004年末	2005年末	2006年末	2007年末
净头寸	2928	4226	6114	10220
A.资产	9299	12226	16442	22881
1.在国外直接投资	527	645	906	1076
2.证券投资	920	1167	2292	2395
2.1股本证券	0	0	15	189
2.2债务证券	920	1167	2278	2206
3.其他投资	1666	2157	2515	4061
3.1贸易信贷	670	900	1161	1415
3.2贷款	590	719	670	888
3.3货币和存款	323	429	474	503
3.4其他资产	83	109	210	1255
4.储备资产	6186	8257	10729	15349
4.1货币黄金	41	42	43	46
4.2特别提款权	12	12	11	12
4.3在基金组织中的储备头寸	33	14	11	8
4.4外汇	6099	8189	10663	15282
B.负债	6371	8001	10328	12661
1.外国来华直接投资	3690	4715	6125	7424
2.证券投资	566	766	1207	1426

续表

2.1股本证券	433	636	1065	1250
2.2债务证券	133	130	142	176
3.其他投资	2115	2519	2996	3810
3.1贸易信贷	654	908	1040	1323
3.2贷款	880	870	985	1033
3.3货币和存款	379	482	589	981
3.4其他负债	202	260	382	473

2009年8月24日15时，人民银行条法司司长李波、财政部税政司副司长郑建新、商务部财务司副司长徐加爱、海关总署监管司副司长李伟、税务总局货物劳务税司副司长王振华和银监会政策法规部副主任王科进接受中国政府网专访，就“稳步推进跨境贸易人民币结算试点”进行现场解读并回答网民提问。

境内结算银行和境内代理银行提供的服务

为境内企业提供服务的商业银行，我们称之为境内结算银行；为境外商业银行开立人民币同业往来账户的境内商业银行，称之为境内代理行。一家银行可以同时承担两种职能。境内结算银行提供的服务主要包括：一是贸易收付、二是贸易融资、三是代企业向人民币跨境收付信息管理系统备案。

境内结算银行在提供这些服务的过程中同时要履行三项义务：一是贸易真实性审核，要对贸易单证和人民币收付的一致性进行合理审核；二是要履行反洗钱和反恐融资义务；三是向有关部门提供跨境贸易人民币收付的有关信息。比如《办法》规定境内结算银行要接入人民币跨境收付信息管理系统，向这个系统提供跨境贸易有关的信息。同时《办法》规定境内结算银行按照外汇局的规定要进行国内收支统计申报和人民币对外负债的登记。

境内代理银行提供的服务包括：一是为境外参加银行开立人民币同业往来账户；二要代理境外银行进行人民币支付；三是提供人民币购售；四是提供人民币账户融资。

境内代理银行提供服务时要履行五方面的义务，具体包括：一是按规定将人民币代理结算协议和人民币同业往来账户报中国人民银行当地分支机构备案。二是按照反洗钱和反恐融资的有关规定，采取有效措施，了解客户及其交易目的和交易性质，了解实际控制客户的自然人和交易的实际受益人，妥善保存客户身份资料和交易记录，确保能足以重现每项交易的具体情况。三是按税务部门的要求，依法向税务部门提供试点企业有关跨境贸易人民币结算的数据、资料。四是办理购售人民币业务，应按照规定进行购售人民币统计。五是按人民银行相关要求接入人民币跨境收付信息管理系统并报送人民币跨境收付信息。

2008年国际金融市场情况

2008年，席卷全球的国际金融危机对实体经济的负面影响持续加深。各主要经济体相继进入经济衰退，新兴市场和发展中经济体经济增长显著放缓。受全球经济下滑、大宗原材料价格下半年大幅回落的影响，绝大多数经济体的通货膨胀压力在2008年7月份以后得到明显缓解，这给它们利用财政和货币政策刺激经济提供了空间。主要金融市场流动性紧张及金融机构的信用收缩、持续的房价和股票价格下跌，对于消费和投资均产生了不利影响，加深了经济衰退（或增长放慢）的程度。国际金融市场动荡和世界经济下滑导致国际贸易增速明显下降、全球资本流动规模萎缩。预计2009年世界经济增长将进一步放缓，发达经济体可能出现负增长，新兴市场经济增长将继续放慢，世界总体通胀率将进一步降低，多数经济体仍会保持扩张性货币政策和财政政策。

一、美国经济下半年开始负增长

消费者支出增速快速下降，以及商务设备和软件投资下滑，2008年美国实际GDP增长1.3%，比上年的2.0%有所降低。与此同时，劳动市场状况开始恶化，消费者价格涨幅快速走低，经济前景不容乐观。实际GDP在二季度超常增长后，三季度转为负增长。2008年一季度美国经济增长乏力，实际GDP增长0.9%1。由于强劲的净出口及税收返还支票支持了消费增长，二季度美国实际GDP增长2.8%。受个人消费支出大幅下降和出口增长放慢影响，三季度美国实际GDP下降0.5%。四季度，主要由于出口、消费者支出、商业投资及新增住宅供应的下降，美国实际GDP下降6.2%。

商品和服务贸易逆差略有降低。2008年美国商品和服务出口总额为18430亿美元，进口总额为25201亿美元，贸易逆差为6771亿美元，比上年缩减232亿美元，比前年大幅缩减762亿美元。商品和服务贸易逆差占GDP之比为4.7%，比上年的5.1%有所降低。失业率持续上升。2008年1月，美国经季节调整的失业率为4.9%，此后三个月有所波动，继而不断攀升，11月份升至6.8%，12月份跃升为7.2%，为1993年1月份以来的最高值。

通货膨胀压力急剧上升后逆转。随着能源价格上升到创记录水平、食品价格持续快速攀升，美国城市消费者价格指数同比涨幅在年初的四个月中略有下降，于夏季急剧升高，7月份达到5.6%的年度最高值，此后通货膨胀压力出现逆转，该指标同比涨幅12月份已降至0.1%。剔除食品和能源商品后的月度物价指数同比涨幅先扬后抑，11月和12月份均出现了负增长，12月份同比下跌0.6%。

二、欧元区经济出现十年来首次负增长

由增长转为下降，在通胀压力得到大幅缓解的同时，对外贸易状况恶化，就业压力不断增大。

经济下降程度逐渐加深。2008年一季度，欧元区实际GDP增长0.7%，二、三季度均下降0.2%，四季度下降1.5%，欧盟统计局预测全年实际GDP增长0.1%，较上年的2.7%大幅降低。2008年欧元区工业生产下降1.8%，而上年增长率为3.5%。从对GDP增长的贡献来看，外部需求的拉动作用在减弱，政府消费的贡献较为稳定。

贸易逆差创历史新高。欧元区2008年全年贸易逆差为321亿欧元，创下欧元区成立以来的最高纪录。这主要是因为全球经济减速、欧元区面临的外部贸易环境恶化所致。

失业率有所攀升。2008年前三个月，欧元区经季节调整的失业率稳定在7.2%的水平上，其后逐月攀升，12月份达到8%的年度最高值。

消费者调和物价指数升幅自7月份以后开始回落。受能源及大宗商品价格下半年大幅回落影响，欧元区消费者调和物价指数同比涨幅从7月份（为4.0%）以后开始下降，11月份涨幅为2.1%，12月份进一步降为1.6%。

三、英国经济形势趋于严峻

2008年，英国实际GDP各季度环比分别增长0.4%、0、-0.8%和-1.5%，全年增长0.7%，较上年的3.0%大幅降低；全年商品和服务贸易赤字为461亿英镑，与上年基本持平；失业率逐渐走高，四季度失业率为6.3%，较上季度上升0.4个百分点；通货膨胀压力前期增大，消费者物价指数自1月份同比上涨2.2%之后持续攀升，9月份上升至年度最高点5.2%，其后开始回落，11月和12月份分别为4.1%和3.1%。

四、日本经济状况持续恶化

2008年，日本经济状况不断恶化，表现为商业固定资产投资下降、住房投资和公共投资增长乏力、私人消费疲弱、出口急剧下滑、商品和服务贸易顺差大幅降低、就业形势不断恶化。2008年日本各季度实际GDP环比分别增长0.2、-0.9%、-0.6和-3.3%，全年下降0.7%，较上年的2.4%大幅降低；经常项目顺差为16.28万亿日元，较上年下降34.4%，其中商品和服务贸易顺差为1.8万亿日元，较上年下降81.7%；各季度失业率分别为3.9%、4.0%、4.1%和4.0%，显示出上升的趋势；经季节调整的消费者价格指数同比涨幅在上半年呈上升趋势，7月份达到年度最高点2.3%，此后逐渐下降，11、12月份下降速

度加快，12月份达到0.4%的年度最低点。

五、新兴市场及发展中经济体经济增长有所放缓

受国际金融危机影响，新兴市场及发展中经济体的经济增速有所降低。据国际货币基金组织预测，亚洲发展中经济体经济增速将从2007年的10.6%降至2008年的7.8%，中东欧国家的经济增速将从2007年的5.4%降至2008年的3.2%；独联体国家的经济增速将从2007年的8.6%降至2008年的6.0%；中东地区经济增速将从2007年的6.4%降至6.1%。联合国拉丁美洲和加勒比经济委员会发布报告预测该地区2008年的经济增长率为4.6%。非洲开发银行预期非洲2008年经济增长不超过5%。

六、主要经济体货币政策和财政政策

2008年，为应对日益严峻的国际金融危机，各主要经济体中央银行纷纷大幅放松货币政策，并采取各种稳定金融市场的举措。其中，美联储和日本银行的利率目标已降低到接近零的水平。为避免经济陷入严重衰退或下滑，各主要发达经济体和新兴市场经济体纷纷推出经济刺激计划。

七、主要经济体中央银行大幅降息，同时采取各种措施稳定金融市场

1、美联储大幅降息应对经济下

2008年美联储调整利率的举动主要集中在前四个月和后三个月。从1月22日至4月30日，美联储先后四次下调联邦基金利率目标，调整幅度分别为75、50、75和25个基点，将联邦基金利率目标从4.25%下降至2%。10月8日，美联储同其他五家中央银行紧急采取联合行动，同步下调基准利率50个基点，将联邦基金利率目标降至1.5%；10月29日美联储将联邦基金利率目标下调50个基点至1%；12月16日又将联邦基金利率目标调至0.00-0.25%的区间内。

为维护金融市场的稳定，美联储对陷入危机的机构展开了不同程度的救助，不断创新救助手段和流动性工具，向市场注入流动性，以缓解市场信用紧缩的局面。

2、欧央行第四季度货币政策陡然转向

2008年前三季度，欧洲中央银行上调一次欧元区主导利率，其余各月维持主导利率水平不变。7月3日，为应付不断上升的通胀压力，欧央行决定将欧元区主导利率上调25个基点至4.25%。

7月份以后，欧元区通胀压力不断减弱，经济下行风险不断增大，客观上要求欧央行采取宽松的货币政策。因此，从10月份起，欧央行三次大幅下调基准利率。10月8日、11月6日和12月4日欧央行分别下调基准利率50、50和75个基点，欧元区基准利率降至2.50%。

面对金融危机，欧央行努力确保有偿付能力的银行能够获得流动性。欧央行加强了和其他中央银行，特别是同美联储的合作。欧央行还决定临时拓宽抵押品条件直至2009年底。同时，欧元区中央银行体系还对其风险控制框架做了微调。这些措施提高了欧元区银行通过欧元体系再融资的能力，有助于消除货币市场的流动性紧张状况。

3、英格兰银行第四季度降息幅度空前

英格兰银行在2月将基准利率从5.5%降至5.25%，4月份又进一步将基准利率降至5%。10月8日、11月6日和12月4日英格兰银行分别下调基准利率50、150和100个基点，基准利率降至2%。

4、日本银行两次降低政策利率刺激经济

2008年前三季度，日本银行维持无担保隔夜拆借利率0.5%的水平不变。10月底，日本银行将目标利率降至0.3%。12月19日，日本银行将该目标利率进一步降低到0.1%，这是继1999年采取零利率政策以后，日本银行再度把利率降到接近零的水平。

9月中旬以后，日本银行通过实施美元资金供应操作向市场提供美元资金，引入了补充存款便利向市场提供充足的日元资金。为了向市场提供较长期限资金，12月中旬，日本银行决定将买断日本政府公债的数量从每年14.4万亿增加至16.8万亿日元。此外，日本银行积极采取商业票据购买、合格抵押品范围拓宽等措施支持公司融资。

5、主要新兴市场经济体货币政策调整方向不尽一致

为抑制通货膨胀，巴西中央银行2008年四次上调基准利率，将该利率从11.25%调高至13.75%。2008年7月底前，印度央行数次上调主要利率（回购利率）至9%；10月20日印度央行宣布降低基准利率100个基点，为2004年以来首次降息；11月和12月，印度央行各降息一次，将基准利率降至6.5%。为遏制资本外流、控制通货膨胀，俄罗斯中央银行2008年分六次将基准利率从10.25%上调至13%。中国人民银行分五次将一年期贷款利率降至5.31%，分四次将一年期存款利率降至2.25%的水平。韩国银行2008年加息一次（8月7日将利率升至5.25%），此

后分四次将基准利率降至3%。

八、主要经济体采取扩张性财政政策

1、美国采取了一系列经济稳定和刺激方案

在2005——2007三个财年里，美国财政赤字持续改善，2007财年财政赤字收缩到了1620亿美元，占GDP的比重为1.2%。2008财年，联邦预算赤字增加了2920亿美元，达到了4550亿美元，占GDP的比重为3.2%。在该财年底，政府债务总额约为10万亿美元。

美国联邦政府采取了诸多举措以稳定经济，这些措施主要包括：2008年7月出台的《住房和经济复苏法案》授权财政部向政府支持企业提供金融支持；10月3日出台的《紧急经济稳定法案》授权财政部设计和运用多种工具，恢复向消费者和商业的信贷;由财政部宣布的资本购买计划拨出2500亿美元，用于向一系列银行注资;联邦存款保险公司（FDIC）临时将每位存款者在每个银行的存款保险上限从10万美元调高到了25万美元，另外，还为FDIC担保的机构及其控股公司新发行的高级无担保债务提供担保，为在非生息存款交易账户的存款提供担保。

这些政策行为将主要对2009年及其以后的预算产生影响。2009财年头三个月美国财政赤字达创纪录的4850亿美元，已超过上一财年全年的预算赤字。

2、欧洲在区域及国家层面均推出了经济刺激计划

欧盟2008年度预算开支总额为1292亿欧元，较2007年度增加2%，占欧盟所有成员国民收入的1.03%，其中，用于促进经济增长和就业的开支为572亿欧元，在欧盟预算中占据最大份额。

在欧盟层面，11月底，欧盟委员会公布了欧盟的经济刺激计划，该计划被称为欧洲经济复苏计划，由以下两项构成：第一，一项总额达2000亿欧元的紧急预算刺激计划（占欧盟GDP的1.5%），根据该计划，欧盟成员国通过扩张预算筹集1700亿欧元，即占欧盟GDP约1.2%的金额用于刺激经济增长，欧盟还将筹集300亿欧元（约占欧盟GDP的0.3%）以配合成员国的紧急救援行动。第二，设计了许多建立在《里斯本战略》之上优先采取的措施，使各国适应长期挑战，继续实施能够提升潜在增长的结构性改革。

在各成员国层面，在欧洲共同经济刺激计划的框架下，德国于11月出台了一项总额为320亿欧元的经济刺激方案；法国于12月4日宣布了一项为期两年、总额为260亿欧元的经济刺激计划，占GDP的1.3%；英国于11月底公布了总额为200亿英镑的一揽子财政刺激计划，包括减税、增加政府开支、加大对小企业贷款的担保和提高国家养老金标准等内容。

3、日本连续追加预算刺激经济

日本2008财年（2008年4月至2009年3月）财政支出约为83.1万亿日元，其中，国家债务支出、社保相关支出、本地分配税收补贴等项，占了总支出的三分之二强；税收收入为53.6万亿日元，占总收入的60%多，剩余的约30%要靠政府债券发行获取收入；财政赤字为29.5万亿日元。

为了提高人民的生活质量，以及使日本长期经济增长更为强劲，

8月29日，日本政府采取了紧急综合一揽子政策。该政策包含几个目标：第一个目标着眼于消除人民的忧虑，包括改善人们的日常生活和就业、医疗保健等多个方面；第二个目标着眼于加速向可持续社会的转型；第三个目标着眼于促进新的成本结构调整，以提高增长潜力，主要内容是帮助中小企业及微型商务融资。日本通过补充预算的方式拨出总计1.8081万亿日元的资金，用于实施上述一揽子政策。

日本政府还采取了“支持人们日常生活措施”（2008年10月）及“保障人们日常生活的紧急政策措施”（2008年12月）。日本政府通过补充预算的方式拨出总计4.848万亿日元用于以上两项计划。

对于安排补充预算资金的缺口，日本政府将通过发债加以解决。财务省估计2008财年政府债券发行总额将达到33.168万亿日元，债券依存比率将达到37.3%。

4、主要新兴市场经济体纷纷采取措施刺激经济

2008年12月7日，印度政府宣布了一项涵盖政府支出、减税、信贷支持等多项措施在内的经济刺激计划，政府将在至2009年3月31日结束的财年内追加2000亿卢比（约41亿美元）的支出。巴西政府于12月初宣布了一项84亿雷亚尔的经济刺激计划，包括调低所得税率，削减购买汽车的税率等措施。11月初，韩国政府提出一项财政刺激方案，计划2009年减税和新增政府支出14万亿韩元（约合110亿美元），以抵御经济增长放缓的风险。马来西亚政府11月初公布了总值达70亿林吉特（约合20亿美元）的一揽子刺激经济增长计划，该笔资金将用于各

种小规模的、可较快实施的发展项目，预计消费者、种植业、建筑和房地产业将从中受益。中国政府于11月初推出了总额达4万亿元人民币的经济刺激计划。

2008年全球经济增长减速影响了全球贸易增长。随着美欧日等发达经济体陷入经济衰退，发展中国家经济增速减慢，国际市场需求锐减，世界贸易增速明显下降。全球贸易不平衡现象依然严重。金融危机与汇率大幅波动导致履约风险和结算风险增加，影响全球贸易的稳定运行；海盗组织活动猖獗，威胁到国际贸易安全；多哈回合谈判再次陷入僵局，贸易保护主义有所抬头。

2008年国际贸易继续保持增长，但增速下降明显。据IMF估计，2008年全球贸易总额可达20.77万亿美元，相当于全球GDP的33%，较上年提高2个百分点；全球商品和服务贸易增长4.6%，低于2006年的9.4%和2007年的7.2%。

2008年，发达国家和发展中国家国际贸易增长均明显放慢。IMF预计，发达经济体出口增长4.1%，其他新兴市场和发展中国家增长5.6%，分别较上年下降1.8和4个百分点；发达经济体进口增长1.8%，其他新兴市场和发展中国家增长10.9%，分别较上年下降2.7和3.5个百分点。

全球经济增长急剧放缓引发国际商品市场价格大幅波动，主要大宗初级产品价格年中冲高回落。IMF预计，2008年金属、粮食等非能源初级产品价格平均上涨9.4%，增幅低于2007年的14.1%；2008年制成品价格上涨13.8%，2009年将回落至0.5%。

2008年全球贸易不平衡格局依旧。发达经济体经常账户呈现总体逆差，且逆差规模较上年有所增加。其中，美国的经常账户逆差有所下降，欧元区经常账户差额由顺差转为逆差，日本等其他发达国家的总体顺差规模有所减少。新兴市场与发展中经济体呈总体顺差，顺差规模略有增加，亚洲发展中经济体的顺差规模有所下降，中东等石油输出国的贸易盈余大幅增加。随着全球经济减速，石油价格大幅下跌，预计全球贸易失衡将有所缓和。

受国际金融危机影响，许多经济体面临着严重的衰退威胁，贸易保护主义有抬头之势，非关税壁垒、反倾销等有悖于世界贸易组织原则的现象增多。历史经验证明，贸易保护只会对国际贸易和世界经济造成严重的危害，对此应该加以警惕。

由于2009年世界经济形势依然严峻，预计国际市场需求将进一步减弱，国际贸易形势更加不容乐观。

九、国际资本流动

受国际金融危机影响，2008年全球国际资本流动规模下降。全球外国直接投资（FDI）规模下降较为明显；跨国借贷活动出现萎缩，国际债券及票据净发行量以及国际银行业跨境存贷款形式的外部资产余额增量均明显下降。

2002年以来，国际资本流动规模一直保持增长态势，新兴市场和发展中国家资本流动（含官方流动和私人流动）呈现净流入。然而，受金融危机影响，2008年下半年美国、欧元区、英国、日本等出现不同程度的经济衰退，发达国家金融市场出现流动性短缺和信贷紧缩，导致其金融机构和企业不得不从海外抽回资金；新兴市场国家和地区的出口增速下降，经济增长减速，资产价格出现调整，也导致部分外国资本回流母国。

全球外国直接投资（FDI）规模大幅下降。根据联合国贸易和发展会议（UNCTAD）估计，2008年全球FDI总流入量为1.45万亿美元，较上年下降21.2%。在全球经济面临衰退的情况下，跨国企业压缩生产、裁减员工、削减资本支出，导致了FDI流入量的下降。不同国家和地区的FDI流入量受危机影响程度有所不同，其中，发达国家FDI流入量下降幅度较大，发展中国家FDI流入量仍有小幅增长。根据UNCTAD估计，2008年发达国家FDI流入量为8401亿美元，下降32.7%；而发展中国家FDI流入量为5177亿美元，增长3.6%，与上年20%以上的增速相比有较大下降。

国际债务证券市场国际债券及票据净发行量大幅下降。2008年，国际债券及票据净发行量为2.4万亿美元，较上年下降18.5%。一季度，国际债券和票据净发行量为5284亿美元，同比下降45%；二季度，市场有所恢复，净发行量达到1.17万亿美元，与上年同期持平；三季度，由于金融危机的进一步恶化，国际债务证券市场借款急剧萎缩，债券和票据的净发行为2235亿美元，同比下降43.5%；四季度，市场略有恢复，债券和票据净发行量上升至5127亿美元，同比下降1.6%。国际银行业跨境存贷款形式的外部资产余额增量下降。据BIS统计，2007年BIS报告银行的跨境存贷款余额各季度平均增加1.38万亿美元；2008年前三季度BIS报告银行的跨境存贷款余额增量急剧下降，季度平均增量为1170亿美元，仅为上年季度平均水平的8.5%。一至三季度增量分别为10135，-8214和1590亿美元。由于2009年全球经济仍面临较大的不确定性，预计2009年全球资本流动规模将继续萎缩。

（摘自《2008年国际金融市场报告》第一部分）

中国应对全球金融危机大事记

2008年9月15日—2009年11月05日

为了抗击百年一遇的全球金融危机，2008年11月5日，包括4万亿巨大投资计划在内的一揽子经济刺激方案出台，国务院常务会议进一步明确开启新一轮积极财政政策的调控序幕。一揽子刺激计划本着“宁大勿小、宁过勿亏”的原则，不仅把财政赤字从0.8%一举提高到3%，而且首次使用了“适度宽松”的货币政策基调。

政策扫描

货币政策：“适度宽松”为基调 五次降息进程表

财政政策三大关键词：增支 减收 结构

外汇政策三大着眼点：保增长 促平衡 防风险

2008年

9月15日，央行决定从9月16日起，下调一年期人民币贷款基准利率0.27个百分点，其他期限档次贷款基准利率按照短期多调、长期少调的原则作相应调整；存款基准利率保持不变。

10月8日，央行决定10月15日起，下调存款类金融机构人民币存款准备金率0.5个百分点；从10月9日起下调一年期人民币存贷款基准利率各0.27个百分点，其他期限档次存贷款基准利率作相应调整。

10月8日，国务院决定自10月9日起，对储蓄存款利息所得暂免征收个人所得税。

10月21日，财政部和商务部联合下发《家电下乡推广工作方案》，刺激农村消费，进一步扩大“家电下乡”试点范围。《方案》决定将试点范围进一步扩大至12个地区。这一政策在各地区实施的时间统一暂定为4年。

10月21日，财政部和国家税务总局联合发布《关于提高部分商品出口退税率的通知》，《通知》决定从2008年11月1日起适当提高纺织品、服装、玩具等劳动密集型商品出口退税率和提高抗艾滋病药物等高技术含量、高附加值商品的出口退税率。此次调整一共涉及3486项商品，大约占海关税则中全部商品总数的25.8%。此次调整后，出口退税率为5%、9%、11%、13%、14%和17%六档。

10月22日，财政部宣布对个人首次购买90平方米及以下普通住房的契税税率暂统一下调到1%；对个人销售或购买住房暂免征收印花税；对个人销售住房暂免征收土地增值税；地方政府可制定鼓励住房消费的收费减免政策；金融机构对居民首次购买普通自住房和改善型普通自住房提供贷款，其贷款利率的下限可扩大为贷款基准利率的0.7倍，最低首付款比例调整为20%；下调个人住房公积金贷款利率，各档次利率分别下调0.27个百分点；汶川地震灾区居民灾后购置自住房的贷款利率下限、最低首付款比例和住房公积金贷款利率优惠政策保持不变。

10月22日，央行宣布，自10月27日起，将商业性个人住房贷款利率的下限扩大为贷款基准利率的0.7倍；最低首付款比例调整为20%；下调个人住房公积金贷款利率。其中，五年期以下(含)由现行的4.32%调整为4.05%，五年期以上由现行的4.86%调整为4.59%，分别下调0.27个百分点。

10月24日，国务院批复两万亿铁路投资计划。

10月29日，央行决定从2008年10月30日起下调金融机构人民币存贷款基准利率，一年期存款基准利率下调至0.27个百分点；一年期贷款基准利率0.27个百分点；其他各档次存、贷款基准利率相应调整。个人住房公积金贷款利率保持不变。

11月5日，国务院常务会议研究部署进一步扩大内需促进经济平稳较快增长的十项措施。初步匡算，到2010年底约需投资4万亿元。

11月6日，国务院批准中央财政新增安排10亿元，专项用于对中小企业信用担保的支持。

11月12日，国务院提出扩大内需四项实施措施：核准审批固定资产投资项目；决定提高部分产品出口退税率；确定中央财政地震灾后恢复重建基金的具体安排方案；提出进一步加强林业生态恢复重建的政策措施。

11月20日，国务院常务会议确定了促进轻纺工业健康发展的6项政策措施：增加各级财政扶持中小企业发展专项资金规模；继续适当提高纺织品、服装和部分轻工产品出口退税率，清理和取消涉及轻纺企业的各种不合理收费等。

11月26日，央行宣布下调金融机构一年期人民币存贷款基准利率各1.08个百分点；下调大型存款类金融机构人民币存款准备金率1个百分点，下调中小型存款类金融机构人民币存款准备金率2个百分点。

12月3日，国务院常务会议提出九大金融举措力促经济发展。

12月17日，国务院批准将从1月1日起进一步调整进出口关税税则，主要涉及最惠国税率、年度暂定税率、协定税率、特惠税率及税则税目等方面。

12月21日，国务院办公厅发布的《关于促进房地产市场健康发展的若干意见》提出，支持房地产开发企业积极应对市场变化。

12月22日，中国人民银行决定：从12月23日起，下调一年期人民币存贷款基准利率各0.27个百分点，其他期限档次存贷款基准利率作相应调整。同时，下调中央银行再贷款、再贴现利率。从12月25日起，下调金融机构人民币存款准备金率0.5个百分点。

2009年

1月1日，财政部和国家税务总局联合宣布，自1月1日至12月31日，个人将购买不足2年的非普通住房对外销售的，全额征收营业税；个人将购买超过2年(含2年)的非普通住房或者不足2年的普通住房对外销售的，按照其销售收入减去购买房屋的价款后的差额征收营业税；个人将购买超过2年(含2年)的普通住房对外销售的，免征营业税。

1月3日，农业部、财政部下达100亿元农机购置补贴资金。

1月10日，银监会印发《关于调整部分信贷监管政策促进经济稳健发展的通知》，鼓励银行业金融机构加大信贷支持。

1月14日，国务院审议通过汽车、钢铁产业调整振兴规划。

1月21日，国务院审议并原则通过《关于深化医药卫生体制改革的意见》和《2009-2011年深化医药卫生体制改革实施方案》。

2月4日，国务院审议通过装备制造业、纺织工业调整振兴规划。

2月6日，国务院宣布地方政府债券发行规模为2000亿元，由中央分配并代发。

2月9日，商务部宣布中央许可地方政府发放消费券措施。

2月11日，国务院审议通过船舶工业调整振兴规划。

2月18日，国务院审议通过电子信息产业调整振兴规划。

2月19日，国务院审议通过石化产业调整振兴规划。

2月19日，国务院审议通过轻工业调整振兴规划。

2月25日，国务院审议通过有色金属产业调整振兴规划。

2月25日，国务院审议通过物流业调整振兴规划。

3月5日，全国人大公布实施积极财政政策，拟安排财政赤字9500亿元。

3月13日，财政部会、国家发改委等七部门联合印发《汽车摩托车下乡实施方案》。根据汽车产业调整振兴规划，从3月1日至12月31日，国家将安排50亿元，对农民报废三轮车和低速货车换购轻型载货车，以及购买1.3以下排量的微型客车，给予一次性财政补贴。

3月20日，国务院正式公布《钢铁产业调整和振兴规划》与《汽车产业调整和振兴规划》。两个《规划》描述了钢铁和汽车产业在未来三年内的发展目标，并要求在联合重组方面取得重大进展。

4月6日，《中共中央国务院关于深化医药卫生体制改革的意见》正式出台。

5月19日，国务院决定，在京沪津苏浙鲁粤和福州、长沙开展电视机、电冰箱、洗衣机、空调、电脑5类家电产品“以旧换新”试点。另外，今年中央财政将老旧汽车报废更新补贴资金从10亿元增加到50亿元，同时安排20亿元资金用于家电“以旧换新”补贴。

10月21日，央行宣布于10月22日发行09年第五十一期中央银行票据。第五十一期央银票据期限3个月(91天)，发行量900亿元。

（摘自经济参考报 ）

第五部分

节能减排与循环经济

综 合 论 述

要毫不松懈地加强节能减排和生态环保工作

温家宝强调，要毫不松懈地加强节能减排和生态环保工作。一是突出抓好工业、交通、建筑三大领域节能，继续推进十大重点节能工程建设，落实电机、锅炉、汽车、空调、照明等方面的节能措施。二是大力发展循环经济和清洁能源。积极发展核电、风电、太阳能发电等清洁能源。推进洁净煤技术产业化。严格执行能耗和环保国家标准，加大节能技术和产品推广应用力度，加强资源综合利用。三是健全节能环保各项政策，按照节能减排指标体系、考核体系、监测体系，狠抓落实。四是开展全民节能减排行动，国家机关、公共企事业单位要发挥表率作用。五是继续强化重点流域、区域污染防治，加强石漠化、荒漠化治理，实施重点防护林、天然林保护和京津风沙源治理等生态建设工程。推进农村环境综合整治。整顿规范矿产资源开发秩序。合理开发利用海洋资源。六是实施应对气候变化国家方案，提高应对气候变化能力。加强气象、地震、防灾减灾、测绘基础研究和能力建设。

（摘自国务院总理温家宝3月5日在十一届全国人大二次会议上作政府工作报告时的讲话）

保护生态环境　促进结构调整

中共中央政治局常委、国务院副总理、中国环境与发展国际合作委员会主席李克强在国合会2009年年会开幕式上讲话。他强调，要适应国际发展趋势和国内发展要求，在保增长中更加注重调结构，把保护生态环境作为经济结构战略性调整的重要任务，促进经济长期平稳较快发展。

李克强说，应对国际金融危机的过程，是人们思想革故鼎新的过程，也是世界经济创新发展的过程。当前，世界经济正处于大变革、大调整之中，全球气候变化、能源资源安全等重大课题提上重要议程，清洁能源、节能减排等新技术革命方兴未艾，发展绿色经济、循环经济、低碳经济成为国际上一个重要趋势。这既给我们带来了一系列重大挑战，也带来了新的发展机遇。

李克强指出，中国正处于工业化、城镇化快速发展阶段，现代化建设任重道远，环境保护任务十分艰巨。加强生态环境保护，与节约能源资源一样，都是经济结构调整的重要抓手和发展方式转变的关键环节。通过加大环保工作力度、建设环境设施、发展环保产业，有利于抑制高能耗、高排放、高污染的落后生产能力，鼓励清洁发展、节约发展、安全发展的先进生产要素；也有利于构建环境友好型产业结构、增长方式和消费模式，形成新的经济增长点，从而促进经济结构调整、实现可持续发展。

李克强强调，环境攸关发展和民生，安全的饮用水和清洁的空气是人类生存发展的必需品，优良的环境是人民生活质量改善和提高的必要条件。一年来，中国政府在扩大内需新增投资计划中，用于节能环保和生态建设的投资达2000多亿元。面向未来，中国将继续把环境保护作为生态文明建设和资源节约型、环境友好型社会建设的重大任务，持之以恒地加以推进，努力使生态环境逐步得到改善。坚持环保为民，优先解决危害群众健康的突出环境问题，进一步加强水、空气、土壤污染防治，积极有效防范突发环境事件，使天更蓝、水更清、地更绿，为广大群众创造宜居环境。坚持环保与发展相促进，全面推进生态环境建设，大力发展环保产业，重视解决新的环境问题，以环境的可持续发展促进经济的可持续发展。同时，继续完善环境政策法规，健全环保成本和价格机制，加快环保科技进步，动员全社会力量保护和改善环境。

李克强指出，气候变化涉及全球共同利益，既是环境问题，也是发展问题，应当在发展中加以解决。中国高度重视气候变化，制定并正在实施应对气候变化国家方案。我们将本着《联合国气候变化框架公约》、《京都议定书》和“巴厘路线图”的基本精神，坚持共同但有区别的责任原则，推动哥本哈根会议取得积极成果，努力为应对气候变化做出应有贡献。

李克强积极评价国合会对中国环保事业作出的贡献，希望各位委员继续发挥自身优势，研究中国环境与发展的重大现实问题，积极推动研究成果创新和应用，为中国环境事业贡献智慧和力量。

（李克强在中日节能环保综合论坛上的讲话）

以节能为抓手推动结构调整 保持经济长期平稳较快发展

中共中央政治局常委、国务院副总理李克强8日出席第四届中日节能环保综合论坛开幕式并讲话。他指出，面对继续应对国际金融危机的新情况并考虑“后危机”乃至更长一段时间的发展变化，我们应当把保增长与调结构更好地结合起来，更加重视节约能源资源，不断增强可持续发展能力，保持经济长期平稳较快发展。

李克强说，目前世界经济正在发生大变革大调整，发展绿色经济已经成为国际上一个重要趋势。中国经济增速逐季回升，结构调整和节能减排的任务相当紧迫。能源资源的节约高效利用，既是应对国际金融危机的有效途径，又是经济结构战略性调整的重要抓手，也是实现可持续发展和现代化目标的关键举措。通过加强节能等管理，可以抑制生产经营中各种浪费能源资源的行为，防止高耗能、高排放的建设项目上马，降低区域经济活动的能源资源消耗，从而有利于促进中国产业结构和整个经济结构的优化升级，提高经济增长的质量和效益。

李克强强调，在新的形势下，中国政府将立足当前、着眼长远，处理好保持经济平稳较快发展、调整经济结构与管理通胀预期的关系，坚持资源节约的基本国策，加大产业结构、能源结构调整力度，加快淘汰消耗高、污染重的落后产能，建立有利于节约能源资源的产业体系；积极发展新能源、清洁能源，提高可再生能源消费比重；推进能源原材料等重点行业、重点企业节能，实施好建筑节能、绿色照明等重点节能工程，继续降低单位ＧＤＰ能源消耗水平，加快建设资源节约型、环境友好型社会。

李克强指出，节约能源有利于保障能源安全，也有利于减少温室气体排放。我们愿本着《联合国气候变化框架公约》、《京都议定书》和“巴厘路线图”的基本精神，坚持共同但有区别的责任原则，加强国际磋商与合作，推进应对气候变化的各项工作。

李克强表示，中日两国是一衣带水的邻邦，经济互补性强，合作前景广阔。双方应牢牢把握两国关系的正确发展方向，全面构筑中日战略互惠关系，加深和拓展双边经贸合作，为两国人民带来更多实际利益。李克强说，节能环保合作，是近来中日经贸关系的新亮点和新的增长点。双方应把握机遇、深挖潜力，进一步加强节能环保装备、工程、产业和服务等领域的项目合作，深化技术与人才交流，完善合作机制，营造良好环境，共同推动节能环保合作上规模上水平。

2009年节能减排工作安排

国办发〔2009〕48号

“十一五”前三年，各地区、各部门认真落实党中央、国务院的部署，把节能减排作为促进科学发展的重要抓手，作为扩内需、保增长、调结构的重要内容，工作力度不断加大，节能减排取得积极进展。全国单位GDP能耗逐年逐季降低，2006年下降1.79%，2007年下降4.04%，2008年下降4.59%，三年累计下降10.1%，节能约2.9亿吨标准煤。全国二氧化硫、化学需氧量（COD）排放总量不断降低，2007年分别下降4.66%和3.14%，2008年分别下降5.95%和4.42%，“十一五”前三年累计分别下降8.95%和6.61%。

虽然节能减排取得积极进展，特别是今年以来产业结构发生了一些积极变化，但结构不合理的问题仍然突出，第三产业比重偏低，高耗能工业增速较快。国际金融危机对我国影响加剧，给节能减排工作带来新的问题和挑战。有的地方出现盲目上高耗能、高排放项目的苗头，有的地方擅自出台高耗能行业电价优惠政策；一些企业效益回落，影响节能减排重点工程实施。工作层面也还存在着认识不到位、激励政策不完善、机制不健全、监管不到位、基础工作薄弱等问题。从目前进展情况看，“十一五”节能目标完成进度仍落后于时间进度，形势严峻，任务艰巨。

2009年是实现“十一五”节能减排目标具有决定性意义的一年，各地区、各部门要进一步统一思想，充分认识节能减排工作的重要性和艰巨性，增强紧迫感和责任感，以科学发展观为指导，在保持经济平稳较快增长中坚持节能减排不动摇，继续把节能减排作为调整经济结构、转变发展方式的重要抓手，作为应对国际金融危机，扩内需、保增长、调结构的重要内容，作为减缓和适应全球气候变化、促进人类可持续发展的重要举措，全面落实各项节能减排政策措施，进一步加大工作力度，务求取得更大成效，确保节能减排目标完成进度与“十一五”规划实施进度同步。

1.加强目标责任考核。组织相关部门和专家对省级政府2008年节能减排目标完成情况进行现场评价考核，评价考核结果向社会公告，落实奖惩措施，实行严格的问责制。组织各地节能主管部门开展千家企业节能目标责任评价考核，审核汇总考核结果，向社会公告并做好考核结果的运用。发布2008年全国和各地区单位GDP能耗、主要污染物排放及工业增加值用水量指标公报，以及2009年上半年全国单位GDP能耗和主要污染物排放量指标公报。抓好军队资源节约统计与考评工作。

2.推动重点工程实施。继续加大中央预算内投资、新增中央投资、中央财政专项资金和国外优惠贷款对节能减排的支持力度，重点支持十大重点节能工程建设、循环经济发展、淘汰落后产能、城镇污水处理设施及配套管网建设、重点流域水污染治理，以及节能环保能力建设。2009年，通过实施十大重点节能工程，形成7500万吨标准煤的节能能力；实施“节能产品惠民工程”，对能效等级1级或2级以上高效节能空调、冰箱等10大类产品，通过财政补贴方式加大推广力度；推广节能灯1.2亿只；支持在北京、上海、重庆等13个城市开展节能与新能源汽车示范试点。新增城市污水日处理能力1000万立方米，全国36个大城市基本实现污水全部收集处理；新增燃煤电厂烟气脱硫设施5000万千瓦以上，新增钢铁企业烧结机烟气脱硫设施20台（套）。

3.严控高耗能、高排放行业盲目扩张。组织修订《产业结构调整目录》。在抓紧组织实施钢铁、汽车、造船、石化、轻工、纺织、有色金属、装备制造、电子信息、物流等重点产业调整振兴规划过程中，严格执行国家产业政策和项目审核管理规定，强化用地审查、节能评估审查、环境影响评价，从严控制高耗能、高排放行业盲目扩张。继续推动外商投资产业结构优化升级。

加大信息技术在传统产业中的应用力度，对高耗能、高排放行业进行改造和提升。加大淘汰落后产能的力度，2009年“上大压小”关停小火电机组1500万千瓦，淘汰落后炼铁产能1000万吨、炼钢600万吨、水泥5000万吨、造纸50万吨、铁合金70万吨、焦炭600万吨。完善淘汰落后产能退出机制，公告淘汰落后产能企业名单，推广大型企业兼并重组落后企业等有效做法，落实好差别电价政策和淘汰落后产能企业职工安置政策措施。发布节能设备指导目录、落后高耗能设备淘汰目录等，推动淘汰落后高耗能设备。落实节能发电调度办法，抓紧出台配套政策。大力促进服务业和高技术产业发展，提高其在国民经济中的比重。

4. 加快技术开发和推广。围绕能源、资源、环境等领域，建设和完善若干国家工程中心、国家工程实验室和国家重点实验室，在高效发电、重污染行业清洁生产、建筑节能等方面组织科研攻关，攻克一批节能减排关键和共性技术。编制工业、通信业清洁生产技术指南和重点节能技术推广专项规划。支持大型先进压水堆及高温气冷堆核电站重大科技专项。加大新技术、新产品产业化的实施力度，推动电动汽车产业化，做好“金太阳”太阳能发电、大型超超临界发电、有机废水循环利用等技术的规模化推广应用。制定半导体照明（LED）产业发展意见。推进浅层地热能开发利用。加快风能资源的评估与开发。发布农业机械节能减排技术。出台关于推行合同能源管理加快节能服务产业发展的意见，鼓励专业节能公司采用合同能源管理方式，为中小企业、公共机构实施节能改造。启动污泥处理处置示范工作。积极推进环保产业发展，继续开展烟气脱硫特许经营试点，规范城镇污水和垃圾处理特许经营，鼓励排污单位委托专业化公司承担污染治理或设施运营。发布当前国家鼓励发展的环保设备（产品）目录，编制环保装备示范工程规划。广泛开展节能减排国际合作，切实加强双边、区域和多边在节能、新能源和低碳技术研发等方面的交流，积极引进国际先进技术和管理经验。

5. 着力抓好重点领域节能减排。继续大力推进千家企业节能行动，发布能源利用状况公告，开展节能管理师试点，形成2000万吨标准煤的节能能力。制定发布钢铁、建材、电子信息、军工和中小企业节能减排指导意见，深入开展重点耗能行业能效水平对标活动。扩大强制性能效标识实施范围，制定发布电风扇、微波炉、通风机、工业锅炉等6种产品能效标识实施规则。组织开展5万个锅炉房节能管理达标活动。2009年底施工阶段执行节能强制性标准比例提高到90%以上；全面开展北方采暖地区既有居住建筑节能改造，2009年改造6000万平方米；继续推进供热按用热量计量收费；扩大可再生能源建筑应用示范规模，出台推动太阳能光电技术在建筑领域应用的实施意见，实施好新建经济适用房、廉租房、新农村农房可再生能源建筑规模化应用项目。大力发展公共交通，优化道路运输组织管理；严格执行汽车燃料消耗量限值标准，实施落后车辆淘汰制度，完善报废汽车回收机制；加快发展水路运输，推进船型标准化；加快电气化铁路建设；优化航线航路，启动机场节电工程，研究建立民航业节能减排激励约束机制；建立交通运输行业节能减排监测考核体系。安排财政资金70亿元，鼓励汽车、家电“以旧换新”。推进节约型机关、学校、科技场馆、文化场馆、医院、体育场馆等“六个100示范工程”建设，研究建立公共机构节能考核制度。开展大型公共建筑能耗统计、审计和公示工作。继续安排中央投资支持农村沼气建设；实施农村清洁工程，加大“以奖促治”工作力度，解决一批村镇存在的突出环境问题。推进零售业节能降耗。

6. 大力发展循环经济。做好循环经济促进法贯彻实施工作。组织编制重点行业和重点领域循环经济发展规划，印发省市循环经济发展规划编制指南。建立循环经济发展专项资金，支持循环经济技术研发、示范推广、能力建设等。深化循环经济示范试点，开展“循环经济专家行”活动。加快实施汽车零部件再制造试点，出台促进汽车零部件再制造产业发展意见，建立汽车零部件再制造产品标识制度。组织编制实施再生金属利用规划、重大机电装备再制造产业发展规划。加快国家生态示范工业园区建设。研究建立循环经济评价指标体系和统计制度。发展矿产资源领域循环经济，推进矿产资源综合利用，加快脱硫石膏、磷石膏、农作物秸秆等资源化重点工程建设。启动第三批禁止使用实心粘土砖和第三批“禁止现场搅拌砂浆”工作。制定重点电子信息产品污染物管理目录，推动废弃电器电子产品回收利用。加快第二批再生资源回收体系建设试点，支持建设一批统一规范的社区回收站点、专业化分拣中心和区域集散市场。推进城镇污水处理再生利用。启动餐厨垃圾无害化处理试点。促进灾区建筑废弃物资源化利用。进一步加大"限塑"和秸秆综合利用工作力度。落实国务院办公厅关于治理商品过度包装的有关文件精神，抓紧制定治理商品过度包装的相关标准和政策。推动机电产品包装节材代木。推进循环农业促进行动，重点抓好10个循环农业地市建设，以及农垦制糖业、天然橡胶业的循环产业建设。

7. 完善相关经济政策。继续推进资源性产品价格改革，落实成品油价格和税费改革方案。完善天然气价格形成机制。实行鼓励余热余压发电的上网和价格政策。继续推进电价改革，完善需求侧电价管理制度。继续实行促进节约用水的水价制度，鼓励使用再生水。完善老旧汽车报废更新补偿制度。出台农村老旧渡船拆解改造补偿制度。研究调整车辆购置税政策。推进环保收费改革，提高收缴率。研究建立污染物减排激励机制。修订高污染、高环境风险产品名录，继续控制高耗能、高排放和资源性产品出口。继续实施促进节能减排的政府采购政策，完善清单动态管理制度、公示制度和执行政策的奖惩制度。完善矿产资源有偿使用制度改革。逐步建立生态环境补偿机制。进一步扩大用于节能减排的企业债券发行规模，研究开展污水处理项目收益债券试点、环境污染责任保险试点。金融机构继续加大对节能减排重大项目的信贷支持。推进有条件的地区开展排污权有偿使用和交易试点工作。

8. 加快法规和标准建设。完善节能减排法律法规体系，加快节约能源法和循环经济促进法配套法规建设。落实好民用建筑节能条例、公共机构节能条例。研究起草排污许可证条例。尽快出台固定资产投资项目节能评估和审查办法、城镇排水和污水处理条例。修订重点用能单位节能管理办法、能效标识管理办法、节能产品认证管理办法，组织制订、修订电炉钢冶炼和氧化铝、尿素等高耗能产品能耗限额强制性国家标准，以及水源热泵机组、小功率电机、容积式空气压缩机、通风机、工业锅炉等用能产品强制性能效标准。进一步完善并严格执行电石、热轧带肋钢筋等高耗能和易造成环境污染产品的市场准入条件。制订电力企业节能降耗主要指标监管评价标准。

9. 强化节能减排监管。加强对各地区节能减排工作的监督检查，督促各项节能减排优惠政策的落实，坚决制止和纠正擅自出台对高耗能行业实行优惠电价、违规乱上高耗能和高排放项目等行为。加强节能减排执法检查，严肃查处严重浪费能源资源、严重破坏环境、违反能源利用状况报告制度、私自排污等问题。开展能效标识、能源计量器具配备、能源计量数据及使用、高耗能特种设备等专项检查。深入开展环保执法专项行动，重点做好电力、钢铁、建材、造纸等12个高耗能、高排放行业排放总量控制和排污许可制度执行情况的监督检查。加强职工节能减排义务监督员队伍建设，强化对义务监督员的培训。发布电力企业节能减排情况通报。

10. 加强监管能力建设。加快节能减排统计、监测和考核体系建设。加强资源环境、循环经济基础研究，建立体现资源节约型、环境友好型社会建设的中国资源环境统计指标体系。抓紧组建国家节能中心，健全省级节能监察机构和节能技术服务中心。结合第二次全国经济普查，组织实施第二、三产业用能单位能耗调查和主要耗能行业重点耗能设备普查。继续推进污染源普查工作，加强环境质量监测、污染源自动监控、信息传输与统计等能力建设。进一步完善城镇污水处理管理信息系统，启动建设全国城镇生活垃圾处理管理信息系统。建设电力行业节能减排监管信息平台。

11. 开展规划编制等重大问题研究。编制节能环保产业发展规划，加快培育新的经济增长点。开展"十二五"节能专项规划前期研究，研究节能重大问题，重点做好节能目标预测。对节能中长期专项规划实施情况进行评估。开展"十二五"污染物排放总量控制计划前期研究，重点对实施总量控制的污染物及排放指标等开展专题研究。做好"十二五"城镇污水、垃圾处理设施建设规划的前期研究，重点是目标、技术路线、政策机制等，特别是对垃圾处理技术路线、污泥无害化处理做专题研究，为制订"十二五"规划纲要做好前期准备。

12. 加大宣传教育工作力度。继续广泛深入开展"节能减排全民行动"，以节油节电和全民节能为重点，深入开展节能减排宣传教育，普及节能环保知识，积极倡导节约型的生产方式、消费模式和生活习惯。做好2009年全国节能宣传周、中国城市无车日、世界水日、中国水周、全国城市节水宣传周、"六•五"环境日的宣传活动。各地区要对节能减排做出突出贡献的单位和个人予以表彰，在全社会进行广泛宣传。开展"汽车节能环保驾驶"活动，大力宣传节能环保驾驶理念。新闻媒体要加大节能减排报道力度，宣传先进经验，曝光反面典型，发挥舆论的引导和监督作用。

发展改革委要加强节能减排综合协调，环境保护部要做好减排协调工作，指导、督促、检查各地区、各部门落实国务院节能减排综合性工作方案和本工作安排的各项工作，及时向国务院报告节能减排进展情况，提出意见和建议。

国务院办公厅

二〇〇九年七月十九日

保增长 扩内需 坚持节能减排不动摇

（2009年5月4日）

国家发展和改革委员会

2009年是实现“十一五”节能减排约束性目标的关键一年，毫不松懈地推进节能减排工作，不仅对实现“十一五”节能减排目标、增强发展的可持续性至关重要，也是当前扩大内需、促进经济平稳较快发展的重要措施。根据全国人大十一届二次会议审议通过的政府工作报告和计划报告，今年节能减排的重点工作是：

1.大力推进产业结构优化升级。坚决遏制高耗能、高排放行业低水平重复建设。提高项目节能环保准入门槛和“两高”行业项目资本金比例，引导金融机构严格限制高耗能和产能过剩行业贷款。加快淘汰落后产能，今年计划关停小火电机组1500万千瓦，淘汰落后炼铁产能1000万吨、炼钢600万吨、造纸 50 万吨。中央财政采取转移支付方式，对经济欠发达地区淘汰落后产能给予奖励。

2.继续加大重点工程实施力度。安排新增中央投资、中央预算内投资、中央财政资金支持十大重点节能工程、循环经济和重点工业污染治理项目；支持城镇污水、垃圾处理设施建设和重大环保技术示范项目；支持重点流域水污染防治项目。

3.加快推广高效节能产品。实施“节能产品惠民工程”，今明两年通过财政补贴方式，对达到能效等级1级或2级标准的高效节能空调、电冰箱、洗衣机等10大类产品，加大推广力度。今年通过财政补贴方式推广节能灯1亿只，支持在13个城市开展节能新能源汽车推广应用试点。

4.积极推进循环经济发展。深化国家循环经济示范试点和汽车零部件再制造试点，支持建设一批循环经济重点项目。开展“循环经济专家行”活动，推广典型经验。大力推进矿产资源综合开发利用和报废汽车、废旧家电回收利用。加快再生资源回收体系建设。研究建立循环经济评价指标体系和统计制度。

5.加快发展节能环保产业。研究促进节能服务产业发展的政策，鼓励专业化节能服务公司采用合同能源管理方式，为中小企业、公共机构实施节能诊断、融资和改造服务。研究制定加快推进城镇污水、垃圾处理产业化发展意见。

6.继续强化目标责任评价考核。加快完善节能减排统计、监测及考核体系。开展 2008 年省级政府及重点企业节能减排目标责任现场评价考核，考核结果向社会公告，落实奖惩措施。

7.不断完善法规和政策。出台固定资产投资项目节能评估和审查办法。加快制定或修订高耗能产品能耗限额强制性国家标准和主要用能产品强制性能效标准。继续推进资源性产品价格和环保收费改革。积极落实差别电价政策。落实企业购买节能环保设备和节能环保投资项目所得税优惠政策。研究建立循环经济发展专项资金。

8.进一步加强节能减排监督管理。加大对重点地区和行业经常性节能减排监督检查力度。继续深入开展整治违法排污企业保障群众健康环保专项行动，集中力量对挂牌督办企业、区域限批地区，以及重大环境事件和严重违法地区进行环保后督察。

关注气候变化：挑战 机遇与行动

（2009年9月8日）

各位代表，女士们、先生们：

首先，我代表国家发展改革委欢迎各位来宾参加“关注气候变化：挑战、机遇与行动”论坛。

气候变化是当今世界面临的全球性重大挑战，关系到人类生存和各国发展，威胁社会经济发展和人民群众身体健康。根据2006年我国发布的《气候变化国家评估报告》，气候变化对我国的影响主要集中在农业、水资源、自然生态系统和海岸带等方面，对我国实现可持续发展带来极大的挑战。我国正处在全面建设小康社会的关键时期，同时也处于工业化、城镇化加快发展的重要阶段，发展经济和改善民生的任务十分繁重。我国人口众多、气候条件复杂、生态环境脆弱，最易遭受气候变化不利影响，适应气候变化的任务十分艰巨，生态文明建设面临新的要求。我国作为发展中国家，经济发展水平相对较低，人均收入只有3000多美元，还有大量的贫困人口，发展仍然是第一要务。在我国目前的发展阶段，能源结构以煤为主，经济结构性矛盾仍然突出，增长方式依然粗放，能源资源利用效率较低，能源需求还将继续增长，控制温室气体排放面临巨大压力和特殊困难，是我国实现可持续发展的重大制约因素。同时，积极应对气候变化，控制温室气体排放，提高适应气候变化的能力，也为我国落实科学发展观、加快转变经济发展方式带来重要机遇。

党中央、国务院高度重视气候变化问题，将应对气候变化作为我国贯彻落实科学发展观、实现可持续发展的重要内容。党的十七大报告明确提出，要“加强应对气候变化能力建设，为保护全球气候做出新贡献”。胡锦涛总书记在主持中共中央政治局集体学习时强调，必须以对中华民族和全人类长远发展高度负责的精神，充分认识应对气候变化的重要性和紧迫性。2009年6月，温家宝总理主持召开国家应对气候变化领导小组会议，提出要研究应对气候变化和降低二氧化碳排放强度纳入国民经济和社会发展规划的问题。根据党中央、国务院的决策部署，我国坚定不移地走可持续发展道路，结合国民经济和社会发展规划，制定了应对气候变化国家方案，采取了一系列政策和措施，取得了积极成效。

一是健全应对机制。早在1990年，在国务院环境保护委员会下就设立了国家气候变化协调小组。2007年，成立了国家应对气候变化领导小组，温家宝总理担任组长。国务院有关部门各司其职，各省、自治区、直辖市政府也设立了相应的领导和工作机构，形成了由国家应对气候变化领导小组统一领导、发展改革委归口管理、各有关部门分工负责、各地方各行业广泛参与的国家应对气候变化工作机制。

二是制定国家方案。2007年6月，国务院发布了《中国应对气候变化国家方案》，成为我国“十一五”期间应对气候变化的纲领性文件，明确了应对气候变化的指导思想，将到2010年实现单位国内生产总值能源消耗比2005年末降低20%左右的目标确立为我国应对气候变化的重要目标。

三是加强科学研究和技术研发。通过国家科技计划不断增加对气候变化科技研发投入，开展了全球环境监测、未来气候变化趋势情景预测、气候变化评估、温室气体减排政策分析等多项重大课题研究，加大了对节能和新能源汽车、可再生能源、核能、循环经济等重大技术的研发和示范力度，加速建设我国资源节约型、环境友好型社会所需的技术、装备、产品的推广应用。

四是开展宣传教育。利用广播电视、互联网、出版物等多种手段开展宣传教育，增进社会各界对气候变化的了解和认识。通过发表《中国应对气候变化的政策与行动》白皮书，系统地介绍了我国应对气候变化工作和落实国家方案所取得的成就。

五是提高适应能力。加强农业基础设施建设，推进农业结构和种植制度调整，加强农业技术研发。强化了森林资源和其它自然生态系统有效保护。加大水资源管理、水利基础设施规划建设和水资源配置力度，建立海岸带综合决策机制及协调沟通机制，增强了海洋环境监测和预警能力，强化了应对海平面升高的适应性对策。

六是控制温室气体排放。通过调整经济和产业结构、优化能源结构、节约能源、提高能效、发展可再生能源和核电、植树造林等方面的一系列政策和措施，尽可能减少温室气体排放。2006—2008年，我国淘汰落后炼铁产能6059万吨、炼钢产能4347万吨、水泥产能1.4亿吨、焦炭产能6445万吨；到今年上半年，我国已关停小火电机组5407万千瓦，提前完成了“十一五”关停5000万千瓦小火电机组任务。实施十大重点节能工程，开展千家企业节能行动，推行循环经济试点，推进重点领域节能。大力优化能源结构，2008年，我国可再生能源约占一次能源的9%。水电装机容量、核电在建规模、太阳能热水器集热面积和太阳能光伏发电累计容量均居世界第一，风电装机也跃居世界第四。通过实施林业重点工程，我国人工造林保存面积达到0.54亿公顷，居世界第一。全国森林面积达到1.75亿公顷，森林覆盖率提高到目前的18.21%。

妥善应对气候变化，事关我国经济社会发展全局和人民群众切身利益，事关国家根本利益。我们必须要深入贯彻落实科学发展观，统筹考虑经济发展和生态建设，统筹考虑国内和国际两个大局、统筹考虑当前利益和长远战略，全面实施应对气候变化国家方案，开展广泛有效的国际合作，推动哥本哈根会议取得积极成果。重点要做好以下几个方面工作。

一是全面落实应对气候变化国家方案。特别是要抓好部门和省级应对气候变化方案，继续以节能减排作为减缓气候变化的重要抓手，进一步采取提高能源效率、发展新能源和可再生能源、退耕还林还草、植树造林等政策措施，努力实现单位国内生产总值能耗降低20%左右、可再生能源比重提高到10%左右、森林覆盖率达到20%等目标。

二是积极推动绿色经济，大力发展低碳经济。紧密结合扩大内需促进经济增长的决策部署和相关产业振兴规划，进一步加大经济结构调整和产业转型升级力度，研究制定发展绿色经济和低碳经济的政策和措施，加大绿色投资、倡导绿色消费、促进绿色增长，培育以低碳排放为特征的新的经济增长点；加强节能、提高能效、可再生能源、先进核能等低碳技术的研发和产业化力度，加快建设以低碳排放为特征的工业、建筑和交通体系，做好低碳经济试点示范工作。

三是强化应对气候变化综合能力建设。制定适应气候变化国家战略，在经济建设和社会发展活动中充分考虑气候变化的因素；制定应对气候变化的科技发展战略与规划，组织重大科技研发与示范项目，增强科技支撑能力；做好气候变化知识普及和政策宣讲工作，将各级领导干部的思想和行动统一到党中央和国务院的决策部署上来，加深全社会对气候变化问题的认识，提高公众的责任意识，倡导全民自觉行动，推动形成低碳绿色的生产方式、生活方式和消费模式；加大资金投入力度，提高应对气候变化政策措施的实施保障能力。

四是加强法制和体制机制建设。健全应对气候变化的法律体系，做好应对气候变化相关立法起草工作，加快建立相配套的法规和政策体系，制订相应的标准、监测和考核规范，采取适当的财政、税收、价格、金融政策和措施，健全必要的管理体系和监督实施机制。

五是积极推进应对气候变化国际合作。进一步加强应对气候变化政策对话与交流，开展务实合作；拓展应对气候变化国际合作渠道，加快资金、技术和人才引进，有效消化、吸收国外先进的低碳技术和应对气候变化技术，增强我国控制温室气体排放、发展低碳经济的能力；深化与发展中国家的合作，支持最不发达国家和小岛屿发展中国家提高适应气候变化的能力。

今年年底在哥本哈根举行的联合国气候变化会议倍受关注。我国将本着对人类生存和世界长远发展高度负责任的精神，继续建设性推进气候变化国际谈判，坚持《公约》和《议定书》基本框架，坚持“共同但有区别的责任”原则，坚持可持续发展，严格遵循巴厘路线图授权，进一步加强《公约》及《议定书》的全面、有效和持续实施，统筹考虑减缓、适应、技术转让和资金支持。一是发达国家应当在《议定书》第二承诺期继续承担大幅度量化减排指标，作为整体到2020年在1990年水平上至少减排40%，未批准《议定书》的发达国家应当承担与其大体一致的减排义务。二是发达国家切实兑现向发展中国家提供资金、技术转让和能力建设支持的承诺，并做出相应的机制安排。三是发展中国家在可持续发展框架下，在发达国家技术、资金和能力建设的支持下，根据本国国情采取适当的行动，以适应和减缓气候变化。我国将在《公约》和《议定书》的基础上，按照巴厘路线图的要求，从国情和实际出发，承担与我发展阶段、所负责任和实际能力相称的国际义务，实施有力的国内政策、措施和行动，为保护全球气候做出应有贡献。

摘自《发展改革委副主任解振华在“关注气候变化：挑战、机遇与行动”论坛上的讲话》

节 能 减 排

2008年国家节能减排政策法规盘点

2008年是完成“十一五”节能减排约束性目标的关键一年，必须加大力度、迎难而上，打好节能减排攻坚战、持久战。

2008年1月25日国家税务总局制定《旧设备出口退（免）税暂行办法》（国税发〔2008〕16号），主要是鼓励企业实施“走出去”开发战略，对企业旧设备的出口退（免）税具有现实意义。

2008年2月2日，国家环境保护总局发布《关于贯彻落实<；电子废物污染环境防治管理办法>；的通知》（环办〔2008〕12号）。

2008年2月28日，中华人民共和国十届全国人大常委会第三十二次会议对原水污染防治法予以了全面修订。新修订的《中华人民共和国水污染防治法》共八章九十二条，将于2008年6月1日起实施。《中华人民共和国水污染防治法（2008年修订）》（中华人民共和国主席令第87号）在总结我国实施水污染防治法经验的基础上，借鉴国际上的一些成功做法，加强了水污染源头控制，完善了水环境监测网络，强化了重点水污染物排放总量控制制度，全面推行排污许可制度，完善饮用水水源保护区管理制度，在加强工业污染防治和城镇污染防治的基础上又增加了农村面源污染防治和内河船舶的污染防治，增加了水污染应急反应要求，加大了对违法行为的处罚力度，完善了民事法律责任。这一系列法律制度的建立健全，对防治水污染，保护和改善环境，保障饮用水安全，促进经济社会全面协调可持续发展具有重要的意义。

2008年3月3日，国家发展改革委发布了《可再生能源发展“十一五”规划》（发改能源〔2008〕610号），《规划》认为，我国的水能、生物质能、风能和太阳能资源丰富，已具备大规模开发利用的条件。因此，加快发展水电、生物质能、风电和太阳能，提高可再生能源在能源结构中的比重，是“十一五”时期我国可再生能源发展的首要任务。

2008年3月18日，国家环境保护部印发《污染源自动监控设施运行管理办法》（环发〔2008〕6号），该办法自2008年5月1日起施行，主要是为加强对污染源自动监控设施运行的监督管理，保证污染源自动监控设施正常运行，加强对污染源的有效监管，是落实污染减排“三大体系”（节能减排统计、监测和考核体系）建设的重要措施。

2008年3月29日，国务院印发《国务院2008年工作要点》（国发〔2008〕15号），其中2008年的一项重要工作就是加大节能减排和环境保护力度，做好产品质量安全工作，主要包括：建立落后产能淘汰退出机制；抓好重点企业节能，提高城镇污水处理能力；大力推进墙体材料革新和建筑节能，开发风能、太阳能等清洁、可再生能源；重点流域水污染防治工作，促进再生资源回收利用；保护和合理利用资源，强化节能减排工作责任制等。

2008年4月3日，国家电监会、国家发展改革委、国家环境保护部颁布《节能发电调度信息发布办法（试行）》（电监市场〔2008〕13号），该办法适用于采用节能发电调度办法的地区，主要对信息发布的部门、内容、方式、时间等进行了规定。

2008年4月18日，交通运输部以2008年第4号发布公告，交通行业强制性标准JT 711—2008《营运客车燃料消耗量限值及测量方法》，自2008年9月1日起实施。2008年6月16日，交通运输部以2008年第10号发布公告，交通行业标准JT 719—2008《营运货车燃料消耗量限值及测量方法》，自2008年9月1日起实施。这两项标准为实行营运车辆燃料消耗准入与退出制度奠定基础。制定营运车辆燃料消耗量限值及测量方法，符合已颁布的《节能法》中有关“制定交通运输营运车船燃料消耗量限值标准、不符合标准的车船不得用于营运”等内容的要求。交通运输部在做好营运车辆运输组织管理工作的同时，对营运车辆的燃油经济性提出一定要求，把好公路运输节能减排关，使节能减排工作得到深化。

2008年5月21日，住房和城乡建设部、财政部发布《关于推进北方采暖地区既有居住建筑供热计量及节能改造工作的实施意见》（建科〔2008〕95号），旨在进一步推进北方采暖区既有居住建筑供热计量及节能改造工作，发挥财政资金使用效益。

2008年7月10日，住房城乡建设部发布《关于印发<；北方采暖地区既有居住建筑供热计量及节能改造技术导则>；（试行）的通知》（建科〔2008〕126号），指导北方采暖地区既有居住建筑供热计量及节能改造工作。

2008年7月16日，交通通运输部发布《公路、水路交通实施<；中华人民共和国节约能源法>；办法》（交通运输部令2008年第5号），该办法自2008年9月1日起施行，2000年6月16日原交通部发布的《交通行业实施节约能源法细则》（交体法发〔2000〕306号）同时废止。

2008年8月1日，国务院发布《民用建筑节能条例》（国务院令第530号），自2008年10月1日起施行。本条例主要目的是为了加强民用建筑节能管理，降低民用建筑使用过程中的能源消耗，提高能源利用效率。《条例》第四条指出：“国家鼓励和扶持在新建建筑和既有建筑节能改造中采用太阳能、地热能等可再生能源。在具备太阳能利用条件的地区，有关地方人民政府及其部门应当采取有效措施，鼓励和扶持单位、个人安装使用太阳能热水系统、照明系统、供热系统、采暖制冷系统等太阳能利用系统。”第八条指出：“县级以上人民政府应当安排民用建筑节能资金，用于支持民用建筑节能的科学技术研究和标准制定、既有建筑围护结构和供热系统的节能改造、可再生能源的应用，以及民用建筑节能示范工程、节能项目的推广。政府引导金融机构对既有建筑节能改造、可再生能源的应用，以及民用建筑节能示范工程等项目提供支持。民用建筑节能项目依法享受税收优惠。”第十一条提出：“国家推广使用民用建筑节能的新技术、新工艺、新材料和新设备，限制使用或者禁止使用能源消耗高的技术、工艺、材料和设备。国务院节能工作主管部门、建设主管部门应当制定、公布并及时更新推广使用、限制使用、禁止使用目录。”

2008年8月1日，国务院发布《关于进一步加强节油节电工作的通知》（国发〔2008〕23号）。《通知》要求各省份、国务院各部门和各直属机构进一步充分认识节油节电工作的重要性和紧迫性，采取措施节油节电，提高能源利用效率，缓解石油和电力供应紧张状况。《通知》要求各地区、各部门要从战略和全局的高度，重视节油节电工作，抓紧制定具体实施方案。地方各级人民政府要对本地区节油节电工作负总责，明确职责分工，确保节油节电工作取得明显成效。

为了推动公共机构节能，提高公共机构能源利用效率，发挥公共机构在全社会节能中的表率作用，2008年8月1日，国务院颁布《公共机构节能条例》（国务院令第531号），该条例自2008年10月1日起施行。《条例》指出：公共机构应当建立、健全本单位节能运行管理制度和用能系统操作规程，加强用能系统和设备运行调节、维护保养、巡视检查，推行低成本、无成本节能措施。公共机构办公建筑应当充分利用自然采光，使用高效节能照明灯具，优化照明系统设计，改进电路控制方式，推广应用智能调控装置，严格控制建筑物外部泛光照明以及外部装饰用照明。公共机构的公务用车应当按照标准配备，优先选用低能耗、低污染、使用清洁能源的车辆，并严格执行车辆报废制度。

2008年8月20日，财政部、国家税务总局、国家发展改革委发布了《关于公布节能节水专用设备企业所得税优惠目录(2008年版)和环境保护专用设备企业所得税优惠目录(2008年版)的通知》（财税〔2008〕115号）。

为进一步做好《节约能源法》的贯彻实施，2008年8月25日，国家发展改革委、科技部、工业和信息化部、财政部、住房城乡建设部、交通运输部、商务部、税务总局、质检总局、国管局、国务院法制办联合发布《关于贯彻实施<；中华人民共和国节约能源法>；的通知》（发改环资〔2008〕2306号）。

2008年9月1日，国务院机关事务管理局、中共中央直属机关事务管理局发布《关于中央和国家机关进一步加强节油节电工作和深入开展全民节能行动具体措施的通知》（国管办[2008]293号）。2008年9月4日，环境保护部、国家发展改革委、国家能源局联合印发了《关于进一步加强生物质发电项目环境影响评价管理工作的通知》（环发〔2008〕82号），《通知》指出：根据《可再生能源法》、《可再生能源产业发展指导目录》、《可再生能源发电有关管理规定》和《可再生能源发电价格和费用分摊管理试行办法》，生物质发电项目主要为农林生物质直接燃烧和气化发电、生活垃圾(含污泥)焚烧发电和垃圾填埋气发电及沼气发电项目。《通知》指出：建设生物质发电项目应充分结合当地特点和优势，合理规划和布局，防止盲目布点。生活垃圾焚烧发电项目建设，要以城市总体规划、土地利用规划及环境卫生专项规划(或城市生活垃圾集中处置规划等)为基础，确定合理的布局及建设规模；秸秆发电项目原则上应布置在农作物相对集中地区，要充分考虑秸秆产量和合理的运输范围；林木生物质发电项目原则上布置在重点林区；垃圾填埋气发电项目厂址应与垃圾填埋场统筹规划；沼气发电项目要与大型畜禽养殖场、城市生活污水处理工程、工业企业的废水处理工程配套建设。在采暖地区县级城镇周围建设的农林生物质发电项目，应尽量结合城镇集中供热，建设生物质热电联产工程。

2008年9月23日，交通运输部发出《关于印发公路水路交通节能中长期规划纲要的通知》（交规划发〔2008〕331号），以公路、水路运输和港口生产为重点领域，分别确定了2015年和2020年的总体目标和主要任务，提出了近期重点工程和保障措施。

2008年11月6日，住房和城乡建设部发出《关于印发<；北方采暖地区既有居住建筑供热计量改造工程验收办法>；的通知》（建城〔2008〕211号），要求多渠道筹措改造资金：北方采暖地区既有居住建筑供热计量及节能改造所需资金主要靠企业自筹、社会资金投入、受益居民投入等方式予以解决。中央财政设立专项资金，支持北方采暖地区既有居住建筑供热计量及节能改造工作。按照《国务院关于印发节能减排综合性工作方案的通知》（国发〔2007〕15号）文件精神，地方财政应安排必要的引导资金予以支持。应充分利用市场机制，鼓励采用合同能源管理等建筑节能服务模式，创新资金投入方式，落实改造费用。

2008年12月9日，财政部、国家税务总局发布《关于资源综合利用及其他产品增值税政策的通知》（财税〔2008〕156号）。本通知第一条、第二条规定的政策自2009年1月1日起执行，第三条至第五条规定的政策自2008年7月1日起执行。此次新纳入享受增值税优惠的综合利用产品包括：再生水，以废旧轮胎为原料生产的胶粉，翻新轮胎，污水处理劳务，以工业废气为原料生产的高纯度二氧化碳产品，以垃圾为燃料生产的热力，以退役军用发射药为原料生产的涂料硝化棉粉，各类工业企业产生的烟气和高硫天然气脱硫生产的副产品，以废弃酒糟和酿酒底锅水为原料生产的蒸汽、活性炭、白碳黑、乳酸、乳酸钙、沼气，以煤矸石、煤泥、石煤、油母页岩为燃料生产的热力，以废弃的动物油和植物油为原料生产的生物柴油。同时，将新扩大的和现有的资源综合利用产品增值税优惠政策作了分类整合，按照优惠方式可分为以下四类：一是实行免征增值税政策。主要有：再生水；以废旧轮胎为原料生产的胶粉；翻新轮胎；生产原料中掺兑废渣比例不低于30%的特定建材产品；污水处理劳务。二是实行增值税即征即退政策。主要有：以工业废气为原料生产的高纯度二氧化碳产品；以垃圾为燃料生产的电力或者热力；以煤炭开采过程中伴生的舍弃物油母页岩为原料生产的页岩油；以废旧沥青混凝土为原料生产的再生沥青混凝土；采用旋窑法工艺生产并且生产原料中掺兑废渣比例不低于30%的水泥（包括水泥熟料）。三是实行增值税即征即退50%的政策。主要有：以退役军用发射药为原料生产的涂料硝化棉粉；以燃煤发电厂及各类工业企业产生的烟气、高硫天然气进行脱硫生产的副产品；以废弃酒糟和酿酒底锅水为原料生产的蒸汽、活性炭、白碳黑、乳酸、乳酸钙、沼气；以煤矸石、煤泥、石煤、油母页岩为燃料生产的电力和热力；利用风力生产的电力；部分新型墙体材料产品。四是实行增值税先征后退政策。仅适用于以废弃的动物油和植物油为原料生产的生物柴油。述免征增值税政策自2009年1月1日起实施，即征即退、先征后退政策自2008年7月1日起实施。

2008年12月9日，财政部、国家税务总局发布《关于再生资源增值税政策的通知》（财税〔2008〕157号），决定从2009年1月1日起调整再生资源回收与利用增值税政策。具体体现如下几方面：首先，取消“废旧物资回收经营单位销售其收购的废旧物资免征增值税”和“生产企业增值税一般纳税人购入废旧物资回收经营单位销售的废旧物资，可按废旧物资回收经营单位开具的由税务机关监制的普通发票上注明的金额，按10%计算抵扣进项税额”的政策。这项政策的出台可以使废旧物资回收经营单位可以为其销售的废旧物质开具增值税专用发票，使购入单位抵扣17%的增值税进项税额，与原来的政策相比可以提高7%的抵扣率，在一定程度上可以刺激再生资源行业的发展，是配合党中央和国务院的节能减排任务的重要财税政策。其次、单位和个人销售再生资源，应当依照《中华人民共和国增值税暂行条例》（以下简称增值税条例）、《中华人民共和国增值税暂行条例实施细则》及财政部、国家税务总局的相关规定缴纳增值税。但个人（不含个体工商户）销售自己使用过的废旧物品免征增值税。增值税一般纳税人购进再生资源，应当凭取得的增值税条例及其细则规定的扣税凭证抵扣进项税额，原印有“废旧物资”字样的专用发票停止使用，不再作为增值税扣税凭证抵扣进项税额。这项政策的规定，取消了原来“只有生产企业增值税一般纳税人从废旧物资回收经营单位购进的废旧物资才能够抵扣增值税的规定”，扩大了可以抵扣购进废旧物资所含进项税额的纳税人范围，即由原来的“生产企业增值税一般纳税人”扩大到“增值税一般纳税人”。同时，停止使用作为增值税扣税凭证抵扣进项税额的原印有“废旧物资”字样的专用发票。统一使用《增值税条例》及其细则规定的扣税凭证，即常用的增值税专用发票进行抵扣进项税额。再次，在2008年12月31日前，各地主管税务机关应注销企业在防伪税控系统中“废旧物资经营单位”的档案信息，收缴企业尚未开具的专用发票，重新核定企业增值税专用发票的最高开票限额和最大购票数量，做好增值税专用发票的发售工作。这就意味着，原来印有““废旧物资”字样的专用发票必须在2008年12月31日前使用完毕，从2009年1月1日起，再生资源使用和销售单位必须使用《增值税条例》及其细则规定的扣税凭证，即常用的增值税专用发票进行抵扣进项税额。最后，规定了销售再生资源纳税人的退税政策在2010年底以前，对符合条件的增值税一般纳税人销售再生资源缴纳的增值税实行先征后退政策。

（摘自天津社会科学院城市经济研究所《国家节能减排政策法规盘点》）

2008年全国交通行业节能减排工作要点

2008年是全面贯彻落实党的十七大精神的第一年，是实现“十一五”规划节能减排目标承上启下的关键一年。交通行业要进一步统一思想，提高认识，增强做好节能减排工作的紧迫感和使命感，把节能减排摆在更加突出的位置，作为交通行业“坚持好字优先，推动科学发展”的一项重要工作来抓，作为交通行业加快推进现代交通业发展、实现“三个转变”的重要环节加以突破。要充分调动全行业节能减排工作的积极性、主动性，营造以政府部门为主导，以企业为主体，全行业共同推进的工作格局，形成工作合力，采取切实有效措施，全面推进交通节能减排工作。今年交通行业节能减排工作要点是：

一、宣传贯彻《节约能源法》

修订后的《节约能源法》将于2008年4月1日起施行，部将结合交通行业实际，研究落实交通行业主管部门节能监督管理职责等，并于6月前修订发布《交通行业实施节约能源法细则》。各级交通主管部门和交通企业要利用“五.五”普法、全国节能宣传周等多种方式，认真组织学习、宣传、贯彻、落实好《节约能源法》和《交通行业实施节约能源法细则》，并配合部做好相关工作。

二、继续加强节能工作规划指导

今年上半年部将发布《交通行业节能中长期规划》，提出交通行业节能目标，指导交通行业节能工作。各级交通主管部门和大型交通企业也应根据本地区、本企业实际制定相应的节能中长期规划，并将有关节能指标纳入相关发展规划中。

三、组织实施营运车辆准入试点

部今年将发布《营运客车燃料消耗量限值及测量方

法》和《营运货车燃料消耗量限值及测量方法》标准，实施新修订的《营运车辆综合性能要求和检验方法》（GB18565），适时组织实施营运车辆燃料消耗准入和退出制度。各级交通主管部门要加强对交通运输营运车辆燃料消耗检测的监督管理，有条件的地方可先期组织实施营运车辆燃料消耗准入试点工作。

四、探索实施节能统计监测考核体系建设

抓好节能基础工作，实施交通行业能耗统计与分析制度。部已完成公路运输、水路运输、港口行业以单位能耗为主要指标的节能减排指标体系，今年将试行能耗统计报告制度，全面掌握、监控行业用能状况和水平，为分析行业用能状况和制定节能减排政策提供基础数据支撑。研究交通行业节能减排监测、考核体系建设，探索建立交通节能减排长效机制。

五、加大运力结构调整力度

切实加强道路运输管理，调整道路运输运力结构。继续推进营运客车类型划分及等级评定制度和货运汽车及汽车列车推荐车型制度的贯彻落实，鼓励使用柴油汽车及重型车、专用车和厢式车，全面提升道路运输装备技术水平。加快出台《“十一五”期推进长江干线船型标准化工作实施意见》，推进长江干线船型标准化，继续巩固京杭运河船型标准化成果，研究推进珠江船型标准化工作，不断优化国内船舶运力结构。

六、加强节能减排技术创新工作

加大节能减排科研工作力度，推进节能技术创新，降低单位产品能耗，提高能源利用率。开展集装箱及散货码头节能减排关键技术行业联合科技攻关工作。继续做好材料再生、发展循环经济的技术工作。推广节能新产品新技术，进一步推广集装箱轮胎式起重机油改电技术、太阳能在公路交通工程和公路机电工程中的应用。加强驾驶员及用能设备操作人员节能操作培训，推广节油驾驶、节能操作经验。

七、继续开展节能减排示范活动

首批节能示范活动产生了较大的示范效应，在今年全国节能宣传周期间，部将向行业推出第二批节能减排典型示范项目。各级交通主管部门和大型交通企业，也可在各自范围内，选择公路运输与养护、水路运输、港口物流、综合运输、交通基础设施建设等方面的节能先进经验，开展不同形式的示范活动，并重视将交通减排项目纳入示范活动之中。

八、继续做好节能评估工作

继续做好港口固定资产投资项目节能评估工作，严格执行节能评估审查制度并不断规范化。凡是年能耗量在2000吨标准煤以上（含2000吨）的港口新（改、扩）建工程项目，都应在工程可行性研究报告中单列“节能篇（章）”，并经评估机构评估、部能源管理办公室组织审查，鼓励年能耗量在2000吨标准煤以下的港口新（改、扩）建工程项目开展节能评估审查工作。积极研究建立公路工程和客货站场建设工程等的节能评估制度。

九、进一步重视交通减排工作

深入研究公路运输、水路运输温室气体排放对气候变化的影响，提出相应的对策措施；开展进一步降低营运船舶污染物排放及能耗的可行性研究；重点抓好船舶防污染、防泄漏及港口防污能力设施建设。

十、创建节约型机关

各级交通主管部门要在建设资源节约型、环境友好型社会中发挥带头和表率作用，在政府采购中优先选用节能设备，厉行节约，努力建设节约型服务型机关。交通部机关要在全行业起示范作用，落实交通部建设节约型机关总体方案，从2008年起，开展以提高行政效能、降低行政成本和节约资源为主要内容的建设节约型机关活动，在不断提高工作质量和效益的同时，降低成本、减少浪费，建立节约保障体系和机制。

十一、营造良好的舆论氛围

节能减排工作已受到全行业的广泛关注，为进一步调动全行业节能减排工作积极性，要切实加大交通行业节能减排宣传力度，充分利用政府网站、大众传媒、行业报刊等多种形式，对节能减排工作进行全方位立体宣传，营造良好的舆论氛围，不断增强交通行业的节能减排意识。

为进一步推动交通行业节能减排工作，部将在今年

节能宣传周期间召开全国交通行业节能减排工作会议，宣贯《节约能源法》和《交通行业实施节约能源法细则》、《交通行业节能中长期规划》，交流、总结交通主管部门和交通企业开展节能减排工作的先进经验，研究部署下一步工作，进一步推动交通行业节能减排工作向纵深发展。

安徽省节能减排和生态建设项目谋划取得积极进展

安徽省节能减排和生态建设项目谋划小组成立后，各组成部门和各市县积极开展工作，近日，专门向省项目谋划工作办公室作了汇报。就节能减排和生态建设项目谋划下一步工作部署。主要是：一是建立了节能减排和生态建设省级项目库，入库项目746个，总投资745亿元。其中部分重大项目已获得国家扩大内需以及国际、国内等资金支持，部分项目前期工作已基本成熟，部分项目前期概念已形成正在推进，做到建设一批、备选一批、规划一批。二是积极争取节能减排和生态建设国债专项支持。国家三批扩大内需国债项目中，安徽省169个资源节约、循环经济和环境保护项目入选，共获得10.5亿元国债支持。其中，116个城镇污水垃圾处理及重点流域环境治理工程入选，获得国债8.11亿元支持。三是衔接《巢湖流域水环境综合治理方案》的报批，目前各项程序和项目备选均在顺利推进之中；积极推动《淮河流域水污染防治规划实施方案》的编制。四是拓展融资渠道，积极推荐资源节约和环境保护项目参加中部博览会；会同安徽省企业家联合会、安徽省国际徽商交流协会举办城市污水处理工程项目对接会，一批项目签订了合作意向。

安徽省项目谋划办公室主任、省发展改革委主任沈卫国指出：节能减排和生态建设是一项不断加强的工作，是科学发展观的重要内容，也是国家扩大内需支持的重点之一。要加大力度，科学谋划，明确省、市、县政府和部门的责任。要分类指导，突出重点，根据前期工作的不同阶段逐类推进。同时，要加强在建项目督查管理，对于项目建设中出现的问题要及时协调、整改；如果是前期评估出现问题的，要实施评审专家的追溯制，确保项目评审的严肃性和科学性。

广东加快推进污水处理设施建设

广东省近日召开加快推进东西北地区污水处理设施建设工作会议，广东省副省长林木声在会上要求，各地要加快建设力度，确保年底前实现“一县一厂”目标。

广东省要求，对达不到“一县一厂”建设进度要求的地区，不予补助污水处理厂建设补助资金和其他环保专项资金；对未完成污水处理设施建设任务导致污染减排目标实现不了的地区，实行“一票否决”。

据悉，为加快推进东西北地区污水处理设施建设，确保实现“十一五”污染减排约束性目标，全面改善环境质量，建设宜居城乡，2008年7月，广东省委、省政府出台的《关于争当实践科学发展观排头兵的决定》明确提出，2009年年底前东西两翼和山区的县城要全部建成污水集中处理设施，即实现“一县一厂”。去年8月，广东省政府召开广东省污染减排工作会议，省长黄华华与各地级以上市的市长签订污水处理设施建设责任书，并由省财政拿出25亿元，一揽子解决全省欠发达地区污水处理厂建设资金问题，将东西北地区全部县(市)共103个污水处理厂纳入《广东省加快东西北地区污水处理设施建设工作实施方案》，要求今年年底前全部建成。

目前，列入方案的103个污水处理项目中，24座已建成调试，9座正在进行设备安装，35座正在进行基础工程或主体土建施工，35座尚未动工，正在进行征地、三通一平等项目的前期筹备工作。67个县(市)的“一县一厂”项目中，还有36个县(市)尚未建成污水处理设施，其中河源、清远、湛江、汕尾等市建设进度滞后。

林木声要求，各地要全面推进污水处理设施建设，确保年底前实现“一县一厂”目标。各地政府要加强跟踪服务，加紧落实所需经费，尽快办妥用地手续，完成征地拆迁，协助承建单位尽快动工建设，相关部门要依法简化审批环节，提高审批效率。林木声同时要求，省环保局每两个月要组织一次分片督办，每半年向省委、省政府进行专题汇报，省监察厅联合省环保局对重点地区、重点项目进行重点督办、定期督办。

河北省节能减排取得积极进展

从河北省“双三十”节能减排工作领导小组办公室获悉，上半年，全省万元GDP能耗为1.7466吨标准煤，同比下降6.93%，高于全年目标1.93个百分点，降幅分别比去年同期和去年全年扩大2.53和0.64个百分点。COD(化学需氧量)削减4.84%，二氧化硫削减10.85%，分别排在全国第三位、第五位。与“十一五”任务相比，河北省两项主要污染物的减排量目前已分别累计完成了70.21%和104.7%。

2009年是河北省实施“双三十”节能减排工程的第二年。根据半年调度和日常督导掌握的情况，上半年各项工作进展顺利、效果明显，基本实现了时间、任务双过半。

节能方面：2009年，“双三十”重点县(市、区)共安排节能项目254项，建成后年可节能216万吨标准煤，其中计划今年建成项目229项，建成后年可节能177.6万吨标准煤；重点企业共安排节能项目112项(111项计划今年建成)，建成后年可节能56.8万吨标准煤。截至6月底，“双三十”重点县(市、区)计划完成节能项目124项，实际完成146项，年可节能83万吨标准煤；重点企业计划完成节能项目34项，实际完成47项，年可节能32.3万吨标准煤。上半年建成项目数占全年计划建成项目数的57%，形成节能能力占年计划的50%。

减排方面：2009年，“双三十”单位共安排596个，项目总投资约44.74亿元。按减排污染物种类划分，COD减排项目144个，二氧化硫减排项目303个，烟(粉)尘减排项目145个，垃圾填埋场项目4个，预计可实现削减COD、二氧化硫、烟(粉)尘排放量分别为1.95万吨、5.33万吨、6.11万吨。截至6月底，“双三十”县(市、区)完成减排项目344项，61项提前完成，累计完成减排项目数占全年总数的66.5%，COD、二氧化硫、烟粉尘削减量分别占全年任务的52.6%、58.1%、48.4%；重点企业完成减排项目20项，5项提前完成，累计完成减排项目数占全年总数的50%，COD、二氧化硫削减量分别占全年任务的70.8%和58.1%。

为推动节能减排工作深入开展，河北省制定出台了一系列政策措施。制定了《河北省30个重点县(市、区)和30家重点企业节能减排目标考核实施方案》，明确了目标任务、考核办法及保障措施。河北省政府加大对“双三十”单位节能减排资金的支持，向“双三十”单位下拨省级资源节约补助资金1020万元、治污项目建设资金1500万元、县城空气自动监测站建设资金1200万元。河北省国土资源厅对节能减排措施不落实的，暂停节能减排以外建设项目土地审批；河北省财政厅对污水处理厂不达标的县(市、区)，暂缓财政性资金城建项目立项；河北省环保厅印发了《河北省电力企业燃煤发电机组脱硫设施运行环境监督管理实施意见》、《河北省城镇污水处理厂设施运行环境监督管理实施意见》，明确了监管者和被监管者的职责，提出了具体的监管要求及违法违规后的惩罚措施。

新增中央投资用于节能环保的投资计划已下达完毕

（2008年12月3日）

按照党中央、国务院关于进一步扩大内需促进经济增长的重大战略部署和国家发展改革委、财政部《紧急落实新增1000亿元中央投资工作方案》要求，我委组织编制了“十大重点节能工程、循环经济和重点流域工业污染治理工程”2008年新增中央预算内投资计划，并于11月25日正式印发。

今年新增1000亿元中央投资中，“十大重点节能工程、循环经济和重点流域工业污染治理工程”共安排25亿元中央预算内投资，涉及468个项目，主要包括以下三个方面：

一是支持十大重点节能工程，包括：燃煤锅炉改造、余热余压利用、节约和替代石油、电机系统节能、能量系统优化、高效照明系统改造等项目共229个，总投资228.2亿元，安排中央预算内投资11.6亿元。项目实施后可形成约1100万吨标准煤的节能能力。

二是支持资源节约循环利用重点项目，包括：节水、资源综合利用、再制造、“零”排放和国家循环经济试点单位重点项目共143个，总投资151.9亿元，安排中央预算内投资8.3亿元。项目实施后，可形成21500万吨节水能力，废物循环利用量可达480万吨。

三是支持重点流域工业污染治理项目，包括：淮河流域、松花江流域、丹江口库区及其上游、三峡库区及其上游水污染防治规划内的重点工业污染治理项目和铬渣污染综合整治方案中的铬渣污染治理项目共96个，总投资25.5亿元，安排中央预算内投资5.1亿元。项目实施后，可削减COD排放量5万多吨，处理铬渣45.6万吨。

上述项目均为企业投资项目，国家只给予一定的引导资金。通过实施上述节能减排重点工程，对实现“十一五”节能减排目标具有重要的推动作用，并可带动企业和社会投资约370亿元，有利于扩大内需，培育新的经济增长点，带动节能环保产业的发展。

投资计划下达后，国家发展改革委要求各地发展改革委、经贸委（经委）以及项目实施单位要采取有效措施，加快项目前期工作进度，所有项目必须在今年四季度开工建设或进行设备、材料采购，形成有效工作量。要严格执行项目法人责任制、招投标制、工程监理制、合同管理制以及中央预算内投资项目管理的有关规定，切实加强资金和项目实施管理。要严格按照批准的项目名称、内容和规模进行建设，严禁未经批准擅自变更建设内容、更改建设规模，如确需调整，必须按程序报批。要加强跟踪调度，及时协调解决问题，提高工程质量，确保项目顺利建成并达产达效。

国家发展改革委讯

中央支持各省区及河湖流域水污染治理项目投资情况

近日，按照党中央、国务院关于当前进一步扩大内需、促进经济增长总体部署，为了加快“三河三湖”和三峡库区等重点流域水污染治理，国家发展改革委紧急下达重点流域水污染治理项目2009年新增中央预算内投资计划。

1．安排贵州省三峡上游区水污染治理项目4个，项目总投资2.09亿元，共下达各类投资0.9亿元。

2．安排吉林省松花江流域水污染治理项目5个，项目总投资5.11亿元，共下达各类投资2.18亿元。

3．安排安徽省淮河及巢湖流域水污染治理项目13个，项目总投资12.77亿元，共下达各类投资2.64亿元。

4．安排甘肃省黄河中上游地区水污染治理项目4个，项目总投资2.3亿元，共下达各类投资1.07亿元。

5．安排河北省渤海及海河流域水污染治理项目21个，项目总投资21.62亿元，共下达各类投资5.13亿元。

6．安排河南省黄河中上游、淮河和海河流域水污染治理项目18个，项目总投资31.1亿元，共下达各类投资10.78亿元。

7．安排黑龙江省松花江流域水污染治理项目9个，项目总投资7.24亿元，共下达各类投资3.77亿元。

8.安排湖北省三峡库区和丹江口库区水污染治理项目6个，项目总投资4.18亿元，共下达各类投资1.42亿元。

9．安排江苏省太湖和淮河流域水污染治理项目48个，项目总投资48.63亿元，共下达各类投资17.93亿元。

10．安排辽宁省渤海及辽河流域水污染治理项目11个，项目总投资13.58亿元，共下达各类投资3.83亿元。

11．安排内蒙古自治区黄河中上游、辽河及海河流域水污染治理项目19个，项目总投资21.28亿元，共下达各类投资5.51亿元。

12.安排宁夏自治区黄河中上游地区水污染治理项目2个，项目总投资1.07亿元，共下达各类投资0.26亿元。

13。安排青海省黄河中上游地区水污染治理项目，此次计划共下达各类投资0.26亿元。

14．安排山东省渤海、淮河和海河流域水污染治理项目23个，项目总投资20.63亿元，共下达各类投资7.2亿元。

15．安排山西省黄河中上游及海河流域水污染治理项目24个，项目总投资16.61亿元，共下达各类投资3.44亿元。

16．安排陕西省丹江口库区和黄河中上游地区水污染治理项目13个，项目总投资13.95亿元，共下达各类投资4.01亿元。

17．安排上海市太湖流域水污染治理项目6个，项目总投资1.85亿元，共下达各类投资0.45亿元。

18.安排四川省三峡影响区及上游区水污染治理项目28个，项目总投资10.12亿元，共下达各类投资3.36亿元。

19．安排天津市渤海及海河流域水污染治理项目4个，项目总投资7.95亿元，共下达各类投资2.91亿元。

20．安排云南省滇池流域和三峡上游区水污染治理项目16个，项目总投资23.39亿元，共下达各类投资5.18亿元。

21．安排浙江省太湖流域水污染治理项目30个，项目总投资50.21亿元，共下达各类投资5.6亿元。

22．安排重庆市三峡库区水污染治理项目6个，项目总投资8.51亿元，共下达各类投资4.43亿元。

23．安排渤海流域水污染治理项目22个，项目总投资24.98亿元，共下达各类投资8.18亿元。

24．安排巢湖流域水污染治理项目6个，项目总投资5.8亿元，共下达各类投资1.26亿元。

25．安排丹江口库区及其上游水污染治理项目5个，项目总投资5.93亿元，共下达各类投资1.48亿元。

26．安排滇池流域水污染治理项目6个，项目总投资17.87亿元，共下达各类投资4.42亿元。

27．安排海河流域水污染治理项目36个，项目总投资37.25亿元，共下达各类投资11.86亿元。

28．安排淮河流域水污染治理项目42个，项目总投资44.9亿元，共下达各类投资13.5亿元。

29．安排黄河中上游地区水污染治理项目50个，项目总投资44.64亿元，共下达各类投资12.36亿元。

30．安排辽河流域水污染治理项目13个，项目总投资15.9亿元，共下达各类投资4.11亿元。

31．安排三峡库区及上游水污染治理项目51个，项目总投资27.13亿元，共下达各类投资9.9亿元。

32．安排松花江流域水污染治理项目14个，项目总投资12.35亿元，共下达各类投资5.94亿元。

33．安排太湖流域水污染治理项目69个，项目总投资89.89亿元，共下达各类投资20.27亿元。

2009年以来节能减排工作成效及主要措施

（2009年8月2日）

一、　上半年节能减排指标完成情况

党中央、国务院高度重视节能减排工作。为应对国际金融危机对我国经济的严重冲击，中央出台了扩大内需促进经济增长的一揽子计划。在制定和实施这些政策措施中，始终坚持节能减排不动摇，把节能减排作为扩内需、保增长、调结构的重要内容，取得明显成效。上半年全国单位GDP能耗在一季度下降2.89%的基础上，累计下降3.35%，降幅同比提高0.47个百分点；规模以上工业单位增加值能耗同比降低11.35%;预计上半年二氧化硫排放量下降5%，化学需氧量（COD）排放量下降2%。

二、单位GDP能耗和主要污染物排放继续下降的原因

一是结构进一步优化。从三次产业结构看；上半年，第三产业比重同比提高0.5个百分点，第二产业比重同比下降0.8个百分点；从工业内部结构看，六大高耗能行业规模以上工业增加值同比增长4.2%，增幅同比回落10.3个百分点，低于规模以上工业2.8个百分点。结构节能占上半年节能量的1/3左右。二是主要耗能行业单位增加值能耗较大幅度降低。如煤炭行业下降3.83%，钢铁下降8.43%，有色金属下降19.59%，建材下降9.03%，石油石化下降8.21%，化工下降15.16%，纺织下降11.45%，电力下降9.51%。三是主要耗能产品单位能耗继续降低。通过加快淘汰落后产能、加大重点工程实施力度、加强节能减排管理等措施，上半年年综合能源消费总量1万吨标准煤及以上的重点企业中，25个重点耗能产品、108项单耗指标，有80%呈下降趋势。如火电发电煤耗下降1.49%，吨钢综合能耗下降1.72%，吨水泥综合能耗下降7.69%，吨原煤生产综合能耗下降9.35%，吨原油加工综合能耗下降0.92%，单位电解铝综合能耗下降0.95%，单位乙烯生产综合能耗下降1.02%。

三、采取的主要措施

1.加大重点工程实施力度。“十一五”前三年，安排中央预算内投资336亿元、中央财政资金505亿元支持节能减排重点工程建设，这些项目实施效果进一步显现。去年四季度以来安排的三批中央投资中，节能减排和生态环境建设方面安排了224亿元。一是城镇污水、垃圾处理设施和污水管网工程130亿元。二是淮河、松花江、丹江口库区等重点流域水污染防治40亿元。三是十大重点节能工程、循环经济和重点工业污染治理54亿元。

2.推进结构调整和产业升级。首先，在落实新增中央投资中，严格执行国家产业政策和项目管理规定，严格用地、节能、环保要求，提高“两高”行业资本金比例，遏制“两高”行业低水平重复建设。二是淘汰落后

产能力度进一步加大。今年上半年"上大压小"、关停小火电机组1989万千瓦，提前一年半完成"十一五"计划关停任务；今年计划淘汰落后炼铁产能1000万吨、炼钢600万吨、水泥5000万吨。三是在中央投资中安排自主创新和结构调整资金342亿元，主要用于新技术、新材料、新工艺、新装备改造提升传统产业，提高技术装备水平，发展高附加值产品，促进节能减排。

3.完善有利于节能减排的价格和财税政策。去年底，国务院出台了成品油价格和税费改革方案，全面实行增值税转型改革。今年初，调低了小排量乘用车车辆购置税。实施"节能产品惠民工程"，对能效等级1级或2级以上高效节能空调、冰箱等10大类产品，通过财政补贴方式加大推广力度，6月1日实施以来，能效等级2级以上的高效节能空调销售比重由5%左右一跃上升到15%左右；今年采用财政补贴方式推广高效照明产品1.2亿只；支持在北京、上海、重庆等13个城市开展节能与新能源汽车示范试点；中央财政安排70亿元，鼓励汽车、家电"以旧换新"。这些政策必将有力促进节能减排和结构调整。

4.强化节能减排目标责任。国务院有关部门对省级政府2008年度节能目标完成情况和措施落实情况进行了评价考核，评价考核结果将向社会公告。公布了2008年度各省区市和五大电力集团主要污染物总量减排考核结果，对8个城市、5家电厂责令限期整改，并进行处罚。

5.加强节能减排监督检查。去年底，对未完成2007年度节能目标的地区，以及环评区域限批的地区开展了节能减排专项督察。今年，对部分地区自行出台的高耗能企业优惠电价政策进行了清理。

国家发展和改革委员会千家企业节能目标评价考核结果公告

(2009年第18)

根据《国务院批转节能减排统计监测及考核实施方案和办法的通知》（国发[2007]36号，以下简称《通知》）要求，各省、自治区、直辖市及新疆生产建设兵团节能主管部门，对本辖区内千家企业2008年节能目标完成情况和节能措施落实情况进行了评价考核，并将考核情况报送我委。我们组织专家对各地报送的评价考核材料进行了审核。现将有关情况公告如下：

一、节能目标完成情况

参加2008年考核的千家企业共922家（2007年考核的953家千家企业中，部分企业由于兼并、破产、关停等原因，没有参加2008年考核），其中886家完成了年度节能目标，占96.1%；36家未完成年度节能目标，占3.9%；2008年共实现节能量3572万吨标准煤。

截至2008年底，千家企业共实现节能量10620万吨标准煤，完成"十一五"节能目标的106.2%，提前两年完成了"十一五"节能任务。其中完成或超额完成的443家，占48.05%；完成80%-100%的161家，占17.46%；完成60%-80%的163家，占17.68%；完成40%-60%的80家，占8.686%；完成40%以下的75家，占8.13%。

二、节能措施落实情况

自2006年开展千家企业节能行动，特别是2007年开展节能目标评价考核工作以来，千家企业对节能工作的重视程度明显提高，能源管理制度不断完善，节能技术改造投入显著增加，能源计量、统计等基础工作趋于规范。通过开展能源审计、编制节能规划、编报企业能源利用状况报告、开展能效水平对标、实施节能技术改造等工作，千家企业各项节能工作都取得了积极进展，能源利用效率得到大幅提高。

1.加强组织领导，健全管理制度。绝大部分千家企业都建立了由企业主要负责人任组长的节能工作领导小组，定期召开会议，研究部署企业节能工作；设立专门的机构和能源管理岗位，加强对企业节能工作的组织协调；健全能源管理制度，完善节能管理机制。企业节能组织和管理体系初步形成，工厂-车间-班组三级能源管理网络基本建立，以能源管控中心、能源中心为代表的能源管理组织模式在大中型企业中得到普遍建立，能源管理水平明显提高。

2.落实目标责任，建立奖惩机制。多数千家企业都建立了节能目标责任制，在对“十一五”节能目标进行年度分解的基础上，将任务落实到各个分厂（车间）、各个环节、各个岗位，层层签订节能目标责任书，将节能任务完成情况纳入各基层单位经济责任体系。加强节能考核，实行节奖超罚，将考核结果直接与干部职工经济利益相挂钩，通过奖惩手段，强化职工的节能责任感，建立企业节能的激励约束机制。

3.加大资金投入，实施节能改造。在国际金融危机冲击下，许多千家企业仍能加大节能资金投入，积极优化产品结构，淘汰落后产能，实施节能技术改造。主要产品单位产品能耗和综合能耗水平大幅下降，大量先进适用的节能设备、工艺和技术得到推广应用，一大批重点节能项目正在逐步实施。据估算，千家企业2008年节能技术改造总投资约900亿元，实施节能技术改造项目近3000个，预计可实现节能能力3000多万吨标准煤。

4.强化节能管理，夯实基础工作。大多数千家企业都能认真贯彻执行国家及地方节能法律、法规、标准，严格企业节能管理。根据高耗能产品单位能耗限额标准，实施主要耗能设备能耗定额管理；按照节能设计规范和用能标准实施新、改、扩建项目；开展能源审计，编制节能规划，完善能源计量，规范能源统计，组织能效对标。

5.开展宣传培训，提高节能意识。千家企业大部分都能开展日常性的节能宣传，并积极组织“节能宣传周”、“节能减排全民行动”等活动，以简报、黑板报、悬挂节能宣传图片、标语等多种形式，宣传节能法规、政策、技术、信息、经验、窍门等，并组织员工进行节能知识和技能培训。

尽管千家企业节能工作取得了明显成效，但还存在以下问题：一是个别企业节能意识还不强，管理机构不健全，制度不完善，没有配备专业节能管理人员；二是部分企业节能基础工作薄弱，能源计量设备老化，配备不全，能源统计粗放，存在缺漏；三是部分千家企业节能技术研发和改造资金投入不足；四是受国际金融危机和能源价格回落影响，部分企业节能工作有所放松；五是部分企业已提前完成了“十一五”节能目标，企业进一步加强节能管理、挖掘节能潜力的压力与动力不足。

三、考核结果

通过对千家企业节能目标完成情况和节能措施落实情况的综合评分，922家千家企业中，483家考核结果为超额完成等级，占52.39%；375家为完成等级，占40.67%；28家考核结果为基本完成等级，占3.04%；36家考核结果为未完成等级，占3.9%。

根据国务院《通知》要求，对千家企业中的国有独资、国有控股企业，考核结果交各级国有资产监管机构，作为对企业负责人业绩考核的重要依据，实行问责制。对评价考核结果为超额完成和完成等级的企业，由省级节能主管部门予以通报表扬；对成绩突出的，给予表彰奖励。对评价考核结果为未完成等级的企业，一是要求在考核结果公告后一个月内提出整改措施，并报所在地省级节能主管部门，限期整改；二是一律不得参加年度评奖、授予荣誉称号，不给予国家免检等扶优措施；三是对其年内新建高耗能投资项目和新增工业用地暂停核准和审批。

附件：1.2008年千家企业节能目标责任评价考核汇总表（略）

2.2008年关停并转千家企业名单（略）

国家发展和改革委员会

二〇〇九年十一月十六日

循 环 经 济

发挥示范作用 促进循环经济又好又快发展

——在循环经济座谈会暨循环经济专家行启动仪式上的发言

国家发展和改革委员会副主任　解振华

（2009年4月23日）

今天国务院副总理克强同志亲临神华国华北京热电公司视察循环经济工作，是对循环经济发展的促进和支持。我们一定认真贯彻落实克强同志视察中的重要指示和会议上讲话要求，将我国发展循环经济工作做好做实。

经国务院同意，国家发展改革委会同有关部门分别于2005年、2007年分两批，选择192家单位开展国家循环经济试点示范工作。国家发展改革委加强了对循环经济工作的指导，这项工作得到了财政部、科技部、环保部、工程院等很多部门的支持和配合。近期根据国务院领导指示，我们多次邀请专家到甘肃、青海指导编制了甘肃省和青海省柴达木试验区循环经济总体规划，并与相关部门协调提出支持发展循环经济的经济政策，近期将报国务院。4年来，我们以循环经济试点工作为契机，把发展循环经济作为调整经济结构、转变发展方式的重要抓手，通过加强规划指导、完善政策措施、加大资金投入、加快技术研发、强化宣传培训等一系列措施，在重点行业、产业园区、部分领域和区域开展了试点，循环经济从理念逐步变为行动，逐步发展，取得了积极成效，资源产出率稳步提高，单位产品能耗物耗明显降低，废物循环利用水平取得较大提高，污染物排放得到一定程度的控制，形成了一批循环经济的典型企业和产业园区，为节能减排做出了积极贡献。2007年，我国能源产出率为8660元/吨标准煤，同比增长4.04%；工业固体废弃物综合利用率已达62.8%，同比增长2.6%；万元工业增加值用水144立方米，同比下降6.5%；城市垃圾无害化处理率为62%，同比增加4个百分点；钢产量近四分之一来源于废钢，水泥原料的20%来自于固体废物，纸浆产量近三分之一的原料来自再生资源。

为了更好地落实科学发展观，总结循环经济试点经验，树立典型，扩大宣传，推动循环经济形成较大规模，国家发展改革委、中国工程院联合组织开展“循环经济专家行”活动。充分发挥院士、专家的技术优势、知识优势，对试点单位循环经济实施情况进行调研，挖掘经验，总结循环经济发展模式；开展技术诊评和咨询，帮助解决存在的主要问题；推动完成重大技术改造，提高试点单位科技创新能力和循环经济发展水平；为管理部门提出循环经济发展的政策建议。新闻媒体将随行报道，宣传发展循环经济的典型经验和先进人物，介绍循环经济发展模式，普及循环经济发展理念。通过这项活动宣传贯彻《循环经济促进法》，推动循环经济在法制化轨道顺利发展。

这次座谈会之后，“循环经济专家行”将全面展开，由院士和专家、记者、工作人员组成的专家行活动小组将历时两个月。国家发展改革委将会同中国工程院积极做好活动的组织、协调和服务工作。专家行活动要认真贯彻落实克强副总理今天讲话要求，注重实效，不走过场，不流于形式，真正做到为企业循环经济发展出谋划策，排忧解难。希望各位院士、专家全力以赴，积极支持，使本次活动真正取得实效。希望新闻媒体积极做好典型经验和先进人物宣传报道，使循环经济理念不断深入人心。

推动科技创新 走中国特色的循环经济之路

尊敬的李副总理，各位领导和专家，很高兴有机会作为代表发言。我及在座的各位专家，经历了循环经济几年来在中国发展的过程。在这期间，伴随着循环经济的发展，我们有兴奋，也有感慨。

在本世纪初，党中央意识到我国以高资源、高能源消耗和高环境污染为代价获取的经济高速发展将难以为继，必须转变发展理念。一些院士和专家，通过对国内外学术动态的研究，也感觉到了社会经济的发展需要创建新模式。2002年，40多位院士和专家参加了“资源利用生态化和生态工业系统”香山会议，明确了应以向自然生态规律学习作为循环经济的指导思想。国家发展改革委会同有关部门在生产、流通、消费等不同环节，针对不同行业，在省市、园区、企业等不同层次大力开展循环经济试点，我国循环经济的发展已取得阶段性成果。

《循环经济促进法》今年生效实施，当前我国正处在应对金融危机，扩大内需的特殊时期，今天国家领导人亲自参加循环经济座谈和“循环经济专家行”启动，我们感到循环经济建设将迎来一个新局面。对循环经济应怎么发展，个人有一些想法。

我国的循环经济应通过建设三个平台来推动。首先，要建设循环经济的经济学平台，充分运用好市场这只“无形之手”。其次，要建设制度、法律、教育及道德的平台，以政府为主导，运用好政府这只“有形之手”。第三，要建设既节约资源、能源，又从源头防止环境污染，同时还有显著经济效益的科学技术平台，运用好科技这只“点石成金之手”。三个平台缺一不可。

在这三个平台中，科学技术平台非常重要，非常关键。当我们按照资源、能源、环境和经济效益“四赢”的标准去审视当前产业界正在使用的技术，会发现很多还没有达到这个要求。因此，要加强生态工业、系统工程等相关科技的深入研究，设计创新的产业发展和组织模式，按照减量化、再利用、资源化的“3R”原则指导科技研发。

循环经济是一种崭新的经济发展模式，也是落实科学发展观，建设资源节约型、环境友好型社会的有效实现形式。发达国家已完成工业现代化，他们所提的循环经济，主要是面向高附加价值制造业的清洁生产，以及社会废弃物的资源化循环利用。我国尚处于工业化进程中期，立足于基本国情，发展循环经济的主要任务不仅要面向废弃物的资源化循环利用，更要注重生产源头减量化和产业技术升级，探索生产、流通与消费关键环节的生态转型，以真正实现低消耗、低污染和高效率的可持续发展，建立资源节约、环境友好、惠及民生一体化的循环经济发展模式。为此，需要一系列包括决策支持技术、产业升级技术、系统链接技术、废弃物资源化技术等作为支撑，并逐步形成体系。同时，要研究探索具有中国特色的循环经济发展之路，在循环经济发展目标、实现途径、基本方法等方面应有别于其他国家。

发展低碳经济也是循环经济理念的体现。要推进产业结构、能源结构调整，开发利用可再生能源，特别是要重视通过科技创新推进节能减排。

作为科技界人士，我们很高兴地看到《循环经济促进法》中专门规定，要设立专项资金支持循环经济的科技研发，循环经济技术和产品的示范与推广，重大循环经济项目的实施，以及发展循环经济的信息服务等。这为推进循环经济科技创新提供了有力保障，希望能够在有关部门的领导下贯彻落实。

深入学习实践科学发展观，推动科技创新，走中国特色的循环经济之路，是对我们科技工作者的时代要求。能参与其中，我们倍感荣幸！

（中国工程院院士、清华大学教授　金涌）

大力发展循环经济　促进企业可持续发展

近年来，我们以科学发展观为指导，在循环经济领域大胆探索实践，构建循环经济运行模式，即围绕钢铁产品制造、能源转换、内部废弃物消化、社会废弃物消纳处理“四大功能”，依靠“四个支撑”，构建“四个循环”。

一、构建“四个循环”，实现资源能源高效利用

根据钢铁资源分布特点，梳理固态、液态、气态可循环的资源和能源，建立了四个循环链。

1. 是铁素资源循环链。一方面对冶炼渣进行加工，分离出粒钢、小块铁、钢精粉等产品并作为炼铁、炼钢的原料，建立了以烧结工序为核心的含铁固废资源利用基地；另一方面实现废弃物的价值提升，以氧化铁皮为原料，成功研发国家“863”攻关成果“轿车用高性能水雾化钢铁粉末规模化生产技术”，形成粉末冶金产业链，建成了亚洲最大的粉末冶金生产基地。另外，我们延伸主产品H型钢产业链，并开展了“H型钢钢结构节能住宅建筑体系研究”，建筑节能50%以上，实现了建筑钢材可回收、再利用。

2. 非金属固体废弃物循环链。利用高炉渣、焦化副产品、粉煤灰、石灰石尾矿等废弃资源，建立了以建材生产线为核心的非金属固体废弃物利用基地，每年利用固废生产矿渣微粉200万吨，水泥300万吨，高炉渣全部得到利用；建设了焦化副产品深加工项目，已开发煤化工产品14种产品，年产值5亿多元。

3. 二次能源循环链。对冶金生产过程产生的焦炉煤气、高炉煤气、转炉煤气及余热余能资源的利用不断进行优化，推广应用高炉炉顶压差（TRT）发电技术、电炉余热回收和除尘一体化技术、蒸汽燃气联合循环发电技术和干法熄焦发电技术，形成二次能源循环链，持续提高余热余能回收利用水平。

4. 水资源循环链。开发应用无水或少水工艺，建设分散污水处理设施，实现水的多次串级利用，形成了“三干多串零排放”的节水模式，钢产量从200万吨增加到1000余万吨，而新水消耗总量基本没有增加。国家发展改革委在莱钢召开了全国冶金系统节水现场经验交流会，推广莱钢的做法。其中，高炉煤气全干法除尘技术与湿法除尘相比，吨铁耗新水由500 千克下降到2 千克，同时减少用地50%，节省投资30%，杜绝了水污染，实现了除尘灰闭路利用。

二、依靠“四个支撑”，保障循环经济发展

1. 管理创新。建立完善管理制度，成立领导小组，编制分年度《循环经济实施细则》，形成了日考核、月例会和专题调研制度。建立了节能减排企业内控标准体系；建立资源和能源信息管理平台，在全国冶金行业率先建成了“无人值守、无单据传递、无缺陷运行”的数据制造执行系统，达到国际先进水平。

2. 技术创新。成功开发应用了顶燃式热风炉技术、数字化加热炉技术、冶金“三干”技术、低温余热螺杆动力膨胀发电技术等十多项先进适用技术，大大提高了资源利用效率。有的技术在国内钢铁企业得到推广应用，并走出国门；有的技术已成为国内同行业设计首选技术，为行业循环经济技术进步做出了突出贡献。

3. 工艺装备升级优化。持续淘汰落后，优化工艺结构，实现了高炉、转炉、焦炉、烧结等主体设备的大型化、现代化，实现了工艺连续、紧凑、高效、低耗运行，现有装备全部符合钢铁产业政策要求，为发展循环经济奠定了良好的工艺基础。

4. 国家政策支持。莱钢充分利用国家相关政策支持

循环经济发展，目前获得认定的资源综合利用机组14台（套），资源综合利用产品24种，并获得国家财政支持数千万元。

莱钢被列为国家第一批循环经济试点单位，并取得积极成效。2008年吨钢综合能耗为649千克，固体废弃物综合利用率达到98.57%，吨钢耗水达到3.41吨，连续六年保持国内领先、国际先进水平。实现循环经济效益25亿元。

我们将以本次会议为契机，继续在低温余热螺杆发电等重点难点循环经济技术方面取得新的突破，并衷心期望国家有关部门在资金、技术、政策方面给予大力支持，努力把莱钢建成循环经济示范基地，为建设资源节约型、环境友好型社会做出更大的贡献！

（山东莱芜钢铁集团有限公司董事长、高级经济师　宋兰祥）

大力发展循环经济 打造绿色能化大集团

潞安矿业（集团）公司是国家第二批循环经济试点单位。近年来，按照科学发展观的要求，逐步转变经济增长方式，初步形成了煤碳、电力、石、化工、建材全面发展的新型能化企业集团。2008年，煤炭产量4209万吨，总销售收入352亿元，实现利润47亿元；资源采区回收率达到83.2%，万元产值能耗1.21吨标煤，工业固体废物综合利用率达到100%，工业用水复用率达到100%，节约能源35万吨标准煤。

潞安集团发展循环经济概括起来有五句话：发展战略是关键；延伸产业是主线；产业园区是载体；技术创新是支撑；公共参与是基础。

一、发展战略是关键

我们按照节约资源和保护环境基本国策的要求，制定并实施了“立足煤、延伸煤、超越煤，以循环经济为主导，拉长加粗煤—电—化、煤—焦—化、煤—油—化三条主产业链，实现资源效益最大化和社会环境效益最优化，建设既强又大国际化新潞安”的发展战略，通过“物尽其用、废物变原料”的产业链延伸，提高资源利用效率和效益，为建设资源节约型和环境友好型企业、实现企业可持续发展奠定了坚实基础。

二、延伸产业是主线

1.拉长煤—电—化产业链：把原煤加工成洗精煤、洗块煤、喷吹煤等产品，成为用户优先选购的对象；矿井及选煤厂产生的劣质燃料及矿井水、生活污水经处理后用于电厂发电。

2.拉长煤—焦—化产业链：用煤生产焦炭，焦炉煤气全部回收，经净化后供民用和生产甲醇、二甲醚，同时回收焦油、粗苯等，加工生产10多种精细化工产品，从根本上扭转了“焦多化少，只焦不化”的局面。

3.拉长煤—油—化产业链：通过国家“863”、“973”高新技术项目的支持，我公司开展了具有自主知识产权的、国内唯一煤炭间接液化技术研发并流出了第一桶煤基合成油，延伸了煤-油产业链。

4.积极开发建筑建材产业链。建设年产1.3亿标块的煤矸石砖厂，不但每年产生1800多万元的经济效益，还减少矸石堆放占地37.5亩，实现了节能、环保、经济效益的统一。

三、产业园区是载体

依据循环经济理念和产业生态学原理，我们创建了煤油、电化、煤电、焦化四个生态工业园，在不同企业之间形成了共享资源和互换副产品的共生组合关系，使上游环节的废物成为下游生产的原料，实现了资源的优化配置和高效利用。其中，屯留煤油园区是典型的循环经济园区。矿井采出的原煤，一部分用于洗选加工成喷吹煤销售；一部分用于煤制油。煤炭开采和洗选产生的中煤、煤泥、煤矸石全部用于发电；矿井水日排水量12860立方，经过处理后全部用于电厂和煤基合成油用水；矿井瓦斯年抽放量可达1亿立方以上，一部分用于发电，其余部分主要用于提取氢气，加氢裂解作为煤制油示范厂的氢源；电厂发出来的电用于煤矿生产、职工生活、煤基合成油，以及其他电化产业；发电余热供园区内的屯留煤矿、煤基合成油示范厂及周围城镇居民取暖。电厂以及煤基合成油示范厂灰渣全部用于制造水泥；煤制油尾气、驰放气回收用于生产优质化肥。在屯留园区收到了资源最大化利用，废物最小化排放，产业集约化发展的最佳效果。

四、技术创新是支撑

我们坚持与国内外科研院校的合作，开发具有自主知识产权的技术，为潞安集团发展循环经济提供重要支撑。

高炉喷吹煤新技术，是潞安集团首创地以贫煤、贫瘦煤研发出高炉喷吹煤新产品，产品性能指标成为国标的基准。喷吹煤用在炼铁过程中替代焦炭，减少了焦炭生产中能源、水的消耗和废物排放，起到了一举多得的作用。目前，潞安喷吹煤占全国市场份额的1/3，被中国冶金协会授予“中国喷吹煤基地”称号。

五、公共参与是基础

集团公司不断深化对发展循环经济重要性和紧迫性的认识，通过多种形式广泛宣传循环经济、节能减排知识，使潞安员工的资源意识、节能意识和环保意识不断提高，社会责任感明显增强。

潞安这几年发展循环经济的探索表明，推进节能可以降低生产成本，环保是企业形象和社会责任的重要组成，循环经济已经成为企业新增效益的来源，已成为落实科学发展观，建设资源节约型、环境友好型企业的有效实现形式。

（山西潞安矿业（集团）公司董事长、教授级高级工程师　任润厚）

安徽省以循环经济为指导开展农作物秸秆综合利用

一、秸秆综合利用基本情况

安徽是农业大省，农作物秸秆资源丰富，秸秆以水稻、小麦、玉米、油菜、棉花、豆类和薯类秸秆为主，秸秆资源总量大约在4000多万吨。据统计，2008年全省秸秆中，水稻秸秆约1466.5万吨，小麦秸秆约1401.5万吨，油菜秸秆约420.8万吨。稻、麦、油作物秸秆占全省农作物秸秆总量的82%左右。近年来，安徽省探索了以循环经济理念为指导，因地制宜，多措并举，化害为利，变废为宝，综合利用农作物秸秆资源的途径，创造出很多好的办法、好的经验，取得了较好的成效。

1.大力推广秸秆还田，努力增加土壤肥力。当前秸秆还田是秸秆综合利用的主要途径，通过还田可以有效改善土壤结构，提高土壤肥力，它的好处是简单、方便、易行。秸秆还田的方法有：粉碎直接还田、快速腐熟还田、田间地窖沤肥还田等。怀远县国有龙亢农场实现了小麦秸秆全量还田，采用大型拖拉机在深翻后将铺在地表的秸秆深埋。为保障秸秆还田顺利实施，该场在国家补贴的基础上，对职工购置秸秆还田机械给予50%补贴，对实施秸秆全量还田的家庭，给予每亩15元补贴。巢湖市居巢区开展油菜秸秆粉碎直接还田技术示范，采取翻耕结合，不增加农民的耕田成本，农民易于接受。目前全省秸秆覆盖、堆沤还田面积占农作物种植面积的10%左右。

2.积极发展秸秆栽培食用菌，促进农民就业增收。秸秆栽培食用菌产业在安徽省发展较快，以秸秆为纽带的食用菌生产再循环利用主要模式有：“秸秆－牛粪－食用菌－菌渣－肥田”。肥东县丰宝养殖有限责任公司是集食用菌（蔬菜）生产、加工、水产、畜牧养殖一体化的秸秆综合利用的公司，该公司以“产、学、研，公司＋合作社＋农户”的形式带动周边群众集体致富，仅入社会员户均种植食用菌1万袋以上，年创产值6万余元，纯收入达2万元。安徽鑫农食用菌有限公司以协会+公司+基地+农民户+市场的运作模式，以秸杆为主要原料，年生产各类食用菌达4000万袋，生产规模逐年扩大。同时，积极探索延长资源的产业链，为生产食用菌的废弃物寻找出路，基本实现资源循环利用、废弃物零排放。近年来，安徽省每年食用菌生产消耗作物秸秆60万吨左右，食用菌栽培面积1370万平方米，总产1.6亿公斤，产值3.7亿元。利用农作物秸秆资源发展食用菌产业，不仅有效地利用秸秆，而且对调整农村结构，促进农民增收起到了积极推进作用。

3.开发秸秆饲料，促进草食畜牧业的发展：皖北地区以饲养牛羊为主，主要是采取青贮、氨化、微贮、揉搓丝化等处理方式，把稻秆转化为优质饲料，年消耗农作物秸秆约550万吨，秸秆饲用率30%以上。肥东县桂和农牧渔业公司，每年制青贮饲料约8000万公斤。鑫华养殖公司，每年青贮玉米秸秆饲料1500多万公斤。临泉县养牛协会，每年氨化秸秆饲料都在数千万公斤以上，除自用外，还投放市场，供不应求。全省秸秆青贮、氨化总量分别达到982万吨和320.5万吨，占秸秆总量的30%左右。

4.积极发展秸秆能源。秸秆能源化利用是近年来安徽省综合利用秸秆的一条新途径，秸秆能源化利用技术主要包括秸秆固化成型燃料、秸秆发电、秸秆沼气（生物气化）、秸秆热解气化、秸秆干馏等方式。秸秆发电，已投产和在建的有阜阳、宿州、蒙城、安庆、舒城、蚌埠、南陵等秸秆发电厂。秸秆沼气（生物气化）处于研究和中试阶段。秸秆气化已示范运行，具备扩大示范应用的条件，全省现有8处秸秆气化集中供气站在运行，以秸秆为主料制气，通过管道集中向农户供应炊事燃料。

5.利用秸秆为原料，生产多种产品。一是生产木塑型材，二是生产人造板，三是生产轻型墙体材料和板材，四是生产活性炭，五是秸秆造纸。

二、秸秆综合利用的主要作法

1.领导重视，加强指导。安徽省委、省政府高度重视秸秆综合利用工作，王金山书记、王三运省长分别作出重要批示，要求省直有关部门和各市，认真做好有关工作。省政府多次组织召开会议，研究秸秆综合利用长效机制等问题。领导做表率，人大、政协领导经常到各地宣传、指导节能减排、秸秆综合利用方面的工作，省人大专门制定地方法规条文来支持此项工作，如《安徽省农业生态环境保护条例》，省人民政府还印发了《致全省农民朋友的一封信》，把秸秆综合利用的方法和技术，地告诉农民朋友。省发展改革委会同省农委编制了《安徽省秸秆综合利用规划》，加快推进全省秸杆利用工作。

2.部门合作，建章立制，统一规划创新工作方法。省直有关部门既分工，但又不分家，如在每年的农作物收割季节，省内宣传媒体通过各种形式将秸秆的禁烧和综合利用宣传到田间地头、家喻户晓，省环保部门首先是宣传和指导然后才是执法，农业部门采取各种措施将秸秆的综合利用最大化。

3.加大宣传，统一认识。充分利用报纸、电视、网络等宣传媒体，采取印发明白纸、举办培训班、送科技下乡等多种形式，深入宣传秸秆综合利用秸秆的途径，省电视台连续播放秸秆禁烧和综合利用技术滚动字幕，安徽新闻联播节目及时播报各地秸秆禁烧和综合利用情况。

4.技术指导、示范推广。几年来，安徽省有关部门针对各地实际，加大技术培训力度，因地制宜推广秸秆综合利用技术，创建各种类型的秸秆综合利用示范点，树立好典型，做给农民看，用实例说服农民，让他们主动参与。各市县农业部门举办各种形式的培训班，发放“明白纸”、宣传图册等，指导农民科学利用秸秆资源。

5.政府支持。各级政府出台优惠政策，鼓励企业利用秸秆资源。阜阳市政府明文规定，凡是秸秆综合利用项目，发展改革、环保等部门将优先立项审批；购置秸秆压捆、打包机、秸秆粉碎还田机等秸秆处理机械的，除优先享受中央、省财政购机补贴资金外，市、县（市、区）财政再分别补贴一定的购机资金；凡是加工秸秆的企业，均享受农产品加工企业税收政策，执行农业生产电价；运输车辆市内免收过桥过路费（高速公路除外）；项目所在地政府，负责协调解决秸秆收购、加工所需土地等问题。

（摘自《全国农作物秸秆综合利用经验交流材料之一》）

江苏省着力强化“五个机制” 全面推进秸秆综合利用工作

一、秸秆综合利用基本情况

江苏既是经济大省，也是农业大省，年产秸秆量在4000万吨左右，主要以水稻、小麦、油菜、玉米秸秆为主，占资源量80%以上。为切实提高秸秆综合利用率，促进农业可持续发展和生态文明建设，江苏省采取了一系列措施，推进秸秆综合利用工作。经过近几年来的努力，取得了积极成效，秸秆利用领域不断拓宽，技术创新能力得到加强，多元利用的产业化格局初步形成。2008年全省农作物秸秆利用量2360多万吨，综合利用率近60%，秸秆综合利用工作取得积极成效，突出体现在五个方面：

1.农作物秸秆露天禁烧工作成效显著。今年夏季江苏省已基本扭转了以往多年大面积露天焚烧秸秆的现象。

2.秸秆机械化还田得到大力推广。江苏省确定了一批示范试点县，启动了秸秆还田财政补贴工程，实施了一批秸秆还田示范项目，全省秸秆肥料化利用率达到23%。目前，许多秸秆还田示范乡镇秸秆还田率已达到80%，今年夏季全省秸秆机械化全量和根茬还田面积已超过1000万亩。

3.秸秆能源化利用发展较快。全省已批27家秸秆电厂，建有60多万处沼气池、100多处秸秆气化站，沼气集中供气、秸秆气化集中供气工程正在积极有序推进，全省秸秆能源化利用率达到20%。

4.秸秆工业原料化利用发展势头良好。近年来，江苏省尤其是苏北地区在秸秆制板、秸秆造纸、秸秆编织、秸秆化工等方面已形成一定的产业特色和规模优势，培育出了一批秸秆年利用量达数十万吨的规模化企业和特色产业基地，全省秸秆工业原料化利用率达到8%。

5.秸秆饲料化、基料化利用方式加快发展。利用率分别达到5%和3%，促进了农业增效、带动了农民增收。

二、着力强化五个机制，全面推进秸秆综合利用工作

在推进秸秆综合利用中，江苏省切实体现了“三个更加注重”：充分认识秸秆综合利用工作的艰巨性，更加注重法规制度和长效机制建设；充分体现疏堵结合、以疏为主的政策取向，更加注重疏通资源出路、突出产业化带动；充分挖掘秸秆的资源价值和商品价值，更加注重激发和调动农民的主动性、积极性。在工作举措上，着力强化了五个机制：

（一）突出强化法规保障机制

为将秸秆综合利用工作纳入法制化轨道，江苏省人大常委会在深入调研的基础上，于今年5月20日召开的江苏省十一届人大常委会第九次会议上审议通过了《江苏省人民代表大会常务委员会关于促进农作物秸秆综合利用的决定》，在全国率先制定了地方性法规，今年6月1日已开始实施。《决定》共十五条，对秸秆综合利用和禁烧目标、地方政府责任、编制规划、制定政策、严格奖惩等方面都作出了明确规定，为地方各级政府及政府部门依法行政提供了法律依据。

（二）突出强化组织领导机制

一是明确责任、制定方案。进一步明确了各市县人民政府是推进秸秆综合利用和秸秆禁烧工作的责任主体，要求各地切实将秸秆综合利用和禁烧工作作为推进节能减排、发展循环经济、促进农村生态文明建设的一项重要工作内容，纳入政府目标管理责任制，成立了秸秆禁烧和综合利用领导小组，详细制定了秸秆禁烧方案，建立了省、市、县、乡、村五级禁烧网络体系。

二是协同配合、统筹推进。省各有关部门按照职责分工，各司其职，密切协作，建立了由发展改革、农业、

经贸、科技、财政、环保等部门参加的协调机制，统筹推进秸秆综合利用工作，切实加强对各市县秸秆综合利用工作的督促和指导。

三是严格执法、加强巡查。根据省人大常委会《决定》明确的秸秆禁烧区域，各地划定了禁烧区域并向社会公布。在夏秋收种的关键时段，各地实行24小时巡查制度，设立24小时举报电话，组成巡查队，深入田间地头，及时制止违规行为。

四是加强宣传、舆论引导。今年夏收，全省各地通过召开动员会、现场会，借助报纸、电台、电视台等媒体进行广泛宣传。

（三）突出强化规划引导机制

根据国家发展改革委和农业部联合下发的《关于编制秸秆综合利用规划的指导意见的通知》要求，江苏省在全省组织开展了秸秆综合利用规划编制工作，着重抓了四个方面：

一是加强调查、摸清情况。在全省组织开展了秸秆资源调查和评价工作，取得阶段性成果，初步摸清了全省秸秆资源潜力和综合利用现状，为推进秸秆综合利用工作提供了可靠依据。

二是目标引领、适度超前。根据国家发展改革委、农业部关于规划编制指导意见提出的目标要求，结合省人大常委会《决定》规定的“到2012年，基本建立秸秆收集体系，基本形成布局合理、多元利用的秸秆综合利用产业化格局，全面禁止露天焚烧秸秆”的目标，研究确定了江苏省秸秆综合利用率2012年达到80%以上、2015年力争达到90%以上的目标。

三是因地制宜、分类指导。根据自下而上、逐级汇总的规划编制工作程序，遵循因地制宜、体现区域特色的原则，全省各市县秸秆综合利用规划均已编制完成。

四是工程示范、项目支撑。为切实将规划确定的目标任务落到实处，对各地规划编制工作都提出了明确要求，强调目标任务要落实到重点工程和项目上，各市县规划都已排出一批重点项目。

（四）突出强化政策扶持机制

一是试点示范、典型引路。在全省确定了10个秸秆综合利用示范县、5个试点县和30个秸秆机械化还田示范乡镇，制定了实施方案，具体细化秸秆利用的实施单位、地点和责任。

二是加强扶持、加大投入。安排专项资金，用于扶持农作物秸秆综合利用项目。秸秆还田、打捆等机具纳入了农机购置补贴范围，近几年仅省级财政对农机具购置补贴金额合计达3.6亿元，其中今年已拨付1.5亿元。对还田作业进行支持，15个示范县、试点县秸秆还田达标田地按照苏南地区8元、苏中地区10元和苏北地区15元的标准进行补贴，今年的补贴已达3380万元。此外，江苏省财政每年还拿出2000多万元对秸秆沼气集中供气、户用沼气、购买秸秆固化成型燃料设备进行补助。

三是拓宽渠道、多元利用。在抓好秸秆还田的同时，注重拓宽秸秆综合利用的领域，大力推进秸秆工业原料化、能源化、基料化、饲料化等多形式利用，进一步高效利用秸秆资源。目前，秸秆制作人造板、秸秆造纸、秸秆墙体材料等均已形成产业化规模，特别是秸秆制作人造板发展迅速，全省秸秆板材加工量已占全国五分之一，一批投资规模上亿元的秸秆工业原料化项目已开工建设。南京高淳县采用龙头企业+基地、公司+农户的产业化模式，已建成食用菌生产基地38个，种植面积达6000多亩，年利用秸秆量超过10万吨，已占该县秸秆总量的40%。

四是延伸链条、联动发展。近年来，随着全省秸秆综合利用领域的不断拓宽，产业的裂变、扩散、辐射效应进一步显现，带动了秸秆综合利用设备制造业和社会化服务业等下游产业的发展壮大，秸秆综合利用已初步形成较为完整的产业链。目前，全省秸秆设备制造业发展势头良好，已形成一批具有较大规模的设备生产企业。南通市机床厂自主研发的稻麦秸秆固化成型设备，集环保、高效、低能耗、自动化控制于一体，仅相当于同类设备能耗的25%，实现了长时间连续作业，核心技术已申报国家专利。秸秆食用菌基料产业的快速发展，促进了秸秆利用社会化服务体系的完善，高淳县已有2000多户农户加盟食用菌生产，农民经纪人100多人，稻草收购、培养料堆制和采菇专业服务队发展到30多个。

（五）突出强化科技支撑机制

一是加强技术研发。充分发挥江苏省科研院所、大专院校众多的优势，加强产学研联合。依托南京林业大学成立了“江苏省速生木材及农作物秸秆材料工程技术研究中心”，在农作物秸秆资源加工利用技术方面取得了突破性进展，其研发的农作物秸秆人造板制造技术获得了1项实用新型专利、申报了1项发明专利，已在江苏和湖北分别建成秸秆碎料板和中密度稻草板工业化生产线2条，鉴定了3项成果。

二是依托重点项目带动。世界最大酶发酵基地落户苏州太仓，工业酶制剂生产商诺维信利用酶技术实现秸秆资源生产第二代燃料乙醇，2010年将投入规模化生产。连云港市大盛板业有限公司引进英国核心技术，用麦秸秆生产“均质板”，附加值高，新型环保，市场前景看好。

三是强化技术服务。为确保秸秆机械化还田技术不走样，江苏省制订出台了6项作业标准，举办了多期技术培训班，对15个示范、试点县和30个示范乡镇的技术骨干进行了系统培训。扬州高邮等地组织对机手、种田大户进行技术培训。淮安泗阳、徐州丰县等地十分注重抓好农机大户和社会化服务组织的跟踪指导服务。据统计，全省各示范、试点县乡镇编制了《秸秆综合利用技术知识》、《秸秆综合利用宣传手册》，举办各种类型还田技术培训班382期，受训机手和农民达8万人次以上，有力推进了秸秆还田工作。

（摘自《全国农作物秸秆综合利用经验交流材料之二》）

第六部分

能源和再生能源

综合论述

中国在能源领域实施可持续发展

能源可持续发展问题是国际社会面临的共同挑战。长期以来，中国政府和社会各界对此也给予了高度重视。早在1994年我国制定《中国21世纪发展议程》的时候，就把能源列为我国实施可持续发展战略的重点领域之一。在就此议题展开讨论之前，请允许我简要介绍一下中国在能源领域实施可持续发展的一些做法。

一、坚持节约优先、效率为本

中国是人口众多、能源资源相对不足的发展中国家。要实现能源可持续发展，必须走节能提效的道路。通过长期不懈的努力，中国能源利用效率有了很大提高。1980年至2006年，中国GDP年均增长9.8%，而一次能源消费年均增长仅5.6%。按2005年不变价格计算，万元GDP能耗由1980年的3.39吨标准煤下降到2006年的1.21吨标准煤，年均节能率3.9%。最新统计资料显示，2007年万元GDP能耗比上年又有所下降。

为了实现节能减排，2007年，中国政府明确提出了全国“十一五”关停小火电机组5000万千瓦、当年关停1000万千瓦的目标。经过各方面共同努力、克服重重困难，2007年实际关停小火电机组1438万千瓦、计553台，平均关停机组容量2.6万千瓦。每年可节省原煤1880万吨，减排二氧化硫29万吨、二氧化碳3700万吨。

中国将继续坚持“节约资源”的基本国策，通过结构调整、技术进步、强化管理、深化改革、加强法制、动员全民节能和开展国际合作等多种途径，努力实现2010年单位GDP能耗比2005年降低20%左右的目标。

二、加快发展可再生能源

中国国家主席胡锦涛指出：加强可再生能源开发利用，是应对日益严重的能源和环境问题的必由之路，也是人类社会实现可持续发展的必由之路。

为促进可再生能源发展，中国已颁布实施了《可再生能源法》，制定了支持可再生能源发展的电价、税收、投资等政策，使近年来中国可再生能源发展明显加快。到2007年底，水电装机总容量达到1.45亿千瓦，年发电量达到4800多亿千瓦时，占到全部发电量的16%。2007年新增风电装机容量约340万千瓦，风电总装机容量超过了600万千瓦，在建风电规模达到上千万千瓦。太阳能热水器年生产能力已达到2300万平方米，太阳能热水器使用总量超过1.2亿平方米，占世界总使用量的60%。户用沼气池达到2700多万口，沼气年利用量达到了约110亿立方米。

2007年9月，中国政府发布了《可再生能源中长期发展规划》，明确提出了中国可再生能源发展的战略重点和总体目标，到2010年，可再生能源消费量将达到能源消费总量的10%，到2020年将达到15%。在风电领域，中国将重点建设甘肃河西走廊、苏北沿海和内蒙古三个1000万千瓦级的大风场，打造“风电三峡工程”。

三、积极发展清洁煤技术

中国的煤炭资源十分丰富，煤炭在一次能源结构中的主导地位在相当长的时间内不会改变。如何高效利用煤炭，减少对环境造成的负面影响是我们面临的一个重要课题。

中国积极开展洁净煤燃烧技术的研究、开发和应用，如IGCC、CFB、超临界、超超临界、烟气脱硫技术等，取得了较大的进步。目前，国产30万等级的CFB示范工程已投产发电，60万千瓦等级的大型循环流化床正在开展有关研究工作，一批60万千瓦和100万千瓦级超临界、超超临界火电机组也相继建成投产。随着煤炭燃烧技术的进步，煤耗也呈不断下降趋势，供电煤耗从1978年的471克/千瓦时下降到2007年的357克/千瓦时。

中国政府还出台了加快煤层气抽采利用的政策措施，煤层气产业得到快速发展。2007年，煤矿井下瓦斯抽采量44亿立方米，同比增加12亿立方米。地面瓦斯抽采量3.2亿立方米，同比增加2亿立方米。全国煤矿瓦斯利用量14.5亿立方米，同比增加3亿立方米。

中国正处在全面建设惠及13亿人口的小康社会进程中，工业化、城市化进程加快。以能源的可持续发展支持经济社会的可持续发展，是长期而艰巨的任务。中国政府制定了节约优先、立足国内、多元发展、保护环境、加强国际互利合作的能源发展战略，将坚持以能源的可持续发展支撑我国经济社会的可持续发展。

（摘自国家能源局副局长赵小平在亚洲协会第十八届企业年会上的主旨发言）

加强交流与合作
共同促进全球能源可持续发展

结合中国的情况就能源可持续发展问题谈三点看法，供大家参考：

一、中国“立足国内”的能源方针，基本满足了国民经济和社会发展的需要

中国是发展中大国，也是世界第二大能源生产国和消费国。中国现有13亿人口，人均消费能源很低。中国的能源供应主要立足国内，多年来能源自给率始终保持在90%以上。过去几十年来，中国以较低的能源增长速度支持了国民经济的快速发展；同时也为世界经济的繁荣作出了贡献。从现在起到2020年是中国建设小康社会的关键时期，能源发展既有新的机遇，也面临着严峻挑战。如中国能源资源总量比较丰富，但是人均占有量较低；在一次能源消费中，煤炭的比重接近70%，给环境保护带来很大的压力等。

中国政府十分重视能源问题，为维护和保障能源安全，中国政府将继续坚持“节约优先、立足国内、多元发展、保护环境和加强国际互利合作”的方针，努力构筑稳定、经济、清洁的能源供应体系，并着重调整能源结构，推进节约能源，加大国内能源资源的勘探开发力度，提高应急能力，加快建立国家石油储备体系，扩大国际能源合作，促进先进节能技术的研发应用，以确保能源市场稳定和供应安全。

二、妥善解决能源带来的环境问题，是实现可持续发展的关键

中国政府十分重视能源环保问题，并将“环境保护”作为能源政策的一个重要组成部分。在能源环境保护方面，我们主要作了以下几个方面的努力：一是努力提高能源效率，提倡能源节约，千方百计减少能源消耗。在目前的技术水平下，能源的生产与消费必然或多或少产生污染物排放，因此减少能源消耗实际上就是减少排放。多年来，中国政府高度重视节约能源，坚持开源与节流并重，并把节约放在首位，在节能方面已取得了明显进展。目前，中国政府制定了提高能源效率的目标：到2010年，单位国内生产总值能源消耗比2005年末降低20%。二是提高能源技术水平，广泛推广洁净煤等先进能源技术，减少污染物的排放。中国鼓励发展煤炭洗选、加工转化、先进燃烧、烟气净化技术。目前，中国30万、60万千瓦等级高效率、高参数的大型机组已经成为新建火电站的主力机组。多年来，中国能源环境保护取得显著进展，在火电装机大幅增加的情况下，电厂烟尘排放总量仍维持在1980年的水平。三是大力发展包括可再生能源在内的清洁能

源比重。为保护环境并逐步改变能源结构过分依赖煤炭的局面，我国在坚持煤为基础的同时，积极促进能源的多元发展，努力构建煤炭为主体、石油天然气、核能和可再生能源全面发展的能源结构。特别是在促进可再生能源发展方面，我国出台了一系列鼓励措施。目前，包括水电、风电在内的可再生能源比重约7%。根据能源中长期规划，到2020年这一比重将增加到15%。四是健全能源环保领域法规建设，为能源可持续发展创造良好的体制环境。

三、实现能源可持续发展需要世界各国的共同努力

能源是全球性问题，绝大多数国家都不可能离开国际合作而获得能源安全保障。同样，要实现能源可持续发展，也需要靠世界各国的共同努力。在上个世纪100年的时间里，占世界人口15%的发达国家陆续实现了工业化和现代化，促进了经济和社会的繁荣，但消耗了全球60%的能源和50%的矿产资源。进入新世纪的100年或更长时间，包括中国、印度、巴西等在内的占世界人口85%的发展中国家，将陆续实现工业化和现代化。从人类已经走过的历史过程来看，工业化是社会财富积累快、生活水平提高迅速的历史阶段，同时也是能源资源消耗大的历史阶段。如何解决日益严峻的人口、资源、环境与工业化加快、经济快速增长的矛盾，实现可持续发展，是人类发展需要回答的问题。

作为先行实现工业化和现代化的发达国家，应为能源可持续发展承担更大的责任。这不仅因为发达国家在推进工业化和现代化的过程中，已消耗了全球过多的能源和矿产资源，而且因为目前发达国家仍然是全球能源资源的主要消费者。发达国家大量消耗资源能源完成了工业化和现代化，也积聚了前所未有的、巨大的物质财富，应承担起与此相应的责任，致力于促进全球能源的可持续发展。为此，发达国家应当率先节约能源，减少单位GDP的能源消耗；应加大对能源技术研发的投入，积极推动清洁煤技术等高效率利用化石燃料方面的国际合作，加强可再生能源和氢能、核能等重大能源技术研发；应当更多地向发展中国家转让先进节能技术，处理好资金投入、知识产权保护、技术推广等问题，支持发展中国家更有效地利用能源。

IEF为开展能源领域内的交流沟通发挥了积极的作用，中国政府愿意积极参与IEF的多项活动，为共同推进能源的可持续发展做出努力。

（摘自国家能源局孙勤副局长 在第十一届国际能源论坛上的主旨发言）

中国在节能和提高能效方面所做的工作

在此介绍一下中国在节能和提高能效方面所作的工作。

20世纪，全球15%的人口在实现工业化的过程中，消耗了同期全球60%的能源和50%的矿产资源。在未来100年或更长的时间里，包括中国、印度在内的占世界人口85%的发展中国家，也将陆续实现工业化和现代化。如何解决人口、资源、环境与工业化加快、经济快速增长的矛盾，是人类发展需要回答的问题。大力节约能源，更快地提高能源效率，无疑是既能缓解能源资源约束、保障能源安全，又能保护环境、实现可持续发展的必然选择。

多年来，中国政府一直重视能源节约和提高能效，并为此进行了不懈努力：

第一，通过调整结构和淘汰落后产能节能。在宏观层面上，努力调整经济结构，增长方式转变，抑制高耗能行业过快增长。为此，政府发布了铁合金、焦炭等高耗能行业市场准入标准，并调整了相关产品关税，以减少能源消耗。在工业内部，我们加大了淘汰落后产能的力度，发布了火电、钢铁、水泥等13个行业“十一五”时期及2007年淘汰落后产能分地区、分年度计划。据统计，2007年全国共关停小火电机组1438万千瓦、淘汰落

后炼铁产能4659万吨、落后炼钢产能3747万吨、落后水泥产能5200万吨，落后小机焦产能1500万吨，关闭小煤矿2322处。通过结构调整和淘汰低效、落后产能，达到了节约能源和提高能效的目的。2007年，全国万元GDP能耗为1.166吨标准煤，比2006年下降3.27个百分点。

第二，通过技术进步节能。我们把支持节能技术研发作为政府科技工作的重点领域，在科技支撑和重大技术装备研制等计划中安排重大科技项目，加大对节能领域关键技术的开发力度。在节能技术推广方面，2007年印发了《中国节能技术政策大纲》，在钢铁、电力等重点行业召开专题技术推广会，积极推动采用高新技术和先进适用技术改造传统产业，不断提高科技在节能提效中的贡献率。

第三，通过加强管理节能。为加强节能管理，一是国务院成立节能减排工作领导小组，全面部署节能减排工作；二是建立了节能目标责任和评价考核制度，把GDP能耗降低目标分解落实到各地区和重点企业。三是加快实施节能重点工程并推动重点领域节能。中央政府利用财政资金重点支持余热余压利用，能量系统优化、工业锅炉改造、节约和替代石油、电机系统节能等工程。四是完善能效标识管理和节能产品认证制度，引导用户和消费者购买使用节能型产品。

第四，通过深化改革节能。一是加快资源性产品价格体制改革步伐，逐步形成有利于节约、能够反映稀缺程度的价格形成机制。二是加大财税政策对节能的支持，对企业节能技术改造、北方采暖地区既有居住建筑节能改造、高效照明产品推广采取财政奖励、政府补贴方式予以支持，同时出台了节能环保项目减免企业所得税和节能环保设备投资抵免企业所得税政策。三是实施节能产品政府强制性采购政策。2007年国务院发布了《关于建立政府强制采购节能产品制度的通知》，有关部门发布了节能产品政府采购清单。

第五，通过强化法制节能。一是修改《节约能源法》，把实践中形成的节能措施和有益经验上升为法律。二是严格执行强制性建筑节能标准。三是制定和修改主要工业耗能设备、家用电器、照明器具、机动车能效标准，以及重点耗能行业节能设计规范，不断完善节能标准体系。

第六，通过全民参与节能。一是坚持政府机关带头节能。二是加强节能宣传，提高公众节能意识，倡导健康文明的节约文化，使节约能源、提高能效逐步成为每个公民的自觉行为模式。2007年，17个中央政府部门在全国范围内组织开展了“节能减排”全民活动，并推出全国节能形象大使，开设节能信箱，搜集全社会对节能工作的建议。

节约能源、提高能效关系到全球能源资源平衡和环境保护，因此，它也是世界各国共同的责任。在这一领域，中国已经通过多边和双边机制，与包括日本、美国在内的许多国家及国际组织开展了有成效的交流与合作。我希望，通过今天的讨论，能够进一步加深各国在节能领域的相互了解，达到交流经验、共同提高的目的。同时，我也期待着各位部长就如何开展务实合作、推进先进能效技术的转让和推广发表意见。

（摘自国家发展改革委副主任、国家能源局局长张国宝在G8+3能源部长会“能效”议题部分的主旨发言）

能源安全及相关问题

中印日美韩是世界上主要的石油消费国和石油进口国，对原油的安全供应和价格有着共同的关切。2006年12月，不断上涨的国际石油价格促使我们相聚北京，探讨保障能源安全和促进能源可持续发展的途径，并发表了“中印日美韩五国能源部长联合声明”。一年半后的今天，我们再次聚首，探讨的主题仍然是能源安全及相关问题，只是我们的心情更加沉重。从第一次五国能源部长会到现在，只是一年半的短短时间，但国际石油价格却由2006年底的60多美元/桶上涨到今天超过130美元，整整翻了一倍！

谈到油价上涨，不可避免地要谈到促使油价上涨的原因。在今年4月于罗马召开的第十一届国际能源论坛（IEF）上，与会代表就此展开了热烈的讨论。有代表强调能源基础设施投资和炼油能力的不足，也有人认为是世界石油供需不平衡所引起，还有代表则强调金融市场动荡、美元贬值、地缘政治、市场投机等是石油价格上涨过快的主要因素。还有人认为是中国、印度等新兴工业化国家能源消费增加所致。在本次会议事务级磋商中也并未就此达成共同看法。

借此机会，我也想就石油市场及油价问题谈点看法，供大家参考。

进入二十一世纪以来，国际石油市场的两大特点越来越明显。一是石油市场的全球化。航运与通信的发达使得石油运输和交易变得更加容易，石油演变成一个全球性公共物品，石油安全也不再是任何单一国家的任务。一个国家无论多么强大，都不可能独善其身地脱离国际市场来保障自己的能源安全。二是石油市场与金融市场的关系空前紧密。随着全球化的推进，石油已经从一个关乎国家安全的战略物资演变成为一个在全球化市场里与金融市场联系紧密、受多种因素影响的、贸易量最大的商品。石油作为世界上最大的贸易商品，不再是简单地按照买卖双方的合同来付款取货，大量的石油交易是通过金融市场来完成的。在金融市场上，许多油商买石油并不是为了使用，而只是为了卖油来赚钱。因此，当今的石油价格已经远远不是传统意义上以边际成本来确定的、真正的石油价格了，而是一个受诸多因素影响的金融学概念。

常常有人将油价上涨归咎于正处于工业化过程中的发展中国家如中国、印度的石油消费增加。我们认为这种说法是不全面的，也可能是抓了芝麻丢了西瓜。让我们回顾一下近年来世界石油消费增长的情况。根据BP统计，自2003年至2006年，世界石油消费总量分别比上一年增加1.9%、3.8%、1.2%和0.7%，与历史相比，这一增长率完全在正常范围（上世纪六十年代世界石油消费年增长率通常在7%以上）；其次，从全球供需来看，基本处于平衡，除局部自然灾害和局部战争等原因造成的短期影响外，并没有出现石油供不应求的局面。因此，仅仅从石油供需的角度很难解释石油价格如何从1998年最低9美元/桶上升到目前的水平。但如果将石油价格放到以上我所谈到的大背景下，就不难理解石油价格为什么近年来节节攀升的原因所在了。因为，当石油作为一种商品用来投资和投机时，任何相关的因素如消费增加、汇率变化、地缘政治、政治动荡、自然灾害等等都可能成为投机和炒作的理由。

我们无需指责谁应该为油价上涨负责，而是想说明：在目前复杂的国际环境和金融环境下，能源安全所面临的挑战是如何艰巨！而面对挑战，面对如此飞涨的油价，面对高油价给世界经济和社会带来的沉重负担，作为亚太地区主要石油消费国和进口国的能源部长，我们又能作些什么？

第一次五国能源部长会期间，我们曾围绕能源安全、石油储备、能源多元化、替代能源、投资环境、提高能效、国际合作等问题进行了探讨，在此次会议上，我提议各位部长阁下继续围绕这些议题进行深入讨论的同时，也可就如何理解石油市场与金融市场的关系，如何打击石油市场中的过度投机行为等问题展开交流，以应对目前面临的严峻挑战。

中国、印度、日本、韩国和美国是世界上重要的能源消费大国和进口大国，在世界石油市场上占有举足轻重的地位。我衷心希望大家能够利用这个难得的机会，正视石油市场存在的问题，而不仅仅是从本国的立场出发，对石油市场明显存在的问题视而不见，这样只会使任何研究能源问题的国际会议变成空谈。五国能源部长会议是我们坦诚深入地交换意见，加深了解，扩大共识的场所，希望通过这样的交流，不断提升我们五国之间的能源合作水平，为促进国际能源安全和可持续发展共同努力。

（摘自国家发展改革委副主任、国家能源局局长张国宝 在五国能源部长会开幕式上的主旨发言 ）

可再生能源的开发利用

（2008年3月4日）

2005年，中国政府举办了北京国际可再生能源大会，来自92个国家、地区、有关国际组织和非政府组织的1200多名代表参加了会议。中国国家主席胡锦涛向大会发来了书面致辞，指出加强可再生能源开发利用，是应对日益严重的能源和环境问题的必由之路，也是人类社会实现可持续发展的必由之路。同时强调，加快可再生能源开发利用，必须加强国际合作，国际社会应该在研究开发、技术转让、资金援助等方面加强合作，使可再生能源在人类经济社会发展中发挥更大作用。

北京国际可再生能源大会举办了部长论坛、技术发展报告、国际合作和多方对话等活动，还安排了投融资、企业家、技术交流、南南合作四个专题论坛，为与会的政府代表、科学家、企业家和非政府组织代表交流搭建了良好的平台。80余位代表作了主旨发言。大会全面回顾总结了世界可再生能源的发展历程，分析了可再生能源发展状况和存在问题，交流了世界可再生能源发展经验，讨论了加强国际合作等有关问题。大会通过的《可持续发展可再生能源北京宣言》，进一步深化和扩大了参会各国对支持可再生能源发展的共识。

《北京宣言》强调，开发利用可再生能源具有实现能源多样性、增加能源供应、提高能源安全、保护生态环境、增加就业、消除贫困和减缓气候变化等多种效益；要加强国际合作，发达国家要在资金和技术方面支持发展中国家，特别是要进行技术转移，支持发展中国家建立可再生能源产业体系。

北京大会以来，中国可再生能源发展明显加快。2006年1月，《可再生能源法》开始施行；中国政府制定了支持可再生能源发展的电价、税收、投资等政策，建立了支持可再生能源发展的财政专项资金和全网分摊的可再生能源电价补贴制度。2007年9月，中国政府发布了《可再生能源中长期发展规划》，明确提出了中国可再生能源发展的战略重点和总体目标，到2010年，可再生能源消费量将达到能源消费总量的10%，到2020年将达到15%。

2007年6月，中国政府发布了《中国应对气候变化国家方案》，将发展风能、生物质能等可再生能源作为应对气候变化和减排温室气体的重要措施。2007年12月，中国政府发布了《中国的能源状况与政策》白皮书，明确提出实现能源多元化的发展战略，将大力发展可再生能源作为国家能源发展战略的重要组成部分。

到2007年底，水电装机总容量达到1.45亿千瓦，年发电量达到4800多亿千瓦时，占到全部发电量的16%。2007年新增风电装机容量约340万千瓦，风电装机容量达到了600万千瓦，风力发电技术水平迅速提高，产业化能力大幅增长。太阳能热水器年生产能力已达到2300万平方米，太阳能热水器使用总量超过1.2亿平方米，占世界总使用量的60%。生物质能开发利用也有较大发展，其中户用沼气池达到2700多万口，沼气年利用量达到了约110亿立方米。2007年可再生能源利用量约2.2亿吨标准煤，占一次能源消费总量的8.5%。

近年来，世界能源需求持续增长，能源价格显著上涨，能源安全和可持续利用成为各国高度关注的问题。大力开发利用可再生能源是加强能源安全、推动经济发展和应对气候变化的根本措施之一。中国代表团愿意与参会各方进行深入广泛的讨论，促进可再生能源的健康发展。

可持续发展是世界各国的共同愿望。资源短缺、环境污染、气候变化和生活贫困是全人类共同面临的问题，应对这些问题是我们共同的责任，需要我们加强合作，共同探索新的应对思路和机制。

京都议定书所倡导的清洁发展机制(CDM)，促进了世界可再生能源的开发利用。作为京都议定书的补充，亚太地区建立了气候变化和清洁发展伙伴计划，力求建立一种通过技术进步和技术扩散推动清洁能源发展的新途径。各国之间正广泛开展各种形式的多边和双边可再生能源合作。但是，从全世界范围看，可再生能源在能源总消费中的比例还很低，在市场、技术、资金等方面还面临很多问题。借此机会，我就加快推进世界可再生能源发展，谈几点想法。

1. 制定既符合世界持续发展需要又适合各自国家实际的可再生能源发展目标。可再生能源发展的一项重要指标是其在世界一次能源消费中的比例。我们应该达成一种共识，逐步提高可再生能源的比重。但是，由于各国在资源条件、经济发展阶段等方面的差别，制定各国统一的可再生能源发展目标是不现实的。各国应根据自身条件制定可再生能源发展目标，使本国的可再生能源利用量在能源消费中的比例稳步提高，从而实现全世界可再生能源占能源消费量的比例逐步提高。另外，我们应该考虑研究承担可再生能源目标义务的新政策框架，例如，是否可以对能源生产和供应企业，特别是占有世界重要能源资源的大公司提出可再生能源配额要求。

2. 建立共同支持可再生能源技术创新和技术转移的新机制。技术发展是实现可再生能源开发利用产业化、市场化的基本推动力。相对于发达国家而言，发展中国家发展可再生能源的财力有限，依赖从发达国家及跨国公司购买设备和技术，不得不承受更高的可再生能源开发利用成本，这严重抑制了可再生能源在发展中国家的发展。我认为，发达国家可以发挥资金、技术的优势，发展中国家可以发挥资源、市场的优势，建立“政府支持、企业联合、成果共享、协同推广、互惠互利”的技术研发和产业化发展新模式，从而使可再生能源有更强的生命力。

3. 加快发展中国家的可再生能源人才培养和产业体系建设。人才和产业体系是大规模开发利用可再生能源的基础条件，人才短缺和缺乏支撑可再生能源发展的产业服务体系对发展中国家而言尤其突出。应加强国际性的可再生能源人才培养，重点支持发展中国家，发达国家可在这方面发挥更积极的作用。联合国相关机构、世界银行等国际组织应协调和支持发展中国家的产业服务体系建设，加快制定和普及可再生能源技术、产品的标准，建立产品和技术的检测、认证和监管体系。目前，在可再生能源领域，存在少数大公司技术垄断的现象，应该建立互惠互利、相互促进的国际技术合作机制。

我相信只要世界各国坚持共同的理念，明确共同的目标，承担各自的责任，加强合作和相互支持，一定能加快推动可再生能源的快速发展，在不远的将来使世界能源转向一种可持续的模式，使我们今日的烦忧不再存在，子孙后代更加充满希望，形成一个更加美好和谐的世界。

（摘自国家发展改革委副主任张晓强在2008年华盛顿“国际可再生能源大会”开幕式上的讲话）

北京新能源发展情况

3月17日，国家能源局刘琦副局长带队到北京延庆县对新能源发展情况进行调研，听取了北京市发展改革委、延庆县委县政府关于新能源开发利用特别是农村新能源建设的介绍，现场察看了官厅风电场、德清源养殖场沼气发电、沈家营村阳光浴室、姜家台秸秆气化工程、中科院太阳能热发电工程。

北京市非常重视能源结构调整，从实现“绿色奥运”到构建可持续发展城市，努力提高清洁能源比重。2008年，北京市能源消费总量6550万吨标准煤，其中，煤炭占38%，石油天然气占37.7%，接受外送电占21.5%，可再生能源占2%。北京市大力支持新能源特别是农村新能源建设，规划到2010年可再生能源比重达到4%。延庆的太阳能、风能、地热能、生物质能资源丰富，为北京市新能源示范县。已建成6.5万千瓦风电场，中科院组织的太阳能发电试验项目正在抓紧建设，农村推广的新能源“三起来”（亮起来、暖起来、循环起来）工程、已取得初步成效。

北京市已支持建设了200个农村阳光浴室，61个秸秆气化站，并利用养殖场沼气工程为周围村民供气。阳光浴室利用太阳能热水工程（以生物质炉为补充热源）建设公共浴室，解决了农村居民的洗澡问题，改善了农民的生活质量。为一个200多户的村子建设的阳光浴室总投资平均约80万元，全部由政府投资，村集体负责运行管理。新建的生物质气化站技术有较大改进，为村民供上了清洁的管道燃气，实现了“一人烧火，全村做饭”。另外，支持农村建设吊炕，使传统的取暖炕下部悬空，增加了炕的散热面积，更加实用美观。另外，还有一些养殖场的沼气工程为周围村子供应沼气，使农户用上了清洁的管道燃气。2008年，北京市对农村新能源建设投入2亿多元，下一步还将继续在农村推广新能源技术，使农村生活用能状况实现根本改变。

刘琦同志充分肯定了北京市在能源结构调整、节能和发展新能源方面取得的成绩，指出延庆县建设新能源示范区要以新能源和生态优势带动新型工业发展，重点发展新技术研发基地、绿色产业和现代服务业，例如建设新能源培训教育基地，建设新能源博物馆，举办新能源和绿色环保产业博览会等，创造出新的经济发展模式。他强调，可再生能源开发利用要多元化，按照循环经济的思路充分利用好各种资源，推动经济发展模式的转变；要重视世界新能源发展的动向，抓住新能源发展的历史机遇，认真分析总结“十一五”可再生能源规划实施的经验和问题，提前开展研究“十二五”可再生能源发展规划，使我国在世界可再生能源发展中走在前列。

提出两岸光伏产业合作4项建议

国家发展改革委能源研究所名誉所长张国宝2009年3月24日在台湾就两岸光伏产业合作提出推动产业进步、开拓国际市场、合作启动内需市场、充分利用太阳能资源等4项建议。

经过近年来的快速发展，两岸光伏产业都已在世界市场上占有一席之地，光伏电池产量的市场份额占世界的40%左右，其中大陆约占30%，台湾约占10%。

张国宝提出的两岸业界合作4项建议是：

1.加强交流合作，共同推动光伏产业技术进步。突破晶体硅材料生产的瓶颈制约，实现经济规模化生产符合环境要求的晶体硅材料；尽最大努力提高光伏电池的转换效率；优化太阳能电池的生产流程，降低晶体硅片的厚度，减少材料的消耗量。

2.发挥优势互补，共同开拓国际市场。在世界排名前35位的光伏电池生产企业中，大陆有10家，台湾有4家，两岸企业有条件强强联合，做到合理分工，实现优势互补，发挥好台湾的技术优势，提高光伏电池的技术水平，发挥大陆资源丰富的优势，大幅降低光伏产品制造成本，提高两岸光伏企业的市场竞争力，携手合作开拓国际市场。

3.完善政策措施，启动内需光伏市场。目前光伏产品市场主要在国际市场，需要尽快启动内需光伏发电市场，这对推动光伏发电产业健康发展、积累光伏发电建设和管理经验具有重要作用。大陆正开展大型并网光伏发电站的建设示范工作，也将加快研究制定城市建筑安装小型分散并网光伏电池的支持政策。两岸有关管理部门应加强交流合作，制定和完善促进光伏发电发展的政策措施，加快启动内需光伏发电市场，为增加电力供应，应对能源环境问题，特别是减排温室气体作出积极贡献。

4.拓展合作领域，充分利用太阳能资源。除太阳能光伏发电外，太阳能热利用也极具发展前景。两岸可以在太阳能热利用技术方面加强合作，共同推动太阳能各种利用技术的进步和发展，不断提高太阳能利用技术水平和能力，扩大利用的范围和领域。

产业发展政策

关于加快推进太阳能光电建筑应用的实施意见

财建[2009]128号

各省、自治区、直辖市、计划单列市财政厅（局）、建设厅（委、局），新疆生产建设兵团财务局、建设局：

为贯彻实施《可再生能源法》，落实国务院节能减排战略部署，加强政策扶持，加快推进太阳能光电技术在城乡建筑领域的应用，现提出以下实施意见：

一、充分认识太阳能光电建筑应用的重要意义

1. 推动光电建筑应用是促进建筑节能的重要内容。随着我国工业化和城镇化的加快和人民生活水平提高，建筑用能迅速增加。我国太阳能资源丰富，开发利用太阳能是提高可再生能源应用比重，调整能源结构的重要抓手。城乡建设领域是太阳能光电技术应用的主要领域，利用太阳能光电转换技术，解决建筑物、城市广场、道路及偏远地区的照明、景观等用能需求，对替代常规能源，促进建筑节能具有重要意义。

2. 推动光电建筑应用是促进我国光电产业健康发展的现实需要。近年来，我国光电产业呈现快速增长态势，目前已经成为世界第一大太阳能电池生产国，有一批具有国际竞争力和国际知名度的光电生产企业，已形成具有规模化、国际化、专业化的产业链条。但目前国内市场需求不足，过度依赖国际市场，加大了市场风险，在一定程度上影响了产业发展。推动光电建筑应用，拓展国内应用市场，将创造稳定的市场需求，促进我国光电产业健康发展。

3. 推动光电建筑应用是落实扩内需、调结构、保增长的重要着力点。推动光电在城乡建设领域的规模化、专业化应用，可以有效带动高新技术及节能环保领域的资金投入，可以促进建材、化工、冶金、装备制造、电气、建筑安装、咨询服务等多个产业实现调整升级，对于实现产业结构调整，促进经济增长方式转变，扩大就业，具有十分重要的现实意义。

二、支持开展光电建筑应用示范，实施“太阳能屋顶计划”

为有效缓解光电产品国内应用不足的问题，在发展初期采取示范工程的方式，实施我国“太阳能屋顶计划”，加快光电在城乡建设领域的推广应用。

1. 推进光电建筑应用示范，启动国内市场。现阶段，在条件适宜的地区，组织支持开展一批光电建筑应用示范工程，实施“太阳能屋顶计划”。争取在示范工程的实践中突破与解决光电建筑一体化设计能力不足、光电产品与建筑结合程度不高、光电并网困难、市场认识低等问题，从而激活市场供求，启动国内应用市场。

2. 突出重点领域，确保示范工程效果。综合考虑经济性和社会效益等因素，现阶段在经济发达、产业基础较好的大中城市积极推进太阳能屋顶、光伏幕墙等光电建筑一体化示范；积极支持在农村与偏远地区发展离网式发电，实施送电下乡，落实国家惠民政策。

3. 放大示范效应，为大规模推广创造条件。通过示范工程调动社会各方发展积极性，促进落实国家相关政策。加强示范工程宣传，扩大影响，增强市场认知度，形成发展太阳能光电产品的良好社会氛围；促进落实上

网分摊电价等政策，形成政策合力，放大政策效应；将光电建筑应用作为建筑节能的重要内容，在新建建筑、既有建筑节能改造、城市照明中积极推广使用。

三、实施财政扶持政策

国家财政支持实施“太阳能屋顶计划”，注重发挥财政资金政策杠杆的引导作用，形成政府引导、市场推进的机制和模式，加快光电商业化发展。

1. 对光电建筑应用示范工程予以资金补助。中央财政安排专门资金，对符合条件的光电建筑应用示范工程予以补助，以部分弥补光电应用的初始投入。补助标准将综合考虑光电应用成本、规模效应、企业承受能力等因素确定，并将根据产业技术进步、成本降低的情况逐年调整。

2. 鼓励技术进步与科技创新。为激励先进，将严格设定光电建筑应用示范的标准与条件。财政优先支持技术先进、产品效率高、建筑一体化程度高、落实上网电价分摊政策的示范项目，从而不断促进提高光电建筑一体化应用水平，增强产业竞争力。

3. 鼓励地方政府出台相关财政扶持政策。将充分调动地方发展太阳能光电技术的积极性，出台相关财税扶持政策的地区将优先获得中央财政支持。

四、加强建设领域政策扶持

各级建设主管部门要切实履行职责，把太阳能光电建筑应用作为建筑节能工作的重要内容，完善技术标准，推进科技进步，加强能力建设，逐步提高太阳能光电建筑应用水平。

1. 完善技术标准。各级建设主管部门要大力推动建筑领域中有关太阳能光电技术应用的国家相关技术标准的贯彻和执行，并结合本地实际，积极研究制定太阳能光电技术在建筑领域应用的设计、施工、验收标准、规程及工法、图集，促进太阳能光电技术在建筑领域应用实现一体化、规范化。各光电企业也应要制定本单位产品在建筑领域应用的企业标准，提高应用水平。

2. 加强质量管理。各地建设主管部门要加强对太阳能光电技术应用项目的质量管理，在项目建设过程中，依据国家法律法规和工程强制性标准加强监督检查和指导，对不符合现行有关标准或不能实现项目预期节能目标的要责令改正。

3. 加强光电建筑一体化应用技术能力建设。各级建设主管部门要充分依托相关机构，做好光电建筑应用示范项目的技术支撑工作；要积极为光电生产企业、设计单位、施工企业提供公共服务，整合各方面力量，推动太阳能光电生产、设计、施工三者有效结合，提高光电建筑一体化应用能力。

各地应建立推进太阳能光电技术在建筑领域应用的工作协调机制，切实加强对推进光电建筑应用工作的领导。财政、建设等相关部门要加强组织领导和统筹协调，依托现有的建筑节能机构，由专门人员具体负责，抓紧制订光电建筑应用实施规划以及具体实施方案，协调项目实施工作，解决推进工作中的问题，及时总结经验进行推广。

财政部 住房和城乡建设部

二〇〇九年三月二十三日

节能与新能源汽车示范推广管理暂行办法

财建[2009]6号

根据国务院关于“节能减排”、“加强节油节电工作”和“着力突破制约产业转型升级的重要关键技术，精心培育一批战略性产业”战略决策精神，为扩大汽车消费，加快汽车产业结构调整，推动节能与新能源汽车产业化，财政部、科技部决定，在北京、上海、重庆、长春、大连、杭州、济南、武汉、深圳、合肥、长沙、昆明、南昌等13个城市开展节能与新能源汽车示范推广试点工作，以财政政策鼓励在公交、出租、公务、环卫和邮政等公共服务领域率先推广使用节能与新能源汽车，对推广使用单位购买节能与新能源汽车给予补助。其中，中央财政重点对购置节能与新能源汽车给予补助，地方财政重点对相关配套设施建设及维护保养给予补助。为加强财政资金管理，提高资金使用效益，我们制定了《节能与新能源汽车示范推广财政补助资金管理暂行办法》，现印发给你们，请遵照执行。

为保证试点工作的顺利进行，各试点省（市）财政部门要会同科技主管部门等切实加强组织领导，依据本通知及财政部、科技部有关文件规定，抓紧制定节能与新能源汽车示范推广实施方案报财政部、科技部。同时，试点城市要跟踪节能与新能源汽车示范运行情况，定期将实际节能效果、财政补助资金安排使用情况以及试点工作中发现的问题函告财政部、科技部。

附件：节能与新能源汽车示范推广财政补助资金管理暂行办法

财政部 科技部

二OO九年一月二十三日

附

节能与新能源汽车示范推广财政补助资金管理暂行办法

第一章 总 则

第一条 根据《国务院关于加强节能工作的决定》（国发〔2006〕28号）、《国务院关于印发节能减排综合性工作方案的通知》（国发〔2007〕15号）和《国务院关于进一步加强节油节电工作的通知》（国发〔2008〕23号）精神，中央财政从节能减排专项资金中安排部分资金，支持国家节能与新能源汽车示范推广。为加强节能与新能源汽车示范推广财政补助资金（以下简称示范推广补助资金）管理，提高资金使用效益，特制定本办法。

第二条 本办法所称节能与新能源汽车主要指混合动力汽车、纯电动汽车和燃料电池汽车。

第三条 示范推广补助资金按照科学合理、公正透明的原则安排使用，并接受社会各方面监督。

第二章 支持对象和方式

第四条 根据节能与新能源汽车特点以及交通状况，在示范推广初期，主要选择部分大中城市的公交、出租、公务、环卫和邮政等公共服务领域进行试点。

第五条 中央财政对试点城市相关公共服务领域示范推广单位购买和使用节能与新能源汽车给予一次性定额补助。

地方财政要安排一定资金，对节能与新能源汽车购置、配套设施建设及维护保养等相关支出给予适当补助。

第六条 示范推广补助资金专项用于购买节能与新能源汽车的相关支出。

第三章 支持条件

第七条 示范推广的节能与新能源汽车必须符合下述条件：

（一）必须纳入《节能与新能源汽车示范推广应用工程推荐车型目录》。

（二）混合动力乘用车和轻型商务车与同类传统车型相比节油率必须达到5%以上，混合动力客车节油率必须达到10%以上。

（三）混合动力汽车最大电功率比和节油率必须经具备资质的第三方检测机构依据GB/T19753-2005《轻型混合动力电动汽车能量消耗量试验方法》、GB/

T19754-2005《重型混合动力电动汽车能量消耗量试验方法》等检测后确定。

（四）生产企业对动力蓄电池等关键零部件必须提供不低于3年或15万公里（以先到者为准）的质保期限。

（五）汽车生产企业和动力蓄电池等关键零部件生产企业必须具备一定的产能规模。

第八条 示范推广单位必须采取招标方式择优采购节能与新能源汽车，并确定示范推广的节能与新能源汽车车型、数量、价格以及售后服务等。

第四章 补助标准

第九条 补助标准主要依据节能与新能源汽车与同类传统汽车的基础差价，并适当考虑规模效应、技术进步等因素确定。公共服务用乘用车和轻型商用车示范推广具体补助标准见附表一，城市公交客车示范推广具体补助标准见附表二，特种车辆补助标准参照上述补助标准确定。

第五章 资金的申报和下达

第十条 示范推广单位根据购买使用的汽车车型、数量和规定的补助标准等提出资金申请报告（见附表三），并提供下述材料：

（一）与生产企业签订的中标协议、购销合同等有关凭证；

（二）车辆购进发票等有关凭证；

（三）第三方检测机构出具的检测报告；

（四）地方配套资金安排和使用情况；

（五）其他需要提供的材料。

第十一条 示范推广单位的资金申请报告按属地原则，经当地财政、科技部门审核后，报省级财政和科技部门。

第十二条 省级财政和科技部门对企业资金申请报告复核后，分别于每年3月30日、8月30日前联合上报财政部、科技部（见附表四）。

第十三条 财政部会同科技部组织对申报材料进行审查，核定具体补助金额，并按规定下达预算，拨付补助资金。

第六章 资金监督管理

第十四条 示范推广单位对申报材料的真实性负责。对弄虚作假、骗取财政补助资金的单位，将扣回补助资金，并取消示范推广单位的资格。

第十五条 示范推广补助资金必须专款专用，任何单位不得以任何理由、形式截留、挪用。对违反规定的，将依照《财政违法行为处罚处分条例》（国务院令第427号）等有关规定，依法追究有关单位和人员的责任。

第七章 附 则

第十六条 本办法由财政部、科技部负责解释。

第十七条 本办法自印发之日起施行。

附表一 公共服务用乘用车和轻型商用车示范推广补助标准 （略）

附表二 十米以上城市公交客车示范推广补助标准（略）

附表三 节能与新能源汽车示范推广财政补助资金申请表（略）

附表四。节能与新能源汽车示范推广财政补助资金申请汇总表（略）

2008年各省、自治区、直辖市单位GDP能耗等指标公报

国家统计局 国家发展和改革委员会 国家能源局

2009年6月30日

现将2008年各省、自治区、直辖市单位GDP能耗、单位工业增加值能耗、单位GDP电耗公布如下：

省 市	单位GDP能耗		单位工业增加值能耗		单位GDP电耗	
	指标值（吨标准煤/万元）	上升或下降（±%）	指标值（吨标准煤/万元）	上升或下降（±%）	指标值（千瓦时/万元）	上升或下降（±%）
全 国	1.102	−4.59	2.189	−8.43	1375.29	−3.30
北 京	0.662	−7.36	1.037	−12.68	719.61	−5.10
天 津	0.947	−6.85	1.053	−13.85	910.42	−10.49
河 北	1.727	−6.29	3.315	−14.33	1492.81	−5.50
山 西	2.554	−7.39	4.885	−9.33	2288.87	−10.03
内蒙古	2.159	−6.34	4.190	−14.12	1887.32	−10.20
辽 宁	1.617	−5.11	2.426	−8.42	1223.81	−8.17
吉 林	1.444	−5.02	1.979	−6.96	885.93	−7.45
黑龙江	1.290	−4.75	1.895	−6.63	865.90	−4.69
上 海	0.801	−3.78	0.958	−5.05	884.13	−3.28
江 苏	0.803	−5.85	1.265	−10.35	1149.44	−5.89
浙 江	0.782	−5.49	1.182	−9.19	1202.08	−3.60
安 徽	1.075	−4.52	2.338	−9.92	1106.81	−0.86
福 建	0.843	−3.70	1.180	−10.05	1098.56	−4.98
江 西	0.928	−5.53	1.941	−14.12	942.16	−5.13
山 东	1.100	−6.47	1.698	−10.24	1001.08	−6.30
河 南	1.219	−5.10	3.079	−10.83	1266.23	−2.77
湖 北	1.314	−6.29	2.679	−12.72	1103.90	−5.63
湖 南	1.225	−6.72	1.983	−11.84	975.49	−9.92
广 东	0.715	−4.32	0.869	−11.32	1085.49	−6.17
广 西	1.106	−3.97	2.335	−10.35	1254.15	−1.92
海 南	0.875	−2.55	2.609	−1.91	979.24	−2.12
重 庆	1.267	−4.97	2.106	−10.41	1090.19	−5.04
四 川	1.381	−3.55	2.477	−5.46	1156.37	−6.15
贵 州	2.875	−6.11	4.323	−11.59	2452.21	−7.89
云 南	1.562	−4.79	2.847	−9.78	1654.94	−2.92
陕 西	1.281	−5.92	2.009	−11.48	1256.02	−6.28
甘 肃	2.013	−4.53	4.050	−5.66	2539.00	0.09
青 海	2.935	−4.18	3.243	−6.53	4061.64	−2.67
宁 夏	3.686	−6.79	7.130	−12.23	5084.09	−10.91
新 疆	1.963	−3.15	2.999	−4.26	1331.24	4.49

说明：

1.计算公式

$$单位GDP能耗=\frac{能源消费总量}{GDP}$$

$$单位GDP能耗（+）或降低（-）\%=（\frac{2008年能源消费总量/2008年GDP}{2008年能源消费总量/2008年GDP}-1）\times 100\%$$

$$单位GDP电耗=\frac{全社会用电量}{GDP}$$

$$单位GDP能耗（+）或降低（-）\%=（\frac{2007年源消费总量/2007年GDP}{2007年全社会用电/2007年GDP}-1）\times 100\%$$

$$单位工业增加值能耗=\frac{工业能源消费量}{工业增加值}$$

$$单位工业增加值能耗上升（+）或降低（-）\%=（\frac{2008年工业能耗增长指数}{2008年工业增加值增长指数}-1）\times 100\%$$

2.单位工业增加值能耗的统计范围是年主营业务收入500万元及以上的工业法人企业。

3.GDP和工业增加值按照2005年价格计算。

4.根据2007年全国GDP最终核实调整后的结果，2007年单位GDP能耗为1.155吨标准煤/万元，实际比2006年单位GDP能耗降低4.04%，此数据调整前为3.66%。

5.西藏自治区的数据暂缺。

6.公报不含香港特别行政区、澳门特别行政区和台湾省。

关于做好金太阳示范工程实施工作的通知

财政部、科技部、国家能源局已确定纳入金太阳示范工程的项目，计划在2-3年时间内实施完成。为加快示范工程建设，规范项目管理，提高财政资金使用效益，按照《财政部科技部 国家能源局关于实施金太阳示范工程的通知》（财建〔2009〕397号）要求，现就做好项目实施工作的有关事项通知如下：

一、请督促项目业主单位抓紧做好项目立项、审批、环评等各项工作。如项目无法实施或需要调整，应及时上报财政部、科技部、国家能源局。

二、严格招标程序，做好招标工作。

（一）项目业主单位必须通过公开招标方式择优选择系统集成商和关键设备（包括光伏组件、控制器、逆变器、蓄电池等）。项目比较集中的地区，可由地方统一组织招标。

（二）招标条件必须符合《金太阳示范工程基本要求》。

（三）招标条款不得含有要求使用本地产品等地方保护内容。

（四）光伏系统集成商或关键设备生产企业作为项目业主单位的，对外采购也必须严格履行招标程序；如选用本企业或关联企业提供的集成服务或关键设备，需在符合《金太阳示范工程基本要求》基础上，按成本核算投资。财政部对其补贴标准另行核定。

三、示范项目要加快实施，建设周期原则上不超过一年。同时，要严格控制工程质量，地方财政、科技、能源部门负责对示范项目实施情况进行日常监督，尤其是对造价偏高、系统集成商或设备供应商作为业主单位的项目，要进行重点检查。对在工业区、产业园连片开发建设的项目，要集中实施，统一管理，提高综合效益。

四、并网光伏发电项目必须配置数据采集系统和远程通讯系统，实行集中、实时监控。

五、项目完工后，业主单位要抓紧进行项目竣工决算，财政部将会同科技部、国家能源局组织对项目进行评审，并据实清算补助资金。

六、申请2009年财政补助资金的项目业主单位在完成立项、用地许可、项目审批、关键设备招标、资本金筹措等前期准备工作后，及时提交财政补助资金申请报告及中标协议、购销合同、项目审批文件、关键设备检测认证报告、同意接入电网意见等相关材料。各省级财政、科技、能源部门负责汇总财政补助资金申请报告，按项目装订成册，于2009年11月30日前报财政部、科技部、国家能源局。

财政部 科技部 国家能源局

二〇〇九年十一月九日

附件

金太阳示范工程基本要求（2009年）

一、系统集成要求

（一）并网光伏发电项目符合《光伏电站接入电网技术规定（试行）》的要求。

（二）并网光伏发电项目须配置现地数据采集系统，能够采集项目的各类运行数据，并按规定的协议通过GPRS/CDMA无线通道、电话线路或Internet公众网上传。

（三）系统整体质保期不低于2年。

（四）支持在光伏系统中采用新产品和新技术。

二、关于设备要求

（一）电池组件

1. 晶体硅组件最高限价14元/峰瓦，非晶硅薄膜组件最高限价9元/峰瓦。

2．单晶硅组件效率不低于15%，多晶硅组件效率不低于14%，非晶硅薄膜组件效率不低于6%。

3．组件使用寿命不低于25年。

4．晶体硅组件衰减率2年内不高于2%、10年内不高于10%、25年内不高于20%；非晶硅薄膜组件衰减率2年内不高于4%、10年内不高于10%、25年内不高于20%。

5．晶体硅和非晶硅薄膜组件须分别按照GB/T9535（或IEC61215）和GB/T18911（或IEC61646）标准要求，通过国家批准认证机构的认证。

6．组件整体质保期不低于5年，功率衰减质保期不低于25年。

7．采用化合物薄膜、聚光等新型太阳电池技术须有成功案例。

（二）并网逆变器

1．单相逆变器最高限价5元/瓦；三相逆变器最高限价3元/瓦。

2．最大逆变效率不低于94%。

3.平均无故障时间不低于5年，使用寿命不低于20年。

4．须按照CNCA/CTS0004:2009认证技术规范要求，通过国家批准认证机构的认证。

5．单相逆变器质保期不低于5年；三相逆变器质保期不低于2年。

（三）独立逆变器（5千瓦以上独立光伏发电系统所用逆变器）

1．最高限价为3元/瓦。

2．直流电压等级不低于48V。

3．功率不低于5kW。

4．正弦波输出，波形失真度不低于5%。

5．逆变效率不低于85%。

6．整机质保期不低于2年。

7.平均无故障时间不低于3年，使用寿命不低于12年。

8．按照GB/T19064标准要求，通过国家批准认证机构的认证。

（四）独立控制器（5千瓦以上独立光伏发电系统所用控制器）

1．最高限价为2元/瓦。

2．直流电压等级不低于48V。

3．功率不低于5kW。

4.平均无故障时间不低于3年，使用寿命不低于12年。

5．按照GB/T19064标准要求，通过国家批准认证机构的认证。

6．整机质保期不低于2年。

（五）控制逆变一体机

1．最高限价为4元/瓦（以逆变部分容量确定）。

2．直流电压等级为24V。

3．逆变效率不低于80%。

4.平均无故障时间不低于3年，使用寿命不低于12年。

5．按照GB/T19064标准要求，通过国家批准认证机构的认证。

6．整机质保期不低于2年。

（六）用于独立光伏系统的铅酸蓄电池

1．最高限价为1.3元/瓦时。

2．直流电压等级为2V、12V。

3．正常使用期限不低于5年。

4．产品性能符合太阳能光伏发电系统的使用特点，通过国家批准认证机构的认证。

5．质保期不低于2年。

中国风电产业发展面临的问题和建议

一、中国风电产业发展面临的问题

虽然我国风电发展取得了很大的成绩，但风电产业发展仍面临一些问题，主要有：

（一）风电技术研发和设备制造能力不强

我国风电设备制造走的是一条从带料加工，到合作生产或购买许可证国内组装的技术路线，风电系统工程研发制造能力弱。一方面，受制于外商风电设备制造技术保护非常严格，难以掌握风电机组的核心技术。另一方面，受人才、技术、工艺和材料等多种原因的制约，国内企业消化吸收引进技术的能力薄弱，特别是重点能源设备制造企业介入风电设备制造行动迟缓。

（二）风电技术研发和引进没有形成合力

我国风电市场发展前景广阔，起步发展初期，国家重视不够，没有像安排大型水电、火电、燃机等动力设备那样，实行捆绑引进，以市场换技术的方针。时至今日，外商风电技术在我国实行多头转让，赚取我国外汇。另一方面，也没有组织国内相关研究机构和重点能源设备制造企业，及时系统地参与风电设备自主研发或引进技术消化吸收，致使风电技术的研发和制造能力远远不能满足风电发展需要，至今兆瓦级及以上风电设备尚未形成规模化生产能力，成为制约我国风电健康发展的重要因素。

（三）风电发展缺乏专业及复合型人才

风电设备制造是一项集空气动力、机械制造、发电技术、电子控制和高可靠性设计为一体的综合性高新技术产业。由于种种原因，我国还没有建立起专业的风电技术研究开发机构，与火电、水电和核电相比，风电产业缺乏从设计、制造、安装、调试及运营管理的人才培养体系。全国尚没有大学开设风电专业，风电技术研发和管理人才严重不足，特别是系统掌握风电理论并具有风电工程设计实践经验的复合型人才匮乏，难于适应当前风电快速发展的需要。

（四）风电产业服务体系有待加强

目前，我国风电产业服务体系尚不完善，风电技术标准、产品认证、系统设计、工程管理等基础都比较薄弱，风能资源评价体系、宏观选址和微观选点技术深入研究不足，大型风电场的并网技术以及风电对接入电网影响等的研究工作，由于实践经验少，研发工作滞后，风电产业服务体系不完善，也是影响风电发展的重要因素。

（五）风电发展政策落实难度大

由于风能资源具有间歇性，在我国风电尚处于发展初期阶段，投资建设成本还比较高。因此，风电发展初始阶段必须有国家政策的引导与支持，包括支持风电技术研发的资金政策，鼓励风电发展的税收政策，风电运营的成本分摊政策。虽然《可再生能源法》提出国家设立专项资金支持可再生能源发展，还明确可再生能源发电高于当地电网平均上网电价的部分在全国范围的销售电价中进行分摊，但这些政策还没有落到实处。

二、促进风电发展的建议

风电是重要的可再生能源，尽快建立包括设备制造、技术服务和人才培养在内的风电产业体系，是促进风电持续健康发展的重要条件。为了实现风电的持续健康发展，使风电真正成为能源的重要组成部分，风电的建设必须要与培育和发展风电产业体系相结合，加大政府引导和支持力度，充分发挥市场机制的作用，加快关键技术和大型装备的研究开发，全面提升我国风电产业的技术水平，尽快建立起我国自主研发、设计、制造、运营和管理的产业体系。

（一）加快风电建设促进设备制造国产化

风电是重要的能源资源，加快风电发展是实现可持续的重要措施。目前，制约我国风电发展的重要因素是技术研发和设备制造能力弱，实现风电设备国产化是加快我国风电发展的重要基础。因此，目前风电的建设必须要与促进其技术研发和设备制造国产化相结合，通过风电的规模化建设，为国内风电设备制造提供发展机遇和需求市场，促进国内风电设备制造业的尽快发展，不能简单地为了扩大风电规模而从国外大规模引进风电设备。目前，我国已在采取将风电投资者与设备制造企业联合投标建设大型风电场的方式，旨在加速促进风电设备制造的国产化。

（二）加快建立和完善风电产业体系

目前，制约我国风电发展的另一重要因素是缺乏风电技术人才，风能资源评价、风电场设计、并网及运行管理等产业服务体系不健全，风电场建设的技术仍主要依靠国外提供。因此，加快风电人才培养，健全风电产业服务体系，在有条件的大学设立风电专业。目前，华北电力大学已经设立风电专业，其它有条件的大学也应建立这样的专业，培养风电技术人才。要认真研究整合国内现有资源，尽快建立国家风能资源评价和设计研究机构、风电并网技术研究机构，加强风能资源评价、风电场设计和风电并网技术的研究和技术服务能力，尽快建立健全风电产业服务体系，为今后风电的大规模发展创造条件。

（三）落实促进风电发展的政策

风电是可再生的清洁能源，由于风能资源的特殊性，目前，风电建设成本还比较高，特别是由于风能资源相对集中在西部贫困地区，如果风电建设的高成本全部由西部贫困地区承担，这是不公平的，也是不能持续发展的。因此，《可再生能源法》规定，可再生能源发电价格高出当地平均上网电价的部分，要在全国范围内的销售电价中分摊，以实现可再生能源发展的公平分摊原则。另外，为了促进风电的发展，《可再生能源法》要求国家有关部门要制定支持风电发展的投资税收和信贷优惠政策。由于多方面的原因，目前这些宏观政策还没有得到实施。因此，必须要尽快落实促进风电发展的宏观政策，否则风电很难实现持续大规模的发展。

（来源：国家发改委网站）

2008年全球风电市场统计

美国与中国领跑全球风电产业。

美国超越德国，成为全球风电装机容量第一大国。中国风电总装机容量连续第四年翻番增长。在欧洲、北美和亚洲三大主力市场的驱动下，2008年世界风电新增装机容量超过27000MW。

去年全球风电装机增长率为28.8%，高于过去十年的平均增长速度，2008年底总装机容量达到了120.8GW。2008年新增装机容量在27GW以上，同比增长36%。

“这些数据很有说服力：零排放的风电安装迅捷、几乎适于世界各地，全球需求巨大并持续增长。从目前到2020年这段关键时期，风能是唯一能够对二氧化碳排放进行必要削减的发电技术，届时为避免危险气候变化的发生，温室效应必须达到峰值并开始减弱。”全球风能理事会（GWEC）秘书长Steve Sawyer先生说，“到2008年底全球120GW的风电总装机容量，意味着每年发电260TWh，减少二氧化碳排放1.58亿吨。”

风能是目前世界能源家族中的重要一员。2008年全球新增发电设备中，已安装风电机组的总值达365亿欧元（475亿美元）。

“无论从经济角度还是从增强国家能源安全角度，风电都经常是新增电力中最具吸引力的选择，更不用说其环境保护效益和促进经济发展的作用了。挥发性化石燃料的价格波动大，加之化石燃料出口国的供应政策不稳定，增加了依赖传统资源进行电力生产的风险。”GWEC主席Arthouros Zervos教授说，“此外，风电产业也创造了大量的就业机会：目前该产业从业人员超过40万，未来几年将达到上百万。”

就2008年新增装机容量而言，处于领先地位的是美国和中国市场。美国新增装机容量8358MW，总装机容量达到25170MW，正式超过德国（23902MW），位居世界第一。欧洲与北美齐头并进，2008年新增装机容量都大约为8.9GW，亚洲以8.6GW而紧随其后。

2008年美国风电市场的增幅巨大，美国整体风力发电能力提升了50%。2008年内竣工的风电项目容量占本年度美国所有新增电力装机的42%，新增35000个就业机会，风电行业从业人员总数达到85000人。

然而，当金融危机在年末开始入侵风电领域之后，对新项目和对风机及零部件新订单的融资就减慢成了涓涓细流。

“美国的风电产业在2008年具有破纪录的表现，确立了风电在美国新增电力生产当中的主力电源地位，并显示出在促进就业方面的巨大作用。”美国风能协会（AWEA）首席执行官 Denise Bode先生说道，“同时我们也清楚地看到，经济和金融业的低迷已经开始对风电产业的进一步发展产生了影响。我们期待着同奥巴马总统和新一届国会共同努力，制定政策来恢复该产业的旺盛活力，实现奥巴马总统计划在三年内将可再生能源发电翻一番的目标。”

亚洲风能市场的增长也同样激动人心，2008年世界风电新增装机容量的近三分之一在亚洲。尤其是中国，一直继续着风能高速发展的传奇，装机容量又一次翻一番，新增6.3GW，总装机容量达到12.2GW。

“中国的风能市场越来越强大，与2007年相比，规模上又扩大一倍，总装机突破了12GW。”中国可再生能源学会风能专业委员会（CWEA）副会长施鹏飞先生表示，“未来几年的前景依然看好。”

为应对金融危机的影响，中国政府已将发展风能作为经济关键增长点之一。“预计2009年新增装机容量还会翻番，届时会达到该年度世界新增风电装机总量的三分之一甚至更多。”中国资源综合利用协会可再生能源专业委员会（CREIA）秘书长李俊峰先生说。

按照目前的发展速度，中国将一路赶超德国和西班牙，至2010年总装机容量跃居世界第二位，提前十年实现2020年30GW的目标。

不断扩大的中国风电市场也刺激了国内风电机组和零部件的生产，制造业更加趋于成熟，逐渐覆盖整个供应链。

“目前，不仅可以满足国内需求，而且开始供应国际市场，尤其是零部件。”李俊峰说道，“2009年，中国公司将进军英国和日本市场，已经获得200套叶片的订单，此外还雄心勃勃地计划在未来几年开拓美国市场。”

在欧洲，约8.9GW的新增装机使欧洲风力总装机容量增加到近66GW。根据欧洲风能协会（EWEA）的说法，风电已成为欧洲新增电力中的主力电源。欧洲风电市场的发展以往都是靠德国、西班牙和丹麦成熟市场的推动。而2008年，在法国、英国和意大利的引领下，欧洲风电市场的发展更加均衡。

“欧洲的数据表明，风能已经毋庸置疑地成为欧洲力争实现清洁的、本地化可再生能源电力供应的最佳选择。”EWEA的首席执行官 Christian Kjaer先生说，“风能是明智投资的例证，将欧盟国家公民的金钱投入他们自己的经济，而不是转移到少数燃料出口国。”Kjaer先生评论道，“投资风能意味着支持技术领先优势，支持气候保护，创造商业机会和就业机会。”

我们正在通向目标的道路上昂首向前，在2020年前每年减少二氧化碳排放15亿吨。”Steve Sawyer先生总结道，“但是我们也需要看到一个明确的、全球性的信号，即各国政府以认真负责的态度削减化石燃料的使用，以认真负责的态度保护环境气候。作为今年气候谈判的积极成果，12月份在哥本哈根签署了新的全球协议。新协议非常重要，它传递出这样一种信号，即无论是整个产业界、还是投资商亦或金融领域，都需要风电开足马力。”

（摘自2009年2月2日　全球风能理事会发布的信息）

2009年中国电力发展综述

一、2009年十项电力新闻

（一）智能电网发展计划公布

5月21日，国家电网首次公布智能电网发展计划，并披露了智能电网建设的时间表。国网表示将分三个阶段推进“坚强智能电网”的建设：2009年至2010年为规划试点阶段，重点开展“坚强智能电网”发展规划工作，制定技术和管理标准；2011年至2015年为全面建设阶段，初步形成智能电网运行控制和互动服务体系；2016年至2020年为引领提升阶段，全面建成统一的“坚强智能电网”。

国网明确表示中国发展智能电网将走与欧美不一样的路，智能电网将包含电力系统的发电、输电、变电、配电、用电和调度六个环节，而不仅仅局限于配电和用电侧。“清洁能源装机比例达到35%，分布式电源实现即插即用，智能电表普及应用。”国网描绘了一幅美好的智能电网蓝图。

7月份，国网在其年中工作会议上首次拿出智能电网的详细部署，在11月3日的中国清洁能源国际峰会上，国网中国电科院副总工程师胡学浩透露，国网将在明年初出台智能电网发展规划纲要和关键技术研究框架等两个重要文件。

（二）电价调整方案出台

11月19日，国家发改委出台电价调整方案，宣布自11月20日起全国非民用电价每度平均提高2.8分钱；对发电企业销售给电网企业的上网电价做了有升有降的调整，陕西等10个省区市燃煤机组标杆上网电价适当提高，浙江等7个省区市适当下调；暂不调整居民电价，未来居民用电将逐步推行阶梯式递增电价。

此次调价主要目的是为统筹解决去年火电企业上网电价上调对电网企业所造成的影响，同时将提高可再生能源电价的附加标准，并适当调整部分地区脱硫电价的加价标准。

国家发改委同时要求各地研究对居民用电推行阶梯式电价改革方案，未来将对居民用电分档定价，对基本电量保持较低的电价水平，用电越多，电价越高，以促进节约用电。

由于煤炭价格上涨，去年8月20日国家发展改革委将全国火电机组上网电价每千瓦时上调了2分钱，但电网销售电价没有调整，使得电网企业购电成本骤增，经营出现亏损，影响电网正常发展。近年来，中国燃煤机组普遍安装脱硫设施，使得电网企业需支付的脱硫加价资金增加，需要通过提高销售电价疏导。另外，中国风电、太阳能发电等可再生能源迅猛发展，目前在电价中收取的可再生能源电价附加资金不敷使用，需要提高标准。

（三）“十一五”小火电关停任务提前完成

7月30日，国家能源局在北京表示，截至今年6月30日，全国已累计关停小火电机组7467台，总容量达到5407万千瓦，提前一年半完成了“十一五”关停小火电机组任务。2007年3月，温家宝总理在十届全国人大五次会议上提出了“十一五”期间关停5000万千瓦小火电机组的目标。

有数据分析指出，关停这5000多万千瓦火电机组，相当于每年节约原煤6240万吨，减少二氧化硫排放106万吨，减少二氧化碳排放1.24亿吨。

但是淘汰落后小火电的工作仍然任重道远，除了这些被关停的小火电机组外，中国仍有20万千瓦及以下能耗高、污染重的纯凝火电机组约8000万千瓦。金融危机为关停小火电提供了有利时机。由于金融危机的影响，全国的电力供需矛盾处于缓和状态，再加上每年新增的电力机组，保证了小火电关停未对中国能源供应造成实质影响。

（四）煤炭订货会被终止

12月15日，国家发改委发布《关于完善煤炭产运需衔接工作的指导意见》，终止了一年一度的全国煤炭订货会，取而代之的是网上汇总的方式，价格由双方议定。国家发改委对2010年煤炭产运需衔接工作提出指导意见和运力配置框架方案，将不再召开往年的煤炭产运需衔接视频会议，也不择地进行产运需衔接合同汇总，而是进行网上汇总。

在此次发布的《意见》中，国家发改委明确表示，要“积极稳妥地推进电力市场化改革，完善煤电价格联动机制……设置煤电联动最高上限，适当控制涨幅”，并鼓励电煤双方在市场化的背景下签订3—5年的电煤供应协议。据悉，国家发改委正在制订一个辅助煤电企业双方自行谈判的配套文件，以保障这种长期协议的实施。

（五）三门核电站开工

4月19日，三门核电站一期工程开工。三门核电站是中美两国最大的能源合作项目，在全世界率先使用第三代先进压水堆核电（AP1000）技术。三门核电站一期工程总投资400多亿元人民币，共有2台机组，装机容量2×125万千瓦。

作为全球首座AP1000核电机组，1号机组率先采用模块化施工方法建设，计划于2013年建成发电，2号机组计划2014年建成发电。三门核电站最终将建设6台这样的机组。三门核电站同时是中国第三代核电技术自主化依托项目，中国最终将实现自主设计、自主建造、自主管理、自主运营AP1000技术核电站的目标。

2006年12月16日，中美两国政府签署了合作建设先进压水堆核电项目及相关技术转让的谅解备忘录。2007年7月24日，中国国家核电技术公司等部门与西屋联合体签署了第三代核电技术转让及核岛设备采购合同。根据协议，中国引进美国西屋开发的第三代先进压水堆核电(AP1000)技术，并在浙江三门和山东海阳建设两座AP1000核电站。

（六）国网入主平高许继

7月17日，平顶山国资委与国家电网公司国际技术装备有限公司签署了《关于划转平高集团100%股权之国有产权无偿划转协议》。根据该协议约定，平顶山国资委将平高集团100%股权无偿划转给国网装备公司。划转完成后，国网装备公司将成为平高集团的唯一股东。

就在同一天，中国电力科学研究院、平安信托和许继集团也签署了一份《合作框架协议》。在该协议中，许继集团“以剥离非主业资产后的净资产评估值为基础进行增资”，由中国电科院认缴。增资完成后，中国电科院、平安信托将分别持有许继集团60%、40%的股权。此后，平安信托将选择适当时机把所持的40%股权转让给中国电科院。

国网装备公司和中国电科院，一家是国家电网公司的全资子公司，另一家则是国家电网公司直属的科研单位之一。成立于2008年的装备公司，主营业务为工程承包、设备监理、电力设备制造等；早在上世纪50年代就已成立的中国电科院，则主要从事发、输、配、供、用电等各个环节的技术研究工作。

（七）大用户直购电展开试点

3月6日，工业和信息化部、国家发改委、国家电监会、国家能源局联合印发了《关于清理优惠电价有关问题的通知》（发改价格[2009]555号）和《关于开展电解铝企业直购电试点工作的通知》（工信部联原[2009]62号），并公布了将开展直购电试点工作的15家电解铝企业。此举也被认为是国家电监会从三年前开展吉林、广东台山两地直购电试点以来在电价改革上取得的重大突破。

6月24日，国家电监会、国家发改委和国家能源局联合发布了《关于完善电力用户与发电企业直接交易试点工作有关问题的通知》。

10月19日，国家发改委、国家电监会和国家能源局通过了抚顺铝厂与华能伊敏电厂开展直接交易试行方案，大用户直购电试点正式展开。

（八）　特高压示范工程投运

1月16日，国家电网公司在北京召开新闻发布会，向社会公开宣布晋东南—南阳—荆门1000千伏特高压交流试验示范工程正式投入运行，这是世界上第一条商业化特高压交流输电线路。这个从2006年底开始建设的特高压交流试验示范工程，引起世界各国的广泛关注。

国网计划到“十二五”初期，初步建成“两纵两横”特高压骨干电网，特高压成为未来电网建设的重头戏之一。

（九）金沙江两个水电项目被“叫停”

6月11日，环保部叫停金沙江中游正在施工的鲁地拉和龙开口两座水电站，原因是这两座水电站未通过相应的环境评价，“未批先建”，擅自筑坝截流。这两个项目的业主单位分别是华电集团和华能集团，两座水电站是金沙江中游水电“一库八级”建设规划中的一部分。

被叫停的两座水电站总装机容量396万千瓦，年发电量之和预计178亿度，而2008年全国风电装机容量894万千瓦，发电量也只有111亿度。有分析指出，两座水电站推迟一年发电造成的能源损失相当于烧掉了621万吨标准煤，多排放了1200万吨二氧化碳。

金沙江中游水电开发是国家“西部大开发，西电东送”的能源战略工程。按照“一库八级”的开发方案，金沙江或将成为我国最大的水电能源基地。但金沙江所在的西南地区也是中国生物多样性最丰富、生态保护压力最大、地质灾害最为频繁的地区。

（十）　夏季高温“烤”验电网

6月24日，山东电网最高统调用电负荷3406.7万千瓦，比去年同期高出271.4万千瓦，创出历史新高。差不多与此同时，河南、江西、广西等地用电负荷也纷纷创出历史新高。6月26日，北京电网供电负荷创出1265.9万千瓦的新纪录，此后北京用电负荷不断攀升，并在8月14日达到了1424.6万千瓦的历史最高纪录。这一数据跟此前北京市电力公司的预测基本吻合。

国家统计局7月17日公布的6月份发电量数据一举扭转了此前8个月电力负荷连续负增长的局面，全社会用电量开始“转正”。

二、2009年重点电力工程盘点

2009年，我国电力建设实现又好又快发展，硕果累累。在这一年里，1000千伏晋南荆特高压交流试验示范工程投运，海南省结束了“电力孤岛”的历史，“西电东送”标志性建设项目———小湾水电站两台机组提前投产发电……。

一个又一个历史性项目的建成投产，为我国国民经济的持续、健康、快速发展提供了清洁、可靠的电力支撑，留下了不朽回忆。此刻，让我们一起铭记那些难忘的瞬间。

（一）海南超高压跨海联网工程投产

6月30日，亚洲第一、世界第二的超高压、长距离、较大容量跨海电力联网工程———500千伏海南联网工程正式投运，结束了长期以来海南省“电力孤岛”的历史。

该工程的投运，实现了海南电网与南方电网主网的连接，可以有效提高海南电网的供电可靠性和稳定性，提高海南省内水电、火电机组的利用率，将为海南省经济社会的快速发展提供可靠的电力保障。

该工程敷设的3根海底电缆，是工程的关键所在，每根电缆长32千米，中间没有接头，堪称世界之最。

（二）750千伏兰平乾同塔双回输电工程投产

5月25日，我国首条同塔双回750千伏输变电工程———兰州东—平凉—乾县输变电工程正式竣工投产，标志着西北750千伏送端电网已覆盖陕西、甘肃、青海、宁夏四省(区）。

该工程是西北750 0 千伏电网主网架的核心工程，是实施“西电东送”战略的主通道，对加强陕甘断面潮流交换、确保陕西省迎峰度夏期间可靠用电、保持西北电网系统稳定起着重要作用。该工程的投产，将有力促进我国西北地区水、火、风电的“打捆”外送，带动当地资源优势向经济优势转化。

（三）±500千伏宝德线一次性带电成功

11月22日，四川省内唯一一条超高压直流输电线路———±500千伏宝德线直流输电线路一次性带电成功。

该工程既是四川省灾后重建的重点工程，又是华中与西北的电力大通道。它的投运，将改善四川电网长期存在的“丰期弃水、枯期缺电”现状，对保障陕川电网“水火互补、丰枯互济”，实现更大范围内的资源配置，具有重要意义，将大大提高四川电网的抗灾能力。

该线路起自四川省德阳市万福桥换流站，止于陕西省宝鸡市太白庙换流站，四川省境内线路总长为240.03千米，满负荷运行可输送300万千瓦电力。

（四）小湾水电站两台机组投产发电

11月15日，在云南省南涧县与凤庆县交界的澜沧江中游河段，“西电东送”标志性工程———小湾水电站2号机组并网发电，提前实现今年两台机组投产的目标。

小湾水电站建设的300米级混凝土双曲拱坝，是世界上在建的最高双曲拱坝，开挖边坡高度近700米，堪称世界之最。

该水电站总装机容量420万千瓦，总库容149亿立方米，工程计划于2010年全部建成投产，将为我国云南省、广西壮族自治区以及沿海地区的经济社会发展提供强大动力。

（五）长洲水利枢纽全部机组投产发电

10月28日，在广西壮族自治区梧州浔江下游河段与珠江西江交汇处，广西壮族自治区西部大开发重点项目———长洲水利枢纽15号机组并网发电。

该工程是一座以发电为主，集航运、灌溉和养殖于一体的低水头径流式大型水利枢纽工程，素有“黄金水道”之称，设计安装15台单机容量4.2万千瓦的贯流式水轮机组，总装机容量63万千瓦，位居我国贯流式机组群电站装机总容量第一，被业内专家誉为贯流式机组电站中的“三峡工程”，可有效缓解桂东地区冬季电力紧张状况。

（六）国电北仑电厂三期扩建工程投产

6月2日，国电北仑电厂三期扩建工程第二台百万千瓦超超临界机组（7号机组）正式投入商业运行。

至此，该厂以七台燃煤机组、500万千瓦装机容量、275亿千瓦时年设计发电量，成为全国最大的火力发电厂。

该项目是浙江省重点工程，项目动态总投资84.2亿元。同一、二期五台60万千瓦机组一起，这个大型现代化电厂产出的高效能源将源源不断地输入华东电网，为整个华东地区的经济社会发展提供强劲动力。

（七）1000千伏晋南荆交流输电工程投运

1月6日，由我国自主研发、设计和建设的目前世界上电压等级最高、输送能力最强、代表国际输变电技术最高水平的———1000千伏晋东南—南阳—荆门特高压交流试验示范工程正式投运，标志着我国在远距离、大容量、低损耗的特高压核心技术和设备国产化上取得重大突破，在我国乃至世界电力发展史上书写下浓重的一笔。

该工程连接华北、华中电网，纵贯山西、河南、湖北三省，北起自山西省晋东南变电站，经河南省南阳开关站，南至湖北省荆门变电站，线路全长640千米。

（八）±800千伏向上线直流输电工程线路竣工

11月13日，世界上电压等级最高、输送容量最大、送电距离最远、技术水平最先进的特高压直流输电工程———±800千伏向家坝—上海特高压直流输电示范工程全线竣工。

该工程的建成投运，对保障国家能源安全，实现更大范围内的资源优化配置，促进节能减排政策的实施和低碳经济的发展具有重要意义。

该线路西起自四川省宜宾市复龙换流站，东止于上海市奉贤换流站，途经多个省（市），四次跨越长江，线路总输送距离达1907千米，铁塔共计3939基。

（九）±660千伏宁山线直流输电工程开工

8月，世界上首个±660千伏电压等级的直流输电线路工程———宁东—山东直流输电示范工程正式开工。

目前，该工程换流站已完成场平，主设备招标采购工作正在进行，关键技术研究已取得阶段性成果。

该直流线路工程，起于宁夏回族自治区银川东换流站，止于山东省青岛换流站，线路全长1335千米，途经宁夏、陕西、山西、河北、山东五省，计划于2010年建成。该线路的投运，将提高西北电网的水电利用率，实现西北电网与华北电网之间的水火互补运行，改善华北电网电源结构，有效缓解山东省电力供应紧张、能源短缺的局面。

（十）±800千伏云广直流输电工程即将投运

12月8日，云南至广东特高压直流输电工程楚雄换流站带线路成功升压至800千伏。云广特高压直流是世界上第一个±800千伏特高压直流输电工程，此次成功升压额定电压800千伏，标志着世界上首次研制的特高压直流输电主设备和直流线路经受了直流领域最高电压的考验，在世界上树起了特高压直流工程建设的一个标志性里程碑，也向今年年底前实现云广直流单极投产迈出坚实一步。

（摘自：《中国能源报》）

第七部分

利用外资和境外投资

综 合 论 述

中国政府推进中非合作八项新举措

温家宝说，中国人民对非洲人民的感情是真诚的，中国对非洲发展的支持是实实在在的。今后不管世界风云如何变化，我们同非洲人民的友谊不会变，与非洲深化互利合作、实现共同发展的决心不会变，支持非洲经济社会发展的政策不会变。在今后3年，中国政府将采取八项新举措推进中非合作：

1.倡议建立中非应对气候变化伙伴关系，不定期举行高官磋商，在卫星气象监测、新能源开发利用、沙漠化防治、城市环境保护等领域加强合作。中方决定为非洲援建太阳能、沼气、小水电等100个清洁能源项目。

2.加强科技合作，倡议启动“中非科技伙伴计划”，实施100个中非联合科技研究示范项目，接收100名非洲博士后来华进行科研工作。

3.增加非洲融资能力，向非洲国家提供100亿美元优惠性质贷款；支持中国金融机构设立金额为10亿美元的非洲中小企业发展专项贷款。对非洲与中国建交的重债穷国和最不发达国家，免除截至2009年底对华到期未还的政府无息贷款债务。

4.扩大对非产品开放市场，逐步给予非洲与中国建交的最不发达国家95%的产品免关税待遇，2010年年内首先对60%的产品实施免关税。

5.进一步加强农业合作，为非洲国家援建的农业示范中心增至20个，向非洲派遣50个农业技术组，为非洲国家培训2000名农业技术人才，提高非洲实现粮食安全的能力。

6.深化医疗卫生合作，为援非30所医院和30个疟疾防治中心提供价值5亿元人民币的医疗设备和抗疟物资，为非洲培训3000名医护人员。

7.加强人力资源开发和教育合作，为非洲国家援助50所中非友好学校，培训1500名校长和教师；到2012年，向非洲提供的中国政府奖学金名额将增至5500名；今后3年为非洲培训各类人才总计2万名。

8.扩大人文交流，倡议实施“中非联合研究交流计划”，促进学者、智库交往合作，交流发展经验。

温家宝指出，中非合作论坛第四届部长级会议将成为中非关系进一步发展的新起点。只要中非双方同心协力、开拓进取、平等互利，就完全能够抓住机遇、战胜挑战，中非新型战略伙伴关系就一定会迈上新的台阶，中非友谊与合作就一定会结出更加丰硕的成果。

（摘自 温家宝出席中非合作论坛第四届部长级会议开幕式并发表讲话）

商务部六项举措支持企业对外投资

2009年前三季度我国非金融类对外直接投资超过300亿美元

据商务部统计，2009年一至三季度，我国境内投资者共对全球112个国家和地区的1612家境外企业进行了直接投资，累计实现非金融类对外直接投资(下同)328.7亿美元，同比增长0.5%;其中三季度当季对外直接投资204.7亿美元，同比增长190.4%,较上季环比增长135.3%。第三季度对外直接投资额超过了前两季度的总和，这也是今年以来我国非金融类对外直接投资首次出现增长。

统计显示，一至三季度我国对外直接投资额在1亿美元以上的国家（地区）17个，较上年同期增加4个。以收购方式实现的直接投资143亿美元，占到我国同期投资总额的43.5%，收购领域主要涉及采矿业、制造业等。

2009年以来，商务部为扩内需、稳外需，有效应对金融危机，采取了六个方面的措施鼓励和促进企业对外投资，包括：

1.完善管理办法，发布实施了新的《境外投资管理办法》，在大幅减少审批事项、下放审批权限的同时，加强管理和服务。同时研究推动《对外投资管理条例》出台。

2.制定支持政策，为鼓励我国企业顺利“走出去”、减少风险，商务部会同有关部门制定了多项支持政策，涉及财税、金融、保险、外汇和出入境等诸多方面。同时鼓励各类金融机构积极为企业“走出去”提供信贷支持和金融服务。

3.健全服务体系，发布162个国家和地区的《对外投资合作国别（地区）指南》，印发《国别投资经营障碍报告汇编（2008）》，建成“对外投资合作信息服务系统”，为企业提供海外经营环境信息。

4.加强人才培训，继续委托科研机构和大专院校组织对跨国经营人才进行培训，编写出版了《跨国经营管理人才培训系列教材》，为规范培训打下基础。

5.构筑安全保障体系，充分发挥双边经贸混委会机制和双边投资保护协定的作用，为企业的海外合法权益提供保障，为企业“走出去”保驾护航。

6.加大投资促进力度，组织企业参加贸易投资促进团赴欧洲、美洲开展研讨、洽谈和项目对接活动，为企业开展对外投资搭建平台。

（商务部新闻办公室供稿）

深入贯彻党的十七大精神 全面开创商务工作新局面

——在2008年全国商务工作会议上的报告（摘要）

商务部部长 陈德铭

（2008年1月17日）

这次全国商务工作会议的主要任务是，贯彻落实党的十七大和中央经济工作会议精神，总结五年来各项商务工作，分析形势、研究和部署今年的商务工作。会前，吴副总理亲切会见了全国商务系统劳动模范和先进工作者，并主持召开了商务工作座谈会，发表了重要讲话。我们一定要认真学习，深刻领会。

下面，我代表商务部向大会做工作报告。

一、五年来的主要工作回顾

过去五年，在党中央、国务院的正确领导下，我们深入贯彻落实科学发展观，按照统筹国内发展和对外开放的要求，成功应对了加入世贸组织的各种挑战，抓住经济全球化和国际产业加快转移的历史性机遇，坚定不移地扩大对外开放，推动建立现代市场体系，开放型经济迈上新台阶，商务工作形成新格局。

——国内市场规模稳步扩大。社会消费品零售总额从2002年的4.8万亿元增加到2007年的8.9万亿元，年均增长13.1%，比同期GDP增幅高2.5个百分点；生产资料销售总额从2002年的7.1万亿元增加到2007年的22万亿元，年均增长25%。

——对外贸易持续快速发展。进出口总额从2002年的6208亿美元增加到2007年的21738亿美元，年均增长28.5%，是改革开放以来增长周期最长、速度最快、增速最稳定的时期。在世界的排名由2002年的第六位跃至第三位，其中出口跃居第二位。外贸占全球比重从2002年的3%提高到现在的近8%。

——吸收外资和对外投资合作取得新进展。吸收外资从2002年的527亿美元增加到2007年的747亿美元，连续15年位居发展中国家首位。对外投资从2002年的25亿美元上升到2007年的预计200亿美元，增长7倍，从世界第26位上升到第13位，居发展中国家首位。

——对经济和社会发展贡献增强。目前国内流通服务业吸纳就业8000多万人，外贸、外资和劳务输出等涉及直接就业人口达到1亿人。海关税收从2002年的2591亿元增加到2007年的7585亿元，外商投资企业缴纳税收超过9900亿元，分别占全国税收收入的15%和20%。

五年来，我们主要做了四个方面的工作。

（一）努力发展大市场、大流通，积极推进现代市场体系建设

构筑市场运行监测和调控体系。全国城乡市场信息监测体系初步形成，涉及22个流通行业、600种消费品和300种生产资料，样本企业超过2万家。建立了生活必需品市场应急管理系统，确定应急商品44种。完善肉、糖等重要商品的中央和地方储备制度，23个省（市、区）建立了22个品种的储备。积极应对严重自然灾害和重大动物疫情引发的市场波动，先后19次投放国家储备糖、9次投放储备肉。

加强农村市场体系建设。我们高度重视培育农村市场体系，安排10.9亿元组织实施“万村千乡”市场工程，共新建和改造农家店26万余家，31个省、自治区、直辖市及计划单列市安排了5.15亿元配套资金。为推进农产品流通体系建设，安排8亿元实施了“双百市场”工程，支持309家市场和企业，开展了709个冷链、质量安全可追溯系统等建设项目，16个省、自治区、直辖市安排了2.3亿元配套资金。国内大型批发市场和流通企业的功能与水平显著提升。开展农村商务信息服务工程，免费赠送《新农村商报》，建设新农村商网，举办了5届农产品网上购销对接会。

推进现代流通业发展。2005年，国务院召开了全国流通工作会议，对新时期做好流通工作进行了全面部署。从2003年起全面部署开展城市商业网点规划，全国38个重点城市已完成编制，279个地级城市中已有261个完成编制，完成率达93.5%。现代物流、连锁经营、电子商务等现代流通方式得到新的发展。开展了社区商业“双进”工程，提升城市居民消费的便利化程度，已建立全国商业示范社区143个，省级商业示范社区600多个，覆盖80多个大中城市。在项目贷款、进口资质、股权转让和经营权等方面加强协调，支持国内20家大型流通企业做大做强。实施“减债脱困”工程，在全国25个试点省市处置410多亿元的历史债务，盘活350亿元存量资产，为国有流通企业改制发展、职工再就业创造了有利条件。

整顿和规范市场秩序。协调有关部门，组织开展了保护知识产权等专项整治。实施了“知识产权保护网工程”，在全国建立了50个综合性的举报投诉服务中心。查处各类侵权知识产权案件16万多起，立案侦办8400多起，审结7300多起。各地围绕猪肉、农资、烟酒等产品进行了重点整治。开通了中国反商业欺诈网，商务领域信用体系建设取得新进展。

（二）加快转变对外经贸增长方式，开放型经济取得重大进展

优化进出口结构。一是坚决控制“两高一资”产品出口。会同有关部门10批次取消了1115个“两高一资”产品的出口退税，4批次对300多个商品开征出口关税。

二是鼓励自有品牌、自主知识产权和高附加值产品出口。25个省、自治区、直辖市建立了38个科技兴贸创新基地，加大对技术更新改造和研发的支持力度，机电产品和高新技术产品出口占比分别提高了9.2和 7.7个百分点。三是积极扩大进口。会同有关部门，主动对354种国内亟需的能源、资源、先进技术设备和日用消费品，降低或取消进口关税；启动政策性进口信贷。取消883个商品的自动进口许可管理。广交会自101届起更名为中国进出口商品交易会，并设立进口展区。四是加强大宗商品进出口协调和管理。规范汽车、摩托车出口秩序，建立铁矿石、钾肥进口协调机制。五是推动加工贸易转型升级。会同有关部门发布5批共1729个商品加工贸易禁止类目录，出台1853个商品的新一批加工贸易限制类目录。确定中部地区9个城市作为加工贸易梯度转移重点承接地。六是积极探索发展服务贸易。会同有关部门制订了文化产品和服务出口指导目录，促进服务贸易出

提高利用外资质量和水平。一是优化外资结构。两次修订外商投资产业指导目录，发布鼓励外商投资高新技术产品目录，鼓励先进制造业、节能环保产业和现代服务业利用外资。严格控制外商投资“两高一资”领域。2003年以来，全国水泥行业新设立外资企业数年均降幅近20%，2004年以来，全国未新设立电解铝外资企业。二是鼓励外商到中西部地区和东北老工业基地投资。会同有关部门，2004年修订中西部地区外商投资优势产业目录，拓展了鼓励外商投资范围，2005年、2006年相继出台了进一步扩大开放、促进东北老工业基地振兴和中部崛起的政策措施。实施“万商西进”工程，分别在湖南长沙和河南郑州举办了两届中部投资贸易博览会，为产业梯度转移搭建了新平台。三是推动国家级经济技术开发区进一步提高水平。加强综合投资环境评价工作，将高新技术产业密集程度、环境保护、土地集约利用、农民安置情况等指标纳入国家级经济技术开发区综合投资环境评价范畴。四是支持发展服务外包。实施服务外包“千百十”工程，制定了相关政策，在17个省、自治区、直辖市认定了14个服务外包基地城市、4个国家级示范园区和1个服务外包培训中心。

加快推动企业“走出去”。在中央对“走出去”加大投入的同时，地方也相应增加了投入。我们简化了对外投资的核准手续，推进了对外投资便利化。目前，经商务部核准或备案的境外中资企业达到1.2万家，比2002年增长近1倍。制定对外投资国别产业导向目录，出台财政、金融、保险、外汇、人员出入境等支持政策。提供110亿美元优惠出口买方信贷。对外承包工程累计完成营业额1276亿美元。对外劳务合作累计完成营业额238亿美元，累计外派劳务人员146万人。

（三）抓住加入世贸组织的历史机遇，积极实施互利共赢的开放战略

做好加入世贸组织的应对。我们成功应对了加入世贸组织过渡期的各种挑战，抓住了加快发展的宝贵机遇，为我国发展赢得了更大的空间。共清理各种法律法规和部门规章2300多件，将关税水平从入世时的15.3%降为目前的9.8%，取消了进口配额和许可证等非关税措施。扩大了服务贸易的开放领域，运输、电信、分销、保险、证券等行业开放程度大幅提升。统筹开展综合应对，培训各级干部。建立应对WTO争端解决的部际联合工作机制，充分利用WTO规则维护我国权益。入世以来，轻工、纺织等传统优势产业加快发展，装备制造业、现代服务业等产业在参与国际竞争中发展壮大。

深化多边和区域经贸合作。2005年在大连成功举办WTO小型部长会议，并推动香港部长级会议取得成功。稳步推进自贸区谈判，已同中国香港、中国澳门、智利、东盟、巴基斯坦等签署实施了6个自贸协定，已完成谈判和在谈的自贸区12个，涉及29个国家和地区，涵盖我国外贸总额1/4。与东盟签署并实施了自贸区货物和服务贸易协议，促进了10+1、10+3机制的深化。CEPA及四个补充协议的实施，推动了港澳经济的发展，促进了内地开放。近年来，我国与129个国家和地区、13个国际组织建立了多双边联委会机制180多个。我国已与123个国家签订了双边投资保护协定，对加强多双边经贸合作发挥了重要作用。

加强与发达国家和发展中国家的经贸合作。通过中美战略经济对话、中日经济高层对话，加强了与主要经贸伙伴的协调与沟通。在中俄互办“国家年”期间，成功举办了65项经贸活动。不断丰富上海合作组织经贸合作内容。参与筹备中非合作论坛北京峰会，积极落实8项对非经贸合作举措。建立了“中国-加勒比经贸合作论坛”、“中国-太平洋岛国经济论坛”两个机制，并成功举办部长级论坛及系列多双边活动。

化解贸易争端。我们积极应对反倾销、反补贴等各类贸易摩擦。通过建立“四体联动”工作机制、指导企业应诉、加强法律抗辩等措施，应对工作取得了明显成效。加强了产业损害预警机制建设，将产业安全数据库的监测范围扩大到石化、机械、轻工等15个重点行业的8000家企业。推动76个国家承认中国市场经济地位。

（四）加强自身建设，初步形成了统筹内外贸的商务管理体制

推进商务法律法规和标准体系建设。针对国内市场和流通法律法规相对薄弱的情况，加强了法律法规的起草和部门规章的制订发布工作。《反垄断法》、《直销管理条例》、《商业特许经营管理条例》已颁布。并制定了典当、汽车品牌销售、零售商促销行为等31件部门规章。出台了餐饮企业经营规范、超市购物环境等95项流通行业标准和零售业态分类等23项国家标准。修订了《对外贸易法》，还先后制定出台了货物贸易、服务贸易、知识产权和贸易救济等方面的29件规章。针对外资并购等新情况不断完善部门规章，对外投资合作法制化进程逐步加快，内贸领域法律法规缺失状况明显改观。

切实转变职能转变作风。2003年以来，按照国务院行政审批改革要求，将审批项目从82项减少至53项。2006年，设立政务大厅，统一办理100项行政管理事项。各地商务部门也建立了面向企业的投诉、服务、促进机构。增强服务意识，积极为基层办实事。安排专项资金，支持中西部和东北地区的商务工作。办好政府网站，向公众公开征求对调整法律法规和重大政策等方面的意见，及时发布市场和政策信息，共发布各类商务信息552万条。各特派员办事处切实加强为地方和企业服务，各驻外经商机构在加强多双边经贸关系、支持企业开展对外经贸合作中发挥了积极作用。

加强商务干部队伍建设。我部党组在全系统倡导建设学习型机关。每年坚持举办夏季研讨会，就商务领域重大问题进行深入研究。面向商务干部组织编写了现代经济知识简明读本。实施了“人才强商”工程，依托南昌等7个区域性培训基地，开展了省市县三级商务部门大规模培训，结合出口产品质量安全、特许经营条例、加工贸易等热点问题，面向基层、面向企业开展业务培训。共举办培训班385期，培训3.5万人次。

上述成绩的取得，是党中央、国务院正确领导的结果，是各地方、各部门大力支持的结果，也是全国商务系统广大干部职工共同努力的结果。在看到成绩的同时，我们也要居安思危，保持清醒和冷静，看到商务工作中存在的增长方式比较粗放。结构不尽合理。秩序有待规范。机制有待完善等不足和问题。

二、当前商务工作面临的形势

准确把握形势，是制定政策、做好工作的重要前提。当前，国民经济将继续保持平稳较快的发展势头，世界经济有望持续增长，形势对做好商务工作整体有利。同时还须看到，当前商务工作面临的困难和风险增加，我们必须增强忧患意识，积极主动应对，切实做到未雨绸缪，不断增强工作的主动性、预见性和针对性。

1.国民经济持续稳定发展，但预防通胀和稳定出口的压力增大。党中央、国务院加强和改善宏观调控，有利于避免经济大起大落。“十一五”期间，预计经济增长仍将保持在8%以上，消费品和生产资料市场需求旺盛。更加注重民生和构建和谐社会，不断加大惠民政策，调整收入分配结构，有利于扩大消费需求。但是，当前物价上涨压力明显加大，受能源资源与运输价格上升、资金供应偏紧、劳动成本增加、出口政策调整等因素的后续影响，企业出口面临新的压力。因此，防止通胀、保障供应、稳定出口的任务十分繁重。

2.世界经济保持增长，但国际市场波动风险增加。世界经济仍将保持增长，但增势趋缓。据国际货币基金组织预测，2008年全球经济增长4.8%，低于去年5%的水平。全球经济增长动力更趋多元，主要经济体基本面依然较好，发展中国家成为增长亮点，但是，世界经济的不确定性明显增加。美元持续贬值，美国次贷危机仍在发展，国际能源、粮食等价格上涨，对世界经济的影响存在很大变数。

3.经济全球化深入发展，但贸易和投资保护主义升温。IMF预计，今年世界贸易将增长6.9%。国际投资更加活跃，联合国贸发会议调查，70%的跨国公司在未来几年将继续增加投资。服务外包蓬勃发展，国际产业转移趋向高端，跨国公司地区总部、研发中心和先进技术转移加快。区域和次区域合作不断深入，贸易投资便利化程度总体上提高。但在当前国际贸易增长趋缓、美元贬值和通胀压力上升的情况下，国际经贸摩擦增多。经贸摩擦领域不断延伸，从反倾销、知识产权等向产品质量、气候环境、反补贴等新领域扩展。投资保护增多，不少

经济体都对一些领域进行了投资限制。联合国贸发会议认为，各国政策调整中有利于FDI的比例降至80%，比几年前低了15个百分点。

同志们！我们正处在深刻变革的时代。党的十七大提出的中国特色社会主义道路，是当代中国发展进步的总道路。站在新的历史起点上，我们抓住发展机遇，应对风险挑战，实现又好又快发展，最根本的是要高举中国特色社会主义伟大旗帜，从我国基本国情出发，走出一条中国特色商务发展道路。在商务实践中丰富和发展这条道路，要突出把握好以下方面：

第一，必须坚持从基本国情出发。基本国情是走中国特色商务发展道路的根本出发点。我国仍处于并将长期处于社会主义初级阶段，这就是当前中国的基本国情。城乡二元结构的状况没有根本改变，农村市场体系建设滞后，流通基础设施薄弱，消费水平低，这就要求我们在谋划商务工作全局时，必须把完善农村市场体系作为工作重点。我国人口多、农村人口占比高，商务工作必须在发展外向型劳动密集产业、农业走出去、劳务输出等方面下功夫。我国人均资源少、需求增长快，这要求我们必须树立战略思维，要在转变发展方式、节能减排上想办法，在建立多元稳定可靠的资源保障体系上找出路。从国际上看，欧美等发达经济体与我国国情不同、发展阶段不同、商务运行模式也不同，作为社会主义国家，我们不能照抄照搬发达国家现成的商务发展模式。而作为发展中大国，作为脱胎于计划体制的后发国家，我国又必须积极吸收先进文明成果，不断推进管理和制度创新。走中国特色商务发展道路，关键是要把国情意识和世界眼光结合起来，因地制宜，因势利导，在实践中摸索出一条立足基本国情，发展统一大市场、积极参与全球竞争、完善开放型经济体系的有效途径来，这是每一位商务工作者肩负的光荣使命和历史责任。

第二，必须坚持科学发展。科学发展是走中国特色商务发展道路的基本要求，是商务领域贯彻落实科学发展观的具体体现。商务工作的首要任务是发展。解决当前商务运行中的各种深层次矛盾和问题，必须依靠发展。但新的历史起点上的发展，要注重结构调整和发展方式转变，注重资源节约和环境保护，注重好字当头、又好又快。坚持以人为本，必须把民生问题放在首位，确保市场食品安全，改善消费环境，保障市场供应。坚持全面协调可持续，必须实现结构质量效益相统一，资源环境人口相协调，推动经济社会协调发展。坚持统筹兼顾，必须把市场自发调节与政府主动调控、“引进来”与“走出去”、对内开放与对外开放、贸易投资与产业发展有机结合起来，妥善处理好中国特色商务发展中的各种重大关系，不断丰富中国特色商务发展道路的内涵。

第三，必须坚持改革开放。改革开放是走中国特色商务发展道路的根本动力。30年实践证明，商务工作取得的一切成就靠的是改革开放。完成党的十七大提出的重大战略任务，开创商务工作新局面，必须坚持改革开放不动摇。我国已经初步建立社会主义市场经济体制，但完善这一体制的任务依然十分艰巨。进一步深化改革，关键是要体现转变经济发展方式的新要求，体现提高开放型经济水平的新任务，着力突破体制机制障碍，消除不必要的行政干预，打破市场分割，促进公平竞争，加快形成统一开放竞争有序的现代市场体系。要以服务业开放为突破口，以加快“走出去”为重头戏，以扩大中西部开放为主抓手，创新对外开放工作思路，优化开放结构，提高开放质量，以开放促改革促发展。通过全面改革开放，不断促进商务管理体制同国内外市场运行相适应，促进贸易、投资、产业各个环节相衔接，促进东部与中西部、沿边与内陆相协调。

第四，必须坚持内外统筹。内外统筹是走中国特色商务发展道路的客观需要。我国对外开放正在进入商品和要素双向流动的新阶段，内外经济联系日益紧密，相互影响不断加深，经济利益相互交织。在这种新形势下做好商务工作，必须树立全球视野，加强战略思维，注重全局谋划，统筹利用好两个市场两种资源，统筹把握好国内产业发展和全球国际分工，统筹处理好完善社会主义市场经济体制和参与国际经贸规则制定，在国际国内市场相互补充中拓展发展空间，在国际国内资源相互流动中实现优势互补，为国民经济发展提供坚实的内外保障。通过统筹国内国际要素资源，保障国内资源稳定供应，满足经济发展的需要。通过统筹国内国际商品供求，增加国内短缺商品供给，保障市场平稳运行。通过统筹“引进来”和“走出去”，拓展国内外就业渠道，缓解我国就业压力。通过统筹国内国际资本流动，加快对外投资步伐，促进国际收支渐趋平衡。

只要我们高举中国特色社会主义伟大旗帜，坚持从基本国情出发，坚持科学发展，坚持改革开放，坚持内外统筹，锐意进取，开拓创新，中国特色商务发展道路一定会越走越宽广。

三、2008年主要工作任务

2008年是全面贯彻党的十七大精神的第一年，也是改革开放三十周年。做好今年的商务工作，具有重要意义。商务工作的总体要求是：全面贯彻党的十七大和中央经济工作会议精神，高举中国特色社会主义伟大旗帜，以邓小平理论和“三个代表”重要思想为指导，深入贯彻落实科学发展观，积极实施互利共赢的开放战略，坚持深化改革和自主创新，统筹两个市场、两种资源，积极扩大居民消费，保障国内市场平稳运行，着力转变外贸发展方式，提高利用外资质量，创新对外投资与合作方式，实现商务事业又好又快发展。

根据国家宏观调控目标和商务工作的形势与要求，今年要着力抓好以下八个方面的工作：

（一）切实保障市场平稳运行

保持市场稳定关系宏观经济大局，关系老百姓切身利益。稳定物价是今年宏观调控的重要任务，中央关心、社会关注。各级商务部门一定要高度重视，把保证市场供应作为头等大事来抓，特别是保障粮油肉等重要商品的供给，确保不断档、不脱销。

1.突出保障重点。保障市场供应，要突出重点商品，注意防范少数商品的市场异常波动向更大范围传导。对关系国计民生的重要商品，要根据产销特点和可替代程度，划分为重点管理、适度管理和市场调节三大类，实行分类管理。各级商务部门都要制定重要商品供应的专项预案，确保春节、国庆等节假日及奥运会等重大活动期间市场供应，保障低收入居民、大专院校学生等特殊群体的消费需求。

2.加强市场监测和信息引导。各级商务部门要进一步完善城乡市场信息服务体系，加强监测和预警，准确判断市场走势，及早发现市场波动苗头，真正做到对市场动态心中有数，提高工作前瞻性和主动性。完善市场分析制度，及时发布市场信息，引导供给和需求，稳定居民消费预期。

3.完善产销衔接和区域调剂机制。要巩固和完善生猪主产、主销区合作机制，其他生活必需品和紧缺商品也要加强产销衔接。要健全应急商品数据库，及时掌握生产、库存、地域分布、运销能力等情况，提高区域调剂的快速反应能力。扶持建设一批重要农产品生产基地。引导重点流通企业组织重要商品货源，有序增加市场供应，市场出现波动时，要确保调得出、运得到、用得上。

四、是提高储备商品调控能力，发挥进出口调节功能

（二）着力扩大城乡居民消费

扩大消费，商务部门大有可为。要通过完善市场体系、改善消费环境，引导消费、扩大消费、创造消费。

1.完善农村流通体系。贯彻落实2008年中央1号文件关于加强农村市场体系建设部署，巩固和提高万村千乡市场工程成果，今年将覆盖面扩大到80%的县市，提高统一配送率，拓展农家店经营范围，增加药品、邮政、电信等经营功能，实现“一网多用”。在山东、河南、四川三省开展“家电下乡”试点，对农民购买彩电、冰箱、手机三大类家电给予直接补贴。深入实施“双百市场工程”，继续扶持一批大型农产品批发市场和流通企业。冷链系统投资规模大，回收周期长，具有一定的公益性特征，是鲜活农产品流通的薄弱环节，要，力争用3-5年的时间，使进入冷链系统的鲜活农产品比例明显提高。推进农村商务信息服务体系建设。深入实施“东桑西移”工程，力争在全国建设10个科技创新中心，培育20家茧丝绸农工贸联合的大型龙头企业。

2.大力发展城镇居民生活服务业。做好商业网点规划工作，有利于优化网点布局，便利居民消费，今年要全面启动县级城市商业网点规划编制工作。以改善民生为着力点，实施放心菜工程，在城市社区建设和改造一批标准化菜市场。以建设主食加工配送中心和早餐网点为重点，加快发展大众化餐饮，推进餐饮业连锁经营。总结宁波、天津等地的经验，建立健全家政服务网络，开展服务平台建设试点。加强部门规章和行业标准建设，促进经济型酒店、沐浴、洗染、维修等居民生活服务业规范发展，完善典当、拍卖、旧货、租赁等特殊行业监管机制。

3.促进生产资料市场稳定发展。推进生产资料批发市场改造升级，提高仓储、运输、加工等综合配套功能，不断优化市场布局。加快现代物流体系建设，推广供应链管理，降低物流成本。贯彻落实再生资源回收管理办法，推动摊群式集散市场向环保的分拣中心转变。

积极引导流通企业节能降耗，提高水泥散装率。

4.提高流通企业竞争力。我国流通企业数量多，但规模普遍偏小，组织化程度偏低，缺乏核心竞争力。要推动落实国家开发银行政策性贷款，培育一批竞争力强的大型流通企业集团，建立中小流通企业促进体系。加快发展连锁经营、物流配送、特许经营、电子商务等现代流通方式。开展“超市加基地”试点，支持大型连锁企业建立农产品采购基地，发展产销联盟。

5.加大市场秩序整顿和知识产权保护力度。要围绕人民群众最关心、最直接、最现实的利益问题，深入开展专项整治。切实抓好商务领域产品质量和食品安全监管，打击囤积居奇、哄抬物价、商业欺诈等扰乱市场秩序的行为。加强屠宰企业证章台账管理，落实病害猪无害化处理补贴政策，协调有关部门减免屠宰环节税费，建立猪肉市场整治常态化机制。加强成品油、酒类等重要商品市场管理。发挥好50个知识产权举报投诉中心的作用，进一步完善机制、拓展功能、突出服务。深入推进商务领域信用建设，建立商务信用分类管理制度。

（三）促进对外贸易协调发展

要加快转变外贸发展方式，在着力优化进出口结构的基础上，保持出口稳定增长，更加重视扩大进口。

1.优化出口商品结构。要坚持以质取胜，着力提高出口产品质量。推进科技兴贸创新基地建设。以信息技术、生物医药、新材料等领域为重点，培育一批具有自主知识产权、自主品牌的出口拳头产品。制定品牌发展规划，确定重点培育对象，整合扶持政策。综合运用多种措施，有效控制“两高一资”产品出口。推动企业切实履行社会责任，严格执行劳动、安全、环保等法律法规和标准。

2.积极扩大进口。鼓励企业进口先进技术设备、节能环保设备、关键零部件和重要原材料。支持公共信息服务和进口展会，组织境外采购。依托国家重大装备自主化工程招标采购，提高先进技术装备引进效益。实施便利化措施，简化手续，减少限制进口的措施，进一步提高市场开放水平。

3.促进加工贸易转型升级和梯度转移。完善加工贸易产品分类管理制度，按照国家产业政策，对禁止类目录和限制类目录进行动态调整，控制低层次加工贸易发展规模，引导加工贸易向产业链高端发展。鼓励和引导加工贸易企业增加研发投入，逐步从代加工向代设计和自创品牌发展。鼓励发展本地配套产业，增强技术学习和自主创新能力。支持中西部承接东部加工贸易转移，在中西部再确定一批重点承接地。毗邻珠三角和长三角的安徽、湖南、湖北、江西等中部省份，要发挥地缘优势，积极创造条件，争取走在前列。

4.大力发展服务贸易。要完善管理体制，形成各地区、各部门共同促进服务贸易发展的工作格局。在发展基础较好、条件更为成熟的长三角、珠三角、环渤海地区探索建立服务贸易示范区。落实服务贸易“十一五”规划，研究制定服务贸易出口指导目录和加快服务贸易发展的政策措施。积极发展旅游、运输、建筑、金融、保险、会计等服务出口。抓好服务贸易统计制度的贯彻实施。

（四）切实提高利用外资质量

在资源、环境等瓶颈约束日益明显的条件下，要从我国经济社会发展的需要出发，把握经济全球化和资本跨国流动的新趋势，创新利用外资方式、优化利用外资结构，实现利用外资稳定健康发展。

1.充分发挥外资在自主创新中的积极作用。落实新修订的外商投资产业指导目录，进一步鼓励外商投资高新技术、节能环保产业和高端制造环节。引导外资研发中心在信息技术、新材料、生物科技等高新技术领域开展原始创新；外企与所在地高校、科研院所和企业联合进行集成创新；国企、民企“走出去”、“引进来”相结合，实行引进、消化、吸收的再创新。提高知识产权本地化比例。鼓励跨国公司与我国企业和科研院所建立技术合作战略联盟。鼓励外商投资现代农业，研究利用外资促进社会事业发展的政策措施。

2.优化外资区域布局。务实推动“万商西进”工程，加快修订中西部地区外商投资优势产业目录，在广东、上海、江苏等东部地区建立产业转移促进中心，在中西部地区建立承接产业转移示范园区。鼓励东部地区利用好新一轮国际产业转移机遇，加快体制机制创新，提高产业技术水平和集约化程度。

3.吸收外资促进现代服务业发展。积极稳妥扩大金融、保险、电信等服务业对外开放，拓展利用外资的新领域。引导跨国公司在华设立地区总部和采购、物流中心。大力推动服务外包产业发展，鼓励外商投资服务外包产业，积极承接离岸服务外包业务。支持服务外包的人才培训和国际认证，加强公共技术和公共信息服务平台建设。总结推广苏州工业园区服务外包政策试点经验，稳步扩大先进技术型服务产业政策试点范围。

4.创新利用外资方式。鼓励外商投资设立创业投资基金，完善创业投资退出机制，支持国内中小高新技术企业发展壮大。与有关部门共同做好新所得税法实施工作，及时发现和解决政策实施中可能出现的新问题，确保平稳过渡。进一步优化投资环境，完善外商投资投诉管理办法，依法保护境内外投资者的合法权益。

5.争创国家级经济技术开发区新优势。发挥国家级开发区精简高效的管委会体制优势，支持国家级开发区产业集聚和升级。大力推进和谐开发区、生态开发区的建设。采取有效措施，加大对中西部国家级开发区基础设施建设的支持力度。强化东部与中西部开发区的合作交流机制，促进产业梯度转移。

（五）加快对外投资合作步伐

当前我国的对外投资正在进入一个较快增长的阶段。对外投资合作是今年及今后一个时期对外开放的重点。要创新对外投资合作方式，完善促进政策，提高对外投资便利化水平，加强引导、协调和规范。

1.积极探索农业走出去的有效途径。要发挥我国农业技术优势，推动农业走出去，鼓励具备条件的企业通过兴办农场和农业综合开发，建立农产品加工基地和营销网络。

2.大力发展对外承包工程与劳务合作。支持企业以BOT/PPP（建设-经营-转让/公私合营）等方式，参与境外基础设施建设。推动境外示范住宅小区建设。实行对外承包工程企业分类指导和管理，完善投议标许可管理办法。建立权责清晰的外派劳务管理机制，各地要加强外派劳务基地建设。

3.创新对外投资合作方式。积极推动重化工业、电信运营业、咨询业等有比较优势的产业“走出去”，学习运用股权投资和跨国并购等新的对外投资方式。完善优惠出口买方信贷管理办法，尝试将政策性出口信贷与商业信贷、国际金融机构资金结合使用。加强境外中资商会建设，发挥协调自律作用，引导境外投资合作企业和人员遵守当地法律，履行社会责任。

（六）营造良好的国际经贸环境

作为一个全面开放、快速成长的发展中大国，我国经济与世界经济的相互依赖进一步加深，面临的国际经贸关系更加复杂。我们必须统筹考虑维护我国发展利益和促进各国共同发展的要求，努力扩大同各方利益的汇合点，为国内发展创造良好外部环境。

1.发展好双边经贸关系。要充分利用各种层次、各种形式的双边经济贸易对话机制，加强沟通与协商，发展好与主要经济体的经贸关系。全面深化与发展中国家和周边国家的互利合作。

2.推进多边和区域经济合作。积极推动在谈自贸区取得新进展，落实好已签自贸协定。积极参与完善多边贸易体制，推动多哈回合谈判。今年世贸组织要对我国贸易政策进行第二次审议，各级商务主管部门对现有经贸政策要组织清理规范，新出台经贸政策要符合世贸组织规则要求。

3.促进两岸四地经贸合作。务实推动海峡两岸直接通商，在一国的原则下逐步构建两岸经济合作机制，依法保护台商合法权益。落实内地与香港、澳门更紧密经贸关系安排，完善CEPA机制，扩大服务业开放领域，提升内地与港澳经贸合作与交流水平，促进港澳长期繁荣稳定。

4.提升沿边开放水平。加快沿边开放是缩小东西部开放差距、促进区域协调发展的重要举措，区域次区域合作是沿边开放的重要抓手。要积极推动大湄公河次区域贸易投资便利化，推动中越“两廊一圈”和泛北部湾经济合作。强化上海合作组织区域经济合作机制，推动中哈霍尔果斯国际边境合作中心建设。稳妥推进东北亚合作和图们江次区域合作。整合沿边经贸合作区功能，在双边联委会/混委会机制下加强合作，积极予以推进。

（七）妥善处理贸易摩擦

面对日益增多的贸易摩擦，我们要高度重视，积极应对，同时，依法运用贸易救济措施，争取我企业合法权益，维护国内产业安全，提高国际竞争力。

1.善于运用多边规则处理贸易争端。加入世贸组织，为我国在多边框架下化解贸易争端、稳定双边经贸关系创造了条件。要加强与利益相关方的协调与配合，争取更多支持。认真抓好世贸组织争端案件的应诉工作，争取对我最有利的结果。对其他成员损害我利益的行为，也要善于运用世贸组织争端解决机制。

2.抓好双边贸易摩擦大要案应对。进一步完善贸易摩擦的预警监控机制，密切跟踪贸易摩擦最新动向，把握发展趋势，增强应对工作的预见性和主动性。要指导重点敏感行业与国外建立对话机制，尽量避免摩擦的发生。继续推动有关国家承认我市场经济地位，为企业反倾销应诉创造良好条件。

3. 依法运用贸易救济措施保护国内产业。进一步完善产业损害预警机制，抓好产业安全数据库扩容，深入开展产业竞争力调查与评估。

（八）加强商务系统能力建设

在我国经济社会发展大局中，商务部门的责任越来越大、任务越来越重。要完成好党中央、国务院交给我们的任务，履行好自己的职责，必须加强自身能力建设。

1. 提高依法行政能力。要坚持依法办事，规范行政行为，各级商务部门都要严格按照法定权限和程序行使权力、履行职责。无论是市场运行调控、现代流通发展、进出口结构调整，还是外商投资管理、促进对外投资合作，都要尽可能地运用经济手段和法律手段。要健全科学民主决策机制，完善行政决策程序，建立决策跟踪反馈和责任追究制度。加强商务领域法治基础建设，完善商务领域法律法规体系，深入开展“五五”普法。结合《反垄断法》实施，探索建立反垄断调查和裁决机制。

2. 提高科学管理能力。要进一步转变职能，按照政企分开、政资分开、政事分开、政府与中介组织分开的原则，深化行政审批制度改革。要以实施政府信息公开条例为契机，大力推进政务公开，提高工作的透明度。推进电子政务建设，加快推进行政审批事项在线办理，大力推动商务公共信息服务。特办、驻外经商机构要紧紧围绕商务中心工作，不断拓宽工作领域。各级商务部门的政策执行机构、商协会等中介组织，也要切实转变职能，发挥更大作用。开展商务发展“十一五”规划中期评估，着手“十二五”规划前期调研工作。加强制度建设，治理商业贿赂，强化对资金、配额、项目等重点领域的管理和监督，从源头上预防和惩治腐败。

3. 提高服务大局能力。商务发展是经济社会发展的有机组成部分，我们既要从自身职能出发，为经济又好又快发展做出自己的贡献，又要按照经济发展大局的要求，加强和改进我们的工作。当前要特别注意服务和服从宏观调控的大局，注意帮助和推进地区发展的大局。要深刻认识国情、世情，把握国内外形势变化和发展趋势，善于从全局出发，研究和思考商务领域的新情况、新问题。要认真落实好中央决策部署，坚持部门利益、地方利益服从全局利益和国家利益。要创新工作思路，积极主动地为各级党委和政府建言献策，当好参谋和助手。

提高以上三个方面的能力，必须加强学习和调研，加强队伍建设，切实转变工作作风。当前要把学习贯彻党的十七大精神作为重中之重，紧密结合商务工作实际，做到学以致用、以用促学。要主动学习业务理论，不断更新知识，完善知识结构。要继续推进人才强商战略，开展人才培训工作，全面提高商务系统干部队伍素质。要建立调研制度，深入基层、深入第一线，掌握更多的第一手材料，加强商务理论研究，提高决策的科学性、针对性和有效性。要把调查研究作为转变工作作风、改进工作方法的重要手段，使我们的政策和工作部署更加符合客观实际，体现群众意愿。

同志们，今年的商务工作任务十分繁重。我们要更加紧密地团结在以胡锦涛同志为总书记的党中央周围，高举中国特色社会主义伟大旗帜，以邓小平理论和“三个代表”重要思想为指导，深入贯彻落实科学发展观，解放思想，求真务实，齐心协力，开拓进取，努力开创商务工作新局面，为夺取全面建设小康社会新胜利做出新的贡献。

商务部采取措施改善投资环境 提高利用外资质量

2008年以来，在党中央、国务院的正确领导下，为克服下半年全球金融危机带来的不利影响，坚定不移地扩大开放、合理引导外商投资方向，不断改善投资环境，商务部采取了一系列工作措施，取得积极进展。

一、投资指导目录相继出台，充分发挥吸收外资在产业结构升级、自主创新和区域协调发展等方面的积极作用

商务部会同有关部门出台了《商务部办公厅关于

2008年全国吸收外商投资工作的指导性意见》、《商务部关于建立招商选资综合评价体系的指导意见》、《商务部环境保护部关于推动外商投资企业开展节能减排工作的若干意见》、《商务部关于进一步发挥外商投资促进我国自主创新积极作用的指导意见》、《商务部办公厅关于做好促进服务外包产业发展政策措施落实工作的意见》、《商务部关于落实科学发展观促进边境合作区又好又快发展的意见》、《商务部关于2009年全国吸收外商投资工作的指导意见》等一系列外商投资指导意见，一方面加强了对各地商务主管部门的指导，拓展工作思路，明确工作方向，改进工作方式；另一方面，也为外国投资者指明了国家鼓励的发展方面，为其在华投资和运营提供行动指引。

指导意见明确提出，鼓励外商投资高新技术产业、新兴产业、现代服务业、研发环节以及技术含量高、附加值大、带动农民增收的农业、种植养殖业和农产品深加工业；加强知识产权保护，创建保障有力的创新环境，鼓励外商投资企业引进先进技术，加大研发力度，积极与国内企业、机构开展研发合作，促进我国自主创新能力的提高；鼓励外商投资企业率先采用先进设备、工艺、流程和管理体系，提高节能减排和资源节约利用水平；全面提升延边地区对外开放水平，鼓励外国投资者以边境经济合作区为平台，参与延边地区的开发建设；积极扶持服务外包产业发展，鼓励外商投资服务外包产业，大力承接国际服务外包服务。

二、加快推进外商投资审批管理体制改革，进一步改善投资环境，提高投资便利化水平

根据党中央、国务院关于深化行政管理体制改革的精神要求，商务部自去年以来陆续发布了《关于进一步简化和规范外商投资行政许可的通知》、《关于下放外商投资股份公司、企业变更、审批事项的通知》、《关于启动外商投资在线许可服务系统工作的通知》、《关于省级商务主管部门和国家级经济技术开发区负责审核管理部分服务业外商投资企业审批事项的通知》、《关于由省级商务主管部门和国家级经济技术开发区负责审核管理部分服务业外商投资企业审批事项的通知》、《关于进一步改进外商投资审批工作的通知》、《关于下放外商投资举办投资性公司审批权限的通知》和《关于外商投资创业投资企业、创业投资管理企业审批事项的通知》等一系列文件，大力推动政府职能由重行政审批向重政策规划转变，进一步下方审批权限、简化审批程序、减少审批事项。先后将外商投资鼓励类领域且不需要国家综合平衡的企业和限额以下外商投资股份公司、投资性公司、创业投资企业及融资租赁公司等服务业外商投资企业的设立和变更事项下放至省级（含副省级城市）商务主管部门和国家级经济技术开发区，并在全国推行外商投资在线行政许可，实行网上申报。在简政放权的同时，商务部还加强政策调研，广泛听取外商投资企业的意见和建议，积极与有关部门研究协调外商投资政策，清理设计外商投资企业的收费和检查事项，减少重复检查和乱收费。

根据2008年联合国贸发会议的调查，中国政府实施的稳定经济增长措施及取得的成就，中国庞大的国内市场、低成本劳动力以及市场开放等因素，使中国继续成为最具吸引力的投资东道国。2008年，我国全年实际使月外资达到1083亿美元，连续十七年成为吸收跨国直接投资最多的发展中国家；外商投资结构也进一步优化，服务业、中西部地区吸收外资所占比重有显著提高。

2009年，中国吸收外商直接投资所面临的形势将更加复杂，商务部将坚定不移地坚持对外开放的基本国策和积极合理有效利用外资的工作方针，努力保持吸收外资政策的稳定性和预见性，把创建投资新环境、形成竞争新优势作为工作重点，为外国投资者来华投资和外商投资企业的健康发展提供更多便利，不断提高利用外资的质量和水平，促进国民经济又好又快发展。

涉 外 政 策

商务部办公厅关于2008年全国吸收外商投资工作的指导性意见

商资字〔2008〕7号

各省、自治区、直辖市、计划单列市及新疆生产建设兵团商务主管部门，国家级经济技术开发区：

2007年，全国商务系统以高度的使命感和责任感，勤奋工作，开拓进取，与有关部门共同努力，取得了吸收外商投资工作的较好成绩。为全面贯彻党的十七大精神，落实科学发展观，实现吸收外商投资又好又快发展，现对2008年全国吸收外商投资工作提出如下指导性意见：

一、2007年吸收外商投资情况

2007年全国吸收外商投资呈现出结构优化、质量提高、又好又快发展的良好态势。外商投资企业更加注重研发和节能环保，外商投资社会效益显著。全年新批准设立外商投资企业37888家，实际使用外资金额835亿美元，同比增长15%。其中：全国非金融领域（不含银行、保险、证券）新设立外商投资企业37871家，实际使用外资金额748亿美元，同比增长14%。呈现出以下特点：

外商投资产业结构进一步优化。服务业吸收外商投资所占比重上升。非金融服务贸易领域(按WTO部门分类)实际使用外资金额增势强劲，增幅为57.14%，占全国非金融领域实际使用外资的41％，比2006年上升11个百分点。制造业实际使用外资同比下降4.6%，占全国非金融领域实际使用外资的55％，所占比重下降3个百分点；新设立的生产型企业超过四成属于通信设备、计算机及其他电子设备制造业、专用设备制造业、电气机械及器材制造业、通用设备制造业、交通运输设备制造业等资金技术密集行业；部分高技术产业实际使用外资增长较快，其中：专用设备制造业实际使用外资金额23.13亿美元，同比增长22.79％，通用设备制造业实际使用外资金额21.52亿美元，同比增长10.01％。

中西部地区实际使用外资快速增长。“万商西进”工程实施一年多来，中部和西部地区实际使用外资分别增长37%和60%，远高于东部地区10%的增长速度，分别占全国非金融领域实际使用外资的7%和5%，其中，西部地区达到近年来最高的增幅。中西部在全国吸收外资中所占的比重均提高了1个百分点。

外商投资企业运营情况良好。2007年，外商投资企业工业产值（现价）达125036.94亿元，同比增长24.4%，占全国工业产值（现价）的30.9%。外商投资企业进出口12549.28亿美元，同比增长21.08%，占全国进出口总额的57.73%；其中，外商投资企业出口6955.2亿美元，同比增长23.36%，占全国出口的57.1%；高新技术产品出口2874.32亿美元，同比增长15.95%，占全国高新技术产品出口的86.67%；机电产品出口5084亿美元，同比增长24.81%，占全国机电产品出口的72.5%。外商投资企业中直接就业人数超过4200万人。

二、2008年吸收外商投资工作面临的形势

从国内形势看，我国国民经济持续稳定发展，国家

采取一系列措施加强和改善宏观调控，防止经济大起大落；扩大内需的政策措施不断出台，国内市场需求日益旺盛；新修订实施的《外商投资产业指导目录》进一步扩大了鼓励外商投资的领域，有利于我国吸收外商投资继续保持一定规模。与此同时，通胀和贸易不平衡的压力增大，资源、环境等瓶颈约束日益明显；相关政策调整对外商投资和企业生产经营的影响尚不明朗；增强自主创新能力、节能环保、土地等资源的集约利用、维护劳动者权益、保护知识产权等方面对吸收外商投资工作提出新的要求。

从国际形势看，世界经济仍将保持增长，但全球经济增势放缓，不确定因素增多。跨国公司地区总部、研发中心和先进技术转移加快，国际产业转移趋向高端，服务外包蓬勃发展，跨国并购更加活跃；区域和次区域合作不断深入，投资便利化程度总体上提高。美国次贷危机仍在发展，对世界经济的影响值得高度关注；国际石油和粮食价格不断走高，美元持续贬值，发展中国家担心国际游资将带来泡沫经济风险，贸易投资保护主义加剧，国际投资规模继续稳步上升存在不确定性。

综上分析，国际国内形势对2008年我国吸收外商投资工作总体有利，但也将带来一定挑战，需要我们进一步转变外商投资发展方式，不断改善投资环境，积极应对新形势，实现科学发展。

三、2008年吸收外商投资工作总体要求

全面贯彻十七大和中央经济工作会议精神，落实科学发展观，坚持扩大对外开放，创新利用外资方式，优化利用外资结构，发挥外资在自主创新、产业升级和区域协调发展方面的促进作用，不断提高利用外资的质量和水平。增强大局意识和服务意识，配合宏观调控，妥善应对国际国内形势变化。继续优化投资环境，提高吸收外商投资的国际竞争力，保持吸收外资的稳定增长，实现利用外资又好又快发展。

四、2008年吸收外商投资的重点工作

（一）贯彻十七大精神，继续扩大对外开放

认真学习和全面贯彻落实十七大报告和中央经济工作会议精神，全面总结和宣传改革开放30年来吸收外商投资工作的经验和成就，进一步提高新时期吸收外资意义和作用的认识，研究提出新形势下扩大开放和做好吸收外资工作的新思路和新举措。

（二）落实科学发展观，转变吸收外资发展方式

吸收外资工作要更加注重节能减排、土地节约集约利用、自主创新和履行社会责任，按照科学发展观引导外商投资。各地要因地制宜地研究制订相应的政策和措施，对外商投资提出新的目标和要求。东部地区要加快体制机制创新，率先转变外商投资发展方式，处理好吸收外资与环境保护、资源集约利用、产业升级、社会和谐之间的关系，利用好新一轮国际产业转移机遇，全面提升参与全球分工和竞争的层次；中西部地区要继续扩大对外开放，加强基础设施建设和人才培训，努力提高承接能力，积极承接东部地区产业转移。

（三）合理引导外资投向，充分发挥外资对产业升级和自主创新的促进作用

落实新修订的《外商投资产业指导目录》，鼓励外商投资装备制造、新材料制造等高新技术产业。积极配合国家宏观调控，继续加强对钢铁、水泥、电解铝、房地产等领域外商投资的管理，严格限制高耗能、高排放产业向我国转移。鼓励外商投资企业和外资研发机构开展原始创新，提高知识产权本地化比例。通过产业和财税政策引导，鼓励外商投资企业在引进先进技术基础上加大研发投入，提升工艺和技术水平，推动技术、产品的自主升级，实现引进、消化、吸收、再创新。鼓励跨国公司与我国企业和科研院所合作，引导本地配套企业与行业龙头企业的合作，加强集成创新。

（四）积极承接国际服务外包，提升现代服务业发展水平

继续实施服务外包“千百十工程”，全面落实服务外包基地城市、示范园区、培训中心的共建协议，完善相关认定标准以及财税、金融政策，积极开展人才培训、企业资质认证、国际市场开拓、公共信息技术服务和知识产权保护，进一步鼓励跨国公司将全球外包业务转移到中国。结合国际产业转移趋势和国内经济发展状况，继续引导外资投向商务服务、物流等生产性服务业和以改善民生为重点的社会服务业，加强对外资进入房地产领域的指导和监管。

(五)加强区域间投资合作，促进区域协调发展

务实推进“万商西进”工程，做好《中西部地区外商投资优势产业目录》修订和实施工作。学习借鉴国外

先进经验，在长三角、珠三角建立产业转移促进中心，在中西部地区建立承接产业转移示范园区，推动建立沿海城市与中西部城市间产业转移对口合作机制。东部地区要把产业转移与调整产业结构、提升产业层次、优化产业布局结合起来，主动帮助和引导成本较高的企业向中西部地区转移，为发展高层次、高质量的产业腾出空间和资源。中西部地区要充分发挥本地优势，主动加强与东部地区的对口衔接，同时，要考虑资源环境承载能力，严格控制耗能高、污染重的落后生产能力向中西部地区转移。

（六）创新利用外资方式，拓展吸收外资渠道

鼓励外商设立创业投资企业，完善创业投资退出机制，支持国内中小高新技术企业发展壮大。引导符合条件的外商投资企业在境内上市。鼓励外商通过并购等方式参与国有企业改组改造。加强与相关部门的协调配合，建立健全维护国家产业安全的监测体系和审查机制，对外资并购加以有效监管。完善政策措施，充分利用清洁发展机制，鼓励减排潜力大的企业与国际投资者开展合作，获得节能减排先进技术和资金投入。

（七）积极构建和谐开发区，充分发挥产业聚集和示范带动作用

尽快出台《国家级开发区条例》，坚持国家级开发区精简高效的管委会体制优势。完善国家级开发区投资环境综合评价指标体系，严格执行国家节约集约利用土地政策，鼓励国家级开发区发展高新技术产业，促进产业集聚和升级，建设生态工业园区。推动东中西部开发区建立以资本为纽带的跨区域互利合作，深化东部与中西部开发区合作交流机制，更好地发挥国家级开发区在开放型经济中的示范和带动作用。

（八）继续改善投资环境，提高吸收外资的国际竞争力

国内外环境对我国保持吸引国际投资的竞争优势带来较大挑战。为此，要切实转变政府职能，进一步推进政务公开，提高行政效率和依法行政水平，完善外商投资投诉制度，帮助投资者树立长期投资的信心，不断吸引新企业落户和老企业增资扩股，营造亲商、安商的良好环境。切实保护知识产权，改进服务，营造公平竞争的市场环境，稳定和可预见的法律法规和政策环境。

（九）改进投资促进方式，推进投资便利化

切实纠正招商引资中竞相攀比优惠政策、层层下达分解指标的做法，加快由“招商引资”向“招商选资”转变。完善多层次投资促进机制，充分发挥中介机构的作用，有针对性地开展小型、专业的招商引资工作。充分利用政府间投资促进机构的作用，拓展与我主要外资来源国在现代服务业、节能环保、高新技术等领域的交流与合作。建立符合科学发展观的外商投资评价体系，大力倡导外商投资企业更好地履行社会责任。

中华人民共和国商务部办公厅
二〇〇八年三月六日

商务部2009年吸收外商投资工作指导意见综述

商务部提出2009年吸收外商投资工作指导意见。意见提出了2009年吸收外商投资的八项重点工作。

商务部下发《关于2009年全国吸收外商投资工作的指导性意见》，要求全国商务系统围绕“保增长、扩内需、调结构”来统筹协调做好吸收外资工作，努力构建促进利月外资科学发展的新体制和新机制。同时，要采取各项积极措施，在保持吸收外资规模稳定、巩固吸收外资存量的基础上，努力实现结构优化与质量提高，更好地发挥外资在扩大内需、保持经济平稳较快增长、加快转变发展方式及调整结构等方面的积极作用。 意见提出了2009年吸收外商投资的八项重点工作。一是改善投资环境，保持吸收外资规模。二是鼓励外商投资企业扩大就业。三是保持外商投资企业外贸稳定增长。四是推动产业优化升级。五是营造开放的自主创新环境。六是促进区域互动协调发展。七是大力大展国际服务外包产业。八是推动企业节约资源和环境保护。

国家发展改革委关于继续用好国外优惠贷款促进经济增长的通知

各省、自治区、直辖市及计划单列市发展改革委，国务院有关部门：

根据党中央、国务院关于扩大内需促进经济增长的重大决策部署，为配合国家宏观调控，继续用好国外优惠贷款，现将有关要求通知如下：

一、统筹安排国内资金和国外优惠贷款，形成合力，保证当前扩大投资、拉动内需的总体效果

2008年和2009年，我国借用国外优惠贷款（包括世行、亚行、欧洲投资银行等国际金融组织和外国政府等多边和双边贷款）规模100亿美元左右，用以支持农业（含林业、水利）、交通、城建、节能减排、污染治理、环境保护和生态建设以及教育卫生等领域国家和地方重点项目建设。大部分国外优惠贷款用于购置国内设备、材料及劳务等，对拉动内需发挥了积极作用。

国外优惠贷款项目的领域与当前新增中央投资支持的重点领域总体一致。2008年第四季度，一批在建交通、污水处理、垃圾处理、医疗等项目既使用了国外贷款，也安排使用了中央新增预算内资金。国内资金和国外优惠贷款的统筹安排，加快了项目建设进度，迅速形成了拉动内需效应。

根据国家当前新增中央投资支持的领域和原则，各地发展改革委及有关部门要继续统筹安排好国外优惠贷款与新增中央投资、地方财政预算资金、财政部代理发行地方政府债券等国内资金，使国内外资金互为配套，形成合力。对2008年已谈判签约的在建项目和计划于2009年对外谈判签约且已具备开工条件成熟的贷款项目给与支持，更好地推动项目加快建设，尽早形成实物量，有效地拉动内需，使国外优惠贷款发挥更大的效益。

国外优惠贷款是国家主权外债，属于政府性投资资金的一部分，各地发展改革委及有关部门要认真研究，采取有效措施，避免使用国内资金替代国外优惠贷款，进而减弱扩大投资、拉动内需的总体效果。

二、加快贷款规划内重点项目的前期工作，力促项目尽快开工建设

对规划内拉动内需带动作用强的项目特别是2009年计划签约项目，各地发展改革委、有关部门要组织好项目建设方案论证，落实项目建设条件和国内配套资金，积极协调有关国外贷款机构和财政、环保、国土资源等有关部门，衔接好国内国外项目准备程序，加快项目准备和项目审批，有效推动项目的前期工作，力争当年签约，当年开工建设。

各地发展改革委、有关部门在加快项目开工建设，有效地扩大投资、促进经济增长的同时，要继续注重以贷款项目为载体，吸收国际先进经验、提高管理水平、促进体制改革和制度创新，推动结构调整和发展方式转变，增强国家和地方经济发展的后劲。

三、推动在建项目加快工程建设进度，进一步加强贷款项目管理

对在建符合国家拉动内需投向的国外贷款项目，各地发展改革委、有关部门要积极协调国家和地方相关部门以及国外贷款机构，支持项目建设单位加快工程招标、设备及材料采购、国外贷款提款报账等工作；对具备条件的项目，若国内配套资金暂时出现困难，可以先期适当提高国外贷款支付比例，保证项目的顺利实施，尽快形成实物工作量。

各地发展改革委及有关部门要按照国务院的要求，继续加强贷款项目管理，建立完善的项目管理、资金管理和监督检查制度，确保贷款资金的有效使用，保证工

程质量安全，严防各种违纪违法事件，并配合国务院有关部门做好项目检查工作。同时，继续做好国外优惠贷款备选项目规划，要选择对经济社会发展有重要作用和适合国外贷款特点的项目，做好贷款项目储备工作。

当前是拉动内需、保持经济增长的关键时期。各地发展改革委及有关部门要积极协调，加强沟通，将工作中出现的问题及时通报国家发展改革委，切实做好国外贷款项目前期准备和项目实施管理工作，更好地发挥国外优惠贷款对我国经济和社会发展的促进作用。

国家发展改革委

二〇〇九年二月十三日

国家发展改革委关于进一步加强和规范外商投资项目管理的通知

发改外资〔2008〕1773号

各省、自治区、直辖市及计划单列市、副省级省会城市、新疆生产建设兵团发展改革委、经贸委（经委）：

自2004年我国投资体制改革以来，外商投资项目实行了核准制度，对进一步完善投资环境、提高利用外资质量、加强宏观调控发挥了积极作用。但是，一些地方仍存在着未严格执行国家有关规定，对外商投资项目管理失当的问题。有的外商投资项目未经核准即已开工建设，有的未严格按照核准内容进行建设，有的投资者借国际资本市场波动、我国汇率政策调整之机，采取虚假合资、虚报总投资、设立空壳公司等方式，以外商直接投资的名义调入资金，并将资本金结汇挪作他用，谋取不正当利益，对我国经济健康发展和国际收支平衡带来潜在的风险。为进一步规范外商投资项目管理，防止外汇资金异常流入，根据《国务院关于投资体制改革的决定》（国发〔2004〕20号）和《国家发展改革委外商投资项目核准暂行管理办法》（委第22号令）以及其他相关法律法规规章的有关规定，现将有关事项通知如下：

1. 严格执行外商投资项目核准制。各级发展改革部门要从维护经济安全、合理开发利用资源、保护生态环境、优化重大布局、保障公共利益、防止出现垄断、投资准入、资本项目管理等方面，对外商投资项目进行核准。要坚持外商投资先核准项目，再设立企业的原则，防止设立空壳公司。各类外商投资项目，包括中外合资、中外合作、外商独资项目、外商购并境内企业项目、外商投资企业（含通过境外上市而转制的外商投资企业）增资项目和再投资项目等，均要实行核准制。

2. 加强对外商投资项目真实性的审查。各级发展改革部门在核准项目时，要根据项目建设规模和主要建设内容等核定项目总投资，必要时可委托有资质的咨询机构进行评估；注意把握并监控境外资金的流向，严格外商投资项目总投资与资本金的差额管理，落实融资方案，需要对外举债的，要严格执行国家有关外债管理的规定；加强对境外投资者背景和资信情况的审查，对背景不明、资信达不到要求或材料不完整的，要严格审查，防止无真实投资背景的外汇资金流入。

3. 落实外商投资项目分类分级管理制。按照《外商投资产业指导目录》，总投资（包括增资额，下同）1亿美元及以上的鼓励类、允许类项目和总投资5000万美元及以上的限制类项目，由国家发展改革委核准项目申请报告；总投资1亿美元以下的鼓励类、允许类项目和总投资5000万美元以下的限制类项目由地方发展改革部门核准，其中限制类项目由省级发展改革部门核准，此类项目的核准权不得以任何理由、任何方式下放。

4. 规范新开工项目管理，严格各项项目核准条件。各级发展改革部门要按照《国务院办公厅关于加强和规范新开工项目管理的通知》（国办发〔2007〕64号）精神，严格规范新开工外商投资项目条件。项目单位向发展改革部门报送项目申请报告，涉及规划选址、用地预审、环评审批的，应附送相关文件。有关文件办理事项，要执行相关主管部门规定的程序和权限。要严格限制严重污染环境和高能耗、高物耗、资源消耗大的项目，未按要求取得规划选址、用地预审、环评审批和节能评估等文件的项目，以及不符合《国家发展改革委外商投资项目核准暂行管理办法》（委第22号令）核准要求的项目，各级发展改革部门不得核准。各级发展改革部门要与国土资源、环境保护、住房和城乡建设、商务（外经贸）、外汇管理、海关和税务等部门加强沟通，各司其职，形成合力，健全对外商投资项目管理的联动机制。

5.加强对已核准项目的监督检查。在做好外资项目统计和信息管理的同时，督促项目建设单位按照项目核准文件的要求开展工作，强化监督检查。对于未经合规核准的外商投资项目，或以化整为零、提供虚假材料等不正当手段取得核准文件的项目，或不按项目核准文件要求进行建设，已调入境内的资金不用于建设项目的，应及时纠正，严重违规的，可依法撤销项目核准文件并责令其停止建设。存有上述问题的项目，一经发现，不得享受采购设备税收减免等相关优惠政策，对其上市或发债的申请不予支持。

各地发展改革部门要统一认识，自觉维护国家宏观调控的大局，进一步深化投资体制改革，依法加强和规范对外商投资项目的管理。同时，要努力提高工作效率，不断增强服务意识，维护投资者的正当权益。对于符合国家产业政策和相关要求的项目，要积极给予指导和支持，尽快办理各项手续，主动帮助解决项目建设过程中遇到的问题和困难，引导外商投资投向国家鼓励的产业和地区，推动产业结构优化升级，提高利用外资的质量和水平。各类投资主体也要严格执行国家相关法律法规的规定，认真履行项目核准程序，自觉接受监督和管理。

国家发展改革委

二〇〇八年七月八日

国家发展改革委关于完善境外投资项目管理有关问题的通知

发改外资〔2009〕1479号

各省、自治区、直辖市及计划单列市、新疆生产建设兵团发展改革委，各中央管理企业：

近年来，在国家关于实施“走出去”战略的统一部署下，我国企业对外投资发展较快，特别是大型境外收购和竞标项目明显增加。为适应新形势发展的需要，促进我国对外投资健康有序发展，依据《境外投资项目核准暂行管理办法》（国家发展改革委第21号令），现就完善境外投资项目管理有关问题通知如下：

1.本通知所涉及境外投资项目，是指《政府核准的投资项目目录》规定由国家发展改革委核准或由国家发展改革委审核后报国务院核准的下列项目：

（1）境外收购项目，即国内企业直接或通过在境外设立的子公司或控股公司以协议、要约等方式收购境外企业全部或者部分股权、资产或其它权益的项目。

（2）境外竞标项目，即国内企业直接或通过在境外设立的子公司或控股公司参与境外公开或不公开的竞争性招标，以投资获得境外企业全部或者部分股权、资产或其它权益的项目。

上述项目以外的境外投资项目，仍按《境外投资项目核准暂行管理办法》的具体规定执行。

2.国内企业开展境外收购和竞标项目，要遵守国家法律法规、产业政策和境外投资管理规定，结合国家战略规划、企业发展战略和自身实力，在充分进行前期论证和尽职调查的基础上，科学决策，并且综合考虑各方面复杂因素，制定完善的工作方案和计划，稳步实施，有效防范投资风险。

3. 有关企业在项目对外开展实质性工作之前，即境外收购项目在对外签署约束性协议、提出约束性报价及向对方国家（地区）政府审查部门提出申请之前，境外竞标项目在对外正式投标之前，应向国家发展改革委报送项目信息报告，并抄报国务院行业管理部门。

4. 项目信息报告应说明投资主体基本情况、项目投资背景情况、收购或竞标目标情况、对外工作和尽职调查情况、收购或竞标的基本方案和时间安排等。项目信息报告的格式见附件一，可在国家发展改革委网站（www.ndrc.gov.cn）“外资利用”栏目下载。

5. 中央管理企业可直接向国家发展改革委报送项目信息报告并抄报国务院行业管理部门，地方企业通过省级发展改革部门报送项目信息报告。

已有境外投资项目经国家核准的地方企业，可直接向国家发展改革委报送项目信息报告并抄报国务院行业管理部门，同时抄报省级发展改革部门。

6. 国家发展改革委收到项目信息报告后，对于报告内容符合第四条要求的项目，在7个工作日内向报送单位出具确认函（格式见附件二），并抄送有关部门和机构；对于报告内容不符合第四条要求的项目，将及时通知报送单位补充和完善。

7. 如果发现项目存在明显的重大不利因素，国家发展改革委将在确认函中作出特别备注，进行风险提示。

对于此类项目，国家发展改革委在项目核准时将严格审查，有关企业和金融机构应慎重决策。

8. 确认函将标明一定的有效期。有关企业可在有效期内对外开展实质性工作，如在此期间未能完成，应根据情况办理确认函延期，或者重新报送项目信息报告。

9. 确认函是有关企业向国家发展改革委报送项目申请报告的必备附件。

10. 有关企业在对外完成实质性工作以及项目必要前期工作后，应按照《境外投资项目核准暂行管理办法》的规定向国家发展改革委报送项目申请报告，履行境外投资项目核准手续。

11. 对于违反本通知规定的国内企业，国家发展改革委将予以批评或通报批评，并责令纠正；对于性质严重、给国家和企业利益造成严重损害的，国家发展改革委将会同有关部门依法进行处罚，并追究有关领导和责任人的责任。

12. 国内金融机构要认真执行国家境外投资项目管理的有关规定，在进行充分风险评估和合规性审查的基础上，为国内企业境外投资项目提供金融支持，不得向违规项目发放贷款。

13. 各地方发展改革部门、各中央企业要认真贯彻国家境外投资管理的各项规定，指导有关企业扎实开展对外投资工作，提高对外投资的科学性和效益，有效维护对外投资秩序，促进我国对外投资稳步有序健康发展。

国家发展改革委

二〇〇九年六月八日

国家发展改革委 国务院台办关于大陆企业赴台湾地区投资项目管理有关规定的通知

发改外资〔2008〕3503号

各省、自治区、直辖市发展改革委、台办，各中央管理企业：

为推动海峡两岸直接双向投资，促进两岸经济共同繁荣，增进两岸同胞福祉，推进海峡两岸关系和平发展，现将大陆企业赴台湾地区投资项目管理的有关规定通知如下：

一、鼓励大陆企业积极稳妥地赴台湾地区投资。大陆企业赴台湾地区投资，应遵循互利共赢和市场经济原则。

二、大陆企业在台湾地区投资时，应主动适应两岸经济发展特点和需要，结合自身优势和企业发展战略，精心选择投资领域和项目；遵守当地有关规定，保障员工合法权益，注重保护生态环境，善尽必要的社会责任。

三、大陆投资主体赴台湾地区投资，应根据《中华人民共和国行政许可法》和《国务院关于投资体制改革的决定》（国发〔2004〕20号），按照《境外投资项目核准暂行管理办法》（国家发展改革委〔2004〕21号令）向国家发展改革委提出申请，并符合以下条件：

（一）是在大陆依法注册、经营的企业法人；

（二）具备投资所申报项目的资金、行业背景、技术和管理实力；

（三）有利于两岸关系和平发展，不危害国家安全、统一。

四、申请时，需先向注册所在地的省、自治区、直辖市发展改革委提出项目申请报告，经省、自治区、直辖市发展改革委商同级台办初审后报国家发展改革委。中央管理企业可直接向国家发展改革委提交项目申请报告。

五、国家发展改革委按照《境外投资项目核准暂行管理办法》对申请项目进行核准和管理，国家发展改革委在审核项目前须征求国务院台办的意见。重大投资项目，须经国家发展改革委商国务院台办审核后报国务院核准。

国务院台办可向国家发展改革委推荐项目，省、自治区、直辖市台办可向同级发展改革委推荐项目。对于以上项目，国家发展改革委和省、自治区、直辖市发展改革委在核准或审核时不再征求同级台办的意见，但及时通报审核结果。

六、大陆企业须凭国家发展改革委的核准文件，向国务院台办申请办理该投资项目相关人员赴台审批手续。

七、国家发展改革委会同国务院台办对大陆企业赴台湾地区投资项目落实情况进行监督检查。

八、大陆投资主体及其在台湾地区设立的投资项目法人或非法人机构有如下情况之一的，国家发展改革委与国务院台办会同相关部门按规定分别予以处理。

（一）从事违反法律法规的活动；

（二）经核准的项目在办理完外汇、海关、出入境和税收等相关手续后，满6个月未按国家发展改革委核准的项目申请报告内容开展相关活动；

（三）经核准的项目已经终止；

（四）国家发展改革委、国务院台办认为不宜继续在台湾地区经营的其他情况。

国家发展改革委 国务院台办

二○○八年十二月十五日

关于发布鼓励进口技术和产品目录（2009年版）的通知

发改产业〔2009〕1926号

各省、自治区、直辖市、计划单列市发展改革委、财政厅（局）、商务主管部门、新疆生产建设兵团发展改革委、财务局、商务局：

为积极扩大先进技术、关键设备及元器件和重要资源性产品、原材料进口，根据国务院工作安排，制定《鼓励进口技术和产品目录（2009年版）》。现就有关事项通知如下：

《鼓励进口技术和产品目录（2009年版）》分为四

个部分：

第一部分是鼓励引进的先进技术。主要指国内尚未掌握的先进技术，国家批准或核准的重点建设工程引进的先进技术。引进技术是指买断或许可方式进口国外先进专有技术或专利，或通过合作开发，获得自主知识产权和掌握先进专有技术的行为。对引进此类先进技术，给予贴息支持。

第二部分是鼓励进口的重要装备。指目前国内尚不能自行研发制造，国民经济各领域急需的重要设备，以及为生产国家鼓励发展的重大技术装备所需进口国内尚不能生产的关键零部件。对此类产品进口，给予贴息支持。

第三部分是鼓励发展的重点行业。主要是从《产业结构调整指导目录（2005年本）》鼓励类目录，以及《国务院关于加快振兴装备制造业的若干意见》、重点产业调整和振兴规划确定重点支持发展的领域范围内选择的重点行业。对符合国家产业政策和专项规划的投资类项目项下进口生产性设备、零部件（不予免税产品目录中产品除外）给予贴息支持。因涉及到设备、零部件较多，此部分设备和零部件进口贴息，参照鼓励类投资项目进口设备减免税管理方式进行。

第四部分是资源性产品、原材料。鼓励进口资源性产品和原材料，对其进口给予贴息支持。

本通知自发布之日起实施，国家发展改革委、财政部、商务部《关于发布鼓励进口技术和产品目录的通知》（发改工业〔2007〕2515号）同时废止。国家发展改革委会同财政部、商务部将根据情况需要，适时对目录进行调整。

附件：鼓励进口技术和产品目录（2009年版）

国家发展改革委 财政部 商务部

二〇〇九年七月二十日

附件

鼓励进口技术和产品目录

（2009年版）

一、鼓励引进的先进技术	
序号	技 术 名 称
A1	煤矿开采先进的CAD三维动态设计和有限元强度分析软件
A2	渗碳淬火高精度硬齿面齿轮装置加工制造技术
A3	强力液压支架高强度钢板焊接工艺与质量检验技术
A4	重型铠装刮板输送机中部槽焊接技术
A5	采掘装备自动化技术与工况检测系统
A6	煤矿中高压大容量移动供电系统的高可靠性、自动化技术
A7	其他高效综采成套装备和煤矿快速掘进与支护设备制造技术
A8	大功率强力刨煤机刨削与传动机构设计与制造技术
A9	大规格高强度圆环链制造技术
A10	大功率连续采煤机设计与制造技术
A11	其他薄煤层、极薄煤层强力刨煤机开采配套装备和短壁连续采煤机成套设备制造技术
A12	千万亿次高性能计算机的设计制造技术
A13	0.18微米及以下大规模数字集成电路设计、工艺制造技术，0.8微米及以下模拟、数模集成电路设计、工艺制造技术，SoC芯片和关键IP核，新型高密度集成电路封装与测试技术，上述技术产品专用设备的设计制造技术
A14	TFT—LCD、PDP、OLED面板、配套材料制造技术和专用设备的设计制造技术
A15	便携式计算机设计制造技术
A16	高性能、大容量存储系统设计制造技术
A17	高速移动数据通信技术
A18	基于开放源码（OPEN SOURCE ）的软件技术
A19	高速立、卧式加工中心设计制造技术
A20	精密立、卧式加工中心设计制造技术

A21	立式铣车复合加工中心设计制造技术
A22	五轴联动加工中心设计制造技术
A23	精密数控车床及车削中心设计制造技术
A24	高速数控车床及车削中心卧式铣车复合加工中心设计制造技术
A25	高速、精密大型数控滚齿机设计制造技术
A26	高速、精密大型数控磨齿机设计制造技术
A27	难加工材料轴类零件超高速精密外圆磨床设计制造技术
A28	数控切点跟踪曲轴磨床设计制造技术
A29	精密、复合、数控磨床设计制造技术
A30	精密曲面成形数控磨床设计制造技术
A31	五轴联动叶片数控磨床设计制造技术
A32	纳米级精度微型数控磨床设计制造技术
A33	五轴联动高速、精密、数控工具磨床设计制造技术
A34	大型、精密、高效、数控螺纹加工设备设计制造技术
A35	高档数控珩磨机设计制造技术
A36	高速龙门五轴加工中心设计制造技术
A37	龙门铣车复合加工中心设计制造技术
A38	重型五轴龙门加工中心设计制造技术
A39	五轴联动数控落地铣镗床设计制造技术
A40	重型曲轴铣车复合加工中心设计制造技术
A41	超重型数控落地镗铣床设计制造技术
A42	大直径、超长、深孔加工的车、珩磨复合加工中心设计制造技术
A43	高速、精密主轴设计与制造技术
A44	大功率、大钮矩双摆铣头设计与制造技术
A45	高速、重载精密滚珠丝杠及直线导轨
A46	高精、高速数控转台设计与制造技术
A47	大型刀库及自动换刀装置设计与制造技术
A48	全功能数控动力刀架设计与制造技术
A49	高速防护装置设计与制造技术
A50	高速数控机床用新型数控刀具、刀柄系统、高效可转位刀具、超硬刀设计与制造技术
A51	全数字高档数控装置、全数字交流伺服电机、主轴电机及驱动装置设计与制造技术
A52	高速、高刚度大功率电主轴及驱动装置设计与制造技术
A53	大扭矩力矩电机及驱动装置设计与制造技术
A54	大推力直线电机及驱动装置设计与制造技术
A55	500千伏以上交直流绝缘套管制造技术
A56	大型高效矿山采掘关键设备的设计制造技术
A57	有利于提高矿山回采率的设备设计制造技术
A58	大型挖掘机（机重大于160吨）设计制造技术
A59	硬岩掘进机设计制造技术
A60	电子测量仪器设计及其制造技术
A61	半导体照明用材料、器件及封装测试关键技术
A62	新型电力电子器件设计、制造技术
A63	汽车电子控制系统设计制造技术
A64	新能源汽车专用关键零部件设计制造技术
A65	汽车底盘电子控制系统设计、生产技术（自动稳定杆系统、防抱死制动系统、车轨控制系统、电子稳定性控制系统、磁流控制悬架系统等）
A66	车身安全性设计和分析技术
A67	NVH控制关键技术（风噪测试规范和评价技术，车型风噪优化技术，风噪数据模型，底盘系统振动噪声测试规范与评价技术；传动系统匹配建模与分析技术、变速器敲击噪声测试与评价技术、传动系统匹配参数数据模型等）
A68	先进自动变速器设计制造技术（包括无级自动变速器，湿、干式双离合器自动变速器、重型车用电子机械自动变速器、六档以上AT自动变速器等）
A69	整车CAN总线技术通讯协议建立、调试、诊断技术
A70	汽车涂装机器人、车身柔性焊装线设计、制造技术
A71	先进汽车燃油系统（包括高压共轨、缸内直喷、可变进气系统、电子油门控制、稀薄燃烧、增压和中冷、断缸技术等）设计制造技术
A72	内燃机排放后处理系统制造技术

A73	报废汽车拆解、回收、再制造破碎处理技术
A74	高速铁路、城际铁路及城市轨道交通运输装备的设计制造技术
A75	动力推进系统，包括各类发动机、动力装备等的设计制造技术
A76	高技术、高附加值船舶和10万吨级以上船舶设计技术
A77	船舶配套设备(包括船舶动力系统、电站、甲板机械、舱室机械、船舶控制及自动化、通讯导航、仪器仪表等)设计技术
A78	海洋工程装备及配套设计制造技术
A79	游艇和配套设备设计及制造技术
A80	修船（含改装船）设计技术
A81	航天和支线、大型客机研制相关的设计、制造技术
A82	产业用纺织机械设计制造技术
A83	多维纺织成型技术及关键设备制造技术
A84	吸油纤维工程化关键技术和装备制造技术
A85	单眼并条机设计制造技术
A86	高性能苎麻纺织机械设计制造技术
A87	纺织喷墨印花喷头技术及制造技术
A88	新型传感器制造技术
A89	无线测控设备制造技术
A90	高精度流量仪表制造技术
A91	高档在线分析仪器设计制造技术
A92	在线精密测试仪器技术
A93	无损检测关键元器件制造技术
A94	幅宽6米以上，车速1200米/分钟的先进造纸机械生产技术
A95	300吨/日以上甲酸制浆连蒸系统设备制造技术
A96	年产10万吨以上APMP高得率制浆生产线制造技术
A97	无氯漂浆设备制造技术
A98	高效碱回收设备制造技术
A99	生产能力达60000瓶/时以上高速贴标机生产技术
A100	电池及关键材料制造工艺与装备技术（锂离子等先进动力电池、无汞碱锰电池、太阳能电池等，关键材料包括锂离子等先进动力电池用正极材料和隔膜等）
A101	定向分离与物性修饰生产技术
A102	非热杀菌生产技术
A103	多级浓缩干燥生产技术
A104	直接浸出炼锌技术
A105	单台炉直接炼铅技术（基夫塞特Kivcet炼铅技术）
A106	非高炉炼铁技术
A107	冶金矿山选矿分级设备的设计制造技术
A108	纯净钢冶炼技术
A109	高强度汽车板、高牌号取向硅钢等关键钢材品种制造技术
A110	钢铁厂烧结脱硫技术
A111	焦炉煤气深加工利用技术
A112	炉渣余热回收利用技术
A113	冶金低中温余热回收利用技术
A114	风力发电用及环保型环氧树脂生产技术。
A115	液氢产品的生产技术
A116	用于电子级产品的包装的加工设备及原材料技术
A117	T500以上碳纤维（简称CF）成套装备的设计制造技术
A118	20万吨/年以上有机硅单体生产技术，以及有机硅下游深加工产品生产技术
A119	20万吨/年以上大规模甲苯硝化及二硝基甲苯加氢成套技术
A120	20万吨/年以上过氧化氢催化氧化制环氧丙烷绿色成套技术
A121	10万吨/年TDI产品生产技术，ADI生产技术
A122	脱氟磷酸钙的生产技术
A123	动物营养添加剂（蛋氨酸）生产技术
A124	异戊橡胶制造技术
A125	非光气法聚碳酸酯制造技术
A126	高吸水性纤维生产技术
A127	无线辐射测试计量技术
A128	广播数字化及数字多媒体广播技术

A129	数字电视关键技术
A130	卫星广播电视技术
A131	搪塑镍合金电铸模具制造技术
A132	发电用燃气轮机设计制造技术
A133	风电用变流器设计制造技术
A134	核电设备设计制造技术
A135	核电锻件制造技术
A136	核材料及装置的设计制造技术
A137	太阳能热发电设备的设计制造技术
A138	可再生能源、氢能等新能源领域关键设备的设计制造技术
A139	煤层气（瓦斯）勘探及开发利用关键设备的设计制造技术
A140	煤炭液化、地下气化关键设备的设计制造技术
A141	煤矿地质、石油及地球物理勘探关键设备的设计制造技术
A142	二氧化碳用于三次采油以及开采煤层气和回注技术
A143	高性能海水淡化用反渗透膜制造技术
A144	聚乳酸纤维材料（简称PLA）产业链成套装备的设计制造技术
A145	环保型新溶剂法纤维素纤维（即LYOCELL等）成套装备的设计制造技术
A146	新型聚酯PTT成套装备的设计制造技术
A147	新型聚酯PEN成套装备的设计制造技术
A148	己内酰胺（锦纶原料，简写CPL）成套装备（年产10万吨以上）的设计制造技术
A149	高强高模芳纶1414（学名聚对苯二甲酰对苯二胺，简称PPTA）成套装备的设计制造技术
A150	聚苯硫醚（简称PPS）成套装备的设计制造技术
A151	聚酰亚胺耐高温纤维成套装备的设计制造技术
A152	保障农产品加工质量安全、提高产品市场竞争力的清洁生产和环境污染控制制造技术
A153	高效低残留农兽药使用技术（包括生物防治技术）
A154	农产品中有毒有害物质（包括农药、兽药、重金属、添加剂等）残留控制与检测技术
A155	农产品质量安全追溯技术
A156	农产品质量安全风险评估技术（包括模型、数据等）
A157	良好农业规范（GAP）、危害分析与关键控制技术（HACCP）、农产品良好检测实验室管理技术等
A158	动植物优良品种选育、繁育、保种和开发技术
A159	旱作节水农业、保护性耕作、生态农业建设、耕地质量建设以及新开耕地快速培肥技术
A160	动物传染性海绵状脑病快速检测技术
A161	奶牛乳房炎防控技术
A162	饲料霉变程度及霉菌毒素快速检测技术
A163	外来动物疫病监控技术
A164	苏氨酸生产技术
A165	蜜蜂抗螨育种技术
A166	马属动物传染病检疫检验技术
A167	动物疫病的新型诊断试剂、疫苗及低毒低残留新药开发技术
A168	火电厂脱硝工艺和装备技术
A169	30万kW机组以上火电厂烟气脱硫工程关键设备的生产技术
A170	污水再生利用膜材料生产技术
A171	日处理300吨规模以上城市垃圾焚烧处理关键设备生产技术
A172	城市垃圾填埋处置二次污染控制及资源利用技术
A173	危险废物旋转窑焚烧技术与关键设备生产技术
A174	建筑垃圾处理和再生利用工艺成套设备制造技术
A175	绿藻转化二氧化碳工艺和装备技术
A176	符合环保要求的废旧电池回收处理工艺与装备技术
A177	废旧家电破碎及分选技术
A178	电子废弃物干式分离回收技术

二、鼓励进口的重要装备

序号	商品编码	商品名称
B1	845710	镗铣加工中心(含立式、卧式、立卧式)：定位精度≤0.006mm，重复定位精度<0.004mm，快移速度>40m/min，≥4轴联动，工作台≥1250mm
B2	845710	柔性加工单元：5轴联动

B3	84581100 84589100	车削中心：重复定位精度高于0.004mm，主轴端径向圆跳动≤0.001mm，加工件圆度高于0.001mm
B4	84601100 84602190	数控平面磨床（含成形、龙门、导轨、双端面等）：定位精度高于0.006mm（全程），重复定位精度高于0.003mm（全程），平面度高于0.002mm/1000mm，龙门宽大于3500mm
B5	84602110 84602120 84602910 84603100	数控磨床（含内圆、外圆、端面外圆、万能、无心、轴承、刃磨、专用等）：定位精度高于0.006mm，重复定位精度高于0.003mm，加工件圆度高于0.0005mm，砂轮线速度高于60m/s，坐标磨床四轴四联动、七轴四联动
B6	84596110	龙门数控铣床：工作台宽度≥5000mm，重复定位精度＜0.006mm/2000mm，＞3轴联动
B7	84604010	金属珩磨机床
B8	84772090	异向平行双螺杆挤压成型机：螺杆直径＞100mm
B9	84619090	CNC曲轴连杆颈加工机：双主轴，切削速度≥100米/分
B10	84613000	CNC曲轴车车拉床：双主轴，双刀盘，三轴连动＊2
B11	84639000	数控曲轴圆角深滚压和滚压校直机床：滚压数≥6，滚压力≥30000N
B12	84629190	计算机控制增量成型机、流动成型机
B13	84614010	数控重型滚齿机：立式：工件直径＞Φ8000mm，模数m＞30mm；卧式：工件直径＞Φ2000mm，模数m＞30mm
B14	84602110 84602120 84602190	数控重型磨床：工件直径>1600mm,加工圆度≤0.001mm，微量进给≤0.0001mm
B15	84629110	单柱、双柱、四柱万能液压机：公称压力＞4000t
B16	84569010	数控切割机：板厚＞40mm
B17	901600	精密运动控制相关的工艺和专用装备
B18	847950 84864031	高速、高精密机械手
B19	84552110 84552210	冷、热连轧板带轧机：板宽＞2200mm热连轧机；板宽＞2000mm冷连轧机
B20	847420	固体矿物质的破碎或磨粉机器：生产率＞120m3/h
B21	84162090	使用粉状固体燃料的炉用燃烧器
B22	84119990	高炉煤气、燃气联合循环发电关键设备
B23	84171000	多膛焙烧炉（氧化钼）
B24	84629910	精锻机（钼）
B25	8514 84171000	金属注射成型脱脂烧结炉
B26	841790	自动剥锌机
B27	84542010	炉外精炼设备
B28		铜冶炼无种板精炼工艺及装备
B29	8454309000 84543022	铜板带加工用立式连续铸造机列
B30	85141010	水平和立式展开式保护气体退火机列
B31	84306990	修井机：额定载荷＞150t
B32	84742010	双齿辊破碎机：直径＞1.25m
B33	84305039	牙轮钻机：钻头直径＞310mm
B34	84251100	电动的滑车及提升机：起重量＞10t
B35	84282000	气压升降机及输送机：起重量＞5t
B36	84283910	刮板输送机：单台电机功率＞1000KW
B37	84303100	全断面掘进机：刀盘直径＞13m
B38	84791022	稳定土路面拌合机：拌合宽度＞3m
B39	84264910	履带式起重机：起重量＞300t
B40	86040099	大型轨道式架桥机：载重吊装重量＞1600t
B41	86040012	钢轨在线打磨列车
B42	84791090	高等级公路稀浆封层机：料仓＞10 m3，制浆＞3t
B43	84791090	沥青路面铣刨机：铣刨宽度＞2.5m，铣刨深度＞3cm
B44	84201000	研光机或其他滚压机器
B45	84211990	特大容量脱硫干风机
B46	84145930	离心式风机：流量≥2900m3/min，压升≥46Kpa
B47	84212190	内循环厌氧反应器
B48	84212910	带式污泥浓缩压滤一体机：带宽＞3m，滤饼含水率＜70%
B49	84211990	大型化和自动化碟式分离机

B50		连铸连轧铝板带生产线：混合炉（84541000）容积≥120吨　；连铸连轧机（热轧）（84552110）铸机板宽≥2286mm、热轧机辊宽≥2150mm ；铝合金熔体在线处理装置ALPUR TS-75（84542010）　包括在线处气装置ALPUR TS-75，处理流量≥75t/h，深床过滤器PDBF-70，处理流量≥55t/h
B51	84798200	船用混油装置：除最高粘度≤7×10-4 sec(rwl#100度F)的动态恒压混合方式
B52	8479820090	研磨机：研磨能力>26000KG/H，进口粒度<25μm，出口粒度<16μm
B53	8504	轨道车辆用6500V及以上IGBT
B54	8504 8541	轨道车辆用未封装IGBT芯片
B55	8535 8536	轨道车辆用高速断路器
B56	8535 8536	轨道车辆用直流接触器
B57	90142000	航空或航天导航仪器及装置（罗盘除外）
B58	85044099	风电用变频器
B59	8444	高强高模芳纶1414（学名聚对苯二甲酰对苯二胺，简称PPTA）成套装备（包括聚合、纺丝、后加工技术等）
B60	8444	碳纤维（简称CF）成套装备（包括碳纤维原丝、碳化、予浸布及复合材料等）
B61	8444	聚苯硫醚（简称PPS）成套装备（包括高纯度线性聚合技术装备、短纤、长丝及薄膜生产技术技术装备、应用加工等成套技术装备）
B62	8444	聚酰亚胺耐高温纤维成套装备（包括以P84为代表品种的各类纤维）
B63	84440010	合成纤维长丝纺丝机:纺丝机速度>1500m/min，生产线日产量>200t
B64	84451111	棉纺清梳联合机:单机产量>140kg/h
B65	84451120	毛纤维型梳理机
B66	84452031	转杯纺纱机:纺杯最高速度>170000r/min，具有自动生头、接头、清洁提升
B67	84452032	喷气纺纱机：纺纱速度>300m/min
B68	84452090	其他纺纱机
B69	84453000	并线机或加捻机
B70	84454010	自动络筒机：卷绕速度>2000m/min
B71	84463020	织物宽度超过30厘米的剑杆织机：转速≥400r/min
B72	84463030	片梭织机：引纬速度≥1400m/min
B73	84463040	喷水织机：引纬速度≥1800m/min
B74	84463050	喷气织机：引纬速度≥1600m/min
B75	84463090	特种无梭织机
B76	84471100 84471200	圆纬针织机：筒径>34英寸，机号>28针/英寸
B77	84471100 84471200	圆织机（除四梭圆织机）
B78	84471100 84471200	电子提花圆纬针织机：筒径>30英寸，机号>24针/英寸
B79	84472010	经编机
B80	84490000	成匹、成形的毡呢或无纺织物制造或整理机器：10g/ m2以下的涤纶薄型分织造布生产线；200g/m2以上的丙纶厚型非织造布生产线；纺粘法非织造布生产设备；熔喷法非织造布生产设备；水刺法非织造布生产设备
B81	84513000	熨烫机及挤压机（包括熔压机）
B82	84391000	制造纤维素纸浆的机器
B83	84392000	浆板机：幅宽≥3200mm，工作车速≥100m/min
B84	84392000 84393000	造纸机（不含配套的复卷机、压光机）：幅宽≥3000mm，工作车速≥350m/min
B85	84392000	纸或纸板的制造机器
B86	84414000	纸浆、纸或纸板制品模制成型机器
B87	84418090	模切机：圆压平生产速度≥6000张/小时；平压平生产速度≥4500张/小时
B88	84431100	报纸用卷筒纸胶印机印刷速度：单幅机>65000对开张/小时，双幅机>140000对开张/小时（印刷速度指单纸路、单幅的印刷张数），幅宽≥787mm
B89	84431100	商用卷筒纸胶印机：印刷速度单转筒>45000对开张/小时（印刷速度指单纸路、单幅的印刷张数），幅宽≥880mm

B90	84431200	单张纸胶印机：对开单张纸单面多色胶印机速度＞16000张/小时，纸张尺寸≥720×1020mm；对开单张纸双面多色胶印机:速度＞13000张/小时，纸张尺寸≥720×1020mm；全张及超全张单张纸单面多色胶印机速度＞13000张/小时，纸张尺寸≥1000×1400mm；四色及四色以上
	84431310	
B91	844130	瓦楞板生产设备：速度＞140m/min，板宽＞2.2m，七层以上
	844140	
	844180	
B92	8444	氟聚合物聚合反应器及后处理关键设备、挤出加工设备（包括微米级粉碎、高效洗涤、脱水、连续干燥、挤膜、1600mm以上双向拉伸、浸渍、烘烤等）
B93	90248000	聚合物序列结构测试表征仪器
B94	84248100	喷灌设备：配套电机＞45KW
B95	90314990	二代、三代热成像仪
B96	8461	
	8463	
	8475	陶瓷金属卤化物灯生产设备
B97		力反馈器（PHANTOM）
B98	8517	VR平台（Freeform）
B99	87059080	石油测井车：测井深度＞7000M
B100	87059080	混砂车：输砂量＞3.5M3/MIN
B101	87059080	压裂车：工作压力＞105MPA
B102	90221910	低剂量X射线安全检查设备：X射线发生器管电压＞420KV
B103	90268000	其他检测液体或气体变化量的仪器及装置：三通道以上的超声流量计与物位仪表
B104	90272020	电泳仪
B105	90278019	其他质谱仪（除BOD/COD/TOC水质多参数检测仪器）
B106	90301000	离子射线的测量或检验仪器及装置
B107	90159000	测井仪用中子发生器
B108	90158000	地震仪：25000道以上，24BIT
B109	90158000	磁力仪：测量范围25000—80000nT，测量精度±0.2nT，分辨率0.02nT，梯度范围5000nT/m，存贮数据25000个以上读数
B110	90314100	制造半导体器件时检验半导体晶片、元器件或检测光掩模及光栅用的光学仪器
B111	90318020	三坐标测量机：X、Y、Z〉3000x3000x2000mm，单轴精度＜（1+L／400）μm，空间精度＜（1.2+L／300）μm，探测精度＜1μm
B112	90318090	三维扫描仪（3DSS）
B113	85142000	工业或实验用感应或介质损耗工作的炉及烘箱：炉膛容量＞100t
B114	85433000	阴阳极制造机(大型、自动化程度高、湿法冶金电积设备)
B115		直接法长纤维增强热塑性复合材料生产线
B116		大型摩擦密封材料关键生产设备
B117		大型摩擦密封材料测试设备
B118		浮法玻璃熔窑全氧燃烧装备
B119	84186990	连续冻干设备

三、鼓励发展的重点行业

序号	行 业 名 称
C1	电子专用设备、仪器制造项目
C2	大型、精密模具及汽车模具设计与制造项目
C3	整体煤气化燃气－蒸汽联合循环机组设备制造
C4	大型循环流化床锅炉设备制造
C5	对二甲苯（PX）装置中连续重整和吸附分离设备制造
C6	重大工程自动化控制系统（含集散型控制系统）和关键精密测试仪器开发及制造
C7	单机70万千瓦及以上、转轮直径11米及以上混流式水电设备及其关键配套辅机设计和制造
C8	大型（35万千瓦及以上、600米水头及以上）抽水蓄能水电机组及其关键配套辅机制造
C9	40万千瓦级以上燃气、蒸汽联合循环设备制造
C10	500千伏及以上超高压交、直流输变电成套设备制造
C11	清洁能源发电设备及制造（核电、太阳能、潮汐等）
C12	低温核供热堆、快中子增殖堆、聚变堆、先进研究堆、高温气冷堆
C13	60万吨/年及以上乙烯成套设备制造技术开发及应用
C14	500万吨/年及以上矿井综合采掘、装运成套设备及大型煤矿洗选机械设备制造

C15	2000万吨级/年及以上大型露天矿成套设备制造
C16	双离合器自动变速箱制造
C17	汽车重要部件的精密锻压、多工位压力成型及铸造
C18	车用柴油发动机共轨系统开发制造
C19	船用动力系统、电站、特辅机制造
C20	大型远洋渔船及海上钻井船、钻采平台等海洋工程装备设计制造
C21	船舶控制与自动化、通讯导航、仪器仪表等船用设备及制造
C22	大功率交流传动机车、动车组、高原机车、机车车辆救援设备制造及技术开发
C23	交流传动核心元器件制造（含IGCT、IGBT元器件）
C24	数控机床关键零部件及刀具制造
C25	三轴以上联动的高速、精密数控机床，数控系统及交流伺服装置、直线电机制造
C26	集散型（DCS）控制系统及智能化现场仪表开发及制造
C27	核分析、核探测仪器仪表制造
C28	海水淡化和海水直接利用
C29	放射性废物及其它危险废物安全处置技术及设备
C30	高效、低能耗污水处理与再生技术开发及设备制造
C31	数字化医学影像产品及医疗信息技术开发与制造
C32	新型电子元器件（片式元器件、频率元器件、混合集成电路、电力电子器件、光电子器件、敏感元器件及传感器、新型机电元件、高密度印刷电路板和柔性电路板等）制造
C33	大中型电子计算机及高性能微机、服务器设备制造
C34	大规模集成电路设计、制造、封装测试
C35	电子专用材料制造
C36	8英寸及以上单晶硅、多晶硅及硅片制造
C37	卫星通信系统、地球站设备制造及建设
C38	数据通信网设备制造
C39	宽带网络设备制造
C40	PDP、OLED、TFT－LCD显示器件制造
C41	航空发动机开发制造
C42	航空电子、机载设备系统开发制造
C43	航空航天用燃气轮机制造
C44	国家级工程（技术）研究中心、国家认定的企业技术中心、重点实验室、高新技术创业服务中心、新产品开发设计中心、科研中试基地、实验基地建设
C45	高性能核燃料元件制造项目
C46	牛羊胚胎（体内）及精液工厂化生产项目

四、资源性产品、原材料		
序号	商品编码	商　品　名　称
D1	26040000	镍矿砂及其精矿
D2	26100000	铬矿砂及其精矿
D3	26121000	铀矿砂及其精矿
D4	26140000	钛矿砂及其精矿
D5	26159010	
	26159090	铌矿砂及其精矿
D6	26159010	
	26159090	钽矿砂及其精矿
D7	26030000	铜精矿：铜含量≥20%
D8	26070000	铅精矿：铅含量≥55%
D9	26080000	锌精矿：锌含量≥40%
D10	26050000	钴精矿：钴含量≥6%
D11	72026000	镍铁
D12	3911900090	聚酰亚胺颗粒

利用外资

外商对华直接投资总量增长结构优化

今年以来，面对世界经济增长放缓、国际资本市场动荡等挑战，我国吸收的外商直接投资呈现总量增长，结构优化等特点：制造业吸收外商直接投资恢复增长，结构进一步优化；服务贸易领域吸收外商直接投资保持快速增长势头；中西部地区承接外商直接投资转移取得积极进展。

据商务部统计，上半年，全国新批设立外商投资企业14544家，同比下降22.2%；实际利用外资523.9亿美元，同比增长45.6%（不含银行、保险、证券行业数据）。其中，制造业实际利用外资220.4亿美元，同比增长48.5%，扭转了过去三年的下滑趋势。制造业仍然是外商投资主要领域，占同期全国实际利用外资总额的51.3%。从结构上看，资金、技术密集型项目占比提高，上半年，电气机械及器材制造业、通用设备制造业、交通运输设备制造业等行业实际利用外资同比分别增长66.7%、81.2%、72.2%。

上半年，我国服务贸易领域实际利用外资231.3亿美元，同比增长50%。计算机应用服务业、分销服务业、信息和咨询服务业等行业实际利用外资增幅较大，同比分别增长132.8%、88.8%、77.2%。房地产业实际利用外资增长趋缓，同比增长33.5%，低于服务贸易领域整体增长水平。

尽管遭受冰雪、地震等灾害，中部地区和西部地区实际利用外资仍大幅增长，上半年同比分别增长102.8%和139.3%。东部地区实际利用外资同比增长37.2%，仍是外商投资的主要聚集地，占同期全国实际利用外资总额的84.6%。

今年以来，为加强对外商投资方向的引导，贯彻落实《外商投资产业指导目录（2007年修订）》，提高利用外资质量，国家发展改革委鼓励外商投资高技术产业、现代服务业、高端制造环节，严格控制“两高一低”外资项目进入。同时，开展《中西部地区外商投资优势产业目录》修订工作，积极为中西部地区直接利用外资和承接东部地区外资企业转移创造条件。为规范外商投资项目管理，国家发展改革委印发了《关于进一步加强和规范外商投资项目管理的通知》，提出严格执行核准制、加强对项目真实性的审查等要求，以进一步规范管理，防止外汇资金异常流入。研究起草了进一步规范开发区发展的相关政策措施。

根据国家区域发展总体战略和产业政策导向，我国借用国际金融组织和外国政府贷款继续向中西部地区倾斜，重点投向农林水、交通、能源、城建环保、教育、卫生等领域，加大对节能减排领域的支持力度。严格控制国际商业贷款规模。

在积极引导外资投向的同时，我国还进一步加强对国内资本境外投资的宏观调控，认真贯彻落实《国务院关于鼓励和规范企业对外投资合作的意见》和《境外投资“十一五”规划》，开展有关重点国家、地区和行业境外投资规划及重大政策的研究。

今年上半年，国家发展改革委核准境外投资项目45个，中方协议投资额229亿美元。项目分布在28个国家和地区，涉及油气、矿产、林业、农业、制造业和房地产等领域。截至2008年6月底，国家发展改革委核准境外投资项目总计504个，中方协议投资额累计875.9亿美元。

2008年1-12月全国吸收外商直接投资情况

今年1－12月，全国新批设立外商投资企业27514家，同比下降27.35%；实际使用外资金额923.95亿美元，同比增长23.58%。

12月份当月，全国新批设立外商投资企业2562家，同比下降25.78%；实际使用外资金额59.78亿美元，同比下降5.73%。

同期，美国对华投资新设立企业数同比下降32.55%，实际投入外资金额同比增长12.54%；原欧盟十五国对华投资新设立企业数同比下降22.65%，实际投入外资金额同比增长30.12%。

今年1－12月，对华投资前十位国家/地区（以实际投入外资金额计）依次为：香港（410.36亿美元）、英属维尔京群岛（159.54亿美元）、新加坡（44.35亿美元）、日本（36.52亿美元）、开曼群岛（31.45亿美元）、韩国（31.35亿美元）、美国（29.44亿美元）、萨摩亚（25.5亿美元）、台湾省（18.99亿美元）和毛里求斯（14.94亿美元），前十位国家/地区实际投入外资金额占全国实际使用外资金额的 86.85%。

（文章来源：商务部新闻办公室）

外国政府贷款国别信息

（2009年3月13日更新）

法国政府贷款

1.贷款条件：法国政府贷款由国库贷款和出口信贷组成，比例通常各占50%。其中，国库贷款的条件每年都略有变化，但两种贷款混合后的赠与成分一般都在35%以上。具体贷款条件如下：国库贷款占50%，年利率为0.2%－0.5%，贷款期30年（含宽限期10年）；其余50%为出口信贷，使用OECD统一利率，贷款期10年，宽限期通常为项目建设期。对部分法国企业特别感兴趣、并对其技术设备出口中国市场具有特殊意义的大项目，法方愿意考虑提供条件更优惠的特别贷款。

2.币种：欧元。

3.使用领域：

（1） 贷款额在600万欧元以上项目适用领域

铁路提速、电气化、城市交通、供水、污水处理、固体废物处理、西部和东北地区基础医疗；

（2）贷款额在200万－600万欧元项目适用领域

食品、农产品加工、农作物防控病虫害、公共卫生、清洁能源和可再生能源；

4.采购要求：原则上项目合同金额的70%须采购法国技术设备，30%可用于第三国采购。

5.其他要求：贷款金额在600万欧元以上的项目需要外方评估。

6.转贷银行：国家开发银行、中国进出口银行、中国工商银行、中国农业银行、中国建设银行、中国银行、交通银行。

法国开发署

1.贷款条件：贷款期为12－17年（含3－5年宽限期），采用浮动利率，即6个月期欧洲银行间同业拆借市场利率（EURIBOR）；为避免出现负利率，设定利率浮动的下限为0.25%；在提款期结束后，或已经提取较大数额款项后，浮动利率将转换为固定利率。

2. 币种：欧元。

3. 使用领域：污水处理、垃圾焚烧、可再生能源及清洁能源、农村生物固炭及中小企业和铁路行业提高能效等二氧化碳减排项目。

4. 采购条件：采用国际竞争性招标方式采购，也可用于中国本地采购。

5. 项目规模：除中间信贷类项目外，单个项目金额不低于2000万欧元。

6. 项目需提交的材料：

——项目说明，其中包括项目概算；

——项目对中国经济发展影响的分析；

——项目对社会和环境影响的分析；

——项目收益人和实施机构的有关信息；

——拟在该贷款项下采购的商品、货物和服务的信息；

——项目可行性或预可行性研究。

芬兰政府贷款

1. 贷款条件：一般为无息，贷款期10－15年（含宽限期2－3年）。

2. 币种：欧元。

3. 使用领域：主要用于支持环保领域项目，包括集中供热、污水处理、垃圾处理等。农业等其他领域内，可体现芬兰发展政策目标的项目也可获得支持。

4. 采购要求：芬兰供货比例为50%。

5. 转贷银行：中国进出口银行、中国银行、中国工商银行、中国建设银行。

6. 其它要求：须提供英文项目可行性研究报告，外方据此进行项目评估及贷款审批。

奥地利政府贷款

1. 贷款条件：奥政贷分A类和B类贷款，其中， A类：贷款期限：25年，宽限期：2年，年利率：2.15%；B类：贷款期限20年，宽限期：2年，年利率：1.65%，宽限期从最后一批交货后开始计算；项目最小金额为150万欧元；商务合同金额100%可由政府贷款支付；奥方将根据项目的不同类型每年收取0.6%-1%的信贷保险费。

贷款额度不预先承诺，就双方同意的项目先签订商务合同，待奥政府批准合同后再签订银行间金融协议。

2. 币种：欧元。

3. 使用领域：医疗、教育、农业、环保及广电等领域。各省区每年度在每个领域最多可申报两个项目。

4. 采购要求：项目合同金额的70%须采购奥地利设备，30%可用于中国及第三国采购。

5. 转贷银行：主要商业银行和政策性银行。

6. 其他要求：申报项目时须附上英文的项目信息，主要内容包括项目名称和项目的简要描述（如项目所在地，执行机构，项目主要内容）。

西班牙政府贷款

1. 贷款条件：

（1）对于商业上可持续（盈利性）项目，50%为政府软贷款，年利率0.2%-0.5%，贷款期30年（含10年宽限期）（软贷款部分赠予成份不低于80%）；另50%为出口信贷，使用OECD统一利率，贷款期5-10年，西班牙方对出口信贷部分收取信贷保险费，其中50%可用贷款支付；无承诺费和手续费。

（2）对于商业上不可持续（非盈利性）项目，贷款赠予成份不低于35%。

2. 币种：欧元。

3.项目规模：单个项目申请金额需在500万欧元以上。

4. 使用领域及采购要求：

支持能源、供水、污水处理、垃圾处理、环保、可再生能源、交通运输以及高科技等领域在商业上可持续（盈利性）项目，中国和第三国采购比例不超过西班牙采购比例的30%（即，西班牙采购比例约为贷款额的77%以上）；出口信贷部分，中国和第三国采购比例不超过西班牙采购比例的45%（即，西班牙采购比例约为贷款额的69%以上）。

支持环保、可再生能源、电信、城市基础设施以及信息技术等领域商业上不可持续（非盈利）项目。要求中国和第三国采购比例不低于西班牙比例的45%（即，西班牙采购比例不超过贷款额的69%）。

6. 其他要求：项目申请时需提交英文的项目概要。

7. 转贷银行：主要商业银行和政策性银行。

丹麦政府贷款

1. 贷款条件：

（1）单个项目最小贷款金额不低于100万欧元，最大不超过3300万欧元。

（2）贷款额1500万欧元以下的项目，试投产后分10年还款，无息，建设期为宽限期。

（3）贷款额1500万欧元以上的项目，试投产后分15年还款，建设期为宽限期。当贷款货币为美元时，贷款年利率为1.2%；当贷款货币为欧元时，贷款年利率为0.3%。

（4）贷款额为200万特别提款权以下的小型工业项目，可资助100%的商务合同金额。项目试投产后分8年还款，无息。

（5）可行性研究的赠款：丹麦政府可向丹麦供货商提供赠款，支持项目单位编制可行性研究报告，赠款金额可达到可研编制费用的75%。

2.币种：欧元、美元。

3.使用领域：集中供热、水处理、垃圾焚烧、教育、医疗和工业。工业项目贷款额不超过200万特别提款权，优先考虑开发生物质能源的小工业项目。

4.采购要求：丹麦供货比例不低于20%，其余80%可采购中国或第三国货物和服务，总包商需为丹麦公司。在项目对设备和技术的引进有充分保证，且原材料和人工费等开支确实用于项目本身的前提下，贷款资金可部分用于土建。对于小工业项目，经中丹双方协商同意，部分项目的采购可直接通过谈判的方式与丹麦公司签署商务合同。

5.其它要求：须提供英文项目可行性研究报告，外方据此进行项目评估及贷款审批。

德国促进贷款

1.贷款条件：

（1）贷款期限：贷款期15年，（含5年宽限期）；

（2）贷款利率：EURIBOR+0.85%或KfW融资成本+0.45%，管理费0.25%（贷款金额1亿美元以上）或0.35%（贷款金额1亿美元以下）；承诺费0.25%；

（3）贷款额度：单个项目的贷款金额不得低于1500万欧元；

（4）贷款偿还：每半年一次等值、连续的分期偿还。当中国政府主权信用评级低于国际资本市场的投资级别时，所有项目的还款期改为12年。浮动利率的贷款，可在任何利息支付日无成本提前偿还应付未付贷款，但须提前30天通知贷款方；固定利率下，借款人如承担所有因提前偿还引起的中断成本，可提前偿还应付未付贷款。

2.币种：欧元。

3.使用领域：交通、教育、医疗卫生及环境保护等领域。

4.采购要求：国际招标。

5.其他要求：通过银行转贷。

——北欧投资银行贷款（2009年6月15日更新）

1.贷款利率：贷款期10年（含3年宽限期），年利率为Libor+1.20%/ Euribor+1.20%，管理费0.25%，承诺费0.25%，或贷款期13年（含4年宽限期），利率为欧元Euribor+1.40%，管理费0.25%，承诺费0.25%。单个贷款项目金额不应低于200万美元，贷款金额为2000万美元以上的项目，可由双方政府单独签署贷款协议；贷款金额2000万美元以上或单次提款为1000万美元以上的项目，可采用固定利率。

2.贷款领域：农业、环保和医疗卫生等领域。

3.币种：欧元、美元。

4.采购要求：北欧投资银行要求，项目单位利用北投贷款的总额应少于项目总投资的50%，该比例限制适用于北投贷款的所有使用领域，也适用于北投与其他北欧国家联合融资的贷款项目。贷款可用于采购设备、技术和服务，并可支持土建。合同由北投成员国供货商总包，北投成员国供货比例不低于50%。

5.其他要求：为进一步加强采购招标过程的监督，采购代理公司提交贷款申请时，需出具中标商关于遵守采购要求的承诺函（具体要求见财金便函[2007]201号）。北投将根据具体情况，对项目招标文件及商务合同等进行审核后，决定是否提供贷款。

另：北投同意与其他北欧国家的政府贷款联合融资环保项目。在满足北欧贷款国公司作为总包商且北投供货比例符合其要求的前提下，可将北投贷款用于支付项目的当地费用（包括土建费用）。在上报新项目时，项目单位可一并申请某一北欧国家和北投的贷款。

北投与其他北欧国家联合融资贷款要求：

申请北投贷款上限

$$= \frac{\text{某一北欧国家贷款额度} \times \text{此国供货比例}}{\text{北投供货比例}}$$

各国供货百分比：北投≥70% 丹麦≥50% 芬兰≥50% 瑞典≥75%

例：某项目申请丹麦政府贷款500万美元，由于丹麦供货比例为不低于50%，北投供货比例为不低于70%，代入公式可得：

$$\frac{500 \times 50\% \leqslant 357}{70\%}$$

即此项目申请500万美元丹麦政府贷款，可同时申请不超过357万美元北投贷款用于支付当地费用（包括土建费用）。

境外投资

2008年度中央企业对外直接投资获明显成效

据商务部统计，截至2008年底，国资委监管的136家中央企业中，共有117家发生了对外直接投资活动，占中央企业总数的86%。2008年末中央企业在全球127个国家(地区)共设立对外直接投资企业1791家，当年对外直接投资流量357.4亿美元，占我国对外直接投资的64%；年末累计对外直接投资达到1165亿美元，占我国对外直接投资存量的63.3%。

从中央企业设立的境外企业的总体盈亏情况看，盈利企业占79.9%，基本持平占2.5%，亏损占17.6%。

从中央企业的综合盈利水平看，117家企业中仅有19家对外直接投资盈利状况为负，占16.2%。

中央企业对外投资取得了明显的成效：

第一，促进了我国货物和服务贸易的发展。2008年，中央企业通过境外企业实现的货物进出口额达到1521亿美元，占我国外贸进出口总额的6%。

第二，一批真正意义的跨国公司正在形成。以境外企业资产、销售收入、从业人员数量占境内投资者总资产、销售收入、人员数量的综合比重来计算企业的跨国指数，是国际上通常采用的衡量公司跨国依存度的指标。中粮集团有限公司的跨国指数高达64.5%，其次为中化集团公司60%，中远集团43.5%，这些公司已逐渐成为真正意义的跨国公司。此外，中钢集团、五矿集团的跨国指数也分别达到了27%和20%。

第三，树立了中国企业的良好形象。2008年末，中央企业境外企业年末从业人数59.73万人，其中外方员工23.6万人，占到总人数的四成。2008年，中石油集团下属中油国际（PK）有限责任公司荣获哈萨克斯坦政府颁发的“最佳企业奖”银奖，用以表彰其在解决当地员工就业、关爱员工、环保和履行社会责任等方面取得的突出业绩。中远集团在美国设立的境外企业解决了当地近千人的就业问题；中国化工集团下属中国蓝星集团公司2006年收购的法国安迪苏公司，也解决了当地一千左右的就业岗位。

2008年我国非金融类对外直接投资同比大幅增长

商务部新闻发言人姚坚15日在例行新闻发布会上说，2008年我国境内投资者非金融类对外直接投资同比增长达63.6%。

据姚坚介绍，2008年我国境内投资者共对全球112个国家和地区的1500多家境外企业进行了直接投资，当年累计实现非金融类对外直接投资406.5亿美元。

2008年，我国对外承包工程完成营业额566亿美元，同比增长39.4%；其中12月份完成营业额95亿美元，较上年同期增长28.4%。

同时，我国2008年对外承包工程新签合同额1046亿美元，同比增长34.8%。特别是12月份仍出现增长，当月新签合同额164.4亿美元，较上年同期增长6.9%。2008年我国对外承包工程新签合同额在1亿美元以上的项目195个，同比增加57个。

2008年我国非金融类对外直接投资分省市区排名

序号	省市区名称	中方实际投资额（单位：万美元）
	合　计	614354
1	广东省	121394
	其中：深圳市	60932
2	浙江省	50558
	其中：宁波市	29892
3	山东省	48627
	其中：青岛市	12755
4	湖南省	46502
5	甘肃省	38651
6	辽宁省	32558
	其中：大连市	17447
7	上海市	32543
8	福建省	27939
	其中 ：厦门市	4084
9	江苏省	27025
10	云南省	23915
11	河南省	23636
12	北京市	20582
13	天津市	15277
14	陕西省	14499
15	黑龙江省	14285
16	四川省	12799
17	重庆市	11215
18	新疆生产建设兵团	10158
19	广西壮族自治区	8537
20	吉林省	7416
21	新疆维吾尔自治区	6205
22	安徽省	5315
23	河北省	4709
24	湖北省	3450
25	山西省	2754
26	宁夏回族自治区	1571
27	江西省	1446
28	内蒙古自治区	460
29	青海省	202
30	海南省	113
31	贵州省	15

商务部 国家统计局 国家外汇管理局 发布2008年度中国对外直接投资统计公报

商务部、国家统计局、国家外汇管理局9月8日联合发布《2008年度中国对外直接投资统计公报》，共同发布中国全行业对外直接投资统计数据。

公报从中国的对外直接投资概况、中国对外直接投资的特点、中国对主要经济体的直接投资、中国境内投资者的构成、对外直接投资企业的分布、综合统计数据六个部分对中国对外直接投资进行阐述。 概况部分主要集中反映了中国的对外直接投资现状及在全球对外直接投资中所处的位置。

—— 2008年，中国对外直接投资净额(以下简称流量）559.1亿美元，较上年增长111%。其中非金融类418.6亿美元,同比增长68.5%,占74.9%，金融类140.5亿美元,同比增长741%,占25.1%。

—— 截至2008年底,中国8500多家境内投资者在全球174个国家(地区)设立境外直接投资企业(以下简称境外企业)12000家,对外直接投资累计净额（以下简称存量）1839.7亿美元，境外企业资产总额超过1万亿美元。

——2008年末金融类对外直接投资存量366.9亿美元，其中银行业267.9亿美元，占73%；保险业5.1亿美元，占1.4%，证券业为5.3亿美元，占1.4%，其他金融活动88.6亿美元，占24.2%。2008年末中国国有商业银行共在美国、日本、英国等28个国家和地区设有43家分行、20家附属机构，就业人数达8.1万人，其中雇佣外方员工7.9万人；2008年末中国共在境外设立保险业金融机构12家。

——2008年，中国非金融类对外直接投资418.6亿美元，同比增长68.5%；境外企业实现销售收入5343亿美元，同比增长58.3%。境内投资者通过境外企业实现的进出口额1792亿美元，其中出口321亿美元，较上年增长29.4%。

——2008年末境外企业就业人数达102.6万人，其中雇用外方员工45.5万人。公报的第二部分分析了2008年中国对外直接投资流量、存量的特点。

——流量首次突破500亿美元，规模较上年放大一倍；收购、兼并金额占当期对外直接投资流量的一半；金融业对外直接投资活跃，流量较上年增长7.4倍；当期利润再投资所占比重较上年下降19.2%；流向商务服务业、金融业、批发和零售业、采矿业、交通运输业的投资占到当年对外直接投资流量的九成；亚洲是当年流量最为集中的地区，非洲是增长幅度最大的地区；地方对外投资稳步增长，广东、江苏、山东位于各省区市非金融类对外直接投资流量前列；中央企业占到流量85.4%，私营企业仅占流量的0.3%。

——存量规模不断扩大，投资覆盖的国家（地区）较上年略有增加；行业分布多元化，商务服务业、金融业、批发零售业、采矿业、交通运输/仓储和邮政业、制造业聚集了中国对外直接投资存量的九成；国有企业和有限责任公司是中国对外直接投资的主要力量；在非金融类对外直接投资存量中，中央企业和单位占81.3%，地方企业占18.7%。

公报的第三部分主要从投资的行业构成等角度，分析了中国对欧盟、美国、澳大利亚、俄罗斯联邦、东盟及中国香港六个主要经济体的直接投资。公报的第四部分主要从所有制类型、所属行业等角度对境内投资者构成进行分析。

——中国对外直接投资者继续保持多元化格局。国有企业占整个境内投资者的比重下降。有限责任公司占境内投资者的比重上升到50.2%，位于境内投资者数量的首位。国有企业境内投资者数量占16.1%，较上年下降3.6个百分点，位于境内投资者数量的第二位，私营企业占9.4%，位于投资者数量的第三位。

——在非金融类对外直接投资者中，中央企业及单位仅占5.6%，各省区市的投资者占了94.4%。

——从境内投资者的行业分布看，制造业投资者总数占42.7%，其次为批发和零售业，之后为建筑业、商务服务业、农/林牧/渔业等。公报的第五部分主要就中国对外直接投资企业（简称境外企业）的国家（地区）分布、行业分布进行了说明。

——2008年底，中国的12000多家对外直接投资企业（简称境外企业）共分布在全球174个国家和地区，投资覆盖率为71.9%。

——亚洲、非洲地区投资覆盖率最高，分别达到90%和81.4%。

——从境外企业的地区分布看，亚洲、欧洲地区集中了境外企业数量的71%。

——从境外企业的设立方式看，子公司及分支机构占境外企业数量的96%，联营公司仅占4%。

——浙江、广东、江苏、山东、北京、福建、上海、河南、黑龙江八省一市的境外企业数量占境外企业总数的六成。浙江省是中国拥有境外企业数量最多的省份。

2009年我国对外投资合作业务简况

一、对外直接投资

2009年我国境内投资者共对全球122个国家和地区的2283家境外企业进行了直接投资，累计实现非金融类对外直接投资（下同）433亿美元，同比增长6.5%。

截至2009年底我国累计对外直接投资已超过2200亿美元。

二、对外承包工程

2009年，我国对外承包工程业务完成营业额777亿美元，同比增长37.3%；新签合同额1262亿美元，同比增长20.7%。

截至2009年底，我国对外承包工程累计完成营业额3407亿美元，签订合同额5603亿美元。

三、对外劳务合作

2009年，我国对外劳务合作完成营业额89.1亿美元，同比增长10.6%；新签合同额74.7亿美元，同比下降1.2%。全年派出各类劳务人员39.5万人，同比下降7.5%；12月末在外各类劳务人员77.8万人，较上年同期增加3.8万人。

截至2009年底，我国对外劳务合作累计完成营业额648亿美元；合同额674亿美元；累计派出各类劳务人员502万人。

2009年对外直接投资额排序（分省市）

序号	省市名称	中方实际投资额
	合　计	945082
1	湖南省	101628
2	上海市	98752
3	山东省	90934
	其中：青岛市	11003
4	辽宁省	88076
	其中：大连市	42753
5	浙江省	78207
	其中：宁波市	29016
6	广东省	77388
	其中：深圳市	36220
7	江苏省	69778
8	吉林省	33841
9	山西省	32576
10	福建省	31080
	其中：厦门市	12160
11	北京市	30581
12	云南省	27001
13	四川省	26093
14	天津市	18798
15	内蒙古自治区	18525
16	河南省	17832
17	新疆维吾尔自治区	15234
18	河北省	15152
19	陕西省	13230
20	黑龙江省	12936
21	湖北省	10947
22	海南省	7454
23	广西壮族自治区	6463
24	安徽省	5720
25	重庆市	5194
26	江西省	4038
27	新疆生产建设兵团	4003
28	甘肃省	1637
29	宁夏回族自治区	1254
30	贵州省	522
31	青海省	208

第八部分

保增长、扩内需、调结构

国家发展意见

关于2009年促进农业稳定发展农民持续增收的若干意见

中共中央、国务院

（2008年12月31日）

党的十七届三中全会从中国特色社会主义事业总体布局和全面建设小康社会战略全局出发，描绘了我国农村全面小康建设的宏伟蓝图，制定了新形势下推进农村改革发展的行动纲领。各地区各部门要认真学习、深刻领会全会精神，坚定不移推进社会主义新农村建设，坚定不移走中国特色农业现代化道路，坚定不移加快形成城乡经济社会发展一体化新格局，切实把《中共中央关于推进农村改革发展若干重大问题的决定》提出的大政方针落到实处。

2008年，各地区各部门认真贯彻中央决策部署，战胜了重大自然灾害，克服了多种困难风险，农业农村继续保持良好发展局面。农业生产再获丰收，粮食总产再创新高，农民收入较快增长，农村公共事业加速发展，农村党群干群关系继续改善。农业农村的好形势，为党和国家成功办好大事、妥善应对难事奠定了坚实基础，为保持经济平稳较快发展、维护社会和谐稳定作出了重大贡献。

当前，国际金融危机持续蔓延、世界经济增长明显减速，对我国经济的负面影响日益加深，对农业农村发展的冲击不断显现。2009年可能是新世纪以来我国经济发展最为困难的一年，也是巩固发展农业农村好形势极为艰巨的一年。在农业连续5年增产的高基数上，保持粮食稳定发展的任务更加繁重；在国内外资源性产品价格普遍下行的态势中，保持农产品价格合理水平的难度更加凸显；在全社会高度关注食品质量安全的氛围里，保持农产品质量进一步提升和规避经营风险的要求更加迫切；在当前农民工就业形势严峻的情况下，保持农民收入较快增长的制约更加突出。必须切实增强危机意识，充分估计困难，紧紧抓住机遇，果断采取措施，坚决防止粮食生产滑坡，坚决防止农民收入徘徊，确保农业稳定发展，确保农村社会安定。

做好2009年农业农村工作，具有特殊重要的意义。扩大国内需求，最大潜力在农村；实现经济平稳较快发展，基础支撑在农业；保障和改善民生，重点难点在农民。2009年农业农村工作的总体要求是：全面贯彻党的十七大、十七届三中全会和中央经济工作会议精神，高举中国特色社会主义伟大旗帜，以邓小平理论和“三个代表”重要思想为指导，深入贯彻落实科学发展观，把保持农业农村经济平稳较快发展作为首要任务，围绕稳粮、增收、强基础、重民生，进一步强化惠农政策，增强科技支撑，加大投入力度，优化产业结构，推进改革创新，千方百计保证国家粮食安全和主要农产品有效供给，千方百计促进农民收入持续增长，为经济社会又好又快发展继续提供有力保障。

一、加大对农业的支持保护力度

1．进一步增加农业农村投入。扩大内需、实施积极财政政策，要把“三农”作为投入重点。大幅度增加国家对农村基础设施建设和社会事业发展的投入，提高预算内固定资产投资用于农业农村的比重，新增国债使用向“三农”倾斜。大幅度提高政府土地出让收益、耕地占用税新增收入用于农业的比例，耕地占用税税率提高后新增收入全部用于农业，土地出让收入重点支持农业土地开发和农村基础设施建设。大幅度增加对中西部地区农村公益性建设项目的投入，2009年起国家在中西部地区安排的病险水库除险加固、生态建设、农村饮水安全、大中型灌区配套改造等公益性建设项目，取消县及县以下资金配套。城市维护建设税新增部分主要用于乡村建设规划、农村基础设施建设和维护。有条件的地方可成立政策性农业投资公司和农业产业发展基金。

2．较大幅度增加农业补贴。2009年要在上年较大幅度增加补贴的基础上，进一步增加补贴资金。增加对种粮农民直接补贴。加大良种补贴力度，提高补贴标准，实现水稻、小麦、玉米、棉花全覆盖，扩大油菜和大豆良种补贴范围。大规模增加农机具购置补贴，将先进适用、技术成熟、安全可靠、节能环保、服务到位的农机具纳入补贴目录，补贴范围覆盖全国所有农牧业县（场），带动农机普及应用和农机工业发展。加大农资综合补贴力度，完善补贴动态调整机制，加强农业生产成本收益监测，根据农资价格上涨幅度和农作物实际播种面积，及时增加补贴。按照目标清晰、简便高效、有利于鼓励粮食生产的要求，完善农业补贴办法。根据新增农业补贴的实际情况，逐步加大对专业大户、家庭农场种粮补贴力度。

3．保持农产品价格合理水平。密切跟踪国内外农产品市场变化，适时加强政府调控，灵活运用多种手段，努力避免农产品价格下行，防止谷贱伤农，保障农业经营收入稳定增长。2009年继续提高粮食最低收购价。扩大国家粮食、棉花、食用植物油、猪肉储备，2009年地方粮油储备要按规定规模全部落实到位，适时启动主要农产品临时收储，鼓励企业增加商业收储。加强“北粮南运”、新疆棉花外运协调，继续实行相关运费补贴和减免政策，支持销区企业到产区采购。把握好主要农产品进出口时机和节奏，支持优势农产品出口，防止部分品种过度进口冲击国内市场。

4．增强农村金融服务能力。抓紧制定鼓励县域内银行业金融机构新吸收的存款主要用于当地发放贷款的实施办法，建立独立考核机制。在加强监管、防范风险的前提下，加快发展多种形式新型农村金融组织和以服务农村为主的地区性中小银行。鼓励和支持金融机构创新农村金融产品和金融服务，大力发展小额信贷和微型金融服务，农村微小型金融组织可通过多种方式从金融机构融入资金。积极扩大农村消费信贷市场。依法开展权属清晰、风险可控的大型农用生产设备、林权、四荒地使用权等抵押贷款和应收账款、仓单、可转让股权、专利权、商标专用权等权利质押贷款。抓紧出台对涉农贷款定向实行税收减免和费用补贴、政策性金融对农业中长期信贷支持、农民专业合作社开展信用合作试点的具体办法。放宽金融机构对涉农贷款的呆账核销条件。加快发展政策性农业保险，扩大试点范围、增加险种，加大中央财政对中西部地区保费补贴力度，加快建立农业再保险体系和财政支持的巨灾风险分散机制，鼓励在农村发展互助合作保险和商业保险业务。探索建立农村信贷与农业保险相结合的银保互动机制。

二、稳定发展农业生产

5．加大力度扶持粮食生产。稳定粮食播种面积，优化品种结构，提高单产水平，不断增强综合生产能力。建立健全粮食主产区利益补偿制度，根据主产区对国家粮食安全的贡献，增加一般性转移支付和产粮大县奖励补助等资金，优先安排农业基础设施建设投资和农业综合开发等资金，扶持粮食产业和龙头企业发展，引导产销区建立利益衔接机制，促进主产区经济社会加快发展，确保主产区得到合理利益补偿，确保种粮农民得到合理经济收益。加快取消主产区粮食风险基金资金配套。推进全国新增千亿斤粮食生产能力建设，以主产区重点县（场）为单位，集中投入、整体开发。进一步强化“米袋子”省长负责制，各地区都要承担本地耕地和水资源保护、粮食产销和市场调控责任，逐级建立有效的粮食安全监督检查和绩效考核机制。结合振兴东北地区等老工业基地，加快推进现代农业建设。发挥国有农场在建设现代农业、保障国家粮食安全等方面的积极作用。

6．支持优势产区集中发展油料等经济作物生产。加快实施新一轮优势农产品区域布局规划。落实国家扶持油料生产的各项政策措施，加强东北和内蒙古优质大豆、长江流域“双低”油菜生产基地建设。尽快制定实施全国木本油料产业发展规划，重点支持适宜地区发展油茶等木本油料产业，加快培育推广高产优良品种。稳定发展棉花生产，启动长江流域、黄淮海地区棉花生产基地建设。支持优势产区发展糖料、马铃薯、天然橡胶等作物，积极推进蔬菜、水果、茶叶、花卉等园艺产品设施化生产。

7．加快发展畜牧水产规模化标准化健康养殖。采取市场预警、储备调节、增加险种、期货交易等措施，稳定发展生猪产业。继续落实生猪良种补贴和能繁母猪补贴政策，扩大生猪调出大县奖励政策实施范围。继续落实奶牛良种补贴、优质后备奶牛饲养补贴等政策，实施奶牛生产大县财政奖励政策，着力扶持企业建设标准化奶站，确保奶源质量。增加畜禽标准化规模养殖场（小区）项目投资，加大信贷支持力度，落实养殖场用地等政策。加大畜禽水产良种工程实施力度，充实动物防疫体系建设内容，加快推进动物标识及疫病可追溯体系建设，落实村级防疫员补助经费。扩大水产健康养殖示范区（场）建设，继续实行休渔、禁渔制度，强化增殖放流等水生生物资源养护措施。扩大渔港、渔船航标、渔船安全设施等建设规模，扶持和壮大远洋渔业。

8．严格农产品质量安全全程监控。抓紧出台食品安全法，制定和完善农产品质量安全法配套规章制度，健全部门分工合作的监管工作机制，进一步探索更有效的食品安全监管体制，实行严格的食品质量安全追溯制度、召回制度、市场准入和退出制度。加快农产品质量安全检验检测体系建设，完善农产品质量安全标准，加强检验检测机构资质认证。扩大农产品和食品例行监测范围，逐步清理并降低强制性检验检疫费用。健全饲料安全监管体系，促进饲料产业健康发展。强化企业质量安全责任，对上市产品实行批批自检。建立农产品和食品生产经营质量安全征信体系。开展专项整治，坚决制止违法使用农药、兽（渔）药行为。加快农业标准化示范区建设，推动龙头企业、农民专业合作社、专业大户等率先实行标准化生产，支持建设绿色和有机农产品生产基地。

9．加强农产品进出口调控。健全高效灵活的农产品进出口调控机制，协调内外贸易，密切政府、协会、企业之间的沟通磋商。扩大农产品出口信用保险承保范围，探索出口信用保险与农业保险、出口信贷相结合的风险防范机制。对劳动密集型和技术密集型农产品出口实行优惠信贷政策。培育农业跨国经营企业。按照世界贸易组织规则，健全外商经营农产品和农资准入制度，明确外资并购境内涉农企业安全审查范围和程序，建立联席会议制度。

三、强化现代农业物质支撑和服务体系

10．加快农业科技创新步伐。加大农业科技投入，多渠道筹集资金，建立农业科技创新基金，重点支持关键领域、重要产品、核心技术的科学研究。加快推进转基因生物新品种培育科技重大专项，整合科研资源，加大研发力度，尽快培育一批抗病虫、抗逆、高产、优质、高效的转基因新品种，并促进产业化。实施主要农作物强杂交优势技术研发重大项目。强化农业知识产权保护。支持龙头企业承担国家科技计划项目。加强和完善现代农业产业技术体系。深入推进粮棉油高产创建活动，支持科技人员和大学毕业生到农技推广一线工作。开展农业科技培训，培养新型农民。采取委托、招标等形式，引导农民专业技术协会等社会力量承担公益性农技推广服务项目。

11．加快高标准农田建设。大力推进土地整治，搞好规划，统筹安排土地整理复垦开发、农业综合开发等各类建设资金，集中连片推进农村土地整治，实行田、水、路、林综合治理，大规模开展中低产田改造，提高高标准农田比重。继续推进“沃土工程”，扩大测土配方施肥实施范围。开展鼓励农民增施有机肥、种植绿肥、秸秆还田奖补试点。大力开展保护性耕作，加快实施旱作农业示范工程。

12．加强水利基础设施建设。加强大江大河和重点中小河流治理，建成一批大中型水利骨干工程。加快大中型和重点小型病险水库除险加固进度，确保工程建设质量。增加投资规模，重点加快大型灌区续建配套和节水改造。扩大大型排灌泵站更新改造规模和范围，启动西北沿黄高扬程提水灌溉泵站、东北涝区排水泵站等更新改造建设。继续加大农业综合开发中型灌区骨干工程节水改造力度。增加中央和省级财政小型农田水利工

程建设补助专项资金，依据规划整合投资，推进大中型灌区田间工程和小型灌区节水改造，推广高效节水灌溉技术，因地制宜修建小微型抗旱水源工程，发展牧区水利。加强重要水源工程及配套灌区建设。推进水利工程管理和农村水利体制改革，探索农业灌溉工程运行管理财政补贴机制，启动减轻农业用水负担综合改革试点。

13．加快推进农业机械化。启动农业机械化推进工程，重点加强示范基地、机耕道建设，提高农机推广服务和安全监理能力。普及主要粮油作物播种、收获等环节机械化，加快研发适合丘陵山区使用的轻便农业机械和适合大面积作业的大型农业机械。支持农机工业技术改造，提高农机产品适用性和耐用性，切实加强售后服务。实行重点环节农机作业补贴试点。对农机大户、种粮大户和农机服务组织购置大中型农机具，给予信贷支持。完善农用燃油供应保障机制，建立高能耗农业机械更新报废经济补偿制度。

14．推进生态重点工程建设。巩固退耕还林成果，继续推进京津风沙源治理等重点工程，增加天然林保护投资，抓紧研究延长天然林保护工程实施期限有关政策，完善三北防护林工程投入和建设机制。建设现代林业，发展山区林特产品、生态旅游业和碳汇林业。扩大退牧还草工程实施范围，加强人工饲草地和灌溉草场建设。加强森林草原火灾监测预警体系和防火基础设施建设。加快重点区域荒漠化和小流域综合治理，启动坡耕地水土流失综合整治工程，加强山洪和泥石流等地质灾害防治。提高中央财政森林生态效益补偿标准，启动草原、湿地、水土保持等生态效益补偿试点。安排专门资金，实行以奖促治，支持农业农村污染治理。

15．加强农产品市场体系建设。加大力度支持重点产区和集散地农产品批发市场、集贸市场等流通基础设施建设。推进大型粮食物流节点、农产品冷链系统和生鲜农产品配送中心建设。落实停止收取个体工商户管理费和集贸市场管理费政策。支持大型连锁超市和农产品流通企业开展农超对接，建设农产品直接采购基地。发挥农村经纪人作用。长期实行并逐步完善鲜活农产品运销绿色通道政策，推进在全国范围内免收整车合法装载鲜活农产品的车辆通行费。

16．推进基层农业公共服务机构建设。按照3年内在全国普遍健全乡镇或区域性农业技术推广、动植物疫病防控、农产品质量监管等公共服务机构的要求，尽快明确职责、健全队伍、完善机制、保障经费，切实增强服务能力。创新管理体制和运行机制，采取公开招聘、竞聘上岗等方式择优聘用专业技术人员。改革考评、分配制度，将服务人员收入与岗位职责、工作业绩挂钩。农业公共服务机构履行职责所需经费纳入地方各级财政预算。逐步推进村级服务站点建设试点。

四、稳定完善农村基本经营制度

17．稳定农村土地承包关系。抓紧修订、完善相关法律法规和政策，赋予农民更加充分而有保障的土地承包经营权，现有土地承包关系保持稳定并长久不变。强化对土地承包经营权的物权保护，做好集体土地所有权确权登记颁证工作，将权属落实到法定行使所有权的集体组织；稳步开展土地承包经营权登记试点，把承包地块的面积、空间位置和权属证书落实到农户，严禁借机调整土地承包关系，坚决禁止和纠正违法收回农民承包土地的行为。加快落实草原承包经营制度。

18．建立健全土地承包经营权流转市场。土地承包经营权流转，不得改变土地集体所有性质，不得改变土地用途，不得损害农民土地承包权益。坚持依法自愿有偿原则，尊重农民的土地流转主体地位，任何组织和个人不得强迫流转，也不能妨碍自主流转。按照完善管理、加强服务的要求，规范土地承包经营权流转。鼓励有条件的地方发展流转服务组织，为流转双方提供信息沟通、法规咨询、价格评估、合同签订、纠纷调处等服务。

19．实行最严格的耕地保护制度和最严格的节约用地制度。基本农田必须落实到地块、标注在土地承包经营权登记证书上，并设立统一的永久基本农田保护标志，严禁地方擅自调整规划改变基本农田区位。严格地方政府耕地保护责任目标考核，实行耕地和基本农田保护领导干部离任审计制度。尽快出台基本农田保护补偿具体办法。从严控制城乡建设用地总规模，从规划、标准、市场配置、评价考核等方面全面建立和落实节约用地制度。抓紧编制乡镇土地利用规划和乡村建设规划，科学合理安排村庄建设用地和宅基地，根据区域资源条件修订宅基地使用标准。农村宅基地和村庄整理所节约的土地，首先要复垦为耕地，用作折抵建设占用耕地补偿指标必须依法进行，必须符合土地利用总体规划，纳入土地计划管理。农村土地管理制度改革要在完善相关法律法规、出台具体配套政策后，规范有序地推进。

20．全面推进集体林权制度改革。用5年左右时间基本完成明晰产权、承包到户的集体林权制度改革任务。集体林地经营权和林木所有权已经落实到户的地方，要尽快建立健全产权交易平台，加快林地、林木流转制度建设，完善林木采伐管理制度。尚未落实到户的地方，要在加强宣传、做好培训和搞好勘界发证基础上，加快集体林权制度改革步伐。加大财政对集体林权制度改革的支持力度，开展政策性森林保险试点。引导森林资源资产评估、森林经营方案编制等中介服务健康发展。进一步扩大国有林场和重点国有林区林权制度改革试点。

21．扶持农民专业合作社和龙头企业发展。加快发展农民专业合作社，开展示范社建设行动。加强合作社人员培训，各级财政给予经费支持。将合作社纳入税务登记系统，免收税务登记工本费。尽快制定金融支持合作社、有条件的合作社承担国家涉农项目的具体办法。扶持农业产业化经营，鼓励发展农产品加工，让农民更多分享加工流通增值收益。中央和地方财政增加农业产业化专项资金规模，重点支持对农户带动力强的龙头企业开展技术研发、基地建设、质量检测。鼓励龙头企业在财政支持下参与担保体系建设。采取有效措施帮助龙头企业解决贷款难问题。

五、推进城乡经济社会发展一体化

22．加快农村社会事业发展。建立稳定的农村文化投入保障机制，尽快形成完备的农村公共文化服务体系。推进广播电视村村通、文化信息资源共享、乡镇综合文化站和村文化室建设、农村电影放映、农家书屋等重点文化惠民工程。巩固农村义务教育普及成果，提高农村学校公用经费和家庭经济困难寄宿生补助标准，改善农村教师待遇，推进农村中小学校舍安全排查、加固和改造。加快发展农村中等职业教育，2009年起对中等职业学校农村家庭经济困难学生和涉农专业学生实行免费。国家新增助学金要向农村生源学生倾斜。巩固发展新型农村合作医疗，坚持大病住院保障为主、兼顾门诊医疗保障，开展门诊统筹试点，有条件的地方可提高财政补助标准和水平。进一步增加投入，加强县、乡、村医疗卫生公共服务体系建设。抓紧制定指导性意见，建立个人缴费、集体补助、政府补贴的新型农村社会养老保险制度。加大中央和省级财政对农村最低生活保障补助力度，提高农村低保标准和补助水平。加快研究解决农垦职工社会保障问题。

23．加快农村基础设施建设。调整农村饮水安全工程建设规划，加大投资和建设力度，把农村学校、国有农（林）场纳入建设范围。扩大电网供电人口覆盖率，加快推进城乡同网同价。加大农村水电建设投入，扩大小水电代燃料建设规模。加快农村公路建设，2010年底基本实现全国乡镇和东中部地区具备条件的建制村通油（水泥）路，西部地区具备条件的建制村通公路，加大中央财政对中西部地区农村公路建设投资力度，建立农村客运政策性补贴制度。增加农村沼气工程建设投资，扩大秸秆固化气化试点示范。发展农村信息化。加快国有林区、垦区棚户区改造，实施游牧民定居工程，扩大农村危房改造试点。

24．积极扩大农村劳动力就业。对当前农民工就业困难和工资下降等问题，各地区和有关部门要高度重视，采取有力措施，最大限度安置好农民工，努力增加农民的务工收入。引导企业履行社会责任，支持企业多留用农民工，督促企业及时足额发放工资，妥善解决劳资纠纷。对生产经营遇到暂时困难的企业，引导其采取灵活用工、弹性工时、在岗培训等多种措施稳定就业岗位。城乡基础设施建设和新增公益性就业岗位，要尽量多使用农民工。采取以工代赈等方式引导农民参与农业农村基础设施建设。输出地、输入地政府和企业都要加大投入，大规模开展针对性、实用性强的农民工技能培训。有条件的地方可将失去工作的农民工纳入相关就业政策支持范围。落实农民工返乡创业扶持政策，在贷款发放、税费减免、工商登记、信息咨询等方面提供支持。保障返乡农民工的合法土地承包权益，对生活无着的返乡农民工要提供临时救助或纳入农村低保。同时，充分挖掘农业内部就业潜力，拓展农村非农就业空间，鼓励农民就近就地创业。抓紧制定适合农民工特点的养老保险办法，解决养老保险关系跨社保统筹地区转移接续问题。建立农民工统计监测制度。

25．推进农村综合改革。按照着力增强社会管理和公共服务职能、到2012年基本完成改革任务的要求，继续推进乡镇机构改革。推进“乡财县管”改革，加强县乡财政对涉农资金的监管。力争用3年左右时间，逐步建立资金稳定、管理规范、保障有力的村级组织运转经费保障机制。总结试点经验，完善相关政策，扩大农村公益事业一事一议财政奖补试点范围，中央和试点地区省级财政要增加试点投入。积极稳妥化解乡村债务，2010年基本完成全国农村义务教育债务化解，继续选择与农民利益直接相关的农村公益事业建设形成的乡村债务进行化解试点。

26. 增强县域经济发展活力。调整财政收入分配格局，增加对县乡财政的一般性转移支付，逐步提高县级财政在省以下财力分配中的比重，探索建立县乡财政基本财力保障制度。推进省直接管理县（市）财政体制改革，将粮食、油料、棉花和生猪生产大县全部纳入改革范围。稳步推进扩权强县改革试点，鼓励有条件的省份率先减少行政层次，依法探索省直接管理县（市）的体制。依法赋予经济发展快、人口吸纳能力强的小城镇在投资审批、工商管理、社会治安等方面的行政管理权限。支持发展乡镇企业，加大技术改造投入，促进产业集聚和升级。

27. 积极开拓农村市场。支持流通企业与生产企业合作建立区域性农村商品采购联盟，用现代流通方式建设和改造农村日用消费品流通网络，扩大“农家店”覆盖范围，重点提高配送率和统一结算率，改善农村消费环境。鼓励设计开发适合农村特点的生活消费品和建筑材料。2009年在全国范围实施“家电下乡”，对农民购买彩电、电冰箱、手机、洗衣机等指定家电品种，国家按产品销售价格一定比例给予直接补贴，并根据需要增加新的补贴品种。保证下乡家电质量，搞好售后服务。加强农资产销调控，扶持化肥生产，增加淡季储备，保障市场供应。支持供销合作社、邮政、商贸企业和农民专业合作社等加快发展农资连锁经营，推行农资信用销售。鼓励有条件的地方改造建设农村综合服务中心。加强农村市场监管，严厉查处坑农害农行为。

28. 完善国家扶贫战略和政策体系。坚持开发式扶贫方针，制定农村最低生活保障制度与扶贫开发有效衔接办法。实行新的扶贫标准，对农村没有解决温饱的贫困人口、低收入人口全面实施扶贫政策，尽快稳定解决温饱并实现脱贫致富，重点提高农村贫困人口的自我发展能力。继续增加扶贫资金投入，加大整村推进力度，提高劳动力转移培训质量，提升产业化扶贫水平。优先支持革命老区、民族地区、边疆地区扶贫开发，积极稳妥实行移民扶贫，对特殊类型贫困地区进行综合治理。充分发挥行业扶贫作用，继续动员社会各界参与扶贫事业，积极开展反贫困领域国际交流合作。

各级党委和政府要坚持把解决好农业、农村、农民问题作为全党工作和政府全部工作的重中之重，切实加强和改善党对农村工作的领导，确保把党的各项农村政策落到实处。扎实开展农村基层深入学习实践科学发展观活动，按照科学发展观和正确政绩观要求，把粮食生产、农民增收、耕地保护、环境治理、和谐稳定作为考核地方特别是县（市）领导班子绩效的重要内容，尽快制定指标，严格监督检查。抓好以村党组织为核心的村级组织配套建设，深化农村党的建设三级联创活动，创新农村党组织设置方式，扩大党在农村的组织覆盖和工作覆盖。建立健全城乡一体党员动态管理机制，加强农民工党员教育管理。广泛开展创先争优活动。完善党员设岗定责、依岗承诺等活动载体。加强农村党风廉政建设，抓好党的农村政策贯彻落实情况的监督检查，认真解决损害农民利益的突出问题。完善村党组织两推一选、村委会直选的制度和办法，着力拓宽农村干部来源，稳步推进高校毕业生到村任职工作，实施一村一名大学生计划，完善长效机制和政策措施。创新培养选拔机制，选优配强村党组织书记。按照定职责目标和工作有合理待遇、干好有发展前途、退岗有一定保障的要求，以不低于当地农村劳动力平均收入水平确定村干部基本报酬，并根据实际情况建立业绩考核奖励制度，逐步解决好村干部养老保障问题，加大从优秀村干部中选任乡镇领导干部、考录乡镇公务员、招聘乡镇事业编制人员的力度。积极推进农村党员干部现代远程教育和村级组织活动场所建设。加强农村民主法制建设和精神文明建设，深入推进政务公开、村务公开和党务公开。高度重视农村社会稳定工作，妥善解决农村征地、环境污染、移民搬迁、集体资产处置等引发的突出矛盾和问题，做好农村信访工作，搞好农村社会治安综合治理，推进农村警务建设，反对和制止利用宗教、宗族势力干预农村公共事务，严密防范境外敌对势力对农村的渗透，保持农村社会和谐稳定。

做好2009年农业农村工作意义十分重大。我们要紧密团结在以胡锦涛同志为总书记的党中央周围，开拓进取，扎实工作，迎难而上，奋力开创农村改革发展新局面！

国务院办公厅关于当前金融促进经济发展的若干意见

国办发 〔2008〕126号

各省、自治区、直辖市人民政府，国务院各部委、各直属机构：

为应对国际金融危机的冲击，贯彻落实党中央、国务院关于进一步扩大内需、促进经济增长的十项措施，认真执行积极的财政政策和适度宽松的货币政策，加大金融支持力度，促进经济平稳较快发展，经国务院批准，提出如下意见：

一、落实适度宽松的货币政策，促进货币信贷稳定增长

1.保持银行体系流动性充足，促进货币信贷稳定增长。根据经济社会发展需要，创造适度宽松的货币信贷环境，以高于GDP增长与物价上涨之和约3至4个百分点的增长幅度作为2009年货币供应总量目标，争取全年广义货币供应量增长17%左右。密切监测流动性总量及分布变化，适当调减公开市场操作力度，停发3年期央行票据，降低1年期和3个月期央行票据发行频率。根据国内外形势适时适度调整货币政策操作。

2.追加政策性银行2008年度贷款规模1000亿元，鼓励商业银行发放中央投资项目配套贷款，力争2008年金融机构人民币贷款增加4万亿元以上。

经济自我调节能力。增强贷款利率下浮弹性，改进贴现利率形成机制，完善中央银行利率体系。按照主动性、可控性和渐进性原则，进一步完善人民币汇率形成机制，增强汇率弹性，保持人民币汇率在合理均衡水平上基本稳定。

二、加强和改进信贷服务，满足合理资金需求

3.加强货币政策、信贷政策与产业政策的协调配合。坚持区别对待、有保有压原则，支持符合国家产业政策的产业发展。加大对民生工程、“三农”、重大工程建设、灾后重建、节能减排、科技创新、技术改造和兼并重组、区域协调发展的信贷支持。积极发展面向农户的小额信贷业务，增加扶贫贴息贷款投放规模。探索发展大学毕业生小额创业贷款业务。支持高新技术产业发展。同时，适当控制对一般加工业的贷款，限制对高耗能、高排放行业和产能过剩行业劣质企业的贷款。

4.鼓励银行业金融机构在风险可控前提下，对基本面比较好、信用记录较好、有竞争力、有市场、有订单但暂时出现经营或财务困难的企业给予信贷支持。全面清理银行信贷政策、法规、办法和指引，根据当前特殊时期需要，对《贷款通则》等有关规定和要求做适当调整。

5.支持中小企业发展。落实对中小企业融资担保、贴息等扶持政策，鼓励地方人民政府通过资本注入、风险补偿等多种方式增加对信用担保公司的支持。设立包括中央、地方财政出资和企业联合组建在内的多层次中小企业贷款担保基金和担保机构，提高金融机构中小企业贷款比重。对符合条件的中小企业信用担保机构免征营业税。

6.鼓励金融机构开展出口信贷业务。将进出口银行的人民币出口卖方信贷优惠利率适用范围，扩大到具有自主知识产权、自主品牌和高附加值出口产品。允许金融机构开办人民币出口买方信贷业务。发挥出口信用保险在支持金融机构开展出口融资业务中的积极作用。

7.加大对产业转移的信贷支持力度。支持金融机构

创新发展针对产业转移的信贷产品和审贷模式，探索多种抵押担保方式。鼓励金融机构优先发放人民币贷款，支持国内过剩产能向境外转移。

8. 加大对农村金融政策支持力度，引导更多信贷资金投向农村。坚持农业银行为农服务方向，拓展农业发展银行支农领域，扩大邮政储蓄银行涉农业务范围，发挥农村信用社为农民服务的主力军作用。县域内银行业金融机构新吸收的存款，主要用于当地发放贷款。建立政府扶持、多方参与、市场运作的农村信贷担保机制。在扩大农村有效担保物范围基础上，积极探索发展农村多种形式担保的信贷产品。指导农村金融机构开展林权质押贷款业务。

9. 落实和出台有关信贷政策措施，支持居民首次购买普通自住房和改善型普通自住房。加大对城市低收入居民廉租房、经济适用房建设和棚户区改造的信贷支持。支持汽车消费信贷业务发展，拓宽汽车金融公司融资渠道。积极扩大农村消费信贷市场。

三、加快建设多层次资本市场体系，发挥市场的资源配置功能

10. 采取有效措施，稳定股票市场运行，发挥资源配置功能。完善中小企业板市场各项制度，适时推出创业板，逐步完善有机联系的多层次资本市场体系。支持有条件的企业利用资本市场开展兼并重组，促进上市公司行业整合和产业升级，减少审批环节，提升市场效率，不断提高上市公司竞争力。

11. 推动期货市场稳步发展，探索农产品期货服务“三农”的运作模式，尽快推出适应国民经济发展需要的钢材、稻谷等商品期货新品种。

12. 扩大债券发行规模，积极发展企业债、公司债、短期融资券和中期票据等债务融资工具。优先安排与基础设施、民生工程、生态环境建设和灾后重建等相关的债券发行。积极鼓励参与国家重点建设项目的上市公司发行公司债券和可转换债券。稳步发展中小企业集合债券，开展中小企业短期融资券试点。推进上市商业银行进入交易所债券市场试点。研究境外机构和企业在境内发行人民币债券，允许在内地有较多业务的香港企业或金融机构在港发行人民币债券。完善债券市场发行规则与监管标准。

四、发挥保险保障和融资功能，促进经济社会稳定运行

13. 积极发展“三农”保险，进一步扩大农业保险覆盖范围，鼓励保险公司开发农业和农村小额保险及产品质量保险。稳步发展与住房、汽车消费等相关的保险。积极发展建工险、工程险等业务，为重大基础设施项目建设提供风险保障。做好灾后重建保险服务，支持灾区群众基本生活设施和公共服务基础设施恢复重建。研究开放短期出口信用保险市场，引入商业保险公司参与竞争，支持出口贸易。

14. 发挥保险公司机构投资者作用和保险资金投融资功能，鼓励保险公司购买国债、金融债、企业债和公司债，引导保险公司以债权等方式投资交通、通信、能源等基础设施项目和农村基础设施项目。稳妥推进保险公司投资国有大型龙头企业股权，特别是关系国家战略的能源、资源等产业的龙头企业股权。

15. 积极发展个人、团体养老等保险业务，鼓励和支持有条件企业通过商业保险建立多层次养老保障计划，研究对养老保险投保人给予延迟纳税等税收优惠。推动健康保险发展，支持相关保险机构投资医疗机构和养老实体。提高保险业参与新型农村合作医疗水平，发展适合农民需求的健康保险和意外伤害保险。

五、创新融资方式，拓宽企业融资渠道

16.允许商业银行对境内外企业发放并购贷款。研究完善企业并购税收政策，积极推动企业兼并重组。

17. 开展房地产信托投资基金试点，拓宽房地产企业融资渠道。发挥债券市场避险功能，稳步推进债券市场交易工具和相关金融产品创新。开展项目收益债券试点。

18. 加强对社会资金的鼓励和引导。拓宽民间投资领域，吸引更多社会资金参与政府鼓励项目，特别是灾后基础设施重建项目。出台股权投资基金管理办法，完善工商登记、机构投资者投资、证券登记和税收等相关政策，促进股权投资基金行业规范健康发展。按照中小企业促进法关于鼓励创业投资机构增加对中小企业投资的规定，落实和完善促进创业投资企业发展的税收优惠政策。

19. 充分发挥农村信用社等金融机构支农主力军作

用，扩大村镇银行等新型农村金融机构试点，扩大小额贷款公司试点，规范发展民间融资，建立多层次信贷供给市场。

20.创新信用风险管理工具。在进一步规范发展信贷资产重组、转让市场的基础上，允许在银行间债券市场试点发展以中小企业贷款、涉农贷款、国家重点建设项目贷款等为标的资产的信用风险管理工具，适度分散信贷风险。

六、改进外汇管理，大力推动贸易投资便利化

21.改进贸易收结汇与贸易活动真实性、一致性审核，便利企业特别是中小企业贸易融资。加快进出口核销制度改革，简化手续，实现贸易外汇管理向总量核查、非现场核查和主体监管转变。适当提高企业预收货款结汇比例，将一般企业预收货款结汇比例从10%提高到25%，对单笔金额较小的出口预收货款不纳入结汇额度管理。调整企业延期付款年度发生额规模，由原来不得超过企业上年度进口付汇额的10%提高为25%。简化企业申请比例结汇和临时额度的审批程序，缩短审批时间。允许更多符合条件的中外资企业集团实行外汇资金集中管理，提高资金使用效率。支持香港人民币业务发展，扩大人民币在周边贸易中的计价结算规模，降低对外经济活动的汇率风险。

七、加快金融服务现代化建设，全面提高金融服务水平

22.进一步丰富支付工具体系，提高支付清算效率，加快资金周转速度。进一步增强现金供应的前瞻性，科学组织发行基金调拨，确保现金供应。配合实施积极财政政策，扩大国库集中支付涉农、救灾补贴等财政补助资金范围，实现民生工程、基础设施、生态环境建设和灾后重建所需资金直达最终收款人，确保各项财政支出资金及时安全拨付到位。优化进出口产品退税的国库业务流程，提高退税资金到账速度。加快征信体系建设，继续推动中小企业和农村信用体系建设，进一步规范信贷市场和债券市场信用评级，为中小企业融资创造便利条件。

八、加大财税政策支持力度，增强金融业促进经济发展能力

23.放宽金融机构对中小企业贷款和涉农贷款的呆账核销条件。授权金融机构对符合一定条件的中小企业贷款和涉农贷款进行重组和减免。借款人发生财务困难、无力及时足额偿还贷款本息的，在确保重组和减免后能如期偿还剩余债务的条件下，允许金融机构对债务进行展期或延期、减免表外利息后，进一步减免本金和表内利息。

24.简化税务部门审核金融机构呆账核销手续和程序，加快审核进度，提高审核效率，促进金融机构及时化解不良资产，防止信贷收缩。涉农贷款和中小企业贷款税前全额拨备损失准备金。对农户小额贷款、农业担保和农业保险实施优惠政策，鼓励金融机构加大对“三农”的信贷支持力度。研究金融机构抵债资产处置税收政策。结合增值税转型完善融资租赁税收政策。

25.发挥财政资金的杠杆作用，调动银行信贷资金支持经济增长。支持地方人民政府建立中小企业贷款风险补偿基金，对银行业金融机构中小企业贷款按增量给予适度的风险补偿。鼓励金融机构建立专门为中小企业提供信贷服务的部门，增加对中小企业的信贷投放。对符合条件的企业引进先进技术和产品更新换代等方面的外汇资金需求，通过进出口银行提供优惠利率进口信贷方式给予支持。

九、深化金融改革，加强风险管理，切实维护金融安全稳定

26.完善国际金融危机监测及应对工作机制。密切监测国际金融危机发展动态，研究风险的可能传播途径，及时对危机发展趋势和影响进行跟踪和评估。高度关注国内金融市场流动性状况、金融机构流动性及资产负债变化。必要时启动应对预案，包括特别流动性支持、剥离不良资产、补充资本金、对银行负债业务进行担保等，确保金融安全稳定运行。

27.完善金融监管体系。进一步加强中央银行与金融监管部门的沟通协调，加强功能监管、审慎监管，强化资本金约束和流动性管理，完善市场信息披露制度，努力防范各种金融风险。

28.商业银行和其他金融机构要继续深化各项改革，完善公司治理，强化基础管理、内部控制和风险防范机制，理顺落实适度宽松货币政策的传导机制。正确处理

好金融促进经济发展与防范金融风险的关系，在经济下行时避免盲目惜贷。切实提高金融促进经济发展的质量，防止低水平重复建设。

29.支持和鼓励地方人民政府为改善金融服务创造良好条件。地方人民政府应在保护银行债权、防止逃废银行债务、处置抵贷资产、合法有序进行破产清算等方面营造有利环境。继续推进地方金融机构改革，维护地方金融稳定，推动地方信用体系建设，培育诚实守信的社会信用文化，促进地方金融生态环境改善。

国务院办公厅

二〇〇八年十二月八日

关于促进自主创新成果产业化的若干政策

发展改革委 科技部 财政部 教育部 人民银行

税务总局 知识产权局 中科院 工程院

国办发〔2008〕128号

改革开放以来，我国自主创新成果产业化取得显著成绩，但也存在企业技术创新能力不强，自主创新成果转移机制不健全，工程化和系统集成能力薄弱，产业化资金难以筹措，配套政策措施不到位等突出问题。根据《国务院关于印发实施〈国家中长期科学和技术发展规划纲要（2006—2020年）〉若干配套政策的通知》（国发〔2006〕6号）要求，为加快推进自主创新成果产业化，提高产业核心竞争力，促进高新技术产业的发展，制定本政策。

一、培育企业自主创新成果产业化能力

1.提高企业的技术开发和工程化集成能力。按照建立以企业为主体、市场为导向、产学研相结合的技术创新体系的总要求，支持企业与高等院校、科研机构以产学研结合等形式，共建国家工程（技术）研究中心、国家工程实验室、国家重点实验室等产业技术开发体系；支持国家认定的企业技术中心建设工程化试验设施。同时，积极发挥行业协会在自主创新成果产业化中的咨询、信息、桥梁等作用。

2.启动实施自主创新成果产业化专项工程。国家在信息、生物、航空航天、新材料、先进能源、现代农业、先进制造、节能减排、海洋开发等重点领域，选择一批重大自主创新成果，实施自主创新成果产业化专项工程，给予适当的政策、资金等支持。发展改革委要会同有关部门抓紧制定具体办法，做好组织实施工作。各地区要结合当地实际，采取多种形式实施自主创新成果产业化项目。

3.切实落实促进自主创新成果产业化的税收扶持政策。鼓励企业加大对自主创新成果产业化的研发投入，对新技术、新产品、新工艺等研发费用，按照有关税收法律和政策规定，在计算应纳税所得额时加计扣除。企业按照《当前优先发展的高技术产业化重点领域指南》实施的自主创新成果产业化项目，符合《产业结构调整指导目录》鼓励类条件的，按相关规定享受进口税收优惠。

二、大力推动自主创新成果的转移

4.完善自主创新成果发布机制。高等院校、科研机构以及其他单位使用财政资金开展研究开发的，要及时通过网络等形式，将有关自主创新项目以及知识产权、技术转移等情况向社会公开发布（国家法律法规规定不能公开的除外），有关公开发布的要求必须在项目合同中予以明确。要不断完善国防科技成果解密制度，适时

发布具有民用产业化前景的自主创新成果。要充分利用各类知识产权交易市场发布知识产权信息。

5. 鼓励高等院校和科研机构向企业转移自主创新成果。发展改革、教育、科技、知识产权等部门要指导、支持高等院校、科研机构和企业，强化自主创新项目的筛选、评估和知识产权保护，完善技术转移机制，积极推动自主创新成果的转移和许可使用。鼓励企业间技术成果的转移。高等院校和科研机构技术转让所得，按照有关税收法律和政策规定享受企业所得税优惠。

6. 鼓励科研人员开展自主创新成果产业化活动。高等院校和科研机构在专业技术职务评聘中，要将科研人员开展自主创新成果产业化情况作为重要的评价内容，引导、支持科研人员积极投身于自主创新成果产业化活动。对在自主创新成果产业化工作中做出突出贡献的人员，应依据《中华人民共和国促进科技成果转化法》等法律法规给予奖励。

三、加大自主创新成果产业化投融资支持力度

7. 加大政府投入力度。各级人民政府要根据财力的增长情况，继续增加投入。主要通过无偿资助、贷款贴息、补助（引导）资金、保费补贴和创业风险投资等方式，加大对自主创新成果产业化的支持，加快自主创新成果的推广应用，提高自主创新成果产业化水平。

8. 加快发展创业风险投资。鼓励按照市场机制设立创业风险投资基金，引导社会资金流向创业风险投资领域，扶持承担自主创新成果产业化任务企业的设立与发展。发展改革和财政等部门要积极培育、发展创业风险投资，对高技术产业领域处于种子期、起步期的重点自主创新成果产业化项目予以支持。

9. 加大信贷支持力度。商业银行要根据国家产业政策和信贷政策，结合自身特点和业务需要，按照信贷原则，加大对自主创新成果产业化项目的信贷支持力度。加强担保机构等融资支撑平台建设，为自主创新成果产业化项目融资提供服务。

四、营造有利于自主创新成果产业化的良好环境

10. 积极推动自主创新成果转化为技术标准。国家标准化管理委员会要加强指导协调，加大对重大自主创新成果形成国家标准或行业标准的支持力度，建立完善技术标准转化机制。对具备条件的，要及时推进自主创新成果形成技术标准。

11. 加快自主创新成果产业化市场环境建设。知识产权部门要会同有关部门完善知识产权许可、技术转移等制度和政策，加大保护知识产权的执法力度，健全知识产权保护体系。切实做好自主创新成果产业化的知识产权风险评估工作，确保核心技术获得专利保护。财政部门要进一步落实政府采购自主创新产品的各项制度。商务部门要研究制定促进自主创新成果产业化的对外贸易政策，支持自主创新产品和技术参与国际市场竞争。加快研究建立自主创新产品的风险化解机制，推动自主创新产品开拓市场。

12. 建立健全自主创新成果产业化中介服务体系。科技、知识产权等中介服务机构要客观、科学评估自主创新成果产业化价值和市场前景，努力提供优良的技术咨询、技术服务和知识产权服务。加强自主创新成果信息平台建设，不断提升服务能力。

13. 积极培育自主创新成果产业化人才队伍。加快技术经纪、技术推广和知识产权评估等方面的人才培养。积极推动事业单位与企业社会保障制度的衔接，促进高等院校、科研机构与企业之间人才的合理流动。鼓励海外留学人员、华人华侨回国开展自主创新成果产业化活动。

五、切实做好组织协调工作

14. 加强自主创新成果产业化的引导和协调。发展改革委等部门要加强对自主创新成果产业化的总体规划和协调，定期发布《当前优先发展的高技术产业化重点领域指南》，及时发布自主创新成果产业化专项工程内容及进展情况，指导社会中介机构尽快建立自主创新成果评价认证体系，做好自主创新成果及产业化信息统计和发布工作。有关部门、地方人民政府以及行业协会等要密切配合，形成工作合力。

15. 抓紧制定完善具体落实措施。自主创新成果产业化事关经济发展方式转变和产业结构优化升级。各地区、各有关部门要高度重视，加强调查研究，结合实际抓紧制定和完善配套措施及具体办法，积极研究解决工作中遇到的问题。发展改革委要会同有关部门加强监督检查，确保各项政策措施落到实处。

国务院关于进一步促进中小企业发展的若干意见

国发〔2009〕36号

各省、自治区、直辖市人民政府，国务院各部委、各直属机构：

中小企业是我国国民经济和社会发展的重要力量，促进中小企业发展，是保持国民经济平稳较快发展的重要基础，是关系民生和社会稳定的重大战略任务。受国际金融危机冲击，去年下半年以来，我国中小企业生产经营困难。中央及时出台相关政策措施，加大财税、信贷等扶持力度，改善中小企业经营环境，中小企业生产经营出现了积极变化，但发展形势依然严峻。主要表现在：融资难、担保难问题依然突出，部分扶持政策尚未落实到位，企业负担重，市场需求不足，产能过剩，经济效益大幅下降，亏损加大等。必须采取更加积极有效的政策措施，帮助中小企业克服困难，转变发展方式，实现又好又快发展。现就进一步促进中小企业发展提出以下意见：

一、进一步营造有利于中小企业发展的良好环境

1. 完善中小企业政策法律体系。落实扶持中小企业发展的政策措施，清理不利于中小企业发展的法律法规和规章制度。深化垄断行业改革，扩大市场准入范围，降低准入门槛，进一步营造公开、公平的市场环境。加快制定融资性担保管理办法，修订《贷款通则》，修订中小企业划型标准，明确对小型企业的扶持政策。

2. 完善政府采购支持中小企业的有关制度。制定政府采购扶持中小企业发展的具体办法，提高采购中小企业货物、工程和服务的比例。进一步提高政府采购信息发布透明度，完善政府公共服务外包制度，为中小企业创造更多的参与机会。

3. 加强对中小企业的权益保护。组织开展对中小企业相关法律和政策特别是金融、财税政策贯彻落实情况的监督检查，发挥新闻舆论和社会监督的作用，加强政策效果评价。坚持依法行政，保护中小企业及其职工的合法权益。

4. 构建和谐劳动关系。采取切实有效措施，加大对劳动密集型中小企业的支持，鼓励中小企业不裁员、少裁员，稳定和增加就业岗位。对中小企业吸纳困难人员就业、签订劳动合同并缴纳社会保险费的，在相应期限内给予基本养老保险补贴、基本医疗保险补贴、失业保险补贴。对受金融危机影响较大的困难中小企业，将阶段性缓缴社会保险费或降低费率政策执行期延长至2010年底，并按规定给予一定期限的社会保险补贴或岗位补贴、在岗培训补贴等。中小企业可与职工就工资、工时、劳动定额进行协商，符合条件的，可向当地人力资源社会保障部门申请实行综合计算工时和不定时工作制。

二、切实缓解中小企业融资困难

5. 全面落实支持小企业发展的金融政策。完善小企业信贷考核体系，提高小企业贷款呆账核销效率，建立完善信贷人员尽职免责机制。鼓励建立小企业贷款风险补偿基金，对金融机构发放小企业贷款按增量给予适度补助，对小企业不良贷款损失给予适度风险补偿。

6. 加强和改善对中小企业的金融服务。国有商业银行和股份制银行都要建立小企业金融服务专营机构，完善中小企业授信业务制度，逐步提高中小企业中长期贷款的规模和比重。提高贷款审批效率，创新金融产品和服务方式。完善财产抵押制度和贷款抵押物认定办法，采取动产、应收账款、仓单、股权和知识产权质押等方

式，缓解中小企业贷款抵质押不足的矛盾。对商业银行开展中小企业信贷业务实行差异化的监管政策。建立和完善中小企业金融服务体系。加快研究鼓励民间资本参与发起设立村镇银行、贷款公司等股份制金融机构的办法；积极支持民间资本以投资入股的方式，参与农村信用社改制为农村商业（合作）银行、城市信用社改制为城市商业银行以及城市商业银行的增资扩股。支持、规范发展小额贷款公司，鼓励有条件的小额贷款公司转为村镇银行。

7. 进一步拓宽中小企业融资渠道。加快创业板市场建设，完善中小企业上市育成机制，扩大中小企业上市规模，增加直接融资。完善创业投资和融资租赁政策，大力发展创业投资和融资租赁企业。鼓励有关部门和地方政府设立创业投资引导基金，引导社会资金设立主要支持中小企业的创业投资企业，积极发展股权投资基金。发挥融资租赁、典当、信托等融资方式在中小企业融资中的作用。稳步扩大中小企业集合债券和短期融资券的发行规模，积极培育和规范发展产权交易市场，为中小企业产权和股权交易提供服务。

8. 完善中小企业信用担保体系。设立包括中央、地方财政出资和企业联合组建的多层次中小企业融资担保基金和担保机构。各级财政要加大支持力度，综合运用资本注入、风险补偿和奖励补助等多种方式，提高担保机构对中小企业的融资担保能力。落实好对符合条件的中小企业信用担保机构免征营业税、准备金提取和代偿损失税前扣除的政策。国土资源、住房城乡建设、金融、工商等部门要为中小企业和担保机构开展抵押物和出质的登记、确权、转让等提供优质服务。加强对融资性担保机构的监管，引导其规范发展。鼓励保险机构积极开发为中小企业服务的保险产品。

9. 发挥信用信息服务在中小企业融资中的作用。推进中小企业信用制度建设，建立和完善中小企业信用信息征集机制和评价体系，提高中小企业的融资信用等级。完善个人和企业征信系统，为中小企业融资提供方便快速的查询服务。构建守信受益、失信惩戒的信用约束机制，增强中小企业信用意识。

三、加大对中小企业的财税扶持力度

10. 加大财政资金支持力度。逐步扩大中央财政预算扶持中小企业发展的专项资金规模，重点支持中小企业技术创新、结构调整、节能减排、开拓市场、扩大就业，以及改善对中小企业的公共服务。加快设立国家中小企业发展基金，发挥财政资金的引导作用，带动社会资金支持中小企业发展。地方财政也要加大对中小企业的支持力度。

11. 落实和完善税收优惠政策。国家运用税收政策促进中小企业发展，具体政策由财政部、税务总局会同有关部门研究制定。为有效应对国际金融危机，扶持中小企业发展，自2010年1月1日至2010年12月31日，对年应纳税所得额低于3万元（含3万元）的小型微利企业，其所得减按50%计入应纳税所得额，按20%的税率缴纳企业所得税。中小企业投资国家鼓励类项目，除《国内投资项目不予免税的进口商品目录》所列商品外，所需的进口自用设备以及按照合同随设备进口的技术及配套件、备件，免征进口关税。中小企业缴纳城镇土地使用税确有困难的，可按有关规定向省级财税部门或省级人民政府提出减免税申请。中小企业因有特殊困难不能按期纳税的，可依法申请在三个月内延期缴纳。

12. 进一步减轻中小企业社会负担。凡未按规定权限和程序批准的行政事业性收费项目和政府性基金项目，均一律取消。全面清理整顿涉及中小企业的收费，重点是行政许可和强制准入的中介服务收费、具有垄断性的经营服务收费，能免则免，能减则减，能缓则缓。严格执行收费项目公示制度，公开前置性审批项目、程序和收费标准，严禁地方和部门越权设立行政事业性收费项目，不得擅自将行政事业性收费转为经营服务性收费。进一步规范执收行为，全面实行中小企业缴费登记卡制度，设立各级政府中小企业负担举报电话。健全各级政府中小企业负担监督制度，严肃查处乱收费、乱罚款及各种摊派行为。任何部门和单位不得通过强制中小企业购买产品、接受指定服务等手段牟利。严格执行税收征收管理法律法规，不得违规向中小企业提前征税或者摊派税款。

四、加快中小企业技术进步和结构调整

13. 支持中小企业提高技术创新能力和产品质量。支持中小企业加大研发投入，开发先进适用的技术、工艺和设备，研制适销对路的新产品，提高产品质量。加强产学研联合和资源整合，加强知识产权保护，重点在轻工、纺织、电子等行业推进品牌建设，引导和支持中小

企业创建自主品牌。支持中华老字号等传统优势中小企业申请商标注册，保护商标专用权，鼓励挖掘、保护、改造民间特色传统工艺，提升特色产业。

14. 支持中小企业加快技术改造。按照重点产业调整和振兴规划要求，支持中小企业采用新技术、新工艺、新设备、新材料进行技术改造。中央预算内技术改造专项投资中，要安排中小企业技术改造资金，地方政府也要安排中小企业技术改造专项资金。中小企业的固定资产由于技术进步原因需加速折旧的，可按规定缩短折旧年限或者采取加速折旧的方法。

15. 推进中小企业节能减排和清洁生产。促进重点节能减排技术和高效节能环保产品、设备在中小企业的推广应用。按照发展循环经济的要求，鼓励中小企业间资源循环利用。鼓励专业服务机构为中小企业提供合同能源管理、节能设备租赁等服务。充分发挥市场机制作用，综合运用金融、环保、土地、产业政策等手段，依法淘汰中小企业中的落后技术、工艺、设备和产品，防止落后产能异地转移。严格控制过剩产能和“两高一资”行业盲目发展。对纳入环境保护、节能节水企业所得税优惠目录的投资项目，按规定给予企业所得税优惠。

16. 提高企业协作配套水平。鼓励中小企业与大型企业开展多种形式的经济技术合作，建立稳定的供应、生产、销售等协作关系。鼓励大型企业通过专业分工、服务外包、订单生产等方式，加强与中小企业的协作配套，积极向中小企业提供技术、人才、设备、资金支持，及时支付货款和服务费用。

17. 引导中小企业集聚发展。按照布局合理、特色鲜明、用地集约、生态环保的原则，支持培育一批重点示范产业集群。加强产业集群环境建设，改善产业集聚条件，完善服务功能，壮大龙头骨干企业，延长产业链，提高专业化协作水平。鼓励东部地区先进的中小企业通过收购、兼并、重组、联营等多种形式，加强与中西部地区中小企业的合作，实现产业有序转移。

18. 加快发展生产性服务业。鼓励支持中小企业在科技研发、工业设计、技术咨询、信息服务、现代物流等生产性服务业领域发展。积极促进中小企业在软件开发、服务外包、网络动漫、广告创意、电子商务等新兴领域拓展，扩大就业渠道，培育新的经济增长点。

五、支持中小企业开拓市场

19. 支持引导中小企业积极开拓国内市场。支持符合条件的中小企业参与家电、农机、汽车摩托车下乡和家电、汽车“以旧换新”等业务。中小企业专项资金、技术改造资金等要重点支持销售渠道稳定、市场占有率高的中小企业。采取财政补助、降低展费标准等方式，支持中小企业参加各类展览展销活动。支持建立各类中小企业产品技术展示中心，办好中国国际中小企业博览会等展览展销活动。鼓励电信、网络运营企业以及新闻媒体积极发布市场信息，帮助中小企业宣传产品，开拓市场。

20. 支持中小企业开拓国际市场。进一步落实出口退税等支持政策，研究完善稳定外需、促进外贸发展的相关政策措施，稳定和开拓国际市场。充分发挥中小企业国际市场开拓资金和出口信用保险的作用，加大优惠出口信贷对中小企业的支持力度。鼓励支持有条件的中小企业到境外开展并购等投资业务，收购技术和品牌，带动产品和服务出口。

21. 支持中小企业提高自身市场开拓能力。引导中小企业加强市场分析预测，把握市场机遇，增强质量、品牌和营销意识，改善售后服务，提高市场竞争力。提升和改造商贸流通业，推广连锁经营、特许经营等现代经营方式和新型业态，帮助和鼓励中小企业采用电子商务，降低市场开拓成本。支持餐饮、旅游、休闲、家政、物业、社区服务等行业拓展服务领域，创新服务方式，促进扩大消费。

六、努力改进对中小企业的服务

22. 加快推进中小企业服务体系建设。加强统筹规划，完善服务网络和服务设施，积极培育各级中小企业综合服务机构。通过资格认定、业务委托、奖励等方式，发挥工商联以及行业协会（商会）和综合服务机构的作用，引导和带动专业服务机构的发展。建立和完善财政补助机制，支持服务机构开展信息、培训、技术、创业、质量检验、企业管理等服务。

23. 加快中小企业公共服务基础设施建设。通过引导社会投资、财政资金支持等多种方式，重点支持在轻工、纺织、电子信息等领域建设一批产品研发、检验检测、技术推广等公共服务平台。支持小企业创业基地建设，改善创业和发展环境。鼓励高等院校、科研院所、企业技术中心开放科技资源，开展共性关键技术研究，提高服务中小企业的水平。完善中小企业信息服务网络，加快发展政策解读、技术推广、人才交流、业务培训和市场营销等重点信息服务。

24.完善政府对中小企业的服务。深化行政审批制度改革，全面清理并进一步减少、合并行政审批事项，实现审批内容、标准和程序的公开化、规范化。投资、工商、税务、质检、环保等部门要简化程序、缩短时限、提高效率，为中小企业设立、生产经营等提供便捷服务。地方各级政府在制定和实施土地利用总体规划和年度计划时，要统筹考虑中小企业投资项目用地需求，合理安排用地指标。

七、提高中小企业经营管理水平

25.引导和支持中小企业加强管理。支持培育中小企业管理咨询机构，开展管理咨询活动。引导中小企业加强基础管理，强化营销和风险管理，完善治理结构，推进管理创新，提高经营管理水平。督促中小企业苦练内功、降本增效，严格遵守安全、环保、质量、卫生、劳动保障等法律法规，诚实守信经营，履行社会责任。

26.大力开展对中小企业各类人员的培训。实施中小企业银河培训工程，加大财政支持力度，充分发挥行业协会（商会）、中小企业培训机构的作用，广泛采用网络技术等手段，开展政策法规、企业管理、市场营销、专业技能、客户服务等各类培训。高度重视对企业经营管理者的培训，在3年内选择100万家成长型中小企业，对其经营管理者实施全面培训。

27.加快推进中小企业信息化。继续实施中小企业信息化推进工程，加快推进重点区域中小企业信息化试点，引导中小企业利用信息技术提高研发、管理、制造和服务水平，提高市场营销和售后服务能力。鼓励信息技术企业开发和搭建行业应用平台，为中小企业信息化提供软硬件工具、项目外包、工业设计等社会化服务。

八、加强对中小企业工作的领导

28.加强指导协调。成立国务院促进中小企业发展工作领导小组，加强对中小企业工作的统筹规划、组织领导和政策协调，领导小组办公室设在工业和信息化部。各地可根据工作需要，建立相应的组织机构和工作机制。

29.建立中小企业统计监测制度。统计部门要建立和完善对中小企业的分类统计、监测、分析和发布制度，加强对规模以下企业的统计分析工作。有关部门要及时向社会公开发布发展规划、产业政策、行业动态等信息，逐步建立中小企业市场监测、风险防范和预警机制。

促进中小企业健康发展既是一项长期战略任务，也是当前保增长、扩内需、调结构、促发展、惠民生的紧迫任务。各地区、各有关部门要进一步提高认识，统一思想，结合实际，尽快制定贯彻本意见的具体办法，并切实抓好落实。

国务院

二〇〇九年九月十九日

国务院办公厅关于促进房地产市场健康发展的若干意见

国办发〔2008〕131号

各省、自治区、直辖市人民政府，国务院各部委、各直属机构：

为贯彻落实党中央、国务院关于进一步扩大内需、促进经济平稳较快增长的决策部署，加大保障性住房建设力度，进一步改善人民群众的居住条件，促进房地产市场健康发展，经国务院同意，现提出以下意见：

一、加大保障性住房建设力度

1. 争取用3年时间基本解决城市低收入住房困难家庭住房及棚户区改造问题。一是通过加大廉租住房建设力度和实施城市棚户区（危旧房、筒子楼）改造等方式，解决城市低收入住房困难家庭的住房问题。二是加快实施国有林区、垦区、中西部地区中央下放地方煤矿的棚户区和采煤沉陷区民房搬迁维修改造工程，解决棚户区住房困难家庭的住房问题。三是加强经济适用住房建设，各地从实际情况出发，增加经济适用住房供给。

2009年是加快保障性住房建设的关键一年。主要以实物方式，结合发放租赁补贴，解决260万户城市低收入住房困难家庭的住房问题；解决80万户林区、垦区、煤矿等棚户区居民住房的搬迁维修改造问题。在此基础上再用两年时间，解决487万户城市低收入住房困难家庭和160万户林区、垦区、煤矿等棚户区居民的住房问题。到2011年年底，基本解决747万户现有城市低收入住房困难家庭的住房问题，基本解决240万户现有林区、垦区、煤矿等棚户区居民住房的搬迁维修改造问题。2009年到2011年，全国平均每年新增130万套经济适用住房。

在加大保障性住房建设力度的同时，积极推进农村危房改造，国家加大支持力度。住房城乡建设部等有关部门要抓紧制定规划。

2. 多渠道筹集建设资金。中央加大对廉租住房建设和棚户区改造的投资支持力度，对中西部地区适当提高补助标准。地方各级人民政府也要相应加大投入力度，按照国家的有关规定，多渠道筹集建设资金，增加保障性住房供给。对符合贷款条件的保障性住房建设项目，商业银行要加大信贷支持力度。同时，地方各级人民政府要确保保障性住房建设用地供应。

3. 开展住房公积金用于住房建设的试点。为拓宽保障性住房建设资金来源，充分发挥住房公积金的使用效益，选择部分有条件的地区进行试点，在确保资金安全的前提下，将本地区部分住房公积金闲置资金补充用于经济适用住房等住房建设。住房城乡建设部要会同有关部门抓紧制定试点方案。

二、进一步鼓励普通商品住房消费

4. 加大对自住型和改善型住房消费的信贷支持力度。在落实居民首次贷款购买普通自住房，享受贷款利率和首付款比例优惠政策的同时，对已贷款购买一套住房，但人均住房面积低于当地平均水平，再申请贷款购买第二套用于改善居住条件的普通自住房的居民，可比照执行首次贷款购买普通自住房的优惠政策。对其他贷款购买第二套及以上住房的，贷款利率等由商业银行在基准利率基础上按风险合理确定。

5. 对住房转让环节营业税暂定一年实行减免政策。将现行个人购买普通住房超过5年（含5年）转让免征营业税，改为超过2年（含2年）转让免征营业税；将个人购买普通住房不足2年转让的，由按其转让收入全额征收营业税，改为按其转让收入减去购买住房原价的差额征收营业税。

将现行个人购买非普通住房超过5年（含5年）转让按其转让收入减去购买住房原价的差额征收营业税，改为超过2年（含2年）转让按其转让收入减去购买住房原价的差额征收营业税；个人购买非普通住房不足2年转让的，仍按其转让收入全额征收营业税。

以上政策暂定执行至2009年12月31日。

三、支持房地产开发企业积极应对市场变化

6. 引导房地产开发企业积极应对市场变化。房地产开发企业要根据市场变化和需求，主动采取措施，以合理的价格促进商品住房销售。地方各级人民政府要做好2008年年底前房地产项目工程款结算、农民工工资发放等工作的监督检查。对于房地产开发企业调整住房销售价格过程中出现的纠纷，要努力做好化解工作，引导当事人依据合同约定通过法律途径解决。

7. 支持房地产开发企业合理的融资需求。商业银行要根据信贷原则和监管要求，加大对中低价位、中小套型普通商品住房建设特别是在建项目的信贷支持力度；对有实力有信誉的房地产开发企业兼并重组有关企业或项目，提供融资支持和相关金融服务。支持资信条件较好的企业经批准发行企业债券，开展房地产投资信托基金试点，拓宽直接融资渠道。

8. 取消城市房地产税。为进一步公平税负，完善房地产税收制度，按照法定程序取消城市房地产税，内外资企业和个人统一适用《中华人民共和国房产税暂行条例》。

四、强化地方人民政府稳定房地产市场的职责

9. 落实地方人民政府稳定房地产市场的职责。稳

定房地产市场实行由省级人民政府负总责，市、县人民政府抓落实的工作责任制。各地区在执行中央统一政策的前提下，可以结合当地实际，进一步采取加大保障性住房建设力度、鼓励住房合理消费、促进房地产市场健康发展的政策措施。廉租住房建设以配建为主。要科学合理地确定土地供应总量、结构、布局和时序，保证房地产开发用地供应的持续和稳定。依法做好拆迁管理工作。严格建设程序管理，确保工程质量。

10. 因地制宜解决其他住房困难群体住房问题。在坚持住房市场化和对低收入住房困难家庭实行住房保障的同时，对不符合廉租住房和经济适用住房供应条件，又无力购买普通商品住房的家庭，要从当地实际出发，采取发展租赁住房等多种方式，因地制宜解决其住房问题。

五、加强房地产市场监测

11. 继续加强房地产市场监测分析。各地区、各有关部门要建立健全房地产市场信息系统和统计制度，完善市场监测分析机制，准确把握房地产市场走势，及时发现市场运行中的新情况、新问题，提高调控措施的预见性、针对性和有效性。房地产市场各地情况不同、差异较大，要加强分类指导，并注意总结和推广各地好的经验和做法。

12. 加强监督检查。国务院有关部门要按照各自职责，抓好加快保障性住房建设和促进房地产市场健康发展有关政策措施的落实和监督检查工作。住房城乡建设部要会同有关部门，加强对国家补助资金使用和建设工程质量的监督检查，特别要加强对棚户区改造工作的监督指导，确保改造工作顺利进行。

六、积极营造良好的舆论氛围

13. 坚持正确的舆论导向。要以加快保障性住房建设，鼓励住房合理消费，促进房地产市场健康发展为基调，大力宣传中央出台的各项政策措施及其成效，着力稳定市场信心。对各种散布虚假信息、扰乱市场秩序的行为要严肃查处。同时，要加强市场经济条件下风险意识的宣传和教育工作。

国务院办公厅

二〇〇八年十二月二十日

促进生物产业加快发展的若干政策

国办发〔2009〕45号

加快培育生物产业，是我国在新世纪把握新科技革命战略机遇、全面建设创新型国家的重大举措。为贯彻落实《国家中长期科学和技术发展规划纲要（2006-2020年）》和《生物产业发展“十一五”规划》，加快把生物产业培育成为高技术领域的支柱产业和国家的战略性新兴产业，特制定本政策。

一、政策目标

1. 引导技术、人才、资金等资源向生物产业集聚，促进生物技术创新与产业化，加速生物产业规模化、集聚化和国际化发展。

2. 建立以企业为主体、市场为导向、产学研相结合的产业技术创新体系，造就高素质人才队伍，增强自主创新能力，掌握一批拥有自主知识产权的重要生物技术、产品和标准。

3. 培育若干个跨国经营的大型生物企业和一大批拥有自主知识产权的创新型中小生物企业，形成若干个产业集聚度高、核心竞争力强、专业化分工特色显著的生物产业基地。

4. 加强生物技术专利保护和物种种质资源保护，提高种质资源开发、利用水平，保障生物安全。

二、现代生物产业发展重点领域

5. 生物医药领域。重点发展预防和诊断严重威胁我国人民群众生命健康的重大传染病的新型疫苗和诊断试剂。积极研发对治疗常见病和重大疾病具有显著疗效的生物技术药物、小分子药物和现代中药。加快发展生物医学材料、组织工程和人工器官、临床诊断治疗康复设备。推进生物医药研发外包。

6. 生物农业领域。重点发展优质、高产、高效、多抗的农业、林业新品种和野生动植物繁育种源。大力发展生物农药、生物饲料及饲料添加剂、生物肥料、植物生长调节剂、动物疫苗、诊断试剂、现代兽用中药、生物兽药、生物渔药、微生物全降解农用薄膜等绿色农用生物制品，推进动植物生物反应器的产业化开发，促进高效绿色农业的发展。开发具有抗病和促进生长功能的微生物药品及其他生物制剂，保护和改善水域生态环境，发展健康养殖。

7. 生物能源领域。加快培育速生、高含油、高热值、高产专用能源植物品种，合理利用荒山荒地，推进规模化、基地化种植；积极开展以甜高粱、薯类、小桐子、黄连木、光皮树、文冠果以及植物纤维等非粮食作物为原料的液体燃料生产试点，推动生物柴油、集中式生物燃气、生物质发电、生物质致密成型燃料等生物能源的发展。

8. 生物制造领域。加快推进生物基高分子新材料、生物基绿色化学品、糖工程产品规模化发展。支持农产品精深加工和食品生物制造技术、装备、工艺流程的研发及规模化生产。开发新型酶制剂，发展生物漂白、生物制浆、生物制革和生物脱硫等清洁生产工艺，加快生物制造技术推广应用，降低物耗、能耗和污染。

9.生物环保领域。重点发展高性能水处理絮凝剂、混凝剂、杀菌剂及生物填料等生物技术产品，鼓励废水处理、垃圾处理、生态修复生物技术产品的研究和产业化。支持荒漠化防治、盐碱地治理、水域生态修复、抗重金属污染、超富集植物等新产品的生产和使用。

三、发展壮大生物企业

10. 培育具有较强创新能力和国际竞争力的龙头企业。鼓励龙头企业加强研发能力建设，积极开展技术引进、跨国经营等活动。推动生物企业间、生物企业与科研机构间的合作与重组，扩大企业规模，增强企业实力。

11. 鼓励和促进中小生物企业发展。对新创办的生物企业，在人员聘任、借贷融资、土地等方面给予优先支持。支持建立一批生物企业孵化器和留学生创业服务中心。加大科技型中小企业技术创新基金对符合条件的中小生物企业的支持力度。

12. 大力推进生物产业基地发展。鼓励与生物产业相关的企业、人才、资金等向生物产业基地集聚，促进生物产业基地向专业化、特色化、集群化方向发展，形成比较完善的产业链。在基础条件好、创业环境优良的区域，逐步建立若干个国家级生物产业基地。国家在创新能力基础设施、公共服务平台建设以及实施科技计划、高技术产业计划等方面按规定给予重点支持。

13. 积极推进国际合作。鼓励外国企业和个人来华投资生产、设立研发机构和开展委托研究。鼓励和支持具有自主知识产权的生物企业“走出去”，开展产品的国际注册和营销，到境外设立研发机构和投资兴办企业。支持国内机构参与有关国际标准的制（修）订工作，开展生物产业认证认可国际交流。

四、大力促进自主创新

14. 充分发挥企业技术创新主体的作用。鼓励企业加大研发投入，国家通过建立健全产学研结合机制等方式，加大对企业技术创新的支持。加强企业技术中心建设，支持企业设立海外研发中心。支持以产学研联合的方式，吸引社会资金投入，组建若干个具有国际先进水平的生物技术研发机构，提高系统集成和工程化能力。鼓励企业、高校和科研机构共建工程实验室、工程（技术）研究中心、实习实训基地等工程化平台。

15. 加强创新能力基础设施建设。支持各类研究机构、检测机构的科研基础设施建设，在充分整合和利用现有科研基础设施的基础上，形成若干个具有国际先进水平的生物科学研究基地，加强生物科学基础研究和应用技术开发。支持生物技术工程中心、工程实验室、孵化器、产品质检中心等建设。大力推进生物科研基础设施的开放和共享。

16. 切实做好生物技术成果转移服务等工作。加快生物技术知识产权的审查，强化生物技术科研成果的登记和转移工作，完善生物技术成果的评价体系和转让机制。建立健全生物产品认证认可体系，规范生物产业第三方认证等中介机构的发展。

17.加速自主创新成果的产业化。组织实施生物技术产业化专项，大力推进拥有自主知识产权的重大生物技术成果转化，加速规模化生产和应用。积极开展生物产品相关标准的研究制（修）订与实施工作，加强生物标样的研制和产业化。

五、培养高素质人才队伍

18.加强生物科技人才培养。加大高校生物类学科专业建设力度，加强硕士、博士等高级专门人才的培养。在大型企业设立博士后科研工作站，鼓励科研机构、企业与高校联合建立生物技术人才培养基地，加强创新型人才和高级实用型人才培养。鼓励各类职业院校加快培养生物产业发展急需的技能型人才。

19.积极引进优秀生物科技人才。鼓励海外优秀人才回国（来华）创办企业、从事科研教学工作。结合实施国家自主创新战略和科技重大专项，鼓励海外回国（来华）优秀人才按规定申请和承担政府科技计划、基金项目和产业化项目。鼓励国有生物科研机构公开向海内外招聘技术负责人。加大向关键岗位和优秀人才的收入分配倾斜力度，完善技术参股、入股等产权激励机制。

六、加大财税政策支持力度

20.加大对生物技术研发与产业化的投入。各级政府根据财力增长情况，加大对生物技术研发及其产业化的投入，特别要加大对重要生物技术产品研发、产业化示范项目的支持。对完全可降解生物材料和经批准生产的非粮燃料乙醇、生物柴油、生物质热电等重要生物能源产品，国家给予适当支持。鼓励企业、科研机构、高校和个人申请植物新品种、专利、商标等知识产权。

21.建立财政性资金优先采购自主创新生物产品制度。各级国家机关、事业单位和团体组织使用财政性资金采购生物产品的，应优先购买列入政府采购自主创新产品目录中的生物产品。

22.实施税收优惠政策。生物企业为开发新技术、新工艺、新产品发生的研发费用，未形成无形资产计入当期损益的，在按照规定据实扣除的基础上，再按照研发费用的50%加计扣除；形成无形资产的，按照无形资产成本的150%摊销。对被认定为高新技术企业的生物企业，按照税法规定减按15%的税率征收企业所得税。对国家需要重点扶持和鼓励发展的生物农业、生物医药、生物能源、生物基材料等生产企业，进一步完善相关税收政策。

七、积极拓宽融资渠道

23.引导社会资金投向生物产业。鼓励设立、发展生物技术创业投资机构和产业投资基金，鼓励、引导金融机构支持生物产业发展，支持信用担保机构对生物企业提供贷款担保。支持金融机构创新信贷品种，改进金融服务，对符合条件的生物产业发展项目、生物产业基地基础设施提供信贷支持。积极探索利用贴息、小额贷款等方式，加大有效信贷投入。

24.支持生物企业利用资本市场融资。积极支持符合条件的中小生物企业在中小企业板和创业板上市，鼓励符合条件的生物企业在境内外上市筹资。开展生物产业基地内具备条件的生物企业进入证券公司代办系统进行股份转让试点，推进未上市生物企业股权的流通，拓宽创业投资退出渠道。支持符合条件的生物企业发行企业债券、公司债券、短期融资券和中期票据等，开展生物产业基地内企业联合发行企业债券试点。

八、创造良好市场环境

25.培育生物产品市场。扩大医疗保险覆盖范围，规范药品政府采购方式，发展商业健康保险，积极拓展生物医药应用范围。对拥有自主知识产权的生物药品，按照国家有关程序进行评审，符合条件的纳入医疗保险目录。鼓励推广使用农林业良种、生物农药、生物肥料、生物饲料及饲料添加剂、完全可降解生物薄膜等。稳步推进非粮燃料乙醇应用试点，有序开展生物柴油应用试点。规范生物产品市场秩序，依法查处制假售假、商业欺诈等行为。督促指导生物企业加强环境保护，确保污染物排放达标。

26.完善生物产品市场准入政策。按照生物安全审查、评价、认证认可和监管要求，积极推进转基因农产品技术研发与产业化。对生物能源生产、销售依法实行市场准入制度，由国务院有关部门制定完善相关准入条件。进一步加强生物检测实验室的资质认定工作，切实提高实验室检测能力和管理水平。依法完善生物药品审批制度。对涉及国家安全、人体健康安全、动植物安全、环境保护的生物产品和技术，由国务院有关部门依法实施市场准入制度。制定生物产品进出口管理办法，规范生物产品进出口秩序。

27. 加强知识产权的保护。完善生物技术知识产权保护机制，加强生物技术知识产权执法队伍建设，加大对知识产权侵权的惩处力度，依法保障知识产权所有者的权益。

九、强化生物遗传资源保护和生物安全监管

28. 加强生物遗传资源保护。建立健全生物遗传资源保护法律法规体系，建立和完善生物遗传资源获取与惠益分享制度。建立生物遗传资源信息系统，开展生物遗传资源调查、评价。加强人类遗传资源库和物种种质资源库（圃）及保护场（区）、原生境保护点、试验基地、管理体系建设。组织实施野生动植物种质资源保护工程，收集和保护濒危稀缺等重要生物资源。建立健全生物遗传资源出入境查验体系，加强对生物遗传资源出入境的监管。

29. 加强生物安全管理。认真履行生物安全有关国际公约，依据有关法律法规健全生物安全特别是转基因生物安全技术标准、安全评价、检测监测和监督管理体系，提高安全监管能力。加强防范外来有害生物入侵的防御体系建设，完善进境生物安全防范体系，防范转基因生物、微生物菌剂非法越境转移和无意越境转移。依法限制或禁止影响国家安全或公共利益的生物技术和产品进出口。建立健全生物安全风险分析和信息交换机制，强化风险预警和应急反应机制，提高防范与应对外来有害生物入侵、生物恐怖袭击的能力。加强实验室生物安全监督管理，健全实验室生物安全体系，保护实验室工作人员和公众安全。

30. 加强生命科学、生物技术知识和有关法律法规的宣传普及工作。引导社会公众树立正确的生物安全意识，营造发展生物产业的良好社会环境。

31. 加强生物研究伦理审查。积极开展生物伦理研究，遵循国际通行的生物伦理规范，建立健全医学、农业等领域生命科学研究伦理审查、监督制度。

十、加强组织领导

32. 建立健全工作机制。建立国家促进生物产业发展部际协调机制，统筹协调生物产业发展的重大问题。成立国家生物产业发展专家咨询委员会，对产业发展重大问题开展咨询研究。积极发挥行业协会桥梁和纽带作用，推动国际交流与合作，强化行业自律。

33. 本政策自发布之日起实施。国务院有关部门要依据本政策制定配套政策措施，各省、自治区、直辖市人民政府要结合本地实际，制定具体方案并抓好落实。

国务院关于加快发展旅游业的意见

国发〔2009〕41号

各省、自治区、直辖市人民政府，国务院各部委、各直属机构：

旅游业是战略性产业，资源消耗低，带动系数大，就业机会多，综合效益好。改革开放以来，我国旅游业快速发展，产业规模不断扩大，产业体系日趋完善。当前我国正处于工业化、城镇化快速发展时期，日益增长的大众化、多样化消费需求为旅游业发展提供了新的机遇。为充分发挥旅游业在保增长、扩内需、调结构等方面的积极作用，现就加快发展旅游业提出如下意见：

一、总体要求

1. 指导思想。以邓小平理论和“三个代表”重要

思想为指导，深入贯彻落实科学发展观，进一步解放思想，深化改革开放，加强统筹协调，转变发展方式，提升发展质量，把旅游业培育成国民经济的战略性支柱产业和人民群众更加满意的现代服务业。

2.基本原则。坚持改革开放，破除体制机制性障碍，充分发挥市场配置资源的基础性作用，走内涵式发展道路，实现速度、结构、质量、效益相统一；坚持以人为本，安全第一，寓管理于服务之中，不断满足人民群众日益增长的旅游消费需求；坚持以国内旅游为重点，积极发展入境旅游，有序发展出境旅游；坚持因地制宜，突出优势，推动各地旅游业特色化发展；坚持节能环保，合理利用资源，实现旅游业可持续发展。

3.发展目标。到2015年，旅游市场规模进一步扩大，国内旅游人数达33亿人次，年均增长10%；入境过夜游客人数达9000万人次，年均增长8%；出境旅游人数达8300万人次，年均增长9%。旅游消费稳步增长，城乡居民年均出游超过2次，旅游消费相当于居民消费总量的10%。经济社会效益更加明显，旅游业总收入年均增长12%以上，旅游业增加值占全国GDP的比重提高到4.5%，占服务业增加值的比重达到12%。每年新增旅游就业50万人。旅游服务质量明显提高，市场秩序明显好转，可持续发展能力明显增强，力争到2020年我国旅游产业规模、质量、效益基本达到世界旅游强国水平。

二、主要任务

4.深化旅游业改革开放。放宽旅游市场准入，打破行业、地区壁垒，简化审批手续，鼓励社会资本公平参与旅游业发展，鼓励各种所有制企业依法投资旅游产业。推进国有旅游企业改组改制，支持民营和中小旅游企业发展，支持各类企业跨行业、跨地区、跨所有制兼并重组，培育一批具有竞争力的大型旅游企业集团。积极引进外资旅游企业。在试点的基础上，逐步对外商投资旅行社开放经营中国公民出境旅游业务。支持有条件的旅游企业"走出去"。要按照统筹协调、形成合力的要求，创新体制机制，推进旅游管理体制改革。支持各地开展旅游综合改革和专项改革试点，鼓励有条件的地方探索旅游资源一体化管理。旅游行政管理及相关部门要加快职能转变，把应当由企业、行业协会和中介组织承担的职能和机构转移出去。五年内，各级各类旅游行业协会的人员和财务关系要与旅游行政管理等部门脱钩。

5.优化旅游消费环境。逐步建立以游客评价为主的旅游目的地评价机制。景区门票价格调整要提前半年向社会公布，所有旅游收费均应按规定向社会公示。全面落实旅游景区对老年人和学生等特殊人群门票优惠政策。增加旅游目的地与主要客源地间的航线航班、旅游列车，完善旅客列车车票的预售和异地购票办法。城市公交服务网络要逐步延伸到周边主要景区和乡村旅游点，公路服务区要拓展旅游服务功能。进一步完善自驾车旅游服务体系。规范引导自发性旅游活动。博物馆、金融服务网点、邮政服务网点等在旅游旺季应适当延长开放和服务时间。各类经营场所的公用厕所要对游客开放。建立健全旅游信息服务平台，促进旅游信息资源共享。广播、电视、报刊、网站等公共媒体要积极开设旅游栏目，加大旅游公益宣传力度。

6.倡导文明健康的旅游方式。在全社会大力倡导健康旅游、文明旅游、绿色旅游，使城乡居民在旅游活动中增长知识、开阔视野、陶冶情操。景区景点、宾馆饭店和旅行社等旅游企业要通过多种形式，引导每一位旅游者自觉按照《中国公民国内旅游文明行为公约》和《中国公民出境旅游文明行为指南》文明出行、文明消费。旅游者要尊重自然，尊重当地文化，尊重服务者，抵制不良风气，摒弃不文明行为。出境旅游者要维护良好的对外形象，做传播中华文明的使者。

7.加快旅游基础设施建设。重点建设旅游道路、景区停车场、游客服务中心、旅游安全以及资源环境保护等基础设施。实施旅游厕所改扩建工程。加强主要景区连接交通干线的旅游公路建设。规划建设水路客运码头要充分考虑旅游业发展需求。加快推进中西部支线机场建设，完善旅游航线网络。确保景区和交通沿线通信顺畅。加强重点城市游客集散中心建设。力争通过五年努力，全国所有A级景区旅游交通基本畅通，旅游标识系统基本完善，旅游厕所基本达标，景区停车场基本满足需要。

8.推动旅游产品多样化发展。实施乡村旅游富民工程。开展各具特色的农业观光和体验性旅游活动。在妥善保护自然生态、原居环境和历史文化遗存的前提下，合理利用民族村寨、古村古镇，建设特色景观旅游村镇，规范发展"农家乐"、休闲农庄等旅游产品。依托国家级文化、自然遗产地，打造有代表性的精品景区。积极发展休闲度假旅游，引导城市周边休闲度假带建设。有序推进国家旅游度假区发展。规范发展高尔夫球场、大型主题公园等。继续发展红色旅游。

9.培育新的旅游消费热点。大力推进旅游与文化、体育、农业、工业、林业、商业、水利、地质、海洋、环保、气象等相关产业和行业的融合发展。支持有条件的地区发展生态旅游、森林旅游、商务旅游、体育旅游、工业旅游、医疗健康旅游、邮轮游艇旅游。把旅游房车、邮轮游艇、景区索道、游乐设施和数字导览设施等旅游装备制造业纳入国家鼓励类产业目录，大力培育发展具有自主知识产权的休闲、登山、滑雪、潜水、露营、探险、高尔夫等各类户外活动用品及宾馆饭店专用产品。大力发展旅游购物，提高旅游商品、旅游纪念品在旅游消费中的比重。以大型国际展会、重要文化活动和体育赛事为平台，培育新的旅游消费热点，特别要抓住举办2010年上海世界博览会的机遇，扩大旅游消费。

10.提高旅游服务水平。以游客满意度为基准，全面实施《旅游服务质量提升纲要》。以人性化服务为方向，提升从业人员服务意识和服务水平。以品牌化为导向，鼓励专业化旅游管理公司推进品牌连锁，促进旅游服务创新。以标准化为手段，健全旅游标准体系，抓紧制定并实施旅游环境卫生、旅游安全、节能环保等标准，重点保障餐饮、住宿、厕所的卫生质量。以信息化为主要途径，提高旅游服务效率。积极开展旅游在线服务、网络营销、网络预订和网上支付，充分利用社会资源构建旅游数据中心、呼叫中心，全面提升旅游企业、景区和重点旅游城市的旅游信息化服务水平。

11.丰富旅游文化内涵。把提升文化内涵贯穿到吃住行游购娱各环节和旅游业发展全过程。旅游开发建设要加强自然文化遗产保护，深挖文化内涵，普及科学知识。旅游商品要提高文化创意水平，旅游餐饮要突出文化特色，旅游经营服务要体现人文特质。要发挥文化资源优势，推出具有地方特色和民族特色的演艺、节庆等文化旅游产品。充分利用博物馆、纪念馆、体育场馆等设施，开展多种形式的文体旅游活动。集中力量塑造中国国家旅游整体形象，提升文化软实力。

12.推进节能环保。实施旅游节能节水减排工程。支持宾馆饭店、景区景点、乡村旅游经营户和其他旅游经营单位积极利用新能源新材料，广泛运用节能节水减排技术，实行合同能源管理，实施高效照明改造，减少温室气体排放，积极发展循环经济，创建绿色环保企业。五年内将星级饭店、A级景区用水用电量降低20%。合理确定景区游客容量，严格执行旅游项目环境影响评价制度，加强水资源保护和水土保持。倡导低碳旅游方式。

13.促进区域旅游协调发展。中西部和边疆民族地区要利用自然、人文旅游资源，培育特色优势产业。东部发达地区、东北等老工业基地要通过经济结构调整，提升旅游发展水平。有序推进香格里拉、丝绸之路、长江三峡、青藏铁路沿线和东北老工业基地、环渤海地区、长江中下游地区、黄河中下游地区、泛珠三角地区、海峡西岸、北部湾地区等区域旅游业发展，完善旅游交通、信息和服务网络。积极推动海南国际旅游岛建设。继续促进内地居民赴香港、澳门旅游。加强海峡两岸旅游交流与合作。

三、保障措施

14.加强规划和法制建设。制定全国旅游业发展规划。旅游基础设施和重点旅游项目建设要纳入国民经济和社会发展规划。编制和调整城市总体规划、土地利用规划、海洋功能区划、基础设施规划、村镇规划要充分考虑旅游业发展需要。制定国民旅游休闲纲要。设立“中国旅游日”。落实带薪休假制度。抓紧旅游综合立法，加快制定旅游市场监管、资源保护、从业规范等专项法规，不断完善相关法律法规。

15.加强旅游市场监管和诚信建设。落实地方政府、经营主体、相关部门的监管责任。健全旅游监管体系，完善旅游质量监管机构，加强旅游服务质量监督管理和旅游投诉处理。旅游、工商、公安、商务、卫生、质检、价格等部门要加强联合执法，开展打击非法从事旅游经营活动，整治“零负团费”、虚假广告、强迫或变相强迫消费等欺诈行为，维护游客合法权益。加强旅游诚信体系建设，开展诚信旅游创建活动，制订旅游从业人员诚信服务准则，建立旅行社、旅游购物店信用等级制度。发挥旅游行业协会的作用，提高行业自律水平。

16.加强旅游从业人员素质建设。整合旅游教育资源，加强学科建设，优化专业设置，深化专业教学改革，大力发展旅游职业教育，提高旅游教育水平。建立和完善旅游职业资格和职称制度，健全职业技能鉴定体系，培育职业经理人市场。抓紧改革完善导游等级制度，提高导游人员专业素质和能力，鼓励专业技术人员特别是离退休老专家、老教师从事导游工作。实施全国旅游培训计划，加强对红色旅游、乡村旅游和文化遗产旅游从业人员培训，五年内完成对旅游企业全部中高级管理人员和导游人员的分级分类培训。

17. 加强旅游安全保障体系建设。以旅游交通、旅游设施、旅游餐饮安全为重点，严格安全标准，完善安全设施，加强安全检查，落实安全责任，消除安全隐患，建立健全旅游安全保障机制。严格执行安全事故报告制度和重大责任追究制度。完善旅游安全提示预警制度，重点旅游地区要建立旅游专业气象、地质灾害、生态环境等监测和预报预警系统。防止重大突发疫情通过旅行途径扩散。推动建立旅游紧急救援体系，完善应急处置机制，健全出境游客紧急救助机制，增强应急处置能力。搞好旅游保险服务，增加保险品种，扩大投保范围，提高理赔效率。

18. 加大政府投入。地方各级政府要加大对旅游基础设施建设的投入。各级财政要加大对旅游宣传推广、人才培训、公共服务的支持力度。中央政府投资重点支持中西部地区重点景区、红色旅游、乡村旅游等的基础设施建设。国家旅游发展基金重点用于国家旅游形象宣传、规划编制、人才培训、旅游公共服务体系建设等。安排中央财政促进服务业发展专项资金、扶持中小企业发展专项资金、外贸发展基金以及节能减排专项资金时，要对符合条件的旅游企业给予支持。要把旅游促进就业纳入就业发展规划和职业培训计划，落实好相关扶持政策。完善“家电下乡”政策，支持从事“农家乐”等乡村旅游的农民批量购买家电产品和汽车摩托车。

19. 加大金融支持。对符合旅游市场准入条件和信贷原则的旅游企业和旅游项目，要加大多种形式的融资授信支持，合理确定贷款期限和贷款利率。符合条件的旅游企业可享受中小企业贷款优惠政策。对有资源优势和市场潜力但暂时经营困难的旅游企业，金融机构要按规定积极给予信贷支持。进一步完善旅游企业融资担保等信用增强体系，加大各类信用担保机构对旅游企业和旅游项目的担保力度。拓宽旅游企业融资渠道，金融机构对商业性开发景区可以开办依托景区经营权和门票收入等质押贷款业务。鼓励中小旅游企业和乡村旅游经营户以互助联保方式实现小额融资。支持符合条件的旅游企业发行短期融资券、企业债券和中期票据，积极鼓励符合条件的旅游企业在中小企业板和创业板上市融资。鼓励消费金融公司在试点过程中积极提供旅游消费信贷服务。积极推进金融机构和旅游企业开展多种方式的业务合作，探索开发适合旅游消费需要的金融产品，增强银行卡的旅游服务功能。

20. 完善配套政策和措施。落实宾馆饭店与一般工业企业同等的用水、用电、用气价格政策。允许旅行社参与政府采购和服务外包。旅行社按营业收入缴纳的各种收费，计征基数应扣除各类代收服务费。排放污染物达到国家标准或地方标准并已进入城市污水处理管网的旅游企业，缴纳污水处理费后，免征排污费。旅游企业用于宣传促销的费用依法纳入企业经营成本。鼓励银行卡收费对旅行社、景区售票商户参照超市和加油站档次进行计费，进一步研究适当降低对宾馆饭店的收费标准。年度土地供应要适当增加旅游业发展用地。积极支持利用荒地、荒坡、荒滩、垃圾场、废弃矿山、边远海岛和可以开发利用的石漠化土地等开发旅游项目。支持企事业单位利用存量房产、土地资源兴办旅游业。

各地区、各有关部门要提高对加快发展旅游业重要意义的认识，强化大旅游和综合性产业观念，把旅游业作为新兴产业和新的经济增长点加以培育、重点扶持，切实抓好本意见的贯彻落实。国家发展改革委负责综合协调，国家旅游局会同有关部门进行业务指导并对本意见的贯彻执行情况开展督促检查。各级旅游行政管理及相关部门要充分发挥职能优势，加强协调配合，推动旅游业又好又快发展。

国务院

二○○九年十二月一日

关于大力发展旅游业促进就业的指导意见

发改就业〔2008〕2215号

旅游业是国民经济的重要产业，是扩大就业的重要渠道。随着人民生活水平不断提高，旅游消费需求迅速增长，旅游就业发展空间广阔。但是，目前旅游就业还存在一些薄弱环节，就业增长与产业发展不协调、从业人员素质不高、公共服务和政策引导不到位等问题仍然存在，必须采取有效措施加以解决。根据党的十七大关于实施扩大就业发展战略的目标要求，为贯彻落实《国务院关于做好促进就业工作的通知》（国发〔2008〕5号）精神，进一步发展旅游业促进就业，经国务院同意，现提出以下意见：

一、指导思想、总体目标与基本原则

（一）指导思想

以党的十七大精神为指导，按照科学发展观和全面建设小康社会的总体要求，围绕建设世界旅游强国，在切实保护生态环境、耕地资源、文化自然遗产和旅游资源前提下，加快旅游经济发展。通过建立和完善发展旅游业促进就业的政策体系，广开就业渠道，优化就业结构，完善就业服务，强化就业管理，以旅游产业的发展推动就业增长，支持实施扩大就业的发展战略。

（二）总体目标

在国家产业政策和就业政策指导下，到2015年，建立健全与就业形势相协调的旅游产业体系和政策支撑体系；建立和完善适应旅游业特点的劳动用工管理、公共就业服务、人力资源开发制度，形成就业与产业协调发展的机制；旅游就业规模不断扩大，从目前的6000万人增加到1亿人左右。

（三）基本原则

坚持以市场为导向。充分发挥市场和企业在发展旅游业促进就业中的主体作用和基础性作用，调动各方面积极性。发挥政府的引导作用，整合现有资源。

坚持因地制宜和分类指导。从实际出发，发挥不同地区的优势，开发适应市场需求的旅游产品。加大对欠发达地区和就业困难人员的扶持力度。

坚持可持续发展。产业发展要与保护资源环境相结合，促进旅游产业和扩大就业的可持续发展。

坚持改革和创新。深化体制改革，探索和建立适应旅游业发展特点的就业管理体制和机制。

二、主要任务

1.加快发展旅游产业，扩大旅游就业规模。努力保持旅游业持续快速增长，进一步发挥旅游业在国民经济中的重要作用，以产业发展带动就业增长。加快完善旅游产业体系，推进旅游要素体系、旅游目的地体系、旅游产品体系、旅游安全与质量保障体系建设。鼓励旅游新领域、新业态发展，充分发挥旅游业在休闲产业中的主体作用，加快休闲度假、修学旅游、自驾车旅游、健康旅游、生态旅游、工农业旅游、红色旅游等新产品开发，鼓励开辟交通运输旅游航线，大力培育旅游电子商务等新业态。鼓励社会资本投入旅游业，扶持非公有制旅游企业和中小型旅游企业加快发展，培育一批拥有知名品牌、具有较强竞争力的大型旅游企业和企业集团。在国家产业政策鼓励和支持的范围内，建设一批就业容量大、符合市场需求、可持续发展的大型旅游项目。

2.拓展旅游产业链条，优化旅游就业结构。全面推进旅游业转型升级，处理好提升产业素质与扩大产业规模的关系。继续发展旅游住宿、景区、餐饮、旅行社服务和交通服务等相关企业。加快发展旅游商品生产销售、旅游文化娱乐、旅游装备工业等，增加就业比重。提高旅游业创新能力，鼓励创业和发展灵活就业。鼓励发展旅游咨询、规划设计、广告营销等，开发知识技术含量较高的旅游产品与就业岗位。

3.培育规范旅游市场，挖掘旅游就业潜力。深化国家法定节假日制度改革，落实职工带薪年休假制度。鼓励有条件的地区制定国民旅游计划，推动社会公益性场所逐步实行面向全民的票价优惠或免费开放。建立和完善旅游行业诚信体系，加强旅游市场质量规范与管理，充分挖掘旅游市场的就业潜力。鼓励灵活多样的信用消费方式，增设小额外币兑换点，发行便利旅游者的差旅交通卡、游览连锁优惠卡等，推广便利的电子支付手段。积极发展国际旅游市场，加强国际旅游服务，不断提高服务质量，吸引更多的境外游客到国内旅游。

4. 加强人力资源开发，提高旅游就业能力。加大对新成长劳动力、农民工、妇女、贫困地区劳动者和失业人员旅游就业培训力度，对有创业愿望、具备一定创业能力的人员开展创业培训。加快培养中高级人才、复合型人才、技能型人才和急需人才，壮大旅游职业经理人队伍。加强旅游行政、企业、院校骨干人员的教育培训，培养一批与国际接轨的高素质人才。加强对旅游从业人员的培训，规范职业资格认证，健全人才激励机制。整合各类教育资源，鼓励高等学校、中等职业学校和职业培训机构建立教育基地，逐步形成普通教育、职业教育和培训相结合的旅游教育培训体系。鼓励高等学校根据市场需要调整专业方向，提高旅游教育培训的质量与针对性，培育一支多层次多专业的旅游人才队伍。

5. 完善相关配套措施，改善旅游就业环境。把发展旅游业促进就业纳入各地就业发展规划和旅游业发展总体规划，建立和完善旅游就业指标统计制度。深化旅游企业劳动用工和收入分配制度改革，依法规范旅游业从业人员特别是导游人员的劳动用工管理，建立和完善工资形成机制和正常增长机制，规范工资支付方式。加强从业人员社会保障，做好职业指导、信息服务、职业介绍、创业服务等就业服务工作。搭建旅游要素流通平台，促进旅游要素的合理流动和优化配置。进一步消除城乡分割、区域分割和部门分割，发挥市场在劳动力资源配置过程中的基础性作用。

6. 实施就业行动计划，开展旅游就业试点。鼓励各地根据自身实际需要和现实条件，因地制宜制订和实施旅游就业行动计划，重点促进农村劳动力转移就业、大中专毕业生就业、妇女就业、残疾人就业和失业人员就业，制订旅游人力资源开发与教育创新、旅游就业服务与保障、旅游就业国内对口支援与国际合作等行动计划。鼓励各地探索各类旅游就业试点，选择有条件的地方，开展不同领域、层次和形式的试点工作。

三、主要政策措施

1. 加大财税政策支持。县级以上人民政府根据就业状况和就业工作目标，在财政预算中安排专项就业资金用于促进就业。就业专项资金可按规定用于旅游从业人员的职业介绍补贴、职业培训补贴、社会保险补贴、小额贷款贴息等。积极研究完善旅游相关税收政策，认真落实国家促进就业以及鼓励西部地区旅游业发展的税收政策。

2. 加强基础设施建设。加强旅游就业的信息网络、培训基地、服务场所以及旅游景点交通运输等基础设施建设，重点扶持中西部地区、东北等老工业基地和欠发达地区。加强对就业容量大的旅游新领域、新业态的引导，通过多种方式支持拉动就业效果明显的旅游景区发展。鼓励有条件的地方建设一批功能完善、特色突出、就业潜力大的旅游项目和旅游综合服务设施。

3. 完善金融扶持政策。进一步改进金融服务，创新金融产品，完善信贷管理制度，对符合信贷条件的旅游企业或项目提供信贷支持。引导和鼓励民间资本加大对旅游业的投入。拓宽旅游企业融资渠道，进一步加大对符合条件的非公有制旅游企业和中小旅游企业的金融支持。发挥小额担保贷款的积极作用，支持以创业带动就业，促进旅游业加快发展。

4. 积极提供旅游就业援助。对就业困难人员从事旅游业的，可按规定通过贷款贴息、社会保险补贴、岗位补贴等办法，给予扶持和帮助。通过开发公益性旅游服务岗位等多种方式，重点解决就业困难人员就业。鼓励资源开采型城市和独立工矿区因地制宜发展特色旅游产业，引导劳动者转移就业。因资源枯竭或经济结构调整等原因就业困难人员较集中的地区，有条件发展旅游业的，有关部门应当给予必要的扶持和帮助。

四、加强组织实施

国家旅游局、人力资源和社会保障部、国家发展和改革委员会、商务部、财政部、中国人民银行等有关部门要根据职责分工，加强对发展旅游业促进就业工作的组织实施。根据旅游业地域和行业差异大、就业方式灵活多样的实际情况，采取相关措施，明确工作重点，推动旅游就业工作的稳步发展。

各地要进一步强化工作职责，统筹产业政策和就业政策，建立和完善相应制度，形成统一领导、统筹协调、分工协作的工作机制。要抓紧制定贯彻本指导意见的具体办法和实施细则，精心组织、周密部署、扎实推进，确保各项政策措施落到实处。

关于推动产业技术创新战略联盟构建的指导意见

国科发政〔2008〕770号

各省、自治区、直辖市、计划单列市及新疆生产建设兵团科技厅（委、局）、财政厅（局）、教育厅（委、局）、国资委、总工会，国家开发银行各分行、代表处，各有关行业协会，各有关单位：

为深入贯彻落实党的十七大和全国科技大会精神，实施《国家中长期科学和技术发展规划纲要（2006-2020年）》（以下简称《规划纲要》），建立以企业为主体、市场为导向、产学研相结合的技术创新体系，加快提升产业技术创新能力，现就推动产业技术创新战略联盟的构建提出如下意见：

1.充分认识推动产业技术创新战略联盟构建的重要意义。推动产业技术创新战略联盟的构建是加强产学研结合，促进技术创新体系建设的重要举措。党的十七大提出，要加快建立以企业为主体、市场为导向、产学研相结合的技术创新体系，引导和支持创新要素向企业集聚，促进科技成果向现实生产力转化。产业技术创新战略联盟是市场经济条件下产学研结合的新型技术创新组织，有利于提高产学研结合的组织化程度，在战略层面建立持续稳定、有法律保障的合作关系；有利于整合产业技术创新资源，引导创新要素向优势企业集聚；有利于保障科研与生产紧密衔接，实现创新成果的快速产业化；有利于促进技术集成创新，推动产业结构优化升级，提升产业核心竞争力。推进产学研结合工作协调指导小组积极推动和鼓励产业技术创新战略联盟的构建和发展。

2.本《意见》所称的产业技术创新战略联盟（以下简称联盟）是指由企业、大学、科研机构或其他组织机构，以企业的发展需求和各方的共同利益为基础，以提升产业技术创新能力为目标，以具有法律约束力的契约为保障，形成的联合开发、优势互补、利益共享、风险共担的技术创新合作组织。

3.推动联盟构建的指导思想是：以国家战略产业和区域支柱产业的技术创新需求为导向，以形成产业核心竞争力为目标，以企业为主体，围绕产业技术创新链，运用市场机制集聚创新资源，实现企业、大学和科研机构等在战略层面有效结合，共同突破产业发展的技术瓶颈。

4.推动联盟构建要坚持以下基本原则

（1）遵循市场经济规则。要立足于企业创新发展的内在要求和合作各方的共同利益，通过平等协商，建立有法律效力的联盟契约，对联盟成员形成有效的行为约束和利益保护。

（2）体现国家战略目标。要符合《规划纲要》确定的重点领域，符合国家产业政策和节能减排等政策导向，符合提升国家核心竞争力的迫切要求。

（3）满足产业发展需求。要有利于掌握核心技术和自主知识产权，有利于引导创新要素向企业集聚，有利于形成产业技术创新链，有利于促进区域支柱产业的发展。

（4）发挥政府引导作用。要创新政府管理方式，发挥协调引导作用，营造有利的政策和法制环境，围绕经济社会发展的迫切要求推动重点领域联盟的构建。

5.联盟的主要任务是组织企业、大学和科研机构等围绕产业技术创新的关键问题，开展技术合作，突破产业发展的核心技术，形成重要的产业技术标准；建立公共技术平台，实现创新资源的有效分工与合理衔接，实行知识产权共享；实施技术转移，加速科技成果的商业化运用，提升产业整体竞争力；联合培养人才，加强人员的交流互动，为产业持续创新提供人才支撑。

6.鼓励企业、大学和科研机构及其他组织机构按照本《意见》精神，从产业发展的实际需求出发，遵循市场经济规则，积极构建联盟，探索多种、长效、稳定的产学研结合机制。

7. 开展产业技术创新战略联盟试点工作。开展试点工作，支持和鼓励一批重点领域联盟的发展和壮大，对于探索有效的机制和模式、引导联盟的发展具有重要的示范意义。符合本《意见》第八条所列基本条件的联盟可自愿申请参加试点。由推进产学研结合工作协调指导小组办公室负责选择并共同组织推动联盟试点工作。

8. 构建联盟应具备以下基本条件

（1）要由企业、大学和科研机构等多个独立法人组成。企业处于行业骨干地位；大学或科研机构在合作的技术领域具有前沿水平；其他组织机构也可成为联盟成员。

（2）要有具有法律约束力的联盟协议，协议中有明确的技术创新目标，落实成员单位之间的任务分工。联盟协议必须由成员单位法定代表人共同签署生效。

（3）要设立决策、咨询和执行等组织机构，建立有效的决策与执行机制，明确联盟对外承担责任的主体。联盟执行机构应配备专职人员，负责有关日常事务。

（4）要健全经费管理制度。对联盟经费要制定相应的内部管理办法，并建立经费使用的内部监督机制。联盟可委托常设机构的依托单位管理联盟经费，政府资助经费的使用要按照相关规定接受有关部门的监督。

（5）要建立利益保障机制。联盟研发项目产生的成果和知识产权应事先通过协议明确权利归属、许可使用和转化收益分配的办法，要强化违约责任追究，保护联盟成员的合法权益。

（6）要建立开放发展机制。要根据发展需要及时吸收新成员，并积极开展与外部组织的交流与合作。联盟要建立成果扩散机制，对承担政府资助项目形成的成果有向联盟外扩散的义务。

9. 鼓励和支持试点联盟在组织模式、运行机制、发挥行业作用、承担重大产业技术创新任务、落实国家自主创新政策等方面先试先行。充分调动和发挥联盟各方的优势和积极性，形成攻克产业技术难题的合力，使试点联盟为更多联盟的建立和发展创造经验。

10. 积极探索支持联盟构建和发展的有效措施。创新国家科技计划管理方式，把体制机制和资源配置结合起来，引导形成产学研紧密结合的长效机制。国家科技计划按照有关规定支持符合条件的联盟开展重大产业技术创新活动。深化科技金融合作，创新金融产品，探索运用科技贷款、科技担保等金融工具，支持联盟开展技术攻关和成果产业化。

11. 鼓励各有关行业协会围绕本行业的重大技术创新问题，充分发挥组织协调、沟通联络、咨询服务等作用，推动本行业重点领域联盟的构建。

12. 各地方要把推动区域性联盟建设作为加强产学研结合，加快技术创新体系建设的紧迫任务。紧紧围绕本地经济发展规划确定的支柱产业，推动构建区域性联盟，促进区域创新体系建设和经济社会又好又快发展。

科学技术部 财政部 教育部 国务院国资委
中华全国总工会　国家开发银行
二〇〇八年十二月三十日

财政部关于当前应对金融危机加强企业财务管理的若干意见

财企〔2009〕52号

有关中央部门，有关中央管理企业，各省、自治区、直辖市、计划单列市财政厅(局)：

当前，国际金融危机还在扩散和蔓延，对我国实体经济的影响日益加深。部分企业出现生产经营压力加大、库存积压严重、运营资金趋紧、盈利水平下降等突出问题，企业财务风险进一步加大。为应对国际金融危机，党中央、国务院实施积极的财政政策和适度宽松的货币政策，提出“扩内需保增长、调结构上水平、抓改革增活力、重民生促和谐”的宏观调控要求。各级政府陆续出台了财税、金融、产业等一系列政策措施，形成了促进经济平稳较快发展的政策体系。各类企业积极采取应对措施，调整发展战略，改善经营管理，取得了积极成效。但是，我国企业生产经营仍然面临外部环境恶化、投资风险加剧、资产质量下降、财务负担加重等新情况新问题。为提高企业防范和化解财务风险的能力，增强企业发展实力，保持企业平稳健康发展，现就当前进一步加强企业财务管理有关重要事项提出如下意见：

1.充分认识加强企业财务管理的重要意义。随着国际金融危机对我国实体经济影响的不断加深，企业的经营风险最终将转变为财务风险。在应对国际金融危机中，继续保持企业平稳健康发展，提高企业抗风险能力，对于确保我国经济平稳运行、实现中央提出的宏观调控目标具有重要意义。企业财务管理处于企业管理的中心环节，企业经营成果最终都要反映到财务成果上来。因此，越是在特殊困难的时候，越要重视和加强企业财务管理，始终把加强企业财务管理放在更加突出的位置。各类企业应当按照国家统一的财务制度规定，强化财务管理，切实提高企业经营管理水平，有效应对国际金融危机，防范企业财务风险，保持企业和经济平稳健康发展。

2.积极稳妥地推进企业并购重组。并购重组是推进经济结构战略性调整的重要举措，也是企业实施国际化经营的有效途径。在国际金融危机日益加深的形势下，企业既要抓住有利时机，积极参与全球资源配置、实施跨国并购，也要认真贯彻落实国家制定出台的产业调整与振兴规划，按照市场化原则，积极稳妥地开展并购重组工作。应根据企业发展战略、财务状况和风险承受能力，分析研究并购重组的必要性和可行性，避免因盲目扩张造成不必要的损失。树立和强化风险防范意识，按照国家法律法规和企业内部管理制度，严格履行内部决策和审批程序，审慎开展并购重组。加强对被兼并企业的整合力度，优化调整业务流程，扩大并购重组协同效应。开展境外并购重组的企业，要高度关注国际市场汇率变化等经济风险，深入研究被投资国的政治、法律环境及社会状况等因素，规避境外投资风险。

3.切实加强企业金融衍生品投资管理。借鉴和运用金融衍生品工具，是企业积极参与市场竞争、规避市场风险的一个重要手段。在我国经济融入世界经济一体化的形势下，企业应加强对国际国内经济、金融、市场等形势的分析判断，掌握金融创新产品，熟悉市场运行规则，合理运用金融工具，重点加强对金融衍生品投资的管理。重视专业人才的引进和培养，充分发挥专业人才优势，按照市场监管要求开展交易活动，有效控制金融产品投资风险。增强风险防范意识，健全企业内部金融衍生品投资控制制度，完善管理和决策程序，杜绝金融衍生品投机行为。根据企业主营业务发展需要，审慎从事套期保值等金融衍生品投资，合理选择交易品种，控制交易数量和交易期限，严格遵守交易规则，敏锐应对市场变化。要加强外汇资产管理，减少汇兑损失。

4.改进和加强企业对外担保业务管理。国际金融危机的日益加深，使企业开展对外担保业务的风险增大。企业应加强市场调研，了解被担保方企业的生产经营状况，稳妥地开展对外担保业务。按照国家法律法规的规定，建立企业内部担保业务工作规程，加强企业对外担保业务的管理。健全企业担保业务审批管理制度，严格履行审批程序，从严控制企业对外提供担保、抵押、质押等业务。慎重评估被担保方的资产状况及偿债能力，制定完备的风险控制预案，把担保风险控制在最低程度。

5.切实强化企业应收账款和预付账款管理。国际金融危机使我国企业面临的外部环境更加复杂多变，经营风险与财务风险骤增，特别是外贸出口企业面临的经营风险更大。企业应当高度重视应收账款和预付账款管理，强化合同订单管理，提高预收账款比例，减少预付款金额。加强货款回收管理，落实催收责任，提高应收款周转速度。强化应收账款和预付账款风险预警预报，采取必要的保险或再保险办法，降低坏账比例。密切关注进口国政治经济形势，认真研判进口国企业的生产经营状况，适时调整出口策略和方式。重点加强国外客户授信管理，客观评估国外客户信用状况及支付能力，及时调整出口销售结算方式，严格控制因出口带来的坏账风险。

6.着力加强企业成本管理和控制。市场需求萎缩，企业面临营业收入下滑、成本费用刚性支出、盈利能力下降等多重困难。严格控制企业成本，是企业应对国际金融危机冲击的重要举措。进一步优化业务和管理流程，推行全面预算管理，强化各项预算定额和费用标准的约束力。树立过紧日子的思想，强化精细管理，推进挖潜增效，降低企业成本费用水平。重点加强对原材（燃）料及辅助材料的采购管理，妥善处理集中采购与分散采购的关系，努力把原材（燃）料及辅助材料成本控制在预算范围内。大力倡导节俭意识，尽可能减少非生产性支出，努力降低管理费用。规范企业员工薪酬管理制度，合理确定企业管理人员薪酬水平，避免拉大经营管理者与员工之间的薪酬差距。

7. 积极缓解企业库存压力。经济减速和外需乏力是企业库存压力不断加大、严重影响企业正常生产经营的重要因素。应采取综合措施，有效缓解企业库存压力，不断提高企业产销率。坚持以销定产，准确把握产品市场发展态势，加强市场形势预测，科学合理组织生产，适时调整产品结构。对涉及国家战略安全及国计民生的重要物资，要主动配合国家有关部门加大国家及商业收储力度，减轻企业库存压力。充分发挥现有营销网络优势，拓展国际国内营销区域，消除营销盲点，努力扩大区域销售份额，不断提高产品市场占有率。重点加强对发展中国家等新兴市场的开拓力度，培育和发展新的外贸增长点，扩大外贸出口。紧紧抓住家电、汽车下乡等政策机遇，更加重视农村市场开发，完善企业农村市场营销网络体系，努力开辟农村消费市场。

8. 重视加强企业现金流管理。稳定充足的现金流，是企业应对危机、稳健经营、健康发展的重要保证。应全面树立以资金管理为主导的企业财务管理理念，强化现金流管理意识，高度重视企业现金流管理。应妥善处理资金集中管理与分散管理的关系，倡导资金集中管理，降低资金成本，增强资金保障能力。强化资金计划管理，增加现金流入，控制现金流出，保障资金安全。努力缩短资金循环周期，防范资金风险，保障资金运转安全。健全企业现金流管理制度，建立有效的管理信息系统，进一步改进和加强对现金流的动态监控，确保企业资金链不断裂。

9. 调整完善企业财务战略。企业财务战略决定着企业财务管理活动的范围和方向，也是企业开展财务工作的基本纲领。应根据外部经济环境变化及企业发展战略，适时调整企业财务战略，增强企业财务战略的指导性、实效性和约束力。充分发挥企业财务战略的统领作用，科学安排企业年度筹资、投资、经营、收益分配等现金流计划，调整完善企业资本营运、资产管理及收益分配等财务管理事项，推动落实企业发展战略和经营目标，不断提升企业的市场竞争力。

10. 注重加强企业财务风险分析和预测。财务风险分析和预测是企业控制未来财务风险的重要方法，也是企业进行经营决策的重要依据。准确把握宏观经济形势和市场发展变化，高度关注宏观经济运行信息及重要指标，主动调整企业各项财务指标和目标任务，对企业未来财务活动和财务成果作出科学预判，当好企业战略决策的参谋助手。加强经济、财务、市场、政策等信息体系建设，强化财务风险分析和预测与企业发展战略的相互衔接，合理运用财务风险分析和预测方法，提高企业财务管理水平，提升企业的战略决策能力。注重发挥企业财务信息的预警作用，加强企业财务风险监测预警工作，发现重大经营风险或财务风险，要及时向主管财政机关报告。

11. 积极贯彻落实各项财税等政策措施。把加强企业财务管理与落实各项财税政策紧密结合起来，增强应对国际金融危机的能力。认真贯彻中央提出的宏观调控政策，正确运用国家财政、税收、金融等政策手段，有效应对国际金融危机。积极落实国家产业调整与振兴规划，推进企业技术进步和产业升级。充分利用国家节能减排、促进中小企业发展、支持外经贸发展、促进产业技术成果转化等政策措施，积极推进企业转变发展方式，增强发展后劲。积极运用国家科技创新政策，加快企业技术中心或工程中心建设，不断推进企业自主创新，增强核心竞争力。根据国家产业政策和企业发展战略，科学配置企业资本、技术、管理、劳动等生产要素，改造提升企业生产工艺及技术装备，增强企业竞争力。

12. 切实加强企业财务人员队伍建设。拥有一支政治过硬、业务精通的财务人员队伍，对于企业应对当前国际金融危机冲击更加重要。高度重视企业财务人员队伍建设，培养一批懂管理、会算账、善理财的高素质财务工作人员。根据企业发展战略和业务发展需要，研究制订企业财务人员培训规划，结合企业财务工作实际，合理安排企业财务人员培训工作。加大企业财务人员培训力度，重点培训《企业财务通则》、《企业会计准则》、《企业内部控制基本规范》等财务会计制度、财政企业政策及各类税收法律法规，提高财务人员政策水平和业务素质，不断夯实企业财务工作基础。注重学习研究国家宏观经济政策，拓宽企业财务人员视野，充实企业财务人员宏观经济知识，提高企业财务人员综合素质。加强企业财务人员职业道德素质建设，严格遵守国家财经法规制度，增强预防腐败的能力。

财政部

二〇〇九年四月九日

财政部 银监会关于当前应对金融危机加强银行业金融机构财务和风险管理的意见

财金〔2009〕40号

各省、自治区、直辖市、计划单列市财政厅（局），各银监局，各中央管理的银行业金融机构：

为应对国际金融危机，落实党中央、国务院提出“扩内需保增长、调结构上水平、抓改革增活力、重民生促和谐”的宏观调控要求，各有关部门陆续出台了一系列财税、金融、产业等政策措施，形成了促进经济平稳较快发展的政策体系。银行业金融机构积极采取应对措施，调整发展战略，增加信贷投放，加强经营管理，提高服务质量，取得初步成效。为进一步加大金融支持经济发展的力度，提升银行业金融机构防范和化解风险的能力，推动国民经济平稳健康发展，现就加强银行业金融机构财务和风险管理的有关问题提出如下意见：

1.进一步提高金融服务质量，全力支持经济发展。提高服务质量是银行业金融机构应当履行的基本社会责任和义务。银行业金融机构要坚持以科学发展观统领全局，深入贯彻落实党中央、国务院关于进一步扩大内需、促进经济增长的十项措施以及《国务院办公厅关于当前金融促进经济发展的若干意见》（国办发〔2008〕126号）精神，切实加大金融支持经济发展的力度，充分发挥信贷政策的导向功能和支持作用，更好地贯彻落实国家“保增长、扩内需、调结构”的政策要求，全面提升服务国民经济的效率、能力和质量，全力促进经济平稳较快发展。

2.高度关注借款企业财务管理，确保贷款质量稳定。借款企业的财务稳健程度是影响银行业金融机构信贷资金安全的重要因素。银行业金融机构要按照《财政部关于当前应对金融危机加强企业财务管理的若干意见》（财企〔2009〕52号）要求，高度关注借款企业财务管理状况，把借款企业财务管理的各项内容作为贷前调查、贷时审查、贷后检查的条件和标准之一。要高度关注借款企业对外担保以及其他或有负债情况，尤其是关联企业之间相互担保和循环担保，及时调整授信额度和信贷管理策略，防止信贷风险积聚。在开展并购贷款业务时，要按照《商业银行并购贷款风险管理指引》相关规定，认真分析和评估并购贷款风险，避免因企业盲目扩张造成银行信贷资金损失。在目前信贷业务发展较快的特殊时期，更要统筹处理好有效发展和审慎经营的关系，增强对风险的判断和识别能力，确保新发放贷款经得起历史检验。

3.强化内部风险控制，切实防范市场和操作风险。完善的内控体系是有效防范风险的基础。银行业金融机构要全面加强风险管理，加强内控和合规文化建设。要合理配置资产，做好流动性监测和风险预警。要加强对全球主要货币汇率、主要金融市场利率波动的分析研判，加强对持有的外币资产市值变化的评估与监控，及时实施动态操作，有效防范汇率风险。要积极适应国内利率政策的调整，提升利率变化应对能力。要全面加强信息化建设，科学系统规划，提升信息系统风险管理功能，确保信息化建设的协同性和安全性。要进一步完善操作风险管理系统建设，毫不松懈地抓好各类案件防控工作，有效防控各类案件特别是大案要案的发生。

4.及时足额提取拨备，努力化解不良资产。充足的拨备是银行业金融机构抵御风险、稳健经营和促进经济发展的基础。银行业金融机构要严格按照《财政部关于印发〈金融企业呆账准备提取管理办法〉的通知》（财金〔2005〕49号）等财务制度和有关会计准则与监管要求，准确分类和真实反映不良贷款，及时足额计提各项损失准备，提高拨备充足率水平，夯实财务基础。要根据国家有关呆账核销、贷款重组和减免的有关政策，加大不良贷款清收、盘活和核销等处置力度，及时化解不良资产，提高资产质量。

5.审慎开展境外并购，防范境外投资风险。受国际金融危机影响，银行业金融机构境外投资并购面临机遇和挑战。银行业金融机构应在立足境内市场的基础上，审慎实施境外投资并购。要根据银行业金融机构发展战略、财务状况和风险承受能力，分析研究投资并购的必要性和可行性，尤其是要分析并购的协同效应，合理选择投资并购对象，避免因盲目扩张造成不必要的损失。要高度关注国际市场汇率变化等经济指标，深入研究被投资国的政治、法律环境及社会状况等因素，储备专业化并购和管理人才，采取有效风险隔离措施，规避投资并购风险。要按照国家法律法规和企业内部管理制度，严格履行境外投资并购的内部决策和外部审批程序。

6.加强委托代理业务管理，努力降低表外风险。银行业金融机构要高度重视委托代理业务风险，加强委托代理业务管理，认真审查被代理企业风险管理能力、内部控制水平以及内部决策程序，加强售前、售中、售后全过程管理，做到风险可测、成本可算、信息披露充分。要针对在资本市场高点发行的理财产品陆续到期的情况，早做预判、早定预案，切实维护市场声誉和形象，维护金融和社会稳定。要加强对理财产品投资者的宣传和培训，帮助投资者充分掌握有关产品的信息和特点，有效识别和评估潜在风险，避免误导投资者。

7.着力加强成本控制，避免费用刚性增长。银行业金融机构要自觉自律地加强支出管理，合理控制费用支出规模，优化费用支出结构，避免各项费用刚性增长。要深刻认识目前国际国内经济形势的严峻性和复杂性，增强危机意识和忧患意识，共克时艰，避免进一步拉大行业收入水平与社会平均收入水平的差距。要合理控制高管人员薪酬，坚决防止脱离国情、经济形势、行业发展以及企业自身实际发放过高薪酬。要加强对经营管理费用的控制和审查，坚决遏制违规开支和讲排场、摆阔气等奢侈浪费行为。要进一步完善财务制度，严肃财务纪律，加强对各项费用开支的管理，提高资金使用效益，节支增效。

8.加强财务分析与风险预警，提高战略决策能力。财务风险分析和预警是企业控制未来财务风险的重要方法，也是进行经营决策的重要依据。银行业金融机构要准确把握宏观经济形势和市场发展变化，高度关注宏观经济运行信息及重要指标，合理确定各项财务指标和目标任务，科学预判未来财务活动和财务成果。要加强经济、财务、市场、政策等信息体系建设，强化财务风险分析和预警与企业发展战略的相互衔接，合理运用财务风险分析和预测方法，提高财务管理水平，提升战略决策能力。

9.深化公司治理改革，维护出资人权益。公司治理结构是现代企业制度的核心内容。近年来，大型国有银行通过股份制改革和公开发行上市，初步搭建了公司治理架构，但公司治理的理念和实际运作机制需要进一步完善。要坚持以股东利益最大化为核心，不断改进经营管理，切实维护出资人权益，妥善处理好国家、企业、个人之间的利益关系。要按《公司法》要求，在股东大会、董事会、监事会、高级管理层之间建立清晰的职责边界和有效制衡的运作机制。要强化股权董事和独立董事作用，董事会及董事必须切实履行监督职责以及对企业的“忠诚义务”、“看管责任”。要有效发挥监事会的监督作用，加大监事会对董事会及高级管理层的质询和监督力度。

财政部　银监会

二〇〇九年五月二十六日

产业调整振兴规划

中国十大产业振兴规划

2009年1月14日，钢铁和汽车产业振兴规划获国务院常务会议通过；2月4日，纺织工业和装备制造业调整振兴规划也获原则通过；2月11日，国务院审议并原则通过了船舶工业调整振兴规划；2月18日，国务院常务会议审议并通过了电子信息产业振兴规划；2月19日，轻工业和石化产业振兴规划获得通过；2月26日，有色金属和物流业振兴规划也获通过。至此，十大产业调整和振兴规划全部出齐，其实施时间将从2009年至2011年。可以预见，3年的实施将使上市公司中各龙头企业迎来更大的发展机遇。

一、钢铁业：加快淘汰落后产能

主要措施：实施适度灵活的出口税收政策，调整进出口税率，提高部分高端产品的出口退税率，稳定国际市场份额；加大淘汰落后产能力度；发挥大集团的带动作用，推进企业联合重组，培育具有国际竞争力的大型和特大型钢铁集团。

主要影响：政策虽然无法改变目前钢铁行业面临的内外需下降的状态，但是淘汰落后产能和联合重组将会给行业周期性下滑的延缓起到一定的积极作用。从长期来看，大型优势钢企将成为钢铁行业的绝对龙头。

二、汽车业：支持发展自主品牌

主要措施：从2009年1月20日至12月31日，对1.6升及以下排量乘用车减按5%征收车辆购置税。支持大型汽车企业集团进行兼并重组，使大型车企从目前的14家减少到10家以内。今后3年中央安排100亿元专项资金，重点支持企业技术创新、技术改造和新能源汽车及零部件发展。支持汽车生产企业发展自主品牌。

主要影响：减征购置税政策对大多数轿车企业构成利好。专项资金有利于新能源汽车和自主品牌轿车的发展。规划一方面刺激了内需，扩大了小排量汽车销售；另一方面鼓励车企进行研发投入发展自主品牌，这将对我国的汽车企业发展构成长期利好。

三、纺织工业：促进企业由大到强

主要措施：将纺织品服装出口退税率由14%提高至15%。加大对纺织企业技改资金和流动资金贷款支持；鼓励支持中小企业金融服务与担保机构优先向纺织企业提供贷款和担保。在新增中央投资中设立专项，重点支持纺纱织造、印染、化纤等行业技术进步。

主要影响：退税上调短期有助于缓解企业的压力，但难以阻止纺织业出口增速的下降甚至绝对值的下滑。而行业面临的最突出问题是外需不足，在全球需求萎缩的大背景下，规划很难直接和及时地刺激扩大出口。另外，信贷支持的执行仍存疑、专项资金的投资额度不明确，难以在短期内为企业带来盈利能力的明显改善。

四、装备制造：骨干企业联合重组

主要措施：支持装备制造骨干企业进行联合重组；充分利用增值税转型政策，推动企业技术进步；在新增中央投资中安排产业振兴和技术改造专项；建立使用国产首台(套)装备风险补偿机制；增加出口信贷额度，支持装备产品出口；重大工程项目优先采购国内生产设备，国内采购率原则上不低于70%。

主要影响：国家明确支持装备制造骨干企业进行联合重组，相关企业有望通过产业链的整合来进一步扩大自身的实力，细分子行业的龙头企业受益最大。另外，规划中要求提高国产设备采购比例和鼓励采购首台首套国产设备的政策对装备制造业企业，尤其是大型骨干企业意义重大，有助于其市场份额提升及推广。

五、船舶工业：扩大国内市场需求

主要措施：淘汰落后产能。鼓励金融机构加大船舶出口买方信贷资金投放；将现行内销远洋船财政金融支持政策延长到2012年。拟出台单壳油轮和化学品船以及老旧船舶的报废更新政策；提前实施进入中国水域的单壳油轮淘汰政策。

主要影响：中国造船业订单以散货船为主，大约占比70%左右，这项政策将有利于扩大国内船舶市场需求，调整运力结构。而目前全球油轮在手订单实际上已经包含了单壳油轮淘汰所新增需求，因此不会在国际范围产生较大的影响。中国船舶和广船国际的产品基本代表相应领域的国家水平，淘汰落后产能对这两家公司的发展相对有利。

六、电子信息：集中实施六大工程

主要措施：加大投入，集中力量实施集成电路升级、新型显示和彩电工业转型、第三代移动通信产业新跨越、数字电视推广、计算机提升和下一代互联网应用、软件及信息服务培育六大工程，鼓励引导社会资金投向电子信息产业。支持优势企业兼并重组。落实数字电视产业政策，推进“三网融合”。

主要影响：规划对于通讯设备行业（3G及宽带）、电子行业、彩电行业以及软件行业构成利好，同时，将推动国内服务外包需求的成长及对本土基础软件企业需求的增长。

七、轻工业：惠及45个细分行业

主要措施：扩大城乡消费。进一步提高部分轻工产品出口退税率。加大对中小轻工企业的财税和信贷支持。进一步扩大“家电下乡”政策实施力度。加快造纸、家电、塑料等行业的技术改造。增加糖、乳制品、盐、纸浆等产品的收储。

主要影响：轻工业总共涉及大约45个大小行业，预计食品、家电有望成为振兴重点。但是国家政策对于短期行业景气难以起到明显的支撑。“家电下乡”对大家电的需求有直接拉动作用，但是众多外向型经济企业工作的农民工受国际经济恶化影响而返乡，农民购买力(需求)变化制约了“家电下乡”的效果。

八、石化业：控制总量布局产业

主要措施：抓紧落实成品油储备，完善税收政策，增加技改投入，加大对石化企业的信贷支持。扩建产能，调整化肥农药生产结构，抓紧组织实施在建炼油、乙烯重大项目，扶植高附加值化工产品等。

主要影响：振兴计划旨在调整控制总量，进行产业布局，加快技术升级。由于目前很多大宗产品价格倒挂，出口退税和关税调整不会起到很大作用。振兴规划中，炼油、农业化肥与农药、化工新材料等子行业将得到有力扶持。

九、有色金属：收储成为主要措施

主要措施：“收储”将是有色金属产业振兴规划的主要措施，具体可能包括落实及增加收储计划、推动跨行业、跨地区兼并重组以及国外资源并购、落实直购电试点、降低电价、合理调整税费以及加强对重点企业技改的支持等。

主要影响：“收储”对于扭转国内有色金属骨干企业库存高企的困境有直接作用，而对于那些已经被收储的铝厂、锌厂等企业，他们面临的库存压力已经相对较小，现金压力减轻，由此可能使得市场抛售压力缓解，从而使得部分金属价格受到一定程度的支撑。

十、物流业：减轻金融危机冲击

主要措施：可能将仓储、配送等各个物流环节的营业税税率与运输业统一，调低为3%；扩大营业税差额增收范围、对我国物流园区布局进行合理规划等。

主要影响：物流业受到了世界经济危机的严重影响，规划将在一定程度上减轻金融危机对物流体系的冲击。

（来源：新华网财经频道）

钢铁产业调整和振兴规划

钢铁产业是国民经济的重要支柱产业，涉及面广、产业关联度高、消费拉动大，在经济建设、社会发展、财政税收、国防建设以及稳定就业等方面发挥着重要作用。

为应对国际金融危机的影响，落实党中央、国务院保增长、扩内需、调结构的总体要求，确保钢铁产业平稳运行，加快结构调整，推动产业升级，特编制本规划，作为钢铁产业综合性应对措施的行动方案。规划期为2009-2011年。

一、钢铁产业现状及面临的形势

我国是钢铁生产和消费大国，粗钢产量连续13年居世界第一。进入21世纪以来，我国钢铁产业快速发展，粗钢产量年均增长21.1%。2008年，粗钢产量达到5亿吨，占全球产量的38%，国内粗钢表观消费量4.53亿吨，直接出口折合粗钢6000万吨，占世界钢铁贸易量的15%。2007年，规模以上钢铁企业完成工业增加值9936亿元，占全国GDP的4%，实现利润2436亿元，占工业企业利润总额的9%，直接从事钢铁生产的就业人数358万。钢铁产品基本满足国内需要，部分关键品种达到国际先进水平。钢铁产业有力支撑和带动了相关产业的发展，促进了社会就业，对保障国民经济又好又快发展做出了重要贡献。

但是，钢铁产业长期粗放发展积累的矛盾日益突出。一是盲目投资严重，产能总量过剩。截至2008年底，我国粗钢产能达到6.6亿吨，超出实际需求约1亿吨。二是创新能力不强，先进生产技术、高端产品研发和应用还主要依靠引进和模仿，一些高档关键品种钢材仍需大量进口，消费结构处于中低档水平。三是产业布局不合理，大部分钢铁企业分布在内陆地区的大中型城市，受到环境容量、水资源、运输条件、能源供应等因素的严重制约。四是产业集中度低，粗钢生产企业平均规模不足100万吨，排名前5位的企业钢产量仅占全国总量的28.5%。五是资源控制力弱，国内铁矿资源禀赋低，自给率不足50%。六是流通秩序混乱。钢铁产品经销商超过15万家，投机经营倾向较重。

2008年下半年以来，随着国际金融危机的扩散和蔓延，我国钢铁产业受到严重冲击，出现了产需陡势下滑、价格急剧下跌、企业经营困难、全行业亏损的局面，钢铁产业稳定发展面临着前所未有的挑战。应当看到，钢铁产业在经历了长期粗放型扩张后，必然要进行一次大的调整。现阶段，我国城镇化、工业化任务依然繁重，内需潜力巨大，钢铁产业发展的基本面没有改变。必须抓住机遇，制定实施钢铁产业结构调整和振兴规划，促进钢铁产业平稳运行、健康发展。

二、指导思想、基本原则及目标

（一）指导思想

全面贯彻党的十七大精神，以邓小平理论和“三个代表”重要思想为指导，深入贯彻落实科学发展观，按照保增长、扩内需、调结构的总体要求，统筹国内外两个市场，以控制总量、淘汰落后、企业重组、技术改造、优化布局为重点，着力推动钢铁产业结构调整和优化升级，切实增强企业素质和国际竞争力，加快钢铁产业由大到强的转变。

（二）基本原则

1. 应对危机与振兴产业相结合。立足当前，着眼长远，既要着力解决钢铁产业当前面临的主要困难，保先进生产力，保重点骨干企业，保关键品种，保市场稳定，促进产业平稳发展，又要利用市场倒逼机制，充分利用各种有利因素，加快钢铁产业结构优化升级，不断增强产业发展后劲。

2. 控制总量与优化布局相结合。按照沿海、沿江、内陆科学合理布局和与资源环境相适应的要求，结合淘汰落后、企业重组和城市钢厂搬迁，在控制总量的前提下，调整优化产业布局。

3. 自主创新与技术改造相结合。培育企业原始创新、集成创新和引进消化吸收再创新能力，着力突破制约产业转型升级的关键技术，加大技术改造力度，提高工艺装备水平，提升产品档次和质量。

4. 企业重组与体制创新相结合。通过体制创新，努力消除影响企业重组的财税利益分配、资产划拨、债务核定和处置等体制性障碍，为推动钢铁企业集团化发展和实现跨地区、跨所有制、跨行业的兼并重组创造良好的环境。

5. 内需为主与全球配置相结合。坚持充分利用两个市场、两种资源，以满足国内市场需求为主，优化直接出口，扩大间接出口，在努力加强地质勘查和合理开发利用国内铁矿资源的同时，抓住机遇，积极实施"走出去"战略。

（三）规划目标

力争在2009年遏制钢铁产业下滑势头，保持总体稳定。到2011年，钢铁产业粗放发展方式得到明显转变，技术水平、创新能力再上新台阶，综合竞争力显著提高，支柱产业地位得到巩固和加强，步入良性发展的轨道。

1. 总量恢复到合理水平。2009年我国粗钢产量4.6亿吨，同比下降8%；表观消费量维持在4.3亿吨左右，同比下降5%。到2011年，粗钢产量5亿吨左右，表观消费量4.5亿吨左右，工业增加值占GDP的比重维持在4%的水平。

2. 淘汰落后产能有新突破。按期淘汰300立方米及以下高炉产能和20吨及以下转炉、电炉产能。提高淘汰落后产能的标准，力争三年内再淘汰落后炼铁能力7200万吨、炼钢能力2500万吨。

3. 联合重组取得重大进展。形成若干个具有较强自主创新能力和国际竞争力的特大型企业，国内排名前5位钢铁企业的产能占全国产能的比例达到45%以上，沿海沿江钢铁企业产能占全国产能的比例达到40%以上，产业布局明显优化，重点中心城市钢铁企业污染明显减少。

4. 技术进步得到较大提升。加强技术改造，加快技术进步，降低生产成本，提高产品质量，优化品种结构。重点大中型钢铁企业60%以上产品实物质量达到国际先进水平，百万千瓦火电及核电用特厚钢板和高压锅炉管、25万千伏安以上变压器用高磁感低铁损取向硅钢等产品生产实现自主化，关键钢材品种自给率达到90%以上，400MPa及以上热轧带肋钢筋使用比例达到60%以上。

5. 自主创新能力进一步增强。通过引进消化吸收和创新，提高技术装备水平，一般装备基本实现本地化、自主化，大型装备本地化率92%以上。力争在关键工艺技术、节能减排技术，以及高端产品研发、生产和应用技术等方面取得新突破。

6. 节能减排取得明显成效。重点大中型企业吨钢综合能耗不超过620千克标准煤，吨钢耗用新水量低于5吨，吨钢烟粉尘排放量低于1.0千克，吨钢二氧化碳排放量低于1.8千克，二次能源基本实现100%回收利用，冶金渣近100%综合利用，污染物排放浓度和排放总量双达标。

三、产业调整和振兴的重点任务

按照上述指导思想、基本原则和规划目标，当前和今后一个时期，要着力做好以下八个方面工作。

（一）保持国内市场稳定，改善出口环境

积极落实国家扩大内需措施，稳定建筑用钢市场，保障重点工程用钢。通过调整和振兴相关产业，努力稳定和扩大汽车、造船、装备制造等产业需求，以及保障性住房等房地产建设、新农村建设、地震灾后重建和公路、铁路、机场等重大基础设施建设的用钢需求。建筑用钢占国内消费量的比重稳定在50%左右。

改善钢铁产品进出口环境，实施适度灵活的出口税收政策，稳定国际市场份额，鼓励钢材间接出口。组织协会和企业积极应对反倾销、反补贴等贸易摩擦，争取良好的国际贸易环境。

（二）严格控制钢铁总量，加快淘汰落后

严格控制新增产能，不再核准和支持单纯新建、扩建产能的钢铁项目，所有项目必须以淘汰落后为前提。2010年年底前，淘汰300立方米及以下高炉产能5340万吨，20吨及以下转炉、电炉产能320万吨；2011年底前再淘汰400立方米及以下高炉、30吨及以下转炉和电炉，相应淘汰落后炼铁能力7200万吨、炼钢能力2500万吨。实施淘汰落后、建设钢铁大厂的地区和其它有条件的地区，要将淘汰落后产能标准提高到1000立方米以下高炉及相应的炼钢产能。

（三）促进企业重组，提高产业集中度

进一步发挥宝钢、鞍本、武钢等大型企业集团的带动作用，推动鞍本集团、广东钢铁集团、广西钢铁集团、河北钢铁集团和山东钢铁集团完成集团内产供销、人财物统一管理的实质性重组；推进鞍本与攀钢、东北特钢，宝钢与包钢、宁波钢铁等跨地区的重组，推进天津钢管与天铁、天钢、天津冶金公司，太钢与省内钢铁企业等区域内的重组。力争到2011年，全国形成宝钢集团、鞍本集团、武钢集团等几个产能在5000万吨以上、具有较强国际竞争力的特大型钢铁企业；形成若干个产能在1000～3000万吨级的大型钢铁企业。

（四）加大技术改造力度，推动技术进步

实施钢铁产业技术进步与技术改造专项，对符合国家产业政策的大型骨干企业，对实施跨区域、跨所有制、跨行业重组的龙头企业，对实施跨区域、跨所有制、跨行业重组的龙头企业，以及国防军工、航天航空关键材料生产企业，给予重点支持；对发展高速铁路用钢、高磁感取向硅钢、高强度机械用钢等关键钢材品种，推广高强度钢筋使用和节材技术，发展高温高压干熄焦、烧结余热利用、烟气脱硫等循环经济和节能减排工艺技术，以及提升开发利用低品位、难选冶铁矿等技术，给予重点支持。

（五）优化钢铁产业布局，统筹协调发展

在减少或不增加产能的前提下，加快调整钢铁产业布局。一是建设沿海钢铁基地。按期完成首钢搬迁工程，建成曹妃甸钢铁精品基地。结合广州钢铁搬迁，推动宝钢与广东钢铁企业、武钢与广西钢铁企业兼并重组，通过淘汰或减少现有产能，适时建设湛江、防城港沿海钢铁精品基地。按照首钢在曹妃甸减少产能、发展循环经济的模式，结合济钢、莱钢、青钢压缩产能和搬迁，对山东省内钢铁企业实施重组和淘汰落后产能，推动日照钢铁精品基地建设。结合杭钢搬迁、以及宝钢跨地区重组和淘汰落后、压缩产能，论证宁波钢铁续建项目。二是推进城市钢厂搬迁，引导产业有序转移和集聚发展，减少城市环境污染。组织实施好北京、广州、杭州、合肥等城市钢厂搬迁项目，统筹研究推进抚顺、青岛、重庆、石家庄等城市钢厂搬迁。三是抓紧实施《汶川地震灾后重建生产力布局和产业调整专项规划》确定的钢铁项目建设。

（六）调整钢材品种结构，提高产品质量

重点发展高速铁路用钢、高强度轿车用钢、高档电力用钢和工模具钢、特殊大锻材等关键钢材品种，支持有条件的企业、科研单位开展百万千瓦火电及核电用特厚钢板和高压锅炉管、25万千伏安以上变压器用高磁感低铁损取向硅钢等技术进行攻关。提高认证标准，加强政策引导，促进钢材实物质量达到国际先进水平。修改相关设计规范，淘汰强度335MPa及以下热轧带肋钢筋，加快推广使用强度400MPa及以上钢筋，促进建筑钢材的升级换代。

（七）保持进口铁矿石资源稳定，整顿市场秩序

行业协（商）会通过行业协调，加强自律，规范进口铁矿石市场秩序。探索、推行代理制。抓住当前市场全面疲软时机，协调国内用户与铁矿石供应商，建立互惠互利的进口矿定价机制和长期稳定的合作关系。规范钢材销售制度，建立产销风险共担机制，发挥流通环节对稳定钢材市场的调节功能。

（八）开发国内外两种资源，保障产业安全

加大国内铁矿资源的勘探力度，合理配置与开发国内铁矿资源，增加资源储备。鼓励大型钢铁企业开展铁矿勘探开发，适度开发利用低品位矿和尾矿，加强对共生矿、伴生矿产资源的研究、开发和综合利用。积极推进河北司家营、山西袁家村等大型铁矿资源开发，提高国产铁矿石自给率；支持邯钢中关、唐钢石人沟、通钢塔东、武钢恩施等现有矿山的深部开采，提高资源综合利用水平；鼓励四川攀西、河北承德地区钒钛资源综合利用；整合开发安徽霍丘地区和山东苍山等地区的铁矿资源。

鼓励有条件的大型企业到国外独资或合资办矿，组织实施好已经开展前期工作的境外矿产资源项目。鼓励沿海钢铁企业充分利用区位和运输优势，尽可能利用国外铁矿石、煤炭等资源。

四、政策措施

（一）调整部分产品的进出口税率

继续坚持控制“两高一资”低附加值产品出口的政策导向，认真落实提高部分钢铁产品出口退税率的措施，适时适当提高技术含量高、附加值高的钢材产品的出口退税率。加快出口退税进度，确保及时足额退税。

（二）实施公平贸易政策

研究国产钢材和进口钢材公平税负政策，制订具体措施，为国内钢铁企业创造公平竞争的市场环境。

（三）加大技术进步及技术改造投入

在中央预算内基本建设投资中列支专项资金，以贷款贴息形式支持钢铁企业开展技术改造（不包括节能技术改造）、技术研发和技术引进，推动钢铁产业技术进

步，调整品种结构，提升钢材质量。加大节能技术改造财政奖励支持力度，鼓励、引导钢铁企业积极推进节能技术改造。

（四）完善落后产能退出机制

加大淘汰落后产能的财政奖励力度，支持钢铁企业在淘汰落后产能过程中妥善解决职工安置、企业转产、债务化解等问题，促进社会和谐稳定。严格实行节能减排、淘汰落后问责制，比照《国务院批转节能减排统计监测及考核实施方案和办法的通知》（国发［2007］36号）规定，对未完成节能减排、淘汰落后任务的地区暂停项目的核准和审批。工业和信息化部会同有关部门，加强对淘汰落后产能工作的监督检查，定期向国土资源、金融、环保、工商、质检等部门通报淘汰落后企业名单。地方各级人民政府要对限期淘汰的落后装备实施严格监管，防止擅自扩容改造或异地转移。对擅自扩容改造或异地转移落后装备的，金融机构不提供任何形式的信贷支持，国土资源管理部门不予办理用地手续。

（五）完善企业重组政策

制定鼓励钢铁企业兼并重组的政策措施，妥善解决富余人员安置、企业资产划转、债务核定与处置、财税利益分配等问题，对大型企业跨省（区、市）重组后的改扩建等项目优先予以核准。落实好鼓励钢铁企业重组的税收政策。适时研究制定钢铁企业兼并重组条例。

（六）适时修订钢铁产业政策

调整更新《产业结构调整指导目录》，修订完善《钢铁产业发展政策》。一是提高吨钢综合能耗、吨钢耗新水以及炼铁、炼钢淘汰落后标准；二是修改国内钢铁产业集中度指标的考核范围和比重；三是增加节能减排指标，包括化学需氧量（COD）排放、二氧化硫排放、烟粉尘排放、可燃气体回收利用率、固体废弃物综合利用率等环保指标；四是明确资源配置的具体要求，储量5000万吨以上铁矿资源，优先依法配置给国内大中型钢铁企业。五是提高矿产资源开发准入门槛。

（七）提高建筑工程用钢标准

尽快完善建筑领域工程建设标准体系，结合提高抗震标准，研究出台扩大工业厂房、公共建筑、商业设施等建筑物钢结构使用比例的规定，修改提高地震多发地区建筑物、重点工程、建筑物基础工程等用钢标准及设计规范。

（八）实现钢铁与相关产业协调发展

完善装备、汽车、造船、家电等相关产业发展政策，带动钢铁产品消费和产业升级。加强钢铁新技术、新产品研发，适应和促进上下游及相关产业升级和产品换代。鼓励和支持钢铁企业与相关领域用钢企业开展合作，实现协调发展。

（九）继续实施有保有压的融资政策

加大对钢铁重点骨干企业的金融支持力度，对符合环保、土地法律法规以及投资管理规定的项目，以及实施并购、重组、走出去、技术进步的企业，在发行股票、企业债券、公司债、中期票据、短期融资券以及银行贷款、吸收私募股权投资等方面给予支持。防范大型骨干企业资金断链风险，必要时给予贷款贴息支持。对违法违规建设、越权审批的项目和产能落后企业，继续实施融资限制等措施。

（十）积极实施“走出去”战略

进一步简化项目审批程序，完善信贷、外汇、财税、人员出入境等政策措施。提高境外资源开发企业准入条件。支持符合准入条件的重点骨干企业到境外开展资源勘探、开发、技术合作和对外并购。进一步加强境外资产的经营管理，切实防范和化解境外资产风险。扩大冶金设备出口信贷规模，带动设备物资出口。完善出口信用保险政策，支持钢铁企业建立境外营销网络，稳定高端产品出口份额。充分利用境外矿产资源权益投资专项资金、对外经济技术合作专项资金和国外矿产资源风险勘探专项资金，支持企业实施“走出去”战略，增强资源保障能力。

（十一）建立产业信息披露制度

建立部门联合发布信息制度，适时向社会发布产业政策导向及项目核准、生产销售库存、产能利用、淘汰落后、企业重组、污染排放、银行贷款情况等信息，切实加强信息共享，为企业投资决策、银行贷款、土地预审等提供信息指导。

（十二）发挥行业协(商)会作用

充分发挥行业协（商）会的桥梁和纽带作用，支持企业联合对外谈判，由钢铁协会组织用矿企业统一对外谈判，建立新的双赢定价机制。由钢铁协会会同相关商会协调企业，积极应对国际贸易中的反补贴、反倾销诉讼，维护市场秩序和公平竞争环境。行业协（商）会要及时反映行业问题和企业诉求，为企业提供信息服务，引导企业落实国家产业政策，加强行业自律，提高行业整体素质。

五、规划实施

各地区要按照《规划》确定的目标、任务和政策措施，结合当地实际抓紧制订具体落实方案，确保取得实效。各省（区、市）要将具体工作方案和实施过程中出现的新情况、新问题及时报送国家发展改革委。

国务院各有关部门要按照《规划》分工，加强沟通协商，密切配合，尽快制定具体实施办法，明确政策措施的实施范围和执行期限，并加强指导和监督检查。有关部门要认真开展实施《规划》的中后期后评价工作，及时提出评价意见。（本文来源：中国政府网 ）

汽车产业调整和振兴规划

汽车产业是国民经济重要的支柱产业，产业链长、关联度高、就业面广、消费拉动大，在国民经济和社会发展中发挥着重要作用。

为应对国际金融危机的影响，落实党中央、国务院保增长、扩内需、调结构的总体要求，稳定汽车消费，加快结构调整，增强自主创新能力，推动产业升级，促进我国汽车产业持续、健康、稳定发展，特制定本规划，作为汽车产业综合性应对措施的行动方案。规划期为2009-2011年。

一、汽车产业现状及面临的形势

进入21世纪以来，我国汽车产业高速发展，形成了多品种、全系列的各类整车和零部件生产及配套体系，产业集中度不断提高，产品技术水平明显提升，已经成为世界汽车生产大国。但是，产业结构不合理、技术水平不高、自主开发能力薄弱、消费政策不完善等问题依然突出，能源、环保、城市交通等制约日益显现。2008年下半年以来，随着国际金融危机的蔓延、加深和国际汽车市场的严重萎缩，国内汽车市场受到严重冲击，导致全行业产销负增长、重点企业经济效益下滑、自主品牌轿车发展乏力，我国汽车产业发展形势严峻。

应该看到，结构调整是产业进一步发展的必然要求。汽车产业在经历了多年的高速增长后，必然要进行一次大的调整，以解决内部结构和外部环境积累的诸多矛盾，国际金融危机只是引发了结构调整期的提前到来。目前，我国汽车市场正处在增长期，城乡市场需求潜力巨大，汽车产业发展的基本面没有改变。为积极应对国际金融危机，保持经济平稳较快发展，必须加快汽车产业调整和振兴。

二、指导思想、基本原则和目标

(一)指导思想

全面贯彻落实党的十七大精神，以邓小平理论和“三个代表”重要思想为指导，深入贯彻落实科学发展观，通过实施积极的消费政策，开拓城乡市场，稳定和扩大汽车消费需求；以结构调整为主线，推进汽车企业兼并重组，加强关键技术研发，加快技术改造，提升企业素质；以新能源汽车为突破口，加强自主创新，培育自主品牌，形成新的竞争优势，促进汽车产业持续、健康、稳定发展。

(二)基本原则

坚持扩大内需，注重财税政策激励与消费环境改善相结合。既要立足当前，采取财政激励措施，扩大国内汽车市场需求，确保经济增长，又要着眼长远，完善消费政策，培育消费市场。

坚持结构调整，注重发挥市场作用与加强政府引导相结合。利用市场机制和宏观调控手段，推动企业兼并重组，整合要素资源，提高产业集中度，实现汽车产业组织结构优化升级。

坚持自主创新，注重改造传统产品与推广新能源汽车相结合。加强技术改造，提高研发水平，加快产品升级换代和结构调整，着力培育自主品牌，积极发展节能环保的新能源汽车。

坚持产业升级，注重工业发展与服务增值相结合。

汽车生产企业既要增强制造实力，又要拓展汽车金融业务和产品售后服务，强化生产与服务的纽带联系，促进相互支撑，实现汽车制造业和汽车服务业协调发展。

(三)规划目标

1. 汽车产销实现稳定增长。2009年汽车产销量力争超过1000万辆，三年平均增长率达到10%。

2. 汽车消费环境明显改善。建立完整的汽车消费政策法规框架体系、科学合理的汽车税费制度、现代化的汽车服务体系和智能交通管理系统，建立电动汽车基础设施配套体系，为汽车市场稳定发展提供保障。

3. 市场需求结构得到优化。1.5升以下排量乘用车市场份额达到40%以上，其中1.0升以下小排量车市场份额达到15%以上。重型货车占载货车的比例达到25%以上。

4. 兼并重组取得重大进展。通过兼并重组，形成2-3家产销规模超过200万辆的大型汽车企业集团，4-5家产销规模超过100万辆的汽车企业集团，产销规模占市场份额90%以上的汽车企业集团数量由目前的14家减少到10家以内。

5. 自主品牌汽车市场比例扩大。自主品牌乘用车国内市场份额超过40%，其中轿车超过30%。自主品牌汽车出口占产销量的比例接近10%。

6. 电动汽车产销形成规模。改造现有生产能力，形成50万辆纯电动、充电式混合动力和普通型混合动力等新能源汽车产能，新能源汽车销量占乘用车销售总量的5%左右。主要乘用车生产企业应具有通过认证的新能源汽车产品。

7. 整车研发水平大幅提高。自主研发整车产品尤其是小排量轿车的节能、环保和安全指标力争达到国际先进水平。主要轿车产品满足发达国家法规要求，重型货车、大型客车的安全性和舒适性接近国际水平，新能源汽车整体技术达到国际先进水平。

8. 关键零部件技术实现自主化。发动机、变速器、转向系统、制动系统、传动系统、悬挂系统、汽车总线控制系统中的关键零部件技术实现自主化，新能源汽车专用零部件技术达到国际先进水平。

三、产业调整和振兴的主要任务

(一)培育汽车消费市场

采取有力措施，遏制汽车产销下滑势头，确保2009年稳定增长。在汽车购买、使用、报废更新等环节，调整和出台鼓励汽车消费、恢复市场信心的政策措施。清理取消各种不利于小排量汽车发展的规定，通过税收等经济手段引导增加小排量汽车消费。

(二)推进汽车产业重组

鼓励一汽、东风、上汽、长安等大型汽车企业在全国范围内实施兼并重组。支持北汽、广汽、奇瑞、重汽等汽车企业实施区域性兼并重组。支持汽车零部件骨干企业通过兼并重组扩大规模，提高国内外汽车配套市场份额。

(三)支持企业自主创新

以企业为主体，加强产品开发能力建设。一是建立整车设计开发流程，掌握车身、底盘开发技术及整车、发动机、变速器的匹配技术和排气净化技术；突破碰撞安全性、NVH(振动、噪声、平顺性)等关键技术；控制新能源汽车的设计和制造成本。二是提高传统乘用车的节能、环保和安全技术水平。重点支持排量1.5升以下、满足国IV排放标准的车用直喷汽油机和排量3升以下、升功率达到45千瓦以上柴油机的研制。突破重型商用车底盘集成关键技术，提高整车驾驶舒适性和操控稳定性。重点支持大功率柴油机及其高压燃油喷射电控系统、后处理系统和商用车自动换挡机械变速器(AMT)等关键技术研发。三是建立汽车产业战略联盟，形成产、学、研长效合作机制。

(四)实施技术改造专项

制订《汽车产业技术进步和技术改造项目及产品目录》，支持汽车产业技术进步和结构调整，加大技术改造力度。重点支持新能源汽车动力模块产业化、内燃机技术升级、先进变速器产业化、关键零部件产业化以及独立公共检测机构和“产、学、研”相结合的汽车关键零部件技术中心建设。

发展提升整车性能的关键零部件。重点支持研发车身稳定、悬架控制、驱动防滑控制、电子液压制动、车身总线、数字化仪表等电子控制系统，以及六档以上的手动和自动变速器、双离合器式自动变速器和无级自动变速器、商用车自动控制机械变速器等产品。

(五)实施新能源汽车战略

推动纯电动汽车、充电式混合动力汽车及其关键零部件的产业化。掌握新能源汽车的专用发动机和动力模块(电机、电池及管理系统等)的优化设计技术、规模生产工艺和成本控制技术。建立动力模块生产体系，形成

10亿安时(Ah)车用高性能单体动力电池生产能力。发展普通型混合动力汽车和新燃料汽车专用部件。

(六)实施自主品牌战略

在技术开发、政府采购、融资渠道等方面制定相应政策，引导汽车生产企业将发展自主品牌作为企业战略重点，支持汽车生产企业通过自主开发、联合开发、国内外并购等多种方式发展自主品牌。

(七)实施汽车产品出口战略

加快国家汽车及零部件出口基地建设。建设汽车出口信息、产品认证、共性技术研发、试验检测、培训等公共服务平台。

(八)发展现代汽车服务业

加快发展汽车研发、生产性物流、汽车零售和售后服务、汽车租赁、二手车交易、汽车保险、消费信贷、停车服务、报废回收等服务业，完善相关的法规、规章和管理制度。支持骨干汽车生产企业加快建立汽车金融公司，开展汽车消费信贷等业务。

四、政策措施

(一)减征乘用车购置税

自2009年1月20日至12月31日，对1.6升及以下小排量乘用车减按5%征收车辆购置税。

(二)开展“汽车下乡”

在新增中央投资中安排50亿元资金，自2009年3月1日至12月31日，对农民购买1.3升及以下排量的微型客车，以及将三轮汽车或低速货车报废换购轻型载货车的，给予一次性财政补贴。

(三)加快老旧汽车报废更新

调整老旧汽车报废更新财政补贴政策，加大补贴支持力度，提高补贴标准，加快淘汰老旧汽车。2009年老旧汽车报废更新补贴资金总额由2008年的6亿元增加到10亿元。

(四)清理取消限购汽车的不合理规定

各地区、各部门要认真清理取消现行限制汽车购置的不合理规定，包括牌照注册数量、车型限制、各种区域市场保护措施、各类行政事业性收费、外地汽车进城收费，以及其他直接或间接影响汽车购置的措施，并于2009年3月底前将清理情况报国家发展改革委。对确需继续保留的限购规定，自2009年4月1日至12月31日应暂停执行，不能暂停执行的，应于2009年3月10日之前报国务院批准。

(五)促进和规范汽车消费信贷

修改和完善汽车消费信贷制度，抓紧制订汽车消费信贷管理条例，使资信调查、信贷办理、车辆抵押、贷款担保、违约处置等汽车消费信贷全过程实现规范化、法制化。

支持符合条件的国内骨干汽车生产企业建立汽车金融公司。促进汽车消费信贷模式的多元化，推动信贷资产证券化规范发展，支持汽车金融公司发行金融债券等。

(六)规范和促进二手车市场发展

建立二手车鉴定评估国家标准和临时产权登记制度，调整二手车交易的增值税征收方式。大力发展专业的二手车经销企业，倡导汽车品牌经销商开展以旧换新、以旧换旧等汽车置换业务。取消二手车交易市场的不合理收费，降低交易成本。

加强二手车市场监管，严格经营主体市场准入，规范二手车交易行为，维护市场秩序。积极推广二手车交易合同示范文本，保护消费者合法权益。充分发挥行业组织作用，加强行业自律，促进企业诚信经营。

(七)加快城市道路交通体系建设

发展现代化城市综合交通运输体系，提高综合管理效率和现代化水平。实施交通畅通工程，鼓励加快城市轨道交通设施建设。各城市人民政府要采取积极措施推动停车场建设，规范停车收费。交通换乘枢纽应建设大型停车场所，方便换乘公共交通工具，减轻交通拥堵压力。

(八)完善汽车企业重组政策

制定支持汽车企业重组的政策措施，妥善解决富余人员安置、企业资产划转、债务核定与处置、财税利益分配等问题。支持汽车生产企业通过兼并重组整合产品资源，开发新产品；鼓励汽车生产企业联合开发和制造《汽车产业技术进步和技术改造项目及产品目录》内的汽车新产品和关键总成。新建汽车生产企业和异地设立分厂，必须在兼并现有汽车生产企业的基础上进行。

(九)加大技术进步和技术改造投资力度

今后三年在新增中央投资中安排100亿元作为技术进步、技术改造专项资金，重点支持汽车生产企业进行产品升级，提高节能、环保、安全等关键技术水平；开发填补国内空白的关键总成产品；建设汽车及零部件共性技术研制和检测平台；发展新能源汽车及专用零部件。

(十)推广使用节能和新能源汽车

启动国家节能和新能源汽车示范工程，由中央财政安排资金给予补贴，支持大中城市示范推广混合动力汽车、纯电动汽车、燃料电池汽车等节能和新能源汽车。县级以上城市人民政府要制订规划，优先在城市公交、出租、公务、环卫、邮政、机场等领域推广使用新能源汽车；建立电动汽车快速充电网络，加快停车场等公共场所公用充电设施建设。

(十一)落实和完善《汽车产业发展政策》

抓紧制订道路机动车辆管理条例，完善机动车辆管理法规体系。启动对产业有重要提升和保护作用的标准的研究制订工作，抓紧制修订新能源汽车产品标准、试验方法。落实汽车整车(含摩托车、三轮汽车、低速货车)生产企业退出机制。制订新能源汽车关键总成的准入标准。研究制订三轮汽车和低速货车生产企业向相关产业转型的鼓励办法。

五、规划实施

国务院各有关部门要按照《规划》的工作分工，加强沟通协商，密切配合，尽快制订和完善各项配套政策措施，确保实现汽车产业调整和振兴三年目标。要建立部门联合发布信息制度，适时向社会发布产业调整和振兴的有关信息。有关部门要适时开展《规划》的后评价工作，及时提出评价意见。

各地区要按照《规划》确定的目标、任务和政策措施，结合当地实际抓紧制订具体落实方案，确保取得实效。各省(区、市)要将具体工作方案和实施过程中出现的新情况、新问题及时报送国家发展改革委。

(来源：中国政府网)

船舶工业调整和振兴规划

船舶工业是为航运业、海洋开发及国防建设提供技术装备的综合性产业，对钢铁、石化、轻工、纺织、装备制造、电子信息等重点产业发展和扩大出口具有较强的带动作用。为应对国际金融危机影响，落实党中央、国务院关于保增长、扩内需、调结构的总体要求，加快船舶工业结构调整，增强自主开发能力，推动产业升级，促进我国船舶工业持续、健康、稳定发展，特制定本规划，作为船舶工业综合性应对措施的行动方案。规划期为2009－2011年。

一、船舶工业现状及面临的形势

2003年以来，我国船舶工业进入了快速发展轨道。产业规模不断扩大，造船产量快速增长，造船完工量、新接订单量、手持订单量已连续多年居世界前列。综合实力稳步提升，已经具备散货船、油船、集装箱船（以下称三大主流船型）自主开发能力，在高技术高附加值船舶、海洋工程装备领域也实现了突破，大型船舶企业造船周期和质量管理达到国际先进水平。我国已经成为世界造船大国。但是，船舶工业在高速发展的同时，自主创新能力不强、增长方式粗放、低水平重复投资、产能严重过剩、船用配套设备发展滞后、海洋工程装备开发进展缓慢等矛盾日益显现。2008年下半年以来，受国际金融危机影响，国际航运市场急剧下滑，造船市场受到很大冲击，新船订单大幅减少、企业融资出现困难、履约交船风险加大，我国船舶工业发展面临严峻形势。

应该看到，经过多年的发展，我国船舶工业已经形成了原材料配套强、劳动力素质高、制造业体系完备等综合竞争优势，世界造船业正逐步向我国转移，我国船舶工业发展前景依然十分广阔。当前，我国船舶工业正处在由大到强转变的关键时期，必须抓住机遇，积极采取综合措施，加快结构调整和产业升级，巩固和提升我国船舶工业的国际地位，为经济平稳较快发展做出积极贡献。

二、指导思想、基本原则和目标

（一）指导思想

全面贯彻落实党的十七大精神，以邓小平理论和

“三个代表”重要思想为指导，深入贯彻落实科学发展观，按照保增长、扩内需、调结构的总体要求，通过采取积极的信贷措施，稳定造船订单，化解经营风险，确保船舶工业平稳较快发展；通过控制新增造船能力，推进产业结构调整，提高大型船舶企业综合实力，形成新的竞争优势；通过加快自主创新，开发高技术高附加值船舶，发展海洋工程装备，培育新的经济增长点，为建设造船强国和实施海洋战略奠定坚实基础。

（二）基本原则

稳定造船订单，保持生产增长。积极应对推迟接船和弃船风险，防止出现大量撤单问题，力争船舶企业按期完成订单任务，保持生产平稳较快增长。

加强政策引导，扩大船舶需求。调整优化运力结构，淘汰落后老旧船舶，扩大船舶市场需求。

推进结构调整，整合造船资源。实施兼并重组，整合造船、修船、海洋工程装备生产资源，发展大型企业集团，促进船舶制造业和配套业协调发展。

加快自主创新，发展海洋工程装备。加大技术改造力度，加强关键技术和新产品研究开发，提高船用配套设备水平，发展海洋工程装备，提高国际竞争力。

（三）规划目标

1．船舶生产稳定增长。今后三年船舶工业保持平稳较快增长，力争2011年造船产量达到5000万吨，船用低速柴油机产量达到1200万马力。

2．市场份额逐步扩大。2011年造船完工量占世界造船完工量的35%以上，高技术高附加值船舶市场占有率达到20%，海洋工程装备市场占有率达到10%。

3．配套能力明显增强。三大主流船型本土生产的船用配套设备的平均装船率达到65%以上，船用低速柴油机、中速柴油机、甲板机械等配套设备的国内市场满足率达到80%以上。

4．结构调整取得进展。大型船舶企业集团在高端船舶市场具备较强国际竞争力，若干个专业化海洋工程装备制造基地初具规模，一批船用配套设备生产企业发展壮大，环渤海湾、长江口和珠江口成为世界级造船基地。

5．研发水平显著提高。三大主流船型研发设计实现系列化、标准化，形成一批具有国际竞争力的品牌船型，高技术高附加值船舶和海洋工程装备开发取得突破。

6．发展质量明显改善。骨干船舶企业基本建立现代造船模式，三大主流船型平均建造周期缩短到10个月以内，单位工业增加值能耗三年累计降低15%，钢材利用率显著提高。

三、产业调整和振兴的主要任务

（一）稳定船舶企业生产

采取有效措施，支持大型船舶企业和航运企业按期履行合同，积极应对推迟接船、撤单、弃船等经营风险。指导船舶企业加强生产管理，合理安排生产计划，确保造船质量和进度，保持生产连续性。

（二）扩大船舶市场需求

加快报废更新老旧船舶和淘汰单壳油轮，积极发展远洋渔船、特种船、工程船、工作船等专用船舶。

（三）发展海洋工程装备

支持造船企业研究开发新型自升式钻井平台、深水半潜式钻井平台和生产平台、浮式生产储卸装置、海洋工程作业船及大型模块、综合性一体化组块等海洋工程装备，鼓励研究开发海洋工程动力及传动系统、单点系泊系统、动力定位系统、深潜水装备、甲板机械、油污水处理及海水淡化等海洋工程关键系统和配套设备。

（四）支持企业兼并重组

支持大型船舶企业集团及其他骨干船舶企业实施兼并重组。推动大型船舶企业与上下游企业组成战略联盟，相互支持，共同发展。引导中小船舶企业调整业务结构，发展中间产品制造、船舶修理、特种船舶制造等业务，开拓非船产品市场。支持有条件的企业并购境外知名船用配套设备企业、研发机构和营销网络。

（五）提高自主创新能力

制定《船舶工业科研开发重点项目目录》，支持优化升级三大主流船型，开发适应新规范、新标准和节能环保要求的船舶，提高大型液化天然气船、大型液化石油气船、大型汽车运输船、科学考察船等高技术高附加值船舶的设计开发能力，加快新型船用柴油机及其关键零部件、甲板机械、舱室设备、通信导航自动化设备的自主研发，加快现代造船技术、船舶和海洋工程装备基础共性技术研究。

（六）加强企业技术改造

制定《船舶工业技术改造项目及产品目录》，支持高技术高附加值船舶和海洋工程装备专用生产设施项目建设，支持填补国内空白、节能环保效果显著以及产能不能满足市场需求的船舶和海洋工程装备及配套产品的技术改造。

（七）积极发展修船业务

鼓励造船企业利用现有造船设施开展修船业务。加强修船技术研究，增强大型船舶、特种船舶、海洋工程装备修理和改装能力。规范发展拆船业，实行定点拆解。

（八）努力开拓国际市场

制定并完善相关措施，巩固我国船舶工业在三大主流船型国际市场的竞争优势，扩大高技术高附加值船舶、海洋工程装备的国际市场份额；鼓励船用配套设备企业建立境外营销网络和售后服务体系，带动产品出口。

（九）加强船舶企业管理

引导船舶企业加快建立现代企业制度，深化内部改革，推进管理信息化，全面提高科学决策和管理水平；加快建立现代造船模式，推进数字化造船；加强国际造船新规范、新公约、新标准的研究，积极做好相关准备工作；推广节能节材新技术、新工艺，提高能源使用效率和钢材利用率，降低能耗物耗；增强市场分析和预测能力，加强合同管理，提高资金使用效率，控制财务成本，增强企业参与国际竞争和防范市场风险的能力；加强创新型研发设计人才、开拓型经营管理人才、高级技能人才等专业人才培养，强化职工培训，优化人才队伍结构，满足企业可持续发展需要。

四、政策措施

（一）加大生产经营信贷融资支持

各相关银行对船舶企业在建船舶和有效合同所需的流动资金贷款要确保按期到位；对船东推迟接船的，要适当给予船舶企业贷款展期支持；对信誉良好的船东和船舶企业要及时开具付款和还款保函。加强银企合作，对在建船舶实行抵押融资。支持符合条件的船舶企业上市和发行债券。加快建立船舶产业投资基金。

（二）增加船舶出口买方信贷投放

鼓励金融机构增加船舶出口买方信贷资金投放，帮助大型船舶企业集团和其他骨干造船企业稳定现有出口船舶订单。

（三）鼓励购买弃船

研究制定相关政策措施，鼓励骨干航运企业购买远洋船舶的弃船，鼓励金融租赁公司购买出口船舶的弃船。

（四）努力扩大国内船舶市场需求

对国内企业向国内海上石油天然气开采企业销售海洋工程结构物，继续实行增值税退税政策。加大预算内资金投入，提前实施纳入国家规划的政府公务性、公益性船舶建造。

（五）加快淘汰老旧船舶和单壳油轮

研究鼓励老旧船舶报废更新政策。抓紧出台单壳（包括单壳双底和双壳单底）油轮强制淘汰政策，严禁超龄船舶改造、运营。

（六）严格控制新增产能

除《船舶工业中长期发展规划（2006－2015年）》内的造船项目外，各级土地、海洋、环保、金融等相关部门不再受理其他新建船坞、船台项目的申请。新建大型海洋工程装备专用基础设施项目需报国家核准。今后三年，暂停审批现有造船企业船坞、船台的扩建项目。

（七）完善企业兼并重组政策措施

制定出台鼓励企业兼并重组的政策措施，妥善解决富余人员安置、企业资产划转、债务合并与处置、财税利益分配等问题；采取资本金注入、融资信贷等方式支持大型船舶企业集团实施兼并重组。支持骨干船舶企业兼并重组其他船舶企业，优先核准其技术改造项目，鼓励进行产品结构调整。

（八）加大科研开发和技术改造投入

增加高技术船舶科研经费投入，支持高技术新型船舶、海洋工程装备及重点配套设备研发，支持关键共性技术和先进制造技术研究，加快船舶工业标准体系建设。支持开展船用配套设备、海洋工程装备以及特种船舶制造专业化设施设备等方面的技术改造，支持大型船舶企业兼并重组后进行信息化建设和流程再造，支持中小型造船企业符合相关产业政策要求的调整转型。支持船舶企业和科研机构研发条件建设。

五、规划实施

国务院有关部门要按照《规划》分工，加强沟通协商，密切配合，尽快制定和完善各项配套政策措施，确保《规划》顺利实施。要适时开展《规划》的后评价工作，及时提出评价意见。

有关地区要按照《规划》确定的目标、任务和政策措施，结合当地实际抓紧制订具体落实方案，确保取得实效。具体工作方案和实施过程中出现的新情况、新问题要及时报送发展改革委、工业和信息化部等有关部门。

物流业调整和振兴规划

国发〔2009〕8号

物流业是融合运输业、仓储业、货代业和信息业等的复合型服务产业，是国民经济的重要组成部分，涉及领域广，吸纳就业人数多，促进生产、拉动消费作用大，在促进产业结构调整、转变经济发展方式和增强国民经济竞争力等方面发挥着重要作用。

为应对国际金融危机的影响，落实党中央、国务院保增长、扩内需、调结构的总体要求，促进物流业平稳较快发展，培育新的经济增长点，特制定本规划，作为物流产业综合性应对措施的行动方案。规划期为2009—2011年。

一、发展现状与面临的形势

（一）发展现状

进入新世纪以来，我国物流业总体规模快速增长，服务水平显著提高，发展的环境和条件不断改善，为进一步加快发展奠定了坚实基础。

1. 物流业规模快速增长。2008年，全国社会物流总额达89.9万亿元，比2000年增长4.2倍，年均增长23%；物流业实现增加值2.0万亿元，比2000年增长1.9倍，年均增长14%。2008年，物流业增加值占全部服务业增加值的比重为16.5%，占GDP的比重为6.6%。

2. 物流业发展水平显著提高。一些制造企业、商贸企业开始采用现代物流管理理念、方法和技术，实施流程再造和服务外包；传统运输、仓储、货代企业实行功能整合和服务延伸，加快向现代物流企业转型；一批新型的物流企业迅速成长，形成了多种所有制、多种服务模式、多层次的物流企业群体。全社会物流总费用与GDP的比率，由2000年的19.4%下降到2008年的18.3%，物流费用成本呈下降趋势，促进了经济运行质量的提高。

3. 物流基础设施条件逐步完善。交通设施规模迅速扩大，为物流业发展提供了良好的设施条件。截至2008年底，全国铁路营业里程8.0万公里，高速公路通车里程6.03万公里，港口泊位3.64万个，其中沿海万吨级以上泊位1167个，拥有民用机场160个。物流园区建设开始起步，仓储、配送设施现代化水平不断提高，一批区域性物流中心正在形成。物流技术设备加快更新换代，物流信息化建设有了突破性进展。

4. 物流业发展环境明显好转。国家“十一五”规划纲要明确提出“大力发展现代物流业”，中央和地方政府相继建立了推进现代物流业发展的综合协调机制，出台了支持现代物流业发展的规划和政策。物流统计核算和标准化工作，以及人才培养和技术创新等行业基础性工作取得明显成效。

但是，我国物流业的总体水平仍然偏低，还存在一些突出问题。一是全社会物流运行效率偏低，社会物流总费用与GDP的比率高出发达国家1倍左右；二是社会化物流需求不足和专业化物流供给能力不足的问题同时存在，“大而全”、“小而全”的企业物流运作模式还相当普遍；三是物流基础设施能力不足，尚未建立布局合理、衔接顺畅、能力充分、高效便捷的综合交通运输体系，物流园区、物流技术装备等能力有待加强；四是地方封锁和行业垄断对资源整合和一体化运作形成障碍，物流市场还不够规范；五是物流技术、人才培养和物流标准还不能完全满足需要，物流服务的组织化和集约化程度不高。

2008年下半年以来，随着国际金融危机对我国实体经济的影响逐步加深，物流业作为重要的服务产业也受到了严重冲击。物流市场需求急剧萎缩，运输和仓储等收费价格及利润大幅度下跌，一大批中小物流企业经营出现困难，提供运输、仓储等单一服务的传统物流企业受到严重冲击。整体来看，国际金融危机不但造成物流产业自身发展的剧烈波动，而且对其他产业的物流服务供给也产生了不利影响。

（二）面临的形势

应该看到，实施物流业的调整和振兴、实现传统物流业向现代物流业的转变，不仅是物流业自身结构调整和产业升级的需要，也是整个国民经济发展的必然要求。

1. 调整和振兴物流业是应对国际金融危机的迫切需要。一是要解决当前物流企业面临的困难，需要加快企业重组步伐，做强做大，提高产业集中度和抗风险能力，保持产业的平稳发展；二是物流业自身需要转变发展模式，向以信息技术和供应链管理为核心的现代物流业发展，通过提供低成本、高效率、多样化、专业化的物流服务，适应复杂多变的市场环境，提高自身竞争力；三是物流业对其他产业的调整具有服务和支撑作用，发展第三方物流可以促进制造业和商贸业优化内部分工、专注核心业务、降低物流费用，提高这些产业的竞争力，增强其应对国际金融危机的能力。

2. 调整和振兴物流业是适应经济全球化趋势的客观要求。一是随着经济全球化的发展和我国融入世界经济的步伐加快，全球采购、全球生产和全球销售的发展模式要求加快发展现代物流业，优化资源配置，提高市场响应速度和产品供给时效，降低企业物流成本，增强国民经济的竞争力。二是为了适应国际产业分工的变化，要求加快发展现代物流业，完善物流服务体系，改善投资环境，抓住国际产业向我国转移的机遇，吸引国际投资，促进我国制造业和高技术产业的发展。三是随着全球服务贸易的迅猛发展，要求加快发展现代物流业，培育国内现代物流服务企业，提高物流服务能力，应对日益激烈的全球物流企业竞争。

3. 调整和振兴物流业是国民经济持续快速发展的必要保证。根据全面建设小康社会的新要求，我国经济规模将进一步扩大，居民消费水平将进一步提高，货物运输量、社会商品零售额、对外贸易额等将大幅度增长，农产品、工业品、能源、原材料和进出口商品的流通规模将显著增加，对全社会物流服务能力和物流效率提出了更高的要求。同时，中西部地区要求改善物流条件，缩小与东部地区的物流成本差距，承接东部沿海地区产业梯度转移，促进区域间协调和可持续发展。

4. 调整和振兴物流业是贯彻落实科学发展观和构建社会主义和谐社会的重要举措。调整和振兴物流业，有利于加快商品流通和资金周转，降低社会物流成本，优化资源配置，提高国民经济的运行质量；有利于提高服务业比重，优化产业结构，促进经济发展方式的转变；有利于增加城乡就业岗位，扩大社会就业；有利于提高运输效率，降低能源消耗和废气排放，缓解交通拥堵，实现经济和社会的协调发展；有利于促进国内外、城乡和地区间商品流通，满足人民群众对多样化、高质量的物流服务需求，扩大居民消费；有利于国家救灾应急、处理突发性事件，保障经济稳定和社会安全。

二、指导思想、原则和目标

（一）指导思想

以邓小平理论和“三个代表”重要思想为指导，深入贯彻落实科学发展观，按照保增长、扩内需、调结构的总体部署，以应对国际金融危机对我国经济的影响为切入点，以改革开放为动力，以先进技术为支撑，以物流一体化和信息化为主线，积极营造有利于物流业发展的政策环境，加快发展现代物流业，建立现代物流服务体系，以物流服务促进其他产业发展，为全面建设小康社会提供坚实的物流体系保障。

（二）基本原则

1. 立足应对危机，着眼长远发展。既要应对国际金融危机，解决当前物流业发展面临的突出问题，保先进生产力，保重点骨干企业，促进企业平稳发展；又要从产业长远发展的角度出发，解决制约物流产业振兴的体制、政策和设施瓶颈，促进产业升级，提高产业竞争力。

2. 市场配置资源，政府营造环境。充分发挥市场配置资源的作用，调动企业的积极性，从满足物流需求的实际出发，注重投资的经济效益。政府要为物流业的发展营造良好的政策环境，扶持重要的物流基础设施项目建设。

3. 加强规划指导，注重协调联动。统筹国内与国际、全国与区域、城市与农村物流协调发展，做好地区之间、行业之间和部门之间物流基础设施建设与发展的协调和衔接，走市场化、专业化、社会化的发展道路，合理布局重大项目。各地区要从本地区经济发展的实际出发，因地制宜，统筹规划，科学引导物流业的发展，防止盲目攀比和重复建设。

4. 打破分割封锁，整合现有资源。改革现行物流业相关行业管理体制，打破部门间和地区间的分割和封锁，创造公平的竞争环境，促进物流服务的社会化和资源利用的市场化，优先整合和利用现有物流资源，提高物流设施的利用率。

5.建立技术标准，推进一体化运作。按照现代物流理念，加快技术标准体系建设，综合集成仓储、运输、货代、包装、装卸、搬运、流通加工、配送、信息处理等多种功能，推进物流一体化运作，提高物流效率。

6.创新服务方式，坚持科学发展。以满足生产者和消费者不断增长的物流需求为出发点，不断创新物流服务方式，提升服务水平。积极推进物流服务的信息化、现代化、合理化和企业社会责任建设，坚持最严格的节约用地制度，注重节约能源，保护环境，减少废气污染和交通拥堵，保证交通安全，实现经济和社会可持续协调发展。

（三）规划目标

力争在2009年改善物流企业经营困难的状况，保持产业的稳定发展。到2011年，培育一批具有国际竞争力的大型综合物流企业集团，初步建立起布局合理、技术先进、节能环保、便捷高效、安全有序并具有一定国际竞争力的现代物流服务体系，物流服务能力进一步增强；物流的社会化、专业化水平明显提高，第三方物流的比重有所增加，物流业规模进一步扩大，物流业增加值年均递增10%以上；物流整体运行效率显著提高，全社会物流总费用与GDP的比率比目前的水平有所下降。

三、主要任务

（一）积极扩大物流市场需求

进一步推广现代物流管理，努力扩大物流市场需求。运用供应链管理与现代物流理念、技术与方法，实施采购、生产、销售和物品回收物流的一体化运作。鼓励生产企业改造物流流程，提高对市场的响应速度，降低库存，加速周转。合理布局城乡商业设施，完善流通网络，积极发展连锁经营、物流配送和电子商务等现代流通方式，促进流通企业的现代化。在农村广泛应用现代物流管理技术，发展农产品从产地到销地的直销和配送，以及农资和农村日用消费品的统一配送。

（二）大力推进物流服务的社会化和专业化

鼓励生产和商贸企业按照分工协作的原则，剥离或外包物流功能，整合物流资源，促进企业内部物流社会化。推动物流企业与生产、商贸企业互动发展，促进供应链各环节有机结合。鼓励现有运输、仓储、货代、联运、快递企业的功能整合和服务延伸，加快向现代物流企业转型。积极发展多式联运、集装箱、特种货物、厢式货车运输以及重点物资的散装运输等现代运输方式，加强各种运输方式运输企业的相互协调，建立高效、安全、低成本的运输系统。加强运输与物流服务的融合，为物流一体化运作与管理提供条件。鼓励邮政企业深化改革，做大做强快递物流业务。大力发展第三方物流，提高企业的竞争力。

（三）加快物流企业兼并重组

鼓励中小物流企业加强信息沟通，创新物流服务模式，加强资源整合，满足多样性的物流需要。加大国家对物流企业兼并重组的政策支持力度，缓解当前物流企业面临的困难，鼓励物流企业通过参股、控股、兼并、联合、合资、合作等多种形式进行资产重组，培育一批服务水平高、国际竞争力强的大型现代物流企业。

（四）推动重点领域物流发展

加强石油、煤炭、重要矿产品及相关产品物流设施建设，建立石油、煤炭、重要矿产品物流体系。加快发展粮食、棉花现代物流，推广散粮运输和棉花大包运输。加强农产品质量标准体系建设，发展农产品冷链物流。完善农资和农村日用消费品连锁经营网络，建立农村物流体系。发展城市统一配送，提高食品、食盐、烟草和出版物等的物流配送效率。实行医药集中采购和统一配送，推动医药物流发展。加强对化学危险品物流的跟踪与监控，规范化学危险品物流的安全管理。推动汽车和零配件物流发展，建立科学合理的汽车综合物流服务体系。鼓励企业加快发展产品与包装物回收物流和废弃物物流，促进资源节约与循环利用。鼓励和支持物流业节能减排，发展绿色物流。发挥邮政现有的网络优势，大力发展邮政物流，加快建立快递物流体系，方便生产生活。加强应急物流体系建设，提高应对战争、灾害、重大疫情等突发性事件的能力。

（五）加快国际物流和保税物流发展

加强主要港口、国际海运陆运集装箱中转站、多功能国际货运站、国际机场等物流节点的多式联运物流设施建设，加快发展铁海联运，提高国际货物的中转能力，加快发展适应国际中转、国际采购、国际配送、国际转口贸易业务要求的国际物流，逐步建成一批适应国际贸易发展需要的大型国际物流港，并不断增强其配套功能。在有效监管的前提下，各有关部门要简化审批手续，优化口岸通关作业流程，实行申办手续电子化和“一站式”服务，提高通关效率。充分发挥口岸联络协调机制的作用，加快“电子口岸”建设，积极推进大通关信息资源整合。统筹规划、合理布局，积极推进海关特殊监管区域整合发展和保税监管场所建设，建立既适应跨国公司全球化运作又适应加工制造业多元化发展需求的新型保税物流监管体系。积极促进口岸物流向内地物流节点城市顺畅延伸，促进内地现代物流业的发展。

（六）优化物流业发展的区域布局

根据市场需求、产业布局、商品流向、资源环境、交通条件、区域规划等因素，重点发展九大物流区域，建设十大物流通道和一批物流节点城市，优化物流业的区域布局。

九大物流区域分布为：以北京、天津为中心的华北物流区域，以沈阳、大连为中心的东北物流区域，以青岛为中心的山东半岛物流区域，以上海、南京、宁波为中心的长江三角洲物流区域，以厦门为中心的东南沿海物流区域，以广州、深圳为中心的珠江三角洲物流区域，以武汉、郑州为中心的中部物流区域，以西安、兰州、乌鲁木齐为中心的西北物流区域，以重庆、成都、南宁为中心的西南物流区域。十大物流通道为：东北地区与关内地区物流通道，东部地区南北物流通道，中部地区南北物流通道，东部沿海与西北地区物流通道，东部沿海与西南地区物流通道，西北与西南地区物流通道，西南地区出海物流通道，长江与运河物流通道，煤炭物流通道，进出口物流通道。

要打破行政区划的界限，按照经济区划和物流业发展的客观规律，促进物流区域发展。积极推进和加深不同地区之间物流领域的合作，引导物流资源的跨区域整合，逐步形成区域一体化的物流服务格局。长江三角洲、珠江三角洲物流区域和华北、山东半岛、东北、东南沿海物流区域，要加强技术自主创新，加快发展制造业物流、国际物流和商贸物流，培育一批具有国际竞争力的现代物流企业，在全国率先做强。中部物流区域要充分发挥中部地区承东启西、贯通南北的区位优势，加快培育第三方物流企业，提升物流产业发展水平，形成与东部物流区域的有机衔接。西北、西南物流区域要加快改革步伐，进一步推广现代物流管理理念和技术，按照本区域承接产业转移和发挥资源优势的需要，加快物流基础设施建设，改善区域物流环境，缩小与东中部地区差距。

物流节点城市分为全国性物流节点城市、区域性物流节点城市和地区性物流节点城市。全国性和区域性物流节点城市由国家确定，地区性物流节点城市由地方确定。全国性物流节点城市包括：北京、天津、沈阳、大连、青岛、济南、上海、南京、宁波、杭州、厦门、广州、深圳、郑州、武汉、重庆、成都、南宁、西安、兰州、乌鲁木齐共21个城市。区域性物流节点城市包括：哈尔滨、长春、包头、呼和浩特、石家庄、唐山、太原、合肥、福州、南昌、长沙、昆明、贵阳、海口、西宁、银川、拉萨共17个城市。物流节点城市要根据本地的产业特点、发展水平、设施状况、市场需求、功能定位等，完善城市物流设施，加强物流园区规划布局，有针对性地建设货运服务型、生产服务型、商业服务型、国际贸易服务型和综合服务型的物流园区，优化城市交通、生态环境，促进产业集聚，努力提高城市的物流服务水平，带动周边所辐射区域物流业的发展，形成全国性、区域性和地区性物流中心和三级物流节点城市网络，促进大中小城市物流业的协调发展。

（七）加强物流基础设施建设的衔接与协调

按照全国货物的主要流向及物流发展的需要，依据《综合交通网中长期发展规划》、《中长期铁路网规划》、《国家高速公路网规划》、《全国沿海港口布局规划》、《全国内河航道与港口布局规划》及《全国民用机场布局规划》，加强交通运输设施建设，完善综合运输网络布局，促进各种运输方式的衔接和配套，提高资源使用效率和物流运行效率。发展多式联运，加强集疏运体系建设，使铁路、港口码头、机场及公路实现“无缝对接”，着力提高物流设施的系统性、兼容性。充分发挥市场机制的作用，整合现有运输、仓储等物流基础设施，加快盘活存量资产，通过资源的整合、功能的拓展和服务的提升，满足物流组织与管理服务的需要。加强新建铁路、港口、公路和机场转运设施的统一规划和建设，合理布局物流园区，完善中转联运设施，防止产生新的分割和不衔接。加强仓储设施建设，在大中城市周边和制造业基地附近合理规划、改造和建设一批现代化的配送中心。

（八）提高物流信息化水平

积极推进企业物流管理信息化，促进信息技术的广泛应用。尽快制订物流信息技术标准和信息资源标准，建立物流信息采集、处理和服务的交换共享机制。加快行业物流公共信息平台建设，建立全国性公路运输信息网络和航空货运公共信息系统，以及其他运输与服务方式的信息网络。推动区域物流信息平台建设，鼓励城市间物流平台的信息共享。加快构建商务、金融、税务、海关、邮政、检验检疫、交通运输、铁路运输、航空运输和工商管理等政府部门的物流管理与服务公共信息平台，扶持一批物流信息服务企业成长。

（九）完善物流标准化体系

根据物流标准编制规划，加快制订、修订物流通用基础类、物流技术类、物流信息类、物流管理类、物流服务类等标准，完善物流标准化体系。密切关注国际发展趋势，加强重大基础标准研究。要对标准制订实施改革，加强物流标准工作的协调配合，充分发挥企业在制订物流标准中的主体作用。加快物流管理、技术和服务标准的推广，鼓励企业和有关方面采用标准化的物流计量、货物分类、物品标识、物流装备设施、工具器具、信息系统和作业流程等，提高物流的标准化程度。

（十）加强物流新技术的开发和应用

大力推广集装技术和单元化装载技术，推行托盘化单元装载运输方式，大力发展大吨位厢式货车和甩挂运输组织方式，推广网络化运输。完善并推广物品编码体系，广泛应用条形码、智能标签、无线射频识别（RFID）等自动识别、标识技术以及电子数据交换（EDI）技术，发展可视化技术、货物跟踪技术和货物快速分拣技术，加大对RFID和移动物流信息服务技术、标准的研发和应用的投入。积极开发和利用全球定位系统（GNSS）、地理信息系统（GIS）、道路交通信息通信系统（VICS）、不停车自动交费系统（ETC）、智能交通系统（ITS）等运输领域新技术，加强物流信息系统安全体系研究。加强物流技术装备的研发与生产，鼓励企业采用仓储运输、装卸搬运、分拣包装、条码印刷等专用物流技术装备。

四、重点工程

（一）多式联运、转运设施工程

依托已有的港口、铁路和公路货站、机场等交通运输设施，选择重点地区和综合交通枢纽，建设一批集装箱多式联运中转设施和连接两种以上运输方式的转运设施，提高铁路集装箱运输能力，重点解决港口与铁路、铁路与公路、民用航空与地面交通等枢纽不衔接以及各种交通枢纽相互分离带来的货物在运输过程中多次搬倒、拆装等问题，促进物流基础设施协调配套运行，实现多种运输方式“无缝衔接”，提高运输效率。

（二）物流园区工程

在重要物流节点城市、制造业基地和综合交通枢纽，在土地利用总体规划、城市总体规划确定的城镇建设用地范围内，按照符合城市发展规划、城乡规划的要求，充分利用已有运输场站、仓储基地等基础设施，统筹规划建设一批以布局集中、用地节约、产业集聚、功能集成、经营集约为特征的物流园区，完善专业化物流组织服务，实现长途运输与短途运输的合理衔接，优化城市配送，提高物流运作的规模效益，节约土地占用，缓解城市交通压力。物流园区建设要严格按规划进行，充分发挥铁路运输优势，综合利用已有、规划和在建的物流基础设施，完善配套设施，防止盲目投资和重复建设。

（三）城市配送工程

鼓励企业应用现代物流管理技术，适应电子商务和连锁经营发展的需要，在大中城市发展面向流通企业和消费者的社会化共同配送，促进流通的现代化，扩大居民消费。加快建设城市物流配送项目，鼓励专业运输企业开展城市配送，提高城市配送的专业化水平，解决城市快递、配送车辆进城通行、停靠和装卸作业问题，完善城市物流配送网络。

（四）大宗商品和农村物流工程

加快煤炭物流通道建设，以山西、内蒙古、陕西煤炭外运为重点，形成若干个煤电路港一体化工程，完善煤炭物流系统。加强油气码头和运输管网建设，提高油气物流能力。加强重要矿产品港口物流设施建设，改善大型装备物流设施条件。加快粮食现代物流设施建设，建设跨省粮食物流通道和重要物流节点。加大投资力度，加快建设“北粮南运”和“西煤东运”工程。加强城乡统筹，推进农村物流工程。进一步加强农副产品批发市场建设，完善鲜活农产品储藏、加工、运输和配送等冷链物流设施，提高鲜活农产品冷藏运输比例，支持发展农资和农村消费品物流配送中心。

（五）制造业与物流业联动发展工程

加强对制造业物流分离外包的指导和促进，支持制造企业改造现有业务流程，促进物流业务分离外包，提高核心竞争力。培育一批适应现代制造业物流需求的第三方物流企业，提升物流业为制造业服务的能力和水平。制定鼓励制造业与物流业联动发展的相关政策，组织实施一批制造业与物流业联动发展的示范工程和重点项目，促进现代制造业与物流业有机融合、联动发展。

（六）物流标准和技术推广工程

加快对现有仓储、转运设施和运输工具的标准化改造，鼓励企业采用标准化的物流设施和设备，实现物流设施、设备的标准化。推广实施托盘系列国家标准，鼓励企业采用标准化托盘，支持专业化企业在全国建设托盘共用系统，开展托盘的租赁回收业务，实现托盘标准化、社会化运作。鼓励企业采用集装单元、射频识别、货物跟踪、自动分拣、立体仓库、配送中心信息系统、冷链等物流新技术，提高物流运作管理水平。实施物流标准化服务示范工程，选择大型物流企业、物流园区开展物流标准化试点工作并逐步推广。

（七）物流公共信息平台工程

加快建设有利于信息资源共享的行业和区域物流公共信息平台项目，重点建设电子口岸、综合运输信息平台、物流资源交易平台和大宗商品交易平台。鼓励企业开展信息发布和信息系统外包等服务业务，建设面向中小企业的物流信息服务平台。

（八）物流科技攻关工程

加强物流新技术的自主研发，重点支持货物跟踪定位、智能交通、物流管理软件、移动物流信息服务等关键技术攻关，提高物流技术的自主创新能力。适应物流业与互联网融合发展的趋势，启动物联网的前瞻性研究工作。加快先进物流设备的研制，提高物流装备的现代化水平。

（九）应急物流工程

建立应急生产、流通、运输和物流企业信息系统，以便在突发事件发生时能够紧急调用。建立多层次的政府应急物资储备体系，保证应急调控的需要。加强应急物流设施设备建设，提高应急反应能力。选择和培育一批具有应急能力的物流企业，建立应急物流体系。

五、政策措施

（一）加强组织和协调

现代物流业是新型服务业，涉及面广。要加强对现代物流业发展的组织和协调，在相关部门各司其职、各负其责的基础上，发挥由发展改革委牵头、有关部门参加的全国现代物流工作部际联席会议的作用，研究协调现代物流业发展的有关重大问题和政策。各省、自治区、直辖市政府也要建立相应的协调机制，加强对地方现代物流业发展有关问题的研究和协调。

（二）改革物流管理体制

继续深化铁路、公路、水运、民航、邮政、货代等领域的体制改革，按照精简、统一、高效的原则和决策、执行、监督相协调的要求，建立政企分开、决策科学、权责对等、分工合理、执行顺畅、监督有力的物流综合管理体系，完善政府的公共服务职能，进一步规范运输、货代等行业的管理，促进物流服务的规范化、市场化和国际化。改革仓储企业经营体制，推进仓储设施和业务的社会化。打破行业垄断，消除地区封锁，依法制止和查处滥用行政权力阻碍或限制跨地区、跨行业物流服务的行为，逐步建立统一开放、竞争有序的全国物流服务市场，促进物流资源的规范、公平、有序和高效流动。加强监管，规范物流市场秩序，强化物流环节质量安全管理。进一步完善对物流企业的交通安全监管机制，督促企业定期对车辆技术状况、驾驶人资质进行检查，从源头上消除安全隐患，落实企业的安全生产主体责任。

（三）完善物流政策法规体系

在贯彻落实好现有推动现代物流业发展有关政策的基础上，进一步研究制定促进现代物流业发展的有关政策。加大政策支持力度，抓紧解决影响当前物流业发展的土地、税收、收费、融资和交通管理等方面的问题。引导和鼓励物流企业加强管理创新，完善公司治理结构，实施兼并重组，尽快做强做大。针对当前产业发展中出现的新情况和新问题，研究制定系统的物流产业政策。清理有关物流的行政法规，加强对物流领域的立法研究，完善物流的法律法规体系，促进物流业健康发展。

（四）制订落实专项规划

有关部门要制订专项规划，积极引导和推动重点领域和区域物流业的发展。发展改革委会同有关部门制订煤炭、粮食、农产品冷链、物流园区、应急物流等专项规划，商务部会同供销总社等有关部门制订商贸物流专项规划，国家标准委会同有关部门制订物流标准专项规划。物流业发展的重点地区，各级地方政府也要制订本地区物流业规划，指导本地区物流业的发展。

（五）多渠道增加对物流业的投入

物流业的发展，主要依靠企业自身的投入。要加快发展民营物流企业，扩大对外开放步伐，多渠道增加对物流业的投入。对列入国家和地方规划的物流基础设施建设项目，鼓励其通过银行贷款、股票上市、发行债券、增资扩股、企业兼并、中外合资等途径筹集建设资金。银行业金融机构要积极给予信贷支持。对涉及全国性、区域性重大物流基础设施项目，中央和地方政府可根据项目情况和财力状况适当安排中央和地方预算内建设投资，以投资补助、资本金注入或贷款贴息等方式给予支持，由企业进行市场化运作。

（六）完善物流统计指标体系

进一步完善物流业统计调查制度和信息管理制度，建立科学的物流业统计调查方法和指标体系。加强物流统计基础工作，开展物流统计理论和方法研究。认真贯彻实施社会物流统计核算与报表制度。积极推动地方物流统计工作，充分发挥行业组织的作用和力量，促进物流业统计信息交流，建立健全共享机制，提高统计数据的准确性和及时性。

（七）继续推进物流业对外开放和国际合作

充分利用世界贸易组织、自由贸易区和区域经济合作机制等平台，与有关国家和地区相互进一步开放与物流相关的分销、运输、仓储、货代等领域，特别是加强与日韩、东盟和中亚国家的双边和区域物流合作，开展物流方面的政策协调和技术合作，推动物流业“引进来”和“走出去”。加强国内物流企业同国际先进物流企业的合资、合作与交流，引进和吸收国外促进现代物流发展的先进经验和管理方法，提高物流业的全球化与区域化程度。加强国际物流“软环境”建设，包括鼓励运用国际惯例、推动与国际贸易规则及货代物流规则接轨、统一单证、加强风险控制和风险转移体系建设等。建立产业安全保障机制，完善物流业外资并购安全审查制度。

（八）加快物流人才培养

要采取多种形式，加快物流人才的培养。加强物流人才需求预测和调查，制订科学的培养目标和规划，发展多层次教育体系和在职人员培训体系。利用社会资源，鼓励企业与大学、科研机构合作，编写精品教材，提高实际操作能力，强化职业技能教育，开展物流领域的职业资质培训与认证工作。加强与国外物流教育与培训机构的联合与合作。

（九）发挥行业社团组织的作用

物流业社团组织应履行行业服务、自律、协调的职能，发挥在物流规划制订、政策建议、规范市场行为、统计与信息、技术合作、人才培训、咨询服务等方面的中介作用，成为政府与企业联系的桥梁和纽带。

六、规划实施

国务院各有关部门要按照《规划》的工作分工，加强沟通协商，密切配合，尽快制定和完善各项配套政策措施，明确政策措施的实施范围和进度，并加强指导和监督，确保实现物流业调整和振兴目标。有关部门要适时开展《规划》的后评价工作，及时提出评价意见。

各地区要按照《规划》确定的目标、任务和政策措施，结合当地实际抓紧制订具体工作方案，细化落实，确保取得实效。各省、自治区、直辖市要将具体工作方案和实施过程中出现的新情况、新问题及时报送发展改革委和交通运输、商务等有关部门。

电子信息产业调整和振兴规划

信息技术是当今世界经济社会发展的重要驱动力，电子信息产业是国民经济的战略性、基础性和先导性支柱产业，对于促进社会就业、拉动经济增长、调整产业结构、转变发展方式和维护国家安全具有十分重要的作用。为应对国际金融危机的影响，落实党中央、国务院保增长、扩内需、调结构的总体要求，确保电子信息产业稳定发展，加快结构调整，推动产业升级，特制定本规划，作为电子信息产业综合性应对措施的行动方案。规划期为2009—2011年。《规划》的主要内容是：

一、电子信息产业现状及面临的形势

改革开放以来，我国电子信息产业实现了持续快速发展，特别是进入21世纪以来，产业规模、产业结构、技术水平得到大幅提升。2001—2007年销售收入年均增长28%，2008年实现销售收入约6.3万亿元，工业增加值约1.5万亿元，占GDP比重约5%，对当年GDP增长的贡献超过0.8个百分点，出口额达5218亿美元，占全国外贸出口总额的36.5%。我国已成为全球最大的电子信息产品制造基地，在通信、高性能计算机、数字电视等领域也取得一系列重大技术突破。但是，受国际金融危机影响，2008年下半年以来，电子信息产品出口增速不断下滑，销售收入增速大幅下降，重点领域和骨干企业经营出现困难，利用外资额明显减少，电子信息产业发展面临严峻挑战。同时，我国电子信息产业深层次问题仍很突出。必须采取有效措施，加快产业结构调整，推动产业优化升级，加强技术创新，促进电子信息产业持续稳定发展，为经济平稳较快发展做出贡献。

二、指导思想、基本原则和目标

（一）指导思想

全面贯彻落实党的十七大精神，以邓小平理论和“三个代表”重要思想为指导，深入贯彻落实科学发展观，围绕保增长、扩内需、调结构的主线，坚持改革开放，强化自主创新，加快信息化与工业化融合，以优化环境巩固规模优势，以重大工程带动技术突破，以新的应用推动产业发展。稳定出口，拓展内需，满足人民群众的消费需求，保持电子信息产业平稳较快增长；集聚资源，重点突破，提高关键技术和核心产业的自主发展能力；以用促业、融合发展，加快培育新的增长点；在发展中保稳定，在稳定中谋转型，加快调整电子信息产业组织结构、产品结构和区域结构，实现产业持续健康发展。

（二）基本原则

坚持立足当前与谋划长远相结合。针对当前外部市场需求急剧下降、全球电子信息产业深度调整的形势，采取积极措施，保持产业的稳定增长。同时，着眼长远发展，集中优势资源，在重点领域取得突破，促进产业结构调整，加快发展模式向质量效益型转变。

坚持市场运作与政府引导相结合。充分发挥市场配置资源的基础性作用，加快完善体制机制，改善投融资环境，培育骨干企业，扶持中小创新型企业，促进产业持续健康发展。同时，国家加大财税、金融政策支持力度，增强集成电路、新型显示器件、软件等核心产业的自主发展能力。

坚持自主创新与国际合作相结合。加快自主创新步伐，以系统应用为牵引，加速技术自主开发。同时，继续加大力度吸引国际电子信息制造业和服务业向我国转移，提高利用外资水平，拓展企业海外发展空间，提高电子信息产业在国际分工中的地位。

（三）规划目标

促增长、保稳定取得显著成效。未来三年，电子信息产业销售收入保持稳定增长，产业发展对GDP增长的贡献不低于0.7个百分点，三年新增就业岗位超过150万个，其中新增吸纳大学生就业近100万人。保持外贸出口稳定。新型电子信息产品和相关服务培育成为消费热点，信息技术应用有效带动传统产业改造，信息化与工业化进一步融合。

调结构、谋转型取得明显进展。骨干企业国际竞争力显著增强，自主品牌市场影响力大幅提高。软件和信息服务收入在电子信息产业中的比重从12%提高到15%。稳步推进电子信息加工贸易转型升级，鼓励加工贸易企业延长产业链，促进国内产业升级。形成一批具有国际影响力、特色鲜明的产业聚集区。产业创新体系进一步完善。核心技术有所突破，新一代移动通信、下一代互联网、数字广播电视等领域的应用创新带动形成一批新的增长点，产业发展模式转型取得明显进展。

三、产业调整和振兴的主要任务

今后三年，电子信息产业要围绕九个重点领域，完成确保骨干产业稳定增长、战略性核心产业实现突破、通过新应用带动新增长三大任务。

（一）确保计算机、电子元器件、视听产品等骨干产业稳定增长

完善产业体系，保持出口稳定，拓展城乡市场，提高利用外资水平，发挥产业集聚优势，实现计算机、电

子元器件、视听产品等骨干产业平稳发展。

增强计算机产业竞争力。加快提高产品研发和工业设计能力，积极发展笔记本电脑、高端服务器、大容量存储设备、工业控制计算机等重点产品，构建以设计为核心、以制造为基础，关键部件配套能力较强的计算机产业体系。大力开拓个人计算机消费市场，积极拓展行业应用市场，推广基于自主设计CPU的低成本计算机和具有自主知识产权的打印机、税控收款机等产品。支持骨干企业“走出去”，进一步开拓全球特别是新兴国家和发展中国家市场。

加快电子元器件产品升级。充分发挥整机需求的导向作用，围绕国内整机配套调整元器件产品结构，提高片式元器件、新型电力电子器件、高频频率器件、半导体照明、混合集成电路、新型锂离子电池、薄膜太阳能电池和新型印刷电路板等产品的研发生产能力，初步形成完整配套、相互支撑的电子元器件产业体系。加快发展无污染、环保型基础元器件和关键材料，提高产品性能和可靠性，提高电子元器件和基础材料的回收利用水平，降低物流和管理成本，进一步提高出口产品竞争力，保持国际市场份额。

推进视听产业数字化转型。支持彩电企业与芯片设计、显示模组企业的纵向整合，促进整机企业的强强联合，加大创新投入，提高国际竞争力。加快4C（计算机、通信、消费电子、内容）融合，促进数字家庭产品和新型消费电子产品大发展。推进体制机制创新，加快模拟电视向数字电视过渡，推动全国有线、地面、卫星互为补充的数字化广播电视网络建设，丰富数字节目资源，推动高清节目播出，促进数字电视普及，带动数字演播室设备、发射设备、卫星接收设备的升级换代，加快电影数字化进程，实现视听产业链的整体升级。

（二）突破集成电路、新型显示器件、软件等核心产业的关键技术

抓住全球产业竞争格局加快调整的机遇，立足自主创新，强化国际合作，统筹资源、环保、市场、技术、人才等各种要素，合理布局重大项目建设，实现集成电路、新型显示器件、软件等核心产业关键技术的突破。

完善集成电路产业体系。支持骨干制造企业整合优势资源，加大创新投入，推进工艺升级。继续引导和支持国际芯片制造企业加大在我国投资力度，增设生产基地和研发中心。完善集成电路设计支撑服务体系，促进产业集聚。引导芯片设计企业与整机制造企业加强合作，依靠整机升级扩大国内有效需求。支持设计企业间的兼并重组，培育具有国际竞争力的大企业。支持集成电路重大项目建设与科技重大专项攻关相结合，推动高端通用芯片的设计开发和产业化，实现部分专用设备的产业化应用，形成较为先进完整的集成电路产业链。

突破新型显示产业发展瓶颈。统筹规划、合理布局，以面板生产为重点，完善新型显示产业体系。国家安排引导资金和企业资本市场筹资相结合，拓宽融资渠道，增强企业创新发展能力。成熟技术的产业化与前瞻性技术研究开发并举，逐步掌握显示产业发展主动权。充分利用全球产业资源，重点加强海峡两岸产业合作，努力在新型显示面板生产、整机模组一体化设计、玻璃基板制造等领域实现关键技术突破。

提高软件产业自主发展能力。依托国家科技重大专项，着力提高国产基础软件的自主创新能力。支持中文处理软件（含少数民族语言软件）、信息安全软件、工业软件等重要应用软件和嵌入式软件技术、产品研发，实现关键领域重要软件的自主可控，促进基础软件与CPU的互动发展。加强国产软件和行业解决方案的推广应用，推动软件产业与传统产业的融合发展。鼓励大型骨干企业整合优势资源，增强企业实力和国际竞争力。引导中小软件企业向产业基地集聚和联合发展，提高软件行业国际合作水平。

（三）在通信设备、信息服务、信息技术应用等领域培育新的增长点

加速信息基础设施建设，大力推动业务创新和服务模式创新，强化信息技术在经济社会领域的运用，积极采用信息技术改造传统产业，以新应用带动新增长。

加速通信设备制造业大发展。以新一代网络建设为契机，加强设备制造企业与电信运营商的互动，推进产品和服务的融合创新，以规模应用促进通信设备制造业发展。加快第三代移动通信网络、下一代互联网和宽带光纤接入网建设，开发适应新一代移动通信网络特点和移动互联网需求的新业务、新应用，带动系统和终端产品的升级换代。支持IPTV（网络电视）、手机电视等新兴服务业发展。建立内容、终端、传输、运营企业相互促进、共赢发展的新体系。

加快培育信息服务新模式新业态。把握软件服务化趋势，促进信息服务业务和模式创新，综合利用公共信

息资源，进一步开发适应我国经济社会发展需求的信息服务业务。积极承接全球离岸服务外包业务，引导公共服务部门和企事业单位外包数据处理、信息技术运行维护等非核心业务，建立基于信息技术和网络的服务外包体系。提高信息服务业支撑服务能力，初步形成功能完善、布局合理、结构优化、满足产业国际化发展要求的公共服务体系。

加强信息技术融合应用。以研发设计、流程控制、企业管理、市场营销等关键环节为突破口，推进信息技术与传统工业结合，提高工业自动化、智能化和管理现代化水平。加速行业解决方案的开发和推广，组织开展行业应用试点示范工程，支持RFID（电子标签）、汽车电子、机床电子、医疗电子、工业控制及检测等产品和系统的开发和标准制定。支持信息技术企业与传统工业企业开展多层次的合作，进一步促进信息化与工业化融合。结合国家改善民生相关工程的实施，加强信息技术在教育、医疗、社保、交通等领域应用。提高信息技术服务“三农”水平，加速推进农业和农村信息化，发展壮大涉农电子产品和信息服务产业。

四、政策措施

（一）落实扩大内需措施

结合国民经济和社会信息化建设以及家电下乡、其他重点产业调整和振兴规划的实施，进一步拓展电子信息产业的发展空间，引导推进第三代移动通信网络、下一代互联网、数字广播电视网络、宽带光纤接入网络和数字化影院建设，拉动国内相关产业发展。完善普遍服务机制，推进农村信息化建设，加强农村电信和广播电视覆盖，加速实现“村村通”。支持国内光伏发电市场发展和LED（发光二极管）节能照明产品推广。建立国家资金支持的重大工程配套保障协调机制，带动电子信息产品以及相关服务发展，引导国内企业互相配套。

（二）加大国家投入

国家新增投资向电子信息产业倾斜，加大引导资金投入，实施集成电路升级、新型显示和彩电工业转型、TD-SCDMA第三代移动通信产业新跨越、数字电视电影推广、计算机提升和下一代互联网应用、软件及信息服务培育等六项重大工程，支持自主创新和技术改造项目建设。鼓励地方对专项支持的关键领域和重点项目给予资金支持，引导社会资源投向电子信息产业领域。加大信息技术改造传统产业的投入。

（三）加强政策扶持

继续实施《国务院关于印发鼓励软件产业和集成电路产业发展若干政策的通知》（国发〔2000〕18号）明确的政策，抓紧研究进一步支持软件产业和集成电路产业发展的政策措施。进一步完善并适当延长液晶等新型显示器件优惠政策。落实数字电视产业政策，推进“三网融合”。在高新技术企业认定工作中，根据电子信息产业发展状况适时调整认定目录和标准。研究出台光伏发电和半导体照明推广应用的鼓励政策。

（四）完善投融资环境

落实金融促进经济发展的有关政策措施，加大对电子信息产业的信贷支持。引导地方政府加大投入，有效发挥信用担保体系功能，支持金融机构为中小电子信息企业提供更多融资服务。依托产业基地、企业孵化器等产业集聚区，扩大电子信息中小企业集合发债试点。对符合条件的电子信息企业引进先进技术和产品更新换代的外汇资金需求，通过进出口银行提供优惠利率进口信贷方式给予支持。积极发展风险创业投资，大力支持海外归国人才在国内创业发展。落实优惠条件，降低商检和物流费用，支持国外企业稳定在我国的生产规模，扩大投资。加强产业基地公共基础设施和支撑服务体系建设，优化产业集聚区发展环境。发挥海关特殊监管区域的政策和功能优势，加大打击走私力度，促进电子信息产品研发、维修、配送及服务外包业务的发展。

（五）支持优势企业并购重组

在集成电路、软件、通信、新型显示器件等重点领域，鼓励优势企业整合国内资源，支持企业“走出去”兼并或参股信息技术企业，提高管理水平，增强国际竞争力。鼓励金融机构对电子信息企业重组给予支持。

（六）进一步开拓国际市场

继续保持并适当加大部分电子信息产品出口退税力度，发挥出口信用保险支持电子信息产品出口的积极作用，强化出口信贷对中小电子信息企业的支持。落实科技兴贸规划。采取综合措施为企业拓展新兴市场创造条件，支持企业“走出去”设立研发、生产基地，建立境外营销网络。拓展与国外政府、企业间的合作，大力推动TD-SCDMA等标准技术在海外市场的拓展和商用。落实促进离岸服务外包产业发展的扶持政策，推动软件外包企业加快发展。

（七）强化自主创新能力建设

加快实施国家科技重大专项，推动产业创新发展。加强移动通信、笔记本电脑、软件、新型显示器件等领域创新能力建设，完善公共技术服务平台。支持电子元器件、系统整机、软件和信息服务企业组成各种形式的产业联盟，促进联合协同创新。大力推进TD-SCDMA、地面数字电视、手机电视、数字音视频编解码、中文办公文档格式、WAPI（无线局域网安全标准）、数字设备信息资源共享等标准产业化进程，加强RFID、数字版权管理、数字家庭产品等关键标准的制定和推广工作，加快制定工业软件、信息安全、信息技术服务标准和规范。加强对电子信息产品和服务的知识产权保护。将集成电路升级等六项重大工程所需高端人才引进列入国家引进高层次海外人才的相关计划，提高国内研发水平。

五、规划实施

各地区要按照《规划》确定的目标、任务和政策措施，结合当地实际抓紧制定具体落实方案，确保取得实效。具体工作方案和实施过程中出现的新情况、新问题要及时报送发展改革委、工业和信息化部等有关部门。

纺织工业调整和振兴规划

纺织工业是我国国民经济的传统支柱产业和重要的民生产业，也是国际竞争优势明显的产业，在繁荣市场、扩大出口、吸纳就业、增加农民收入、促进城镇化发展等方面发挥着重要作用。

为应对国际金融危机的影响，落实党中央、国务院关于保增长、扩内需、调结构的总体要求，确保纺织工业稳定发展，加快结构调整，推动产业升级，特编制本规划，作为纺织工业综合性应对措施的行动方案，规划期为2009—2011年。

一、纺织工业现状及面临的形势

进入21世纪以来，我国纺织工业快速发展，形成了从上游纤维原料加工到服装、家用、产业用终端产品制造不断完善的产业体系。生产持续较快增长，产品出口大幅增加，结构调整取得进展，对就业和惠农的贡献突出。2007年，纺织工业实现工业增加值8126亿元，占全部工业增加值的6.9%，占全国GDP的3.3%。纺织工业约30%的产品销往国际市场，国际市场占有率连续十余年位居全球首位；2007年纺织品服装出口总额1756亿美元，比2000年增长2.3倍，年均增长18.7%，占全国出口总额的14.4%，占国际纺织品服装贸易额的30%。产品应用范围已扩大到航空、航天、水利、农业、交通、医疗等众多领域。全行业吸纳就业人数超过2000万人，其中80%为农民工；消化农业提供的棉、毛、麻、丝天然纤维近1000万吨，惠及1亿农民。我国已经成为世界纺织服装生产大国。但是，纺织工业在快速发展的过程中，长期积累的矛盾和问题也日渐凸显。主要表现在：自主创新能力薄弱，高技术、功能性纤维和复合材料开发滞后，高性能纺织机械装备主要依靠进口；产业布局不尽合理，纺织工业能力的80%集中在沿海地区，出口市场近50%集中在欧盟、美国和日本，尚未形成多元化格局；节能减排任务艰巨，纺织工业能耗、水耗、废水排放量分别占全国工业总能耗、总水耗、总废水排放量的4.3%、8.5%和10%；产能规模盲目扩张，部分行业产能过剩。2008年下半年以来，国际金融危机对我国纺织工业造成严重影响，市场供求失衡，企业经营困难、亏损增加，吸纳就业人数下降，我国纺织工业陷入多年未见的困境。

应该看到，我国纺织工业具备较强的适应能力，产品在国际市场具有比较优势，国内市场需求还有很大潜力，纺织工业发展仍具有广阔的市场空间。必须采取有效措施，稳定国内外市场，提高自主创新能力，淘汰落后产能，优化产业布局，加快自主品牌建设，促进纺织工业持续健康运行，为经济平稳较快发展做出贡献。

二、指导思想、基本原则与目标

（一）指导思想

全面贯彻落实党的十七大精神，以邓小平理论和“三个代表”重要思想为指导，深入贯彻落实科学发展观，按照保增长、扩内需、调结构的总体要求，稳定纺织工业国际市场份额，扩大国内市场消费需求，以自主创新、技术改造、淘汰落后、优化布局为重点，推动纺织工业结构调整和产业升级，巩固和加强纺织工业就业惠农的支撑地位，推进我国纺织工业实现由大到强的转变。

（二）基本原则

坚持开拓国际市场与扩大内需相结合。统筹兼顾国际、国内两个市场，采取综合措施，在巩固和开拓国际市场、保持出口份额基本稳定的同时，努力培育和扩大国内消费需求。

坚持扶持骨干企业与带动中小企业相结合。发挥骨干优势企业在产业调整和振兴中的带动作用，支持优势企业兼并重组、做大做强，积极帮助中小企业应对危机，增强具有良好业绩和发展潜质的中小企业抵御风险的能力。

坚持自主创新、技术改造与淘汰落后相结合。抓住对行业科技进步带动明显的关键环节和重要领域，加快技术研发及产业化步伐，推动棉纺、印染、化纤、针织等行业的技术改造，加快淘汰落后工艺和产能。

坚持发挥市场机制作用与加强政策引导相结合。充分发挥市场配置资源的基础性作用，促进产业结构调整和企业加强管理，实现优胜劣汰。加强政策支持和引导，保持行业稳定发展，推动产业结构优化升级。

（三）规划目标

2009～2011年，纺织工业生产保持平稳增长，产业结构进一步优化，自主创新能力、技术装备水平、品种质量有明显提高，产业布局趋于合理，自主品牌建设取得较大突破，落后产能逐步退出，由纺织大国向纺织强国转变迈出实质性步伐。

1.总量保持稳定增长。到2011年，规模以上企业实现工业增加值12000亿元，年均增长10%；出口总额2400亿美元，年均增长8%。

2.产业结构明显优化。纤维加工量过快增长的态势得到明显控制。服装、家用、产业用三大终端产品纤维消耗比例调整至49:32:19；中西部纺织工业产值所占比重提高到20%左右。培育100家左右具有较强影响力的自主知名品牌企业，自主品牌产品出口比重提高到20%。

化及应用取得显著进展，具有国际先进水平的纺织技术装备比重提高到50%左右，新产品产值率不断提高，全行业劳动生产率年均提高10%。

3.节能减排取得明显成效。全行业实现单位增加值能耗年均降低5%、水耗年均降低7%、废水排放量年均降低7%。

4.淘汰落后取得实质性进展。到2011年，淘汰75亿米高能耗、高水耗、技术水平低的印染能力，淘汰230万吨化纤落后产能，加速淘汰棉纺、毛纺落后产能。

三、产业调整和振兴的主要任务

（一）稳定国内外市场

1.稳定和开拓出口市场。在不违反WTO规则的前提下，实施灵活的出口税收政策，积极应对贸易摩擦，稳定纺织品国际市场份额。实施出口市场多元化战略，积极开拓新兴市场，培育新的增长点；鼓励有实力的纺织企业“走出去”，在具有相对优势的国家和地区投资设厂；鼓励企业在主销市场设立物流中心和分销中心；下大力气打造国际知名品牌，在全球范围内实现销售、研发、生产各个环节的优化配置，提高我国纺织工业在全球价值链中的地位。

2.促进国内纺织品服装消费。引导纺织企业大力开发新产品，满足不同消费者需求；优化和创新商业模式，加强营销网络建设，减少流通环节；积极开拓农村市场，增加对边远乡村的销售，便利农民消费。

3.扩大国内产业用纺织品的应用。结合实施扩大内需促进经济增长的政策措施，通过完善相关标准规范，促进产业用纺织品在水利、交通、建筑、新能源、农业、环保和医疗等领域的应用。

（二）提高自主创新能力

1.推进高新技术纤维产业化和应用。加速实现高性能碳纤维、芳纶、聚苯硫醚、超高分子量聚乙烯、玄武岩纤维、聚酰亚胺、新型聚酯等高新技术纤维和复合材料的产业化，总产量由目前的7万吨提高到14万吨。充分利用农产品、农作物废弃物和竹、速生林等资源，实现可降解、可再生生物质纤维及综合开发利用的产业化，溶剂法纤维素纤维实现万吨级产业化，生物法生产多元醇实现千吨级产业化，生物质纤维素纤维比例由目前的6.3%提高到8%。

2.加快产业用纺织品的开发应用。加快推进产业用纺织品新产品的开发和产业化，满足水利、交通、建筑、新能源、农业、环保和医疗等新领域的需求。重点发展以宽幅高强工艺技术为主的土工格栅、土工布、防水卷材等多功能复合材料，高端土工布材料国内市场占有率由20%提高到50%；加快推进针刺、水刺、纺粘等先进工艺和高性能纤维在环保过滤用纺织材料生产上的应用，新材料比重由20%提高到50%；支持多功能篷盖材料、膜结构材料等轻量化特殊装饰用纺织材料的开发应用；支持采用高性能纤维开发风力发电机叶片、航空和航天器预制件等高性能增强复合材料，年产量达到5000万平方米；开发节水灌溉、储水材料和缓释包装材料等农用纺织材料；加快手术衣、隔离服、仿生器官等医用纺织材料及制品的开发和应用；推广纺粘、熔喷、水刺及其复合非织造工艺技术，突破“三抗”（抗微生物、抗血液、抗酒精）手术衣、隔离服等科技攻关项目的产业化难题。

3.提高纺织装备自主化水平。通过加强自主研发和引进消化国际先进技术，实现具有自主知识产权的新型纺织机械技术的重大突破，加快纺织机械技术装备自主化。国产纺织机械市场占有率由目前的60%提高到70%。一是提高传统纺织关键整机的技术水平；二是加快产业用纺织品机械开发和产业化；三是加强高效、连续、短流程等节能减排染整设备和能源、资源回收利用技术的研发和应用；四是以提高专用基础件、配套件可靠性为切入点，加大纺织机械专用基础件、配套件的研发和产业化力度。

4.加强标准化体系建设。尽快制定碳纤维等高性能纤维、生态纺织品、功能性纺织品和新型成套装备的产业技术标准；制定和完善航空、航天、水利、农业、交通、建筑、新能源、环保和医疗等领域产业用纺织品的标准和使用规范；修订和完善纺织工业资源节约和综合利用标准，建立和完善进出口产品检验检测体系。

（三）加快实施技术改造

以技术改造为抓手，采用先进适用技术改造传统产业，提高纺织行业生产效率，改善产品结构，增强市场有效供给能力。

1.纺纱织造行业。推行原料精细化、仪器化检测，提高企业电子配棉能力；推广高档精梳纱线、多种纤维混纺纱线和差别化、功能化化纤混纺、交织针织、机织面料的生产工艺；加大高支毛精纺面料、半精纺面料以及真丝、麻类高附加值产品开发力度；大力提高无卷、无接头纱、无梭布、精梳纱产品的比重，形成一批品牌效应好、市场占有率高的优质产品，进一步缩小与世界先进水平的差距。

2.印染行业。以现代电子信息技术、自动化技术、生物技术为手段，推广高效短流程、无水或少水印染技术和设备，提高生产自动控制水平。重点解决印染行业自动化程度低、能耗和水耗高、环境污染严重等问题，增加新产品和高附加值产品的开发生产。企业单位增加值能耗降低10%以上，中水回用率达到35%以上；新型纤维面料、功能整理产品等高档产品比重由目前的20%提高到30%左右。

3.化纤行业。采用先进适用技术提升传统化纤工艺、装备及生产控制水平，实现聚酯、涤纶、粘胶、锦纶、腈纶等产品柔性化、多样化、高效生产，提高产品附加值。加快多功能、差别化纤维的研发和纺织产品一条龙的应用开发，化纤差别化率由目前的36%提高到50%左右。

（四）淘汰落后产能

进一步加大对高能耗、高污染等落后生产工艺和设备的淘汰力度。棉纺行业重点淘汰建国前生产的以及所有“1”字头纺纱和织造设备，A512型、A513型系列细纱机；毛纺行业重点淘汰B250型毛精纺机、H212型毛织机等落后设备；印染行业重点淘汰74型染整生产线、落后型号的平网印花机、热熔染色机、热风布铗拉幅机、短环烘燥定型机及其他高能耗、高水耗的落后生产工艺设备；化纤行业重点淘汰R531型酸性老式粘胶纺丝机、湿法氨纶生产工艺，限制使用2万吨/年以下粘胶生产线、二甲基甲酰胺（DMF）溶剂法腈纶和氨纶生产工艺、涤纶长丝锭轴长900mm以下的半自动卷绕装置及间歇法聚合聚酯生产工艺设备。

（五）优化区域布局

东部沿海纺织工业发达地区充分利用技术、资金、研发、品牌、营销渠道的优势，跟踪国际最新技术和产品，重点发展技术含量高、附加值高、资源消耗低的纺织行业和产品。鼓励中西部地区发挥资源优势，积极承接产业转移，发展纺织服装加工基地，形成东中西部优势互补的区域布局，严防低水平产能的转移和扩张。加强内地与新疆的合作，建设优质棉纱、棉布和棉纺织品生产基地。支持大企业集团将其产业链的一端移入新疆发展，构建跨区域上下游紧密联系、协同发展的产业链，把新疆建成依托内地面向中亚乃至欧洲的纺织品服装出口加工基地和区域性国际商贸中心。

继续推进和深化“东桑西移”。重点巩固提高现有200个中西部地区蚕桑生产基地，推广规模化、标准化种桑养蚕模式；延伸中西部地区缫丝、织绸产业链，提高企业加工水平。在全国发展50家以“公司加农户”为主要形式、具备自主创新能力和自主品牌的丝绸企业。

（六）完善公共服务体系

建立纺织重点行业和企业运行情况、质量等跟踪监测制度，加强产业信息平台与预警机制建设；建立出口纺织产品国内外技术法规、标准和管理服务体系，以及产品质量安全通报、退货核查等应急处理系统；建设30个面向中小企业、功能完善、服务能力较强的公共服务平台，提供信息咨询、产品设计开发、社会责任推广、市场开拓、人才培训等方面的服务；加快产品质量检测体系建设，提升实验室和装备水平，完善检测标准和手段。大力推动企业信息化建设，推广适合化纤、纺织、印染和服装等重点行业特点的企业资源计划（ERP）管理系统、电子商务系统等。

（七）加快自主品牌建设

实施自主品牌建设工程，培育形成若干个具有国际影响力的自主知名品牌，提高纺织服装自有品牌出口比重10个百分点，提升我国纺织业在全球产业分工中的地位。以服装、家用等终端产品自主品牌建设为突破口，选择100家左右具有自主知识产权的优势品牌企业，加强技术进步，提高质量水平，建设和完善设计创意中心、技术研发中心、品牌推广中心，提高信息化管理水平和市场快速反应能力。支持优势品牌企业跨地区兼并重组、加强产业整合，提高产业集中度，增强品牌企业的市场控制力。

鼓励和引导品牌企业“走出去”，通过收购、入股等形式进行境外投资、品牌收购、设立境外合作区、设置销售网络等，建立为扩大自主品牌产品出口提供信息、政策、贸易等服务的咨询机构。建立和推行生态纺织品认证制度。积极开展与主要贸易伙伴间的多层面交流与合作，建立检测、认证结果的互认机制。

（八）提升企业竞争实力

纺织企业要从自身实际出发，抓住产业调整和振兴的机遇，深化企业改革，加快现代企业制度建设步伐，完善公司治理结构，不断提升企业管理和科学决策水平，提高核心竞争能力；加强企业自律，强化质量管理，落实安全生产措施；加大产品研发和技术进步投入，增强新技术产品、高附加值产品的开发能力和生产能力，进一步提高产品的档次和水平；把握国内外市场形势变化，努力开发适销对路产品，提高对市场需求的快速反应能力，使产品开发、品牌培育与市场紧密结合；坚决淘汰高能耗、高污染、低效率的落后生产能力，加强节能管理和成本管理；优势企业可利用自身规模、技术和品牌优势，通过兼并重组进一步做大做强；坚持以人为本，做好员工培训，全面履行社会责任，建立和谐企业。

四、政策措施及保障条件

(1) 继续提高纺织品服装出口退税率。认真落实提高部分轻纺产品出口退税率的政策措施；加快出口退税进度，确保及时足额退税。

(2) 加大棉花、厂丝收购力度。为保护棉农、蚕农利益，通过增加中央储备或其他办法，加大棉花、厂丝收购力度。

(3) 加大技术进步和技术改造投资力度。支持企业技术进步和技术改造，重点支持高新技术纤维产业化及应用、产业用纺织品开发应用、新型纺织装备自主化，支持纺纱织造、印染、化纤等行业的技术改造，以及自主品牌建设等。

(4) 进一步扩大国内消费。优化商业环境，扩大营销网络，减少流通费用，制定加快推进我国服装自主品牌建设的指导意见，推进名品进名店、名牌产品下乡，扩大纺织品服装消费；营造统一规范的市场环境，推进异地质检互认制度，减少重复检测；制定和完善产业用纺织品的相关技术标准和使用规范，提高产业技术水平和产品质量；鼓励国内基础设施建设项目采用符合质量要求的土工布材料、过滤用纺织材料、装饰装修用纺织品、高性能增强复合材料等产业用纺织品。

(5) 鼓励企业实施兼并重组。鼓励纺织服装行业优势骨干企业对困难企业进行兼并重组；兼并重组过程中，在流动资金、债务核定、人员安置等方面给予支持，妥善安置企业职工的，可按有关规定减免契税；对实施兼并重组企业符合条件的技术改造项目给予优先支持。

(6) 加大对纺织企业的金融支持。对一些基本面较好、带动就业明显、信用记录较好、无严重环境违法行为、有竞争力、有市场、有订单但暂时出现经营和财务困难的纺织企业，金融机构要加大信贷支持力度，允许将到期的贷款适当展期；认真落实《国务院办公厅关于当前金融促进经济发展的若干意见》（国办发〔2008〕126号），放宽中小纺织企业贷款呆账核销条件，简化税务部门审核金融机构呆账核销手续和程序，对中小纺织企业贷款实行税前全额拨备和提供风险补偿。支持符合条件的企业发行公司债券、企业债券、中小企业集合债券、短期融资券等，简化审批程序，拓展企业融资渠道；中央和地方财政要加大对资质好、管理规范的中小企业信用担保机构的支持力度，鼓励担保机构为中小纺织企业提供信用担保和融资服务。

（7）减轻纺织企业负担。对受金融危机影响较大、暂时遇到经营困难的企业，按照有关规定，实施缓缴社会保险费或降低相关社会保险费率等政策。对采取在岗培训、轮班工作、协商薪酬等办法稳定员工队伍，并保证不裁员或少裁员的困难企业，允许使用失业保险基金支付社会保险补贴和岗位补贴。地方政府制定的产业扶持政策，应适当向纺织企业倾斜。加快清理各种不合理收费。

（8）加大对中小纺织企业扶持力度。现有支持中小企业发展的专项资金（基金）等向纺织企业适当倾斜，支持纺织企业巩固和开拓国内外市场；支持面向中小企业的公共服务平台建设，完善环保、检测、信息等公共服务体系，推进纺织企业园区化、集群化发展；加大对纺织应用基础研究及技术创新的支持力度。

（9）加强产业政策引导。制定并完善印染、粘胶行业准入条件，指导行业规范发展；调整淘汰落后工艺技术目录，研究完善高污染企业和落后产能退出机制和保障措施；环保、土地、信贷等相关政策要与产业政策相互配合，体现区别对待、有保有压；研究制定产业转移指导意见；积极创造条件，引导外商投资企业将结算中心、成本和利润核算中心设在境内，以企业在岸资产进行担保并落实抵押担保条件。

（10）发挥行业协（商）会作用。行业协（商）会要充分发挥桥梁和纽带作用，在政府指导下，组织应对国际贸易中的反倾销、反补贴诉讼；及时反映行业情况、问题和企业诉求，引导企业落实产业政策，加强行业自律，促进行业有序发展。

五、规划实施

国务院各有关部门要按照《规划》分工，加强沟通协商，密切配合，尽快制定完善各项配套政策措施，并加强指导和监督检查。有关部门要适时开展《规划》的后评价工作，及时提出评价意见。

各地区要按照《规划》确定的目标、任务和政策措施，结合当地实际抓紧制定具体落实方案，确保取得实效。具体工作方案和实施过程中出现的新情况、新问题要及时报送发展改革委、工业和信息化部等有关部门。

装备制造业调整和振兴规划

装备制造业是为国民经济各行业提供技术装备的战略性产业，产业关联度高、吸纳就业能力强、技术资金密集，是各行业产业升级、技术进步的重要保障和国家综合实力的集中体现。

为应对国际金融危机的影响，落实党中央、国务院关于保增长、扩内需、调结构的总体要求，确保装备制造业平稳发展，加快结构调整，增强自主创新能力，提高自主化水平，推动产业升级，特编制本规划，作为装备制造业综合性应对措施的行动方案。规划期为2009－2011年。

一、装备制造业现状及面临的形势

经过多年发展，我国装备制造业已经形成门类齐全、规模较大、具有一定技术水平的产业体系，成为国民经济的重要支柱产业。特别是《国务院关于加快振兴装备制造业的若干意见》（国发〔2006〕8号）实施以来，装备制造业发展明显加快，重大技术装备自主化水平显著提高，国际竞争力进一步提升，部分产品技术水平和市场占有率跃居世界前列。我国已经成为装备制造业大国，但产业大而不强、自主创新能力薄弱、基础制造水平落后、低水平重复建设、自主创新产品推广应用困难等问题依然突出。同时，受国际金融危机影响，2008年下半年以来，国内外市场装备需求急剧萎缩，我国装备制造业持续多年的高速增长势头明显趋缓，企业生产经营困难、经济效益下滑，可持续发展面临挑战。

应该看到，我国目前正处于扩大内需、加快基础设施建设和产业转型升级的关键时期，对先进装备有着巨大的市场需求；金融危机加快了世界产业格局的调整，为我国提供了参与产业再分工的机遇，装备制造业发展的基本面没有改变。必须采取有效措施，抓住机遇，加快产业结构调整，推动产业优化升级，加强技术创新，促进装备制造业持续稳定发展，为经济平稳较快发展做出贡献。

二、指导思想、基本原则和目标

（一）指导思想

全面贯彻落实党的十七大精神，以邓小平理论和“三个代表”重要思想为指导，深入贯彻落实科学发展观，依托国家重点建设工程，大规模开展重大技术装备自主化工作；通过加大技术改造投入，增强企业自主创新能力，大幅度提高基础配套件和基础工艺水平；通过加快企业兼并重组和产品更新换代，促进产业结构优化升级，全面提升产业竞争力，努力推进装备制造业由大到强的转变。

（二）基本原则

坚持装备自主化与重点建设工程相结合。加强政策支持和市场引导，充分利用实施重点建设工程和调整振兴重点产业形成的市场需求，加快推进装备自主化，保障工程需要，带动产业发展。

坚持自主开发与引进消化吸收相结合。支持企业自主开发新产品，鼓励开展引进消化吸收再创新，引导企业逐步由依赖引进技术向自主创新转变，大力推进技术产业化。

坚持发展整机与提高基础配套水平相结合。努力实现重大技术装备自主化，带动基础配套产品发展。提高基础件技术水平，开发特种原材料，扭转基础配套产品主要依赖进口的局面。

坚持发展企业集团与扶持专业化企业相结合。支持装备制造骨干企业通过兼并重组发展大型综合性企业集团，鼓励主机生产企业由单机制造为主向系统集成为主转变，引导专业化零部件生产企业向“专、精、特”方向发展，形成优势互补、协调发展的产业格局。

（三）规划目标

1．产业实现平稳增长。保持装备制造业生产经营稳定，增加值占全国工业增加值的比重逐步上升，为扩大内需、转变发展方式、确保国民经济稳定增长提供保障。

2．市场份额逐步扩大。提高国产装备质量水平，扩大国内市场，国产装备国内市场满足率稳定在70%左右，巩固出口产品竞争优势，稳定出口市场。

3．重大装备研制取得突破。全面提高重大装备技术水平，满足国家重大工程建设和重点产业调整振兴需要，百万千瓦级核电设备、新能源发电设备、高速动车组、高档数控机床与基础制造装备等一批重大装备实现自主化。

4．基础配套水平提高。基础件制造水平得到提高，通用零部件基本满足国内市场需求，关键自动化测控部件填补国内空白，特种原材料实现重点突破。

5．组织结构优化升级。形成若干家具有国际竞争力的科工贸一体化大型企业集团，形成一批参与国际分工的“专、精、特”专业化零部件生产企业。

6．增长方式明显转变。生产组织方式和重要生产工艺得到改进，现代制造服务业得到发展，单位工业增加值能耗、物耗和污染物排放显著降低，劳动生产率显著提高，大型企业集团的现代制造服务收入占销售收入比重达到20%以上。

三、产业调整和振兴的主要任务

（一）依托十大领域重点工程，振兴装备制造业

1．高效清洁发电。以辽宁红沿河、福建宁德和福清、广东阳江、浙江方家山和三门、山东海阳以及后续核电站建设工程为依托，推进二代改进型、AP1000核电设备自主化，重点实现压力容器、蒸汽发生器、控制棒驱动机构、核级泵阀、应急柴油机等主要设备的国内制造。以东北、西北、华北北部和沿海地区大型风电场工程为依托，推进风电设备自主化，重点实现变频控制系统、风电轴承、碳纤维叶片等产品的国内制造。进一步提高70万千瓦以上水电设备、大型抽水蓄能机组、

百万千瓦级超临界/超超临界火电设备、大型燃气机组、垃圾焚烧发电设备等技术装备的性能质量。开发太阳能发电设备。发展大型火电、核电站辅机。

2. 特高压输变电。以特高压交直流输电示范工程为依托，以交流变压器、直流换流变压器、电抗器、电流互感器、电压互感器、全封闭组合电器等为重点，推进750千伏、1000千伏交流和±800千伏直流输变电设备自主化。

3. 煤矿与金属矿采掘。以平朔东、胜利东二号、白音华、朝阳等十个千万吨级大型露天煤矿，酸刺沟等十个深井煤矿，以及大型金属矿建设为依托，大力发展新型采掘、提升、洗选设备，重点实现电牵引采煤机、液压支架、大型矿用电动轮自卸车、大型露天矿用挖掘机等设备的国内制造。

4. 天然气管道输送和液化储运。以西气东输二线、陕京三线等天然气管道输送工程为依托，发展长距离输送管道燃压机组、大型管线球阀和控制系统等装备；以浙江、江苏、珠海、青岛等液化天然气接收站工程为依托，发展大型液化天然气运输船及接收站等设备。

5. 高速铁路。以在建的京沪、京广、京沈、沪昆等约1万公里高速铁路客运专线，以及西部干线铁路、煤运通道建设项目为依托，组织实施铁路交通设备自主化，实现高速动车组、大功率交流传动电力/内燃机车、重载货车、大型养护机械等装备的国内制造。

6. 城市轨道交通。以北京、上海、广州、深圳等17个城市近70条线路工程项目为依托，重点实施城市轨道交通车辆、信号系统、列车网络控制系统、制动系统、主辅逆变器等机电设备自主化。

7. 农业和农村。以国家新增千亿斤粮食工程为依托，大力发展大功率拖拉机及配套农机具、节能环保中型拖拉机等耕作机械，通用型谷物联合收割机、新型半喂入式水稻联合收割机、高效玉米联合收割机、自走式采棉机等收获机械，免耕播种机，节水型喷灌设备等。适应新农村建设、农业现代化的需要，重点发展农产品精深加工成套设备、灌溉和排涝设备、沼气除料设备、农村安全饮水净化设备等。

8. 基础设施。适应交通、能源、水利、房地产等行业发展需要，以大型隧道全断面掘进机、大型履带吊和全路面起重机、架桥机、沥青混凝土搅拌和再生成套设备等为重点，发展大型、新型施工机械；以空管设备和空管自动化系统、行李和货物高速分拣系统、安检设备与智能化监测系统、航显综合系统及设备、机场信息集成系统及设备等为重点，发展机场专用装备；以大型斗轮堆取料机、翻车机、装卸船机等为重点，发展港口机械。

9. 生态环境和民生。适应环境保护和社会民生需要，大力发展污水污泥处理设备、脱硝脱硫设备、余热余气循环再利用设备、环境在线监测仪器仪表，食品、药品、煤矿瓦斯等安全检测设备，重大事故应急救援设备，数字化医疗设备等。

10. 科技重大专项。加快实施高档数控机床与基础制造装备科技重大专项，重点研发高速精密复合数控金切机床、重型数控金切机床、数控特种加工机床、大型数控成形冲压设备、重型锻压设备、清洁高效铸造设备、新型焊接设备与自动化生产设备、大型清洁热处理与表面处理设备等八类主机产品，基本掌握高档数控装置、电机及驱动装置、数控机床功能部件、关键部件等的核心技术。

(二) 抓住九大产业重点项目，实施装备自主化

1. 钢铁产业。以钢铁产业调整和振兴规划确定的工程为依托，以冷热连轧宽带钢成套设备、大型板坯连铸机、彩色涂层钢板生产设备、大型制氧机、大型高炉风机、余热回收装置等为重点，推进大型冶金成套设备自主化。

2. 汽车产业。结合实施汽车产业调整和振兴规划，重点提高汽车冲压、装焊、涂装、总装四大工艺装备水平，实现发动机、变速器、新能源汽车动力模块等关键零部件制造所需装备的自主化。

3. 石化产业。以石化产业调整和振兴规划确定的工程为依托，以千万吨级炼油、百万吨级大型乙烯、对苯二甲酸（PTA）、大化肥、大型煤化工和天然气输送液化储运等成套设备，大型离心压缩机组、大型容积式压缩机组、关键泵阀、反应热交换器、挤压造粒机、大型空分设备、低温泵等为重点，推进石化装备自主化。

4. 船舶工业。结合实施船舶工业调整和振兴规划，重点提高焊接、涂装工艺装备水平，实现船用柴油机、曲轴、推进器、舱室设备、甲板机械等关键零部件制造所需装备的自主化。

5. 轻工业。结合实施轻工业调整和振兴规划，以食品机械、制浆造纸机械、塑料成型机械、制革制鞋机

械、光机电一体化缝制机械、包装设备以及食品安全检测设备等为重点，推进轻工机械自主化。

6. 纺织工业。结合实施纺织工业调整和振兴规划，以粗细联、细络联、高速织造设备，非织造成套设备、专用织造成套设备，高效、连续、短流程染整设备等为重点，推进纺织机械自主化。

7. 有色金属产业。结合实施有色金属产业调整和振兴规划，以高精度轧机、大断面及复杂截面挤压机等为重点，推进有色冶金设备自主化。

8. 电子信息产业。结合实施电子信息产业调整和振兴规划，以集成电路关键设备、平板显示器件生产设备、新型元器件生产设备、表面贴装及无铅工艺整机装联设备、电子专用设备仪器及工模具等为重点，推进电子信息装备自主化。

9. 国防军工。结合国防军工发展需要，以航空、航天、舰船、兵器、核工业等需要的关键技术装备，以及试验、检测设备为重点，推进国防军工装备自主化。发挥军工技术优势，促进军民结合。

（三）提升四大配套产品制造水平，夯实产业发展基础

1. 大型铸锻件。重点发展大型核电设备铸锻件，百万千瓦级超临界/超超临界火电机组铸锻件，70万千瓦以上等级大型混流式水轮机组铸锻件，石化、煤化工重型容器锻件，冷热连轧机铸锻件，大型船用曲轴、螺旋桨轴锻件，大型轴承圈锻件等。

2. 基础部件。重点发展大功率电力电子元件、功能模块，大型、精密轴承，高精度齿轮传动装置，高强度紧固件，高压柱塞泵/电动机、液压阀、液压电子控制器、液力变速箱，气动元件，轴承密封系统、橡塑密封件等。加快发展工业自动化控制系统及仪器仪表、中高档传感器等。

3. 加工辅具。重点发展大型精密型腔模具、精密冲压模具、高档模具标准件，高效、高性能、精密复杂刀具，高精度、智能化、数字化量仪，高档精密磨料磨具等。

4. 特种原材料。重点发展耐高温、耐高压、耐腐蚀电站用钢（钢管），大型变压器用高磁感取向硅钢，高压、特高压输变电设备用绝缘材料，高速列车转向架、轮对用特种钢，飞机用高档铝型材，轴承、齿轮、模具、量具、刃具、高强度紧固件用特种钢，机床滚珠丝杠和直线导轨专用钢材，高耐磨钢，高强度、耐高温、低磨损、长寿命复合密封材料等。

（四）推进七项重点工作，转变产业发展方式

1. 加快产业组织结构调整。重点支持装备制造骨干企业跨行业、跨地区、跨所有制重组，逐步形成具有工程总承包、系统集成、国际贸易和融资能力的大型企业集团。加大对重点基础配套企业的投入力度，引导民营资本和外资投向基础零部件、加工辅具等领域，发展一批高起点、大规模、专业化企业，健全产业配套体系。

2. 增强自主创新能力。加大科研投入力度，集中攻克一批长期困扰产业发展的共性技术。加快建设一批带动性强的国家级工程研究中心、工程技术研究中心、工程实验室等，提升企业产品开发、制造、试验、检测能力。推进以企业为主体的产学研结合，鼓励科研院所走进企业，支持企业培养壮大研发队伍。

3. 提高专业化生产水平。改进企业生产组织方式，合理配置资源，整合区域内铸造、锻造、热处理、表面处理四大基础工艺能力，建设专业化生产中心。加大技术改造投入力度，推广先进制造技术和清洁生产方式，提高材料利用率和生产效率，降低能耗，减少污染物排放。

4. 加快完善产品标准体系。加快制（修）订装备产品技术标准，提高标准水平，促进新技术、新工艺、新设备、新材料的推广应用，淘汰落后产品。跟踪国际先进技术发展趋势，注重与国际标准接轨，积极参与国际标准制（修）订工作，促进自主创新产品进入国际市场。

5. 利用境外资源和市场。充分吸收借鉴境外先进管理经验，有选择地引进先进技术，为海外专业技术人才回国工作创造良好条件，提高我国装备制造业技术水平。支持有条件的企业兼并重组境外企业和研发机构。稳定和扩大装备产品出口，提高出口产品技术含量、附加值和成套水平。

6. 发展现代制造服务业。围绕产业转型升级，支持装备制造骨干企业在工程承包、系统集成、设备租赁、提供解决方案、再制造等方面开展增值服务，逐步实现由生产型制造向服务型制造转变。鼓励有条件的企业，延伸扩展研发、设计、信息化服务等业务，为其他企业提供社会化服务。

7. 加强企业管理和人才队伍建设。引导装备制造企业加快改革步伐，优化产权结构，转换经营机制，建

立现代企业制度，加强企业管理，全面提高科学决策和生产、经营水平，增强参与国际竞争和防范市场风险的能力。改进企业生产组织方式，加强产品质量管理，落实各项安全生产措施，提高生产效率和产品质量。加强人才队伍建设，重点引进和培养创新型研发设计人才、开拓型经营管理人才、高级技能人才等专业人才，强化职工培训，提高职工队伍素质，满足企业可持续发展需要。

四、政策措施

（一）发挥增值税转型政策的作用

充分发挥增值税转型政策对企业技术进步的促进作用，鼓励企业加大技术改造力度，加快装备更新，调整产品结构，推动企业技术进步。

（二）加强投资项目的设备采购管理

中央预算内投资项目要支持自主创新的技术装备。项目申报文件中须附有设备采购清单，项目咨询评估阶段需对设备采购方案进行评估，项目实施阶段要加强对设备招投标的监督和指导，确保自主创新设备采购方案的落实。

（三）鼓励使用国产首台（套）装备

建立使用国产首台（套）装备的风险补偿机制。鼓励保险公司开展国产首台（套）重大技术装备保险业务。

（四）加大技术进步和技术改造投资力度

制定《装备制造业技术进步和技术改造项目及产品目录》，支持使用国产首台（套）重大技术装备，支持目录内装备的自主化、节能节材减排改造、企业兼并重组后内部资源整合、区域性四大基础工艺中心建设、发展现代制造服务业等。

（五）支持装备产品出口

完善出口退税政策，适当提高部分高技术、高附加值装备产品的出口退税率。鼓励金融机构增加出口信贷资金投放，支持国内企业承揽国外重大工程，带动成套设备和施工机械出口。

（六）调整税收优惠政策

鼓励开展引进消化吸收再创新，对生产国家支持发展的重大技术装备和产品，确有必要进口的关键部件及原材料，免征关税和进口环节增值税。在对铸件、锻件、模具、数控机床产品增值税实行先征后返的政策到期后，研究制定新的税收扶持政策，调整政策适用范围，引导发展高技术、高附加值产品。

（七）推进企业兼并重组

制定鼓励境内企业跨地区、跨行业、跨所有制重组的政策措施，妥善解决富余人员安置、债务核定与处置、财税利益分配等问题；对重组企业发行股票、企业债券、公司债券、中长期票据、短期融资券以及申请贷款等予以支持；对境内企业并购境外制造企业和研发机构，可给予相关项目贷款贴息支持。鼓励金融机构在风险可控的条件下开展境内外并购贷款业务。

（八）落实节能产品补贴和农机具购置补贴政策

用好节能产品补贴资金，对购买高效节能装备产品的终端用户给予补贴，2009年先行开展对高效电机推广应用的补贴。抓紧落实好农机具购置补贴政策，及早兑现到户。

（九）建立产业信息披露制度

适时向社会发布产业政策导向、项目核准、企业重组、产能利用、进出口、生产销售库存等信息，为企业投资决策、银行贷款、土地预审等提供信息指导。

（十）支持产品检验检测和认证机构建设

加强产品质量检验检测能力建设，提高质量检测水平。建设高速铁路、城市轨道交通等新型装备产品检验检测和认证机构，完善国家强制性产品认证体系。

五、规划实施

国务院有关部门要根据《规划》分工，尽快制定完善相关政策措施，密切配合，形成合力，确保《规划》顺利实施。要适时开展《规划》的后评价工作，及时提出评价意见。

各地区要按照《规划》确定的目标、任务和政策措施，结合当地实际抓紧制定具体落实方案，确保取得实效。具体工作方案和实施过程中出现的新情况、新问题要及时报送发展改革委、工业和信息化部等有关部门。

有色金属产业调整和振兴规划

有色金属产业是重要的基础原材料产业，产品种类多、应用领域广、产业关联度高，在经济建设、国防建设、社会发展以及稳定就业等方面发挥着重要作用。为应对国际金融危机的影响，落实党中央、国务院关于保增长、扩内需、调结构的总体要求，确保有色金属产业平稳运行，加快产业结构调整，推动产业升级，特编制本规划，作为有色金属产业综合性应对措施的行动方案。规划期为2009—2011年。

一、有色金属产业现状及面临的形势

进入21世纪以来，我国有色金属产业迅速发展，在技术进步、改善品种质量、淘汰落后产能、开发利用境外资源方面取得明显成效，生产和消费规模不断扩大，已成为全球最大的有色金属生产和消费国。2008年，全国十种有色金属总产量2520万吨，总消费量2517万吨；其中铜、铝、铅、锌、镍总产量分别占全球产量的20%、32.7%、37.8%、33%、9.5%，总消费量分别占全球消费量的27.2%、32%、35.7%、31.7%、23.5%。规模以上企业完成工业增加值5766亿元，占全国GDP的1.9%，直接从事有色金属生产的就业人数300万人。

2008年下半年以来，随着国际金融危机对实体经济的影响不断加深，我国有色金属产业受到较大冲击，产品价格大幅下跌，产量不断下降，国内消费疲软，企业流动资金紧张，行业全面亏损，产业平稳发展面临严峻挑战。同时，我国有色金属产业存在的深层次矛盾仍很突出，部分产品产能过剩，产业布局亟待调整，产业集约化程度低，资源保障程度不高，自主创新能力不强，再生利用水平较低，淘汰落后产能任务艰巨。

应该看到，有色金属产业在经历了多年的高速增长之后，客观上必然要进行一次大的调整。现阶段，有色金属产业在我国实现城镇化、工业化、信息化中的重要作用没有改变，作为现代高新技术产业发展关键支撑材料的地位没有改变，产业发展的基本面没有改变。要充分利用当前的有利时机，加快淘汰落后产能，推动企业兼并重组，提高工艺技术水平和关键材料加工能力，促进增长方式转变，实现产业结构优化升级。同时，引导企业“走出去”，积极利用境外矿产资源。

二、指导思想、基本原则和目标

（一）指导思想

全面贯彻落实党的十七大精神，以邓小平理论和“三个代表”重要思想为指导，深入贯彻落实科学发展观，按照保增长、扩内需、调结构的总体要求，采取综合措施，稳定和扩大国内市场；以控制总量、淘汰落后产能、加强技术改造、推进企业重组为重点，推动有色金属产业结构调整和优化升级；充分利用境内外两种资源，着力抓好再生利用，大力发展循环经济，提高资源保障能力，促进有色金属产业可持续发展。

（二）基本原则

坚持应对危机与产业振兴相结合。着力解决当前有色金属产业当前面临的困难，保市场稳定，保先进生产力，保重点企业，保主要品种，促进产业平稳运行；利用市场机制，充分发挥各种有利因素的作用，加快产业结构调整，提高产业竞争力。

坚持控制总量与优化布局相结合。根据能源、资源、环境、市场等条件，严格控制产能扩张，加快淘汰落后产能，推动上下游企业重组，支持在具有资源、能源优势的中西部地区发展深加工，优化产业布局。

坚持自主创新与技术改造相结合。加快关键技术由引进向消化吸收再创新转变，由注重单项技术研究开发向集成创新转变。积极采用先进适用技术，加快技术改造，提高工艺装备水平和产品质量，增加产品品种，降低资源和能源消耗。

坚持企业重组与体制创新相结合。加强体制创新，消除影响企业重组的体制性障碍，为推动有色金属企业集团化发展和实现跨地区、跨行业的重组创造良好的体制环境。

坚持资源开发与节约利用相结合。合理开发利用国内有色金属资源，注重开发国内市场，控制初级产品出口，鼓励深加工产品出口，支持企业“走出去”，大力发展循环经济，提高资源再生利用水平，加强资源节约和综合利用。

（三）规划目标

力争有色金属产业2009年保持稳定运行，到2011年步入良性发展轨道，产业结构进一步优化，增长方式明显转变，技术创新能力显著提高，为实现有色金属产业可持续发展奠定基础。

1．生产恢复正常水平。2009年，采取综合措施稳定市场需求和生产运行，企业生产经营状况好转，主要财务指标明显改善。

2．按期淘汰落后产能。2009年，淘汰落后铜冶炼产能30万吨、铅冶炼产能60万吨、锌冶炼产能40万吨。到2010年底，淘汰落后小预焙槽电解铝产能80万吨。

3．节能减排取得积极成效。重点骨干电解铝厂吨铝直流电耗下降到12500千瓦时以下，粗铅冶炼综合能耗低于每吨380千克标准煤、硫利用率达到97%以上，余热基本100%回收利用，废渣100%无害化处置。每年节能约170万吨标准煤，节电约60亿千瓦时，减少二氧化硫排放约85万吨。

4．企业重组取得进展。形成3—5个具有较强实力的综合性企业集团，到2011年，国内排名前十位的铜、铝、铅、锌企业的产量占全国总产量的比重分别提高到90%、70%、60%、60%。

5．创新能力明显增强。力争在关键工艺技术、节能减排技术，以及高端产品研发、生产和应用技术等方面取得突破，推动产业技术进步，提高产品质量，优化品种结构。采用富氧底吹等先进技术的铅冶炼能力达70%，框架材料、无氧铜材、中厚板等高档铜、铝深加工产品基本能够满足国内需求。

6．资源保障能力进一步提高。2011年，铜、铝、镍原料保障能力分别提高到40%、56%、38%；加强煤铝共生矿资源开发利用，形成100万吨氧化铝生产规模；再生铜、再生铝占铜、铝产量的比例分别提高到35%、25%，比2008年分别提高6个和4个百分点。

三、产业调整和振兴的主要任务

（一）稳定国内市场，改善出口环境

积极落实国家扩大内需措施，改善产品结构，增加有效供给，满足电力、交通、建筑、机械、轻工等下游行业对有色金属产品的需求。适应航空航天、国防军工、高新技术等领域的需要，大力开发新产品和新材料，培育新的消费增长点，稳定和扩大国内市场。

在继续严格控制“两高一资”产品出口的同时，实施适度灵活的出口税收政策，支持技术含量和附加值高的深加工产品出口。对符合铜冶炼行业准入条件的大型铜冶炼企业开展加工贸易试点。加快转变出口方式，鼓励出口机械装备、运输工具、电子电器、仪器仪表等终端产品，带动有色金属间接出口。积极应对国外反倾销等贸易摩擦。

（二）严格控制总量，加快淘汰落后产能

严格执行国家产业政策，今后三年原则上不再核准新建、改扩建电解铝项目。严格执行准入标准和备案制，严格控制铜、铅、锌、钛、镁新增产能。按期完成淘汰反射炉及鼓风炉炼铜产能、烧结锅炼铅产能、落后锌冶炼产能和落后小预焙槽电解铝产能。逐步淘汰能耗高、污染重的落后烧结机铅冶炼产能。

（三）加强技术改造，推动技术进步

实施技术改造和技术研发专项，重点支持符合国家产业政策并按规定核准或备案建设的骨干企业，以及国防军工、航空航天、电子信息关键材料生产企业。加强对铜铅锌冶炼短流程工艺、共伴生矿高效利用、尾矿和赤泥综合利用，高性能专用铜铝材生产工艺，再生金属保持性能，吨铝直流电耗低于12000千瓦时的电解铝关键工艺等前沿共性技术的研发。支持填补国内空白、满足国民经济重点领域需要的高精尖深加工项目。采用先进适用的冶炼技术改造和淘汰落后产能，提高工艺装备水平。

（四）促进企业重组，调整产业布局

鼓励有实力的铜、铝、铅锌等企业以多种方式进行重组，实现规模化、集团化，提高产业竞争力。支持大型骨干企业实施跨地区兼并重组、区域内重组和企业集团之间的重组；支持铝企业与煤炭、电力企业进行跨行业的重组；鼓励再生金属企业间重组。

严格控制资源、能源和环境容量不具备条件地区的有色金属产能；在能源丰富的中西部，特别是具有水电优势的地区，推进铝电联营方式；在资源、能源和环境容量好的地区经核准建设的铝工业基地，要延伸产业链，发展高水平深加工，增强竞争力。抓紧实施汶川地震灾区重建生产力布局和产业调整专项规划确定的有色金属项目。

（五）开发境内外资源，增强资源保障能力

加大国内短缺的有色金属资源地质勘探力度，增加资源储量及矿产地储备。鼓励大型有色金属企业投资矿山勘探与开发，提高资源自给率。

加大境外资源开发力度，支持具备条件的企业到境外独资或合资办矿。引导企业遵守所在国的法律法规，尊重所在国的文化传统和生活习惯，履行必要的社会责任，促进当地就业和经济社会发展，实现互利共赢。组织实施好有关境外投资项目。

（六）发展循环经济，搞好再生利用

支持采用先进适用工艺技术，开发利用铜、铅锌低品位矿、共伴生矿、难选冶矿、尾矿和熔炼渣等，提高资源综合利用水平；制定煤铝共生资源利用专项规划，抓好高铝粉煤灰利用示范工程；搞好铜、铅、锌冶炼余热利用；推广废渣、赤泥等固体废弃物的应用，实现生产“零排放”。

加快建设覆盖全社会的有色金属再生利用体系，支持具备条件的地区建设有色金属回收交易市场、拆解市场。支持有条件的企业采用高效、低耗、低污染的工艺装备，建设若干年产30万吨以上的再生铜、铝等生产线，促进资源化利用上规模、技术上水平、产品上档次，减少矿产资源消耗。

（七）加强企业管理和安全监管，注重人才培养

有色金属企业要加快建立现代企业制度，完善公司治理结构，严格执行产业政策；增强对市场的预见和判断能力，增强风险防范意识，增强国际竞争能力；加快推进管理创新，加强质量管理，强化安全生产监管，切实落实安全生产责任制，健全管理制度和安全操作规范；加强节能管理和成本管理；加强企业文化和人才队伍建设，注重培养高素质的经营管理和技术人才，促进企业持续健康发展。

四、政策措施

（一）完善出口税收政策

在继续控制“两高一资”产品出口的同时，进一步调整有色金属产品出口退税率结构，研究适当调整技术含量高、高附加值产品的出口退税率。

（二）抓紧建立国家收储机制

根据形势需要，研究进一步扩大有色金属国家收储规模的方案，抓紧建立和完善国家收储机制。

（三）加大技术进步及技术改造投入

在新增中央投资中安排专项资金，以贷款贴息形式支持有色金属产业技术研发和技术改造。加大节能技术改造财政奖励支持力度，鼓励、引导企业积极推进节能技术改造。

（四）推进直购电试点

抓紧推进直购电试点，重点支持符合国家环保、土地法律法规以及投资管理规定，有利于产业结构调整的骨干电解铝企业降低生产成本，增强企业活力。根据情况，逐步扩大直购电试点企业范围。

（五）完善企业重组政策

进一步完善政策措施，妥善解决人员安置、企业资产划转、债务核定与处置、财税利益分配等问题，推进企业重组，完善公司治理结构，提高企业管理水平。对大型企业跨省区联合重组的技术进步和技术改造项目给予优先支持。

（六）支持企业“走出去”

支持骨干企业通过多种方式，按照互利共赢原则，加强国际合作，提高资源保障能力；简化境外项目审批程序，完善信贷、外汇、保险、财税、人员出入境等政策措施；加强境外资产的经营管理，切实防范和化解风险；严格境外资源开发企业准入条件，对符合准入条件的骨干企业，在境外资源开发项目的资本金注入、外汇使用等方面给予支持。

（七）修订完善产业政策

根据产业发展状况，修订完善《产业结构调整指导目录》及相关产业发展政策，重点提高技术装备、能耗、水耗、污染物排放、资源利用率等准入条件，严格用地标准，制定深加工产品分类细则等。

（八）合理配置资源

进一步规范矿权市场，制定矿权人资质条件，提高矿权市场准入标准。明确矿山资源配置的具体要求，大型矿区要列入国家矿产资源开发规划，优先配置给重点骨干企业，确保矿产资源的合理、集约、高效利用。

（九）继续实施有保有压的融资政策

加大对有色金属骨干企业的融资支持力度，对符合产业政策与环保、土地法律法规以及投资管理规定的项目，以及实施并购、重组、“走出去”和技术改造的企业，在发行股票、企业债券、公司债以及银行贷款等方

面给予支持。对违法违规建设、越权审批的项目和产能落后企业，继续实施限制融资等措施。

（十）严格执行节能减排淘汰落后产能问责制

进一步研究完善落后产能退出机制，妥善解决好职工安置、企业转产、债务化解等问题，促进社会和谐稳定。严格执行节能减排淘汰落后产能问责制，对未完成节能减排、淘汰落后产能任务的地区，暂停投资项目的核准和审批。地方各级政府要对限期淘汰的落后装备严格监管，禁止擅自扩容改造和异地转移。对擅自扩容改造或异地转移落后装备的，金融机构不提供任何形式的信贷支持，国土资源部门不予办理用地手续。

（十一）建立产业信息的交流和披露制度

建立部门联合信息发布制度，适时向社会发布有色金属产业政策、项目核准、生产销售库存、产能利用、淘汰落后产能、企业重组、污染排放、贷款、产业损害预警等信息，为企业投资决策提供信息服务。

（十二）发挥行业协会（商会）作用

充分发挥行业协会（商会）的桥梁和纽带作用，及时反映行业存在的问题与企业诉求，积极为企业提供服务，引导企业落实国家产业政策，推广运用先进适用技术，加强行业自律，维护市场秩序，提高行业整体素质。

五、规划实施

国务院各有关部门要按照《规划》分工，加强沟通协商，密切配合，尽快制定完善各项政策措施，并加强指导和监督检查。有关部门要适时开展《规划》的后评价工作，及时提出评价意见。

各地区要按照《规划》确定的目标、任务和政策措施，结合当地实际抓紧制定具体落实方案，确保取得实效。具体工作方案和实施过程中出现的新情况、新问题及时报送发展改革委、工业和信息化部等有关部门。

石化产业调整和振兴规划

石化产业是国民经济的支柱产业，资源资金技术密集，产业关联度高，经济总量大，产品广泛应用于国民经济、人民生活、国防科技等各个领域，对促进相关产业升级和拉动经济增长具有举足轻重的作用。为应对国际金融危机的影响，落实党中央、国务院关于保增长、扩内需、调结构的总体要求，确保石化产业稳定发展，加快结构调整，推动产业升级，特编制本规划，作为石化产业综合性应对措施的行动方案。规划期为2009—2011年。

一、石化产业现状及面临的形势

我国是石化产品生产和消费大国。进入21世纪以来，石化产业保持快速增长，产业规模不断扩大，综合实力逐步提高。工业增加值年均增长20%左右，拉动国民经济增长约1个百分点。化肥、农药、成品油、乙烯、合成树脂等产品产量位居世界前列。相继建成了14个千万吨级炼油、3个百万吨级乙烯生产基地，云南、贵州、湖北三大磷肥产区，青海、新疆百万吨钾肥工程。但是，石化产业在快速发展过程中，长期积累的矛盾和问题也日益凸现，主要表现为：集约发展程度偏低，产业布局分散；创新能力不强，高端产品生产技术和大型成套技术装备主要依赖进口；产品结构不尽合理，中低端产品比重较大；资源环境约束加大，产业发展与环境保护的矛盾加剧；农资供给需要加强，低成本产品产能不足，市场调控体系不完善；一些地区不顾资源、环境条件，不注重能源转换效率，盲目发展煤化工。2008年下半年以来，受国际金融危机影响，石化产业受到较大冲击，国内外市场萎缩，生产持续下降，企业库存增加、价格大幅下跌，行业经济效益下滑、生产经营困难。当前，我国石化产品消费仍处于增长期，油品、化肥、农药刚性需求长期存在，高端石化产品市场潜力巨大，必须抓住机遇，加快石化产业的调整和振兴，促进产业平稳运行和健康发展。

二、指导思想、基本原则和目标

（一）指导思想

全面贯彻落实党的十七大精神，以邓小平理论和“三个代表”重要思想为指导，深入贯彻落实科学发展观，按照保增长、扩内需、调结构的总体要求，稳定石化产品市场，保持产业平稳增长；依托大型企业和产业基地，按照炼化一体化、园区化、集约化模式和发展循环经济、保护生态环境、促进安全生产的要求，优化石化产业布局；统筹国内外资源，保障农资供给；推进自主创新，实施技术改造，发展高端产品，着力提高创新能力和管理水平；加快结构调整和产业升级，不断增强产业竞争能力，进一步增强石化产业的支柱产业地位。

（二）基本原则

坚持稳定生产运行与促进产业振兴相结合。既要着力解决当前石化产业面临的突出问题，保障产业平稳运行，又要着眼长远，加快转变增长方式，促进产业升级，增强发展后劲。

坚持调整产品结构与增加有效供给相结合。抓住有利时机，优化资源配置，降低生产成本，提高中高档产品比重，促进产品升级换代，增加有效供给能力，满足市场需求。

坚持加快技术改造与推进自主创新相结合。加大引进技术的消化吸收力度，推动产业技术进步；强化技术改造，促进石化产业技术的系统化和集成化；加强关键和前沿技术研发，增强自主创新对产业发展的支撑能力。

坚持实施重大项目与调整产业布局相结合。加快重大项目建设，严格控制炼油乙烯新布点，统筹考虑对外合作项目规划布局。推动大型企业兼并重组，优化资源配置，促进产业集中布局、集约发展。

（三）规划目标

2009—2011年，石化产业保持平稳较快增长。2009年力争实现平稳运行，经过三年调整和振兴，到2011年，产业结构趋于合理，发展方式明显转变，综合实力显著提高。

1．产量保持稳步增长。到2011年，原油加工量达到40500万吨，成品油、乙烯产量分别达到24750万吨、1550万吨。

2．农资保障能力增强。到2011年，化肥产量达到6250万吨（折纯），钾肥产量达到400万吨（折纯），高浓度化肥比重提高到80%；在原料产地生产的化肥比重提高到60%，生产成本大幅下降；化肥储备基本满足市场调控需要。高效低毒低残留农药比重显著提高，县乡农用柴油供应网络不断完善。

3．产业布局趋于合理。成品油“北油南运”的状况得到改善。长三角、珠三角、环渤海地区产业集聚度进一步提高，建成3－4个2000万吨级炼油、200万吨级乙烯生产基地。煤化工盲目发展的势头得到遏制。

4．产品结构显著改善。2009年车用汽油全部达到国III标准，2010年车用柴油全部达到国III标准，2011年轻质油品收率达到75%，高端石化产品自给率明显提高。

5．技术进步明显加快。丁基橡胶等产业化技术取得突破，千万吨级以上炼油、百万吨级乙烯、大型粉煤制合成氨等成套技术装备实现本地化，煤制油、烯烃、乙二醇等示范工程建成投产。

6．节能减排取得成效。到2011年，石化产业单位工业增加值能耗下降12%以上，污水、二氧化硫和粉尘等污染物排放量减少6%以上，行业特征污染物排放得到控制。综合能耗普遍降低，大型炼油装置吨原油加工耗标准油低于63千克，大型乙烯装置吨乙烯耗标准油低于640千克，大型煤制合成氨装置吨氨综合能耗低于1.8吨标准煤。

三、产业调整和振兴的主要任务

（一）保持产业平稳运行

加快实施国家扩大内需、调整和振兴重点产业、增产千亿斤粮食等各项综合措施，拉动石化产品消费。落实有利于石化产业发展的税收和加工贸易政策，扩大石化产品市场。加强对进口石化产品的监测预警，防止境外产品倾销。打击石化产品走私，维护市场秩序。严格执行油品质量标准，严禁达不到国家规定标准的油品进入市场。扩大油品和化肥储备，减轻企业库存压力。采取积极的信贷措施，缓解企业流动资金困难。

（二）提高农资保障能力

采用洁净煤气化和能源梯级利用技术，对现有氮肥生产企业进行原料和动力结构调整，实现原料煤多元化，降低成本；在能源产地适当建设大型氮肥生产装置，替代落后产能。优化磷肥资源配置，推广硫和中低品位磷矿综合利用等技术，继续建设好云南、贵州、湖北三大磷肥基地。加大国内外钾矿资源勘探开发，科学规划青海、新疆钾肥基地发展，加强钾矿共生、伴生资源开发利用。调整农药产品结构，发展高效低毒低残留品种，推动原药集中生产。完善化肥储备制度，提高市场调控能力。加强农用柴油供应网络建设，满足季节性集中消费需要。

（三）稳步开展煤化工示范

坚持控制产能总量、淘汰落后工艺、保护生态环境、发展循环经济以及能源化工结合、全周期能效评价的方针，坚决遏制煤化工盲目发展势头，积极引导煤化工行业健康发展。今后三年停止审批单纯扩大产能的焦炭、电石等煤化工项目，原则上不再安排新的煤化工试点项目，重点抓好现有煤制油、煤制烯烃、煤制二甲醚、煤制甲烷气、煤制乙二醇等五类示范工程，探索煤炭高效清洁转化和石化原料多元化发展的新途径。

（四）抓紧实施重大项目

抓紧组织实施好“十一五”规划内在建的6套炼油、8套乙烯装置重大项目，力争2011年全部建成投产。在现有基础上，通过实施上述项目，形成20个千万吨级炼油基地、11个百万吨级乙烯基地。炼油和乙烯企业平均规模分别提高到600万吨和60万吨。

（五）统筹重大项目布局

坚持保护生态环境、发展循环经济、立足现有企业、靠近消费市场、方便资源吞吐、淘汰落后产能的原则，按照一体化、园区化、集约化、产业联合的发展模式，统筹重大项目布局，严格控制炼油乙烯项目新布点。做好新建重大炼油乙烯项目论证和区域环境影响评价等工作。近期重点做好利用境外资源在国内合作加工的炼化项目前期工作，选择2－3个条件好的现有大型炼化企业进行扩建。结合中缅原油管线的进展情况，适时开展西南地区炼化项目的布局研究。

（六）大力推动技术改造

加快前沿技术自主化、关键技术产业化、工程技术本地化，及时研究制定相关技术和产品标准。推广资源综合利用和废弃物资源化技术，推动园区化发展和清洁生产，实现节能减排。炼油乙烯行业重点推广液化气制高辛烷值汽油、渣油加氢处理、资源梯级使用等技术，提高石油资源利用率。氮肥行业重点推广废水闭路循环等技术，磷肥行业重点推广硫酸生产余热回收等技术。推动企业技术改造，开展炼油企业油品质量升级改扩建，乙烯装置节能降耗改扩建，氮肥企业原料路线和动力结构调整，磷肥企业优化资源配置，农药企业高效低毒低残留产品生产和农药废弃物处置能力建设，高端石化产品产能建设等工作。

（七）加快淘汰落后产能

淘汰工艺技术落后、产品质量差、安全隐患大、环境污染严重的落后产能。对炼油行业采取区域等量替代方式，淘汰100万吨及以下低效低质落后炼油装置，积极引导100万－200万吨炼油装置关停并转，防止以沥青、重油加工等名义新建炼油项目。对化肥行业通过上大压小，产能置换，淘汰技术落后、污染严重、资源利用不合理的产能。对农药行业依据行政法规，淘汰一批高毒高风险农药品种。加快淘汰电石、甲醇等产品的落后产能，提高污染防治和产业发展水平。

（八）加强生态环境保护

石化产业属于资源消耗量大、废弃物排放量高的产业，生态环境保护和安全生产责任重大。要加强产业监管，促进产业发展与国家主体功能区规划相协调。加强环境容量调查和规划，引导石化产业合理布局、清洁发展。行业协会要积极配合职能部门加强产业运行的监测管理。生产企业要严格遵守国家法律法规，切实履行生态环境保护和安全生产责任，进一步增强事故应急处置能力。重点加强江河湖泊和人口密集区等敏感地区产业发展的监督指导。依法关停不符合环保和安全生产要求的企业，现有企业必须达标运行，新建项目原则上应进入合规设立、环保和安全设施齐全的产业园区。

（九）支持企业联合重组

推动大型石化集团开展战略合作，优化产业布局和上下游资源配置，增强国际竞争力。引导大型能源企业与氮肥企业组成战略联盟，实现优势互补。支持骨干磷肥企业通过兼并重组，提高集中度。支持钾肥龙头企业开展产业整合，促进钾矿资源合理利用。鼓励优势农药企业实施跨地区整合，努力实现原药、制剂生产上下游一体化。支持有实力的企业开展兼并重组，扩大产业规模，做强高端石化产业。

（十）增强资源保障能力

加大国内石油资源勘探开发力度，稳定石化产业原料的国内供给；开展油钾兼探，推动青海和新疆等地含钾卤水和海相钾矿资源勘查。加强石油天然气、有色金属、煤炭资源开发利用领域硫回收，增强资源保障能力。积极实施“走出去”战略，支持国内有实力的企业开展境外油气、钾矿、硫资源开发与合作。

（十一）提高企业管理水平

石化企业要从自身实际出发，抓住产业调整和振兴的机遇，加强生产要素全球配置能力，深化企业改革，加快现代企业制度建设，完善公司治理结构，不断提高经营管理和科学决策水平，着力增强企业创新能力、风险防范能力及核心竞争力。强化质量管理和节能管理，加强安全生产监督管理，严格安全生产责任。加强环境保护，做好节能降耗和减排工作。加强职工队伍建设，培养高素质企业人才，全面履行社会责任，建设和谐企业。

四、政策措施

（一）完善化肥储备机制

完善中央、地方两级化肥淡季商业储备制度，加强淡储化肥调运，建立健全科学合理的淡储旺供的调控体系，保障供给，稳定市场价格。支持化肥骨干生产企业储备磷铵和尿素。抓紧研究建立国家化肥储备。

（二）抓紧落实油品储备

加快储备设施建设，抓住当前有利时机增加成品油国家储备。参照原油商业储备做法，尽快研究制订成品油商业储备办法和制度。

（三）加强信贷政策支持

鼓励金融机构对基本面较好、信用记录较好、守法经营、有竞争力、有市场、但暂时出现经营或财务困难的石化企业给予信贷支持。

（四）完善成品油价格形成机制

完善成品油价格政策，结合消费税制度改革，积极创造条件，加快建立有利于石化产业发展的成品油消费税征收体制。

（五）加大技术改造投入

制订《石化产业技术进步与技术改造项目及产品目录》，设立石化产业振兴和技术改造专项，重点支持油品质量升级、化肥农药结构调整、高端石化产品发展。支持异戊橡胶等前沿技术研发和推广应用，丁基橡胶和己内酰胺等关键技术产业化，大型乙烯等工程技术本地化示范工程建设。

（六）支持境外资源开发

加强引导，简化审批手续，完善信贷、外汇、税收等措施，支持符合条件的企业开展境外资源勘探和开发。

（七）实施公平税负政策

统筹兼顾石化产业与下游加工贸易发展，科学制定石化产品进出口税收政策和加工贸易政策，实行国产与加工贸易进口石化产品公平税负。抓紧完善化肥出口管理政策。

（八）推进企业兼并重组

认真落实和完善企业兼并重组的政策措施，妥善解决富余人员安置、企业资产划转、债务核定与处置、财税利益分配等问题。采取资本金注入、融资信贷（银行贷款，发行股票、企业债券、公司债券、中长期票据，吸收私募股权投资）等方式支持中央企业实施兼并重组。支持开展兼并重组的骨干企业实施技术改造，调整产品结构。

（九）完善产业发展政策

抓紧制（修）订相关产业政策、燃油质量标准、行业污染物排放标准、能源使用和污染排放管理办法、产业准入目录、鼓励发展和研发高端石化产品和技术目录。严格控制甲醇、烧碱、纯碱等产能过剩行业项目建设和炼油乙烯项目新布点。对于没有完成小炼油等落后生产装置关停并转任务的地区，禁止建设新增产能的项目。综合运用提高准入门槛、加强清洁生产审核、实施差别电价等手段，加快淘汰落后产能。建立产业退出机制，完善和落实配套政策措施。加快重点项目的环境评价、用地审核及项目核准工作。

（十）依法做好反倾销和反走私等工作

完善石化产业损害预警机制，加强对三大合成材料和高端石化产品进出口异常情况及其对我国内产业影响的监测。依法采取反倾销等贸易救济措施，维护公平贸易秩序。加强成品油进出口监管，严厉打击成品油走私活动，防止扰乱国内市场。

五、规划实施

国务院各有关部门要按照《规划》分工，加强沟通协商，密切配合，尽快制定完善各项配套政策措施，并加强指导和监督检查。要建立部门联合发布信息制度，适时向社会发布产业调整和振兴的有关信息。有关部门要适时开展《规划》的后评价工作，及时提出评价意见。

有关地区要按照《规划》确定的目标、任务和政策措施，结合当地实际抓紧制订具体落实方案，确保取得实效。具体工作方案和实施过程中出现的新情况、新问题要及时报送发展改革委、工业和信息化部等有关部门。

轻工业调整和振兴规划

轻工业承担着繁荣市场、增加出口、扩大就业、服务“三农”的重要任务，是国民经济的重要产业，在经济和社会发展中起着举足轻重的作用。为应对国际金融危机的影响，落实党中央、国务院关于保增长、扩内需、调结构的总体要求，确保轻工业稳定发展，加快结构调整，推进产业升级，特编制本规划，作为轻工业综合性应对措施的行动方案。规划期为2009-2011年。

一、轻工业现状及面临的形势

进入21世纪以来，我国轻工业快速发展，企业规模与实力明显提高，产业竞争力不断增强，吸纳就业和惠农作用显著。2008年，我国轻工业实现增加值26235亿元，占国内生产总值的8.7%，家电、皮革、塑料、食品、家具、五金制品等行业100多种产品产量居世界第一；出口总额3092亿美元，占全国出口总额的21.7%，产品出口200多个国家和地区，家电、皮革、家具、羽绒制品、自行车等产品国际市场占有率超过50%。全行业吸纳就业3500万人。轻工业70%的行业、50%的产值涉及农副产品加工，使2亿多农民直接受益，对解决“三农”问题发挥了不可替代的作用。制浆造纸、家用电器、塑料制品、皮革等行业通过引进消化吸收国外技术和关键设备，具备了较强的集成创新能力和一定的自主创新能力。我国已成为轻工产品生产和消费大国。

但是，轻工业在快速发展的同时，长期积累的矛盾和问题也逐步显现。一是自主创新能力不强。出口产品以贴牌加工为主，产品附加值较低，关键技术装备主要依赖进口。二是产业结构亟待调整。生产能力主要分布在沿海地区，中西部地区发展滞后。出口市场主要集中在欧、美、日，尚未形成多元化格局。中低端产品多，高质量、高附加值产品少。低水平重复建设和盲目扩张严重。三是节能减排任务艰巨。化学需氧量（COD）排放占全国工业排放总量的50%，废水排放量占全国工业废水排放总量的28%。四是产品质量问题突出。产品质量保障体系不完善，企业质量安全意识不强，食品安全事件时有发生。

2008年下半年以来，国际金融危机对我国轻工业造成严重冲击，国内外市场供求失衡，产品库存积压严重，企业融资困难，生产经营陷入困境，轻工业稳定发展形势严峻。我国轻工业市场化程度较高，适应能力较强，产品在国际市场上也具有一定的比较优势，内需市场的进一步扩大，为轻工业发展提供了广阔的市场空间。只要抓住时机，充分利用市场倒逼机制，下决心积极采取综合措施，就能够实现轻工业的调整和振兴。

二、指导思想、基本原则和目标

（一）指导思想

全面贯彻党的十七大精神，以邓小平理论和“三个代表”重要思想为指导，深入贯彻落实科学发展观，按照保增长、扩内需、调结构的总体要求，采取综合措施，扩大城乡市场需求，巩固和开拓国际市场，保持轻工业平稳发展；通过加快自主创新，实施技术改造，推进自主品牌建设，淘汰落后产能，着力推动轻工业结构调整和产业升级；走绿色生态、质量安全和循环经济的新型轻工业发展之路，进一步增强轻工业繁荣市场、扩大就业、服务“三农”的支柱产业地位。

（二）基本原则

1.积极扩大内需，稳定国际市场。加强消费政策引导，增加有效供给，促进轻工产品消费。巩固传统出口市场，开拓国际新兴市场。

2.突出重点行业，培育骨干企业。将产业关联度高、吸纳就业能力强、拉动消费效果显著、结构调整带动作用大的行业作为调整和振兴的重点，支持产品质量好、市场竞争力强、具有自主品牌的骨干企业发展壮大。

3.扶持中小企业，促进劳动就业。采取积极的金融信贷、信用担保等政策，支持业绩良好、具有发展潜质的中小企业发展，充分发挥中小企业吸纳劳动力就业的作用。

4.加快技术进步，淘汰落后产能。提高企业自主创新能力，重点推进装备自主化和关键技术产业化；加快造纸、家电、塑料、照明电器等行业技术改造步伐，淘汰高耗能、高耗水、污染大、效率低的落后工艺和设备，严格控制新增产能。

5.保障产品质量，强化食品安全。以食品、家具、玩具和装饰装修等涉及人民群众身体健康的行业为重点，加强质量管理，完善标准和检测体系，打击制售假冒伪劣产品的违法行为，保障产品使用和食用安全。

（三）规划目标

1.生产保持平稳增长。在稳定出口和扩大内需的带动下，轻工业产销稳定增长，行业效益整体回升，三年累计新增就业岗位300万个左右。

2.自主创新取得成效。变频空调压缩机、新能源电池、农用新型塑料材料、新型节能环保光源等关键生产技术取得突破。重点行业装备自主化水平稳步提高，中型高速纸机成套装备实现自主化，食品装备自给率提高到60%。

3.产业结构得到优化。企业重组取得进展，再形成10个年销售收入150亿元以上的大型轻工企业集团。轻工业特色区域和产业集群增加100个，东中西部轻工业协调发展。新增自主品牌100个左右。

4.污染物排放明显下降。到2011年，主要行业COD排放比2007年减少25.5万吨，降低10%，其中食品行业减少14万吨、造纸行业减少10万吨、皮革行业减少1.5万吨；废水排放比2007年减少19.5亿吨，降低29%，其中食品行业减少10亿吨、造纸行业减少9亿吨、皮革行业减少0.5亿吨。

5.淘汰落后取得实效。淘汰落后制浆造纸200万吨以上、低能效冰箱（含冰柜）3000万台、皮革3000万标张、含汞扣式碱锰电池90亿只、白炽灯6亿只、酒精100万吨、味精12万吨、柠檬酸5万吨的产能。

6.安全质量全面提高。完善轻工业标准体系，制订、修订国家和行业标准1000项。生产企业资质合格，内部管理制度完善，规模以上食品生产企业普遍按照GMP（优良制造标准）要求组织生产。质量安全保障机制更加健全，产品质量全部符合法律法规以及相关标准的要求。

三、产业调整和振兴的主要任务

（一）稳定国内外市场

1.促进国内消费。总结“家电下乡”的试点经验，完善农村家电物流、销售、维修体系，切实做好“家电下乡”工作。加快皮革、家具、五金、家电、塑料、文体用品、缝制机械、制糖等行业重点专业市场建设，进一步发挥专业流通市场的作用。指导工商企业开展深度合作，加快市场需求信息传导，鼓励商贸企业扩大采购和销售轻工产品的规模。

2.增加有效供给。丰富产品花色品种，研发生产满足多层次消费需求的产品。生产与安居工程、新农村建设、教育医疗、灾后重建、农村基础设施、交通设施以及放心粮油进农村、进社区示范工程等相配套的轻工产品。开发个性化的文体用品及特色旅游休闲产品。积极发展少数民族特需用品。

3.稳定和开拓国际市场。积极应对贸易摩擦，巩固美、欧、日等传统国际市场；实施出口多元化战略，积极开拓中东、俄罗斯、非洲、北欧、东南亚、西亚等新兴市场。一是支持骨干企业通过多种方式“走出去”，在主要销售市场设立物流中心和分销中心。二是建立经贸合作区，积极推进海外工业园区和经贸合作区建设。三是继续支持外贸专业市场建设，建设针对东南亚、中亚、东北亚等地区的轻工产品边境贸易专业市场，在中东、北欧、俄罗斯等有条件的地区组建中国轻工产品贸易中心，加强对外宣传，方便货物、人员出入境。四是发挥加工贸易作用，支持企业扩大加工贸易。

4.健全外贸服务体系。建立轻工出口产品国内外技术法规、标准管理服务平台和培训体系，以及质量安全案例通报、退货核查、预警和应急处理系统，提高企业质量管理水平，维护中国产品形象。简化轻工产品出口通关、检验手续，降低相关收费标准，提高通关效率，促进贸易便利化。

（二）增强自主创新能力

1.提高重点装备自主化水平。在引进消化吸收再创新的基础上，突破重点装备关键技术，加快装备自主化。造纸装备重点发展大幅宽、高车速造纸成套设备。食品装备重点发展新型绿色分离设备、节能高效蒸发浓缩设备、高速和无菌罐装设备、膜式错流过滤机、高速吹瓶设备等，自主化率由40%提高到60%。塑料成型装备重点发展全闭环伺服驱动、电磁感应加热和多层共挤技术的挤出设备。工业缝制装备重点发展电控高速多头多功能刺绣机、电控裁剪整烫设备，光机电一体化设备比重由10%提高到50%，生产效率提高40%。

2.推进关键技术创新与产业化。采取产学研结合模式，支持农用新型塑料材料、变频空调压缩机、高效节能节材型冰箱压缩机、隧道式大型连续洗涤机组、糖能联产、新型节能环保光源、新型微生物高浓废水处理复合材料、特色功能表面活性剂、新能源电池、污染物减排与废弃物资源化利用等关键技术、设备的创新与产业化。建立重点行业公共技术创新服务平台，建立粮油、电池、皮革行业国家工程技术研究中心，建立造纸、发酵、酿酒、制糖及皮革技术创新联盟。

3.做好公共服务。完善轻工业特色区域和产业集群公共服务平台建设，为企业提供信息、技术开发、技术咨询、产品设计与开发、成果推广、产品检测、人才培训等服务。

（三）加快实施技术改造

1.提升行业总体技术水平。支持造纸行业应用深度脱木素、无元素氯漂白、中高浓等技术和全自动控制系统进行技术改造；支持家电行业电冰箱、空调器、洗衣机等关键部件生产线升级改造，实现高端及高效节能电冰箱、空调器、洗衣机等产品的产业化；支持塑料行业绿色塑料建材、多功能宽幅农膜生产技术升级；支持表面活性剂行业推广应用绿色表面活性剂，实现绿色功能性产品产业化；支持五金行业传统加工工艺及设备升级，提高制造水平。

2.推进企业节能减排。重点对食品、造纸、电池、皮革等行业实施节能减排技术改造。食品行业加快应用新型清洁生产和综合利用技术。造纸行业加快应用清洁生产、非木浆碱回收、污水处理、沼气发电技术，推广污染物排放在线监测系统。电池行业重点推广无汞扣式碱锰电池技术，普通锌锰电池实现无汞、无铅、无镉化，锂离子电池替代镉镍电池。皮革行业加快推广保毛脱毛、无灰浸灰、生态鞣制等清洁生产技术和固体废弃物资源化利用技术。编制重点行业清洁生产推广规划，支持重点行业企业实施循环经济示范工程；推广《国家重点节能技术推广目录（第一批）》中的轻工行业节能技术；支持食品、造纸、电池、皮革行业节能减排计量统计监测体系软硬件建设。

3.调整产品结构。支持发展市场短缺产品，优化产品结构，提高自给率。支持农副产品深加工，重点推进油料品种多元化，实施高效、低耗、绿色生产，促进油料作物转化增值和深度开发，新增花生油100万吨、菜籽油100万吨、棉籽油50万吨、特色油脂100万吨产能，保障食用植物油供给安全；继续实施《全国林纸一体化工程建设“十五”及2010年专项规划》，加快重点项目建设，新增木浆220万吨、竹浆30万吨产能，提高国产木浆比重，推动林纸一体化发展。

（四）实施食品加工安全专项

1.大力整顿食品加工企业。对全国食品加工企业在生产许可、市场准入、产品标准、质量安全管理方面逐项检查，坚决取缔无卫生许可证、无营业执照、无食品生产许可证的非法生产加工企业，严肃查处有证企业生产不合格产品、非法进出口等违法行为，严厉打击制售假冒伪劣食品、使用非食品原料和回收食品生产加工食品的违法行为。

2.全面清理食品添加剂和非法添加物。深入开展食品添加剂、非法添加物专项检查和清理工作，按照《食品添加剂使用卫生标准》（GB2760－2007），理清并发布违法添加的非食用物质和易被滥用的食品添加剂名单，规范食品添加剂安全使用。

3.加强食品安全监测能力建设。督促粮油、肉及肉制品、乳制品、食品添加剂、饮料、罐头、酿酒、发酵、制糖、焙烤等行业重点企业，增加原料检验、生产过程动态监测、产品出厂检测等先进检验装备，特别是快速检验和在线检测设备。完善企业内部质量控制、监测系统和食品质量可追溯体系。

4.提高食品行业准入门槛。明确食品加工企业在原料基地、管理规范、生产操作规程、产品执行标准、质量控制体系等方面的必备条件，加快制定和修订乳制品、肉及肉制品、水产品、粮食、油料、果蔬等重点食品加工行业产业政策和行业准入标准。

5.建立健全食品召回及退市制度。建立和完善不合格食品主动召回、责令召回及退市制度，建立食品召回中心，明确食品召回范围、召回级别等具体规定，使食品召回及退市制度切实可行。健全食品质量安全申诉投诉处理体系，加强申诉投诉处理管理。

6.加强食品工业企业诚信体系建设。通过政府指导、行业组织推动和企业自律，加快建立以法律法规为准绳、社会道德为基础、企业自律为重点、社会监督为约束、诚信效果可评价、诚信奖惩有制度的食品工业企业诚信体系。制定食品工业企业诚信体系建设指导意见，开展食品企业诚信体系建设试点工作。跟踪评价食品工业企业诚信体系建设指导意见贯彻实施情况，及时修改完善相关规范和标准。

（五）加强自主品牌建设

1. 支持优势品牌企业跨地区兼并重组、技术改造和创新能力建设，推动产业整合，提高产业集中度，增强品牌企业实力。引导企业开拓国际市场，通过国际参展、广告宣传、质量认证、公共服务平台等多种形式和渠道，提高自主品牌的知名度和竞争力。

2. 支持国内有实力的企业“走出去”，实施本地化生产，拓展国际市场，扩大产品覆盖面，提高品牌影响力。

3. 完善认证和检测制度，积极开展与主要贸易伙伴国多层面的交流与合作，提高国际社会对我国检测、认证结果的认可度，树立自主品牌国际形象。

4. 加强自主品牌保护，加大宣传力度，增强企业和全社会保护自主知名品牌的意识和责任感。

（六）推动产业有序转移

1. 结合优化区域布局，鼓励具有资源优势等条件的地区充分总结和借鉴产业集群发展经验，改善建设条件和经营环境，积极承接产业转移，着力培育发展轻工业特色区域和产业集群。

2. 根据行业特点和发展要求推进产业转移。推动冰箱、空调、洗衣机等家电行业重点产品的研发、制造、集散，逐步由珠三角、长三角和环渤海等地区向本区域内有条件地区和中西部地区转移；引导制革和制鞋行业集中的东部沿海地区，利用其优势重点从事研发、设计和贸易，将生产加工向具备资源优势的地区转移；推进陶瓷和发酵行业向有原料优势、能源丰富的地区转移。

同时，产业转移过程中要严格遵守环境保护法律法规，杜绝产业转移成为“污染转移”。

（七）提高产品质量水平

1. 建立产品质量安全保障机制。一是切实贯彻《中华人民共和国产品质量法》，严格市场准入制度和产品质量监督抽查制度，加快建立质量安全风险监测、预警、信息通报、快速处置以及产品追溯、召回和退市制度，严惩质量违法违规企业。二是落实企业对产品质量安全的主体责任，严格执行产品质量标准，全面加强质量管理，从原料采购、生产加工、出厂检验等环节控制产品质量，确保产品质量符合标准要求。三是建立规范的企业质量信用评价制度和产品质量信用记录发布制度，加强行业自律。四是完善国家产品质量检测技术服务平台，提高检测装备水平。

2. 加快行业标准制订和修订工作。制订食品添加剂、肉品、酿酒、乳制品、饮料、家具、装饰装修材料等行业新标准450项，其中食品添加剂等国家标准70项，家具和装饰装修材料等行业国家标准150项。修订塑料、五金、皮革、洗涤用品、饮料等行业标龄超过5年的标准550项。完善家电、造纸、塑料、照明电器、五金、皮革等重点行业的安全标准、基础通用标准、重点产品标准和检测方法标准。制订和修订塑料降解、制浆造纸、皮革鞣制、电池回收等资源节约与环境保护方面的标准，完善相应的技术标准体系。

（八）加强企业自身管理。

加大法律宣传力度，加强企业自律，全面提高企业素质，增强企业守法经营意识和社会责任感。深化企业改革，加快现代企业制度建设，完善公司治理结构，提高企业管理的科学性。树立现代管理理念，加强企业管理，提高经营决策、产品设计、资源配置、产品生产、质量管理、市场开拓等水平，增强对市场需求的快速反应能力，努力开发适销对路产品，通过管理提高效益。重视人才培训，提高员工素质，合理配置人力资源。

（九）切实淘汰落后产能。

建立产业退出机制，明确淘汰标准，量化淘汰指标，加大淘汰力度。力争三年内淘汰一批技术装备落后、资源能源消耗高、环保不达标的落后产能。造纸行业重点淘汰年产3.4万吨以下草浆生产装置和年产1.7万吨以下化学制浆生产线，关闭排放不达标、年产1万吨以下以废纸为原料的造纸厂。食品行业重点淘汰年产3万吨以下酒精、味精生产工艺及装置。皮革行业重点淘汰年加工3万标张以下的生产线。家电行业重点淘汰以氯氟烃为发泡剂或制冷剂的冰箱、冰柜、汽车空调器等产能和低能效产品产能。电池行业重点淘汰汞含量高于1ppm的圆柱形碱锰电池和汞含量高于5ppm的扣式碱锰电池。加快实施节能灯替代，淘汰6亿只白炽灯产能。

四、政策措施

1. 进一步扩大“家电下乡”补贴品种。根据农民意愿和行业发展要求，将微波炉和电磁炉纳入“家电下乡”补贴范围，并将每类产品每户只能购买一台的限制放宽到两台。中央财政加大对民族地区和地震重灾区的支持力度。

2.提高部分轻工产品出口退税率。进一步提高部分不属于“两高一资”的轻工产品的出口退税率，加快出口退税进度，确保及时足额退税。

3.调整加工贸易目录。继续禁止“两高一资”产品加工贸易。对符合国家产业政策和宏观调控要求，不属于高耗能、高污染的产品，取消加工贸易禁止。对部分劳动密集型产品以及技术含量较高、环保节能的产品，取消加工贸易限制。对全部使用进口资源且生产过程中污染和能耗较低的产品，允许开展加工贸易。

4.解决涉农产品收储问题。进一步扩大食糖国家储备。鼓励地方政府采取流动资金贷款贴息等措施，支持企业收储纸浆及纸、浓缩苹果汁等涉农产品，缓解产品销售不畅、积压严重的状况。

5.加强技术创新和技术改造。支持重点装备自主化、关键技术创新与产业化，支持提高重点行业技术装备水平、推进节能减排、强化食品加工安全以及自主品牌建设等。

6.加大金融支持力度。尽快落实《国务院办公厅关于当前金融促进经济发展的若干意见》（国办发〔2008〕126号），鼓励金融机构加大对轻工企业信贷支持力度，对一些基本面较好、带动就业明显、信用记录较好但暂时出现经营困难的企业给予信贷支持，允许将到期的贷款适当展期；简化税务部门审核金融机构呆账核销手续和程序，对中小企业贷款实行税前全额拨备损失准备金；支持符合条件的企业发行公司债券、企业债券、中小企业集合债券、短期融资券等，拓展企业融资渠道；中央和地方财政要加大对资质好、管理规范的中小企业信用担保机构的支持力度，鼓励担保机构为中小型轻工企业提供信用担保和融资服务；利用出口信贷、出口信用保险等金融工具，帮助轻工企业便利贸易融资，防范国际贸易风险。鼓励保险公司开展产品质量保险和出口信用保险，为轻工企业提供风险保障。建立和完善中央集中式的、以互联网为基础的动产和权利担保登记中心，简化登记手续，降低登记收费，落实债权人的担保权益。

7.大力扶持中小企业。现有支持中小企业发展的专项资金（基金）等向轻工企业倾斜，中央外贸发展基金加大对符合条件的轻工企业巩固和开拓国外市场的支持力度；按照有关规定，对中小型轻工企业实施缓缴社会保险费或降低相关社会保险费率等政策。

8.加强产业政策引导。尽快研究制定发酵、粮油、皮革、电池、照明电器、日用玻璃、农膜等产业政策以及准入条件，研究完善重污染企业和落后产能退出机制，适时调整《产业结构调整指导目录》和《外商投资产业指导目录》。环保、土地、信贷、工商登记等相关政策要与产业政策相互衔接配合，充分体现有保有压的调控作用。

9.鼓励兼并重组和淘汰落后。认真落实有关兼并重组的政策，在流动资金、债务核定、职工安置等方面给予支持；对于实施兼并重组企业的技术创新、技术改造给予优先支持。各级政府要加大轻工业重点行业淘汰落后产能力度，解决好职工安置、企业转产、债务化解等问题，促进社会和谐稳定。

10.发挥行业协会作用。充分发挥行业协会在产业发展、技术进步、标准制定、贸易促进、行业准入和公共服务等方面的作用。建立轻工业经济运行及预测预警信息平台，及时反映行业情况和问题，引导企业落实产业政策，加强行业自律。

五、规划实施

国务院有关部门要按照《规划》分工，尽快制定完善相关政策措施，加强沟通，密切配合，确保《规划》顺利实施。要适时开展《规划》的后评价工作，及时提出评价意见。

各地区要按照《规划》确定的目标、任务和政策措施，结合当地实际抓紧制定具体落实方案，确保取得实效。具体工作方案和实施过程中出现的新情况、新问题要及时报送发展改革委、工业和信息化部等有关部门。

文化产业振兴规划

党的十七大明确提出，要积极发展公益性文化事业，大力发展文化产业，激发全民族文化创造活力，更加自觉、更加主动地推动文化大发展大繁荣。为贯彻落实中央精神，在重视发展公益性文化事业的同时，加快振兴文化产业，充分发挥文化产业在调整结构、扩大内需、增加就业、推动发展中的重要作用，结合当前应对国际金融危机的新形势和文化领域改革发展的迫切需要，特制定本规划。

一、加快文化产业振兴的重要性紧迫性

文化产业是市场经济条件下繁荣发展社会主义文化的重要载体，是满足人民群众多样化、多层次、多方面精神文化需求的重要途径，也是推动经济结构调整、转变经济发展方式的重要着力点。党的十六大以来，党中央、国务院高度重视发展文化产业，采取了一系列政策措施，深入推进文化体制改革，加快推动文化产业发展。国有经营性文化单位转企改制取得重要进展，涌现出一批具有较强实力和竞争力的文化企业和企业集团，文化产业规模逐步壮大，以公有制为主体、多种所有制共同发展的文化产业格局初步形成。文化“走出去”步伐加快，文化进出口贸易逆差逐步缩小，我国文化产业的国际竞争力不断增强。总的看，我国文化产业呈现出健康向上、蓬勃发展的良好态势，正在成为推动社会主义文化大发展大繁荣的重要引擎和经济发展新的增长点。

同时要看到，我国文化产业的发展水平还不高、活力还不强，与人民群众日益增长的精神文化需求还不相适应，与日趋完善的社会主义市场经济体制还不相适应，与现代科学技术迅猛发展及广泛应用还不相适应，与我国对外开放不断扩大的新形势还不相适应。当前，国际金融危机仍未见底，并对文化产业发展产生诸多影响，但困难和挑战中蕴含着新的机遇和有利条件，文化具有反向调节功能，面对经济下滑，文化产业有逆势而上的特点，这为创新文化体制机制、做大做强文化产业带来了契机。要抓住机遇，大力振兴文化产业，为“保增长、扩内需、调结构、促改革、惠民生”作出贡献。

二、指导思想、基本原则和规划目标

1. 指导思想。全面贯彻党的十七大精神，坚持以邓小平理论和“三个代表”重要思想为指导，深入贯彻落实科学发展观，紧紧围绕《国家“十一五”时期文化发展规划纲要》确定的文化产业发展的各项目标任务和当前文化体制改革的重点，大力培育市场主体，加快转变文化产业发展方式，进一步解放和发展文化生产力，切实维护我国文化安全，推动文化产业又好又快发展，将文化产业培育成国民经济新的增长点。

2. 基本原则。坚持把社会效益放在首位，努力实现社会效益和经济效益的统一；坚持以体制改革和科技进步为动力，增强文化产业发展活力，提升文化创新能力；坚持走中国特色文化产业发展道路，学习借鉴世界优秀文化，积极推动中华民族文化繁荣发展；坚持以结构调整为主线，加快推进重大工程项目，扩大产业规模，增强文化产业整体实力和竞争力；坚持内外并举，积极开拓国内国际文化市场，增强中华文化在国际上的影响力。

3. 规划目标。完成经营性文化单位转企改制，文化市场主体进一步完善，活力进一步增强，文化产业规模不断扩大，推动经济社会发展的功能和作用得到较好发挥。

(1)文化市场主体进一步完善。按照创新体制、转换机制、面向市场、增强活力的原则，基本完成经营性文化单位转企改制，文化市场主体进一步完善，活力进一步增强。

(2)文化产业结构进一步优化。重点行业和项目对文化的拉动作用明显增强，文化创意、影视制作、出版发行、印刷复制、广告、演艺娱乐、文化会展、数字内容和动漫等产业得到较快发展，以资本为纽带推进文化企业兼并重组取得重要进展，力争形成一批跨地区跨行业

经营、有较强市场竞争力、产值超百亿的骨干文化企业和企业集团。

(3)文化创新能力进一步提升。文化体制机制创新取得实质性进展，文化产业发展活力明显增强，以企业为主体、市场为导向、产学研相结合的文化创新体系初步形成，文化原创能力进一步提高，数字化、网络化技术广泛运用，文化企业装备水平和科技含量显著提高。

(4)现代文化市场体系进一步完善。市场在文化资源配置中的基础性作用得到更好的发挥，文化产品和生产要素合理流动，城乡文化市场进一步发展，现代流通组织和流通形式逐步成为文化流通领域的主要力量，文化消费领域不断拓展，在城乡居民消费结构中的比重明显增加。

(5)文化产品和服务出口进一步扩大。一批外向型骨干文化企业和国际知名品牌初步形成，对外文化贸易渠道和网络进一步拓展，文化产品和服务出口大幅增长，文化贸易逆差明显缩小，成为我国服务贸易出口的重要增长点。

三、重点任务

当前和今后一个时期，要着力做好以下八个方面工作：

1.发展重点文化产业。以文化创意、影视制作、出版发行、印刷复制、广告、演艺娱乐、文化会展、数字内容和动漫等产业为重点，加大扶持力度，完善产业政策体系，实现跨越式发展。文化创意产业要着重发展文化科技、音乐制作、艺术创作、动漫游戏等企业，增强影响力和带动力，拉动相关服务业和制造业的发展。影视制作业要提升影片、电视剧和电视节目的生产能力，扩大影视制作、发行、播映和后产品开发，满足多种媒体、多种终端对影视数字内容的需求。出版业要推动产业结构调整和升级，加快从主要依赖传统纸介质出版物向多种介质形态出版物的数字出版产业转型。出版物发行业要积极开展跨地区、跨行业、跨所有制经营，形成若干大型发行集团，提高整体实力和竞争力。印刷复制业要发展高新技术印刷、特色印刷，建成若干各具特色、技术先进的印刷复制基地。演艺业要加快形成一批大型演艺集团，加强演出网络建设。动漫产业要着力打造深受观众喜爱的国际化动漫形象和品牌，成为文化产业的重要增长点。

2.实施重大项目带动战略。以文化企业为主体，加大政策扶持力度，充分调动社会各方面的力量，加快建设一批具有重大示范效应和产业拉动作用的重大文化产业项目。继续推进国产动漫振兴工程、国家数字电影制作基地建设工程、多媒体数据库和经济信息平台、“中华字库”工程、国家“知识资源数据库”出版工程等重大文化建设项目。选择一批具备实施条件的重点项目给予支持。

3.培育骨干文化企业。着力培育一批有实力、有竞争力的骨干文化企业，增强我国文化产业的整体实力和国际竞争力。坚持政府引导、市场运作，科学规划、合理布局，在重点文化产业中选择一批成长性好、竞争力强的文化企业或企业集团，加大政策扶持力度，推动跨地区、跨行业联合或重组，尽快壮大企业规模，提高集约化经营水平，促进文化领域资源整合和结构调整。鼓励和引导有条件的文化企业面向资本市场融资，培育一批文化领域战略投资者，实现低成本扩张，进一步做大做强。

4.加快文化产业园区和基地建设。加强对文化产业园区和基地布局的统筹规划，坚持标准、突出特色、提高水平，促进各种资源合理配置和产业分工。对符合规划的产业园区和基地，在基础设施建设、土地使用、税收政策等方面给予支持。建设若干辐射全国的区域文化产品物流中心，建设一批文化创意、影视制作、出版发行、印刷复制、演艺娱乐和动漫等产业示范基地，支持和加快发展具有地域和民族特色的文化产业群。

5.扩大文化消费。不断适应当前城乡居民消费结构的新变化和审美的新需求，创新文化产品和服务，提高文化消费意识，培育新的消费热点。加强原创性作品的创作，打造一批具有核心竞争力的知名文化品牌。努力降低成本，提供价格合理、丰富多样的精神文化产品和服务。加快建设具有自主知识产权、科技含量高、富有中国文化特色的主题公园。开发与文化结合的教育培训、健身、旅游、休闲等服务性消费，带动相关产业发展。

6.建设现代文化市场体系。建立健全门类齐全的文化产品市场和文化要素市场，促进文化产品和生产要素的合理流动。重点建设传输快捷、覆盖广泛的文化传播渠道。发展文艺演出院线，推动主要城市演出场所连锁经营。支持全国文化票务网络建设。推进有线电视网络整合，鼓励通过并购、重组等方式，进行广电网络的区域整合和跨地区经营。推进电影院线、数字电影院线的跨地区整合以及数字影院的建设和改造。支持国有出版发行企业以资本为纽带实行跨地区兼并重组。鼓励非公有资本进入文化创意、影视制作、演艺娱乐、动漫等领域。支持优先选用拥有自主知识产权、产品质量水平高的文化设备及产品。

7.发展新兴文化业态。采用数字、网络等高新技术，大力推动文化产业升级。支持发展移动多媒体广播电视、网络广播影视、数字多媒体广播、手机广播电视，开发移动文化信息服务、数字娱乐产品等增值业务，为各种便携显示终端提供内容服务。加快广播电视传播和电影放映数字化进程。积极推进下一代广播电视网建设，发挥第三代移动通信网络、宽带光纤接入网络等网络基础设施的作用，制定和完善网络标准，促进互联互通和资源共享，推进三网融合。积极发展纸质有声读物、电子书、手机报和网络出版物等新兴出版发行业态。发展高新技术印刷。运用高新技术改造传统娱乐设施和舞台技术，鼓励文化设备提供商研发新型电影院、数字电影娱乐设备、便携式音响系统、流动演出系统及多功能集成化音响产品。加强数字技术、数字内容、网络技术等核心技术的研发，加快关键技术设备改造更新。

8.扩大对外文化贸易。落实国家鼓励和支持文化产品和服务出口的优惠政策，在市场开拓、技术创新、海关通关等方面给予支持。制定《2009—2010年度国家文化出口重点企业和项目目录》，形成鼓励、支持文化产品和服务出口的长效机制。重点扶持具有民族特色的文化艺术、展览、电影、电视剧、动画片、网络游戏、出版物、民族音乐舞蹈和杂技等产品和服务的出口，抓好国际营销网络建设。支持动漫、网络游戏、电子出版物等文化产品进入国际市场。鼓励文化企业通过独资、合资、控股、参股等多种形式，在国外兴办文化实体，建立文化产品营销网点，实现落地经营。办好国家重点支持的文化会展，通过中国（深圳）国际文化产业博览会、中国国际广播影视博览会、北京国际图书博览会等推动文化产品和服务出口。支持文化企业参加境外图书展、影视展、艺术节等国际大型展会和文化活动。

四、政策措施

1. 降低准入门槛。落实国家关于非公有资本、外资进入文化产业的有关规定，根据文化产业不同类别，通过独资、合资、合作等多种途径，积极吸收社会资本和外资进入政策允许的文化产业领域，参与国有文化企业的股份制改造，形成以公有制为主体、多种所有制共同发展的文化产业格局。

2. 加大政府投入。中央和地方各级人民政府要加大对文化产业的投入，通过贷款贴息、项目补贴、补充资本金等方式，支持国家级文化产业基地建设，支持文化产业重点项目及跨区域整合，支持国有控股文化企业股份制改造，支持文化领域新产品、新技术的研发。支持大宗文化产品和服务的出口。大幅增加中央财政“扶持文化产业发展专项资金”和文化体制改革专项资金规模，不断加大对文化产业发展和文化体制改革的支持力度。

3. 落实税收政策。贯彻落实《国务院办公厅关于印发文化体制改革中经营性文化事业单位转制为企业和支持文化企业发展两个规定的通知》中的相关税收优惠政策，研究确定文化产业支撑技术的具体范围，加大税收扶持力度，支持文化产业发展。

4. 加大金融支持。鼓励银行业金融机构加大对文化企业的金融支持力度。积极倡导鼓励担保和再担保机构大力开发支持文化产业发展、文化企业“走出去”的贷款担保业务品种。支持有条件的文化企业进入主板、创业板上市融资，鼓励已上市文化企业通过公开增发、定向增发等再融资方式进行并购和重组，迅速做大做强。支持符合条件的文化企业发行企业债券。

5. 设立中国文化产业投资基金。按照有关管理办法，由中央财政注资引导，吸收国有骨干文化企业、大型国有企业和金融机构认购。基金由专门机构进行管理，实行市场化运作，通过股权投资等方式，推动资源重组和结构调整，促进国家文化发展战略目标的实现。

五、保障条件

1. 加强组织领导。地方各级人民政府要按照科学发展观的要求，切实将《规划》的实施列入重要议事日程，把《规划》提出的目标任务纳入经济社会发展总体规划，建立相关的考核、评价和责任制度，作为评价地区发展水平、衡量发展质量和领导干部工作实绩的重要内容。文化行政主管部门在党委宣传部门协调指导下，具体组织实施，相关部门密切配合，确保《规划》提出的各项任务落到实处。

2. 深化文化体制改革。通过深化文化体制改革，进一步解放和发展文化生产力，激发全社会的文化创造活力。要紧紧抓住转企改制、重塑市场主体这个中心环节，加快推进出版发行单位转企改制和兼并重组，加快电影制片、发行、放映单位和文艺院团转企改制，抓好党报党刊发行体制和广播电视节目制播分离改革。大力推动行政管理体制改革和政府职能转变，建立统一高效的文化市场综合执法机构。

3.培养文化产业人才。继续抓好全国宣传文化系统“四个一批”人才培养工程，着力加强领军人物和各类专门人才的培养。继续办好经营管理人才培训班，培养一批熟悉市场经济规律，懂经营、善管理的人才。吸引财经、金融、科技等领域的优秀人才进入文化产业领域。注重海外文化创意、研发、管理等高端人才的引进，为我国文化产业发展提供强有力的人才保障。

4.加强立法工作。进一步完善法律体系，依法加强对文化产业发展的规范管理。完善国家知识产权保护体系，严厉打击各类盗版侵权行为，促进国家文化创新能力建设。

第九部分

投资法规

国 家 法 规

中华人民共和国保险法

（1995年6月30日第八届全国人民代表大会常务委员会第十四次会议通过 根据2002年10月28日第九届全国人民代表大会常务委员会第三十次会议《关于修改〈中华人民共和国保险法〉的决定》修正 2009年2月28日第十一届全国人民代表大会常务委员会第七次会议修订）

中华人民共和国主席令　第11号

第一章　总　则

第一条　为了规范保险活动，保护保险活动当事人的合法权益，加强对保险业的监督管理，维护社会经济秩序和社会公共利益，促进保险事业的健康发展，制定本法。

第二条　本法所称保险，是指投保人根据合同约定，向保险人支付保险费，保险人对于合同约定的可能发生的事故因其发生所造成的财产损失承担赔偿保险金责任，或者当被保险人死亡、伤残、疾病或者达到合同约定的年龄、期限等条件时承担给付保险金责任的商业保险行为。

第三条　在中华人民共和国境内从事保险活动，适用本法。

第四条　从事保险活动必须遵守法律、行政法规，尊重社会公德，不得损害社会公共利益。

第五条　保险活动当事人行使权利、履行义务应当遵循诚实信用原则。

第六条　保险业务由依照本法设立的保险公司以及法律、行政法规规定的其他保险组织经营，其他单位和个人不得经营保险业务。

第七条　在中华人民共和国境内的法人和其他组织需要办理境内保险的，应当向中华人民共和国境内的保险公司投保。

第八条　保险业和银行业、证券业、信托业实行分业经营、分业管理，保险公司与银行、证券、信托业务机构分别设立。国家另有规定的除外。

第九条　国务院保险监督管理机构依法对保险业实施监督管理。

国务院保险监督管理机构根据履行职责的需要设立派出机构。派出机构按照国务院保险监督管理机构的授权履行监督管理职责。

第二章　保险合同

第一节　一般规定

第十条　保险合同是投保人与保险人约定保险权利

义务关系的协议。

投保人是指与保险人订立保险合同，并按照合同约定负有支付保险费义务的人。

保险人是指与投保人订立保险合同，并按照合同约定承担赔偿或者给付保险金责任的保险公司。

第十一条　订立保险合同，应当协商一致，遵循公平原则确定各方的权利和义务。

除法律、行政法规规定必须保险的外，保险合同自愿订立。

第十二条　人身保险的投保人在保险合同订立时，对被保险人应当具有保险利益。

财产保险的被保险人在保险事故发生时，对保险标的应当具有保险利益。

人身保险是以人的寿命和身体为保险标的的保险。

财产保险是以财产及其有关利益为保险标的的保险。

被保险人是指其财产或者人身受保险合同保障，享有保险金请求权的人。投保人可以为被保险人。

保险利益是指投保人或者被保险人对保险标的具有的法律上承认的利益。

第十三条　投保人提出保险要求，经保险人同意承保，保险合同成立。保险人应当及时向投保人签发保险单或者其他保险凭证。

保险单或者其他保险凭证应当载明当事人双方约定的合同内容。当事人也可以约定采用其他书面形式载明合同内容。

依法成立的保险合同，自成立时生效。投保人和保险人可以对合同的效力约定附条件或者附期限。

第十四条　保险合同成立后，投保人按照约定交付保险费，保险人按照约定的时间开始承担保险责任。

第十五条　除本法另有规定或者保险合同另有约定外，保险合同成立后，投保人可以解除合同，保险人不得解除合同。

第十六条　订立保险合同，保险人就保险标的或者被保险人的有关情况提出询问的，投保人应当如实告知。

投保人故意或者因重大过失未履行前款规定的如实告知义务，足以影响保险人决定是否同意承保或者提高保险费率的，保险人有权解除合同。

前款规定的合同解除权，自保险人知道有解除事由之日起，超过三十日不行使而消灭。自合同成立之日起超过二年的，保险人不得解除合同；发生保险事故的，保险人应当承担赔偿或者给付保险金的责任。

投保人故意不履行如实告知义务的，保险人对于合同解除前发生的保险事故，不承担赔偿或者给付保险金的责任，并不退还保险费。

投保人因重大过失未履行如实告知义务，对保险事故的发生有严重影响的，保险人对于合同解除前发生的保险事故，不承担赔偿或者给付保险金的责任，但应当退还保险费。

保险人在合同订立时已经知道投保人未如实告知的情况的，保险人不得解除合同；发生保险事故的，保险人应当承担赔偿或者给付保险金的责任。

保险事故是指保险合同约定的保险责任范围内的事故。

第十七条　订立保险合同，采用保险人提供的格式条款的，保险人向投保人提供的投保单应当附格式条款，保险人应当向投保人说明合同的内容。

对保险合同中免除保险人责任的条款，保险人在订立合同时应当在投保单、保险单或者其他保险凭证上作出足以引起投保人注意的提示，并对该条款的内容以书面或者口头形式向投保人作出明确说明；未作提示或者明确说明的，该条款不产生效力。

第十八条　保险合同应当包括下列事项：

（一）保险人的名称和住所；

（二）投保人、被保险人的姓名或者名称、住所，以及人身保险的受益人的姓名或者名称、住所；

（三）保险标的；

（四）保险责任和责任免除；

（五）保险期间和保险责任开始时间；

（六）保险金额；

（七）保险费以及支付办法；

（八）保险金赔偿或者给付办法；

（九）违约责任和争议处理；

（十）订立合同的年、月、日。

投保人和保险人可以约定与保险有关的其他事项。

受益人是指人身保险合同中由被保险人或者投保人指定的享有保险金请求权的人。投保人、被保险人可以为受益人。

保险金额是指保险人承担赔偿或者给付保险金责任

的最高限额。

第十九条 采用保险人提供的格式条款订立的保险合同中的下列条款无效：

（一）免除保险人依法应承担的义务或者加重投保人、被保险人责任的；

（二）排除投保人、被保险人或者受益人依法享有的权利的。

第二十条 投保人和保险人可以协商变更合同内容。

变更保险合同的，应当由保险人在保险单或者其他保险凭证上批注或者附贴批单，或者由投保人和保险人订立变更的书面协议。

第二十一条 投保人、被保险人或者受益人知道保险事故发生后，应当及时通知保险人。故意或者因重大过失未及时通知，致使保险事故的性质、原因、损失程度等难以确定的，保险人对无法确定的部分，不承担赔偿或者给付保险金的责任，但保险人通过其他途径已经及时知道或者应当及时知道保险事故发生的除外。

第二十二条 保险事故发生后，按照保险合同请求保险人赔偿或者给付保险金时，投保人、被保险人或者受益人应当向保险人提供其所能提供的与确认保险事故的性质、原因、损失程度等有关的证明和资料。

保险人按照合同的约定，认为有关的证明和资料不完整的，应当及时一次性通知投保人、被保险人或者受益人补充提供。

第二十三条 保险人收到被保险人或者受益人的赔偿或者给付保险金的请求后，应当及时作出核定；情形复杂的，应当在三十日内作出核定，但合同另有约定的除外。保险人应当将核定结果通知被保险人或者受益人；对属于保险责任的，在与被保险人或者受益人达成赔偿或者给付保险金的协议后十日内，履行赔偿或者给付保险金义务。保险合同对赔偿或者给付保险金的期限有约定的，保险人应当按照约定履行赔偿或者给付保险金义务。

保险人未及时履行前款规定义务的，除支付保险金外，应当赔偿被保险人或者受益人因此受到的损失。

任何单位和个人不得非法干预保险人履行赔偿或者给付保险金的义务，也不得限制被保险人或者受益人取得保险金的权利。

第二十四条 保险人依照本法第二十三条的规定作出核定后，对不属于保险责任的，应当自作出核定之日起三日内向被保险人或者受益人发出拒绝赔偿或者拒绝给付保险金通知书，并说明理由。

第二十五条 保险人自收到赔偿或者给付保险金的请求和有关证明、资料之日起六十日内，对其赔偿或者给付保险金的数额不能确定的，应当根据已有证明和资料可以确定的数额先予支付；保险人最终确定赔偿或者给付保险金的数额后，应当支付相应的差额。

第二十六条 人寿保险以外的其他保险的被保险人或者受益人，向保险人请求赔偿或者给付保险金的诉讼时效期间为二年，自其知道或者应当知道保险事故发生之日起计算。

人寿保险的被保险人或者受益人向保险人请求给付保险金的诉讼时效期间为五年，自其知道或者应当知道保险事故发生之日起计算。

第二十七条 未发生保险事故，被保险人或者受益人谎称发生了保险事故，向保险人提出赔偿或者给付保险金请求的，保险人有权解除合同，并不退还保险费。

投保人、被保险人故意制造保险事故的，保险人有权解除合同，不承担赔偿或者给付保险金的责任；除本法第四十三条规定外，不退还保险费。

保险事故发生后，投保人、被保险人或者受益人以伪造、变造的有关证明、资料或者其他证据，编造虚假的事故原因或者夸大损失程度的，保险人对其虚报的部分不承担赔偿或者给付保险金的责任。

投保人、被保险人或者受益人有前三款规定行为之一，致使保险人支付保险金或者支出费用的，应当退回或者赔偿。

第二十八条 保险人将其承担的保险业务，以分保形式部分转移给其他保险人的，为再保险。

应再保险接受人的要求，再保险分出人应当将其自负责任及原保险的有关情况书面告知再保险接受人。

第二十九条 再保险接受人不得向原保险的投保人要求支付保险费。

原保险的被保险人或者受益人不得向再保险接受人提出赔偿或者给付保险金的请求。

再保险分出人不得以再保险接受人未履行再保险责任为由，拒绝履行或者迟延履行其原保险责任。

第三十条 采用保险人提供的格式条款订立的保险合同，保险人与投保人、被保险人或者受益人对合同条款有争议的，应当按照通常理解予以解释。对合同条款有两种以上解释的，人民法院或者仲裁机构应当作出有利于被保险人和受益人的解释。

第二节　人身保险合同

第三十一条　投保人对下列人员具有保险利益：

（一）本人；

（二）配偶、子女、父母；

（三）前项以外与投保人有抚养、赡养或者扶养关系的家庭其他成员、近亲属；

（四）与投保人有劳动关系的劳动者。

除前款规定外，被保险人同意投保人为其订立合同的，视为投保人对被保险人具有保险利益。

订立合同时，投保人对被保险人不具有保险利益的，合同无效。

第三十二条　投保人申报的被保险人年龄不真实，并且其真实年龄不符合合同约定的年龄限制的，保险人可以解除合同，并按照合同约定退还保险单的现金价值。保险人行使合同解除权，适用本法第十六条第三款、第六款的规定。

投保人申报的被保险人年龄不真实，致使投保人支付的保险费少于应付保险费的，保险人有权更正并要求投保人补交保险费，或者在给付保险金时按照实付保险费与应付保险费的比例支付。

投保人申报的被保险人年龄不真实，致使投保人支付的保险费多于应付保险费的，保险人应当将多收的保险费退还投保人。

第三十三条　投保人不得为无民事行为能力人投保以死亡为给付保险金条件的人身保险，保险人也不得承保。

父母为其未成年子女投保的人身保险，不受前款规定限制。但是，因被保险人死亡给付的保险金总和不得超过国务院保险监督管理机构规定的限额。

第三十四条　以死亡为给付保险金条件的合同，未经被保险人同意并认可保险金额的，合同无效。

按照以死亡为给付保险金条件的合同所签发的保险单，未经被保险人书面同意，不得转让或者质押。

父母为其未成年子女投保的人身保险，不受本条第一款规定限制。

第三十五条　投保人可以按照合同约定向保险人一次支付全部保险费或者分期支付保险费。

第三十六条　合同约定分期支付保险费，投保人支付首期保险费后，除合同另有约定外，投保人自保险人催告之日起超过三十日未支付当期保险费，或者超过约定的期限六十日未支付当期保险费的，合同效力中止，或者由保险人按照合同约定的条件减少保险金额。

被保险人在前款规定期限内发生保险事故的，保险人应当按照合同约定给付保险金，但可以扣减欠交的保险费。

第三十七条　合同效力依照本法第三十六条规定中止的，经保险人与投保人协商并达成协议，在投保人补交保险费后，合同效力恢复。但是，自合同效力中止之日起满二年双方未达成协议的，保险人有权解除合同。

保险人依照前款规定解除合同的，应当按照合同约定退还保险单的现金价值。

第三十八条　保险人对人寿保险的保险费，不得用诉讼方式要求投保人支付。

第三十九条　人身保险的受益人由被保险人或者投保人指定。

投保人指定受益人时须经被保险人同意。投保人为与其有劳动关系的劳动者投保人身保险，不得指定被保险人及其近亲属以外的人为受益人。

被保险人为无民事行为能力人或者限制民事行为能力人的，可以由其监护人指定受益人。

第四十条　被保险人或者投保人可以指定一人或者数人为受益人。

受益人为数人的，被保险人或者投保人可以确定受益顺序和受益份额；未确定受益份额的，受益人按照相等份额享有受益权。

第四十一条　被保险人或者投保人可以变更受益人并书面通知保险人。保险人收到变更受益人的书面通知后，应当在保险单或者其他保险凭证上批注或者附贴批单。

投保人变更受益人时须经被保险人同意。

第四十二条　被保险人死亡后，有下列情形之一的，保险金作为被保险人的遗产，由保险人依照《中华人民共和国继承法》的规定履行给付保险金的义务：

（一）没有指定受益人，或者受益人指定不明无法确定的；

（二）受益人先于被保险人死亡，没有其他受益人的；

（三）受益人依法丧失受益权或者放弃受益权，没有其他受益人的。

受益人与被保险人在同一事件中死亡，且不能确定死亡先后顺序的，推定受益人死亡在先。

第四十三条 投保人故意造成被保险人死亡、伤残或者疾病的，保险人不承担给付保险金的责任。投保人已交足二年以上保险费的，保险人应当按照合同约定向其他权利人退还保险单的现金价值。

受益人故意造成被保险人死亡、伤残、疾病的，或者故意杀害被保险人未遂的，该受益人丧失受益权。

第四十四条 以被保险人死亡为给付保险金条件的合同，自合同成立或者合同效力恢复之日起二年内，被保险人自杀的，保险人不承担给付保险金的责任，但被保险人自杀时为无民事行为能力人的除外。

保险人依照前款规定不承担给付保险金责任的，应当按照合同约定退还保险单的现金价值。

第四十五条 因被保险人故意犯罪或者抗拒依法采取的刑事强制措施导致其伤残或者死亡的，保险人不承担给付保险金的责任。投保人已交足二年以上保险费的，保险人应当按照合同约定退还保险单的现金价值。

第四十六条 被保险人因第三者的行为而发生死亡、伤残或者疾病等保险事故的，保险人向被保险人或者受益人给付保险金后，不享有向第三者追偿的权利，但被保险人或者受益人仍有权向第三者请求赔偿。

第四十七条 投保人解除合同的，保险人应当自收到解除合同通知之日起三十日内，按照合同约定退还保险单的现金价值。

第三节 财产保险合同

第四十八条 保险事故发生时，被保险人对保险标的不具有保险利益的，不得向保险人请求赔偿保险金。

第四十九条 保险标的转让的，保险标的的受让人承继被保险人的权利和义务。

保险标的转让的，被保险人或者受让人应当及时通知保险人，但货物运输保险合同和另有约定的合同除外。

因保险标的转让导致危险程度显著增加的，保险人自收到前款规定的通知之日起三十日内，可以按照合同约定增加保险费或者解除合同。保险人解除合同的，应当将已收取的保险费，按照合同约定扣除自保险责任开始之日起至合同解除之日止应收的部分后，退还投保人。

被保险人、受让人未履行本条第二款规定的通知义务的，因转让导致保险标的危险程度显著增加而发生的保险事故，保险人不承担赔偿保险金的责任。

第五十条 货物运输保险合同和运输工具航程保险合同，保险责任开始后，合同当事人不得解除合同。

第五十一条 被保险人应当遵守国家有关消防、安全、生产操作、劳动保护等方面的规定，维护保险标的的安全。

保险人可以按照合同约定对保险标的的安全状况进行检查，及时向投保人、被保险人提出消除不安全因素和隐患的书面建议。

投保人、被保险人未按照约定履行其对保险标的的安全应尽责任的，保险人有权要求增加保险费或者解除合同。

保险人为维护保险标的的安全，经被保险人同意，可以采取安全预防措施。

第五十二条 在合同有效期内，保险标的的危险程度显著增加的，被保险人应当按照合同约定及时通知保险人，保险人可以按照合同约定增加保险费或者解除合同。保险人解除合同的，应当将已收取的保险费，按照合同约定扣除自保险责任开始之日起至合同解除之日止应收的部分后，退还投保人。

被保险人未履行前款规定的通知义务的，因保险标的的危险程度显著增加而发生的保险事故，保险人不承担赔偿保险金的责任。

第五十三条 有下列情形之一的，除合同另有约定外，保险人应当降低保险费，并按日计算退还相应的保险费：

（一）据以确定保险费率的有关情况发生变化，保险标的的危险程度明显减少的；

（二）保险标的的保险价值明显减少的。

第五十四条 保险责任开始前，投保人要求解除合同的，应当按照合同约定向保险人支付手续费，保险人应当退还保险费。保险责任开始后，投保人要求解除合同的，保险人应当将已收取的保险费，按照合同约定扣除自保险责任开始之日起至合同解除之日止应收的部分后，退还投保人。

第五十五条 投保人和保险人约定保险标的的保险价值并在合同中载明的，保险标的发生损失时，以约定的保险价值为赔偿计算标准。

投保人和保险人未约定保险标的的保险价值的，保险标的发生损失时，以保险事故发生时保险标的的实际价值为赔偿计算标准。

保险金额不得超过保险价值。超过保险价值的，超过部分无效，保险人应当退还相应的保险费。

保险金额低于保险价值的，除合同另有约定外，保险人按照保险金额与保险价值的比例承担赔偿保险金的责任。

第五十六条　重复保险的投保人应当将重复保险的有关情况通知各保险人。

重复保险的各保险人赔偿保险金的总和不得超过保险价值。除合同另有约定外，各保险人按照其保险金额与保险金额总和的比例承担赔偿保险金的责任。

重复保险的投保人可以就保险金额总和超过保险价值的部分，请求各保险人按比例返还保险费。

重复保险是指投保人对同一保险标的、同一保险利益、同一保险事故分别与两个以上保险人订立保险合同，且保险金额总和超过保险价值的保险。

第五十七条　保险事故发生时，被保险人应当尽力采取必要的措施，防止或者减少损失。

保险事故发生后，被保险人为防止或者减少保险标的的损失所支付的必要的、合理的费用，由保险人承担；保险人所承担的费用数额在保险标的损失赔偿金额以外另行计算，最高不超过保险金额的数额。

第五十八条　保险标的发生部分损失的，自保险人赔偿之日起三十日内，投保人可以解除合同；除合同另有约定外，保险人也可以解除合同，但应当提前十五日通知投保人。

合同解除的，保险人应当将保险标的未受损失部分的保险费，按照合同约定扣除自保险责任开始之日起至合同解除之日止应收的部分后，退还投保人。

第五十九条　保险事故发生后，保险人已支付了全部保险金额，并且保险金额等于保险价值的，受损保险标的的全部权利归于保险人；保险金额低于保险价值的，保险人按照保险金额与保险价值的比例取得受损保险标的的部分权利。

第六十条　因第三者对保险标的的损害而造成保险事故的，保险人自向被保险人赔偿保险金之日起，在赔偿金额范围内代位行使被保险人对第三者请求赔偿的权利。

前款规定的保险事故发生后，被保险人已经从第三者取得损害赔偿的，保险人赔偿保险金时，可以相应扣减被保险人从第三者已取得的赔偿金额。

保险人依照本条第一款规定行使代位请求赔偿的权利，不影响被保险人就未取得赔偿的部分向第三者请求赔偿的权利。

第六十一条　保险事故发生后，保险人未赔偿保险金之前，被保险人放弃对第三者请求赔偿的权利的，保险人不承担赔偿保险金的责任。

保险人向被保险人赔偿保险金后，被保险人未经保险人同意放弃对第三者请求赔偿的权利的，该行为无效。

被保险人故意或者因重大过失致使保险人不能行使代位请求赔偿的权利的，保险人可以扣减或者要求返还相应的保险金。

第六十二条　除被保险人的家庭成员或者其组成人员故意造成本法第六十条第一款规定的保险事故外，保险人不得对被保险人的家庭成员或者其组成人员行使代位请求赔偿的权利。

第六十三条　保险人向第三者行使代位请求赔偿的权利时，被保险人应当向保险人提供必要的文件和所知道的有关情况。

第六十四条　保险人、被保险人为查明和确定保险事故的性质、原因和保险标的的损失程度所支付的必要的、合理的费用，由保险人承担。

第六十五条　保险人对责任保险的被保险人给第三者造成的损害，可以依照法律的规定或者合同的约定，直接向该第三者赔偿保险金。

责任保险的被保险人给第三者造成损害，被保险人对第三者应负的赔偿责任确定的，根据被保险人的请求，保险人应当直接向该第三者赔偿保险金。被保险人怠于请求的，第三者有权就其应获赔偿部分直接向保险人请求赔偿保险金。

责任保险的被保险人给第三者造成损害，被保险人未向该第三者赔偿的，保险人不得向被保险人赔偿保险金。

责任保险是指以被保险人对第三者依法应负的赔偿责任为保险标的的保险。

第六十六条　责任保险的被保险人因给第三者造成损害的保险事故而被提起仲裁或者诉讼的，被保险人支付的仲裁或者诉讼费用以及其他必要的、合理的费用，除合同另有约定外，由保险人承担。

第三章　保险公司

第六十七条　设立保险公司应当经国务院保险监督管理机构批准。

国务院保险监督管理机构审查保险公司的设立申请时，应当考虑保险业的发展和公平竞争的需要。

第六十八条　设立保险公司应当具备下列条件：

（一）主要股东具有持续盈利能力，信誉良好，最近三年内无重大违法违规记录，净资产不低于人民币二亿元；

（二）有符合本法和《中华人民共和国公司法》规定的章程；

（三）有符合本法规定的注册资本；

（四）有具备任职专业知识和业务工作经验的董事、监事和高级管理人员；

（五）有健全的组织机构和管理制度；

（六）有符合要求的营业场所和与经营业务有关的其他设施；

（七）法律、行政法规和国务院保险监督管理机构规定的其他条件。

第六十九条　设立保险公司，其注册资本的最低限额为人民币二亿元。

国务院保险监督管理机构根据保险公司的业务范围、经营规模，可以调整其注册资本的最低限额，但不得低于本条第一款规定的限额。

保险公司的注册资本必须为实缴货币资本。

第七十条　申请设立保险公司，应当向国务院保险监督管理机构提出书面申请，并提交下列材料：

（一）设立申请书，申请书应当载明拟设立的保险公司的名称、注册资本、业务范围等；

（二）可行性研究报告；

（三）筹建方案；

（四）投资人的营业执照或者其他背景资料，经会计师事务所审计的上一年度财务会计报告；

（五）投资人认可的筹备组负责人和拟任董事长、经理名单及本人认可证明；

（六）国务院保险监督管理机构规定的其他材料。

第七十一条　国务院保险监督管理机构应当对设立保险公司的申请进行审查，自受理之日起六个月内作出批准或者不批准筹建的决定，并书面通知申请人。决定不批准的，应当书面说明理由。

第七十二条　申请人应当自收到批准筹建通知之日起一年内完成筹建工作；筹建期间不得从事保险经营活动。

第七十三条　筹建工作完成后，申请人具备本法第六十八条规定的设立条件的，可以向国务院保险监督管理机构提出开业申请。

国务院保险监督管理机构应当自受理开业申请之日起六十日内，作出批准或者不批准开业的决定。决定批准的，颁发经营保险业务许可证；决定不批准的，应当书面通知申请人并说明理由。

第七十四条　保险公司在中华人民共和国境内设立分支机构，应当经保险监督管理机构批准。

保险公司分支机构不具有法人资格，其民事责任由保险公司承担。

第七十五条　保险公司申请设立分支机构，应当向保险监督管理机构提出书面申请，并提交下列材料：

（一）设立申请书；

（二）拟设机构三年业务发展规划和市场分析材料；

（三）拟任高级管理人员的简历及相关证明材料；

（四）国务院保险监督管理机构规定的其他材料。

第七十六条　保险监督管理机构应当对保险公司设立分支机构的申请进行审查，自受理之日起六十日内作出批准或者不批准的决定。决定批准的，颁发分支机构经营保险业务许可证；决定不批准的，应当书面通知申请人并说明理由。

第七十七条　经批准设立的保险公司及其分支机构，凭经营保险业务许可证向工商行政管理机关办理登记，领取营业执照。

第七十八条　保险公司及其分支机构自取得经营保险业务许可证之日起六个月内，无正当理由未向工商行政管理机关办理登记的，其经营保险业务许可证失效。

第七十九条　保险公司在中华人民共和国境外设立子公司、分支机构、代表机构，应当经国务院保险监督管理机构批准。

第八十条　外国保险机构在中华人民共和国境内设立代表机构，应当经国务院保险监督管理机构批准。代表机构不得从事保险经营活动。

第八十一条　保险公司的董事、监事和高级管理人员，应当品行良好，熟悉与保险相关的法律、行政法规，具有履行职责所需的经营管理能力，并在任职前取得保险监督管理机构核准的任职资格。

保险公司高级管理人员的范围由国务院保险监督管理机构规定。

第八十二条　有《中华人民共和国公司法》第一百四十七条规定的情形或者下列情形之一的，不得担任保险公司的董事、监事、高级管理人员：

（一）因违法行为或者违纪行为被金融监督管理机构取消任职资格的金融机构的董事、监事、高级管理人员，自被取消任职资格之日起未逾五年的；

（二）因违法行为或者违纪行为被吊销执业资格的律师、注册会计师或者资产评估机构、验证机构等机构的专业人员，自被吊销执业资格之日起未逾五年的。

第八十三条　保险公司的董事、监事、高级管理人员执行公司职务时违反法律、行政法规或者公司章程的规定，给公司造成损失的，应当承担赔偿责任。

第八十四条　保险公司有下列情形之一的，应当经保险监督管理机构批准：

（一）变更名称；

（二）变更注册资本；

（三）变更公司或者分支机构的营业场所；

（四）撤销分支机构；

（五）公司分立或者合并；

（六）修改公司章程；

（七）变更出资额占有限责任公司资本总额百分之五以上的股东，或者变更持有股份有限公司股份百分之五以上的股东；

（八）国务院保险监督管理机构规定的其他情形。

第八十五条　保险公司应当聘用经国务院保险监督管理机构认可的精算专业人员，建立精算报告制度。

保险公司应当聘用专业人员，建立合规报告制度。

第八十六条　保险公司应当按照保险监督管理机构的规定，报送有关报告、报表、文件和资料。

保险公司的偿付能力报告、财务会计报告、精算报告、合规报告及其他有关报告、报表、文件和资料必须如实记录保险业务事项，不得有虚假记载、误导性陈述和重大遗漏。

第八十七条　保险公司应当按照国务院保险监督管理机构的规定妥善保管业务经营活动的完整账簿、原始凭证和有关资料。

前款规定的账簿、原始凭证和有关资料的保管期限，自保险合同终止之日起计算，保险期间在一年以下的不得少于五年，保险期间超过一年的不得少于十年。

第八十八条　保险公司聘请或者解聘会计师事务所、资产评估机构、资信评级机构等中介服务机构，应当向保险监督管理机构报告；解聘会计师事务所、资产评估机构、资信评级机构等中介服务机构，应当说明理由。

第八十九条　保险公司因分立、合并需要解散，或者股东会、股东大会决议解散，或者公司章程规定的解散事由出现，经国务院保险监督管理机构批准后解散。

经营有人寿保险业务的保险公司，除因分立、合并或者被依法撤销外，不得解散。

保险公司解散，应当依法成立清算组进行清算。

第九十条　保险公司有《中华人民共和国企业破产法》第二条规定情形的，经国务院保险监督管理机构同意，保险公司或者其债权人可以依法向人民法院申请重整、和解或者破产清算；国务院保险监督管理机构也可以依法向人民法院申请对该保险公司进行重整或者破产清算。

第九十一条　破产财产在优先清偿破产费用和共益债务后，按照下列顺序清偿：

（一）所欠职工工资和医疗、伤残补助、抚恤费用，所欠应当划入职工个人账户的基本养老保险、基本医疗保险费用，以及法律、行政法规规定应当支付给职工的补偿金；

（二）赔偿或者给付保险金；

（三）保险公司欠缴的除第（一）项规定以外的社会保险费用和所欠税款；

（四）普通破产债权。

破产财产不足以清偿同一顺序的清偿要求的，按照比例分配。

破产保险公司的董事、监事和高级管理人员的工资，按照该公司职工的平均工资计算。

第九十二条　经营有人寿保险业务的保险公司被依法撤销或者被依法宣告破产的，其持有的人寿保险合同及责任准备金，必须转让给其他经营有人寿保险业务的保险公司；不能同其他保险公司达成转让协议的，由国务院保险监督管理机构指定经营有人寿保险业务的保险公司接受转让。

转让或者由国务院保险监督管理机构指定接受转让前款规定的人寿保险合同及责任准备金的，应当维护被保险人、受益人的合法权益。

第九十三条 保险公司依法终止其业务活动，应当注销其经营保险业务许可证。

第九十四条 保险公司，除本法另有规定外，适用《中华人民共和国公司法》的规定。

第四章 保险经营规则

第九十五条 保险公司的业务范围：

（一）人身保险业务，包括人寿保险、健康保险、意外伤害保险等保险业务；

（二）财产保险业务，包括财产损失保险、责任保险、信用保险、保证保险等保险业务；

（三）国务院保险监督管理机构批准的与保险有关的其他业务。

保险人不得兼营人身保险业务和财产保险业务。但是，经营财产保险业务的保险公司经国务院保险监督管理机构批准，可以经营短期健康保险业务和意外伤害保险业务。

保险公司应当在国务院保险监督管理机构依法批准的业务范围内从事保险经营活动。

第九十六条 经国务院保险监督管理机构批准，保险公司可以经营本法第九十五条规定的保险业务的下列再保险业务：

（一）分出保险；

（二）分入保险。

第九十七条 保险公司应当按照其注册资本总额的百分之二十提取保证金，存入国务院保险监督管理机构指定的银行，除公司清算时用于清偿债务外，不得动用。

第九十八条 保险公司应当根据保障被保险人利益、保证偿付能力的原则，提取各项责任准备金。

保险公司提取和结转责任准备金的具体办法，由国务院保险监督管理机构制定。

第九十九条 保险公司应当依法提取公积金。

第一百条 保险公司应当缴纳保险保障基金。

保险保障基金应当集中管理，并在下列情形下统筹使用：

（一）在保险公司被撤销或者被宣告破产时，向投保人、被保险人或者受益人提供救济；

（二）在保险公司被撤销或者被宣告破产时，向依法接受其人寿保险合同的保险公司提供救济；

（三）国务院规定的其他情形。

保险保障基金筹集、管理和使用的具体办法，由国务院制定。

第一百零一条 保险公司应当具有与其业务规模和风险程度相适应的最低偿付能力。保险公司的认可资产减去认可负债的差额不得低于国务院保险监督管理机构规定的数额；低于规定数额的，应当按照国务院保险监督管理机构的要求采取相应措施达到规定的数额。

第一百零二条 经营财产保险业务的保险公司当年自留保险费，不得超过其实有资本金加公积金总和的四倍。

第一百零三条 保险公司对每一危险单位，即对一次保险事故可能造成的最大损失范围所承担的责任，不得超过其实有资本金加公积金总和的百分之十；超过的部分应当办理再保险。

保险公司对危险单位的划分应当符合国务院保险监督管理机构的规定。

第一百零四条 保险公司对危险单位的划分方法和巨灾风险安排方案，应当报国务院保险监督管理机构备案。

第一百零五条 保险公司应当按照国务院保险监督管理机构的规定办理再保险，并审慎选择再保险接受人。

第一百零六条 保险公司的资金运用必须稳健，遵循安全性原则。

保险公司的资金运用限于下列形式：

（一）银行存款；

（二）买卖债券、股票、证券投资基金份额等有价证券；

（三）投资不动产；

（四）国务院规定的其他资金运用形式。

保险公司资金运用的具体管理办法，由国务院保险监督管理机构依照前两款的规定制定。

第一百零七条 经国务院保险监督管理机构会同国务院证券监督管理机构批准，保险公司可以设立保险资产管理公司。

保险资产管理公司从事证券投资活动，应当遵守《中华人民共和国证券法》等法律、行政法规的规定。

保险资产管理公司的管理办法，由国务院保险监督管理机构会同国务院有关部门制定。

第一百零八条　保险公司应当按照国务院保险监督管理机构的规定，建立对关联交易的管理和信息披露制度。

第一百零九条　保险公司的控股股东、实际控制人、董事、监事、高级管理人员不得利用关联交易损害公司的利益。

第一百一十条　保险公司应当按照国务院保险监督管理机构的规定，真实、准确、完整地披露财务会计报告、风险管理状况、保险产品经营情况等重大事项。

第一百一十一条　保险公司从事保险销售的人员应当符合国务院保险监督管理机构规定的资格条件，取得保险监督管理机构颁发的资格证书。

前款规定的保险销售人员的范围和管理办法，由国务院保险监督管理机构规定。

第一百一十二条　保险公司应当建立保险代理人登记管理制度，加强对保险代理人的培训和管理，不得唆使、诱导保险代理人进行违背诚信义务的活动。

第一百一十三条　保险公司及其分支机构应当依法使用经营保险业务许可证，不得转让、出租、出借经营保险业务许可证。

第一百一十四条　保险公司应当按照国务院保险监督管理机构的规定，公平、合理拟订保险条款和保险费率，不得损害投保人、被保险人和受益人的合法权益。

保险公司应当按照合同约定和本法规定，及时履行赔偿或者给付保险金义务。

第一百一十五条　保险公司开展业务，应当遵循公平竞争的原则，不得从事不正当竞争。

第一百一十六条　保险公司及其工作人员在保险业务活动中不得有下列行为：

（一）欺骗投保人、被保险人或者受益人；

（二）对投保人隐瞒与保险合同有关的重要情况；

（三）阻碍投保人履行本法规定的如实告知义务，或者诱导其不履行本法规定的如实告知义务；

（四）给予或者承诺给予投保人、被保险人、受益人保险合同约定以外的保险费回扣或者其他利益；

（五）拒不依法履行保险合同约定的赔偿或者给付保险金义务；

（六）故意编造未曾发生的保险事故、虚构保险合同或者故意夸大已经发生的保险事故的损失程度进行虚假理赔，骗取保险金或者牟取其他不正当利益；

（七）挪用、截留、侵占保险费；

（八）委托未取得合法资格的机构或者个人从事保险销售活动；

（九）利用开展保险业务为其他机构或者个人牟取不正当利益；

（十）利用保险代理人、保险经纪人或者保险评估机构，从事以虚构保险中介业务或者编造退保等方式套取费用等违法活动；

（十一）以捏造、散布虚假事实等方式损害竞争对手的商业信誉，或者以其他不正当竞争行为扰乱保险市场秩序；

（十二）泄露在业务活动中知悉的投保人、被保险人的商业秘密；

（十三）违反法律、行政法规和国务院保险监督管理机构规定的其他行为。

第五章　保险代理人和保险经纪人

第一百一十七条　保险代理人是根据保险人的委托，向保险人收取佣金，并在保险人授权的范围内代为办理保险业务的机构或者个人。

保险代理机构包括专门从事保险代理业务的保险专业代理机构和兼营保险代理业务的保险兼业代理机构。

第一百一十八条　保险经纪人是基于投保人的利益，为投保人与保险人订立保险合同提供中介服务，并依法收取佣金的机构。

第一百一十九条　保险代理机构、保险经纪人应当具备国务院保险监督管理机构规定的条件，取得保险监督管理机构颁发的经营保险代理业务许可证、保险经纪业务许可证。

保险专业代理机构、保险经纪人凭保险监督管理机构颁发的许可证向工商行政管理机关办理登记，领取营业执照。

保险兼业代理机构凭保险监督管理机构颁发的许可证，向工商行政管理机关办理变更登记。

第一百二十条　以公司形式设立保险专业代理机构、保险经纪人，其注册资本最低限额适用《中华人民共和国公司法》的规定。

国务院保险监督管理机构根据保险专业代理机构、

保险经纪人的业务范围和经营规模，可以调整其注册资本的最低限额，但不得低于《中华人民共和国公司法》规定的限额。

保险专业代理机构、保险经纪人的注册资本或者出资额必须为实缴货币资本。

第一百二十一条 保险专业代理机构、保险经纪人的高级管理人员，应当品行良好，熟悉保险法律、行政法规，具有履行职责所需的经营管理能力，并在任职前取得保险监督管理机构核准的任职资格。

第一百二十二条 个人保险代理人、保险代理机构的代理从业人员、保险经纪人的经纪从业人员，应当具备国务院保险监督管理机构规定的资格条件，取得保险监督管理机构颁发的资格证书。

第一百二十三条 保险代理机构、保险经纪人应当有自己的经营场所，设立专门账簿记载保险代理业务、经纪业务的收支情况。

第一百二十四条 保险代理机构、保险经纪人应当按照国务院保险监督管理机构的规定缴存保证金或者投保职业责任保险。未经保险监督管理机构批准，保险代理机构、保险经纪人不得动用保证金。

第一百二十五条 个人保险代理人在代为办理人寿保险业务时，不得同时接受两个以上保险人的委托。

第一百二十六条 保险人委托保险代理人代为办理保险业务，应当与保险代理人签订委托代理协议，依法约定双方的权利和义务。

第一百二十七条 保险代理人根据保险人的授权代为办理保险业务的行为，由保险人承担责任。

保险代理人没有代理权、超越代理权或者代理权终止后以保险人名义订立合同，使投保人有理由相信其有代理权的，该代理行为有效。保险人可以依法追究越权的保险代理人的责任。

第一百二十八条 保险经纪人因过错给投保人、被保险人造成损失的，依法承担赔偿责任。

第一百二十九条 保险活动当事人可以委托保险公估机构等依法设立的独立评估机构或者具有相关专业知识的人员，对保险事故进行评估和鉴定。

接受委托对保险事故进行评估和鉴定的机构和人员，应当依法、独立、客观、公正地进行评估和鉴定，任何单位和个人不得干涉。

前款规定的机构和人员，因故意或者过失给保险人或者被保险人造成损失的，依法承担赔偿责任。

第一百三十条 保险佣金只限于向具有合法资格的保险代理人、保险经纪人支付，不得向其他人支付。

第一百三十一条 保险代理人、保险经纪人及其从业人员在办理保险业务活动中不得有下列行为：

（一）欺骗保险人、投保人、被保险人或者受益人；

（二）隐瞒与保险合同有关的重要情况；

（三）阻碍投保人履行本法规定的如实告知义务，或者诱导其不履行本法规定的如实告知义务；

（四）给予或者承诺给予投保人、被保险人或者受益人保险合同约定以外的利益；

（五）利用行政权力、职务或者职业便利以及其他不正当手段强迫、引诱或者限制投保人订立保险合同；

（六）伪造、擅自变更保险合同，或者为保险合同当事人提供虚假证明材料；

（七）挪用、截留、侵占保险费或者保险金；

（八）利用业务便利为其他机构或者个人牟取不正当利益；

（九）串通投保人、被保险人或者受益人，骗取保险金；

（十）泄露在业务活动中知悉的保险人、投保人、被保险人的商业秘密。

第一百三十二条 保险专业代理机构、保险经纪人分立、合并、变更组织形式、设立分支机构或者解散的，应当经保险监督管理机构批准。

第一百三十三条 本法第八十六条第一款、第一百一十三条的规定，适用于保险代理机构和保险经纪人。

第六章 保险业监督管理

第一百三十四条 保险监督管理机构依照本法和国务院规定的职责，遵循依法、公开、公正的原则，对保险业实施监督管理，维护保险市场秩序，保护投保人、被保险人和受益人的合法权益。

第一百三十五条 国务院保险监督管理机构依照法律、行政法规制定并发布有关保险业监督管理的规章。

第一百三十六条 关系社会公众利益的保险险种、依法实行强制保险的险种和新开发的人寿保险险种等的保险条款和保险费率，应当报国务院保险监督管理机构批准。国务院保险监督管理机构审批时，应当遵循保护社会公众利益和防止不正当竞争的原则。其他保险险种的保险条款和保险费率，应当报保险监督管理机构备案。

保险条款和保险费率审批、备案的具体办法，由国务院保险监督管理机构依照前款规定制定。

第一百三十七条　保险公司使用的保险条款和保险费率违反法律、行政法规或者国务院保险监督管理机构的有关规定的，由保险监督管理机构责令停止使用，限期修改；情节严重的，可以在一定期限内禁止申报新的保险条款和保险费率。

第一百三十八条　国务院保险监督管理机构应当建立健全保险公司偿付能力监管体系，对保险公司的偿付能力实施监控。

第一百三十九条　对偿付能力不足的保险公司，国务院保险监督管理机构应当将其列为重点监管对象，并可以根据具体情况采取下列措施：

（一）责令增加资本金、办理再保险；

（二）限制业务范围；

（三）限制向股东分红；

（四）限制固定资产购置或者经营费用规模；

（五）限制资金运用的形式、比例；

（六）限制增设分支机构；

（七）责令拍卖不良资产、转让保险业务；

（八）限制董事、监事、高级管理人员的薪酬水平；

（九）限制商业性广告；

（十）责令停止接受新业务。

第一百四十条　保险公司未依照本法规定提取或者结转各项责任准备金，或者未依照本法规定办理再保险，或者严重违反本法关于资金运用的规定的，由保险监督管理机构责令限期改正，并可以责令调整负责人及有关管理人员。

第一百四十一条　保险监督管理机构依照本法第一百四十条的规定作出限期改正的决定后，保险公司逾期未改正的，国务院保险监督管理机构可以决定选派保险专业人员和指定该保险公司的有关人员组成整顿组，对公司进行整顿。

整顿决定应当载明被整顿公司的名称、整顿理由、整顿组成员和整顿期限，并予以公告。

第一百四十二条　整顿组有权监督被整顿保险公司的日常业务。被整顿公司的负责人及有关管理人员应当在整顿组的监督下行使职权。

第一百四十三条　整顿过程中，被整顿保险公司的原有业务继续进行。但是，国务院保险监督管理机构可以责令被整顿公司停止部分原有业务、停止接受新业务，调整资金运用。

第一百四十四条　被整顿保险公司经整顿已纠正其违反本法规定的行为，恢复正常经营状况的，由整顿组提出报告，经国务院保险监督管理机构批准，结束整顿，并由国务院保险监督管理机构予以公告。

第一百四十五条　保险公司有下列情形之一的，国务院保险监督管理机构可以对其实行接管：

（一）公司的偿付能力严重不足的；

（二）违反本法规定，损害社会公共利益，可能严重危及或者已经严重危及公司的偿付能力的。

被接管的保险公司的债权债务关系不因接管而变化。

第一百四十六条　接管组的组成和接管的实施办法，由国务院保险监督管理机构决定，并予以公告。

第一百四十七条　接管期限届满，国务院保险监督管理机构可以决定延长接管期限，但接管期限最长不得超过二年。

第一百四十八条　接管期限届满，被接管的保险公司已恢复正常经营能力的，由国务院保险监督管理机构决定终止接管，并予以公告。

第一百四十九条　被整顿、被接管的保险公司有《中华人民共和国企业破产法》第二条规定情形的，国务院保险监督管理机构可以依法向人民法院申请对该保险公司进行重整或者破产清算。

第一百五十条　保险公司因违法经营被依法吊销经营保险业务许可证的，或者偿付能力低于国务院保险监督管理机构规定标准，不予撤销将严重危害保险市场秩序、损害公共利益的，由国务院保险监督管理机构予以撤销并公告，依法及时组织清算组进行清算。

第一百五十一条　国务院保险监督管理机构有权要求保险公司股东、实际控制人在指定的期限内提供有关信息和资料。

第一百五十二条　保险公司的股东利用关联交易严重损害公司利益，危及公司偿付能力的，由国务院保险监督管理机构责令改正。在按照要求改正前，国务院保险监督管理机构可以限制其股东权利；拒不改正的，可以责令其转让所持的保险公司股权。

第一百五十三条　保险监督管理机构根据履行监督管理职责的需要，可以与保险公司董事、监事和高级管理人员进行监督管理谈话，要求其就公司的业务活动和风险管理的重大事项作出说明。

第一百五十四条 保险公司在整顿、接管、撤销清算期间，或者出现重大风险时，国务院保险监督管理机构可以对该公司直接负责的董事、监事、高级管理人员和其他直接责任人员采取以下措施：

（一）通知出境管理机关依法阻止其出境；

（二）申请司法机关禁止其转移、转让或者以其他方式处分财产，或者在财产上设定其他权利。

第一百五十五条 保险监督管理机构依法履行职责，可以采取下列措施：

（一）对保险公司、保险代理人、保险经纪人、保险资产管理公司、外国保险机构的代表机构进行现场检查；

（二）进入涉嫌违法行为发生场所调查取证；

（三）询问当事人及与被调查事件有关的单位和个人，要求其对与被调查事件有关的事项作出说明；

（四）查阅、复制与被调查事件有关的财产权登记等资料；

（五）查阅、复制保险公司、保险代理人、保险经纪人、保险资产管理公司、外国保险机构的代表机构以及与被调查事件有关的单位和个人的财务会计资料及其他相关文件和资料；对可能被转移、隐匿或者毁损的文件和资料予以封存；

（六）查询涉嫌违法经营的保险公司、保险代理人、保险经纪人、保险资产管理公司、外国保险机构的代表机构以及与涉嫌违法事项有关的单位和个人的银行账户；

（七）对有证据证明已经或者可能转移、隐匿违法资金等涉案财产或者隐匿、伪造、毁损重要证据的，经保险监督管理机构主要负责人批准，申请人民法院予以冻结或者查封。

保险监督管理机构采取前款第（一）项、第（二）项、第（五）项措施的，应当经保险监督管理机构负责人批准；采取第（六）项措施的，应当经国务院保险监督管理机构负责人批准。

保险监督管理机构依法进行监督检查或者调查，其监督检查、调查的人员不得少于二人，并应当出示合法证件和监督检查、调查通知书；监督检查、调查的人员少于二人或者未出示合法证件和监督检查、调查通知书的，被检查、调查的单位和个人有权拒绝。

第一百五十六条 保险监督管理机构依法履行职责，被检查、调查的单位和个人应当配合。

第一百五十七条 保险监督管理机构工作人员应当忠于职守，依法办事，公正廉洁，不得利用职务便利牟取不正当利益，不得泄露所知悉的有关单位和个人的商业秘密。

第一百五十八条 国务院保险监督管理机构应当与中国人民银行、国务院其他金融监督管理机构建立监督管理信息共享机制。

保验监督管理机构依法履行职责，进行监督检查、调查时，有关部门应当予以配合。

第七章 法律责任

第一百五十九条 违反本法规定，擅自设立保险公司、保险资产管理公司或者非法经营商业保险业务的，由保险监督管理机构予以取缔，没收违法所得，并处违法所得一倍以上五倍以下的罚款；没有违法所得或者违法所得不足二十万元的，处二十万元以上一百万元以下的罚款。

第一百六十条 违反本法规定，擅自设立保险专业代理机构、保险经纪人，或者未取得经营保险代理业务许可证、保险经纪业务许可证从事保险代理业务、保险经纪业务的，由保险监督管理机构予以取缔，没收违法所得，并处违法所得一倍以上五倍以下的罚款；没有违法所得或者违法所得不足五万元的，处五万元以上三十万元以下的罚款。

第一百六十一条 保险公司违反本法规定，超出批准的业务范围经营的，由保险监督管理机构责令限期改正，没收违法所得，并处违法所得一倍以上五倍以下的罚款；没有违法所得或者违法所得不足十万元的，处十万元以上五十万元以下的罚款。逾期不改正或者造成严重后果的，责令停业整顿或者吊销业务许可证。

第一百六十二条 保险公司有本法第一百一十六条规定行为之一的，由保险监督管理机构责令改正，处五万元以上三十万元以下的罚款；情节严重的，限制其业务范围、责令停止接受新业务或者吊销业务许可证。

第一百六十三条 保险公司违反本法第八十四条规定的，由保险监督管理机构责令改正，处一万元以上十万元以下的罚款。

第一百六十四条 保险公司违反本法规定，有下列行为之一的，由保险监督管理机构责令改正，处五万元以上三十万元以下的罚款：

（一）超额承保，情节严重的；

（二）为无民事行为能力人承保以死亡为给付保险金条件的保险的。

第一百六十五条　违反本法规定，有下列行为之一的，由保险监督管理机构责令改正，处五万元以上三十万元以下的罚款；情节严重的，可以限制其业务范围、责令停止接受新业务或者吊销业务许可证：

（一）未按照规定提存保证金或者违反规定动用保证金的；

（二）未按照规定提取或者结转各项责任准备金的；

（三）未按照规定缴纳保险保障基金或者提取公积金的；

（四）未按照规定办理再保险的；

（五）未按照规定运用保险公司资金的；

（六）未经批准设立分支机构或者代表机构的；

（七）未按照规定申请批准保险条款、保险费率的。

第一百六十六条　保险代理机构、保险经纪人有本法第一百三十一条规定行为之一的，由保险监督管理机构责令改正，处五万元以上三十万元以下的罚款；情节严重的，吊销业务许可证。

第一百六十七条　保险代理机构、保险经纪人违反本法规定，有下列行为之一的，由保险监督管理机构责令改正，处二万元以上十万元以下的罚款；情节严重的，责令停业整顿或者吊销业务许可证：

（一）未按照规定缴存保证金或者投保职业责任保险的；

（二）未按照规定设立专门账簿记载业务收支情况的。

第一百六十八条　保险专业代理机构、保险经纪人违反本法规定，未经批准设立分支机构或者变更组织形式的，由保险监督管理机构责令改正，处一万元以上五万元以下的罚款。

第一百六十九条　违反本法规定，聘任不具有任职资格、从业资格的人员的，由保险监督管理机构责令改正，处二万元以上十万元以下的罚款。

第一百七十条　违反本法规定，转让、出租、出借业务许可证的，由保险监督管理机构处一万元以上十万元以下的罚款；情节严重的，责令停业整顿或者吊销业务许可证。

第一百七十一条　违反本法规定，有下列行为之一的，由保险监督管理机构责令限期改正；逾期不改正的，处一万元以上十万元以下的罚款：

（一）未按照规定报送或者保管报告、报表、文件、资料的，或者未按照规定提供有关信息、资料的；

（二）未按照规定报送保险条款、保险费率备案的；

（三）未按照规定披露信息的。

第一百七十二条　违反本法规定，有下列行为之一的，由保险监督管理机构责令改正，处十万元以上五十万元以下的罚款；情节严重的，可以限制其业务范围、责令停止接受新业务或者吊销业务许可证：

（一）编制或者提供虚假的报告、报表、文件、资料的；

（二）拒绝或者妨碍依法监督检查的；

（三）未按照规定使用经批准或者备案的保险条款、保险费率的。

第一百七十三条　保险公司、保险资产管理公司、保险专业代理机构、保险经纪人违反本法规定的，保险监督管理机构除分别依照本法第一百六十一条至第一百七十二条的规定对该单位给予处罚外，对其直接负责的主管人员和其他直接责任人员给予警告，并处一万元以上十万元以下的罚款；情节严重的，撤销任职资格或者从业资格。

第一百七十四条　个人保险代理人违反本法规定的，由保险监督管理机构给予警告，可以并处二万元以下的罚款；情节严重的，处二万元以上十万元以下的罚款，并可以吊销其资格证书。

未取得合法资格的人员从事个人保险代理活动的，由保险监督管理机构给予警告，可以并处二万元以下的罚款；情节严重的，处二万元以上十万元以下的罚款。

第一百七十五条　外国保险机构未经国务院保险监督管理机构批准，擅自在中华人民共和国境内设立代表机构的，由国务院保险监督管理机构予以取缔，处五万元以上三十万元以下的罚款。

外国保险机构在中华人民共和国境内设立的代表机构从事保险经营活动的，由保险监督管理机构责令改正，没收违法所得，并处违法所得一倍以上五倍以下的罚款；没有违法所得或者违法所得不足二十万元的，处二十万元以上一百万元以下的罚款；对其首席代表可以责令撤换；情节严重的，撤销其代表机构。

第一百七十六条 投保人、被保险人或者受益人有下列行为之一，进行保险诈骗活动，尚不构成犯罪的，依法给予行政处罚：

（一）投保人故意虚构保险标的，骗取保险金的；

（二）编造未曾发生的保险事故，或者编造虚假的事故原因或者夸大损失程度，骗取保险金的；

（三）故意造成保险事故，骗取保险金的。

保险事故的鉴定人、评估人、证明人故意提供虚假的证明文件，为投保人、被保险人或者受益人进行保险诈骗提供条件的，依照前款规定给予处罚。

第一百七十七条 违反本法规定，给他人造成损害的，依法承担民事责任。

第一百七十八条 拒绝、阻碍保险监督管理机构及其工作人员依法行使监督检查、调查职权，未使用暴力、威胁方法的，依法给予治安管理处罚。

第一百七十九条 违反法律、行政法规的规定，情节严重的，国务院保险监督管理机构可以禁止有关责任人员一定期限直至终身进入保险业。

第一百八十条 保险监督管理机构从事监督管理工作的人员有下列情形之一的，依法给予处分：

（一）违反规定批准机构的设立的；

（二）违反规定进行保险条款、保险费率审批的；

（三）违反规定进行现场检查的；

（四）违反规定查询账户或者冻结资金的；

（五）泄露其知悉的有关单位和个人的商业秘密的；

（六）违反规定实施行政处罚的；

（七）滥用职权、玩忽职守的其他行为。

第一百八十一条 违反本法规定，构成犯罪的，依法追究刑事责任。

第八章 附 则

第一百八十二条 保险公司应当加入保险行业协会。保险代理人、保险经纪人、保险公估机构可以加入保险行业协会。

保险行业协会是保险业的自律性组织，是社会团体法人。

第一百八十三条 保险公司以外的其他依法设立的保险组织经营的商业保险业务，适用本法。

第一百八十四条 海上保险适用《中华人民共和国海商法》的有关规定；《中华人民共和国海商法》未规定的，适用本法的有关规定。

第一百八十五条 中外合资保险公司、外资独资保险公司、外国保险公司分公司适用本法规定；法律、行政法规另有规定的，适用其规定。

第一百八十六条 国家支持发展为农业生产服务的保险事业。农业保险由法律、行政法规另行规定。

强制保险，法律、行政法规另有规定的，适用其规定。

第一百八十七条 本法自2009年10月1日起施行。

中华人民共和国统计法

（1983年12月8日第六届全国人民代表大会常务委员会第三次会议通过
根据1996年5月15日第八届全国人民代表大会常务委员会第十九次会议《关于修改〈中华人民共和国统计法〉的决定》修正　2009年6月27日第十一届全国人民代表大会常务委员会第九次会议修订）

中华人民共和国主席令　第15号

第一章　总则

第一条　为了科学、有效地组织统计工作，保障统计资料的真实性、准确性、完整性和及时性，发挥统计在了解国情国力、服务经济社会发展中的重要作用，促进社会主义现代化建设事业发展，制定本法。

第二条　本法适用于各级人民政府、县级以上人民政府统计机构和有关部门组织实施的统计活动。

统计的基本任务是对经济社会发展情况进行统计调查、统计分析，提供统计资料和统计咨询意见，实行统计监督。

第三条　国家建立集中统一的统计系统，实行统一领导、分级负责的统计管理体制。

第四条　国务院和地方各级人民政府、各有关部门应当加强对统计工作的组织领导，为统计工作提供必要的保障。

第五条　国家加强统计科学研究，健全科学的统计指标体系，不断改进统计调查方法，提高统计的科学性。

国家有计划地加强统计信息化建设，推进统计信息搜集、处理、传输、共享、存储技术和统计数据库体系的现代化。

第六条　统计机构和统计人员依照本法规定独立行使统计调查、统计报告、统计监督的职权，不受侵犯。

地方各级人民政府、政府统计机构和有关部门以及各单位的负责人，不得自行修改统计机构和统计人员依法搜集、整理的统计资料，不得以任何方式要求统计机构、统计人员及其他机构、人员伪造、篡改统计资料，不得对依法履行职责或者拒绝、抵制统计违法行为的统计人员打击报复。

第七条　国家机关、企业事业单位和其他组织以及个体工商户和个人等统计调查对象，必须依照本法和国家有关规定，真实、准确、完整、及时地提供统计调查所需的资料，不得提供不真实或者不完整的统计资料，不得迟报、拒报统计资料。

第八条　统计工作应当接受社会公众的监督。任何单位和个人有权检举统计中弄虚作假等违法行为。对检举有功的单位和个人应当给予表彰和奖励。

第九条　统计机构和统计人员对在统计工作中知悉的国家秘密、商业秘密和个人信息，应当予以保密。

第十条　任何单位和个人不得利用虚假统计资料骗取荣誉称号、物质利益或者职务晋升。

第二章　统计调查管理

第十一条　统计调查项目包括国家统计调查项目、部门统计调查项目和地方统计调查项目。

国家统计调查项目是指全国性基本情况的统计调查项目。部门统计调查项目是指国务院有关部门的专业性统计调查项目。地方统计调查项目是指县级以上地方人民政府及其部门的地方性统计调查项目。

国家统计调查项目、部门统计调查项目、地方统计调查项目应当明确分工，互相衔接，不得重复。

第十二条 国家统计调查项目由国家统计局制定，或者由国家统计局和国务院有关部门共同制定，报国务院备案；重大的国家统计调查项目报国务院审批。

部门统计调查项目由国务院有关部门制定。统计调查对象属于本部门管辖系统的，报国家统计局备案；统计调查对象超出本部门管辖系统的，报国家统计局审批。

地方统计调查项目由县级以上地方人民政府统计机构和有关部门分别制定或者共同制定。其中，由省级人民政府统计机构单独制定或者和有关部门共同制定的，报国家统计局审批；由省级以下人民政府统计机构单独制定或者和有关部门共同制定的，报省级人民政府统计机构审批；由县级以上地方人民政府有关部门制定的，报本级人民政府统计机构审批。

第十三条 统计调查项目的审批机关应当对调查项目的必要性、可行性、科学性进行审查，对符合法定条件的，作出予以批准的书面决定，并公布；对不符合法定条件的，作出不予批准的书面决定，并说明理由。

第十四条 制定统计调查项目，应当同时制定该项目的统计调查制度，并依照本法第十二条的规定一并报经审批或者备案。

统计调查制度应当对调查目的、调查内容、调查方法、调查对象、调查组织方式、调查表式、统计资料的报送和公布等作出规定。

统计调查应当按照统计调查制度组织实施。变更统计调查制度的内容，应当报经原审批机关批准或者原备案机关备案。

第十五条 统计调查表应当标明表号、制定机关、批准或者备案文号、有效期限等标志。

对未标明前款规定的标志或者超过有效期限的统计调查表，统计调查对象有权拒绝填报；县级以上人民政府统计机构应当依法责令停止有关统计调查活动。

第十六条 搜集、整理统计资料，应当以周期性普查为基础，以经常性抽样调查为主体，综合运用全面调查、重点调查等方法，并充分利用行政记录等资料。

重大国情国力普查由国务院统一领导，国务院和地方人民政府组织统计机构和有关部门共同实施。

第十七条 国家制定统一的统计标准，保障统计调查采用的指标涵义、计算方法、分类目录、调查表式和统计编码等的标准化。

国家统计标准由国家统计局制定，或者由国家统计局和国务院标准化主管部门共同制定。

国务院有关部门可以制定补充性的部门统计标准，报国家统计局审批。部门统计标准不得与国家统计标准相抵触。

第十八条 县级以上人民政府统计机构根据统计任务的需要，可以在统计调查对象中推广使用计算机网络报送统计资料。

第十九条 县级以上人民政府应当将统计工作所需经费列入财政预算。

重大国情国力普查所需经费，由国务院和地方人民政府共同负担，列入相应年度的财政预算，按时拨付，确保到位。

第三章 统计资料的管理和公布

第二十条 县级以上人民政府统计机构和有关部门以及乡、镇人民政府，应当按照国家有关规定建立统计资料的保存、管理制度，建立健全统计信息共享机制。

第二十一条 国家机关、企业事业单位和其他组织等统计调查对象，应当按照国家有关规定设置原始记录、统计台账，建立健全统计资料的审核、签署、交接、归档等管理制度。

统计资料的审核、签署人员应当对其审核、签署的统计资料的真实性、准确性和完整性负责。

第二十二条 县级以上人民政府有关部门应当及时向本级人民政府统计机构提供统计所需的行政记录资料和国民经济核算所需的财务资料、财政资料及其他资料，并按照统计调查制度的规定及时向本级人民政府统计机构报送其组织实施统计调查取得的有关资料。

县级以上人民政府统计机构应当及时向本级人民政府有关部门提供有关统计资料。

第二十三条 县级以上人民政府统计机构按照国家有关规定，定期公布统计资料。

国家统计数据以国家统计局公布的数据为准。

第二十四条 县级以上人民政府有关部门统计调查取得的统计资料，由本部门按照国家有关规定公布。

第二十五条 统计调查中获得的能够识别或者推断

单个统计调查对象身份的资料，任何单位和个人不得对外提供、泄露，不得用于统计以外的目的。

第二十六条　县级以上人民政府统计机构和有关部门统计调查取得的统计资料，除依法应当保密的外，应当及时公开，供社会公众查询。

第四章　统计机构和统计人员

第二十七条　国务院设立国家统计局，依法组织领导和协调全国的统计工作。

国家统计局根据工作需要设立的派出调查机构，承担国家统计局布置的统计调查等任务。

县级以上地方人民政府设立独立的统计机构，乡、镇人民政府设置统计工作岗位，配备专职或者兼职统计人员，依法管理、开展统计工作，实施统计调查。

第二十八条　县级以上人民政府有关部门根据统计任务的需要设立统计机构，或者在有关机构中设置统计人员，并指定统计负责人，依法组织、管理本部门职责范围内的统计工作，实施统计调查，在统计业务上受本级人民政府统计机构的指导。

第二十九条　统计机构、统计人员应当依法履行职责，如实搜集、报送统计资料，不得伪造、篡改统计资料，不得以任何方式要求任何单位和个人提供不真实的统计资料，不得有其他违反本法规定的行为。

统计人员应当坚持实事求是，恪守职业道德，对其负责搜集、审核、录入的统计资料与统计调查对象报送的统计资料的一致性负责。

第三十条　统计人员进行统计调查时，有权就与统计有关的问题询问有关人员，要求其如实提供有关情况、资料并改正不真实、不准确的资料。

统计人员进行统计调查时，应当出示县级以上人民政府统计机构或者有关部门颁发的工作证件；未出示的，统计调查对象有权拒绝调查。

第三十一条　国家实行统计专业技术职务资格考试、评聘制度，提高统计人员的专业素质，保障统计队伍的稳定性。

统计人员应当具备与其从事的统计工作相适应的专业知识和业务能力。

县级以上人民政府统计机构和有关部门应当加强对统计人员的专业培训和职业道德教育。

第五章　监督检查

第三十二条　县级以上人民政府及其监察机关对下级人民政府、本级人民政府统计机构和有关部门执行本法的情况，实施监督。

第三十三条　国家统计局组织管理全国统计工作的监督检查，查处重大统计违法行为。

县级以上地方人民政府统计机构依法查处本行政区域内发生的统计违法行为。但是，国家统计局派出的调查机构组织实施的统计调查活动中发生的统计违法行为，由组织实施该项统计调查的调查机构负责查处。

法律、行政法规对有关部门查处统计违法行为另有规定的，从其规定。

第三十四条　县级以上人民政府有关部门应当积极协助本级人民政府统计机构查处统计违法行为，及时向本级人民政府统计机构移送有关统计违法案件材料。

第三十五条　县级以上人民政府统计机构在调查统计违法行为或者核查统计数据时，有权采取下列措施：

（一）发出统计检查查询书，向检查对象查询有关事项；

（二）要求检查对象提供有关原始记录和凭证、统计台账、统计调查表、会计资料及其他相关证明和资料；

（三）就与检查有关的事项询问有关人员；

（四）进入检查对象的业务场所和统计数据处理信息系统进行检查、核对；

（五）经本机构负责人批准，登记保存检查对象的有关原始记录和凭证、统计台账、统计调查表、会计资料及其他相关证明和资料；

（六）对与检查事项有关的情况和资料进行记录、录音、录像、照相和复制。

县级以上人民政府统计机构进行监督检查时，监督检查人员不得少于二人，并应当出示执法证件；未出示的，有关单位和个人有权拒绝检查。

第三十六条　县级以上人民政府统计机构履行监督检查职责时，有关单位和个人应当如实反映情况，提供相关证明和资料，不得拒绝、阻碍检查，不得转移、隐匿、篡改、毁弃原始记录和凭证、统计台账、统计调查表、会计资料及其他相关证明和资料。

第六章 法律责任

第三十七条 地方人民政府、政府统计机构或者有关部门、单位的负责人有下列行为之一的，由任免机关或者监察机关依法给予处分，并由县级以上人民政府统计机构予以通报：

（一）自行修改统计资料、编造虚假统计数据的；

（二）要求统计机构、统计人员或者其他机构、人员伪造、篡改统计资料的；

（三）对依法履行职责或者拒绝、抵制统计违法行为的统计人员打击报复的；

（四）对本地方、本部门、本单位发生的严重统计违法行为失察的。

第三十八条 县级以上人民政府统计机构或者有关部门在组织实施统计调查活动中有下列行为之一的，由本级人民政府、上级人民政府统计机构或者本级人民政府统计机构责令改正，予以通报；对直接负责的主管人员和其他直接责任人员，由任免机关或者监察机关依法给予处分：

（一）未经批准擅自组织实施统计调查的；

（二）未经批准擅自变更统计调查制度的内容的；

（三）伪造、篡改统计资料的；

（四）要求统计调查对象或者其他机构、人员提供不真实的统计资料的；

（五）未按照统计调查制度的规定报送有关资料的。

统计人员有前款第三项至第五项所列行为之一的，责令改正，依法给予处分。

第三十九条 县级以上人民政府统计机构或者有关部门有下列行为之一的，对直接负责的主管人员和其他直接责任人员由任免机关或者监察机关依法给予处分：

（一）违法公布统计资料的；

（二）泄露统计调查对象的商业秘密、个人信息或者提供、泄露在统计调查中获得的能够识别或者推断单个统计调查对象身份的资料的；

（三）违反国家有关规定，造成统计资料毁损、灭失的。

统计人员有前款所列行为之一的，依法给予处分。

第四十条 统计机构、统计人员泄露国家秘密的，依法追究法律责任。

第四十一条 作为统计调查对象的国家机关、企业事业单位或者其他组织有下列行为之一的，由县级以上人民政府统计机构责令改正，给予警告，可以予以通报；其直接负责的主管人员和其他直接责任人员属于国家工作人员的，由任免机关或者监察机关依法给予处分：

（一）拒绝提供统计资料或者经催报后仍未按时提供统计资料的；

（二）提供不真实或者不完整的统计资料的；

（三）拒绝答复或者不如实答复统计检查查询书的；

（四）拒绝、阻碍统计调查、统计检查的；

（五）转移、隐匿、篡改、毁弃或者拒绝提供原始记录和凭证、统计台账、统计调查表及其他相关证明和资料的。

企业事业单位或者其他组织有前款所列行为之一的，可以并处五万元以下的罚款；情节严重的，并处五万元以上二十万元以下的罚款。

个体工商户有本条第一款所列行为之一的，由县级以上人民政府统计机构责令改正，给予警告，可以并处一万元以下的罚款。

第四十二条 作为统计调查对象的国家机关、企业事业单位或者其他组织迟报统计资料，或者未按照国家有关规定设置原始记录、统计台账的，由县级以上人民政府统计机构责令改正，给予警告。

企业事业单位或者其他组织有前款所列行为之一的，可以并处一万元以下的罚款。

个体工商户迟报统计资料的，由县级以上人民政府统计机构责令改正，给予警告，可以并处一千元以下的罚款。

第四十三条 县级以上人民政府统计机构查处统计违法行为时，认为对有关国家工作人员依法应当给予处分的，应当提出给予处分的建议；该国家工作人员的任免机关或者监察机关应当依法及时作出决定，并将结果书面通知县级以上人民政府统计机构。

第四十四条 作为统计调查对象的个人在重大国情国力普查活动中拒绝、阻碍统计调查，或者提供不真实或者不完整的普查资料的，由县级以上人民政府统计机构责令改正，予以批评教育。

第四十五条 违反本法规定，利用虚假统计资料骗取荣誉称号、物质利益或者职务晋升的，除对其编造虚假统计资料或者要求他人编造虚假统计资料的行为依法追究法律责任外，由作出有关决定的单位或者其上级单位、监察机关取消其荣誉称号，追缴获得的物质利益，撤销晋升的职务。

第四十六条 当事人对县级以上人民政府统计机构作出的行政处罚决定不服的，可以依法申请行政复议或者提起行政诉讼。其中，对国家统计局在省、自治区、直辖市派出的调查机构作出的行政处罚决定不服的，向国家统计局申请行政复议；对国家统计局派出的其他调查机构作出的行政处罚决定不服的，向国家统计局在该派出机构所在的省、自治区、直辖市派出的调查机构申请行政复议。

第四十七条 违反本法规定，构成犯罪的，依法追究刑事责任。

第七章 附则

第四十八条 本法所称县级以上人民政府统计机构，是指国家统计局及其派出的调查机构、县级以上地方人民政府统计机构。

第四十九条 民间统计调查活动的管理办法，由国务院制定。

中华人民共和国境外的组织、个人需要在中华人民共和国境内进行统计调查活动的，应当按照国务院的规定报请审批。

利用统计调查危害国家安全、损害社会公共利益或者进行欺诈活动的，依法追究法律责任。

第五十条 本法自2010年1月1日起施行。

中华人民共和国增值税暂行条例实施细则

中华人民共和国财政部 国家税务总局令 第50号

（二〇〇八年十二月十五日）

第一条 根据《中华人民共和国增值税暂行条例》（以下简称条例），制定本细则。

第二条 条例第一条所称货物，是指有形动产，包括电力、热力、气体在内。

条例第一条所称加工，是指受托加工货物，即委托方提供原料及主要材料，受托方按照委托方的要求，制造货物并收取加工费的业务。

条例第一条所称修理修配，是指受托对损伤和丧失功能的货物进行修复，使其恢复原状和功能的业务。

第三条 条例第一条所称销售货物，是指有偿转让货物的所有权。

条例第一条所称提供加工、修理修配劳务（以下称应税劳务），是指有偿提供加工、修理修配劳务。单位或者个体工商户聘用的员工为本单位或者雇主提供加工、修理修配劳务，不包括在内。

本细则所称有偿，是指从购买方取得货币、货物或者其他经济利益。

第四条 单位或者个体工商户的下列行为，视同销售货物：

（一）将货物交付其他单位或者个人代销；

（二）销售代销货物；

（三）设有两个以上机构并实行统一核算的纳税人，将货物从一个机构移送其他机构用于销售，但相关机构设在同一县（市）的除外；

（四）将自产或者委托加工的货物用于非增值税应税项目；

（五）将自产、委托加工的货物用于集体福利或者个人消费；

（六）将自产、委托加工或者购进的货物作为投资，提供给其他单位或者个体工商户；

（七）将自产、委托加工或者购进的货物分配给股东或者投资者；

（八）将自产、委托加工或者购进的货物无偿赠送其他单位或者个人。

第五条 一项销售行为如果既涉及货物又涉及非增值税应税劳务，为混合销售行为。除本细则第六条的规定外，从事货物的生产、批发或者零售的企业、企业性单位和个体工商户的混合销售行为，视为销售货物，应当缴纳增值税；其他单位和个人的混合销售行为，视为销售非增值税应税劳务，不缴纳增值税。

本条第一款所称非增值税应税劳务，是指属于应缴营业税的交通运输业、建筑业、金融保险业、邮电通信业、文化体育业、娱乐业、服务业税目征收范围的劳务。

本条第一款所称从事货物的生产、批发或者零售的企业、企业性单位和个体工商户，包括以从事货物的生产、批发或者零售为主，并兼营非增值税应税劳务的单位和个体工商户在内。

第六条 纳税人的下列混合销售行为，应当分别核算货物的销售额和非增值税应税劳务的营业额，并根据其销售货物的销售额计算缴纳增值税，非增值税应税劳务的营业额不缴纳增值税；未分别核算的，由主管税务机关核定其货物的销售额：

（一）销售自产货物并同时提供建筑业劳务的行为；

（二）财政部、国家税务总局规定的其他情形。

第七条 纳税人兼营非增值税应税项目的，应分别核算货物或者应税劳务的销售额和非增值税应税项目的营业额；未分别核算的，由主管税务机关核定货物或者应税劳务的销售额。

第八条 条例第一条所称在中华人民共和国境内（以下简称境内）销售货物或者提供加工、修理修配劳务，是指：

（一）销售货物的起运地或者所在地在境内；

（二）提供的应税劳务发生在境内。

第九条 条例第一条所称单位，是指企业、行政单位、事业单位、军事单位、社会团体及其他单位。

条例第一条所称个人，是指个体工商户和其他个人。

第十条 单位租赁或者承包给其他单位或者个人经营的，以承租人或者承包人为纳税人。

第十一条 小规模纳税人以外的纳税人（以下称一般纳税人）因销售货物退回或者折让而退还给购买方的增值税额，应从发生销售货物退回或者折让当期的销项税额中扣减；因购进货物退出或者折让而收回的增值税额，应从发生购进货物退出或者折让当期的进项税额中扣减。

一般纳税人销售货物或者应税劳务，开具增值税专用发票后，发生销售货物退回或者折让、开票有误等情形，应按国家税务总局的规定开具红字增值税专用发票。未按规定开具红字增值税专用发票的，增值税额不得从销项税额中扣减。

第十二条 条例第六条第一款所称价外费用，包括价外向购买方收取的手续费、补贴、基金、集资费、返还利润、奖励费、违约金、滞纳金、延期付款利息、赔偿金、代收款项、代垫款项、包装费、包装物租金、储备费、优质费、运输装卸费以及其他各种性质的价外收费。但下列项目不包括在内：

（一）受托加工应征消费税的消费品所代收代缴的消费税。

（二）同时符合以下条件的代垫运输费用：

1. 承运部门的运输费用发票开具给购买方的；

2. 纳税人将该项发票转交给购买方的。

（三）同时符合以下条件代为收取的政府性基金或者行政事业性收费：

1. 由国务院或者财政部批准设立的政府性基金，由国务院或者省级人民政府及其财政、价格主管部门批准设立的行政事业性收费；

2. 收取时开具省级以上财政部门印制的财政票据；

3. 所收款项全额上缴财政。

（四）销售货物的同时代办保险等而向购买方收取的保险费，以及向购买方收取的代购买方缴纳的车辆购置税、车辆牌照费。

第十三条 混合销售行为依照本细则第五条规定应当缴纳增值税的，其销售额为货物的销售额与非增值税应税劳务营业额的合计。

第十四条 一般纳税人销售货物或者应税劳务，采用销售额和销项税额合并定价方法的，按下列公式计算销售额：

销售额＝含税销售额÷（1+税率）

第十五条　纳税人按人民币以外的货币结算销售额的，其销售额的人民币折合率可以选择销售额发生的当天或者当月1日的人民币汇率中间价。纳税人应在事先确定采用何种折合率，确定后1年内不得变更。

第十六条　纳税人有条例第七条所称价格明显偏低并无正当理由或者有本细则第四条所列视同销售货物行为而无销售额者，按下列顺序确定销售额：

（一）按纳税人最近时期同类货物的平均销售价格确定。

（二）按其他纳税人最近时期同类货物的平均销售价格确定。

（三）按组成计税价格确定。组成计税价格的公式为：

组成计税价格=成本×（1+成本利润率）

属于应征消费税的货物，其组成计税价格中应加计消费税额。

公式中的成本是指：销售自产货物的为实际生产成本，销售外购货物的为实际采购成本。公式中的成本利润率由国家税务总局确定。

第十七条　条例第八条第二款第（三）项所称买价，包括纳税人购进农产品在农产品收购发票或者销售发票上注明的价款和按规定缴纳的烟叶税。

第十八条　条例第八条第二款第（四）项所称运输费用金额，是指运输费用结算单据上注明的运输费用（包括铁路临管线及铁路专线运输费用）、建设基金，不包括装卸费、保险费等其他杂费。

第十九条　条例第九条所称增值税扣税凭证，是指增值税专用发票、海关进口增值税专用缴款书、农产品收购发票和农产品销售发票以及运输费用结算单据。

第二十条　混合销售行为依照本细则第五条规定应当缴纳增值税的，该混合销售行为所涉及的非增值税应税劳务所用购进货物的进项税额，符合条例第八条规定的，准予从销项税额中抵扣。

第二十一条　条例第十条第（一）项所称购进货物，不包括既用于增值税应税项目（不含免征增值税项目）也用于非增值税应税项目、免征增值税（以下简称免税）项目、集体福利或者个人消费的固定资产。

前款所称固定资产，是指使用期限超过12个月的机器、机械、运输工具以及其他与生产经营有关的设备、工具、器具等。

第二十二条　条例第十条第（一）项所称个人消费包括纳税人的交际应酬消费。

第二十三条　条例第十条第（一）项和本细则所称非增值税应税项目，是指提供非增值税应税劳务、转让无形资产、销售不动产和不动产在建工程。

前款所称不动产是指不能移动或者移动后会引起性质、形状改变的财产，包括建筑物、构筑物和其他土地附着物。

纳税人新建、改建、扩建、修缮、装饰不动产，均属于不动产在建工程。

第二十四条　条例第十条第（二）项所称非正常损失，是指因管理不善造成被盗、丢失、霉烂变质的损失。

第二十五条　纳税人自用的应征消费税的摩托车、汽车、游艇，其进项税额不得从销项税额中抵扣。

第二十六条　一般纳税人兼营免税项目或者非增值税应税劳务而无法划分不得抵扣的进项税额的，按下列公式计算不得抵扣的进项税额：

不得抵扣的进项税额＝当月无法划分的全部进项税额×当月免税项目销售额、非增值税应税劳务营业额合计÷当月全部销售额、营业额合计

第二十七条　已抵扣进项税额的购进货物或者应税劳务，发生条例第十条规定的情形的（免税项目、非增值税应税劳务除外），应当将该项购进货物或者应税劳务的进项税额从当期的进项税额中扣减；无法确定该项进项税额的，按当期实际成本计算应扣减的进项税额。

第二十八条　条例第十一条所称小规模纳税人的标准为：

（一）从事货物生产或者提供应税劳务的纳税人，以及以从事货物生产或者提供应税劳务为主，并兼营货物批发或者零售的纳税人，年应征增值税销售额（以下简称应税销售额）在50万元以下（含本数，下同）的；

（二）除本条第一款第（一）项规定以外的纳税人，年应税销售额在80万元以下的。

本条第一款所称以从事货物生产或者提供应税劳务为主，是指纳税人的年货物生产或者提供应税劳务的销售额占年应税销售额的比重在50%以上。

第二十九条　年应税销售额超过小规模纳税人标准的其他个人按小规模纳税人纳税；非企业性单位、不经常发生应税行为的企业可选择按小规模纳税人纳税。

第三十条 小规模纳税人的销售额不包括其应纳税额。

小规模纳税人销售货物或者应税劳务采用销售额和应纳税额合并定价方法的，按下列公式计算销售额：

销售额＝含税销售额÷（1＋征收率）

第三十一条 小规模纳税人因销售货物退回或者折让退还给购买方的销售额，应从发生销售货物退回或者折让当期的销售额中扣减。

第三十二条 条例第十三条和本细则所称会计核算健全，是指能够按照国家统一的会计制度规定设置账簿，根据合法、有效凭证核算。

第三十三条 除国家税务总局另有规定外，纳税人一经认定为一般纳税人后，不得转为小规模纳税人。

第三十四条 有下列情形之一者，应按销售额依照增值税税率计算应纳税额，不得抵扣进项税额，也不得使用增值税专用发票：

（一）一般纳税人会计核算不健全，或者不能够提供准确税务资料的；

（二）除本细则第二十九条规定外，纳税人销售额超过小规模纳税人标准，未申请办理一般纳税人认定手续的。

第三十五条 条例第十五条规定的部分免税项目的范围，限定如下：

（一）第一款第（一）项所称农业，是指种植业、养殖业、林业、牧业、水产业。

农业生产者，包括从事农业生产的单位和个人。

农产品，是指初级农产品，具体范围由财政部、国家税务总局确定。

（二）第一款第（三）项所称古旧图书，是指向社会收购的古书和旧书。

（三）第一款第（七）项所称自己使用过的物品，是指其他个人自己使用过的物品。

第三十六条 纳税人销售货物或者应税劳务适用免税规定的，可以放弃免税，依照条例的规定缴纳增值税。放弃免税后，36个月内不得再申请免税。

第三十七条 增值税起征点的适用范围限于个人。

增值税起征点的幅度规定如下：

（一）销售货物的，为月销售额2000—5000元；

（二）销售应税劳务的，为月销售额1500—3000元；

（三）按次纳税的，为每次（日）销售额150—200元。

前款所称销售额，是指本细则第三十条第一款所称小规模纳税人的销售额。

省、自治区、直辖市财政厅（局）和国家税务局应在规定的幅度内，根据实际情况确定本地区适用的起征点，并报财政部、国家税务总局备案。

第三十八条 条例第十九条第一款第（一）项规定的收讫销售款项或者取得索取销售款项凭据的当天，按销售结算方式的不同，具体为：

（一）采取直接收款方式销售货物，不论货物是否发出，均为收到销售款或者取得索取销售款凭据的当天。

（二）采取托收承付和委托银行收款方式销售货物，为发出货物并办妥托收手续的当天。

（三）采取赊销和分期收款方式销售货物，为书面合同约定的收款日期的当天，无书面合同的或者书面合同没有约定收款日期的，为货物发出的当天。

（四）采取预收货款方式销售货物，为货物发出的当天，但生产销售生产工期超过12个月的大型机械设备、船舶、飞机等货物，为收到预收款或者书面合同约定的收款日期的当天。

（五）委托其他纳税人代销货物，为收到代销单位的代销清单或者收到全部或者部分货款的当天。未收到代销清单及货款的，为发出代销货物满180天的当天。

（六）销售应税劳务，为提供劳务同时收讫销售款或者取得索取销售款的凭据的当天。

（七）纳税人发生本细则第四条第（三）项至第（八）项所列视同销售货物行为，为货物移送的当天。

第三十九条 条例第二十三条以1个季度为纳税期限的规定仅适用于小规模纳税人。小规模纳税人的具体纳税期限，由主管税务机关根据其应纳税额的大小分别核定。

第四十条 本细则自2009年1月1日起施行。

中华人民共和国消费税暂行条例实施细则

中华人民共和国财政部　国家税务总局令 第51号

（二〇〇八年十二月十五日）

第一条　根据《中华人民共和国消费税暂行条例》（以下简称条例），制定本细则。

第二条　条例第一条所称单位，是指企业、行政单位、事业单位、军事单位、社会团体及其他单位。

条例第一条所称个人，是指个体工商户及其他个人。

条例第一条所称在中华人民共和国境内，是指生产、委托加工和进口属于应当缴纳消费税的消费品的起运地或者所在地在境内。

第三条　条例所附《消费税税目税率表》中所列应税消费品的具体征税范围，由财政部、国家税务总局确定。

第四条　条例第三条所称纳税人兼营不同税率的应当缴纳消费税的消费品，是指纳税人生产销售两种税率以上的应税消费品。

第五条　条例第四条第一款所称销售，是指有偿转让应税消费品的所有权。

前款所称有偿，是指从购买方取得货币、货物或者其他经济利益。

第六条　条例第四条第一款所称用于连续生产应税消费品，是指纳税人将自产自用的应税消费品作为直接材料生产最终应税消费品，自产自用应税消费品构成最终应税消费品的实体。

条例第四条第一款所称用于其他方面，是指纳税人将自产自用应税消费品用于生产非应税消费品、在建工程、管理部门、非生产机构、提供劳务、馈赠、赞助、集资、广告、样品、职工福利、奖励等方面。

第七条　条例第四条第二款所称委托加工的应税消费品，是指由委托方提供原料和主要材料，受托方只收取加工费和代垫部分辅助材料加工的应税消费品。对于由受托方提供原材料生产的应税消费品，或者受托方先将原材料卖给委托方，然后再接受加工的应税消费品，以及由受托方以委托方名义购进原材料生产的应税消费品，不论在财务上是否作销售处理，都不得作为委托加工应税消费品，而应当按照销售自制应税消费品缴纳消费税。

委托加工的应税消费品直接出售的，不再缴纳消费税。

委托个人加工的应税消费品，由委托方收回后缴纳消费税。

第八条　消费税纳税义务发生时间，根据条例第四条的规定，分列如下：

（一）纳税人销售应税消费品的，按不同的销售结算方式分别为：

1.采取赊销和分期收款结算方式的，为书面合同约定的收款日期的当天，书面合同没有约定收款日期或者无书面合同的，为发出应税消费品的当天；

2.采取预收货款结算方式的，为发出应税消费品的当天；

3.采取托收承付和委托银行收款方式的，为发出应税消费品并办妥托收手续的当天；

4.采取其他结算方式的，为收讫销售款或者取得索取销售款凭据的当天。

（二）纳税人自产自用应税消费品的，为移送使用的当天。

（三）纳税人委托加工应税消费品的，为纳税人提货的当天。

（四）纳税人进口应税消费品的，为报关进口的当天。

第九条　条例第五条第一款所称销售数量，是指应税消费品的数量。具体为：

（一）销售应税消费品的，为应税消费品的销售数量；

（二）自产自用应税消费品的，为应税消费品的移送使用数量；

（三）委托加工应税消费品的，为纳税人收回的应税消费品数量；

（四）进口应税消费品的，为海关核定的应税消费品进口征税数量。

第十条 实行从量定额办法计算应纳税额的应税消费品，计量单位的换算标准如下：

（一） 黄酒 1吨＝962升

（二） 啤酒 1吨＝988升

（三） 汽油 1吨＝1388升

（四） 柴油 1吨＝1176升

（五） 航空煤油 1吨=1246升

（六） 石脑油 1吨=1385升

（七） 溶剂油 1吨=1282升

（八） 润滑油 1吨=1126升

（九） 燃料油 1吨=1015升

第十一条 纳税人销售的应税消费品，以人民币以外的货币结算销售额的，其销售额的人民币折合率可以选择销售额发生的当天或者当月1日的人民币汇率中间价。纳税人应在事先确定采用何种折合率，确定后1年内不得变更。

第十二条 条例第六条所称销售额，不包括应向购货方收取的增值税税款。如果纳税人应税消费品的销售额中未扣除增值税税款或者因不得开具增值税专用发票而发生价款和增值税税款合并收取的，在计算消费税时，应当换算为不含增值税税款的销售额。其换算公式为：

应税消费品的销售额＝含增值税的销售额÷（1＋增值税税率或者征收率）

第十三条 应税消费品连同包装物销售的，无论包装物是否单独计价以及在会计上如何核算，均应并入应税消费品的销售额中缴纳消费税。如果包装物不作价随同产品销售，而是收取押金，此项押金则不应并入应税消费品的销售额中征税。但对因逾期未收回的包装物不再退还的或者已收取的时间超过12个月的押金，应并入应税消费品的销售额，按照应税消费品的适用税率缴纳消费税。

对既作价随同应税消费品销售，又另外收取押金的包装物的押金，凡纳税人在规定的期限内没有退还的，均应并入应税消费品的销售额，按照应税消费品的适用税率缴纳消费税。

第十四条 条例第六条所称价外费用，是指价外向购买方收取的手续费、补贴、基金、集资费、返还利润、奖励费、违约金、滞纳金、延期付款利息、赔偿金、代收款项、代垫款项、包装费、包装物租金、储备费、优质费、运输装卸费以及其他各种性质的价外收费。但下列项目不包括在内：

（一）同时符合以下条件的代垫运输费用：

1.承运部门的运输费用发票开具给购买方的；

2.纳税人将该项发票转交给购买方的。

（二）同时符合以下条件代为收取的政府性基金或者行政事业性收费：

1.由国务院或者财政部批准设立的政府性基金，由国务院或者省级人民政府及其财政、价格主管部门批准设立的行政事业性收费；

2.收取时开具省级以上财政部门印制的财政票据；

3.所收款项全额上缴财政。

第十五条 条例第七条第一款所称纳税人自产自用的应税消费品，是指依照条例第四条第一款规定于移送使用时纳税的应税消费品。

条例第七条第一款、第八条第一款所称同类消费品的销售价格，是指纳税人或者代收代缴义务人当月销售的同类消费品的销售价格，如果当月同类消费品各期销售价格高低不同，应按销售数量加权平均计算。但销售的应税消费品有下列情况之一的，不得列入加权平均计算：

（一）销售价格明显偏低并无正当理由的；

（二）无销售价格的。

如果当月无销售或者当月未完结，应按照同类消费品上月或者最近月份的销售价格计算纳税。

第十六条 条例第七条所称成本，是指应税消费品的产品生产成本。

第十七条 条例第七条所称利润，是指根据应税消费品的全国平均成本利润率计算的利润。应税消费品全国平均成本利润率由国家税务总局确定。

第十八条 条例第八条所称材料成本，是指委托方所提供加工材料的实际成本。

委托加工应税消费品的纳税人，必须在委托加工合同上如实注明（或者以其他方式提供）材料成本，凡未提供材料成本的，受托方主管税务机关有权核定其材料成本。

第十九条　条例第八条所称加工费，是指受托方加工应税消费品向委托方所收取的全部费用（包括代垫辅助材料的实际成本）。

第二十条　条例第九条所称关税完税价格，是指海关核定的关税计税价格。

第二十一条　条例第十条所称应税消费品的计税价格的核定权限规定如下：

（一）卷烟、白酒和小汽车的计税价格由国家税务总局核定，送财政部备案；

（二）其他应税消费品的计税价格由省、自治区和直辖市国家税务局核定；

（三）进口的应税消费品的计税价格由海关核定。

第二十二条　出口的应税消费品办理退税后，发生退关，或者国外退货进口时予以免税的，报关出口者必须及时向其机构所在地或者居住地主管税务机关申报补缴已退的消费税税款。

纳税人直接出口的应税消费品办理免税后，发生退关或者国外退货，进口时已予以免税的，经机构所在地或者居住地主管税务机关批准，可暂不办理补税，待其转为国内销售时，再申报补缴消费税。

第二十三条　纳税人销售的应税消费品，如因质量等原因由购买者退回时，经机构所在地或者居住地主管税务机关审核批准后，可退还已缴纳的消费税税款。

第二十四条　纳税人到外县（市）销售或者委托外县（市）代销自产应税消费品的，于应税消费品销售后，向机构所在地或者居住地主管税务机关申报纳税。

纳税人的总机构与分支机构不在同一县（市）的，应当分别向各自机构所在地的主管税务机关申报纳税；经财政部、国家税务总局或者其授权的财政、税务机关批准，可以由总机构汇总向总机构所在地的主管税务机关申报纳税。

委托个人加工的应税消费品，由委托方向其机构所在地或者居住地主管税务机关申报纳税。

进口的应税消费品，由进口人或者其代理人向报关地海关申报纳税。

第二十五条　本细则自2009年1月1日起施行。

中华人民共和国营业税暂行条例实施细则

中华人民共和国财政部 国家税务总局令　第52号

（二〇〇八年十二月十五日）

第一条　根据《中华人民共和国营业税暂行条例》（以下简称条例），制定本细则。

第二条　条例第一条所称条例规定的劳务是指属于交通运输业、建筑业、金融保险业、邮电通信业、文化体育业、娱乐业、服务业税目征收范围的劳务（以下称应税劳务）。

加工和修理、修配，不属于条例规定的劳务（以下称非应税劳务）。

第三条　条例第一条所称提供条例规定的劳务、转让无形资产或者销售不动产，是指有偿提供条例规定的劳务、有偿转让无形资产或者有偿转让不动产所有权的行为（以下称应税行为）。但单位或者个体工商户聘用的员工为本单位或者雇主提供条例规定的劳务，不包括在内。

前款所称有偿，是指取得货币、货物或者其他经济利益。

第四条　条例第一条所称在中华人民共和国境内（以下简称境内）提供条例规定的劳务、转让无形资产或者销售不动产，是指：

（一）提供或者接受条例规定劳务的单位或者个人在境内；

（二）所转让的无形资产（不含土地使用权）的接受单位或者个人在境内；

（三）所转让或者出租土地使用权的土地在境内；

（四）所销售或者出租的不动产在境内。

第五条 纳税人有下列情形之一的，视同发生应税行为：

（一）单位或者个人将不动产或者土地使用权无偿赠送其他单位或者个人；

（二）单位或者个人自己新建（以下简称自建）建筑物后销售，其所发生的自建行为；

（三）财政部、国家税务总局规定的其他情形。

第六条 一项销售行为如果既涉及应税劳务又涉及货物，为混合销售行为。除本细则第七条的规定外，从事货物的生产、批发或者零售的企业、企业性单位和个体工商户的混合销售行为，视为销售货物，不缴纳营业税；其他单位和个人的混合销售行为，视为提供应税劳务，缴纳营业税。

第一款所称货物，是指有形动产，包括电力、热力、气体在内。

第一款所称从事货物的生产、批发或者零售的企业、企业性单位和个体工商户，包括以从事货物的生产、批发或者零售为主，并兼营应税劳务的企业、企业性单位和个体工商户在内。

第七条 纳税人的下列混合销售行为，应当分别核算应税劳务的营业额和货物的销售额，其应税劳务的营业额缴纳营业税，货物销售额不缴纳营业税；未分别核算的，由主管税务机关核定其应税劳务的营业额：

（一）提供建筑业劳务的同时销售自产货物的行为；

（二）财政部、国家税务总局规定的其他情形。

第八条 纳税人兼营应税行为和货物或者非应税劳务的，应当分别核算应税行为的营业额和货物或者非应税劳务的销售额，其应税行为营业额缴纳营业税，货物或者非应税劳务销售额不缴纳营业税；未分别核算的，由主管税务机关核定其应税行为营业额。

第九条 条例第一条所称单位，是指企业、行政单位、事业单位、军事单位、社会团体及其他单位。

条例第一条所称个人，是指个体工商户和其他个人。

第十条 除本细则第十一条和第十二条的规定外，负有营业税纳税义务的单位为发生应税行为并收取货币、货物或者其他经济利益的单位，但不包括单位依法不需要办理税务登记的内设机构。

第十一条 单位以承包、承租、挂靠方式经营的，承包人、承租人、挂靠人（以下统称承包人）发生应税行为，承包人以发包人、出租人、被挂靠人（以下统称发包人）名义对外经营并由发包人承担相关法律责任的，以发包人为纳税人；否则以承包人为纳税人。

第十二条 中央铁路运营业务的纳税人为铁道部，合资铁路运营业务的纳税人为合资铁路公司，地方铁路运营业务的纳税人为地方铁路管理机构，基建临管线运营业务的纳税人为基建临管线管理机构。

第十三条 条例第五条所称价外费用，包括收取的手续费、补贴、基金、集资费、返还利润、奖励费、违约金、滞纳金、延期付款利息、赔偿金、代收款项、代垫款项、罚息及其他各种性质的价外收费，但不包括同时符合以下条件代为收取的政府性基金或者行政事业性收费：

（一）由国务院或者财政部批准设立的政府性基金，由国务院或者省级人民政府及其财政、价格主管部门批准设立的行政事业性收费；

（二）收取时开具省级以上财政部门印制的财政票据；

（三）所收款项全额上缴财政。

第十四条 纳税人的营业额计算缴纳营业税后因发生退款减除营业额的，应当退还已缴纳营业税税款或者从纳税人以后的应缴纳营业税税额中减除。

第十五条 纳税人发生应税行为，如果将价款与折扣额在同一张发票上注明的，以折扣后的价款为营业额；如果将折扣额另开发票的，不论其在财务上如何处理，均不得从营业额中扣除。

第十六条 除本细则第七条规定外，纳税人提供建筑业劳务（不含装饰劳务）的，其营业额应当包括工程所用原材料、设备及其他物资和动力价款在内，但不包括建设方提供的设备的价款。

第十七条 娱乐业的营业额为经营娱乐业收取的全部价款和价外费用，包括门票收费、台位费、点歌费、烟酒、饮料、茶水、鲜花、小吃等收费及经营娱乐业的其他各项收费。

第十八条　条例第五条第（四）项所称外汇、有价证券、期货等金融商品买卖业务，是指纳税人从事的外汇、有价证券、非货物期货和其他金融商品买卖业务。

货物期货不缴纳营业税。

第十九条　条例第六条所称符合国务院税务主管部门有关规定的凭证（以下统称合法有效凭证），是指：

（一）支付给境内单位或者个人的款项，且该单位或者个人发生的行为属于营业税或者增值税征收范围的，以该单位或者个人开具的发票为合法有效凭证；

（二）支付的行政事业性收费或者政府性基金，以开具的财政票据为合法有效凭证；

（三）支付给境外单位或者个人的款项，以该单位或者个人的签收单据为合法有效凭证，税务机关对签收单据有疑义的，可以要求其提供境外公证机构的确认证明；

（四）国家税务总局规定的其他合法有效凭证。

第二十条　纳税人有条例第七条所称价格明显偏低并无正当理由或者本细则第五条所列视同发生应税行为而无营业额的，按下列顺序确定其营业额：

（一）按纳税人最近时期发生同类应税行为的平均价格核定；

（二）按其他纳税人最近时期发生同类应税行为的平均价格核定；

（三）按下列公式核定：

营业额=营业成本或者工程成本×（1＋成本利润率）÷（1-营业税税率）

公式中的成本利润率，由省、自治区、直辖市税务局确定。

第二十一条　纳税人以人民币以外的货币结算营业额的，其营业额的人民币折合率可以选择营业额发生的当天或者当月1日的人民币汇率中间价。纳税人应当在事先确定采用何种折合率，确定后1年内不得变更。

第二十二条　条例第八条规定的部分免税项目的范围，限定如下：

（一）　第一款第（二）项所称残疾人员个人提供的劳务，是指残疾人员本人为社会提供的劳务。

（二）　第一款第（四）项所称学校和其他教育机构，是指普通学校以及经地、市级以上人民政府或者同级政府的教育行政部门批准成立、国家承认其学员学历的各类学校。

（三）　第一款第（五）项所称农业机耕，是指在农业、林业、牧业中使用农业机械进行耕作（包括耕耘、种植、收割、脱粒、植物保护等）的业务；排灌，是指对农田进行灌溉或排涝的业务；病虫害防治，是指从事农业、林业、牧业、渔业的病虫害测报和防治的业务；农牧保险，是指为种植业、养殖业、牧业种植和饲养的动植物提供保险的业务；相关技术培训，是指与农业机耕、排灌、病虫害防治、植物保护业务相关以及为使农民获得农牧保险知识的技术培训业务；家禽、牲畜、水生动物的配种和疾病防治业务的免税范围，包括与该项劳务有关的提供药品和医疗用具的业务。

（四）　第一款第（六）项所称纪念馆、博物馆、文化馆、文物保护单位管理机构、美术馆、展览馆、书画院、图书馆举办文化活动，是指这些单位在自己的场所举办的属于文化体育业税目征税范围的文化活动。其门票收入，是指销售第一道门票的收入。宗教场所举办文化、宗教活动的门票收入，是指寺院、宫观、清真寺和教堂举办文化、宗教活动销售门票的收入。

（五）第一款第（七）项所称为出口货物提供的保险产品，包括出口货物保险和出口信用保险。

第二十三条　条例第十条所称营业税起征点，是指纳税人营业额合计达到起征点。

营业税起征点的适用范围限于个人。

营业税起征点的幅度规定如下：

（一）按期纳税的，为月营业额1000—5000元；

（二）按次纳税的，为每次（日）营业额100元。

省、自治区、直辖市财政厅（局）、税务局应当在规定的幅度内，根据实际情况确定本地区适用的起征点，并报财政部、国家税务总局备案。

第二十四条　条例第十二条所称收讫营业收入款项，是指纳税人应税行为发生过程中或者完成后收取的款项。

条例第十二条所称取得索取营业收入款项凭据的当天，为书面合同确定的付款日期的当天；未签订书面合同或者书面合同未确定付款日期的，为应税行为完成的当天。

第二十五条　纳税人转让土地使用权或者销售不动产，采取预收款方式的，其纳税义务发生时间为收到预收款的当天。

纳税人提供建筑业或者租赁业劳务，采取预收款方式的，其纳税义务发生时间为收到预收款的当天。

纳税人发生本细则第五条所称将不动产或者土地使用权无偿赠送其他单位或者个人的，其纳税义务发生时间为不动产所有权、土地使用权转移的当天。

纳税人发生本细则第五条所称自建行为的，其纳税义务发生时间为销售自建建筑物的纳税义务发生时间。

第二十六条 按照条例第十四条规定，纳税人应当向应税劳务发生地、土地或者不动产所在地的主管税务机关申报纳税而自应当申报纳税之月起超过6个月没有申报纳税的，由其机构所在地或者居住地的主管税务机关补征税款。

第二十七条 银行、财务公司、信托投资公司、信用社、外国企业常驻代表机构的纳税期限为1个季度。

第二十八条 本细则自2009年1月1日起施行。

部门法规

国务院关于调整固定资产投资项目资本金比例的通知

国发〔2009〕27号

各省、自治区、直辖市人民政府，国务院各部委、各直属机构：

固定资产投资项目资本金制度既是宏观调控手段，也是风险约束机制。该制度自1996年建立以来，对改善宏观调控、促进结构调整、控制企业投资风险、保障金融机构稳健经营、防范金融风险发挥了积极作用。为应对国际金融危机，扩大国内需求，有保有压，促进结构调整，有效防范金融风险，保持国民经济平稳较快增长，国务院决定对固定资产投资项目资本金比例进行适当调整。现就有关事项通知如下：

一、各行业固定资产投资项目的最低资本金比例按以下规定执行：

钢铁、电解铝项目，最低资本金比例为40%。

水泥项目，最低资本金比例为35%。

煤炭、电石、铁合金、烧碱、焦炭、黄磷、玉米深加工、机场、港口、沿海及内河航运项目，最低资本金比例为30%。

铁路、公路、城市轨道交通、化肥（钾肥除外）项目，最低资本金比例为25%。

保障性住房和普通商品住房项目的最低资本金比例为20%，其他房地产开发项目的最低资本金比例为30%。

其他项目的最低资本金比例为20%。

二、经国务院批准，对个别情况特殊的国家重大建设项目，可以适当降低最低资本金比例要求。属于国家支持的中小企业自主创新、高新技术投资项目，最低资本金比例可以适当降低。外商投资项目按现行有关法规执行。

三、金融机构在提供信贷支持和服务时，要坚持独立审贷，切实防范金融风险。要根据借款主体和项目实际情况，参照国家规定的资本金比例要求，对资本金的真实性、投资收益和贷款风险进行全面审查和评估，自主决定是否发放贷款以及具体的贷款数量和比例。

四、自本通知发布之日起，凡尚未审批可行性研究报告、核准项目申请报告、办理备案手续的投资项目，以及金融机构尚未贷款的投资项目，均按照本通知执行。已经办理相关手续但尚未开工建设的投资项目，参照本通知执行。

五、国家将根据经济形势发展和宏观调控需要，适时调整固定资产投资项目最低资本金比例。

六、本通知自发布之日起执行。

国务院

二〇〇九年五月二十五日

国家发展改革委委托投资咨询评估管理办法（2009年修订）

发改投资〔2009〕802号

（二〇〇九年三月二十六日）

第一条 为加强投资决策的科学性和民主性，提高投资咨询评估的质量和效率，根据《国务院关于投资体制改革的决定》（国发〔2004〕20号），制定本办法。

第二条 本办法适用于以下事项的咨询评估：

（一）国家发展改革委审批或核报国务院审批的发展建设规划；

（二）国家发展改革委审批或核报国务院审批的项目建议书、可行性研究报告；

（三）国家发展改革委核准或核报国务院核准的项目申请报告；

（四）国家发展改革委委托的其他事项。

第三条 经国家发展改革委确认的工程咨询机构（以下简称评估机构），可以承担第二条规定事项的咨询评估任务。

第四条 申请成为承担国家发展改革委咨询评估任务的评估机构，应具备以下基本条件：

（一）具有所申请专业的甲级评估咨询资格，连续3年年检合格；

（二）近3年承担所申请专业总投资2亿元以上项目的评估和可行性研究报告编制任务不少于20项（特殊行业除外）；

（三）所申请专业专职从事工程咨询业务的专业技术人员不少于10人，其中具有高级专业技术职称、经济职称的人员不少于50%，获得注册的注册咨询工程师（投资）人员不少于30%；

（四）注册资金不少于800万元（事业单位除外）。

对于特殊事项的咨询评估任务，国家发展改革委可委托特定评估机构承担。

第五条 国家发展改革委按照公开、公平、公正原则，组织有关机构和专家，对符合第四条规定条件并提出申请的工程咨询机构进行审查，根据需要，择优确定评估机构名单。

国家发展改革委根据投资管理需要，以及咨询评估工作年度总结、评估机构工作质量和监督检查等情况，每三年对评估机构名单进行动态调整。

第六条 国家发展改革委委托评估任务时，要认真核查评估机构与拟委托事项的编制单位之间、评估机构与承担行业（部门）审查的咨询机构之间、评估机构与项目业主之间的关联关系，切实做好回避，以保证公平、公正地开展评估工作。承担某一事项编制任务、行业（部门）审查的评估机构，不得承担同一事项的咨询评估任务。承担某一事项咨询评估任务的评估机构，与同一事项的编制单位、行业（部门）审查单位、项目业主单位之间不得存在重大关联关系。

第七条 具体选择评估机构时，应按照以下规则和程序进行：

（一）分专业对评估机构进行初始随机排队。

（二）按照初始随机排队的先后顺序，根据第六条的有关规定，确定承担咨询评估任务的评估机构。

（三）向接受任务的评估机构出具《咨询评估委托书》。

（四）评估机构接受任务后，随即排到该专业排队顺序的队尾。评估机构如果拒绝接受任务，应提交书面说明，排到排队顺序的队尾并轮空一次。

对特别重要项目或特殊事项的咨询评估任务，国家发展改革委可以通过招标或指定方式确定评估机构。

第八条　对国民经济和社会发展有重要影响的项目，可以同时委托多家评估机构进行评估，或委托另一评估机构对已经完成的咨询评估报告进行评价。

第九条　国家发展改革委应当在《咨询评估委托书》中对咨询评估的内容、重点和完成时限等提出明确要求。

第十条　在接受委托任务后，评估机构应严格按照评估要求开展评估工作。在咨询评估过程中，评估机构要及时向国家发展改革委报告评估进度及其他有关情况。

评估机构应按照有关规定，广泛听取各方面意见，形成客观、公正的咨询评估报告，重大分歧意见应在咨询评估报告中全面、如实反映，并按规定时限报送国家发展改革委。因客观原因确实难以在规定时限内完成的，在向国家发展改革委报告有关情况并征得同意后，可以适当延期。

第十一条　评估机构应不断改进内部管理机制，优化评估工作流程，完善评估专家库，保证独立、公正、客观、科学地开展评估工作，不断提高咨询评估水平和质量。

承担咨询评估任务的评估机构及与其有重大关联关系的机构不得承担同一事项的后评价任务，不得借承担评估任务之机向有关单位承揽设计、造价、招标代理、监理等业务。

评估机构及其工作人员，不得收取所评估事项项目单位的任何费用。

第十二条　评估机构应于每年1月20日前，向国家发展改革委报送上一年度的咨询评估工作年度总结报告。

第十三条　咨询评估费用由国家发展改革委依据有关规定核定，按年度结算。咨询评估费用的使用和支付，接受财政和审计部门的监督和审计。

第十四条　国家发展改革委可以组织专家或通过后评价，对完成的咨询评估报告的质量进行评价，对咨询评估的过程进行检查。

第十五条　国家发展改革委受理对评估机构的举报、投诉，并组织或委托有关机构进行检查核实，对查实的问题进行相应处理。

第十六条　评估机构有下列情形之一的，国家发展改革委可以依据情节轻重对其提出警告、从承担国家发展改革委委托咨询评估任务的评估机构名单中删除，并依据工程咨询单位资格管理的有关规定做出相应处罚：

（一）咨询评估报告有重大失误或质量低劣；

（二）咨询评估过程中有违反本办法规定的行为；

（三）累计两次拒绝接受委托任务；

（四）累计两次未在规定时限内完成评估任务；

（五）其他违反国家法律法规规定的行为。

第十七条　各级地方政府投资主管部门可以参照本办法的规定，制定有关管理办法。

第十八条　本办法从发布之日起施行。

投资建设项目管理师继续教育管理办法（试行）

发改投资〔2009〕222号

第一章　总　　则

第一条　为做好投资建设项目管理师继续教育管理工作，根据《全国专业技术人员继续教育暂行规定》（人核培发〔1995〕131号）、《关于加强专业技术人员继续教育工作的意见》（国人部发〔2007〕96号）、《投资建设项目管理师职业水平认证制度暂行规定》（国人部发〔2004〕110号）、《投资建设项目管理师职业水平证书登记管理办法（试行）》（发改投资〔2007〕2291号）的有关规定，制定本办法。

第二条　继续教育的任务，是使投资建设项目管理师的知识和技能不断得到更新、补充、拓展和提高，完善知识结构，提高基本素质、创新能力和职业水平。

第三条 取得投资建设项目管理师职业水平证书的人员，向中国投资协会办理首次登记手续后，应接受继续教育，这是投资建设项目管理师的权利和义务，也是投资建设项目管理师再登记的条件之一。

第四条 国家发展改革委负责投资建设项目管理师继续教育工作的指导和监督，中国投资协会负责继续教育的组织与实施。

第二章 实　施

第五条 继续教育培训分必修科目和选修科目。必修科目的内容是：与投资建设项目管理相关的最新法律、法规、方针、政策，国内外建设项目管理的新理论与新方法，投资建设项目管理案例分析及专题研讨。选修科目的培训主要是指相关行业、相关专业的培训或岗位培训。

第六条 继续教育的实施周期与投资建设项目管理师职业水平证书登记有效期相一致。在登记周期三年内，接受继续教育时间：必修科目72学时，选修科目36学时。投资建设项目管理师接受继续教育的时间可以集中安排，也可以分散安排。继续教育学时当期有效。

第七条 中国投资协会成立继续教育工作指导小组，负责制定必修科目教学大纲，推荐、组织必修科目教材，审核必修科目和选修科目教学内容。

第八条 继续教育必修科目的培训由中国投资协会或者其指定机构负责实施，选修科目的培训由中国投资协会指定机构组织实施。继续教育培训指定机构管理办法由中国投资协会制定，经《中国投资协会章程》规定的决策机构审议通过后实施。

第九条 继续教育采用培训班、研讨班、学术讲座等方式组织实施，具备条件时，可开展网络培训和远程教育。

第十条 按照专职与兼职结合，兼职为主的原则，由中国投资协会及其实施机构挑选政治优良、专业对口、业务精通、经验丰富、教学水平高的专家和教师承担继续教育教学任务，逐步形成相对稳定的、高素质的师资队伍。

第十一条 中国投资协会负责制定继续教育年度实施计划，予以公布。

第十二条 中国投资协会统一制发《投资建设项目管理师继续教育学时册》（以下简称《学时册》），在投资建设项目管理师首次参加必修科目培训时发给本人。继续教育学时按实际参加时间计算。《学时册》对必修科目学时和选修科目学时进行分别登记管理。继续教育学时，由中国投资协会或其指定机构负责登记。

第十三条 持有投资建设项目管理师职业水平证书的人员在登记有效期届满，进行再登记时，需提供载入《学时册》的规定学时记录。

第十四条 投资建设项目管理师所在单位，要支持投资建设项目管理师参加继续教育，保证其参加继续教育的时间、经费和其他必要条件。投资建设项目管理师在学习期间享受国家和本单位规定的工资、保险、福利待遇。

第十五条 投资建设项目管理师在接受继续教育后，有义务更好地为本单位工作。投资建设项目管理师所在单位要把鼓励其参加继续教育作为提高其职业能力的基本途径，在聘任、选拔或者晋升高层专业管理人员时，作为重要条件。

第三章 监　督

第十六条 国家发展改革委对中国投资协会的继续教育工作进行监督检查，中国投资协会对其指定机构的继续教育工作和实施继续教育的师资进行监督检查，实行动态管理，制止和纠正违反本办法的行为。

第十七条 继续教育实施机构的工作人员，应按规定如实填写、记录《学时册》，并对其真实性负责。中国投资协会负责审核。

第十八条 投资建设项目管理师应如期完成继续教育，所提供的学时证明不得虚报和随意涂改，否则视为无效。

第四章 附　则

第十九条 本办法自发布之日起试行。

股权出资登记管理办法

国家工商行政管理总局令　第　39　号

（二○○九年一月十四日）

第一条　为规范股权出资登记，根据《公司法》、《公司登记管理条例》等法律法规的规定，制定本办法。

第二条　投资人以其持有的在中国境内设立的有限责任公司或者股份有限公司（以下统称股权公司）的股权作为出资，投资于境内其他有限责任公司或者股份有限公司（以下统称被投资公司）的登记管理，适用本办法。

第三条　用作出资的股权应当权属清楚、权能完整、依法可以转让。

具有下列情形的股权不得用作出资：

（一）股权公司的注册资本尚未缴足；

（二）已被设立质权；

（三）已被依法冻结；

（四）股权公司章程约定不得转让；

（五）法律、行政法规或者国务院决定规定，股权公司股东转让股权应当报经批准而未经批准；

（六）法律、行政法规或者国务院决定规定不得转让的其他情形。

第四条　全体股东以股权作价出资金额和其他非货币财产作价出资金额之和不得高于被投资公司注册资本的70%。

第五条　用作出资的股权应当经依法设立的评估机构评估。

第六条　公司设立时，投资人以股权出资的，自被投资公司成立之日起1年内，投资人应当实际缴纳，被投资公司应当办理实收资本变更登记。

公司增加注册资本时，投资人以股权出资的，应当在被投资公司申请办理增加注册资本变更登记前实际缴纳。

第七条　投资人以持有的有限责任公司股权实际缴纳出资的，股权公司应当向公司登记机关申请办理将该股权的持有人变更为被投资公司的变更登记。

投资人以持有的股份有限公司股权实际缴纳出资，出资股权在证券登记结算机构登记的，应当按照规定经证券交易所和证券登记结算机构办理股份转让和过户登记手续；其他股权依照法定方式转让给被投资公司。

法律、行政法规或者国务院决定规定股权公司股东转让股权必须报经批准的，还应当依法经过批准。

第八条　股权出资实际缴纳后，应当经依法设立的验资机构验资并出具验资证明。

验资证明应当包括下列内容：

（一）以有限责任公司股权出资的，相关股权依照本办法第七条规定办理股东变更登记情况；

（二）以股份有限公司股权出资的，相关股权依照本办法第七条规定转让给被投资公司情况；

（三）股权的评估情况，包括评估机构的名称、评估报告的文号、评估基准日、评估值等；

（四）股权出资依法须经批准的，其批准情况。

第九条　投资人在公司设立时，依法以股权出资的，被投资公司应当在申请办理设立登记时办理股权认缴出资的出资人姓名或者名称，以及出资额、出资方式和出资时间登记。投资人实际缴纳股权出资后，被投资公司应当申请办理实收资本变更登记，被投资公司属于有限责任公司或者以发起设立方式设立的股份有限公司的，还应当申请办理有关投资人实际缴纳出资额、出资时间等的变更登记。

投资人在公司增加注册资本时，以股权实际缴纳出资的，被投资公司应当申请办理注册资本和实收资本变更登记。被投资公司属于有限责任公司的，还应当申请办理有关投资人姓名或者名称，以及认缴和实际缴纳的出资额、出资时间等的变更登记。

第十条 股权公司依照本办法第七条规定申请办理有关登记提交的材料，按照《公司登记管理条例》和国家工商行政管理总局有关企业登记提交材料的规定执行。

第十一条 被投资公司依照本办法第九条规定申请办理有关登记手续，除按照《公司登记管理条例》和国家工商行政管理总局有关企业登记提交材料的规定执行外，还应当提交以下材料：

（一）以股权出资的投资人签署的股权认缴出资承诺书。有关投资人应当对所认缴出资的股权符合本办法第三条第一款规定，且不具有该条第二款规定情形等作出承诺。

（二）股权公司营业执照复印件（需加盖股权公司印章）。

第十二条 投资人、被投资公司的股权出资行为违反《公司法》、《公司登记管理条例》以及本办法规定的，验资机构、资产评估机构出具虚假证明文件或者因过失提供有重大遗漏的报告的，公司登记机关依照《公司法》、《公司登记管理条例》等有关规定予以查处。

第十三条 本办法规定事项，法律、行政法规或者国务院决定另有规定的，从其规定。

第十四条 本办法自2009年3月1日起实施。

建设项目用地预审管理办法

（2001年6月28日国土资源部第5次部务会议通过，2004年10月29日国土资源部第9次部务会议修订，2008年11月12日国土资源部第13次部务会议修正）

中华人民共和国国土资源部令第42号

（二〇〇八年十一月二十九日）

第一条 为保证土地利用总体规划的实施，充分发挥土地供应的宏观调控作用，控制建设用地总量，根据《中华人民共和国土地管理法》、《中华人民共和国土地管理法实施条例》和《国务院关于深化改革严格土地管理的决定》，制定本办法。

第二条 本办法所称建设项目用地预审，是指国土资源管理部门在建设项目审批、核准、备案阶段，依法对建设项目涉及的土地利用事项进行的审查。

第三条 预审应当遵循下列原则：

（一）符合土地利用总体规划；

（二）保护耕地，特别是基本农田；

（三）合理和集约节约利用土地；

（四）符合国家供地政策。

第四条 建设项目用地实行分级预审。

需人民政府或有批准权的人民政府发展和改革等部门审批的建设项目，由该人民政府的国土资源管理部门预审。

需核准和备案的建设项目，由与核准、备案机关同级的国土资源管理部门预审。

第五条 需审批的建设项目在可行性研究阶段，由建设用地单位提出预审申请。

需核准的建设项目在项目申请报告核准前，由建设单位提出用地预审申请。

需备案的建设项目在办理备案手续后，由建设单位提出用地预审申请。

第六条 依照本办法第四条规定应当由国土资源部

预审的建设项目，国土资源部委托项目所在地的省级国土资源管理部门受理，但建设项目占用规划确定的城市建设用地范围内土地的，委托市级国土资源管理部门受理。受理后，提出初审意见，转报国土资源部。

涉密军事项目和国务院批准的特殊建设项目用地，建设用地单位可直接向国土资源部提出预审申请。

应当由国土资源部负责预审的输电线塔基、钻探井位、通讯基站等小面积零星分散建设项目用地，由省级国土资源管理部门预审，并报国土资源部备案。

第七条　已批准项目建议书的审批类建设项目与需备案的建设项目申请用地预审的，应当提交下列材料：

（一）建设项目用地预审申请表；

（二）建设项目用地预审申请报告，内容包括拟建项目的基本情况、拟选址占地情况、拟用地面积确定的依据和适用建设用地指标情况、补充耕地初步方案、征地补偿费用和矿山项目土地复垦资金的拟安排情况等；

（三）项目建议书批复文件或者项目备案批准文件；

（四）单独选址建设项目拟选址位于地质灾害防治规划确定的地质灾害易发区内的，提交地质灾害危险性评估报告；

（五）单独选址建设项目所在区域的国土资源管理部门出具是否压覆重要矿产资源的证明材料。

直接审批可行性研究报告的审批类建设项目与需核准的建设项目，申请用地预审的不提交前款第（三）、（四）、（五）项材料。

本条第一款规定的用地预审申请表，由国土资源部统一规定。

第八条　直接审批可行性研究报告的审批类建设项目与需核准的建设项目，项目单位应当在用地预审完成后，申请用地审批前，依据相关法律法规的规定，办理地质灾害危险性评估与矿产资源压覆情况证明等手续。

第九条　受国土资源部委托负责初审的国土资源管理部门在转报用地预审申请时，应当提供下列材料：

（一）依据本办法第十一条的有关规定，对申报材料作出的初步审查意见。

（二）标注项目用地范围的县级以上土地利用总体规划图及相关图件；

（三）属于《土地管理法》第二十六条规定情形，建设项目用地需修改土地利用总体规划的，应当出具经相关部门和专家论证的规划修改方案、规划修改对规划实施影响评估报告和修改规划听证会纪要。

第十条　符合本办法第七条规定的预审申请和第九条规定的初审转报件，国土资源管理部门应当受理和接收。不符合的，应当场或在五日内书面通知申请人和转报人，逾期不通知的，视为受理和接收。

受国土资源部委托负责初审的国土资源管理部门应当自受理之日起二十日内完成初审工作，并转报国土资源部。

第十一条　预审应当审查以下内容：

（一）建设项目选址是否符合土地利用总体规划，是否符合国家供地政策和土地管理法律、法规规定的条件；

（二）建设项目用地规模是否符合有关建设用地指标的规定；

（三）建设项目占用耕地的，补充耕地初步方案是否可行；

（四）征地补偿费用和矿山项目土地复垦资金的拟安排情况；

（五）属《土地管理法》第二十六条规定情形，建设项目用地需修改土地利用总体规划的，规划的修改方案、规划修改对规划实施影响评估报告等是否符合法律、法规的规定。

第十二条　国土资源管理部门应当自受理预审申请或者收到转报材料之日起二十日内，完成审查工作，并出具预审意见。二十日内不能出具预审意见的，经负责预审的国土资源管理部门负责人批准，可以延长十日。

第十三条　预审意见应当包括对本办法第十一条规定内容的结论性意见和对建设用地单位的具体要求。

第十四条　预审意见是有关部门审批项目可行性研究报告、核准项目申请报告的必备文件。

第十五条　建设项目用地预审文件有效期为两年，自批准之日起计算。已经预审的项目，如需对土地用途、建设项目选址等进行重大调整的，应当重新申请预审。

未经预审或者预审未通过的，不得批复可行性研究报告、核准项目申请报告；不得批准农用地转用、土地征收，不得办理供地手续。预审审查的相关内容在建设用地报批时，未发生重大变化的，不再重复审查。

第十六条　本办法自2009年1月1日起施行。

保险公司管理规定

中国保险监督管理委员会令第1号

（二〇〇九年九月二十五日）

第一章　总　　则

第一条　为了加强对保险公司的监督管理，维护保险市场的正常秩序，保护被保险人合法权益，促进保险业健康发展，根据《中华人民共和国保险法》（以下简称《保险法》）、《中华人民共和国公司法》（以下简称《公司法》）等法律、行政法规，制定本规定。

第二条　中国保险监督管理委员会（以下简称中国保监会）根据法律和国务院授权，对保险公司实行统一监督管理。

中国保监会的派出机构在中国保监会授权范围内依法履行监管职责。

第三条　本规定所称保险公司，是指经保险监督管理机构批准设立，并依法登记注册的商业保险公司。

本规定所称保险公司分支机构，是指经保险监督管理机构批准，保险公司依法设立的分公司、中心支公司、支公司、营业部、营销服务部以及各类专属机构。专属机构的设立和管理，由中国保监会另行规定。

本规定所称保险机构，是指保险公司及其分支机构。

第四条　本规定所称分公司，是指保险公司依法设立的以分公司命名的分支机构。

本规定所称省级分公司，是指保险公司根据中国保监会的监管要求，在各省、自治区、直辖市内负责许可申请、报告提交等相关事宜的分公司。保险公司在住所地以外的各省、自治区、直辖市已经设立分公司的，应当指定其中一家分公司作为省级分公司。

保险公司在计划单列市设立分支机构的，应当指定一家分支机构，根据中国保监会的监管要求，在计划单列市负责许可申请、报告提交等相关事宜。

省级分公司设在计划单列市的，由省级分公司同时负责前两款规定的事宜。

第五条　保险业务由依照《保险法》设立的保险公司以及法律、行政法规规定的其他保险组织经营，其他单位和个人不得经营或者变相经营保险业务。

第二章　法人机构设立

第六条　设立保险公司，应当遵循下列原则：

（一）符合法律、行政法规；

（二）有利于保险业的公平竞争和健康发展。

第七条　设立保险公司，应当向中国保监会提出筹建申请，并符合下列条件：

（一）有符合法律、行政法规和中国保监会规定条件的投资人，股权结构合理；

（二）有符合《保险法》和《公司法》规定的章程草案；

（三）投资人承诺出资或者认购股份，拟注册资本不低于人民币2亿元，且必须为实缴货币资本；

（四）具有明确的发展规划、经营策略、组织机构框架、风险控制体系；

（五）拟任董事长、总经理应当符合中国保监会规定的任职资格条件；

（六）有投资人认可的筹备组负责人；

（七）中国保监会规定的其他条件。

中国保监会根据保险公司业务范围、经营规模，可以调整保险公司注册资本的最低限额，但不得低于人民币2亿元。

第八条　申请筹建保险公司的，申请人应当提交下列材料一式三份：

（一）设立申请书，申请书应当载明拟设立保险公司的名称、拟注册资本和业务范围等；

（二）设立保险公司可行性研究报告，包括发展规划、经营策略、组织机构框架和风险控制体系等；

（三）筹建方案；

（四）保险公司章程草案；

（五）中国保监会规定投资人应当提交的有关材料；

（六）筹备组负责人、拟任董事长、总经理名单及本人认可证明；

（七）中国保监会规定的其他材料。

第九条　中国保监会应当对筹建保险公司的申请进行审查，自受理申请之日起6个月内作出批准或者不批准筹建的决定，并书面通知申请人。决定不批准的，应当书面说明理由。

第十条　中国保监会在对筹建保险公司的申请进行审查期间，应当对投资人进行风险提示。

中国保监会应当听取拟任董事长、总经理对拟设保险公司在经营管理和业务发展等方面的工作思路。

第十一条　经中国保监会批准筹建保险公司的，申请人应当自收到批准筹建通知之日起1年内完成筹建工作。筹建期间届满未完成筹建工作的，原批准筹建决定自动失效。

筹建机构在筹建期间不得从事保险经营活动。筹建期间不得变更主要投资人。

第十二条　筹建工作完成后，符合下列条件的，申请人可以向中国保监会提出开业申请：

（一）股东符合法律、行政法规和中国保监会的有关规定；

（二）有符合《保险法》和《公司法》规定的章程；

（三）注册资本最低限额为人民币2亿元，且必须为实缴货币资本；

（四）有符合中国保监会规定任职资格条件的董事、监事和高级管理人员；

（五）有健全的组织机构；

（六）建立了完善的业务、财务、合规、风险控制、资产管理、反洗钱等制度；

（七）有具体的业务发展计划和按照资产负债匹配等原则制定的中长期资产配置计划；

（八）具有合法的营业场所，安全、消防设施符合要求，营业场所、办公设备等与业务发展规划相适应，信息化建设符合中国保监会要求；

（九）法律、行政法规和中国保监会规定的其他条件。

第十三条　申请人提出开业申请，应当提交下列材料一式三份：

（一）开业申请书；

（二）创立大会决议，没有创立大会决议的，应当提交全体股东同意申请开业的文件或者决议；

（三）公司章程；

（四）股东名称及其所持股份或者出资的比例，资信良好的验资机构出具的验资证明，资本金入账原始凭证复印件；

（五）中国保监会规定股东应当提交的有关材料；

（六）拟任该公司董事、监事、高级管理人员的简历以及相关证明材料；

（七）公司部门设置以及人员基本构成；

（八）营业场所所有权或者使用权的证明文件；

（九）按照拟设地的规定提交有关消防证明；

（十）拟经营保险险种的计划书、3年经营规划、再保险计划、中长期资产配置计划，以及业务、财务、合规、风险控制、资产管理、反洗钱等主要制度；

（十一）信息化建设情况报告；

（十二）公司名称预先核准通知；

（十三）中国保监会规定提交的其他材料。

第十四条　中国保监会应当审查开业申请，进行开业验收，并自受理开业申请之日起60日内作出批准或者不批准开业的决定。验收合格决定批准开业的，颁发经营保险业务许可证；验收不合格决定不批准开业的，应当书面通知申请人并说明理由。

经批准开业的保险公司，应当持批准文件以及经营保险业务许可证，向工商行政管理部门办理登记注册手续，领取营业执照后方可营业。

第三章　分支机构设立

第十五条　保险公司可以根据业务发展需要申请设立分支机构。

保险公司分支机构的层级依次为分公司、中心支公司、支公司、营业部或者营销服务部。保险公司可以不逐级设立分支机构，但其在住所地以外的各省、自治区、直辖市开展业务，应当首先设立分公司。

保险公司可以不按照前款规定的层级逐级管理下级

分支机构；营业部、营销服务部不得再管理其他任何分支机构。

第十六条 保险公司以2亿元人民币的最低资本金额设立的，在其住所地以外的每一省、自治区、直辖市首次申请设立分公司，应当增加不少于人民币2千万元的注册资本。

申请设立分公司，保险公司的注册资本达到前款规定的增资后额度的，可以不再增加相应的注册资本。

保险公司注册资本达到人民币5亿元，在偿付能力充足的情况下，设立分公司不需要增加注册资本。

第十七条 设立省级分公司，由保险公司总公司提出申请；设立其他分支机构，由保险公司总公司提出申请，或者由省级分公司持总公司批准文件提出申请。

在计划单列市申请设立分支机构，还可以由保险公司根据本规定第四条第三款指定的分支机构持总公司批准文件提出申请。

第十八条 设立分支机构，应当提出设立申请，并符合下列条件：

（一）上一年度偿付能力充足，提交申请前连续2个季度偿付能力均为充足；

（二）保险公司具备良好的公司治理结构，内控健全；

（三）申请人具备完善的分支机构管理制度；

（四）对拟设立分支机构的可行性已进行充分论证；

（五）在住所地以外的省、自治区、直辖市申请设立省级分公司以外其他分支机构的，该省级分公司已经开业；

（六）申请人最近2年内无受金融监管机构重大行政处罚的记录，不存在因涉嫌重大违法行为正在受到中国保监会立案调查的情形；

（七）申请设立省级分公司以外其他分支机构，在拟设地所在的省、自治区、直辖市内，省级分公司最近2年内无受金融监管机构重大行政处罚的记录，已设立的其他分支机构最近6个月内无受重大保险行政处罚的记录；

（八）有申请人认可的筹建负责人；

（九）中国保监会规定的其他条件。

第十九条 设立分支机构，申请人应当提交下列材料一式三份：

（一）设立申请书；

（二）申请前连续2个季度的偿付能力报告和上一年度经审计的偿付能力报告；

（三）保险公司上一年度公司治理结构报告以及申请人内控制度；

（四）分支机构设立的可行性论证报告，包括拟设机构3年业务发展规划和市场分析，设立分支机构与公司风险管理状况和内控状况相适应的说明；

（五）申请人分支机构管理制度；

（六）申请人作出的其最近2年无受金融监管机构重大行政处罚的声明；

（七）申请设立省级分公司以外其他分支机构的，提交省级分公司最近2年无受金融监管机构重大行政处罚的声明；

（八）拟设机构筹建负责人的简历以及相关证明材料；

（九）中国保监会规定提交的其他材料。

第二十条 中国保监会应当自收到完整申请材料之日起30日内对设立申请进行书面审查，对不符合本规定第十八条的，作出不予批准决定，并书面说明理由；对符合本规定第十八条的，向申请人发出筹建通知。

第二十一条 申请人应当自收到筹建通知之日起6个月内完成分支机构的筹建工作。筹建期间不计算在行政许可的期限内。

筹建期间届满未完成筹建工作的，应当根据本规定重新提出设立申请。

筹建机构在筹建期间不得从事任何保险经营活动。

第二十二条 筹建工作完成后，筹建机构具备下列条件的，申请人可以向中国保监会提交开业验收报告：

（一）具有合法的营业场所，安全、消防设施符合要求；

（二）建立了必要的组织机构和完善的业务、财务、风险控制、资产管理、反洗钱等管理制度；

（三）建立了与经营管理活动相适应的信息系统；

（四）具有符合任职条件的拟任高级管理人员或者主要负责人；

（五）对员工进行了上岗培训；

（六）筹建期间未开办保险业务；

（七）中国保监会规定的其他条件。

第二十三条 申请人提交的开业验收报告应当附下列材料一式三份：

（一）筹建工作完成情况报告；

（二）拟任高级管理人员或者主要负责人简历及有关证明；

（三）拟设机构营业场所所有权或者使用权证明；

（四）计算机设备配置、应用系统及网络建设情况报告；

（五）业务、财务、风险控制、资产管理、反洗钱等制度；

（六）机构设置和从业人员情况报告，包括员工上岗培训情况报告等；

（七）按照拟设地规定提交有关消防证明，无需进行消防验收或者备案的，提交申请人作出的已采取必要措施确保消防安全的书面承诺；

（八）中国保监会规定提交的其他材料。

第二十四条　中国保监会应当自收到完整的开业验收报告之日起30日内，进行开业验收，并作出批准或者不予批准的决定。验收合格批准设立的，颁发分支机构经营保险业务许可证；验收不合格不予批准设立的，应当书面通知申请人并说明理由。

第二十五条　经批准设立的保险公司分支机构，应当持批准文件以及分支机构经营保险业务许可证，向工商行政管理部门办理登记注册手续，领取营业执照后方可营业。

第四章　机构变更、解散与撤销

第二十六条　保险机构有下列情形之一的，应当经中国保监会批准：

（一）保险公司变更名称；

（二）变更组织形式；

（三）变更注册资本；

（四）扩大业务范围；

（五）变更注册地、营业场所；

（六）保险公司分立或者合并；

（七）修改保险公司章程；

（八）变更出资额占有限责任公司资本总额5%以上的股东，或者变更持有股份有限公司股份5%以上的股东；

（九）中国保监会规定的其他情形。

第二十七条　保险机构有下列情形之一，应当自该情形发生之日起15日内，向中国保监会报告：

（一）变更出资额不超过有限责任公司资本总额5%的股东，或者变更持有股份有限公司股份不超过5%的股东，上市公司的股东变更除外；

（二）保险公司的股东变更名称，上市公司的股东除外；

（三）保险公司分支机构变更名称；

（四）中国保监会规定的其他情形。

第二十八条　保险公司依法解散的，应当经中国保监会批准，并报送下列材料一式三份：

（一）解散申请书；

（二）股东大会或者股东会决议；

（三）清算组织及其负责人情况和相关证明材料；

（四）清算程序；

（五）债权债务安排方案；

（六）资产分配计划和资产处分方案；

（七）中国保监会规定提交的其他材料。

第二十九条　保险公司依法解散的，应当成立清算组，清算工作由中国保监会监督指导。

保险公司依法被撤销的，由中国保监会及时组织股东、有关部门以及相关专业人员成立清算组。

第三十条　清算组应当自成立之日起10日内通知债权人，并于60日内在中国保监会指定的报纸上至少公告3次。

清算组应当委托资信良好的会计师事务所、律师事务所，对公司债权债务和资产进行评估。

第三十一条　保险公司撤销分支机构，应当经中国保监会批准。分支机构经营保险业务许可证自被批准撤销之日起自动失效，并应当于被批准撤销之日起15日内缴回。

保险公司合并、撤销分支机构的，应当进行公告，并书面通知有关投保人、被保险人或者受益人，对交付保险费、领取保险金等事宜应当充分告知。

第三十二条　保险公司依法解散或者被撤销的，其资产处分应当采取公开拍卖、协议转让或者中国保监会认可的其他方式。

第三十三条　保险公司依法解散或者被撤销的，在保险合同责任清算完毕之前，公司股东不得分配公司资产，或者从公司取得任何利益。

第三十四条　保险公司有《中华人民共和国企业破产法》第二条规定情形的，依法申请重整、和解或者破产清算。

第五章　分支机构管理

第三十五条　保险公司应当加强对分支机构的管

理，督促分支机构依法合规经营，确保上级机构对管理的下级分支机构能够实施有效管控。

第三十六条 保险公司总公司应当根据本规定和发展需要制定分支机构管理制度，其省级分公司应当根据总公司的规定和当地实际情况，制定本省、自治区、直辖市分支机构管理制度。

保险公司在计划单列市设立分支机构的，应当由省级分公司或者保险公司根据本规定第四条第三款指定的分支机构制定当地分支机构管理制度。

第三十七条 分支机构管理制度至少应当包括下列内容：

（一）各级分支机构职能；

（二）各级分支机构人员、场所、设备等方面的配备要求；

（三）分支机构设立、撤销的内部决策制度；

（四）上级机构对下级分支机构的管控职责和措施。

第三十八条 保险公司分支机构应当配备必要数量的工作人员，分支机构高级管理人员或者主要负责人应当是与保险公司订立劳动合同的正式员工。

第三十九条 保险公司分支机构在经营存续期间，应当具有规范和稳定的营业场所，配备必要的办公设备。

第四十条 保险公司分支机构应当将经营保险业务许可证原件放置于营业场所显著位置，以备查验。

第六章 保险经营

第四十一条 保险公司的分支机构不得跨省、自治区、直辖市经营保险业务，本规定第四十二条规定的情形和中国保监会另有规定的除外。

第四十二条 保险机构参与共保、经营大型商业保险或者统括保单业务，以及通过互联网、电话营销等方式跨省、自治区、直辖市承保业务，应当符合中国保监会的有关规定。

第四十三条 保险机构应当公平、合理拟订保险条款和保险费率，不得损害投保人、被保险人和受益人的合法权益。

第四十四条 保险机构的业务宣传资料应当客观、完整、真实，并应当载有保险机构的名称和地址。

第四十五条 保险机构应当按照中国保监会的规定披露有关信息。

保险机构不得利用广告或者其他宣传方式，对其保险条款内容和服务质量等做引人误解的宣传。

第四十六条 保险机构对保险合同中有关免除保险公司责任、退保、费用扣除、现金价值和犹豫期等事项，应当依照《保险法》和中国保监会的规定向投保人作出提示。

第四十七条 保险机构开展业务，应当遵循公平竞争的原则，不得从事不正当竞争。

第四十八条 保险机构不得将其保险条款、保险费率与其他保险公司的类似保险条款、保险费率或者金融机构的存款利率等进行片面比较。

第四十九条 保险机构不得以捏造、散布虚假事实等方式损害其他保险机构的信誉。

保险机构不得利用政府及其所属部门、垄断性企业或者组织，排挤、阻碍其他保险机构开展保险业务。

第五十条 保险机构不得劝说或者诱导投保人解除与其他保险机构的保险合同。

第五十一条 保险机构不得给予或者承诺给予投保人、被保险人、受益人保险合同约定以外的保险费回扣或者其他利益。

第五十二条 除再保险公司以外，保险机构应当按照规定设立客户服务部门或者咨询投诉部门，并向社会公开咨询投诉电话。

保险机构对保险投诉应当认真处理，并将处理意见及时告知投诉人。

第五十三条 保险机构应当建立保险代理人的登记管理制度，加强对保险代理人的培训和管理，不得唆使、诱导保险代理人进行违背诚信义务的活动。

第五十四条 保险机构不得委托未取得合法资格的机构或者个人从事保险销售活动，不得向未取得合法资格的机构或者个人支付佣金或者其他利益。

第五十五条 保险公司应当建立健全公司治理结构，加强内部管理，建立严格的内部控制制度。

第五十六条 保险公司应当建立控制和管理关联交易的有关制度。保险公司的重大关联交易应当按照规定及时向中国保监会报告。

第五十七条 保险机构任命董事、监事、高级管理人员，应当在任命前向中国保监会申请核准上述人员的任职资格。

保险机构董事、监事、高级管理人员的任职资格管理，按照《保险法》和中国保监会有关规定执行。

第五十八条　保险机构应当依照《保险法》和中国保监会的有关规定管理、使用经营保险业务许可证。

第七章　监督管理

第五十九条　中国保监会对保险机构的监督管理，采取现场监管与非现场监管相结合的方式。

第六十条　保险机构有下列情形之一的，中国保监会可以将其列为重点监管对象：

（一）严重违法；

（二）偿付能力不足；

（三）财务状况异常；

（四）中国保监会认为需要重点监管的其他情形。

第六十一条　中国保监会对保险机构的现场检查包括但不限于下列事项：

（一）机构设立、变更是否依法经批准或者向中国保监会报告；

（二）董事、监事、高级管理人员任职资格是否依法经核准；

（三）行政许可的申报材料是否真实；

（四）资本金、各项准备金是否真实、充足；

（五）公司治理和内控制度建设是否符合中国保监会的规定；

（六）偿付能力是否充足；

（七）资金运用是否合法；

（八）业务经营和财务情况是否合法，报告、报表、文件、资料是否及时、完整、真实；

（九）是否按规定对使用的保险条款和保险费率报经审批或者备案；

（十）与保险中介的业务往来是否合法；

（十一）信息化建设工作是否符合规定；

（十二）需要事后报告的其他事项是否按照规定报告；

（十三）中国保监会依法检查的其他事项。

第六十二条　中国保监会对保险机构进行现场检查，保险机构应当予以配合，并按中国保监会的要求提供有关文件、材料。

第六十三条　中国保监会工作人员依法实施现场检查；检查人员不得少于2人，并应当出示有关证件和检查通知书。

中国保监会可以在现场检查中，委托会计师事务所等中介服务机构提供相关专业服务；委托上述中介服务机构提供专业服务的，应当签订书面委托协议。

第六十四条　保险机构出现频繁撤销分支机构、频繁变更分支机构营业场所等情形，可能或者已经对保险公司经营造成不利影响的，中国保监会有权根据监管需要采取下列措施：

（一）要求保险机构在指定时间内完善分支机构管理的相关制度；

（二）询问保险机构负责人、其他相关人员，了解变更、撤销的有关情况；

（三）要求保险机构提供其内部对变更、撤销行为进行决策的相关文件和资料；

（四）出示重大风险提示函，或者对有关人员进行监管谈话；

（五）依法采取的其他措施。

保险机构应当按照中国保监会的要求进行整改，并及时将整改情况书面报告中国保监会。

第六十五条　中国保监会有权根据监管需要，要求保险机构进行报告或者提供专项资料。

第六十六条　保险机构应当按照规定及时向中国保监会报送营业报告、精算报告、财务会计报告、偿付能力报告、合规报告等报告、报表、文件和资料。

保险机构向中国保监会提交的各类报告、报表、文件和资料，应当真实、完整、准确。

第六十七条　保险公司的股东大会、股东会、董事会的重大决议，应当在决议作出后30日内向中国保监会报告，中国保监会另有规定的除外。

第六十八条　中国保监会有权根据监管需要，对保险机构董事、监事、高级管理人员进行监管谈话，要求其就保险业务经营、风险控制、内部管理等有关重大事项作出说明。

第六十九条　保险机构或者其从业人员违反本规定，由中国保监会依照法律、行政法规进行处罚；法律、行政法规没有规定的，由中国保监会责令改正，给予警告，对有违法所得的处以违法所得1倍以上3倍以下罚款，但最高不得超过3万元，对没有违法所得的处以1万元以下罚款；涉嫌犯罪的，依法移交司法机关追究其刑事责任。

第八章　附　　则

第七十条　外资独资保险公司、中外合资保险公司分支机构设立适用本规定；中国保监会之前作出的有关规定与本规定不一致的，以本规定为准。

对外资独资保险公司、中外合资保险公司的其他管理，适用本规定，法律、行政法规和中国保监会另有规定的除外。

第七十一条　除本规定第四十二条和第七十二条第一款规定的情形外，外国保险公司分公司只能在其住所地的省、自治区、直辖市行政辖区内开展业务。

对外国保险公司分公司的其他管理，参照本规定对保险公司总公司的有关规定执行，法律、行政法规和中国保监会另有规定的除外。

第七十二条　再保险公司，包括外国再保险公司分公司，可以直接在全国开展再保险业务。

再保险公司适用本规定，法律、行政法规和中国保监会另有规定的除外。

第七十三条　政策性保险公司、相互制保险公司参照适用本规定，国家另有规定的除外。

第七十四条　保险公司在境外设立子公司、分支机构、代表机构，应当经中国保监会批准；其设立条件和管理，由中国保监会另行规定。

境内非保险机构在境外设立保险机构，应当经中国保监会批准。

第七十五条　保险公司应当按照《保险法》的规定，加入保险行业协会。

第七十六条　本规定施行前已经设立的分支机构，无需按照本规定的设立条件重新申请设立审批，但应当符合本规定对分支机构的日常管理要求。不符合规定的，应当自本规定施行之日起2年内进行整改，在高级管理人员或者主要负责人资质、场所规范、许可证使用、分支机构管理等方面达到本规定的相关要求。

第七十七条　保险机构依照本规定报送的各项报告、报表、文件和资料，应当用中文书写。原件为外文的，应当附中文译本；中文与外文意思不一致的，以中文为准。

第七十八条　本规定中的日是指工作日，不含法定节假日；本规定中的以上、以下，包括本数。

第七十九条　本规定由中国保监会负责解释。

第八十条　本规定自2009年10月1日起施行。中国保监会2004年5月13日发布的《保险公司管理规定》（保监会令〔2004〕3号）同时废止。

涉外法规

关于外国投资者并购境内企业的规定

中华人民共和国商务部令　第6号

（二〇〇九年六月二十二日　）

第一章 总 则

第一条 为了促进和规范外国投资者来华投资，引进国外的先进技术和管理经验，提高利用外资的水平，实现资源的合理配置，保证就业、维护公平竞争和国家经济安全，依据外商投资企业的法律、行政法规及《公司法》和其他相关法律、行政法规，制定本规定。

第二条 本规定所称外国投资者并购境内企业，系指外国投资者购买境内非外商投资企业（以下称“境内公司”）股东的股权或认购境内公司增资，使该境内公司变更设立为外商投资企业（以下称“股权并购”）；或者，外国投资者设立外商投资企业，并通过该企业协议购买境内企业资产且运营该资产，或，外国投资者协议购买境内企业资产，并以该资产投资设立外商投资企业运营该资产（以下称“资产并购”）。

第三条 外国投资者并购境内企业应遵守中国的法律、行政法规和规章，遵循公平合理、等价有偿、诚实信用的原则，不得造成过度集中、排除或限制竞争，不得扰乱社会经济秩序和损害社会公共利益，不得导致国有资产流失。

第四条 外国投资者并购境内企业，应符合中国法律、行政法规和规章对投资者资格的要求及产业、土地、环保等政策。

依照《外商投资产业指导目录》不允许外国投资者独资经营的产业，并购不得导致外国投资者持有企业的全部股权；需由中方控股或相对控股的产业，该产业的企业被并购后，仍应由中方在企业中占控股或相对控股地位；禁止外国投资者经营的产业，外国投资者不得并购从事该产业的企业。

被并购境内企业原有所投资企业的经营范围应符合有关外商投资产业政策的要求；不符合要求的，应进行调整。

第五条 外国投资者并购境内企业涉及企业国有产权转让和上市公司国有股权管理事宜的，应当遵守国有资产管理的相关规定。

第六条 外国投资者并购境内企业设立外商投资企业，应依照本规定经审批机关批准，向登记管理机关办理变更登记或设立登记。

如果被并购企业为境内上市公司，还应根据《外国投资者对上市公司战略投资管理办法》，向国务院证券监督管理机构办理相关手续。

第七条 外国投资者并购境内企业所涉及的各方当事人应当按照中国税法规定纳税，接受税务机关的监督。

第八条 外国投资者并购境内企业所涉及的各方当事人应遵守中国有关外汇管理的法律和行政法规，及时向外汇管理机关办理各项外汇核准、登记、备案及变更手续。

第二章 基本制度

第九条 外国投资者在并购后所设外商投资企业注册资本中的出资比例高于25%的，该企业享受外商投资企业待遇。

外国投资者在并购后所设外商投资企业注册资本中的出资比例低于25%的，除法律和行政法规另有规定外，该企业不享受外商投资企业待遇，其举借外债按照境内非外商投资企业举借外债的有关规定办理。审批机关向其颁发加注“外资比例低于25%”字样的外商投资企业批准证书（以下称“批准证书”）。登记管理机关、外汇管理机关分别向其颁发加注“外资比例低于25%”字样的外商投资企业营业执照和外汇登记证。

境内公司、企业或自然人以其在境外合法设立或控制的公司名义并购与其有关联关系的境内公司，所设立的外商投资企业不享受外商投资企业待遇，但该境外公司认购境内公司增资，或者该境外公司向并购后所设企业增资，增资额占所设企业注册资本比例达到25%以上的除外。根据该款所述方式设立的外商投资企业，其实际控制人以外的外国投资者在企业注册资本中的出资比例高于25%的，享受外商投资企业待遇。

外国投资者并购境内上市公司后所设外商投资企业的待遇，按照国家有关规定办理。

第十条 本规定所称的审批机关为中华人民共和国商务部或省级商务主管部门(以下称“省级审批机关”)，登记管理机关为中华人民共和国国家工商行政管理总局或其授权的地方工商行政管理局，外汇管理机关为中华人民共和国国家外汇管理局或其分支机构。

并购后所设外商投资企业，根据法律、行政法规和规章的规定，属于应由商务部审批的特定类型或行业的外商投资企业的，省级审批机关应将申请文件转报商务部审批，商务部依法决定批准或不批准。

第十一条 境内公司、企业或自然人以其在境外合法设立或控制的公司名义并购与其有关联关系的境内的公司，应报商务部审批。

当事人不得以外商投资企业境内投资或其他方式规避前述要求。

第十二条 外国投资者并购境内企业并取得实际控制权，涉及重点行业、存在影响或可能影响国家经济安全因素或者导致拥有驰名商标或中华老字号的境内企业实际控制权转移的，当事人应就此向商务部进行申报。

当事人未予申报，但其并购行为对国家经济安全造成或可能造成重大影响的，商务部可以会同相关部门要求当事人终止交易或采取转让相关股权、资产或其他有效措施，以消除并购行为对国家经济安全的影响。

第十三条 外国投资者股权并购的，并购后所设外商投资企业承继被并购境内公司的债权和债务。

外国投资者资产并购的，出售资产的境内企业承担其原有的债权和债务。

外国投资者、被并购境内企业、债权人及其他当事人可以对被并购境内企业的债权债务的处置另行达成协议，但是该协议不得损害第三人利益和社会公共利益。债权债务的处置协议应报送审批机关。

出售资产的境内企业应当在投资者向审批机关报送申请文件之前至少15日，向债权人发出通知书，并在全国发行的省级以上报纸上发布公告。

第十四条 并购当事人应以资产评估机构对拟转让的股权价值或拟出售资产的评估结果作为确定交易价格的依据。并购当事人可以约定在中国境内依法设立的资产评估机构。资产评估应采用国际通行的评估方法。禁止以明显低于评估结果的价格转让股权或出售资产，变相向境外转移资本。

外国投资者并购境内企业，导致以国有资产投资形成的股权变更或国有资产产权转移时，应当符合国有资产管理的有关规定。

第十五条 并购当事人应对并购各方是否存在关联关系进行说明，如果有两方属于同一个实际控制人，则当事人应向审批机关披露其实际控制人，并就并购目的和评估结果是否符合市场公允价值进行解释。当事人不得以信托、代持或其他方式规避前述要求。

第十六条 外国投资者并购境内企业设立外商投资企业，外国投资者应自外商投资企业营业执照颁发之日起3个月内向转让股权的股东，或出售资产的境内企业支付全部对价。对特殊情况需要延长者，经审批机关批准后，应自外商投资企业营业执照颁发之日起6个月内支付全部对价的60%以上，1年内付清全部对价，并按实际缴付的出资比例分配收益。

外国投资者认购境内公司增资，有限责任公司和以发起方式设立的境内股份有限公司的股东应当在公司申请外商投资企业营业执照时缴付不低于20%的新增注册资本，其余部分的出资时间应符合《公司法》、有关外商投资的法律和《公司登记管理条例》的规定。其他法律和行政法规另有规定的，从其规定。股份有限公司为增加注册资本发行新股时，股东认购新股，依照设立股份有限公司缴纳股款的有关规定执行。

外国投资者资产并购的，投资者应在拟设立的外商投资企业合同、章程中规定出资期限。设立外商投资企业，并通过该企业协议购买境内企业资产且运营该资产的，对与资产对价等额部分的出资，投资者应在本条第一款规定的对价支付期限内缴付；其余部分的出资应符合设立外商投资企业出资的相关规定。

外国投资者并购境内企业设立外商投资企业，如果外国投资者出资比例低于企业注册资本25%，投资者以现金出资的，应自外商投资企业营业执照颁发之日起3个月内缴清；投资者以实物、工业产权等出资的，应自外商投资企业营业执照颁发之日起6个月内缴清。

第十七条 作为并购对价的支付手段，应符合国家有关法律和行政法规的规定。外国投资者以其合法拥有的人民币资产作为支付手段的，应经外汇管理机关核准。外国投资者以其拥有处置权的股权作为支付手段的，按照本规定第四章办理。

第十八条 外国投资者协议购买境内公司股东的股权，境内公司变更设立为外商投资企业后，该外商投资企业的注册资本为原境内公司注册资本，外国投资者的出资比例为其所购买股权在原注册资本中所占比例。

外国投资者认购境内有限责任公司增资的，并购后所设外商投资企业的注册资本为原境内公司注册资本与增资额之和。外国投资者与被并购境内公司原其他股东，在境内公司资产评估的基础上，确定各自在外商投资企业注册资本中的出资比例。

外国投资者认购境内股份有限公司增资的，按照《公司法》有关规定确定注册资本。

第十九条 外国投资者股权并购的，除国家另有规定外，对并购后所设外商投资企业应按照以下比例确定投资总额的上限：

（一） 注册资本在210万美元以下的，投资总额不得超过注册资本的10/7；

（二） 注册资本在210万美元以上至500万美元的，投资总额不得超过注册资本的2倍；

（三） 注册资本在500万美元以上至1200万美元的，投资总额不得超过注册资本的2.5倍；

（四） 注册资本在1200万美元以上的，投资总额不得超过注册资本的3倍。

第二十条 外国投资者资产并购的，应根据购买资产的交易价格和实际生产经营规模确定拟设立的外商投资企业的投资总额。拟设立的外商投资企业的注册资本与投资总额的比例应符合有关规定。

第三章 审批与登记

第二十一条 外国投资者股权并购的，投资者应根据并购后所设外商投资企业的投资总额、企业类型及所从事的行业，依照设立外商投资企业的法律、行政法规和规章的规定，向具有相应审批权限的审批机关报送下列文件：

（一） 被并购境内有限责任公司股东一致同意外国投资者股权并购的决议，或被并购境内股份有限公司同意外国投资者股权并购的股东大会决议；

（二） 被并购境内公司依法变更设立为外商投资企业的申请书；

（三） 并购后所设外商投资企业的合同、章程；

（四） 外国投资者购买境内公司股东股权或认购境内公司增资的协议；

（五） 被并购境内公司上一财务年度的财务审计报告；

（六） 经公证和依法认证的投资者的身份证明文件或注册登记证明及资信证明文件；

（七） 被并购境内公司所投资企业的情况说明；

（八） 被并购境内公司及其所投资企业的营业执照(副本)；

（九） 被并购境内公司职工安置计划；

（十） 本规定第十三条、第十四条、第十五条要求报送的文件。

并购后所设外商投资企业的经营范围、规模、土地使用权的取得等，涉及其他相关政府部门许可的，有关的许可文件应一并报送。

第二十二条 股权购买协议、境内公司增资协议应适用中国法律，并包括以下主要内容：

（一） 协议各方的状况，包括名称（姓名），住所，法定代表人姓名、职务、国籍等；

（二） 购买股权或认购增资的份额和价款；

（三） 协议的履行期限、履行方式；

（四） 协议各方的权利、义务；

（五） 违约责任、争议解决；

（六） 协议签署的时间、地点。

第二十三条 外国投资者资产并购的，投资者应根据拟设立的外商投资企业的投资总额、企业类型及所从事的行业，依照设立外商投资企业的法律、行政法规和规章的规定，向具有相应审批权限的审批机关报送下列文件：

（一） 境内企业产权持有人或权力机构同意出售资产的决议；

（二） 外商投资企业设立申请书；

（三） 拟设立的外商投资企业的合同、章程；

（四） 拟设立的外商投资企业与境内企业签署的资产购买协议，或外国投资者与境内企业签署的资产购买协议；

（五） 被并购境内企业的章程、营业执照(副本)；

（六） 被并购境内企业通知、公告债权人的证明以及债权人是否提出异议的说明；

（七） 经公证和依法认证的投资者的身份证明文件或开业证明、有关资信证明文件；

（八） 被并购境内企业职工安置计划；

（九） 本规定第十三条、第十四条、第十五条要求报送的文件。

依照前款的规定购买并运营境内企业的资产，涉及其他相关政府部门许可的，有关的许可文件应一并报送。

外国投资者协议购买境内企业资产并以该资产投资设立外商投资企业的，在外商投资企业成立之前，不得以该资产开展经营活动。

第二十四条 资产购买协议应适用中国法律，并包括以下主要内容：

（一） 协议各方的状况，包括名称（姓名），住所，法定代表人姓名、职务、国籍等；

（二） 拟购买资产的清单、价格；

（三） 协议的履行期限、履行方式；

（四） 协议各方的权利、义务；

（五） 违约责任、争议解决；

（六） 协议签署的时间、地点。

第二十五条 外国投资者并购境内企业设立外商投资企业，除本规定另有规定外，审批机关应自收到规定报送的全部文件之日起30日内，依法决定批准或不批准。决定批准的，由审批机关颁发批准证书。

外国投资者协议购买境内公司股东股权，审批机关决定批准的，应同时将有关批准文件分别抄送股权转让方、境内公司所在地外汇管理机关。股权转让方所在地外汇管理机关为其办理转股收汇外资外汇登记并出具相关证明，转股收汇外资外汇登记证明是证明外方已缴付的股权收购对价已到位的有效文件。

第二十六条 外国投资者资产并购的，投资者应自收到批准证书之日起30日内，向登记管理机关申请办理设立登记，领取外商投资企业营业执照。

外国投资者股权并购的，被并购境内公司应依照本规定向原登记管理机关申请变更登记，领取外商投资企业营业执照。原登记管理机关没有登记管辖权的，应自收到申请文件之日起10日内转送有管辖权的登记管理机关办理，同时附送该境内公司的登记档案。被并购境内公司在申请变更登记时，应提交以下文件，并对其真实性和有效性负责：

（一）变更登记申请书；

（二）外国投资者购买境内公司股东股权或认购境内公司增资的协议；

（三）修改后的公司章程或原章程的修正案和依法需要提交的外商投资企业合同；

（四）外商投资企业批准证书；

（五）外国投资者的主体资格证明或者自然人身份证明；

（六）修改后的董事会名单，记载新增董事姓名、住所的文件和新增董事的任职文件；

（七）国家工商行政管理总局规定的其他有关文件和证件。

投资者自收到外商投资企业营业执照之日起30日内，到税务、海关、土地管理和外汇管理等有关部门办理登记手续。

第四章 外国投资者以股权作为支付手段并购境内公司

第一节 以股权并购的条件

第二十七条 本章所称外国投资者以股权作为支付手

段并购境内公司，系指境外公司的股东以其持有的境外公司股权，或者境外公司以其增发的股份，作为支付手段，购买境内公司股东的股权或者境内公司增发股份的行为。

第二十八条 本章所称的境外公司应合法设立并且其注册地具有完善的公司法律制度，且公司及其管理层最近3年未受到监管机构的处罚；除本章第三节所规定的特殊目的公司外，境外公司应为上市公司，其上市所在地应具有完善的证券交易制度。

第二十九条 外国投资者以股权并购境内公司所涉及的境内外公司的股权，应符合以下条件：

（一） 股东合法持有并依法可以转让；

（二） 无所有权争议且没有设定质押及任何其他权利限制；

（三） 境外公司的股权应在境外公开合法证券交易市场（柜台交易市场除外）挂牌交易；

（四） 境外公司的股权最近1年交易价格稳定。

前款第（三）、（四）项不适用于本章第三节所规定的特殊目的公司。

第三十条 外国投资者以股权并购境内公司，境内公司或其股东应当聘请在中国注册登记的中介机构担任顾问（以下称“并购顾问”）。并购顾问应就并购申请文件的真实性、境外公司的财务状况以及并购是否符合本规定第十四条、第二十八条和第二十九条的要求作尽职调查，并出具并购顾问报告，就前述内容逐项发表明确的专业意见。

第三十一条 并购顾问应符合以下条件：

（一） 信誉良好且有相关从业经验；

（二） 无重大违法违规记录；

（三） 应有调查并分析境外公司注册地和上市所在地法律制度与境外公司财务状况的能力。

第二节 申报文件与程序

第三十二条 外国投资者以股权并购境内公司应报送商务部审批，境内公司除报送本规定第三章所要求的文件外，另须报送以下文件：

（一） 境内公司最近1年股权变动和重大资产变动情况的说明；

（二） 并购顾问报告；

（三） 所涉及的境内外公司及其股东的开业证明或身份证明文件；

（四） 境外公司的股东持股情况说明和持有境外公司5%以上股权的股东名录；

（五） 境外公司的章程和对外担保的情况说明；

（六） 境外公司最近年度经审计的财务报告和最近半年的股票交易情况报告。

第三十三条 商务部自收到规定报送的全部文件之日起30日内对并购申请进行审核，符合条件的，颁发批准证书，并在批准证书上加注“外国投资者以股权并购境内公司，自营业执照颁发之日起6个月内有效”。

第三十四条 境内公司应自收到加注的批准证书之日起30日内，向登记管理机关、外汇管理机关办理变更登记，由登记管理机关、外汇管理机关分别向其颁发加注“自颁发之日起8个月内有效”字样的外商投资企业营业执照和外汇登记证。

境内公司向登记管理机关办理变更登记时，应当预先提交旨在恢复股权结构的境内公司法定代表人签署的股权变更申请书、公司章程修正案、股权转让协议等文件。

第三十五条 自营业执照颁发之日起6个月内，境内公司或其股东应就其持有境外公司股权事项，向商务部、外汇管理机关申请办理境外投资开办企业核准、登记手续。

当事人除向商务部报送《关于境外投资开办企业核准事项的规定》所要求的文件外，另须报送加注的外商投资企业批准证书和加注的外商投资企业营业执照。商务部在核准境内公司或其股东持有境外公司的股权后，颁发中国企业境外投资批准证书，并换发无加注的外商投资企业批准证书。

境内公司取得无加注的外商投资企业批准证书后，应在30日内向登记管理机关、外汇管理机关申请换发无加注的外商投资企业营业执照、外汇登记证。

第三十六条 自营业执照颁发之日起6个月内，如果境内外公司没有完成其股权变更手续，则加注的批准证书和中国企业境外投资批准证书自动失效。登记管理机关根据境内公司预先提交的股权变更登记申请文件核准变更登记，使境内公司股权结构恢复到股权并购之前的状态。

并购境内公司增发股份而未实现的，在登记管理机关根据前款予以核准变更登记之前，境内公司还应当按照《公司法》的规定，减少相应的注册资本并在报纸上公告。

境内公司未按照前款规定办理相应的登记手续的，由登记管理机关按照《公司登记管理条例》的有关规定处理。

第三十七条 境内公司取得无加注的外商投资企业批准证书、外汇登记证之前，不得向股东分配利润或向有关联关系的公司提供担保，不得对外支付转股、减资、清算等资本项目款项。

第三十八条 境内公司或其股东凭商务部和登记管理机关颁发的无加注批准证书和营业执照，到税务机关办理税务变更登记。

第三节 对于特殊目的公司的特别规定

第三十九条 特殊目的公司系指中国境内公司或自然人为实现以其实际拥有的境内公司权益在境外上市而直接或间接控制的境外公司。

特殊目的公司为实现在境外上市，其股东以其所持公司股权，或者特殊目的公司以其增发的股份，作为支付手段，购买境内公司股东的股权或者境内公司增发的股份的，适用本节规定。

当事人以持有特殊目的公司权益的境外公司作为境外上市主体的，该境外公司应符合本节对于特殊目的公司的相关要求。

第四十条 特殊目的公司境外上市交易，应经国务院证券监督管理机构批准。

特殊目的公司境外上市所在国家或者地区应有完善的法律和监管制度，其证券监管机构已与国务院证券监督管理机构签订监管合作谅解备忘录，并保持着有效的监管合作关系。

第四十一条 本节所述的权益在境外上市的境内公司应符合下列条件：

(一)产权明晰，不存在产权争议或潜在产权争议；

（二）有完整的业务体系和良好的持续经营能力；

（三）有健全的公司治理结构和内部管理制度；

(四)公司及其主要股东近3年无重大违法违规记录。

第四十二条 境内公司在境外设立特殊目的公司，应向商务部申请办理核准手续。办理核准手续时，境内公司除向商务部报送《关于境外投资开办企业核准事项的规定》要求的文件外，另须报送以下文件：

（一）特殊目的公司实际控制人的身份证明文件；

（二）特殊目的公司境外上市商业计划书；

（三）并购顾问就特殊目的公司未来境外上市的股票发行价格所作的评估报告。

获得中国企业境外投资批准证书后，设立人或控制人应向所在地外汇管理机关申请办理相应的境外投资外汇登记手续。

第四十三条 特殊目的公司境外上市的股票发行价总值，不得低于其所对应的经中国有关资产评估机构评估的被并购境内公司股权的价值。

第四十四条 特殊目的公司以股权并购境内公司的，境内公司除向商务部报送本规定第三十二条所要求的文件外，另须报送以下文件：

（一）设立特殊目的公司时的境外投资开办企业批准文件和证书；

（二）特殊目的公司境外投资外汇登记表；

（三）特殊目的公司实际控制人的身份证明文件或开业证明、章程；

（四）特殊目的公司境外上市商业计划书；

（五）并购顾问就特殊目的公司未来境外上市的股票发行价格所作的评估报告。

如果以持有特殊目的公司权益的境外公司作为境外上市主体，境内公司还须报送以下文件：

（一）该境外公司的开业证明和章程；

（二）特殊目的公司与该境外公司之间就被并购的境内公司股权所作的交易安排和折价方法的详细说明。

第四十五条 商务部对本规定第四十四条所规定的文件初审同意的，出具原则批复函，境内公司凭该批复函向国务院证券监督管理机构报送申请上市的文件。国务院证券监督管理机构于20个工作日内决定是否核准。

境内公司获得核准后，向商务部申领批准证书。商务部向其颁发加注“境外特殊目的公司持股，自营业执照颁发之日起1年内有效”字样的批准证书。

并购导致特殊目的公司股权等事项变更的，持有特殊目的公司股权的境内公司或自然人，凭加注的外商投资企业批准证书，向商务部就特殊目的公司相关事项办理境外投资开办企业变更核准手续，并向所在地外汇管理机关申请办理境外投资外汇登记变更。

第四十六条 境内公司应自收到加注的批准证书之日起30日内，向登记管理机关、外汇管理机关办理变更登记，由登记管理机关、外汇管理机关分别向其颁发加注

"自颁发之日起14个月内有效"字样的外商投资企业营业执照和外汇登记证。

境内公司向登记管理机关办理变更登记时，应当预先提交旨在恢复股权结构的境内公司法定代表人签署的股权变更申请书、公司章程修正案、股权转让协议等文件。

第四十七条 境内公司应自特殊目的公司或与特殊目的公司有关联关系的境外公司完成境外上市之日起30日内，向商务部报告境外上市情况和融资收入调回计划，并申请换发无加注的外商投资企业批准证书。同时，境内公司应自完成境外上市之日起30日内，向国务院证券监督管理机构报告境外上市情况并提供相关的备案文件。境内公司还应向外汇管理机关报送融资收入调回计划，由外汇管理机关监督实施。境内公司取得无加注的批准证书后，应在30日内向登记管理机关、外汇管理机关申请换发无加注的外商投资企业营业执照、外汇登记证。

如果境内公司在前述期限内未向商务部报告，境内公司加注的批准证书自动失效，境内公司股权结构恢复到股权并购之前的状态，并应按本规定第三十六条办理变更登记手续。

第四十八条 特殊目的公司的境外上市融资收入，应按照报送外汇管理机关备案的调回计划，根据现行外汇管理规定调回境内使用。融资收入可采取以下方式调回境内：

（一）向境内公司提供商业贷款；

（二）在境内新设外商投资企业；

（三）并购境内企业。

在上述情形下调回特殊目的公司境外融资收入，应遵守中国有关外商投资及外债管理的法律和行政法规。如果调回特殊目的公司境外融资收入，导致境内公司和自然人增持特殊目的公司权益或特殊目的公司净资产增加，当事人应如实披露并报批，在完成审批手续后办理相应的外资外汇登记和境外投资登记变更。

境内公司及自然人从特殊目的公司获得的利润、红利及资本变动所得外汇收入，应自获得之日起6个月内调回境内。利润或红利可以进入经常项目外汇帐户或者结汇。资本变动外汇收入经外汇管理机关核准，可以开立资本项目专用帐户保留，也可经外汇管理机关核准后结汇。

第四十九条 自营业执照颁发之日起1年内，如果境内公司不能取得无加注批准证书，则加注的批准证书自动失效，并应按本规定第三十六条办理变更登记手续。

第五十条 特殊目的公司完成境外上市且境内公司取得无加注的批准证书和营业执照后，当事人继续以该公司股份作为支付手段并购境内公司的，适用本章第一节和第二节的规定。

第五章 附 则

第五十一条 依据《反垄断法》的规定，外国投资者并购境内企业达到《国务院关于经营者集中申报标准的规定》规定的申报标准的，应当事先向商务部申报，未申报不得实施交易。

第五十二条 外国投资者在中国境内依法设立的投资性公司并购境内企业，适用本规定。

外国投资者购买境内外商投资企业股东的股权或认购境内外商投资企业增资的，适用现行外商投资企业法律、行政法规和外商投资企业投资者股权变更的相关规定，其中没有规定的，参照本规定办理。

外国投资者通过其在中国设立的外商投资企业合并或收购境内企业的，适用关于外商投资企业合并与分立的相关规定和关于外商投资企业境内投资的相关规定，其中没有规定的，参照本规定办理。

外国投资者并购境内有限责任公司并将其改制为股份有限公司的，或者境内公司为股份有限公司的，适用关于设立外商投资股份有限公司的相关规定，其中没有规定的，适用本规定。

第五十三条 申请人或申报人报送文件，应依照本规定对文件进行分类，并附文件目录。规定报送的全部文件应用中文表述。

第五十四条 被股权并购境内公司的中国自然人股东，经批准，可继续作为变更后所设外商投资企业的中方投资者。

第五十五条 境内公司的自然人股东变更国籍的，不改变该公司的企业性质。

第五十六条 相关政府机构工作人员必须忠于职守、依法履行职责，不得利用职务之便牟取不正当利益，并对知悉的商业秘密负有保密义务。

第五十七条 香港特别行政区、澳门特别行政区和台湾地区的投资者并购境内其他地区的企业，参照本规定办理。

第五十八条 本规定自公布之日起施行。

境外投资管理办法

中华人民共和国商务部令　第5号

（二〇〇九年三月十六日）

第一章 总 则

第一条 为促进和规范境外投资，根据《国务院对确需保留的行政审批项目设定行政许可的决定》，制定本办法。

第二条 本办法所称境外投资，是指在我国依法设立的企业（以下简称企业）通过新设、并购等方式在境外设立非金融企业或取得既有非金融企业的所有权、控制权、经营管理权等权益的行为。

第三条 企业开展境外投资应当认真了解并遵守境内外相关法律法规、规章和政策，遵循"互利共赢"原则。

第四条 商务部负责对境外投资实施管理和监督，省、自治区、直辖市、计划单列市及新疆生产建设兵团商务主管部门（以下简称省

级商务主管部门）负责对本行政区域内境外投资实施管理和监督。

第二章 核 准

第五条 商务部和省级商务主管部门对企业境外投资实行核准。商务部建立"境外投资管理系统"（以下简称"系统"）。对予以核准的企业，颁发《企业境外投资证书》（以下简称《证书》，样式见附件一）。《证书》由商务部统一印制，实行统一编码管理。

第六条 企业开展以下情形境外投资应当按本办法第十二条的规定提交申请材料，并按本办法第十三条的规定报商务部核准：

（一）在与我国未建交国家的境外投资；

（二）特定国家或地区的境外投资（具体名单由商务部会同外交部等有关部门确定）；

（三）中方投资额1亿美元及以上的境外投资；

（四）涉及多国（地区）利益的境外投资；

（五）设立境外特殊目的公司。

第七条 地方企业开展以下情形的境外投资应当按照本办法第十二条要求提交申请材料，并按第十四条的规定报省级商务主管部门核准：

（一）中方投资额1000万美元及以上、1亿美元以下的境外投资；

（二）能源、矿产类境外投资；

（三）需在国内招商的境外投资。

第八条 企业开展本办法第六条、第七条规定情形以外的境外投资，须提交《境外投资申请表》（以下简称申请表，样式见附件二），并按第十六条规定办理核准。

第九条 企业境外投资有以下情形之一的，商务部和省级商务主管部门不予核准：

（一）危害我国国家主权、安全和社会公共利益，或违反我国法律法规；

（二）损害我与有关国家（地区）关系；

（三）可能违反我国对外缔结的国际条约；

（四）涉及我国禁止出口的技术和货物。

境外投资经济技术可行性由企业自行负责。

第十条 商务部核准第六条规定的境外投资应当征求我驻外使（领）馆（经商处室）意见。涉及中央企业的，由商务部征求意见；涉及地方企业的，由省级商务主管部门征求意见。

省级商务主管部门核准第七条第二款规定的境外投

资应当征求驻外使（领）馆（经商处室）意见；其他情形的境外投资核准，省级商务主管部门可视情征求驻外使（领）馆（经商处室）意见。

第十一条 商务部和省级商务主管部门征求意见时应当向驻外使（领）馆（经商处室）提供投资事项基本情况等相关信息。

驻外使（领）馆（经商处室）主要从东道国安全状况、对双边政治和经贸关系影响等方面提出意见，并自收到征求意见函之日起10个工作日内予以回复。

第十二条 企业开展本办法第六条、第七条规定情形的境外投资须提交以下材料：

（一）申请书，主要内容包括境外企业的名称、注册资本、投资金额、经营范围、经营期限、投资资金来源情况的说明、投资的具体内容、股权结构、投资环境分析评价以及对不涉及本办法第九条所列情形的说明等；

（二）企业营业执照复印件；

（三）境外企业章程及相关协议或者合同；

（四）国家有关部门的核准或备案文件；

（五）并购类境外投资须提交《境外并购事项前期报告表》（样式见附件三）；

（六）主管部门要求的其他文件。

第十三条 企业开展第六条规定的境外投资，中央企业向商务部提出申请，地方企业通过所在地省级商务主管部门向商务部提出申请。

收到申请后，省级商务主管部门应当于10个工作日内（不含征求驻外使（领）馆（经商处室）的时间）对企业申报材料真实性及是否涉及本办法第九条所列情形进行初审，同意后将初审意见和全部申请材料报送商务部。

商务部收到省级商务主管部门或中央企业的申请后，于5个工作日内决定是否受理。申请材料不齐全或者不符合法定形式的，应当在5个工作日内一次告之申请人；受理后，应当于15个工作日内（不含征求驻外使（领）馆（经商处室）的时间）做出是否予以核准的决定。

第十四条 企业开展第七条规定的境外投资，向省级商务主管部门提出申请。

收到申请后，省级商务主管部门应当于5个工作日内决定是否受理。申请材料不齐全或者不符合法定形式的，应当在5个工作日内一次告之申请人；受理后，应当于15个工作日内（不含征求驻外使（领）馆（经商处室）意见的时间）做出是否予以核准的决定。

第十五条 对予以核准的第六条、第七条规定的境外投资，商务部和省级商务主管部门应当出具书面核准决定并颁发《证书》；不予核准的，应当书面通知申请企业并说明理由，告知其享有依法申请行政复议或者提起行政诉讼的权利。

第十六条 企业开展第八条规定的境外投资按以下程序办理核准：

中央企业总部通过"系统"按要求填写打印申请表，报商务部核准。地方企业通过"系统"按要求填写打印申请表，报省级商务主管部门核准。

商务部和省级商务主管部门收到申请表后，于3个工作日内进行审查，申请表填写完整且符合法定形式的即予颁发《证书》。

第十七条 两个以上企业共同投资设立境外企业，应当由相对最大股东在征求其他投资方书面同意后负责办理核准手续。商务部或相对最大股东所在地省级商务主管部门应将相关核准文件抄送其他投资方所在地省级商务主管部门。

第十八条 商务部或省级商务主管部门核准矿产资源勘查开发类境外投资应当征求国内有关商会、协会的意见，以作为核准时的参考。

第三章 变更和终止

第十九条 核准后，原境外投资申请事项发生变更，企业应参照第二章的规定向原核准机关申请办理变更核准手续。企业之间转让境外企业股份，由受让方负责申请办理变更手续，商务部或受让方所在地省级商务主管部门应当把相关核准文件抄送其他股东所在地省级商务主管部门。

第二十条 企业终止经核准的境外投资应向原核准机关备案，交回《证书》。原核准机关出具备案函，企业据此向外汇管理等部门办理相关手续。企业及其所属境外企业应当按当地法律办理注销手续。

终止是指原经核准的境外企业不再存续或我国企业均不再拥有原经核准的境外企业的股权等任何权益。

第四章 境外投资行为规范

第二十一条 企业应当客观评估自身条件、能力和东道国（地区）投资环境，积极稳妥开展境外投资。境内外法律法规和规章对资格资质有要求的，应当取得相关证明文件。

第二十二条 企业对其投资设立的境外企业冠名应当符合境内外法律法规和政策规定。未按国家有关规定获得批准的企业，其境外企业名称不得冠以"中国"、"中华"、"国家"等字样。境外企业外文名称可在申请核准前在东道国(地区)进行预先注册。

第二十三条 企业应当落实各项人员和财产安全防范措施，建立突发事件预警机制和应急预案，并接受驻外使（领）馆在突发事件防范、人员安全保护等方面的指导。

在境外发生突发事件时，企业应当及时、妥善处理，并立即向驻外使(领)馆和国内有关主管部门报告。

第二十四条 企业应当要求境外企业中方负责人当面或以信函、传真、电子邮件等书面方式及时向驻外使（领）馆（经商处室）报到登记。

第二十五条 企业应向原核准机关报告境外投资业务情况和统计资料，确保报送情况和数据真实准确。

第二十六条 企业应当在其对外签署的与境外投资相关的合同或协议生效前，取得有关政府主管部门的核准。

第五章 管理和服务

第二十七条 商务部负责对省级商务主管部门及中央企业总部的境外投资管理情况进行检查和指导。

第二十八条 商务部会同有关部门建立健全境外投资引导、促进和服务体系，强化公共服务。

商务部发布《对外投资合作国别（地区）指南》，帮助企业了解东道国（地区）投资环境。

商务部会同有关部门发布《对外投资国别产业导向目录》，引导企业有针对性地到东道国（地区）开展境外投资。

商务部通过政府间多双边经贸或投资合作机制等协助企业解决困难和问题。

商务部建立对外投资与合作信息服务系统，为企业开展境外投资提供统计、投资机会、投资障碍、预警等信息服务。

第二十九条 企业境外投资获得核准后，持《证书》办理外汇、银行、海关、外事等相关手续，并享受国家有关政策支持。

第三十条 企业自领取《证书》之日起2年内，未在东道国（地区）完成有关法律手续或未办理本办法第二十九条所列境内有关部门手续，原核准文件和《证书》自动失效，《证书》应交回原核准机关。如需再开展境外投资，须按本办法规定重新办理核准。

第三十一条 《证书》不得伪造、涂改、出租、转借或以任何形式转让。已变更、失效或注销的《证书》应当交回发证机关。

第六章 罚 则

第三十二条 企业提供虚假申请材料或不如实填报申请表的，商务部和省级商务主管部门不予受理或不予核准，并给予警告，且可在一年内不受理该企业任何境外投资核准申请；企业以提供虚假材料等不正当手段取得境外投资核准的，商务部及省级商务主管部门应当撤销相关文件，并可在三年内不受理该企业任何境外投资核准申请。

第三十三条 违反本办法规定的企业三年内不得享受国家有关境外投资政策支持。

第三十四条 省级商务主管部门未按本办法规定进行核准和履行管理监督职责的，商务部责令改正并提出批评。

第三十五条 商务主管部门有关工作人员不依本办法规定履行职责，或者滥用职权的，依法给予行政处分。

第七章 附 则

第三十六条 省级商务主管部门可依照本规定制定相应的管理办法。

第三十七条 本办法所称特殊目的公司系指企业为实现其实际拥有的境内公司权益在境外上市而直接或间接控制的境外公司。

第三十八条 事业单位法人开展境外投资、企业在境外设立非企业法人适用本办法。企业赴香港、澳门及台湾地区投资参照本办法执行。

第三十九条 企业控股的境外企业的境外再投资，在完成法律手续后一个月内，应当由企业报商务主管部门备案。企业为地方企业的，须通过"系统"填报相关信息，打印备案表（样式见附件四）并加盖本企业公章后向省级商务主管部门备案；企业为中央企业的，中央企业总部通过"系统"填报相关信息，打印备案表并加盖公章后向商务部备案。企业递交备案表后即完成备案。

第四十条 本办法由商务部负责解释。

第四十一条　本办法自2009年5月1日起施行。《关于境外投资开办企业核准事项的规定》（商务部2004年16号令）和《商务部、国务院港澳办关于印发〈关于内地企业赴香港、澳门特别行政区投资开办企业核准事项的规定〉的通知》（商合发[2004]452号）同时废止。此前有关规定与本办法不符的，以本办法为准。

对外援助成套项目管理办法（试行）

中华人民共和国商务部令　第 18 号

（二〇〇八年十二月三十一日）

第一章　总　　则

第一条　为加强对外援助成套项目（以下简称成套项目）的管理，保证项目质量，提高援助效益，制定本办法。

第二条　本办法所称的成套项目，是指在中国政府向受援国政府提供的无偿援助、无息贷款或低息贷款及其他援助资金项下，由中国政府择优选定的实施企业进行考察、勘察、设计，提供设备材料并派遣工程技术人员，组织或指导施工、安装和试生产全过程或其中部分阶段的各类工程项目。

第三条　成套项目实施遵循先考察、后立项，先勘察设计、后施工的基本程序。

第四条　成套项目实施，实行企业承包责任制和监理责任制。承担成套项目考察、勘察设计和施工任务的企业，根据本办法规定和合同约定负责项目实施，并承担相应的法律和经济责任。

承担成套项目监理任务的企业根据本办法规定和合同约定，对成套项目的设计和施工活动分别进行技术经济监督和管理，并承担相应的法律和经济责任。

第五条　成套项目资金应当专款专用、单独核算，任何单位和个人不得以任何理由挪作他用。

第六条　中华人民共和国商务部（以下简称商务部）负责成套项目管理。

商务部负责监督管理成套项目实施和资金使用，处理有关政府间事务，可以委托有关机构（以下简称受托管理机构）对项目的具体实施进行管理。对于重大项目，商务部可以派遣项目代表常驻受援国指导和协调项目实施。

驻外使领馆经济商务机构，协助商务部办理有关政府间事务，负责成套项目实施的境外监督管理。

各省级商务主管部门，协助商务部处理成套项目实施中有关具体事务。

第二章　实施主体

第七条　成套项目实施主体包括考察企业、勘察设计企业、施工企业和工程监理企业（包括工程管理企业、设计监理企业、设计审查企业、施工监理企业）。

成套项目施工企业应当取得《对外援助成套项目施工任务实施企业资格认定办法（试行）》（商务部2004年第9号令）规定的相应资格。考察企业、勘察设计企业和工程监理企业应当具有国家有关行政主管部门颁发的技术资质和商务部规定的资格条件。

第八条　商务部向选定的成套项目实施主体下达任务通知函。任务通知函是成套项目实施主体办理成套项目设备材料检验、通关、运输和相关人员出入境手续的依据。

第九条　成套项目实施主体和人员应当遵守中国和受援国的法律法规，尊重受援国的风俗习惯。

第十条　商务部建立成套项目实施主体绩效评价制

度，优化实施主体结构。

第三章 招标和议标

第十一条 商务部通过招标或议标方式选定成套项目的考察企业、勘察设计企业、施工企业和施工监理（或工程管理）企业。

第十二条 受托管理机构组织成套项目招（议）标，商务部对招（议）标活动进行监督。

第十三条 商务部组建和管理对外援助项目评审专家库（以下简称“评审专家库”）。

第十四条 受托管理机构在组织成套项目施工任务招标时，应当从评审专家库中随机抽取专家组成评标专家委员会承担评标工作。评审专家库专业类别不能涵盖的项目，评审方式由商务部决定。

受托管理机构在成套项目施工任务议标以及考察任务、勘察设计任务、施工监理任务招标和议标时，可以从评审专家库中随机抽取专家组成评标专家委员会承担评标工作，也可以由具备相应资格的单位承担评标工作。

第十五条 受托管理机构根据评标专家委员会或评标单位提出的书面评标报告和中标候选企业推荐意见，并按成套项目管理有关规定的程序确定中标企业。

商务部设立对外援助成套项目招标监督委员会，负责对投资1亿元人民币（含）以上成套项目决标事项进行程序性审核，并提出监督意见。

中标候选企业或中标企业实质性变更投标或议标承诺的，受托管理机构应当取消其中标资格，并在其他中标候选企业中依次选定成套项目实施企业，或重新组织招标或议标。

第十六条 规模较大或工艺较复杂的成套项目，商务部可以决定划分标段招标或邀请企业联合体参加投标。

第十七条 成套项目投标企业拟在中标后将项目的部分非主体性、非关键性工作分包的，应当在投标文件中载明拟分包内容、分包金额和分包单位的技术资质。

中标企业不得将中标的成套项目转包或将应由其完成的成套项目肢解成若干部分发包给几个承包单位，不得擅自增加或变更分包单位。主体性或关键性工作不允许分包。

分包单位应具有相应资质，其承担的分包任务不得转包或再分包。

第四章 考　察

第十八条 成套项目考察分为可行性考察和专业考察两个阶段。符合成套项目管理有关规定的，可行性考察和专业考察可以合并进行。

第十九条 考察企业组建的考察组应当具备必要的专业能力和工作经验，考察组成员的技术专业配备应当能满足工作需要。考察组成员、考察方案、考察工作计划和技术搜资提纲应当在考察组行前报商务部审定。

第二十条 可行性考察企业应当全面了解和汇集可行性研究所需资料，分析论证项目建设的必要性和经济技术的可行性及对环境的影响，向商务部提出项目可行性意见。

可行性考察企业应当对考察结果的准确性和适用性负责。项目可行的，考察搜资结果应当满足方案设计和编制项目估算的需要。

第二十一条 专业考察企业应当汇集项目建设的经济、技术资料，详细了解受援国有关设计规范要点、技术标准和常规做法。按照商务部批准的方案，同受援国有关机构商定项目建设场址、设计方案、建设标准、双方分工等事宜。受援国有原则性修改意见的，应当汇总并提出处理意见报商务部审批。

专业考察企业应当根据工程设计需要进行全面踏勘，拟订工程详细勘察方案。

专业考察企业应当对其汇集资料的准确性和适用性负责。考察搜资结果应当满足设计、概（预）算编制和施工任务招（议）标的需要。

第五章 勘察、设计

第二十二条 勘察设计企业应当按照中国有关技术规范和标准进行工程勘察，并编制勘察报告。工程勘察应当满足项目设计的需要。

受援国自行勘察的项目，勘察结果的准确性由受援国负责；勘察设计企业应当对受援国提供的工程勘察资料进行审核，并对勘察结果的适用性负责。

第二十三条 成套项目的设计应当遵循技术可行、安全可靠、经济适用、美观大方的原则。

设计企业应当依据中国有关主管部门颁布的设计规

范和标准，充分考虑受援国当地自然条件、建筑风格、常规做法等实际情况进行设计并编制设计文件。

第二十四条　成套项目设计一般分为方案设计、初步设计和施工图设计三个阶段。

技术简单或有特殊需要的项目，可以采用方案设计和施工图设计两阶段设计。

第二十五条　经受援国确认的方案设计是初步设计的基础和依据。

第二十六条　初步设计应当满足编制工程概算和施工图设计的需要，初步设计概算编制应当符合成套项目管理有关规定的要求。

第二十七条　初步设计完成并经商务部审查后，设计企业应当将初步设计文件提交受援国有关部门审查。通过后，方可进行施工图设计。

第二十八条　施工图设计应当满足项目施工、编制工程量清单和实施招（议）标的需要。

施工图设计的任何部分不得用规范或标准图集替代，不得留有任何重大设计内容由设计代表现场设计。

第二十九条　设计企业完成施工图设计后，商务部委托设计监理（设计审查）企业进行施工图审查。通过后，方可用于项目施工和招（议）标。

第三十条　设计企业应当参加设计交底会，全面介绍考察、设计工作情况，就设计文件进行解释和答疑，并就有关技术问题提出处理建议。

第三十一条　设计企业应当按合同规定向施工现场派驻设计代表。设计代表应当从参与项目设计的专业人员中选派。

设计代表负责设计图纸解释，协助施工监理工程师督促施工企业按图施工，提出工程变更处理意见，参与施工质量验收。

第三十二条　成套项目竣工后，设计企业应当按成套项目管理有关规定编制工程竣工图。竣工图应当全面、如实反映竣工工程状况。竣工图作为政府间项目移交证书附件。

第六章　施　　工

第三十三条　施工企业应当设立项目施工技术组和国内管理组，负责项目施工和管理。

第三十四条　施工企业应当严格按照施工监理企业审定的施工组织设计组织施工。确需调整施工组织设计的，应当报施工监理企业批准，并向受托管理机构备案。

第三十五条　施工企业应当按设计图纸和中国的施工技术标准施工，接受施工监理企业监督。

第三十六条　施工企业应当建立全过程质量检查监督机制，严格执行工序自检和工序交接检查。

第三十七条　施工企业应当按投标承诺合理配置施工机械，保证满足项目施工进度要求。

施工企业应当严格按照投标承诺组织施工所需设备和材料的采购和运输。设备和材料进入和退出施工现场，均需经现场施工监理工程师签认许可。

施工企业应当根据中国有关技术规范和标准对施工材料进行试验和检验。

第三十八条　施工企业应当建立职业健康安全管理制度，保护劳动者权益。

第三十九条　施工企业应当文明施工，遵守中国和受援国环境保护的法律、法规，保护受援国环境。

第四十条　施工企业应当根据建设进度向受托管理机构申请项目中期验收和竣工验收。

竣工验收合格的，商务部与受援国有关机构对项目进行联合验收。验收通过后，商务部或中国驻外使馆与受援国政府相关部门办理政府间移交手续。

第四十一条　成套项目竣工移交后，在保修范围和保修期内出现质量问题的，施工企业应当履行保修义务，并对造成的损失承担赔偿责任。

第七章　工程监理

第四十二条　成套项目实行工程监理制度。工程监理企业对成套项目实施进行全过程技术经济监督和管理。

勘察设计任务和施工任务由不同企业分别实施的成套项目，工程监理任务由设计监理（或设计审查）企业和施工监理企业分别承担，或由工程管理企业一并承担。

勘察设计任务和施工任务由一家企业实施的成套项目，工程监理任务原则上由工程管理企业承担。

第四十三条　设计监理（或设计审查）企业或工程管理企业及其指定的专业人员，应当依据中国有关技术规范和标准以及成套项目管理有关规定，对成套项目专业考察、勘察、设计的全部或部分工作进行经济技术监督和管理，审查设计文件和项目造价，审核重大设计变更和处理其他技术经济问题。

第四十四条 施工监理（或工程管理）企业及其委派的施工监理工程师，应当依据中国有关技术规范和标准以及成套项目管理有关规定，对成套项目的施工质量、安全、进度和造价等进行全过程的技术经济监督和管理。

第四十五条 施工监理工程师和设计监理（设计审查、工程管理）企业指定的专业人员应当严格遵守职业道德规范，不得利用工作之便谋取不正当利益，不得损害受援国和中国利益。

第八章 造价和进度管理

第四十六条 设计企业应当按照中国有关技术规范和标准分别在方案设计和初步设计阶段编制投资估算和工程概算。商务部委托设计监理企业（或设计审查企业）对投资估算和工程概算进行审核。

第四十七条 经商务部审定的投资估算和工程概算作为项目造价管理的依据。

第四十八条 投资估算和工程概算编制，应当坚持实事求是的原则，完整体现设计内容，综合考虑影响工程造价的各种因素。

第四十九条 投资估算和工程概算编制人员，应当具备相应的资格条件。

第五十条 商务部严格控制成套项目的重大设计变更。确需变更的，应当经商务部和受援国主管部门同意后实施。

第五十一条 商务部推行对外援助工程保险制度。

有关成套项目实施主体应当根据规定办理工程保险及其他必要的保险。属于保险范围内的损失，有关成套项目实施主体自行向保险公司索赔；未按规定办理保险的，自行承担损失。

第五十二条 对于第五十一条规定保险范围之外的人力不可抗拒的自然灾害、政策性调整、政治性风险等原因造成的损失，以及经批准的重大设计变更引起的工程费用较大增减，商务部按成套项目管理有关规定办理合同价款调整事宜。

第五十三条 成套项目考察、勘察、设计和施工任务的实施期限，应根据项目实际情况和中国有关技术规范合理确定。有关成套项目实施主体应当在承诺期限内完成任务。

设计监理（或设计审查）企业、施工监理（或工程管理）企业分阶段对项目专业考察、设计和施工进度进行监督。

第五十四条 成套项目实施期限一经确定，不得随意变更。确需变更的，经商务部同意后，由有关成套项目实施主体同受援国有关机构商定。

第五十五条 成套项目实施主体应当按期向商务部和受托管理机构报告项目实施情况，可能影响项目正常实施的重大事项应当专题报告。

第九章 质量和安全管理

第五十六条 商务部建立成套项目实施人员管理制度。成套项目实施主体选定的主要管理和技术人员，应当具有相应的技术资质和成套项目管理专家岗位证书。

第五十七条 商务部推行贯标制度，建立项目贯标体系过程监控和阶段审核机制。商务部委托具备相应资质的贯标审核机构在成套项目实施过程中对施工企业贯彻GB/T19000质量体系标准和GB/T28000职业健康安全标准情况进行审核。

第五十八条 商务部会同国务院有关部门建立对外援助出口物资检验检疫制度。有关成套项目实施主体应当按规定办理对外援助出口物资的验放手续。

第五十九条 商务部建立成套项目施工质量验收制度。验收工作应根据中国有关技术规范、标准和对外援助管理有关规定进行。

第六十条 成套项目安全管理以“安全第一，预防为主”为原则。成套项目实施主体应当遵守《对外援助成套项目安全生产管理办法（试行）》（商务部2006年第15号令）的规定。

第六十一条 商务部按成套项目管理有关规定，指导成套项目实施主体开展防范恐怖主义威胁工作。

第六十二条 商务部建立重大成套项目联合检查制度，会同有关部门派组赴施工现场排查质量和安全隐患，督促有关成套项目实施主体执行对外援助管理规定。

第六十三条 商务部建立成套项目技术资料管理制度。在项目实施过程中，有关实施主体应当及时整理、妥善保存相关技术资料。在项目对外移交后2个月内，提交工作总结和相关技术资料。

第六十四条 商务部建立成套项目评估制度，对成套项目进行评估。

第十章　法律责任

第六十五条　成套项目考察企业、勘察设计企业、施工企业和施工监理（或工程管理）企业在参与项目投标或议标过程中，有下列行为之一的，商务部对该企业给予警告，可以并处3万元人民币以下罚款；已授标的，授标结果无效；自行政处罚生效之日起2至5年内，不选定其参与成套项目的投标或议标。违反相关法律、行政法规规定的，依照法律、行政法规的规定给予行政处罚；构成犯罪的，依法追究刑事责任：

（一）弄虚作假，获取不正当竞争优势；

（二）相互串通报价，排挤其他投标人公平竞争；

（三）中标候选企业或中标企业实质性变更投标或议标承诺；

（四）以其他不正当行为扰乱招投标秩序。

第六十六条　成套项目实施主体违反本规定，擅自变更相关人员的，商务部责令限期改正；逾期未改正，商务部给予警告，自行政处罚生效之日起2至3年内，不选定其参与成套项目相应实施任务的投标和议标。

第六十七条　成套项目实施主体有以下行为之一的，除按合同规定承担赔偿责任外，商务部对该企业给予警告，并处3万元人民币以下罚款，同时自行政处罚生效之日起2至6年内，不选定其参与成套项目有关实施任务的投标和议标。违反相关法律、行政法规规定的，依照法律、行政法规的规定给予行政处罚；构成犯罪的，依法追究刑事责任；

（一）违反本办法第十七条规定，将所承担的实施任务转包或分包；

（二）违反安全生产规定，造成安全生产事故；

（三）造成工程质量事故或形成工程质量隐患，直接经济损失在10万元人民币以上；

（四）违反本办法第六条规定挪用对外援助资金；

（五）违反本办法相关规定，擅自进行或越权批准工程变更；

（六）未按照合同履行义务或延迟履行义务，影响项目正常实施，对外造成严重不良影响。

第六十八条　成套项目实施主体主要负责人、项目负责人及直接责任人未履行法律法规和对外援助管理有关规定的，商务部责令限期改正；逾期未改正，或造成重大安全事故或重大质量事故等严重后果的，商务部给予警告，可以并处3万元人民币以下罚款，并建议所在单位或上级主管部门给予行政处分；违反相关法律、行政法规规定的，依照法律、行政法规的规定给予行政处罚；构成犯罪的，依法追究刑事责任。

第六十九条　商务部和受托管理机构工作人员在成套项目招议标或管理过程中有下列行为之一，尚不构成犯罪的，视情节轻重给予相应的行政处分，构成犯罪的，依法追究刑事责任；

（一）利用职务便利索取他人财物或非法收受他人财物为他人谋取利益；

（二）滥用职权、玩忽职守或徇私舞弊，致使国家利益遭受损失；

（三）故意或过失泄露国家秘密。

第十一章　附　　则

第七十条　按照EPC（设计—采购—施工）、D&B（设计—施工）建设模式实施成套项目的管理，参照本办法执行。对外援助技术合作项目的实施管理参照本办法执行。

第七十一条　本办法由商务部负责解释。

第七十二条　本办法自2009年1月1日起施行。施行之日起，对外援助管理的有关规定与本办法规定相抵触的，以本办法规定为准。

外国机构在中国境内提供金融信息服务管理规定

中华人民共和国国务院新闻办公室 商务部 国家工商行政管理总局令 第7号

（二〇〇九年四月三十日）

第一章 总 则

第一条 为便于外国机构在中国境内依法提供金融信息服务，满足国内用户对金融信息的需求，促进金融信息服务业健康、有序发展，根据《国务院关于修改〈国务院对确需保留的行政审批项目设定行政许可的决定〉的决定》（国务院第548号令），制定本规定。

第二条 外国机构在中国境内提供金融信息服务，适用本规定。

本规定所称外国机构，是指外国金融信息服务提供者。

本规定所称金融信息服务，是指向从事金融分析、金融交易、金融决策或者其他金融活动的用户提供可能影响金融市场的信息和/或者金融数据的服务。该服务不同于通讯社服务。

第三条 中国依法保障外国机构在中国境内提供金融信息服务的合法权益，为其依法提供金融信息服务提供便利。

外国机构在中国境内提供金融信息服务，应当遵守中国法律、法规和规章。

第二章 审 批

第四条 国务院新闻办公室为外国机构在中国境内提供金融信息服务的监督管理机关。外国机构在中国境内提供金融信息服务，必须经国务院新闻办公室批准。

未经国务院新闻办公室批准的外国机构，不得在中国境内提供金融信息服务。

第五条 外国机构申请在中国境内提供金融信息服务，应当具备以下条件：

（一）在所在国家（地区）有相应的合法资质；

（二）在金融信息服务领域有良好信誉；

（三）有确定的金融信息服务业务；

（四）有良好的传播手段和技术服务；

（五）中国法律、法规规定的其他条件。

第六条 外国机构在中国境内提供金融信息服务，需向国务院新闻办公室申请，提交下列材料：

（一）该机构主要负责人签署的书面申请；

（二）该机构情况介绍；

（三）该机构在所在国家（地区）设立的证明文本副本；

（四）拟提供金融信息服务的产品、栏目、说明、信息来源和样品的概述；

（五）传播手段及技术服务说明材料。

第七条 国务院新闻办公室应当自受理申请之日起20个工作日内作出批准或者不批准决定。予以批准的，发给批准文件；不予批准的，书面通知申请人并说明理由。

第八条 外国机构在中国境内提供金融信息服务，应当与用户签订书面合同。

外国机构应当在首次收到本规定第七条所述批准文件后30日内，就获得批准文件前与国内用户签订的任何合同，向国务院新闻办公室备案。获得批准的外国机构与国内用户签订、终止任何合同，应当在该合同签订、终止后30日内，向国务院新闻办公室备案。备案内容包括：合同所涉信息产品、提供方式、用户相关身份信息、合同期限等。已备案内容发生变更的，外国机构应当在变更后30日内向国务院新闻办公室变更备案。

第九条　外国机构在中国境内提供金融信息服务，拟变更机构名称、产品种类或者传播手段的，应当至少提前30日向国务院新闻办公室办理变更手续。

第十条　外国机构拟终止在中国境内提供金融信息服务的，应当在终止业务前书面告知国务院新闻办公室，并自终止业务之日起7日内到国务院新闻办公室办理注销手续。

第十一条　外国机构在中国境内提供金融信息服务批准文件有效期为2年。批准文件到期并拟继续提供服务的，应当在批准文件到期前至少30日，持原批准文件和本规定第六条所述材料向国务院新闻办公室申请更新批准文件。国务院新闻办公室将依照本规定第七条的规定办理。

第十二条　国务院新闻办公室依法保护外国机构依照本规定提交材料中包含的具有商业价值的信息，上述信息将仅用于监管。

第三章　投资设立企业

第十三条　外国机构在中国境内投资设立金融信息服务企业，应当依照中国有关法律向国务院商务主管部门提出申请，并提交下列材料：

（一）国务院新闻办公室的批准文件；

（二）该机构主要负责人签署的在中国境内投资设立金融信息服务企业的书面申请；

（三）由各方投资者法定代表人或者其授权的代表签署的金融信息服务企业的合同、章程；

（四）拟投资设立金融信息服务企业的董事会成员名单及证明文件；

（五）工商行政管理部门出具的企业名称预先核准通知书；

（六）中国法律、法规规定的其他文件。

第十四条　国务院商务主管部门应当自受理申请之日起30个工作日内作出批准或者不批准决定。予以批准的，发给《外商投资企业批准证书》；不予批准的，书面通知申请人并说明理由。

第十五条　获得批准投资设立金融信息服务企业的外国机构应当自收到《外商投资企业批准证书》之日起30日内，依法向工商行政管理部门申请设立登记。

外商投资的金融信息服务企业变更登记事项或者终止的，应当依法办理变更登记或者注销登记。

第四章　监督管理

第十六条　外国机构应当严格按照批准的经营范围提供金融信息服务。国务院新闻办公室对外国机构提供金融信息服务进行监督检查，外国机构应当予以配合。

第十七条　外国机构在中国境内向用户提供的金融信息，不得含有下列内容：

（一）违反中华人民共和国宪法基本原则的；

（二）破坏中国国家统一、主权和领土完整的；

（三）危害中国国家安全和损害国家利益的；

（四）违反中国的民族、宗教政策，破坏民族团结，宣扬邪教的；

（五）散布虚假金融信息，扰乱经济秩序，破坏经济、金融、资本市场和社会稳定的；

（六）宣扬淫秽、色情、暴力、恐怖或者教唆犯罪的；

（七）侮辱或者诽谤他人，侵害他人合法权益的；

（八）中国法律、法规和规章禁止的其他内容。

第十八条　国务院新闻办公室对外国机构在中国境内提供的金融信息进行同步审视，发现含有本规定第十七条所列内容的，予以调查、处理。外国机构应当向国务院新闻办公室无偿提供同步审视其所提供金融信息的必要条件。

第十九条　在中国境内设立的外商投资金融信息服务企业应当严格按照登记注册的经营范围从事业务活动，不得开展新闻采集业务，不得从事通讯社业务。

第二十条　国内金融信息用户发现外国机构提供的金融信息中含有本规定第十七条所列内容的，应当向国务院新闻办公室举报，并不得使用和传播。

第五章　法律责任

第二十一条　外国机构在中国境内提供金融信息服务违反本规定的，由国务院新闻办公室和有关部门责令改正，给予警告，并处罚款。违反其他法律法规的，由相关行政、司法机关依法处理。

第二十二条　国内金融信息用户向社会传播外国机构提供的金融信息中含有本规定第十七条所列内容的，由国务院新闻办公室和有关部门依法处罚。

第二十三条　国务院新闻办公室工作人员，因玩忽职守、滥用职权、徇私舞弊或者收受贿赂，造成严重后果并构成犯罪的，依法追究刑事责任；尚不构成犯罪的，依法给予处分。

第六章　附　　则

第二十四条　香港特别行政区、澳门特别行政区、台湾地区有关机构，在内地提供金融信息服务，参照适用本规定。

第二十五条　本规定自2009年6月1日起施行。本规定发布前，有关部门发布的关于金融信息服务的规定与本规定不一致的，以本规定为准。

本规定施行前已获得批准在中国境内提供金融信息服务的外国机构，拟继续在中国境内提供金融信息服务的，应当在本规定施行之日起30日内持本规定第六条所述材料向国务院新闻办公室提出申请。在国务院新闻办公室根据本规定第七条做出决定之日前，允许其继续提供该服务。

对外承包工程资格管理办法

中华人民共和国商务部 中华人民共和国住房和城乡建设部令 第9号

（二〇〇九年九月二十八日）

第一章　总　　则

第一条　为规范和加强对外承包工程管理，促进对外承包工程健康发展，根据《中华人民共和国对外贸易法》和《对外承包工程管理条例》，制定本办法。

第二条　本办法所称对外承包工程，是指中国的企业或者其他单位（以下统称单位）承包境外建设工程项目，包括咨询、勘察、设计、监理、招标、造价、采购、施工、安装、调试、运营、管理等活动。

第三条　对外承包工程的单位依据本办法取得对外承包工程资格，领取《中华人民共和国对外承包工程资格证书》（以下简称《资格证书》）后，方可在许可范围内从事对外承包工程。

第二章　资格条件

第四条　对外承包工程的单位分为工程建设类和非工程建设类。

其中，工程建设类单位指从事国内工程勘察、设计、咨询、监理、施工、安装等活动，且取得住房和城乡建设主管部门或其他有关部门颁发的相关资质的单位。

第五条　对外承包工程的单位应当具备下列条件：

（一）有法人资格；工程建设类单位应具有与其资质要求相适应的注册资本（本办法所称注册资本包括开办资金）；非工程建设类单位的注册资本不低于2000万元人民币。

（二）具有相应的资质或者业绩：

工程建设类单位应当依法取得住房和城乡建设主管部门或其他有关部门颁发的特级或者一级（甲级）资质证书；国家对于有关专业的资质不分等级的，应取得该资质证书；

非工程建设类单位上一年度机电产品出口额达到5000万美元，或自行设计、生产（含组织生产）、出口的成套设备或大型单机设备出口额达到1000万美元，或对外承包工程营业额达到1000万美元且近3年中成功实施过3个单项合同额在500万美元以上的项目。

（三）有与开展对外承包工程相适应的专业技术人员，管理人员中至少2人具有2年以上从事对外承包工程的经历。

（四）有与开展对外承包工程相适应的安全防范能力，成立由本单位主要负责人负责的境外安全防范领导小组，常设人员不得少于2人，有相应的境外安全防范机制和应急处理预案。

（五）有保障工程质量和安全生产的管理体系，最近2年内没有发生重大工程质量问题和较大事故以上的生产安全事故，建筑施工企业还需取得住房和城乡建设主管部门颁发的安全生产许可证。

（六）有良好的商业信誉，最近3年内没有重大违约行为和重大违法经营记录。为外商投资企业的，最近3年应连续通过外商投资企业联合年检。

第六条　对外承包工程的单位应承包与其实力、规模、业绩相适应的项目。

第三章　资格申请

第七条　申请对外承包工程资格，中央企业和中央管理的其他单位（以下简称中央单位）应当向商务部提出申请，中央单位以外的单位应当向注册所在地省级商务主管部门提出申请。

第八条　申请对外承包工程资格，需提交如下书面申请材料一式两份：

（一）对外承包工程资格申请书；

（二）中华人民共和国组织机构代码证（复印件）；

（三）企业法人营业执照或事业单位法人证书（复印件），外商投资企业应提交外商投资企业批准证书；

（四）工程建设类单位需提供住房和城乡建设主管部门或者其他有关部门颁发的资质证书（复印件），建筑施工企业还需提供住房和城乡建设主管部门颁发的安全生产许可证（复印件）；非工程建设类单位需提供海关出具的出口额证明或商务部出具的相应业务统计证明；

（五）与对外承包工程相关的专业技术人员和管理人员的情况说明及相关证明材料；

（六）申请单位境外安全防范领导小组及常设人员状况的说明及境外安全防范机制和应急处理预案；

（七）申请单位工程质量和安全生产的管理体系文件；

（八）商务主管部门要求提交的证明符合第五条规定条件的其他材料。

第九条　申请对外承包工程资格，材料齐全、符合法定形式，且属于本部门职权范围的，商务主管部门应当受理。

申请材料不齐全或者不符合法定形式的，收到材料的商务主管部门应当在5个工作日内一次告知申请人需要补正的全部内容；逾期不告知的，自收到申请材料之日起即为受理。

第十条　工程建设类单位申请对外承包工程资格的，商务主管部门自受理之日起5个工作日内，将申请材料转同级住房和城乡建设主管部门；住房和城乡建设主管部门自收到申请材料之日起15个工作日内提出审查意见并转交商务主管部门；商务主管部门自收到住房和城乡建设主管部门审查意见之日起10个工作日内做出批准或者不予批准的决定。

非工程建设类单位申请对外承包工程资格的，商务主管部门自受理之日起30个工作日内进行审查，做出批准或者不予批准的决定。

商务主管部门应当将审批结果及其他相关统计信息告知同级住房和城乡建设主管部门。

第十一条　批准对外承包工程资格申请的，对外承包工程的单位到注册所在地省级商务主管部门领取《资格证书》，并缴纳劳务合作备用金。省级商务主管部门应同时通过对外承包工程资格网上管理系统将其颁发《资格证书》的情况报商务部备案。

不予批准对外承包工程资格申请的，由受理申请的商务主管部门书面通知申请单位并说明理由。

第十二条　具有对外承包工程资格的单位与其他单位合并，原具有对外承包工程资格的单位终止的，合并后的单位符合本办法规定的相应条件的，可以依照第七条的规定向有关商务主管部门申请换领《资格证书》。商务主管部门应在受理申请之日起15个工作日内作出决定。

具有对外承包工程资格的单位分立的，分立后的单位符合相应条件的，可按照本办法重新申请对外承包工程资格。

第四章　《资格证书》管理

第十三条　《资格证书》须妥善保管，不得涂改、倒卖、出租、出借或者以其他形式非法转让。

《资格证书》遗失的，应及时向原审批的商务主管部门报告，并在全国性商业报纸或杂志上声明作废后方可向原审批的商务主管部门申请补发。

第十四条　对外承包工程的单位名称、地址、法定代表人、单位类型、注册资本等发生变更时，应在变更之日起30个工作日内向原审批的商务主管部门办理《资格证书》变更手续并换领新的《资格证书》。

对外承包工程的单位依法终止的，原审批的商务主管部门应当注销其对外承包工程资格及其《资格证书》。

第五章 监督管理

第十五条 商务部和省级商务主管部门负责对外承包工程资格的监督检查，并会同同级住房和城乡建设主管部门对工程建设类单位的对外承包工程资格进行监督检查。

商务部和省级商务主管部门在监督检查中，发现对外承包工程的单位不再具备本办法规定条件的，应当责令其限期整改；逾期仍达不到的，吊销其《资格证书》，并书面告知住房和城乡建设主管部门。

第十六条 商务部负责建立和维护对外承包工程资格网上管理系统，加强对全国对外承包工程资格的监督管理。

第十七条 商务部可视对外承包工程管理和协调工作的需要，根据对外承包工程单位对外承包工程的业绩、守法经营情况和有关组织资信评级等，对对外承包工程的单位实行分级分类管理。

第十八条 有关对外承包工程的协会、商会应依法发挥行业自律作用，根据对外承包工程资格的监督管理情况，依据行业规范提出行业意见和建议。

第六章 法律责任

第十九条 未取得对外承包工程资格，擅自开展对外承包工程的，由商务主管部门责令改正，处50万元以上100万元以下的罚款；有违法所得的，没收违法所得；对其主要负责人处5万元以上10万元以下的罚款。

第二十条 涂改、倒卖、出租、出借《资格证书》或者以其他形式非法转让对外承包工程资格的，由原审批的商务主管部门给予警告，并处3万元以下罚款；构成犯罪的，依法追究刑事责任。

第二十一条 申请对外承包工程资格的单位隐瞒有关情况或者提供虚假材料的，商务主管部门不予受理或者不予许可，并给予警告。

申请对外承包工程资格的单位以欺骗、贿赂等不正当手段取得《资格证书》的，由原审批的商务主管部门撤销《资格证书》，并给予警告，处10万元以下罚款；构成犯罪的，依法追究刑事责任。

第二十二条 商务主管部门、住房和城乡建设主管部门或者其他有关主管部门可以依据《对外承包工程管理条例》第二十五条、第二十六条的规定处罚。

第二十三条 商务主管部门和住房和城乡建设主管部门的工作人员在对外承包工程资格许可和管理工作中滥用职权、玩忽职守、徇私舞弊的，依法给予处分；构成犯罪的，依法追究刑事责任。

第七章 附　则

第二十四条 本办法实施前已获得对外承包工程资格的单位，可自本办法施行之日起6个月内按照本办法关于资格申请的规定向商务主管部门申请换领《资格证书》。

前款所称单位在申请时达不到本办法规定的相应条件的，商务主管部门应责令其在本办法施行之日起3年内整改，并在其《资格证书》上注明有效期为3年。

商务主管部门应当将《资格证书》换证和变更信息告知同级住房和城乡建设主管部门。

第二十五条 本办法调整范围不包括机电产品及大型机械和成套设备出口。

第二十六条 本办法由商务部会同住房和城乡建设部负责解释。

第二十七条 本办法自2009年11月1日起施行。

技术进出口合同登记管理办法

商务部令　第3号

（2009年2月1日）

第一条　为规范自由进出口技术的管理，建立技术进出口信息管理制度，促进我国技术进出口的发展，根据《中华人民共和国技术进出口管理条例》，特制定本办法。

第二条　技术进出口合同包括专利权转让合同、专利申请权让合同、专利实施许可合同、技术秘密许可合同、技术服务合同和含有技术进出口的其他合同。

第三条　商务主管部门是技术进出口合同的登记管理部门。

自由进出口技术合同自依法成立时生效。

第四条　商务部负责对《政府核准的投资项目目录》和政府投资项目中由国务院或国务院投资主管部门核准或审批的项目项下的技术进口合同进行登记管理。

第五条　各省、自治区、直辖市和计划单列市商务主管部门负责对本办法第四条以外的自由进出口技术合同进行登记管理。中央管理企业的自由进出口技术合同，按属地原则到各省、自治区、直辖市和计划单列市商务主管部门办理登记。

各省、自治区、直辖市和计划单列市商务主管部门可授权下一级商务主管部门对自由进出口技术合同进行登记管理。

第六条　技术进出口经营者应在合同生效后60天内办理合同登记手续，支付方式为提成的合同除外。

第七条　支付方式为提成的合同，技术进出口经营者应在首次提成基准金额形成后60天内，履行合同登记手续，并在以后每次提成基准金额形成后，办理合同变更手续。

技术进出口经营者在办理登记和变更手续时，应提供提成基准金额的相关证明文件。

第八条　国家对自由进出口技术合同实行网上在线登记管理。技术进出口经营者应登陆商务部政府网站上的“技术进出口合同信息管理系统”（网址：jsjckqy.fwmys.mofcom.gov.cn）进行合同登记，并持技术进（出）口合同登记申请书、技术进（出）口合同副本（包括中文译本）和签约双方法律地位的证明文件，到商务主管部门履行登记手续。商务主管部门在收到上述文件起3个工作日内，对合同登记内容进行核对，并向技术进出口经营者颁发《技术进口合同登记证》或《技术出口合同登记证》。

第九条　对申请文件不符合《中华人民共和国技术进出口管理条例》第十八条、第四十条规定要求或登记记录与合同内容不一致的，商务主管部门应当在收到申请文件的3个工作日内通知技术进出口经营者补正、修改，并在收到补正的申请文件起3个工作日内，对合同登记的内容进行核对，颁发《技术进口合同登记证》或《技术出口合同登记证》。

第十条　自由进出口技术合同登记的主要内容为：

（一）合同号

（二）合同名称

（三）技术供方

（四）技术受方

（五）技术使用方

（六）合同概况

（七）合同金额

（八）支付方式

（九）合同有效期

第十一条 国家对自由进出口技术合同号实行标准代码管理。技术进出口经营者编制技术进出口合同号应符合下述规则：

（一）合同号总长度为17位。

（二）前9位为固定号：第1－2位表示制合同的年份（年代后2位）、第3－4位表示进口或出口国别地区（国标2位代码）、第5－6位表示进出口企业所在地区（国标2位代码）、第7位表示技术进出口合同标识（进口Y，出口E）、第8－9位表示进出口技术的行业分类（国标2位代码）。后8位为企业自定义。例：01USBJE01CNTIC001。

第十二条 已登记的自由进出口技术合同若变更本办法第十条规定合同登记内容的，技术进出口经营者应当办理合同登记变更手续。

办理合同变更手续时，技术进出口经营者应登录“技术进出口合同信息管理系统”，填写合同数据变更记录表，持合同变更协议和合同数据变更记录表，到商务主管部门办理手续。商务主管部门自收到完备的变更申请材料之日起3日内办理合同变更手续。

按本办法第七条办理变更手续的，应持变更申请和合同数据变更记录表办理。

第十三条 经登记的自由进出口技术合同在执行过程中因故中止或解除，技术进出口经营者应当持技术进出口合同登记证等材料及时向商务主管部门备案。

第十四条 技术进出口合同登记证遗失，进出口经营者应公开挂失。凭挂失证明、补办申请和相关部门证明到商务主管部门办理补发手续。

第十五条 各级商务主管部门应加强对技术进出口合同登记管理部门和人员的管理，建立健全合同登记岗位责任制，加强业务培训和考核。

第十六条 中外合资、中外合作和外资企业成立时作为资本入股并作为合资章程附件的技术进口合同按外商投资企业有关法律规定办理相关手续。

第十七条 商务部负责对全国技术进出口情况进行统计并定期发布统计数据。各级商务主管部门负责对本行政区域内的技术进出口情况进行统计。

第十八条 本办法自公布之日起30日后施行。2002年1月1日起施行的《技术进出口合同登记管理办法》（对外贸易经济合作部2001年第17号令）同时废止。

财税、金融、证券法规

信托公司集合资金信托计划管理办法

中国银行业监督管理委员会令　第 1 号

（二〇〇九年二月四日）

（中国银行业监督管理委员会令2007年第3号公布，根据2008年12月17日中国银行业监督管理委员会第78次主席会议《关于修改〈信托公司集合资金信托计划管理办法〉的决定》修订）

第一章　总　　则

第一条　为规范信托公司集合资金信托业务的经营行为，保障集合资金信托计划各方当事人的合法权益，根据《中华人民共和国信托法》、《中华人民共和国银行业监督管理法》等法律法规，制定本办法。

第二条　在中华人民共和国境内设立集合资金信托计划（以下简称信托计划），由信托公司担任受托人，按照委托人意愿，为受益人的利益，将两个以上（含两个）委托人交付的资金进行集中管理、运用或处分的资金信托业务活动，适用本办法。

第三条　信托计划财产独立于信托公司的固有财产，信托公司不得将信托计划财产归入其固有财产；信托公司因信托计划财产的管理、运用或者其他情形而取得的财产和收益，归入信托计划财产；信托公司因依法解散、被依法撤销或者被依法宣告破产等原因进行清算的，信托计划财产不属于其清算财产。

第四条　信托公司管理、运用信托计划财产，应当恪尽职守，履行诚实信用、谨慎勤勉的义务，为受益人的最大利益服务。

第二章　信托计划的设立

第五条　信托公司设立信托计划，应当符合以下要求：

（一）委托人为合格投资者；

（二）参与信托计划的委托人为惟一受益人；

（三）单个信托计划的自然人人数不得超过50人，但单笔委托金额在300万元以上的自然人投资者和合格的机构投资者数量不受限制；

（四）信托期限不少于1年；

（五）信托资金有明确的投资方向和投资策略，且符合国家产业政策以及其他有关规定；

（六）信托受益权划分为等额份额的信托单位；

（七）信托合同应约定受托人报酬，除合理报酬外，信托公司不得以任何名义直接或间接以信托财产为自己或他人牟利；

（八）中国银行业监督管理委员会规定的其他要求。

第六条　前条所称合格投资者，是指符合下列条件之一，能够识别、判断和承担信托计划相应风险的人：

（一）投资一个信托计划的最低金额不少于100万元人民币的自然人、法人或者依法成立的其他组织；

（二）个人或家庭金融资产总计在其认购时超过100万元人民币，且能提供相关财产证明的自然人；

（三）个人收入在最近3年内每年收入超过20万元人民币或者夫妻双方合计收入在最近3年内每年收入超过30万元人民币，且能提供相关收入证明的自然人。

第七条 信托公司推介信托计划，应有规范和详尽的信息披露材料，明示信托计划的风险收益特征，充分揭示参与信托计划的风险及风险承担原则，如实披露专业团队的履历、专业培训及从业经历，不得使用任何可能影响投资者进行独立风险判断的误导性陈述。

信托公司异地推介信托计划的，应当在推介前向注册地、推介地的中国银行业监督管理委员会省级派出机构报告。

第八条 信托公司推介信托计划时，不得有以下行为：

（一）以任何方式承诺信托资金不受损失，或者以任何方式承诺信托资金的最低收益；

（二）进行公开营销宣传；

（三）委托非金融机构进行推介；

（四）推介材料含有与信托文件不符的内容，或者存在虚假记载、误导性陈述或重大遗漏等情况；

（五）对公司过去的经营业绩作夸大介绍，或者恶意贬低同行；

（六）中国银行业监督管理委员会禁止的其他行为。

第九条 信托公司设立信托计划，事前应进行尽职调查，就可行性分析、合法性、风险评估、有无关联方交易等事项出具尽职调查报告。

第十条 信托计划文件应当包含以下内容：

（一）认购风险申明书；

（二）信托计划说明书；

（三）信托合同；

（四）中国银行业监督管理委员会规定的其他内容。

第十一条 认购风险申明书至少应当包含以下内容：

（一）信托计划不承诺保本和最低收益，具有一定的投资风险，适合风险识别、评估、承受能力较强的合格投资者。

（二）委托人应当以自己合法所有的资金认购信托单位，不得非法汇集他人资金参与信托计划。

（三）信托公司依据信托计划文件管理信托财产所产生的风险，由信托财产承担。信托公司因违背信托计划文件、处理信托事务不当而造成信托财产损失的，由信托公司以固有财产赔偿；不足赔偿时，由投资者自担。

（四）委托人在认购风险申明书上签字，即表明已认真阅读并理解所有的信托计划文件，并愿意依法承担相应的信托投资风险。

认购风险申明书一式二份，注明委托人认购信托单位的数量，分别由信托公司和受益人持有。

第十二条 信托计划说明书至少应当包括以下内容：

（一）信托公司的基本情况；

（二）信托计划的名称及主要内容；

（三）信托合同的内容摘要；

（四）信托计划的推介日期、期限和信托单位价格；

（五）信托计划的推介机构名称；

（六）信托经理人员名单、履历；

（七）律师事务所出具的法律意见书；

（八）风险警示内容；

（九）中国银行业监督管理委员会规定的其他内容。

第十三条 信托合同应当载明以下事项：

（一）信托目的；

（二）受托人、保管人的姓名（或者名称）、住所；

（三）信托资金的币种和金额；

（四）信托计划的规模与期限；

（五）信托资金管理、运用和处分的具体方法或安排；

（六）信托利益的计算、向受益人交付信托利益的时间和方法；

（七）信托财产税费的承担、其他费用的核算及支付方法；

（八）受托人报酬计算方法、支付期间及方法；

（九）信托终止时信托财产的归属及分配方式；

（十）信托当事人的权利、义务；

（十一）受益人大会召集、议事及表决的程序和规则；

（十二）新受托人的选任方式；

（十三）风险揭示；

（十四）信托当事人的违约责任及纠纷解决方式；

（十五）信托当事人约定的其他事项。

第十四条　信托合同应当在首页右上方用醒目字体载明下列文字：信托公司管理信托财产应恪尽职守，履行诚实、信用、谨慎、有效管理的义务。信托公司依据本信托合同约定管理信托财产所产生的风险，由信托财产承担。信托公司因违背本信托合同、处理信托事务不当而造成信托财产损失的，由信托公司以固有财产赔偿；不足赔偿时，由投资者自担。

第十五条　委托人认购信托单位前，应当仔细阅读信托计划文件的全部内容，并在认购风险申明书中签字，申明愿意承担信托计划的投资风险。

信托公司应当提供便利，保证委托人能够查阅或者复制所有的信托计划文件，并向委托人提供信托合同文本原件。

第十六条　信托公司推介信托计划时，可与商业银行签订信托资金代理收付协议。委托人以现金方式认购信托单位，可由商业银行代理收付。信托公司委托商业银行办理信托计划收付业务时，应明确界定双方的权利义务关系，商业银行只承担代理资金收付责任，不承担信托计划的投资风险。

信托公司可委托商业银行代为向合格投资者推介信托计划。

第十七条　信托计划推介期限届满，未能满足信托文件约定的成立条件的，信托公司应当在推介期限届满后30日内返还委托人已缴付的款项，并加计银行同期存款利息。由此产生的相关债务和费用，由信托公司以固有财产承担。

第十八条　信托计划成立后，信托公司应当将信托计划财产存入信托财产专户，并在5个工作日内向委托人披露信托计划的推介、设立情况。

第三章　信托计划财产的保管

第十九条　信托计划的资金实行保管制。对非现金类的信托财产，信托当事人可约定实行第三方保管，但中国银行业监督管理委员会另有规定的，从其规定。

信托计划存续期间，信托公司应当选择经营稳健的商业银行担任保管人。信托财产的保管账户和信托财产专户应当为同一账户。

信托公司依信托计划文件约定需要运用信托资金时，应当向保管人书面提供信托合同复印件及资金用途说明。

第二十条　保管协议至少应包括以下内容：

（一）受托人、保管人的名称、住所；

（二）受托人、保管人的权利义务；

（三）信托计划财产保管的场所、内容、方法、标准；

（四）保管报告内容与格式；

（五）保管费用；

（六）保管人对信托公司的业务监督与核查；

（七）当事人约定的其他内容。

第二十一条　保管人应当履行以下职责：

（一）安全保管信托财产；

（二）对所保管的不同信托计划分别设置账户，确保信托财产的独立性；

（三）确认与执行信托公司管理运用信托财产的指令，核对信托财产交易记录、资金和财产账目；

（四）记录信托资金划拨情况，保存信托公司的资金用途说明；

（五）定期向信托公司出具保管报告；

（六）当事人约定的其他职责。

第二十二条　遇有信托公司违反法律法规和信托合同、保管协议操作时，保管人应当立即以书面形式通知信托公司纠正；当出现重大违法违规或者发生严重影响信托财产安全的事件时，保管人应及时报告中国银行业监督管理委员会。

第四章　信托计划的运营与风险管理

第二十三条　信托公司管理信托计划，应设立为信托计划服务的信托资金运用、信息处理等部门，并指定信托经理及其相关的工作人员。

每个信托计划至少配备一名信托经理。担任信托经理的人员，应当符合中国银行业监督管理委员会规定的条件。

第二十四条　信托公司对不同的信托计划，应当建立单独的会计账户分别核算、分别管理。

第二十五条　信托资金可以进行组合运用，组合运用应有明确的运用范围和投资比例。

信托公司运用信托资金进行证券投资，应当采用资产组合的方式，事先制定投资比例和投资策略，采取有效措施防范风险。

第二十六条 信托公司可以运用债权、股权、物权及其他可行方式运用信托资金。

信托公司运用信托资金，应当与信托计划文件约定的投资方向和投资策略相一致。

第二十七条 信托公司管理信托计划，应当遵守以下规定：

（一）不得向他人提供担保；

（二）向他人提供贷款不得超过其管理的所有信托计划实收余额的30%，但中国银行业监督管理委员会另有规定的除外；

（三）不得将信托资金直接或间接运用于信托公司的股东及其关联人，但信托资金全部来源于股东或其关联人的除外；

（四）不得以固有财产与信托财产进行交易；

（五）不得将不同信托财产进行相互交易；

（六）不得将同一公司管理的不同信托计划投资于同一项目。

第二十八条 信托公司管理信托计划而取得的信托收益，如果信托计划文件没有约定其他运用方式的，应当将该信托收益交由保管人保管，任何人不得挪用。

第五章 信托计划的变更、终止与清算

第二十九条 信托计划存续期间，受益人可以向合格投资者转让其持有的信托单位。信托公司应为受益人办理受益权转让的有关手续。

信托受益权进行拆分转让的，受让人不得为自然人。机构所持有的信托受益权，不得向自然人转让或拆分转让。

第三十条 有下列情形之一的，信托计划终止：

（一）信托合同期限届满；

（二）受益人大会决定终止；

（三）受托人职责终止，未能按照有关规定产生新受托人；

（四）信托计划文件约定的其他情形。

第三十一条 信托计划终止，信托公司应当于终止后10个工作日内做出处理信托事务的清算报告，经审计后向受益人披露。信托文件约定清算报告不需要审计的，信托公司可以提交未经审计的清算报告。

第三十二条 清算后的剩余信托财产，应当依照信托合同约定按受益人所持信托单位比例进行分配。分配方式可采取现金方式、维持信托终止时财产原状方式或者两者的混合方式。

采取现金方式的，信托公司应当于信托计划文件约定的分配日前或者信托期满日前变现信托财产，并将现金存入受益人账户。

采取维持信托终止时财产原状方式的，信托公司应于信托期满后的约定时间内，完成与受益人的财产转移手续。信托财产转移前，由信托公司负责保管。保管期间，信托公司不得运用该财产。保管期间的收益归属于信托财产，发生的保管费用由被保管的信托财产承担。因受益人原因导致信托财产无法转移的，信托公司可以按照有关法律法规进行处理。

第三十三条 信托公司应当用管理信托计划所产生的实际信托收益进行分配，严禁信托公司将信托收益归入其固有财产，或者挪用其他信托财产垫付信托计划的损失或收益。

第六章 信息披露与监督管理

第三十四条 信托公司应当依照法律法规的规定和信托计划文件的约定按时披露信息，并保证所披露信息的真实性、准确性和完整性。

第三十五条 受益人有权向信托公司查询与其信托财产相关的信息，信托公司应在不损害其他受益人合法权益的前提下，准确、及时、完整地提供相关信息，不得拒绝、推诿。

第三十六条 信托计划设立后，信托公司应当依信托计划的不同，按季制作信托资金管理报告、信托资金运用及收益情况表。

第三十七条 信托资金管理报告至少应包含以下内容：

（一）信托财产专户的开立情况；

（二）信托资金管理、运用、处分和收益情况；

（三）信托经理变更情况；

（四）信托资金运用重大变动说明；

（五）涉及诉讼或者损害信托计划财产、受益人利益的情形；

（六）信托计划文件约定的其他内容。

第三十八条 信托计划发生下列情形之一的，信托公司应当在获知有关情况后3个工作日内向受益人披露，并自披露之日起7个工作日内向受益人书面提出信托公司采取的应对措施：

（一）信托财产可能遭受重大损失；

（二）信托资金使用方的财务状况严重恶化；

（三）信托计划的担保方不能继续提供有效的担保。

第三十九条　信托公司应当妥善保存管理信托计划的全部资料，保存期自信托计划结束之日起不得少于15年。

第四十条　中国银行业监督管理委员会依法对信托公司管理信托计划的情况实施现场检查和非现场监管，并要求信托公司提供管理信托计划的相关资料。

中国银行业监督管理委员会在现场检查或非现场监管中发现信托公司存在违法违规行为的，应当根据《中华人民共和国银行业监督管理法》等法律法规的规定，采取暂停业务、限制股东权利等监管措施。

第七章　受益人大会

第四十一条　受益人大会由信托计划的全体受益人组成，依照本办法规定行使职权。

第四十二条　出现以下事项而信托计划文件未有事先约定的，应当召开受益人大会审议决定：

（一）提前终止信托合同或者延长信托期限；

（二）改变信托财产运用方式；

（三）更换受托人；

（四）提高受托人的报酬标准；

（五）信托计划文件约定需要召开受益人大会的其他事项。

第四十三条　受益人大会由受托人负责召集，受托人未按规定召集或不能召集时，代表信托单位10%以上的受益人有权自行召集。

第四十四条　召集受益人大会，召集人应当至少提前10个工作日公告受益人大会的召开时间、会议形式、审议事项、议事程序和表决方式等事项。

受益人大会不得就未经公告的事项进行表决。

第四十五条　受益人大会可以采取现场方式召开，也可以采取通讯等方式召开。

每一信托单位具有一票表决权，受益人可以委托代理人出席受益人大会并行使表决权。

第四十六条　受益人大会应当有代表50%以上信托单位的受益人参加，方可召开；大会就审议事项作出决定，应当经参加大会的受益人所持表决权的2/3以上通过；但更换受托人、改变信托财产运用方式、提前终止信托合同，应当经参加大会的受益人全体通过。

受益人大会决定的事项，应当及时通知相关当事人，并向中国银行业监督管理委员会报告。

第八章　罚　　则

第四十七条　信托公司设立信托计划不遵守本办法有关规定的，由中国银行业监督管理委员会责令改正；逾期不改正的，处10万元以上30万元以下罚款；情节特别严重的，可以责令停业整顿或者吊销其金融许可证。

第四十八条　信托公司推介信托计划违反本办法有关规定的，由中国银行业监督管理委员会责令停止，返还所募资金并加计银行同期存款利息，并处20万元以上50万元以下罚款；构成犯罪的，依法追究刑事责任。

第四十九条　信托公司管理信托计划违反本办法有关规定的，由中国银行业监督管理委员会责令改正；有违法所得的，没收违法所得，并处违法所得1倍以上5倍以下罚款；没有违法所得的，处20万元以上50万元以下罚款；情节特别严重或者逾期不改正的，可以责令停业整顿或者吊销其金融许可证；构成犯罪的，依法追究刑事责任。

第五十条　信托公司不依本办法进行信息披露或者披露的信息有虚假记载、误导性陈述或者重大遗漏的，由中国银行业监督管理委员会责令改正，并处20万元以上50万元以下罚款；给受益人造成损害的，依法承担赔偿责任。

第五十一条　信托公司设立、管理信托计划存在其他违法违规行为的，中国银行业监督管理委员会可以根据《中华人民共和国银行业监督管理法》等法律法规的规定，采取相应的处罚措施。

第九章　附　　则

第五十二条　两个以上（含两个）单一资金信托用于同一项目的，委托人应当为符合本办法规定的合格投资者，并适用本办法规定。

第五十三条　动产信托、不动产信托以及其他财产和财产权信托进行受益权拆分转让的，应当遵守本办法的相关规定。

第五十四条　本办法由中国银行业监督管理委员会负责解释。

第五十五条　本办法自2007年3月1日起施行，原《信托投资公司资金信托管理暂行办法》（中国人民银行令〔2002〕第7号）不再适用。

银行间债券市场债券登记托管结算管理办法

中国人民银行令 第 1 号

（二〇〇九年三月二十六日）

第一章　总　　则

第一条　为规范债券登记、托管和结算行为，保护投资者合法权益，维护债券登记、托管和结算秩序，促进债券市场健康发展，依据《中华人民共和国中国人民银行法》等有关法律法规，制定本办法。

第二条　固定收益类有价证券（以下简称债券）在银行间债券市场的登记、托管和结算适用本办法。

商业银行柜台记账式国债的登记、托管和结算适用《商业银行柜台记账式国债交易管理办法》。

第三条　债券登记、托管和结算业务遵循安全、高效的原则，采取全国统一的运营管理模式。

第四条　中国人民银行依法对银行间债券市场债券登记托管结算机构和债券登记、托管和结算业务进行监督管理。

第二章　债券登记托管结算机构

第五条　本办法所称债券登记托管结算机构是指在银行间债券市场专门办理债券登记、托管和结算业务的法人。

中央国债登记结算有限责任公司是中国人民银行指定的债券登记托管结算机构。

第六条　债券登记托管结算机构承担债券中央登记、一级托管及结算职能；经中国人民银行批准的柜台交易承办银行承担商业银行柜台记账式国债的二级托管职能。

第七条　债券登记托管结算机构在债券登记、托管和结算业务中履行下列职能：

（一）设立和管理债券账户；

（二）债券登记；

（三）债券托管；

（四）债券结算；

（五）代理拨付债券兑付本息和相关收益资金；

（六）跨市场交易流通债券的总托管；

（七）提供债券等质押物的管理服务；

（八）代理债券持有人向债券发行人依法行使债券权利；

（九）依法提供与债券登记、托管和结算相关的信息、查询、咨询、培训服务；

（十）监督柜台交易承办银行的二级托管业务；

（十一）中国人民银行规定的其他职能。

第八条　债券登记托管结算机构应当采取下列措施保证业务的正常开展：

（一）具有专用的债券登记、托管、结算系统和设备，强化技术手段以保障数据安全；

（二）建立系统故障应急处理机制和灾难备份机制；

（三）完善公司治理，建立健全内部控制机制和风险管理制度，定期对登记、托管和结算情况进行内部稽核和检查；

（四）制定债券登记、托管和结算相关业务规则与操作规程，加强对关键岗位的管理。

第九条　下列事项，债券登记托管结算机构应当报中国人民银行批准：

（一）章程的制定和修改，并购、合并、重组、分立等重大事项；

（二）内部控制制度、风险管理制度、业务规则以及应急预案的制定和修改；

（三）开展新业务，变更登记、托管和结算业务模式；

（四）与境内外其他市场中介机构有关债券登记、托管和结算的业务合作；

（五）中国人民银行要求的其他事项。

第十条　下列事项，债券登记托管结算机构应当报中国人民银行备案：

（一）制定和修改中长期业务发展规划；

（二）高级管理人员变动；

（三）中国人民银行要求的其他事项。

第十一条　债券登记托管结算机构应当妥善保存债券登记、托管和结算的原始凭证及债券账务数据等有关文件和资料，其保存时间至少为债券到期后20年。

第十二条　债券登记托管结算机构根据业务发展需要，可以编制并定期发布债券登记、托管和结算业务相关信息。债券登记托管结算机构向其他组织和个人提供上述信息须符合中国人民银行有关规定。

第十三条　债券登记托管结算机构对债券持有人有关债券登记、托管和结算的数据和资料负有保密义务，但有下列情形的，应当依法予以办理：

（一）债券持有人查询本人的债券账务资料；

（二）受托人持债券持有人的书面委托查询有关债券账务资料；

（三）人民法院、人民检察院、公安机关等依照法定的程序和条件进行查询和取证；

（四）法律法规规定的其他情形。

债券登记托管结算机构应当方便债券持有人及时获得其债券账户记录。

第十四条　债券登记托管结算机构应当公开与债券登记、托管和结算业务相关的收费项目和标准。

债券登记托管结算机构制定或者调整收费项目和标准时，应当充分征求中国银行间市场交易商协会（以下简称交易商协会）、债券发行人和债券持有人的意见，并将征求意见的情况向中国人民银行报告。

第十五条　债券登记托管结算机构应当与债券发行人和债券持有人分别签订相关服务协议，明确双方的权利义务。

债券登记托管结算机构应当在充分征求交易商协会、债券发行人和债券持有人意见的基础上制定相关服务协议的文本，并将征求意见的情况向中国人民银行报告。

第十六条　债券登记托管结算机构应当对债券登记、托管和结算活动进行日常监测，发现异常情况、重大业务风险和技术风险以及重大违法违规行为的，应当及时向中国人民银行报告并进行相应处理，同时抄送交易商协会。

债券登记托管结算机构应当与全国银行间同业拆借中心相互配合，建立债券市场一线监控制度。

第十七条　债券登记托管结算机构应当于每月前5个工作日内向中国人民银行报送上月债券发行、登记、托管、结算等有关数据和统计信息，并于每年度结束后20个工作日内向中国人民银行报送债券登记、托管和结算业务的年度工作报告。

交易商协会、债券登记托管结算机构和全国银行间同业拆借中心应当按照中国人民银行有关规定建立信息和数据交流机制。

第十八条　债券登记托管结算机构应当按有关规定及时公布债券登记、托管和结算业务有关统计信息，但不得泄露非公开信息。

第三章　债券账户

第十九条　债券账户是指在债券登记托管结算机构开立的用以记载债券持有人所持有债券的品种、数量及其变动等情况的电子簿记账户。

第二十条　**债券持有人通过债券账户持有债券。**债券持有人持有债券以其债券账户内记载的债券托管余额为准。债券持有人对债券账户记载内容有异议的，债券登记托管结算机构应当及时复查并予以答复；因债券登记托管结算机构工作失误造成数据差错并给债券持有人带来损失的，债券登记托管结算机构应当承担相应法律责任。

第二十一条　债券登记托管结算机构应当根据分类设置、集中管理的原则制定债券账户管理制度。

第二十二条　债券持有人开立债券账户应当按照中国人民银行的规定向债券登记托管结算机构提出申请，且应当保证所提交的开户资料真实、准确、完整。

债券账户采用实名制，不得出租、出借或转让。

第二十三条　债券账户分为自营账户和代理总账户。

第二十四条　一个投资者只能开立一个自营账户，中国人民银行另有规定的除外。

具有法人资格的投资者应当以法人名义开立自营账户；经法人授权的商业银行分支机构可以分支机构的名

义开立自营账户；证券投资基金等非法人机构投资者可按中国人民银行规定单独开立自营账户。

第二十五条 柜台交易承办银行和其他交易场所证券登记托管结算机构等可以在债券登记托管结算机构开立代理总账户，用于记载其二级托管的全部债券余额。

柜台交易承办银行和其他交易场所证券登记托管结算机构等为二级托管账户持有人确认的托管债券总额应当与其代理总账户记载的债券余额相等，且代理总账户内的债券应当与其自营的债券严格分开。

第二十六条 债券持有人可申请注销其账户。申请注销时，债券登记托管结算机构应当在确定该账户已无债券托管，且无未到期的回购等未了结的债权债务、质押以及冻结等情形时方可予以办理。

第四章 债券登记

第二十七条 债券登记是指债券登记托管结算机构以簿记方式依法确认债券持有人持有债券事实的行为。

第二十八条 债券发行结束后，债券发行人应当向债券登记托管结算机构提供相关机构和组织出具的债券发行审批、核准、注册等文件复印件、有关发行文件及相关资料。债券登记托管结算机构应当根据债券发行募集资金收讫确认及时办理债券登记。涉及二级托管账户的，柜台交易承办银行和其他交易场所证券登记托管结算机构等为二级托管账户持有人办理债券登记。

第二十九条 债券存续期内，因债券发行人预先约定或债券持有人合法要求而派生的债券，债券登记托管结算机构应当根据发行文件和债券持有人的委托，办理派生债券的登记。

第三十条 债券因交易结算、非交易过户、选择权行使等原因引起债券账户余额变化的，债券登记托管结算机构应当办理变更登记。涉及二级托管账户的，柜台交易承办银行和其他交易场所证券登记托管结算机构等应当为二级托管账户持有人办理变更登记。

因分立、合并或解散等原因导致债券发行人变更的，债务承继人应当及时向债券登记托管结算机构提交相关证明材料，债券登记托管结算机构应当依法及时办理变更登记。

第三十一条 债券登记托管结算机构可依法为债券持有人提供债券质押登记服务，对相应债券进行冻结；或依照法律法规对债券进行冻结。债券被冻结时，债券登记托管结算机构应当在相应债券账户内加以明确标记，以表明债券权利受到限制。

第三十二条 因到期兑付、提前兑付、选择权行使等原因导致债权债务终止的，债券登记托管结算机构应当办理债券注销登记；涉及二级托管账户的，柜台交易承办银行和其他交易场所证券登记托管结算机构等应当及时办理托管债券余额注销。

仍处于冻结状态的债券到期兑付时，债券登记托管结算机构应当提存其本息，待相关当事人出具有效法律文件后，按有关规定办理。

第五章 债券托管

第三十三条 债券托管是指债券登记托管结算机构对债券持有人持有的债券进行集中保管，并对其持有债券的相关权益进行管理和维护的行为。

第三十四条 债券持有人应当委托债券登记托管结算机构托管其持有的债券。

债券托管关系自债券登记托管结算机构为债券持有人开立债券账户后成立，至债券账户注销终止。

第三十五条 债券登记托管结算机构应当对债券持有人托管的债券采取安全有效的管理措施，保证其托管账务的真实、准确、完整和安全。债券登记托管结算机构对所托管的债券不享有任何性质的所有权，不得挪用所托管的债券。

债券登记托管结算机构出现破产、解散、分立、合并及撤销等情况时，债券持有人在该机构所托管的债券和其他资产不参与资产清算。

第三十六条 跨市场交易的债券持有人可将其持有的跨市场交易流通债券进行转托管。债券登记托管结算机构应当及时为其提供转托管服务。

第三十七条 债券发行人委托债券登记托管结算机构办理债券兑付本息或相关收益资金分配时，债券发行人应当及时、足额向债券登记托管结算机构支付相关款项，债券登记托管结算机构收到相关款项后应当及时办理；债券发行人未履行上述支付义务的，债券登记托管结算机构有权推迟办理，债券发行人应当及时向市场说明有关情况。

第六章 债券结算

第三十八条 债券结算是指在确认结算指令的基础

上进行的债券过户。

第三十九条　投资者或其代理人应当根据债券交易合同的约定及时发送债券结算指令，其相应的债券账户应当有足够余额用于结算。

第四十条　债券登记托管结算机构应当明确结算指令的形式和传递方式，并对其采取有效的识别措施。

债券登记托管结算机构应当根据有效结算指令及时为投资者或其代理人办理债券结算，债券结算一旦完成不可撤销。

第四十一条　银行间债券市场债券结算机制包括全额和净额两种。净额业务有关规定由中国人民银行另行规定。

第四十二条　债券结算和资金结算可采用券款对付、见券付款、见款付券和纯券过户等结算方式。

券款对付是指结算双方同步办理债券过户和资金支付并互为条件的结算方式。

见券付款是指收券方以付券方应付债券足额为资金支付条件的结算方式。

见款付券是指付券方以收到收券方支付的足额资金为债券过户条件的结算方式。

纯券过户是指结算双方的债券过户与资金支付相互独立的结算方式。

债券结算和资金结算的风险由结算双方自行承担。

第四十三条　已进入债券结算过程处于待付状态的资金和债券，以及该笔结算涉及的担保物只能用于该笔结算，不能被强制执行。

第四十四条　债券登记托管结算机构可为投资者的债券借贷提供便利，以保证债券结算的顺利进行，有关办法由中国人民银行另行规定。

第四十五条　交易流通受到限制的债券办理转让过户，应当符合相关法律、法规和有关主管部门的规定。

第四十六条　办理扣划、继承、抵债、赠与等非交易过户的，债券登记托管结算机构应当要求当事人提交合法有效的法律文件。

第七章　法律责任

第四十七条　债券登记托管结算机构及相关工作人员有下列情形之一的，由中国人民银行按照《中华人民共和国中国人民银行法》第四十六条的规定进行处罚：

（一）工作失职，给债券发行人和债券持有人造成严重损失；

（二）挪用债券持有人托管债券和资金；

（三）篡改债券账户有关账务数据；

（四）泄露债券持有人账户信息；

（五）其他违反本办法的行为。

违反本办法，构成犯罪的，依法追究刑事责任。

第四十八条　债券发行人和债券持有人违反本办法，由中国人民银行按照《中华人民共和国中国人民银行法》第四十六条的规定进行处罚，构成犯罪的，依法追究刑事责任。

第八章　附　　则

第四十九条　本办法由中国人民银行负责解释。

第五十条　本办法自2009年5月4日起施行。

证券期货市场统计管理办法

中国证券监督管理委员会令第　60　号

（二OO九年一月八日）

第一章　总　　则

第一条　为了规范证券期货市场统计行为，发挥统计在反映证券期货市场基础信息和动态状况、加强证券期货市场监管中的作用，根据《中华人民共和国统计法》、《中华人民共和国证券法》、《中华人民共和国证券投资基金法》、《期货交易管理条例》、《证券公司监督管理条例》和《中华人民共和国统计法实施细则》等法律、行政法规，制定本办法。

第二条 证券期货市场统计的基本任务是对证券期货市场发展情况进行统计调查、统计分析，提供证券期货市场统计资料和统计咨询意见，实行统计监督。

第三条 证券期货市场统计调查对象（以下简称统计调查对象）应当如实提供证券期货统计资料，不得虚报、瞒报、拒报、迟报，不得伪造、篡改。

本办法所称的统计调查对象，包括证券公司、证券投资基金管理公司、期货公司及其分支机构，基金托管银行、基金销售机构、合格境外机构投资者托管银行，从事证券期货服务业务的投资咨询机构、财务顾问机构、资信评级机构、资产评估机构、会计师事务所、律师事务所，上市公司、非上市公众公司，证券期货交易所、证券登记结算机构、证券业协会、期货业协会、证券投资者保护基金公司、期货保证金监控中心等市场主体。

第四条 中国证券监督管理委员会（以下简称中国证监会）建立集中统一领导，分业务、分级负责的统计管理体制。

中国证监会负责全国证券期货市场（以下简称证券期货市场）的统计工作，中国证监会派出机构负责辖区内的证券期货统计工作。

第五条 中国证监会制定证券期货市场统计标准，发布证券期货市场统计资料或者可能影响证券期货市场稳定运行的其他统计资料。

第六条 统计资料的管理、使用和公布，应当遵守国家档案管理制度、保密制度和证券期货监督管理信息公开制度、证券期货市场诚信档案管理制度，保守统计调查对象的商业秘密，维护证券期货市场公开、公平、公正的原则。

第二章 统计机构和统计人员

第七条 中国证监会统计部门履行以下职责：

（一）组织证券期货市场统计调查工作，搜集、整理证券期货统计资料，管理、公布、汇编、对外提供证券期货市场统计资料；

（二）对证券期货市场运行、发展、风险等情况进行统计分析，编制证券期货市场统计报表，出具统计报告，提出有关的政策建议；

（三）建立健全证券期货统计制度，制定证券期货市场统计标准，完善证券期货统计指标体系，对统计法律、行政法规、本办法及中国证监会制定的统计制度的执行情况进行指导和检查监督，对中国证监会派出机构、统计调查对象的统计工作进行考核评估；

（四）建设并管理证券期货统计信息自动化系统和统计数据库体系；

（五）负责办理与会外单位之间的统计协调工作；

（六）办理中国证监会派出机构统计调查项目和证券期货市场统计调查项目补充内容的备案；

（七）组织开展证券期货市场统计人员的业务培训。

第八条 中国证监会履行监管职责的其他部门（以下简称中国证监会其他部门）对其职责范围内的统计调查对象进行统计调查，搜集、整理证券期货统计资料。

中国证监会其他部门应当配合中国证监会统计部门的工作。

第九条 中国证监会统计部门建立证券期货市场统计工作联席会议机制，其成员单位包括中国证监会统计部门、中国证监会其他部门、证券期货交易所、证券登记结算机构等。

除中国证监会统计部门之外的其他成员单位按照约定的格式与内容，定期或者不定期地向中国证监会统计部门报送本单位搜集、整理、管理的证券期货统计资料。证券期货市场统计工作联席会议机制确保成员之间实现信息互联共享，并承担以下职能：

（一）分析评价证券期货统计标准，提出补充、修改的建议；

（二）研究统计工作中遇到的新问题、新情况，加强各单位间的协调、配合；

（三）讨论其他与证券期货统计工作有关的重大事项。

第十条 中国证监会派出机构应当指定或者设立专门处室履行统计职责，其统计职责包括：

（一）配合中国证监会统计部门完成证券期货市场统计调查任务，搜集、整理、提供辖区内证券期货统计资料；

（二）组织辖区内的证券期货统计调查工作，搜集、整理、管理、公布、对外提供证券期货统计资料；

（三）对辖区内证券期货发展情况进行统计分析，出具统计报告，提出有关政策建议；

（四）对辖区内统计调查对象执行统计法律、行政法规、本办法及中国证监会制定统计制度的情况进行检查监督。

第十一条　统计调查对象应当设立统计部门或者指定部门、人员负责统计工作。

第十二条　中国证监会其他部门、派出机构配置专职的统计人员。统计调查对象应当配备专职或者兼职的统计人员。

统计人员应当具备良好的职业道德，具备必要的证券期货市场基础知识、统计专业基础知识和必备的计算机操作技能。

第十三条　统计人员应当依法如实搜集、报送统计资料。

统计人员应当对其负责搜集、审核、录入的统计资料和调查对象报送的统计资料的真实性负责，不得伪造、篡改统计资料，不得以任何方式要求统计调查对象提供不真实的统计资料。

第十四条　统计人员依法履行统计职责，不受任何单位和个人非法干预。

第十五条　中国证监会统计部门组织对统计人员的专业培训，加强职业道德教育，提高统计工作水平。

第三章　统计调查和统计分析

第十六条　中国证监会统计部门负责制定证券期货市场统计调查项目。中国证监会派出机构在执行前述统计调查项目时，可以根据本辖区的实际情况和监管工作需要，对统计调查内容作出补充，并报中国证监会统计部门备案。

中国证监会派出机构负责制定辖区内证券期货统计调查项目，并报中国证监会统计部门备案。

第十七条　中国证监会统计部门制定证券期货市场统计标准，以保障统计调查中采用的指标涵义、计算方法、分类目录、调查表式等方面的标准化。

中国证监会其他部门、中国证监会派出机构开展统计调查的，应当适用中国证监会统计部门制定的统计标准。

第十八条　中国证监会及其派出机构在组织统计调查时，应当对统计调查内容、调查对象、统计资料的报送时间、格式及方式等内容作出明确规定。

中国证监会及其派出机构可以采用公文、传真、电话、电子邮件以及网络等统计调查方式。涉及保密内容的统计调查，应当遵循保密管理的相关规定。

第十九条　统计调查对象应当在规定时限内，按照规定的统计调查内容与格式，向中国证监会及其派出机构报送统计资料。统计资料还应当符合中国证监会统计部门制定的统计标准。

第二十条　统计调查对象应当做好基层统计报表的收集、审核和汇总工作，保证统计资料的真实、准确和完整。

统计调查对象应当向中国证监会及其派出机构报送经单位负责人审核、签署的统计数据，并在填报说明中，对基层数据的上报情况及本期数据的异常变动等情况作出说明。

第二十一条　统计调查对象发现报送的统计资料有误的，应当立即报告中国证监会及其派出机构，组织本单位的统计部门或者人员予以核实订正后，及时向中国证监会及其派出机构作出书面更正与说明。必要时，还应当依法及时公开披露。

第二十二条　统计调查应当以定期调查为基础，以抽样调查为补充，综合运用全面调查、重点调查、行政业务记录等方法，搜集、整理证券期货基本统计资料。

第二十三条　中国证监会统计部门应当定期分析、研究证券期货市场和宏观经济发展情况，并就其对证券期货业发展的影响等情况进行调查研究。

中国证监会统计部门可以根据证券期货监管工作的需要，对一些市场高度关注、关系证券期货市场发展大局的情况进行分析、研究。

第二十四条　地方各级人民政府或者国务院其他部门派出机构组织证券期货统计调查的，统计调查对象应当及时向中国证监会派出机构报告。

中国证监会派出机构应当及时了解统计调查内容及其进展情况；必要时，应当及时就统计资料的一致性等问题，与地方各级人民政府或者国务院其他部门派出机构协商。

统计调查属于证券期货市场统计调查一部分的，中国证监会派出机构应当及时报告中国证监会统计部门。中国证监会统计部门应当及时就统计资料的一致性等问题，与国务院其他部门协商。

第四章　统计资料管理和公布

第二十五条　中国证监会统计部门统一管理证券期

货市场统计资料。

中国证监会其他部门、派出机构负责本部门或者单位统计资料的管理工作。

统计调查对象应当按照法律、行政法规的要求，加强统计资料的管理工作。

统计资料档案的保管、调用和移交，应当遵守国家有关档案管理的规定。

第二十六条 中国证监会及其派出机构应当建立健全统计资料的审核、整理、交接和存档等管理制度。

中国证监会统计部门应当建设统一的证券期货统计信息自动化系统，实现与中国证监会其他部门、中国证监会派出机构、证券期货交易所、证券登记结算机构等单位统计资料电子化管理系统、证券期货市场诚信档案系统的对接。

第二十七条 中国证监会及其派出机构应当建立健全统计资料提供和公布制度。

证券期货市场统计资料或者可能影响证券期货市场稳定运行的统计资料应当由中国证监会统计部门对外提供或者公布。

中国证监会派出机构可以对外提供或者公布本辖区证券期货统计资料。

第二十八条 统计调查对象或者其他单位公布统计资料应当遵守法律、行政法规和中国证监会的规定，不得编造、伪造统计资料，扰乱证券期货市场秩序。

第五章 监督管理与法律责任

第二十九条 中国证监会统计部门、中国证监会派出机构可以对统计调查对象的以下情况，实施定期或者不定期检查：

（一）统计部门或者指定负责统计工作的部门、人员的配置情况；

（二）统计工作的独立性；

（三）基层统计报表的收集、审核和汇总工作及其真实、准确、完整程度；

（四）有关统计法律、行政法规、中国证监会规定的其他要求的执行情况。

第三十条 检查分为现场检查与非现场检查。

现场检查时，检查人员不得少于两人，并应当出示合法证件和检查通知书。检查人员有权采取下列措施：

（一）询问统计调查对象的有关人员，要求其对检查事项作出说明；

（二）查阅、复制统计调查对象与检查事项有关的文件、资料、凭证等；

（三）要求统计调查对象及其有关人员提交与检查事项有关的自查报告。

非现场检查时，中国证监会统计部门、中国证监会派出机构可以要求统计调查对象提供备查资料及其说明或者自查报告。

第三十一条 统计调查对象应当配合中国证监会统计部门、中国证监会派出机构的检查工作。任何单位、个人不得干扰和妨碍检查工作。

第三十二条 对于违反本办法规定的统计调查对象，中国证监会可以对其采取以下监督管理措施：

（一）责令改正；

（二）监管谈话；

（三）出具警示函；

（四）责令参加培训。

第三十三条 统计调查对象有下列行为之一的，中国证监会可以给予警告，单处或者并处罚款：

（一）虚报、瞒报、漏报统计资料；

（二）伪造、篡改统计资料；

（三）拒报或者无故迟报统计资料；

（四）拒绝或者妨碍统计检查。

对前款行为负有直接责任的管理人员和其他直接责任人员，中国证监会可以给予警告，单处或者并处罚款。

第三十四条 统计调查对象或者其他单位违反本办法第二十八条规定，作出虚假陈述或者信息误导，扰乱证券期货市场的，中国证监会按照《证券法》第二百零七条、《期货交易管理条例》第七十一条的规定予以处罚。

第三十五条 统计调查对象报送的监管信息包含统计资料，其报送或者信息披露行为违反法律、行政法规、中国证监会规定的，按照相关规定处理。

第三十六条 中国证监会统计部门、中国证监会其他部门和中国证监会派出机构的工作人员违反国家有关保密规定，擅自公开证券期货统计资料的，中国证监会依照有关规定给予行政处分。

第六章　附　　则

第三十七条　证券期货交易所、证券期货业协会、证券登记结算机构等自律组织组织统计调查的，应当适用中国证监会统计部门规定的统一的统计标准。

前款所称的自律组织可以制定本单位统计工作制度，并报中国证监会统计部门备案。

第三十八条　本办法自2009年3月1日起施行。

金融企业国有资产转让管理办法

中华人民共和国财政部令　第　54　号

（二〇〇九年三月十七日）

第一章　总　　则

第一条　为了规范金融企业国有资产转让行为，加强国有资产交易的监督管理，维护国有资产出资人的合法权益，防止国有资产流失，根据有关法律、行政法规，制定本办法。

第二条　本办法所称金融企业国有资产，是指各级人民政府及其授权投资主体对金融企业各种形式的出资所形成的权益。

本办法所称金融企业，包括所有获得金融业务许可证的企业和金融控股（集团）公司。

第三条　县级以上人民政府财政部门（以下简称财政部门）和县级以上人民政府或者财政部门授权的投资主体转让所持金融企业国有资产，国有及国有控股金融企业（以下统称转让方）转让所持国有资产给境内外法人、自然人或者其他组织（以下统称受让方），适用本办法。

第四条　金融企业国有资产转让应当遵守法律、行政法规和产业政策规定。

第五条　金融企业国有资产转让包括非上市企业国有产权转让和上市公司国有股份转让。

金融企业国有资产转让以通过产权交易机构、证券交易系统交易为主要方式。符合本办法规定条件的，可以采取直接协议方式转让金融企业国有资产。

第六条　拟转让的金融企业国有资产权属关系应当明晰。权属关系不明确或者存在权属纠纷以及法律、行政法规和国家有关政策规定禁止转让的金融企业国有资产不得转让。

转让已经设立担保物权的金融企业国有资产，应当符合《中华人民共和国物权法》、《中华人民共和国担保法》等有关法律、行政法规的规定。

第七条　金融企业国有资产转让按照统一政策、分级管理的原则，由财政部门负责监督管理。财政部门转让金融企业国有资产，应当报本级人民政府批准。政府授权投资主体转让金融企业国有资产，应当报本级财政部门批准。

金融企业国有资产转让过程中，涉及政府社会公共管理和金融行业监督管理事项的，应当根据国家规定，报经政府有关部门批准。

以境外投资人为受让方的，应当符合国家有关外商投资的监督管理规定，由转让方按照有关规定报经政府有关部门批准。

第八条　财政部门是金融企业国有资产转让的监督管理部门。

财政部负责制定金融企业国有资产转让监督管理制度，并对中央管理的金融企业及其子公司的国有资产转让工作实施监督管理。

地方县级以上财政部门对本级管理的金融企业及其子公司国有资产转让实施监督管理。

上级财政部门指导和监督下级财政部门的金融企业

国有资产转让监督管理工作。

第九条 财政部门对金融企业国有资产转让履行下列监督管理职责：

（一）决定或者批准金融企业国有资产转让事项，审核重大资产转让事项并报本级人民政府批准；

（二）确定承办金融企业国有资产交易业务的产权交易机构备选名单；

（三）负责金融企业国有资产转让情况的监督检查工作；

（四）负责金融企业国有资产转让信息的收集、汇总、分析和上报工作；

（五）本级人民政府授权的其他职责。

第十条 国有及国有控股金融企业在境内外依法设立子公司或者向企业投资的，由该国有及国有控股金融企业按本办法规定负责所设立子公司和投资企业的国有资产的转让工作，并履行下列职责：

（一）按照本办法及国家有关规定，制定企业所属分支机构、子公司的国有资产转让管理办法和工作程序，并报本级财政部门备案；

（二）研究资产转让行为是否有利于促进企业的持续发展；

（三）审议所属一级子公司的资产转让事项，监督一级子公司以下的资产转让事项；

（四）向财政部门、相关金融监督管理部门和其他有关部门报告有关资产转让情况。

第二章 非上市企业国有产权转让

第十一条 非上市企业国有产权的转让应当在依法设立的省级以上（含省级，下同）产权交易机构公开进行，不受地区、行业、出资或者隶属关系的限制。

第十二条 国有及国有控股金融企业转让一级子公司的产权，应当报财政部门审批。除国家明确规定需要报国务院批准外，中央管理的国有及国有控股金融企业转让一级子公司的产权应当报财政部审批；地方管理的金融企业国有资产转让的审批权限，由省级财政部门确定。

国有及国有控股金融企业一级子公司（省级分公司或者分行、金融资产管理公司办事处）转让所持子公司产权，由控股（集团）公司审批。其中，涉及重要行业、重点子公司的重大国有产权转让，或者导致转让标的企业所持金融企业或者其他重点子公司控股权转移的，应当报财政部门审批。

第十三条 转让方应当制定转让方案，并按照内部决策程序交股东会或者股东大会、董事会或者其他决策部门审议，形成书面决议。

转让方案包括转让标的企业产权的基本情况、转让行为的论证情况、产权转让公告以及其他主要内容。

转让标的企业涉及职工安置问题的，应当按照国家有关规定办理职工安置工作。

第十四条 转让方应当依照国家有关规定，委托资产评估机构对转让标的企业的整体价值进行评估。

第十五条 非上市企业国有产权转让需要报财政部门审批的，转让方应当在进场交易前报送以下材料：

（一）产权转让的申请书，包括转让原因，是否进场交易等内容；

（二）产权转让方案及内部决策文件；

（三）转让方基本情况及上一年度经会计师事务所审计的财务会计报告；

（四）转让标的企业基本情况、当期财务会计报告和最近一期经会计师事务所审计的财务会计报告；

（五）转让方和转让标的企业国有资产产权证明文件；

（六）转让标的企业资产评估核准或者备案文件；

（七）拟选择的产权交易机构；

（八）意向受让方应当具备的基本条件、支付方式；

（九）律师事务所出具的法律意见书；

（十）财政部门认为必要的其他文件。

转让金融企业产权的，应当对是否符合相关金融监督管理部门的规定进行说明。

第十六条 从事金融企业国有产权交易活动的产权交易机构，应当符合下列基本条件：

（一）遵守有关法律、法规、规章；

（二）具备相应的交易场所、信息发布渠道和专业人员，能够满足金融企业国有产权交易活动的需要；

（三）具有健全的内部管理制度，产权交易操作规范；

（四）能够履行产权交易机构的职责，依法审查产权交易主体的资格和条件；

（五）连续3年没有违法、违规记录；

（六）按照国家有关规定公开披露产权交易信息，并能够按要求及时向省级以上财政部门报告场内金融企业国有产权交易情况。

第十七条　转让方在确定进场交易的产权交易机构后，应当委托该产权交易机构在省级以上公开发行的经济或者金融类报刊和产权交易机构的网站上刊登产权转让公告，公开披露有关非上市企业产权转让信息，征集意向受让方。

产权转让公告期不得少于20个工作日。

第十八条　转让方披露的非上市企业产权转让信息应当包括下列内容：

（一）转让标的企业的基本情况；

（二）转让标的企业的产权构成情况；

（三）产权转让行为的内部决策情况；

（四）转让标的企业最近一期经会计师事务所审计的主要财务指标数据；

（五）转让标的企业资产评估核准或者备案情况；

（六）受让方应当具备的基本条件；

（七）其他需要披露的事项。

需要按本办法办理审批手续的，还应当披露产权转让行为的批准情况。

第十九条　意向受让方一般应当具备下列条件：

（一）具有良好的财务状况和支付能力；

（二）具有良好的商业信用；

（三）受让方为自然人的，应当具有完全民事行为能力；

（四）国家规定的其他条件。

在不违反相关监督管理要求和公平竞争原则下，转让方可以对意向受让方的资质、商业信誉、行业准入、资产规模、经营情况、财务状况、管理能力等提出具体要求。

第二十条　在产权交易过程中，首次挂牌价格不得低于经核准或者备案的资产评估结果。

首次挂牌未能征集到意向受让方的，转让方可以根据转让标的企业情况确定新的挂牌价格并重新公告。如新的挂牌价格低于资产评估结果的90%，应当重新报批。

第二十一条　经公开征集，产生2个以上（含2个）意向受让方时，转让方应当会同产权交易机构共同对意向受让方进行资格审核，根据转让标的企业的具体情况采取拍卖、招投标或者国家规定的其他公开竞价方式实施产权交易。

采取拍卖方式转让非上市企业产权的，应当按照《中华人民共和国拍卖法》及其他有关规定组织实施。

采取招投标方式转让非上市企业产权的，应当按照《中华人民共和国招标投标法》及其他有关规定组织实施。

第二十二条　经产权交易机构公开征集只产生1个符合条件的意向受让方时，产权转让可以采取场内协议转让方式进行，但转让价格不得低于挂牌价格。

采取场内协议转让方式的，转让方应当与受让方进行充分协商，依法妥善处理转让中所涉及的相关事项后，签订产权转让协议（合同，下同）。

第二十三条　确定受让方后，转让方应当与受让方签订产权转让协议。

转让协议应当包括下列内容：

（一）转让与受让双方的名称与住所；

（二）转让标的企业产权的基本情况；

（三）转让方式、转让价格、价款支付时间和方式及付款条件；

（四）产权交割事项；

（五）转让涉及的有关税费负担；

（六）协议争议的解决方式；

（七）协议各方的违约责任；

（八）协议变更和解除的条件；

（九）转让和受让双方认为必要的其他条款。

第二十四条　转让方应当按照产权转让协议的约定及时收取产权转让的全部价款，转让价款原则上应当采取货币性资产一次性收取。如金额较大、一次付清确有困难的，可以约定分期付款方式，但分期付款期限不得超过1年。

采用分期付款方式的，受让方首期付款不得低于总价款的30%，并在协议生效之日起5个工作日内支付；其余款项应当办理合法的价款支付保全手续，并按同期金融机构基准贷款利率向转让方支付分期付款期间利息。在全部转让价款支付完毕前或者未办理价款支付保全手续前，转让方不得申请办理国有产权登记和工商变更登记手续。

受让方以非货币性资产支付产权转让价款的，转让方应当按照有关规定委托资产评估机构进行资产评估，确定非货币性资产的价值。

第二十五条 财政部门应当对转让方报送的材料进行认真审核，确定是否批准相关产权转让事项。

转让事项经批准后，如转让和受让双方调整产权转让比例或者产权转让方案有重大变化，造成与批准事项不符的，应当按照规定程序重新报批。

第二十六条 非上市企业产权转让过程中涉及国有土地（海域）使用权、探矿权、采矿权的，应当按照国家有关规定另行办理相关手续。

第二十七条 非上市企业产权转让完成后，转让和受让双方应当凭产权交易机构出具的产权交易凭证，按照国家有关规定及时办理相关国有产权登记手续。

第三章 上市公司国有股份转让

第二十八条 转让上市金融企业国有股份和金融企业转让上市公司国有股份应当通过依法设立的证券交易系统进行。

第二十九条 转让方应当根据有关规定，办理上市公司股份转让的信息披露事项。

第三十条 转让方为上市公司控股股东，应当将股份转让方案报财政部门审批后实施。

涉及国民经济关键行业的，应当得到相关部门的批准。

第三十一条 转让方为上市公司参股股东，在1个完整会计年度内累计净转让股份（累计减持股份扣除累计增持股份后的余额，下同）比例未达到上市公司总股本5%的，由转让方按照内部决策程序决定，并在每年1月10日前将上一年度转让上市公司股份的情况报财政部门；达到或者超过上市公司总股本5%的，应当事先将转让方案报财政部门批准后实施。

第三十二条 转让方转让上市公司国有股份需要报财政部门审批的，报送材料应当包括：

（一）转让上市公司股份的申请书，包括转让原因、转让股份数量、持股成本、转让价格确定等内容；

（二）上市公司股份转让方案和内部决策文件；

（三）转让方基本情况及上一年度经会计师事务所审计的财务会计报告；

（四）上市公司基本情况及最近一期年度财务会计报告和经会计师事务所审计的财务会计报告；

（五）转让上市公司股份对公司控制权、公司股价和资本市场的影响；

（六）财政部门规定的其他文件。

财政部门应当对转让方报送的材料进行认真审核，确定是否同意上市公司股份转让事项。

第三十三条 转让方采取大宗交易方式转让上市公司股份的，股份转让价格不得低于该上市公司股票当天交易的加权平均价格；当日无成交的，不得低于前1个交易日的加权平均价格。

第三十四条 上市公司股份转让完成后，转让方应当按照国家有关规定及时办理国有产权登记手续。

第四章 国有资产直接协议转让

第三十五条 有下列情况之一，经国务院批准或者财政部门批准，转让方可以采取直接协议转让方式转让非上市企业国有产权和上市公司国有股份：

（一）国家有关规定对受让方有特殊要求；

（二）控股（集团）公司进行内部资产重组；

（三）其他特殊原因。

拟采取直接协议转让方式对控股（集团）公司内部进行资产重组的，中央管理的金融企业一级子公司的产权转让工作由财政部负责；一级以下子公司的产权转让由控股（集团）公司负责，其中：拟直接协议转让控股上市公司股份的，应当将转让方案报财政部审批。

第三十六条 转让方采用直接协议方式转让非上市企业产权的，应当按照本办法第十三条、第十四条、第十五条、第二十三条和第二十四条的规定，组织转让方案制定、资产评估、审核材料报送、转让协议签署和转让价款收取等项工作。

第三十七条 非上市企业产权直接协议转让的价格不得低于经核准或者备案的资产评估结果。

国有金融企业在实施内部资产重组过程中，拟采取直接协议方式转让产权、且转让方和受让方为控股（集团）公司所属独资子公司的，可以不对转让标的企业进行整体评估，但转让价格不得低于最近一期经审计确认的净资产值。

第三十八条 财政部门对金融企业以直接协议转让形式转让非上市企业产权的审核按照本办法第二十五条

规定执行。

第三十九条　转让方拟直接协议转让上市公司股份的，应当按照内部决策程序交股东大会、董事会或者其他决策部门进行审议，形成书面决议，并及时报告财政部门。

转让方应当将拟直接协议转让股份的信息书面告知上市公司，由上市公司依法向社会公众进行提示性公告，公告中应当注明，本次股份拟直接协议转让事项应当经财政部门审批。

第四十条　转让方直接协议转让上市公司股份，应当向财政部门提交下列材料：

（一）协议转让上市公司股份的申请书，包括转让原因、转让股份数量、持股成本等内容；

（二）协议转让上市公司股份的内部决策文件及可行性研究报告；

（三）拟公开发布的股份协议转让信息内容；

（四）财政部门规定的其他文件。

第四十一条　财政部门收到转让方提交的直接协议转让上市公司股份材料后，应当认真进行审核，确定是否批准协议转让事项，并在15个工作日内予以答复。

转让方收到财政部门出具的意见后2个工作日内，应当书面告知上市公司，由上市公司依法公开披露国有股东拟直接协议转让上市公司股份的信息。

第四十二条　转让方直接协议转让上市公司股份信息应当包括以下内容：

（一）转让股份数量及所涉及的上市公司名称及基本情况；

（二）受让方应当具备的资格条件；

（三）受让方递交受让申请的截止日期；

（四）财政部门和相关部门的批复意见。

第四十三条　具有下列情形之一的，经财政部门批准后，转让方可以不披露上市公司股份协议转让信息：

（一）国民经济关键行业、领域中对受让方有特殊要求的；

（二）转让方作为国有控股股东，为实施国有资源整合或者资产重组，在控股公司或者集团企业内部进行协议转让的；

（三）上市公司连续2年亏损并存在退市风险或者严重财务危机，受让方提出重大资产重组计划及具体时间表的；

（四）上市公司回购股份涉及转让方所持股份的。

第四十四条　转让方作为上市公司控股股东，拟采取直接协议转让方式转让股份并失去控股权的，应当聘请具有相应资质的专业中介机构担任财务顾问和法律顾问，并提出书面意见。财务顾问和法律顾问应当具有良好的信誉及近3年内无重大违法违规记录。转让方认为必要时，可委托具有证券评估资格的资产评估机构对转让标的资产进行评估。

第四十五条　转让方直接协议转让上市公司股份的，转让价格应当按照上市公司股份转让信息公告日（经批准不须公开股份转让信息的，以股份转让协议签署日为准）前30个交易日每日加权平均价格的加权平均价格或者前1个交易日加权平均价格孰高的原则确定。

转让方作为上市公司国有控股股东，为实施国有资源整合或者资产重组，在内部进行协议转让，且拥有的上市公司权益并不因此减少的，转让价格应当根据上市公司最近一期经审计的净资产、净资产收益率、市盈率等因素合理协商确定。

第四十六条　受让上市公司股份后，受让方拥有上市公司实际控制权的，应当具备以下条件：

（一）具有法人资格；

（二）设立3年以上，最近2年连续盈利且无重大违法违规行为；

（三）具有促进上市公司持续发展和改善上市公司法人治理结构的能力。

第四十七条　受让方确定后，转让方应当及时与受让方签署股份转让协议。

转让协议应当包括但不限于以下内容：

（一）转让方、上市公司、受让方企业名称、法定代表人姓名及住所；

（二）转让方持股数量、拟转让股份数量及价格；

（三）转让方、受让方的权利和义务；

（四）股份转让价款支付方式及期限；

（五）股份登记过户条件；

（六）协议变更和解除条件；

（七）协议争议解决方式；

（八）协议各方的违约责任；

（九）协议生效条件。

第四十八条　上市公司股份的转让方为国有及国有控股金融企业的，转让方在确定受让方后，应当及时向财政部门报送以下材料：

（一）转让方案的实施及选择受让方的有关情况；

（二）上一年度经会计师事务所审计的财务会计报告；

（三）受让方基本情况、公司章程及最近一期经会计师事务所审计的财务会计报告；

（四）上市公司基本情况、最近一期中期财务会计报告及经会计师事务所审计年度财务会计报告；

第四十九条 财政部门应当对转让方报送的材料进行认真审核，并出具股份转让批复文件。

第五十条 转让方应当按照本办法第二十四条的规定，收取转让价款，并按照国家有关规定及时办理相关国有产权登记手续。

第五章 法律责任

第五十一条 金融企业国有资产转让过程中出现下列情形之一的，财政部门可以要求转让方立即中止或者终止资产转让活动：

（一）未按本办法有关规定在产权交易机构中进行交易的；

（二）转让方不履行相应的内部决策程序、批准程序或者超越权限，或者未按规定报经财政部门和相关部门审批，擅自转让资产的；

（三）转让方、转让标的企业故意隐匿应当纳入评估范围的资产，或者向中介机构提供虚假会计资料，导致审计、评估结果失真，以及未经审计、评估，造成国有资产流失的；

（四）转让方与受让方串通，低价转让国有资产，造成国有资产流失的；

（五）转让方未按规定落实转让标的企业的债权债务，非法转移债权或者逃避债务清偿责任的；以金融企业国有资产作为担保的，转让该部分资产时，未经担保债权人同意的；

（六）受让方采取欺诈、隐瞒等手段影响转让方的选择以及资产转让协议签订的；

（七）受让方在产权转让竞价过程中，恶意串通压低价格，造成国有资产流失的。

第五十二条 转让方、转让标的企业有本办法第五十一条规定的情形，由财政部门给予警告，并建议有关部门对负有直接责任的人员和其他直接责任人员给予行政处分；造成国有资产损失的，应当建议有关部门依法追究金融企业董事、监事、高级管理人员的责任；由于受让方的责任造成国有资产流失的，受让方应当依法赔偿转让方的经济损失。涉嫌犯罪的，应当移送司法机关。

第五十三条 会计师事务所、资产评估机构、律师事务所、财务顾问机构等社会中介机构在国有资产转让的审计、评估、法律和咨询服务中违规执业的，财政部门应当向其行业主管部门通报有关情况，建议依法给予相应处理。

第五十四条 产权交易机构在金融企业国有资产交易中弄虚作假或者玩忽职守，损害国家利益或者交易双方合法权益的，财政部门可以停止其从事金融企业国有资产交易的相关业务，建议有关部门依法追究产权交易机构及直接责任人员的责任。

第五十五条 金融企业国有资产转让批准机构及其有关人员违反法律、行政法规及本办法规定，造成国有资产流失的，由有关部门依法给予纪律处分；涉嫌犯罪的，移送司法机关。

第六章 附 则

第五十六条 省、自治区、直辖市、计划单列市的财政厅（局）可以根据本办法，制定本地区金融企业国有资产转让管理实施办法，并报财政部备案。

第五十七条 国有及国有控股金融企业因依法行使债权或者担保物权，而受偿于债务人、担保人或者第三人的非上市企业产权转让，比照本办法第二章在产权交易机构进行。

国有及国有控股金融企业因依法行使债权或者担保物权，而受偿于债务人、担保人或者第三人的上市公司股份转让，比照本办法第三章的规定在证券交易系统中进行。

第五十八条 国有及国有控股金融企业持有的国有资产涉及诉讼的，根据人民法院具有法律效力的文件，办理相关转让手续。

第五十九条 国有及国有控股的证券公司、基金管理公司、资产管理公司、信托公司和保险资产管理公司等金融企业出售其所持有的以自营为目的的上市公司股份按照相关规定办理。

第六十条 金融资产管理公司转让不良资产和债

转股股权资产的，国家相关政策另有规定的，从其规定。

本办法所称金融资产管理公司，是指中国华融资产管理公司、中国长城资产管理公司、中国东方资产管理公司和中国信达资产管理公司。

第六十一条　中国人民银行总行所属企业、中国投资有限责任公司（含中央汇金投资有限责任公司）、信用担保公司以及其他金融类企业的国有资产转让监督管理工作，比照本办法执行。

第六十二条　本办法自2009年5月1日起施行。

中华人民共和国海关进出口货物减免税管理办法

中华人民共和国海关总署令　第　179　号

（二〇〇八年十二月二十九日）

第一章　总　　则

第一条　为了规范海关进出口货物减免税管理工作，保障行政相对人合法权益，根据《中华人民共和国海关法》（以下简称《海关法》）、《中华人民共和国进出口关税条例》（以下简称《关税条例》）及有关法律和行政法规的规定，制定本办法。

第二条　进出口货物减征或者免征关税、进口环节海关代征税（以下简称减免税）事务，除法律、行政法规另有规定外，海关依照本办法实施管理。

第三条　进出口货物减免税申请人（以下简称减免税申请人）应当向其所在地海关申请办理减免税备案、审批手续，特殊情况除外。

投资项目所在地海关与减免税申请人所在地海关不是同一海关的，减免税申请人应当向投资项目所在地海关申请办理减免税备案、审批手续。

投资项目所在地涉及多个海关的，减免税申请人可以向其所在地海关或者有关海关的共同上级海关申请办理减免税备案、审批手续。有关海关的共同上级海关可以指定相关海关办理减免税备案、审批手续。

投资项目由投资项目单位所属非法人分支机构具体实施的，在获得投资项目单位的授权并经投资项目所在地海关审核同意后，该非法人分支机构可以向投资项目所在地海关申请办理减免税备案、审批手续。

第四条　减免税申请人可以自行向海关申请办理减免税备案、审批、税款担保和后续管理业务等相关手续，也可以委托他人办理前述手续。

委托他人办理的，应当由被委托人持减免税申请人出具的《减免税手续办理委托书》及其他相关材料向海关申请，海关审核同意后可准予被委托人办理相关手续。

第五条　已经在海关办理注册登记并取得报关注册登记证书的报关企业或者进出口货物收发货人可以接受减免税申请人委托，代为办理减免税相关事宜。

第二章　减免税备案

第六条　减免税申请人按照有关进出口税收优惠政策的规定申请减免税进出口相关货物，海关需要事先对减免税申请人的资格或者投资项目等情况进行确认的，减免税申请人应当在申请办理减免税审批手续前，向主管海关申请办理减免税备案手续，并同时提交下列材料：

（一）《进出口货物减免税备案申请表》；

（二）企业营业执照或者事业单位法人证书、国家机关设立文件、社团登记证书、民办非企业单位登记证书、基金会登记证书等证明材料；

（三）相关政策规定的享受进出口税收优惠政策资格的证明材料；

（四）海关认为需要提供的其他材料。

减免税申请人按照本条规定提交证明材料的，应当交验原件，同时提交加盖减免税申请人有效印章的复印件。

第七条 海关收到减免税申请人的减免税备案申请后，应当审查确认所提交的申请材料是否齐全、有效，填报是否规范。

减免税申请人的申请材料符合规定的，海关应当予以受理，海关收到申请材料之日为受理之日；减免税申请人的申请材料不齐全或者不符合规定的，海关应当一次性告知减免税申请人需要补正的有关材料，海关收到全部补正的申请材料之日为受理之日。

不能按照规定向海关提交齐全、有效材料的，海关不予受理。

第八条 海关受理减免税申请人的备案申请后，应当对其主体资格、投资项目等情况进行审核。

经审核符合有关进出口税收优惠政策规定的，应当准予备案；经审核不予备案的，应当书面通知减免税申请人。

第九条 海关应当自受理之日起10个工作日内作出是否准予备案的决定。

因政策规定不明确或者涉及其他部门管理职责需与相关部门进一步协商、核实有关情况等原因在10个工作日内不能作出决定的，海关应当书面向减免税申请人说明理由。

有本条第二款规定情形的，海关应当自情形消除之日起15个工作日内作出是否准予备案的决定。

第十条 减免税申请人要求变更或者撤销减免税备案的，应当向主管海关递交申请。经审核符合相关规定的，海关应当予以办理。

变更或者撤销减免税备案应当由项目审批部门出具意见的，减免税申请人应当在申请变更或者撤销时一并提供。

第三章 减免税审批

第十一条 减免税申请人应当在货物申报进出口前，向主管海关申请办理进出口货物减免税审批手续，并同时提交下列材料：

（一）《进出口货物征免税申请表》；

（二）企业营业执照或者事业单位法人证书、国家机关设立文件、社团登记证书、民办非企业单位登记证书、基金会登记证书等证明材料；

（三）进出口合同、发票以及相关货物的产品情况资料；

（四）相关政策规定的享受进出口税收优惠政策资格的证明材料；

（五）海关认为需要提供的其他材料。

减免税申请人按照本条规定提交证明材料的，应当交验原件，同时提交加盖减免税申请人有效印章的复印件。

第十二条 海关收到减免税申请人的减免税审批申请后，应当审核确认所提交的申请材料是否齐全、有效，填报是否规范。对应当进行减免税备案的，还应当审核是否已经按照规定办理备案手续。

减免税申请人的申请材料符合规定的，海关应当予以受理，海关收到申请材料之日为受理之日；减免税申请人提交的申请材料不齐全或者不符合规定的，海关应当一次性告知减免税申请人需要补正的有关材料，海关收到全部补正的申请材料之日为受理之日。

不能按照规定向海关提交齐全、有效材料，或者未按照规定办理减免税备案手续的，海关不予受理。

第十三条 海关受理减免税申请人的减免税审批申请后，应当对进出口货物相关情况是否符合有关进出口税收优惠政策规定、进出口货物的金额、数量等是否在减免税额度内等情况进行审核。对应当进行减免税备案的，还需要对减免税申请人、进出口货物等是否符合备案情况进行审核。

经审核符合相关规定的，应当作出进出口货物征税、减税或者免税的决定，并签发《中华人民共和国海关进出口货物征免税证明》（以下简称《征免税证明》）。

第十四条 海关应当自受理减免税审批申请之日起10个工作日内作出是否准予减免税的决定。

有下列情形之一，不能在受理减免税审批申请之日起10个工作日内作出决定的，海关应当书面向减免税申请人说明理由：

（一）政策规定不明确或者涉及其他部门管理职责

需要与相关部门进一步协商、核实有关情况的；

（二）需要对货物进行化验、鉴定以确定是否符合减免税政策规定的；

（三）因其他合理原因不能在本条第一款规定期限内作出决定的。

有本条第二款规定情形的，海关应当自情形消除之日起15个工作日内作出是否准予减免税的决定。

第十五条　减免税申请人申请变更或者撤销已签发的《征免税证明》的，应当在《征免税证明》有效期内向主管海关提出申请，说明理由，并提交相关材料。

经审核符合规定的，海关准予变更或者撤销。准予变更的，海关应当在变更完成后签发新的《征免税证明》，并收回原《征免税证明》。准予撤销的，海关应当收回原《征免税证明》。

第十六条　减免税申请人应当在《征免税证明》有效期内办理有关进出口货物通关手续。不能在有效期内办理，需要延期的，应当在《征免税证明》有效期内向海关提出延期申请。经海关审核同意，准予办理延长《征免税证明》有效期手续。

《征免税证明》可以延期一次，延期时间自有效期届满之日起算，延长期限不得超过6个月。海关总署批准的特殊情况除外。

《征免税证明》有效期限届满仍未使用的，该《征免税证明》效力终止。减免税申请人需要减免税进出口该《征免税证明》所列货物的，应当重新向海关申请办理。

第十七条　减免税申请人遗失《征免税证明》需要补办的，应当在《征免税证明》有效期内向主管海关提出申请。

经核实原《征免税证明》尚未使用的，主管海关应当重新签发《征免税证明》，原《征免税证明》同时作废。

原《征免税证明》已经使用的，不予补办。

第十八条　除国家政策调整等原因并经海关总署批准外，货物征税放行后，减免税申请人申请补办减免税审批手续的，海关不予受理。

第四章　减免税货物税款担保

第十九条　有下列情形之一的，减免税申请人可以向海关申请凭税款担保先予办理货物放行手续：

（一）主管海关按照规定已经受理减免税备案或者审批申请，尚未办理完毕的；

（二）有关进出口税收优惠政策已经国务院批准，具体实施措施尚未明确，海关总署已确认减免税申请人属于享受该政策范围的；

（三）其他经海关总署核准的情况。

第二十条　减免税申请人需要办理税款担保手续的，应当在货物申报进出口前向主管海关提出申请，并按照有关进出口税收优惠政策的规定向海关提交相关材料。

主管海关应当在受理申请之日起7个工作日内，作出是否准予担保的决定。准予担保的，应当出具《中华人民共和国海关准予办理减免税货物税款担保证明》（以下简称《准予担保证明》）；不准予担保的，应当出具《中华人民共和国海关不准予办理减免税货物税款担保决定》。

第二十一条　进出口地海关凭主管海关出具的《准予担保证明》，办理货物的税款担保和验放手续。

国家对进出口货物有限制性规定，应当提供许可证件而不能提供的，以及法律、行政法规规定不得担保的其他情形，进出口地海关不得办理减免税货物凭税款担保放行手续。

第二十二条　税款担保期限不超过6个月，经直属海关关长或者其授权人批准可以予以延期，延期时间自税款担保期限届满之日起算，延长期限不超过6个月。

特殊情况仍需要延期的，应当经海关总署批准。

第二十三条　海关依照本办法规定延长减免税备案、审批手续办理时限的，减免税货物税款担保时限可以相应延长，主管海关应当及时通知减免税申请人向海关申请办理减免税货物税款担保延期的手续。

第二十四条　减免税申请人在减免税货物税款担保期限届满前未取得《征免税证明》，申请延长税款担保期限的，应当在《准予担保证明》规定期限届满的10个工作日以前向主管海关提出申请。主管海关应当在受理申请后7个工作日内，作出是否准予延长担保期限的决定。准予延长的，应当出具《中华人民共和国海关准予办理减免税货物税款担保延期证明》（以下简称《准予延期证明》）；不准予延长的，应当出具《中华人民共和国海关不准予办理减免税货物税款担保延期决定》。

减免税申请人按照海关要求申请延长减免税货物税款担保期限的，比照本条第一款规定办理。

进出口地海关凭《准予延期证明》办理减免税货物税款担保延期手续。

第二十五条 减免税申请人在减免税货物税款担保期限届满前取得《征免税证明》的，海关应当解除税款担保，办理征免税进出口手续。担保期限届满，减免税申请人未按照规定申请办理减免税货物税款担保延期手续的，海关应当要求担保人履行相应的担保责任或者将税款保证金转为税款。

第五章 减免税货物的处置

第二十六条 在进口减免税货物的海关监管年限内，未经海关许可，减免税申请人不得擅自将减免税货物转让、抵押、质押、移作他用或者进行其他处置。

第二十七条 按照国家有关规定在进口时免予提交许可证件的进口减免税货物，减免税申请人向海关申请进行转让、抵押、质押、移作他用或者其他处置时，按照规定需要补办许可证件的，应当补办有关许可证件。

第二十八条 在海关监管年限内，减免税申请人将进口减免税货物转让给进口同一货物享受同等减免税优惠待遇的其他单位的，应当按照下列规定办理减免税货物结转手续：

（一）减免税货物的转出申请人持有关单证向转出地主管海关提出申请，转出地主管海关审核同意后，通知转入地主管海关。

（二）减免税货物的转入申请人向转入地主管海关申请办理减免税审批手续。转入地主管海关审核无误后签发《征免税证明》。

（三）转出、转入减免税货物的申请人应当分别向各自的主管海关申请办理减免税货物的出口、进口报关手续。转出地主管海关办理转出减免税货物的解除监管手续。结转减免税货物的监管年限应当连续计算。转入地主管海关在剩余监管年限内对结转减免税货物继续实施后续监管。

转入地海关和转出地海关为同一海关的，按照本条第一款规定办理。

第二十九条 在海关监管年限内，减免税申请人将进口减免税货物转让给不享受进口税收优惠政策或者进口同一货物不享受同等减免税优惠待遇的其他单位的，应当事先向减免税申请人主管海关申请办理减免税货物补缴税款和解除监管手续。

第三十条 在海关监管年限内，减免税申请人需要将减免税货物移作他用的，应当事先向主管海关提出申请。经海关批准，减免税申请人可以按照海关批准的使用地区、用途、企业将减免税货物移作他用。

本条第一款所称移作他用包括以下情形：

（一）将减免税货物交给减免税申请人以外的其他单位使用；

（二）未按照原定用途、地区使用减免税货物；

（三）未按照特定地区、特定企业或者特定用途使用减免税货物的其他情形。

除海关总署另有规定外，按照本条第一款规定将减免税货物移作他用的，减免税申请人还应当按照移作他用的时间补缴相应税款；移作他用时间不能确定的，应当提交相应的税款担保，税款担保不得低于剩余监管年限应补缴税款总额。

第三十一条 在海关监管年限内，减免税申请人要求以减免税货物向金融机构办理贷款抵押的，应当向主管海关提出书面申请。经审核符合有关规定的，主管海关可以批准其办理贷款抵押手续。

减免税申请人不得以减免税货物向金融机构以外的公民、法人或者其他组织办理贷款抵押。

第三十二条 减免税申请人以减免税货物向境内金融机构办理贷款抵押的，应当向海关提供下列形式的担保：

（一）与货物应缴税款等值的保证金；

（二）境内金融机构提供的相当于货物应缴税款的保函；

（三）减免税申请人、境内金融机构共同向海关提交《进口减免税货物贷款抵押承诺保证书》，书面承诺当减免税申请人抵押贷款无法清偿需要以抵押物抵偿时，抵押人或者抵押权人先补缴海关税款，或者从抵押物的折（变）价款中优先偿付海关税款。

减免税申请人以减免税货物向境外金融机构办理贷款抵押的，应当向海关提交本条第一款第（一）项或者第（二）项规定形式的担保。

第三十三条 海关在收到贷款抵押申请材料后，应当审核申请材料是否齐全、有效，必要时可以实地核查减免税货物情况，了解减免税申请人经营状况。

经审核同意的，主管海关应当出具《中华人民共和国海关准予进口减免税货物贷款抵押通知》。

第三十四条　海关同意以进口减免税货物办理贷款抵押的，减免税申请人应当于正式签订抵押合同、贷款合同之日起30日内将抵押合同、贷款合同正本或者复印件交海关备案。提交复印件备案的，减免税申请人应当在复印件上标注“与正本核实一致”，并予以签章。

抵押合同、贷款合同的签订日期不是同一日的，按照后签订的日期计算本条第一款规定的备案时限。

第三十五条　贷款抵押需要延期的，减免税申请人应当在贷款期限届满前20日内向主管海关申请办理贷款抵押的延期手续。

经审核同意的，主管海关签发准予延期通知，并出具《中华人民共和国海关准予办理进口减免税货物贷款抵押延期通知》。

第六章　减免税货物的管理

第三十六条　除海关总署另有规定外，在海关监管年限内，减免税申请人应当按照海关规定保管、使用进口减免税货物，并依法接受海关监管。

进口减免税货物的监管年限为：

监管年限自货物进口放行之日起计算。

第三十七条　在海关监管年限内，减免税申请人应当自进口减免税货物放行之日起，在每年的第1季度向主管海关递交《减免税货物使用状况报告书》，报告减免税货物使用状况。

报告其减免税货物状况，向海关申请办理减免税备案、审批手续的，海关不予受理。

第三十八条　在海关监管年限内，减免税货物应当在主管海关核准的地点使用。需要变更使用地点的，减免税申请人应当向主管海关提出申请，说明理由，经海关批准后方可变更使用地点。

减免税货物需要移出主管海关管辖地使用的，减免税申请人应当事先持有关单证以及需要异地使用的说明材料向主管海关申请办理异地监管手续，经主管海关审核同意并通知转入地海关后，减免税申请人可以将减免税货物运至转入地海关管辖地，转入地海关确认减免税货物情况后进行异地监管。

减免税货物在异地使用结束后，减免税申请人应当及时向转入地海关申请办结异地监管手续，经转入地海关审核同意并通知主管海关后，减免税申请人应当将减免税货物运回主管海关管辖地。

第三十九条　在海关监管年限内，减免税申请人发生分立、合并、股东变更、改制等变更情形的，权利义务承受人（以下简称承受人）应当自营业执照颁发之日起30日内，向原减免税申请人的主管海关报告主体变更情况及原减免税申请人进口减免税货物的情况。

经海关审核，需要补征税款的，承受人应当向原减免税申请人主管海关办理补税手续；可以继续享受减免税待遇的，承受人应当按照规定申请办理减免税备案变更或者减免税货物结转手续。

第四十条　在海关监管年限内，因破产、改制或者其他情形导致减免税申请人终止，没有承受人的，原减免税申请人或者其他依法应当承担关税及进口环节海关代征税缴纳义务的主体应当自资产清算之日起30日内向主管海关申请办理减免税货物的补缴税款和解除监管手续。

第四十一条　在海关监管年限内，减免税申请人要求将进口减免税货物退运出境或者出口的，应当报主管海关核准。

减免税货物退运出境或者出口后，减免税申请人应当持出口报关单向主管海关办理原进口减免税货物的解除监管手续。

减免税货物退运出境或者出口的，海关不再对退运出境或者出口的减免税货物补征相关税款。

第四十二条　减免税货物海关监管年限届满的，自动解除监管。

在海关监管年限内的进口减免税货物，减免税申请人书面申请提前解除监管的，应当向主管海关申请办理补缴税款和解除监管手续。按照国家有关规定在进口时免予提交许可证件的进口减免税货物，减免税申请人还应当补交有关许可证件。

减免税申请人需要海关出具解除监管证明的，可以自办结补缴税款和解除监管等相关手续之日或者自海关监管年限届满之日起1年内，向主管海关申请领取解除监管证明。海关审核同意后出具《中华人民共和国海关进口减免税货物解除监管证明》。

第四十三条　在海关监管年限及其后3年内，海关依照《海关法》和《中华人民共和国海关稽查条例》有关规定对减免税申请人进口和使用减免税货物情况实施稽查。

第四十四条　减免税货物转让给进口同一货物享受

同等减免税优惠待遇的其他单位的，不予恢复减免税货物转出申请人的减免税额度，减免税货物转入申请人的减免税额度按照海关审定的货物结转时的价格、数量或者应缴税款予以扣减。

减免税货物因品质或者规格原因原状退运出境，减免税申请人以无代价抵偿方式进口同一类型货物的，不予恢复其减免税额度；未以无代价抵偿方式进口同一类型货物的，减免税申请人在原减免税货物退运出境之日起3个月内向海关提出申请，经海关批准，可以恢复其减免税额度。

对于其他提前解除监管的情形，不予恢复减免税额度。

第四十五条 减免税货物因转让或者其他原因需要补征税款的，补税的完税价格以海关审定的货物原进口时的价格为基础，按照减免税货物已进口时间与监管年限的比例进行折旧，其计算公式如下：

减免税货物已进口时间

$$\text{补税的完税价格}=\text{海关审定的货物原进口时的价格}\times\left[1-\frac{\text{减免税货物已进口时间}}{\text{监管年限}\times 12}\right]$$

减免税货物已进口时间自减免税货物的放行之日起按月计算。不足1个月但超过15日的按1个月计算；不超过15日的，不予计算。

第四十六条 按照本办法第四十五条规定计算减免税货物补征税款的，已进口时间的截止日期按以下规定确定：

（一）转让减免税货物的，应当以海关接受减免税申请人申请办理补税手续之日作为计算其已进口时间的截止之日。

（二）减免税申请人未经海关批准，擅自转让减免税货物的，应当以货物实际转让之日作为计算其已进口时间的截止之日；转让之日不能确定的，应当以海关发现之日作为截止之日。

（三）在海关监管年限内，减免税申请人发生破产、撤销、解散或者其他依法终止经营情形的，已进口时间的截止日期应当为减免税申请人破产清算之日或者被依法认定终止生产经营活动的日期。

第四十七条 减免税申请人将减免税货物移作他用，应当补缴税款的，税款的计算公式为：

$$\text{补缴税款}=\text{海关审定的货物原进口时的价格}\times\text{税率}\times\left[\frac{\text{需补缴税款的时间}}{\text{监管年限}\times 12\times 30}\right]$$

上述计算公式中的税率，应当按照《关税条例》的有关规定，采用相应的适用税率；需补缴税款的时间是指减免税货物移作他用的实际时间，按日计算，每日实际生产不满8小时或者超过8小时的均按1日计算。

第四十八条 海关在办理减免税货物异地监管、结转、主体变更、退运出口、解除监管、贷款抵押等后续管理事务时，应当自受理申请之日起10个工作日内作出是否同意的决定。

因特殊情形不能在10个工作日内作出决定的，海关应当书面向申请人说明理由。

第四十九条 海关总署对重大减免税事项实施备案管理。

第七章 附　　则

第五十条 违反本办法，构成走私行为、违反海关监管规定行为或者其他违反海关法行为的，由海关依照《海关法》和《中华人民共和国海关行政处罚实施条例》有关规定予以处理；构成犯罪的，依法追究刑事责任。

第五十一条 本办法下列用语的含义：

进出口货物减免税申请人，是指根据有关进出口税收优惠政策和有关法律法规的规定，可以享受进出口税收优惠，并依照本办法向海关申请办理减免税相关手续的具有独立法人资格的企事业单位、社会团体、国家机关；符合本办法第三条第四款规定的非法人分支机构；经海关总署审查确认的其他组织。

减免税申请人所在地海关，当减免税申请人为企业法人时，所在地海关是指其办理企业法人登记地的海关；当减免税申请人为国家机关、事业单位、社会团体等非企业法人组织时，所在地海关是指其住所地海关；当减免税申请人为符合本办法第三条第四款规定的非法人分支机构时，所在地海关是指该分支机构办理工商注册登记地的海关。

情形消除之日，是指因政策规定不明确等原因，海关总署或者直属海关发文明确之日。

减免税额度，是指根据有关进出口税收优惠政策规定确定的减免税申请人可以减税或者免税进出口货物的金额、数量，或者可以减征、免征的进出口关税及进口环节海关代征税的税款。

第五十二条　本办法所列文书格式由海关总署另行制定并公告。

第五十三条　本办法由海关总署负责解释。

第五十四条　本办法自2009年2月1日起施行。

证券公司业务范围审批暂行规定

中国证券监督管理委员会公告　第 42 号

（二〇〇八年十月三十日）

第一条　为明确证券公司业务范围审批的有关事项，根据《证券法》和《证券公司监督管理条例》，制定本规定。

第二条　证券公司应当在证监会依法批准的范围内经营证券业务和其他业务，不得超范围经营。

第三条　证券公司对其证券经纪业务客户提供证券投资咨询服务，不就该项服务与客户单独签订合同、单独收取费用，且收取的证券经纪业务佣金不超过规定上限的，无须取得证券投资咨询业务资格，但应当比照执行证券投资咨询业务的规则。

第四条　证券公司进行现金管理，将自有资金投资于依法公开发行的国债、投资级公司债、货币市场基金、央行票据等证监会认可的风险较低、流动性较强的证券，以及证券公司经证监会批准设立的集合资产管理计划、专项资产管理计划，且投资规模不超过其净资本80%的，或者因依法履行承销义务而买卖证券的，无须取得证券自营业务资格，但应当比照执行证券自营业务的规则。

第五条　经证监会批准，证券公司可以经营《证券法》、《证券公司监督管理条例》和证监会的规章、规范性文件未明确规定的业务（以下称创新业务）。

证券公司经营的创新业务，应当不违反现行法律、行政法规和证监会的规定，风险可测、可控、可承受，且与现有证券业务相关性强，有利于充分利用公司现有营业网点、客户资源、业务专长或者管理经验，有利于优化对客户的服务和改善公司盈利模式。

证券公司经营创新业务，应当建立内部评估和审查机制，对创新业务的合规性、可行性和可能产生的风险进行充分的评估论证，并制定业务管理制度，明确操作流程、风险控制措施和保护客户合法权益的措施。

第六条　受同一单位、个人控制或者相互之间存在控制关系的证券公司，不得经营相同的业务。但相关公司采取有效措施，在经营区域或者目标客户群体上作明显区分，相互之间不存在竞争关系的除外。

第七条　证券公司设立时，证监会依照法定条件核准其业务范围。对新设公司核准的业务不超过4种，证监会另有规定的除外。

证券公司变更业务范围应当经证监会批准。变更业务范围分为增加业务种类和减少业务种类。证券公司一次申请增加的业务不得超过2种。

第八条　证券公司增加业务种类，应当符合下列审慎性要求：

（一）增加业务种类后，注册资本符合《证券法》第一百二十七条的规定。

（二）公司治理结构健全，内部管理有效，能有效控制现有及申请增加业务的风险。

（三）最近1年各项风险控制指标持续符合规定，增加业务种类后，净资本符合规定。

（四）最近2年未因重大违法违规行为而受到处罚，最近1年未被采取重大监管措施，无因涉嫌重大违法违规正受到有关机关或者行业自律组织调查的情形。

（五）有拟负责申请增加业务的高级管理人员和适当数量的拟从事申请增加业务的从业人员。

（六）信息系统安全稳定运行，最近1年未发生重大事故；与申请增加业务有关的信息系统符合规定。

（七）取得经营证券业务许可证且持续经营已满1年；再次申请增加业务种类的，距前次申请获准超过6个月。

（八）现有业务经营管理状况良好。

（九）法律、行政法规和证监会的其他要求。

证券公司申请增加的业务属于创新业务的，还应当符合本规定第五条第二款的规定；证券公司经营证券业务的子公司申请增加业务种类，还应当符合《证券公司设立子公司试行规定》第七条的规定。

第九条 证券公司申请增加业务种类，应当向证监会提交下列材料：

（一）申请表；

（二）股东（大）会关于变更业务范围的决议；

（三）与申请增加业务有关的业务管理制度和风险控制制度文本；

（四）公司最近2年合规运行情况的说明；

（五）信息系统安全稳定运行情况的说明；

（六）公司现有业务经营管理情况的说明；

（七）证监会要求提交的其他材料。

证券公司申请增加的业务属于创新业务的，还应当提交业务实施方案、可行性研究报告、公司合规总监出具的业务实施方案合规审查报告、法律意见书；属于受同一单位、个人控制或者相互之间存在控制关系的证券公司已获准经营的业务的，还应当提交业务区分方案、相关公司关于实行业务区分的协议、相关公司股东（大）会关于实行业务区分的决议、法律意见书。

证券公司经营证券业务的子公司申请增加业务种类，还应当提交《证券公司设立子公司试行规定》第八条规定的其他材料。

第十条 证监会按照规定，根据审慎监管的原则，对证券公司增加业务种类的申请进行审查，并自受理申请之日起45个工作日内，作出是否批准的决定。

对创新业务，证监会可以组织有关专家进行评审，并可以批准若干证券公司先行试点；根据试点情况，或决定逐步扩大试点范围，在制定相关业务规则后正常推开，或停止批准新的申请。

第十一条 证券公司应当在增加业务种类的申请获得批准后，依法向公司登记机关申请变更登记，并自变更登记之日起15个工作日内，向证监会提交营业执照副本复印件和拟负责申请增加业务的高级管理人员与从业人员的名单、简历、资格证书复印件等材料，申请换发经营证券业务许可证。

证监会收到申请后，通知证券公司住所地派出机构进行现场核查。派出机构应当自收到通知之日起15个工作日内，对证券公司的有关业务设施、信息系统和经营场所等进行核查，并出具核查报告。

经审查和核查，证券公司全面具备规定条件的，证监会予以换发经营证券业务许可证。

第十二条 证券公司在取得换发的经营证券业务许可证前，不得经营申请增加的业务，也不得进行与申请增加的业务有关的宣传推介、联系客户等营销活动。

证券公司获准增加证券经纪、证券资产管理、融资融券等为客户提供服务的业务的，应当在取得换发的经营证券业务许可证后，采取有效措施，开展与该业务有关的法制宣传、知识普及和风险提示等投资者教育活动。

第十三条 证券公司申请减少业务种类，应当向证监会提交申请表、股东（大）会关于变更业务范围的决议、申请减少业务的了结计划；申请减少的业务涉及公众客户的，还应当提交平稳处理客户相关事项的方案及书面承诺。

证券公司应当在减少业务种类的申请获得批准后，按照规定了结业务，向公司登记机关申请变更登记，并自变更登记之日起15个工作日内，持营业执照副本复印件等材料，向证监会申请换发经营证券业务许可证。

第十四条 证券公司应当将按照本规定提交证监会的申请材料，自证监会受理之日起5个工作日，报住所地证监会派出机构备案。

证监会派出机构对证券公司的申请事项或者申请材料的内容有异议的，应当自收到证券公司报备的申请材料之日起10个工作日内，向证监会提出。

第十五条 上市公司并购重组财务顾问业务、证券保荐业务、证券投资基金代销业务和为期货公司提供中间介绍业务的审批，按照现行有关规定执行，不适用本规定。

证券公司获准增加或者减少上述业务种类后，应当依法办理工商变更登记手续，并向证监会申请换发经营证券业务许可证。

第十六条 证监会依照2005年修订前《证券法》向证券公司颁发的经营证券业务许可证（以下称原许可证）继续有效，证券公司可以按照原许可证载明的业务种类与《证券法》第一百二十五条规定业务的对应关系经营业务。原许可证载明的业务种类与《证券法》第一百二十五条规定业务的对应关系见《证券公司业务种类表述方式对照表》。

证券公司因原许可证到期或者载明的事项发生变更，申请换发经营证券业务许可证的，证监会按照前款所称对应关系，对原许可证关于业务种类的表述进行调整。

第十七条　证券公司应当自取得换发的经营证券业务许可证之日起10个工作日内，将经营证券业务许可证副本复印件报住所地证监会派出机构备案。

第十八条　证监会及其派出机构依法对证券公司的业务活动进行监督管理。证券公司违法违规经营业务、风险控制指标不符合规定或者出现其他法定情形的，证监会及其派出机构可以区别情形，依法对其采取限制业务活动、暂停部分业务或者全部业务、撤销业务许可等措施。

第十九条　本规定自2008年12月1日起施行。证监会1999年3月16日发布的《关于进一步加强证券公司监管的若干意见》（证监机构字〔1999〕14号）同时废止。

附件：证券公司业务种类表述方式对照表（略）

企业研究开发费用税前扣除管理办法（试行）

国税发〔2008〕116号

（二〇〇八年十二月十日）

第一条　为鼓励企业开展研究开发活动，规范企业研究开发费用的税前扣除及有关税收优惠政策的执行，根据《中华人民共和国企业所得税法》及其实施条例、《中华人民共和国税收征收管理法》及其实施细则和《国务院关于印发实施〈国家中长期科学和技术发展规划纲要（2006—2020）〉若干配套政策的通知》（国发〔2006〕6号）的有关规定，制定本办法。

第二条　本办法适用于财务核算健全并能准确归集研究开发费用的居民企业（以下简称企业）。

第三条　本办法所称研究开发活动是指企业为获得科学与技术（不包括人文、社会科学）新知识，创造性运用科学技术新知识，或实质性改进技术、工艺、产品（服务）而持续进行的具有明确目标的研究开发活动。

创造性运用科学技术新知识，或实质性改进技术、工艺、产品（服务），是指企业通过研究开发活动在技术、工艺、产品（服务）方面的创新取得了有价值的成果，对本地区（省、自治区、直辖市或计划单列市）相关行业的技术、工艺领先具有推动作用，不包括企业产品（服务）的常规性升级或对公开的科研成果直接应用等活动（如直接采用公开的新工艺、材料、装置、产品、服务或知识等）。

第四条　企业从事《国家重点支持的高新技术领域》和国家发展改革委员会等部门公布的《当前优先发展的高技术产业化重点领域指南（2007年度）》规定项目的研究开发活动，其在一个纳税年度中实际发生的下列费用支出，允许在计算应纳税所得额时按照规定实行加计扣除。

（一）新产品设计费、新工艺规程制定费以及与研发活动直接相关的技术图书资料费、资料翻译费。

（二）从事研发活动直接消耗的材料、燃料和动力费用。

（三）在职直接从事研发活动人员的工资、薪金、奖金、津贴、补贴。

（四）专门用于研发活动的仪器、设备的折旧费或租赁费。

（五）专门用于研发活动的软件、专利权、非专利技术等无形资产的摊销费用。

（六）专门用于中间试验和产品试制的模具、工艺装备开发及制造费。

（七）勘探开发技术的现场试验费。

（八）研发成果的论证、评审、验收费用。

第五条 对企业共同合作开发的项目，凡符合上述条件的，由合作各方就自身承担的研发费用分别按照规定计算加计扣除。

第六条 对企业委托给外单位进行开发的研发费用，凡符合上述条件的，由委托方按照规定计算加计扣除，受托方不得再进行加计扣除。

对委托开发的项目，受托方应向委托方提供该研发项目的费用支出明细情况，否则，该委托开发项目的费用支出不得实行加计扣除。

第七条 企业根据财务会计核算和研发项目的实际情况，对发生的研发费用进行收益化或资本化处理的，可按下述规定计算加计扣除：

（一）研发费用计入当期损益未形成无形资产的，允许再按其当年研发费用实际发生额的50%，直接抵扣当年的应纳税所得额。

（二）研发费用形成无形资产的，按照该无形资产成本的150%在税前摊销。除法律另有规定外，摊销年限不得低于10年。

第八条 法律、行政法规和国家税务总局规定不允许企业所得税前扣除的费用和支出项目，均不允许计入研究开发费用。

第九条 企业未设立专门的研发机构或企业研发机构同时承担生产经营任务的，应对研发费用和生产经营费用分开进行核算，准确、合理的计算各项研究开发费用支出，对划分不清的，不得实行加计扣除。

第十条 企业必须对研究开发费用实行专账管理，同时必须按照本办法附表的规定项目，准确归集填写年度可加计扣除的各项研究开发费用实际发生金额。企业应于年度汇算清缴所得税申报时向主管税务机关报送本办法规定的相应资料。申报的研究开发费用不真实或者资料不齐全的，不得享受研究开发费用加计扣除，主管税务机关有权对企业申报的结果进行合理调整。

企业在一个纳税年度内进行多个研究开发活动的，应按照不同开发项目分别归集可加计扣除的研究开发费用额。

第十一条 企业申请研究开发费加计扣除时，应向主管税务机关报送如下资料：

（一）自主、委托、合作研究开发项目计划书和研究开发费预算。

（二）自主、委托、合作研究开发专门机构或项目组的编制情况和专业人员名单。

（三）自主、委托、合作研究开发项目当年研究开发费用发生情况归集表。

（四）企业总经理办公会或董事会关于自主、委托、合作研究开发项目立项的决议文件。

（五）委托、合作研究开发项目的合同或协议。

（六）研究开发项目的效用情况说明、研究成果报告等资料。

第十二条 企业实际发生的研究开发费，在年度中间预缴所得税时，允许据实计算扣除，在年度终了进行所得税年度申报和汇算清缴时，再依照本办法的规定计算加计扣除。

第十三条 主管税务机关对企业申报的研究开发项目有异议的，可要求企业提供政府科技部门的鉴定意见书。

第十四条 企业研究开发费各项目的实际发生额归集不准确、汇总额计算不准确的，主管税务机关有权调整其税前扣除额或加计扣除额。

第十五条 企业集团根据生产经营和科技开发的实际情况，对技术要求高、投资数额大，需要由集团公司进行集中开发的研究开发项目，其实际发生的研究开发费，可以按照合理的分摊方法在受益集团成员公司间进行分摊。

第十六条 企业集团采取合理分摊研究开发费的，企业集团应提供集中研究开发项目的协议或合同，该协议或合同应明确规定参与各方在该研究开发项目中的权利和义务、费用分摊方法等内容。如不提供协议或合同，研究开发费不得加计扣除。

第十七条 企业集团采取合理分摊研究开发费的，企业集团集中研究开发项目实际发生的研究开发费，应当按照权利和义务、费用支出和收益分享一致的原则，合理确定研究开发费用的分摊方法。

第十八条 企业集团采取合理分摊研究开发费的，企业集团母公司负责编制集中研究开发项目的立项书、研究开发费用预算表、决算表和决算分摊表。

第十九条 税企双方对企业集团集中研究开发费的分摊方法和金额有争议的，如企业集团成员公司设在不同省、自治区、直辖市和计划单列市的，企业按照国家税务总局的裁决意见扣除实际分摊的研究开发费；企业集团成员公司在同一省、自治区、直辖市和计划单列市的，企业按照省税务机关的裁决意见扣除实际分摊的研究开发费。

第二十条 本办法从2008年1月1日起执行。

附件：______研发项目可加计扣除研究开发费用情况归集表（略）

消费金融公司试点管理办法

中国银行业监督管理委员会令 第3号

（二〇〇九年七月二十二日）

第一章 总则

第一条 为促进消费金融业的发展，规范经营消费金融业务的非银行金融机构的行为，依据《中华人民共和国银行业监督管理法》、《中华人民共和国公司法》等法律法规，制定本办法。

第二条 本办法所称消费金融公司，是指经中国银行业监督管理委员会（以下简称银监会）批准，在中华人民共和国境内设立的，不吸收公众存款，以小额、分散为原则，为中国境内居民个人提供以消费为目的的贷款的非银行金融机构。

第三条 消费金融公司名称中应标明“消费金融”字样。未经银监会批准，任何单位不得在机构名称中使用“消费金融”字样。

第四条 银监会及其派出机构依法对消费金融公司及其业务活动实施监督管理。

第二章 设立、变更与终止

第五条 申请设立的消费金融公司应具备下列条件：

（一）有符合《中华人民共和国公司法》和银监会规定的公司章程；

（二）有符合规定条件的出资人；

（三）有符合本办法规定的最低限额的注册资本；

（四）有符合任职资格条件的董事、高级管理人员和熟悉消费金融业务的合格从业人员；

（五）有健全的公司治理、内部控制、业务操作、风险管理等制度；

（六）有与业务经营相适应的营业场所、安全防范措施和其他设施；

（七）银监会规定的其他审慎性条件。

第六条 消费金融公司的主要出资人应为境内外金融机构和银监会认可的其他出资人，且应具备下列条件：

（一）具有5年以上消费金融领域的从业经验；

（二）最近1年年末总资产不低于600亿元人民币或等值的可自由兑换货币（合并会计报表口径）；

（三）财务状况良好，最近2个会计年度连续盈利（合并会计报表口径）；

（四）信誉良好，最近2年内无重大违法违规经营记录；

（五）入股资金来源真实合法，不得以借贷资金入股，不得以他人委托资金入股；

（六）承诺3年内不转让所持有的消费金融公司股权（银监会依法责令转让的除外），并在拟设公司章程中载明；

（七）具有良好的公司治理结构、内部控制机制和健全的风险管理制度；

（八）符合有关监管部门的监管要求；

（九）境外金融机构应在中国境内设立代表处2年以

上，或已设有分支机构，对中国的市场有充分的分析和研究，且所在国家或地区金融监管当局已经与银监会建立良好的监督管理合作机制；

（十）银监会规定的其他审慎性条件。

第七条 消费金融公司的一般出资人除应具备本办法第六条第（三）、（四）、（五）、（六）、（七）、（八）、（九）项规定的条件外，金融机构还应具备注册资本不低于3亿元人民币或等值的可自由兑换货币的条件，非金融机构还应具备净资产率不低于30%的条件。

第八条 消费金融公司的注册资本应为一次性实缴货币资本，最低限额为3亿元人民币或等值的可自由兑换货币。

银监会根据消费金融业务的发展情况及审慎监管的需要，可以调整注册资本的最低限额。

第九条 消费金融公司根据业务发展的需要，经银监会批准，可以设立分支机构。设立分支机构的具体条件由银监会另行制定。 未经银监会批准，消费金融公司不得在注册地所在行政区域之外开展业务。

第十条 银监会对消费金融公司董事和高级管理人员实行任职资格核准制度。

第十一条消费金融公司有下列变更事项之一的，应报经银监会批准：

（一）变更公司名称；

（二）变更注册资本；

（三）变更股权或调整股权结构；

（四）变更公司住所或营业场所；

（五）修改公司章程；

（六）变更董事和高级管理人员；

（七）调整业务范围；

（八）改变组织形式；

（九）合并或分立；

（十）银监会规定的其他变更事项。

第十二条 消费金融公司有下列情况之一的，经银监会批准后可以解散：

（一）公司章程规定的营业期限届满或者公司章程规定的其他解散事由出现；

（二）公司章程规定的权力机构决议解散；

（三）因公司合并或者分立需要解散；

（四）其他法定事由。

第十三条 消费金融公司因解散、依法被撤销或被宣告破产而终止的，其清算事宜，按照国家有关法律法规办理。

第十四条 消费金融公司设立、变更、终止和董事及高级管理人员任职资格核准的行政许可程序，按照银监会的相关规定执行。

第十五条 消费金融公司设立、变更及业务经营过程中涉及外汇管理事项的，应遵守国家外汇管理有关规定。

第三章 业务范围及经营规则

第十六条 经银监会批准，消费金融公司可经营下列部分或者全部人民币业务：

（一）办理个人耐用消费品贷款；

（二）办理一般用途个人消费贷款；

（三）办理信贷资产转让；

（四）境内同业拆借；

（五）向境内金融机构借款；

（六）经批准发行金融债券；

（七）与消费金融相关的咨询、代理业务；

（八）代理销售与消费贷款相关的保险产品；

（九）固定收益类证券投资业务；

（十）银监会批准的其他业务。

第十七条 消费金融公司须向曾从本公司申请过耐用消费品贷款且还款记录良好的借款人发放一般用途个人消费贷款。

第十八条 消费金融公司向个人发放消费贷款的余额不得超过借款人月收入的5倍。

第四章 监督管理

第十九条 消费金融公司应当按照银监会的有关规定，建立、健全公司治理架构和内部控制制度，制定业务经营规则，建立全面有效的风险管理体系。

第二十条 消费金融公司应遵守下列监管指标要求：

（一）资本充足率不低于10%；

（二）同业拆入资金比例不高于资本总额的100%；

（三）资产损失准备充足率不低于100%；

（四）投资余额不高于资本总额的20%。

有关监管指标的计算方法遵照银监会非现场监管报表指标体系的有关规定。

第二十一条消费金融公司应按照有关规定建立审慎的资产减值准备制度，及时足额计提资产减值准备。未提足准备的，不得进行利润分配。

第二十二条 消费金融公司应当建立消费贷款利率的风险定价机制，根据资金成本、风险成本、资本回报要求及市场价格等因素，在法律法规允许的范围内，制定消费贷款的利率水平，确保定价能够全面覆盖风险。

第二十三条 消费金融公司应当建立有效的风险管理体系和可靠的业务操作流程，以充分识别虚假的申请信息，防止欺诈行为。

第二十四条 消费金融公司如有业务外包需要，应制定与业务外包相关的政策和管理制度，包括业务外包的决策程序、对外包方的评价和管理、控制业务信息保密性和安全性的措施和应急计划等。

消费金融公司签署业务外包协议前应当向银监会报告业务外包协议的主要风险及相应的风险规避措施等。

消费金融公司不得将与贷款决策和风险控制核心技术密切相关的业务外包。

第二十五条 消费金融公司应比照《商业银行信息披露办法》的相关规定，建立信息披露制度，及时披露公司财务会计报告、各类风险管理状况、公司治理、年度重大事项等信息。

第二十六条 消费金融公司应当按规定编制并向银监会报送会计报表及银监会要求的其他报表。

第二十七条 消费金融公司应建立定期外部审计制度，并在每个会计年度结束后的4个月内，将经法定代表人签名确认的年度审计报告报送银监会。

第二十八条 消费金融公司应当接受银监会依法进行的监督检查，不得拒绝、阻碍。

银监会在必要时可指定会计师事务所对消费金融公司的经营状况、财务状况、风险状况、内部控制制度及执行情况等进行审计。

第二十九条 消费金融公司对借款人所提供的个人信息负有保密义务，不得随意对外泄露。

第三十条 借款人不按照合同约定归还贷款本息的，消费金融公司应采取合法的方式进行催收，不得采用威胁、恐吓、骚扰等不正当手段。

第三十一条 消费金融公司违反本办法规定的，银监会可责令限期整改；逾期未整改的，或者其行为严重危及消费金融公司的稳健运行、损害客户合法权益的，银监会可区别情形，依照《中华人民共和国银行业监督管理法》等法律法规的规定，采取暂停业务、限制股东权利等监管措施。

第三十二条 消费金融公司已经或者可能发生信用危机、严重影响客户合法权益的，银监会可以依法对其实行接管或者促成机构重组。消费金融公司有违法经营、经营管理不善等情形，不予撤销将严重危害金融秩序、损害公众利益的，银监会有权予以撤销。

第五章　附则

第三十三条 本办法第六条所称主要出资人是指出资比例不低于拟设消费金融公司注册资本50%的出资人。第七条所称一般出资人是指除主要出资人以外的其他出资人。

第三十四条 本办法第十六条所称个人耐用消费品贷款是指消费金融公司通过经销商向借款人发放的用于购买约定的家用电器、电子产品等耐用消费品（不包括房屋和汽车）的贷款。

第三十五条 本办法第十六条、第十七条所称一般用途个人消费贷款是指消费金融公司直接向借款人发放的用于个人及家庭旅游、婚庆、教育、装修等消费事项的贷款。

第三十六条 香港、澳门和台湾地区的出资人设立消费金融公司适用境外出资人的条件。

第三十七条 本办法中“以上”均含本数或本级。

第三十八条 本办法由银监会负责解释。

第三十九条本办法自公布之日起施行。

第十部分

投资统计

综　　合

1-1　　国民经济和社会发展总量与速度指标

指　标	总量指标					速度指标 (%)						
						指数 Index (2008 为以下各年)				平均增长速度		
	1978	1990	2000	2007	2008	1978	1990	2000	2007	1979—2008	1991—2008	2001—2008
人口与就业												
人口　　(万人)												
总人口（年末）	96259	114333	126743	132129	132802	138.0	116.2	104.8	100.5	1.1	0.8	0.6
男性人口	49567	58904	65437	68048	68357	137.9	116.0	104.5	100.5	1.1	0.8	0.5
女性人口	46692	55429	61306	64081	64445	138.0	116.3	105.1	100.6	1.1	0.8	0.6
城镇人口	17245	30195	45906	59379	60667	351.8	200.9	132.2	102.2	4.3	4.0	3.5
乡村人口	79014	84138	80837	72750	72135	91.3	85.7	89.2	99.2	−0.3	−0.9	−1.4
就业　　(万人)												
就业人员数	40152	64749	72085	76990	77480	193.0	119.7	107.5	100.6	2.2	1.0	0.9
#职工人数	9499	14059	11259	11427	11515	121.2	81.9	102.3	100.8	0.6	−1.1	0.3
城镇登记失业人数	530	383	595	830	886	167.2	231.3	148.9	106.7	1.7	4.8	5.1
宏观经济												
国民经济核算　　(亿元)												
国民总收入	3645.2	18718.3	98000.5	259258.9	302853.4	1663.1	588.8	221.6	108.9	9.8	10.4	10.5
国内生产总值	3645.2	18667.8	99214.6	257305.6	300670.0	1651.2	586.1	217.3	109.0	9.8	10.3	10.2
第一产业	1027.5	5062.0	14944.7	28627.0	34000.0	386.1	202.5	139.4	105.5	4.6	4.0	4.2

续表

指标	总量指标					速度指标（%）						
						指数 Index（2008为以下各年）				平均增长速度		
	1978	1990	2000	2007	2008	1978	1990	2000	2007	1979–2008	1991–2008	2001–2008
第二产业	1745.2	7717.4	45555.9	124799.0	146183.4	2549.5	838.3	235.7	109.3	11.4	12.5	11.3
第三产业	872.5	5888.4	38714.0	103879.6	120486.6	2164.7	597.8	226.4	109.5	10.8	10.4	10.8
支出法国内生产总值	3605.6	19347.8	98749.0	263093.8	306859.8							
最终消费支出	2239.1	12090.5	61516.0	128793.8	149112.6							
居民消费	1759.1	9450.9	45854.6	93602.9	108392.2							
政府消费	480.0	2639.6	15661.4	35190.9	40720.4							
资本形成总额	1377.9	6747.0	34842.8	110919.4	133612.3							
固定资本形成总额	1073.9	4827.8	33844.4	105435.9	126209.5							
存货增加	304.0	1919.2	998.4	5483.6	7402.9							
货物和服务净出口	−11.4	510.3	2390.2	23380.6	24134.9							
固定资产投资 （亿元）												
全社会固定资产投资总额		4517.0	32917.7	137323.9	172828.4		3826.2	525.0	125.9		22.4	22.1
城 镇		3274.4	26221.8	117464.5	148738.3		4542.5	567.2	126.6		23.6	23.4
#房地产开发		253.3	4984.1	25288.8	31203.2		12321.1	626.1	123.4		32.2	26.0
农 村		1242.6	6695.9	19859.5	24090.1		1938.7	359.8	121.3		18.1	16.0
全社会施工房屋建筑面积（万平方米）		137171	265294	548542	632261		460.9	238.3	115.3		8.9	11.5
全社会竣工房屋建筑面积（万平方米）		107952	181974	238425	260307		241.1	143.0	109.2		5.0	4.6
财政 （亿元）												
国家财政收入	1132.3	2937.1	13395.2	51321.8	61330.4	5416.6	2088.1	457.9	119.5	14.2	18.4	20.9
中 央	175.8	992.4	6989.2	27749.2	32680.6	18592.8	3293.0	467.6	117.8	19.0	21.4	21.3
地 方	956.5	1944.7	6406.1	23572.6	28649.8	2995.3	1473.2	447.2	121.5	12.0	16.1	20.6
国家财政支出	1122.1	3083.6	15886.5	49781.4	62592.7	5578.2	2029.9	394.0	125.7	14.3	18.2	18.7
中 央	532.1	1004.5	5519.9	11442.1	13344.2	2507.7	1328.5	241.7	116.6	11.3	15.5	11.7
地 方	590.0	2079.1	10366.7	38339.3	49248.5	8347.6	2368.7	475.1	128.5	15.9	19.2	21.5
物价总指数（上年=100）												
居民消费价格指数	100.7	103.1	100.4	104.8	105.9							

续表

指　标	总量指标					速度指标 (%)						
						指数 Index (2008 为以下各年)				平均增长速度		
	1978	1990	2000	2007	2008	1978	1990	2000	2007	1979–2008	1991–2008	2001–2008
商品零售价格指数	100.7	102.1	98.5	103.8	105.9							
工业品出厂价格指数	100.1	104.1	102.8	103.1	106.9							
原材料、燃料、动力购进价格指数		105.6	105.1	104.4	110.5							
固定资产投资价格指数			101.1	103.9	108.9							
能源生产与消费（万吨标准煤）												
能源生产总量	62770	103922	128978	235415	260000	394.5	238.3	192.0	105.2	4.7	4.9	8.5
能源消费总量	57144	98703	138553	265583	285000	483.4	279.8	199.4	104.0	5.4	5.9	9.0
产　业												
农业												
农林牧渔业总产值　(亿元)	1397.0	7662.1	24915.8	48893.0	58002.2	586.2	287.4	149.6	105.7	6.1	6.0	5.2
主要农产品产量　(万吨)												
粮　食	30476.5	44624.3	46217.5	50160.3	52870.9	173.5	118.5	114.4	105.4	1.9	0.9	1.7
棉　花	216.7	450.8	441.7	762.4	749.2	345.7	166.2	169.6	98.3	4.2	2.9	6.8
油　料	521.8	1613.2	2954.8	2568.7	2952.8	565.9	183.0	99.9	115.0	5.9	3.4	
甘　蔗	2111.6	5762.0	6828.0	11295.1	12415.2	587.9	215.5	181.8	109.9	6.1	4.4	7.8
甜　菜	270.2	1452.5	807.3	893.1	1004.4	371.7	69.2	124.4	112.5	4.5	–2.0	2.8
茶　叶	26.8	54.0	68.3	116.5	125.8	469.3	232.9	184.0	107.9	5.3	4.8	7.9
水　果	657.0	1874.4	6225.1	18136.3	19220.2	2925.6	1025.4	308.8	106.0	11.9	13.8	15.1
肉　类			6013.9	6865.7	7278.7			121.0	106.0			2.4
奶　类			919.1	3633.4	3781.5			411.4	104.1			19.3
水产品	465.4	1237.0	3706.2	4747.5	4895.6	1052.0	395.8	132.1	103.1	8.2	7.9	3.5
工业												
主要工业产品产量												
布　(亿米)	110	189	277	675	710	643.7	376.1	256.3	105.1	6.4	7.6	12.5

续表

指 标	总量指标					速度指标 (%)						
						指数 Index (2008 为以下各年)				平均增长速度		
	1978	1990	2000	2007	2008	1978	1990	2000	2007	1979–2008	1991–2008	2001–2008
成品糖 (万吨)	227	582	700	1271	1449	638.5	249.1	207.1	114.0	6.4	5.2	9.5
家用电冰箱 (万台)	2.8	463	1279	4397	4757	169889.3	1027.3	371.9	108.2	28.1	13.8	17.8
房间空气调节器 (万台)	0.02	24	1827	8014	8231	41154650.0	34195.8	450.6	102.7	53.9	38.3	20.7
家用洗衣机 (万台)	0.04	663	1443	4005	4231	10577900.0	638.5	293.2	105.6	47.1	10.8	14.4
彩色电视机 (万台)	0.38	1033	3936	8478	9033	2377126.3	874.4	229.5	106.5	39.9	12.8	10.9
原 煤 (亿吨)	6.18	10.80	12.99	25.26	27.88	451.1	258.1	214.6	110.4	5.2	5.4	10.0
原 油 (万吨)	10405	13831	16300	18632	19001	182.6	137.4	116.6	102.0	2.0	1.8	1.9
天然气 (亿立方米)	137.3	153.0	272.0	692.4	789.3	574.9	516.0	290.2	114.0	6.0	9.5	14.2
发电量 (亿千瓦小时)	2566	6212	13556	32816	34669	1351.1	558.1	255.7	105.6	9.1	10.0	12.5
粗 钢 (万吨)	3178	6635	12850	48929	50092	1576.2	755.0	389.8	102.4	9.6	11.9	18.5
钢 材 (万吨)	2208	5153	13146	56561	58488	2648.9	1135.0	444.9	103.4	11.5	14.4	20.5
水 泥 (万吨)	6524	20971	59700	136117	140000	2145.9	667.6	234.5	102.9	10.8	11.1	11.2
规模以上工业企业												
主要指标 (亿元)												
工业总产值			85674	405177	507448			592.3	125.2			24.9
资产总计			126211	353037	431306			341.7	122.2			16.6
主营业务收入			84152	399717	500020			594.2	125.1			25.0
利润总额			4393	27155	30562			695.6	112.5			27.4
建筑业												
建筑业企业从业人员 (万人)		1011	1994	3134	3315		328.0	166.2	105.8		6.8	6.6
建筑业总产值 (亿元)		1345	12498	51044	62037		4612.4	496.4	121.5		23.7	22.2
交通运输业												
客运量 (万人)	253993	772682	1478573	2227761	2867892	1129.1	371.2	194.0	128.7	8.4	7.6	8.6
铁 路	81491	95712	105073	135670	146193	179.4	152.7	139.1	107.8	2.0	2.4	4.2
公 路	149229	648085	1347392	2050680	2682114	1797.3	413.9	199.1	130.8	10.1	8.2	9.0
水 运	23042	27225	19386	22835	20334	88.2	74.7	104.9	89.0	–0.4	–1.6	0.6

续表

指　标	总量指标					速度指标 (%)						
						指数 Index (2008 为以下各年)				平均增长速度		
	1978	1990	2000	2007	2008	1978	1990	2000	2007	1979—2008	1991—2008	2001—2008
民　航	231	1660	6722	18576	19251	8333.8	1159.7	286.4	103.6	15.9	14.6	14.1
货运量　　(万吨)	248946	970602	1358682	2275822	2587413	1039.3	266.6	190.4	113.7	8.1	5.6	8.4
铁　路	110119	150681	178581	314237	330354	300.0	219.2	185.0	105.1	3.7	4.5	8.0
公　路	85182	724040	1038813	1639432	1916759	2250.2	264.7	184.5	116.9	10.9	5.6	8.0
水　运	43292	80094	122391	281199	294510	680.3	367.7	240.6	104.7	6.6	7.5	11.6
民　航	6	37	197	402	408	6369.3	1101.7	207.2	101.4	14.9	14.3	9.5
管　道	10347	15750	18700	40552	45382	438.6	288.1	242.7	111.9	5.1	6.1	11.7
沿海规模以上港口货物吞吐量(万吨)	19834	48321	125603	388200	429599	2166.0	889.1	342.0	110.7	10.8	12.9	16.6
邮电通信业												
邮电业务总量　(亿元)	34.1	155.5	4792.7	19805.1	23649.5	93110.4	20406.1	662.3	119.4	25.6	34.4	26.7
函　件　　(亿件)	28.4	54.9	77.7	69.5	73.0	257.4	133.0	93.9	105.0	3.2	1.6	−0.8
报刊期发数　(万份)	11250	20078	20090	13031	15658	139.2	78.0	77.9	120.2	1.1	−1.4	−3.1
移动电话年末用户　(万户)		1.8	8453.3	54730.6	64124.5		3504071.0	758.6	117.2		78.8	28.8
固定电话年末用户　(万户)	192.5	685.0	14482.9	36563.7	34035.9	17676.9	4968.5	235.0	93.1	18.8	24.2	11.3
城市	119.2	538.4	9311.6	24859.8	23155.9	19434.2	4300.5	248.7	93.1	19.2	23.2	12.1
农村	73.4	146.6	5171.3	11704.0	10880.0	14824.1	7422.5	210.4	93.0	18.1	27.0	9.7
公用电话　　(万户)	1.2	4.6	352.0	2991.9	2771.5	238121.8	60189.8	787.4	92.6	29.6	42.7	29.4
局用交换机容量　(万门)	405.9	1231.8	17825.6	51034.6	50863.2	12531.6	4129.1	285.3	99.7	17.5	23.0	14.0
国内商业												
社会消费品零售总额 (亿元)	1559	8300	39106	89210	108488	6960.6	1307.1	277.4	121.6	15.2	15.3	13.6
对外贸易												
货物进出口总额　(亿美元)	206.4	1154.4	4742.9	21737.3	25632.6	12418.9	2220.4	540.4	117.9	17.4	18.8	23.5
出口额	97.5	620.9	2492.0	12177.8	14306.9	14673.7	2304.2	574.1	117.5	18.1	19.0	24.4
进口额	108.9	533.5	2250.9	9559.5	11325.6	10400.0	2122.9	503.2	118.5	16.7	18.5	22.4
实际利用外资												
外商直接投资　(亿美元)		34.9	407.2	747.7	924.0		2649.7	226.9	123.6		20.0	10.8

续表

指标	总量指标					速度指标 (%)						
						指数 Index (2008 为以下各年)				平均增长速度		
	1978	1990	2000	2007	2008	1978	1990	2000	2007	1979—2008	1991—2008	2001—2008
外商其他投资 (亿美元)		2.7	86.4	35.7	28.6		1066.4	33.1	80.0		14.1	−12.9
国际旅游												
入境旅游过夜者人数(万人次)	71.6	1048.4	3122.9	5472.0	5304.9	7409.1	506.0	169.9	96.9	15.4	9.4	6.8
国际旅游外汇收入 (亿美元)	2.6	22.2	162.2	419.2	408.4	15529.7	1841.4	251.8	97.4	18.3	17.6	12.2
金融业												
金融机构人民币各项存款余额 (亿元)	1155	13943	123804	389371	466203	40363.9	3343.7	376.6	119.7	22.1	21.5	18.0
金融机构人民币各项贷款余额 (亿元)	1890	17511	99371	261691	303395	16052.6	1732.6	305.3	115.9	18.4	17.2	15.0
股票筹资额 (亿元)			2103	8680	3852			183.2	44.4			7.9
保险公司保费金额 (亿元)			1598	7036	9784			612.3	139.1			25.4
保险公司赔款及给付金额 (亿元)			526	2265	2971			564.9	131.2			24.2
教育、科技、文化												
教育												
专任教师数 (万人)												
#普通高等学校	20.6	39.5	46.3	116.8	123.7	600.7	313.3	267.4	105.9	6.2	6.5	13.1
普通中学	318.2	303.3	400.5	490.7	494.4	155.4	163.0	123.5	100.8	1.5	2.8	2.7
普通小学	522.6	558.2	586.0	561.3	562.2	107.6	100.7	95.9	100.2	0.2		−0.5
在校学生数 (万人)												
#普通高等学校	85.6	206.3	556.1	1884.9	2021.0	2361.0	979.7	363.4	107.2	11.1	13.5	17.5
普通中学	6548.3	4586.0	7368.9	8243.3	8050.5	122.9	175.5	109.2	97.7	0.7	3.2	1.1
普通小学	14624.0	12241.4	13013.3	10564.0	10331.5	70.6	84.4	79.4	97.8	−1.2	−0.9	−2.8
教育经费支出 (亿元)			3849.1	12148.1								
科技												
科学家和工程师数 (万人)			204.6	312.9	343.5			167.9	109.8			6.7
研究与试验发展经费支出 (亿元)			895.7	3710.2	4616.0			515.3	124.4			22.7
技术市场成交额 (亿元)		75.1	650.8	2226.5	2665.2		3548.9	409.6	119.7		21.9	19.3

续表

指　标	总量指标					速度指标(%)						
						指数 Index(2008为以下各年)				平均增长速度		
	1978	1990	2000	2007	2008	1978	1990	2000	2007	1979—2008	1991—2008	2001—2008
文化												
图书出版数量　(亿册)	37.7	56.4	62.7	62.9	69.4	184.0	123.0	110.6	110.2	2.1	1.2	1.3
故事片产量　(部)	46	134	91	402	406	882.6	303.0	446.2	101.0	7.5	6.4	20.6
电视节目制作时间(万小时)		9.2	58.5	255.3	264.2		2884.2	451.6	103.5		20.5	20.7
家庭、生活、环境												
家庭												
城镇居民平均每户家庭人口(人)		3.50	3.13	2.91	2.91		83.1	93.0	100.0		−1.0	−0.9
农村居民平均每户常住人口(人)		4.80	4.20	4.03	4.01		83.6	95.6	99.6		−1.0	−0.6
婚姻												
结婚登记总数　(万对)	597.8	951.1	848.5	991.4	1098.3	183.7	115.5	129.4	110.8	2.0	0.8	3.3
离婚数　(万对)	28.5	80.0	121.3	209.8	226.9	796.1	283.6	187.1	108.2	7.2	6.0	8.1
居住												
城市人均住宅建筑面积(平方米)	6.7	13.7	20.3									
农村居民人均住房面积(平方米)	8.1	17.8	24.8	31.6	32.4	400.2	182.1	130.7	102.5	4.7	3.4	3.4
生活												
城镇居民人均可支配收入(元)	343	1510	6280	13786	15781	815.7	411.8	212.6	108.4	7.2	8.2	9.9
农村居民人均纯收入　(元)	134	686	2253	4140	4761	793.2	254.9	164.1	108.0	7.1	5.3	6.4
城乡人民币储蓄存款余额(亿元)	211	7120	64332	172534	217885	103459.2	3060.3	338.7	126.3	26.0	20.9	16.5
工资和社会保险												
工资总额　(亿元)	569	2951	10656	28244	33714	5926.1	1142.4	316.4	119.4	14.6	14.5	15.5
职工平均工资　(元)	615	2140	9371	24932	29229	4752.7	1365.8	311.9	117.2	13.7	15.6	15.3
社会保险基金收入　(亿元)		187	2645	10812	13696		7332.3	517.9	126.7		26.9	22.8
卫生												
医院、卫生院　(个)	64311	62126	66095	60531	59572	92.6	95.9	90.1	98.4	−0.3	−0.2	−1.3

续表

指　标	总量指标					速度指标 (%)						
						指数 Index (2008 为以下各年)				平均增长速度		
	1978	1990	2000	2007	2008	1978	1990	2000	2007	1979—2008	1991—2008	2001—2008
执业(助理)医师　(万人)	103.3	176.3	207.6	201.3	208.2	201.6	118.1	100.3	103.4	2.4	0.9	
医院、卫生院床位数 (万张)	184.7	259.2	290.8	343.8	374.8	202.9	144.6	128.9	109.0	2.4	2.1	3.2
城市市政建设												
年供水总量　(亿吨)	78.8	382.3	469.0	501.9	500.1	634.6	130.8	106.6	99.6	6.4	1.5	0.8
人工煤气供气量 (亿立方米)		174.7	152.4	322.4	355.8		203.7	233.5	110.4		4.0	11.2
天然气供气量　(亿立方米)		64.2	82.1	308.6	368.0		573.3	448.3	119.3		10.2	20.6
年末实有道路长度 (万公里)	2.7	9.5	16.0	24.6	26.0	963.2	273.4	162.3	105.6	7.8	5.7	6.2
排水管道长度　(万公里)	2.0	5.8	14.2	29.2	31.5	1611.9	543.5	222.0	108.0	9.7	9.9	10.5
年末公共交通运营数 (万辆)	2.6	6.2	22.6	34.8	37.2	1439.0	599.7	164.5	106.8	9.3	10.5	6.4
园林绿地面积　(万公顷)	8.2	47.5	86.5	170.9	174.7	2138.0	367.9	202.0	102.3	10.7	7.5	9.2
环境、灾害												
化学需氧量排放量 (万吨)			1445	1382	1321			91.4	95.6			−1.1
二氧化硫排放量　(万吨)			1995	2468	2321			116.3	94.0			1.9
环境污染治理投资总额 (亿元)			1015	3387	4490			442.4	132.6			20.4
交通事故发生数　(起)		250244	616971	327209	265204		106.0	43.0	81.1		0.3	−10.0
交通事故损失折款 (万元)		35362	263290	119878	100972		285.5	38.4	84.2		6.0	−11.3
火灾发生数　(起)		57302	189185	163521	136835		238.8	72.3	83.7		5.0	−4.0
火灾损失折款　(万元)		51182	152217	112516	182203		356.0	119.7	161.9		7.3	2.3

注：1.邮电业务总量 2000 年及以前按 1990 年不变价格计算，以后按 2000 年不变价格计算；其他价值指标按当年价格计算。

2.本表速度指标中，国民总收入、国内生产总值及三次产业增加值、农林牧渔业总产值、邮电业务总量、城乡居民收入和平均工资指标均按可比价格计算。固定资产投资平均增长速度按累计法计算。

3.职工人数 1997 年及以前为全部职工人数，以后为在岗职工人数。

4.2000 年及以后保险业务包括外资公司。

5.能源生产总量和消费总量速度指标按可比口径计算。

1-2 国民经济和社会发展结构指标

单位：%

指　　标	1978	1990	2000	2008
人口与就业				
人口				
性别结构				
男	51.5	51.5	51.6	51.5
女	48.5	48.5	48.4	48.5
城乡结构				
城镇	17.9	26.4	36.2	45.7
乡村	82.1	73.6	63.8	54.3
就业				
产业结构				
第一产业	70.5	60.1	50.0	39.6
第二产业	17.3	21.4	22.5	27.2
第三产业	12.2	18.5	27.5	33.2
宏观经济				
国民经济核算				
国内生产总值产业结构				
第一产业	28.2	27.1	15.1	11.3
第二产业	47.9	41.3	45.9	48.6
第三产业	23.9	31.6	39.0	40.1
固定资产投资				
全社会固定资产投资结构				
城镇		72.5	79.7	86.1
农村		27.5	20.3	13.9
资金来源结构				
国家预算内资金		8.7	6.4	4.3
国内贷款		19.6	20.3	14.5
利用外资		6.3	5.1	2.9
自筹和其他投资		65.4	68.2	78.3
财政				

续表

指　　标	1978	1990	2000	2008
财政收入结构				
中央	15.5	33.8	52.2	53.3
地方	84.5	66.2	47.8	46.7
财政支出结构				
中央	47.4	32.6	34.7	21.3
地方	52.6	67.4	65.3	78.7
利用外资				
实际利用外资结构				
对外借款		63.5	16.8	
外商直接投资		33.9	68.6	97.0
外商其他投资		2.6	14.6	3.0
能源				
能源生产总量结构				
原煤	70.3	74.2	72.0	76.7
原油	23.7	19.0	18.1	10.4
天然气	2.9	2.0	2.8	3.9
水电、核电、风电	3.1	4.8	7.2	9.0
能源消费总量结构				
煤炭	70.7	76.2	67.8	68.7
石油	22.7	16.6	23.2	18.7
天然气	3.2	2.1	2.4	3.8
水电、核电、风电	3.4	5.1	6.7	8.9
产　　业				
农业				
农林牧渔业产值结构				
#农业	80.0	64.7	55.7	48.4
林业	3.4	4.3	3.8	3.7
牧业	15.0	25.6	29.7	35.5
渔业	1.6	5.4	10.9	9.0
工业				
工业企业资产结构				
大型企业			56.3	38.1
中型企业			12.9	32.7

续表

指　　标	1978	1990	2000	2008
小型企业			30.8	29.2
建筑业				
建筑业总产值结构				
国有企业		69.5	40.4	19.7
集体企业		30.5	32.3	5.2
港澳台商投资企业			0.8	0.5
外商投资企业			0.5	0.6
其他			25.9	74.0
交通运输业				
货运量结构				
铁　路	44.2	15.5	13.1	12.8
公　路	34.2	74.6	76.5	74.1
水　运	17.4	8.3	9.0	11.4
民　航				
管道输油(气)	4.2	1.6	1.4	1.8
国内商业				
社会消费品零售总额构成				
市	32.4	46.9	62.8	68.0
县	24.4	16.1	12.4	11.3
县以下	43.2	37.0	24.9	20.8
货物进出口				
出口货物结构				
初级产品	53.5	25.6	10.2	5.4
工业制成品	46.5	74.4	89.8	94.6
进口货物结构				
初级产品		18.5	20.8	32.0
工业制成品		81.5	79.2	68.0
国际旅游				
来华旅游人数结构				
外国人	12.7	6.4	12.2	18.7
港澳同胞	86.3	89.9	84.0	77.9
台湾同胞		3.5	3.7	3.4

续表

指标	1978	1990	2000	2008
金融业				
金融机构资金来源结构				
各项存款			91.4	86.6
金融债券				3.9
对国际金融机构负债			0.3	0.1
流通中现金			10.8	6.4
其他			−2.5	3.0
金融机构资金运用结构				
各项贷款			73.3	56.4
有价证券及投资			14.5	12.1
金银占款				
外汇占款			10.5	31.3
财政借款			1.2	
在国际金融机构资产			0.4	0.2
教育、科技、文化				
教育				
普通学校专任教师结构				
大学	2.4	4.4	4.5	10.5
中学	36.9	33.7	38.8	41.9
小学	60.7	62.0	56.7	47.6
普通学校在校学生结构				
大学生	0.4	1.2	2.7	9.9
中学生	30.8	26.9	35.2	39.5
小学生	68.8	71.9	62.2	50.6
科技				
科技经费筹集额结构				
#政府资金			25.3	20.8
企业资金			55.2	69.8
金融机构贷款			8.4	4.4
研究与试验发展经费支出结构				
#基础研究			5.2	4.8
应用研究			17.0	12.5

续表

指　　标	1978	1990	2000	2008
试验发展			77.8	82.8
生活、环境保护				
生活				
城镇居民消费结构				
食品		54.3	39.4	37.9
衣着		13.4	10.0	10.4
居住		7.0	11.3	10.2
家庭设备用品及服务		10.1	7.5	6.2
医疗保健		2.0	6.4	7.0
交通通信		1.2	8.5	12.6
教育文化娱乐服务		11.1	13.4	12.1
杂项商品与服务		0.9	3.4	3.7
农村居民消费结构				
食品		58.8	49.1	43.7
衣着		7.8	5.7	5.8
居住		17.3	15.5	18.5
家庭设备用品及服务		5.3	4.5	4.8
交通通讯		1.4	5.6	9.8
文教娱乐用品及服务		5.4	11.2	8.6
医疗保健		3.3	5.2	6.7
其他商品及服务		0.7	3.1	2.1
卫生				
卫生技术人员结构				
#执业(助理)医师	41.9	45.2	46.2	41.4
注册护士	16.5	25.0	28.2	32.9
环境保护				
工业污染治理投资结构				
治理废水			46.7	35.9
治理废气			38.7	49.0
治理固体废物			4.9	3.6
治理噪声			0.6	0.5
其他			9.1	11.0

1-3　　国民经济和社会发展比例和效益指标

指　　标		1978	1990	2000	2008
人口与就业					
出生率	(‰)	18.25	21.06	14.03	12.14
死亡率	(‰)	6.25	6.67	6.45	7.06
自然增长率	(‰)	12.00	14.39	7.58	5.08
城镇登记失业率	(%)	5.3	2.5	3.1	4.2
国民经济核算					
人均国内生产总值	(元)	381	1644	7858	22698
固定资产投资					
全社会固定资产投资相当于					
国内生产总值比例	(%)		24.2	33.2	57.5
全社会房屋建筑面积竣工率	(%)		78.7	68.6	41.2
财政					
国家财政收入相当于国内生产总值比例(%)		31.1	15.7	13.5	20.4
国家财政支出相当于国内生产总值比例(%)		30.8	16.5	16.0	20.8
外债					
偿债率	(%)		8.7	9.2	1.8
负债率	(%)		13.5	13.5	8.7
债务率	(%)		91.6	52.1	23.7
能源					
能源生产弹性系数			0.58	0.29	0.58
电力生产弹性系数			1.63	1.12	0.62
能源消费弹性系数			0.47	0.42	0.44
电力消费弹性系数			1.63	1.13	0.62
单位国内生产总值能耗(吨标准煤/万元)					1.102
农业					
每公顷播种面积农产品产量	(公斤)				
粮食		2527	3933	4261	4951
棉花		445	807	1093	1302
油料		839	1480	1919	2302
工业					
总资产贡献率	(%)			9.00	13.96
资产负债率	(%)			60.81	57.71
流动资产周转次数	(次/年)			1.62	2.67
成本费用利润率	(%)			5.56	6.61
产品销售率	(%)			97.67	97.50
建筑业					

续表

指　　标	1978	1990	2000	2008
建筑业劳动生产率　（元／人）（按增加值计算）			15929	32444
技术装备率　（元／人）		2467	6304	9915
产值利税率　(%)		4.4	4.6	7.2
交通运输业				
铁路网密度　（公里／万平方公里）	53.9	60.2	71.6	83.0
公路网密度　（公里／万平方公里）	927	1071	1461	3886
邮电通信业				
电话普及率(含移动电话)　(部/百人)			20.1	74.3
移动电话普及率　(部/百人)			6.8	48.5
国内商业				
人均社会消费品零售额　(元)	163	731	3097	8190
对外贸易				
进出口总额相当于国内生产总值比例　(%)	9.7	29.8	39.6	59.8
旅游				
每一来华游客花费　(美元)		81	194	314
国内旅游人均花费　(元)			427	511
金融业				
金融机构存款相当于国内生产总值比例 (%)	31.1	75.1	124.8	155.1
金融机构贷款相当于国内生产总值比例 (%)	50.8	94.7	100.2	100.9
金融机构现金支出相当于收入比例　(%)	101.2	101.7	100.4	100.5
教育				
高中升学率　(%)		27.3	73.2	72.7
初中升学率　(%)	40.9	40.6	51.2	83.4
小学升学率　(%)	87.7	74.6	94.9	99.7
学龄儿童净入学率　(%)	95.5	97.8	99.1	99.5
科技				
研究与试验发展经费支出相当于国内生产总值比例　(%)			0.90	1.54
卫生				
每万人口执业(助理)医师数　(人)	10.8	15.6	16.8	15.8
每万人口医院、卫生院床位数　(张)	19.3	23.2	23.8	28.4
医疗机构病床使用率　(%)		80.9	60.8	74.6
城市市政建设				
用水普及率　(%)		48.0	63.9	94.7
燃气普及率　(%)		19.1	45.4	89.6
人均公园绿地面积　(平方米)		1.8	3.7	9.7

注：计算单位能耗的国内生产总值按 2005 年不变价计算。

1-4 按区域分的国民经济和社会发展主要指标（2008 年）

指标	全国总计	东部地区		中部地区		西部地区		东北地区	
		绝对数	占全国比重(%)	绝对数	占全国比重(%)	绝对数	占全国比重(%)	绝对数	占全国比重(%)
自然资源									
土地面积 (万平方公里)	960.0	91.6	9.5	102.8	10.7	686.7	71.5	78.8	8.2
人口									
年底总人口 (万人)	132802.0	47964.8	36.7	35465.6	27.1	36522.4	27.9	10874.1	8.3
劳动就业									
职工人数 (万人)	11515.4	5195.9	45.1	2519.6	21.9	2634.9	22.9	1165.0	10.1
年末城镇登记失业率 (%)	4.2	3.3		3.8		4.0		4.0	
国民经济核算									
国内(地区)生产总值 (亿元)	300670.0	177579.6	54.3	63188.0	19.3	58256.6	17.8	28195.6	8.6
第一产业	34000.0	12145.5	36.0	9227.1	27.3	9065.1	26.9	3307.8	9.8
第二产业	146183.4	91726.7	55.0	32192.6	19.3	28018.6	16.8	14942.6	9.0
#工业	129112.0	83346.6	55.9	28330.7	19.0	23953.7	16.1	13350.3	9.0
第三产业	120486.6	73707.4	58.2	21768.3	17.2	21172.9	16.7	9945.2	7.9
人均国内(地区)生产总值 (元)	22698	37213		17860		16000		25955	
固定资产投资									
全社会固定资产投资总额 (亿元)	172828.4	77735.5	46.0	36695.2	21.7	35948.8	21.3	18714.0	11.1
#房地产开发	31203.2	16726.6	53.6	5292.4	17.0	6042.5	19.4	3141.7	10.1
财政									
地方财政收入 (亿元)	28649.8	16729.7	58.4	4403.7	15.4	5159.2	18.0	2357.2	8.2
地方财政支出 (亿元)	49248.5	20737.6	42.1	9869.3	20.0	13765.7	28.0	4875.9	9.9
对外贸易									
货物进出口总额 (亿美元)	25632.6	22487.0	87.7	989.3	3.9	1067.3	4.2	1089.0	4.2
出口额	14306.9	12425.2	86.8	591.8	4.1	653.5	4.6	636.5	4.4
进口额	11325.6	10061.9	88.8	397.4	3.5	413.8	3.7	452.5	4.0
物价									
居民消费价格总指数(上年=100)	105.9	105.5		106.5		107.0		105.1	
农业									
主要农产品产量 (万吨)									
粮食	52870.9	13586.6	25.7	16407.1	31.0	13951.9	26.4	8925.3	16.9
棉花	749.2	222.0	29.6	199.3	26.6	327.1	43.7	0.8	0.1
油料	2952.8	806.7	27.3	1263.2	42.8	754.1	25.5	128.8	4.4
工业									

续表

指　标	全国总计	东部地区		中部地区		西部地区		东北地区	
		绝对数	占全国比重(%)	绝对数	占全国比重(%)	绝对数	占全国比重(%)	绝对数	占全国比重(%)
主要工业产品产量									
原煤　(亿吨)	27.9	2.7	9.7	10.9	39.0	12.3	44.0	2.0	7.2
原油　(万吨)	19001.2	7021.3	37.0	559.7	2.9	5500.1	28.9	5920.1	31.2
发电量　(亿千瓦小时)	34668.8	14614.3	42.2	7989.4	23.0	9702.5	28.0	2362.6	6.8
粗钢　(万吨)	50091.5	27630.2	55.2	10834.8	21.6	6397.8	12.8	5186.0	10.4
水泥　(万吨)	140000.0	62520.2	45.0	35702.0	25.7	31991.6	23.0	8624.4	6.2
交通运输业									
铁路营业里程　(公里)	79687	17880	22.4	18493	23.2	29535	37.1	13778	17.3
公路里程　(公里)	3730164	948995	25.4	1020994	27.4	1421085	38.1	339088	9.1
#高速公路	60302.0	22815.0	37.8	16316.0	27.1	16456.0	27.3	4716.0	7.8
旅客周转量　(亿人公里)	23196.7	7804.2	38.4	5974.5	29.4	4892.7	24.1	1642.6	8.1
货物周转量　(亿吨公里)	110300.8	52223.6	52.6	20732.2	20.9	16403.0	16.5	9882.6	10.0
邮电通信业									
邮电业务总量　(亿元)	23649.5	12620.9	53.4	4227.2	17.9	4897.3	20.7	1893.0	8.0
国内商业									
社会消费品零售总额(亿元)	108487.7	60539.7	54.0	22152.8	19.7	19239.0	17.2	10240.4	9.1
教育									
普通高等学校									
学校数　(个)	2263	902	39.9	582	25.7	542	24.0	237	10.5
招生数　(万人)	607.7	244.6	40.3	167.6	27.6	137.0	22.5	58.5	9.6
在校学生数　(万人)	2021.0	831.9	41.2	548.7	27.1	440.2	21.8	200.3	9.9
毕业生数　(万人)	511.9	207.9	40.6	149.6	29.2	105.4	20.6	49.0	9.6
卫生									
卫生机构数　(个)	278337	93872	33.7	61940	22.3	90311	32.4	32214	11.6
#医院、卫生院	59572	16613	27.9	15365	25.8	22459	37.7	5135	8.6
卫生技术人员　(万人)	503.0	202.2	40.2	126.3	25.1	123.8	24.6	50.8	10.1
#执业(助理)医师	208.2	82.7	39.7	50.9	24.4	53.1	25.5	21.5	10.3
医疗机构床位数　(万张)	403.6	152.2	37.7	101.6	25.2	108.1	26.8	41.8	10.4
#医院、卫生院	374.8	140.2	37.4	94.4	25.2	101.6	27.1	38.6	10.3
人民生活									
城镇居民可支配收入 (元)	15781	19203		13226		12971		13120	
农村居民人均纯收入 (元)	4761	6598		4453		3518		5101	

注：本表中涉及分地区数据相加不等于全国总计的指标，在计算东、中、西和东北地区占全国的比重时，分母为31个省(区、市)相加的合计数。

1-5 国内生产总值

单位：亿元

年份	国民总收入	国内生产总值	第一产业	第二产业			第三产业	人均国内生产总值(元)
					工业	建筑业		
1978	3645.2	3645.2	1027.5	1745.2	1607.0	138.2	872.5	381
1979	4062.6	4062.6	1270.2	1913.5	1769.7	143.8	878.9	419
1980	4545.6	4545.6	1371.6	2192.0	1996.5	195.5	982.0	463
1981	4889.5	4891.6	1559.5	2255.5	2048.4	207.1	1076.6	492
1982	5330.5	5323.4	1777.4	2383.0	2162.3	220.7	1163.0	528
1983	5985.6	5962.7	1978.4	2646.2	2375.6	270.6	1338.1	583
1984	7243.8	7208.1	2316.1	3105.7	2789.0	316.7	1786.3	695
1985	9040.7	9016.0	2564.4	3866.6	3448.7	417.9	2585.0	858
1986	10274.4	10275.2	2788.7	4492.7	3967.0	525.7	2993.8	963
1987	12050.6	12058.6	3233.0	5251.6	4585.8	665.8	3574.0	1112
1988	15036.8	15042.8	3865.4	6587.2	5777.2	810.0	4590.3	1366
1989	17000.9	16992.3	4265.9	7278.0	6484.0	794.0	5448.4	1519
1990	18718.3	18667.8	5062.0	7717.4	6858.0	859.4	5888.4	1644
1991	21826.2	21781.5	5342.2	9102.2	8087.1	1015.1	7337.1	1893
1992	26937.3	26923.5	5866.6	11699.5	10284.5	1415.0	9357.4	2311
1993	35260.0	35333.9	6963.8	16454.4	14188.0	2266.5	11915.7	2998
1994	48108.5	48197.9	9572.7	22445.4	19480.7	2964.7	16179.8	4044
1995	59810.5	60793.7	12135.8	28679.5	24950.6	3728.8	19978.5	5046
1996	70142.5	71176.6	14015.4	33835.0	29447.6	4387.4	23326.2	5846
1997	78060.8	78973.0	14441.9	37543.0	32921.4	4621.6	26988.1	6420
1998	83024.3	84402.3	14817.6	39004.2	34018.4	4985.8	30580.5	6796
1999	88479.2	89677.1	14770.0	41033.6	35861.5	5172.1	33873.4	7159
2000	98000.5	99214.6	14944.7	45555.9	40033.6	5522.3	38714.0	7858
2001	108068.2	109655.2	15781.3	49512.3	43580.6	5931.7	44361.6	8622
2002	119095.7	120332.7	16537.0	53896.8	47431.3	6465.5	49898.9	9398
2003	135174.0	135822.8	17381.7	62436.3	54945.5	7490.8	56004.7	10542
2004	159586.7	159878.3	21412.7	73904.3	65210.0	8694.3	64561.3	12336
2005	184088.6	183217.4	22420.0	87364.6	77230.8	10133.8	73432.9	14053
2006	213131.7	211923.5	24040.0	103162.0	91310.9	11851.1	84721.4	16165
2007	259258.9	257305.6	28627.0	124799.0	110534.9	14264.1	103879.6	19524
2008	302853.4	300670.0	34000.0	146183.4	129112.0	17071.4	120486.6	22698

注：1.1980 年以后国民总收入(原称国民生产总值)与国内生产总值的差额为国外净要素收入。

2.2008 年为初步核算数据，以下至表 2-15 均同。

3.本表按当年价格计算。

1-6 国内生产总值构成

单位：%

年份	国内生产总值	第一产业	第二产业			第三产业
				工业	建筑业	
1978	100.0	28.2	47.9	44.1	3.8	23.9
1979	100.0	31.3	47.1	43.6	3.5	21.6
1980	100.0	30.2	48.2	43.9	4.3	21.6
1981	100.0	31.9	46.1	41.9	4.2	22.0
1982	100.0	33.4	44.8	40.6	4.1	21.8
1983	100.0	33.2	44.4	39.9	4.5	22.4
1984	100.0	32.1	43.1	38.7	4.4	24.8
1985	100.0	28.4	42.9	38.3	4.6	28.7
1986	100.0	27.2	43.7	38.6	5.1	29.1
1987	100.0	26.8	43.6	38.0	5.5	29.6
1988	100.0	25.7	43.8	38.4	5.4	30.5
1989	100.0	25.1	42.8	38.2	4.7	32.1
1990	100.0	27.1	41.3	36.7	4.6	31.6
1991	100.0	24.5	41.8	37.1	4.7	33.7
1992	100.0	21.8	43.4	38.2	5.3	34.8
1993	100.0	19.7	46.6	40.2	6.4	33.7
1994	100.0	19.8	46.6	40.4	6.2	33.6
1995	100.0	19.9	47.2	41.0	6.1	32.9
1996	100.0	19.7	47.5	41.4	6.2	32.8
1997	100.0	18.3	47.5	41.7	5.9	34.2
1998	100.0	17.6	46.2	40.3	5.9	36.2
1999	100.0	16.5	45.8	40.0	5.8	37.7
2000	100.0	15.1	45.9	40.4	5.6	39.0
2001	100.0	14.4	45.1	39.7	5.4	40.5
2002	100.0	13.7	44.8	39.4	5.4	41.5
2003	100.0	12.8	46.0	40.5	5.5	41.2
2004	100.0	13.4	46.2	40.8	5.4	40.4
2005	100.0	12.2	47.7	42.2	5.5	40.1
2006	100.0	11.3	48.7	43.1	5.6	40.0
2007	100.0	11.1	48.5	43.0	5.5	40.4
2008	100.0	11.3	48.6	42.9	5.7	40.1

注：本表按当年价格计算。

固 定 投 资

2-1 全社会固定资产投资

指 标	2007	2008	2008 年比上年增长(%)
投资总额 (亿元)	**137323.9**	**172828.4**	**25.9**
按城乡分			
城镇	117464.5	148738.3	26.6
#房地产开发	25288.8	31203.2	23.4
农村	19859.5	24090.1	21.3
#农户	5123.3	5951.8	16.2
按构成分			
建筑安装工程	83518.3	104958.9	25.7
设备工具器具购置	31574.8	40594.1	28.6
其他费用	22230.9	27275.5	22.7
按三次产业分			
第一产业	3403.5	5064.5	48.8
第二产业	61153.8	76961.3	25.8
第三产业	72766.7	90802.7	24.8
投资资金来源 (亿元)	**150803.6**	**182915.3**	**21.3**
国家预算内资金	5857.1	7954.8	35.8
国内贷款	23044.2	26443.7	14.8
利用外资	5132.7	5311.9	3.5
自筹资金	91373.2	118510.4	29.7
其他资金	25396.4	24694.4	-2.8
建设规模 (亿元)			
建设总规模	396409.0	498441.0	25.7
在建总规模	310890.3	388122.0	24.8
在建净规模	150463.0	184516.6	22.6
房屋建筑面积 (万平方米)			
施工面积	548542.0	632261.0	15.3
#住宅	315629.8	364354.4	15.4
竣工面积	238425.3	260307.0	9.2
#住宅	146282.7	159404.6	9.0

注：1.投资资金来源为财务拨款数，各项相加不等于投资总额。
2.增长速度未扣除价格因素（以下各表同）。

2-2 按城乡分全社会固定资产投资

单位：亿元

年份 地区	全社会投资	城镇	#房地产开发	农村	农户	非农户
1995	20019.3	15643.7	3149.0	4375.6	2007.9	2367.7
1996	(22974.0)	(17627.7)	(3216.4)	(5346.3)	(2544.0)	(2802.3)
	22913.5	17567.2	3216.4	5346.3	2544.0	2802.3
1997	24941.1	19194.2	3178.4	5746.9	2691.2	3055.6
1998	28406.2	22491.4	3614.2	5914.8	2681.5	3233.3
1999	29854.7	23732.0	4103.2	6122.7	2779.6	3343.1
2000	32917.7	26221.8	4984.1	6695.9	2904.3	3791.6
2001	37213.5	30001.2	6344.1	7212.3	2976.6	4235.7
2002	43499.9	35488.8	7790.9	8011.1	3123.2	4887.9
2003	55566.6	45811.7	10153.8	9754.9	3201.0	6554.0
2004	70477.4	59028.2	13158.3	11449.3	3362.7	8086.6
2005	88773.6	75095.1	15909.2	13678.5	3940.6	9737.9
2006	109998.2	93368.7	19422.9	16629.5	4436.2	12193.3
2007	137323.9	117464.5	25288.8	19859.5	5123.3	14736.2
2008	172828.4	148738.3	31203.2	24090.1	5951.8	18138.3
北京	3814.7	3520.9	1908.7	293.8	22.1	271.6
天津	3389.8	3175.1	653.7	214.7	33.2	181.5
河北	8866.6	7463.8	1084.4	1402.8	395.6	1007.1
山西	3531.2	3194.6	326.8	336.6	144.3	192.3
内蒙古	5475.4	5327.0	744.3	148.4	80.4	68.0
辽宁	10019.1	8881.9	2060.8	1137.1	201.7	935.5
吉林	5038.9	4592.7	641.0	446.2	133.3	312.9
黑龙江	3656.0	3354.8	439.9	301.1	283.4	17.8
上海	4823.1	4404.9	143我5.7	418.2	3.2	415.0

续表

年份 地区	全社会投资	城镇	#房地产开发	农村	农户	非农户
江苏	15300.6	11609.7	3304.6	3690.8	303.2	3387.7
浙江	9323.0	6551.1	2023.1	2771.9	396.3	2375.6
安徽	6747.0	5948.6	1362.7	798.3	318.3	480.1
福建	5207.7	4601.5	1129.1	606.2	153.4	452.8
江西	4745.4	4325.4	547.7	420.1	192.2	227.9
山东	15435.9	12529.0	2038.5	2907.0	523.7	2383.3
河南	10490.6	8721.2	1206.7	1769.5	669.6	1099.8
湖北	5647.0	5148.8	892.7	498.3	222.5	275.7
湖南	5534.0	4880.0	955.9	654.1	232.0	422.1
广东	10868.7	8640.9	2949.3	2227.8	290.9	1936.9
广西	3756.4	3325.9	627.3	430.5	236.5	193.9
海南	705.4	668.0	199.4	37.4	25.5	11.9
重庆	3979.6	3715.9	991.0	263.7	82.4	181.3
四川	7127.8	6362.1	1451.7	765.7	325.2	440.6
贵州	1864.5	1609.3	311.3	255.1	100.0	155.1
云南	3435.9	3106.3	557.7	329.6	171.5	158.1
西藏	309.9	271.3	13.7	38.7		38.7
陕西	4614.4	4286.4	762.2	328.0	183.3	144.7
甘肃	1712.8	1510.8	185.8	202.0	79.4	122.6
青海	583.2	514.0	51.2	69.2	17.3	51.8
宁夏	828.9	735.7	117.6	93.1	38.2	55.0
新疆	2260.0	2025.6	228.6	234.3	93.1	141.3
不分地区	3734.9	3734.9				

注：自1997年起，除房地产投资、农村集体投资、个人投资以外，投资统计的起点由5万元提高到50万元。为便于比较，对1996年的相应数据作了全面调整，括号内为原口径数，未加括号的为调整后的新口径数（以下有关各表同）。

2-3　　各地区全社会固定资产投资资金来源

单位：亿元

年份 地区	全社会投资	城镇	#房地产开发	农村	农户	非农户
1995	20019.3	15643.7	3149.0	4375.6	2007.9	2367.7
1996	(22974.0)	(17627.7)	(3216.4)	(5346.3)	(2544.0)	(2802.3)
	22913.5	17567.2	3216.4	5346.3	2544.0	2802.3
1997	24941.1	19194.2	3178.4	5746.9	2691.2	3055.6
1998	28406.2	22491.4	3614.2	5914.8	2681.5	3233.3
1999	29854.7	23732.0	4103.2	6122.7	2779.6	3343.1
2000	32917.7	26221.8	4984.1	6695.9	2904.3	3791.6
2001	37213.5	30001.2	6344.1	7212.3	2976.6	4235.7
2002	43499.9	35488.8	7790.9	8011.1	3123.2	4887.9
2003	55566.6	45811.7	10153.8	9754.9	3201.0	6554.0
2004	70477.4	59028.2	13158.3	11449.3	3362.7	8086.6
2005	88773.6	75095.1	15909.2	13678.5	3940.6	9737.9
2006	109998.2	93368.7	19422.9	16629.5	4436.2	12193.3
2007	137323.9	117464.5	25288.8	19859.5	5123.3	14736.2
2008	172828.4	148738.3	31203.2	24090.1	5951.8	18138.3
北　京	3814.7	3520.9	1908.7	293.8	22.1	271.6
天　津	3389.8	3175.1	653.7	214.7	33.2	181.5
河　北	8866.6	7463.8	1084.4	1402.8	395.6	1007.1
山　西	3531.2	3194.6	326.8	336.6	144.3	192.3
内蒙古	5475.4	5327.0	744.3	148.4	80.4	68.0
辽　宁	10019.1	8881.9	2060.8	1137.1	201.7	935.5
吉　林	5038.9	4592.7	641.0	446.2	133.3	312.9
黑龙江	3656.0	3354.8	439.9	301.1	283.4	17.8
上　海	4823.1	4404.9	1435.7	418.2	3.2	415.0

续表

年份 地区	全社会投资	城镇	#房地产开发	农村	农户	非农户
江苏	15300.6	11609.7	3304.6	3690.8	303.2	3387.7
浙江	9323.0	6551.1	2023.1	2771.9	396.3	2375.6
安徽	6747.0	5948.6	1362.7	798.3	318.3	480.1
福建	5207.7	4601.5	1129.1	606.2	153.4	452.8
江西	4745.4	4325.4	547.7	420.1	192.2	227.9
山东	15435.9	12529.0	2038.5	2907.0	523.7	2383.3
河南	10490.6	8721.2	1206.7	1769.5	669.6	1099.8
湖北	5647.0	5148.8	892.7	498.3	222.5	275.7
湖南	5534.0	4880.0	955.9	654.1	232.0	422.1
广东	10868.7	8640.9	2949.3	2227.8	290.9	1936.9
广西	3756.4	3325.9	627.3	430.5	236.5	193.9
海南	705.4	668.0	199.4	37.4	25.5	11.9
重庆	3979.6	3715.9	991.0	263.7	82.4	181.3
四川	7127.8	6362.1	1451.7	765.7	325.2	440.6
贵州	1864.5	1609.3	311.3	255.1	100.0	155.1
云南	3435.9	3106.3	557.7	329.6	171.5	158.1
西藏	309.9	271.3	13.7	38.7		38.7
陕西	4614.4	4286.4	762.2	328.0	183.3	144.7
甘肃	1712.8	1510.8	185.8	202.0	79.4	122.6
青海	583.2	514.0	51.2	69.2	17.3	51.8
宁夏	828.9	735.7	117.6	93.1	38.2	55.0
新疆	2260.0	2025.6	228.6	234.3	93.1	141.3
不分地区	3734.9	3734.9				

注：自 1997 年起，除房地产投资、农村集体投资、个人投资以外，投资统计的起点由 5 万元提高到 50 万元。为便于比较，对 1996 年的相应数据作了全面调整，括号内为原口径数，未加括号的为调整后的新口径数（以下有关各表同）。

2-4　各地区全社会住宅投资

单位：亿元

年份 地区	合计	城镇	#房地产	农村	#农户
1995	4736.7	3278.2	1753.1	1458.5	1349.9
1996	5198.5	3326.2	1699.2	1872.3	1766.4
1997	5370.7	3319.7	1539.4	2051.0	1890.7
1998	6393.8	4310.8	2081.6	2083.0	1907.2
1999	7058.8	5050.9	2638.5	2007.9	1799.1
2000	7594.1	5435.3	3312.0	2158.9	1946.5
2001	8339.1	6261.5	4216.7	2077.6	1879.5
2002	9407.1	7248.9	5227.8	2158.2	1917.7
2003	10792.3	8624.8	6776.7	2167.5	1875.1
2004	13464.1	11010.1	8837.0	2453.9	2002.2
2005	15427.2	12825.8	10860.9	2601.5	2211.6
2006	19333.1	16305.5	13638.4	3027.5	2567.1
2007	25005.0	21238.3	18005.4	3766.7	3204.1
2008	30881.2	26516.0	22440.9	4365.2	3711.5
北　京	1028.2	991.6	940.6	36.7	17.1
天　津	510.2	475.6	459.3	34.6	16.9
河　北	1359.7	1097.2	858.6	262.5	230.6
山　西	564.3	442.6	227.8	121.7	91.7
内蒙古	744.5	710.2	579.2	34.3	31.5
辽　宁	1765.2	1635.9	1579.2	129.3	121.2
吉　林	633.4	592.7	530.1	40.7	37.8
黑龙江	565.4	486.1	306.6	79.3	76.8
上　海	903.3	896.9	875.5	6.5	2.9

续表

年份 地区	合计	城镇	#房地产	农村	#农户
江苏	2756.2	2569.8	2459.4	186.4	133.6
浙江	1883.6	1524.4	1426.6	359.3	314.6
安徽	1429.9	1168.9	1011.6	261.0	222.9
福建	903.5	789.1	735.9	114.4	101.1
江西	670.2	519.4	446.4	150.8	136.4
山东	2540.9	2181.0	1600.3	359.8	294.2
河南	1925.0	1351.0	970.9	573.9	512.2
湖北	932.0	742.5	660.5	189.5	172.5
湖南	957.5	800.4	703.1	157.1	145.0
广东	2630.5	2339.9	2131.6	290.6	251.4
广西	666.3	499.0	412.8	167.3	162.9
海南	207.2	193.5	172.4	13.8	13.1
重庆	753.8	699.0	619.5	54.8	39.0
四川	1492.5	1257.5	1036.0	234.9	170.0
贵州	311.7	236.8	195.5	74.9	69.8
云南	638.0	520.9	424.0	117.0	101.6
西藏	63.6	42.8	12.0	20.8	
陕西	1035.8	902.8	603.8	133.0	123.8
甘肃	435.1	361.3	137.5	73.7	56.6
青海	65.3	55.5	42.9	9.8	7.9
宁夏	127.3	106.4	87.9	20.9	13.2
新疆	349.6	293.7	193.7	55.9	43.4
不分地区	31.5	31.5			

2-5　各地区按主要行业分的全社会固定资产投资（一）

单位：亿元

年份 地区	合计	农、林、牧、渔业	采矿业	制造业	电力、燃气及水的生产和供应业	建筑业	交通运输、仓储和邮政业	信息传输、计算机服务和软件业	批发和零售业	住宿和餐饮业
2003	55566.6	1652.3	1775.2	14689.5	3962.4	924.4	6289.4	1660.7	922.7	423.0
2004	70477.4	1890.7	2395.9	19585.5	5795.1	964.0	7646.2	1657.7	1273.0	560.8
2005	88773.6	2323.7	3587.4	26576.0	7554.4	1119.0	9614.0	1581.8	1716.4	808.8
2006	109998.2	2749.9	4678.4	34089.5	8585.7	1125.5	12138.1	1875.9	2265.3	1095.7
2007	137323.9	3403.5	5878.8	44505.1	9467.6	1302.3	14154.0	1848.1	2880.3	1519.4
2008	172828.4	5064.5	7705.8	56702.4	10997.2	1555.9	17024.4	2162.6	3741.8	1959.2
北　京	3814.7	28.1	30.7	205.7	144.4	5.2	615.2	103.0	17.6	55.1
天　津	3389.8	37.3	268.4	983.2	206.9	48.3	324.0	55.4	54.2	23.0
河　北	8866.6	386.7	356.8	3823.0	525.2	30.3	624.0	96.0	307.1	72.3
山　西	3531.2	95.4	531.4	838.0	481.7	17.8	309.9	68.5	53.4	26.3
内蒙古	5475.4	288.2	913.9	1169.0	746.1	34.1	472.6	36.2	109.3	53.8
辽　宁	10019.1	325.1	401.3	3916.9	446.2	68.7	804.2	116.4	243.2	119.8
吉　林	5038.9	203.7	324.2	2003.6	382.5	23.7	288.9	45.7	170.3	59.0
黑龙江	3656.0	308.9	471.9	722.8	266.0	53.3	408.0	157.9	91.9	30.1
上　海	4823.1	8.4	31.6	1147.3	246.0	2.8	783.3	113.7	44.6	37.3
江　苏	15300.6	111.8	58.5	7699.7	499.8	84.4	730.4	64.9	387.2	182.9
浙　江	9323.0	73.2	11.8	3718.2	508.9	28.1	765.0	135.3	160.2	85.1
安　徽	6747.0	182.6	304.2	2115.3	373.4	167.2	346.1	58.5	135.4	86.0
福　建	5207.7	102.6	89.3	1509.6	411.7	24.4	614.5	129.1	63.2	68.5

续表

年份 地区	合计	农、林、牧、渔业	采矿业	制造业	电力、燃气及水的生产和供应业	建筑业	交通运输、仓储和邮政业	信息传输、计算机服务和软件业	批发和零售业	住宿和餐饮业
江　西	4745.4	134.8	107.5	2287.7	169.4	16.4	255.1	32.5	89.7	116.0
山　东	15435.9	506.0	432.8	6655.4	410.7	356.0	797.1	54.4	562.6	203.1
河　南	10490.6	537.6	625.5	4247.8	519.4	29.7	501.7	55.6	280.2	114.1
湖　北	5647.0	206.5	102.3	1826.4	392.4	31.1	538.6	63.0	189.4	88.5
湖　南	5534.0	152.8	193.1	1605.3	410.6	59.6	513.4	87.0	154.2	74.5
广　东	10868.7	131.9	107.0	3058.3	682.0	55.5	1108.8	240.8	175.6	144.4
广　西	3756.4	163.8	121.9	1127.1	246.7	45.9	432.4	38.8	59.2	42.6
海　南	705.4	21.7	3.9	70.9	39.0	5.7	127.8	16.1	2.3	35.3
重　庆	3979.6	113.5	88.4	1036.4	202.3	63.2	449.2	57.5	20.8	19.7
四　川	7127.8	268.4	205.3	2018.6	614.5	40.9	628.5	95.0	66.5	68.8
贵　州	1864.5	50.9	182.3	322.0	283.3	7.2	258.2	47.3	18.4	14.1
云　南	3435.9	166.2	186.6	469.4	626.0	24.6	375.0	61.4	75.3	33.6
西　藏	309.9	16.0	7.7	13.7	31.2	12.5	73.8	10.0	6.5	7.4
陕　西	4614.4	131.8	336.3	968.9	332.9	41.4	448.3	43.8	132.1	69.3
甘　肃	1712.8	84.2	84.1	317.3	265.7	139.1	115.7	15.0	38.7	12.8
青　海	583.2	31.5	62.4	145.7	80.4	8.7	104.2	3.0	7.7	3.1
宁　夏	828.9	43.8	86.0	260.3	90.8	2.5	69.1	7.8	6.1	2.1
新　疆	2260.0	151.1	498.5	418.9	196.9	27.9	247.2	52.9	19.1	10.3
不分地区	3734.9		480.1		163.8		2894.2			

2-5 各地区按主要行业分的全社会固定资产投资（二）

单位：亿元

年份 地区	金融业	房地产业	租赁和商务服务业	科学研究、技术服务和地质勘查业	水利、环境和公共设施管理业	居民服务和其他服务业	教育	卫生、社会保障和社会福利业	文化、体育和娱乐业	公共管理和社会组织	国际组织
2003	90.2	13143.4	375.5	285.8	4365.8	241.6	1671.1	405.8	531.5	2153.7	2.5
2004	136.0	16678.9	420.8	333.1	5071.7	313.7	2024.8	516.7	773.4	2437.4	2.0
2005	109.5	19505.3	549.6	435.1	6274.3	363.5	2209.2	661.8	857.0	2926.8	0.2
2006	121.4	24524.4	725.6	495.3	8152.7	389.5	2270.2	769.0	955.4	2990.5	0.1
2007	157.6	32438.9	949.3	560.0	10154.3	434.7	2375.6	885.0	1243.4	3166.1	
2008	260.6	40441.8	1355.9	782.0	13534.3	522.0	2523.8	1155.6	1589.9	3748.5	0.3
北 京	5.2	2010.5	48.7	31.3	262.5	3.9	52.0	40.4	100.1	55.1	
天 津	0.6	680.4	55.4	34.3	467.7	10.7	34.8	12.4	16.9	76.0	
河 北	12.7	1767.7	42.8	51.2	478.9	16.6	94.1	61.0	53.0	67.4	
山 西	0.7	655.0	3.8	4.7	307.1	2.3	56.9	19.2	22.8	36.1	
内蒙古	16.6	838.7	12.1	31.0	422.8	16.1	69.0	35.4	58.0	152.5	
辽 宁	47.2	2306.9	128.7	63.3	684.5	39.9	110.7	54.2	64.3	77.3	
吉 林	10.6	821.3	52.4	33.3	414.5	15.6	66.6	41.3	40.2	41.8	
黑龙江	1.1	605.1	10.2	32.0	228.6	10.9	58.5	56.3	28.3	114.2	
上 海	18.3	1584.3	74.3	20.0	593.4	3.2	49.5	16.9	31.7	16.4	
江 苏	3.9	3800.6	164.3	63.9	912.0	78.7	178.9	74.5	94.1	110.2	
浙 江	19.5	2545.0	93.9	25.3	842.7	5.2	108.6	59.2	47.2	90.5	
安 徽	10.9	1929.5	49.1	19.7	628.5	15.4	109.5	49.4	52.6	113.5	
福 建	15.4	1319.5	59.5	12.0	434.0	6.1	79.5	36.0	52.6	180.1	

续表

年份 地区	金融业	房地产业	租赁和商务服务业	科学研究、技术服务和地质勘查业	水利、环境和公共设施管理业	居民服务和其他服务业	教育	卫生、社会保障和社会福利业	文化、体育和娱乐业	公共管理和社会组织	国际组织
江 西	7.6	760.6	38.5	14.6	397.7	15.2	109.5	25.5	47.6	119.4	
山 东	11.9	3153.1	79.1	69.1	869.5	69.3	231.9	96.1	274.3	603.5	
河 南	8.1	2424.3	22.5	23.8	596.1	52.3	162.5	84.7	90.7	114.0	
湖 北	6.6	1152.7	61.7	41.9	505.8	19.9	87.0	43.2	56.5	233.6	
湖 南	6.2	1356.3	65.7	23.1	489.2	20.1	81.9	43.9	45.9	151.0	
广 东	20.6	3631.7	92.6	51.9	834.0	9.3	195.6	74.7	140.8	112.8	0.3
广 西	5.0	833.0	34.2	15.0	353.9	14.9	61.4	29.1	26.2	105.3	
海 南	3.0	223.0	2.5	0.7	71.3	0.6	15.3	7.1	32.1	27.1	
重 庆	2.4	1197.3	40.9	8.0	481.5	4.0	79.9	23.8	36.3	54.5	
四 川	3.5	1791.0	32.2	19.1	946.4	48.9	124.8	48.4	41.5	65.4	
贵 州	4.3	430.7	13.0	4.8	130.4	5.1	30.3	11.9	14.7	35.6	
云 南	5.6	767.4	9.4	9.1	335.7	4.6	71.4	27.2	34.6	152.8	
西 藏	0.4	61.2	0.0	0.5	16.7	0.2	7.7	1.4	3.3	39.7	
陕 西	6.2	923.1	51.4	53.9	450.4	17.9	108.7	40.1	44.5	413.5	
甘 肃	1.2	308.9	8.7	9.0	80.7	7.1	33.3	14.2	11.2	165.7	
青 海	0.3	61.8	1.3	2.3	29.4	1.6	7.8	2.7	7.3	22.0	
宁 夏	0.1	152.4	2.4	2.2	55.0	0.3	14.2	8.0	8.6	17.2	
新 疆	4.8	348.8	4.7	9.0	145.7	6.2	31.7	17.2	12.1	57.0	
不分地区				1.9	67.7					127.2	

2-6　各地区全社会建设总规模

单位：亿元

年份 地区	建设总规模	在建总规模	在建净规模
1995	62978.5	52026.7	26239.6
1996	75188.0	61930.7	31876.7
1997	81764.4	67126.6	33289.8
1998	90449.9	74138.2	36186.6
1999	96183.1	77120.2	36704.3
2000	102129.2	79951.1	37288.4
2001	118302.6	95244.0	49400.7
2002	135312.8	108684.1	57505.9
2003	163347.6	131733.0	69740.9
2004	212275.1	175652.6	92728.5
2005	270926.7	215349.7	116320.9
2006	326297.6	254062.3	124872.6
2007	396409.0	310890.3	150463.0
2008	498441.0	388122.0	184516.6
北　京	20893.6	17573.9	7394.0
天　津	11841.9	10133.6	5073.0
河　北	17996.2	12215.2	5330.1
山　西	9533.6	7235.4	3442.7
内蒙古	12234.6	8687.8	3687.8
辽　宁	24524.2	17693.5	8713.5
吉　林	9452.7	5616.2	2389.6
黑龙江	7473.4	4645.7	2263.0

续表

年份 地区	建设总规模	在建总规模	在建净规模
上　海	22661.8	19756.4	7675.8
江　苏	38860.0	28315.2	13100.0
浙　江	32287.7	25827.1	11143.2
安　徽	17026.5	13253.9	5240.4
福　建	18481.1	15678.8	7671.0
江　西	11303.3	7546.8	3815.7
山　东	31249.2	23275.1	9714.4
河　南	20065.4	11979.6	5716.1
湖　北	16528.6	13276.1	5595.8
湖　南	15714.1	12563.6	6131.2
广　东	38566.8	30331.8	13514.4
广　西	13525.7	11300.6	6261.4
海　南	2540.0	2293.4	1325.1
重　庆	15436.8	13790.4	6508.9
四　川	24743.2	21067.7	11933.7
贵　州	7683.5	6325.1	3574.4
云　南	12047.7	10023.1	5398.9
西　藏	743.7	586.5	277.5
陕　西	11623.0	8844.6	4206.5
甘　肃	5024.1	3870.3	2146.3
青　海	2181.9	1804.3	964.6
宁　夏	2887.3	2414.3	1485.5
新　疆	5256.4	3920.9	1831.3
不分地区	18052.9	16274.8	10990.7

2-7 城镇固定资产投资建设总规模

单位：亿元

年 份 地 区	建设总规模	在建总规模	在建净规模
1995	56212.4	47651.1	23871.9
1996	67105.8	56584.4	29074.5
1997	72961.9	61379.8	30234.2
1998	81301.8	68223.3	32953.3
1999	86717.2	70997.5	33361.1
2000	91641.7	73255.2	33496.8
2001	106854.6	88031.7	45164.9
2002	122413.7	100673.0	52618.0
2003	147038.7	121978.1	63187.0
2004	192739.3	167566.0	84641.9
2005	247510.3	205611.8	106583.0
2006	299682.1	241300.0	118490.0
2007	366270.3	296935.4	144032.8
2008	462788.0	372392.6	177745.8
北 京	20277.5	17192.5	7212.5
天 津	11475.0	9944.1	4959.6
河 北	16283.9	11749.1	5150.8
山 西	9036.8	7011.8	3329.8
内蒙古	12081.2	8680.6	3686.0
辽 宁	23123.9	17353.3	8566.9
吉 林	8894.9	5475.5	2312.6
黑龙江	7166.2	4635.4	2258.6

续表

年份 地区	建设总规模	在建总规模	在建净规模
上海	21728.3	19022.7	7449.3
江苏	33067.7	25795.9	11851.4
浙江	26597.6	22438.9	9602.1
安徽	15947.5	12800.8	5088.9
福建	17655.2	15349.5	7549.3
江西	10674.0	7337.6	3698.9
山东	27572.1	21591.9	9153.7
河南	17995.9	11543.1	5518.1
湖北	15876.2	13072.1	5497.1
湖南	14755.8	12084.0	5968.1
广东	34994.7	28426.8	12742.4
广西	12989.4	11129.1	6203.3
海南	2491.9	2276.4	1316.0
重庆	15052.1	13617.3	6447.8
四川	23556.2	20516.4	11603.8
贵州	7323.8	6170.4	3509.1
云南	11597.1	9847.3	5325.1
西藏	700.6	573.8	273.6
陕西	11266.3	8756.2	4187.8
甘肃	4763.8	3775.8	2104.7
青海	2076.8	1751.6	942.6
宁夏	2769.7	2375.7	1466.3
新疆	4943.0	3822.2	1779.1
不分地区	18052.9	16274.8	10990.7

2-8 各地区按行业分城镇固定资产投资（一）

单位：亿元

年份 地区	合计	农、林、牧、渔业	采矿业	制造业	电力、燃气及水的生产和供应业	建筑业	交通运输、仓储和邮政业	信息传输、计算机服务和软件业	批发和零售业	住宿和餐饮业
2003	45811.7	535.0	1551.9	10744.0	3803.9	528.0	5669.0	1645.7	791.4	321.3
2004	59028.2	645.1	2126.3	14657.2	5525.1	526.3	7091.5	1638.0	1117.2	438.1
2005	75095.1	842.8	3234.3	20406.6	7286.6	664.3	8860.4	1561.6	1532.1	675.9
2006	93368.7	1118.2	4152.5	26336.0	8260.7	795.7	11224.5	1772.0	1896.5	938.7
2007	117464.5	1460.0	5256.1	35476.7	9088.9	992.5	12997.1	1819.4	2450.6	1329.9
2008	148738.3	2250.4	6846.8	46368.3	10489.1	1195.8	15700.5	2131.3	3193.0	1735.0
北　京	3520.9	1.3	28.2	168.0	129.1	4.5	560.5	102.5	12.0	43.8
天　津	3175.1	21.3	268.3	864.6	205.7	42.7	316.3	55.4	42.5	21.5
河　北	7463.8	188.4	277.4	3243.0	508.9	24.0	543.4	94.8	258.6	63.6
山　西	3194.6	50.5	476.6	793.7	475.7	16.9	285.3	67.7	50.0	24.3
内蒙古	5327.0	193.1	912.4	1166.6	746.1	31.2	467.2	36.2	107.5	51.8
辽　宁	8881.9	86.8	311.0	3461.9	432.2	46.5	748.4	114.9	224.5	110.9
吉　林	4592.7	79.8	300.3	1844.6	374.8	21.2	260.1	44.8	162.5	55.1
黑龙江	3354.8	121.8	471.7	717.6	266.0	50.8	390.0	157.8	91.8	30.0
上　海	4404.9	2.1	31.5	850.8	242.3	2.3	771.7	113.7	10.5	27.3
江　苏	11609.7	25.6	51.1	4915.3	441.3	64.4	642.8	61.4	267.2	151.8
浙　江	6551.1	16.8	1.3	1754.8	437.9	16.9	705.3	134.8	125.5	67.0
安　徽	5948.6	63.0	275.2	1938.1	357.8	147.5	294.4	57.4	124.6	80.3
福　建	4601.5	29.9	42.1	1329.2	390.9	14.7	562.7	127.2	53.5	64.9

续表

年份 地区	合计	农、林、牧、渔业	采矿业	制造业	电力、燃气及水的生产和供应业	建筑业	交通运输、仓储和邮政业	信息传输、计算机服务和软件业	批发和零售业	住宿和餐饮业
江 西	4325.4	54.0	89.9	2217.4	157.2	15.5	219.8	32.4	86.5	107.9
山 东	12529.0	168.7	340.9	5352.7	356.5	282.8	629.2	51.9	460.8	179.2
河 南	8721.2	256.0	559.9	3827.2	498.6	16.4	405.0	53.8	238.6	105.8
湖 北	5148.8	116.5	80.1	1760.4	386.2	23.6	512.8	62.5	184.0	87.0
湖 南	4880.0	64.3	148.3	1464.8	379.9	45.1	439.0	84.6	147.0	70.1
广 东	8640.9	35.4	74.9	1867.0	608.7	17.3	1002.2	239.5	119.1	107.9
广 西	3325.9	97.7	96.7	1068.9	234.0	27.3	380.7	37.1	56.3	41.3
海 南	668.0	7.9	3.9	70.3	38.8	5.6	126.8	16.1	1.9	35.0
重 庆	3715.9	63.7	69.3	985.5	192.0	50.5	428.4	56.8	20.1	18.8
四 川	6362.1	145.5	145.0	1904.2	598.3	22.4	572.1	91.5	57.0	48.1
贵 州	1609.3	16.3	106.1	299.4	274.4	6.3	245.7	46.7	17.2	12.1
云 南	3106.3	91.9	161.1	458.7	614.8	22.7	344.8	61.4	72.5	29.9
西 藏	271.3	14.7	7.7	13.7	30.8	12.0	73.3	10.0	6.4	7.4
陕 西	4286.4	91.2	327.3	937.3	330.2	33.3	419.9	42.4	127.3	65.6
甘 肃	1510.8	56.5	77.4	300.1	260.2	107.2	105.8	14.1	36.5	12.2
青 海	514.0	11.0	59.8	140.5	76.0	7.3	87.0	2.7	7.2	2.6
宁 夏	735.7	16.0	84.0	253.0	87.7	1.3	51.8	7.7	5.8	1.9
新 疆	2025.6	62.7	487.4	399.0	192.1	15.6	213.9	51.5	18.0	9.8
不分地区	3734.9		480.1		163.8		2894.2			

2-8 各地区按行业分城镇固定资产投资（二）

单位：亿元

年份 地区	金融业	房地产业	租赁和商务服务业	科学研究、技术服务和地质勘查业	水利、环境和公共设施管理业	居民服务和其他服务业	教育	卫生、社会保障和社会福利业	文化、体育和娱乐业	公共管理和社会组织	国际组织
2003	86.2	11105.3	309.8	281.7	4220.2	65.6	1474.1	357.7	479.6	1841.2	0.3
2004	97.6	14547.0	361.7	311.8	4890.8	107.6	1803.0	446.9	531.2	2165.6	0.3
2005	105.6	17098.2	486.2	424.5	6097.9	135.5	1966.9	591.8	685.8	2438.1	
2006	118.7	21586.2	662.6	465.1	7506.7	183.6	2128.8	708.0	858.2	2655.8	0.1
2007	151.9	28619.2	860.7	521.2	9276.0	235.8	2220.9	809.4	1129.8	2768.4	
2008	252.8	35914.2	1255.1	717.6	12279.1	312.7	2355.4	1065.9	1436.5	3239.0	
北　京	5.2	1973.0	43.3	29.9	218.9	3.0	44.1	37.3	89.0	27.2	
天　津	0.6	663.3	51.2	34.1	464.9	9.7	34.2	12.3	16.9	49.7	
河　北	12.6	1465.4	37.9	48.8	440.8	9.9	87.9	56.3	46.6	55.4	
山　西	0.7	533.5	3.7	4.5	289.3	1.6	54.2	18.5	20.3	27.6	
内蒙古	16.6	807.3	12.1	30.4	422.1	14.8	69.0	35.4	57.6	149.8	
辽　宁	47.1	2188.6	124.0	60.9	618.0	32.8	104.9	51.1	58.1	59.5	
吉　林	10.5	767.2	50.4	32.3	394.7	14.8	64.4	38.7	37.9	38.6	
黑龙江	1.1	521.1	10.2	31.9	225.6	10.9	58.4	56.3	28.3	113.5	
上　海	18.0	1577.8	66.5	16.9	569.6	2.4	44.9	13.5	28.7	14.6	
江　苏	3.1	3558.4	146.7	59.1	788.6	32.0	162.4	67.2	80.3	91.1	
浙　江	18.7	2171.9	86.9	21.7	728.5	2.1	97.5	53.9	38.2	71.5	
安　徽	10.8	1646.7	46.4	19.3	589.9	13.7	96.5	44.7	49.1	93.3	
福　建	15.3	1203.4	57.7	10.4	401.2	2.7	71.4	31.9	48.3	144.2	

续表

年份 地区	金融业	房地产业	租赁和商务服务业	科学研究、技术服务和地质勘查业	水利、环境和公共设施管理业	居民服务和其他服务业	教育	卫生、社会保障和社会福利业	文化、体育和娱乐业	公共管理和社会组织	国际组织
江　西	7.6	622.7	37.5	14.6	361.7	9.5	108.7	23.9	46.0	112.3	
山　东	10.3	2754.9	68.9	54.5	724.1	44.3	217.7	84.5	232.5	514.5	
河　南	7.9	1807.8	19.0	17.6	506.7	26.8	139.6	69.8	78.4	86.3	
湖　北	6.6	959.0	61.3	40.0	468.8	17.8	84.1	42.0	53.5	202.6	
湖　南	6.1	1180.2	64.6	22.3	457.1	15.5	76.6	41.1	40.4	133.0	
广　东	17.6	3314.0	70.8	39.3	658.0	7.0	169.2	67.8	129.7	95.5	
广　西	5.0	678.0	33.0	14.6	339.4	5.0	59.6	28.1	25.6	97.6	
海　南	3.0	208.5	2.5	0.7	70.3	0.5	15.1	6.6	31.7	22.8	
重　庆	2.4	1133.4	40.6	7.5	458.5	3.5	78.1	23.2	35.0	48.5	
四　川	3.4	1609.2	30.3	16.3	859.0	4.9	121.4	45.8	34.9	52.8	
贵　州	4.0	355.3	12.9	4.7	117.7	4.2	28.8	11.3	13.4	32.8	
云　南	5.6	645.1	9.3	8.6	315.5	4.3	69.1	26.5	34.1	130.5	
西　藏	0.4	27.7		0.5	16.4	0.2	7.6	1.4	3.3	37.6	
陕　西	6.2	796.4	51.3	53.7	429.4	11.0	106.8	39.3	43.7	374.1	
甘　肃	1.2	243.3	8.4	8.6	73.0	3.7	32.0	13.9	9.8	147.0	
青　海	0.3	53.4	1.3	1.3	27.7	1.5	6.8	2.3	7.1	18.2	
宁　夏	0.1	134.3	2.4	2.0	47.3	0.2	13.6	5.0	7.4	14.4	
新　疆	4.8	313.5	3.9	8.6	128.9	2.6	30.8	16.4	11.1	55.0	
不分地区				1.9	67.7					127.2	

2-9

各地区城镇能源工业投资

单位：亿元

年份 地区	合计	煤炭开采 及洗选业	石油及天然气 开采业	石油及炼焦 加工业	电力、热力 及燃气的生产 和供应业
2003	5508.4	436.4	946.0	322.0	3803.9
2004	7504.8	690.4	1112.3	637.9	5064.2
2005	10205.6	1162.9	1463.6	801.3	6777.8
2006	11826.3	1459.0	1822.2	939.3	7605.8
2007	13698.6	1804.6	2225.5	1415.4	8253.2
2008	16345.5	2399.2	2675.1	1827.5	9443.7
北京	137.6	0.7	18.2	4.5	114.2
天津	585.7		268.2	129.9	187.5
河北	703.6	55.6	69.6	123.7	454.6
山西	1023.1	464.1	1.9	101.5	455.7
内蒙古	1549.7	453.0	225.7	165.3	705.7
辽宁	675.1	32.8	102.8	149.8	389.8
吉林	583.9	52.3	175.5	12.3	343.9
黑龙江	738.2	95.4	341.9	59.9	241.0
上海	197.8		29.0	16.6	152.1
江苏	405.6	15.9	19.2	27.7	342.8
浙江	365.9			11.0	354.9
安徽	528.1	186.1	0.7	34.3	307.1

续表

年份 地区	合计	煤炭开采 及洗选业	石油及天然气 开采业	石油及炼焦 加工业	电力、热力 及燃气的生产 和供应业
福建	534.5	12.9		152.8	368.7
江西	179.1	24.1	2.4	20.4	132.3
山东	757.9	77.4	185.7	185.2	309.6
河南	832.7	275.9	72.7	44.6	439.5
湖北	403.3	8.2	30.8	16.3	348.0
湖南	420.7	63.6		16.0	341.2
广东	710.4		44.5	131.8	534.1
广西	288.8	4.8	0.9	77.3	205.9
海南	35.5		0.3	0.3	34.9
重庆	225.2	49.4	7.6	2.3	165.9
四川	677.3	64.4	26.2	21.1	565.6
贵州	379.8	95.9		20.3	263.6
云南	673.8	51.3	0.4	22.0	600.2
西藏	30.3				30.3
陕西	705.2	107.1	177.6	119.2	301.3
甘肃	328.0	30.6	22.4	22.6	252.4
青海	125.1	11.8	37.7	0.4	75.1
宁夏	195.4	79.7	4.0	27.7	84.0
新疆	704.0	49.2	366.4	110.6	177.8
不分地区	644.0	37.2	443.0		163.8

2-10　各地区按行业分城镇新增固定资产（一）

单位：亿元

年份 地区	合计	农、林、牧、渔业	采矿业	制造业	电力、燃气及水的生产和供应业	建筑业	交通运输、仓储和邮政业	信息传输、计算机服务和软件业	批发和零售业	住宿和餐饮业
2003	28663.9	375.0	1182.9	6646.9	2228.4	344.3	3531.4	1053.0	535.5	204.5
2004	34731.4	458.9	1398.0	9023.3	3110.0	364.6	4237.8	1153.3	717.4	267.6
2005	45206.6	608.8	2015.8	13276.5	3429.3	374.8	5235.8	958.2	1019.4	431.7
2006	56290.9	807.0	2853.9	17268.0	4683.6	475.3	5751.0	1082.4	1266.7	580.4
2007	67367.5	1094.8	3438.5	21654.6	6151.5	584.2	6527.9	1077.7	1604.8	813.8
2008	84545.3	1694.1	3981.8	28335.2	6042.5	788.5	7802.7	1197.8	2238.9	1106.8
北　京	2385.8	1.5	25.6	94.5	150.1	2.6	444.1	24.3	7.2	16.0
天　津	1676.8	16.1	82.3	337.0	76.1	35.7	286.3	32.8	28.4	11.4
河　北	4734.2	151.1	200.7	2213.4	336.1	19.8	368.0	66.7	193.2	42.7
山　西	1772.6	41.6	255.9	417.2	252.6	17.0	139.8	51.6	27.8	19.1
内蒙古	3309.3	174.9	297.6	638.9	632.4	27.0	322.5	38.1	95.0	47.5
辽　宁	5056.7	77.1	235.8	2189.1	219.2	40.6	232.8	61.8	180.0	97.3
吉　林	3279.9	61.1	149.6	1480.1	223.9	19.3	200.0	32.3	146.0	39.4
黑龙江	2405.4	103.1	413.7	562.7	207.7	44.8	258.0	42.0	66.9	26.5
上　海	2523.2	1.3	0.9	820.6	131.3	2.0	298.7	25.9	7.8	10.0
江　苏	7645.9	20.6	15.9	3387.4	268.7	37.1	349.8	41.0	175.1	115.1
浙　江	3434.8	6.9	0.3	977.9	205.7	10.3	500.2	22.0	37.9	24.6
安　徽	2849.5	41.4	185.3	956.8	198.0	97.6	245.7	29.5	77.3	48.3
福　建	1768.3	21.4	28.9	582.9	100.1	3.0	207.4	82.6	25.3	27.8

续表

年份 地区	合计	农、林、牧、渔业	采矿业	制造业	电力、燃气及水的生产和供应业	建筑业	交通运输、仓储和邮政业	信息传输、计算机服务和软件业	批发和零售业	住宿和餐饮业
江　西	2962.5	36.4	71.5	1548.5	92.0	13.1	108.1	36.9	71.7	74.5
山　东	6852.5	121.8	224.2	3074.2	175.8	176.4	302.8	27.0	325.5	93.2
河　南	6414.0	213.8	416.1	2874.6	365.4	7.3	504.0	48.6	204.0	83.6
湖　北	3053.4	88.1	67.7	972.5	347.7	16.4	192.3	28.4	130.7	60.4
湖　南	2478.2	37.1	98.5	865.8	221.6	24.4	103.8	22.6	98.6	43.6
广　东	5529.2	27.1	51.4	1262.2	428.6	14.7	599.0	212.3	61.1	69.1
广　西	1419.0	47.4	58.9	402.5	169.8	15.4	183.1	26.5	28.0	24.7
海　南	230.2	5.1	1.8	8.8	12.0	4.3	40.9	10.7	0.9	8.2
重　庆	1381.9	38.6	38.1	345.8	45.9	24.7	89.6	3.4	14.5	6.9
四　川	2918.7	114.3	74.6	980.8	268.6	11.9	218.3	61.1	29.9	30.6
贵　州	903.0	16.5	69.8	190.3	162.5	3.1	81.7	36.6	18.2	6.3
云　南	1551.0	60.9	84.2	298.0	139.8	15.3	287.1	21.2	34.9	17.6
西　藏	137.4	7.1	0.6	4.5	7.4	8.8	26.8	16.9	2.0	1.9
陕　西	2262.8	64.8	191.4	439.4	222.4	17.3	331.7	26.1	109.1	43.7
甘　肃	575.2	25.0	33.2	81.3	71.4	64.4	29.0	9.8	20.0	7.6
青　海	322.8	9.6	49.2	43.7	83.1	2.8	47.7	3.5	8.1	1.6
宁　夏	403.9	11.4	8.2	69.0	97.5	1.0	24.2	6.9	2.0	0.3
新　疆	1162.9	50.9	229.4	214.9	107.2	10.2	61.3	48.5	12.3	7.2
不分地区	1144.2		320.4		22.0		717.8			

2-10 各地区按行业分城镇新增固定资产（二）

单位：亿元

年份 地区	金融业	房地产业	租赁和商务服务业	科学研究、技术服务和地质勘查业	水利、环境和公共设施管理业	居民服务和其他服务业	教育	卫生、社会保障和社会福利业	文化、体育和娱乐业	公共管理和社会组织	国际组织
2003	71.4	7242.0	171.7	146.7	2222.2	43.2	994.5	263.3	219.9	1186.7	0.3
2004	111.4	7893.3	160.6	200.4	2406.5	74.4	1209.5	308.5	243.3	1392.4	0.2
2005	81.5	10419.3	268.5	196.2	3068.2	75.4	1430.4	391.6	374.7	1550.5	
2006	78.9	12968.5	279.0	258.5	3707.0	121.1	1379.6	475.6	473.8	1780.6	0.1
2007	114.6	14483.2	383.3	327.8	4390.7	175.6	1573.9	566.8	541.0	1862.9	
2008	178.6	18385.7	623.5	437.4	6122.1	244.5	1613.0	683.7	815.2	2253.4	
北　京	2.5	1242.4	47.0	15.5	144.5	0.7	30.6	24.8	94.9	17.1	
天　津	0.6	509.4	21.0	8.2	151.1	9.6	30.5	4.3	4.9	31.2	
河　北	9.1	583.1	25.9	20.7	260.7	7.3	110.1	49.2	32.6	43.8	
山　西	1.0	285.1	1.7	3.8	177.0	1.4	28.3	14.4	14.6	22.9	
内蒙古	16.0	370.8	9.2	24.2	323.6	8.1	57.5	27.9	66.8	131.4	
辽　宁	21.9	986.4	74.7	47.8	373.2	31.7	66.9	33.4	39.0	47.9	
吉　林	7.1	381.0	29.1	24.6	326.5	14.4	47.5	33.3	34.1	30.3	
黑龙江	1.3	279.8	9.4	28.6	137.3	12.1	61.2	41.3	28.6	80.5	
上　海	18.0	1044.8	6.7	17.2	83.3	0.9	29.1	3.5	12.8	8.3	
江　苏	2.1	2185.8	112.2	34.1	567.0	26.5	110.3	47.3	65.9	84.1	
浙　江	11.1	1185.2	33.2	9.6	249.7	1.8	70.7	39.4	13.4	35.1	
安　徽	9.9	592.5	26.4	8.7	177.0	9.4	46.2	24.8	22.7	51.9	
福　建	10.7	400.6	14.3	6.5	118.4	1.0	28.8	14.3	16.2	78.1	

续表

年份 地区	金融业	房地产业	租赁和商务服务业	科学研究、技术服务和地质勘查业	水利、环境和公共设施管理业	居民服务和其他服务业	教育	卫生、社会保障和社会福利业	文化、体育和娱乐业	公共管理和社会组织	国际组织
江 西	4.5	323.3	17.1	6.3	291.6	9.7	120.5	18.5	26.8	91.7	
山 东	4.7	1328.2	33.1	29.6	327.6	34.6	116.5	44.9	90.6	321.8	
河 南	5.6	968.9	14.8	12.0	391.1	20.3	101.6	52.4	49.9	79.7	
湖 北	5.0	588.0	32.1	18.1	251.1	11.1	54.2	32.8	25.5	131.3	
湖 南	4.7	550.8	31.0	16.4	188.2	13.1	32.0	24.2	21.6	80.1	
广 东	11.5	1979.6	19.5	34.2	471.2	4.1	108.5	25.5	48.8	100.8	
广 西	2.5	209.3	13.1	3.1	118.5	2.9	35.6	11.8	7.7	58.1	
海 南	3.0	81.8	0.4	0.1	21.5		9.6	1.8	5.2	14.1	
重 庆	2.5	529.0	5.7	1.0	130.5	1.7	48.0	11.7	12.0	32.2	
四 川	3.5	675.9	9.8	8.1	270.1	4.1	71.3	34.1	13.5	38.3	
贵 州	4.3	136.1	2.6	1.1	76.4	3.2	30.3	11.7	5.2	47.2	
云 南	6.3	271.2	2.1	2.5	155.2	3.2	33.6	13.2	14.0	90.7	
西 藏	0.4	21.4		0.5	9.0	0.5	4.7	0.9	1.0	22.9	
陕 西	3.6	205.7	20.8	36.5	169.2	6.6	72.0	21.7	14.3	266.6	
甘 肃	0.6	106.5	4.0	7.5	25.8	1.7	14.2	5.9	4.5	62.9	
青 海	0.1	37.5	0.8	1.7	12.1	1.5	4.2	1.8	2.1	11.8	
宁 夏		103.4	1.3	0.2	39.0	0.1	12.4	1.7	13.0	12.3	
新 疆	4.6	222.5	4.7	8.9	79.1	1.4	26.2	11.1	13.0	49.4	
不分地区					5.4					78.7	

财 政、金 融

3-1 国家财政收支总额及增长速度

年 份	财政收入(亿元)	财政支出(亿元)	增长速度(%)	
			财政收入	财政支出
1978	1132.26	1122.09	29.5	33.0
1980	1159.93	1228.83	1.2	-4.1
1985	2004.82	2004.25	22.0	17.8
1990	2937.10	3083.59	10.2	9.2
1991	3149.48	3386.62	7.2	9.8
1992	3483.37	3742.20	10.6	10.5
1993	4348.95	4642.30	24.8	24.1
1994	5218.10	5792.62	20.0	24.8
1995	6242.20	6823.72	19.6	17.8
1996	7407.99	7937.55	18.7	16.3
1997	8651.14	9233.56	16.8	16.3
1998	9875.95	10798.18	14.2	16.9
1999	11444.08	13187.67	15.9	22.1
2000	13395.23	15886.50	17.0	20.5
2001	16386.04	18902.58	22.3	19.0
2002	18903.64	22053.15	15.4	16.7
2003	21715.25	24649.95	14.9	11.8
2004	26396.47	28486.89	21.6	15.6
2005	31649.29	33930.28	19.9	19.1
2006	38760.20	40422.73	22.5	19.1
2007	51321.78	49781.35	32.4	23.2
2008	61330.35	62592.66	19.5	25.7

注：1.在国家财政收支中，价格补贴1985年以前冲减财政收入，1986年以后列为财政支出。为了可比，本表将1985年以前冲减财政收入的价格补贴改列在财政支出中。

2.财政收入中不包括国内外债务收入。

3.从2000年起，财政支出中包括国内外债务付息支出。

3-2　各项税收

单位：亿元

年份	合计	#国内增值税	#营业税	#国内消费税	#关税	#农业各税	#企业所得税
1978	519.28				28.76	28.40	
1980	571.70				33.53	27.67	
1985	2040.79	147.70	211.07		205.21	42.05	696.06
1990	2821.86	400.00	515.75		159.01	87.86	716.00
1991	2990.17	406.36	564.00		187.28	90.65	731.13
1992	3296.91	705.93	658.67		212.75	119.17	720.78
1993	4255.30	1081.48	966.09		256.47	125.74	678.60
1994	5126.88	2308.34	670.02	487.40	272.68	231.49	708.49
1995	6038.04	2602.33	865.56	541.48	291.83	278.09	878.44
1996	6909.82	2962.81	1052.57	620.23	301.84	369.46	968.48
1997	8234.04	3283.92	1324.27	678.70	319.49	397.48	963.18
1998	9262.80	3628.46	1575.08	814.93	313.04	398.80	925.54
1999	10682.58	3881.87	1668.56	820.66	562.23	423.50	811.41
2000	12581.51	4553.17	1868.78	858.29	750.48	465.31	999.63
2001	15301.38	5357.13	2064.09	929.99	840.52	481.70	2630.87
2002	17636.45	6178.39	2450.33	1046.32	704.27	717.85	3082.79
2003	20017.31	7236.54	2844.45	1182.26	923.13	871.77	2919.51
2004	24165.68	9017.94	3581.97	1501.90	1043.77	902.19	3957.33
2005	28778.54	10792.11	4232.46	1633.81	1066.17	936.40	5343.92
2006	34804.35	12784.81	5128.71	1885.69	1141.78	1084.04	7039.60
2007	45621.97	15470.23	6582.17	2206.83	1432.57	1439.09	8779.25
2008	54223.79	17996.94	7626.39	2568.27	1769.95	1689.39	11175.63

注：1.2006 年以前，农业各税包括农业税、牧业税、耕地占用税、农业特产税、契税和烟叶税；从 2006 年起，农业各税只包括耕地占用税、契税和烟叶税。

2.企业所得税 2001 年以前只包括国有及集体企业所得税，从 2001 年起，企业所得税还包括除国有企业和集体企业外的其他所有制企业所得税，与以前各年不可比。

3.国内增值税不包括进口产品增值税；国内消费税不包括进口产品消费税。

3-3 中央和地方财政主要收入项目（2008 年）

单位：亿元

项　目	国家财政收入	中央	地方
总计	**61330.35**	**32680.56**	**28649.79**
税收收入	**54223.79**	**30968.68**	**23255.11**
国内增值税	17996.94	13497.76	4499.18
国内消费税	2568.27	2568.27	
进口货物增值税、消费税	7391.13	7391.13	
出口货物退增值税、消费税	−5865.93	−5865.93	
营业税	7626.39	232.10	7394.29
企业所得税	11175.63	7173.55	4002.08
个人所得税	3722.31	2234.23	1488.08
资源税	301.76		301.76
城市维护建设税	1344.09	7.79	1336.30
房产税	680.34		680.34
印花税	1311.29	949.68	361.61
#证券交易印花税	979.16	949.68	29.48
城镇土地使用税	816.90		816.90
土地增值税	537.43		537.43
车船税	144.21		144.21
船舶吨税	20.12	20.12	
车辆购置税	989.89	989.89	
关税	1769.95	1769.95	
耕地占用税	314.41		314.41
契税	1307.53		1307.53
烟叶税	67.45		67.45
其他税收收入	3.68	0.14	3.54
非税收入	**7106.56**	**1711.88**	**5394.68**
专项收入	1554.10	200.65	1353.45
行政事业性收费	2134.86	372.88	1761.98
罚没收入	898.40	31.72	866.68
其他收入	2519.20	1106.63	1412.57

3-4 中央和地方财政主要支出项目（2008 年）

单位：亿元

项　　目	国家财政支出	中央	地方
总计	**62592.66**	**13344.17**	**49248.49**
一般公共服务	9795.92	2344.55	7451.37
#国内外债务付息	1305.09	1249.19	55.90
外交	240.72	239.15	1.57
#对外援助	125.59	125.59	
国防	4178.76	4098.95	79.81
公共安全	4059.76	648.63	3411.13
#武装警察	664.13	502.26	161.87
教育	9010.21	491.63	8518.58
科学技术	2129.21	1077.35	1051.86
文化体育与传媒	1095.74	140.61	955.13
社会保障和就业	6804.29	344.28	6460.01
医疗卫生	2757.04	46.78	2710.26
环境保护	1451.36	66.21	1385.15
城乡社区事务	4206.14	14.33	4191.81
农林水事务	4544.01	308.38	4235.63
交通运输	2354.00	913.20	1440.80
#车辆购置税支出	1002.74	659.19	343.55
工业商业金融等事务	6226.37	2133.90	4092.47
地震灾后恢复重建支出	798.34	62.47	735.87
其他支出	2940.79	413.75	2527.04

3-5　各地区财政收入（2008 年）（一）

单位：万元

地　区	一般预算收入	税收收入	国内增值税	营业税	企业所得税	个人所得税	资源税	固定资产投资方向调节税	城市维护建设税	房产税	印花税	城镇土地使用税
地方合计	**286497896**	**232551081**	**44991750**	**73942867**	**40020788**	**14880808**	**3017612**	**12757**	**13363005**	**6803359**	**3616114**	**8168960**
北　京	18373238	17755757	1583363	6517767	4975151	1713327	3624	253	639470	638422	237773	154399
天　津	6756186	5462605	1096841	1798513	1037025	321681	7554		260574	192058	119725	104238
河　北	9475858	7488871	1968639	2170775	1122229	424823	236604	1918	487107	162274	124222	276470
山　西	7480047	5664935	1970700	1297269	872894	256661	317432	15	430142	106176	70708	201186
内蒙古	6506764	4644481	1033422	1347653	587981	240201	220576	1873	296385	125710	69385	340544
辽　宁	13560812	10170987	1727640	3039950	1424442	517291	282451	4493	587061	353834	163812	660309
吉　林	4227961	3110741	635782	939623	425347	174925	41539		220521	106841	39486	188411
黑龙江	5782773	4202079	1294133	999035	460529	222267	140502	477	422162	124555	41018	205046
上　海	23587464	22234284	3348882	7633822	5479937	2048939			687706	522231	520280	340948
江　苏	27314074	22787081	4830367	6639020	3989161	1292320	54988	−148	1255457	690709	335983	882963
浙　江	19333890	17920894	3489164	5743030	3022812	1157086	67501		1104714	601248	279484	578304
安　徽	7246197	5279349	967533	1777021	745125	214336	98453		380843	113747	63287	220315
福　建	8334032	7044526	1241126	2268933	1172533	449835	54626	6	334975	246332	108788	290413
江　西	4886476	3579635	642916	1181937	472410	159861	88994	4	199612	68003	43780	122809
山　东	19570541	15335324	3337763	3960900	2291404	611251	288063	30	1041367	472576	203026	1035689
河　南	10089009	7422734	1538949	2095474	1167469	323024	241049	3759	490647	168869	102579	372048
湖　北	7108492	5372066	1067371	1698940	884883	280616	53551		415662	161791	86373	150005
湖　南	7227122	4863111	953639	1742678	499485	284306	33669		401648	135598	64399	74004
广　东	33103235	28647894	5528510	9553497	5359244	2363771	68592		1062345	923000	486033	827352
广　西	5184245	3464935	658507	1219700	372168	194782	41411	−5	217927	102785	43831	85333
海　南	1448584	1205390	135712	523234	152898	55738	12776		55240	37347	16443	62358
重　庆	5775738	3602925	579372	1450454	349548	178254	49603		238666	93288	54863	131558
四　川	10416603	7320739	1167370	2686028	927277	415702	87185		469709	188575	105701	327052
贵　州	3478416	2607992	551444	803335	355393	184078	53306	75	220707	62907	23660	98948
云　南	6140518	4823882	994086	1366251	660298	232132	83064		507010	113707	58294	135931
西　藏	248823	151865	27465	79514	18684	7051	5755		7171		1993	
陕　西	5914750	4556043	1098853	1477115	589640	227518	169459		392333	108895	69047	169578
甘　肃	2649650	1628049	379120	531536	205554	81306	55469	2	155398	66292	30059	38640
青　海	715692	558966	145676	184903	71292	25850	39363		38685	11897	6865	17376
宁　夏	950090	777432	183793	300884	62184	40239	11560		58054	17261	11541	44657
新　疆	3610616	2865509	813612	914076	265791	181637	108893	5	283707	86431	33676	32076

注：固定资产投资方向调节税已于 2000 年停征，表中数据为清理以前年度欠缴的税款或查补的税款。

3-5 各地区财政收入（2008 年）（二）

单位：万元

地 区	土地增值税	车船税	耕地占用税	契 税	烟叶税	其他税收收入	非税收入	专项收入	行政事业性收费收入	罚没收入	国有资本经营收入	国有资源(资产)有偿使用收入	其他收入
地方合计	**5374329**	**1442129**	**3144075**	**13075394**	**674456**	**22678**	**53946815**	**13534486**	**17619784**	**8666760**	**6900940**	**4186430**	**3038415**
北 京	346672	102317	13541	829678			617481	408569	258364	212460	−339853	64898	13043
天 津	66079	37250	17953	403114			1293581	149369	785734	69379	−20700	222495	87304
河 北	109204	62589	64937	276090	853	137	1986987	548216	523642	513106	211383	130805	59835
山 西	18110	22139	22306	77482	591	1124	1815112	969561	405993	320611	4906	75678	38363
内蒙古	106024	31645	101264	139800	2018		1862283	721142	406135	200524	415549	83279	35654
辽 宁	247767	111117	243289	781487	5326	20718	3389825	506693	1171712	359058	929345	390307	32710
吉 林	39533	30301	69296	192380	6756		1117220	227328	393431	233477	129152	116274	17558
黑龙江	35736	32157	18610	187692	18010	150	1580694	822315	250943	192030	261528	37399	16479
上 海	494250	42046	15300	1099943			1353180	429598	552392	240907	−9580	117100	22763
江 苏	634608	131166	259320	1791167			4526993	917887	1332481	751672	1281671	207278	36004
浙 江	402641	97132	205723	1170966	811	278	1412996	726397	331009	710137	−468413	104552	9314
安 徽	123115	34164	132130	405443	3837		1966848	476458	844921	243117	93387	255632	53333
福 建	301650	41571	100443	395728	37567		1289506	271093	422683	289606	116377	146195	43552
江 西	123275	16458	117996	328956	12624		1306841	269731	481582	267190	124056	81104	83178
山 东	365577	126429	631975	952121	17124	29	4235217	812681	1631981	592922	646156	330440	221037
河 南	163710	37829	253825	416812	46691		2666275	647329	898973	504037	373969	141797	100170
湖 北	139787	28665	70319	306731	27372		1736426	298060	682805	300037	222142	101580	131802
湖 南	50353	28498	180217	367169	47448		2364011	395819	900050	397804	79989	309386	280963
广 东	811164	213687	114415	1325161	11122	1	4455341	860284	1491041	809400	563829	396638	334149
广 西	157758	19452	131219	212325	7574	168	1719310	220854	615911	251511	404895	133138	93001
海 南	62087	6166	14369	71022			243194	72327	64017	33123	46945	23561	3221
重 庆	106983	12049	84872	256038	17377		2172813	208691	962035	118709	673198	165514	44666
四 川	240498	59674	108489	494527	42952		3095864	469061	1112865	284593	372477	255487	601381
贵 州	37314	14716	24489	78515	99068	37	870424	406489	197555	126744	43360	54199	42077
云 南	56689	34690	72705	252455	256541	29	1316636	503778	273649	250605	122343	67053	99208
西 藏	2547	1262	423				96958	15800	15698	9152	2038	20759	33511
陕 西	54948	29456	57418	100494	11289		1358707	359535	192782	170526	500901	65901	69062
甘 肃	29294	10282	11078	32744	1268	7	1021601	317268	146344	59318	57816	27164	413691
青 海	1334	2488	2928	10309			156726	82850	37229	16736	2475	9825	7611
宁 夏	9441	5059	534	32104	121		172658	65871	47337	30419	8084	14038	6909
新 疆	36181	19675	2692	86941	116		745107	353432	188490	107850	51515	36954	6866

注：固定资产投资方向调节税已于 2000 年停征，表中数据为清理以前年度欠缴的税款或查补的税款。

3-6　各地区财政支出（2008 年）（二）

单位：万元

地　区	一　般 预算支出	一　般 公共服务	外　交	国　防	公共安全	教　育	科学技术	文化体育 与传媒	社会保障 和就业
地方合计	**492484949**	**74513722**	**15660**	**798074**	**34111312**	**85185771**	**10518648**	**9551314**	**64600065**
北　京	19592857	1962664		22100	1604616	3162957	1121886	611138	2093285
天　津	8677245	959055		5631	658481	1416985	286530	180120	1057164
河　北	18816696	3176185		25845	1367819	3769819	216674	290023	2713726
山　西	13150175	2234833		23019	907536	2349868	176381	271892	2183811
内蒙古	14545732	2433914	354	15909	764478	2064017	153634	316243	1915179
辽　宁	21534348	3076503		53771	1475833	3063600	490226	299409	4699675
吉　林	11801223	1742481		13860	719504	1880346	134116	282109	1998556
黑龙江	15423004	2404474	975	27653	924983	2566199	200885	239638	2286253
上　海	25939161	1987807		9267	1495741	3260628	1202743	495223	3349669
江　苏	32474927	5168601		53224	2528845	5926032	915173	667446	2315241
浙　江	22085756	3724556	13	50048	1996246	4539902	867928	637593	1415223
安　徽	16471253	2341531		20027	868949	2862557	237788	327465	2282005
福　建	11377159	1891974		31468	915985	2332923	256281	224251	1092914
江　西	12100730	1806669		21587	752927	2068578	111406	187795	1793603
山　东	27046613	4682351		40459	1732612	5509929	571333	552178	2850525
河　南	22816093	4065896		19280	1391862	4440264	304389	414616	3302343
湖　北	16502763	2658031		10653	1256486	2841940	230584	252487	2813003
湖　南	17652249	3010646	590	40501	1127951	3112601	265893	253462	3103120
广　东	37785681	6290231	149	77696	3932064	7033269	1325155	667154	3628345
广　西	12971100	2245366		31057	956563	2512210	162149	292467	1289769
海　南	3579708	533225	4615	8474	242533	556331	44981	68176	494349
重　庆	10160112	1390183		44804	614354	1534951	151279	165439	1722665
四　川	29488269	3637823		48842	1531436	3692812	258150	345730	4489554
贵　州	10537922	1842076		15824	680706	2297665	129878	178360	1074568
云　南	14702388	2171232	3436	33738	1065126	2419508	176695	279819	2247201
西　藏	3806589	640632	330	4755	301530	470800	29033	92134	279000
陕　西	14285208	2261364		13243	763920	2649055	171448	318074	2455574
甘　肃	9684336	1271358	910	9642	452703	1829256	94743	194465	1536984
青　海	3635950	694155		5178	203753	488084	39664	98912	655673
宁　夏	3246064	423470		3319	192769	540553	43265	70925	370490
新　疆	10593638	1784436	4288	17200	683001	1992132	148358	276571	1090598

3-6 各地区财政支出（2008年）（二）

单位：万元

地 区	医疗卫生	环境保护	城乡社区事务	农林水事务	交通运输	工业商业金融等事务	地震灾后重建支出	其他支出
地方合计	**27102580**	**13851511**	**41918141**	**42356334**	**14407954**	**40924711**	**7358667**	**25270485**
北 京	1450513	354688	1998383	1217736	803461	1160451	112461	1916518
天 津	419156	109789	1850121	385397	141560	761033	72885	373338
河 北	1202379	763556	1324967	1518977	289207	1485575	6835	665109
山 西	714959	642863	1011763	1096934	336037	901507	10000	288772
内蒙古	598205	796815	1704399	1607177	493087	1253567		428754
辽 宁	839012	481798	2172211	1492933	372513	2212826		804038
吉 林	595176	456067	853743	1073357	292976	1598726	3939	156267
黑龙江	716984	485105	985375	1481514	523281	2224108	5155	350422
上 海	1222840	250758	4686252	789711	170818	3598601	180000	3239103
江 苏	1486116	951795	3617904	2761599	1172120	2886538	118443	1905850
浙 江	1428690	465183	1939499	1774175	594234	1720324	126185	805957
安 徽	1038442	547367	1478746	1367525	518196	1862857	20381	697417
福 建	742741	140264	750936	804268	456079	880165	49229	807681
江 西	769195	318377	707820	1470156	376031	1218517	20000	478069
山 东	1404184	586002	2894598	2353000	300454	2543623	33665	991700
河 南	1454726	758510	1353822	2095859	431727	2005786		777013
湖 北	950838	409194	852202	1767006	383069	1254733	23352	799185
湖 南	875987	417066	1200158	1763754	569575	1360830		550115
广 东	2011467	470878	2832940	1926025	1058404	1957778	73924	4500202
广 西	787683	279740	723033	1393970	584781	1066574		645738
海 南	186377	68058	225139	554118	114304	242897	5017	231114
重 庆	516362	529297	1246138	767242	479259	717407	9759	270973
四 川	1435606	791451	1364752	2426093	1053586	1952922	5601003	858509
贵 州	674375	404391	465094	1217107	493768	588991		475119
云 南	1045872	584582	675136	1777748	608413	911948	7326	694608
西 藏	163548	57068	259956	628701	351034	184207		343861
陕 西	783906	587158	867798	1462918	542268	917143	207117	284222
甘 肃	583150	468469	447835	1073358	347976	463132	671941	238414
青 海	246615	195484	204838	424407	110455	181974	50	86708
宁 夏	171073	175067	333778	451996	100795	220537		148027
新 疆	586403	304671	888805	1431573	338486	589434		457682

3-7 金融机构现金收入

单位：亿元

项　　目	2007	2008
收入总计	**824836.1**	**807612.5**
商品销售收入	69473.0	68023.1
服务业收入	28524.9	28226.4
税款收入	4764.9	5179.6
城乡个体经营收入	21904.9	21797.5
储蓄存款收入	619271.8	601905.5
其他金融机构收入	2057.2	1840.0
居民归还贷款收入	13474.0	13474.5
汇兑收入	5550.1	4733.7
有价证券收入	1130.1	743.9
其他收入	58684.3	61688.3
#兑换外币收入	691.6	765.5

注：本表机构包括中国人民银行、国有商业银行、政策性银行、股份制商业银行、城市商业银行、农村商业银行、农村合作银行、城市信用社、农村信用社(下表同)。

3-8 金融机构现金支出

单位：亿元

项　　目	2007	2008
支出总计	**828138.7**	**811456.2**
工资性支出	42840.8	42351.8
农副产品采购支出	16741.5	16570.0
行政企事业管理费支出	33464.1	32781.1
城乡个体经营支出	29397.0	28267.0
储蓄存款支出	617682.3	607478.2
其他金融机构支出	2336.0	1941.4
居民提取贷款支出	9984.6	9024.6
汇兑支出	3368.7	2679.9
工矿及其它产品采购支出	15064.5	12892.4
有价证券支出	1063.1	830.9
其他支出	56226.0	56639.1

3-9　　金融机构现金收入金融机构现金投放与回笼

单位：亿元

年　份	现金收入	现金支出	投　放
1978	1336.0	1352.6	16.6
1979	1626.4	1682.1	55.7
1980	2033.2	2111.7	78.5
1981	2402.2	2452.3	50.1
1982	2819.6	2862.4	42.8
1983	3428.7	3519.4	90.7
1984	4207.6	4469.9	262.3
1985	5499.1	5694.8	195.7
1986	6613.3	6843.9	230.6
1987	8779.6	9015.7	236.1
1988	12810.5	13490.0	679.5
1989	15057.6	15267.6	210.0
1990	17171.1	17471.4	300.4
1991	21465.1	21998.5	533.4
1992	31248.0	32406.2	1158.2
1993	48883.8	50412.5	1528.7
1994	71247.1	72671.0	1423.9
1995	96725.5	97322.3	596.8
1996	120263.3	121179.9	916.6
1997	141612.6	142988.3	1375.7
1998	203966.5	204993.1	1026.6
1999	233399.0	235650.4	2251.3
2000	277067.1	278264.3	1197.2
2001	321380.2	322416.3	1036.1
2002	365593.0	367182.2	1589.2
2003	455527.9	457995.9	2468.0
2004	567879.2	569601.5	1722.3
2005	626978.5	629541.8	2563.4
2006	705733.1	708774.1	3041.0
2007	824836.1	828138.7	3302.6
2008	807612.5	811456.2	3843.7

注：投放栏中的负数表示现金回笼。

3-10 黄金和外汇储备

年 份	黄金储备(万盎司)	外汇储备(亿美元)	年 份	黄金储备(万盎司)	外汇储备(亿美元)
1978	1280	1.67	1994	1267	516.20
1979	1280	8.40	1995	1267	735.97
1980	1280	−12.96	1996	1267	1050.29
1981	1267	27.08	1997	1267	1398.90
1982	1267	69.86	1998	1267	1449.59
1983	1267	89.01	1999	1267	1546.75
1984	1267	82.20	2000	1267	1655.74
1985	1267	26.44	2001	1608	2121.65
1986	1267	20.72	2002	1929	2864.07
1987	1267	29.23	2003	1929	4032.51
1988	1267	33.72	2004	1929	6099.32
1989	1267	55.50	2005	1929	8188.32
1990	1267	110.93	2006	1929	10663.40
1991	1267	217.12	2007	1929	15282.49
1992	1267	194.43	2008	1929	19460.30
1993	1267	211.99			

3-11　证券市场基本情况

项　　目	2007	2008
境内上市公司数（A、B 股)(家)	1550	1625
境内上市外资股公司数(B 股)(家)	109	109
境外上市公司数（H 股）（家)	148	153
股票总发行股本　（亿股)	22417	24523
＃流通股本　（亿股)	10332	12579
股票市价总值　（亿元)	327141	121366
＃股票流通市值　（亿元)	93064	45214
股票成交量　（亿股)	36403.76	24131.38
股票成交金额　（亿元)	460556	267113
上证综合指数　（收盘)	5261.56	1820.81
深证综合指数　（收盘)	1447.02	553.30
投资者开户数　（万户)	13886	15198
平均市盈率		
上海	59.24	14.86
深圳	69.74	16.72
平均换手率　(%)		
上海	927.19	395.76
深圳	987.42	503.46
国债发行额　（亿元)	23139.10	8558.20
企业债券发行额　（亿元)	5058.50	8435.40
债券成交额　（亿元)	20667.21	28884.94
国债现货成交金额　（亿元)	1267.28	2122.51
国债回购成交金额　（亿元)	18345.08	24268.66
证券投资基金只数　（只)	346	439
证券投资基金规模　（亿元)	22339.80	25741.79
证券投资基金成交金额　（亿元)	8620.09	5831.06
期货总成交量　（万手)	72846.08	136395.97
期货总成交额　（亿元)	409740.77	498177.25

注：1.股票总发行股本中含(A+H)股公司发行的 H 股。

2.换手率=全年成交金额/[（本年末流通市值+上年末流通市值)/2]*100%

3-12 股票发行量和筹资额

年 份	股票发行量（亿股）	A 股	H股，N股	B 股	股票筹资额（亿元）	A 股	配 股	H股，N股	B 股
1991	5.00	5.00			5.00	5.00			
1992	20.75	10.00		10.75	94.09	50.00			44.09
1993	95.79	42.59	40.41	12.79	375.47	276.41	81.58	60.93	38.13
1994	91.26	10.97	69.89	10.40	326.78	99.78	50.16	188.73	38.27
1995	31.60	5.32	15.38	10.90	150.32	85.51	62.83	31.46	33.35
1996	86.11	38.29	31.77	16.05	425.08	294.34	69.89	83.56	47.18
1997	267.63	105.65	136.88	25.10	1293.82	825.92	170.86	360.00	107.90
1998	105.56	86.30	12.86	9.90	841.52	778.02	334.97	37.95	25.55
1999	122.93	98.11	23.05	1.77	944.56	893.60	320.97	47.17	3.79
2000	512.04	145.68	359.26	7.10	2103.24	1527.03	519.46	562.21	13.99
2001	141.48	93.00	48.48		1252.34	1182.13	430.63	70.21	
2002	291.74	134.20	157.54		961.75	779.75	56.61	181.99	
2003	281.43	83.64	196.79	1.00	1357.75	819.56	74.79	534.65	3.54
2004	227.92	54.88	171.51	1.53	1510.94	835.71	104.54	648.08	27.16
2005	567.05	13.80	553.25		1882.51	338.13	2.62	1544.38	
2006	1287.77	351.11	936.66		5594.29	2463.70	4.32	3130.59	
2007	637.24	413.27	223.97		8680.17	7722.99	227.68	957.18	
2008	180.29	114.91	65.38		3852.21	3534.95	151.57	317.26	

3-13 保险公司资金运用情况

单位：亿元

年 份	资金运用余 额	银行存款	国 债	金融债券	企业债券	证券投资基金
2004	10778.62	5071.10	2618.44	1026.25	639.73	666.32
2005	14092.69	5165.55	3590.65	1804.71	1204.55	1107.00
2006	17785.40	5989.11	3647.01	2754.25	2121.56	912.08
2007	26647.81	6503.44	3956.56	4897.84	2799.76	2519.41
2008	30552.83	8087.49	4208.26	8754.06	4598.46	1646.46

3-14　各地区原保险保费收入和赔付支出情况（2008 年）

单位：亿元

地区	原保险保费收入			赔付支出		
	小计	财产险业务	人身险业务	小计	财产险业务	人身险业务
全　国	**9784.24**	**2336.71**	**7447.53**	**2971.17**	**1418.33**	**1552.83**
北　京	585.96	134.14	451.82	188.93	67.88	121.05
天　津	175.62	41.82	133.80	51.03	20.99	30.03
山　西	260.89	60.09	200.79	73.58	30.55	43.03
河　北	480.61	103.14	377.47	147.68	60.38	87.31
内蒙古	141.35	53.59	87.75	43.52	26.52	17.00
辽　宁	328.72	67.93	260.79	98.51	41.26	57.25
吉　林	158.92	32.23	126.69	52.98	24.07	28.91
黑龙江	251.20	47.95	203.25	103.04	32.87	70.16
上　海	600.06	131.79	468.27	184.09	79.52	104.58
江　苏	775.42	181.11	594.30	267.21	121.19	146.02
浙　江	489.24	163.04	326.20	175.09	104.21	70.89
安　徽	296.54	63.96	232.58	87.81	41.70	46.11
福　建	243.81	61.66	182.15	73.83	37.07	36.76
江　西	171.36	33.46	137.90	57.59	25.89	31.70
山　东	571.26	135.92	435.34	165.07	79.25	85.82
河　南	518.93	77.85	441.08	128.77	45.13	83.64
湖　北	317.15	54.99	262.16	85.89	39.42	46.47
湖　南	312.49	61.62	250.87	94.52	48.72	45.79
广　东	884.16	207.77	676.39	215.22	119.56	95.67
广　西	133.48	40.04	93.44	42.33	24.15	18.17
海　南	30.07	10.49	19.57	8.74	5.05	3.69
重　庆	200.55	37.76	162.80	45.64	22.59	23.05
四　川	494.28	109.76	384.52	123.48	62.87	60.60
贵　州	79.95	28.58	51.37	35.26	24.90	10.36
云　南	165.39	55.20	110.19	63.40	31.74	31.66
西　藏	3.25	2.86	0.39	1.43	1.36	0.07
陕　西	217.78	46.27	171.51	58.91	27.19	31.72
甘　肃	97.45	22.62	74.84	31.25	14.01	17.25
青　海	14.11	6.28	7.83	6.00	3.31	2.69
宁　夏	31.79	9.48	22.32	8.52	4.82	3.70
新　疆	152.51	44.25	108.26	44.39	23.61	20.79
大　连	107.43	27.30	80.14	41.35	15.54	25.80
宁　波	87.11	40.34	46.76	37.90	24.54	13.37
厦　门	46.87	15.60	31.27	16.35	10.07	6.28
青　岛	102.73	28.31	74.41	33.32	16.53	16.79
深　圳	240.82	84.84	155.98	67.94	52.48	15.46
集团、总公司本级	14.99	12.64	2.34	10.58	7.38	3.20

农业、工业、能源、环保

4-1 农、林、牧、渔业总产值及指数

年份 地区	绝对数（亿元）					指数（上年=100）				
	农林牧渔业总产值	#农业	#林业	#牧业	#渔业	农林牧渔业总产值	#农	#林业	#牧业	#渔业
1978	1397.0	1117.5	48.1	209.3	22.1					
1980	1922.6	1454.1	81.4	354.2	32.9	101.4	99.7	112.2	107.0	107.7
1985	3619.5	2506.4	188.7	798.3	126.1	103.4	99.8	104.5	117.2	118.9
1990	7662.1	4954.3	330.3	1967.0	410.6	107.6	108.0	103.1	107.0	110.0
1991	8157.0	5146.4	367.9	2159.2	483.5	103.7	100.9	108.0	108.8	107.6
1992	9084.7	5588.0	422.6	2460.5	613.5	106.4	104.2	107.7	108.8	115.3
1993	10995.5	6605.1	494.0	3014.4	882.0	107.8	105.2	108.0	110.8	118.4
1994	15750.5	9169.2	611.1	4672.0	1298.2	108.6	103.2	108.9	116.7	120.0
1995	20340.9	11884.6	709.9	6045.0	1701.3	110.9	107.9	105.0	114.8	119.4
1996	22353.7	13539.8	778.0	6015.5	2020.4	109.4	107.8	105.7	111.4	114.0
1997	23788.4	13852.5	817.8	6835.4	2282.7	106.7	104.5	103.3	110.1	111.5
1998	24541.9	14241.9	851.3	7025.8	2422.9	106.0	104.9	102.9	107.4	108.8
1999	24519.1	14106.2	886.3	6997.6	2529.0	104.7	104.3	103.2	104.6	107.2
2000	24915.8	13873.6	936.5	7393.1	2712.6	103.6	101.4	105.4	106.3	106.5
2001	26179.6	14462.8	938.8	7963.1	2815.0	104.2	103.6	99.3	106.3	103.9
2002	27390.8	14931.5	1033.5	8454.6	2971.1	104.9	103.9	107.1	106.0	106.1
2003	29691.8	14870.1	1239.9	9538.8	3137.6	104.0	100.5	106.9	107.3	105.3
2004	36239.0	18138.4	1327.1	12173.8	3605.6	107.5	108.5	102.0	107.2	106.0
2005	39450.9	19613.4	1425.5	13310.8	4016.1	105.7	104.1	103.2	107.8	106.5
2006	40810.8	21522.3	1610.8	12083.9	3970.5	105.4	105.4	105.6	105.0	106.0
2007	48893.0	24658.1	1861.6	16124.9	4457.5	103.9	104.0	106.9	102.3	104.8
2008	58002.2	28044.2	2152.9	20583.6	5203.4	105.7	104.8	108.1	106.8	106.0
北京	303.9	128.1	20.5	140.5	9.8	100.8	103.5	113.8	98.7	89.8

注：本表绝对数按当年价格计算，指数按可比价格计算。2003年起执行新国民经济行业分类标准，总产值包括农林牧渔服务业产值。

续表

年 份 地 区	绝对数（亿元） 农林牧渔业总产值	#农业	#林业	#牧业	#渔业	指 数（上年=100） 农林牧渔业总产值	#农	#林业	#牧业	#渔业
天 津	268.1	127.7	2.2	86.0	43.8	103.3	103.1	106.2	103.5	103.4
河 北	3505.2	1760.7	55.9	1410.8	102.8	105.1	103.7	108.6	106.5	106.9
山 西	595.9	366.2	20.2	185.4	4.2	109.6	107.3	116.1	112.5	102.8
内蒙古	1525.7	716.6	72.7	699.6	11.8	107.6	108.6	106.1	106.6	104.1
辽 宁	2476.9	896.9	69.4	1052.4	374.5	106.5	103.9	105.5	108.0	109.5
吉 林	1614.8	749.2	55.0	770.2	22.5	110.0	115.2	96.6	105.8	111.3
黑龙江	2123.4	1142.3	89.6	813.1	36.0	109.5	107.5	108.0	113.0	115.2
上 海	280.4	137.5	9.1	68.4	57.1	100.1	103.0	81.3	104.4	90.7
江 苏	3590.6	1746.8	64.9	916.5	665.7	104.5	103.2	104.7	107.1	105.4
浙 江	1780.0	813.1	106.9	418.9	407.8	104.6	105.0	108.8	102.9	103.8
安 徽	2446.5	1197.9	114.5	806.9	232.3	106.3	105.5	107.2	107.1	106.3
福 建	1965.0	763.0	149.8	425.7	549.3	105.2	104.6	108.1	104.6	106.5
江 西	1680.5	694.3	150.8	556.0	211.6	104.8	103.9	107.9	105.1	105.4
山 东	5613.0	2895.7	102.2	1704.9	686.3	105.1	103.6	113.9	105.9	105.9
河 南	4669.5	2561.1	122.9	1761.2	59.0	105.8	105.1	107.9	107.0	108.5
湖 北	2940.5	1395.8	49.7	1008.7	373.0	106.2	102.8	105.0	110.0	112.0
湖 南	3324.5	1446.9	155.4	1463.4	169.6	105.3	102.1	104.3	109.0	105.0
广 东	3298.0	1481.7	79.4	967.9	652.6	104.0	101.6	103.2	107.0	104.7
广 西	2389.8	1106.7	124.3	871.7	207.0	105.4	103.6	121.4	105.9	102.4
海 南	665.0	274.0	91.6	140.4	139.8	107.8	106.5	107.9	112.0	106.2
重 庆	871.4	465.5	29.3	344.1	21.1	107.1	107.7	104.5	106.7	104.0
四 川	3903.4	1607.5	87.2	2036.3	103.7	103.1	102.6	103.0	103.7	106.0
贵 州	843.8	464.8	35.6	291.7	10.5	106.8	106.1	115.5	107.1	101.5
云 南	1594.5	780.9	183.6	570.0	28.1	107.9	107.0	111.8	108.0	105.1
西 藏	88.5	43.7	2.8	39.0	0.3	106.6	107.5	97.7	106.3	140.2
陕 西	1277.9	775.9	41.5	385.3	6.1	107.9	107.8	109.0	108.5	108.7
甘 肃	808.1	529.6	22.4	168.3	1.0	107.4	108.9	109.5	102.9	101.2
青 海	153.4	58.7	2.0	89.2	0.1	104.5	107.6	104.4	102.4	130.3
宁 夏	227.2	131.1	7.5	73.1	6.0	108.8	109.2	120.5	106.0	109.7
新 疆	1176.7	784.2	23.2	318.2	9.9	106.7	106.1	107.3	109.4	107.7

4-2 全国规模以上工业企业主要经济指标（2008 年）

单位：亿元

项目	企业单位数(个)	工业总产值(当年价格)	资产总计	主营业务收入	利润总额	全部从业人员年平均人数(万人)
总计	**426113**	**507448**	**431306**	**500020**	**30562**	**8837.6**
按轻重工业分						
轻工业	178536	145429	103083	141207	8468	3593.8
重工业	247577	362019	328223	358813	22094	5243.9
按企业规模分						
大型企业	3188	169304	164286	172738	10519	1970.6
中型企业	37204	149810	141043	146075	9410	2789.2
小型企业	385721	188334	125977	181208	10633	4077.9
按登记注册类型分						
内资企业	348266	357654	319161	353406	22320	6258.2
国有企业	9682	46857	67102	47557	2532	695.0
集体企业	11737	8956	4990	8799	617	217.8
股份合作企业	5612	3289	2370	3211	195	73.7
联营企业	833	1673	1688	1600	56	21.0
国有联营企业	152	1112	1327	1042	21	6.7
集体联营企业	277	179	97	182	11	6.4
国有与集体联营企业	206	144	138	144	7	4.2
其他联营企业	198	239	126	232	18	3.6
有限责任公司	62835	108571	115888	108623	7215	1793.7

续表

项　　目	企　业 单位数 (个)	工　业 总产值 (当年价格)	资产总计	主营业务 收　　入	利润总额	全部从业 人员年平均 人数(万人)
国有独资公司	1398	18374	29869	19289	1151	308.1
其他有限责任公司	61437	90197	86020	89333	6064	1485.6
股份有限公司	9422	50204	50132	50382	3306	553.4
私营企业	245850	136340	75880	131525	8302	2871.9
私营独资企业	55784	24975	10350	24108	1918	535.3
私营合伙企业	10223	4036	1697	3920	330	103.9
私营有限责任公司	171150	99414	58916	95930	5498	2094.8
私营股份有限公司	8693	7915	4917	7567	557	137.9
其他企业	2295	1764	1111	1710	96	31.9
港、澳、台商投资企业	35578	51308	39129	50111	2976	1205.9
合资经营企业(港或澳、台资)	11297	18270	14955	17606	1137	317.4
合作经营企业(港或澳、台资)	1404	1674	1303	1623	72	41.2
港、澳、台商独资经营企业	22288	29294	20961	28767	1769	820.1
港、澳、台商投资股份有限公司	589	2070	1911	2116	−1	27.2
外商投资企业	42269	98486	73016	96503	5266	1373.5
中外合资经营企业	16130	43806	33386	43063	2408	462.1
中外合作经营企业	1448	2229	2043	2170	139	40.3
外资企业	24028	49120	33730	48089	2423	826.8
外商投资股份有限公司	663	3331	3857	3181	296	44.3

注：规模以上企业为年主营业务收入在500万元以上的企业（以下表均同）。

4-3 各地区国有及国有控股工业企业主要指标（一）

单位：亿元

年 份 地 区	企业单位数 (个)	工 业 总产值	工 业 增加值	资 产 总 计	流动资产 合 计	流动资产 年平均余额	固定资产 原 价	固定资产净值 年平均余额
1998	64737	33621.04	11076.90	74916.27	29559.03	36122.72	47913.25	31891.43
1999	61301	35571.18	12132.41	80471.69	31042.81	29885.62	53146.30	33938.96
2000	53489	40554.37	13777.68	84014.94	32628.81	31485.38	57294.96	36886.64
2001	46767	42408.49	14652.05	87901.54	33239.63	32575.86	61782.45	38638.22
2002	41125	45178.96	15935.03	89094.60	33468.77	32625.56	64521.95	39728.29
2003	34280	53407.90	18837.60	94519.79	36125.14	34327.98	69701.11	42118.40
2004	35597	70228.99	23213.00	109708.25	39376.20	37557.64	76599.42	46283.30
2005	27477	83749.92	27176.67	117629.61	42155.31	40705.62	83515.49	49140.16
2006	24961	98910.45	32588.81	135153.35	46713.09	44508.24	96085.32	57044.59
2007	20680	119685.65	39970.46	158187.87	54997.45	51218.27	110084.72	64189.93
2008	21313	143950.02		188811.37	65493.98	63021.98	129146.64	75926.53
北 京	1116	4967.91		12218.51	3447.17	3014.36	4933.42	2942.60
天 津	884	4772.99		5422.18	2065.60	1969.65	3266.53	1848.86
河 北	810	6659.72		8235.07	2797.17	2630.33	5826.52	3394.27
山 西	650	5199.80		8364.84	3021.41	2676.18	5406.75	3492.85
内蒙古	481	3540.47		6129.29	1629.56	1499.69	4814.59	3238.81
辽 宁	1046	9699.81		11899.99	4986.31	4932.45	8422.56	4492.59
吉 林	416	4063.85		4484.24	1556.54	1483.03	3365.13	1900.66
黑龙江	543	5145.11		5466.69	2092.91	2087.25	5393.54	2463.14
上 海	1189	8967.33		10936.37	4463.42	4578.32	7545.95	3935.50

续表

年份 地区	企业单位数 (个)	工业 总产值	工业 增加值	资产 总计	流动资产 合计	流动资产 年平均余额	固定资产 原价	固定资产净值 年平均余额
江苏	921	7698.86		8297.84	2942.50	2929.84	6606.26	3871.02
浙江	736	5308.87		5557.97	1691.66	1740.42	4492.03	2792.39
安徽	632	4834.94		5998.81	1856.13	1858.31	4256.40	2681.52
福建	540	2111.42		3125.81	877.10	846.02	2002.52	1249.54
江西	577	2611.10		2859.97	1213.54	1185.87	2124.32	1227.38
山东	1358	13163.09		12969.11	4903.64	4755.03	9680.34	5517.41
河南	970	6987.91		8300.01	2854.23	2705.60	5659.81	3345.10
湖北	887	5974.90		9774.35	2724.15	2621.24	6810.55	4297.95
湖南	854	3899.19		4714.61	1602.27	1546.57	3104.17	1971.41
广东	1487	11144.50		11897.96	4135.90	4194.60	8327.10	5051.32
广西	627	2276.73		3096.47	905.45	873.33	2345.37	1597.87
海南	109	274.86		434.83	119.63	130.60	321.77	203.48
重庆	520	2412.60		3067.72	1216.82	1209.02	1921.75	1238.80
四川	1006	4712.85		8515.93	3098.43	2870.56	4606.00	2858.80
贵州	530	1878.69		3476.32	1121.17	1016.04	2188.12	1336.78
云南	539	2963.51		4767.92	1787.85	1733.09	2458.08	1485.01
西藏	36	21.38		177.43	34.81	36.11	131.84	85.44
陕西	685	5001.13		7681.95	2983.74	2714.44	5050.65	3112.60
甘肃	426	2890.07		3484.97	1313.11	1265.31	2420.41	1402.61
青海	146	748.27		1618.28	392.15	352.52	1143.46	746.27
宁夏	106	665.09		1350.33	391.26	350.14	857.61	548.84
新疆	486	3353.09		4485.58	1268.35	1216.04	3663.10	1595.74

4-3　各地区国有及国有控股工业企业主要指标（二）

单位：亿元

年份 地区	负债合计	流动负债合计	所有者权益合计	主营业务收入	主营业务成本	主营业务税金及附加	利润总额	本年应交增值税	全部从业人员年平均人数(万人)
1998	35648.27	30625.48	26759.22	33566.11	27092.45	993.53	525.14	1852.36	3747.78
1999	49877.69	31828.59	30566.88	35950.70	28919.13	1062.21	997.86	2019.03	3394.58
2000	51239.61	32237.41	32714.81	42203.12	33473.62	1150.28	2408.33	2320.36	2995.25
2001	52025.60	33144.47	35741.27	44443.52	35522.47	1250.18	2388.56	2408.97	2675.11
2002	52837.08	34009.59	36139.17	47844.21	38048.00	1401.82	2632.94	2580.51	2423.63
2003	55990.53	36430.98	38381.02	58027.15	45987.63	1589.87	3836.20	3025.57	2162.87
2004	62005.79	40771.99	47479.25	71430.99	57187.96	1921.90	5453.10	3514.68	1973.20
2005	66653.58	44456.78	50625.00	85574.18	69302.41	2121.74	6519.75	4098.37	1874.85
2006	76012.52	49935.64	58656.37	101404.62	81957.80	2612.74	8485.46	4930.24	1804.00
2007	89372.34	59693.78	68568.59	122617.13	98515.08	3242.18	10795.19	5951.44	1742.99
2008	111374.72	72749.16	77388.89	147507.90	122504.18	3882.05	9063.59	6769.35	1794.10
北京	5474.49	3161.95	6744.01	5500.31	4988.71	73.79	255.54	158.80	46.58
天津	3424.54	2630.13	1997.65	5175.97	4390.03	71.46	434.01	158.63	39.21
河北	5302.47	3693.99	2926.95	6849.31	6026.68	87.23	276.82	295.00	92.89
山西	5648.59	3649.08	2716.25	5380.17	4228.85	66.00	320.84	336.50	114.56
内蒙古	4061.47	1914.25	2067.83	3375.23	2706.58	46.35	231.42	221.91	40.77
辽宁	7519.30	5483.89	4380.68	9847.98	8986.81	143.23	-60.40	298.86	116.03
吉林	2507.68	1738.29	1963.31	4052.06	3415.75	119.86	170.83	134.60	52.66
黑龙江	2954.88	2303.48	2504.37	5732.45	3697.51	113.85	1420.06	389.32	88.84
上海	5388.01	4174.36	5548.36	9757.75	8648.57	241.23	335.25	288.22	50.02

续表

年份 地区	负债合计	流动负债合计	所有者权益合计	主营业务收入	主营业务成本	主营业务税金及附加	利润总额	本年应交增值税	全部从业人员年平均人数(万人)
江　苏	5156.25	3729.81	3141.59	7798.44	6761.51	209.89	245.76	329.69	70.62
浙　江	3482.15	2044.31	2063.84	5357.21	4893.36	153.12	89.33	206.01	32.46
安　徽	3982.87	2289.97	2015.95	5056.60	4233.54	118.27	203.65	236.69	73.75
福　建	1883.81	1018.79	1242.00	2096.24	1805.81	80.51	83.30	94.59	24.11
江　西	1803.72	1264.43	1049.61	2725.41	2391.53	57.18	58.35	107.58	43.29
山　东	7578.69	5266.78	5390.42	13566.25	11148.23	426.48	929.75	589.04	155.47
河　南	5411.65	3892.63	2888.36	7124.95	6149.19	187.09	292.17	292.10	119.13
湖　北	5034.82	3327.27	4739.53	6002.87	4902.84	202.28	466.96	272.57	72.50
湖　南	3047.94	1741.58	1666.67	3842.74	2991.69	246.76	185.42	248.31	59.32
广　东	6616.85	4210.90	5281.11	11045.88	9026.61	262.98	782.48	631.27	77.84
广　西	2114.02	1277.66	982.44	2187.95	1868.78	55.10	63.99	104.06	34.41
海　南	191.01	113.90	243.83	276.98	217.86	10.38	34.65	13.75	3.75
重　庆	1876.82	1309.83	1190.90	2415.55	1991.18	58.69	108.97	108.57	41.30
四　川	5401.06	3214.03	3114.87	4765.38	3874.58	110.67	198.13	218.32	87.08
贵　州	2353.68	1281.62	1122.64	1803.40	1396.11	89.52	94.79	105.39	39.66
云　南	2619.69	1653.49	2148.23	2918.64	2054.54	372.05	160.21	202.68	33.21
西　藏	37.35	22.31	140.08	21.27	18.44	0.48	−0.05	2.41	1.11
陕　西	4345.11	2884.54	3336.85	4919.56	3613.92	109.73	788.03	315.93	78.13
甘　肃	1961.58	1237.74	1523.39	3019.91	2593.12	54.13	49.56	111.71	42.60
青　海	1019.19	509.12	599.09	718.21	519.43	10.44	131.70	46.71	10.60
宁　夏	885.26	476.82	462.27	652.34	529.69	7.57	14.80	34.44	12.93
新　疆	2289.77	1232.20	2195.82	3520.90	2432.71	95.72	697.26	215.71	39.26

4-4 按行业分外商投资和港澳台商投资工业企业主要经济效益指标（2008 年）

行 业	总资产贡献率 (%)	资产负债率 (%)	流动资产周转次数（次/年）	工业成本费用利润率 (%)	产品销售率 (%)
全国总计	**12.68**	**56.03**	**2.49**	**5.99**	**97.58**
煤炭开采和洗选业	25.17	61.07	2.02	29.74	93.62
石油和天然气开采业	112.13	36.19	9.91	170.75	96.22
黑色金属矿采选业	39.37	41.48	1.90	42.76	92.23
有色金属矿采选业	14.22	40.97	1.64	16.29	94.67
非金属矿采选业	15.97	46.41	2.99	9.42	96.99
其他采矿业	−16.51	108.51	0.73	−34.87	100.00
农副食品加工业	15.90	59.57	3.66	4.74	98.57
食品制造业	17.69	52.21	2.73	7.98	96.31
饮料制造业	17.10	51.51	2.23	9.19	98.97
烟草制品业	14.17	23.47	0.98	19.58	99.99
纺织业	8.71	51.40	2.11	3.90	97.32
纺织服装、鞋、帽制造业	13.29	53.18	2.55	5.15	96.92
皮革、毛皮、羽毛(绒)及其制品业	14.68	53.96	2.74	5.31	98.19
木材加工及木、竹、藤、棕、草制品业	10.46	49.84	2.21	4.60	96.79
家具制造业	8.95	54.78	2.24	3.40	97.96
造纸及纸制品业	8.31	57.47	1.79	5.95	96.79
印刷业和记录媒介的复制	13.65	43.64	1.64	11.21	98.20
文教体育用品制造业	6.71	52.30	2.35	2.17	97.33

续表

行 业	总资产贡献率(%)	资产负债率(%)	流动资产周转次数(次/年)	工业成本费用利润率(%)	产品销售率(%)
石油加工、炼焦及核燃料加工业	2.48	73.09	3.85	-3.16	98.30
化学原料及化学制品制造业	14.51	54.91	2.44	7.25	97.17
医药制造业	19.63	46.81	1.77	14.95	93.52
化学纤维制造业	8.24	57.19	2.19	4.09	96.94
橡胶制品业	8.55	56.70	2.34	3.35	98.92
塑料制品业	9.70	51.87	2.10	5.01	98.24
非金属矿物制品业	11.65	54.00	2.05	8.16	96.96
黑色金属冶炼及压延加工业	13.72	63.53	3.15	5.11	96.73
有色金属冶炼及压延加工业	12.84	57.18	2.77	5.46	95.82
金属制品业	11.95	52.76	2.32	5.12	97.85
通用设备制造业	13.29	53.80	1.80	8.98	97.25
专用设备制造业	12.33	53.45	1.70	8.87	96.95
交通运输设备制造业	17.28	58.07	2.32	8.20	98.79
电气机械及器材制造业	13.81	55.62	2.32	6.71	97.30
通信设备、计算机及其他电子设备制造业	8.74	59.07	3.04	3.34	97.94
仪器仪表及文化、办公用机械制造业	13.64	48.08	2.56	6.40	97.07
工艺品及其他制造业	14.87	48.70	2.56	5.98	96.09
废弃资源和废旧材料回收加工业	7.15	68.85	2.26	0.77	93.60
电力、热力的生产和供应业	7.34	60.79	2.07	4.85	98.35
燃气生产和供应业	12.81	54.73	2.37	11.61	98.09
水的生产和供应业	7.58	51.05	1.05	26.01	98.50

4-5 能源生产总量及构成

年 份	能源生产总量（万吨标准煤）	占能源生产总量的比重（%）			
		原 煤	原 油	天然气	水电、核电、风电
1978	62770	70.3	23.7	2.9	3.1
1980	63735	69.4	23.8	3.0	3.8
1985	85546	72.8	20.9	2.0	4.3
1990	103922	74.2	19.0	2.0	4.8
1991	104844	74.1	19.2	2.0	4.7
1992	107256	74.3	18.9	2.0	4.8
1993	111059	74.0	18.7	2.0	5.3
1994	118729	74.6	17.6	1.9	5.9
1995	129034	75.3	16.6	1.9	6.2
1996	132616	75.2	17.0	2.0	5.8
1997	132410	74.1	17.3	2.1	6.5
1998	124250	71.9	18.5	2.5	7.1
1999	125935	72.6	18.2	2.7	6.6
2000	128978	72.0	18.1	2.8	7.2
2001	137445	71.8	17.0	2.9	8.2
2002	143810	72.3	16.6	3.0	8.1
2003	163842	75.1	14.8	2.8	7.3
2004	187341	76.0	13.4	2.9	7.7
2005	205876	76.5	12.6	3.2	7.7
2006	221056	76.7	11.9	3.5	7.9
2007	235415	76.6	11.3	3.9	8.2
2008	260000	76.7	10.4	3.9	9.0

注：1.电力折算标准煤的系数根据当年平均发电煤耗计算(下表同)。

2.按可比口径计算，2008 年能源生产总量比上年增长 5.2%。

4-6 能源消费总量及构成

年份	能源消费总量（万吨标准煤）	占能源消费总量的比重（%）			
		煤炭	石油	天然气	水电、核电、风电
1978	57144	70.7	22.7	3.2	3.4
1980	60275	72.2	20.7	3.1	4.0
1985	76682	75.8	17.1	2.2	4.9
1990	98703	76.2	16.6	2.1	5.1
1991	103783	76.1	17.1	2.0	4.8
1992	109170	75.7	17.5	1.9	4.9
1993	115993	74.7	18.2	1.9	5.2
1994	122737	75.0	17.4	1.9	5.7
1995	131176	74.6	17.5	1.8	6.1
1996	138948	74.7	18.0	1.8	5.5
1997	137798	71.7	20.4	1.7	6.2
1998	132214	69.6	21.5	2.2	6.7
1999	133831	69.1	22.6	2.1	6.2
2000	138553	67.8	23.2	2.4	6.7
2001	143199	66.7	22.9	2.6	7.9
2002	151797	66.3	23.4	2.6	7.7
2003	174990	68.4	22.2	2.6	6.8
2004	203227	68.0	22.3	2.6	7.1
2005	224682	69.1	21.0	2.8	7.1
2006	246270	69.4	20.4	3.0	7.2
2007	265583	69.5	19.7	3.5	7.3
2008	285000	68.7	18.7	3.8	8.9

注：按可比口径计算，2008 年能源消费总量比上年增长 4.0%。

4-7　综合能源平衡表

单位：万吨标准煤

项　目	1990	1995	2000	2005	2007
可供消费的能源总量	**96138**	**129535**	**136535**	**223213**	**261111**
一次能源生产量	103922	129034	128978	205876	235445
回收能		2312	1760	2840	3057
进口量	1310	5456	14334	26952	34904
出口量	5875	6776	9633	11447	10298
年初年末库存差额	-3219	-491	1097	-1008	-1997
能源消费总量	**98703**	**131176**	**138553**	**224682**	**265583**
在总量中：					
1.农、林、牧、渔、水利业	4852	5505	6045	7978	8245
2.工　业	67578	96191	95443	159492	190167
3.建筑业	1213	1335	2143	3411	4031
4.交通运输、仓储和邮政业	4541	5863	10067	16629	20643
5.批发、零售业和住宿、餐饮业	1247	2018	3039	5031	5962
6.其他行业	3473	4519	5852	8691	9744
7.生活消费	15799	15745	15965	23450	26790
在总量中：					
(一) 终端消费	94289	124252	132030	214479	253861
工业	63239	89473	89266	149639	178845
(二) 加工转换损失量	2264	3634	2461	3720	4064
炼焦	905		525	658	815
炼油	326		781	1305	1325
(三) 损失量	2150	3289	4062	6483	7657
平衡差额	**-2565**	**-1641**	**-2017**	**-1469**	**-4472**

注：1.电力、热力按等价热值折算，因此加工转换损失量中不包括发电、供热损失量。村办工业包括在工业中(下表同)。

2.进口量包括我国飞机、轮船在国外加油量；出口量包括外国飞机、轮船在我国加油量。

4-8

石油平衡表

单位：万吨

项　　目	1990	1995	2000	2005	2007
可供量	**11435.0**	**16072.7**	**22631.8**	**32539.1**	**36648.9**
生产量	13830.6	15005.0	16300.0	18135.3	18631.8
进口量	755.6	3673.2	9748.5	17163.2	21139.4
出口量	3110.4	2454.5	2172.1	2888.1	2664.3
年初年末库存差额	-40.8	-151.0	-1244.6	128.8	-458.0
消费量	**11485.6**	**16064.9**	**22439.3**	**32535.4**	**36570.1**
在消费量中：					
1.农、林、牧、渔、水利业	1033.6	1203.2	1496.9	2072.9	2130.3
2.工　业	7321.6	9349.3	10918.5	14462.6	15040.1
3.建筑业	327.3	242.8	830.6	1502.2	1823.1
4.交通运输、仓储和邮政业	1683.2	2863.6	5509.4	9708.5	12296.6
5.批发、零售业和住宿、餐饮业	77.6	333.9	545.0	915.6	1116.9
6.其他行业	757.8	1390.3	1882.7	2079.2	1895.9
7.生活消费	284.5	682.0	1256.5	1794.4	2267.1
在消费量中：					
(一) 终端消费	9304.7	13676.3	19893.5	29189.3	33769.0
工　业	5180.4	7095.5	8530.0	11245.0	12404.2
(二) 中间消费(用于加工转换)	1630.4	2230.0	2352.9	3190.7	2601.2
发　电	1234.4	1358.5	1178.2	1602.0	884.0
供　热	356.3	399.9	427.0	407.6	430.1
制　气	39.7	51.6	25.9	14.4	5.0
(三)炼油损失量	295.8	420.1	721.9	1166.7	1282.1
(四) 损失量	254.7	158.6	192.9	155.4	200.0
平衡差额	**-50.6**	**7.8**	**192.5**	**3.7**	**78.7**

注：1.生产量为原油产量。

2.进口量包括我国飞机、轮船在国外加油量；出口量包括外国飞机、轮船在我国加油量。

4-9 煤炭平衡表

单位：万吨

项　　目	1990	1995	2000	2005	2007
可供量	**102221.0**	**133461.7**	**128297.1**	**214462.1**	**251376.7**
生产量	107988.3	136073.1	129921.0	220472.9	252597.4
进口量	200.3	163.5	217.9	2617.1	5101.6
出口量	1729.0	2861.7	5506.5	7172.4	5318.7
年初年末库存差额	−4238.5	86.8	3664.7	−1455.4	−1003.6
消费量	**105523.0**	**137676.5**	**132000.0**	**216722.5**	**258641.4**
在消费量中：					
1.农、林、牧、渔、水利业	2095.2	1856.7	1647.7	2315.2	2337.8
2.工　业	81090.9	117570.7	119300.7	202609.1	245272.5
3.建筑业	437.6	439.8	536.8	603.6	565.3
4.交通运输、仓储和邮政业	2160.9	1315.1	1132.2	815.3	685.5
5.批发、零售业和住宿、餐饮业	1058.3	977.4	814.6	874.4	868.3
6.其他行业	1980.4	1986.7	661.0	765.9	811.4
7.生活消费	16699.7	13530.1	7907.2	8739.0	8100.6
在消费量中：					
(一) 终端消费	60205.9	66156.1	46821.4	62154.1	63572.2
工　业	35773.8	46050.3	34122.0	48040.7	50203.2
(二) 中间消费(用于加工转换)	41257.8	69487.6	85178.6	154568.4	195069.3
发　电	27204.3	44440.2	55811.2	103263.5	130548.8
供　热	2995.5	5887.3	8794.1	13542.0	15394.2
炼　焦	10697.6	18396.4	16496.4	31667.1	41559.0
制　气	360.4	763.7	960.0	1277.0	1391.8
(三) 洗选损耗	4059.3	2032.8	3191.2	4582.1	5954.6
平衡差额	**−3302.0**	**−4214.8**	**−3702.9**	**−2260.4**	**−7264.7**

注：生产量为原煤产量。

4-10 电力平衡表

单位：亿千瓦小时

项　　目	1990	1995	2000	2005	2007
可供量	**6230.4**	**10023.4**	**13472.7**	**24940.8**	**32712.4**
生产量	6212.0	10077.3	13556.0	25002.6	32815.5
水　电	1267.2	1905.8	2224.1	3970.2	4852.6
火　电	4944.8	8043.2	11141.9	20473.4	27229.3
核　电		128.3	167.4	530.9	621.3
进口量	19.3	6.4	15.5	50.1	42.5
出口量	0.9	60.3	98.8	111.9	145.7
消费量	**6230.4**	**10023.4**	**13471.4**	**24940.4**	**32711.8**
在消费量中：					
1.农、林、牧、渔、水利业	426.8	582.4	673.0	876.4	979.0
2.工　业	4873.3	7659.8	9653.6	18481.7	24630.8
3.建筑业	65.0	159.6	154.8	233.9	309.0
4.交通运输、仓储和邮政业	105.9	182.3	281.2	430.3	531.9
5.批发、零售业和住宿、餐饮业	76.2	199.5	393.6	752.3	929.8
6.其他行业	202.4	234.2	643.2	1340.9	1708.6
7.生活消费	480.8	1005.6	1672.0	2824.8	3622.7
在消费量中：					
(一) 终端消费	5795.8	9278.9	12534.7	23233.9	30650.1
工　业	4438.7	6915.3	8716.9	16775.2	22569.1
(二) 输配电损失量	434.6	744.5	936.7	1706.5	2061.7

4-11 各地区能源消耗指标(2008年)

地区	单位地区生产总值能耗(等价值)		单位工业增加值能耗(规模以上，当量值)		单位地区生产总值电耗	
	指标值(吨标准煤/万元)	上升或下降(±%)	指标值(吨标准煤/万元)	上升或下降(±%)	指标值(千瓦小时/万元)	上升或下降(±%)
北京	0.662	-7.36	1.037	-12.68	719.61	-5.10
天津	0.947	-6.85	1.053	-13.85	910.42	-10.49
河北	1.727	-6.29	3.315	-14.33	1492.81	-5.50
山西	2.554	-7.39	4.885	-9.33	2288.87	-10.03
内蒙古	2.159	-6.34	4.190	-14.12	1887.32	-10.20
辽宁	1.617	-5.11	2.426	-8.42	1223.81	-8.17
吉林	1.444	-5.02	1.979	-6.96	885.93	-7.45
黑龙江	1.290	-4.75	1.895	-6.63	865.90	-4.69
上海	0.801	-3.78	0.958	-5.05	884.13	-3.28
江苏	0.803	-5.85	1.265	-10.35	1149.44	-5.89
浙江	0.782	-5.49	1.182	-9.19	1202.08	-3.60
安徽	1.075	-4.52	2.338	-9.92	1106.81	-0.86
福建	0.843	-3.70	1.180	-10.05	1098.56	-4.98
江西	0.928	-5.53	1.941	-14.12	942.16	-5.13
山东	1.100	-6.47	1.698	-10.24	1001.08	-6.30
河南	1.219	-5.10	3.079	-10.83	1266.23	-2.77
湖北	1.314	-6.29	2.679	-12.72	1103.90	-5.63
湖南	1.225	-6.72	1.983	-11.84	975.49	-9.92
广东	0.715	-4.32	0.869	-11.32	1085.49	-6.17
广西	1.106	-3.97	2.335	-10.35	1254.15	-1.92
海南	0.875	-2.55	2.609	-1.91	979.24	-2.12
重庆	1.267	-4.97	2.106	-10.41	1090.19	-5.04
四川	1.381	-3.55	2.477	-5.46	1156.37	-6.15
贵州	2.875	-6.11	4.323	-11.59	2452.21	-7.89
云南	1.562	-4.79	2.847	-9.78	1654.94	-2.92
西藏						
陕西	1.281	-5.92	2.009	-11.48	1256.02	-6.28
甘肃	2.013	-4.53	4.050	-5.66	2539.00	0.09
青海	2.935	-4.18	3.243	-6.53	4061.64	-2.67
宁夏	3.686	-6.79	7.130	-12.23	5084.09	-10.91
新疆	1.963	-3.15	2.999	-4.26	1331.24	4.49

注：地区生产总值和工业增加值按2005年价格计算。

4-12 各地区废水排放及处理情况（2008 年）

地区	废水治理设施数(套)	工业废水排放总量(万吨)		工业废水排放达标量(万吨)	工业废水中化学需氧量排放量(万吨)	工业废水中氨氮排放量(万吨)	生活污水排放量(万吨)	生活污水中化学需氧量排放量(万吨)	生活污水中氨氮排放量(万吨)
			直接排入海的						
全 国	**78725**	**2416511**	**158702**	**2233986**	**457.58**	**29.69**	**3300290**	**863.12**	**97.28**
北 京	514	8367		8221	0.49	0.04	104892	9.63	1.14
天 津	875	20433	460	20413	2.78	0.34	40796	10.53	1.09
河 北	5822	121172	982	115699	24.87	1.74	113525	35.61	3.85
山 西	2797	41150		35229	14.36	1.13	65761	21.53	3.06
内蒙古	836	29167		24092	13.01	0.32	41254	15.00	3.06
辽 宁	1822	83073	24600	73544	23.56	0.96	128948	34.84	5.47
吉 林	629	38353		33443	15.21	0.34	69428	22.22	2.69
黑龙江	990	38910		33768	13.18	0.93	72086	34.45	4.05
上 海	1790	41871	9727	41364	2.77	0.24	181880	23.91	3.11
江 苏	6469	259999	368	253940	25.47	1.40	249702	59.67	5.61
浙 江	7630	200488	12952	182094	24.27	2.03	149889	29.59	2.65
安 徽	1795	67007		64438	12.69	1.47	101663	30.60	3.31
福 建	4196	139997	67540	137825	8.44	0.69	96272	29.38	2.31
江 西	1767	68681		63863	10.02	0.63	70228	34.50	2.81
山 东	4590	176977	7850	174953	25.73	1.59	181934	42.13	5.44
河 南	3211	133144		126308	30.30	2.88	176049	34.78	4.75
湖 北	2050	93687		87753	14.99	1.68	165187	43.58	5.30
湖 南	3149	92340		85057	23.72	2.51	157991	64.74	5.96
广 东	9968	213314	6788	191413	21.11	1.03	464038	75.26	11.21
广 西	2552	205745	24394	176290	56.03	2.13	139610	45.24	3.45
海 南	293	5991	3040	5674	1.08	0.05	30197	8.98	0.80
重 庆	1550	67027		62648	10.12	0.83	78086	14.05	1.50
四 川	4757	108700		103191	24.77	1.67	153643	50.13	4.52
贵 州	1798	11695		8386	1.37	0.11	44171	20.81	1.66
云 南	2032	32996		30574	9.19	0.36	50869	18.86	1.68
西 藏	13	924		274	0.08		2496	1.46	0.15
陕 西	2780	48477		47132	13.25	0.64	56406	19.96	2.53
甘 肃	747	16405		9670	4.78	0.88	31065	12.27	1.34
青 海	148	7098		3767	3.73	0.16	12899	3.73	0.53
宁 夏	380	20448		17884	10.17	0.42	17500	3.01	0.35
新 疆	775	22875		15078	16.03	0.48	51825	12.68	1.91

4-13　各地区工业固体废物产生及处理利用情况（2008 年）

地　区	工业固体废物产生量（万吨）	危险废物	工业固体废物综合利用量（万吨）	工业固体废物贮存量（万吨）	工业固体废物处置量（万吨）	工业固体废物排放量（吨）	“三废”综合利用产品产值（万元）
全　国	**190127**	**1357**	**123482**	**21883**	**48291**	**7817522**	**16213662**
北　京	1157	12	835	39	748	876	117525
天　津	1479	15	1471		27		113838
河　北	19769	12	12757	1537	5853	608352	1339373
山　西	16213	4	9214	983	5918	2323858	411687
内蒙古	10622	31	5242	2001	4138	395544	218529
辽　宁	15841	91	7582	2334	6373	11630	423803
吉　林	3415	49	2053	1356	30		298591
黑龙江	4472	58	3299	825	425	7098	474109
上　海	2347	49	2242	15	90		169560
江　苏	7724	115	7625	140	131	5	2139398
浙　江	3785	48	3498	223	181	16657	2409843
安　徽	7569	8	6326	451	862	15	576974
福　建	5371	10	3930	89	1373	26495	253523
江　西	8190	7	3251	802	4153	123088	390935
山　东	12988	228	12173	454	526	803	1650124
河　南	9557	15	7124	254	2479	26397	716717
湖　北	5014	91	3853	292	1023	58239	648622
湖　南	4520	55	3633	611	334	290168	596282
广　东	4833	92	4184	161	549	119897	601479
广　西	5417	28	3381	420	1853	96154	457779
海　南	220		204	15	6	60	41309
重　庆	2311	8	1851	271	73	1488357	238383
四　川	9237	41	5696	1348	2228	134045	515723
贵　州	5844	69	2339	1446	2126	555853	197467
云　南	7986	53	3827	1688	2463	394239	652348
西　藏	6			2		42789	426
陕　西	6121	9	2466	1019	2626	263058	125382
甘　肃	3199	22	1124	988	1223	116261	211219
青　海	1337	76	416	922	4	17504	46890
宁　夏	1143		717	174	267	49908	58510
新　疆	2438	60	1169	1024	208	650174	117314

4-14　环境污染治理投资

指　　标	2004	2005	2006	2007	2008
环境污染治理投资总额(亿元)	**1909.8**	**2388.0**	**2566.0**	**3387.3**	**4490.3**
#城市环境基础设施建设投资	1141.2	1289.7	1314.9	1467.5	1801.0
#燃气	148.3	142.4	155.0	160.1	163.5
集中供热	173.4	220.2	223.6	230.0	269.7
排水	352.3	368.0	331.5	410.0	496.0
园林绿化	359.5	411.3	429.0	525.6	649.8
市容环境卫生	107.8	147.8	175.8	141.8	222.0
工业污染源治理投资	308.1	458.2	483.9	552.4	542.6
建设项目“三同时”环保投资	460.5	640.1	767.2	1367.4	2146.7
环境污染治理投资总额 占国内生产总值比重(%)	**1.19**	**1.30**	**1.22**	**1.36**	**1.49**

4-15　　工业污染治理投资完成情况

年份 地区	工业污染治理完成投资(万元)	治理废水	治理废气	治理固体废物	治理噪声	治理其他	本年竣工项目数(个)
2000	2347895	1095897	909242	114673	13692	214390	21070
2001	1745280	729214	657940	186967	6424	164734	10277
2002	1883663	714935	697864	161287	10464	299113	9733
2003	2218281	873748	921222	161763	10139	251408	9568
2004	3081060	1055868	1427975	226465	13416	357336	11290
2005	4581909	1337147	2129571	274181	30613	810396	11158
2006	4839485	1511165	2332697	182631	30145	782848	11972
2007	5523909	1960722	2752642	182532	18279	606838	12547
2008	5426404	1945977	2656987	196851	28383	598206	11184
北京	78475	7803	62998	1	133	7540	154
天津	168270	38951	99041	1002	612	28665	192
河北	205675	97076	97174	334	512	10579	338
山西	529370	119486	336799	27641	9197	36248	1032
内蒙古	219189	46064	152410	532	126	20057	186
辽宁	201645	81907	91450	3834	812	23643	185
吉林	93865	48802	42073		390	2600	136
黑龙江	95079	44717	34658	1192	2	14511	123
上海	103901	12709	76983	11002	743	2464	230
江苏	397126	198111	165753	13116	1790	18355	761

4-16　林业系统营林固定资产投资完成情况

单位：万元

年份 地区	本年完成投资	国家投资	国债资金	本年新增 固定资产
2000	1510541	1103624	365907	425135
2001	1919835	1516932	509195	409064
2002	2976388	2479492	778882	797275
2003	3892793	3098907	945705	1283847
2004	3989023	3202142	632739	1199775
2005	4593443	3528122	585865	1590725
2006	4784890	3683961	466936	1464354
2007	6217121	4421010	555165	1321247
2008	8366173	5014117	539579	2358134
北　京	382399	13269	7980	16199
天　津	24809	7087		24809
河　北	246929	195991	22424	120818
山　西	435413	258218	4703	3520
内蒙古	485761	476919	76876	34536
辽　宁	201000	194117	2423	72046
吉　林	323002	284268	10830	66499
黑龙江	358749	308088	27020	56560
上　海	38456	19851	416	23713
江　苏	545402	12399	8790	12713
浙　江	30425	28137	5829	15373

续表

年份 地区	本年完成投资	#国家投资	#国债资金	本年新增固定资产
安徽	97469	65115	5087	41586
福建	41058	21290	2346	18546
江西	165033	127238	16039	84808
山东	217437	13467	4669	56559
河南	138740	110540	8725	57360
湖北	218202	150339	22584	71715
湖南	216650	179798	30615	78935
广东	51401	3553	1571	17504
广西	669869	160811	22261	259778
海南	30422	20139	8172	
重庆	347879	294130	6284	79292
四川	1228731	442148	35940	231812
贵州	271589	256838	11930	204902
云南	315300	220568	39616	67545
西藏	39543	39543	13442	3006
陕西	314811	273965	39961	227420
甘肃	367149	357733	36098	163414
青海	101537	92263	19809	101537
宁夏	104375	92853	13643	50112
新疆	217080	161475	29713	81033
大兴安岭	102639	99699	2233	4344

注：全国合计数包含国家林业局直属单位的固定资产投资数据。

城市、旅游、外贸

5-1　各地区城市建设情况（2008年）

地　区	城区面积（平方公里）	建成区面积（平方公里）	城市建设用地面积（平方公里）	征用土地面积（平方公里）	城市人口密度（人/平方公里）
全　国	**178110.3**	**36295.3**	**39140.5**	**1344.6**	**2080**
北　京	12187.0	1310.9	1310.9		1181
天　津	2236.1	640.9	640.9	70.3	2858
河　北	6230.6	1528.3	1432.9	27.9	2375
山　西	3250.0	784.1	751.8	16.3	2918
内蒙古	11801.5	885.4	861.9	43.7	649
辽　宁	10775.3	1955.5	2041.1	226.7	1916
吉　林	7233.7	1135.4	1065.4	67.6	1368
黑龙江	2990.3	1524.2	1623.4	37.1	4486
上　海	6340.5		2429.1		2978
江　苏	12250.8	2904.3	2991.7	107.1	1905
浙　江	10011.1	1939.1	2025.1	102.1	1757
安　徽	5630.3	1310.9	1376.1	84.5	2043

续表

地　区	城区面积（平方公里）	建成区面积（平方公里）	城市建设用地面积（平方公里）	征用土地面　积（平方公里）	城市人口密　度（人/平方公里）
福　建	4406.9	877.4	822.2	11.4	2055
江　西	1602.9	819.1	848.3	17.9	4680
山　东	18690.4	3261.0	3191.5	93.9	1413
河　南	3331.9	1857.2	1760.3	32.0	5967
湖　北	9010.5	1564.6	1618.3	21.2	1823
湖　南	3370.1	1195.3	1224.6	30.9	3380
广　东	18485.8	4132.6	3943.1	37.8	2370
广　西	5719.3	840.6	1006.1	40.5	1461
海　南	826.0	204.8	354.0	0.1	2731
重　庆	5590.6	708.4	694.1	56.0	1574
四　川	5480.8	1391.7	1382.2	64.5	2677
贵　州	1655.9	407.4	474.4	2.2	3172
云　南	1819.5	623.8	726.1	95.5	3386
西　藏	295.0	79.0	79.0		1557
陕　西	1379.2	659.7	739.6	27.5	5488
甘　肃	1392.0	581.3	534.9	13.6	3802
青　海	512.3	110.7	109.0	0.1	2051
宁　夏	2421.1	310.9	299.5	9.6	883
新　疆	1183.2	751.0	783.4	6.7	4987

5-2　各地区城市供水情况（2008 年）

地　区	年末供水综合生产能力（万立方米/日）	年末供水管道长度（公里）	全年供水总　量（万立方米）			用水人口（万人）	人均日生活用水量（升）
				生活用水	生产用水		
全　国	**26604.1**	**480084**	**5000762**	**2282030**	**1776630**	**35086.7**	**178.2**
北　京	1591.4	23828	142509	98341	26228	1439.1	187.2
天　津	365.4	8248	68516	30146	28715	639.0	129.3
河　北	833.9	13012	147614	67527	60154	1479.2	125.1
山　西	444.0	6569	81407	39029	32140	884.4	120.9
内蒙古	669.3	7884	49901	19651	19484	628.6	85.7
辽　宁	1383.5	26850	294792	91889	121806	2000.6	125.8
吉　林	723.0	8393	102031	40989	35092	877.3	128.0
黑龙江	794.2	10711	169454	58624	84049	1130.1	142.1
上　海	1407.6	29148	349481	139199	113960	1888.5	202.0
江　苏	2356.9	55737	431891	174444	183208	2331.5	205.0
浙　江	1369.6	34517	267864	124350	97946	1754.1	194.2
安　徽	1728.7	11062	195543	69731	101119	1094.1	174.6
福　建	672.7	10551	129343	70777	41914	882.9	219.6
江　西	435.2	7964	96263	53305	21938	723.9	201.8
山　东	1435.4	32970	267172	122479	113687	2624.3	127.9
河　南	1013.9	15028	168294	71954	63964	1701.2	115.9
湖　北	1326.5	20323	258907	133985	68851	1607.6	228.3
湖　南	1025.3	12300	193448	92209	57439	1077.2	234.5
广　东	3176.8	73871	810973	378729	268731	4117.0	252.0
广　西	594.9	11134	139867	67991	55383	776.2	240.0
海　南	182.2	2750	29741	17456	2471	189.2	252.7
重　庆	418.2	8288	73473	42977	21110	820.1	143.6
四　川	755.1	17597	160545	93084	39903	1292.7	197.3
贵　州	250.3	4902	48172	25650	11568	465.8	150.9
云　南	298.9	7712	57971	31254	9761	586.6	146.0
西　藏	19.3	647	7419	3681	1570	39.8	253.6
陕　西	375.2	5079	79480	44233	23631	731.6	165.7
甘　肃	398.4	3990	65033	26487	31236	465.0	156.1
青　海	78.6	1294	17068	7000	7016	105.1	182.5
宁　夏	139.4	2027	26110	10889	11950	186.4	160.0
新　疆	340.2	5696	70481	33971	20608	547.7	169.9

5-3 各地区城市燃气情况（2008年）

地 区	人工煤气生产能力(万立方米/日)	管道长度（公里）			全年供气总量			用气人口（万人）		
		人工煤气	液化石油气	天然气	人工煤气(万立方米)	液化石油气(吨)	天然气(万立方米)	人工煤气	液化石油气	天然气
全 国	**11026.7**	**45172**	**28590**	**184084**	**3558287**	**13291072**	**3680393**	**3369.6**	**17632.1**	**12167.1**
北 京			245	10550		324549	601381		371.0	1068.1
天 津				9827		87404	138630		50.5	588.5
河 北	110.1	2664	95	5400	85954	254206	59887	200.9	667.3	568.8
山 西	424.5	4816	190	1991	88168	53822	89590	309.3	188.1	286.2
内蒙古	179.0	461	54	1505	3602	72279	38134	65.7	337.4	165.9
辽 宁	293.9	5033	589	6364	61958	396282	57736	503.3	693.7	710.5
吉 林	92.4	2358	97	2607	17348	208064	30249	161.9	488.9	188.8
黑龙江	76.4	1780	20	3746	42367	198672	27608	238.4	538.3	289.0
上 海	967.4	7086	468	12877	199141	489201	298601	446.4	701.4	740.6
江 苏	4293.0	2569	1969	19178	1554953	931734	299726	123.2	1328.2	841.7
浙 江	5.5	829	3082	8761	2186	937042	65640	39.1	1327.5	352.7
安 徽	7.0	213	339	6392	2268	680514	68481	17.1	554.7	435.9
福 建	8.0	231	2440	1287	2474	385945	2274	13.7	832.9	34.2
江 西	126.1	2118	394	1855	39968	185460	4103	133.5	453.5	89.5
山 东	329.0	3555	1280	15327	48322	758261	257433	209.9	1404.4	986.7
河 南	174.6	1671	32	9759	112111	250556	101008	174.0	570.0	586.5
湖 北	58.0	641	591	8408	12281	356448	94429	50.4	945.5	497.0
湖 南	297.2	481	167	4827	103516	279320	77079	35.3	688.2	236.2
广 东	216.1	2020	15968	6559	26068	4478851	82976	139.2	3394.3	582.0
广 西	16.6	595	29	2477	4965	306091	4693	45.7	598.1	58.6
海 南			18	1025		67883	14947		108.8	55.5
重 庆				10853		69252	187936		103.5	696.2
四 川	511.0	479	74	18064	158993	184229	594963	37.6	133.1	1019.2
贵 州	191.8	2694	97	85	26613	58121	1378	156.2	191.3	8.8
云 南	77.2	1986	224	149	21737	130602	743	227.1	235.5	6.3
西 藏						813348			34.4	
陕 西			53	5751		113582	123518		259.3	418.6
甘 肃	15.9	580		648	9429	97642	53394	23.3	165.9	156.5
青 海				764		8743	118383		19.6	80.0
宁 夏		180		1843	924	15868	98881	12.6	80.4	68.7
新 疆	2556.0	132	74	5207	932940	97102	86592	6.0	166.8	350.1

5-4 各地区城市集中供热情况（2008 年）

地区	供应能力		供热总量		管道长度		供热面积（万平方米）
	蒸汽（吨/小时）	热水（兆瓦）	蒸汽（万吉焦）	热水（万吉焦）	蒸汽（公里）	热水（公里）	
全国	**94454**	**305695**	**69082**	**187467**	**16045**	**104551**	**348947.5**
北京	200	31772	321	30375		11948	42501.0
天津	3469	16011	1846	8436	530	11093	19245.4
河北	10594	17787	7847	11421	1283	6973	26735.9
山西	2190	12677	1617	5595	501	3303	22186.4
内蒙古	998	19210	174	13831	29	4786	18447.9
辽宁	11612	46395	6253	31218	2228	17057	60989.8
吉林	3288	23238	1175	14887	453	6748	23568.5
黑龙江	4248	27499	1941	30092	398	10691	31481.9
上海							
江苏	6823	45033	6524	73	1272	12	10448.1
浙江	4801	233	5288		788	70	3731.0
安徽	3346	165	2045	39	340	12	1993.5
福建							
江西							
山东	28106	21088	21112	12376	5944	19855	41472.3
河南	4982	3664	2939	2146	1068	2110	8625.1
湖北	1404	78	736	16	123	10	857.0
湖南							
广东							
广西							
海南							
重庆							
四川	60		86		42		14.0
贵州							
云南							
西藏							
陕西	2196	11971	1625	1155	464	371	6546.9
甘肃	4504	8969	6146	5632	425	2833	8882.8
青海		193		314		77	135.1
宁夏	425	5160	438	5291	28	1712	5241.7
新疆	1208	14552	969	14570	129	4890	15843.2

5-5 旅游业发展情况

指　　标	2004	2005	2006	2007	2008
旅行社数　　(个)	**14927**	**16245**	**17957**	**18943**	
国际旅行社	1460	1556	1654	1797	
国内旅行社	13467	14689	16303	17146	
旅行社从业人员　　(人)	**246219**	**248919**	**285917**	**307977**	
国际旅行社	89342	89250	98727	122229	
国内旅行社	156877	159669	187190	185748	
星级饭店数　　(个)	**10888**	**11828**	**12751**	**13583**	
入境旅游人数　(万人次)	**10903.82**	**12029.23**	**12494.21**	**13187.33**	**13002.74**
外国人	1693.25	2025.51	2221.03	2610.97	2432.53
港澳同胞	8842.05	9592.79	9831.84	10113.57	10131.65
台湾同胞	368.53	410.92	441.35	462.79	438.56
#过夜旅游者人数	4176.14	4680.90	4991.34	5471.98	5304.92
国内居民出境人数(万人次)	**2885.00**	**3102.63**	**3452.36**	**4095.40**	**4584.44**
#因私出境人数	2298.00	2514.00	2879.91	3492.40	4013.12
国内旅游人数　(亿人次)	**11.02**	**12.12**	**13.94**	**16.10**	**17.12**
旅游收入					
国际旅游(外汇)收入　(亿美元)	257.39	292.96	339.49	419.19	408.43
国内旅游收入　(亿元)	4710.71	5285.86	6229.74	7770.62	8749.3

5-6 按国别分外国入境旅游人数

单位：万人次

地　区	1995	2000	2001	2002	2003	2004	2005	2006	2007	2008
总计	**588.67**	**1016.04**	**1122.64**	**1343.95**	**1140.29**	**1693.25**	**2025.51**	**2221.03**	**2610.97**	**2432.53**
亚洲	**338.26**	**610.15**	**686.42**	**851.89**	**726.08**	**1073.14**	**1249.99**	**1358.82**	**1606.12**	**1455.10**
#朝鲜	6.64	7.64	7.71	7.93	7.71	11.21	12.58	11.01	11.37	10.18
印度	4.50	12.09	15.94	21.36	21.91	30.94	35.65	40.51	46.25	43.66
印度尼西亚	13.28	22.06	22.42	27.47	23.18	34.98	37.76	43.30	47.71	42.63
日本	130.52	220.15	238.57	292.56	225.48	333.43	339.00	374.59	397.75	344.61
马来西亚	25.18	44.10	46.86	59.24	43.01	74.19	89.96	91.06	106.20	104.05
蒙古	26.19	39.91	38.71	45.31	41.83	55.38	64.20	63.12	68.20	70.53
菲律宾	21.97	36.39	40.80	50.86	45.77	54.94	65.40	70.42	83.30	79.53
新加坡	26.15	39.94	41.50	49.71	37.81	63.68	75.59	82.79	92.20	87.58
韩国	52.95	134.47	167.88	212.43	194.55	284.49	354.53	392.40	477.71	396.04
泰国	17.33	24.11	29.84	38.63	27.54	46.42	58.63	59.20	61.16	55.43
非洲	**4.08**	**6.56**	**7.32**	**9.85**	**10.42**	**17.34**	**23.80**	**29.38**	**37.91**	**37.84**
欧洲	**159.06**	**248.90**	**268.38**	**294.86**	**260.00**	**377.71**	**479.14**	**527.96**	**621.68**	**612.33**
#英国	18.49	28.39	30.25	34.30	28.83	41.81	49.96	55.26	60.51	55.15
德国	16.65	23.91	25.34	28.18	22.20	36.53	45.49	50.06	55.67	52.89
法国	11.85	18.50	19.95	22.21	15.61	28.11	37.20	40.22	46.34	43.00
意大利	6.37	7.78	7.77	9.17	6.58	12.24	19.70	19.53	21.52	19.44
荷兰	3.49	7.60	9.30	10.04	6.79	11.74	14.58	16.78	19.41	18.09
葡萄牙	2.56	2.28	2.68	3.61	3.01	3.95	4.38	4.45	4.83	4.39
瑞典	3.52	5.36	5.28	6.28	5.00	8.72	11.03	12.96	14.51	13.77
瑞士	3.43	3.07	3.08	3.24	2.37	4.07	5.14	5.79	6.46	6.34
俄罗斯	48.93	108.02	119.62	127.16	138.07	179.22	222.39	240.51	300.39	312.34
拉丁美洲	**5.37**	**8.29**	**7.45**	**9.66**	**8.01**	**13.25**	**16.05**	**19.58**	**24.26**	**26.03**
北美洲	**64.36**	**113.28**	**120.31**	**141.26**	**105.29**	**165.67**	**198.53**	**221.00**	**256.15**	**232.12**
#加拿大	12.88	23.66	25.39	29.13	23.03	34.80	42.98	49.91	57.72	53.47
美国	51.49	89.62	94.92	112.12	82.25	130.86	155.55	171.03	190.12	178.64
大洋洲及太平洋岛屿	**15.85**	**28.18**	**30.97**	**35.32**	**29.98**	**45.19**	**57.36**	**63.86**	**72.85**	**68.88**
#澳大利亚	12.94	23.41	25.51	29.13	24.54	37.63	48.3	53.81	60.74	57.15
新西兰	2.29	3.76	4.44	5.02	4.34	6.46	7.84	8.86	10.87	10.52
其他	**1.69**	**0.68**	**1.79**	**1.11**	**0.51**	**0.96**	**0.65**	**0.43**	**0.31**	**0.23**

5-7 各地区国际旅游(外汇)收入

单位：百万美元

地区	1995	2000	2001	2002	2003	2004	2005	2006	2007	2008
北京	2182	2768	2946	3115	1904	3173	3619	4026	4580	4459
天津	133	232	280	342	329	413	509	626	779	1001
河北	42	142	157	167	85	190	209	243	309	274
山西	21	50	59	75	36	81	116	164	222	301
内蒙古	91	126	137	149	138	253	352	404	545	577
辽宁	189	383	463	550	454	613	738	934	1228	1526
吉林	41	58	76	86	66	96	120	137	179	211
黑龙江	61	189	250	297	244	302	340	492	643	870
上海	939	1613	1808	2275	2053	3041	3556	3904	4673	4972
江苏	260	724	822	1050	1132	1763	2260	2787	3469	3880
浙江	236	514	699	928	873	1300	1716	2133	2708	3024
安徽	31	86	106	124	83	141	186	227	344	454
福建	484	894	942	1100	915	1065	1305	1471	2169	2394
江西	25	62	70	72	47	80	104	140	196	252
山东	154	315	382	472	370	567	780	1014	1352	1391
河南	60	124	133	145	63	160	216	274	318	374
湖北	73	146	201	284	136	192	276	320	413	443
湖南	65	221	271	311	46	313	390	503	642	617
广东	2393	4112	4484	5091	4267	5378	6457	7533	8706	9175
广西	121	307	301	321	164	288	359	423	577	602
海南	81	109	106	92	80	82	128	229	302	314
重庆		138	163	218	113	203	264	309	382	450
四川	125	122	166	200	150	289	316	395	512	154
贵州	29	61	69	80	29	80	101	115	129	117
云南	165	339	367	419	340	422	528	658	860	1008
西藏	11	52	46	52	19	37	44	61	135	31
陕西	139	280	309	351	198	361	446	511	612	660
甘肃	21	55	45	54	21	44	59	63	70	16
青海	2	7	9	10	5	9	11	13	16	10
宁夏	1	3	3	2	1	2	2	2	3	3
新疆	74	95	99	99	49	91	100	128	162	136

5-8　　国内贸易基本情况

指　　标	2004	2005	2006	2007	2008
法人企业　　(个)					
批发和零售业	52448	47698	51788	55737	100935
住宿和餐饮业	19299	19366	22091	25041	37151
年末从业人数　(万人)					
批发和零售业	507.7	519.5	544.3	604.9	737.4
住宿和餐饮业	262.1	287.4	311.2	341.8	400.0
批发和零售业					
商品购进总额　(亿元)		87530.9	103139.0	128912.5	184039.3
商品销售总额　(亿元)	86928.6	93151.3	110054.8	132740.8	208229.8
商品库存总额　(亿元)		7061.0	7629.6	9193.2	15368.1
住宿和餐饮业					
营业额　　(亿元)	2331.0	2613.5	3125.5	3711.5	4824.4
社会消费品零售总额　(亿元)	**59501.0**	**67176.6**	**76410.0**	**89210.0**	**108487.7**
按销售单位所在地分					
市	39695.7	45094.3	51542.6	60410.7	73734.9
县	6636.0	7485.4	8477.9	9943.8	12212.8
县以下	13169.3	14596.9	16389.5	18855.5	22540.0
按行业分					
批发和零售业	50256.8	56589.2	64325.5	75040.3	91198.5
住宿和餐饮业	7550.4	8886.8	10345.5	12352.0	15403.9
其他行业	1693.8	1700.6	1739.0	1817.7	1885.3

注：1.2004-2007年法人企业、年末从业人数、批发和零售业、住宿和餐饮业统计范围为限额以上法人企业(单位),2008年为限额以上法人企业。

2.2008年统计限额划分标准是年主营业务收入，其他年份是年销售额(营业额)和年末从业人员。

5-9 对外经济贸易基本情况

指　标	2004	2005	2006	2007	2008
货物进出口总额（人民币亿元）	**95539.1**	**116921.8**	**140971.4**	**166740.2**	**179921.5**
出口总额	49103.3	62648.1	77594.6	93455.6	100394.9
进口总额	46435.8	54273.7	63376.9	73284.6	79526.5
进出口差额	2667.5	8374.4	14217.7	20171.1	20868.4
货物进出口总额　（亿美元）	**11545.5**	**14219.1**	**17604.0**	**21737.3**	**25632.6**
出口总额	5933.2	7619.5	9689.4	12177.8	14306.9
初级产品	405.5	490.4	529.2	615.1	779.6
工业制成品	5527.7	7129.2	9160.2	11562.7	13527.4
进口总额	5612.3	6599.5	7914.6	9559.5	11325.6
初级产品	1172.7	1477.1	1871.3	2430.9	3623.9
工业制成品	4439.6	5122.4	6043.3	7128.6	7701.7
进出口差额	320.9	1020.0	1774.8	2618.3	2981.3
外商直接投资合同项目　（个）	**43664**	**44001**	**41473**	**37871**	**27514**
实际使用外资额　（亿美元）	**640.72**	**638.05**	**670.76**	**783.39**	**952.53**
外商直接投资	606.30	603.25	630.21	747.68	923.95
外商其他投资	34.42	34.80	40.55	35.72	28.58
外资企业基本情况					
年底登记户数　（户）	242284	260000	274863	286232	434937
投资总额　（亿美元）	13112	14640	17076	21088	23241
注册资本　（亿美元）	7285	8120	9465	11554	13006
#外方	5580	6319	7406	9211	10389
对外经济合作　（亿美元）					
合同金额	276.98	342.16	716.48	853.45	1130.15
#对外承包工程	238.44	296.14	660.05	776.21	1045.62
对外劳务合作	35.03	42.45	52.33	66.99	75.64
完成营业额	213.69	267.76	356.95	479.00	651.16
#对外承包工程	174.68	217.63	299.93	406.43	566.12
对外劳务合作	37.53	47.86	53.73	67.67	80.57

注：1.从2001年起，外商投资合同金额和实际使用外资额均不包括对外借款(表5—14同)。

2.从2007年起商务部不再对外公布外资合同金额数据。

3.外资企业基本情况数据来自国家工商总局，其年底登记户数自2008年起口径调整为企业加分支机构，下同。

5-10 各地区外商投资企业货物进出口总额

单位：万美元

地 区	2000			2007			2008		
	进出口	出 口	进 口	进出口	出 口	进 口	进出口	出 口	进 口
全 国	**23671390**	**11944121**	**11727269**	**125516381**	**69537077**	**55979304**	**140992119**	**79049270**	**61942848**
北 京	776847	287108	489739	4952240	2170256	2781983	5680020	2305587	3374433
天 津	1369289	637925	731364	5412377	2822784	2589592	5722366	2889470	2832896
河 北	158147	101240	56907	1048506	655308	393198	1671332	975029	696303
山 西	41876	15209	26667	147990	89867	58123	221303	127618	93685
内蒙古	18157	13799	4358	79136	47102	32034	149335	90470	58865
辽 宁	1229698	624464	605234	3131050	1765978	1365072	3709289	2026502	1682786
吉 林	112274	39197	73077	493652	103342	390310	571685	134324	437361
黑龙江	47353	26679	20674	114721	69591	45130	139005	80686	58319
上 海	3341054	1426102	1914952	19313539	9774791	9538748	21768521	11355935	10412585
江 苏	3018082	1445340	1572742	28005209	15554352	12450857	30349018	17495269	12853749
浙 江	938993	534851	404142	7107326	4721495	2385831	8350689	5422144	2928545
安 徽	94779	39993	54786	548379	260257	288122	701238	319369	381869
福 建	1405740	759713	646027	4624326	2899214	1725112	5212205	3250376	1961829
江 西	31814	16298	15516	496838	182943	313895	886991	377632	509359
山 东	1392569	792766	599803	6655705	4027221	2628484	8438159	5059486	3378673
河 南	57695	30889	26806	257840	143129	114710	320204	171126	149078
湖 北	104686	42956	61730	556076	276851	279225	735954	378604	357351
湖 南	47717	18250	29467	166803	95076	71727	193352	105041	88310
广 东	9203696	4951011	4252685	40821906	23222207	17599699	43848739	25567121	18281618
广 西	55339	34112	21227	288997	109258	179739	454363	161968	292395
海 南	45993	30464	15529	145792	51734	94058	240462	65245	175216
重 庆	32389	9666	22723	302297	72378	229919	364846	95901	268945
四 川	61524	24517	37007	496322	216031	280292	821698	354933	466765
贵 州	5690	4012	1678	24415	16503	7912	37301	23804	13497
云 南	19658	8113	11545	55764	39314	16450	63625	42694	20931
西 藏	634	389	245	138	72	66	601	64	537
陕 西	35433	11611	23822	161132	87275	73857	208113	110053	98060
甘 肃	5657	3832	1825	26707	23213	3494	19994	16711	3283
青 海	925	202	723	12273	1638	10635	25805	4591	21214
宁 夏	6125	4294	1831	40806	16296	24510	54698	18473	36225
新 疆	11557	9119	2438	28119	21600	6519	31207	23040	8167

5-11　　利用外资概况

单位：个；　金额单位：亿美元

年　份	总计		对外借款		外商直接投资		外商其他
	项　目	金　额	项　目	金　额	项　目	金　额	
合同利用外资额							
1979—1984	3841	281.26	117	169.78	3724	97.50	13.98
1985	3145	102.69	72	35.34	3073	63.33	4.02
1986	1551	122.33	53	84.07	1498	33.30	4.96
1987	2289	121.36	56	78.17	2233	37.09	6.10
1988	6063	160.04	118	98.13	5945	52.97	8.94
1989	5909	114.79	130	51.85	5779	56.00	6.94
1990	7371	120.86	98	50.99	7273	65.96	3.91
1991	13086	195.83	108	71.61	12978	119.77	4.45
1992	48858	694.39	94	107.03	48764	581.24	6.12
1993	83595	1232.73	158	113.06	83437	1114.36	5.31
1994	47646	937.56	97	106.68	47549	826.80	4.08
1995	37184	1032.05	173	112.88	37011	912.82	6.35
1996	24673	816.10	117	79.62	24556	732.76	3.71
1997	21138	610.58	137	58.72	21001	510.03	41.82
1998	19850	632.01	51	83.85	19799	521.02	27.14
1999	17022	520.09	104	83.60	16918	412.23	24.26
2000	22347	711.30			22347	623.80	87.50
2001	26140	719.76			26140	691.95	27.81
2002	34171	847.51			34171	827.68	19.82
2003	41081	1169.01			41081	1150.69	18.32
2004	43664	1565.88			43664	1534.79	31.09
2005	44001	1925.93			44001	1890.65	35.28
2006	41473	1982.16			41473	1937.27	44.89
2007	37871				37871		
2008	27514				27514		
1979—2008	661483	16616.22	1683	1385.38	659800	14794.01	436.80

续表

年 份	总 计		对外借款		外商直接投资		外商其他
	项 目	金 额	项 目	金 额	项 目	金 额	
实际使用外资额							
1979-1984		181.87		130.41		41.04	10.42
1985		47.60		25.06		19.56	2.98
1986		76.28		50.14		22.44	3.70
1987		84.52		58.05		23.14	3.33
1988		102.26		64.87		31.94	5.45
1989		100.60		62.86		33.92	3.81
1990		102.89		65.34		34.87	2.68
1991		115.54		68.88		43.66	3.00
1992		192.03		79.11		110.08	2.84
1993		389.60		111.89		275.15	2.56
1994		432.13		92.67		337.67	1.79
1995		481.33		103.27		375.21	2.85
1996		548.05		126.69		417.26	4.10
1997		644.08		120.21		452.57	71.30
1998		585.57		110.00		454.63	20.94
1999		526.59		102.12		403.19	21.28
2000		593.56		100.00		407.15	86.41
2001		496.72				468.78	27.94
2002		550.11				527.43	22.68
2003		561.40				535.05	26.35
2004		640.72				606.30	34.42
2005		638.05				603.25	34.80
2006		670.76				630.21	40.55
2007		783.39				747.68	35.72
2008		952.53				923.95	28.58
1979-2008		10498.18		1471.57		8526.13	500.48

注：本表资料由商务部提供。从2000年起不含对外借款数。

5-12 按行业分外商直接投资（2008 年）

行　业	合同项目 (个)	实际使用金额 (万美元)
总　计	**27514**	**9239544**
农、林、牧、渔业	917	119102
采矿业	149	57283
制造业	11568	4989483
电力、燃气及水的生产和供应业	320	169602
建筑业	262	109256
交通运输、仓储和邮政业	523	285131
信息传输、计算机服务和软件业	1286	277479
批发和零售业	5854	443297
住宿和餐饮业	633	93851
金融业	25	57255
房地产业	452	1858995
租赁和商务服务业	3138	505884
科学研究、技术服务和地质勘查业	1839	150555
水利、环境和公共设施管理业	138	34027
居民服务和其他服务业	205	56992
教育	24	3641
卫生、社会保障和社会福利业	10	1887
文化、体育和娱乐业	170	25818
公共管理和社会组织	1	
国际组织		6

5-13 按行业分对外直接投资

单位：万美元

行业	对外直接投资净额		截至2008年对外直接投资存量
	2007	2008	
总计	**2650609**	**5590717**	**18397071**
农、林、牧、渔业	27171	17183	146762
采矿业	406277	582351	2286840
制造业	212650	176603	966188
电力、燃气及水的生产和供应业	15138	131349	184676
建筑业	32943	73299	268070
交通运输、仓储和邮政业	406548	265574	1452002
信息传输、计算机服务和软件业	30384	29875	166696
批发和零售业	660418	651413	2985866
住宿和餐饮业	955	2950	13669
金融业	166780	1404800	3669388
房地产业	90852	33901	409814
租赁和商务服务业	560734	2171723	5458303
科学研究、技术服务和地质勘查业	30390	16681	198189
水利、环境和公共设施管理业	271	14145	106289
居民服务和其他服务业	7621	16536	71468
教育	892	154	1749
卫生、社会保障和社会福利业	75		369
文化、体育和娱乐业	510	2180	10733
公共管理和社会组织			

5-14 对外经济合作

年份	合同数(份)	对外承包工程	对外劳务合作	对外设计咨询	合同金额(亿美元)	对外承包工程	对外劳务合作	对外设计咨询	完成营业额(亿美元)	对外承包工程	对外劳务合作	对外设计咨询
1976—2008	**895378**	**77763**	**811644**	**5971**	**4986.09**	**4340.93**	**598.56**	**46.61**	**3215.14**	**2630.65**	**557.79**	**26.71**
1976—1988	7534	3449	4085		105.95	89.00	16.95		60.91	49.70	11.21	
1989	3100	776	2324		22.12	17.81	4.31		16.86	14.84	2.02	
1990	5175	920	4255		26.04	21.25	4.78		18.67	16.44	2.23	
1991	8438	1171	7267		36.09	25.24	10.85		23.63	19.70	3.93	
1992	9405	1164	8241		65.85	52.51	13.35		30.49	24.03	6.46	
1993	11605	1393	10212		68.00	51.89	16.11		45.38	36.68	8.70	
1994	17491	1702	15789		79.88	60.28	19.60		59.78	48.83	10.95	
1995	19321	1558	17397	366	96.72	74.84	20.07	1.81	65.88	51.08	13.47	1.33
1996	24891	1634	22723	534	102.73	77.28	22.80	2.65	76.96	58.21	17.12	1.64
1997	28442	2085	25743	614	113.56	85.16	25.50	2.90	83.83	60.36	21.65	1.82
1998	25955	2322	23191	442	117.73	92.43	23.90	1.40	101.34	77.69	22.76	0.89
1999	21126	2527	18173	426	130.02	101.99	26.32	1.71	112.35	85.22	26.23	0.90
2000	23565	2597	20474	494	149.43	117.19	29.91	2.33	113.25	83.79	28.13	1.34
2001	39400	5836	33358	206	164.55	130.39	33.28	0.88	121.39	88.99	31.77	0.63
2002	34461	4036	30163	262	178.91	150.55	27.52	0.85	143.52	111.94	30.71	0.87
2003	42059	3708	38043	308	209.30	176.67	30.87	1.76	172.34	138.37	33.09	0.88
2004	60312	6694	53271	347	276.98	238.44	35.03	3.51	213.69	174.68	37.53	1.47
2005	73233	9502	63410	321	342.16	296.14	42.45	3.57	267.76	217.63	47.86	2.27
2006	107744	12996	94386	362	716.48	660.05	52.33	4.11	356.95	299.93	53.73	3.29
2007	168240	6282	161457	501	853.45	776.21	66.99	10.26	479.00	406.43	67.67	4.90
2008	163881	5411	157682	788	1130.15	1045.62	75.64	8.88	651.16	566.12	80.57	4.48

5-15 按国别(地区)分对外经济合作完成营业额

单位：万美元

国别(地区)	2007				2008			
	合 计	承包工程	劳务合作	设计咨询	合 计	承包工程	劳务合作	设计咨询
合 计	**4789953**	**4064258**	**676712**	**48983**	**6511630**	**5661168**	**805691**	**44771**
亚洲	**2387399**	**2035295**	**316754**	**35350**	**3251025**	**2890266**	**332889**	**28716**
阿富汗	7777	7777			4084	4076		8
巴林	2005	1983	22		3585	3478	107	
孟加拉国	40692	38753	125	1814	27341	25545	299	1497
不丹					18	18		
文莱	561	530	31		72	66	6	
缅甸	46185	43402	18	2765	70224	68278	25	1921
柬埔寨	17611	15367	2001	243	37979	35977	1921	81
塞浦路斯	555	450	105		686	677	9	
朝鲜	1363	722	641		4168	3349	739	80
中国香港	220880	199401	21142	337	192523	168569	23675	279
印度	199036	193955	160	4921	426404	420856	43	5505
印度尼西亚	123165	121727	575	863	227828	223671	2090	2067
伊朗	113934	104122		9812	112312	111434		878
伊拉克	9972	9783		189	9575	9575		
以色列	7276	3393	3835	48	14739	11863	2852	24
日本	167979	19355	148186	438	165337	21280	144005	52
约旦	14265	5976	6137	2152	19610	13508	4625	1477
科威特	9371	8720	651		12119	11307	779	33
老挝	15804	15658	3	143	23500	22530	67	903
黎巴嫩	120	120						
中国澳门	143776	117173	26274	329	124323	87900	36423	
马来西亚	66381	64985	1348	48	77853	75669	1652	532
马尔代夫	404	362	10	32	1250	1250		
蒙古	40029	38742	1142	145	28037	25847	1603	587
尼泊尔	8075	8072	3		10770	10761	3	6
阿曼	11289	10722	465	102	15616	16367	95	
巴基斯坦	139107	135568	337	3202	194383	191586	157	2640
巴勒斯坦	143	143						
菲律宾	42909	42850	57	2	39777	39463	133	181
卡塔尔	48063	45784	2248	31	44516	41980	2518	18
沙特阿拉伯	130179	127614	2400	165	248259	245371	2381	507

续表

国别(地区)	2007				2008			
	合　计	承包工程	劳务合作	设计咨询	合　计	承包工程	劳务合作	设计咨询
新加坡	132831	87439	45066	326	186243	132048	52734	1461
韩国	49975	17618	32209	148	53703	24969	28574	160
斯里兰卡	14495	14360	50	85	38654	38501	77	76
叙利亚	3929	3866		63	11615	11614		1
泰国	52719	51942	734	43	48767	48238	390	139
土耳其	34823	34558	81	184	81736	80812	277	647
阿联酋	148301	140293	8002	6	219972	210954	8844	174
也门共和国	24830	23924	906		44764	43758	998	8
越南	124530	116972	2795	4763	198214	192343	3658	2213
中国台湾	11252	3053	8130	69	19894	9624	10244	26
东帝汶	1700	1700			1724	1723	1	
哈萨克	106460	104143	787	1530	99127	95943	528	2656
吉尔吉斯	7201	7100	76	25	12748	12344	356	48
塔吉克	18138	17829		309	45282	44481		801
土库曼	6843	6843			32123	31299		824
乌兹别克	17421	17402	1	18	18356	18149	1	206
亚洲其他国家（地区）	3045	3044	1		1215	1215		
非洲	**1269457**	**1237608**	**21650**	**10199**	**2009895**	**1974905**	**24435**	**10555**
阿尔及利亚	240514	234031	3664	2819	427770	420227	5395	2148
安哥拉	118979	115808	2973	198	328186	322203	4907	1076
贝宁	1722	1700	17	5	2116	2030	8	78
博茨瓦纳	26424	26287	137		40631	40518	113	
布隆迪	1105	1105			1272	1269		3
喀麦隆	9821	9821			6222	6222		
佛得角	262	262			493	431	8	54
中非	1190	1179	11		2404	2404		
乍得	5146	5117		29	13097	13075		22
科摩罗	1945	1824	121		540	476	64	
刚果（布）	23173	22328	529	316	63562	62925	595	42
吉布提	1839	1254	585		2241	1732	509	
埃及	39425	39189	189	47	51554	51379	109	66
赤道几内亚	31001	30657	262	82	71897	71239	356	302
埃塞俄比亚	59754	59712	20	22	98482	98252	19	211
加蓬	9581	9162	381	38	1667	1553	38	76
冈比亚	1881	1881			526	526		

续表

国别(地区)	2007				2008			
	合 计	承包工程	劳务合作	设计咨询	合 计	承包工程	劳务合作	设计咨询
加纳	19125	18938	178	9	39390	38806	82	502
几内亚	8109	8075	34		7207	7150	56	1
几内亚(比绍)	2518	2518			3562	3439	65	58
科特迪瓦	2362	2355		7	1495	1475		20
肯尼亚	26832	26540	59	233	38964	38693	18	253
利比里亚	2578	1610	964	4	5032	3546	1467	19
利比亚	26847	26301	546		75028	74118	657	253
马达加斯加	4949	4875	70	4	21474	21402	40	32
马拉维	520	520			895	895		
马里	20850	20842	2	6	16481	16325		156
毛里塔尼亚	10846	10198	606	42	6483	5619	824	40
毛里求斯	12707	6913	5794		11758	7546	4177	35
摩洛哥	31530	30896	631	3	28741	28043	695	3
莫桑比克	10250	10100	150		10054	10012	42	
纳米比亚	6232	6126	106		7586	7484	81	21
尼日尔	1439	1306	24	109	2323	2217	51	55
阿联酋	148301	140293	8002	6	219972	210954	8844	174
也门共和国	24830	23924	906		44764	43758	998	8
越南	124530	116972	2795	4763	198214	192343	3658	2213
中国台湾	11252	3053	8130	69	19894	9624	10244	26
东帝汶	1700	1700			1724	1723	1	
哈萨克	106460	104143	787	1530	99127	95943	528	2656
吉尔吉斯	7201	7100	76	25	12748	12344	356	48
塔吉克	18138	17829		309	45282	44481		801
土库曼	6843	6843			32123	31299		824
乌兹别克	17421	17402	1	18	18356	18149	1	206
亚洲其他国家(地区)	3045	3044	1		1215	1215		
非洲	**1269457**	**1237608**	**21650**	**10199**	**2009895**	**1974905**	**24435**	**10555**
阿尔及利亚	240514	234031	3664	2819	427770	420227	5395	2148
安哥拉	118979	115808	2973	198	328186	322203	4907	1076
贝宁	1722	1700	17	5	2116	2030	8	78
博茨瓦纳	26424	26287	137		40631	40518	113	
布隆迪	1105	1105			1272	1269		3
喀麦隆	9821	9821			6222	6222		
佛得角	262	262			493	431	8	54

续表

国别(地区)	2007				2008			
	合　计	承包工程	劳务合作	设计咨询	合　计	承包工程	劳务合作	设计咨询
中非	1190	1179	11		2404	2404		
乍得	5146	5117		29	13097	13075		22
科摩罗	1945	1824	121		540	476	64	
刚果（布）	23173	22328	529	316	63562	62925	595	42
吉布提	1839	1254	585		2241	1732	509	
埃及	39425	39189	189	47	51554	51379	109	66
赤道几内亚	31001	30657	262	82	71897	71239	356	302
埃塞俄比亚	59754	59712	20	22	98482	98252	19	211
加蓬	9581	9162	381	38	1667	1553	38	76
冈比亚	1881	1881			526	526		
加纳	19125	18938	178	9	39390	38806	82	502
几内亚	8109	8075	34		7207	7150	56	1
几内亚(比绍)	2518	2518			3562	3439	65	58
科特迪瓦	2362	2355		7	1495	1475		20
肯尼亚	26832	26540	59	233	38964	38693	18	253
利比里亚	2578	1610	964	4	5032	3546	1467	19
利比亚	26847	26301	546		75028	74118	657	253
马达加斯加	4949	4875	70	4	21474	21402	40	32
马拉维	520	520			895	895		
马里	20850	20842	2	6	16481	16325		156
毛里塔尼亚	10846	10198	606	42	6483	5619	824	40
毛里求斯	12707	6913	5794		11758	7546	4177	35
摩洛哥	31530	30896	631	3	28741	28043	695	3
莫桑比克	10250	10100	150		10054	10012	42	
纳米比亚	6232	6126	106		7586	7484	81	21
尼日尔	1439	1306	24	109	2323	2217	51	55
尼日利亚	142333	138776	724	2833	165084	161353	817	2914
卢旺达	3826	3763	51	12	4593	4551	16	26
圣多美和普林西比	52	52			116	116		
塞内加尔	6230	6230			14008	14004		4
塞舌尔	2724	2651	73		4184	3968	97	119
塞拉利昂	1992	1853	113	26	2871	2804	26	41
索马里	279	261	18		10	10		
南非	17691	17387	304		24890	24731	154	5
苏丹	222209	220554	357	1298	262441	262174	53	214
坦桑尼亚	27025	26478	502	45	42706	41688	900	118

续表

国别(地区)	2007				2008			
	合　计	承包工程	劳务合作	设计咨询	合　计	承包工程	劳务合作	设计咨询
多哥	2722	2679	21	22	2895	2888	7	
突尼斯	5478	3553		1925	6392	5353		1039
乌干达	19010	18976	34		15418	15373	25	20
布基纳法索	14	14						
赞比亚	22987	22819	114	54	22220	21792	146	282
津巴布韦	8684	8664	15	5	16012	15888	90	34
莱索托	2350	1700	650		3794	3275	510	9
斯威士兰	113		113		209		209	
厄立特里亚	3104	2596	508		4713	3677	1000	36
刚果（金）	19178	19172		6	28206	28029	9	168
欧洲	**406643**	**358596**	**47079**	**968**	**384616**	**329932**	**51888**	**2796**
比利时	12698	12697	1		19302	19298		4
丹麦	1482	1245	47	190	515	491	24	
英国	20085	18324	1755	6	19541	17487	2049	5
德国	46777	38408	7708	661	48435	41682	6711	42
法国	32906	32856	41	9	37981	37861	120	
爱尔兰	562		562		1324	580	744	
意大利	9978	9971	7		3599	3389	8	202
荷兰	31553	31253	300		3199	2685	469	45
希腊	54709	53928	781		33307	32311	996	
葡萄牙	2139	2139			1080	1080		
西班牙	16139	15975	164		11592	11406	186	
阿尔巴尼亚	2365	2341	24		5071	5063	8	
奥地利	1911	1905	6		522	514	8	
保加利亚	1842	1834	8		933	933		
芬兰	202	199	3		714	370	344	
匈牙利	2981	2981			2691	2690	1	
冰岛	444	444			712	712		
马耳他	452	370	82		630	486	144	
挪威	2411	1644	767		7122	6659	463	
波兰	7148	7131	17		1455	1239	216	
罗马尼亚	7475	7306	169		7448	6595	838	15
瑞典	3806	3806			1564	1564		
瑞士	514	509	5		436	436		
拉脱维亚					301	301		
立陶宛	487	480	7		87		87	

续表

国别(地区)	2007				2008			
	合　计	承包工程	劳务合作	设计咨询	合　计	承包工程	劳务合作	设计咨询
格鲁吉亚	369	369			2537	2385	152	
亚美尼亚					42	42		
阿塞拜疆	2839	2828	11		6412	6411	1	
白俄罗斯	11201	11198	3		7512	7444	66	2
摩尔多瓦	274	274			134	132		2
俄罗斯	110848	76151	34595	102	140085	99637	38113	2335
乌克兰	18858	18852	6		16621	16346	134	141
塞尔维亚和黑山	198	198						
斯洛文尼亚	3	2	1		172	172		
克罗地亚	200	200			30	30		
捷克	753	744	9		1247	1241	6	
斯洛伐克	34	34			46	46		
马其顿共和国					3			3
波斯尼亚-黑塞哥维那					70	70		
塞尔维亚					144	144		
拉丁美洲	**292373**	**287786**	**3565**	**1022**	**304752**	**299547**	**3790**	**1415**
安提瓜和巴布达	715	667	8	40	222	193		29
阿根廷	14299	14196	103		10872	10810	62	
巴哈马	35		35		593	536	57	
巴巴多斯	1605	1524	81		1806	1755	41	10
伯利兹	1610	1608	2		3641	3634	7	
玻利维亚	373	359		14	150	150		
巴西	77748	76882	34	832	93497	93145	155	197
智利	4733	4620	113		3051	2961	90	
哥伦比亚	7498	7483		15	10605	10532		73
多米尼克	194	194						
哥斯达黎加	2		2					
古巴	7603	7593	10		5310	5306		4
多米尼加共和国	4	4			104	104		
厄瓜多尔	15117	15113	4		10754	10754		
格林纳达	562	562			1074	1074		
危地马拉					39	39		
圭亚那	3463	3463			932	932		
洪都拉斯	10		10		21		21	
牙买加	8026	7946	76	4	4751	4660	74	17
墨西哥	43970	43324	642	4	52993	52329	664	

香港、澳门、台湾

6-1　香港生产总值

年　份	本地生产总值（以当年价格计算）		本地生产总值与上年比较的实际增长(%)	人均本地生产总值（以当年价格计算）	
	(亿港元)	(亿美元)		(港元)	(美元)
1990	5990	769	3.9	104996	13480
1991	6903	888	5.7	120015	15444
1992	8051	1040	6.1	138795	17930
1993	9280	1200	6.0	157261	20328
1994	10475	1355	6.0	173554	22458
1995	11157	1442	2.3	181241	23428
1996	12295	1590	4.2	191047	24702
1997	13650	1763	5.1	210350	27170
1998	12928	1669	−6.0	197559	25508
1999	12667	1633	2.6	191731	24714
2000	13177	1691	8.0	197697	25375
2001	12992	1666	0.5	193500	24811
2002	12773	1638	1.8	189397	24285
2003	12348	1586	3.0	183449	23558
2004	12919	1659	8.5	190451	24454
2005	13826	1778	7.1	202928	26093
2006	14754	1899	7.0	215158	27698
2007@	16154	2071	6.4	233245	29899
2008@	16769	2154	2.4	240327	30863

6-2

香港国际收支平衡表

单位：亿港元

标准组成部分①	2004	2005	2006	2007	2008@
经常帐户②	**1225.12**	**1569.33**	**1781.66**	**1991.60**	**2376.28**
货物	−725.14	−593.47	−1,089.83	−1,536.72	−1,800.91
服务	1870.77	2311.57	2771.54	3284.88	3617.94
收益	234.10	16.48	273.48	444.37	814.43
经常转移	−154.61	−165.24	−173.53	−200.93	−255.18
资本及金融帐②	**−1846.40**	**−1824.31**	**−2099.35**	**−2592.47**	**−2158.22**
资本转移	−25.61	−49.39	−29.00	103.38	169.09
直接投资	−910.38	499.96	6.35	−525.77	239.15
有价证券投资	−3063.68	−2450.17	−2078.79	−214.52	−2924.74
金融衍生工具	443.19	305.02	259.25	435.34	636.11
其他投资	1964.92	−22.94	210.19	−1245.92	2360.85
储备资产（变动净值)③	−254.86	−106.79	−467.35	−1144.98	−2638.69
净误差及遗漏④	**621.28**	**254.98**	**317.69**	**600.87**	**−218.06**
整体的国际收支	**254.86** **(盈余)**	**106.79** **(盈余)**	**467.35** **(盈余)**	**1144.98** **(盈余)**	**2638.69** **(盈余)**

注：①根据国际收支平衡表的会计常规，某标准组成部分的净贷方数字以正数显示，而净借方则以负数显示。

②经常帐差额的正数显示盈余而负数则显示赤字。在资本及金融帐方面，正数显示净资金流入而负数则显示净资金流出。由于对外资产的增加是属于借方帐目而减少则属贷方帐目，因此负数的储备资产变动净值显示储备资产的增加，而正数则显示减少。

③在国际收支平衡架构下储备资产变动净值的估计是指交易数字。因计价方式改变(包括价格变动及汇率变动)及分类重组所导致的影响并不包括在内。

④原则上，贷方和借方各项帐目的净总和应相等于零。但实际上，贷方和借方帐目的资料是透过不同的来源搜集，基于各种原因会有差异。为了令贷方和借方帐目的总和相等，便须加进一个余额项目，以反映平衡表的「净误差及遗漏」。

6-3　香港国际投资头寸（期末头寸）

单位：亿港元

概括组成部分	2004	2005	2006	2007	2008@
资产	**106987.13**	**115883.12**	**149987.00**	**211940.93**	**175667.14**
在外地的直接投资	31336.49	36539.05	52645.23	78889.93	60141.55
有价证券投资	31163.12	33847.31	45134.98	60740.91	43038.96
金融衍生工具	1744.50	1332.88	1752.04	3736.19	6757.87
其他投资	33138.41	34527.81	40094.63	56667.08	51581.65
储备资产	9604.61	9636.08	10360.11	11906.82	14147.10
负债	**73969.40**	**81821.76**	**109689.82**	**174205.03**	**127661.91**
在香港的直接投资	35218.62	40562.59	57719.14	91865.49	64780.08
有价证券投资	12069.35	13833.44	20187.54	37260.25	17954.78
金融衍生工具	1643.02	1325.75	1583.38	2538.36	5306.70
其他投资	25038.41	26099.98	30199.76	42540.93	39620.35
国际投资头寸净值①	**33017.73**	**34061.36**	**40297.17**	**37735.90**	**48005.23**

注：①国际投资头寸净值是对外金融资产总值与对外金融负债总值之差。

6-4　按主要投资者国家／地区划分的外来直接投资头寸及流动

单位：亿港元

主要投资者国家／地区	以市值计算的外来直接投资					
	年底头寸			年间流入		
	2005	2006	2007	2005	2006	2007
中国内地	12719	20243	37374	729	1087	1042
英属维尔京群岛	12707	19506	33585	470	788	1093
荷兰	3271	3909	5305	170	281	380
百慕大群岛	2715	3501	3832	360	238	277
美国	2058	2779	2786	−297	513	358
日本	1317	1514	1647	141	180	143
英国	885	1056	1345	137	154	230
开曼群岛	667	1013	1115	120	184	109
新加坡	843	852	1055	110	81	164
中国台湾	300	337	399	35	87	28
其他	3080	3009	3423	640	−94	416
总计	**40563**	**57719**	**91865**	**2615**	**3500**	**4239**

注：国家／地区是指直接来源经济体系。这分类未必反映最初资金流出的国家／地区。

6-5　澳门生产总值(按当年价格计算)

年　份	本地生产总值①		本地生产总值与上年比较的实际增长率 (%)②	人均本地生产总值	
	(亿澳门元)	(亿美元)		(澳门元)	(美元)
1992	365.2	45.8	13.3	98475	12352
1993	420.7	52.8	5.2	109563	13751
1994	467.2	58.7	4.3	117737	14791
1995	522.7	65.6	3.3	127715	16029
1996	528.1	66.3	−0.4	127211	15968
1997	532.3	66.7	−0.3	127563	15996
1998	493.6	61.9	−4.6	116884	14649
1999	472.9	59.2	−2.4	110637	13844
2000	489.7	61.0	5.7	113739	14171
2001	497.0	61.9	2.9	114501	14253
2002	548.2	68.2	10.1	125058	15567
2003	635.7	79.2	14.2	142825	17805
2004r	822.3	102.5	27.3	179977	22434
2005r	921.9	115.1	6.9	193619	24169
2006r	1137.1	142.1	16.5	227721	28463
2007r	1494.6	186.0	25.3	284268	35374
2008③	1718.7	214.3	13.2	313091	39036

注：①2005 年对本地生产总值(GDP)数列进行了主要修订，并将基年由 1996 年更新为 2002 年。

②实际增长率是按 2002 年不变价格估算的本地生产总值计算而得。

③估算数字在日后得到更多资料时会作出修订。

6-6 澳门财政收入

单位：万澳门元

项　目	2004	2005	2006	2007	2008①
经常收入					
直接税	1612446	1806911	2171541	3302026	4299083
间接税	129728	149486	140263	205907	188348
费用、罚款及其他金钱制裁	43523	53994	53759		102713
财产收益	73100	167778	217106		243502
转移	49657	75662	95862		233291
耐用品的出售	33	29	16		282
劳务及非耐用品的出售	4206	4803	4989		3355
其他经常收入	17304	13197	13696		5944
资本收入					
投资资产的出售	–	391	318		2862
转移	–	–	–	–	
财务资产	600	–	13477	7421	20554
财务负债	–	–	–	–	–
其他资本收入	–	–	–		–
非从支付中扣减的退回	3892	4619	5316		7734
指定帐目	**451866**	**543212**	**1002507**	**–**	**–**
总数	**2386354**	**2820082**	**3718852**		**5107667**

注：①2008 年数字在日后得到更多资料时会作出修订。

6-7　澳门财政支出

单位：万澳门元

项　目	2004	2005	2006	2007	2008①
经常支出					
工薪	295920	325074	343365	693106	487983
货物及劳务	66366	77837	87397	362227	188342
利息	–	–	–	2399	–
经常转移	559490	712599	818346	587094	1465770
其他经常支出	4970	5687	8033	197597	80486
资本支出					
投资	339416	433827	435491	375701	306744
资本转移	12133	6304	8800	11007	10088
财务活动	40140	13886	31037	105468	54940
其他资本支出	–	–	–	–	–
指定帐目	**451866**	**543212**	**1002507**	**–**	**–**
总数	**1770301**	**2118426**	**2734976**	**2334598**	**2594352**

注：①2008 年数字在日后得到更多资料时会作出修订。

6-8　台湾本地生产总值支出构成

单位：%

年　份	本地生产总值(新台币亿元)	居民消费	政府消费	固定资本形成总额	存货增加	货物及服务出口	减：货物及服务进口
1992	53377	56.0	17.0	23.2	1.7	43.4	41.3
1993	59184	56.6	15.6	25.2	1.0	44.1	42.5
1994	64636	58.3	14.6	24.6	0.8	43.7	42.0
1995	70179	58.8	14.2	25.0	0.4	48.0	46.3
1996	76781	59.1	14.3	22.5	0.7	47.4	44.0
1997	83288	59.7	14.4	22.8	1.5	48.3	46.2
1998	89390	59.7	14.3	23.5	1.4	47.8	46.7
1999	96409	59.7	14.1	23.1	0.5	47.3	44.8
2000	100320	60.7	13.9	23.9	−0.6	53.8	51.6
2001	98622	62.2	14.2	19.4	−1.0	50.3	45.1
2002	102933	61.1	13.9	18.6	−0.6	52.9	45.8
2003	105196	60.4	13.9	18.6	−0.2	57.0	49.7
2004	110655	60.7	13.2	21.9	0.8	63.1	59.7
2005	114547	61.3	13.1	21.3	0.1	64.2	60.0
2006	119176	60.2	12.6	21.2	0.3	69.7	64.0
2007	126358	58.9	12.1	21.1	0.4	73.5	66.0
2008	123409	61.6	12.6	20.6	0.6	74.4	69.8

6-9　台湾各级政府财政收入净额

单位：新台币亿元

项　目	2002	2003	2004	2005	2006
总　计	**17879**	**18482**	**19716**	**21008**	**21549**
税收收入	11909	12201	13534	15313	15567
垄断及专卖收入	3				
营业盈余及事业收入	2609	3401	3067	2766	3036
其他收入	3358	2880	3115	2929	2946
财产利息收入	129	126	144	133	144
规费收入	1253	764	853	889	911
罚款及赔偿收入	448	437	429	435	427
捐献及赠与收入	21	51	55	58	70
资本收回及售价收入	813	910	1060	886	814
杂项收入	694	591	575	528	580

6-10　台湾各级政府财政支出净额

单位：新台币亿元

项　目	2002	2003	2004	2005	2006
总　计	**21450**	**22062**	**22389**	**22796**	**22326**
一般政务支出	3258	3315	3341	3434	3461
国防支出	2252	2277	2489	2485	2371
教育科学文化支出	4378	4612	4619	4628	4856
经济发展支出	4053	4048	4260	4402	3584
社会福利支出	3236	3451	3445	3534	3689
社区发展及环境保护支出	717	911	902	918	887
退休抚恤支出	1710	1734	1799	1913	1969
债务支出	1710	1593	1395	1327	1386
杂项支出	137	120	140	153	125

6-11　台湾金融概况

年份	货币供应量（新台币亿元）	流动性负债①（新台币亿元）	储备货币（新台币亿元）	主要金融机构存款（新台币亿元）	主要金融机构放款与投资（新台币亿元）	再贴现率（年息%）	汇率(卖出价)（新台币/美元）
1991	21584	82874	12653	75728	61897	6.25	25.80
1992	24258	97510	14119	90767	79605	5.63	25.47
1993	27971	113536	15014	104638	95110	5.50	26.72
1994	31393	129901	16688	120405	109556	5.50	26.26
1995	31631	142621	16381	131469	121003	5.50	27.32
1996	34261	156464	16525	142606	130518	5.00	27.54
1997	37153	170188	16413	154213	140847	5.25	32.62
1998	38548	185813	16651	166969	151766	4.75	32.26
1999	45072	202966	16433	180642	160249	4.50	31.44
2000	44921	219344	15834	193087	166220	4.63	33.06
2001	50259	234809	14561	201607	164893	2.13	35.04
2002	54916	249750	15688	206098	160780	1.63	34.81
2003	65528	273807	16194	217469	165351	1.38	34.02
2004	73680	299984	17177	232565	179640	1.75	31.78
2005	78711	325466	17585	247095	193602	2.25	32.88
2006	82226	351722	18832	259420	201539	2.75	32.65
2007	82200	370114	19475	262088	206269	3.38	32.49
2008	81537	389321	21254	279779	213326	2.00	32.91

注：① 1999 年起含债券型基金资料。

附录

中国投资大事记

（2008年10月—2009年10月）

2008年10月

东北地区新开第二条进京出海大通道

10月5日　经过3年的艰苦施工，辽宁省境内通车里程最长的高速公路、东北地区第二条进京出海交通大通道——铁岭至朝阳高速公路，日前全线贯通运营。

铁朝高速公路起自辽宁铁岭市毛家店镇，终至辽宁朝阳市三十家子镇，连接铁岭、沈阳、阜新、朝阳4市，贯穿整个辽宁西北部地区，将沈阳至四平、锦州至阜新、锦州至朝阳和沈阳至彰武等4条国家重点干线高速公路连成整体。该路是国家高速公路网规划中长春至深圳高速公路的重要组成部分，是继（北）京哈（尔滨）高速公路后，东北和内蒙古东部地区陆路入关出海的第二条大通道。

中央财政紧急拨付3亿元救助补贴奶农

10月9日　中央财政紧急拨付了奶农临时救助补贴资金3亿元，重点支持内蒙古、河北、辽宁、山西、山东、河南6个奶业主产省（区）特别困难的倒奶奶农。这是为稳定奶牛养殖基础，促进奶业持续健康发展，贯彻落实国务院常务会议精神，财政部、农业部对倒奶严重地区特别困难奶农实施的一项临时救助补贴政策。据悉，中央财政补贴资金采取切块一次性下达，由地方根据实际情况，结合地方财政补贴资金统筹安排使用。

中国国际核聚变能源计划执行中心成立

10月14日　中国国际核聚变能源计划执行中心日前在科技部揭牌成立，负责国际核聚变能源计划（ＩＴＥＲ计划）有关专项的实施，程津培院士担任中心主任。

ITER计划是规模仅次于国际空间站的一项重大的多边大科学国际合作计划，这也是中国有史以来有机会、有能力、以平等伙伴身份参加的规模最大的国际科技合作项目。中国于2006年11月正式加入ITER计划，2008年6月，中国政府批准成立中国国际核聚变能源计划执行中心。

大唐集团水电装机规模破千万千瓦

10月15日　乌江干流规划的第十个梯级电站——重庆大唐彭水水电公司1号机组发电成功，这标志着大唐集团在役水电装机规模突破1000万千瓦大关，居五大发电集团水电装机容量之首。

据专家测算，投产1000万千瓦水电替代1000万千瓦火电，每年可减少排放3万吨烟尘、2000万吨废水、10万吨二氧化硫和15万吨氮氧化合物，减少煤炭消耗1700万吨。

新舟60飞机投入国内运营

10月19日　奥凯航空新舟60国产支线飞机在天津滨海国际机场首航成功，结束了目前中国航空运输业运营被进口飞机垄断的局面。

新舟60飞机是具有我国自主知识产权的支线客机。该机可作中心城市至中、小城市之间的旅客运输，满足国内外日益增长的支线航空运输需求。截至目前，新舟60已累计获得了国内外订单136架，有15架飞机运营在航线上。

首届循环经济博览会在青岛开幕（全民节能行动）

10月23日　今天在此间开幕的首届中国国际循环经济成果交易博览会，来自国内外的一大批世界领先的循环经济技术和项目纷纷亮相。

近年来，我国大力发展循环经济，取得了积极成效。重点行业单位能耗、物耗逐步降低，资源循环利用水平和“三废”综合利用率有较大提高，污染物排放得到一定程度的控制，一批循环经济典型企业、示范园区不断涌现，循环经济正从理念变为行动。

主题为“发展循环经济，建设资源节约型和环境友好型社会”的本届博览会由国家发改委、科技部、环保部等七部委和山东省及青岛市人民政府联合举办。

博览会主要内容涵盖海内外循环经济成果展览、中日循环型城市论坛、循环经济与绿色供应链专题论坛以及境内外企业合作对口洽谈会。

2008年11月

亚洲最大集装箱换装库建成

11月4日　亚洲最大的室内铁路集装箱换装库近日在新疆阿拉山口口岸建成。换装库总面积达到1.97万平方米，年换装能力达20万标准箱。它的建成，将彻底解决受大风影响不能进行换装而降低口岸过货效率问题，可以全天候进行换装作业。

成都至都江堰铁路开工

11月4日　四川省及成都市灾后恢复重建的重点基础设施项目——成都至都江堰铁路正式开工。该线路全长72公里，铁路建成后，开行动车组列车，成都至都江堰间全程运行时间控制在30分钟以内。

成都至都江堰铁路起自成都铁路枢纽西环线，经郫县至都江堰市，按照城际铁路和服务于城市公共交通的要求规划设计。全线设12个车站，全线新建桥梁19座，桥隧比67%。该项目投资估算总额为133亿元，由铁道部和成都市共同出资建设。

扩大内需促进增长十项措施出台

11月9日　国务院总理温家宝５日主持召开国务院常务会议，研究部署进一步扩大内需促进经济平稳较快增长的措施。

会议确定了当前进一步扩大内需、促进经济增长的十项措施。一是加快建设保障性安居工程。加大对廉租住房建设支持力度，加快棚户区改造，实施游牧民定居工程，扩大农村危房改造试点。二是加快农村基础设施建设。加大农村沼气、饮水安全工程和农村公路建设力度，完善农村电网，加快南水北调等重大水利工程建设和病险水库除险加固，加强大型灌区节水改造。加大扶贫开发力度。三是加快铁路、公路和机场等重大基础设施建设。重点建设一批客运专线、煤运通道项目和西部干线铁路，完善高速公路网，安排中西部干线机场和支线机场建设，加快城市电网改造。四是加快医疗卫生、文化教育事业发展。加强基层医疗卫生服务体系建设，加快中西部农村初中校舍改造，推进中西部地区特殊教育学校和乡镇综合文化站建设。五是加强生态环境建设。加快城镇污水、垃圾处理设施建设和重点流域水污染防治，加强重点防护林和天然林资源保护工程建设，支持重点节能减排工程建设。六是加快自主创新和结构调整。支持高技术产业化建设和产业技术进步，支持服务业发展。七是加快地震灾区灾后重建各项工作。八是提高城乡居民收入。提高明年粮食最低收购价格，提高农资综合直补、良种补贴、农机具补贴等标准，增加农民收入。提高低收入群体等社保对象待遇水平，增加城市和农村低保补助，继续提高企业退休人员基本养老金水平和优抚对象生活补助标准。九是在全国所有地区、所有行业全面实施增值税转型改革，鼓励企业技术改造，减轻企业负担１２００亿元。十是加大金融对经济增长的支持力度。取消对商业银行的信贷规模限制，合理扩大信贷规模，加大对重点工程、“三农”、中小企业和技术改造、兼并重组的信贷支持，有针对性地培育和巩固消费信贷增长点。初步匡算，实施上述工程建设，到２０１０年底约需投资４万亿元。为加快建设进度，会议决定，今年四季度先增加安排中央投资１０００亿元，明年灾后重建基金提前安排２００亿元，带动地方和社会投资，总规模达到４０００亿元。

广州投458亿治污治河

11月27日　日抽水量高达百万吨的广和泵站4台机组已安装完毕，未来18个月内,广州市还要投入458亿元用于污水治理和河涌综合整治,确保每年从北江引水23亿立方米,向河涌补水清洁珠江保卫母亲河；“一湾溪水绿，两岸荔枝红”的岭南水乡风韵亦有望早日重现。

广州市政府向1300万羊城市民郑重宣布：将治理水环境、保卫珠江母亲河作为深入实践科学发展观的突破口，未来两年全市要建设污水处理厂54座，铺设污水管网2167公里，全面完成河涌综合整治和城区雨污分流。

广州历史上因水而兴，河道密布，光是中心城区就有河涌231条，总长913公里，更有65条直通珠江。广东省委常委、广州市委书记朱小丹告诫有关部门和区街，务必摸清查准珠江的主要污染源，绝不手软，重污先治，大污大治，确保以优良的水环境实现2010年城市环境一大变，迎接2010年第十六届亚运会。

截污、清淤、引水，缺一不可。经过厘清思路，广州水务局决定在北部地区筑库挖湖，引蓄调度北江、流溪河、珠江西航道水源，为白云、越秀等区60条主要河涌补水；南部地区通过群闸联控，利用珠江不规则半日潮，启闭闸门，替海珠、荔湾两区的河涌换水补水，并泵水解决天河区沙河涌、猎德涌、车陂涌的补水。

广州同时投入87.5亿元实施西江引水工程，计划2010年投产，届时每天可从西江引水350万立方米替代西村、石门、江村三大水厂的原有水源，让千万市民喝上干净

广西1500亿元建铁路

11月27日　广西壮族自治区铁路建设办公室、广西铁路投资（集团）有限公司25日在南宁成立。今后5年，广西铁路建设将完成投资1500亿元以上，开工建设里程达6740公里。到2010年，广西区内的铁路运营里程将达到4050公里，将建成通往周边省份的高标准、大能力铁路通道。

2008年12月

农业部新增51.5亿元投资已全面下达

12月4日　为落实中央扩大内需、促进经济增长的部署和要求，农业部在严格程序的基础上，加大工作力度，加快落实进度，截至目前，中央51.5亿元新增农业投资计划已全部下达。同时，按照2009年项目补充上报工作的要求，农业部会同国家发改委下发了相关项目申报通知，各地农业主管部门正陆续组织项目补充上报。

赤峰风电发展进入快车道

12月10日　内蒙古自治区赤峰市风电建设进入了快车道，全市风电装机容量达到93万千瓦，已并网发电85万千瓦，预计到年底装机容量将突破100万千瓦，在全国率先建成地级市级百万千瓦级风电基地。

张家港保税港区获准设立

12月16日　目前我国唯一位于县域口岸的保税港区——张家港保税港区，近日正式获得国务院批准设立，这是全国第十二个保税港区。

从“张家港保税区”到“张家港保税港区”，一字之增，功能大大拓展。保税港区不仅叠加了保税区、出口加工区、保税物流园区和港口的政策功能，也实现了口岸物流与保税物流、保税加工的有机融合。

我国将逐步淘汰白炽灯

12月25日　国家发改委与联合国开发计划署、全球环境基金合作共同开展“中国逐步淘汰白炽灯、加快推广节能灯”项目，支持研究编制《中国逐步淘汰白炽灯、加快推广节能灯行动计划》。

我国照明用电约占全社会用电量的12%，若把现有在用的白炽灯全部替换为节能灯，一年可节电480亿千瓦时。

湛江港迈进亿吨大港行列

12月25日　作为我国大西南出海主通道，湛江港成功实现亿吨大港目标。截至12月24日，湛江港完成货物吞吐量1.0215亿吨，成为全国第十五个亿吨大港，也是我国西南沿海港口群中的唯一亿吨大港。

当前，国家和广东省已把湛江港列入全国及省重大发展规划项目，交通部在《全国沿海港口布局规划》中把湛江港定位为西南沿海港口群主要港口。

内蒙古在建铁路里程超过5000公里

12月27日　内蒙古积极加快铁路建设步伐，目前全区共有在建铁路重点项目23个，在建铁路施工总里程5300公里。到2013年，内蒙古铁路通车里程将达1.3万公里以上，其中新建铁路里程占全国的1/10以上。

2009年1月

海口综合保税区批准设立

1月8日电　近日，国务院正式批复海南省政府，同意海口保税区区位调整至海南老城经济开发区内并设立海口综合保税区。这是我国继苏州工业园综合保税区、天津滨海新区综合保税区、北京天竺综合保税区之后的第四个综合保税区。

海口综合保税区是海南继洋浦保税港区后，再获国家批准设立的开放层次最高、优惠政策最多、功能最齐全、手续最便捷的特殊经济开放区域。海口综合保税区的设立，既有利于海口实施“依港兴市”战略，调整后的海口综合保税区将与海南西部工业走廊联为一体，发挥海口作为省会城市在区域经济中的辐射带动作用；又有利于海南加强与台湾农业合作和东盟自由贸易区合作，促进国际旅游岛建设。

2008年全国海关税收入库超9000亿元

1月14日　2008年全国海关税收再创历史新高。净入库9161.1亿元，比2007年多收1576.4亿元，增长20.8%。其中关税收入1770.0亿元，增长23.6%；进口环节税收入7391.1亿元，增长20.1%。完成全年海关税收计划8455亿元的108.35%。

全国21890万人参加养老保险

1月20日　人力资源和社会保障部新闻发言人尹

成基２０日在新闻发布会上透露，2008年五项社会保险基金总收入13808亿元，比上年增加2996亿元，增长27.7%。截至2008年底，全国参加城镇基本养老、基本医疗、失业、工伤、生育保险人数分别达到21890万人、31698万人、12400万人、13810万人和9181万人，分别比上年底增加1753万人、9387万人、755万人、1637万人和1406万人。全国企业退休人员月人均基本养老金达到1080元，比上年提高110元，全国基本养老金无历史拖欠的省份达到20个。

去年审计为国家增收节支868亿元

1月21日　审计署日前公布了2008年全国审计情况统计结果。2008年，全国审计机关共审计124139个单位，对23971个单位实施了专项审计调查。通过审计，共为国家增收节支868亿元，其中已上交财政556亿元，已减少财政拨款或补贴55亿元，已归还原渠道资金257亿元。

通过审计工作，全国共核减固定资产投资项目投资和结算额363亿元，帮助被审计单位和有关单位挽回或避免损失127亿元，向司法、纪检监察机关移送事项1410件。

2009年2月

央企重大项目将接受专项督查

2月8日　国资委将对电网、电信、交通、建筑、冶金、建材等领域中央企业承担重大项目进展以及资金使用情况进行监督检查。在近日国务院国资委召开的中央企业纪检监察工作会上，国资委主任、党委书记李荣融表示，为贯彻落实中央关于扩大内需、拉动经济的重大决策和措施，国资委适时开展该项专项监督检查行动。

专项行动将特别对投资决策、工程招投标、物资采购、建设管理、转包分包、设计变更、验工计价、资金拨付等关键环节加强督查，促进企业完善责任体系，防范违规违纪，确保项目优质、资金安全。

数据显示，2008年以来，中央企业二级以上单位效能监察立项达到2.1万项，避免经济损失38.5亿元，挽回经济损失14.7亿元，节约资金71.5亿元。

中铝向力拓投资一百九十五亿美元

2月12日　中国铝业公司与力拓集团通过伦敦证券交易所和澳大利亚证券交易所发布联合公告，中铝公司与力拓集团签署战略合作协议。中铝公司本次与力拓集团合作共投入195亿美元，其中约72亿美元用于认购力拓集团发行的可转债，债券的票面净利率为9%。另外，中铝公司将出资约１２３亿美元获得力拓集团有关铁矿、铜矿和铝资产的部分股权，并分别成立合资公司。

北京产权交易所5年实现成交逾2700亿元

2月23日　至今年2月，北京产权交易所已成立5周年。作为政府授权经营的产权交易机构，5年来，北交所累计完成各类产权交易项目17244项，实现成交额2736.24亿元。

中小保险公司将可直接投资股市

2月26日　保监会新闻发言人袁力在国新办新闻发布会上表示，在风险可控的前提下，保险投资政策将从以下四个方面作出调整：一是增加保险机构投资债券品种；二是扩大基础设施投资试点，拓展投资范围，增加投资主体，提高投资比例；三是允许有投资能力的中小保险公司直接投资股票；四是开展未上市股权投资试点。

2009年3月

提前预拨农村中小学公用经费178.47亿元

3月4日　为保证农村中小学春季开学后正常运转，根据国务院关于深化农村义务教育经费保障机制改革的有关要求，中央财政提前预拨了春季学期各省区农村中小学公用经费中央财政转移支付资金178.47亿元。

将农村中小学公用经费纳入公共财政保障范围是农村义务教育经费保障机制改革的一项重要内容。这项改革从2006年开始实施，中央和地方财政按照分担比例每年不断提高农村中小学公用经费保障水平。2009年，农村义务教育阶段中小学生均公用经费的基准定额标准已达到中西部地区小学生均300元/年，初中生均500元/年；东部地区小学生均350元/年，初中生均550元/年。公用经费保障水平的提高，将使农村中小学办学条件得到较大改善，更好地促进农村义务教育质量提高。

内地香港支付互通安排今起运行

3月15日　中国人民银行与香港金融管理局签订有关建立内地与香港多种货币支付系统互通安排的谅解备忘录，决定自2009年3月16日起正式运行两地支付互通安排。此举有利于提高内地与香港跨境多种货币支付的效率。

两地支付互通安排首先开通港元、美元、欧元和英镑4个币种的跨境支付业务，然后再根据市场需求决定是否开通其他币种的跨境支付业务。

赣州十八亿元收储稀有矿产

3月18日　为应对国际金融危机导致的钨、稀土产品价格下滑带来的严峻挑战，江西省赣州市决定年内筹资约18亿元对市内企业生产的钨、稀土原矿及其加工产品推行收储计划。

据赣州市经贸委介绍，目前收储1万吨左右钨精矿及钨加工产品、1万吨左右稀土原矿及各类稀土分离产品的计划进展顺利，2月以来钨、稀土价格分别上涨10%左右。

据了解，赣州钨的储量约占全国储量的70%，世界储量的40%，重稀土储量约占全国储量的40%。此次收储可以让赣州提高对全世界的钨、稀土供应的调控权，现已有34家企业主动参与到这两种矿产资源的收储工作中，收储了约5.5亿元的矿产。

武汉城市圈四条城际铁路开建

3月22日　今天上午，武汉至孝感、黄石、咸宁、黄冈4条城际铁路建设动员大会，在武汉市东湖高新技术开发区流芳火车站举行。

据介绍，武汉至孝感城际铁路线路全长61公里，工程投资估算总额107.2亿元，建设工期2.5年。武汉至黄石城际铁路线路全长97公里，工程投资估算总额169.1亿元，建设工期2.5年。武汉至咸宁城际铁路线路全长90公里，工程投资估算总额97.6亿元，建设工期2.5年。武汉至黄冈城际铁路线路全长66公里，建设工期4年。

2007年，武汉城市圈获批成为全国资源节约型和环境友好型建设综合配套改革试验区。修建武汉城市圈城际铁路，可以进一步完善武汉城市圈综合交通运输体系，推动武汉城市圈经济一体化进程。

国有大银行纷设小企业专营机构

3月26日　目前，国有商业银行分别设立了信贷专营机构，为中小企业提供融资服务。截至今年2月底，银行中小企业新增贷款有所增长。

工行在建立小企业专业化经营机构基础上，今年将选择小企业客户资源丰富的区域，成立为小企业金融服务的“专业支行”；在符合条件的分行辖内，组建“特色支行”或“小企业金融服务中心”。截至今年2月底，工行新增中小企业贷款（不含票据融资）达921.4亿元，占同期新增公司贷款的62%，加上票据融资则超过2000亿元。

农行宣布通过业务整合与流程再造，把原来属于“三农”板块中的小企业业务独立出来，重组设立小企业金融部，以加大对小企业的支持力度。截至今年2月底，农业银行新增小企业贷款467亿元，增幅达13.95%。

中行的北京市分行和厦门市分行中小企业业务部于近日陆续开业。同时在上海和福建泉州开展以“信贷工厂”为核心的新中小企业服务模式试点，之后推广到江苏、深圳等16家一级分行，年内在中西部中小企业相对集中的地区开设40个信贷工厂。截至今年2月底，中行新增中小企业授信1004.45亿元，比去年底增长17.56%，中小企业表内外授信已达8600亿元。

建设银行到上月末已在全国建成了78家“信贷工厂”模式的小企业经营中心，并计划到今年底扩大到150家左右。1月份，建行新增中小企业贷款约500亿元。

交行近日成立了小企业信贷部，在长三角、珠三角地区成立三家分行和三家直属分行作为试点，设立了小企业信贷服务中心，同时在支行设立了100多家直接为小企业客户提供服务的小企业贷款的营销和服务机构。

国家200亿元投资宁夏林业生态

3月30日　国家林业局与宁夏回族自治区政府日前在北京签署一项总投资200亿元的协议，国家林业局将在多个方面支持宁夏林业生态建设。

根据协议，国家林业局将支持宁夏实施全国防沙治沙综合示范区建设项目，200亿元总投资中的113亿元将用以支持一项到2020年实现宁夏治理沙化土地769万亩的规划。此外，31.4亿元将用以支持宁夏贺兰山东麓百万亩生态防护林项目、引黄灌区百万亩特色经济林项目、黄河两岸百万亩湿地保护项目、中部干旱带百万亩枣树节水经济林项目、毛乌素沙地百万亩防风固沙林项目、大六盘百万亩水源涵养林项目。

2009年4月

我国花卉产业规模居世界第一

4月2日　我国花卉产业产销两旺，生产布局优化，区域特色日益突出，形成“西南有鲜切花、东南有苗木和盆花、西北冷凉地区有种球、东北有加工花卉”的格局。据农业部初步统计，2008年我国花卉面积1163万亩，同比增长3.3%，产业规模居世界第一。全国花卉销售额达到666.9亿元，同比增长8.7%，花卉出口3.99亿美

元，同比增长21.8%

福州40亿元修复三坊七巷

4月5日　最早形成于唐朝的福州三坊七巷，在经历了1000多年的历史风雨之后，仍基本保留着唐宋遗存下来的坊巷格局和大量明清古建筑，特别是159座保存较为完好的明清古建筑，有着“明清古建筑博物馆”和“城市里坊制度的活化石”之誉。

从2006年开始，福州市启动了三坊七巷修复保护工程，计划投资近40亿元对这一历史文化古街区进行全面修复保护。目前，三坊七巷中轴线南后街已基本修复完成，林觉民故居、严复故居两个国家文物保护单位已修复并对外开放，水榭戏台已基本完成修复，二梅书屋、小黄楼、欧阳花厅、陈承裘故居、沈葆桢故居、林聪彝故居等七处国家文物保护单位也将在年内修复完成。专家们表示，三坊七巷将尽可能按明清风格原样修复，以最接近历史真实的形态重现福州古城风貌。

155项企管现代化创新成果发布

4月6日　中国企业联合会日前发布了第十五届国家级企业管理现代化创新成果155项。其中，国家电网公司创造的“大型电网企业全面社会责任管理”等28项成果被审定为一等成果，中国机械工业集团公司创造的“以价值链整合为导向的大型外贸企业业务模式转型”等127项成果被审定为二等成果。

大型客滚船投入烟大航线运营

4月13日，大型豪华客滚船“渤海珍珠”轮从烟台港起航，正式投入烟台至大连航线运营。“渤海珍珠”轮总长163.95米，型宽25米，总吨位2万余吨，可装载大小车辆200多辆，载客1630人。图为旅客从烟台港环海路码头登上“渤海珍珠”轮。

京沪高铁今年将完成投资600亿元

4月16日　团中央企业工委和中国铁建团委在京沪高铁河北省廊坊市广阳梁场举办“保增长、促转型，我是青年我先行”主题实践活动启动仪式，动员广大团员青年投身到京沪高铁攻坚战中来。今年是京沪高铁全面攻坚年，建设投资将达600亿元。

清洁煤电技术进军美国市场

4月17日　华能控股的西安热工研究院与美国未来燃料公司近日在上海签署了《美国宾夕法尼亚15万千瓦IGCC（整体煤气化联合循环）项目煤气化技术使用许可原则协议》。这是我国具有自主知识产权的清洁煤电关键技术——干煤粉加压气化技术首次进入西方发达国家和国际能源市场，标志着该项技术已经达到国际先进水平。

在国家“863”计划和华能集团的支持下，西安热工研究院经过15年的艰苦努力，于2005年成功开发出具有自主知识产权的“两段式干煤粉加压气化技术”，技术指标全面超过国外，具有转化效率高、设备成本低、环保性能好、煤种适应性广等特点。

美国未来燃料公司目前正在美国宾夕法尼亚州投资建设该州首座容量为15万千瓦的IGCC电站。2008年初，西安热工院的两段式干煤粉加压气化技术在包括美国和欧洲技术在内的几种煤气化技术比选中胜出。西安热工院将承担气化岛设计、气化专有设备供货及IGCC系统设计等工作。

干煤粉加压气化技术的出口是华能集团依靠科技进步推进“走出去”战略的一个缩影。目前，华能的业务已经拓展到澳大利亚、新加坡以及东南亚电力市场，并取得了较好的经济效益。

“中国遥感卫星六号”成功发射

4月22日　我国在太原卫星发射中心用“长征二号丙”运载火箭成功地将“中国遥感卫星六号”送入太空。

卫星主要用于国土资源勘查、环境监测与保护、城市规划、农作物估产、防灾减灾和空间科学试验等领域，将对我国国民经济发展发挥积极作用。

中央新增投资10%投向节能环保

4月29日　国家发改委有关负责人今天表示，去年四季度以来，中央在分两批安排的新增投资2300亿元中，安排节能减排、生态建设和环境保护投资230亿元，比重占到10%。这表明，在中央扩大内需促进经济增长的一揽子计划中，加强节能减排、生态建设和环境保护是重要内容。

2009年5月

万吨级“煤制乙二醇”工业化获成功

5月7日　全国人大常委会副委员长、中国科学院院长路甬祥今天在此宣布：我国自主研发、世界首创的万吨级“煤制乙二醇”成套技术工业化示范获得成功。这将有效缓解我国乙二醇大量依赖进口的局面，对国家能源和化工产业产生重大影响。

“煤制乙二醇”即以煤代替石油乙烯生产乙二醇。目前世界上主要用石油乙烯生产乙二醇，其年需求量为2000多万吨，其中我国的年需求量为700万吨左右，但年实际产能不足200万吨，必须大量依赖进口。据专家测算，生产1吨乙二醇需要2.5吨石油，如果2000多万吨乙二醇都以煤作原料，相当于新开发一个年产量5000万吨的大庆油田。

单体投资最大援藏经贸项目开工

5月10日，单体投资最大的援藏性质经贸项目——投资3.5亿元的华新水泥（西藏）有限公司二期在西藏山南地区开工建设。该公司将扩建一条年产60万吨带余热发电系统的新型干法水泥生产线项目，建成后每年可增加税收4000多万元，带动矿产、电力、运输、建筑和服务等相关产业的发展。

斥资600亿元储备土地

5月14日　沈阳市将斥资600亿元实施土地储备，主要用于重点项目建设、重点产业区建设和非集中连片棚户区改造。

沈阳市政府有关负责人表示：“目前由于房地产市场低迷，开发商买地的积极性不高；对政府来说，这时进行土地储备，价格将相对低廉，成本较低。”

据介绍，沈阳市将通过国有土地抵押融资贷款，对金廊工程重点地块、重点产业园区基础设施用地、非集中连片的棚户区先行拆迁，储备净地，供今后开发建设使用。土地储备限期为两年。预计可储备土地2690万平方米左右，涉及拆迁居民约13.2万户。

北京正负电子对撞机重大改造工程圆满完成

5月19日　中国科学院高能物理研究所19日在北京宣布：我国大科学工程——北京正负电子对撞机重大改造工程对撞亮度达到验收指标，加上此前该改造工程的直线加速器、探测器和同步辐射专用光运行均已达到设计指标，至此，历时5年、耗资6.4亿元的北京正负电子对撞机重大改造工程（BEPCII）圆满完成。BEPCII的性能比改造前提高30多倍，是这个能量区域里世界纪录的4倍多。

我国对外承包工程保持快增态势

5月20日　面对国际金融危机的持续冲击，我国“走出去”战略依然稳步推进，尤其是对外承包工程保持快增态势，新签大项目数量继续增多，技术含量不断提升，成为我国对外经济活动一大亮点。

据最新统计，今年前4月，我国对外承包工程完成营业额179.4亿美元，新签合同额445.5亿美元，分别同比增长36%和59.5%，其中4月份完成营业额55.1亿美元，新签合同额110亿美元，同比各增45%和64.2%。承包工程的大项目持续增加，合同金额在5000万美元以上项目135个，比上年增加36个，合计367.2亿美元，占新签合同总额的82.4%。从行业分布看，新签合同主要集中在石油化工、交通运输、电力、房屋建筑、加工制造等行业。

今年中央政府投资预算已下达5553亿元

5月26日　财政部副部长张少春２６日说，截至５月25日，今年已累计安排下达中央政府投资预算5553亿元，占总规模的61.2%。

广西台湾签采购合同2.81亿美元

5月29日　广西壮族自治区经贸文化代表团完成访台任务后部分成员回到南宁。访台期间，桂台双方签订采购合同2.81亿美元，签署交流合作备忘和协议近30份，有力推动了双方的交流合作。

访台期间，桂台双方举办了“两岸产业高峰会议——2009年桂台经贸合作论坛”、桂台产业合作研讨会、2009台北—广西商品采购洽谈会、第四届两岸产业共同市场研讨会等系列活动。代表团还深入台湾10多个县市，拜访了台湾150多家企业。经过洽谈，桂台双方签订了双向采购合同2.81亿美元，其中广西采购台湾的电子产品、皮革、农产品等近50种产品，总额逾2亿美元。

2009年6月

城市轨道交通将拉动投资逾八千亿元

6月2日　我国内地陆续有28个城市向国家上报了城市轨道交通建设规划，目前有19个城市轨道交通建设规划得到了国家批准，这19个城市计划至2015年前后规划建设70条轨道交通线路，总长度约2100公里，总投资超过8000亿元。

中国国际工程咨询公司副总经理窦皓日前介绍，目前我国内地已有北京、上海、深圳、广州等10个城市的29条轨道交通线路建成并投入运营，运营里程近780公里。这些城市轨道交通的快速发展，对缓解城市交通压力、减少城市空气污染发挥了重要作用。

交通运输协会专业委员会主任高毓才表示，目前，全国14座城市共46条线路正在开工建设，建设总里程1212．3公里；已上报的28个城市的城轨规划线路达91

条，总里程为2600公里，届时投资将超过10000亿元。

乐昌峡水利枢纽主体工程开工

6月7日　乐昌峡工程建设指挥部在广东韶关乐昌市举行主体工程施工合同签字仪式，标志着乐昌峡水利枢纽主体工程进入全面开工阶段。

乐昌峡水利枢纽工程项目位于韶关乐昌市境内，是北江上游防洪体系的重要组成部分，兼顾发电、灌溉和航运等效益。工程水库正常蓄水位为154.5米，总库容为3.44亿立方米，电站装机132兆瓦；工程静态总投资为30.47亿元，动态总投资为32.29亿元。按计划，乐昌峡水利枢纽工程将在9月大江截流，12月底开始浇筑大坝混凝土，确保实现2010年底水库大坝具备防洪功能的建设目标。

零能耗脱硫系统在沪投入运行

6月11日，上海外高桥第三发电有限公司世界首创的“零能耗脱硫”系统正式投入运行。经技术优化后，年内运行煤耗可降至285克/千瓦时，创下燃煤机组运行供电煤耗世界最低纪录。

首台国产百万千瓦级反应堆压力容器制造成功

6月15日，我国首台国产百万千瓦级核电反应堆压力容器——岭澳二期项目4#机组反应堆压力容器在广州制造成功并顺利发运，这代表我国核电关键设备国产化取得重大突破。图为反应堆压力容器被吊装发运。

杭州湾跨海大桥海中平台揭开面纱

6月22日　经过近14个月的建设，杭州湾跨海大桥的“点睛之笔”——大桥海中平台大鹏展翅主体结构基本完成。除了观光，海中平台也是海上作业人员生活基地以及海上救援、测量、通讯、海事监控基地。

宁波轨道交通工程开工建设

6月28日　宁波市轨道交通工程1号线一期工程开工典礼26日隆重举行，正式拉开宁波市轨道交通建设序幕。宁波市轨道交通规划全长247.5公里，由6条线组成放射式线网，覆盖全宁波市区并辐射余姚、慈溪、奉化等周边县（市），共设置19座换乘站，项目预计总投资超过1000亿元，是宁波城市建设史上最大的基础设施项目。

世界最大面积A级膜布亮相上海世博园

6月29日　目前世界第一、面积达1780平方米的一块巨型A级膜布安装到上海世博园世博轴顶部，此举意味着世博轴顶部索膜结构工程建设进入最后冲刺阶段。

世博轴是上海世博园区最重要的人行立体交通枢纽，全长约1公里，连接园区内中国馆、主题馆、世博中心、演艺中心等永久性场馆，以及主要轨道交通线。

中船重工成立10年总资产增6倍

6月29日　中国船舶重工集团成立10年来以较快速度实现跨越式发展，截至2008年底，总资产达到2221亿元，为成立时的7.3倍；营业收入1034亿元，为成立时的8.2倍；利润总额62.3亿元，成立时为亏损2.67亿元。今年1—5月，中船重工完成经济总量同比增长16.4%，增加值同比增长25.1%，利润总额同比增长23.3%

2009年7月

我国对民政科技投入12年超过10亿元

7月5日　我国对民政科技投入总额超过10亿元人民币。未来我国还将不断推进民政科技发展，以此不断提高改善民生的服务水平。

经过12年艰苦努力，民政科技工作实现了多方面突破，大幅度提高了民政工作的科技含量和现代化水平，民政科技在民政事业现代化、专业化、信息化、标准化建设中的作用和地位越来越突出，已经由原来可有可无的、边缘性的、辅助性的工作，发展成为事关民政事业发展的支撑性、基础性和不可或缺的重要工作。

上海产权市场交易量连续14年全国第一

7月12日　在经历了15年的发展之后，上海产权市场已实现三大重要转变，即由一般产权初级交易场所向体现价格发现功能为主的多层次资本市场转变、由单一的企业国有产权转让向国资、民资、外资等各类投资者进场交易的权益性市场转变、由地方性产权市场向全国性产权交易中心市场和全球市场转变。

上海已初步形成全国的企业并购中心、资产流动中心、国资国企改革调整中心、技术产权交易中心、金融资产交易中心和企业融资中心，交易量连续14年位居全国第一。

方家山核电工程2号机组开工

7月17日，秦山核电站扩建工程方家山核电工程2号机组开工建设，这标志着秦山核电站两台百万千瓦机组扩建工程进入全面施工阶段。工程总投资260亿元，采用二代改进型核电技术，机组国产化率达到80%以上。

福厦铁路主体工程全线贯通

7月20日　10时58分，随着中铁九局集团承建的福厦

Ⅱ标洞庭特大桥最后一孔900吨箱梁架设完成，福厦铁路主体工程全线贯通。

福厦铁路是我国铁路“十五”规划“八纵八横”路网主骨架之一，也是福建省第一条高速铁路。福厦铁路北起福州，经福清、莆田、泉州、晋江抵厦门，全长274.9公里，总投资152.59亿元，属国家Ⅰ级双线电气化铁路干线，列车设计速度为200公里/小时，预留300公里/小时；2005年10月动工，预计今年建成。

福厦铁路北接既有的电气化铁路外福线和在建的温福铁路，南接既有的电气化铁路鹰厦线与即将动工的向莆、龙厦、厦深铁路，建成后将北接长三角经济板块，南接珠三角经济发达区，为福建海峡西岸经济区建设提供便利的交通条件，并从根本上解决中国东南沿海地区铁路“瓶颈”制约问题。

南宁投资300亿元建设“水城”

7月22日　投资5.28亿元的南宁市朝阳溪河道环境综合整治三期工程正式启动，这意味着南宁投资300多亿打造中国南方“水城”的步伐在进一步加快。届时，一个“入夜帆灯千万点，满江钰闪似星浮”的美丽水城画卷将重现繁华闹市。

南宁位于郁江干流的中下游，贯穿城区的河段为邕江。邕江与其众多支流及周边水库、池塘构成了以邕江为主干的庞大水系网络。为打造“水城”，南宁将综合利用水资源、城市生态、景观、旅游等要素，最大限度实现相邻水系的互联互通，形成环城水系。目前，南宁已编制了《南宁市城市水系整治控制规划》，总体规划为：一江（邕江）、两库（老口梯级水库、邕宁梯级水库）、南北贯城渠、五环（灵湖环、相思湖环、南湖环、凤凰湖环、五象湖环）、十八河。即以邕江为主轴，构建城市核心水系；利用邕江上下游两大水利枢纽及各内河上游水库，解决各内河生态、景观用水问题；对18条内河进行综合整治，实现相邻水系互连互通，形成环城水系；通过建设南北贯城渠，解决江北及江南主要内河的优质水源补水问题。

今年，南宁将投资约39亿元建设郁江老口航运枢纽工程。该工程以航运、防洪为主，兼顾发电、改善水环境，将于2013年竣工。该工程与百色水利枢纽进行联合调度，将南宁的防洪标准从50年一遇提高到200年一遇，为打造“水城”奠定良好基础。

南水北调中线郑州段开工

7月28日　南水北调中线河南郑州段工程28日正式开工建设，按照规划，该工程年分配水量5.17亿立方米，到中线一期工程通水后，每年将为郑州市增加5亿立方米的Ⅱ类优质水，将有力缓解郑州市城市水资源供需矛盾，提高居民饮水质量，促进沿线经济社会可持续发展。

据悉，河南省既是南水北调中线工程的水源地、受水区，又是中线工程贯通南北、保障工程如期通水的关键。作为中线主体工程之一，河南郑州段工程总投资约135亿元，起点位于新郑市观音寺镇英李村，终点位于穿黄工程隧洞出口，途经新郑、中牟、荥阳等7个县（市、区），全长128.94公里，占中线一期工程总长的1/10。起点设计流量305立方米/秒，终点设计流量265立方米/秒。

天津港两大码头工程开建

7月28日　天津港南疆专业化矿石码头和神华天津港煤炭码头项目配套工程同步开工，分别投资２９．４亿元和３７．8亿元，建成后天津港将每年新增吞吐能力5800万吨。

南疆专业化矿石码头工程长度400米，设计船型为30万吨级散货船，年设计通过能力2300万吨。神华天津港煤炭码头项目配套工程，主要为年通过能力3500万吨的3个5万至10万吨级煤炭专用泊位提供铁路、铁路车场及道路用地。

2009年8月

援助哈密一年引资近亿元

8月2日　广东援疆工作队以项目援疆为突破口，以“输血型”项目为主，兼顾“造血型”项目，努力提高哈密地区自我发展的能力，一年来，争取到各类无偿援疆资金、物资总额达9800多万元。

目前7个重点援建项目已经全部启动，其中哈密机场复航改扩建项目已经投入使用，哈密地区木卡姆保护和传承中心、哈密市四道沟水库、哈密地区贫困农牧民异地扶贫搬迁开发工程等项目也已开工建设。据统计，一年来，广东援疆工作队共促成粤哈两地企业签订合作项目合同9个，合同金额11.34亿元，目前已有5个合同履约，实际到位资金近5000万元。

3年内农村金融机构基本覆盖全国

8月10日　全国已有118家新型农村金融机构开业，其中村镇银行100家，贷款公司7家，农村资金互助社11

家；从经营情况看，已开业机构实收资本47.33亿元，存款余额131亿元，贷款余额98亿元，累计发放农户贷款55亿元，累计发放中小企业贷款82亿元。多数机构已实现盈利，其中2009年1月以来，累计盈利4074万元。通过设立新型农村金融机构、现有银行业金融机构设立分支机构和延伸服务，解决了1878个零金融服务乡镇的金融服务问题。

银联卡英国ATM业务全面开通

8月13日　中国银联与英国唯一的全国性ATM网络——LINK网络共同宣布，在LINK网络旗下所有ATM机上开始受理银联卡。此次合作标志着英国境内所有ATM机均可受理银联卡。这是中国银联在全球受理环境建设及全球ATM网络建设上取得的又一标志性成果。

LINK网络是首家与中国银联建立合作关系的英国金融机构，旗下ATM机遍布英国全境，占全英ATM机总数的99.9%以上。

发电装机总量超8亿千瓦

8月16日　我国发电装机总量已经突破8亿千瓦。在电源建设实现跨越式发展的同时，一直落后于电源建设的电网建设近年来也明显提速，目前我国220千伏以上的电网长度已经达到37.5万公里，规模超过了美国而跃居世界第一。

今年4月16日，随着中国电力投资集团公司黄河拉西瓦水电站6号机组投产，我国电力装机突破了8亿千瓦。我国电力工业在1949年建国初期，只有173万千瓦，到1978年也只有5800万千瓦。改革开放以后，我国电力工业快速发展，1987年电力装机突破了1亿千瓦。而从2005年的5亿千瓦以后，我国每年的新增电力装机总量都在1亿千瓦左右，创造了世界电力建设史上的奇迹。

光明食品控股英茂糖业60%股权

8月20日　光明食品集团与云南省最大的制糖企业英茂糖业在沪宣布强强联手，光明食品集团控股英茂糖业60%股权，涉及金额近9亿元。这是今年以来全国糖业行业战略合作规模最大的项目。

此次战略合作创新了中国糖业产业的发展模式：作为下游销售企业的光明糖业与作为上游生产企业的英茂糖业的跨区域联合，改变了中国糖业产销分离的格局，实现了资源与网络、上游与下游、工业与商业的对接，是中国糖业近年来规模最大的资产、产业合作项目。

敦煌10兆瓦光伏发电项目奠基

8月28日　敦煌10兆瓦光伏并网发电特许权示范项目奠基仪式在甘肃省敦煌市太阳能工业园区举行。作为国内首个大型光伏发电示范项目，其奠基标志着国内大型光伏并网发电站建设正式启动。

敦煌位于河西走廊西端，云量和雨量极少，大气透明度高，日照时间长。全年日照时数为3246.7小时，日照百分率为75%，潜在太阳能发电装机容量达1.36亿千瓦，年发电量可达2000多亿千瓦时，适合发展太阳能发电的荒漠面积达5000平方公里，具备建设千万千瓦级太阳能电站的资源条件，是建设大型太阳能发电厂的理想区域。

2009年9月

全国农村沼气用户超过3000万户

9月2日　截至目前，全国农村户用沼气已达3050万户，各类农业废弃物处理沼气工程3.95万处。据测算：3050万户用沼气和养殖场沼气工程年生产沼气约122亿立方米，生产沼肥（沼渣、沼液）约3.85亿吨，使用沼气相当于替代1850万吨标准煤，减少排放二氧化碳4500多万吨，替代薪材相当于1.1亿亩林地的年蓄积量，每年可为农户直接增收节支150亿元。

据介绍，2003至2009年，中央累计投入资金190亿元，支持建设户用沼气1406万户、养殖小区和联户沼气工程1.3万处、大中型养殖场沼气工程1776处、乡村沼气服务网点6.36万个。

沼气建设有效拉动了农村内需，2008年底和今年初中央新增农村沼气投资80亿元，带动地方和群众（企业）自筹175亿元，安排户用沼气约360万户、大中型沼气工程1600多处、沼气服务网点6万处。项目建成后年产沼气17亿立方米，相当于节约321万吨标准煤，可以实现减排二氧化碳729万吨。

财政收入60年增长1000倍

9月10日　中华人民共和国成立60年财政发展成就和当前实施积极的财政政策情况”的报告显示，1950年全国财政收入62亿元，2008年达到61330亿元，2009年预算安排66230亿元，60年间增长1000倍。与此同时，财政支出结构不断调整优化，不断加大对公共服务领域的投入，优先保障和改善民生。2008年，全国财政用在教育、医疗卫生、社会保障和就业、文化方面的民生支出达到19959亿元，占全国财政支出的31.9%。2009年全国财政预算安排上述民生支出24610亿元，同比增长23.3%。

北京六环路全线贯通

9月13日　北京西六环良乡至寨口段12日竣工通车。至此，总长187.6公里的六环路全线贯通，北京高速公路网构架基本建成。始建于1998年的北京六环路是我国目前最长的环城高速公路，也是北京市域里程最长、连接新城和市域人口最多的高速公路。

770个县示范农技推广

9月15日　农业部、财政部日前共同启动实施了“基层农业技术推广体系改革与建设示范县项目”，以推进各地加快基层农技推广体系改革与建设步伐。今年这一项目将在全国770个县实施，中央财政安排资金7.7亿元，每个示范县安排农技推广工作经费100万元。项目资金将主要用于农技人员下乡开展技术指导和培训费用、农业科技示范户的物化技术补助、农业科技试验示范基地建设补助、聘请专家费用、农技人员和新型农民培训费用、技术资料印刷和制度建设、工作考评等费用。

3.4万吨巨轮在山东荣成下水

9月18日上午，山东百步亭船业为英国格雷格集团建造的34000载重吨散货船“宝来•亚特兰蒂克”号在山东省荣成市俚岛镇下水。该船是山东荣成承接的吨位最大的出口货船，船体总长为180米，设计型宽为30米，航速达14节；该船设备配置高、性能强，入级世界顶级船级社挪威船级社，属无限航区的船舶。

中国科技资源共享网开通

9月26日　国家科技基础条件平台门户网站中国科技资源共享网25日在北京开通。该网整合了行业、部门和地方的科技基础条件资源信息，它既是我国科技条件资源信息汇交的中心和信息发布与成果展示的窗口，也是科技资源管理决策的支持系统和国内外科技资源信息交流的枢纽。

我国最先进的海事巡视船列编

9月28日我国自主研发制造的排水量最大、装备最先进的3000吨级海事巡视船“海巡11”，正式列入中国海事局执法编制序列，成为我国继“海巡21”、“海巡31”后又一海上巡航监管的重要执法力量。这标志着我国海事监管已具备了对我国海洋毗连区及专属经济区实施有效监管的能力。

中国海事局从2004年开始进行北方海区千吨级巡视船的研究和论证工作。“海巡11”总长114.44米，排水量3249吨，航力6000海里，自持力40天，适航无限航区，抗风等级可达12级，并能满足直升机五级海况的起降要求。

2009年10月

我ARJ21客机订数达240架

10月15日　中国商用飞机有限责任公司与鹰联航空有限公司正式签订了30架ARJ21—700飞机购机合同。至此，我国自主研发的ARJ21新型涡扇喷气客机国内外订单总数已达到240架。据了解，该合同是ARJ21—700飞机继去年与美国GECAS公司一次签订25架购机协议以来最大的一笔订单。本次签约对于加快我国西南航空市场开发特别是支线航空市场开发具有积极的意义。

福厦铁路全线铺通

10月18日，国家重点工程福（州）厦（门）铁路全线铺通。福厦铁路是我国“八纵八横”铁路网络主骨架之一，自福州市引出，途经福清、莆田、泉州至厦门市，全长二百七十四点九公里，通车后福州至厦门火车运行时间为一点五小时。

中川矿业有望在加建钾盐生产基地

10月19日　我国一家民营矿业公司——中川国际矿业控股有限公司。根据中川矿业与加拿大萨省政府部门达成的协议，这个民营矿业公司在加拿大取得了９６平方公里的钾矿勘查许可证，有望在海外建成300万钾盐吨／年规模生产基地，以缓解我国钾盐紧缺的现状。

据介绍，由于国内现有的钾肥资源匮乏、禀赋差、生产能力受到制约，中国钾肥长期以来大量依赖进口。据国家有关部门统计，2007年中国钾盐表观消费量为831.3万吨，其中钾肥763.3万吨。但国产钾仅为249.6万吨。

与会院士、专家一致认为ＫＰ488项目对于我国打破钾肥国际垄断，构建稳定的钾矿资源供给体系具有重要的战略意义。

中国—东盟投资合作基金将在年底启动

10月22日　总规模100亿美元的中国—东盟投资合作基金已基本完成首次封闭的各项准备工作，现已进入设立阶段，今年底前将正式运作。

中国—东盟投资合作基金是由中国进出口银行等发

起的私募股权基金，将在政府指导下进行全商业运作。

青海荒漠化面积每年减少43万公顷

10月25日　青海高原草地植被覆盖度呈现明显增加态势，主要沙区沙漠化程度也正在趋缓。据青海省气象局监测，近年来，青海省荒漠化面积平均每年减少43万公顷。

在荒漠化减少的同时，青海高原牧草的覆盖度、高度及产量明显增加。

相关资料表明，三江源地区2003—2007年高覆盖度草地逐年增加，增加速率达5.7%—13.4%。中覆盖度草地自2005年后呈增加趋势。2008年三江源区低、中覆盖度草地分别增加31万公顷和48.36万公顷。

太阳雨公益慈善基金成立

10月28日　太阳雨公益慈善基金成立启动仪式今天在京举行。全国人大常委会副委员长周铁农为基金题词，全国政协副主席阿不来提•阿不都热西提等领导出席启动仪式。该基金致力于帮富创业事业，是为数不多的经民政部批准正式注册的公益基金，中国社会工作协会为其主管机构，可以接受社会捐款，创始基金为200万元，江苏太阳雨太阳能集团有限公司捐赠1000万元。该基金不设立续存期限，太阳雨公司在基金续存期内放弃任何收益权益。

创业板正式上市

10月30日　今天上午8点到9点半，创业板首批公司上市仪式在深圳五洲大酒店举行，十年磨一剑的中国创业板市场正式拉开帷幕。

京沪高铁最长隧道贯通

10月30日　京沪高速铁路最长隧道——西渴马一号隧道于30日提前两个月胜利贯通。西渴马一号隧道位于山东省济南市长清区，全长2812米，施工区域地形起伏较大，洞体主要穿越风化岩石，施工难度较大，是全线重点工程之一。

国际投资大事记

（2008年10月—2009年10月）

2008年10月

美联储向AIG再“输血”378亿美元

10月8日，美联储在网站上发布声明称，为进一步补充美国国际集团（AIG）的资本流动性，允许其旗下子公司从美联储贴现窗口融资不超过378亿美元。

根据声明，美联储此前向AIG提供的850亿美元贷款额度已尽数使用，再次注资的原因是进一步补充其资本的流动性。美联储将动用手中的紧急权力，授权纽约联邦储备银行给予AIG该笔借款，AIG将通过投资级别的固定证券收益换取现金抵押。

与此同时，AIG开始计划出售资产以筹集资金。10月3日，AIG宣布卖掉在日本的3家下属寿险公司；次日，AIG宣布为旗下独资寿险子公司——美国友邦保险有限公司寻找一家或多家战略投资者，并考虑出售友邦保险的部分股权；10月7日，市场又传出AIG决定出售菲律宾子公司的消息。

欧盟２７国联合出招抗“风暴”

10月15日　欧盟领导人对现行的国际金融体系进行大刀阔斧的改革，并通过加强对全球金融市场的监管避免当前的金融危机再次重演。

当天，来自欧盟２７个成员国的领导人在布鲁塞尔召开为期两天的秋季峰会，愈演愈烈的金融危机成为会议关注的焦点。在10月15日的会上，与会领导人除了同意在整个欧盟范围内为应对金融危机结成统一战线外，还将目光投向了全球，要求建立国际金融新秩序。

欧盟轮值主席国法国总统萨科齐在会后举行的新闻发布会上说，现行的金融体系必须从全球层面上进行彻底的改革，欧盟领导人一致认为需要对国际货币基金组织和世界银行这样的国际机构动一次“大手术”，以适应新形势的需要。

在散发给与会欧盟领导人的一份文件中，布朗提出了建立国际金融新秩序的“4点计划”，即增强国际货币基金组织对全球金融市场的监管，建立全球金融和经济预警系统，避免类似的金融危机蔓延；制定全球通行的金融监管标准；对全球最大的30家金融企业实施跨国监管，针对每个企业由相关国家的监管人员组成一个联合监管机构；建立在危机中采取合作、一致行动的机制。

IMF：欧洲各经济体将步入衰退

10月23日　国际货币基金组织（IMF）日前发出警告，随着注入资金的枯竭，更多欧洲银行会陷入困境，这些国家的经济增长明年也将停滞。

根据IMF周二公布的欧元区经济秋季报告，欧洲所有主要经济体在随后数月内将陆续进入衰退，其中，英国、瑞典和丹麦3国今明两年平均增长幅度分别为1.3％和0.2％，而欧洲新兴经济体明年的平均增长率将小于4.3％。

报告称，进一步降息对经济恢复有很大作用。此外，欧洲国家还需使用财政政策来缓冲经济下滑。针对欧洲新兴经济体，IMF欧洲部门代理主管阿列桑德罗•雷普认为，这些国家应该采取紧急措施处理硬着陆，可以考虑从银行或企业方面缓解负面影响。他还表示，IMF随时准备提供必要的援助。

亚洲钢企开始抱团取暖

10月28日，韩国最大钢铁生产商浦项制铁表示，新日本制铁已经同意收购其在越南冷轧钢板项目10％－20%的股权，但没透露具体金额。浦项制铁越南冷轧钢板项目是其进军东南亚市场的一个重大举措，依照浦项的计划，到2009年9月，该工厂的年生产能力将达120万吨。

业内人士表示，亚洲钢企的抱团有助于联手应付国际金融危机日益严峻的影响，以及铁矿石生产巨头在每年度铁矿石价格谈判中的优势及国际钢铁业的疯狂并购行为。虽然受全球金融危机的影响，钢铁需求大幅减少，铁矿石供应出现供大于求的状况，最为明显的例证是，目前国内的铁矿石现货市场上，印度矿的现货价格已低于长协价格，但铁矿石最大供应商巴西淡水河谷却无视该现象，依然保持强硬的态度，要求其铁矿石继续涨价。淡水河谷9月份给亚洲钢铁企业下发涨价“最后通牒”，受到中国钢铁企业的集体抵制，为此，淡水河谷拒绝给中国钢企的运输船装运铁矿石，导致中国钢企损失惨重。

由此来看，中国乃至亚洲钢企抱团取暖，已成为度过全球性金融危机的重要路径。

2008年11月

汇金注资农行1300亿助其重组

11月7日　继10月23日中国国务院通过农行股改总体实施方案后，昨日，中央汇金投资有限责任公司向农行注资1300亿元人民币等值美元，并将持有农行50％的股份，与财政部并列成为农行第一大股东。汇金的注资，标志着农行财务重组进入实质性操作阶段。

农行行长项俊波表示，注资将有效充实农行资本实力，改善财务状况，增强农行盈利能力。注资后，汇金公司将会以自身在商业银行公司治理、经营管理等方面积累的成功经验，为农行完善公司治理、加快现代金融企业制度建设等注入新的生机与活力，为把农行建设成富有竞争能力的现代化商业银行奠定基础。

从农行预定的主要经营指标来看，其资本充足率8%以上，核心资本充足率约8%，不良贷款率约4%左右，资产回报率（ROA）约1%，拨备覆盖率超过80%，成本收入比40%左右。

铁矿石巨头集体减产

11月11日　在全球金融危机的冲击下，国际铁矿石供求市场终于发生实质性的改变——由供不应求转变为供过于求，而已持续6年上涨的铁矿石价格走势也将掉头向下。

继全球最大铁矿石生产巨头巴西淡水河谷的减产步伐之后，全球铁矿石产量排行老二的澳大利亚力拓公司于11月10日宣布减产10%。不过，全球第三大铁矿石生产商必和必拓公司表示，“我们没有减产计划。”虽然必和必拓目前继续执行“原生产计划”，但业内人士表示，不久的将来，恐怕其减产的计划也将出台。

目前，中国几乎所有的钢铁企业（包括龙头企业宝钢）都开始了减产行动。而有关数据显示，1－9月我国钢铁产品折合成粗钢净出口3946.9万吨，比上年同期减少518.42万吨，下降11.61%。国内大多数中小型钢铁生产企业纷纷停产、倒闭。此外，米塔尔、新日铁和浦项制铁等世界性钢铁企业也纷纷限产。中外钢企形成了声势颇为浩大的减产大军。

国际金融体系改革拉开序幕

11月17日　面对世界经济和国际金融市场异常严峻

的挑战，在华盛顿出席金融市场和世界经济峰会的20国集团领导人11月１５日发表宣言承诺，加强合作，努力恢复全球增长，实现世界金融体系的必要改革，防止类似危机再次发生。舆论普遍认为，这次峰会为改革国际金融体系拉开了序幕。

国际金融体系必须改革

国际货币基金组织（IMF）总裁卡恩表示，当前金融危机清楚表明，目前的金融体系不能适应全球化金融市场的要求，这一体系的合法性和有效性存在疑问。

改革当前金融体系，使之适应２１世纪要求，是此次峰会与会各方的共识。但在如何改革，尤其是具体到如何加强金融监管问题上，一些国家间还有严重分歧。法国总统萨科齐主张，所有金融领域、包括跨国资本流动，都应纳入监管之下；美国总统布什则强调，监管不能造成对市场的过度干预，在面临当前挑战的情况下，各国应该抵制保护主义、集团主义和失败主义的倾向。

中秘正式建立战略伙伴关系

11月19日，中国和秘鲁就多项合作达成共识，共同宣布两国自由贸易协定谈判完成，两国正式建立战略伙伴关系。

双方联合发表的《联合新闻公报》认为，中秘建交37年来，两国友好合作不断加强，目前双边关系正处于历史最佳时期，双方决定建立“中秘战略伙伴关系”。

另外，双方将增加相互投资。为此，双方将鼓励两国企业家组团互访，并协调两国投资促进机构在彼此国家宣传投资贸易机会。与此同时，中秘双方将对各自90%以上的产品分阶段实施零关税。中方的轻工、电子、家电、机械、汽车、化工、蔬菜、水果等产品和秘方的鱼粉、矿产品、水果、鱼类等产品将从中获益。

欧盟2000亿：“特殊危机”“特殊回应”

11月26日,一名欧盟官员透露，欧盟委员会批准了一项涵盖欧盟27个成员国的经济激励计划，总额达2000亿欧元(约合2600亿美元)，目的是迅速提振欧盟经济，并限制全球金融危机所带来的影响。

这项计划总额相当于欧盟GDP的1.5%，高于此前预期，目的是迅速地、暂时性地刺激欧盟财政。其中，欧盟各国政府将提供大约1700亿欧元的资金，约占GDP的1.2%；欧盟和欧洲投资银行则将提供大约300亿欧元资金。

2008年12月

中美高层就经济问题通话

12月3日　4日至5日，第五次中美战略经济对话将在北京举行。在国际金融危机和奥巴马即将入主白宫的历史时刻，本次对话更加引人注目。

12月2日，胡锦涛主席特别代表、国务院副总理王岐山同美国总统布什特别代表、财政部部长保尔森通话，就即将召开的第五次中美战略经济对话，包括中美加强合作，共同应对当前国际金融危机，进一步推动多哈回合谈判，反对全球贸易保护主义等问题交换了意见。

双方高度评价中美战略经济对话取得的积极成果，一致表示将认真落实两国领导人共识，做好各项筹备工作，确保中美第五次战略经济对话取得圆满成功，推动中美经贸关系和两国建设性合作不断向前发展。

中日韩扩大货币互换规模应对危机

12月12日　中日韩三方上周末在日本福冈签署《国际金融和经济问题的联合声明》承诺。为了应对愈演愈烈的国际金融危机，三方就近期扩大双边货币互换规模的决定表示欢迎。

货币互换是指交易双方在一定期限内将一定数量的货币与另一种一定数量的货币进行交换。这是一项常用的债务保值工具，主要用来控制中长期汇率风险，把以一种外汇计价的债务或资产转换为以另一种外汇计价的债务或资产，达到规避汇率风险、降低成本的目的。

峰会联合声明强调进一步加强区域合作以应对金融市场动荡的重要性，并倡议扩大三国间双边货币互换规模。目前，中日韩三国央行行长会议机制已经宣布建立，中国人民银行与韩国央行签署了规模为1800亿元人民币／38万亿韩元的中韩本币互换协议，这是落实峰会倡议的具体体现，对维护地区金融稳定及推动区域贸易投资便利化均具有重要积极的作用。

北京总部基地金融港启动

12月18日，北京总部基地金融港正式启动。作为总部基地的“升级作品”，金融港将为国内外大中型企业及银行、保险、基金、信托、投资、财务、资产管理等非银行性金融服务企业、信用卡中心、信息中心等金融后台服务机构提供高性价比、交通便利、智能化的办公环境。

位于北京市丰台区丰台科技园的总部基地金融港总建筑面积约54万平方米，规划建设54栋大型总部楼和下沉式配套商业街。

目前，总部基地核心区已形成300多栋企业总部大楼，入驻逾400家国内外大中型企业的集群规模，并辐射一平方公里范围内近4000家中小型企业聚集的格局。预计到2010年，以总部基地为核心的丰台科技园将引入500家总部企业，聚集约5万名高端人才，技工贸总收入有望超过2000亿元。

欧商业地产投资猛降五成

12月23日　仲量联行最新报告显示，2008年，欧洲商业地产的直接投资将在1050亿至1100亿欧元之间。这一数字较之2007年全年下降了约55%，其中部分原因是商业地产资本值的降低及外汇汇率的波动。

全球信贷市场发生的巨大变化已使房地产直接投资的格局产生了根本性转变。2008年全年，包括机构投资者、上市房地产公司和德国开放式基金在内的各种类型的投资活动均不同程度地减少，国际财富资本和私募基金投资者也持更为审慎的态度。

商业地产投资额的下降对整个欧洲市场带来了影响，其中以英国、德国和法国所受影响最为明显，其累计投资额同比下降60%，至大约600亿欧元。但与此同时，中欧和东欧地区的投资额在整个欧洲的投资额中所占的比例从去年的4%提升至今年的8%。

上海实到外资破百亿

12月29日，《2008上海外商投资环境白皮书》（以下简称“白皮书”）正式发布，2008年上海实到外资已突破100亿美元，预计占全国10%以上，合同外资突破170亿美元，增速领先全国。

白皮书显示，截至2008年11月底，上海市累计批准外商投资企业项目52275个，吸收合同外资1452.42亿美元，实到外资840.03亿美元，来自全球130多个国家和地区，这也是全国最多的。

利用外资结构也进一步优化。2008年1月至11月，上海第三产业共批准项目3086个，合同外资116.65亿美元，同比增长35.4%。其中，现代服务业利用外资增长尤为迅速。以金融服务业为例，2008年1月至11月，上海金融服务业合同外资达4.06亿美元，同比增长38%。但除化学、电气机械等部分先进制造业继续保持增长外，受多重因素影响，今年上海制造业利用外资出现大幅下降。

2009年1月

加盟泛美 中国金融借道进拉美

1月12日，中国加入泛美开发银行集团签字仪式在美国首都华盛顿泛美开发银行总部举行。这使中国正式成为泛美开发银行集团下属泛美开发银行、泛美投资公司和多边投资基金的成员国。中国驻美大使周文重出席签字仪式，并代表中国政府签署、交存了相关法律文件。

泛美开发银行集团成立于1959年，是世界上历史最久、规模最大的地区性政府间开发金融机构，其宗旨是促进拉美及加勒比地区经济和社会发展。中国是该集团第48个成员国，中国人民银行行长周小川和副行长胡晓炼分别担任泛美开发银行和泛美投资公司的中国理事和副理事。

央行与香港金管局达成货币互换协议

1月20日，中国人民银行与香港金融管理局签署了货币互换协议，该货币互换协议实施有效期为3年，经双方同意可以延期，所提供的流动性支持规模为2000亿元人民币／2270亿港元。

央行表示，货币互换安排的建立，将有助于必要时为内地与香港商业银行设于另一方的分支机构提供短期流动性支持，加强外界对香港金融稳定的信心，促进地区金融稳定，以及推动内地与香港人民币贸易结算业务的发展。

香港金管局总裁任志刚在签署有关协议时说：“中国人民银行和金管局签署此协议是进一步加强两地金融合作的一个体现。货币互换安排的建立将有利于保持金融稳定,应付不时之需。”

北京ＧＤＰ首破万亿元大关

1月23日　2008年国内外形势复杂多变，北京市克服重重困难，国民经济保持了较快发展，2008年实现地区生产总值10488亿元，比2007年增长９%，北京ＧＤＰ首次突破万亿元大关。与部分地区仅靠投资拉动经济不同的是，北京经济是“投资＋消费”双轮驱动。数据显示，2008年投资与消费金额分别达到3900亿元和4500亿元以上。

2009年2月

50万封顶华尔街高管年薪

2月6日　为平息外界对一些金融企业高管“自肥”的愤怒，美国总统奥巴马2月4日宣布，得到政府资金救助的美国金融公司高管工资将受限制，最高年薪不得超过50万美元。

该规定不适用于花旗银行、美国银行以及美国国际集团等已受美国政府救助的金融企业，只适用于未来需政府救助的其他企业。如果企业给予高管超过50万美元年薪的股票奖励，则这些股票也必须在该企业还清政府贷款后方能套现。此外，政府还将要求受助企业加强对公务飞机使用以及招待等费用的管理。

金融国企高管：限薪280万

2月10日　一边是美国奥巴马政府对被救助的金融企业高管下达50万美元的限薪令，一边是中国财政部对金融国企高管出台280万元人民币的限薪意见，也许不能说这是一种巧合，但至少对金融企业高管薪酬的限制已成为一种共识。

管控政策频出

财政部办公厅日前向各有关单位印发了《金融类国有及国有控股企业负责人薪酬管理办法（征求意见稿）》，据了解，办法中明确规定，国有金融企业负责人最高年薪为280万元人民币（税前），由基本年薪、绩效年薪、福利性收入和中长期激励收益构成。

再投力拓195亿中铝狂刷纪录

2月12日，在野村证券、百仕通、中国国际金融有限公司和摩根大通这四大财务顾问的策划下，中国铝业公司195亿美元投资力拓，再次刷新了由自己创造的中国企业海外并购最高金额。2008年，中国铝业曾联合美国铝业斥资140亿美元收购力拓9%的股权，创造了当时中国最大的海外并购案。

受此消息影响，当日，中国铝业股价猛涨0.56元，涨幅达5.64%。而自2月3日起的7个交易日内，中国铝业股价涨幅超40%。

花旗在杭州增设零售网点

2月18日，花旗银行（中国）有限公司宣布，在杭州黄龙国际商务圈设立一家新的零售银行网点。这是花旗银行在杭州的第二家零售网点，同时也是在中国国内的第27家。黄龙支行拥有500平方米的营业面积、7个理财顾问区、6个贵宾室，还配备了23名训练有素且经验丰富的银行服务人员，包括客户经理和贵宾理财经理。

新的黄龙支行提供全面的本外币服务。与所有其他花旗中国的零售网点一样，黄龙支行提供花旗睿智理财和花旗贵宾理财两类服务。黄龙支行的花旗睿智理财和花旗贵宾理财客户可申请花旗银行人民币借记卡。此外，一项花旗银行香港、台湾3小时速汇的服务，可使客户享受3小时内在花旗银行内地与台湾、香港各分支行账户间的便捷汇款。

赴欧百人采购团今携大单启程

2月24日，由中国商务部部长陈德铭率领的中国采购团前往德国、瑞士、西班牙和英国，他们将在这些国家进行计划中的大量采购。采购产品预计以欧洲先进的机电设备为主，涵盖了汽车、机床、电信设备、飞机发动机等多个领域。参加采购的企业为海航集团有限公司、中国航空技术进出口总公司和中国联合网络通信有限公司等航空、电信行业的领军企业。据悉，本次采购总额将远超此前媒体预料的150亿元。

中国拟建14个自贸区

2月25日　中国商务部有关负责人2月23日指出，自2003年以来，中国积极推进自贸区建设进程，目前正与五大洲的31个国家和地区建设14个自贸区，其中已生效的7个自贸协定实施情况良好。

本月21日，中国和巴基斯坦签署了《中巴自贸区服务贸易协定》，该协定有望于今年上半年内生效实施。

该负责人称，通过相互降低和取消关税，进一步开放服务和投资领域，自贸区可带来贸易和投资机会、降低生产和交易成本、扩大企业利润、增加消费者选择，实现互利共赢和共同发展。今后中国将在继续参与WTO多哈回合谈判的同时，以更积极姿态推进自贸区建设，为世界经济、贸易和投资的繁荣发展做出更大贡献。

GE逆势加大在华投资

2月26日　在全球业务不断萎缩的当下，美国GE公司进一步加大了在中国的投资。2月25日，GE消费与工业产品集团与上海广电电气（集团）股份有限公司签订协议，在上海成立一家提供高品质电子元件产品的合资公司——上海通用广电电力元件有限公司。

该合资公司是2009年GE在中国的首个投资项目，总投资额近2000万美元。其中，GE持有25%股权，上海广电持有75%股权。根据双方协议，3年后，GE可以从上海广电手中回购25%股权。另悉，合资公司投产后将实现年产能1亿美元。

在全球金融危机日渐深化之时，GE加大在中国的投资备受关注。作为一家美国公司，GE很早就感受到了金融危机的压力，包括美国、欧洲、中东地区的销售都出现了不同程度的萎缩。

中国采购团在德、瑞签下大单

2月27日　中国商务部部长陈德铭率中国贸易投资促进团2月26日抵达瑞士苏黎世，陈德铭与瑞士联邦副主席兼经济部长洛伊特哈德共同出席了中瑞经贸合作发展论坛，随后共同见证了中瑞有关经贸合作项目的签约仪式。

陈德铭再次强调了中方反对贸易保护主义、与欧洲共同应对国际金融危机的立场。他说，中瑞两国互为重要经贸合作伙伴，双边贸易额在2008年首次突破100亿美元，达到112.5亿美元。中国已成为瑞士在亚洲的第二大贸易伙伴。随着中国产业结构调整升级，两国在节能降耗、污染治理、生态园区建设等领域具有广阔合作空间。中瑞两国还刚刚签署新的“促进和相互保护投资协定”，并将在今年下半年启动自由贸易区联合可行性研究，发展中瑞经贸关系面临着诸多有利契机。中国希望与瑞士进一步加强合作，共同应对挑战。

访瑞士期间，中国企业与瑞士ＡＢＢ公司、豪瑞公司等签署了一批采购和合作意向，金额达３亿多美元，主要用于进口中国需要的技术软件、先进电气设备和金属原料。

而就在此前一天，中国贸易投资促进团访问德国，中国企业与一批德国企业签订了３６项采购合同，总额超过１００亿美元。

2009年3月

赴欧投资团再次避法国

3月8日，德国、瑞士、西班牙和英国欧洲四国，迎来一拨中国投资团。由中国商务部牵头组织的中国贸易投资促进团投资合作工作组3月7日启程前往上述四国，计划开展一系列与投资合作相关的活动。与上次采购团相同，此次投资团行程依旧避开了法国。

据此次投资合作工作组负责人介绍，此次赴欧的有中国煤炭、中国海运、中国水产、苏州创投、南京高新、上工申贝等20多家企业，同时还包括商务部、工业和信息化部、中国汽车工业协会、国家开发银行、中国银行等政府部门、中介组织和金融机构的代表。此次合作重点领域涉及汽车、机械电子、轻工食品、纺织服装、化工制药、节能环保等。

中广核３００亿元扩建核电

3月12日　继国家5800亿元电力投资计划激起核电、风电等新能源项目的建设热情之后，核电项目再次迎来一剂强心针。

日前，国内惟一以核电为主业的清洁能源企业中国广东核电集团（以下简称“中广核集团”）挥出“大手笔”，宣布2009年全年，将用总额超过３００亿元的投资建设其下属各核电项目工程，这将使核电项目再次迎来建设高峰。

在国家扩大内需促进经济增长的十项措施中，核电项目成为首批核准的拉动内需项目，中广核集团承担大部分核电项目建设任务。据统计，至２月底，中广核集团开工建设了岭澳核电站二期、辽宁红沿河核电站、福建宁德核电站、阳江核电站等项目，总计超过1700万千瓦核电机组，容量占目前全国已核准在建核电机组的70%以上，位居世界第一。

G20财长勾勒IMF改革“路线图”

3月14日,20国集团（G20）财长和央行行长会议在英国霍舍姆闭幕。会议发表联合公报指出，应加强全球金融体系的改革，以采取进一步行动恢复全球增长和支持放贷。

会议指出，当务之急是加强各国宏观经济政策协调，加大经济刺激措施的力度，避免发生全球性经济衰退。同时，要旗帜鲜明地反对贸易和投资保护主义，促进国际贸易健康发展。

另外，会议强调要积极落实G20华盛顿峰会在加强金融监管、增强市场诚信、加快国际金融机构改革等方面的共识，并决定为国际金融机构寻求各种可能的动员资金和流动性方式，帮助新兴市场国家和发展中国家。

中国将继续投资美国国债

３月23日中国人民银行副行长胡晓炼说，如果国际货币基金组织（IMF）发行债券，中国会积极考虑购买。胡晓炼是在就中国国家主席胡锦涛出席20国集团领导人第二次金融峰会举行的中外记者吹风会上作出上述表示的。

胡晓炼说，中国积极支持IMF探讨采用更加创新的方式来融资，特别是在当前金融危机的情况下，一个更加高效率、更加及时的融资方式，可以最有效地补充IMF资金不足的问题。

此外，胡晓炼表示，中国会继续投资美国国债，但同时将高度关注美国国债资产价值的波动。她说："对美国国债的投资是中国外汇储备投资的重要组成部分，因此我们对美国国债的安全性、收益性自然很关心。"

张国宝提议两岸光伏产业合作

3月24日，国家发展改革委能源研究所名誉所长张国宝在台湾就两岸光伏产业合作提出推动产业进步、开拓国际市场、合作启动内需市场、充分利用太阳能资源等４项建议。

他在台北举行的"两岸太阳光电（光伏）产业合作及交流会"上说，国际金融危机将加速全球可再生能源的发展。两岸光伏产业应抓住有利时机，携手合作，共创两岸光伏产业的新局面。

经过近年来的快速发展，两岸光伏产业都已在世界市场上占有一席之地，光伏电池产量的市场份额占世界的４０％左右，其中大陆约占３０％，台湾约占１０％。建议的具体内容是：

一、加强交流合作，共同推动光伏产业技术进步。突破晶体硅材料生产的瓶颈制约，实现经济规模化生产符合环境要求的晶体硅材料；尽最大努力提高光伏电池的转换效率；优化太阳能电池的生产流程，降低晶体硅片的厚度，减少材料的消耗量。

二、发挥优势互补，共同开拓国际市场。在世界排名前３５位的光伏电池生产企业中，大陆有１０家，台湾有４家，两岸企业有条件强强联合，做到合理分工，实现优势互补，发挥好台湾的技术优势，提高光伏电池的技术水平，发挥大陆资源丰富的优势，大幅降低光伏产品制造成本，提高两岸光伏企业的市场竞争力，携手合作开拓国际市场。

三、完善政策措施，启动内需光伏市场。目前光伏产品市场主要在国际市场，需要尽快启动内需光伏发电市场，这对推动光伏发电产业健康发展、积累光伏发电建设和管理经验具有重要作用。大陆正开展大型并网光伏发电站的建设示范工作，也将加快研究制定城市建筑安装小型分散并网光伏电池的支持政策。两岸有关管理部门应加强交流合作，制定和完善促进光伏发电发展的政策措施，加快启动内需光伏发电市场，为增加电力供应，应对能源环境问题，特别是减排温室气体作出积极贡献。

四、拓展合作领域，充分利用太阳能资源。除太阳能光伏发电外，太阳能热利用也极具发展前景。两岸可以在太阳能热利用技术方面加强合作，共同推动太阳能各种利用技术的进步和发展，不断提高太阳能利用技术水平和能力，扩大利用的范围和领域。

上海启动公交国有化改革

3月28日，上海市政府在推进公交优先发展工作会议上宣布启动新一轮公交改革，上海全市公交行业将全面回归国有控股。根据改革方案，国有独资的上海巴士公交有限公司将通过收购重组和资产注入方式统一经营浦西地区的地面公交。此外，会议公布的公交改革方案提出，公交一线职工平均工资收入达到上海市职工平均工资水平。

据公交改革的安排，上海公交行业将实现骨干企业国有控股，形成浦西、浦东、郊区等三大相对区域格局。

2009年4月

G20推出1.1万亿美元经济刺激计划

4月２日　20国集团（G20）伦敦金融峰会２日落下帷幕，与会领导人就国际货币基金组织（ＩＭＦ）增资和加强金融监管等全球携手应对金融经济危机议题达成多项共识。

增资与改革金融机构

英国首相戈登•布朗在会后举行的新闻发布会上说，G20领导人同意为ＩＭＦ和世界银行等多边金融机构提供总额１．１万亿美元资金，其中国际货币基金组织资金规模将扩大至现在的３倍，由２５００亿美元增加到７５００亿美元，以帮助陷入困境的国家。

欧盟拟定发展中国家援助方案

4月8日　欧盟委员会通过了有关帮助发展中国家应对金融危机的行动方案，以落实在20国集团伦敦金融峰会上作出的承诺。

根据行动方案，欧盟计划在2010年将对发展中国家的发展援助从去年的490亿欧元增加至690亿欧元；其次，提前于今年底之前兑现欧盟拟议向非洲、加勒比和太平洋国家提供的43亿欧元人道主义援助，以帮助其解决最弱势群体的需要；第三，提高援助效率，为其他国际援助方作出表率。

中国东盟携手促发展

4月12日　外交部部长杨洁篪约见东盟十国驻华使

节，向他们通报了中国政府加强中国—东盟全面合作的设想和建议。这表明，面对当前严峻的国际金融危机，中国将与东盟国家一道，振奋精神，迎难而上，将空前的挑战转化为深化务实合作、促进共同发展的机遇。为此，中国希望双方在以下几个方面进行努力：

● 签署中国—东盟自贸区《投资协议》

● 大力推进中国—东盟基础设施及网络化建设

● 加强东盟一体化建设和区域合作

● 大力推进湄公河次区域开发、东盟东部增长区、“印尼—马来西亚—泰国成长三角”等次区域合作

● 加强东亚国家金融合作。加快清迈倡议多边化进程，扩大区域外汇储备库规模和双边货币互换额度及签约范围，推进亚洲债券市场建设

● 加强地区粮食安全合作

● 加强能力建设和社会文化交流，促进可持续发展

● 加强非传统安全领域的合作。通过举办培训班等项目，加强双方在打击跨国犯罪领域的合作，提高执法合作水平。继续加强同东盟防务学者对话和人员培训

瑞银拟25亿美元剥离巴西子公司

4月20日，瑞银集团（UBS）宣布，该集团已经同意以25亿美元的价格将其巴西子公司UBS Pactual出售给该公司前CEO安德烈•伊斯特维斯。出售UBS Pactual将使其一级资本金增加13亿瑞郎，削减风险加权资产30亿瑞郎，并使瑞银资产总额减少63亿瑞郎。瑞银称，该交易将导致“小额亏损”，而此交易旨在削减风险并强化其资产负债表。瑞银表示，出售价格高于账面价值，交易将以现金和继承债务的形式进行。瑞银第一季度亏损近20亿瑞郎，而为了重新实现盈利，瑞银CEO斯瓦尔德•格鲁贝尔正在全力以赴削减业务规模以降低成本。上周有媒体报道称，瑞银计划在未来1年到1年半内裁员8700人。

中美签署106亿美元采购大单

4月27日，中国商务部部长陈德铭在华盛顿会见了美国商务部部长骆家辉，双方就进一步发展中美经贸关系深入交换了意见。同日，中美企业高层还签署多个贸易和投资协议，总额达１０６亿美元。

陈德铭就加强中美经贸合作提出了4点建议：一是坚持从战略高度和长远角度看待和处理中美经贸关系，充分发挥中美战略与经济对话、中美商贸联委会等双边高层经贸对话机制的作用，妥善化解经贸摩擦；二是以发展的眼光和开放的思维扩大互利合作，把共同应对金融危机、反对贸易投资保护主义作为当前深化中美经贸合作的重点，共同推动尽快重启多哈回合谈判；三是大力开展双向贸易和投资促进活动。中方将努力推动双边贸易平衡发展，鼓励有实力的中国企业赴美投资，也欢迎美国企业积极来华投资，希望美放宽对华出口管制，为在美投资的中国企业提供公平竞争环境；四是不断增进了解，加强互信，切实尊重和照顾彼此利益和关切，实现互利共赢。

中美企业高层在华盛顿签署了多达32份商业合同，总价值达106亿美元。协议涵盖了电子科技、新能源和汽车等多个领域。

中美再签57亿美元采购合同

4月28日，中国经贸代表团在芝加哥再签28个合同，价值57亿美元，加上前一日签署的价值106亿美元的32个合同，此次中国企业家在美国已签署60个合同，总价值163亿美元。

4月28日，中国商务部部长陈德铭率团访问美国芝加哥市时强调，相互开放市场将促进中美经贸关系进一步发展。

2009年5月

境外机构拟可在中资银行设外汇账户

5月５日　国家外汇管理局发布了《关于境外机构境内外汇账户管理有关问题的通知（征求意见稿）》，希望有关单位和社会各界人士在２００９年5月１９日之前，通过信函或电子邮件的方式提出意见。外管局称，此举旨在便利银行、企业办理外汇业务，同时规范境外机构境内外汇账户的开立、使用等行为，防范国际金融风险。

通知要求，境内银行为境外机构开立外汇账户时，应当在外汇账户前统一标注ＮＲＡ（ＮＯＮ－ＲＥＳＩＤＥＮＴ　ＡＣＣＯＵＮＴ），在正式通知发布之日起一年内，银行应完成境外机构境内外汇账户统一标注ＮＲＡ内部系统调整以及本通知发布前已开立境外机构境内外汇账户统一标注ＮＲＡ等工作。

中英合作定调“可持续”

5月11日　第二次中英经济财金对话在英国伦敦正式开幕。

对话将由国务院副总理王岐山和英国财政大臣阿利斯泰尔•达林共同主持，主题为“中英加强合作支持可持

续发展”。王岐山除了主持这次对话外，还将会见布朗首相、安德鲁王子和前首相布莱尔，以及英国企业界和金融界代表。

雷曼兄弟拟分拆资产还债

5月15日　进入破产保护程序已8个月的雷曼兄弟，正采取举措分拆由一批遭遇沉重打击的房地产和私人资本投资组合构成的剩余资产，等待那些愿意押注资产价格将随经济复苏而上升的投资者购买。雷曼兄弟内部对上述资产的估值为约450亿美元，较去年9月份金融危机大举爆发时下跌一半多。

负责管理雷曼兄弟剩余资产的管理人士表示，他们的计划是在今年年底前将持有上述资产的子公司分拆出去，随后向公众出售该公司股权。该计划目前还处在初步阶段，还需要获得雷曼兄弟债权人、董事会以及破产法官的批准。

汇丰东亚成在港发人民币债券首批外资行

5月19日，汇丰中国和东亚中国两家银行获准赴香港发行人民币债券，并成为首批在港发行人民币债券的外资行。而昨日，汇丰控股H股应声上涨6.3%，东亚银行上涨5.59%。

长江养老抢滩北京

5月25日，长江养老公司在北京设立的企业年金中心正式落成。这成为长江养老“立足上海、辐射全国”，走出上海和推进新一轮战略发展的重要标志。

此前，中国太保入股长江养老一事在业内引起不小的轰动，这使得原本在上海企业年金领域颇有影响力的长江养老获得了更有力的支持。

291亿美元砸向摩根大通

5月26日，监管文件显示，通过利用会计准则将收购的华盛顿互惠银行的坏账转为收入，摩根大通将收获291亿美元的意外之财。

摩根大通去年9月以19亿美元收购了华盛顿互惠银行，基于收购会计法，要按照公允价值入账，因此1182亿美元的资产减值了25%。但是，随着借款人开始还款，贷款产生的预期现金流与贷款减值之后价值的差异在会计上可以记入收益，摩根大通可能因此获得291亿美元的税前收益。

2009年6月

中投追加大摩12亿美元普通股

6月3日，中投公司宣布该公司决定购买摩根士丹利发售的约22亿美元普通股中的12亿美元普通股。

在完成本次注资后，中投公司在摩根士丹利的持股比例将恢复到约9.86%，同时将明显降低持有摩根士丹利股份的成本，增大盈利的空间。

据了解，中投公司此前在摩根士丹利已有投资。2007年12月19日，中投公司购买摩根士丹利56亿美元面值的到期强制转股债券，占摩根士丹利当时股本约9.86%。去年10月，由于日本三菱日联金融集团向摩根士丹利注资，中投公司股权被稀释至约7.68%。

东航、上航启动重大重组

6月8日　东航与上航的重组事宜正式进入操作层面。东航发布公告称，公司因筹划重大重组事宜和进一步降低资产负债率的计划安排，定于6月8日起停牌。停牌期间，公司将每周一次发布有关事项进展情况的公告。

公告称，重大重组事宜和进一步降低资产负债率的计划安排需向相关部门进行政策咨询及方案论证，因此，有关事项尚存在不确定性。

221亿：中国平安入主深发展

6月12日，中国平安将认购深发展定向增发的至少3.70亿股但不超过5.85亿股的新股。与此同时，中国平安将在不迟于2010年12月31日前，收购目前深发展第一大股东美国新桥投资所持有的16.76%的股份（增发前）。这起总价超过221亿元的并购将创造A股有史以来上市公司之间最大的收购案例。在停牌一周后，中国平安和深发展A将于今日复牌。

美国今年破产银行升至40家

6月22日，美国政府监管部门于上周关闭了位于北卡罗来纳州、乔治亚州及堪萨斯州等地的3家地方性银行。据悉，关闭这3家总资产为15亿美元的银行共花费了美国政府3.63亿美元担保费用，而2009年以来美国破产的银行总家数也上升到40家。

全球银行排名工行盈利最强

6月24日，英国《银行家》杂志公布世界1000家大银行最新排行榜，按照去年盈利排名，中国工商银行以213亿美元盈利位居全球银行之首。

盈利排名第二至第五位的依次是：中国建设银行（175亿美元）、西班牙国际银行（158亿美元）、中国银行（126亿美元）和西班牙对外（BBVA）银行（96亿美元）。英国汇丰银行和巴克莱紧随其后，盈利分别为93

亿美元和89亿美元。

友邦保险借IPO加速脱离AIG

6月28日，美国友邦保险有限公司（简称“友邦保险”）正在加速脱离美国国际集团（AIG）的进程。此前，AIG宣布已经与纽约联邦储备银行（FRBNY）达成协议，计划根据市场情况让友邦保险进行首次公开招股（IPO）。

2009年7月

跨境贸易人民币结算今起航

7月6日，中国银行上海市分行将收到中银香港汇来的第一笔跨境贸易人民币结算试点业务项下款项，收款企业为上海电气集团下属的上海电气国际经济贸易有限公司。这是全国首笔以人民币作为结算货币的国际贸易业务，该款项为这家公司在香港的商业伙伴汇出的贸易款。

这标志着，酝酿3年有余的跨境贸易人民币结算正式启动。

年内最大IPO今登场

7月13日，备受瞩目的超级大盘股——中国建筑刊登首次公开发行（IPO）A股股票的招股意向书，拟融资约426亿元，预计发行不超过120亿股A股。中国建筑是IPO重启后第六家获得批文的公司，同时也是拟融资额最高的公司。根据发行安排，中国建筑将于7月14日至7月17日进行初步询价，7月22日进行网上资金申购。

中国国旅IPO申请获批

7月20日，中国国旅的IPO申请获证监会发审委通过。中国国旅本次拟发行不超过2.2亿股，募集资金约17亿元，发行后总股本不超过8.8亿股，保荐机构为中信建投，拟在上证所上市。

1150亿：美政府再度疯狂发债

7月28日　从7月27日至30日，美国财政部计划标售总额为60亿美元的20年期抗通胀公债（TIPS）、420亿美元的2年期公债、390亿美元的5年期公债与280亿美元的7年期公债，合计1150亿美元。超过6月22日标售的总额为1040亿美元的旧纪录。

美国政府计划在本周内发债1150亿美元，创下历史最大发债金额纪录。

2.45万亿，上海金融国资重组起航

7月31日，上海2.45万亿元规模的金融国资国企重组将正式启动。此次金融国资重组涉及上海国际集团、浦发银行、上海银行、太保集团、国泰君安、海通证券等16家市属金融企业，总资产2.45万亿元。预计将用5年时间完成。

与此同时，《上海金融国资和地方国有控股金融企业改革与发展的指导意见》已基本形成框架，将很快出台。

上海下一步将支持市属骨干金融企业通过IPO或资产置换的方式尽快上市。上海明确提出，按照改革的思路，要把太保集团和长江养老保险公司打造成全国最强的信托型专业养老保险管理公司，要把上海国际集团培育成金融投资集团。

2009年8月

首家金融产业基金揭牌

８月４日，中国首家以金融产业为投资对象的产业基金——金浦产业投资基金管理公司在上海揭牌，基金将以非公开方式向社保基金、工商企业、投资机构、保险公司等符合资质要求的投资人和机构投资者募集。金浦投资由中金公司和上海国际集团共同发起成立的金浦产业投资基金管理公司成立，主要从事产业投资基金及其他类型的私募股权投资基金的发起设立、经营管理和投资运作业务。此基金的组织形式为有限合伙制，基金总规模为２００亿元，目前已展开首期８０亿元的募集工作。据透露，金浦投资的投资对象不限于上海的金融产业，而是面向全国范围。

滨海1.5万亿打响“十大战役”

8月13日　天津滨海新区发布，自今年下半年开始，滨海新区政府将以攻坚战的方式，投资至少1.5万亿元打响“十大战役”，整体推进滨海建设。

加快滨海新区核心区建设；加快响螺湾和于家堡中心商务区建设；加快南港工业区、轻纺工业园和生活区建设；加快东疆保税港区及其生活配套区建设；加快北塘片区建设；加快临港工业区建设；加快西部片区建设；加快中新生态城建设；加快滨海旅游区建设；加快中心渔港建设等构成了“十大战役”的核心目标。

中国—东盟自贸区：7000产品零关税

8月15日　第４１届东盟经济部长系列会议期间，东盟—中国自贸区《投资协议》正式签署。会议主席、泰国商业部部长蓬提瓦•那甲赛昨日表示：“《投资协议》

的签署标志着东盟－中国自贸区谈判的完成，自贸区将于２０１０年１月１日如期建成，这必将大力促进双方的相互投资。”中国商务部部长陈德铭指出，即将于2010年全面建成的中国-东盟自贸区，不但能提振中国与东盟应对危机的信心，也将对世界经济复苏产生积极影响。

《投资协议》包括27个条款，其中，国民待遇和最惠国待遇这两个核心条款在确保给予双方投资者公平公正的非歧视待遇方面将起到关键作用。此外，投资待遇、透明度、投资促进与便利和争端解决等条款为改善双方投资环境、提高外资政策透明度、促进投资便利化、提高投资争端解决的公平性与效率及加强投资保护等方面提供了有效的法律保障。双方绝大多数产品实现零关税是自贸区建成的标志。从2010年1月1日起，中国与东盟双方约有7000种产品将享受零关税待遇，实现货物贸易自由化。

外资PE渐显井喷之势

8月24日　继百仕通集团、第一东方集团、里昂证券纷纷进军人民币私募基金后，凯雷投资集团正就在中国国内筹建数十亿元人民币私募股权基金，与相关方面进行深入谈判。

据悉，凯雷集团目前管理的总资产超过350亿美元，在亚洲、欧洲和北美投资于收购、风险投资、房地产和杠杆融资。截至2009年3月31日，凯雷集团管理着64只基金，涉及资产约845亿美元。

凯雷集团历来看好亚洲市场，今年6月30日，凯雷投资集团就宣布，旗下亚洲增长基金（CAGP）第四只基金完成募集，募集资金总计10.4亿美元。

光大银行引资115亿备战IPO

8月27日　光大银行引进境内投资者方案获得中国银监会批准，标志着光大银行的引资工作已基本完成。光大银行此次共引进8家投资者，均为大型国有或国有控股企业，引资规模近115亿元。引资后，光大银行的资本充足率将超过10%，核心资本充足率将超过7%。

光大银行称，此次引资坚持市场化原则，在财务顾问中金公司的协助下，通过竞价机制，最终确定了8家企业入股光大银行，分别是航天集团、宝钢集团、中电财务、中再保集团、申能集团、航天财务、上海城投控股和广东高速。通过此次引资，对增强光大银行资本实力、促进业务发展以及提升市场形象等将发挥重要作用。

根据中金公司的报告显示，光大银行此轮增资扩股约50.8亿股，总股本将达333亿股。扩股后，汇金公司持股比例降至约60.06%，仍为第一大股东。

2009年9月

中国率先认购500亿美元IMF债券

9月3日，国际货币基金组织（IMF）宣布，中国政府已同意购买不超过500亿美元的国际货币基金组织债券。根据国际货币基金组织当天发表的一份声明显示，国际货币基金组织总裁多米尼克•斯特劳斯•卡恩和中国人民银行副行长易纲就此签署协议，中国人民银行购买不超过320亿特别提款权（SDR），即约合500亿美元的国际货币基金组织债券。

保监会拟放宽外资投资门槛

9月7日，中国保监会对《保险公司股权管理办法（草案）》（简称《草案》）再次征求意见，其曾分别于2007年8月和2008年3月向社会公开征求过意见。《草案》较过去的两版征求意见稿，投资门槛与监管要求明显有所放宽。

《草案》除一般规定，如“除中国保监会批准的主要股东外，单个股东（包括关联方）出资或持股比例不得超过保险公司注册资本的20%”等未发生变化外，主要是在外资投资资格、股权变更等方面做了相应的改动。

● 外资投资资格：要求放宽，改为“最近三年内无重大违法违规记录”以及“符合所在地金融监管机构的审慎监管指标要求”

● 股权变更规定：更为严格，要求“保险公司变更出资额占有限责任公司资本总额５％以上的股东，或者变更持有股份有限公司股份５％以上的股东，应当经中国保监会批准”

东亚银行挺进内地基金市场

9月16日，香港东亚银行拟通过旗下一家投资管理公司，入股总部位于广州的金鹰基金管理有限公司，首轮入股比例略高于10%。此前，东亚银行的竞争对手汇丰控股已于2005年在内地成立合资基金公司——汇丰晋信基金。

中投再出海 实业成新宠

9月19日，中投公司以8.5亿美元的总价格，收购新加坡来宝集团15%的股权。投资还包括与来宝集团签订的一项全球农业合作协议，这是中投公司在食品/农业领域的首项重大投资。

实业领域，成为中国主权财富基金中国投资有限责任公司今年进军的全新领域。今年以来，随着境外金融市场状况稳步改善，以及实体经济下滑速度的放缓，中投该出手时就出手。

中国西南通高铁

9月28日　四川境内5个铁路建设工程同时开工，铁道部称，5条铁路建成之后，将极大提高成都作为西部综合交通的枢纽地位。同日，成都至重庆首列“和谐号”动车组正式发车，标志西南铁路也开始进入高速时代。

9月27日，成都至蒲江铁路、巴中至达州铁路、成都至都江堰铁路彭州支线、达州至万州铁路电气化改造、成都站扩能改造工程开工动员大会在成都举行。

太阳联合北京分公司获批开业

9月29日，英国RSA保险集团宣布，其中国子公司太阳联合保险（中国）有限公司已获中国保监会批准正式启动北京分公司的运营，并任命Greg Otterson担任中国区首席执行官。目前，这项任命正有待相关监管机构的正式批复。

这是继2008年3月作为集团全资子公司的太阳联合保险（中国）有限公司在上海成立以后，RSA保险集团在中国设立的首家分公司，标志着RSA在中国主要城市建立分支机构网络的计划迈出第一步。

2009年10月

中俄合作：经贸欲与能源齐飞

10月12日，俄罗斯总理普京抵达北京对中国进行访问。普京将同温家宝总理举行中俄总理第十四次定期会晤，中俄双方此番有望落实巨额经贸和能源合作大单。

55亿美元大单涵盖广泛

俄政府副总理茹科夫近日表示，普京总理访华期间，中俄两国企业将签署价值超过55亿美元的协议。据称，中俄双方计划签署的协议总数为34份。协议包括中国国家开发银行与俄罗斯VEB银行之间的5亿美元贷款协议，以及交通、基础设施、建设和采矿等行业的其他合作项目。茹科夫表示，在双边贸易中提高卢布和人民币份额的问题将继续成为讨论的重点。他还称，俄方希望未来能够向中国出口商用飞机及核电站设备，以拉动机械出口贸易。据了解，深受油价下跌之苦的俄罗斯正在试图改变过多依赖能源出口的局面，也在优化经济结构。

北京朝阳区国际金融主聚集区建设成效显著

10月13日，主题为“金融危机视角下国际金融结构重组——加快推进首都具有国际影响力金融中心城市建设”的“北京CBD国际金融论坛”在北京电视台新址隆重举行。论坛由中国社会科学院学部委员、副院长、北京CBD国际论坛理事李扬主持。中国银监会副主席王兆星、博鳌亚洲论坛秘书长龙永图、北京市副市长丁向阳、中国证监会首任主席刘鸿儒、中国国际金融有限公司董事长李剑阁、中国人寿保险股份有限公司总裁万峰、日本金融厅副长官山崎达雄、美国财政部驻华金融特使David Dollar（杜大伟）、中国美国商会会长Mike Barbalas（柏迈高）等市区领导、金融监管部门以及国内外知名金融机构高管等320多人出席了论坛。

拟定向增发50亿 宁波银行谋异地扩张

10月13日，宁波银行发布公告拟定向增发募集资金不超过50亿元，其中新加坡华侨银行符合认购条件，且待认购成功后，华侨银行持股比例将由10%上升至15.1%。，取代宁波市财政局成为宁波银行第一大股东。分析人士称，宁波银行下一步可能会有引进境外战略投资者的打算。

第1000万辆汽车昨下线

10月20日上午，在中国第一汽车集团公司总部所在地长春，隆重举行了2009中国汽车第1000万辆下线庆典。一辆金橙色的解放牌重型卡车缓缓驶下生产线，2009年第1000万辆汽车就此诞生，标志着中国进入世界汽车生产大国行列。

纯知识产权质押贷款首现申城

10月23日　中小型科技企业融资难问题一直是制约企业成长的瓶颈，随着沪上首笔纯知识产权质押贷款落户上海市科技创业中心，未来这些企业又将新增一种融资模式。

日前，位于上海市科技创业中心内的上海东升新材料有限公司（简称“东升公司”）从中国银行上海市分行获得了300万元纯知识产权质押贷款，这笔无政府托底、无实物担保、完全市场运作的贷款，可谓是科技型中小企业与银行间信贷壁垒的一次“破冰”之举。

中国银行在收到东升公司的贷款申请后，并未立即婉拒公司的贷款申请，而是依据“注重企业第一性还款来源”的宗旨，对公司的经营情况展开调查。在上海市科技创业中心领导及专家的帮助下，中行对企业有了深入的了解。根据调查结果判断，公司属于中行中小企业的目标客户，最终决定接受公司将主要产品中的一项核心专利权作为贷款的担保，给予授信支持。

淡马锡18亿美元投向新兴市场

10月26日　新加坡国有投资基金淡马锡控股（Temasek Holdings）希望在未来几个月投资逾18亿美元，重点投向中国、印度、墨西哥和巴西等国。其中一位知情人士透露，投资团队目前正与淡马锡接洽，并向其递交了如何运用投资资金的方案。他补充称，如果出现重要投资机会，投资金额可能还会增加。知情人士称，投资活动将由淡马锡控股首席执行官何晶领导，公司并未积极物色何晶的继任者。

中国建筑前三季报净利润大增33.5%

10月28日，中国建筑公布第三季度业绩报告，报告显示，中国建筑2009年1-9月累计实现营业收入1762亿元，基本每股收益0.12元，归属上市公司股东净利润36.7亿元，较上年全年归属上市公司股东净利润增长33.5%。业内人士预计，如果第四季度继续实现前三季度的平均净利润水平，中国建筑全年净利润有望比去年同期增长70%以上，公司盈利能力稳步快速提升。

中国拟对美汽车三巨头展开反倾销反补贴调查

10月29日，有境外媒体披露，美国汽车贸易政策委员会主席斯蒂夫•柯林斯表示，中国正在计划展开一项针对美国汽车业的正式的反倾销和反补贴调查，这可能导致对克莱斯勒、福特和通用汽车出口到中国的汽车和运动型多功能车加征关税。

2008年，出口到中国的美国乘用车总额达11亿美元。分析人士预计，未来几年，中国市场对于新车的需求将呈几何级数增长。

投资动态与投资信息

（2008年10月—2009年10月）

银监会在北京等四城市启动消费金融公司试点工作

中国银监会8月13日宣布，正式发布《消费金融公司试点管理办法》，启动消费金融公司试点审批工作。银监会将对此类机构采取先试点、后逐步放开的方式，在北京、天津、上海和成都四地各批准一家机构进行试点，成功后再进行推广。

所谓消费金融，是指向各阶层消费者提供消费贷款的现代金融服务方式。拟试点设立的专业消费金融公司不吸收公众存款，在设立初期的资金来源主要为资本金，在规模扩大后可以申请发债或向银行借款。此类专业公司具有单笔授信额度小、审批速度快、无需抵押担保、服务方式灵活、贷款期限短等独特优势。

结合国际经验，《办法》对消费金融公司设定了有关监管指标，包括资本充足率不低于10%，资产损失准备充足率不低于100%，同业拆入资金比例不高于资本总额的100%等。为保护消费者权益，《办法》规定了三方面相关内容：一是贷款利率不能超出法律法规允许的范围；二是消费金融公司对借款人的个人信息负有保密义务，不得随意对外泄露；三是对逾期贷款的催收应采取合法的方式，不得采用威胁、恐吓、骚扰等不正当手段。

银监会有关负责人表示，设立消费金融公司，有利于促进国内消费需求增长，支持经济可持续发展；有利于丰富我国金融机构类型，促进金融产品创新，满足不同群体消费者不同层次的需求，提高金融业的服务水平。

中国联通将投资100多亿元启动宽带升级提速工程

中国联通8月25日宣布，将在全国范围内投资100多亿元，启动宽带升级提速工程，加紧光纤到大楼（ＦＴＴｘ）项目建设。预计到今年年底，２M以上宽带用户比例将超过80%，部分城市将达到4 M甚至更高。

“这次宽带升级提速计划已久，它是中国互联网网民数量、网络应用、区域发展的必然要求，也是推动国家信息化发展战略的应尽职责。”中国联通家庭客户部负责人表示，从实际调查结果来看，在经济发达和不发达区域、新建城区和老旧城区，人们对带宽均存在差异化需求。中国联通此次宽带升级提速工程将根据市场需求情况，提供不同速率的产品，意在打造精细化、智能化接入网络，提供高速、融合的宽带接入网，最终推进全国范围内的“光进铜退”。

中航工业将每年投资千万元推动产学研合作创新

中航工业每年将出资1000万元，实施涵盖先进战斗机设计、无人飞行器技术、航空发动机等领域的产学研合作创新工程。中国航空工业集团公司9月8日在京与西北工业大学签署战略合作框架协议，决定在科技研发、人才培养、基地建设等方面深入合作，共同建立高水平的科研基地，联合申报重大科研项目，组织联合攻关，建立成果共享及转化机制。根据协议，中航工业每年将出资1000万元，在西工大实施“中航工业产学研合作创新工程”，主要开展航空领域应用基础研究和应用研究，重点推动先进战斗机设计、无人飞行器技术、空气动力学、航空发动机、航空材料、航空制造等领域的深入合作。

根据协议，中航工业每年将为西工大骨干教师和研究人员提供挂职锻炼岗位，在集团公司所属单位为西工大建立若干本科生、研究生实习训练基地。西工大将从中航工业选聘具有丰富工程实践经验的高级研究人员、管理人员和工程技术人员，担任兼职教授、研究员、博士生和硕士生导师，并鼓励和支持优秀毕业生到中航工业的科研院所或博士后工作站深造。根据战略需求，中航工业与西工大将共同申报建设国家级海外高层次人才创新创业基地，共同申报国家“千人计划”特聘专家支持项目，采用共同聘用和共同支持的方式，在世界范围内引进顶尖科学家。

亚洲最大海水淡化项目试供水

大港新泉海水淡化项目由新加坡凯发集团投资10.59亿元建设，一期海水淡化能力为日产10万吨，项目全部建成后，将达到日产15万吨淡水能力。目前，该项目一期已有27套超滤设备和8套反渗透设备经过调试具备生产条件，此外，未来随生产规模扩大还将有13套超滤设备和4套反渗透设备投入生产。

据了解，天津石化百万吨乙烯项目建成后，工业用水将全部使用新泉产出的淡化海水。按产能计算，新泉海水淡化项目产出的淡水除供给乙烯项目和大港电厂外，未来还将提供给南港工业区。目前，在滨海新区，除大港新泉海水淡化项目外，还有北疆电厂、泰达新水源、临港海水综合利用一体化等多个海水淡化项目正在积极建设。滨海新区已经形成一批实力强、机制新的海洋科技型企业，海水淡化作为新兴产业得到了迅速发展。到2010年，天津将建成中国海水淡化关键技术的研究开发中心，具有自主知识产权的配套装备加工基地，海水淡化示范城市，届时天津海水淡化总规模将达到日产50万吨，海水淡化年生产能力达1.5亿吨以上，年海水直接

中投正加快海外能源领域布局 大宗商品频频出手

中国投资有限责任公司近期在海外能源投资领域屡有斩获，公开资料统计显示，中投在过去一个月里出手高达60亿美元。分析人士表示，目前投资海外能源领域面临较好时机，中投未来可通过大宗商品价格上升获利。

频频出手能源领域

中国投资有限责任公司9月30日宣布，已通过全资子公司——福布罗投资公司(FullbloomInvestmentCorp.)购买哈萨克斯坦石油天然气勘探开发股份有限公司(JSC KazMunaiGasExplorationProduction)约11%的全球存托凭证，交易金额约9.39亿美元。该交易于2009年7月14日启动，现已完成交易相关的所有必要注册手续。哈萨克斯坦石油天然气勘探开发股份有限公司是哈萨克斯坦一家油气公司，其股票在哈萨克斯坦证券交易所上市，全球存托凭证在伦敦证券交易所上市。

面临较好投资时机

在全球经济触底回升态势日渐明确之时，中投今年的投资相比去年更加积极。据公开资料统计显示，中投在过去一个月里出手约60亿美元，已经超过了去年全年48亿美元的总和。中投公司的全球投资组合也有所调整，更多地投向资源行业大宗商品和地产项目。

中投公司董事长楼继伟此前曾表示，中投今年的投资思路有一个明确的定位：即在通过分散投资时点和资

产类型、控制整体组合风险的基础上，加快投资进度，适当加大资源、能源等行业的直接投资力度。而国家能源局局长张国宝日前在接受媒体采访时也表示：“中投公司最近在矿产领域当中探讨进行投资，他们可能认为投资矿产资源更符合中国发展的需要，风险也更小一些。中投公司是一个独立的投资公司，投资战略和策略是由他们自己决定的。”

陕西最大的光电建筑一体化光伏电站建成并网调试

近日，随着逆变器转换软件的顺利装配，陕西拓日太阳城10MW光电建筑一体化光伏电站首期100KW机组在澄城成功试并网发电，标志着陕西最大的光电建筑一体化光伏电站建成并网调试。

陕西拓日太阳城项目是今年的“省长一号工程”，是由深圳市拓日新源科技股份有限公司投资建设的集太阳能研发制造、光电光热集成开发、循环节能综合示范为一体的高科技工程，今年五月正式开工建设。项目总投资198亿元，规划建设“六厂一站一校”。“六厂”即1200T的超白玻璃厂、1000MW的非晶硅太阳能薄膜电池厂、200MW单晶硅拉晶切片厂、200MW单晶硅太阳能电池厂、100万平方米平板式太阳能热水器厂和太阳能装备制造厂；“一站”即10MW光电建筑一体化太阳能光伏电站；“一校”即建设规模为1000人的集教学、实习、就业于一体的光伏职业培训学校。

预计到10月底，第一条80MW非晶硅薄膜电池生产线将投入运行；到12月底前，首条100T超白玻璃生产线将投入运行，同时，8栋厂房上面的光伏建筑一体化电站首期2.4MW光电机组即可正式并网发电，一条完整的光伏产业链将全面贯通。

合肥太阳能光伏电站成功并网发电

合肥太阳能光伏电站的光伏阵列，3月1日由合肥阳光电源有限公司自主建设的一座太阳能光伏电站在安徽合肥成功并网发电。该电站总装机容量500千瓦，每年可发电60多万千瓦时。

山东省财政厅出台政策加大太阳能推广力度

山东省财政厅出台政策，将省内所有高等教育、中等职业教育和基础教育学校使用太阳能纳入财政补贴范围，其中基础教育学校可获最高一半财政补贴，以在广大青少年中倡导节能意识，促进全民节能减排。

为加大太阳能集热系统推广使用力度，山东省扩大了财政补助范围，在以往支持热水用量大的公共领域（宾馆、省属高校等）应用太阳能集热系统的基础上，将省内所有高等教育、中等职业教育和基础教育学校（指幼儿园、小学、初中、高中教育）均纳入财政补贴范围。

同时，山东积极降低财政补贴门槛，提高财政补贴比例。根据规定，省内所有高校、中等职业教育学校和宾馆使用太阳能集热系统供水，且日产热水量达到２０吨的，按其太阳能集热系统投资额的３０％给予财政补贴；基础教育学校使用太阳能集热系统供水，日产热水量只要达到5吨的，按其太阳能集热系统投资额的５０％给予财政补贴。

国内最大并网光伏电站在昆明开工建设总投资91亿元

总装机容量为166兆瓦的昆明石林太阳能大型并网光伏电站实验示范项目6日在昆明开工建设，它建成后将成为国内最大的大型并网光伏电站。

昆明石林太阳能大型并网光伏电站实验示范项目位于昆明市石林彝族自治县石林镇，总投资91亿元人民币，分为科普区和实验示范区两部分，分别由云电投新能源开发有限公司和华能澜沧江水电有限公司投资建设。

太阳能光伏发电是把太阳能直接转换为电能的发电方式，也是一种清洁无噪声、无污染的能源，不使用任何燃料，也不产生任何废料，是仅次于水电的可大规模开发的可再生能源。

我国目前单套生产能力最大的化肥装置在新疆建成“西部大开发”战略重点工程、目前我国单套生产能力最大的化肥装置——塔里木大化肥项目主要装置施工近日全部完成。不久，该项目将试车投产。届时，每年可生产化肥125万吨，主要用于满足南疆农业发展需要。

塔里木大化肥项目设计年产合成氨45万吨、尿素80万吨，是目前我国单套生产能力最大的化肥装置。该项目于2007年8月在库尔勒石化工业园区破土动工。

中国节能融资项目开通互联网站

国家发展改革委、财政部与世界银行和全球环境基金（GEF）合作开发的中国节能融资项目，旨在利用世界银行转贷资金，并配套国内银行资金，为企业实施节能技术改造提供贷款支持，促进我国银行业广泛开展节能信贷业务，并通过GEF赠款等援助我国研究完善节能融资及节能管理体制机制。

日前，中国节能融资项目开通了互联网站，以发布项目动态信息以及相关咨询服务子项目采购招标公示等。网址是：http://www.cheef.org.cn。

山东规定创业投资引导基金以参股运作为主

为规范省级创业投资引导基金管理和运作，有效控制运作风险，山东省财政厅、发改委等部门近日印发《山东省省级创业投资引导基金管理暂行办法》，规定引导基金运作以参股方式为主，参股投资比例不超过创业投资企业实收资本的35%。

山东规定，引导基金运作以参股方式为主，通过向创业投资企业进行股权投资，吸引社会资本共同发起设立创业投资企业。参股投资比例不超过创业投资企业实收资本的35%，且不能成为第一大股东。参股投资期限一般不超过7年。省级引导基金和有条件的市、开发区设立的引导基金共同参股扶持同一家创业投资企业时，政府引导基金合计参股比例不得超过50%。

山东规定，引导基金可视运作情况采用融资担保、跟进投资等其他运作方式。根据信贷征信机构提供的信用报告，对历史信用记录良好的创业投资企业，引导基金可采用融资担保方式，支持其通过债权融资增强投资能力。

当创业投资企业投资创业早期企业或需政府重点扶持鼓励的高新技术等产业领域创业企业时，引导基金还可按适当股权比例向这些创业企业投资。跟进投资一般不超过创业投资企业实际投资额的50%，投资期限一般不超过5年。跟进投资形成的股权，委托共同投资的创业投资企业管理，并签订《股权托管协议》，明确双方的权利、责任、义务和股权退出的条件、时间等。

山东省级创业投资引导基金，主要用于引导和扶持社会资本按照有关规定，在省行政区域内发起设立新的创业投资企业，优先扶持符合《国家重点支持的高新技术领域》的未上市中小企业，优先扶持处于种子期、创建期的科技型中小企业和中小高新技术企业。

中国火电容量中已有六成实现烟气脱硫

从中国国家能源局获悉，截至2008年底，全国火电厂烟气脱硫机组投运容量达到3.63亿千瓦，占全国火电容量的60.4%。

改革开放以来，中国政府在优化一次能源结构的同时，致力于煤炭的高效清洁利用，提高煤炭加工转换比重，降低煤炭直接作为终端分散使用比例。

在加快清洁高效机组建设的同时，加快淘汰能耗高、污染重的小火电机组。截至2008年6月30日，“十一五”期间全国累计关停小火电机组7467台，共5407万千瓦，累计节约原煤1.6亿吨。每年可减少二氧化硫排放106万吨，减少二氧化碳排放1.24亿吨。

中国风电设备自主化率已达86%

从中国国家能源局获悉，通过大型风电场特许权招标和引进技术，国产1.5兆瓦级风电机组已批量投入运行，自主化率达到86%，降低了风电场建设和运营成本。

新中国成立初期，中国能源科技水平低下，经过60年，特别是改革开放30年的引进消化和自主创新，基本形成了适应中国能源发展的技术体系。

目前中国正在研制3兆瓦、5兆瓦级风电机组。太阳能、生物质能开发利用技术也在迅速提高。

我国境内企业在境外上市累计筹资1137.79亿美元

中国证监会的数据显示，自1993年到2009年7月底，已有154家境内企业发行境外上市外资股并到境外上市，筹资总额1137.79亿美元。

1993年6月，青岛啤酒股份有限公司成为中国内地首家在香港上市的H股。多年来，证监会大力推动境内大型企业海外上市，已经形成一定的规模，“中国概念”股在海外资本市场颇受瞩目。

在鼓励企业走出去之外，证监会还严格履行证券业对外开放承诺。除认真履行我国加入WTO时有关证券业的承诺外，证监会还主动实施了QFII（合格境外机构投资者）、外国投资者对国内上市公司战略投资管理等主动开放资本市场的措施。

截至2009年7月底，我国共批准设立9家合资证券公司、33家合资基金管理公司，还有113家境外证券经营机构、38家境外资产管理机构和8家境外证券交易所获准设立驻华代表机构。

陕北国家能源化工基地拟开发风能、太阳能资源

从陕西省气象部门获悉，在历经两年多的努力工作后，陕西省气象部门日前完成了国家能源化工基地榆林市的《风能、太阳能资源分析评估报告》，并提出榆林市风能、太阳能资源开发建议。目前榆林市委、市政府已拟将风能、太阳能开发纳入榆林国家能源化工基地建

设范畴，加快开发建设步伐。

监测分析表明，榆林市风能、太阳能资源开发利用具有得天独厚的优势条件。这里有效风出现时间多，长城沿线以北的年有效风小时数一般大于6000小时，甚至达到7500小时；风向稳定，风场质量高，破坏性风速出现几率小；土地面积广阔，地势平坦，交通方便，工程条件好；电网条件好，有利于风电向外输送；地表多为荒漠、草原或退化草场，风能开发对生态环境影响较小。榆林市年太阳辐射达5500－6000兆焦每平方米，年平均日照时数2620－2830小时，是全国太阳能资源富集区之一，且近年来呈增加趋势，开发利用潜力巨大。

我国社会主义市场经济体制初步建立

据国家发展和改革委员会介绍，我国已初步建立社会主义市场经济体制，经济发展的动力和活力充沛。

据国家发展和改革委员会主任张平日前介绍，目前，我国以公有制为主体、多种所有制经济共同发展的基本经济制度已经确立。国有经济布局和结构的战略性调整积极推进，控制力、影响力和带动力不断增强。非公有制经济快速发展，目前创造的国内生产总值已占ＧＤＰ的60％左右，吸纳的就业人数占全国城镇就业的70％以上。

在我国，市场机制的基础性作用显著增强。绝大多数商品和服务价格已由市场决定，目前在社会商品零售总额和生产资料销售总额中，市场调节价所占比重已分别达到95.6％和92.4％。

目前，我国宏观调控体系逐步健全，部门间协调机制逐步形成，计划规划、财政、金融、产业政策等方面的协同作用明显增强，调控方式实现了由直接调控向间接调控的转变，调控手段实现了由主要依靠行政手段向主要依靠经济和法律手段的转变。

中国西部首台地铁盾构机在成都下线

中国西部生产的首台地铁盾构机在成都下线。该设备不仅填补了四川重型装备产业链的空白，有力地促进了灾后重建工作，还标志着中国隧道施工装备现代化战略实施取得了最新成果。

这台地铁盾构机由成都南车隧道装备制造公司制造，直径为6.26米，总重达400多吨，全长80余米，下线后将用于成都地铁２号线18标段的掘进。

南车资阳机车有限公司总经理夏春生介绍说，隧道掘进机是一种具有世界先进水平、技术含量极高的重型工程机械，它集液压、机电控制、激光导控、计算机等各类高新技术于一体，广泛用于隧道施工和城市地铁建设，目前正以方兴未艾之势走进相关产业和领域。

夏春生介绍说“成都市地处成都平原，属于砂卵层、高富水地质结构，是国内目前建设地铁城市中地质条件最复杂、挖掘难度最大的城市。我们精心打造的土压平衡盾构机能够提供完整的技术解决方案，并能有效降低成本。”

据了解2007年，南车资阳机车有限公司在成都市龙泉驿国家经济技术开发区内组建了成都南车隧道装备制造公司，与美国罗宾斯公司建立了合作关系，成为我国西部规模最大的隧道掘进机专业化制造基地，初步形成了年产15台隧道掘进机的能力。目前，已先后获得成都、西安、郑州地铁和广东穗莞深铁路、兰渝铁路西秦岭隧道等各类隧道掘进机设备订单。

我国将按照四大原则抑制产能过剩重复建设

国家发展和改革委员会产业协调司司长陈斌15日说，为解决产能过剩和重复建设的问题，发展改革委等部门制订了《关于抑制部分行业产能过剩和重复建设引导产业健康发展的若干意见》，提出了控制增量和优化存量相结合，分类指导和有保有压相结合，培育新兴产业和提升传统产业相结合，市场引导和宏观调控相结合的四项原则。

陈斌在接受中国政府网专访，就“抑制部分行业产能过剩和重复建设 引导产业健康发展”政策现场解读时说，在经济企稳回升的关键时期，推动结构调整工作至关重要。抑制产能过剩和重复建设所涉及的行业具有很强的市场性和全球资源配置特点，“我们在制定政策时既要坚持充分发挥市场机制的原则，又要采取必要的调控措施；既要提出严格控制过剩产能的对策措施，又要提出引导产业健康发展的政策导向”。

《意见》明确提出，要按照中共中央办公厅、国务院办公厅印发关于实行党政领导干部问责制的暂行规定的通知的有关要求，对违反国家有关土地、环保法规等规定，工作严重失职或失误造成重大损失或恶劣影响的行为要进行问责，严肃处理。

发展清洁煤发电势在必行

中国电机工程学会理事长陆延昌认为，近年来中国在减少碳排放、发展洁净煤发电方面态势很好，主要采取了三方面措施。一方面，提高煤这种高碳资源的发电效率，发展高能效的超临界、超超临界燃煤发电机组，淘汰大量高耗能高污染的小机组，并且积极发展热电联产等，以提高能源的综合利用率。

另一个重要方面，是在煤的气化、多联产和燃气一蒸气联合循环发电技术方面，比如IGCC（整体煤气化联合循环技术）和CCS（二氧化碳捕获和存储技术），迈出了步伐，探索并自主研发了两段式气化炉并完成了工业化试验；实现了用化学吸收法从锅炉烟气中捕捉二氧化碳及其提纯处理后的利用，从而为减少碳的排放提供了一条可行的技术途径。第三方面措施，是通过植树造林提高绿色植物覆盖率以吸收二氧化碳。

IGCC是将固体煤的气化、净化与燃气一蒸汽联合循环发电相结合的清洁高效发电技术，具有高效发电和低排放的突出优势，被业内人士认为可能是未来煤基发电的极低排放发电系统的一种最佳方法。中国首座自主研发、设计的IGCC示范电站已于今年７月由华能集团在天津开工建设，其他发电集团也在加紧研发IGCC技术。

陆延昌认为，中国IGCC技术研究工作和工程建设的前期工作已经具备了工程化条件，但现状是还缺乏大胆的工程实践。为此，他呼吁国家主管能源的政府机构加快核准符合条件的具有代表性的IGCC项目，推进不同技术路线的示范工程的建设。

我第一艘以融资租赁方式建造的汽车滚装船首航

我国第一艘以融资租赁方式建造的、大型现代化汽车滚装船——“长兴隆”号，30日在天津港滚装码头首航。

天津市政府副秘书长陈宗胜在首航仪式上说，“长兴隆”号的首航标志着我国船舶经济在投融资方式、贸易创新、技术水平三方面取得了新突破。此外，这一项目还是现代金融服务业与物流、船舶两大产业，在天津成功对接的典范。

据工银金融租赁有限公司总裁丛林介绍，2008年12月，工银金融租赁有限公司与中外运长航集团下属深圳滚装物流公司，签署了为期12年的融资租赁协议。根据合同，由工银租赁出资新建两艘2000车位、同等设计的汽车滚装船；而后，长航物流从工银租赁租用新建船舶，每周在“天津一广州”、“天津一上海”两条航线上往返从事汽车贸易物流业务。

据了解，“长兴隆”号是我国首艘完全自主设计、制造、并投入运营的大型滚装汽车运输船，代表着我国该种船舶制造的最高技术水平。该船船长140.50米、型宽24.40米，型深22米，为单机、单桨、柴油机驱动、无限航区，航速16.7节，续航力8000海里，主机功率5508KW，载重5600吨，设有９层装车甲板，一次最多可装载中型轿车2200辆，具有航速快、抗风等级强、装车量大等特点。

香港拟在港深边境设商业走廊

港深边境禁区释放2400公顷土地的规划研究初步完成，香港特区政府规划署相关顾问建议，可在这些土地上开辟两条发展走廊，包括西部的“落马洲发展走廊”以提供购物与娱乐设施，中部的“文锦渡发展走廊”用于发展支持设施，为跨界贸易与物流活动提供支持。

为充分利用边境位置优势，特区政府规划署顾问建议，在邻近落马洲河套区和古洞北新发展区辟设落马洲发展走廊，在毗邻文锦渡口岸以南大约40公顷的土地上辟设文锦渡发展走廊。

落马洲发展走廊非常接近落马洲边境口岸与落马洲支线边境口岸，来往港深两地的旅客可以方便前往，因此可设立地区性的商业、购物及娱乐设施。

文锦渡发展走廊邻近文锦渡边境口岸与罗湖边境口岸。顾问建议，此处可设立批发中心、仓库以及展览场地，也可设立商业及零售服务设施，吸引附近及罗湖区居民使用。

甘肃推广种植千万亩旱作技术作物力争明年增粮10亿公斤

甘肃省10月30日作出部署，2010年将推广以全膜双垄沟播为主的旱作农业综合新技术1000万亩，以提高旱作农业区粮食综合生产能力，促进农民增收，农业增效。甘肃要求各地要利用今年秋季降水较多的实际，从10月中旬到土壤封冻前，做好秋季覆膜工作，使秋季覆膜面积达到500万亩。

2009年甘肃由于推广全膜双垄沟播技术758万亩，在大旱之年增产粮食75万吨，使甘肃粮食总产量首次突破了900万吨大关。为此，甘肃省决定，2010年将加大这项技术的推广力度，在全省10个市州的５１县区推广1000万亩，力争2010年增产粮食10亿公斤。

据了解，甘肃省将筹措专项资金，通过以物代补的形式，对农民种植全膜双垄沟播玉米、马铃薯所需的部分地膜和覆膜起垄机械进行直接补贴，对推广面积在50

万亩以下的县区按每亩1.5公斤地膜给予补贴，对推广面积在50万亩以上的县区，将对超过50万亩的面积，每亩再增加1公斤地膜补贴。

据悉，作为旱作农业区，2010年甘肃将把全膜双垄沟播栽培技术作为主推核心技术，同时组装配套推广优良品种、测土配方施肥、病虫害综合防治、深松耕少免耕等保护性耕作、一膜两年利用、秸秆综合利用等技术，形成综合抗旱技术体系。

我国将实施一百个产业集群示范工程

工业和信息化部总工程师、新闻发言人朱宏任3日透露，为更好地推动产业集群的发展，我国将在最近实施一百个产业集群示范工程。

近年来产业集群已经逐渐成为我国中小企业发展的重要载体和促进中小企业发展的重要途径，对于提高专业化分工与协作配套，促进生产要素的有效集聚和优化配置，降低创新和创业成本以及节约社会资源等方面具有重要作用。

“产业集群在应对国际金融危机中显示了较强的抵御风险能力，是工业化和信息化发展到一定阶段的必然趋势。为了更好地推动产业集群的发展，工业和信息化部做了大量工作，下发了相关文件。提出要在最近实施一百个产业集群的示范工程，着重抓好重点产业集群的示范。”朱宏任说。

据朱宏任介绍，工业和信息化部将切实贯彻好中央的有关政策，进一步引导中小企业集聚发展，突出抓好产业集群发展的战略规划，引导产业集群规范、有序地发展。按照布局合理、特色鲜明、用地节约、生态环保的原则，支持培育一批重点示范产业集群，发挥其带头和示范作用。加强产业集群的环境建设，完善服务功能，特别是完善产业集群集中排污、产品展示和公共研发、质量检测等基础性的建设，完善集群的融资、管理、营销、培训、信息等服务。壮大龙头骨干企业，延长产业链，提升专业化的协作和配套水平，改善产业集聚的条件。特别是加强东部与中西部地区中小企业的合作，积极支持并推动产业有序转移。

科瑞集团投资澳银河资源公司成为其第一大股东

科瑞集团与澳大利亚银河资源公司3日正式签署投资协议，科瑞将以1.6亿澳元（折合人民币9亿元）投资银河资源公司碳酸锂项目，并以19.9%的股权成为其第一大股东。

据科瑞集团介绍，该碳酸锂项目矿山位于西澳大利亚，是当今世界上第二大锂辉石矿。现已探明储量1500万吨结晶花岗岩矿石，氧化锂品位为1.1%，矿权开采年限为十五年。建成投产后，澳洲矿场将负责开采和初步加工结晶花岗岩，然后将锂辉石通过海上运输到中国江苏的张家港，加工成电池级碳酸锂。

锂是重要的战略资源，同时也是低碳经济中重要的清洁能源。随着航空航天工业、电动力汽车、可携式消费品市场的快速增长，预计未来十年，锂的市场需求将以每年15%以上的增速发展。完成本次投资项目后，科瑞集团将成为世界第四大、中国第一大碳酸锂生产商。

科瑞集团是一家投资领域涉及制造业、矿业、金融业和房地产业的企业集团。根据科瑞制定的“走出去”的发展战略，投资海外矿业将成为科瑞的重要发展方向。在投资银河资源公司之前，科瑞还曾投资并控股了澳大利亚ZZL矿业公司。

昆明（国际）矿业交易中心成立

9月3日昆明（国际）矿业交易中心挂牌成立，昆明（国际）矿业交易中心主要以矿业权交易和矿产品交易为基础功能，同时具备引导和带动矿业其他要素市场发展的延伸功能。随着矿业经济的不断发展及矿产资源勘查开发步伐的进一步加快，探矿权、采矿权的出让和转让日趋频繁，建立统一、透明、高效的具有国际水平和一定辐射功能的大型矿业专业综合交易中心，是市场的召唤。

云南省国土资源厅厅长张耀武表示，“搭建矿业领域国际合作平台，构建矿业经济新秩序，活跃矿业市场，这一国际矿业交易平台的搭建和发展，将对推动矿业全球化，矿业领域的信息交流和双边多边合作产生重要影响。”

中国工程机械龙头企业在沪建华东总部及生产基地

中国工程机械龙头企业——三一集团与上海市奉贤区政府8月18日联合宣布，三一集团将在上海临港产业区奉贤园区投资建立华东总部、产品研发及结算中心，并形成产品生产基地和国际贸易基地。

三一集团相关负责人说，三一集团在上海临港的项目计划在2012年销售突破100亿元，投产5年后年销售突破300亿元。

开发建设临港产业区是上海的一大重要战略决策，首期开发装备产业区36平方公里、物流园区21平方公里；今年开始建设临港产业区奉贤园区17平方公里。目前，临港产业区已经基本形成了装备产业基地和国际物流业发展的结构框架。今年上海确定了9个推进高新技术产业化的重点领域，临港产业区涉及其中先进重大装备、海洋工程装备等5个领域。

中国航天科技集团与中国电信在多领域展开战略合作

8月18日中国航天科技集团与中国电信签订战略合作框架协议，双方将在航天技术应用和信息服务等多领域展开战略合作。

根据协议内容，未来五年内，双方将本着“发挥优势、相互促进、长期合作、互利共赢”的原则，在信息服务、卫星资源、电子地图和导航等领域展开广泛深入合作，促进双方相关业务的健康、可持续发展。中国电信将为航天科技提供高质量的综合信息一揽子服务，航天科技也将优先为中国电信提供卫星空间段资源和卫星通信服务，支持中国电信建设高覆盖率的3G网络。在卫星通信领域，双方将合作研发可供商业运营的、具有自主知识产权的卫星移动通信系统。在电子地图、移动定位、导航服务、号码百事通服务等领域，双方将开展深入合作，共同研发并推出基于位置服务的差异化移动信息服务产品。

中石化和日本公司合资成立化工公司

8月28日中国石油化工股份有限公司宣布，与三菱化学株式会社和三菱工程塑料株式会社共同成立合资公司并举行揭牌仪式。

中石化三菱化学聚碳酸酯（北京）有限公司已于5月21日注册设立。项目资本金约为7.2亿元人民币，投资总额约22亿元人民币。中石化出资50%，剩余的50%由三菱化学株式会社和三菱工程塑料株式会社共同出资。

据介绍，中石化三菱化学聚碳酸酯（北京）有限公司的生产装置建于北京市房山区的中石化北京燕山分公司的厂区内，由中石化北京燕山分公司供应生产双酚A的主要原料苯酚、丙酮和公用工程，由三菱化学株式会社供应生产聚碳酸酯的主要原料碳酸二苯酯。中石化三菱化学聚碳酸酯（北京）有限公司计划在2010年完成生产装置的建设，以尽早满足今后中国市场旺盛的需求。

聚碳酸酯是一种透明性、抗冲击性、尺寸稳定性非常好的塑料，广泛用于汽车零部件及电器和电子零部件、建材、光盘、日用品等领域。双酚A是聚碳酸酯以及环氧树脂的主要原料。

中石化是亚洲最大的炼油化工一体化公司。中石化有关负责人表示，未来将继续优化化工业务板块的产品结构，进一步向高附加值产品领域拓展，双酚A和聚碳酸酯是中石化化工业务板块向高附加值产品领域发展的方向之一。

山东焦化行业首次面向全球集中采购煤炭

山东省焦化行业协会首次面向国内外集中采购500万吨煤炭。据招标方介绍，除中国铁矿石进口外，这还是我国首次以协会名义集中进行全球性煤炭采购，其主要目的是为促进国内外煤炭市场的价格平衡。

山东焦化行业协会全权委托中国远东国际招标公司来负责招标事宜。据介绍，此次招标的煤炭包括气煤、肥煤、贫瘦煤、主焦煤等8个品种，主要合同期从今年8月份到明年3月份，最后投标时间截止到8月9日。

据山东省焦化行业协会介绍，这次参与投标的除国内煤炭企业外，还包括10多家海外矿商和贸易公司，如瑞士嘉能可资源有限公司、泛亚矿产有限公司、瑞士资源冶金有限公司（IMR）等。

山东省焦化行业协会会长王清涛说，山东省现有规模以上焦化企业55家，年产能4500万吨，位居第三位，列山西、河北之后。这次国内外统一采购煤炭，主要是为协会内的焦化企业提供一个统一的国内外煤炭交易价格平台。

淄博焦化煤气公司经理冯天甲说，目前国外炼焦煤价较国内平均每吨低160元左右，面向全球采购主要是出于焦化企业自身降低成本的要求。但这种采购行为，也将会对平衡国内外煤炭价格起到一定作用。

华为成为摩洛哥主要移动通信商新网络独家供应商

中国华为技术有限公司日前宣布，该公司独家中标摩洛哥运营商WANA的移动网络项目，为其提供2G/3G全网解决方案与设备。

根据协议，华为将利用在通信领域的专业技术和经验，协助WANA在2010年1月前部署覆盖摩洛哥全国的高质量网络。一方面，客户化的通信解决方案使摩洛哥居民更便捷地接入信息社会，促进通信普及；另一方面，华为协助WANA继续培养通信人才，提高当地通信技术水平。

据介绍，华为第四代基站采用多种领先技术，使得各无线制式在基站实现统一平台，使运营商部署无线网络更加轻松简单。目前，华为第四代基站全球出货量累计已超过150万载频，服务全球100多个国家和地区的运营商，其中包括沃达丰、西班牙电信、T－Mobile、SingTel中国移动、中国电信、中国联通等世界顶级移动通信运营商。

湖北最大的风电场开工建设

湖北省最大的风电场一期工程，7月29日在恩施土家族苗族自治州利川市的齐岳山之巅开工。

齐岳山风电场被列为全国十大风场之一，经测试风能理论蕴藏量达80万千瓦，可开发量50万千瓦，项目首期总投资54607万元，建成后将形成4.93万千瓦的发电能力。

据介绍，2002年联合国开发计划署与国家发改委合作，对中国可再生资源进行调查评价。齐岳山被列入全国十大风场之一，齐岳山风电项目被纳入联合国开发计划署UNDP援助项目。2002年11月开始对齐岳山历时2年测风数据显示：该风电场年平均风速为5.6m/s，年最大风速25.2m/s，年平均风速最高达9.1m/s，月平均风速在6.0—10.5m/s之间；年平均风功率密度为每平方米203.2w，风功率密度等级接近3级。风场风向稳定、破坏性风速小，风能资源较好，具备一定的开发价值，适宜开发建设风电场。

2008年，湖北省把利川风电项目列入对少数民族地区发展支持的重点工程，是推动齐岳山风电项目的一个重要因素。目前，风电设备国产化率已达７０％以上，大大降低了投资成本和投资风险。

利川市市长李义说，利川市属经济极不发达地区，风电产业不但可以拉动当地少数民族地区的旅游业发展和产业结构调整，而且对改善地区生态环境，减少森林砍伐，维护生态平衡也具有十分重要的作用。

广州投资一千亿元建设“新能源城市”

广州市在全国率先发布新能源和可再生能源发展规划——《广州市新能源和可再生能源发展规划》（2008－2020），预计在2020年，广州将把新能源在能源结构中的比例从目前的1%提高至15%，新能源产业总产值预计可达4000亿元。广州市也将建设成为“新能源城市”。

广州市经贸委副主任叶佑新介绍，改革开放以来，广州经济持续快速发展，能源消费也迅速增长，2008年达到了5193.27万吨标准煤。能源消费已经成为制约广州发展的重要因素之一。目前广州市的能源结构大部分是传统化石能源，新能源在能源结构中的比例仅占１％。

而《规划》出台，将太阳能、热泵、水电与风电、生物质能、交通可替代能源、绿色建筑、新能源装备制造业、对外投资新能源发电等列为广州市新能源发展的重点领域。

“为实现2020年新能源比例达到１５％的战略目标，估算需要投入资金1000亿元”，叶佑新说，近期内，广州市将以绿色亚运城工程、绿色建筑建设工程、新能源汽车产业链工程、农村新能源工程、固体废弃物综合利用工程、绿色电力工程、新能源公交工程、新能源装备产业培育工程、新能源科技创新工程、循环经济示范城市创建工程等“十大工程”作为抓手，加快广州“新能源城市”的建设步伐。

新能源的开发利用将带来显著的环境效益。达到2020年发展目标时，广州将实现减少产生二氧化硫18万吨，减少产生二氧化碳2000万吨的目标，其中广州市新能源利用直接减少产生二氧化硫３万吨，减少产生二氧化碳800万吨。

到2020年，在新能源开发利用、设备制造、技术研发和相关配套及服务等方面将为社会提供约50万个就业岗位；利用可再生能源将可改善约10万户农村居民的生活用能条件。

河北保定打造“环京津卫星城市链”

河北省保定市以北部十个重点县（市）和白沟•白洋淀温泉城为重点，努力打造“环京津卫星城市链”，不断搭建与京津的对接平台并形成合作机制。

据介绍，“环京津卫星城市链”包括邻近京津的涞源、易县、涞水、涿州、高碑店、定兴、容城、安新、雄县、高阳等10个县（市）和白沟•白洋淀温泉城。作为全市率先打造的“环京津卫星城市链”和对接京津的桥头堡，这些县（市）率先探索政府层面的对接，构建长期合作框架。目前，雄县、白沟•白洋淀温泉城与北京石景山区，安新县与北京石景山区，涿州市与北京房山区，雄县与天津西青区，清苑与天津南开区已经签订了战略合作协议。

按照涿州市与房山区的协议，双方确定了加快区域交通设施建设、水资源和生态环境保护、旅游合作、扩大干部交流与教育合作、健全劳务市场合作等9个方面29项对接合作内容。目前，涿州住房公积金管理中心已面向京津发展异地贷款业务，只要满足贷款条件，京津人员在涿州购房可享受优惠贷款政策，目前已累计发放异地职工公积金贷款1300万元。涞水县立足特色资源，打好项目、旅游、服务三张牌，努力打造京郊生态卫星城。易县则把和京津的旅游对接作为突破点，专门成立了文化旅游对接组，已分别在北京、天津举办了旅游推介和新闻发布会，获得了巨大的经济和社会效益。

中邮储银行200亿元贷款助力黑龙江现代农业建设

中国商品粮主产区黑龙江省6月16日下午在哈尔滨与中国邮政储蓄银行签署框架协议，根据协议，中邮储银行将在2009年至2011年为黑龙江省提供意向性信贷额度200亿元，用于松嫩和三江两大平原农业综合开发试验区及千亿斤粮食产能等现代农业工程建设。

根据协议，中国邮政储蓄银行将向符合国家农业产业政策和黑龙江省内基础设施建设的项目提供信贷、结算、银行卡、理财和保险等金融产品服务，2009年至2011年间，为黑龙江省提供意向性大项目信贷支持额度200亿元，其中2009年不低于50亿元。重点支持黑龙江松嫩和三江两大平原农业综合开发试验区及千亿斤粮食产能工程建设，以及农垦系统及农业产业化龙头企业建设，大中型水利骨干工程、“五千万头生猪”和“千万吨奶”工程以及粮食、畜产品和绿色特色食品加工、农村劳务产业开发“龙哥龙妹”创业工程等领域，积极推动黑龙江农业规模化生产、产业化经营，加快农业现代化进程，促进循环经济发展。

据了解，中邮储银行还将依托全国最大的个人金融服务网络，加大对黑龙江省农户、中微小企业主、返乡创业农民等提供可循环贷款、快速贷款等融资服务，加大对农户贷款投放力度，积极支持农民专业合作组织建设贷款，支持县域经济发展。此外，他们还将加大对农垦系统信贷支持力度，面向农垦家庭提供“农场职工小额贷款”等新产品，促进现代农业发展。

中国航空工业集团公司

AVIATION INDUSTRY CORPORATION OF CHINA

财富 FORTUNE 世界500强 全球最大的五百家公司排名 FORTUNE THE GLOBAL 500 COMPANIES

世界500强公司名单(2009年度401-450名)

http://www.enorth.com.cn 2009-07-17 16:26

世界500强：《财富》全球最大五百家公司排名

排名	公司标志	中文常用名称	总部所在地	主要业务	营业收入百万美元
426	中国航空工业集团公司 AVIATION INDUSTRY CORPORATION OF CHINA	中国航空工业集团	中国	航天国防	21,738
427	Northwestern Mutual	西北相互	美国	保险	21,734

中国航空工业集团公司（简称“中航工业”）是由中央管理的国有特大型企业，是国家授权投资的机构，由原中国航空工业第一、第二集团公司重组整合而成立。集团公司设有防务、运输机、发动机、直升机、机载设备与系统、通用飞机、航空研究、飞行试验、贸易物流、资产管理、工程规划建设、汽车等产业板块，下辖近200家成员单位、有20多家上市公司，员工约40万人。集团公司秉承“航空报国、强军富民”的宗旨，践行“敬业诚信、创新超越”的理念，提出了“两融、三新、五化、万亿”的发展战略。

在新中国成立60周年阅兵庆典上，由中航工业研制生产的151架飞机分编为12个梯队米秒不差地飞越天安门广场，接受祖国和人民的检阅，全面展示了中国航空工业的整体实力；上海世博会，中国航空馆成为世博历史上首个航空馆，向全世界友人展示了中国航空百年的发展历程；作为中国科技发展的领军者之一，2009年中航工业凭借强大实力首次申报并成功入选世界500强榜单；同时，在汶川、玉树地震抢险中，中航工业更是发挥自身优势紧急驰援灾区，彰显了企业强烈的社会责任感……

强大的航空工业是世界级大国当然的名片，中航工业将继续坚持国际化开拓，以开放的姿态积极融入世界，谋求更好更快的发展，最终实现经济规模挑战一万亿的目标。

史启贵和美国百利公司董事长区建平合影

史董事长与美国FDA官员亲切握手

一、基本情况

宜昌三峡药业集团是集医药生产经营、房地产开发、金融担保和国际贸易为一体的综合性民营企业集团。是湖北省重点支持、宜昌市政府重点跟踪的省级骨干制药企业。具有较强的自主经营、集约发展和资本运营能力。为国家外经贸委批准的外贸自营企业。

宜昌三峡药业集团现已形成主业清晰稳定、综合结构合理、良性协调发展的经营布局，集团下属控股子公司有宜昌三峡制药有限公司、湖北制药有限公司、宜昌建诚生物科技有限公司、湖北建诚房地产开发有限公司、宜昌九鼎担保有限公司、宜昌兰圣经贸有限公司、宜昌鲲鹏物业管理公司等。近年以来，坚持自身努力，集团已经拥有相当的现实经营积累，并为今后的进一步发展扩张打下一定基础。目前拥有宜昌西坝主厂区、紫阳生产区、宜昌三峡医药科技产业园和襄樊岘山、人民路共五个生产区，公司占地7.2万平方米。拥有固定资产4.6亿元。

企业以医药产业为主导发展方向，是专业从事医药原料、医药制剂生产、经营、研发的大型企业。

公司十分注重技术创新和新产品开发，是全国最早进行发酵法生产氨基酸原料研究及生产的企业之一，在氨基酸衍生物研究方面有独特优势，目前拥有一整套长期沉淀积累、不断完善进步的完备技术体系。公司是国家GMP和美国FDA认证企业，2006年被湖北省科技厅授予“高新技术企业”称号；现拥有高素质的医药从业人员1200余人。各类专业技术人员占员工总数的40%，其中执业药师30余人。

公司的生产规模、生产技术、产品质量及管理水平均在全国制药行业同类产品中处于领先地位。目前主要在抗生素原料药行业中的硫酸新霉素产品细分领域，拥有绝对的市场影响效应和定价主导优势，现已成为世界上最大的硫酸新霉素生产基地，同时也是国内最早开发生产L–异亮氨酸、L–缬氨酸和复合氨基酸输液、针剂的企业。

公司已经形成品类丰富、剂型齐全、核心产品品质可靠、市场稳定，其他储备品种技术扎实、市场无限的完备产品体系。现有产品的品种品规达120多个，拥有200多种国家药品生产许可证批文。公司产品涵盖抗生素类、氨基酸类、孕激素类、精神类、心血管类、解热镇痛类、驱虫类和食品添加剂共八大类。具有现代化、标准化、规模化的制剂生产车间，可生产发酵或合成原料及针、片、散、胶囊、软膏、大容量输液等各种剂型的制剂产品。

二、企业发展沿革

三峡制药公司是公司核心企业，其前身宜昌三峡药业有限责任公司是具有五十多年历史的老牌国有企业，2003年，宜昌

三峡制药公司大门

市政府对其进行改制。湖北建诚房地产开发公司经营班子一行队伍，审时度势、抓住机遇，以事业的新追求和大胆的魄力，中标将其完整收购，三峡药业有限责任公司就此改制为民营企业。其后老的国有企业依靠新的机制，激发起新的发展活力空间，公司将药业确立为发展主业，投入资金进行了大规模技术改造，仅仅几年就实现了跨跃式发展。2005年底，公司着眼长足发展的战略思维，一举收购了湖北省最大医药企业，原湖北制药厂，集团从而成为湖北省名符其实的重点骨干医药企业，为公司“十一.五”发展规划打下了坚实的药政、批文和生产等基础。三年来，集团医药产业年销售收入即由改制前的9000多万元增长到3亿元。

三、近三年主要经营指标及2007年计划目标

2004年实现销售收入1.35亿元；

2005年实现销售收入1.84亿元；

2006年实现销售收入1.93亿元；

改制以来前三年平均增长20%以上；

2007年计划实现销售收入3.16亿元。

经过大规模技术改造、经营扩张，预计今年增长不低于60%，发展势头更为猛劲。

四、以企业整体搬迁为契机，全面升级公司生产经营实力

根据国家环保政策要求及宜昌市城市发展规划，公司制定了企业整体搬迁的发展规划。目前，该规划项目得到国家、省、市三级环保部门和发改委的大力支持，已纳入了《三峡库区及其上游水污染防治补充规划》的治理范围并正式批准立项。

目前，搬迁项目已分三部分展开，

一是在宜昌经济技术开发区新征土地190亩，将西坝厂区生产的系列复合氨基酸输液和各种小容量注射剂、合成产品、高新、高附加值及无污染等产品搬迁到宜昌市经济技术开发区的三峡医

药科技产业园。和美国凯华公司合资合作，引进生产填补国内空白的前沿抗生素产品（目前已确定达妥霉素和霉酚酸酯两个高技术含量、高附加值的产品）。该产业园现已完成投资6000多万元。

二是将硫酸新霉素集中在紫阳分厂区，运用新工艺、新技术，建成世界最大的、符合清洁生产要求的硫酸新霉素生产基地。

三是将氨基酸原料产品搬迁至湖北制药，将湖药建成氨基酸原料药生产基地，该项目将运用膜过滤技术和自动化控制设备，有效的完成氨基酸生产设备的升级及清洁生产工艺改造。项目建成后将改变现有工艺末端治理的现状。

公司将利用此次搬迁机会，不仅从源头解决污染问题，达到减污增效、节能降耗、达标排放、符合清洁生产的目的，更要全面升级生产设备硬件，降低生产成本，提高技经指标。以充分利用这次机会，重新进行设备选型、产品定位，将生产发展计划纳入循环经济体系，实现公司产业发展壮大的历史跨越。

三峡医药科技产业园鸟瞰图

云内动力工业项目装配线安装调试中

柔性机加工生产线

提升装备水平 拓展市场空间

——昆明云内动力股份有限公司十年投资见成效

一、单位概况及投资回顾

昆明云内动力股份有限公司是由原云南内燃机厂在1999年进行改造成立的股份制上市公司，中国汽车工业零部件发动机行业龙头企业，国家第二批及云南省首批创新型试点企业，高新技术企业。自1993年以来，云内动力柴油机产品产销量一直位居车用柴油机行业前列，稳居多缸小缸径柴油机行业第一的位置，成为国内多缸小缸径柴油机研发、制造、销售最大的企业。2001年及2004年，公司通过两次收购分别组建了成都云内动力有限公司和云内动力达州汽车有限公司。目前，云内动力总资产已近40亿元，企业发展步伐更加成熟和稳健。在提倡绿色环保、建设节约型社会的大环境下，云内动力与国际知名发动机技术公司合作，采用电控、高压共轨等国际最新柴油机先进技术，成功开发了我国第一台拥有自主知识产权、具有当今世界领先水平的环保、节能型先进D16TCI、D19TCI乘用车柴油机。在中国内燃机百年成就展上，D19TCI乘用车柴油机成为四台展机中唯一代表国内先进水平的柴油机，当之无愧地摘取了民族品牌柴油发动机的桂冠，获得了中国内燃机工业百年成就奖。2009年2月，云内动力作为云南省唯一入选企业，获得了“全国机械工业先进集体”的荣誉称号，成为99个先进集体中的光荣一员。

自上市以来，公司共投资实施了8个技术改造项目，包括产业化及研发能力建设内容，批准总投资为24亿元，目前已累计完成投资约16亿元。

8个技术改造项目分别是：“100系列柴油机技术改造”、“铸造引进技术改造”、“环境保护、职业安全卫生、消防、公用工程技术改造”、“计算机集成制造系统（CIMS）应用工程”、“技术中心技术改造”、“市场营销体系建设”、“柔性机加工生产线建设”和“云内动力工业项目”。

二、在建项目进展情况

目前云内动力的在建项目为“云内动力工业项目”。本项目为云南省20个重点工业项目之一，批准总投资17.9亿元。本项目选址昆明经济技术开发区羊甫片区，占地920亩，通过引进卧式加工中心、珩磨机等机加工关键设备形成柔性机加工生产线，引进试车用冷试验装置及发动机热试台架、购置机体及缸盖部装线等装配试验用关键设备形成装配试车生产线和试验生产线，进行研发中心建设等，形成年产20万台以轿车柴油机为主的新产品生产能力，全面提升云内动力的生产和技术水平，提高企业的综合经济效益。

2008年3月，承担轿车柴油机生产的第二联合厂房主体工程动工，经过一年多的建设，目前D16TCI/D19TCI缸盖、主轴承盖机加工生产线、装配生产线及4个试验台架已调试投产，下机体机加工生产线、11个试验台架以及后装、包装生产线正在调试并进入尾声，机加工、装配、试车生产线2009年年底总体可以投入批量生产。

110KVA降压站、消防水泵房、垃圾回收站等工程已验收；食堂工程已经验收并投入使用；冲压车间工程已验收，生产线设备已安装、调试投入生产；模具库、油库、中压煤气干管工程已完成，污水处理站、道路管网工

进口德国KW铸造生产线

程、围墙、挡土墙工程等陆续进行建设；第一发动机联合厂房、成品库、浴室工程以总承包方式进行，目前正在施工中；第一发动机联合厂房、铸造车间的主要设备已经订购完毕，进入设计、制造阶段；铸造车间厂房、技测大楼、倒班楼等工程建设正在准备中；园区绿化工程将于近日开工；物流配送中心、研发中心等建设方案已基本确定。目前，项目已累计完成投资约10亿元。

三、项目建设产生的经济、社会效益

通过“100系列柴油机技术改造”、“铸造引进技术改造”、“环境保护、职业安全卫生、消防、公用工程技术改造”和“市场营销体系建设”5个项目的实施，新建厂房$22053mm^2$，包括铸工车间、机修车间、产品试验室等。引进了国际先进水平的自动造型铸造生产线及制芯、熔炼等铸造设备，柴油机缸体缸盖等高强度薄壁铸件、铸造的生产、工艺、技术装备达到国内先进水平，完成了机加工、装配、试车等生产线技术装备改造，包括引进德国蔡司公司三坐标测量机等，形成了年产100、102系列四缸柴油机20万台的生产能力，同时形成一个以昆明总部为中心，2个办事处、31个中心、695个特约服务站、6个经销商为基础的覆盖全国主要城市和用户集中地区的全国性销售服务网络及2个驻海外办事机构，提高了市场占有率，扩大了市场覆盖范围，扩大了产品出口量，提高了企业的经济效益和管理水平。

通过实施“计算机集成制造系统（CIMS）应用工程”和“技术中心技术改造”项目，引进国外开发性发动机测试试验台、燃烧分析仪、排放微粒检测仪和ATOS逆向建模系统等先进试验分析检测仪器，购买国内先进的快速成型设备、柴油机耐久试验台、计算机软硬件及其它新产品试验设备，与浙江大学、昆明理工大学合作建设高原环境下网络化柴油机自动测试系统；改造产品试制车间，购置新设备，开发并完善CAPP计算机辅助工艺规划子系统实现CAD/CAE/CAPP系统集成，构建了同行业领先的柴油机试验研究开发中心。

机体、缸盖两条柔性生产线引进了CNC数字控制、高速模块化设计的加工中心和夹具，以及与之配套的三坐标测量机、刀具刃磨床、对刀仪和国际上实力较强公司生产的刀具、检具等产品，配备国内生产的粗加工铣削自动线、清洗机等设备，物流系统采用自动识别工件被加工状态的机动滚道及采用国外先进技术的气动平衡搬运机械手，形成了可满足加工多缸小缸径车用柴油机不同系列、不同型号和规格的发动机缸体、缸盖的机械加工系统，有较大的灵活性和调整性，既可用于新产品的开发、试制，又可批量生产，工艺技术属国内先进水平。

云内动力公开增发7850万股股票募集资金进行轿车柴油机产业化建设，“云内动力工业项目”得到积极推进，建设形成了年产20万台轿车柴油机生产能力。D16TCI、D19TCI电控、高压共轨柴油机与轿车、SUV、MPV等车型进行了搭载和整车标定并陆续批量上市，成功进入乘用车市场，为企业拓展了新的发展空间。

四、投资规划、政策建议

1、着眼于长远发展，加大企业建设自主创新能力尤其是研发平台建设的投入力度，支持重点骨干企业（集团）技术中心和有关科研院所的建设，并进行资金扶持。

2、由于行业技术进步和国际市场对中国内燃机产品的质量性能要求，行业将面临新一轮的制造装备更新换代，建议特别出台内燃机行业进口关键制造设备补贴和免税政策。

3、扩大节能减排项目范围，增强对节能减排技术研究、技术改造项目的支持力度。

4、取消政策限制，制定鼓励措施，推进乘用车柴油化进程。

昆明云内动力工业园鸟瞰图

将新能源打造成我省经济发展的新亮点

5月29日陕西发改委举行机关回迁揭牌仪式

加快太阳能、风能、生物质能、核能等新能源和可再生能源发展，是世界能源发展的一大趋势，也是我国能源结构调整的战略重点。陕西作为我国的能源大省，不仅要继续在传统能源开发利用方面走在全国前列，而且要在新能源和可再生能源发展方面把握先机，科学规划，有序推进，率先突破，将新能源打造成经济发展的新亮点。

一、充分认识加快新能源产业发展的重要性

（一）加快新能源产业发展是贯彻落实科学发展观，增强我省经济可持续发展能力的迫切要求。党的十七大指出，要大力“发展清洁能源和可再生能源”，使“可再生能源比重显著上升”。新能源具有资源分布广、利用潜力大、环境污染小、可永续利用等特点。随着世界经济的发展，以气候变化为代表的全球性环境问题成为各国必须面对的重大挑战。我国和我省经过改革开放三十年的发展，能源环境问题也日益突显出来。大力发展新能源对于促进经济发展方式转变、增强可持续发展能力具有十分重大的意义，是推动我省经济进一步转向科学发展轨道的迫切需要。

（二）加快新能源产业发展是优化能源结构，建设能源强省的战略选择。我省煤、油、气等传统能源资源丰富，开发利用已取得明显成效，能源化工产业成为全省经济发展的重要支柱，初步建成我国重要的能源生产供应大省。与传统化石能源相比，我省新能源开发相对滞后，潜力没有充分发挥出来，对能源结构调整优化和能源强省建设也有一定影响。进一步加快新能源产业发展，实现与传统能源产业协调并进，可以有效增加能源供应，优化能源结构，促进节能减排，推动我省由能源大省向能源强省转变。

（三）加快新能源发展是培育新兴产业，促进经济平稳较快发展的现实需要。新兴产业是新技术革命和现代市场经济发展的产物。加快包括新能源在内的新兴产业发展，有利于促进产业结构优化升级、培育新的经济增长点，是构建新一轮经济竞争优势的重要途径。去年爆发的金融危机在对世界经济形成巨大冲击的同时，也蕴育着技术革命的契机。我省在新能源技术研发、装备制造等方面具有明显优势，完全具备加快发展的基础和条件。要将新能源作为加快新兴产业发展的重要突破口和抓手，紧紧抓住后危机时代的历史机遇，着力加快推进，尽早做大做强，促进我省经济平稳较快发展。

二、进一步加强对新能源产业发展的规划引导

科学规划是科学发展的重要前提。新能源产业是新兴产业，必须加强规划，正确引导，有序推进，防止一哄而上，无序发展。为此，省政府今年印发了《关于进一步加快新能源发展的若干意见》和《陕西省新能源发展规划》等指导性文件，进一步明确了今后一个时期我省新能源产业发展的思路、目标和重点。

根据我省资源条件和发展潜力，今后一个时期新能源产业发展的总体思路是：以科学发展观为统领，以建设国家新能源应用示范基地为目标，以市场为导向，以资源开发和装备制造为重点，以科技创新为支撑，以重点区或和大型能源企业为依托，加强规划引导，强化政策扶持，优化发展环境，着力培育太阳能光伏、风电两大产业链，加快开发陕北太阳能发电和风电、关中太阳能光伏和新能源装备制造、陕南水电三大产业基地，努力将新能源打造成我省的战略产业，促进能源和经济社会持续协调快速发展。

立足新能源资源条件和现有产业基础，充分考虑国际国内各种有利因素和我省经济发展需要，确定新能源产业发展的目标是：到2012年，建成一批太阳能光伏并网电站和风电，新能源发电装机规模达到500万千瓦；太阳能光伏和热利用、风电、核电装备制造产业进一步发展壮大，形成一批在国际国内市场具有较强竞争力的名牌产品；初步建立起以企业为主体、产学研紧密结合的新能源技术研发创新体系，自主创新能力和引进消化吸收再创新能力明显增强；新能源产业发展对节能减排、保护环境等方面的作用更加突显。围绕上述思路和目标，要重点抓好以下两个方面的工作：

一是加快新能源产业发展。太阳能发电和热利用，坚持利用途径多元化和上下游产业发展一体化，以国家实施金太阳工程为契机，实施100兆瓦太阳能并网光伏电站示范项目，加快城市屋顶发电系统建设和太阳能热利用。风电，抓住国家建设“陆上风电三峡”的机遇，以陕北为重点，启动百万千瓦级风电基地建设，加快一批风电场项目实施。水电，按照大中小并举的原则，以汉江梯级流域和黄河北干流开发为重点，在解决好移民安置和生态保护的基础上有序开发水电。生物质能，根据资源条件和技术进步情况，以关中粮食主产区为重点，积极发展农林生物质发电、生物液体燃料和生物质固体成型燃料等。核电，加强与广东核电集团合作，积极推进核电站选址规划等前期工

陕西省发展改革工作会议

国家发展改革委主任张平来我委视察

关中天水规划祝作利做客央视网

张光进副主任主持召开投融资和重点项目建设工作专题会议

作，力争列入国家“十二五”核电发展规划。农村替代能源，因地制宜开展秸秆资源化利用，大力普及农村沼气，积极推动太阳能入村利用工作，开展绿色能源示范县建设，优化农村能源结构，改善农民生产生活条件。

二是加快新能源装备制造业发展。太阳能光伏产业，推动光伏发电与产业链互动发展，实施一批重大光伏产业项目，加快多晶硅、电池片、电池组件等规模化发展；加快太阳能光伏产业科技支撑体系建设，建设一批国家和省级光伏研发、试验中心，力争在关键技术研发上取得重大突破。风电装备制造，采用技术引进、联合设计、自主创新等方式，开发2兆瓦以上永磁直驱风电机组，提高风电整机装备国产化制造水平，加强整机装备企业重组，带动零部件配套产业发展。核电装备制造，适应国家大力发展核电的需要，支持省内相关企业继续扩大核级压力容器、应急发电机组、锆材、PMC系统等优势产品生产规模，通过引进消化吸收AP－1000第三代核电技术，全面提高我省核电装备技术水平和制造能力。到2012年，全省形成年产多晶硅4.3万吨、电池片6200兆瓦、太阳能组件5700兆瓦的生产能力；风电设备整机制造能力达到300万千瓦，风机零部件配套生产能力达到150万千瓦。

三、切实抓好新能源发展各项任务的落实

为确保实现我省新能源产业发展规划目标，今后一个时期，将着力抓好以下几个方面的工作：

一是培育新能源产业基地和优势企业。在基础条件和发展环境较好的区域，逐步建立若干个省级新能源产业基地，重点建设陕北太阳能发电和风电、关中太阳能光伏和新能源装备制造、陕南水电示范基地，充分发挥产业基地的示范、带动和辐射作用。推动中省大型能源企业加快在陕新能源产业发展，鼓励、引导我省新能源装备制造企业积极参与产业协作，合力研发新产品，增强配套能力。加大对“专精特新”中小型新能源企业扶持力度，加强与新能源产业化重点项目的对接和配套，逐步形成产业内适度集中，企业间充分竞争，大企业主导，中小企业协调发展的格局。

二是加快新能源科技创新和技术进步。依托西安交通大学、西北工业大学等高等院校，加快科技成果的转化和应用，推进新能源技术的产业化步伐。依托骨干企业，加快软硬件设施建设，建立和完善新能源装备研发平台，稳步提高新能源装备制造业的技术水平、生产规模及自主创新能力。对光伏、风电、核电等领域尚不能实现国产化的核心技术装备，抓紧组织实施重大技术攻关，力争其中有一批首次国产化在陕西实现，增强我省能源装备产业的核心竞争力和市场话语权。

三是加大对新能源发展的财税扶持力度。全面落实国家和省上已出台税费减免优惠政策。对纳入国家新能源产业振兴规划等重大专项支持的项目，由省市两级政府给予资金配套支持。引导企业用好国家鼓励进口设备的减免税政策。完善新能源发展的投融资机制，鼓励各类投资主体进入新能源产业，积极探索民间资金参与新能源项目开发的新途径，逐步建立起政府引导、社会参与、企业为主的投入机制。大力拓展利用外资的新形式，充分利用好国外优惠贷款或赠款。搭建银企对接合作平台，促进金融机构加大信贷支持力度。充分利用国内外资本市场，支持新能源重点企业上市和发行企业债券，逐步增加直接融资比重。

四是抓好新能源人才队伍建设。充分发挥我省教育资源优势，加强新能源科技人才培养。鼓励科研机构、企业与高校联合建立新能源技术人才培养基地，按照对口送学的原则，采用订单培养、定向招生、委托培训等方式，重点培养一批新能源产业发展急需的技术人才、管理人才和高素质产业工人。积极引进优秀新能源产业科技人才，鼓励国内外优秀人才来我省创办新能源企业或从事技术研发创新。结合实施国家自主创新战略和科技重大专项，鼓励各类人才申请和承担政府科研和产业化项目。鼓励省内企业公开向国内外招聘技术负责人。加大向关键岗位和优秀人才的收入分配倾斜力度，完善技术参股、入股等产权激励机制。

五是优化新能源发展环境。推进新能源地方立法，抓紧研究制订我省新能源开发利用条例，为新能源产业发展提供法制保证。加快制订产品测试标准和评价体系，对尚没有国家或行业标准的新能源产品，尽快研究制订企业标准。加强新能源发电并网管理，根据我省新能源发展规划，制订新能源发电配套电网设施建设规划，配套完善电网接入系统。加强和规范新能源发电项目管理，简化规划选址、土地、环评、电网接入等环节的审批程序，落实相关优惠政策。抓紧建立和完善新能源发展考核评价机制，加强对新能源重点项目建设的督促检查，及时解决存在的困难和问题，确保各项工作按计划顺利推进。

新能源产业发展方兴未艾，生机无限。我省将按照科学发展观要求，抓住机遇，发挥优势，科学推进，勇于创新，努力将新能源产业培育成全省经济发展的新亮点，将陕西建成全国新能源产业发展的先行示范区。

（陕西省发展和改革委员会主任　祝作利）

2009年陕西省投资发展回顾

祝作利主任在国务院新闻办公室发布会上接受媒体记者采访

陕西省发展改革委祝作利主任代表陕西省人民政府与中国中煤集团公司签订战略合作框架协议

陕西省发展改革委主任祝作利参加陕西府谷清水川煤电一体化二期工程奠基仪式

陕西省发展改革委主任祝作利参加陕西咸阳至宝鸡输气管道复线工程开工仪式

2009年，面对国际金融危机的严重冲击，全省上下认真贯彻落实中央扩大内需促进经济增长的一系列政策措施，充分发挥投资对经济增长的拉动作用，坚定不移地实施项目带动战略，扎实推进中央投资项目、省级重点项目和灾后恢复重建项目建设，固定资产投资保持平稳较快增长，为确保经济增长13%的预期目标发挥了重要作用。

一、固定资产投资高位运行，对经济增长的拉动作用明显。2009年以来，全省固定资产呈现高点起步、高位运行的态势，一季度、上半年全社会固定资产投资增速均在40%以上，前三季度虽有所回落，但增速仍达到37.5%。经初步测算，全年全社会固定资产投资完成6553亿元，增长35.1%，增速比上年同期加快1.9个百分点，比全国高5个百分点。其中，城镇固定资产投资完成6194.86亿元，增长37%，比上年同期加快3.8个百分点，比全国高6.5个百分点。在拉动经济增长"三驾马车"中，投资发挥了至关重要的作用，对经济增长的贡献率达到70%，投资需求为稳定生产、稳定就业、促进城乡居民增收和间接带动消费需求做出了积极贡献。

二、投资结构进一步优化，重点领域和薄弱环节投资力度加大。

1、三次产业投资增长加快，第一产业增长领先。今年以来，中省财政加大了农村民生工程和农业基础设施建设投入力度，第一次产业完成投资162.3亿元，增长78%，增速同比加快21.1个百分点。第二产业投资2465.18亿元，增长42.7%，增速同比加快10.7个百分点。第三产业投资3567.34亿元，增长32.5%，增速同比下降0.2个百分点。

2、制造业投资快速增长。全年制造业完成投资1290.61亿元，占城镇固定资产投资比重与上年持平；同比增长37.5%，增速分别比上半年、前三季度提高2.8和0.9个百分点。其中，通信设备、计算机及其他电子设备制造业、食品、非金属制品投资增长迅猛，分别完成投资79.89亿元、83.42亿元、171.16亿元，增长151.2%、86.9%和85.2%；装备制造、能源化工等优势产业平稳增长，分别完成投资361.55亿元、1080.44亿元，增长25.8%和29.7%；纺织服装、医药等传统制造业投资增长缓慢，分别完成投资26.23亿元、22.43亿元，增长2.5%、-7.2%。

3、基础设施建设投资平稳增长。全省交通运输、仓储、邮政业、水利等基础设施投资完成760.15亿元，增长22.3%。其中，航空运输完成投资11.51亿元，同比增长186%，西安咸阳机场二期扩建已基本完成征地拆迁、场地平整等工作，航站楼基础、飞行区土方等基础工程已完成总工程量的35%左右。铁路在建规模2500公里，安康至重庆、安康至武汉复线、红柳塔至柠条塔支线3个项目建成，郑西客运专线进入运行调试和试车阶段。高速公路建设掀起新的高潮，在建规模2350公里，小河至安康、西安咸阳机场专用高速、宝鸡至牛背、商州至漫川关建成通车。

4、房地产开发投资增速震荡回升，商品房施工和销售增长较快。房地产开发投资943.73亿元，同比增长23.8%。其中，住宅类投资增长33.4%，是房地产投资增长的主要因素；受中央和我省严格控制楼堂馆所建设政策的影响，办公楼投资同比下降20.3%。商品房施工面积8260.87万平方米，增长42.7%，其中新开工面积2821.58万平方米，增长38%。在扩大内需、刺激消费政策带动和社会保障、居民收入水平提高，城镇居民对住房的需求不断释放，房地产市场逐步升温，商品房销售面积2086.97万平方米，增长37.7%；商品房销售额672.72亿元，增长49.1%。

5、关中地区投资增长带动作用明显。关中地区完成投资4094.53亿元，增长22.6%，其中渭南市增长59.9%，为全省最快。在陕南突破发展战略实施和灾后恢复重建带动下，陕南地区完成投资568.77亿元，增长7.5%，其中汉中增长48.5%，增速仅低于渭南居全省第2位。陕北地区投资逐步回落，完成投资1095.89亿元，增长8.8%，增速分别比一季度、上半年降低50.7个和37个百分点。

三、建设项目大幅增加。今年以来，我省继续实施项目带动战略，加快推进项目前期工作，在扩大内需中央投资项目、省级重点项目、灾后恢复重建项目带动下，全省新开工、施工和竣工项目均大幅增加。全省城镇施工项目13909个，比上年同期增加4823个，同比增长53.2%，增幅比上年加快37个百分点。其中，本年新开工项目11179个，比上年同期增加4432个，同比增长66.1%，增幅比上年加快36.3个百分点。全省竣工投产项目8232个，比上年同期增加3160个，增长45.9%。

四、资金到位情况良好。全省累计到位资金7136.8亿元，同比增长50.6%。其中，国家预算内资金696.93亿元，同比增长53.3%；国内贷款1071.45亿元，同比增长62%，比去年同期提高40.9个百分点；自筹资金4183.06亿元，增长46%；利用外资32.63亿元，同比增长5.8%。2008年四季度以来，我省围绕能源化工、装备制造等重点项目加强与金融机构的对接，省政府先后与国家开发银行、交通银行、中国建设银行签署了总额3000亿元的金融合作协议。加上国家实施适度宽松的货币政策，2009年金融机构加大了信贷投放力度，信贷规模持续快速增长。12月末，全省金融机构人民币各项贷款余额8276.64亿元；全年新增贷款2219.8亿元，是去年全年的2.62倍。

祝作利主任陪同袁纯清省长、赵正永常务副省长检查榆横工业区应急供水工程

《深入实施西部大开发战略若干意见（初稿）》征求意见座谈会在西安召开

神华陶氏榆林循环经济煤炭综合利用项目奠基仪式在榆林举行

09年陕西省能源化工装备产业发展论坛

陕西省发展改革2009年10件大事

一、全面完成省委、省政府目标责任考核任务，我省经济社会发展多项指标实现争先进位。

二、《关中—天水经济区发展规划》正式获得国务院批准，西咸新区建设即将启动。

三、神华陶氏煤炭综合利用等一批重大资源转化项目相继奠基，铁路建设6天内集中开工五大工程，灾后恢复重建取得阶段性胜利。

四、政府性资金投入力度加大，争取中央投资较大幅度增长，省级基建和专项投资投入达到近40亿元，获得发行企业债券32亿元，民生八大工程年度投入400亿元。

五、新兴产业发展起步良好，太阳能发电、风电等项目成功落地，《陕南循环经济发展规划》付诸实施，环保产业和服务业发展规划基本形成，渭河流域综合治理工程进展顺利。

六、成功组建陕西能源化工研究院和陕西循环经济技术研究院，二氧化碳捕集与封存项目列入中美首脑会谈成果并获得国家发改委支持。

七、经济运行协调工作得到加强，煤电油气运等要素保障状况良好，粮油供应充足，价格调节力度加大，有效保障全省经济平稳较快发展。

八、各级领导高度重视和关心支持我为工作，国家发改委张平主任专程看望全委干部职工；赵乐际书记亲自联系我委学习实践科学发展观活动；袁纯清省长就专门搞好发展改革工作提出新要求。

九、机构改革顺利实施，“一委三局一办”格局初步形成，大部委制效果开始显现。

十、在省级机关体育、文化比赛汇演中获得多项荣誉，庆国庆60周年书画展引起较大反响；机关建设取得新进展，省发改委和物价局机关顺利回迁，办公条件得到较大改善。

西藏自治区发展和改革委员会

规划引导　综合平衡

作为西藏自治区政府组成部门，西藏自治区发展和改革委肩负着全区发展和改革的重任，全委紧紧围绕“规划引导、综合平衡、项目带动、科学管理、产业建设、改革促进、参谋服务”七项职能，注重“科学发展引领，强化三种意识（大局意识、责任意识、服务意识），增强四个能力（政策研究能力、发展谋划能力、项目推进能力和工作统筹能力），发挥三部作用（参谋部、规划部、协调部）”，认真贯彻落实中央第五次西藏工作座谈会精神，按照自治区的安排部署，以科学发展观统揽发展改革工作全局，坚持走有中国特色、西藏特点的路子，大力推进“一产上水平、二产抓重点、三产大发展”的经济发展战略，紧紧围绕自治区党委、政府的中心工作，紧扣“圆满完成规划目标、着力夯实发展基础”这个主题，在“十一五”规划实施的决战之年，进一步转变发展观念、创新发展模式、提高发展质量，拼搏努力，团结奋进，不负使命，更好地发挥职能作用，确保各项政策措施顺利实施，确保“十一五”规划目标任务全面完成，确保“十二五”规划顺利推进，为“十二五”时期更好更快更大发展打下良好基础。以更加勤奋的工作，更加优异的成绩，不断推动发展改革工作再上新台阶，不断促进全区经济社会更好更快更大发展，切实促进西藏经济社会跨越发展和长治久安。努力在建设团结、民主、富裕、文明、和谐的社会主义新西藏的伟大进程中率先垂范，走在前列，真正让自治区党委、政府放心，让广大人民群众满意。

马凯等领导来区发改委视察

国家发改委曹玉书来区视察

国家发改委张茅调研组到拉萨

全区发展和改革工作会

国家发改委杜鹰来区调研

项目带动

产业建设

张国宝等领导来区发改委视察

发改委党务工作会

区发改委庆祝新中国成立60周年活动——拔河

参谋服务

改革促进

自治区发展改革委主任梁铁城

内蒙古自治区全社会固定资产投资2009年完成及2010年预期情况

一、2009年全社会固定资产投资完成情况

2008年四季度以来，面对国际金融危机对我国的不利影响，为贯彻中央宏观调控政策和扩大内需一揽子计划，内蒙古自治区党委、政府及时制定出台了一系列刺激投资、拉动消费、促进经济增长政策措施，并按照中央部署全力实施了扩大内需中央投资项目，投资需求较快增长。2009年，自治区全社会固定资产投资总额达到7464.72亿元，比上年增长33.2%。投资的较快增长，相应地拉动全区地区生产总值完成9725.78亿元，比上年增长16.9%。2009年全区固定资产投资运行有以下三个显著特点：

（一）从资金投向看，农牧业、建筑业和基础设施投资增长加快，工业投资平稳增长。全年农牧业完成投资376亿元，增长49.5%；建筑业完成投资68.8亿元，增长95.9%；公路完成投资461.8亿元，增长44.6%；铁路完成投资277亿元，增长65.4%；工业完成投资3806.1亿元，增长30.5%；房地产业完成投资928亿元，增长15%。

（二）从资金来源看，财政性投资力度加大，银行贷款大幅增加，但企业投资增长相对缓慢。全年财政性资金到位423.6亿元，增长80.5%；银行贷款到位786.6亿元，增长1.05倍；企事业单位自有资金到位2176.7亿元，增长14.9%。

（三）从施工项目看，新开工项目增加较多。全区施工项目个数13106个，同比增长32.3%；计划总投资18154.75亿元，增长49.93%。其中：本年新开工项目11056个，同比增长35%；计划总投资7882.4亿元，同比增长92.45%。

二、2010年全社会固定资产投资预期情况

2010年是全面完成"十一五"规划目标的关键之年，也是实施扩大内需政策抵御全球金融危机的重要一年。2009年内蒙古自治区积极贯彻落实国家扩大内需政策措施，全区经济在逆势中实现较快增长，逐步摆脱了金融危机的负面影响，各项指标呈现企稳向好的良好势头。在国家扩大内需的政策推动下，内蒙古实施了一大批基础设施和特色优势产业的重大建设项目，新能源、装备制造业等新兴行业逐步快速成长起来。2010年，内蒙古计划实施总投资亿元以上重点建设项目1419个，总投资14953亿元，年度计划投资4674亿元，其中：续建项目808个，总投资8160亿元，年度计划投资2556亿元；新开工项目611个，总投资6793亿元，年度计划投资2118亿元。

在看到对保持今年固定资产投资平稳增长有利因素的同时，我们认为，影响固定资产投资运行的不确定因素依然很多，发展中还有不少深层次问题亟待解决。如，信贷对投资运行的影响，融资难依然是制约我区中小企业发展的最主要问题；在国家节能减排和宏观调控的土地政策下，部分行业项目前期工作难度加大，影响项目开工建设；市场需求下降，作为我区新兴产业的风电设备、多晶硅、煤化工等相关生产企业压力会越来越大，经济效益难以提高；受盈利预期不明显、生产订单不足、产能过剩、企业效益下降等因素影响，将导致企业发展后劲不足，最终影响企业投资意愿。

呼伦贝尔莫力达瓦自治旗调研社会事业项目

考察工业园区

考察新奥集团二甲醚项目

综合以上因素，初步预计内蒙古2010年固定资产投资规模将达8700亿元。要实现上述预期目标，当前的重点工作就是要进一步加大调整优化投资结构力度。一是坚持把"三农三牧"问题作为全部工作的重中之重，启动实施100亿斤粮食增产规划，继续加强农田水利基本建设，加快推进农畜产品基地和农畜产品质量安全体系建设建设，夯实农牧业持续稳定发展的基础。二是认真贯彻落实国家重点产业调整振兴规划和国务院38号文关于抑制部分行业产能过剩和重复建设的有关要求，严格项目核准备案管理，加强对我区部分行业项目准入的引导。三是大力发展战略性新兴产业。修订完善自治区风电发展规划，着重解决风电送出问题。研究制定节能环保、新材料、新医药等新兴产业发展规划，促进稀土新材料、多晶硅下游产品开发、粉煤灰提取氧化铝、生物制药等新兴产业加快发展。要加快落实国家重大科技专项实施方案，抓好煤间接液化、生物饲料等高技术产业化项目建设，不断提高自主创新能力。四是积极推进节能减排。继续加大小火电、电石、铁合金等行业落后产能的淘汰力度。加快节能减排重点工程建设，重点加强火电机组脱硫改造、城镇污水和垃圾处理设施建设、城镇既有住房节能改造工程建设。大力发展循环经济，加快实施工业余热发电和粉煤灰综合利用等循环经济项目。五是加强以民生为重点的社会建设。教育方面继续组织实施好中小学校舍安全、中等职业教育基础能力建设等重点工程；卫生方面加强基层卫生服务体系建设，组织实施一批旗县医院、苏木乡镇卫生院和社区卫生服务中心项目；文化方面加快实施苏木乡镇综合文化站等公共文化服务工程；进一步加大住房、扶贫、社会保障、就业等领域等工作力度，继续实施保障性安居等民生工程。

中国石化青岛炼油化工有限责任公司

中国石化青岛炼油化工有限责任公司系中国石化股份公司、山东省国际信托有限公司、青岛国信实业有限公司按85：10：5的投资比例出资设立的大型石油化工企业，2004年10月18日注册成立。

青岛炼化公司一期1000万吨/年炼油项目是我国批准建设的第一个单系列千万吨级炼油项目，是中国石化调整国内炼化产业布局、打造环渤海湾炼化产业集群的重大战略项目。青岛炼化公司位于青岛经济技术开发区重化工园区，位置优越，配套完备，交通便捷。工艺路线采用“焦化＋CFB锅炉＋催化”方案，设计加工进口原油1000万吨/年，拥有16套工艺生产装置和相应的公用工程、辅助设施，占地220公顷，总投资125亿元，总定员500人。年产汽、煤、柴成品油708万吨，液化气、聚丙烯、苯、混苯等化工产品203万吨。青岛大炼油项目按照“大型化、系列化、集约化、信息化”理念进行规划建设，具有规模经济、技术先进、环保领先和效益显著等四个鲜明特征。

在中国石化集团公司党组的坚强领导下，经过全体参战单位的共同努力，青岛大炼油项目于2008年6月16日正式建成投产，为满足国民经济与社会发展以及奥运会的能源需求注入了新的动力。建成投产以来，公司以科学发展观为统领，按照中国石化集团公司党组提出的“建设和管理成具有国际先进水平炼化企业”的总体要求，以“高度的责任意识、强烈的进取精神、严细的务实作风和高尚的奉献精神”扎实推进各项工作，取得了2008年当年投产当年达标和2009年良好的生产经营业绩，并荣获“国家优质工程奖”和“中国石化集团公司节能降耗先进单位”等荣誉，初步实现了“建设成国际先进水平”的目标，并为“管理成国际先进水平”奠定了坚实基础。

在今后的工作中，青岛炼化公司将认真贯彻科学发展观重大战略思想，坚持“资源节约、环境友好、自主创新”的新型工业化道路，努力在中国石化和山东省整体发展的框架内实现持续有效发展，将企业建设和管理成具有国际先进水平的炼化企业，为国民经济和社会发展做出新贡献。

青岛炼化公司期待并一如既往地与兄弟企业、广大客户和社会各界人士真诚合作，共创美好明天。

中央控制室

地址：青岛经济技术开发区千山南路827号
电话：0532-86915971
传真：0532-86915988
网址：www.qrc.cn

中山市伟来灯饰有限公司

WIDE LOYAL

伟来董事长高宇洲

中山市伟来灯饰有限公司是香港伟来集团旗下的一家大型专业生产LED灯饰产品企业，公司始创于上世纪九十年代初，集团公司总部设在香港，同时在美国、澳大利亚、加拿大、澳门、日本、英国、法国等各地都设有分公司。

中山市伟来灯饰有限公司坐落在伟人故里——中山市，傍依着美丽的岐江河畔，是国际上享有盛誉的专业生产LED灯饰产品企业，公司以创造世界灯饰潮流为已任，多年来不断地创造出令人瞩目的灯饰产品，主要产品有：LED“幻彩”灯、LED数码管、LED节日灯、LED点光源、LED背光源、LED洗墙灯、LED地埋灯、LED水底灯、LED大功率投光灯、LED路灯、LED太阳能灯、LED景观灯、LED天花灯、LED筒灯、LED灯杯、LED日光灯管、灯饰配件、灯画造型、电子控制器等LED景观亮化产品、LED电子数码产品及LED商业照明产品。

我们公司秉着让伟来灯饰“照亮世界每个角落”的信念，以“生产最优质产品，提供最优惠价格、保证最佳客户服务”为宗旨，不断地进行开拓与创新。

公司早在1996年就率先成功采用了先进的国际质量保证体系ISO9000标准来规范公司产品的生产及质量管理，2000年又通过ISO9001/2000版质量体系转版的认证，取得相关的认证有：3C认证、国际标准化产品证书、美国UL、加拿大CSA、德国GS、荷兰KEMA、澳大利亚SAA、日本JET、欧盟CE等认证。

目前获得的荣誉有：“中国名牌产品”、“广东省名牌产品”、“中国名优产品”、“中国著名产品”、“广东省商业照明优秀品牌”、“中国优秀绿色环保产品”、“十大名牌产品”、“中国十大照明灯具质量品牌”、“消费者信赖十大质量品牌”、“中国灯饰市场用户满意第一品牌”等等。

公司高度重视高新技术和知识产品保护，重视品牌的建设和保护，每年投入大量资金用于产品的研发和改良，不断改进生产设备，生产出客户所需要的产品，积极申请产品专利，目前已拥有“发明”、“外观设计”、“实用新型”等专利100多项，同时企业技术中心在美国、加拿大也注册有多项专利，这些专利均处于本行业的领先地位。

公司一直以卓越的品质取胜，受到了广大消费者的支持和追捧，成为众多国际国内大型灯饰工程的首选产品：香港回归亮化、澳门回归亮化、悉尼奥运会亮化、泰国皇宫亮化、日本东京街亮化、新加坡嘉年会亮化、上海城隍庙亮化、苏州拙政园亮化、佛山千灯湖亮化、唐山市煤河河道亮化，河北矿业集团亮化，西安城墙亮化、山东青州花卉节亮化工程等等。

公司注重品牌效应，坚持走“品牌化”战略，打造强势品牌，我们的灯饰系列产品在国际及国内多家著名家居杂志、照明杂志上刊登，进行广泛宣传，每年都参加国内外各种灯饰盛会。

同时我们也高度重视各种服务，做好售前、售中的服务，跟踪到位售后服务，每个相应市场都有专人跟进，从工程的设计到完工验收及维护工作都有完善的控制系统。

至今，伟来用户遍及了世界各地，从北极冰岛到南部非洲、从东部日本岛到西方美洲大陆，伟来灯饰无不光芒耀眼，伟来销售网络也是空前完善，美洲、欧洲、澳洲、东南亚等100多个国家和地区、港澳台以及国内31个省/市/自治区都有我们的特约经销商和合作伙伴。

二十一世纪，机遇与挑战同在、光荣与梦想共存，今天的成绩只是伟来灯饰发展历程中的一小步，伟来将不负众望、与时俱进，伟来人矢志为照明行业的发展，城市亮化献出自己绵薄的力量！

迎盛世、展未来、伟来辉煌！

攀高峰、迈大步、幻彩人生！

斗轮采煤生产现场

云南省小龙潭矿务局

云南省小龙潭矿务局始建于1953年。至2008年末，矿务局下辖小龙潭露天煤矿、布沼坝露天煤矿、机修总厂等9个单位；全局有职工4371人，离退休人员1871人，搬迁移民6001人，企业资产总额41.75亿元，累计生产褐煤1.69亿吨，剥离土方2.35亿立方米，实现工业总产值90.44亿元，为云南省国民经济和社会发展作出了突出贡献。

经过五十余年的发展，小龙潭矿务局已发展为一座现代化大型露天煤矿，成为云南省重要的能源生产基地和重要的煤炭生产企业，是国家批准的大型煤炭基地——云贵煤炭基地重点矿区之一。矿区面积20平方公里，含煤面积9.03平方公里，探明煤炭储量10.93亿吨，煤层平均厚度72米，最厚处223米，煤种为褐煤，发热量为3100—4000大卡/千克，煤层厚而集中。矿务局以露天开采为主，兼营机修、建筑、加工业等多种经营，目前有小龙潭露天矿和布沼坝露天矿两个露天采场，实际生产能力达1085万吨/年。

小龙潭矿务局依靠科技不断发展，多次自筹资金进行生产建设和技术改造，既减轻了国家财政压力，抓住了发展机遇，又改进了生产硬件设施，提升了两露天煤矿的生产能力和安全防范水平。1964年至1967年进行了第一期扩建工程，1970年至1978年进行第二期扩建工程，1977年开始进行三期扩建工程，在进行第三期扩建期间，1982年至1986年对小龙潭露天矿采煤剥、离系统进行了第一次技术改造，投资5031万元，新增生产能力30万吨。四期扩建工程于1985年5月开工，2005年4月正式通过验收，投资约87255万元。在进行四期扩建的同时，对小龙潭露天矿进行了第二次技改工程。经过四期扩建、两次技改及部分自筹资金的建设，大大提高了小龙潭矿务局生产的机械化、现代化水平和生产能力。从2001年产煤501.25万吨到2007年生产1084.74万吨煤，2008年1012.2万吨，煤炭产量逐年递增，6 年时间实现翻番生产，2007年和2008年连续突破1000万吨，跨入了中国千万吨级煤炭企业行列，自2004年起，连续位于中国煤炭百强企业行列，在“2009全国煤炭企业100强”中排名第76位，在“2009全国煤炭企业产量50强”中名列第43位。

随着国家西部大开发和西电东送战略的推进，矿务局审时度势，抢抓发展机遇，继而进行了第五期扩建工程。

在进行五期扩建生产建设投资的同时，矿务局还积极与国电等企业联合投资开发“热电气多联产”项目。热电气多联产技术是国家“十一五”计划重点鼓励发展的洁净节能技术，该项目的开发和应用可实现电力、煤气、焦油的联合生产，实现褐煤的分级转化和梯级利用，达到节能降耗、减少污染、循环经济的目的，实现褐煤资源利用效率和经济价值的最大化。小龙潭褐煤在试验室1MW热电焦油煤气试验装置上已取得初步成功。

矿务局还加大了安全投入和科研工作，建立了安全生产管理制度和完善的安全生产教育培训、监督管理和考核体系，以及防洪抢险、消防、危险品、重大事故应急救援、监控、管理体系。1992年，被能源部评为全国地方煤矿安全生产先进单位，2004年，矿务局安全生产通过煤矿安全质量标准化认证，2004年9月经云南省煤矿安全评价中心综合评价，矿务局两露天矿安全等级均达到了A类标准，连续多年被评为“国家特级安全高效露天矿”，至2008年底，实现连续8年无重伤以上事故，百万吨死亡率、千人重伤率均为0，为云南省煤炭行业“百万吨死亡率”的降低作出了突出贡献。在科研方面，特别是改革开放以来，矿务局积极进行科学研究及科研成果的转化应用，2003年组织研究的项目《人工开挖与自然山体边坡复合体突发灾变及其对环境工程安全影响的研究》获省科学技术进步类二等奖，《小龙潭矿务局布沼坝露天矿连续开采生产设备监视调度系统》及《小龙潭矿务局布沼坝露天矿原煤生产系统提高生产能力的技术攻关及系统优化》获科学技术进步类三等奖。《高陡软岩边坡安全控制与智能匹配优化设计技术的研究》获2008年度云南省科技进步二等奖，《提高矿区到界边坡植被覆盖率》荣获2009年度云南省质量管理QC成果奖第二名。同时，矿务局自筹资金进行信息化建设，打造数字化露天矿，从1988年起开始应用计算机进行管理，全矿生产管理系统装备了微机集中控制，并不断更新。2006年8 月全面进行信息化建设，2007年完成硬件平台建设，2008年转入软件建设，目前，信息化建设方面累计投资达4000万元。

矿务局以“勇争一流、科学发展”的理念，自筹资金，抓住机遇，加大投资进行生产建设和发展煤炭企业，1989年建成了国家二级企业，1992年被国家统计局授予利税总额行业排序十强企业，之后相继建成了部级质量标准化矿务局、中国100家最大煤炭采选企业、全国煤炭工业特级安全高效露天煤矿、全国用户满意企业、全国煤炭工业100强企业、云南省30家骨干企业等，三次荣记集体一等功，荣获“全国精神文明建设工作先进单位”、“云南省文明单位”、“全国模范职工之家”、“重合同、守信用单位”等省部级荣誉称号近70项。2008年初，被云南省人民政府授予“云南省优强工业企业”、“煤矿安全生产先进单位”；被省总工会、省国有资产监督管理委员会、省工商业联合会、省劳动和社会保障厅、省安全生产监督局、省企联等联合评为“云南省劳动关系和谐企业”称号。涌现了一大批先进集体和个人，有全国劳模2 人，全国五一劳动奖章获得者1人，省部级劳模8人。

SOUL

【特 立 独 型】

● γ(伽玛)1.6L发动机

● ECO节能驾驶提示系统

● 感应发光音响

● 3款至酷精致内饰

颠覆规则，我是潮流的创造者；诠释激情，唯有特立独型的SOUL。完美融合SUV运动性、MPV多功能性和轿车驾乘性的全新概念型车，纵领个性潮流，锐显先锋气质。至酷外形搭载澎湃动力，配以多款炫丽车色选择，时刻彰显型潮本色；独有感应发光音响、18寸花形轮毂和时尚荧光座椅，动人魅力唯我专属。我的世界，我的SOUL！

东风悦达起亚汽车有限公司　全国呼叫中心：800-828-5985　网址：www.dyk.com.cn

KIA

东风悦达·起亚

The Power to Surprise™

激 情 超 越 梦 想

特立独型
[潮]你而来
我的世界　我的SOUL
KIA
SOUL

KIA
东风悦达·起亚
The Power to Surprise™
激情超越梦想
SOUL
【特立独型】
广告需求，以经销商店内实车为准